Editie 2021/2022

BELASTINGRECHT

voor Bachelors en Masters

THEORIEBOEK

De studiemethode Belastingrecht voor Bachelors en Masters 2021/2022 bestaat uit:

Theorieboek Belastingrecht voor Bachelors en Masters 2021/2022
ISBN 978-94-6317-267-7

Opgavenboek Belastingrecht voor Bachelors en Masters 2021/2022
ISBN 978-94-6317-268-4

Deze boeken zijn verkrijgbaar via www.convoy.nl.

editie 2021/2022

BELASTING-RECHT
voor Bachelors en Masters

THEORIEBOEK

Convoy Uitgevers
Dordrecht, 2021

Colofon

Hoofdredactie
mr. G.A.C. Aarts MFP – Fontys Hogescholen Eindhoven

Auteurs
mr. J. Beers – De Haagse Hogeschool
drs. P.B.J. Cornelissen – Fontys Hogescholen Eindhoven
mr. T. Jippes-de Boer – Noordelijke Hogeschool Leeuwarden
W.F. Laman RAB REP PFP – Hogeschool Rotterdam
mr. E.L. Mafficioli del Castelletto – INHOLLAND Rotterdam
N.A. Melisse MSc – Avans Hogeschool Breda
mr. J.R.R. Oevering – INHOLLAND Den Haag / BON LEGAL LLP
mr. K. Reitsma – Hanze Hogeschool Groningen
mr. H.E.E. Sauter – HvA/HES Amsterdam
mr. D.T. van Suijlekom – Fontys Hogescholen Eindhoven
mr. I. Takke-Horn – Hogeschool van Arnhem en Nijmegen
mr. J. Voerman – Hogeschool Windesheim Zwolle

Overige redactiemedewerkers
J.M.M. Marlet RA – Hogeschool Utrecht
mw. Y.R.P. van de Voort – Avans Hogeschool 's-Hertogenbosch

Uitgever
W.H.L. Muijser

Eindredactie/productiebegeleiding
O. Koppenhagen

Grafische vormgeving en zetwerk
AZ grafisch serviceburo bv, www.az-gsb.nl, Den Haag

© 2021 Convoy Uitgevers
Binnen Kalkhaven 263
3311 JC Dordrecht
tel: (078) 645 23 98
e-mail: info@convoy.nl
website: www.convoy.nl

Alle rechten voorbehouden. Niets uit deze uitgave mag worden verveelvoudigd en/of openbaar worden door middel van grafische of elektronische technieken of op welke andere wijze dan ook, zonder schriftelijke toestemming van de uitgever.

Hoewel bij deze uitgave de uiterste zorg is nagestreefd, kan voor de afwezigheid van eventuele (druk)fouten en onvolledigheden niet worden ingestaan en aanvaarden auteurs en uitgever desgewenst geen aansprakelijkheid.

ISBN 978-94-6317-267-7
NUR 826

Voorwoord

Belastingrecht voor Bachelors en Masters:
dóór het onderwijs, vóór het onderwijs.

Dit studieboek is gebaseerd op de fiscale wet- en regelgeving per 1-1-2021 en derhalve geschikt voor het studiejaar 2021-2022. Bij de opzet van deze uitgave is de praktijk als uitgangspunt genomen. Daarom is het geschreven door auteurs die weten wat de praktijk inhoudt. Een zeer uitgebreid auteursteam, bestaande uit docenten van bijna alle hogescholen in Nederland, heeft deze studiemethode ontwikkeld. Per slot van rekening kennen zij het beste de eisen en wensen die het onderwijs aan een studieboek op dit terrein stelt.

Er is in dit boek veel aandacht besteed aan begrijpelijk taalgebruik en een studentvriendelijke opmaak met kleur, veel voorbeelden, een ruime margekolom met trefwoorden en een uitgebreid register. Ten behoeve van de leesbaarheid zijn er bewust geen verwijzingen opgenomen naar besluiten en jurisprudentie. Vanzelfsprekend zijn deze daar waar relevant wel in de tekst verwerkt. Verder wordt er in de tekst veelvuldig naar het wetboek verwezen, waardoor de lezer vertrouwd raakt met het raadplegen hiervan. De auteurs weten uit ervaring dat deze uitgangspunten de studenten veel houvast bieden bij het leren en ontdekken van de structuur van de fiscale wetgeving

Dit boek gaat uit van de leerdoelen zoals deze zijn geformuleerd voor Accountancy, Finance & Control en Finance, Tax & Advice. Het is de doelstelling van de schrijvers geweest dit boek voor meerdere opleidingen te kunnen gebruiken. Daarom is er bij de indeling van het boek zoveel mogelijk voor gezorgd dat de verschillende hoofdstukken en (sub)pargrafen los voor te schrijven zijn.

Dit theorieboek wordt aangevuld met een bijbehorend opgavenboek waarin per hoofdstuk de kennis getoetst wordt van de behandelde leerstof. Dit gebeurt aan de hand van platte casussen met praktijkvoorbeelden, meerkeuzevragen en cases met meer uitgebreide praktijkproblemen. Aan dit opgavenboek is een digitale leeromgeving gekoppeld met o.a. vraagstukken, video's en begrippentrainers.

Auteurs en uitgever wensen u veel succes met uw studie.

Namens het auteursteam:

Jerry Aarts
juli 2021

Inhoud

Voorwoord		V
1	**Algemene inleiding**	1
1.1	Doel van belastingheffing	2
1.2	Plaats van het belastingrecht	3
	1.2.1 Publiekrecht – privaatrecht	3
	1.2.2 Plaats binnen de wetten	4
	1.2.3 Materieel recht – formeel recht	4
1.3	Soorten belastingen	4
	1.3.1 Inleiding	4
	1.3.2 Wetgeving voor centrale overheid en lagere overheden	5
	1.3.3 Directe en indirecte belastingen	5
	1.3.4 Tijdstip- en tijdvakbelastingen	5
	1.3.5 Aanslag- en aangiftebelastingen	6
	1.3.6 Subjectieve en objectieve belastingen	7
1.4	Beginselen in het belastingrecht	7
1.5	Vindplaatsen in het belastingrecht	8
	1.5.1 Wetgeving	9
	1.5.2 Uitvoeringsregelingen en -besluiten	9
	1.5.3 Europese richtlijnen	10
	1.5.4 Besluiten	11
	1.5.5 Algemene beginselen van behoorlijk bestuur	11
	1.5.6 Rechtspraak (jurisprudentie)	12

1.6	**Partijen binnen het belastingrecht**		13
	1.6.1	Wetgever	13
	1.6.2	Belastingdienst	14
	1.6.3	Belastingplichtige	16
	1.6.4	Belastingadviseur	16
	1.6.5	Belastingrechter	17
1.7	**Internationalisatie**		18

2 Loonbelasting   19

2.1	**Inleiding**		20
2.2	**Dienstbetrekking**		21
	2.2.1	Inleiding	21
	2.2.2	Privaatrechtelijke dienstbetrekking	21
	2.2.3	Publiekrechtelijke dienstbetrekking	23
	2.2.4	Fictieve dienstbetrekking	24
	2.2.5	Oneigenlijke dienstbetrekking	27
	2.2.6	Huispersoneel	28
	2.2.7	Tegenwoordige en vroegere dienstbetrekking	28
2.3	**Inhoudingsplichtige**		29
	2.3.1	Inleiding	29
	2.3.2	Inhoudingsplicht bij echte dienstbetrekkingen	29
	2.3.3	Inhoudingsplicht bij fictieve dienstbetrekkingen	30
	2.3.4	Geen inhoudingsplicht	31
	2.3.5	Samenhangende groep inhoudingsplichtigen	32
2.4	**Loon**		32
	2.4.1	Inleiding	32
	2.4.2	Belastbaar loon	32
	2.4.3	Loon	33
	2.4.4	Tabelloon	33
	2.4.5	Loon in geld	34
	2.4.6	Loon in natura	34
	2.4.7	Aanspraken	38
	2.4.8	Fooien	40
	2.4.9	Auto van de zaak	40
	2.4.10	Fiets van zaak	44
	2.4.11	Aandelenoptierechten	44
	2.4.12	Gebruikelijk loon	45

2.5	**Vrijstellingen**		47
	2.5.1	Inleiding	47
	2.5.2	Vrijstellingen	47
2.6	**Pensioen**		48
	2.6.1	Inleiding	48
	2.6.2	Pensioenregeling	49
	2.6.3	Pensioenstelsels	49
	2.6.4	Pensioenuitkeringen	50
	2.6.5	Pensioenopbouw	51
	2.6.6	Pensioenverzekeraar	53
	2.6.7	Pensioen in eigen beheer	54
	2.6.8	Oneigenlijke handelingen	54
2.7	**Verschuldigde loonbelasting**		55
	2.7.1	Inleiding	55
	2.7.2	Tarief	55
	2.7.3	Loonheffingskorting	56
	2.7.4	Loonbelastingtabellen	58
2.8	**Moment van heffing**		60
	2.8.1	Inleiding	60
	2.8.2	Afdracht op aangifte	62
2.9	**Administratieve verplichtingen**		62
	2.9.1	Inleiding	62
	2.9.2	Verplichtingen inhoudingsplichtige	62
	2.9.3	Verplichtingen werknemer	64
	2.9.4	Identificatieplicht	65
	2.9.5	Fictieve diensttijd	65
2.10	**Inhoudingsplichtige als belastingplichtige**		66
	2.10.1	Inleiding	66
	2.10.2	Eindheffing toepassen	66
	2.10.3	Gerichte vrijstellingen	68
	2.10.4	Vrije ruimte	73
	2.10.5	Pseudo-eindheffingen	74
2.11	**Tarief**		75
2.12	**Naheffing van loonbelasting**		76
	2.12.1	Inleiding	76
	2.12.2	Directe brutering	76
	2.12.3	Indirecte brutering	76
	2.12.4	Achterwege laten brutering	77

2.13	Uniform heffingsloon en premies werknemersverzekeringen		77
2.14	**Loonberekening**		78

3 Raamwerk Wet IB — 83

3.1	**Inleiding**		84
3.2	**Belastingplicht**		84
	3.2.1	Inleiding	84
	3.2.2	Invloed belastingverdragen	84
	3.2.3	Woonplaats	85
3.3	**Inkomen en tarieven**		86
	3.3.1	Inleiding	86
	3.3.2	Box 1: belastbaar inkomen uit werk en woning	87
	3.3.3	Box 2: belastbaar inkomen uit aanmerkelijk belang	89
	3.3.4	Box 3: belastbaar inkomen uit sparen en beleggen	89
	3.3.5	Verzamelinkomen	90
3.4	**Heffingskortingen**		90
	3.4.1	Inleiding	90
	3.4.2	Elementen van de heffingskorting	91
	3.4.3	Overzicht van de heffingskortingen	95
3.5	**Toerekeningsregels**		96
	3.5.1	Inleiding	96
	3.5.2	Toerekening inkomen aan boxen	96
	3.5.3	Toerekening inkomen minderjarig kind	98
	3.5.4	Toerekening inkomen fiscale partners	99
	3.5.5	Toerekening Afgezonderd Particulier Vermogen	100
3.6	**Fiscaal partnerschap**		101
3.7	**Wijze van heffing**		103
	3.7.1	Inleiding	103
	3.7.2	Voorheffingen	104
	3.7.3	Voorlopige teruggaaf	105
	3.7.4	Wel of geen aanslag	105
	3.7.5	Codering aanslagen	107
	3.7.6	Middeling	107
3.8	**Toeslagen**		108

4 Box 1: winst uit onderneming — 109

4.1 Algemeen — 110

ONDERDEEL A Onderneming, ondernemerschap en medegerechtigden — 110

4.2 Inleiding — 110

4.3 Onderneming — 111

4.4 Ondernemers en andere winstgenieters — 113
- 4.4.1 Inleiding — 113
- 4.4.2 Ondernemerschap — 114
- 4.4.3 Urencriterium — 117
- 4.4.4 Medegerechtigden — 120
- 4.4.5 Schuldeisers met specifieke vorderingen op een ondernemer/ onderneming — 121
- 4.4.6 Wel of geen recht op vrijstellingen en faciliteiten — 121
- 4.4.7 Beperkte verliesverrekening voor medegerechtigden en schuldeisers met een specifieke vordering — 122

4.5 Verhouding tussen winst uit onderneming en andere inkomensbronnen — 123

ONDERDEEL B Bepalen van de belastbare winst uit onderneming — 126

4.6 Inleiding — 126

4.7 Basisprincipes fiscale winstbepaling — 130
- 4.7.1 Inleiding — 130
- 4.7.2 Goed koopmansgebruik — 130
- 4.7.3 Balanscontinuïteit en foutenleer — 132

4.8 Vermogensetikettering — 134
- 4.8.1 Inleiding — 134
- 4.8.2 De wijze van etikettering — 135
- 4.8.3 Vermogensetikettering en huwelijksgoederenregime — 139
- 4.8.4 Keuzeherziening — 139

4.9	**Waardering van vermogensbestanddelen**		140
	4.9.1	Inleiding	140
	4.9.2	Bedrijfsmiddelen	141
	4.9.3	Vorderingen	146
	4.9.4	Effecten	147
	4.9.5	Voorraden	148
	4.9.6	Onderhanden werk	150
	4.9.7	Schulden	151
	4.9.8	Voorzieningen	151
	4.9.9	Toekomstige loon- en prijsstijgingen	152
4.10	**Kapitaalstortingen en -onttrekkingen**		153
	4.10.1	Inleiding	153
	4.10.2	Eigenwoningforfait bij ondernemingswoning	154
	4.10.3	Privégebruik auto van de zaak	154
	4.10.4	Privégebruik fiets van de zaak	156
4.11	**Niet aftrekbare en beperkt aftrekbare kosten**		156
	4.11.1	Inleiding	156
	4.11.2	Algemene uitsluiting van aftrek	156
	4.11.3	Algemene aftrekbeperking	157
	4.11.4	Uitgesloten aftrek van kosten t.b.v. de ondernemer	157
	4.11.5	In aftrek beperkte kosten t.b.v. de ondernemer	159
4.12	**Vrijstellingen**		160
	4.12.1	Inleiding	160
	4.12.2	Bosbouwvrijstelling	160
	4.12.3	Landbouwvrijstelling	160
	4.12.4	Kwijtscheldingswinstvrijstelling	161

ONDERDEEL C **Ondernemings- en ondernemersfaciliteiten** — 163

4.13	**Inleiding**		163
4.14	**Willekeurige afschrijving**		164
4.15	**Investeringsaftrek**		165
	4.15.1	Inleiding	165
	4.15.2	Kleinschaligheidsinvesteringsaftrek	167
	4.15.3	Energie-investeringsaftrek	169
	4.15.4	Milieu-investeringsaftrek	170
4.16	**Desinvesteringsbijtelling**		171

4.17	**Kostenegalisatiereserve**	172
4.18	**Herinvesteringsreserve**	173
4.19	**Oudedagsreserve**	176
	4.19.1 Inleiding	176
	4.19.2 Toevoegen aan de oudedagsreserve	177
	4.19.3 Inhaaltoevoeging aan de oudedagsreserve	178
	4.19.4 Het afbouwen van de oudedagsreserve	178
4.20	**Ondernemersaftrek**	180
	4.20.1 Inleiding	180
	4.20.2 Zelfstandigenaftrek	181
	4.20.3 Startersaftrek	181
	4.20.4 Aftrek speur- en ontwikkelingswerk	182
	4.20.5 Meewerkaftrek	182
	4.20.6 Startersaftrek bij arbeidsongeschiktheid	184
4.21	**De mkb-winstvrijstelling**	184

ONDERDEEL D   Staking van de onderneming — 185

4.22	**Inleiding**	185
4.23	**Stakingswinst en stakingsfaciliteiten**	186
	4.23.1 Inleiding	186
	4.23.2 Begrip stakingswinst	187
	4.23.3 Stakingsaftrek	189
	4.23.4 Bedingen lijfrente bij bedrijfsbeëindiging	190
	4.23.5 Doorschuiving onderneming	192
4.24	**Overdracht van de onderneming**	193
	4.24.1 Inleiding	193
	4.24.2 Verhuur van de onderneming	194
	4.24.3 Overdracht tegen een winstrecht	195
	4.24.4 Overdracht aan medeondernemer(s) of werknemer(s)	196
4.25	**Liquidatie**	198
4.26	**Overlijden van de ondernemer**	198
	4.26.1 Overlijdenswinst	198
	4.26.2 Doorschuiffaciliteit	199

4.27		**Ontbinding huwelijksgemeenschap**	199
	4.27.1	Fictieve overdracht van 50% van de onderneming	199
	4.27.2	Verplichte doorschuiving	200
4.28		**Staking gevolgd door het starten van een nieuwe onderneming**	200
4.29		**Overige gevallen van eindafrekeningswinst**	201
4.30		**Overdracht onderneming aan een eigen bv**	202
	4.30.1	Inleiding	202
	4.30.2	Ruisende inbreng	203
	4.30.3	Geruisloze omzetting	206
4.31		**Het aangaan van of het uittreden uit een samenwerkingsverband**	211
	4.31.1	Inleiding	211
	4.31.2	Het voorbehoud van de stille reserves	213
	4.31.3	Creëren van buitenvennootschappelijk vermogen	214
	4.31.4	Inbreng tegen de werkelijke waarde zonder herwaardering op fiscale balans	216
	4.31.5	Ingroeiregeling met oplopend winstaandeel	217
	4.31.6	Het uittreden uit een samenwerkingsverband	218

5 Box 1: belastbaar inkomen uit werk en woning 221

5.1		**Inleiding**	222
5.2		**Algemene bepalingen binnen box 1**	223
	5.2.1	Inleiding	223
	5.2.2	Waardering van niet in geld genoten inkomen	223
	5.2.3	Tijdstip waarop inkomsten worden belast	223
	5.2.4	Tijdstip waarop aftrekbare kosten of uitgaven voor inkomensvoorzieningen in aftrek mogen worden gebracht	224
5.3		**Belastbaar loon**	225
	5.3.1	Inleiding	225
	5.3.2	Loon	225
	5.3.3	Fooien	226
	5.3.4	Reisaftrek	226

5.4	**Belastbaar resultaat uit overige werkzaamheden**		228
	5.4.1	Inleiding	228
	5.4.2	Terbeschikkingstelling aan de onderneming van een verbonden persoon	230
	5.4.3	Terbeschikkingstelling aan de eigen bv of die van een verbonden persoon	232
	5.4.4	Bepalen van het belastbare resultaat uit overige werkzaamheden	233
	5.4.5	Opwaarderingsreserve	236
5.5	**Belastbare periodieke uitkeringen en verstrekkingen**		237
	5.5.1	Inleiding	237
	5.5.2	Aangewezen periodieke uitkeringen en verstrekkingen	237
	5.5.3	Termijnen van gefacilieerde lijfrenten	239
	5.5.4	Aftrekbare kosten	240
5.6	**De belastbare inkomsten uit eigen woning**		240
	5.6.1	Inleiding	240
	5.6.2	Begrip eigen woning	241
	5.6.3	Eigenwoningforfait	243
	5.6.4	Tijdelijke verhuur	245
	5.6.5	Kamerverhuurvrijstelling	246
	5.6.6	Rente eigenwoningschuld	248
	5.6.7	Eigenwoningschuld (oud regime)	265
	5.6.8	Voordeel uit KVEW / SEW / BEW	267
5.7	**Aftrek wegens geen of geringe eigenwoningschuld**		268
5.8	**De uitgaven voor inkomensvoorzieningen**		270
	5.8.1	Inleiding	270
	5.8.2	Lijfrentevoorzieningen	271
	5.8.3	Toegelaten aanbieders	276
	5.8.4	Premies	276
	5.8.5	Tijdstip van aftrek	279
5.9	**De negatieve uitgaven voor inkomensvoorzieningen**		279
5.10	**Negatieve persoonsgebonden aftrek**		281
5.11	**Te verrekenen verliezen uit werk en woning**		282

6 Box 2: belastbaar inkomen uit aanmerkelijk belang — 285

- 6.1 Inleiding — 286
- 6.2 Aanmerkelijk belang — 287
  - 6.2.1 Inleiding — 287
  - 6.2.2 'Gewoon' aanmerkelijk belang — 288
  - 6.2.3 Meesleepregeling — 290
  - 6.2.4 Meetrekregeling — 291
  - 6.2.5 Fictief aanmerkelijk belang — 292
  - 6.2.6 Aanmerkelijk belang en het huwelijksvermogensrecht — 293
- 6.3 Reguliere voordelen — 293
- 6.4 Kosten ter verwerving van reguliere voordelen — 296
- 6.5 Vervreemdingsvoordelen — 296
  - 6.5.1 Inleiding — 296
  - 6.5.2 Overdrachtsprijs — 297
  - 6.5.3 Verkrijgingsprijs — 300
- 6.6 Fictieve vervreemdingen — 303
- 6.7 Doorschuifregelingen — 308
  - 6.7.1 Inleiding — 308
  - 6.7.2 Doorschuiven bij aangaan of verbreken huwelijksgemeenschap — 308
  - 6.7.3 Doorschuiven als belang daalt tot minder dan 5% — 311
  - 6.7.4 Doorschuiven en fusies — 312
  - 6.7.5 Doorschuiven en geruisloze terugkeer — 312
- 6.8 Aanmerkelijk belang en overlijden — 312
- 6.9 VBI en buitenlandse beleggingslichamen — 316
  - 6.9.1 VBI — 316
  - 6.9.2 Buitenlandse beleggingslichamen — 318
- 6.10 Genietingsmoment — 320
- 6.11 Verliesverrekening — 321

7 Box 3: belastbaar inkomen uit sparen en beleggen 323

7.1 Inleiding 324

7.2 Forfaitair rendement 324
- 7.2.1 Rendementsklassen 324
- 7.2.2 Vermogensmix 325
- 7.2.3 Peildatum 326
- 7.2.4 Heffingvrij vermogen 326
- 7.2.5 Persoonsgebonden aftrek 327
- 7.2.6 Tarief 327
- 7.2.7 Twee voorbeelden: van vermogen naar te betalen belasting 329

7.3 Bezittingen 330
- 7.3.1 Inleiding 330
- 7.3.2 Onroerende zaken 330
- 7.3.3 Rechten op onroerende zaken 331
- 7.3.4 Roerende zaken 331
- 7.3.5 Rechten op roerende zaken 332
- 7.3.6 Rechten die niet op zaken betrekking hebben 333
- 7.3.7 Overige vermogensrechten 334

7.4 Schulden 334
- 7.4.1 Inleiding 334
- 7.4.2 Belastingschulden 334
- 7.4.3 Drempelbedrag 335

7.5 Vrijstellingen 336
- 7.5.1 Inleiding 336
- 7.5.2 Verkrijging krachtens erfrecht 336
- 7.5.3 Bos, natuurterreinen en aangewezen landgoederen 337
- 7.5.4 Artistieke en wetenschappelijke voorwerpen 338
- 7.5.5 Rechten op roerende zaken krachtens erfrecht 338
- 7.5.6 Rechten op overlijdens- en invaliditeitsuitkeringen 339
- 7.5.7 Contanten en waardebonnen 339
- 7.5.8 Kortlopende termijnen van inkomsten en verplichtingen 340
- 7.5.9 Groene beleggingen 340
- 7.5.10 Nettolijfrenten 340
- 7.5.11 Nettopensioen 341

7.6 Waardering 342
- 7.6.1 Inleiding 342
- 7.6.2 Tweede woning en andere woningen anders dan de eigen woning 342
- 7.6.3 Effecten 344
- 7.6.4 Genotsrechten 345

8 Persoonsgebonden aftrek — 351

8.1	Inleiding	352
8.2	Tijdstip van aftrek	353
8.3	Uitgaven voor onderhoudsverplichtingen	353
8.4	Uitgaven voor specifieke zorgkosten	356
	8.4.1 Opbouw uitgaven specifieke zorgkosten (art. 6.17 Wet IB)	357
	8.4.2 Beperking uitgaven voor specifieke zorgkosten (art. 6.18 Wet IB)	358
	8.4.3 Verhoging uitgaven voor specifieke zorgkosten (art. 6.19 Wet IB)	359
	8.4.4 Drempel uitgaven specifieke zorgkosten (art. 6.20 Wet IB)	360
	8.4.5 Tegemoetkomingsregeling specifieke zorgkosten	360
8.5	Weekenduitgaven voor gehandicapten (art. 6.25 en 6.26 Wet IB)	362
8.6	Scholingsuitgaven (art. 6.27 – 6.30 Wet IB)	362
	8.6.1 Omschrijving (art. 6.27 Wet IB)	363
	8.6.2 Beperkingen (art. 6.28)	364
	8.6.3 Drempel en maximum (art. 6.30 Wet IB)	364
8.7	Aftrekbare giften (art. 6.32 – 6.39a Wet IB)	365

9 Vennootschapsbelasting — 369

9.1	Inleiding	370
9.2	Subjectieve belastingplicht (wie?)	371
	9.2.1 Inleiding	371
	9.2.2 Binnenlandse belastingplicht	371
	9.2.3 Vrijstellingen	375
9.3	Objectieve belastingplicht (waarover?)	377
	9.3.1 Grondslag bepalen	377
	9.3.2 Stap 1: fiscale winstberekening	378
	9.3.3 Stap 2: fiscale winst bepalen	381
	9.3.4 Stap 3: belastbaar bedrag bepalen	383
	9.3.5 Schematisch overzicht berekening belastbaar bedrag	384
	9.3.6 Kapitaalstortingen	385
	9.3.7 Onttrekkingen	388
	9.3.8 Aftrekbare bedragen	390
	9.3.9 Niet-aftrekbare bedragen	391

	9.3.10	Giften	392
	9.3.11	Te verrekenen verliezen	393
	9.3.12	Eindafrekening	395

9.4 Tarief (hoeveel?) 396
- 9.4.1 Normaal tarief 396
- 9.4.2 Bijzonder tarief: fiscale beleggingsinstelling 397
- 9.4.3 Bijzonder tarief: innovatiebox 397

9.5 Renteaftrekbeperkingen 398
- 9.5.1 Inleiding 398
- 9.5.2 Hybride lening (art. 10 lid 1 letter d Wet Vpb) 399
- 9.5.3 Kasrondjes en leningen van verbonden lichamen 400
- 9.5.4 Earningsstrippingsmaatregel 401

9.6 Deelnemingsvrijstelling 403
- 9.6.1 Inleiding 403
- 9.6.2 Begrip deelneming 404
- 9.6.3 Gevolgen deelnemingsvrijstelling 407
- 9.6.4 Deelnemingskosten 409
- 9.6.5 Liquidatieverliezen 409

9.7 (Afgewaardeerde) vorderingen 411
- 9.7.1 Inleiding 411
- 9.7.2 Vervreemden dan wel overbrengen van afgewaardeerde vordering 412
- 9.7.3 Omzetten afgewaardeerde vordering 413

9.8 Fiscale eenheid 415
- 9.8.1 Inleiding 415
- 9.8.2 Voorwaarden voor aangaan fiscale eenheid 416
- 9.8.3 Gevolgen van aangaan fiscale eenheid 418
- 9.8.4 Voorwaarden en gevolgen beëindiging 421

9.9 Fusie & splitsing 423
- 9.9.1 Inleiding 423
- 9.9.2 Aandelenfusie 423
- 9.9.3 Bedrijfsfusie 424
- 9.9.4 Juridische fusie 427
- 9.9.5 Juridische splitsing 430

9.10 Geruisloze terugkeer 431
- 9.10.1 Inleiding 431
- 9.10.2 Vennootschapsbelasting 431
- 9.10.3 Inkomstenbelasting: aanmerkelijkbelangheffing (box 2) 435
- 9.10.4 Inkomstenbelasting: winst uit onderneming (box 1) 435

9.11	**Internationale maatregelen tegen belastingontwijking**	437
	9.11.1 Controlled Foreign Company (ATAD 1)	438
	9.11.2 Hybride mismatches (ATAD2)	438
9.12	**Dividendbelasting**	439

10 Omzetbelasting 441

10.1	**Inleiding**	442
10.2	**Wat is omzetbelasting?**	443
	10.2.1 Inleiding	443
	10.2.2 Invloed Unie	444
10.3	**Wie moet omzetbelasting voldoen?**	446
	10.3.1 Inleiding	446
	10.3.2 Ondernemer	446
	10.3.3 Overheid	452
	10.3.4 Fiscale eenheid	452
10.4	**Belastbaar feit 1: de levering van goederen**	455
	10.4.1 Inleiding	455
	10.4.2 Leveringen van goederen	456
	10.4.3 Specifieke situaties	463
	10.4.4 Plaats van de levering	467
10.5	**Belastbaar feit 2: Intracommunautaire verwerving (ICV)**	472
	10.5.1 Inleiding	473
	10.5.2 Het huidige systeem: ICP	474
	10.5.3 Overbrenging van een eigen goed naar een andere lidstaat	475
	10.5.4 Overbrengen van voorraad op afroep (art. 5c Wet OB)	476
	10.5.5 Gevolgen ICV	478
	10.5.6 Uitgesloten ICT	479
10.6	**Belastbaar feit 3: ICV van nieuwe vervoermiddelen**	480
10.7	**Belastbaar feit 4: invoer**	480
	10.7.1 Inleiding	481
	10.7.2 Invoer	481
	10.7.3 Uitvoer	481

10.8	**Belastbaar feit 5: diensten**		482
	10.8.1	Inleiding	482
	10.8.2	Het begrip dienst	482
	10.8.3	Plaats van dienst	484
10.9	**Belastbaar feit: gemengde prestaties**		496
10.10	**Waarover moet omzetbelasting worden berekend?**		497
	10.10.1	Inleiding	497
	10.10.2	De vergoeding	497
	10.10.3	Maatstaf van heffing bij interne leveringen	501
	10.10.4	Maatstaf van heffing bij fictieve diensten	502
	10.10.5	Maatstaf van heffing bij invoer	504
10.11	**Hoeveel omzetbelasting moet er worden voldaan?**		504
	10.11.1	Inleiding	504
	10.11.2	Tabel I	505
	10.11.3	Tabel II	506
10.12	**In hoeverre recht op de aftrek van voorbelasting?**		506
	10.12.1	Inleiding	506
	10.12.2	Voorwaarden aftrek van voorbelasting	507
	10.12.3	Aftrek bij belaste en vrijgestelde prestaties	512
	10.12.4	Vooraftrek bij invoer	517
	10.12.5	Aftrek voorbelasting en personenauto	518
	10.12.6	Aftrek buitenlandse omzetbelasting	522
	10.12.7	Uitsluiting aftrek voorbelasting	524
	10.12.8	Correctie ten onrechte betaalde omzetbelasting of verleende aftrek voorbelasting	525
10.13	**Door wie en wanneer moet de omzetbelasting worden voldaan?**		528
	10.13.1	Inleiding	528
	10.13.2	Wie voldoet de omzetzetbelasting?	528
	10.13.3	Verleggingsregelingen	528
	10.13.4	Wanneer wordt de omzetbelasting voldaan?	531
	10.13.5	Factuurstelsel	531
	10.13.6	Kasstelsel	532
	10.13.7	Aangifte en betaling	533
10.14	**Welke vrijstellingen kent de Wet OB?**		533
	10.14.1	Inleiding	534
	10.14.2	Verhuur onroerende zaken	535
	10.14.3	Levering van onroerende zaken	538
	10.14.4	Overige vrijstellingen	540
	10.14.5	Vrijgesteld beroep uitgeoefend in een bv	541

10.15	**Bijzondere regelingen**		541
	10.15.1	Inleiding	541
	10.15.2	De kleineondernemersregeling (KOR)	541
	10.15.3	Margeregeling	547
	10.15.4	Overdracht van een onderneming	552
10.16	**Administratieve verplichtingen**		552
	10.16.1	Inleiding	552
	10.16.2	Boekhoudverplichting	553
	10.16.3	Factuurverplichting	553
	10.16.4	Administratieve verplichtingen en ICP (listing)	557
	10.16.5	Forfaitaire berekeningsmethode	559
10.17	**Samenvatting en formulieren omzetbelasting**		562

11 Schenk- en erfbelasting 565

11.1	**Inleiding**		566
11.2	**Fiscale woonplaats**		566
11.3	**De tarieven**		567
11.4	**Vrijstellingen erfbelasting**		570
11.5	**Vrijstellingen schenkbelasting**		573
11.6	**Schenkbelasting**		578
	11.6.1	Schenkingsplan	578
	11.6.2	Schuldigerkenning	580
	11.6.3	Geldlening tegen te lage rente	581
	11.6.4	Voorwaardelijke schenkingen	582
11.7	**Verkrijgingen krachtens erfrecht**		583
	11.7.1	Wettelijk erfrecht	583
	11.7.2	De wettelijke verdeling	585
	11.7.3	Testamenten	586
	11.7.4	Erfrechtelijke verkrijgingen bij wetsfictie	588
	11.7.5	Algemene erfrechtelijke wetsficties	590
	11.7.6	Huwelijksgoederenrechtelijke ficties	592
	11.7.7	Eigendom omzetten in vruchtgebruik (art. 10 SW)	594
	11.7.8	Verkrijging op grond van een overeenkomst bij overlijden (art. 11 SW)	596

	11.7.9 Levensverzekeringen (art. 13 SW) en pensioen-bv's (art. 13a SW)	599
	11.7.10 Afgezonderde particuliere vermogens (art. 16 SW)	601
11.8	Waarderingsregels	602
11.9	Verkrijgingen vrij van recht	607
11.10	Bedrijfsopvolgingsfaciliteit in de Successiewet	608
11.11	Aangifte doen	612

12 Wet Belastingen van Rechtsverkeer — 613

12.1	Inleiding	614
12.2	Overdrachtsbelasting	614
	12.2.1 Het belastbare feit	614
	12.2.2 Fictieve onroerende zaken	616
	12.2.3 Uitgezonderde verkrijgingen	618
	12.2.4 Maatstaf van heffing	619
	12.2.5 Beperkte rechten	620
	12.2.6 Verdeling van gezamenlijke eigendom of gezamenlijke rechten	622
	12.2.7 Verkrijgingen binnen 6 maanden na de vorige verkrijging	623
	12.2.8 Tarief en vrijstellingen	624
	12.2.9 Samenloop met erf- of schenkbelasting	631
	12.2.10 Wijze van heffing van overdrachtsbelasting	632
	12.2.11 Teruggaaf van overdrachtsbelasting	632
12.3	Assurantiebelasting	632

13 Formeel belastingrecht — 635

13.1	Inleiding	636

ONDERDEEL A Algemene wet inzake rijksbelastingen — 636

13.2	Inleiding	636
13.3	Begripsbepalingen	637
13.4	Woonplaats of vestigingsplaats	639

13.5	**De aangifte**	640
	13.5.1 Inleiding	640
	13.5.2 Uitnodiging tot het doen van aangifte	640
	13.5.3 Verplichtingen met betrekking tot de aangifte	641
	13.5.4 Termijnen	642
	13.5.5 Actieve informatieverplichting	643
13.6	**Aanslagbelastingen**	643
	13.6.1 Inleiding	643
	13.6.2 Opleggen aanslag	644
	13.6.3 Voorlopige aanslag	645
	13.6.4 Te verrekenen bedragen	645
	13.6.5 De navorderingsaanslag	645
	13.6.6 Chronologisch overzicht	648
13.7	**Aangiftebelastingen**	648
	13.7.1 Inleiding	648
	13.7.2 Tijdvak- en tijdstipbelastingen	649
	13.7.3 Naheffingsaanslag	649
	13.7.4 Chronologisch overzicht	651
13.8	**Bezwaar en beroep**	651
	13.8.1 Inleiding	651
	13.8.2 Bezwaarschrift	652
	13.8.3 Beroep bij de rechtbank	656
	13.8.4 Het hoger beroep bij het gerechtshof	659
	13.8.5 Het beroep in cassatie bij de Hoge Raad	660
13.9	**Belastingrente**	662
13.10	**Revisierente**	664
13.11	**Vertegenwoordiging**	664
13.12	**Verplichtingen ten dienste van de belastingheffing**	665
	13.12.1 Inleiding	665
	13.12.2 Informatieplicht met betrekking tot de eigen belastingheffing	665
	13.12.3 Informatieverplichtingen in internationale verhoudingen	666
	13.12.4 Identificatieplicht	667
	13.12.5 Toegang tot gebouwen	667
	13.12.6 Geheimhouding	667
	13.12.7 Administratie	668
	13.12.8 De informatiebeschikking	669
	13.12.9 Informatieplicht met betrekking tot belastingheffing bij derden	670

13.13	Domicilie	670
13.14	Hardheidsclausule	671
13.15	Ambtshalve vermindering	671
13.16	**Bestuurlijke boeten**	672
	13.16.1 Inleiding	672
	13.16.2 Verzuimboete	673
	13.16.3 Vergrijpboete	673
	13.16.4 Voorschriften inzake het opleggen van bestuurlijke boeten	675
	13.16.5 Besluit Bestuurlijke Boeten Belastingdienst	675
13.17	Strafrechtelijke bepalingen	676

ONDERDEEL B **Invorderingswet** 677

13.18	Inleiding	677
13.19	Invorderingstermijn	678
13.20	Versneld invorderen	679
13.21	Dwanginvordering	680
13.22	Verzet	682
13.23	Verrekening van bedragen	683
13.24	Uitstel van betaling, kwijtschelding en verjaring	683
13.25	Invorderingsrente	684
13.26	Aansprakelijkheid	684
13.27	Formaliteiten bij de aansprakelijkstelling	687
13.28	Verplichtingen met betrekking tot de invordering	688

14 Internationaal belastingrecht — 691

- 14.1 Inleiding — 692
- 14.2 Buitenlandse belastingplichtigen op basis van de Wet Inkomstenbelasting — 693
- 14.3 Buitenlandse belastingplichtigen op basis van de Wet op de vennootschapsbelasting — 695
- 14.4 Heffingsbeginselen — 696
- 14.5 Economisch en juridisch dubbele heffing — 699
- 14.6 Woon- of vestigingsplaats — 700
- 14.7 Voorkomen dubbele belasting — 703
  - 14.7.1 Verdragen — 703
  - 14.7.2 Eenzijdige maatregelen — 712
- 14.8 Dividend, interest en royalty's — 715
  - 14.8.1 Dividend — 715
  - 14.8.2 Interest — 716
  - 14.8.3 Royalty's — 717
  - 14.8.4 Bronbelasting op interest en royalty's — 718
- 14.9 Winsttoedeling — 719
- 14.10 Uitzending van werknemer — 720
- 14.11 EU-recht en het belastingrecht in het kort — 723

Index — 725

HOOFDSTUK 1
Algemene inleiding

Door belasting te betalen, levert iedere burger een bijdrage aan de financiering van de overheid. Dit hoofdstuk bespreekt de plaats van het belastingrecht, de soorten belastingen, de beginselen die het belastingrecht kenmerken, waar welke bepalingen van het belastingrecht te vinden zijn, welke partijen een rol spelen in het belastingrecht en ten slotte welke invloed internationalisatie speelt.

- belastingheffing
- soorten belastingen
- beginselen
- vindplaatsen
- wetgever
- belastingdienst
- belastingplichtig
- internationalisatie

1.1 Doel van belastingheffing

Sinds mensenheugenis moeten mensen belasting betalen; iedereen krijgt hiermee te maken. Door belasting te betalen, levert iedere burger een bijdrage aan de financiering van de overheid. Het gaat dan niet alleen om bijdragen aan de centrale overheid (voorbeeld: inkomstenbelasting) maar ook aan de provincie of de gemeente (zoals de OZB, de onroerendezaakbelasting). Naast het heffen van belastingen kan de overheid haar activiteiten ook op andere wijze financieren. De overheid heeft de volgende mogelijkheden om haar uitgaven te dekken:
1. belastingen;
2. retributies;
3. sociale premies;
4. overige inkomsten.

Hierna worden al deze inkomstenbronnen van de overheid kort besproken.

Belastingen
1. *Belastingen:* verplichte bijdragen van burgers, zonder dat daar een specifieke tegenprestatie tegenover staat. De overheid gebruikt deze belastinggelden onder meer om wegen aan te leggen, de openbare orde te bewaken en de grenzen te verdedigen, maar dit zijn geen tegenprestaties aan individuele burgers. Bekende voorbeelden van belastingen zijn de inkomstenbelasting, vennootschapsbelasting en omzetbelasting.

Retributies
2. *Retributies:* vergoedingen die een burger moet betalen omdat hij bepaalde diensten van de overheid afneemt. Er staat dus een herkenbare tegenprestatie tegenover, zoals het afgeven van een rijbewijs, paspoort, bouwvergunning, etc. Feitelijk is het collegegeld dat een student betaalt ook een vorm van retributie.

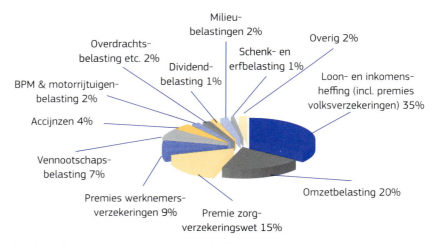

Raming belasting- en premieontvangsten 2021
Bron miljoenennota 2021

3. Sociale premies, onder te verdelen in:

Premie volksverzekeringen

3a. *Premie volksverzekeringen:* deze premies worden geheven om uitkeringen te kunnen betalen. Zo worden de huidige AOW-premies gebruikt om AOW-uitkeringen uit te betalen aan mensen die de AOW-gerechtigde leeftijd hebben bereikt. De inkomstenbelasting en de premie volksverzekeringen (AOW, Anw en Wlz) worden door de Belastingdienst geïnd via één gecombineerde aanslag inkomstenbelasting/premies volksverzekeringen.

Premies werknemersverzekeringen

3b. *Premies werknemersverzekeringen:* de WIA, ZW, Zvw en WW. Deze premies komen ten laste van de werkgever en worden door de Belastingdienst geïnd via de aangifte loonheffingen.

Overige

4. *Overige inkomsten,* zoals de inkomsten uit de verkoop van gas.

De belastingheffing dient niet alleen meer als financieringsbron van de overheid, want zij krijgt steeds vaker een secundair doel. Zo probeert de overheid via de belastingwetten bepaald gedrag te stimuleren of te ontmoedigen, bijvoorbeeld door:
– stimulering van startende ondernemers (startersaftrek);
– stimulering van nieuwe investeringen (investeringsregelingen);
– verkleining van inkomensverschillen (specifieke heffingskortingen zoals de ouderenkorting);
– bescherming van de gezondheid (accijns);
– bescherming van het milieu (mileuheffingen).

1.2 Plaats van het belastingrecht

1.2.1 Publiekrecht – privaatrecht

Publiekrecht

Het belastingrecht is onderdeel van het publiekrecht. Het publiekrecht regelt de verhouding tussen de overheid en haar burgers. Andere onderdelen van het publiekrecht zijn onder andere:
– staatsrecht (Grondwet, Provinciewet, Gemeentewet, etc.);
– bestuursrecht;
– strafrecht.

Privaatrecht

De overheid kan echter ook te maken krijgen met het privaatrecht. Bij het privaatrecht gaat het vooral om de verhouding tussen burgers onderling. De centrale overheid kan privaatrechtelijk optreden als zij niet zozeer als overheid optreedt, maar op gelijkwaardige basis handelt met haar burgers. Zo moet de overheid zich bij de aankoop van kantoorinventaris of bedrijfswagens houden aan de regels van het verbintenissenrecht. Zij handelt dan als ware zij een normale contractspartij, en niet in haar hoedanigheid van overheid.

Het is niet altijd eenvoudig om een onderscheid te maken tussen enerzijds de overheid in haar hoedanigheid van overheid, en anderzijds de overheid die handelt als ware zij een 'gewone' inwoner van Nederland.

1.2.2 Plaats binnen de wetten

Belastingrecht In de praktijk wordt het belastingrecht als één geheel gezien. Net als bij de andere rechtsgebieden vormt het belastingrecht echter een verzameling van wetten, die zich allemaal richten op het heffen van belasting. Zo kennen we in Nederland bijvoorbeeld de Wet inkomstenbelasting (Wet IB), de Wet op de vennootschapsbelasting (Wet Vpb), de Wet op de loonbelasting (Wet LB), de Wet belastingen van rechtsverkeer (WBRV), de Successiewet (SW) en de Wet op de omzetbelasting (Wet OB). In dit boek komen deze belastingvormen uitgebreid aan de orde.

1.2.3 Materieel recht – formeel recht

Materieel recht De in de vorige paragraaf genoemde belastingwetten zijn materiële belastingwetten. Zij gaan allemaal in op de wijze waarop moet worden bepaald hoeveel belasting er verschuldigd is. Naast het materiële recht kennen we ook het formele belastingrecht. Het formele belastingrecht gaat vooral over de verhouding Belastingdienst-belastingplichtige. In het formele belastingrecht staan regels met verplichtingen voor de belastingplichtige, zoals de aangifteplicht. Ook zijn grenzen gesteld aan de bevoegdheden van de Belastingdienst.

Formeel recht

Het formele belastingrecht wordt verhoudingsgewijs steeds belangrijker. Steeds vaker wordt gecontroleerd of de overheid de grenzen van haar bevoegdheden niet overschrijdt.

1.3 Soorten belastingen

1.3.1 Inleiding

Zoals in de vorige paragraaf al is opgemerkt, zijn er verschillende soorten belastingen. Zij kunnen op verschillende manieren worden gegroepeerd. In het kader van dit boek worden de volgende indelingen nader toegelicht:
a. wetgeving voor centrale overheid en lagere overheden;
b. directe en indirecte belastingen;
c. tijdstip- en tijdvakbelastingen;
d. aanslag- en aangiftebelastingen;
e. subjectieve en objectieve belastingen.

1.3.2 Wetgeving voor centrale overheid en lagere overheden

Inkomstenbelasting en omzetbelasting zijn voorbeelden van belastingen die door de centrale overheid worden geheven. Ook een provincie of gemeente mag belasting heffen. Zo zit in de motorrijtuigenbelasting een opslag die bestemd is voor de provincie waar de eigenaar van de auto woonachtig is. Een ander voorbeeld is de aanslag onroerendezaakbelasting, die wordt opgelegd door de gemeente waar een pand gelegen is.

1.3.3 Directe en indirecte belastingen

Directe belasting Bij directe belastingen wordt de belasting geheven bij degene die de belasting in zijn portemonnee moet voelen. Zo wordt de loonbelasting ingehouden op het salaris van een werknemer en moet een ondernemer inkomstenbelasting betalen over zijn bedrijfsresultaten. Als iemand dividend ontvangt van een bv, wordt op deze uitkering dividendbelasting ingehouden door de bv. Deze draagt de dividendbelasting namens de aandeelhouder af aan de Belastingdienst. Dividendbelasting is een directe belasting, omdat de verkrijger de belasting verschuldigd is, maar de heffing vindt plaats via de uitkerende vennootschap.

Indirecte belasting Bij een indirecte belasting zal degene bij wie de belasting wordt geheven, zijn betaling doorbelasten aan een ander. Een voorbeeld van een indirecte belasting is de omzetbelasting. Een ondernemer moet omzetbelasting betalen over zijn verkopen, maar deze belasting berekent hij door aan zijn afnemers door de verkoopprijs te verhogen. Op deze wijze betalen zijn klanten (indirect) de omzetbelasting.

1.3.4 Tijdstip- en tijdvakbelastingen

Tijdvakbelasting Bij het invullen van de aangifte inkomstenbelasting moet het inkomen over een heel kalenderjaar worden verantwoord. In dat geval is er sprake van een tijdvakbelasting. Een ander voorbeeld is de vennootschapsbelasting; ook deze wordt niet van dag tot dag geheven, maar over een langere periode.
Er zijn ook belastingheffingen die betrekking hebben op een gebeurtenis op een specifiek tijdstip. Zo moet overdrachtsbelasting worden betaald op het moment dat de eigendom van een woning wordt overgedragen. Deze belasting is dus een
Tijdstipbelasting tijdstipbelasting.

1.3.5 Aanslag- en aangiftebelastingen

Bij het onderscheid tussen een aanslagbelasting en een aangiftebelasting gaat het onder andere om de volgorde waarin een en ander geschiedt. Het is niet zo dat er bij een aanslagbelasting geen sprake is van het indienen van een aangifte, want dat moet wel degelijk gebeuren. Het onderscheid tussen een aanslag- en een aangiftebelasting heeft betrekking op het moment en de wijze waarop de verschuldigde belasting moet worden voldaan.

Aanslagbelasting — Bij een aanslagbelasting dient de belastingplichtige zijn aangifte in bij de Belastingdienst, die de aangifte verwerkt en een belastingaanslag oplegt. Pas nadat de belastingplichtige de aanslag heeft ontvangen, moet hij de verschuldigde belasting betalen. Voorbeelden van aanslagbelastingen zijn de inkomstenbelasting en de vennootschapsbelasting.

Bij aanslagbelastingen kan er nogal wat tijd zitten tussen het realiseren van de inkomsten, het aangeven van het inkomen (door het indienen van de belastingaangifte) en het opleggen van de uiteindelijke belastingaanslag. Daarom biedt de wet de mogelijkheid om door middel van voorlopige aanslagen de financiële lasten voor de belastingplichtige te spreiden. Hierdoor worden ook invorderingsproblemen voor de Belastingdienst voorkomen. De voorlopige aanslagen worden verrekend met de uiteindelijk verschuldigde belasting.

Aangiftebelasting — Ook bij een aangiftebelasting moet de belastingplichtige aangifte doen. Maar waar hij bij een aanslagbelasting kan wachten met betalen tot hij een aanslag krijgt, moet hij de verschuldigde belasting al afdragen op het moment dat hij de aangifte indient. Hij moet hierbij uitgaan van het belastingbedrag dat hij zelf heeft berekend. Mocht de aangifte niet kloppen, dan zal de Belastingdienst de te weinig of te veel afgedragen belasting naheffen of restitueren. Voorbeelden van aangiftebelastingen zijn de loonbelasting, dividendbelasting en de omzetbelasting.

> **Voorbeeld**
>
> Een ondernemer realiseert in een bepaald jaar een belastbare winst van € 60.000. Na afloop van het jaar verwerkt hij dit bedrag in zijn aangifte inkomstenbelasting. Na verloop van tijd wordt een aanslag opgelegd van (stel) € 25.000. Dit bedrag moet hij voldoen binnen 6 weken na de dagtekening van het aanslagbiljet. Dit betekent op dat moment een aanzienlijke aanslag op de liquiditeiten van deze ondernemer.
> Als de Belastingdienst het vermoeden heeft dat een belastingplichtige over een bepaald tijdvak een aanzienlijk bedrag aan belasting moet voldoen, zal hij een schatting maken van het uiteindelijk verschuldigde bedrag. De Belastingdienst legt dan een voorlopige aanslag op, die de ondernemer in termijnen mag betalen. Nadat de aangifte is ingediend, wordt een definitieve berekening gemaakt van de verschuldigde belasting en moet de belastingplichtige het verschil tussen de voorlopige aanslag en de definitieve aanslag nog voldoen. Als de voorlopige aanslag achteraf te hoog was, krijgt hij de te veel betaalde belasting terug.

1.3.6 Subjectieve en objectieve belastingen

In veel fiscale regelingen wordt rekening gehouden met persoonlijke omstandigheden. Zo wordt bij het bepalen van de verschuldigde inkomstenbelasting onder meer rekening gehouden met de leeftijd van de belastingplichtige en het feit of hij/zij kinderen heeft. Als met dit soort omstandigheden rekening wordt gehouden, spreken we van een subjectieve belastingheffing. Er wordt namelijk rekening gehouden met de persoon (het 'subject') die de belasting verschuldigd is.

Subjectieve belasting

Bij een objectieve belasting wordt geen rekening gehouden met dit soort zaken. Zo moet bijvoorbeeld bij de overdrachtsbelasting 8% van de waarde van een pand dat wordt overgedragen, aan de Belastingdienst worden afgedragen (zie art. 14 lid 1 Wet BRV). Voor woningen bedraagt dit percentage onder bepaalde voorwaarden 2% (zie art. 14 lid 2 Wet BRV) of is de woning zelfs helemaal vrijgesteld (zie hoofdstuk 12).

Objectieve belasting

1.4 Beginselen in het belastingrecht

Belasting betalen is niet fijn, maar het is wel noodzakelijk voor het financieren van de overheidstaken. Aan ons systeem van belastingheffing liggen een aantal beginselen ten grondslag. Deze beginselen zijn:
– het draagkrachtbeginsel;
– het profijtbeginsel;
– het beginsel van de minste pijn;
– het beginsel van de bevoorrechte verkrijging;
Deze beginselen worden hierna kort besproken.

Draagkrachtbeginsel

Draagkrachtbeginsel

Het draagkrachtbeginsel wordt ook wel omschreven als: 'de sterkste schouders moeten de zwaarste lasten dragen'. Iedere Nederlander moet bijdragen aan het bekostigen van de overheidsuitgaven. Iemand met een hoog inkomen kan verhoudingsgewijs meer bijdragen dan iemand met een laag inkomen. Om deze reden kent de inkomstenbelasting een oplopend (progressief) tarief.

Profijtbeginsel

Profijtbeginsel

Iedere Nederlander heeft profijt van de zaken die de overheid voor haar rekening neemt. Denk hierbij bijvoorbeeld aan het organiseren van onderwijs en de aanleg van wegen. Er is niet altijd een direct verband tussen de betaalde belasting en het profijt dat iemand heeft van de zaken die de overheid regelt. Zo wordt onderwijs bekostigd uit de algemene middelen en moeten ook mensen die geen onderwijs volgen, hieraan een financiële bijdrage leveren door belasting te betalen. Uiteindelijk hebben ook deze mensen baat bij een goed opgeleide samenleving.

Beginsel van de minste pijn

Beginsel van de minste pijn

Niemand vindt het leuk om belasting te betalen. Dit gevoel wordt sterker naarmate de te betalen belasting hoger wordt. Het overboeken van € 10 doet minder pijn dan een betaling van € 100.000. Met het oog hierop worden bepaalde belastingen geheven zonder dat de belastingplichtige dit merkt. Zo wordt de inkomstenbelasting die een werknemer is verschuldigd, in belangrijke mate geïnd door zijn werkgever loonbelasting te laten inhouden op zijn salaris. Omdat de werknemer vooral kijkt naar het bedrag dat hij netto overhoudt, merkt hij weinig van het feit dat er loonbelasting op zijn salaris is ingehouden. Deze ingehouden loonbelasting is een voorheffing op de uiteindelijk door hem verschuldigde inkomstenbelasting.

Beginsel van de bevoorrechte verkrijging

Beginsel van de bevoorrechte verkrijging

Sommige mensen in Nederland vinden het niet terecht dat je belasting moet betalen als je een prijs wint in een loterij of een erfenis ontvangt. Toch moeten mensen in dergelijke situaties respectievelijk kansspelbelasting en erfbelasting betalen, omdat zij een financiële meevaller hebben ontvangen én een heffing op deze meevaller minder in de portemonnee wordt gevoeld. Deze heffing is eenmalig en heeft daardoor geen invloed op het maandelijkse inkomen van de betreffende persoon.

1.5 Vindplaatsen in het belastingrecht

Bronnen

Het belastingrecht is deels zo gecompliceerd doordat het gebruikmaakt van vele geschreven en ongeschreven bronnen:
- wetgeving;
- uitvoeringsregelingen en -besluiten;
- Europese richtlijnen;
- besluiten;
- algemene beginselen van behoorlijk bestuur;
- rechtspraak (jurisprudentie).

Deze bronnen worden in de volgende paragrafen besproken. Daarnaast heeft Nederland ook belastingverdragen gesloten met een groot aantal andere landen. Hier wordt nader op ingegaan in hoofdstuk 14.

1.5.1 Wetgeving

De wetgeving dient ter bescherming van de grondrechten. Hierbij moet onderscheid worden gemaakt tussen de verticale en horizontale werking van grondrechten.

Verticale werking
— Onder *verticale werking* van grondrechten wordt verstaan de bescherming van grondrechten in de relatie tussen overheid en burger. Deze dienen te allen tijde in acht te worden genomen en zijn in Nederland in de grondwet vastgelegd of de overheid schept voorwaarden zodat deze grondrechten beschermd worden.

Horizontale werking
— Onder de *horizontale werking* wordt verstaan de handhaving van grondrechten tussen burgers en/of rechtspersonen onderling. De horizontale werking is veelal niet wettelijk geregeld en lastiger omdat verschillende rechten van burgers met elkaar in conflict kunnen komen. De rechter zal vaak bezien of een bepaald grondrecht tussen burgers onderling gehandhaafd kan worden.

Het is de taak van de wetgever om de financiële lasten van de overheid op een zo goed mogelijke manier te verdelen. De Tweede en Eerste Kamer in samenwerking met de regering houden zich bezig met het vervaardigen van wetten op belastinggebied. Zij zijn dus ook verantwoordelijk voor de structuur van de diverse belastingwetten. Dit is vastgelegd in de Grondwet (art. 81 GW). De wetgever moet ervoor zorgen dat de in de vorige paragraaf genoemde beginselen die aan ons belastingsysteem ten grondslag liggen, worden gewaarborgd. Een burger kan niet naar de rechter stappen als hij van mening is dat een belastingwet niet aan die beginselen voldoet.

1.5.2 Uitvoeringsregelingen en -besluiten

In de diverse wetten wordt regelmatig verwezen naar andere regelingen. Het gaat dan om delegatiebepalingen. In de wettekstenbundel zijn uitvoeringsbesluiten en uitvoeringsregelingen opgenomen. Dit zijn voorbeelden van delegatiebepalingen.

Algemene maatregel van bestuur
Als in een wettekst staat dat een en ander nader is geregeld in een algemene maatregel van bestuur, kan dit worden vastgelegd in een uitvoeringsbesluit.

Voorbeeld

In art. 5.22 lid 1 Wet IB wordt gesteld dat bij algemene maatregel van bestuur regels worden gesteld met betrekking tot de in aanmerking te nemen waarde van genotsrechten in box 3. Deze regels zijn vastgelegd in art. 18 en volgende van het Uitv.besl. IB.

Ministeriële regeling Staat in een wettekst dat een en ander nader wordt uitgewerkt in een ministeriële regeling, dan is dat terug te vinden in de uitvoeringsregeling die bij de betreffende wet hoort.

> **Voorbeeld**
>
> In art. 1.5 Wet IB staat aangeven dat bij ministeriële regeling regels worden gesteld op grond waarvan kan worden bepaald of een kind in belangrijke mate wordt onderhouden. Deze regels zijn opgenomen in art. 2 Uitv.reg. IB.

De opzet van de uitvoeringsbesluiten en de uitvoeringsregelingen loopt parallel met de opzet van de wet waarop zij betrekking hebben. Vergelijk de hoofdstukindeling van de Wet IB maar met die van de Uitvoeringsregeling IB.

Voor het opstellen of wijzigen van een wet moet aan een aantal formaliteiten worden voldaan. Zo moet bijvoorbeeld advies worden gevraagd aan de Raad van State. Daardoor duurt het relatief lang voordat de wet is gewijzigd of een wetswijziging in de wet is opgenomen. Bij het opstellen van een uitvoeringsbesluit of uitvoeringsregeling gelden minder formele eisen. Wijzigingen hierin worden dan ook sneller ingevoerd. De regelingen die in een uitvoeringsbesluit of uitvoeringsregeling zijn opgenomen, mogen echter niet in strijd zijn met hetgeen in de wet waarop zij betrekking hebben, is bepaald.

1.5.3 Europese richtlijnen

Europese richtlijnen Nederland maakt deel uit van de Europese Unie. Binnen Europa worden afspraken gemaakt, die in bepaalde gevallen worden vastgelegd in richtlijnen. De leden van de Europese Unie zijn gehouden om deze richtlijnen in hun nationale wetgeving op te nemen. Een burger kan zich op een richtlijn beroepen als deze niet tijdig in de Nederlandse wet is vastgelegd. De richtlijn heeft dan een rechtstreekse werking. De overheid mag zich echter níet op een richtlijn beroepen, want dan had zij er maar voor moeten zorgen dat de wet tijdig was aangepast.

> **Voorbeeld**
>
> Binnen Europa is afgesproken dat bepaalde diensten voor de omzetbelasting onder het lage btw-tarief vallen. Deze afspraak is vastgelegd in een Europese richtlijn. Stel dat Nederland deze richtlijn niet tijdig in zijn nationale wetgeving zou hebben geïmplementeerd. In dat geval kan een burger zich op deze richtlijn beroepen en mag hij uitgaan van het lage btw-tarief.

1.5.4 Besluiten

Besluiten Als een wet tot stand komt, wordt bij het wetsvoorstel een toelichting gegeven om onduidelijkheden te voorkomen. Toch leidt de toepassing van wetten wel eens tot problemen. Zo kunnen bepaalde gevolgen niet zijn voorzien. In dergelijke gevallen kan de staatssecretaris van Financiën via een besluit aangeven hoe hij denkt dat de wetgeving moet worden uitgelegd. Het gaat hier dus niet om een uitvoeringsbesluit of uitvoeringsregeling zoals weergegeven in paragraaf 1.5.2.

Bij het opleggen van aanslagen en innen van de belastingen zal de Belastingdienst rekening moeten houden met deze besluiten. Ook belastingplichtigen kunnen hiermee rekening houden. En als zij het niet eens zijn met de zienswijze van de staatssecretaris, moeten zij hun gelijk afdwingen via de rechter.

Pseudo-wetgeving Omdat Belastingdienst, belastingplichtigen en belastingadviseurs rekening moeten houden met wat in de besluiten staat, worden deze besluiten ook wel pseudo-wetgeving genoemd.

1.5.5 Algemene beginselen van behoorlijk bestuur

Algemene beginselen van behoorlijk bestuur De Belastingdienst moet zich bij het innen van belasting aan de wettelijke regels houden. Hij mag hier niet van afwijken. Bij het uitvoeren van zijn taken moet de Belastingdienst zich ook gedragen als een behoorlijk bestuurder. In de loop der tijd zijn in de rechtspraak criteria ontwikkeld waaraan een behoorlijk bestuurder

Vertrouwensbeginsel moet voldoen. Een van de belangrijkste beginselen is het *vertrouwensbeginsel*. Een belastingplichtige moet erop kunnen vertrouwen dat de Belastingdienst zijn toezeggingen nakomt. Hij kan echter geen rechten ontlenen aan algemene publicaties (brochures) of uitlatingen, bijvoorbeeld van medewerkers van de BelastingTelefoon.

Voorbeeld

Bert belt de BelastingTelefoon met de vraag of de rente die hij betaalt, aftrekbaar is. De medewerker van de Belastingdienst zegt dat dit mogelijk is. Bert trekt het bedrag af. Vervolgens krijgt hij bij de behandeling van zijn aangifte te horen dat de aftrek niet is toegestaan. Bert vindt dat hij erop mocht vertrouwen dat de rente aftrekbaar was. Dit is niet terecht. De BelastingTelefoon behandelt alleen vragen in het algemeen en gaat niet in op specifieke situaties. Wil Bert een toezegging krijgen waaraan hij rechten kan ontlenen, dan moet hij een brief sturen met daarin alle relevante informatie.
De inspecteur is alleen gebonden aan schriftelijke toezeggingen.

Gelijkheidsbeginsel — Een ander belangrijk beginsel is het *gelijkheidsbeginsel*. Op grond van dit beginsel mag de Belastingdienst bij het toepassen van de belastingwetten geen onderscheid maken: gelijke gevallen moeten op eenzelfde manier worden behandeld. Het is echter niet zo dat als iemand bij de Belastingdienst een fout maakt, alle andere belastingplichtigen kunnen eisen dat bij hen dezelfde fout wordt gemaakt.

Voorbeeld

Een collega van Bert uit het vorige voorbeeld verkeert in precies dezelfde situatie als Bert. Ook hij heeft de rente in zijn aangifte afgetrokken. Bij het opleggen van de aanslag is de Belastingdienst niet van de ingediende aangifte afgeweken. Bert vindt dat hij op grond van het gelijkheidsbeginsel de rente ook in aftrek mag brengen. Dit is echter alleen mogelijk als er geen sprake is van een incidentele fout. Alleen als in de meerderheid van de gevallen dezelfde 'fout' is gemaakt, kan een beroep op het gelijkheidsbeginsel slagen.

1.5.6 Rechtspraak (jurisprudentie)

Bezwaar — Als een belastingplichtige het niet eens is met een opgelegde aanslag, kan hij daartegen bezwaar maken. Dit bezwaarschrift moet hij indienen bij de Belastingdienst zelf. Die wordt in de gelegenheid gesteld om de aanslag te herzien. Mocht het meningsverschil niet (geheel) worden opgelost, dan mag een belastingplichtige in beroep gaan bij de rechtbank. De rechter zal dan uitsluitsel moeten geven, waarbij hij moet uitgaan van de wettekst. Hij moet bekijken of de wettekst op een juiste manier is toegepast en of er niet in strijd is gehandeld met een algemeen beginsel van behoorlijk bestuur.

Helaas is de wettekst niet altijd even duidelijk. De rechter kan dan van verschillende wetsuitleggen uitgaan:

Wetsuitleg
- hoe moet de tekst worden gelezen (grammaticale uitleg);
- wat is er gezegd bij het tot stand komen van de wet (historische uitleg);
- hoe zit de systematiek van de wet in elkaar (systematische uitleg);
- wat was de bedoeling van de wetgever (teleologische uitleg);
- wat zijn de maatschappelijke ontwikkelingen op dit punt (anticiperende uitleg).

Nadat de rechtbank uitspraak heeft gedaan, kunnen de betrokken partijen de zaak nog voorleggen aan het gerechtshof ('hoger beroep'). Als het gerechtshof uitspraak heeft gedaan, kunnen de belastingplichtige en de Belastingdienst nog in cassatie gaan. De Hoge Raad (de hoogste rechter in Nederland) bekijkt dan of het gerechtshof de wet op een juiste manier heeft toegepast. Hij gaat niet meer in op de feiten die spelen, maar gaat uit van de door het gerechtshof vastgestelde feiten.

De uitspraken van de rechter zijn niet alleen belangrijk voor de betreffende belastingplichtige, maar ook voor andere belastingplichtigen die in een soortgelijke situatie verkeren. Zij kunnen rechten ontlenen aan de uitspraak van de rechter, zeker als het een uitspraak van de Hoge Raad betreft. In soortgelijke gevallen zal de wettekst namelijk op eenzelfde manier moeten worden toegepast. Het bijhouden van de jurisprudentie is dus erg belangrijk voor fiscalisten en juristen. Door dit alles krijgen bepaalde begrippen een eigen betekenis en wordt het vakjargon. Zo hebben bepaalde woorden in wetteksten een eigen betekenis gekregen.

> **Voorbeeld**
>
> In diverse wetteksten komen onderstaande begrippen voor. Op grond van de jurisprudentie horen daar de percentages bij die achter de begrippen staan.
> Nagenoeg geheel = 90% of meer
> Hoofdzakelijk = 70% of meer
> Grotendeels = meer dan 50%
> In belangrijke mate = 30% of meer
> In enigszins belangrijke mate = 15% of meer
> Bijkomstig = 10% of minder

1.6 Partijen binnen het belastingrecht

1.6.1 Wetgever

Wetgever De Tweede Kamer heeft het recht om zelf wetsvoorstellen in te dienen of wijzigingen voor wetsvoorstellen van de regering voor te stellen. Ministers en staatssecretarissen moeten de Tweede Kamer goed informeren. Tweede Kamerleden mogen de bewindslieden vragen stellen en ter verantwoording roepen. Zij kunnen moties indienen om een oordeel te geven over het gevoerde beleid, om de regering te vragen iets te doen of juist niet te doen of om meer in het algemeen een uitspraak te doen over bepaalde zaken of actuele ontwikkelingen.

De wetgevende taak van de Eerste Kamer houdt in dat zij wetsvoorstellen die de Tweede Kamer heeft aangenomen, moet goedkeuren. Pas daarna kan een wetsvoorstel werkelijk een wet worden. De Eerste Kamer kan geen wijzigingen aanbrengen in een wetsvoorstel, maar een voorstel alleen goedkeuren of verwerpen.

De Eerste en Tweede Kamer vormen samen het parlement. De Tweede en Eerste Kamer bepalen dus samen hoe de belastingheffing in Nederland wordt vormgegeven. Hierbij moeten zij rekening houden met het feit dat Nederland lid is van de Europese Unie en zich dus moet houden aan de afspraken die in dat verband worden gemaakt. Verder moeten zij rekening houden met de regelgeving in de ons omringende landen.

> **Voorbeeld**
>
> Als Nederland de accijns op benzine sterk verhoogt, kan dat tot gevolg hebben dat Nederlanders in Duitsland of België gaan tanken. Als zij dat doen, bestaat tevens het gevaar dat ze daar boodschappen gaan doen. Dit kan verstrekkende gevolgen hebben voor de middenstand in de grensstreek.

1.6.2 Belastingdienst

Belastingdienst De voornaamste taak van de Belastingdienst is het uitvoeren van de fiscale regelgeving en het innen van de belastingen en premies die moeten worden afgedragen. Daarnaast verstrekt de Belastingdienst steeds meer informatie over de belastingheffing in Nederland, op diverse manieren en via diverse kanalen. Zo is er een speciale informatiemap voor startende ondernemers en worden er tal van brochures uitgegeven. Ook via internet (www.belastingdienst.nl) is de nodige informatie op te vragen. Een belastingplichtige kan ook vragen voorleggen aan de Belastingdienst en afspraken maken over de wijze waarop bepaalde geld- of goederenstromen worden belast.

Compliance De strategische doelstelling achter de (handhavings)activiteiten van de Belastingdienst, is het onderhouden en versterken van de zogeheten 'compliance'. Compliance houdt in dat een belastingplichtige – ongeacht of hij een burger of een ondernemer is – de regelgeving zo veel mogelijk uit zichzelf nakomt. Om dit te beïnvloeden, zet de Belastingdienst diverse middelen in. Een voorbeeld hiervan is het zogeheten 'horizontaal toezicht'.

Horizontaal toezicht Horizontaal toezicht is gebaseerd op de aanname dat de aangiften deskundig tot stand komen én correct zijn. Daartoe maakt de Belastingdienst afspraken met de belastingplichtige en zijn adviseur. Deze adviseur bespreekt de relevante fiscale kwesties met de Belastingdienst vóórdat de aangifte van de belastingplichtige wordt ingediend. Door relevante zaken van tevoren af te stemmen, hoeven er meestal geen controles plaats te vinden.

Toeslagen De afgelopen jaren heeft de Belastingdienst nog een andere belangrijke taak gekregen: het uitkeren van diverse toeslagen. Als mensen aan bepaalde criteria voldoen, kunnen zij aanspraak maken op een uitkering van de Belastingdienst (toeslag). De volgende toeslagen zijn mogelijk:
- zorgtoeslag (compensatie voor gestegen ziektekostenpremies);
- huurtoeslag (vroegere huursubsidie);
- kindgebonden budget (een tegemoetkoming voor gezinnen met kinderen die een laag inkomen hebben);
- kinderopvangtoeslag (bijdrage in de kosten van kinderopvang).

De Belastingdienst registreert het inkomen van iedere belastingplichtige in het Basisregistratie Inkomen (BRI). Dit inkomen baseert zij op de aangifte inkomstenbelasting dan wel, als men geen aangifte doet, op basis van de ontvangen jaaropgaven inzake de uitkeringen, het pensioen of loon uit loondienst.

HOOFDSTUK 1 | ALGEMENE INLEIDING

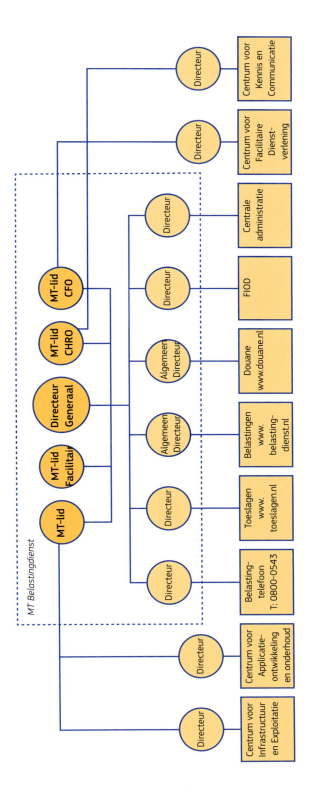

Het BRI is een registratie die andere overheidsorganisaties dan de Belastingdienst kunnen raadplegen voor de hoogte van het inkomen van personen. Diverse organisaties gebruiken het inkomen uit de BRI om bijvoorbeeld de hoogte van een toeslag of toelage te berekenen. De volgende instanties kunnen bijvoorbeeld rechtstreeks gebruikmaken van BRI:
– CAK (Centraal administratiekantoor);
– Belastingdienst/Toeslagen;
– Dienst Uitvoering Onderwijs (DUO);
– Raad voor Rechtsbijstand.

Een en ander is geregeld in hoofdstuk IVA van de AWR.

1.6.3 Belastingplichtige

Belastingplichtige

In elke belastingwet wordt aangegeven wie de belastingplichtige is. Per wet kan dat verschillen: zo is iedere natuurlijke persoon die in Nederland woont, in Nederland belastingplichtig voor de inkomstenbelasting. En mensen die niet in Nederland wonen, zijn toch in Nederland belastingplichtig als zij bepaalde inkomsten uit Nederland genieten (art. 1.1 en 2.1 Wet IB). Rechtspersonen worden niet in de heffing betrokken op grond van de Wet IB, maar op grond van de Wet Vpb.
Iedere belastingplichtige heeft bepaalde rechten, maar ook bepaalde verplichtingen. Deze rechten en plichten zijn hoofdzakelijk terug te vinden in de Algemene wet inzake rijksbelastingen (AWR) en de Algemene wet bestuursrecht (Awb) (zie ook hoofdstuk 13).

Voorbeeld

Als iemand een aangiftebiljet ontvangt of een verzoek ontvangt om aangifte te doen, moet hij dit (digitaal) ingevuld retourneren. Hij moet deze aangifte binnen de gestelde termijn inleveren en desgevraagd afschriften van bepaalde stukken meezenden. Gebeurt dit niet, dan kan de Belastingdienst een ambtshalve aanslag en een boete opleggen.
De Belastingdienst moet binnen een bepaalde termijn de aangifte verwerken en een aanslag opleggen. Doet hij dit niet, dan kan hij niet langer een aanslag opleggen over het betreffende jaar.

1.6.4 Belastingadviseur

Belastingadviseur

HUBA

Hoewel een ieder wordt geacht de wet te kennen, zijn veel mensen niet in staat om hun eigen aangifte in te vullen. Bepaalde groepen mensen kunnen bij de Belastingdienst terecht voor (digitale) hulp (HUBA = hulp bij aangifte). Anderen kunnen terecht bij professionele adviseurs. Deze vullen de biljetten van hun klanten in en verzorgen de communicatie met de Belastingdienst. Verder adviseren zij hun klanten omtrent het ontwijken van belastingen. Dat betekent dat zij zoeken naar fiscaal vriendelijke oplossingen voor hun cliënten. Let wel: er is een belangrijk verschil tussen ontwijken en ontduiken: ontwijken is toegestaan, maar ontduiken is fraude.

Hoewel de titel belastingadviseur niet beschermd is, zijn er toch een aantal beroepsorganisaties, zoals de Nederlandsche Orde van Belastingadviseurs (NOB), het Register Belastingadviseurs (RB) en de Nederlandse Orde van Administratie- en Belastingdeskundigen (NOAB). Verder behartigen veel accountants (RA's en AA's), administratieconsulenten en boekhouders de fiscale belangen van hun cliënten.

1.6.5 Belastingrechter

Belastingrechter
Als de Belastingdienst en de belastingplichtige van mening verschillen over de wijze waarop de belastingwetgeving moet worden toegepast, kunnen zij hun geschil voorleggen aan de rechter. Eerst moet de belastingplichtige bezwaar maken tegen de opgelegde aanslag. Als de Belastingdienst niet (geheel) aan het bezwaar tegemoetkomt, kan de belastingplichtige beroep aantekenen bij de rechtbank. De belastingkamer van de rechtbank kijkt naar de feitelijke situatie en geeft aan hoe zij tegen de zaak aankijkt. Als de uitspraak van de rechtbank niet tevreden stelt, kunnen beide partijen nog in hoger beroep bij het gerechtshof. Als ook de uitspraak van het gerechtshof niet de uitkomst biedt die men voor ogen had, kunnen partijen nog in cassatie gaan bij de Hoge Raad. Daar kan echter niet meer worden geprocedeerd over de feitelijke situatie, maar slechts over de al dan niet juiste toepassing van de wet (zie ook paragraaf 1.5.6).

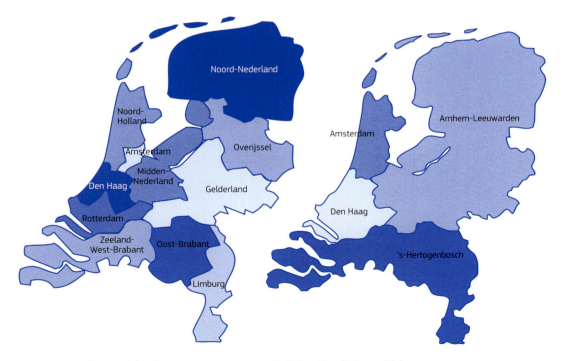

Nederland heeft 11 rechtbanken   Nederland heeft 4 gerechtshoven

1.7 Internationalisatie

Door globalisatie vervagen de landsgrenzen. Mensen, bedrijven en goederen trekken de hele wereld over. Zo kan het gebeuren dat mensen die in Nederland wonen, tijdelijk in Thailand werken voor het aanleggen van een haven. Zij doen dit dan bijvoorbeeld voor een Amerikaans bedrijf aan boord van een groot kraanvaartuig. Wie mag de inkomsten van deze werknemers belasten en waar wordt de winst van het bedrijf belast? Waar zijn deze werknemers verzekerd voor risico's als arbeidsongeschiktheid, werkloosheid etc.? Het antwoord op deze vragen moet duidelijk zijn, om een soepele wereldhandel mogelijk te maken. Daarom heeft Nederland met heel veel andere landen afspraken gemaakt over het toerekenen van inkomsten aan de betreffende landen. Deze afspraken zijn vastgelegd in *Belastingverdragen* belastingverdragen. Deze verdragen worden allemaal afgeleid van eenzelfde model, maar toch zijn er vele verschillen.

Specialisatie Internationaal belastingrecht is een specialisatie binnen het belastingrecht. Omdat er vaak grote belangen op het spel staan, zijn klanten bereid goed te betalen voor een gedegen advies. Een Amerikaans bedrijf kan bijvoorbeeld heel veel belasting besparen als het via Nederland werkzaamheden verricht in Azië.

Internationaal belastingrecht In de diverse hoofdstukken van dit boek wordt kort aandacht besteed aan de internationale aspecten van de diverse heffingen.

Onderwerp	Hoofdstuk(ken)
Omzetbelasting	10.2.2
	10.4.4
	10.5 t/m 10.7
	10.8.3
	10.11.3, 10.12, 10.13.3 en 10.16.4
Schenk- en erfbelasting	11.2
Belastingheffing in internationaal verband	14
Methodes ter voorkoming van dubbele heffing	14

In hoofdstuk 14 wordt uitgebreid ingegaan op de belastingheffing in internationaal verband. Ook bespreekt dit hoofdstuk de methodes om dubbele heffingen zoveel mogelijk te voorkomen.

HOOFDSTUK 2
Loonbelasting

De Wet op de loonbelasting 1964 (hierna: Wet LB) bepaalt dat een inhoudingsplichtige (meestal de werkgever van de werknemer) loonbelasting moet inhouden op het (bruto)loon van de werknemer, en moet afdragen aan de Belastingdienst. De werknemer mag deze loonbelasting in zijn aangifte inkomstenbelasting vervolgens verrekenen. Hoe dat in zijn werk gaat, komt in dit hoofdstuk aan de orde.

- dienstbetrekking
- inhoudingsplichtige
- vrijstellingen
- eindheffing
- vrijstellingen
- pensioen
- moment van heffing
- uniform heffingsloon

2.1 Inleiding

De Wet op de loonbelasting 1964 (hierna: Wet LB) bepaalt dat een inhoudingsplichtige (meestal de werkgever van de werknemer) loonbelasting moet inhouden op het (bruto)loon van de werknemer. Als de werknemer ook premieplichtig is voor de volksverzekeringen, wat meestal het geval is, moet de inhoudingsplichtige ook premie volksverzekeringen inhouden. De gezamenlijke heffing van loonbelasting en premie volksverzekeringen wordt ook wel 'loonheffing' genoemd. De Belastingdienst is ook belast met het innen van de premies werknemersverzekeringen en de inkomensafhankelijke bijdrage Zorgverzekeringswet (hierna: Zvw-bijdrage). De gezamenlijke heffing van loonbelasting, premie volksverzekeringen, premies werknemersverzekeringen en de Zvw-bijdrage wordt ook wel 'loonheffingen' genoemd. Het verschil tussen 'loonheffing' en 'loonheffingen' wordt dus gevormd door de premies werknemersverzekeringen en de Zvw-bijdrage. Omdat in dit hoofdstuk de Wet LB centraal staat, wordt in het vervolg van dit hoofdstuk uitsluitend de term loonbelasting gehanteerd.

Loonheffing(en)

De inhoudingsplichtige moet de door hem ingehouden loonbelasting periodiek afdragen aan de Belastingdienst (art. 27 lid 5 Wet LB). De werknemer mag de ingehouden loonbelasting in zijn aangifte inkomstenbelasting vervolgens verrekenen met de inkomstenbelasting die hij verschuldigd is over zijn totale inkomen (art. 9.2 lid 1 letter a Wet IB). De loonbelasting is dus in beginsel een voorheffing op de inkomstenbelasting. In beginsel, want veel werknemers hoeven geen aangifte inkomstenbelasting meer in te dienen omdat de al ingehouden loonbelasting in hun geval vrijwel overeenkomt met de te betalen inkomstenbelasting (art. 9.4 Wet IB). De loonbelasting is dan tegelijkertijd voorheffing en eindheffing.

Voorheffing

In dit hoofdstuk worden achtereenvolgens de volgende zaken besproken:
– Wie is betrokken bij de heffing van loonbelasting?
  - het begrip dienstbetrekking (paragraaf 2.2);
  - het begrip inhoudingsplichtige (paragraaf 2.3);
– Waarover wordt loonbelasting geheven?
  - loon (paragraaf 2.4);
  - vrijstellingen (paragraaf 2.5);
  - pensioenen (paragraaf 2.6);
– Hoeveel loonbelasting moet worden ingehouden (paragraaf 2.7)?
– Op welk moment moet de inhouding plaatsvinden (paragraaf 2.8)?
– Aan welke administratieve verplichtingen moet worden voldaan (paragraaf 2.9)?
– Hoe werkt het systeem van de eindheffingsregeling (paragraaf 2.10)?
– Welk eindheffingstarief is van toepassing (paragraaf 2.11)?
– Hoe werkt de naheffing van loonbelasting (paragraaf 2.12)?
– Hoe werkt het systeem van de uniforme heffingsgrondslag (paragraaf 2.13)?
– Hoe vindt een loonberekening plaats (paragraaf 2.14)?

In dit hoofdstuk wordt geen aandacht besteed aan de fiscale positie van artiesten, beroepssporters en buitenlandse gezelschappen in de Wet LB.

2.2 Dienstbetrekking

2.2.1 Inleiding

Werknemer De werknemer is de belangrijkste belastingplichtige voor de loonbelasting (art. 1 Wet LB). De loonbelasting wordt ingehouden op zijn loon (art. 27 lid 1 Wet LB).

Loonbelasting wordt geheven over het loon van de werknemer. In art. 2 Wet LB wordt het begrip werknemer als volgt gedefinieerd: 'Werknemer is de natuurlijke persoon die tot een inhoudingsplichtige in privaatrechtelijke of in publiekrechtelijke dienstbetrekking staat.'
Als werknemer wordt ook aangemerkt degene die loon geniet uit een bestaande of vroegere privaatrechtelijke of publiekrechtelijke dienstbetrekking van een ander.

Voorbeeld

Deko bv heeft in haar arbeidsovereenkomsten opgenomen dat bij overlijden van een werknemer diens echtgenote en eventueel thuiswonende kinderen die jonger zijn dan 30 jaar, recht hebben op een weduwen- of wezenpensioen. De uitbetaling van een dergelijk pensioen vormt voor de desbetreffende echtgenote en eventuele kinderen loon uit een vroegere dienstbetrekking van een ander, namelijk uit de dienstbetrekking van de overleden echtgenoot of vader.

Naast de privaatrechtelijke en de publiekrechtelijke dienstbetrekking, de zogenoemde echte dienstbetrekkingen, kent de Wet LB ook nog de fictieve dienstbetrekking en de oneigenlijke dienstbetrekking. Op deze begrippen wordt in paragraaf 2.2.4 en 2.2.5 nader ingegaan. Aan het einde van deze paragraaf wordt nog aandacht besteed aan de positie van huispersoneel. Ook wordt nog ingegaan op het verschil tussen loon uit tegenwoordige dienstbetrekking en loon uit vroegere dienstbetrekking.

2.2.2 Privaatrechtelijke dienstbetrekking

De Wet LB bevat geen definitie van het begrip dienstbetrekking. Voor het begrip privaatrechtelijke dienstbetrekking wordt in beginsel aangesloten bij het civiele *Arbeidsover-* begrip arbeidsovereenkomst, dat als volgt gedefinieerd is in art. 7:610 BW: *eenkomst* 'De overeenkomst waarbij de ene partij, de werknemer, zich verbindt in dienst van de andere partij, de werkgever, tegen loon gedurende zekere tijd arbeid te verrichten.'

Het is overigens niet van belang hoe partijen hun overeenkomst noemen. De feitelijke onderlinge verhouding is bepalend! De omschrijving van het begrip arbeidsovereenkomst bevat drie essentiële voorwaarden:
a. er moet sprake zijn van een gezagsverhouding tussen de werkgever en de werknemer; en
b. de werknemer is verplicht om gedurende zekere tijd persoonlijk arbeid te verrichten voor de werkgever; en
c. de werkgever is verplicht om de werknemer te belonen voor zijn arbeid.

Om van een privaatrechtelijke dienstbetrekking te kunnen spreken, moet dus aan alle voorwaarden worden voldaan.

Ad a. Gezagsverhouding

Ondergeschiktheid

Dit element is het meest essentiële voor het vaststellen van een privaatrechtelijke dienstbetrekking. Er moet sprake zijn van *ondergeschiktheid*: de werknemer is verplicht om opdrachten en aanwijzingen van de werkgever uit te voeren. Het is daarbij niet van belang of de werkgever ook daadwerkelijk opdrachten en aanwijzingen geeft. Als de werkgever bevoegd is om de werknemer opdrachten en aanwijzingen te geven, is er sprake van een gezagsverhouding.
In de praktijk neemt de rechter overigens al snel een gezagsverhouding aan als de arbeid een wezenlijk onderdeel is van de bedrijfsvoering van de onderneming. In een dergelijke situatie is het al snel aannemelijk dat de werkgever opdrachten en aanwijzingen geeft.

Voorbeeld

Frits werkt als docent algemene economie bij een hogeschool. Hij bepaalt zelf de inhoud van zijn lessen. De directeur van de hogeschool bemoeit zich niet met de lessen van de docent, maar is wel bevoegd om opdrachten en aanwijzingen (bijvoorbeeld van organisatorische aard) te geven. Hierdoor is er sprake van een gezagsverhouding.

Ad b. Persoonlijk verrichten van arbeid

Persoonlijk verrichten van arbeid

De werknemer is op grond van art. 7:659 lid 1 BW verplicht om de arbeid zelf (persoonlijk) te verrichten. De werknemer mag zich niet zonder voorafgaande toestemming van de werkgever laten vervangen bij de uitvoering van zijn werkzaamheden. Als de werknemer steeds zelf de arbeid verricht, wordt in beginsel aangenomen dat de werknemer verplicht is om de arbeid zelf te verrichten.
Het begrip arbeid wordt overigens ruim uitgelegd, want de arbeid kan zowel van lichamelijke als van geestelijke aard zijn. Ook is het niet van belang of de arbeid enige inspanning van de werknemer vergt, want ook wachten en/of slapen wordt als arbeid aangemerkt. Denk daarbij aan een brandweerman die in de brandweerkazerne paraat staat, of aan een arts in het ziekenhuis die slaapdienst heeft. Ten slotte is het ook niet belangrijk wanneer en hoe lang de arbeid wordt verricht. 'Een zekere tijd' betekent slechts enige tijd en niet een bepaalde tijd. Het is zelfs mogelijk dat een arbeidsovereenkomst slechts een paar minuten duurt. Denk

hierbij aan het geval waarin een nieuwe werknemer het al na enkele minuten voor gezien houdt omdat het werk niet aan zijn verwachtingen voldoet. Daardoor is al snel aan deze voorwaarde voldaan.

> **Voorbeeld**
>
> Ruben werkt als krantenbezorger voor het dagblad Roddelpers. Ruben mag zich zonder voorafgaande toestemming van het dagblad laten vervangen door een willekeurige andere bezorger, wat in de praktijk ook regelmatig gebeurt. Er is hier geen sprake van een privaatrechtelijke dienstbetrekking omdat Ruben niet verplicht is om de arbeid persoonlijk te verrichten.

Ad c. Loon

Loon   Onder loon wordt een vergoeding voor de verrichte arbeid verstaan. Die vergoeding kan in allerlei vormen voorkomen:
- geld (denk hierbij aan een vast bedrag in geld en/of allerhande variabele beloningen, zoals provisies, gratificaties en bonussen);
- verstrekkingen (denk hierbij bijvoorbeeld aan een conciërge die op het schoolterrein in een woning van de school mag wonen);
- aanspraken (denk aan een pensioentoezegging).

Als iemand alleen een vergoeding voor werkelijk gemaakte kosten ontvangt, wordt dat niet als loon aangemerkt. Denk hierbij met name aan vrijwilligers. In art. 2 lid 6 Wet LB is overigens een bepaling opgenomen op grond waarvan vrijwilligers onder bepaalde voorwaarden niet als werknemer worden aangemerkt. Op het begrip loon wordt in paragraaf 2.4 uitgebreid ingegaan.

> **Voorbeeld**
>
> Lars is gepensioneerd en met de plaatselijke buurtvereniging is afgesproken dat hij één keer per maand het buurtblad rondbrengt. Hierbij maakt hij gebruik van een brommertje. De buurtvereniging geeft Lars een kostendekkende vergoeding van € 0,10 per kilometer. Er is geen sprake van een privaatrechtelijke dienstbetrekking omdat het element loon ontbreekt. Lars krijgt immers slechts de werkelijke kosten vergoed.

2.2.3 Publiekrechtelijke dienstbetrekking

Naast de privaatrechtelijke dienstbetrekking kennen we ook nog de publiekrechtelijke dienstbetrekking. Deze berust niet op een arbeidsovereenkomst, maar op een aanstelling of benoeming. Voorbeelden hiervan zijn de burgemeester en de commissaris van de Koning. De drie voorwaarden van de privaatrechtelijke dienstbetrekking zijn bij een publiekrechtelijke dienstbetrekking niet van belang. Bij gekozen ambten, zoals bijvoorbeeld het ambt van gemeenteraadslid of Tweede Kamerlid, is er geen sprake van een aanstelling of benoeming, maar van een op democratische wijze gekozen ambt. Hierdoor is er bij dergelijke ambten geen sprake van een publiekrechtelijke dienstbetrekking.

2.2.4 Fictieve dienstbetrekking

Sommige arbeidsverhoudingen voldoen niet aan alle voorwaarden van een echte dienstbetrekking, zoals beschreven in paragraaf 2.2.2, waardoor geen loonbelasting hoeft te worden ingehouden en afgedragen. De wetgever heeft dit voor bepaalde arbeidsverhoudingen niet wenselijk geacht en heeft daarom de fictieve dienstbetrekking in het leven geroepen (art. 3 en 4 Wet LB). Heeft een inhoudingsplichtige in een bepaalde situatie vastgesteld dat er geen sprake is van een echte dienstbetrekking, dan moet hij nagaan of er mogelijk wel sprake is van een fictieve dienstbetrekking.

Fictieve dienstbetrekking

De Wet LB kent in totaal veertien fictieve dienstbetrekkingen. In hoofdstuk 2 van het Uitv.besl. LB is een aantal fictieve dienstbetrekkingen nader uitgewerkt. De belangrijkste worden hierna behandeld.

Aanneming van werk

Bij aanneming van werk (art. 3 lid 1 letter a en b Wet LB) komt de aannemer met de opdrachtgever overeen dat hij een bepaald 'werk' persoonlijk en tegen een bepaalde prijs tot stand zal brengen. Het moet hierbij gaan om een werk van stoffelijke aard, zoals het schilderen van een huis of het aanleggen van een tuin. Bij het verlenen van een dienst, is er geen sprake van aanneming van werk.

Werk van stoffelijke aard

Uit de tekst van art. 3 lid 1 letter a Wet LB blijkt dat een ondernemer en een thuiswerker niet onder deze fictieve dienstbetrekking vallen. Verder blijkt uit art. 3 lid 2 Wet LB dat de fictieve dienstbetrekking ook niet aan de orde is als de overeenkomst van aanneming van werk rechtstreeks is aangegaan met een natuurlijk persoon, ten behoeve van diens persoonlijke aangelegenheden. Overigens moet dan nog wel worden bekeken of er geen andere fictieve dienstbetrekking van toepassing is.

> **Voorbeeld**
>
> Jan laat in de avonduren voor € 1.250 zijn huis schilderen door een schilder die in de avonduren wat bijklust. Er is geen sprake van een echte dienstbetrekking. Er is hier ook geen sprake van een fictieve dienstbetrekking in de zin van art. 3 lid 1 letter a Wet LB omdat Jan de overeenkomst rechtstreeks is aangegaan ten behoeve van zijn persoonlijke aangelegenheid: het schilderen van zijn huis. Jan hoeft dus op de vergoeding van € 1.250 geen loonbelasting in te houden.

Stagiairs

Vakbekwaamheid

Leerlingen en studenten die werkzaam zijn bij een bedrijf met de bedoeling om vakbekwaamheid op te doen en die hiervoor een stagevergoeding ontvangen die niet uitsluitend bestaat uit het ontvangen van onderwijs, zijn in fictieve dienstbetrekking werkzaam bij hun stagebedrijf (art. 3 lid 1 letter e Wet LB).

> **Voorbeeld**
>
> Hans werkt via zijn onderwijsinstelling als stagiair bij een accountantskantoor om daar het vak te leren. Er is geen sprake van een echte dienstbetrekking. Als Hans een stagevergoeding ontvangt, is er echter wel sprake van een fictieve dienstbetrekking en moet het accountantskantoor loonbelasting inhouden op de stagevergoeding.

Meewerkende kinderen

Als een kind van 15 jaar of ouder meewerkt in de onderneming van zijn ouders, is er altijd sprake van een dienstbetrekking. Is het kind werkzaam onder dezelfde arbeidsvoorwaarden als het overige personeel, dan is er sprake van een echte dienstbetrekking. In andere gevallen gaat het om een fictieve dienstbetrekking (art. 3 lid 1 letter f Wet LB).

Is het kind ondernemer, dan is er geen dienstbetrekking tussen de ouders en het kind. In dat geval moet het kind het resultaat als winst uit onderneming aangeven in zijn aangifte inkomstenbelasting.

Aanmerkelijkbelanghouder

Degene die arbeid verricht voor een lichaam waarin hij of zijn partner (als bedoeld in art. 12a lid 7 letter a Wet LB) een aanmerkelijk belang heeft, is voor de Wet LB altijd in een dienstbetrekking werkzaam. Dit kan een echte dienstbetrekking zijn (de bestuurder is formeel immers onderworpen aan het gezag van de algemene vergadering van aandeelhouders), maar het kan ook gaan om een fictieve dienstbetrekking (art. 4 letter d Wet LB en art. 2h Uitv.besl. LB).

Aanmerkelijk belang — Iemand bezit een aanmerkelijk belang als hij minimaal 5% van het geplaatste aandelenkapitaal van een vennootschap bezit of een recht (optie) heeft om minimaal 5% van het geplaatste kapitaal te kopen (zie ook hoofdstuk 6). Ook de fiscale partner van de aanmerkelijkbelanghouder kan onder deze fictieve dienstbetrekking vallen. Hierbij is het huwelijksgoederenregime niet van belang. Deze fictieve

Gebruikelijkloonregeling — dienstbetrekking dient om de heffing in het kader van de zogenoemde gebruikelijkloonregeling mogelijk te maken (zie paragraaf 2.4.11).

> **Voorbeeld**
>
> Abel bezit alle aandelen in Abeltje bv. Abel is als enige werknemer werkzaam voor Abeltje bv. Voor zijn werkzaamheden ontvangt hij geen beloning. Er is hierdoor geen sprake van een privaatrechtelijke dienstbetrekking, maar wel van een fictieve dienstbetrekking, gelet op het 100%-belang van Abel in Abeltje bv, waardoor over het fictieve loon loonbelasting kan worden geheven.

Gelijkgesteldenregeling

Onder een gelijkgestelde verstaan we iemand die in maatschappelijk opzicht gelijk kan worden gesteld met een echte werknemer. De fictieve dienstbetrekking van de gelijkgestelde is een *Vangnetbepaling*, geregeld in art. 4 letter e Wet LB en nader uitgewerkt in art. 2c Uitv.besl. LB. Daarnaast is ook nog van belang hetgeen is bepaald in art. 2e lid 2 Uitv.besl. LB.

Deze fictieve dienstbetrekking is op grond van art. 2c Uitv.besl. LB van toepassing op degene die:
- niet op grond van de eerdergenoemde bepalingen in (fictieve) dienstbetrekking werkzaam is; en
- de arbeid persoonlijk verricht (hierbij speelt de vervangingsmogelijkheid opmerkelijk genoeg geen enkele rol; slechts de feitelijke situatie is bepalend); en
- doorgaans op minimaal 2 dagen per week arbeid verricht (hierbij speelt de duur van de werkzaamheden op de 2 dagen geen enkele rol); en
- doorgaans met deze arbeid ten minste 40% van het wettelijke brutominimumloon per week verdient.

Deze fictie is echter op grond van art. 2c lid 2 tot en met 4 Uitv.besl. LB en art. 2e lid 2 Uitv.besl. LB niet van toepassing op degene:
- wiens arbeidsverhouding korter dan 1 maand duurt (let op de uitzondering die voor opeenvolgende arbeidsverhoudingen geldt: als binnen 1 maand na afloop van de vorige arbeidsverhouding weer een nieuwe arbeidsverhouding wordt aangegaan én de tijdvakken waarvoor de arbeidsverhoudingen zijn aangegaan samen 1 maand of langer bedragen, kan er nog steeds sprake zijn van een fictieve dienstbetrekking);
- die als bestuurder van een vereniging of stichting persoonlijk arbeid verricht en hiervoor een beloning ontvangt;
- die ondernemer is;
- die arbeid verricht voor een natuurlijk persoon (de opdrachtgever) en is ingeschakeld ten behoeve van diens persoonlijke aangelegenheden;
- die een arbeidsverhouding met een familielid heeft die in overheersende mate wordt beheerst door de familieverhouding;
- die overwegend werk van geestelijke aard verricht (denk daarbij aan godsdienstige of levensbeschouwelijke werkzaamheden);
- die anders dan in de uitoefening van een beroep (het betreft hier dus een nevenactiviteit) werkzaam is als auteur of redactiemedewerker voor een uitgever.

Met ingang van 1 mei 2016 is deze fictieve dienstbetrekking op grond van art. 2e lid 2 letter f Uitv.besl. LB niet meer van toepassing op degene die werkzaam is op basis van een voor aanvang van de betaling van de beloning gesloten schriftelijke overeenkomst waaruit blijkt dat het de bedoeling is van beide partijen dat art. 2c Uitv.besl. LB niet van toepassing is.

> **Voorbeeld**
>
> Peter werkt 1 dag per week tegen het brutominimumloon bij een groot winkelbedrijf. Hij houdt zich daar bezig met het sorteren van kratten en lege flessen. Er is geen sprake van een privaatrechtelijke dienstbetrekking omdat Peter zich zonder voorafgaande toestemming mag laten vervangen, wat af en toe ook daadwerkelijk gebeurt. In dit geval is ook geen sprake van een fictieve dienstbetrekking op grond van de gelijkgesteldenregeling omdat Peter slechts 1 dag per week werkt. Daarom is er in deze situatie geen dienstbetrekking in de zin van de Wet LB.

Opting-in

Pseudowerknemer

Als een arbeidsverhouding voor de loonbelasting niet als een (fictieve) dienstbetrekking wordt aangemerkt, bestaat toch de mogelijkheid om vrijwillig te kiezen (opting-in) voor het toepassen van de Wet LB. Wie hiervoor kiest, wordt aangemerkt als een zogeheten 'pseudowerknemer' (art. 4 letter f Wet LB). Dit heeft voor de pseudowerknemer als voordeel dat hij gebruik kan maken van de voordelen van de Wet LB (zoals gerichte vrijstellingen, zie paragraaf 2.10.3). De keerzijde is dat voor de pseudo-inhoudingsplichtige ook de nadelen van de Wet LB (zoals het opnemen van de pseudowerknemer in de loonadministratie) van toepassing zijn.

Opteren voor loonbelasting kan slechts onder de volgende voorwaarden (art. 2g Uitv.besl. LB):
– De beoogde werknemer is geen ondernemer.
– De beoogde inhoudingsplichtige en de beoogde werknemer moeten vóór het moment waarop de eerste 'loonbetaling' plaatsvindt via een gezamenlijke verklaring melden dat de arbeidsverhouding als een dienstbetrekking moet worden aangemerkt.

2.2.5 Oneigenlijke dienstbetrekking

Oneigenlijke dienstbetrekking

De Wet LB kent ook nog de zogenoemde oneigenlijke dienstbetrekking (art. 34 Wet LB en art. 11 Uitv.besl. LB). Deze dient om de heffing van inkomstenbelasting gemakkelijker te maken. Voor het bepalen van het belastbaar loon voor de inkomstenbelasting wordt namelijk verwezen naar de Wet LB. Door bepaalde uitkeringen als loon aan te merken, kan er net als bij 'echt' loon loonbelasting worden ingehouden en krijgt de Belastingdienst op een eenvoudige wijze zijn geld. Op grond van art. 34 Wet LB wordt daarom ook loonbelasting geheven over termijnen van lijfrenten of andere periodieke uitkeringen/verstrekkingen, uitkeringen ter vervanging van gederfde of te derven periodieke uitkeringen/verstrekkingen en bepaalde afkoopsommen die natuurlijke personen genieten. Deze inkomsten worden op grond van art. 11 lid 2 Uitv.besl. LB aangemerkt als loon uit vroegere arbeid.

> **Voorbeeld**
>
> Ellen is 65 jaar en ontvangt van verzekeraar Interpolis maandelijks een lijfrente-uitkering. Interpolis moet op de lijfrente-uitkeringen loonbelasting inhouden.

2.2.6 Huispersoneel

Dienstverlening aan huis

De Wet LB kent een bijzondere regeling voor huispersoneel (zoals de huishoudster of de alfahulp) dat voor een natuurlijke persoon werkzaam is. Op grond van art. 5 Wet LB is er geen dienstbetrekking als:

Nagenoeg uitsluitend

- er uitsluitend of nagenoeg uitsluitend (= 90% of meer) huiselijke of persoonlijke diensten in het huishouden van de natuurlijke persoon worden verricht; en
- de werkzaamheden doorgaans op minder dan 4 dagen per week worden verricht.

Op grond van art. 5 lid 2 Wet LB valt onder het verrichten van diensten ook het verlenen van zorg aan de leden van het huishouden.

> **Voorbeeld**
>
> Anja werkt 12 uur per week in het huishouden van een apotheker. Zij werkt op maandag (4 uur), woensdag (4 uur) en vrijdag (4 uur). Op de beloning die zij daarvoor ontvangt, hoeft geen loonbelasting te worden ingehouden.
> Als Anja van deze 12 uur echter 5 uur besteedt aan het schoonmaken van de apotheek, moet er wel loonbelasting op haar (volledige) beloning worden ingehouden. In dat geval wordt namelijk niet meer voldaan aan de voorwaarde dat Anja 90% of meer van haar tijd in het huishouden van de apotheker moet werken.

2.2.7 Tegenwoordige en vroegere dienstbetrekking

De Wet LB kent een ruim werknemersbegrip. Daaronder vallen ook natuurlijke personen die loon genieten van een inhoudingsplichtige uit een vroegere privaatrechtelijke of publiekrechtelijke dienstbetrekking, terwijl de arbeidsovereenkomst civielrechtelijk is beëindigd.

Directe tegenprestatie

Bij loon uit tegenwoordige dienstbetrekking is er sprake van een directe tegenprestatie voor de (in een bepaald tijdvak) verrichte arbeid. Bij loon uit vroegere dienstbetrekking ontbreekt deze directe tegenprestatie. Het loon wordt dan uitbetaald op grond van in het verleden verrichte arbeid. Dit onderscheid is van belang omdat loon uit vroegere dienstbetrekking voor de loonbelasting anders wordt behandeld dan loon uit tegenwoordige dienstbetrekking. Zo wordt bij het bepalen van de in te houden loonbelasting bij loon uit vroegere dienstbetrekking geen rekening gehouden met de arbeidskorting (zie paragraaf 2.7.3 ad b), terwijl dit bij loon uit tegenwoordige arbeid wel gebeurt. Ook kan in beginsel slechts loon uit tegenwoordige dienstbetrekking worden aangewezen als eindheffingsloon in het kader van de werkkostenregeling (zie paragraaf 2.10.2 ad b). Op grond van art. 22a lid 3 Wet LB wordt een viertal loonbestanddelen door middel van een wetsfictie gelijkgesteld met loon uit tegenwoordige dienstbetrekking. Deze wetsfictie geldt voor de gehele Wet LB en dus niet alleen voor de toepassing van de arbeidskorting.

> **Voorbeeld**
>
> Janneke is op 65-jarige leeftijd met pensioen gegaan. De pensioenuitkeringen die Janneke ontvangt, vormen geen directe tegenprestatie voor de arbeid die zij in een bepaald tijdvak heeft verricht, maar hangen samen met haar werkzaamheden in het verleden. Er is dan ook sprake van loon uit vroegere dienstbetrekking.

2.3 Inhoudingsplichtige

2.3.1 Inleiding

Inhoudingsplichtige

In de Wet LB speelt het begrip inhoudingsplichtige een belangrijke rol. De inhoudingsplichtige is namelijk verplicht om de loonbelasting in te houden op het loon van de werknemer en deze loonbelasting vervolgens af te dragen aan de Belastingdienst. Zonder een in Nederland woonachtige of gevestigde inhoudingsplichtige is er geen verplichte heffing van loonbelasting mogelijk. Wel biedt art. 6 lid 2 letter b Wet LB de mogelijkheid om zich op vrijwillige basis aan te melden als inhoudingsplichtige.

Een inhoudingsplichtige kan zowel een natuurlijke persoon als een rechtspersoon zijn. Ook een samenwerkingsverband, zoals bijvoorbeeld een vof, een vennootschap of een vereniging, kan als inhoudingsplichtige worden aangemerkt. In deze paragraaf wordt zowel aandacht besteed aan de inhoudingsplichtige bij een echte dienstbetrekking als die bij een fictieve dienstbetrekking.

> **Voorbeeld**
>
> Een Nederlandse werknemer woont en werkt in Nederland, maar is werkzaam voor een in Duitsland gevestigde werkgever. De Duitse werkgever beschikt in Nederland niet over een vaste inrichting of een vaste vertegenwoordiger. De Duitse werkgever kan op grond van art. 6 lid 2 Wet LB daarom niet als inhoudingsplichtige worden aangemerkt, waardoor er op het loon van de Nederlandse werknemer geen Nederlandse loonbelasting moet worden ingehouden en afgedragen.

2.3.2 Inhoudingsplicht bij echte dienstbetrekkingen

Er bestaan drie soorten inhoudingsplichtigen (art. 6 Wet LB):
a. degene tot wie een of meer personen in dienstbetrekking staan;
b. degene die aan een of meer personen loon uit vroegere dienstbetrekking tot hemzelf of tot een ander verstrekt;
c. degene die ingevolge een aanspraak die niet tot het loon behoort, aan een of meer personen uitkeringen of verstrekkingen doet uit een dienstbetrekking tot een ander.

Ad a. Tegenwoordige dienstbetrekking
Deze bepaling heeft uitsluitend betrekking op een huidige privaatrechtelijke en publiekrechtelijke dienstbetrekking, dus bij de huidige werkgever.

Ad b. Vroegere dienstbetrekking tot hemzelf of tot een ander
Deze bepaling heeft uitsluitend betrekking op de vroegere (beëindigde) dienstbetrekking, dus bij een vroegere werkgever. Deze kan hebben bestaan tussen de ontvanger van het loon en de inhoudingsplichtige, maar ook tussen de ontvanger van het loon en een ander. Het is dus niet van belang of de ontvanger van het loon ooit een arbeidsverhouding heeft gehad met de inhoudingsplichtige.

Voorbeeld

Maxime is de weduwe van Albert. Zij ontvangt van het pensioenfonds van de oude werkgever van haar man maandelijks een partnerpensioen. Het pensioenfonds moet als inhoudingsplichtige loonbelasting inhouden op de maandelijkse pensioenuitkeringen.

Ad c. Uitkeringen of verstrekkingen uit een dienstbetrekking tot een ander

UWV Deze bepaling is van belang voor het Uitvoeringsinstituut Werknemersverzekeringen (UWV), dat belast is met het uitbetalen van uitkeringen op grond van de werknemersverzekeringen. Op grond van deze bepaling is het UWV inhoudingsplichtig voor de rechtstreeks door haar verstrekte uitkeringen (zoals de WW of de Ziektewet). Als de uitkering door tussenkomst van de werkgever wordt gedaan, is de werkgever inhoudingsplichtig.

2.3.3 Inhoudingsplicht bij fictieve dienstbetrekkingen

Fictieve inhoudingsplichtige Bij fictieve werknemers horen uiteraard ook fictieve inhoudingsplichtigen. Deze worden genoemd in art. 7 Wet LB. Bij de in paragraaf 2.2.4 genoemde voorbeelden van een fictieve dienstbetrekking horen de volgende fictieve inhoudingsplichtigen:

Fictieve dienstbetrekking	Fictieve inhoudingsplichtige
1. Aanneming van werk	1. Aanbesteder
2. Stagiair	2. Stagebedrijf
3. Meewerkend kind	3. Ouder(s)
4. Aanmerkelijkbelanghouder	4. Lichaam dat geacht wordt het fictieve loon te betalen
5. Gelijkgestelde	5. Degene die het loon betaalt
6. Pseudowerknemer	6. Opdrachtgever

Tabel 2.1 Soorten inhoudingsplichtigen bij fictieve dienstbetrekking

> **Voorbeeld**
>
> Wim is werkzaam als stagiair bij de KLM en ontvangt hiervoor een stagevergoeding van € 250 per maand. Omdat er sprake is van een fictieve dienstbetrekking, moet de KLM als inhoudingsplichtige loonbelasting inhouden. Dit moet gebeuren op het moment van de uitbetaling van de stagevergoeding.

2.3.4 Geen inhoudingsplicht

Soms is het onduidelijk of iemand al dan niet in loondienst werkzaam is. Hierdoor loopt de opdrachtgever het risico dat de Belastingdienst bij een loonbelastingcontrole achteraf de arbeidsrelatie als een dienstbetrekking zal aanmerken, waardoor de opdrachtgever een naheffingsrisico loopt (zie paragraaf 13.7.3). De opdrachtgever kon tot 1 mei 2016 dit naheffingsrisico op grond van art. 6a Wet LB onder voorwaarden voorkomen door het laten overleggen van een VAR-wuo/dga.

Wet DBA Met ingang van 1 mei 2016 is de Wet deregulering beoordeling arbeidsrelaties (Wet DBA) in werking getreden en is art. 6a Wet LB vervallen. Wel bestaat sindsdien de mogelijkheid om te gaan werken met overeenkomsten van opdracht en/of aanneming van werk die vooraf ter goedkeuring aan de Belastingdienst zijn voorgelegd. De opdrachtgever hoeft dan geen loonbelasting in te houden en af te dragen, zolang er feitelijk volgens de overeenkomst van opdracht en/of aanneming van werk wordt gewerkt. Ten behoeve van de praktijk heeft de Belastingdienst op zijn website goedgekeurde modelovereenkomsten van opdracht en aanneming van werk geplaatst waarbij er geen sprake is van een dienstbetrekking. Zie de website www.belastingdienst.nl, en zoek op modelovereenkomsten.

Modelovereenkomst Als gebruik wordt gemaakt van een goedgekeurde modelovereenkomst van opdracht of aanneming van werk, moet worden verwezen naar het kenmerknummer dat de Belastingdienst hieraan heeft toegekend. Als deze verwijzing niet wordt opgenomen, kan de opdrachtgever er niet van uitgaan dat hij geen loonbelasting hoeft in te houden en af te dragen. Het is toegestaan om aanpassingen in de overeenkomst van opdracht en aanneming van werk aan te brengen, mits deze maar geen afbreuk doen aan de in de modelovereenkomst gemarkeerde bepalingen.

Als er, al dan niet noodgedwongen, afwijkend van de overeenkomst van opdracht of aanneming van werk is gewerkt, is er geen sprake van een vrijwarende werking en loopt de opdrachtgever nog steeds een naheffingsrisico (zie paragraaf 13.7.3).

Transitieperiode Bij de invoering van de Wet DBA is een transitieperiode van 1 jaar ingevoerd om alle partijen in de gelegenheid te stellen om in samenspraak met de Belastingdienst te komen tot een goedgekeurde overeenkomst van opdracht of aanneming van werk. De Wet DBA heeft in de praktijk echter voor de nodige uitvoeringsproblemen gezorgd. Om aan de praktijk tegemoet te komen, is de transitieperiode verlengd tot ten minste 1 oktober 2021, zodat alle partijen genoeg tijd hebben om alsnog tot een goedgekeurde overeenkomst van opdracht of aanneming van werk te komen. Sinds 11 januari 2021 wordt er een pilot met een webmodule gedaan om te bepalen of er wel of niet sprake is van een zelfstandige.

Deze wordt in de zomer van 2021 geëvalueerd. Als de webmodule als instrument behulpzaam blijkt te zijn, wordt er besloten over het eventueel definitief inzetten van de webmodule. De Belastingdienst heeft de handhaving van de Wet DBA voorlopig opgeschort en dus loopt de opdrachtgever in beginsel geen naheffingsrisico. Alleen als er sprake is van een zogenoemde kwaadwillende of de Belastingdienst tijdens een bedrijfsbezoek aanwijzingen heeft gegeven die niet binnen een redelijke termijn worden opgevolgd, zal de Belastingdienst wel handhavend gaan optreden en geldt de verlengde transitieperiode dus niet. De Belastingdienst ziet de opdrachtgever als kwaadwillend als deze opzettelijk een situatie van evidente schijnzelfstandigheid laat ontstaan of voortbestaan omdat de opdrachtgever weet, of had kunnen weten, dat er feitelijk sprake is van een (fictieve) dienstbetrekking.

2.3.5 Samenhangende groep inhoudingsplichtigen

Samenhangende groep inhoudingsplichtigen

Inhoudingsplichtigen die deel uitmaken van een concern kunnen de Belastingdienst verzoeken om als een samenhangende groep inhoudingsplichtigen (SGI) te worden aangemerkt (art. 27e Wet LB). Hierdoor kan een werknemer binnen het concern gemakkelijker van inhoudingsplichtige veranderen (art. 6.4 en 7.10 Uitv.reg. LB) en zijn art. 7.5 Uitv.reg. LB (identificatieplicht) en art. 7.9 Uitv.reg. LB (opgave van gegevens door de werknemer) niet van toepassing. Hierdoor ontstaat dus een administratieve lastenverlichting.

2.4 Loon

2.4.1 Inleiding

Loonbegrippen Wet LB

De Wet LB kent een tweetal loonbegrippen: belastbaar loon en loon. In de praktijk wordt echter veel gebruikgemaakt van het zogenoemde tabelloon. In paragraaf 2.4.2 tot en met 2.4.4 wordt op deze drie begrippen dieper ingegaan.

Loon komt in twee verschijningsvormen voor: loon in geld en loon niet in geld (oftewel 'loon in natura'). Het loon in natura kan weer worden onderverdeeld in loon in de vorm van goederen en diensten en loon in de vorm van aanspraken (denk daarbij bijvoorbeeld aan pensioenrechten). Op deze zaken wordt in paragraaf 2.4.5 tot en met 2.4.7 nader ingegaan.

2.4.2 Belastbaar loon

Belastbaar loon

Het begrip belastbaar loon is in art. 9 lid 2 Wet LB gedefinieerd als 'het gezamenlijke bedrag aan loon'. Over het belastbare loon wordt de loonbelasting geheven.

2.4.3 Loon

Het begrip loon is gedefinieerd in art. 10 Wet LB: 'Loon is al hetgeen uit een dienstbetrekking of een vroegere dienstbetrekking wordt genoten, daaronder mede begrepen hetgeen wordt vergoed of verstrekt in het kader van de dienstbetrekking.' Dit is een brutobegrip; er wordt geen rekening gehouden met eventuele aftrekposten. De Wet LB kent een zeer ruim loonbegrip, met slechts twee kanttekeningen:

Causaal verband
– Er moet een causaal verband zijn tussen de beloning en de dienstbetrekking (de beloning moet uit de dienstbetrekking voortvloeien).

Bewustheid
– De werkgever moet zich van de beloning bewust zijn. De bewustheid bij de werknemer speelt geen rol.

Voorbeeld

1 Carla is caissière bij Super Appie. Op een avond besluit zij haar loon aan te vullen. Zij pakt € 250 uit de kassa. De werkgever hoeft op dit bedrag geen loonbelasting in te houden (ervan uitgaande dat de werkgever zich niet van deze diefstal bewust is).

2 Stef wordt als gevolg van een reorganisatie ontslagen door zijn werkgever. De kantonrechter beslist dat de werkgever hem een schadevergoeding moet toekennen. In principe wordt de ontslagvergoeding als loon aangemerkt. Deze is echter onbelast voorzover de ontslagvergoeding wordt toegekend wegens aantasting van de eer en goede naam. In dat geval is er namelijk onvoldoende causaal verband tussen de schadevergoeding en de dienstbetrekking.

Tijdens de parlementaire behandeling van de werkkostenregeling is aangegeven dat de rouwkrans bij overlijden van de werknemer en de fruitmand voor een zieke werknemer geen loon vormen en wel omdat er geen causaal verband is met de dienstbetrekking. Deze worden verstrekt op grond van een persoonlijke relatie en niet op grond van het werkgeverschap.

2.4.4 Tabelloon

Tabelloon
Het tabelloon voor de loonbelasting (ook wel loon voor de loonheffing genoemd) wordt als volgt berekend:

Loon in geld (brutoloon)	....
Loon in natura (bijvoorbeeld privégebruik auto en aanspraken die tot het loon behoren)	.... +
Fooien en uitkeringen uit fondsen	.... +
Vrijstellingen voor alle heffingen (zoals pensioenpremie werknemer)	.... –/–
Tabelloon	....

Tabel 2.2 Opbouw tabelloon voor de loonbelasting

De over het tabelloon verschuldigde loonbelasting kan worden afgeleid uit de loonbelastingtabellen (vandaar de term tabelloon). Paragraaf 2.14 bevat een voorbeeld van een uitgewerkte loonberekening.

2.4.5 Loon in geld

Loon in geld De bekendste verschijningsvorm van loon is het loon in geld; denk hierbij bijvoorbeeld aan het maandloon, provisies, bonussen of vakantiegeld. Loon in geld is een beloning die in een wettig betaalmiddel, bijvoorbeeld in euro's, wordt uitbetaald. De uitbetaling kan contant of via een bancaire overboeking geschieden. Soms wordt het loon in een buitenlandse valuta uitbetaald, bijvoorbeeld in dollars. In dat geval zal de inhoudingsplichtige de buitenlandse valuta moeten omrekenen in euro's.

2.4.6 Loon in natura

Loon in natura Loon dat niet in geld wordt genoten, behoort tot het loon in natura. Hierbij kan worden gedacht aan producten van de inhoudingsplichtige (gratis of met korting), een gratis maaltijd op het werk, een vakantiereis, een auto van de zaak, een gratis dienstwoning, uitbetaling in een cryptovaluta zoals de bitcoin, etc.

> **Voorbeeld**
>
> 1 Naast een beloning in geld hebben de werknemers van Jip en Janneke bv recht op gratis kinderopvang. De werknemers die hiervan gebruikmaken, genieten naast loon in geld ook loon in natura.
>
> 2 De werknemers van notariskantoor Abbing hoeven voor notariële diensten niets te betalen. Als een werknemer een gratis testament laat opstellen, geniet hij loon in natura.

Loon in natura moet uiteraard worden gewaardeerd om tot een juiste inhouding van loonbelasting te komen. Dit kan op drie manieren gebeuren:
– factuurwaarde;
– waarde in het economische verkeer;
– forfaitaire waarderingsnorm.

Factuurwaarde Onder de werkkostenregeling geldt dat voor de waardering van loon in natura veelal moet worden uitgegaan van de factuurwaarde van het desbetreffende goed of de desbetreffende dienst. Hiermee wordt de prijs bedoeld die de inhoudingsplichtige voor het goed of de dienst heeft betaald (inkoopfactuur inclusief omzetbelasting).

> **Voorbeeld**
>
> Jerry ontvangt van zijn werkgever een televisie. Zijn werkgever heeft voor deze televisie € 1.250 betaald. Op het moment van ontvangst is de televisie echter in de aanbieding en kost deze € 950. Bij de waardering van de televisie moet worden uitgegaan van de factuurwaarde. De televisie moet daarom worden gewaardeerd op € 1.250.

Verkoop- of winkelwaarde

Slechts als de factuurwaarde ontbreekt, dan wel als de factuur is verkregen van een verbonden vennootschap in de zin van art. 10a lid 7 Wet LB, mag nog worden uitgegaan van de waarde in het economische verkeer. Hiermee wordt de verkoop- of winkelwaarde (dus inclusief de omzetbelasting) van het desbetreffende goed of de desbetreffende dienst bedoeld.

> **Voorbeeld**
>
> Jerry ontvangt van zijn werkgever een televisie. Zijn werkgever heeft deze televisie gekregen van de importeur in verband met de behaalde verkoopresultaten (er is dus geen factuur). Op het moment van ontvangst is de televisie in de aanbieding en kost deze bij een landelijk opererende winkelketen € 950. Bij de waardering van de televisie mag nu worden uitgegaan van de waarde in het economische verkeer, die nu – vanwege de aanbieding – € 950 bedraagt.

Forfaitaire waarderingsnorm

Forfaitaire waarderingsnorm

Als er een forfaitaire waarderingsnorm geldt, moet op grond van art. 13 lid 3 Wet LB van deze norm worden uitgegaan. Zo gelden er onder meer forfaitaire waarderingsnormen voor bepaalde voorzieningen die op de werkplek worden ge- of verbruikt. Deze zijn nader uitgewerkt in art. 3.7 tot en met art. 3.8 Uitv.reg. LB. Het begrip werkplek is gedefinieerd in art. 1.2 lid 1 letter f Uitv.reg. LB: 'iedere plaats die in verband met het verrichten van arbeid wordt gebruikt en waarvoor voor de inhoudingsplichtige de Arbeidsomstandighedenwet van toepassing is, met dien verstande dat niet als werkplek wordt aangemerkt een werkruimte gelegen in een woning, een duurzaam aan een plaats gebonden schip of woonwagen in de zin van artikel 1 van de Huisvestingswet, de aanhorigheden daaronder begrepen van de werknemer'. De navolgende waarderingsnormen gelden dus niet als de werkplek in de woning van de werknemer is gelegen.

Nihilwaarderingen

De volgende loonbestanddelen komen in de praktijk veelvuldig voor en worden, mits redelijk, op nihil gewaardeerd:
a. voorzieningen waarvan het niet gebruikelijk is om deze elders te ge- of verbruiken;
b. ter beschikking gestelde werkkleding;
c. consumpties op de werkplek.

Ad a. Voorzieningen waarvan het niet gebruikelijk is om deze elders te ge- of verbruiken

Voorzieningen waarvan het niet gebruikelijk is om deze elders te ge- of verbruiken, mogen op nihil worden gewaardeerd omdat deze voorzieningen noodzakelijk zijn om het arbeids- of bedrijfsproces goed te laten verlopen. Als in deze voorzieningen een privévoordeel kan worden onderkend, is het gebruikelijk en gewenst om een dergelijk voordeel bij het bepalen van het loon buiten beschouwing te laten. Hierbij gaat het onder meer om het genot van de inrichting van de werkplek in brede zin, zoals bijvoorbeeld het kopieerapparaat, de telefoon en de computer, maar ook de fietsenstalling en de parkeerplaatsen op het terrein van de werkgever.

Ad b. Ter beschikking gestelde werkkleding

Werkkleding

Ter beschikking gestelde kleding, oftewel kleding die in juridische zin geen eigendom van de werknemer is, wordt slechts als werkkleding beschouwd als deze (nagenoeg) uitsluitend geschikt is om tijdens de vervulling van de dienstbetrekking te worden gedragen (art. 3.7 lid 1 letter b ten eerste Uitv.reg. LB). De term 'nagenoeg uitsluitend' (= 90% of meer) brengt met zich mee dat de betreffende kleding beperkt privé mag worden gebruikt, zonder dat dit gevolgen heeft voor de nihilwaardering. Bekende voorbeelden van dergelijke kleding zijn de werkoverall van een automonteur en het uniform van een kapitein.

Logo's

Is de kleding ook geschikt om buiten werktijd te dragen, dan moet worden getoetst of deze wellicht nog op een andere manier als werkkleding kan worden beschouwd (art. 3.7 lid 1 letter b ten tweede b Uitv.reg. LB). Als de kleding is voorzien van aan de inhoudingsplichtige gebonden en duidelijk zichtbare beeldmerken (= logo's) met een oppervlakte van tezamen minimaal 70 cm^2 per kledingstuk, dan is de kleding alsnog werkkleding en mag de inhoudingsplichtige deze kleding onbelast ter beschikking stellen.

Kleding blijft op de werkplek

Blijft de ter beschikking gestelde kleding die tijdens werktijd wordt gedragen, na werktijd achter op de werkplek (die buiten de woning van de werknemer is gelegen), dan is er eveneens sprake van onbelast loon (art. 3.7 lid 1 letter b ten derde Uitv.reg. LB). Dit betekent wel dat de werknemers zich op de werkplek moeten omkleden.

> **Voorbeeld**
>
> Bakkerij Dierkx stelt op grond van de arbeidsovereenkomst witte T-shirts ter beschikking aan haar werknemers. De werknemers kleden zich niet op de werkplek om. Een wit T-shirt is niet uitsluitend of nagenoeg uitsluitend geschikt om tijdens de vervulling van de dienstbetrekking te worden gedragen. Daarom is er geen sprake van werkkleding die op nihil kan worden gewaardeerd. Omdat de werknemers zich niet op de werkplek omkleden, kan ook geen gebruik worden gemaakt van art. 3.7 lid 1 letter b ten derde Uitv.reg. LB.
>
> Bakkerij Dierkx laat een logo ontwerpen ter grootte van 35 cm^2. Op elk T-shirt worden twee duidelijk zichtbare logo's geplaatst. Nu is er wél sprake van werkkleding die op nihil kan worden gewaardeerd (art. 3.7 lid 1 letter b ten tweede Uitv.reg. LB).

Ad c. Consumpties op de werkplek

Consumpties Consumpties die op de werkplek worden genoten, mogen op nihil worden gewaardeerd, mits de consumpties geen deel uitmaken van een maaltijd (art. 3.7 lid 1 letter c Uitv.reg. LB). Denk hierbij aan koffie, thee, gebak, een stuk fruit en andere tussendoortjes van weinig waarde. Zodra er sprake is van een maaltijd, kan geen gebruik worden gemaakt van deze nihilwaardering. Maar wat moet onder een (koffie)maaltijd worden verstaan? Volgens jurisprudentie is bij het nuttigen van belegde broodjes in elk geval sprake van een koffiemaaltijd.

De navolgende loonbestanddelen komen in de praktijk vaak voor en kennen een lagere waardering dan de factuurwaarde of de waarde in het economische verkeer, oftewel een forfaitaire waarderingsnorm (art. 3.8 Uitv.reg. LB):
a. maaltijden;
b. huisvesting en inwoning.

Ad a. Maaltijden

Maaltijden Niet-zakelijke maaltijden die op de werkplek worden genoten, mogen worden gewaardeerd op € 3,35, ongeacht de aard van de maaltijd (ontbijt, lunch of diner). Een maaltijd wordt als niet-zakelijk beschouwd als het zakelijke karakter niet van meer dan bijkomstig belang is (= niet meer dan 10%).

Voorbeeld

Paul gaat tijdens zijn lunchpauze op kosten van zijn werkgever eten in de bedrijfskantine. Het zakelijke karakter van deze maaltijd is niet van meer dan bijkomstig belang, waardoor de maaltijd op € 3,35 moet worden gewaardeerd.

Ad b. Huisvesting en inwoning

Huisvesting Bij huisvesting op de werkplek gaat het uitsluitend om huisvesting op een plaats waar de werknemer niet woont, maar in het kader van zijn werkzaamheden verblijft. Deze situatie kan zich bijvoorbeeld voordoen in een kermiswagen. Bij **Inwoning** inwoning is er geen sprake van zelfstandige huisvesting, in die zin dat faciliteiten zoals een keuken of een douche ontbreken of gemeenschappelijk moeten worden gebruikt.

In dergelijke situaties wordt de waarde van de huisvesting respectievelijk de inwoning forfaitair vastgesteld op € 5,70 per dag. Als de werknemer ambulant is, kan gebruik worden gemaakt van de gerichte vrijstelling voor tijdelijke verblijfkosten (zie paragraaf 2.10.3). Indien de werknemer zich redelijkerwijs niet aan deze voorziening kan onttrekken – denk bijvoorbeeld aan een verblijf aan boord van een schip of op een boorplatform – is er sprake van een nihilwaardering (art. 3.7 lid 1 letter d Uitv.reg. LB).

Eigen bijdrage Op grond van art. 13 lid 7 Wet LB wordt een eventuele eigen bijdrage van de werknemer in mindering gebracht op de waarde van het loon in natura. Een eigen bijdrage kan er echter nooit toe leiden dat er per saldo een negatieve bijtelling

(= verlaging van het loon) optreedt. Het loon in natura wordt dus ten minste op nihil gesteld.

> **Voorbeeld**
>
> Paul eet elke middag in de bedrijfskantine. Hij is een eigen bijdrage verschuldigd van € 1 per maaltijd. Op grond van art. 3.8 letter a Uitv.reg. LB wordt de maaltijd gewaardeerd op € 3,35. De eigen bijdrage van € 1 mag hierop in mindering worden gebracht, zodat de werkgever € 2,35 per maaltijd (€ 3,35 –/– € 1) tot het loon van Paul moet rekenen.

2.4.7 Aanspraken

Aanspraak Een aanspraak is een recht op toekomstige uitkeringen en behoort tot het loon in natura. De Wet LB bevat geen definitie van het begrip aanspraak. Volgens de jurisprudentie worden aanspraken gedefinieerd als: 'naast de gewone beloning aanwezige rechten van de werknemer of zijn nabestaanden jegens de inhoudingsplichtige of jegens een derde op, al dan niet onder voorwaarden, één of meer uitkeringen, verstrekkingen of vergoedingen, die op een toekomstig tijdstip, meestal samenhangend met het einde van de dienstbetrekking of met het overlijden, kunnen worden geëffectueerd'.

Kenmerkend daarbij is het feit dat in het algemeen de werkgever een voorziening vormt voor de financiële gevolgen die uit de aanspraken voortvloeien. Dit kan hij doen door in eigen beheer een fonds op te bouwen of stortingen bij derden te verrichten, bijvoorbeeld bij een pensioenfonds.

Belastbare aanspraak De hoofdregel is dat een aanspraak tot het loon moet worden gerekend op het moment dat deze wordt toegekend. Eventuele latere uitkeringen worden dan uiteraard niet meer belast (aanspraak belast, uitkeringen vrij). Een voorbeeld van een aanspraak die onder de hoofdregel valt, is het recht op vergoeding van ziektekosten die niet onder de reikwijdte van de Zvw vallen en die de inhoudingsplichtige aan zijn werknemer heeft toegekend.

De hoofdregel kent echter talloze wettelijke uitzonderingen waarbij de situatie precies omgekeerd is: de aanspraak wordt zelf niet tot het loon gerekend (en is dus vrijgesteld), maar de eventuele latere uitkeringen behoren wél tot het loon (aanspraak vrijgesteld, uitkeringen belast). Dit wordt ook wel de 'omkeerregeling' genoemd. Zo wordt een ontvangen pensioen wel belast, en zijn de betaalde premies vrijgesteld. Deze vrijgestelde aanspraken zijn limitatief opgesomd in art. 11 lid 1 letter c tot en met h Wet LB en art. 11 lid 1 letter r Wet LB.

Een eventuele eigen bijdrage van de werknemer in een vrijgestelde aanspraak mag in bepaalde gevallen in mindering op het loon worden gebracht (art. 11 lid 1 letter j Wet LB).

> **Voorbeeld**
>
> Dick neemt deel aan de pensioenregeling van Bruna bv. De verschuldigde pensioenpremie bedraagt € 200. Bruna bv betaalt 75% van de pensioenpremie (€ 150). Dick moet 25% van de pensioenpremie (€ 50) zelf betalen. Dick verdient € 2.500 per maand. De pensioenpremie die de werkgever betaalt, vormt een vrijgestelde aanspraak. De eigen bijdrage van Dick mag in mindering worden gebracht op het loon in geld. Er wordt dus (als geen rekening wordt gehouden met overige loonbestanddelen) loonbelasting ingehouden over € 2.450 (€ 2.500 –/– € 50).

Onder aanspraken wordt op grond van art. 10 lid 3 Wet LB mede (er is dus sprake van een uitbreiding van het begrip aanspraak) een recht op geheel of gedeeltelijk betaald verlof verstaan. Voor vakantieverlof en compensatieverlof (bijvoorbeeld compensatie voor overwerkuren in de vorm van tijd) is in art. 11 lid 1 letter r Wet LB een (beperkte) vrijstelling opgenomen. Bij het einde van het kalenderjaar mag de aanspraak op vakantieverlof en compensatieverlof niet meer bedragen dan de arbeidsduur per week gerekend over een periode van 50 weken. Bij overschrijding van deze grens wordt het meerdere belast (dit wordt geacht te zijn genoten aan het einde van het kalenderjaar).

> **Voorbeeld**
>
> Jaap werkt 40 uur per week. Aan het eind van het jaar mag zijn recht op vakantie- en compensatieverlof niet meer dan 2.000 uur (= 250 vakantie- en compensatieverlofdagen) bedragen. Heeft Jaap nog recht op 2.100 uur verlof, dan moet 100 uur worden verloond. Dit betekent dat de inhoudingsplichtige loonbelasting moet inhouden over de geldelijke tegenwaarde van 100 uur verlof.

Aanspraken op geclausuleerd verlof (art. 11 lid 1 letter r Wet LB) zijn eveneens vrijgesteld. In art. 3.3 Uitv.reg. LB staan de diverse vormen van verlof die onder deze vrijstelling vallen.
Art. 10 lid 4 Wet LB zorgt ervoor dat bepaalde uitkeringen en verstrekkingen die voortvloeien uit een aanspraak die ten onrechte niet is belast, toch nog belast kunnen worden. Zij zorgt er dus voor dat als de omkeerregel ten onrechte is toegepast, er toch nog belastingheffing kan plaatsvinden. Zonder deze bepaling zou dit meestal niet mogelijk zijn, in verband met het verstrijken van de naheffingstermijn van 5 jaar.

Art. 10 lid 5 Wet LB zorgt ervoor dat bepaalde uitkeringen en verstrekkingen volledig belast kunnen worden, zelfs als de werknemersbijdrage al tot het loon is gerekend of de inhoudingsplichtige op grond van art. 32ba of 32bb Wet LB reeds pseudo-eindheffing over de uitkeringen en werkgeversbijdragen is verschuldigd.

2.4.8 Fooien

Fooien

Bij sommige beroepen is het gebruikelijk dat een deel van het inkomen van een derde wordt ontvangen. Denk hierbij aan fooien (= onverplichte betalingen voor de dienstverlening) van horecapersoneel. Ook fooien vormen een voordeel uit dienstbetrekking. Maar omdat de inhoudingsplichtige niet precies weet hoeveel fooi een werknemer daadwerkelijk van zijn klanten heeft ontvangen, is het voor hem lastig om de fooien tot het loon te rekenen. Daarom heeft de wetgever in art. 12 Wet LB een bepaling opgenomen op grond waarvan fooien voor de loonbelasting niet tot het loon hoeven te worden gerekend. Deze bepaling is nader uitgewerkt in art. 3.6 Uitv.reg. LB.

Fooienregeling

Fooien en dergelijke prestaties van derden zijn in beginsel vrijgesteld voor de heffing van loonbelasting. Hierop geldt een uitzondering als bij het vaststellen van het loon al rekening is gehouden met fooien, of als een horecaonderneming minder loon uitbetaalt dan het vastgestelde cao-loon. In het laatste geval moet het verschil tussen het cao-loon en het uitbetaalde loon worden meegenomen bij het bepalen van de in te houden loonbelasting. Als de inhoudingsplichtige het bedrag aan ontvangen fooien (en dergelijke prestaties van derden) in overeenstemming met de werknemer op een hoger bedrag schat, moet hij van dat hogere geschatte bedrag uitgaan. Overigens moet een werknemer zijn werkelijk ontvangen fooien altijd opnemen in zijn aangifte inkomstenbelasting (art. 3.81 Wet IB).

Voorbeeld

Anne werkt bij Café De Beurs. Anne ontvangt per dag gemiddeld € 7,50 fooi. Stel dat haar cao-loon € 71 bruto per dag bedraagt en haar werkgever haar slechts € 66 bruto per dag betaalt waarop loonbelasting wordt ingehouden. Dan moet Café De Beurs over € 71 (€ 66 + € 5) loonbelasting inhouden. Het resterende bedrag aan fooi (€ 2,50) hoeft echter niet te worden verloond. Café De Beurs hoeft over deze € 2,50 dus geen loonbelasting in te houden, maar Anne moet dit bedrag wel opnemen in haar aangifte inkomstenbelasting.

2.4.9 Auto van de zaak

Autoregeling

De auto van de zaak is een vorm van loon in natura. Op grond van art. 13bis Wet LB valt de auto van de zaak onder de heffing van loonbelasting. Op grond van de jurisprudentie is er sprake van een auto van de zaak als de kosten hiervan vrijwel volledig voor rekening van de werkgever komen. De eigendomsverhouding speelt daarbij overigens geen enkele rol.

Onder het begrip auto valt niet alleen de personenauto, maar ook de bestelauto. In de volgende situaties kan de inhouding van loonbelasting echter achterwege blijven:
– De bestelauto is door aard of inrichting voor 90% of meer geschikt voor het vervoer van goederen.
– De bestelauto kan niet buiten werktijd worden gebruikt (denk hierbij aan de bestelauto die na werktijd bij de inhoudingsplichtige achterblijft).

- Er geldt een verbod op het privégebruik van de bestelauto.
- De bestelauto wordt afwisselend door meerdere werknemers gebruikt. In dit geval is de inhoudingsplichtige wel een jaarlijkse eindheffing van € 300 per bestelauto verschuldigd (zie paragraaf 2.10).

Autokostenforfait

Om de belastingheffing over deze vorm van loon in natura te vereenvoudigen, wordt in beginsel uitgegaan van een forfaitaire bijtelling, het zogenoemde autokostenforfait. Het autokostenforfait is afhankelijk van:
- de periode dat de auto ter beschikking van de werknemer staat;
- het aantal kilometers dat de auto voor privédoeleinden wordt gebruikt;
- de cataloguswaarde (inclusief btw en eventuele bpm);
- de CO_2-uitstoot.

Het uitgangspunt bij een auto die niet meer dan 15 jaar geleden voor het eerst in gebruik is genomen, is dat het voordeel op jaarbasis wordt gesteld op ten minste 22% (art. 13bis lid 1 letter a Wet LB) van de oorspronkelijke cataloguswaarde van de desbetreffende auto (art. 13bis lid 5 letter b Wet LB en art. 9 Wet BPM). Als de auto meer dan 15 jaar geleden voor het eerst in gebruik is genomen, wordt het voordeel op jaarbasis gesteld op ten minste 35% (art. 13bis lid 1 letter b Wet LB) van de waarde in het economische verkeer (art. 13bis lid 5 letter b Wet LB). Als de inspecteur kan bewijzen dat het werkelijke voordeel hoger is, moet van het hogere voordeel worden uitgegaan. Het autokostenforfait moet naar tijdsgelang worden bepaald.

Voorbeeld

Rob heeft een auto van de zaak. Van 1 januari tot en met 31 juli rijdt hij in een 3 jaar oude auto met een cataloguswaarde van € 30.000. Deze auto wordt per 1 augustus vervangen door een nieuwe auto met een cataloguswaarde van € 40.000. De bijtelling van Rob wordt dan als volgt berekend:

22% × 7/12 × € 30.000 =	€ 3.850
22% × 5/12 × € 40.000 =	€ 3.666 +
	€ 7.516

Voor auto's zonder CO_2-uitstoot, denk hierbij aan een elektrisch aangedreven auto, wordt de forfaitaire bijtelling verminderd met 10%, waardoor voor een dergelijke auto een bijtelling geldt van 12% voor zover de cataloguswaarde niet meer dan € 40.000 bedraagt. De maximale vermindering bedraagt dus € 4.000 (10% over € 40.000). Daarboven geldt het bijtellingspercentage van 22%. Indien de elektrisch aangedreven auto op waterstof rijdt, geldt de bijtelling van 12% over de volledige cataloguswaarde (art. 13bis lid 2 Wet LB). Ditzelfde geldt indien de auto is voorzien van geïntegreerde zonnepanelen waarbij de voor de aandrijving benodigde energie wordt opgeslagen in een accupakket dat geen lood bevat en de zonnepanelen een vermogen hebben van ten minste 1 kilowattpiek (hierna noemen we dit een zonne-energieauto). Dit leidt tot het onderstaande overzicht:

CO_2-uitstoot per kilometer	Percentage van de cataloguswaarde
0 gram	12% over maximaal € 40.000 en 22% over het deel boven € 40.000
0 gram	12% (waterstofauto) of zonne-energieauto
Alle overige auto's	22%

Tabel 2.3 Opbouw van bijtellingspercentage loonbelasting voor auto's van de zaak die in 2021 voor het eerst in gebruik zijn genomen, afhankelijk van CO_2-uitstoot

Voor 1 januari 2017 werden de CO_2-uitstootnormen jaarlijks aangescherpt. De oorspronkelijke bijtelling blijft echter van toepassing gedurende een periode van 60 maanden na de datum van eerste toelating (art. 13bis lid 18 Wet LB).

Voorbeeld

De werkgever van Marieke heeft in 2021 aan haar een auto van de zaak ter beschikking gesteld, een Tesla Model S. De cataloguswaarde van deze auto bedraagt € 120.000. Over de eerste € 40.000 moet een bijtellingspercentage van 12% worden toegepast, dat is € 4.800. Over een bedrag van € 80.000 moet het bijtellingspercentage van 22% worden toegepast, dat is € 17.600. In totaal bedraagt de bijtelling van Marieke € 22.400 per jaar.

Als de werknemer kan aantonen dat hij de auto van de zaak niet voor meer dan 500 kilometer per jaar voor privédoeleinden gebruikt, bedraagt de bijtelling nihil (art. 13bis lid 3 Wet LB). Hiervoor moet hij in beginsel een rittenadministratie bijhouden. De voorwaarden waaraan deze administratie moet voldoen, zijn opgenomen in art. 3.13 Uitv.reg. LB.

Uit de woorden 'of anderszins' in het genoemde artikel, blijkt dat de werknemer het beperkte privégebruik ook op een andere wijze kan aantonen. Dit kan hij bijvoorbeeld doen door alleen de privéritten bij te houden, in combinatie met het registreren van het totale aantal op jaarbasis gereden zakelijke kilometers. Eventueel kan hij deze registratie aanvullen met andere bewijsmiddelen, zoals het privébezit van een andere vergelijkbare auto waarmee de privéritten worden afgelegd.

Woon-werkverkeer geen privékilometers De auto van de zaak wordt vaak ook gebruikt voor het reizen tussen de woning van de werknemer en zijn arbeidsplaats. Deze zogenoemde woon-werkverkeerkilometers tellen op grond van art. 13bis lid 3 Wet LB niet mee als privékilometers.

> **Voorbeeld**
>
> Ron is vertegenwoordiger en werkt in Apeldoorn. Hij moet 20 kilometer reizen om op zijn werk te komen. Circa 100 keer per jaar rijdt hij in de auto van de zaak 40 kilometer (heen en terug, dus 2 × 20) tussen zijn woonplaats en zijn werkplek in Apeldoorn. Voor de zaak rijdt hij daarnaast jaarlijks zo'n 30.000 kilometer. Ron zit al zo veel in de auto dat hij in zijn vrije tijd weinig gebruikmaakt van de auto. Hij rijdt hooguit 400 privékilometers per jaar. Daarom bedraagt de bijtelling in verband met de auto van de zaak nihil, mits Ron aan de hand van een sluitende kilometeradministratie kan aantonen dat hij niet meer dan 500 privékilometers per jaar rijdt.

In de praktijk moet een werknemer vaak een eigen bijdrage betalen aan de inhoudingsplichtige voor het privégebruik van de auto van de zaak. Deze eigen bijdrage moet uit het nettoloon worden voldaan en mag op grond van art. 13bis lid 4 Wet LB in mindering worden gebracht op de bijtelling. De eigen bijdrage kan er echter nooit toe leiden dat de bijtelling per saldo negatief wordt.

Zoals gezegd bedraagt de bijtelling nihil als de werknemer kan aantonen dat hij de auto van de zaak niet voor meer dan 500 kilometer per jaar privé gebruikt. Als achteraf echter blijkt dat de werknemer meer dan 500 privékilometers heeft gereden, heeft de inhoudingsplichtige ten onrechte geen loonbelasting ingehouden over het autokostenforfait. De inspecteur kan dan op grond van art. 20 AWR een naheffingsaanslag loonbelasting opleggen aan de inhoudingsplichtige (zie paragraaf 13.7.3). Daarmee loopt de inhoudingsplichtige een risico. Om dit risico te vermijden, kan de werknemer op grond van art. 13bis lid 7 Wet LB bij de inspecteur een 'verklaring geen privégebruik auto' aanvragen. Als de werknemer over een dergelijke verklaring beschikt, kan de inhoudingsplichtige de inhouding van loonbelasting achterwege laten zonder daarbij het risico te lopen om achteraf te worden geconfronteerd met een naheffingsaanslag loonbelasting. Mocht achteraf blijken dat een werknemer ten onrechte een 'verklaring geen privégebruik auto' heeft gekregen, dan kan de naheffingsaanslag loonbelasting op grond van art. 13bis lid 11 Wet LB slechts aan de werknemer worden opgelegd. Maar als de inhoudingsplichtige ervan op de hoogte was dat de 'verklaring geen privégebruik auto' ten onrechte was afgegeven, kan de inspecteur de naheffingsaanslag wél aan de inhoudingsplichtige opleggen.

Verklaring geen privégebruik auto

Verklaring uitsluitend zakelijk gebruik bestelauto

Voor bestelauto's bestaat de 'verklaring uitsluitend zakelijk gebruik bestelauto' (art. 13 bis lid 13 Wet LB). De werknemer hoeft hierbij niet aan te tonen dat hij niet meer dan 500 privékilometers per jaar heeft gereden. Wel kan de inspecteur bij een vermoeden van een rit voor privédoeleinden de inhoudingsplichtige en de werknemer verzoeken om aan te tonen dat de desbetreffende rit zakelijk was (art. 13 bis lid 15 Wet LB). Indien zij hier niet in slagen, wordt verondersteld dat de bestelauto voor meer dan 500 privékilometer per jaar is gebruikt. De naheffingsaanslag wordt dan opgelegd aan de werknemer. Maar ook nu geldt dat de naheffingsaanslag zal worden opgelegd aan de inhoudingsplichtige indien:

- de inhoudingsplichtige ervan op de hoogte was dat de 'verklaring uitsluitend zakelijk gebruik bestelauto' ten onrechte was afgegeven, of
- de inhoudingsplichtige niet direct aan de Belastingdienst heeft gemeld dat de werknemer ten onrechte de verklaring niet heeft ingetrokken (art. 13 bis lid 17 Wet LB).

Een motor van de zaak valt niet onder de reikwijdte van art. 13bis Wet LB. Op grond van art. 13 Wet LB wordt het daadwerkelijk behaalde voordeel belast als loon in natura.

2.4.10 Fiets van zaak

Fiets van de zaak

Met ingang van 1 januari 2020 is art. 13ter Wet LB ingevoerd. De fiets van de zaak vormt loon in natura en valt onder de heffing van de loonbelasting. Evenals bij de auto van de zaak wordt ook nu uitgegaan van een forfaitaire bijtelling. Het voordeel wordt gesteld op 7% van de waarde van de fiets per jaar. Ook hier geldt dat het fietsforfait naar tijdsgelang moet worden bepaald. De waarde van de fiets wordt gesteld op de consumentenadviesprijs van de fiets (art. 13ter lid 4 Wet LB). Dit is de waarde die de fabrikant of importeur publiekelijk in Nederland kenbaar heeft gemaakt. Deze waarde is te vinden op www.bijtellingfietsvandezaak.nl.

Woon-werkverkeer

Een opmerkelijk verschil met de auto van de zaak is dat de zogenoemde woon-werkverkeerkilometers die met de fiets van de zaak worden afgelegd, als privékilometers worden aangemerkt (art. 13ter lid 1 Wet LB). Als de werknemer een eigen bijdrage uit het nettoloon aan de inhoudingsplichtige moet betalen, is deze op grond van art. 13ter lid 2 Wet LB fiscaal aftrekbaar. De eigen bijdrage kan er echter nooit toe leiden dat de bijtelling per saldo negatief wordt.

2.4.11 Aandelenoptierechten

Aandelenoptierecht

Een aandelenoptierecht is een recht om gedurende een bepaalde periode (de zogenoemde looptijd) tegen een vooraf bepaalde prijs (de zogenoemde uitoefenprijs) aandelen in de inhoudingsplichtige of een daarmee verbonden vennootschap (art. 10a lid 7 Wet LB) te mogen kopen. De inhoudingsplichtige verstrekt het aandelenoptierecht om de werknemer hiermee aan de onderneming te binden en hem te motiveren (hij deelt nu immers mee in de waardeontwikkeling van de aandelen).

Verbonden vennootschap Onder een verbonden vennootschap wordt verstaan:
– een vennootschap waarin de werkgever voor ten minste 1/3 gedeelte belang heeft;
– een vennootschap die voor ten minste 1/3 gedeelte belang heeft in de werkgever;
– een vennootschap waarin een derde partij voor ten minste 1/3 gedeelte belang heeft, terwijl deze derde partij ook voor minimaal 1/3 gedeelte belang heeft in de werkgever.

Een toegekend aandelenoptierecht vormt voor de werknemer loon in natura. Het voordeel dat bij de uitoefening of vervreemding van de aandelenoptierechten wordt behaald, wordt belast op het moment waarop de aandelenoptierechten worden uitgeoefend of overgedragen aan een ander. Het bedrag dat ter zake van het aandelenoptierecht aan de werknemer in rekening is gebracht, mag op het behaalde voordeel in mindering worden gebracht. Dit kan er echter nooit toe leiden dat per saldo een negatief voordeel (negatief loon) ontstaat.

2.4.12 Gebruikelijk loon

Gebruikelijk loon Op grond van art. 12a Wet LB moet degene die arbeid verricht voor een vennootschap waarin hij of zijn partner als bedoeld in art. 12a lid 7 letter a Wet LB een aanmerkelijk belang heeft (zie voor dit begrip hoofdstuk 6), een minimale beloning genieten. Dit wordt het gebruikelijk loon genoemd. In een zogenoemde holdingstructuur (= concern) moet de gebruikelijkloonregeling per vennootschap worden toegepast. Op grond van art. 12a lid 5 Wet LB is het wel toegestaan om het totale loon bij een inhoudingsplichtige te verlonen. Als hij een te laag loon geniet, wordt het verschil tussen het gebruikelijk loon en het daadwerkelijk genoten loon, geacht (een fictie!) te zijn genoten bij het einde van het kalenderjaar of bij het einde van de dienstbetrekking als deze in de loop van het kalenderjaar is beëindigd (art. 13a lid 3 Wet LB). Er is dan sprake van fictief loon.

Het gebruikelijk loon moet op grond van art. 12a lid 1 Wet LB ten minste worden vastgesteld op het hoogste van de navolgende bedragen:
a. 75% van het loon uit de meest vergelijkbare dienstbetrekking;
b. het loon van de meest verdiende werknemer die bij de inhoudingsplichtige of een met haar verbonden lichaam werkzaam is;
c. € 47.000.

Ad a.

Doelmatigheidsmarge Om het gebruikelijk loon op deze wijze vast te kunnen stellen, zal er een beloningsonderzoek moeten worden gedaan naar het loon dat een werknemer zonder een aanmerkelijk belang in het lichaam in de meest vergelijkbare dienstbetrekking verdient. Vervolgens mag worden uitgegaan van 75% van het loon uit de meest vergelijkbare dienstbetrekking. Een afwijking van maximaal 25%, de zogenoemde doelmatigheidsmarge, is dus toegestaan.

Ad b.

Verbonden vennootschap — Als er binnen het lichaam of een daarmee vergelijkbaar lichaam (art. 10a lid 7 Wet LB) werknemers zonder aanmerkelijk belang werkzaam zijn, wordt het gebruikelijk loon vastgesteld op het loon van de best betaalde werknemer.

Ad c.

Dit bedrag wordt op grond van artikel 12a lid 9 Wet LB periodiek geïndexeerd. Vanaf 2021 bedraagt het gebruikelijk loon € 47.000.

Op grond van art. 12a lid 2 Wet LB mag de inhoudingsplichtige van het loon van de meest verdienende werknemer afwijken als dit loon hoger uitvalt dan 75% van het loon uit de meest vergelijkbare dienstbetrekking. Hierbij geldt wel dat de inhoudingsplichtige dit aannemelijk moet maken.

Vervolgens moeten er nog twee stappen worden gezet:
– Bij stap 1 moet nog worden getoetst of 75% van het loon uit de meest vergelijkbare dienstbetrekking lager uitvalt dan € 47.000. Als dat het geval is, moet het loon op € 47.000 worden gesteld.
– Bij stap 2 moet nog worden getoetst of het loon uit een soortgelijke dienstbetrekking lager uitvalt dan € 47.000. Als dat het geval is, mag van dit lagere loon worden uitgegaan, zij dat het er dan geen rekening mag worden gehouden met de doelmatigheidsmarge van 25%.

> **Voorbeeld**
>
> Arno heeft een aanmerkelijk belang in Zwiebertje bv. Hij is als directeur 40 uur per week werkzaam voor zijn bv. Het loon dat voor de meest vergelijkbare dienstbetrekking geldt, bedraagt € 50.000. Het loon van de meest verdienende werknemer bedraagt € 60.000. Het gebruikelijk loon moet op grond van art. 12a lid 1 Wet LB worden vastgesteld op € 60.000 (= het hoogste bedrag). Op grond van lid 2 mag het gebruikelijk loon in beginsel worden vastgesteld op € 37.500 (75% van € 50.000), maar omdat dit lager is dan € 47.000 moet het gebruikelijk loon op € 47.000 worden vastgesteld.

Innovatieve start-ups — In art. 12a, lid 3, 4 en 10 Wet LB is een speciale regeling opgenomen voor innovatieve 'start-ups'. Onder voorwaarden mag worden uitgegaan van het wettelijke minimumloon. Wij zullen hier echter niet nader op ingaan.

Doorbetaaldloonregeling

Doorbetaaldloonregeling — De gebruikelijkloonregeling dient in beginsel per vennootschap te worden toegepast waarvoor de werknemer met een aanmerkelijk belang werkzaamheden verricht. Dit zou betekenen dat indien er sprake is van een houdstervennootschap waaronder meerdere werkvennootschappen hangen, deze werknemer in elke vennootschap in de loonadministratie zou moeten worden opgenomen. Op grond van de doorbetaaldloonregeling (art. 32d Wet LB) is dit niet nodig en kan worden volstaan met het opnemen van deze werknemer in de loonadministratie van zijn houdstervennootschap. De werknemersverzekeringen kennen een afzonderlijke variant van de doorbetaaldloonregeling (art. 59 Wet financiering sociale verzekeringen).

De gebruikelijkloonregeling is niet van toepassing als het gebruikelijk loon op concernniveau niet hoger is dan € 5.000 per jaar (art. 12a lid 6 Wet LB). In dat geval hoeft alleen een loonadministratie te worden gevoerd als de vennootschap feitelijk loon betaalt.

2.5 Vrijstellingen

2.5.1 Inleiding

Zoals gezegd kent de Wet LB een ruim loonbegrip. Tot het loon behoort hierdoor ook de vergoeding van kosten die een werknemer heeft gemaakt voor de behoorlijke vervulling van zijn dienstbetrekking. Het is uiteraard niet de bedoeling om deze vergoeding daadwerkelijk te belasten. De wetgever heeft daarom in art. 11 Wet LB een aantal vrijstellingen opgenomen om het ruime loonbegrip weer enigszins in te perken.

2.5.2 Vrijstellingen

De belangrijkste vrijstellingen betreffen:
a. schade aan of verlies van persoonlijke zaken;
b. eenmalige uitkeringen en verstrekkingen bij overlijden;
c. diensttijd- of jubileumvrijstelling.

Ad a. Schade aan of verlies van persoonlijke zaken

Persoonlijke zaken

Art. 11 lid 1 letter k Wet LB maakt het mogelijk dat de inhoudingsplichtige de schade of het verlies van persoonlijke zaken van een werknemer, onbelast mag vergoeden of verstrekken. Ook een uitkering in verband met immateriële schade valt onder de reikwijdte van deze bepaling. Voorwaarde is wel dat de schade of het verlies is opgetreden bij de uitoefening van de dienstbetrekking en dus in beginsel belast loon vormt. Vermogensschade valt hier echter niet onder. Als een werknemer bijvoorbeeld een nieuwe dienstbetrekking aanvaardt, besluit om te verhuizen en bij de verkoop van zijn huis een vermogensverlies lijdt, mag zijn werkgever dit verlies niet onbelast vergoeden.

Voorbeeld

Gidy is als commercieel medewerker in dienst bij Excel bv. Hij ontvangt van zijn werkgever geen vergoeding voor het pak dat hij, op verzoek van zijn werkgever, tijdens zijn werkzaamheden draagt. Tijdens een werkbezoek aan een klant let Gidy even niet op. Door zijn onoplettendheid wordt zijn pak onherstelbaar beschadigd. De schade bedraagt € 325. Excel bv kan deze schade onbelast vergoeden.

Ad b. Eenmalige uitkeringen en verstrekkingen bij overlijden

Overlijden — Eenmalige uitkeringen en verstrekkingen bij overlijden van de werknemer, zijn partner of zijn (pleeg)kinderen, zijn op grond van art. 11 lid 1 letter m Wet LB vrijgesteld voor zover zij niet meer bedragen dan driemaal het maandloon (art. 3.1 Uitv.reg. LB). Ook de aanspraak op de eenmalige uitkeringen en verstrekkingen die daaruit voortvloeien, is vrijgesteld tot een limiet van driemaal het maandloon.

Ad c. Diensttijd- of jubileumvrijstelling

Diensttijd of jubileum — Voor de werknemer die bij zijn inhoudingsplichtige een diensttijd van ten minste 25 jaar, respectievelijk ten minste 40 jaar heeft bereikt, geldt op grond van art. 11 lid 1 letter o Wet LB voor beide mijlpalen een eenmalige vrijstelling van maximaal eenmaal het maandloon (art. 3.1 Uitv.reg. LB). Let wel: deze vrijstelling is twee keer te benutten, namelijk zowel bij een diensttijd van ten minste 25 jaar als bij een diensttijd van ten minste 40 jaar.

> **Voorbeeld**
>
> Arjan is gemeenteambtenaar en al 42 jaar in dienst bij de gemeente Eindhoven en heeft nog nooit een jubileumuitkering ontvangen. De gemeente kan Arjan desgewenst twee maandsalarissen onbelast uitbetalen: eenmaal in verband met het bereiken van 25 dienstjaren en eenmaal in verband met het bereiken van 40 dienstjaren.
> De collega van Arjan, Pieter, is 24 jaar en 364 dagen in dienst bij de gemeente Eindhoven. De gemeente besluit ook hem alvast een extra maandsalaris uit te betalen. Dit is echter niet onbelast mogelijk, omdat in de wet staat dat sprake moet zijn van een diensttijd van ten minste 25 jaar.

Onder de werkkostenregeling zijn naast de hierboven genoemde vrijstellingen van art. 11 Wet LB de zogenoemde gerichte vrijstellingen geïntroduceerd. Deze kunnen echter alleen worden gebruikt als de inhoudingsplichtige de vergoedingen en verstrekkingen heeft aangewezen als eindheffingsloon. De gerichte vrijstellingen worden behandeld in paragraaf 2.10.3.

2.6 Pensioen

2.6.1 Inleiding

Zuivere pensioenregeling — Als aan de werknemer een zuivere pensioenregeling (= een pensioenregeling die aan bepaalde voorwaarden voldoet) wordt toegekend, is er geen sprake van belast loon. Zie in dit verband ook paragraaf 2.4.7.

Deze paragraaf gaat in op de voorwaarden voor een zuivere pensioenregeling. Wordt niet aan alle voorwaarden voldaan, dan wordt de pensioenaanspraak belast. Het is echter mogelijk om de pensioenregeling te splitsen in een zuiver deel (aanspraak vrijgesteld) en een onzuiver deel (aanspraak belast). Wel is dan vereist dat de inhoudingsplichtige een verzoek tot splitsing van de pensioenregeling indient bij de Belastingdienst (art. 18 lid 3 Wet LB).

2.6.2 Pensioenregeling

Pensioenregeling Op grond van art. 18 Wet LB is een pensioenregeling een regeling:
- die uitsluitend, of met het oog op uitzonderlijke gevallen van restbegunstiging nagenoeg uitsluitend, het treffen van een inkomensvoorziening bij ouderdom, voor nabestaanden, voor wezen of bij arbeidsongeschiktheid ten doel heeft; en
- waarin is bepaald dat de pensioenaanspraak niet mag worden afgekocht, vervreemd of prijsgegeven, dan wel voorwerp van zekerheid kan worden (tenzij in de Pensioenwet (hierna: PW) anders is bepaald); en
- waarbij als pensioenverzekeraar een specifiek aangewezen lichaam of natuurlijk persoon optreedt; en
- die binnen de in of krachtens de in de Wet LB opgenomen begrenzingen blijft.

Op grond van art. 18 lid 2 Wet LB wordt een regeling die het ouderdomspensioen na het bereiken van 41 1/3 deelnemingsjaren aanvult, ook aangemerkt als pensioenregeling. Hetzelfde geldt voor een regeling die het partner-, dan wel het wezenpensioen aanvult als er geen sprake is van een Anw-uitkering (Anw = Algemene nabestaandenwet). Dit is ook het geval bij een regeling die het verschil in verschuldigde premie volksverzekeringen over het partnerpensioen voor en na het bereiken van de AOW-gerechtigde leeftijd aanvult.

Restbegunstiging vindt bijvoorbeeld plaats als het pensioenkapitaal bij overlijden van de werknemer wordt uitgekeerd aan een erfgenaam die niet tot de kring van verzorgden behoort. Dit is dus toegestaan, mits de kans op restbegunstiging verwaarloosbaar klein (= minder dan 10%) is.

2.6.3 Pensioenstelsels

Pensioenstelsels De Wet LB kent drie soorten stelsels voor de toekenning van pensioenrechten:
a. het eindloonstelsel (art. 18a lid 1 Wet LB);
b. het middelloonstelsel (art. 18a lid 2 Wet LB);
c. het beschikbare-premiestelsel (art. 18a lid 3 Wet LB).

Ad a. Eindloonstelsel

Eindloonstelsel Bij het eindloonstelsel wordt het pensioen berekend over het loon dat vlak voor de pensioendatum wordt genoten. Salarisstijgingen leiden in beginsel met terugwerkende kracht tot een verhoging van de pensioenaanspraken.

> **Voorbeeld**
>
> Nico is 5 jaar geleden in dienst getreden bij zijn huidige werkgever. Over 10 jaar gaat hij met pensioen. Bij zijn werkgever wordt het pensioen opgebouwd via het eindloonstelsel. Elk jaar wordt 1,657% pensioen opgebouwd. Onlangs heeft Nico promotie gemaakt, waardoor zijn pensioenregeling is verhoogd van € 25.000 naar € 30.000. Het te bereiken pensioen bedraagt dan op jaarbasis 15 × 1,657% van € 30.000 = € 7.457.

Ad b. Middelloonstelsel

Middelloonstelsel   Bij het middelloonstelsel wordt het pensioen niet berekend over het laatstverdiende loon, maar over het gemiddeld bij de werkgever verdiende loon.

> **Voorbeeld**
>
> Nico is 5 jaar geleden in dienst getreden bij zijn huidige werkgever. Over 10 jaar gaat hij met pensioen. Bij zijn werkgever wordt het pensioen opgebouwd via het middelloonstelsel. Elk jaar wordt 1,875% pensioen opgebouwd. Onlangs heeft Nico promotie gemaakt, waardoor zijn pensioengrondslag is verhoogd van € 25.000 naar € 30.000. Het te bereiken pensioen bedraagt op jaarbasis:
>
> 5 × 1,875% van € 25.000 =   € 2.344
> 10 × 1,875% van € 30.000 =   € 5.625 +
>   € 7.969

Ad c. Beschikbare-premiestelsel

Beschikbare-premiestelsel   Bij het beschikbare-premiestelsel is het pensioen niet loon-, maar premiegerelateerd. De opbouw van pensioenrechten vindt tijdsevenredig plaats, waarbij de pensioenpremie door de verzekeraar wordt vastgesteld, rekening houdend met het te verwachten rendement en levensverwachtingen. Het pensioen is afhankelijk van de beschikbaar gestelde premie en de daarop behaalde beleggingsresultaten.

2.6.4 Pensioenuitkeringen

Inkomensvoorzieningen   Een zuivere pensioenregeling kan op grond van art. 18 Wet LB voorzien in de navolgende soorten inkomensvoorzieningen:
a. ouderdomspensioen;
b. partnerpensioen;
c. wezenpensioen;
d. arbeidsongeschiktheidspensioen.

Ad a. Ouderdomspensioen

Ouderdomspensioen   Het ouderdomspensioen is de meest voorkomende vorm van pensioen. Dit is een regeling die uitsluitend, of met het oog op uitzonderlijke gevallen van restbegunstiging nagenoeg uitsluitend, bedoeld is om een levenslange inkomensvoorziening bij ouderdom te treffen voor (ex-)werknemers.

Het ouderdomspensioen moet uiterlijk ingaan binnen 5 jaar na het bereiken van de AOW-gerechtigde leeftijd (art. 18a lid 4 Wet LB).

Ad b. Partnerpensioen

Partnerpensioen Een partnerpensioen is een regeling die uitsluitend of nagenoeg uitsluitend als doel heeft om te zorgen voor een inkomensvoorziening na het overlijden van de werknemer, ten behoeve van zijn (gewezen) echtgenote. Degene met wie duurzaam een gezamenlijke huishouding wordt of werd gevoerd en met wie geen bloed- of aanverwantschap in de eerste graad bestaat, wordt met de echtgenote gelijkgesteld.

Vaak betreft het hier een levenslange inkomensvoorziening, maar het kan ook een tijdelijke inkomensvoorziening zijn. Een partnerpensioen gaat in onmiddellijk na het overlijden van de werknemer, dan wel na de beëindiging van de Anw-uitkering (art. 18b Wet LB).

Ad c. Wezenpensioen

Wezenpensioen Een wezenpensioen is een regeling die bedoeld is om een inkomensvoorziening te treffen na het overlijden van de werknemer ten behoeve van zijn (pleeg)kinderen.
Een wezenpensioen gaat in onmiddellijk na het overlijden van de werknemer, dan wel na de beëindiging van de Anw-uitkering en eindigt uiterlijk op het moment waarop het (pleeg)kind 30 jaar wordt (art. 18 lid 1 letter a ten 3^e Wet LB).

Ad d. Arbeidsongeschiktheidspensioen

Arbeids-
ongeschiktheids-
pensioen Een arbeidsongeschiktheidspensioen is een regeling die bedoeld is om een inkomensvoorziening te treffen bij arbeidsongeschiktheid die langer duurt dan een jaar en die niet uitgaat boven wat naar maatschappelijke normen redelijk moet worden geacht. In tegenstelling tot de andere pensioensoorten geldt voor het arbeidsongeschiktheidspensioen geen wettelijke bovengrens. De enige beperking is dat het arbeidsongeschiktheidspensioen niet mag uitstijgen boven wat naar maatschappelijke opvattingen als redelijk moet worden geacht.

Het arbeidsongeschiktheidspensioen gaat in na een jaar arbeidsongeschiktheid en eindigt op het moment waarop de werknemer niet langer arbeidsongeschikt is, dan wel op het moment waarop het ouderdomspensioen ingaat.

2.6.5 Pensioenopbouw

De opbouw van pensioenrechten is gerelateerd aan de diensttijd en het salaris van de betrokken werknemer (het zogenoemde pensioengevend loon).

Diensttijd

Diensttijd Voor elk daadwerkelijk doorgebracht dienstjaar mag een bepaald pensioen worden opgebouwd, gerelateerd aan het pensioengevend loon. Bij de toekenning van het pensioen moet dus rekening worden gehouden met de diensttijd.

Het algemene uitgangspunt is dat er in 41 1/3 dienstjaren een ouderdomspensioen van 75% van het pensioengevend loon (inclusief de zogenoemde AOW-inbouw) moet kunnen worden opgebouwd. Momenteel geldt dat dit percentage onder omstandigheden maximaal 100% van het pensioengevend loon kan gaan bedragen. Per stelsel en per pensioensoort gelden de volgende absolute bovengrenzen en jaargrenzen:

Pensioensoort	Ouderdoms-pensioen	Partner-pensioen	Wezen-pensioen
Bovengrens (pensioengevend loon)	100%	70%	14%
Maximale opbouw per dienstjaar bij:			
– eindloonstelsel	1,657%	1,160%	0,232%
– middelloonstelsel	1,875%	1,313%	0,263%
– beschikbare-premiestelsel	actuarieel vastgestelde pensioenpremie		

Tabel 2.4 Grenzen aan pensioenopbouw

Hoewel er formeel geen sprake is van een diensttijd, mogen onder meer de volgende perioden toch als diensttijd worden aangemerkt (art. 18g lid 1 Wet LB en art. 10a Uitv.besl. LB):
- al dan niet in deeltijd doorgebracht ouderschapsverlof, sabbatsverlof (maximaal 12 maanden), studieverlof voor opleiding of studie voor een beroep, verlof in de zin van de Wet arbeid en zorg (maximaal 18 maanden);
- dienstjaren ten gevolge van een waardeoverdracht van pensioenkapitaal in de zin van de PW, voor zover deze jaren op basis van een adequate diensttijdadministratie kunnen worden vastgesteld.

De werknemer mag geen of slechts gedeeltelijk pensioen opbouwen over diensttijd waarin zijn loon om oneigenlijke redenen op nihil of aanzienlijk lager is vastgesteld dan gebruikelijk is (art. 19 Wet LB).

Pensioengevend loon en pensioengrondslag

Pensioengevend loon

De opbouw van pensioen vindt plaats over het loon dat wordt genoten in de zin van de Wet LB. In beginsel kan over alle loonbestanddelen pensioen worden opgebouwd. Vrijgestelde loonbestanddelen (zoals een jubileumuitkering en eindheffingsbestanddelen) vormen echter geen onderdeel van het pensioengevend loon. Ook over de auto van de zaak mag geen pensioen worden opgebouwd (art. 18g lid 2 Wet LB en art. 10b Uitv.besl. LB). Over alle andere 'loon in natura'-bestanddelen en over niet regelmatig genoten loonbestanddelen, zoals bijvoorbeeld bonussen en overwerkvergoedingen, kan in beginsel pensioen worden opgebouwd. Met ingang van 1 januari 2021 bedraagt bij een voltijdse dienstbetrekking het pensioengevend loon maximaal € 112.189 (art. 18ga Wet LB).

Vindt de pensioenopbouw plaats volgens een eindloonstelsel, met buitensporige loonstijgingen in de laatste 5 jaren die voorafgaan aan de pensioeningangsdatum, dan mag met deze loonstijgingen geen rekening worden gehouden.

Bij het opbouwen van het ouderdomspensioen moet rekening worden gehouden met de AOW-uitkering die de werknemer bij het bereiken van de AOW-gerechtigde leeftijd gaat ontvangen. De AOW is immers ook een oudedagsvoorziening. Deze AOW-uitkering moet worden ingebouwd in de op te bouwen pensioenaanspraken. De inbouw wordt gerealiseerd door over de zogenoemde AOW-franchise geen pensioen op te bouwen. Het in te bouwen bedrag aan AOW is minimaal de AOW-uitkering voor een gehuwd persoon zonder partnertoeslag en vermeerderd met de vakantietoeslag (€ 10.908). Omdat in een middelloonregeling maximaal een pensioen kan worden opgebouwd van 75% van het gemiddelde pensioengevende loon, moet de franchise ten minste worden gesteld op 100/75 van de AOW-uitkering. In een eindloonregeling kan maximaal een pensioen worden opgebouwd van 66,28% van het eindloon, waardoor de franchise ten minste moet worden gesteld op 100/66,28 van de AOW-uitkering.

AOW-franchise

Het pensioengevend loon verminderd met de AOW-franchise wordt de pensioengrondslag genoemd. De pensioengrondslag is het deel van het loon waarover pensioen wordt opgebouwd.

Pensioengrondslag

Voorbeeld

Bart heeft een pensioengevend loon van € 30.000. Uitgaande van een pensioenopbouw van 75% bedraagt het op te bouwen ouderdomspensioen € 11.592.

Dit bedrag is als volgt berekend:

Middelloon	€ 30.000
af: AOW-franchise 100/75 × € 10.908	€ 14.544 –/–
Pensioengrondslag	€ 15.456

Op te bouwen ouderdomspensioen: 75% van € 15.456 = € 11.592.

2.6.6 Pensioenverzekeraar

Een zuivere pensioenregeling moet worden ondergebracht bij een van de aangewezen verzekeraars. De wettelijk toegelaten verzekeraars (art. 19a lid 1 Wet LB) zijn:

Toegelaten verzekeraars

- pensioenfondsen;
- professionele verzekeraars;
- een niet in Nederland gevestigd pensioenfonds of levensverzekeraar, mits aan bepaalde voorwaarden is voldaan; en
- een buitenlands pensioenfonds dat door de minister van Financiën is aangewezen en aan bepaalde voorwaarden voldoet.

2.6.7 Pensioen in eigen beheer

Op grond van de PW mocht een directeur-grootaandeelhouder die direct of indirect ten minste 10% van de aandelen in het pensioentoezeggende lichaam op zijn naam had staan, dan wel houder was van certificaten van de hiervoor genoemde aandelen die waren uitgegeven door een administratiekantoor en waarvan hij voor ten minste 10% in het bestuur was vertegenwoordigd, zijn pensioen daar onderbrengen. Men sprak dan van pensioen in eigen beheer. Het was ook toegestaan om een speciaal daarvoor opgerichte bv te gebruiken, de zogenoemde pensioen-bv. Bezat een werknemer minder dan 10% van de aandelen in het pensioentoezeggende lichaam (op grond van de PW was er dan geen sprake van een directeur-grootaandeelhouder), dan moest hij zijn pensioen verplicht onderbrengen bij een wettelijk toegelaten verzekeraar. Sinds 1 juli 2017 is het niet meer mogelijk om nog een pensioen in eigen beheer op te bouwen. De pensioenvoorziening zoals deze tijdens de opbouwfase (uiterlijk tot 1 juli 2017) is gevormd, blijft in stand en komt bij het bereiken van de pensioengerechtigde leeftijd op reguliere wijze tot uitkering. Dit geldt ook voor de pensioenrechten van de partner van de directeur-grootaandeelhouder.

Pensioen-bv

2.6.8 Oneigenlijke handelingen

De pensioenaanspraak wordt direct als loon uit vroegere dienstbetrekking in de loonbelasting betrokken als één van de navolgende oneigenlijke handelingen plaatsvindt (art. 19b Wet LB):
- De pensioenregeling voldoet niet meer aan de voorwaarden voor een zuivere pensioenregeling (let echter op de mogelijkheid tot splitsing van de pensioenregeling).
- De pensioenregeling wordt in strijd met de PW afgekocht, vervreemd of formeel dan wel feitelijk voorwerp van zekerheid.
- Een voor verwezenlijking vatbare pensioenaanspraak (denk hierbij aan de situatie waarin de pensioenverzekeraar over voldoende middelen beschikt om de latere pensioenuitkeringen te kunnen verzorgen) die in eigen beheer is opgebouwd of een voor 1 januari 1995 bestaande pensioenaanspraak die door een niet kwalificerende verzekeraar wordt uitgevoerd, wordt prijsgegeven.

Oneigenlijke handelingen

HOOFDSTUK 2 | LOONBELASTING

2.7 Verschuldigde loonbelasting

2.7.1 Inleiding

Art. 20 lid 1 Wet LB bepaalt dat de over het kalenderjaar verschuldigde loonbelasting als volgt moet worden bepaald:

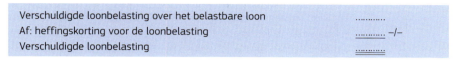

Tabel 2.5 Opbouw loonbelasting

Deze paragraaf gaat in op de tarieven die in de Wet LB worden gehanteerd en het bepalen van de heffingskorting.

2.7.2 Tarief

De loonbelasting is in beginsel een voorheffing op de inkomstenbelasting. Hieruit vloeit voort dat de tarieven voor de beide belastingen aan elkaar gelijk zijn. In art. 20a Wet LB is de tarieftabel opgenomen. Deze tarieftabel bevat echter uitsluitend de belastingpercentages, die tussentijds kunnen worden gewijzigd. Het premiedeel (voor de heffing van premie volksverzekeringen) is geregeld in de Wet financiering sociale verzekeringen (Wfsv) en bedraagt 27,65% over de eerste tariefschijf van € 35.129. Als beide percentages worden samengevoegd, ontstaat tabel 2.6:

Tarieftabel

Jonger dan de AOW-gerechtigde leeftijd			
meer dan	niet meer dan	%	heffing over totaal
–	€ 35.129	37,10%	€ 13.032
€ 35.129	€ 68.507	37,10%	€ 25.415
€ 68.507	–	49,5%	–

Tabel 2.6 Tarieftabel loonbelasting (per 1 januari 2021)

Voor personen die de AOW-gerechtigde leeftijd hebben bereikt en vóór 1 januari 1946 zijn geboren, geldt een afwijkende tarieftabel. Deze houdt verband met de introductie van de zogenoemde houdbaarheidsbijdrage en is opgenomen in art. 20b Wet LB.

Anoniementarief   Als niet duidelijk is wie de werknemer is, moet de inhoudingsplichtige op grond van art. 26b Wet LB 52% loonbelasting inhouden (het zogenoemde anoniementarief). Er mag dan ook geen rekening worden gehouden met de loonheffingskorting (zie paragraaf 2.7.3) en de premiemaxima voor de werknemersverzekeringen en de inkomensafhankelijke bijdrage Zvw. Een werknemer is anoniem als:
- hij zijn naam/adres/woonplaats-gegevens (hierna: NAW-gegevens) of burgerservicenummer niet aan de inhoudingsplichtige heeft verstrekt; of
- hij loon uit tegenwoordige dienstbetrekking geniet en zijn identiteit niet op de juiste wijze is vastgesteld en opgenomen in de loonadministratie; of
- hij een buitenlandse identiteit heeft en loon uit tegenwoordige dienstbetrekking geniet, maar zijn identiteit niet op de juiste wijze is vastgesteld en opgenomen in de loonadministratie of hij niet beschikt over een geldige verblijfs- en werkvergunning; of
- hij onjuiste gegevens heeft verstrekt en de inhoudingsplichtige dit weet of redelijkerwijs moet weten.

Overigens kan de betreffende werknemer de te veel ingehouden loonbelasting na afloop van het kalenderjaar terugkrijgen via het indienen van een aangifte inkomstenbelasting.

2.7.3 Loonheffingskorting

Standaardloonheffingskorting   In de loonbelasting wordt slechts rekening gehouden met de zogenoemde standaardloonheffingskorting (art. 21c Wet LB). De standaardloonheffingskorting bestaat uit een belastingdeel en drie delen die betrekking hebben op de premies volksverzekeringen (AOW, Anw en Wlz). Een werknemer die niet belastingplichtig is en/of niet (volledig) premieplichtig is, heeft recht op een evenredig deel van de standaardloonheffingskorting (art. 21a en/of 21b Wet LB). Dit deel wordt bepaald aan de hand van loonbelasting- en premiepercentages van de eerste tariefschijf (37,35%). Bij het bepalen van het belasting- en premiedeel van de hierna te bespreken ouderenkorting en alleenstaande-ouderenkorting blijft het gedeelte dat betrekking heeft op de AOW buiten beschouwing.

> **Voorbeeld**
>
> Corrie is 68 jaar en zij geniet naast haar AOW-uitkering ook nog een pensioenuitkering. Zij komt uitsluitend in aanmerking voor de algemene heffingskorting (standaard: € 2.837). Omdat zij geen AOW-premie verschuldigd is, moet haar algemene heffingskorting worden herrekend. Het AOW-deel van de heffingskorting bedraagt € 1.368 (17,9/37,10 × € 2.837). Corrie heeft dus recht op een algemene heffingskorting van € 1.469 (€ 2.837 –/– € 1.369).

HOOFDSTUK 2 | LOONBELASTING

De standaardloonheffingskorting mag op de verschuldigde loonbelasting in mindering worden gebracht (art. 20 lid 1 Wet LB) en bestaat uit:
a. de algemene heffingskorting;
b. de arbeidskorting;
c. de jonggehandicaptenkorting;
d. de ouderenkorting;
e. de alleenstaande-ouderenkorting.

Ad a. De algemene heffingskorting

Algemene heffingskorting

De algemene heffingskorting (art. 22 Wet LB) bedraagt € 2.837 (stap 1). Dit bedrag moet worden verminderd met 5,977% van het loon voor zover dit meer dan € 21.043 bedraagt (stap 2). De algemene heffingskorting bedraagt ten minste nihil en kan dus niet negatief worden.

Aan de algemene heffingskorting worden geen nadere voorwaarden gesteld, zij het dat deze wel moet worden herrekend als de werknemer de AOW-gerechtigde leeftijd heeft bereikt (zie voorbeeld hierboven).

Ad b. De arbeidskorting

Arbeidskorting

De arbeidskorting bedraagt ten minste nihil en kan dus niet negatief worden (art. 22a Wet LB). Maximaal bedraagt de arbeidskorting € 4.205. Uitsluitend de werknemer die inkomsten uit tegenwoordige arbeid heeft, komt voor de arbeidskorting in aanmerking. Bepaalde loonbestanddelen worden gelijkgesteld met loon uit tegenwoordige dienstbetrekking (art. 22a lid 3 Wet LB). De arbeidskorting bedraagt 4,581% van het loon uit tegenwoordige dienstbetrekking met een maximum van € 463 (stap 1). Dit bedrag moet worden vermeerderd met 28,771% van het loon uit tegenwoordige dienstbetrekking voor zover dit meer dan € 10.108 bedraagt, met een maximum van € 3.837 (stap 2). Dit bedrag moet weer worden vermeerderd met 2,663% van het loon uit tegenwoordige dienstbetrekking voor zover dit meer bedraagt dan € 21.835 met een maximum van € 4.205 (stap 3). Vervolgens moet dit bedrag worden verminderd met 6% van het loon uit tegenwoordige dienstbetrekking, voor zover dit meer dan € 35.652 bedraagt (stap 4). De vermindering bedraagt echter ten hoogste € 4.205, zodat de arbeidskorting ten minste nihil bedraagt. De arbeidskorting moet worden herrekend als de werknemer de AOW-gerechtigde leeftijd heeft bereikt.

Ad c. De jonggehandicaptenkorting

Jonggehandicaptenkorting

De jonggehandicaptenkorting bedraagt € 761 en geldt uitsluitend voor de werknemer die een uitkering heeft op grond van de Wet arbeidsongeschiktheidsvoorziening jonggehandicapten (Wajong) (art. 22aa Wet LB). Deze heffingskorting is niet verwerkt in de loonbelastingtabellen (zie paragraaf 2.7.4).

Ad d. De ouderenkorting

Ouderenkorting De ouderenkorting bedraagt € 1.703 en geldt uitsluitend voor de werknemer die de AOW-gerechtigde leeftijd heeft bereikt en een tijdvakloon heeft dat op jaarbasis niet meer dan € 37.970 bedraagt. De ouderenkorting wordt verminderd met 15% voor zover dit meer bedraagt dan € 37.970. De vermindering bedraagt echter ten hoogste € 1.703, zodat de ouderenkorting ten minste nihil bedraagt (art. 22b Wet LB).

Ad e. De alleenstaande-ouderenkorting

Alleenstaande-ouderenkorting De alleenstaande-ouderenkorting bedraagt € 443 en geldt uitsluitend voor de werknemer die recht heeft op de ouderenkorting en daarnaast recht heeft op een AOW-uitkering voor een alleenstaande of alleenstaande ouder (art. 22c Wet LB).

De standaardloonheffingskorting mag maar door één inhoudingsplichtige tegelijkertijd worden toegepast (art. 23 lid 1 Wet LB). De werknemer die meerdere inhoudingsplichtigen heeft, zal moeten aangeven bij welke inhoudingsplichtige hij zijn standaardloonheffingskorting wenst te gebruiken.

De jonggehandicaptenkorting moet worden toegepast bij de inhoudingsplichtige die de uitkering op grond van de Wet arbeidsongeschiktheidsvoorziening jonggehandicapten uitbetaalt.

Voor de bepaling van de hoogte van de standaardloonheffingskorting moet worden gekeken naar de toestand op het tijdstip waarop de loonbelasting moet worden ingehouden. Alleen voor de ouderenkorting en de alleenstaande-ouderenkorting geldt dat naar de toestand aan het einde van de kalendermaand moet worden gekeken (art. 24 Wet LB).

2.7.4 Loonbelastingtabellen

Loonbelastingtabellen Om de in te houden loonbelasting op eenvoudige wijze te kunnen bepalen, wordt in de praktijk gewerkt met vijf loonbelastingtabellen:
- witte tabellen;
- groene tabellen;
- tabellen voor bijzondere beloningen;
- eindheffingstabellen;
- speciale tabellen.

Sinds 1 januari 2019 moet bij de toepassing van de loonbelastingtabellen onderscheid worden gemaakt tussen inwoners en niet-inwoners van Nederland. Hierna gaan wij ervan uit dat de werknemer inwoner van Nederland is.

Met behulp van de loonbelastingtabellen kan de inhoudingsplichtige op eenvoudige wijze de in te houden loonbelasting berekenen. Zie de website: www.belastingdienst.nl, en zoek op de term loonbelastingtabellen 2021, 2020 en 2019. In de loonbelastingtabellen is, met uitzondering van de jonggehandi-

HOOFDSTUK 2 | LOONBELASTING

captenkorting, de loonheffingskorting reeds verdisconteerd. Als het voor de werknemer vastgestelde tabelloon niet in de loonbelastingtabel voorkomt, moet worden gekeken naar het dichtstbijzijnde tabelloon in de tabel. Daarbij mag het tabelloon altijd in het voordeel van de werknemer worden afgerond (= naar beneden).

Witte tabel De witte tabel moet worden toegepast op loon uit tegenwoordige dienstbetrekking (zie paragraaf 2.2.7) en op loon dat daarmee gelijk wordt gesteld (art. 22a
Groene tabel lid 3 Wet LB). De groene tabel geldt voor alle andere loonsoorten, zoals bijvoorbeeld een WW-uitkering.

Voorbeeld

Jeannine is 35 jaar en heeft een tabelloon van € 1.646,95 per maand. Stel dat dit tabelloon op grond van de witte maandtabel met toepassing van de volledige loonheffingskorting (rekening houdend met de algemene heffingskorting en de arbeidskorting) moet worden verloond, dan moet de in te houden loonbelasting als volgt worden bepaald:

Witte maandtabel (per 1 januari 2021)

Tabelloon (jonger dan AOW-leeftijd)	In te houden loonbelasting (met loonheffingskorting)
€ 1.642,50	€ 104,08
€ 1.647,00	€ 104,42

Op het tabelloon van Jeannine moet op grond van de witte maandtabel € 104,08 loonbelasting worden ingehouden.

Bij het toepassen van de tabellen moet worden gelet op de regelmaat waarmee het loon wordt uitgekeerd: periodiek loon of eenmalig loon. Bij eenmalig loon (zoals vakantiegeld) moet de tabel bijzondere beloningen worden toegepast. Ook moet worden gelet op de leeftijd van de werknemer: werknemers die de AOW-gerechtigde hebben bereikt, kunnen recht hebben op de (alleenstaande-)ouderenkorting. Het loontijdvak bepaalt vervolgens of de kwartaal-, 4-weken-, week- of dagtabel moet worden toegepast. Het loontijdvak is het tijdvak waarover de werknemer loon geniet (art. 25 lid 1 Wet LB).

Voorbeeld

1 Piet geniet een loon van € 2.500 per maand. Het loontijdvak is nu een maand. De in te houden loonbelasting moet met behulp van de maandtabel worden bepaald.

2 Jan werkt in een supermarkt en verdient daar € 1.500 per 4 weken. Het loontijdvak is nu 4 weken. De in te houden loonbelasting moet met behulp van de 4-wekentabel worden bepaald.

Tabel bijzondere beloningen — De tabel bijzondere beloningen (art. 26 Wet LB) moet worden toegepast op beloningen die eenmalig of eenmaal per jaar worden uitbetaald. Denk hierbij bijvoorbeeld aan vakantiegeld, tantièmes en gratificaties. Ook op overwerkloon mag de tabel bijzondere beloningen worden toegepast (art. 26 lid 2 Wet LB). De definitie van het begrip overwerkloon is te vinden in art. 26 lid 4 Wet LB.
De tabel bijzondere beloningen kent overigens twee varianten, namelijk de witte tabel en de groene tabel.

Het toe te passen inhoudingspercentage is afhankelijk van de hoogte van het jaarloon dat de werknemer in het voorafgaande jaar bij dezelfde inhoudingsplichtige heeft verdiend. Als het dienstverband in het voorafgaande jaar niet of slechts gedeeltelijk bestond, moet het jaarloon worden herleid tot wat de werknemer in het hele jaar bij de inhoudingsplichtige zou hebben verdiend (art. 26 lid 3 Wet LB).

2.8 Moment van heffing

2.8.1 Inleiding

Genietings-moment — De loonbelasting wordt geheven door de inhouding op het loon (art. 27 Wet LB). De inhoudingsplichtige moet de loonbelasting inhouden op het tijdstip waarop het loon is genoten (art. 13a Wet LB) en wel volgens de op dat tijdstip geldende loonbelastingtabel. De werknemer geniet het loon op het moment waarop het:
a. wordt betaald of verrekend;
b. ter beschikking wordt gesteld;
c. rentedragend wordt;
d. vorderbaar en tevens inbaar wordt.

Ad a. Betaald of verrekend

Betaald of verrekend — Als het loon (nog) niet wordt uitbetaald maar wordt verrekend, moet de loonbelasting worden ingehouden op het moment waarop er wordt verrekend. Denk hierbij bijvoorbeeld aan de situatie waarin de werknemer een schuld aan de inhoudingsplichtige heeft en het loon van de werknemer (gedeeltelijk) wordt aangewend voor de aflossing van de schuld. Het loon en de aflossingsverplichting worden dan als het ware met elkaar gecompenseerd.

Ad b. Ter beschikking gesteld

Ter beschikking gesteld — Als de werknemer verzuimt om zijn loon bij de inhoudingsplichtige op te halen, terwijl de inhoudingsplichtige het loon klaar heeft liggen, wordt dit toch als een genietingsmoment gezien. Denk hierbij bijvoorbeeld aan een uitzendkracht die voor een uitzendbureau heeft gewerkt, maar vergeet dat hij van het uitzendbureau nog vakantiegeld en/of vakantiedagen te goed heeft. Het uitzendbureau moet over het vakantiegeld en de geldswaarde van de vakantiedagen loonbelasting inhouden en af dragen en vervolgens het nettoloon van de werknemer als een schuld op zijn balans opnemen.

Ad c. Rentedragend

Rentedragend Als het loon niet wordt uitbetaald en de inhoudingsplichtige vanaf het moment waarop de werknemer het loon had moeten genieten rente vergoedt over het niet uitbetaalde loon, wordt dit loon geacht te zijn genoten. Op het moment waarop de inhoudingsplichtige rente vergoedt, moet hij dus loonbelasting inhouden.

De rente zelf vormt overigens geen loon, omdat dit voordeel niet voortvloeit uit de relatie inhoudingsplichtige/werknemer, maar uit de relatie schuldenaar/schuldeiser. Omdat de rente niet als loon wordt aangemerkt, hoeft er dus op de vergoede rente geen loonbelasting te worden ingehouden.

Ad d. Vorderbaar en tevens inbaar

Vorderbaar en tevens inbaar Als een werknemer met zijn inhoudingsplichtige een afspraak maakt dat het loon nog niet wordt uitbetaald en ook nog niet ter beschikking wordt gesteld, wordt het loon genoten op het moment waarop het loon vorderbaar en tevens inbaar is. Het loon is vorderbaar als de werknemer het recht heeft om zijn loon op te eisen. Het loon is inbaar als hij het loon na het opeisen ook daadwerkelijk kan incasseren.

> **Voorbeeld**
>
> Niehe TV-producties bv verkeert in ernstige liquiditeitsproblemen, waardoor het loon van de werknemers niet op tijd kan worden uitbetaald. Het loon is weliswaar vorderbaar, aangezien de werknemers hun loon kunnen opeisen, maar het loon is niet inbaar omdat de werkgever niet over de nodige liquide middelen beschikt om het loon ook daadwerkelijk uit te betalen. Omdat er geen genietingsmoment is, hoeft Niehe TV-producties bv geen loonbelasting in te houden op het loon van de werknemers.

Ongebruikelijk genietingstijdstip In de loonbelasting bestaat nog een bijzondere regeling voor loon dat op een ongebruikelijk tijdstip wordt genoten (bijvoorbeeld als loon wordt verschoven naar een ander jaar). Als is overeengekomen dat het loon geheel of gedeeltelijk op een ongebruikelijk tijdstip wordt genoten, wordt geen rekening gehouden met dat ongebruikelijke tijdstip. De inhouding van loonbelasting vindt dan plaats op het moment waarop het loon normaliter zou zijn genoten (art. 13a lid 2 Wet LB). Hiermee wordt voorkomen dat het genietingsmoment van het loon wordt uitgesteld om op die manier allerhande fiscale (zoals een tariefsvoordeel) en niet-fiscale voordelen (zoals een inkomensafhankelijke toeslag op grond van de Algemene wet inkomensafhankelijke regelingen) te behalen.

Fictief loon (zie paragraaf 2.4.11) en loon dat na afloop van het kalenderjaar wordt uitbetaald maar in de laatste aangifte van het kalenderjaar wordt verwerkt (art. 27bis Wet LB), worden geacht te zijn genoten aan het einde van het kalenderjaar of aan het einde van de dienstbetrekking als deze in de loop van het kalenderjaar is beëindigd (art. 13a lid 3 Wet LB).

2.8.2 Afdracht op aangifte

Afdracht op aangifte
Aangiftetijdvak

Op grond van art. 27 lid 5 Wet LB en art. 19 lid 1 AWR is de inhoudingsplichtige verplicht om binnen één maand na afloop van het aangiftetijdvak de ingehouden loonbelasting op aangifte af te dragen. Dit betekent dat de verschuldigde loonbelasting dan op de bankrekening van de Belastingdienst moet staan.

De aangifte loonheffingen moet elke maand of elke 4 weken elektronisch worden ingediend. De aangifte loonheffingen omvat naast de loonbelasting overigens ook de eindheffing (art. 27a Wet LB), de premie volksverzekeringen (art. 27b Wet LB), de premies werknemersverzekeringen (art. 27c Wet LB) en de inkomensafhankelijke bijdrage Zorgverzekeringswet (art. 27d Wet LB).

Voorbeeld

Bij een aangiftetijdvak van een maand moet de aangifte loonbelasting over de maand januari 2021 vóór 1 maart 2021 zijn ingediend. De verschuldigde loonbelasting moet vóór 1 maart 2021 zijn bijgeschreven op de bankrekening van de Belastingdienst.

2.9 Administratieve verplichtingen

2.9.1 Inleiding

Als iemand personeel in dienst neemt, moet hij loonbelasting gaan inhouden. Hierbij gelden de nodige administratieve verplichtingen (art. 28 en art. 29 Wet LB, uitgewerkt in art. 7.2 tot en met 7.10 Uitv.reg. LB). Er zijn zowel verplichtingen voor de inhoudingsplichtige als voor de werknemer.

2.9.2 Verplichtingen inhoudingsplichtige

Identiteitsbewijs

De inhoudingsplichtige moet bij werknemers die loon uit tegenwoordige dienstbetrekking genieten, tijdig de identiteit van de werknemer opnemen in zijn loonadministratie (art. 7.5 Uitv.reg. LB). Tijdig in dit kader is vóór de datum van aanvang van de werkzaamheden, dan wel voor aanvang van de werkzaamheden als de dienstbetrekking is overeengekomen op de datum waarop de werkzaamheden aanvangen. Hiertoe moet hij een kopie van het overlegde identiteitsbewijs in zijn loonadministratie opnemen; de werknemer mag hiermee dus niet wachten tot bijvoorbeeld het moment waarop hij de opgaaf gegevens voor de loonheffingen inlevert. Uit de kopie moeten de aard en het nummer van het identiteitsbewijs blijken. Als dit niet uit de kopie blijkt, moet de inhoudingsplichtige hiervan een aantekening in zijn loonadministratie maken.

Geldige identiteitsbewijzen als bedoeld in de Wet op de identificatieplicht zijn een:
- Nederlands paspoort;
- Nederlandse identiteitskaart;
- gemeentelijke identiteitskaart;
- paspoort of identiteitskaart van een land van de Europese Unie (EU);
- paspoort of identiteitskaart van een land van de Europese Economische Ruimte (EER);
- paspoort van een niet-EER-land met een door de Vreemdelingendienst aangetekende vergunning (aanmeldsticker) tot verblijf;
- verblijfsdocument van de Vreemdelingendienst I tot en met IV en EU/EER;
- vreemdelingenpaspoort of vluchtelingenpaspoort;
- (elektronisch) W-document;
- diplomatiek paspoort;
- dienstpaspoort.

Als niet (juist) aan de identificatieverplichting is voldaan, moet de inhoudingsplichtige het zogenoemde anoniementarief (zie paragraaf 2.7.2) toepassen, zonder rekening te houden met de loonheffingskorting, het maximum premieloon voor de premies werknemersverzekeringen en het maximum bijdrageloon voor de Zvw.

Voorbeeld

Boer A.S. Perge heeft in verband met het oogsten van groenten een aantal Turkse werknemers in dienst genomen. Van deze Turkse werknemers zijn kopieën van de paspoorten opgenomen in de loonadministratie. Tijdens een loonbelastingcontrole blijkt echter dat de Turkse werknemers niet over een Nederlandse verblijfs- en tewerkstellingsvergunning beschikken. Er zal nu een naheffingsaanslag loonbelasting worden opgelegd. Hierbij zal de Belastingdienst het anoniementarief toepassen.

Eerstedagsmelding De inspecteur kan aan inhoudingsplichtigen waarbij er een bijzonder risico is op fraude en illegale tewerkstelling bij een voor bezwaar vatbare beschikking de verplichting opleggen tot het doen van eerstedagsmeldingen. Zij moeten dan voor elke nieuwe werknemer tijdig (= voor de datum van aanvang van de werkzaamheden, dan wel direct voor aanvang van de werkzaamheden als de dienstbetrekking is overeengekomen op de datum waarop de werkzaamheden aanvangen) een eerstedagsmelding doen (art. 28 letter f Wet LB en art. 7.6 Uitv.reg. LB).
De eerstedagsmelding bevat de volgende gegevens (art. 7.6 lid 3 Uitv.reg. LB):
- het loonheffingennummer van de inhoudingsplichtige;
- het burgerservicenummer van de werknemer of – bij het ontbreken daarvan – een uniek personeelsnummer;
- de naam van de werknemer;
- de geboortedatum van de werknemer;
- de datum van aanvang van de werkzaamheden.

De eerstedagsmelding moet elektronisch worden gedaan.

Loonstaat Daarnaast moet de inhoudingsplichtige per werknemer een loonstaat aanleggen (art. 7.2 Uitv.reg. LB) en moet hij bepaalde uitkeringen en verstrekkingen administreren (art. 7.3 Uitv.reg. LB). Na afloop van het kalenderjaar moet er een jaaropgaaf aan de werknemer worden uitgereikt (art. 7.4 Uitv.reg. LB).

2.9.3 Verplichtingen werknemer

De werknemer moet tijdig (= voor de datum van aanvang van de werkzaamheden, dan wel voor aanvang van de werkzaamheden als de dienstbetrekking is overeengekomen op de datum waarop de werkzaamheden aanvangen) schriftelijk de navolgende gegevens aan de inhoudingsplichtige verstrekken (art. 29 Wet LB juncto art. 7.9 Uitv.reg. LB):
- naam en voorletters;
- geboortedatum;
- burgerservicenummer;
- adres;
- postcode en woonplaats;
- woonland en regio als de werknemer niet in Nederland woont.

De werkgever mag de loonheffingskorting (zie paragraaf 2.7.3) alleen toepassen als de werknemer de gegevens met betrekking tot de loonheffingskorting heeft verstrekt (art. 29 lid 2 Wet LB). Dit betekent dat een werknemer die wil dat de loonheffingskorting wordt toegepast, tijdig de hiervoor benodigde gegevens moet verstrekken.

Opgaaf gegevens voor de loonheffingen Voor het verstrekken van de hiervoor genoemde gegevens aan de inhoudingsplichtige kan bijvoorbeeld gebruik worden gemaakt van de 'Opgaaf gegevens voor de loonheffingen'. De opgaaf moet zijn gedagtekend en ondertekend.

Voorbeeld

Nancy is studente en wil haar studiefinanciering aanvullen. Zij neemt een bijbaan voor 5 uur per week in café Sloeber. Nancy heeft bij haar indiensttreding een Opgaaf gegevens voor de loonheffingen ingevuld. Zij heeft daarop aangegeven dat zij de loonheffingskorting wenst toe te passen. Enige tijd later neemt Nancy nog een (beter betaalde) bijbaan voor 10 uur per week aan bij restaurant L'Auberge du bonheur, waardoor zij per week in totaal 15 uur werkt. Nancy zal nu tweemaal een Opgaaf gegevens voor de loonheffingen moeten invullen: één bij café Sloeber (geen loonheffingskorting meer toepassen) en één bij L'Auberge du bonheur (wel loonheffingskorting toepassen).

De inhoudingsplichtige moet de hiervoor genoemde gegevens bewaren gedurende ten minste 5 kalenderjaren na het einde van het kalenderjaar waarin de dienstbetrekking is geëindigd (art. 7.9 lid 2 Uitv.reg. LB).

Zoals gezegd moet de werknemer door middel van bijvoorbeeld de Opgaaf gegevens voor de loonheffingen zijn NAW-gegevens, zijn geboortedatum en burgerservicenummer aan de inhoudingsplichtige bekendmaken (art. 29 Wet LB en art. 7.9 lid 1 Uitv.reg. LB). Als de werknemer zijn NAW-gegevens niet of niet volledig aan de inhoudingsplichtige heeft verstrekt, krijgt hij te maken met het zogenoemde anoniementarief (zie paragraaf 2.7.2). Bovendien mag dan ook de loonheffingskorting niet worden toegepast. Dit blijft zo tot het tijdstip waarop de werknemer de hiervoor genoemde gegevens aan de inhoudingsplichtige heeft doorgegeven, bijvoorbeeld via de Opgaaf gegevens voor de loonheffingen.

Anoniementarief

Als de werknemer op de ingeleverde Opgaaf gegevens voor de loonheffingen onjuiste NAW-gegevens vermeldt en de inhoudingsplichtige weet dat deze gegevens onjuist zijn, moet eveneens het anoniementarief worden toegepast en mag ook de loonheffingskorting niet worden toegepast.

Verder moet de werknemer bij zijn indiensttreding een geldig identiteitsbewijs aan zijn inhoudingsplichtige overleggen en toestaan dat deze hiervan een kopie maakt en deze opneemt in zijn loonadministratie.

De werknemer is overigens niet verplicht om de gegevens met betrekking tot de toe te passen heffingskorting te verstrekken (art. 29 lid 2 Wet LB). De inhoudingsplichtige mag dan bij het verlonen uiteraard geen rekening houden met de loonheffingskorting.

2.9.4 Identificatieplicht

Identificatieplicht

De identificatieplicht van art. 30 Wet LB is in beginsel een plicht van de werknemer. Toch is de inhoudingsplichtige op grond van art. 30 Wet LB verplicht om ervoor te zorgen dat de werknemer die loon uit tegenwoordige dienstbetrekking geniet, zich tegenover de inspecteur kan identificeren. De werknemer moet zich ook na zijn indiensttreding te allen tijde op zijn werkplek kunnen identificeren. Hij moet daartoe een geldig identiteitsbewijs kunnen overleggen. Werknemers uit Nederland en de EU/EER kunnen ook volstaan met het overleggen van een geldig rijbewijs. Het niet naleven van art. 30 Wet LB leidt overigens niet tot de toepassing van het anoniementarief of het niet mogen toepassen van de heffingskorting.

Verschoningsrecht

Sommige beroepsgroepen kennen een zogenoemd verschoningsrecht op grond waarvan zij zich op hun geheimhoudingsplicht mogen beroepen (denk hierbij aan advocaten en artsen). Art. 30 lid 2 Wet LB zorgt ervoor dat ook zij zich op hun werkplek tegenover de inspecteur moeten kunnen identificeren.

2.9.5 Fictieve diensttijd

Ter bestrijding van illegale tewerkstelling en zwarte arbeid is art. 30a Wet LB ingevoerd. Als een werknemer in dienstbetrekking werkzaam is voor een inhoudingsplichtige en de werknemer niet in de loonadministratie is opgenomen, of als niet is voldaan aan de verplichting om een eerstedagsmelding te doen (zie

Fictieve diensttijd — paragraaf 2.9.2), wordt op grond van dit artikel aangenomen dat de werknemer al ten minste 6 maanden in loondienst werkzaam is. Hierdoor kan de Belastingdienst over deze periode in elk geval een naheffingsaanslag loonbelasting opleggen. De inhoudingsplichtige mag deze fictieve diensttijd weerleggen, maar dan moet hij wel overtuigend bewijs leveren dat de periode van 6 maanden korter zou moeten zijn of dat de werknemer een lager loon heeft genoten.

2.10 Inhoudingsplichtige als belastingplichtige

2.10.1 Inleiding

Eindheffing — De Wet LB kent een zogenoemde eindheffingsregeling (art. 31 Wet LB). De inhoudingsplichtige neemt dan de verschuldigde loonbelasting voor zijn rekening en treedt op als belastingplichtige (art. 27a Wet LB). De werknemer mag de als (pseudo-)eindheffing geheven loonbelasting niet als voorheffing verrekenen met de door hem verschuldigde inkomstenbelasting (art. 9.2 lid 1 letter a Wet IB).

De wetgever heeft het eindheffingsregime ingevoerd omdat het niet altijd gemakkelijk is om de nageheven loonbelasting op de werknemers te verhalen. Denk hierbij aan fouten die de loonadministratie van het bedrijf heeft gemaakt en waarbij niet precies is vastgelegd welke werknemer een bepaald loonbestanddeel heeft genoten. Ook is het niet altijd wenselijk om de loonbelasting van de werknemer te heffen. Denk hierbij aan het kerstpakket of een geschenk dat de werknemer op zijn verjaardag van zijn werkgever krijgt. Onder de werkkostenregeling is de toepassing van het eindheffingsregime verder verruimd doordat een inhoudingplichtige de mogelijkheid heeft om het eindheffingsregime toe te passen op vergoedingen en verstrekkingen die in de praktijk vaak voorkomen en waarvoor geen nihilwaardering (art. 13 lid 3 Wet LB) of gerichte vrijstelling (art. 31a lid 2 Wet LB) geldt.

2.10.2 Eindheffing toepassen

Het toepassen van het eindheffingstarief is in beginsel verplicht. In bepaalde gevallen *mág* de werkgever het eindheffingstarief toepassen (zie hierna).
De eindheffing *kan* worden toegepast bij:
a. naheffingsaanslagen loonbelasting (dit blijkt uit de term 'behoudens' die in art. 31 lid 1 letter a Wet LB wordt gebruikt);
b. aangewezen vergoedingen en verstrekkingen, voor zover er sprake is van loon uit tegenwoordige dienstbetrekking en mits is voldaan aan de gebruikelijkheidstoets.

Ad a. Naheffingsaanslagen loonbelasting

Naheffingsaanslag — De werkgever kan er bij naheffingsaanslagen voor kiezen om het loon op de gebruikelijke wijze te verlonen. Bij een naheffingsaanslag heeft overigens ook de inspecteur het recht om het eindheffingsregime niet toe te passen. De inspecteur zal dit doen als de toepassing van het eindheffingsregime tot een zodanig grote afwijking van het belastbare inkomen in de zin van de Wet IB van een of meer werknemer(s) leidt, dat voor hem/hen aanzienlijke voordelen zouden kunnen ontstaan in de heffing van de inkomstenbelasting of in het kader van andere wettelijke regelingen. Denk hierbij bijvoorbeeld aan tariefsmatige voordelen (in de inkomstenbelasting) of aan de huurtoeslag (in het kader van andere wettelijke regelingen).

Ad b. Aangewezen vergoedingen en verstrekkingen

Onder de werkkostenregeling mag de werkgever ervoor kiezen om vergoedingen *Aanwijzen als eindheffingsloon* en verstrekkingen aan te wijzen als eindheffingsloon voor zover er sprake is van loon uit tegenwoordige dienstbetrekking en mits is voldaan aan de gebruikelijkheidstoets. Deze keuze moet worden gemaakt vóór het fiscale genietingstijdstip (zie paragraaf 2.8.1).

Bepaalde vergoedingen en verstrekkingen, zoals de auto van de zaak, geldboetes en dergelijke, zijn echter uitgesloten (art. 31 lid 4 Wet LB) en kunnen dus niet als eindheffingsloon worden aangewezen. Om oneigenlijk gebruik van de eindheffingsmogelijkheid tegen te gaan, is de zogenoemde 'gebruikelijkheidstoets' geïntroduceerd (art. 31 lid 1 letter f Wet LB).

Gebruikelijkheidstoets — Als de vrije ruimte (zie paragraaf 2.10.4) volledig aan één werknemer wordt toegekend waardoor het belaste loon van die werknemer aanzienlijk wordt verlaagd, zullen de aangewezen vergoedingen en verstrekkingen buiten beschouwing worden gelaten voor zover de omvang van de aangewezen vergoedingen en verstrekkingen in belangrijke mate (= 30% of meer) groter is dan de omvang van de vergoedingen en verstrekkingen die in voor het overige overeenkomstige omstandigheden in de regel worden aangewezen. Er moet dus worden getoetst of het gebruikelijk is om vergoedingen en verstrekkingen in de vrije ruimte onder te brengen of te belasten met 80% eindheffing.

Voorbeeld

Johan is dga en de enige werknemer van Anjo bv. Hij heeft net zijn vliegbrevet gehaald. Als kerstpakket ontvangt hij een zelfbouwpakket van een sportvliegtuig ter waarde van € 25.000. Een dergelijk kerstpakket is echter niet gebruikelijk. Het deel van de verstrekking dat meer dan gebruikelijk is (lees: meer dan 30% afwijkt van wat andere werkgevers in vergelijkbare omstandigheden aan hun directeuren geven), moet als belast loon worden aangegeven.

De eindheffing *moet* worden toegepast bij:
a. tijdelijke knelpunten van ernstige aard;
b. aangewezen uitkeringen van publiekrechtelijke aard;
c. een bestelauto die doorlopend afwisselend wordt gebruikt door twee of meer werknemers;
d. producten uit eigen bedrijf en verstrekkingen die de inhoudingsplichtige ook aan zijn werknemers geeft, bijvoorbeeld een kerstpakket, voor zover er sprake is van loon uit vroegere dienstbetrekking;
e. bepaalde toeslagen.

2.10.3 Gerichte vrijstellingen

Gerichte vrijstellingen De gerichte vrijstellingen zijn bedoeld om kosten waarbij het zakelijke karakter overheerst, niet ten laste van de vrije ruimte (zie paragraaf 2.10.4) te brengen. Deze mogen daarom onbelast worden vergoed of verstrekt. In art. 31a lid 2 Wet LB zijn gerichte vrijstellingen opgenomen voor onder meer:
a. reiskosten;
b. tijdelijke verblijfkosten en zakelijke maaltijden;
c. onderhoud en verbetering van kennis en vaardigheden;
d. verhuiskosten;
e. gereedschappen, computers, mobiele communicatiemiddelen en dergelijke;
f. branche-eigen producten.

De belangrijkste gerichte vrijstellingen zullen hierna nader worden toegelicht.

Ad a. Reiskosten

Reiskosten Op grond van art. 31a lid 2 letter a Wet LB geldt een gerichte vrijstelling per zakelijk gereden kilometer (ook woon-werkverkeer geldt hierbij als zakelijk) van € 0,19. Dit bedrag van € 0,19 is een forfaitair bedrag; de omvang van de werkelijke kosten is niet relevant. Als de inhoudingsplichtige besluit om bijvoorbeeld € 0,28 per kilometer te vergoeden, wordt slechts € 0,09 per kilometer (het niet-vrije gedeelte van de vergoeding) in de belastingheffing betrokken. Als er sprake is van vervoer vanwege de inhoudingsplichtige, zoals bij een auto van de zaak (art. 13bis Wet LB), mag de inhoudingsplichtige echter geen onbelaste vergoeding van € 0,19 per kilometer uitbetalen.

Voorbeeld

1 Ilse gaat op de fiets naar haar werk. Zij legt daarbij dagelijks 14 kilometer af. De daadwerkelijke kosten bedragen € 0,05 per kilometer. Ilse mag van haar werkgever per gewerkte dag een onbelaste vergoeding ontvangen van € 0,19 per (fiets)kilometer.

2 Peter rijdt in zijn oldtimer naar zijn werk. Hij legt daarbij dagelijks 14 kilometer af. De daadwerkelijke kosten bedragen € 0,35 per kilometer. Ook Peter mag van zijn werkgever per gewerkte dag slechts een onbelaste vergoeding ontvangen van € 0,19 per kilometer. Besluit zijn werkgever om hem € 0,35 per kilometer te betalen, dan moet de vergoeding in twee delen worden gesplitst: een onbelaste vergoeding van € 0,19 en een belaste vergoeding van € 0,16 (desgewenst mag deze ten laste van de vrije ruimte worden gebracht waardoor ook dit deel voor Peter onbelast is).

Ad b. Tijdelijke verblijfkosten en zakelijke maaltijden

Tijdelijke verblijfkosten

Op grond van art. 31a lid 2 letter b Wet LB geldt een gerichte vrijstelling voor de kosten van tijdelijk verblijf in het kader van de dienstbetrekking. Hierbij kan bijvoorbeeld worden gedacht aan hotelovernachtingen. Er is sprake van een 'tijdelijk verblijf' als de werknemer normaal gesproken op ten minste 1 dag per week heen en weer reist tussen zijn woning en dezelfde arbeidsplaats en dat op niet meer dan 20 dagen doet (het zogenoemde 20-dagencriterium). De werknemer is dan ambulant. Dit is ook het geval als er sprake is van een tijdelijk project en als de werknemer nog in zijn wettelijke proeftijd zit.

Zakelijke maaltijden

Zakelijke maaltijden zijn eveneens gericht vrijgesteld en mogen dus onbelast worden vergoed of verstrekt. Er is sprake van een zakelijke maaltijd als de maaltijd een zakelijk karakter heeft dat van meer dan bijkomstig belang is (= meer dan 10%). Denk hierbij bijvoorbeeld aan een maaltijd die in verband met overwerk of tijdens een dienstreis wordt genoten. In de praktijk is het overigens vaak lastig om de exacte omvang van het zakelijke karakter te bepalen. Het spreekt voor zich dat een maaltijd met een kleiner of zelfs geen zakelijk belang, zoals een etentje in de privésfeer, niet onbelast kan worden genoten.

Voorbeeld

Paul moet van zijn werkgever overwerken. Zijn werkgever vergoedt hem de kosten van de warme maaltijd die hij op de zaak heeft genoten. Het zakelijke karakter van deze maaltijd is van meer dan bijkomstig belang. Daarom mag de maaltijd volledig vrij worden vergoed.

Voor niet-zakelijke maaltijden die de inhoudingsplichtige op de werkplek verstrekt (= loon in natura), geldt een forfaitaire waarderingsnorm van € 3,35 (art. 3.8 letter a Uitv.reg. LB). Let er dus goed op dat deze waarderingsnorm niet geldt voor vergoedingen! Deze waarderingsnorm is niet van toepassing als het zakelijke karakter van de in de bedrijfskantine genoten maaltijden van meer dan bijkomstig belang is!

Voorbeeld

Paul gaat tijdens zijn lunchpauze op kosten van zijn werkgever eten in de bedrijfskantine. Het zakelijke karakter van deze maaltijd is niet van meer dan bijkomstig belang, waardoor de maaltijd niet vrij mag worden verstrekt. Op grond van art. 3.8 letter a Uitv.reg. LB behoort een bedrag van € 3,35 tot het loon van Paul.

Ad c. Onderhoud en verbetering van kennis en vaardigheden

Verbeteren van kennis en vaardigheden

Op grond van art. 31a lid 2 letter c Wet LB geldt een gerichte vrijstelling voor het verbeteren van kennis en vaardigheden ter vervulling van de dienstbetrekking. Hierbij kan onder meer worden gedacht aan cursussen, congressen, seminars, symposia en dergelijke. Ook de kosten van outplacement, inschrijving in een beroepsregister en vakliteratuur vallen onder deze gerichte vrijstelling. Onder vakliteratuur wordt de literatuur verstaan die binnen een bepaalde beroepsgroep algemeen wordt erkend als specifiek van belang zijnde literatuur. Dit levert in de praktijk regelmatig discussies op over de vraag of bepaalde literatuur nu wel of niet kan worden aangemerkt als vakliteratuur.

Ad d. Verhuiskosten

Op grond van art. 31a lid 2 letter f Wet LB geldt een gerichte vrijstelling voor een werknemer die voor zijn dienstbetrekking verhuist. Deze is echter wel beperkt tot de werkelijke kosten van het overbrengen van de inboedel, verhoogd met een vast bedrag van € 7.750, ongeacht de hoogte van de werkelijke verhuiskosten.

Zakelijke verhuizing

Maar wanneer is in het kader van de Wet LB sprake van een zakelijke verhuizing van een werknemer voor zijn dienstbetrekking? Hiervoor is een regeling opgenomen in art. 8.4 Uitv.reg. LB. Een werknemer verhuist in ieder geval (de werknemer hoeft de zakelijkheid van de verhuizing dan niet te bewijzen) voor zijn dienstbetrekking als
- hij binnen 2 jaar na de aanvaarding van de nieuwe dienstbetrekking of na overplaatsing binnen de bestaande dienstbetrekking verhuist; en
- de afstand tussen zijn woning en de plaats van zijn dienstbetrekking hierdoor met ten minste 60% wordt verkleind; en
- de afstand tussen zijn woning en de plaats van zijn dienstbetrekking vóór de verhuizing ten minste 25 kilometer bedroeg.

Door het gebruik van de subtiele woorden 'in ieder geval' blijft het altijd mogelijk dat de werknemer op een andere manier bewijst dat zijn verhuizing zakelijk is.

Voorbeeld

Auke woont in Eindhoven en heeft in januari 2021 een nieuwe baan gevonden in Tilburg. De reisafstand tussen zijn woning en arbeidsplaats bedraagt 35 kilometer. Hij pendelt dagelijks heen en weer en dat bevalt hem prima. Auke ontmoet in Tilburg echter Geeske. Zij is totaal verknocht aan Tilburg en weigert pertinent om naar Eindhoven te verhuizen. Auke neemt daarom in juni 2021 het besluit om voor haar naar Tilburg te verhuizen. Hij woont na de verhuizing op 5 kilometer van zijn nieuwe werkplek. Alhoewel de verhuizing duidelijk is ingegeven door persoonlijke motieven, mag de werkgever met een beroep op art. 8.4 Uitv.reg. LB toch een onbelaste vergoeding uitbetalen aan Auke. De afstand tussen de woning en de plaats van de dienstbetrekking bedroeg vóór de verhuizing ten minste 25 kilometer en na de verhuizing is de reisafstand met ten minste 21 kilometer (60% van 35 kilometer) verkleind.

Ad e. Gereedschappen, computers, mobiele communicatiemiddelen en dergelijke

Noodzakelijkheidscriterium

Er geldt een gerichte vrijstelling voor enkele zaken die noodzakelijk zijn voor de uitoefening van de dienstbetrekking (art. 31a lid 2 letter g Wet LB). Dit wordt het noodzakelijkheidscriterium genoemd. Het is een open norm, die ervan uitgaat dat wat een werkgever in het kader van zijn bedrijfsvoering aan voorzieningen noodzakelijk vindt, aan de werknemer kan worden vergoed, verstrekt of ter beschikking gesteld zonder dat er fiscaal rekening moet worden gehouden met een privévoordeel van de werknemer. Het noodzakelijkheidscriterium is van toepassing op gereedschappen, computers, mobiele communicatiemiddelen en soortgelijke apparatuur.

Voorbeeld

De gemeente Veldhoven vindt papierloos vergaderen erg belangrijk. Daarom wordt aan alle gemeenteambtenaren een iPad ter beschikking gesteld. De gemeente zorgt voor een collectief abonnement bij een provider. De gemeenteambtenaren gebruiken voortaan altijd hun iPad. De terbeschikkingstelling van de iPad en het gebruik ervan behoort niet tot het loon omdat deze noodzakelijk is voor de behoorlijke vervulling van de dienstbetrekking. Het feit dat de iPad ook eventueel nog in privé wordt gebruikt, dan wel gebruikt kan worden, speelt in dit geval geen rol.

Voorbeelden van gereedschap zijn: de hamer of de duimstok van een timmerman, het fototoestel van een fotograaf, een muziekinstrument van een muzikant, de kwast van een schilder en de naaimachine van een kledingmaker. De verf waar een schilder mee schildert en de stof waar de kleding van wordt gemaakt, zijn geen gereedschappen, net zomin als werkkleding of kantoormeubilair. Met computers, mobiele communicatiemiddelen en dergelijke apparatuur wordt gedoeld op ICT-middelen zoals desktops, laptops, tablets en mobiele telefoons (waaronder smartphones). Ook printers kunnen onder omstandigheden als noodzakelijk gereedschap gezien worden.

Onder ICT-middelen vallen behalve de hardware ook het datatransport en de programmatuur om het werk goed te kunnen uitvoeren. De werkgever kan dus de kosten van de internetaansluiting thuis gericht vrijgesteld vergoeden als de werknemer ook vanuit thuis werkt.

Aan de toepassing van het noodzakelijkheidscriterium zijn wel de onderstaande voorwaarden verbonden:
- er moet noodzaak zijn: daarvoor is indicatief of het middel echt wordt gebruikt en hoe vaak het wordt gebruikt;
- er geldt een verbod op cafetarisering. De mobiele telefoon kan dus geen onderdeel uitmaken van de cafetariaregeling;
- als het niet langer noodzakelijk meer is, moet teruggave plaatsvinden aan de inhoudingsplichtige of moet de werknemer de restwaarde betalen.

Waar in eerste instantie het oordeel van de inhoudingsplichtige bepalend is of iets noodzakelijk is of niet, geldt dat niet in de situatie waarin de werknemer tevens bestuurder of commissaris is in het lichaam waarvoor hij werkzaamheden verricht. In dat geval kunnen de hoedanigheid van inhoudingsplichtige en werknemer immers nogal in elkaar overlopen. Daarom zijn er aanvullende bepalingen opgenomen. Het betreft een verzwaring van de bewijslast die de nadruk legt op de gebruikelijkheid van de voorziening. Een voorziening die onder het noodzakelijkheidscriterium valt, kan in geval van een bestuurder of commissaris van de inhoudingsplichtige niet onder de gerichte vrijstelling worden gebracht, tenzij de inhoudingsplichtige aannemelijk maakt dat deze voorziening een gebruikelijke voorziening is voor de behoorlijke uitoefening van de dienstbetrekking van deze werknemer (art. 31a lid 8 Wet LB).

Ad f. branche-eigen producten
Er geldt een gerichte vrijstelling voor een werknemer die producten uit eigen bedrijf koopt (art. 31a lid 2 letter i Wet LB). Dat betekent dat als een inhoudingsplichtige aan zijn werknemer een korting of vergoeding geeft bij de aankoop van producten uit eigen bedrijf, dit onder de volgende voorwaarden onbelast blijft:
– de producten zijn niet branchevreemd;
– de korting of vergoeding bedraagt per product maximaal 20% van de waarde van dat product in het economisch verkeer;
– de korting of vergoeding bedraagt niet meer dan € 500 per werknemer per jaar.

Vaste kostenvergoeding
Op grond van art. 31a lid 4 Wet LB kan de inhoudingsplichtige een onbelaste vaste kostenvergoeding aan zijn werknemer geven. Een dergelijke vergoeding leidt tot een vermindering van de administratieve lasten omdat de werknemer geen bonnetjes meer hoeft in te leveren en de inhoudingsplichtige deze niet meer hoeft te bewaren. De inhoudingsplichtige moet echter wel bewijzen dat de vaste kostenvergoeding in verhouding staat tot de kosten die de werknemer heeft gemaakt. De inhoudingsplichtige moet onder de werkkostenregeling vooraf gedurende een periode van 3 maanden een onderzoek naar de werkelijke kosten uitvoeren. De kostensoorten die in een onbelaste vaste onkostenvergoeding kunnen worden opgenomen, zijn beperkt tot die kostensoorten die onder de gerichte vrijstellingen vallen.

Er kan slechts aan een vaste groep van werknemers (= homogene groep: een groep werknemers die vanuit kostenoogpunt in dezelfde positie verkeert) dezelfde vaste kostenvergoeding worden uitbetaald. De vaste kostenvergoeding moet per kostencategorie naar de aard (bijvoorbeeld representatie-, telefoon- en vakliteratuurkosten) en omvang (bijvoorbeeld € 30 representatiekosten, € 10 telefoonkosten en € 25 vakliteratuurkosten) van de kosten zijn gespecificeerd, wat betekent dat moet worden aangegeven op welke kosten de kostenvergoeding betrekking heeft en tot welke bedragen. Als een werknemer ziek wordt, mag de vaste kostenvergoeding nog onbelast worden uitbetaald in de maand waarin de werknemer ziek is geworden en de daarop volgende maand. Na deze periode mogen alleen de kosten die tijdens de ziekte doorlopen, zoals bijvoorbeeld abonnementskosten van vaktijdschriften, onbelast worden vergoed.

2.10.4 Vrije ruimte

Vrije ruimte

Onder de werkkostenregeling heeft iedere werkgever recht op een zogenoemde 'vrije ruimte' (ook wel 'forfaitaire ruimte' genoemd). Vanaf 2021 bedraagt deze 1,7% over de eerste € 400.000 aan fiscale loonsom. Voor het meerdere is deze 1,18% van de fiscale loonsom (art. 31a lid 3 Wet LB). Feitelijk is dit een ongetoetste vrijstelling die in beginsel naar eigen inzicht van de inhoudingsplichtige mag worden gebruikt. Deze vrijstelling geldt per inhoudingsplichtige. Indien en voor zover de vrije ruimte wordt overschreden, is een eindheffing verschuldigd ter grootte van 80%.

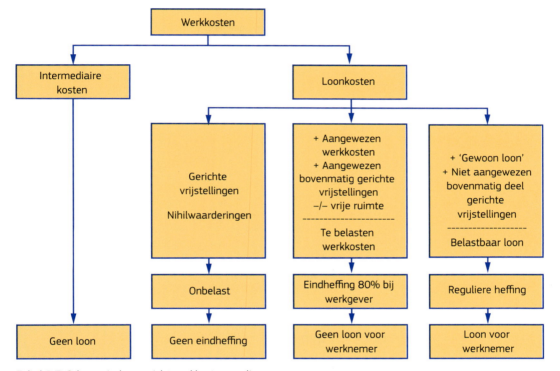

Tabel 2.7 Schematisch overzicht werkkostenregeling

Intermediaire kosten

Intermediaire kosten

Intermediaire kosten zijn kosten die bij de inhoudingsplichtige thuishoren en die de werknemer heeft voorgeschoten. Bij intermediaire kosten geeft de inhoudingsplichtige aan de werknemer *opdracht* om namens en voor rekening van de inhoudingsplichtige uitgaven te doen. Het initiatief tot het maken van de kosten ligt in een dergelijke situatie dus bij de inhoudingsplichtige. In de Wet LB is geen definitie van het begrip 'intermediaire kosten' opgenomen.

Er is sprake van intermediaire kosten als er sprake is van:
1. aanschafkosten van zaken die tot het vermogen van de inhoudingsplichtige gaan behoren;
2. kosten die worden gemaakt voor zaken die tot het vermogen van de inhoudingsplichtige behoren of bij hem in gebruik zijn (en die aan de werknemer ter beschikking zijn gesteld);
3. kosten die specifiek samenhangen met de bedrijfsvoering (en niet in verband met het functioneren van de werknemer).

> **Voorbeeld**
>
> 1 Een werknemer moet een presentatie bij een klant verzorgen. Vlak voor de presentatie komt hij erachter dat zijn markeerstiften zijn uitgedroogd. Hij koopt bij een boekhandel snel nog wat markeerstiften. Na afloop van de presentatie geeft hij deze aan zijn werkgever (de inhoudingsplichtige) en declareert het bijbehorende bonnetje. De inhoudingsplichtige kan deze kosten onbelast terugbetalen want de markeerstiften zijn tot het vermogen van de inhoudingsplichtige gaan behoren.
>
> 2 Een werknemer beschikt over een aan hem ter beschikking gestelde auto van de zaak. Bij het tanken is hij de pincode van zijn tankpas vergeten. Hij rekent met zijn eigen bankpas af en declareert vervolgens de brandstofkosten bij zijn werkgever (de inhoudingsplichtige). De inhoudingsplichtige kan de brandstofkosten onbelast terugbetalen want de brandstofkosten zijn gemaakt ten behoeve van gebruik van de auto van de zaak van de inhoudingsplichtige.
>
> 3 Een werknemer, een vertegenwoordiger, heeft een zakelijk diner met een klant. De werknemer betaalt de volledige restaurantrekening en declareert deze bij zijn werkgever (de inhoudingsplichtige). Het aandeel van de klant in de rekening kan de inhoudingsplichtige onbelast terugbetalen want deze kosten zijn in het belang van de bedrijfsvoering gemaakt en hebben ook niets met zijn functioneren te maken.
> Het eigen aandeel van de werknemer in de restaurantrekening kan als een gerichte vrijstelling voor tijdelijke verblijfkosten eveneens onbelast worden vergoed (art. 31a lid 2 letter b Wet LB).

2.10.5 Pseudo-eindheffingen

Pseudo-eindheffingen

Naast de echte eindheffingen, kent de Wet LB ook nog de zogenoemde pseudo-eindheffingen. Hiermee worden bepaalde maatschappelijke ontwikkelingen, zoals bijvoorbeeld het te vroeg stoppen met werken en het bedingen van hoge ontslagvergoedingen, ontmoedigd door het opleggen van een extra belastingheffing bij de inhoudingsplichtige. Bij de echte eindheffingen is er geen sprake meer van loon voor de werknemer. Dit is bij de pseudo-eindheffingen echter niet het geval. Voor de werknemer is er sprake van normaal belast loon, maar daarnaast is de werkgever over hetzelfde loon ook nog eens een eindheffing verschuldigd.

Vervroegde uittreding

Als er sprake is van een regeling voor vervroegde uittreding (art. 32ba Wet LB), bedraagt het eindheffingstarief maar liefst 52%, waardoor de totale belastingdruk in 2021 op een besmette VUT-uitkering kan oplopen tot maar liefst 101,50%!

Excessieve vertrekvergoeding

Op excessieve vertrekvergoedingen (art. 32bb Wet LB) is een eindheffingstarief van maar liefst 75% van toepassing. Deze heffing is men verschuldigd voor zover de vertrekvergoeding meer bedraagt dan het zogenoemde toetsloon van de werknemer (art. 32bb lid 3 Wet LB). Deze regeling is echter niet van toepassing als het toetsloon van de betreffende werknemer minder is dan € 568.000.

2.11 Tarief

Bij het bepalen van de eindheffing kunnen vier tarieven van toepassing zijn (art. 31 lid 2 Wet LB):
a. het (gebruteerde) tabeltarief;
b. het enkelvoudige tarief;
c. een vast tarief van 45%, 52%, 75% of 80%;
d. een vast bedrag van € 300.

Ad a. Het (gebruteerde) tabeltarief

(Gebruteerde) tabeltarief — Bij het (gebruteerde) tabeltarief wordt aangenomen dat de werkgever al bij de toekenning van de voordelen de loonbelasting voor zijn rekening heeft willen nemen. Er wordt daarom rekening gehouden met de zogenoemde brutering (zie paragraaf 2.12.1). Dit tarief leidt tot de hoogste lasten voor de werkgever.

Voorbeeld

Bij een looncontrole blijkt dat Dick in 2020 een bovenmatige kostenvergoeding heeft ontvangen van zijn werkgever ter grootte van € 360. De controlerend ambtenaar van de Belastingdienst zal overgaan tot het opleggen van een naheffingsaanslag.
De bovenmatige kostenvergoeding komt bovenop het jaarloon van Dick ter grootte van € 70.000. Het toptarief van Dick bedroeg in 2020 49,5%. De werkgever geeft aan dat hij de nageheven loonbelasting niet op Dick zal verhalen. Om netto een bedrag van € 360 te kunnen verstrekken, moet de werkgever dit bedrag bruteren. De loonbelasting die de werkgever voor zijn rekening neemt, wordt immers ook weer aangemerkt als loon. Een brutobedrag van € 712,87 (€ 360 / (100% –/– 49,5%) × 100) levert netto precies € 360 op. De kostenvergoeding ter waarde van € 360 netto kost de werkgever dus uiteindelijk € 712,87 (€ 360 + € 352,87 loonheffing).

Ad b. Het enkelvoudige tarief

Enkelvoudige tarief — Bij het enkelvoudige tarief wordt niet aangenomen dat de werkgever al bij de toekenning van de voordelen de loonbelasting voor zijn rekening heeft willen nemen. Het enkelvoudige tarief is daarom gelijk aan het tarief dat bij een normale inhouding zou zijn verschuldigd.

Ad c. Het vaste tarief

Vast tarief — Het belangrijkste vaste tarief is dat van 80%. Dit tarief is van toepassing op vergoedingen en verstrekkingen die de inhoudingsplichtige heeft aangewezen als eindheffingsloon en waarbij de vrije ruimte is overschreden.

Ad d. Het vaste bedrag van € 300

Vast bedrag De eindheffing van € 300 per jaar moet worden toegepast als een bestelauto door de aard van het werk doorlopend door meerdere werknemers wordt gebruikt en het daardoor moeilijk is om de autoregeling toe te passen.

2.12 Naheffing van loonbelasting

2.12.1 Inleiding

Naheffing van loonbelasting Loonbelasting moet worden ingehouden op het loon van de werknemer en is dus een werknemerslast (art. 27 lid 1 Wet LB). Eventueel nageheven loonbelasting moet ook op het loon van de werknemer worden ingehouden. Vaak zal de inhoudingsplichtige de nageheven loonbelasting niet op zijn werknemers willen verhalen, bijvoorbeeld om arbeidsonrust binnen de onderneming te vermijden of omdat hij zelf een fout heeft gemaakt.

Als de inhoudingsplichtige de nageheven loonbelasting niet op de betrokken werknemers verhaalt maar deze voor eigen rekening neemt, voldoet de inhoudingsplichtige daarmee een schuld van de werknemer. Dit vormt voor de werknemer echter een voordeel, waarover weer loonbelasting is verschuldigd. Over de niet-verhaalde loonbelasting moet dus loonbelasting worden berekend. Dit proces wordt brutering genoemd. Bij het bruteren moet onderscheid worden gemaakt tussen de directe brutering (paragraaf 2.12.2) en de indirecte brutering (paragraaf 2.12.3).

2.12.2 Directe brutering

Directe brutering Bij een directe brutering is het loonbestanddeel waarop geen loonbelasting is ingehouden al bij het toekennen hiervan als een netto-uitkering bedoeld. Denk hierbij bijvoorbeeld aan een bovenmatige kostenvergoeding waarvan de inhoudingsplichtige en werknemer op het moment van uitbetaling wisten dat deze te hoog was, en waarvan de inhoudingsplichtige op dat moment al had besloten om de loonbelasting voor zijn rekening te nemen. Bij het berekenen van de naheffingsaanslag loonbelasting zal er dan direct moeten worden gebruteerd.

2.12.3 Indirecte brutering

Indirecte brutering Indirecte brutering komt aan de orde als de inhoudingsplichtige en de werknemer zich niet bewust zijn geweest van de verstrekking van loon (ze gingen er dus van uit dat er sprake was van een niet-bovenmatige kostenvergoeding). Indirecte brutering komt daarnaast ook aan de orde als de inhoudingsplichtige zich wél bewust was van de loonverstrekking, maar nog geen beslissing heeft genomen over het verhalen van de nageheven loonbelasting. Zolang de inhoudingsplichtige geen beslissing heeft genomen over het verhalen van de loonbelasting, kan de inspecteur slechts een naheffingsaanslag zonder brutering opleggen. Pas op het moment waarop de inhoudingsplichtige besluit om de nageheven loonbelasting niet op zijn werknemers te verhalen, vormt de niet-verhaalde loonbelasting weer loon en moet deze worden gebruteerd. De hierover verschuldigde loonbelasting kan de inhoudingsplichtige via de reguliere loonaangifte aangeven. Hierover is hij dan geen bestuurlijke boete en belastingrente verschuldigd, waardoor de indirecte brutering goedkoper uitvalt dan de directe.

2.12.4 Achterwege laten brutering

Bijzondere omstandigheid

Brutering hoeft niet plaats te vinden als de inhoudingsplichtige de loonbelasting vanwege een bijzondere omstandigheid niet op zijn werknemer kan verhalen. Denk hierbij aan de situatie waarin de werknemer niet meer bij de inhoudingsplichtige in loondienst is en er een juridisch advies ligt waaruit blijkt dat het verhalen van de loonbelasting met een beroep op de redelijkheid en billijkheid vrijwel zeker zal mislukken. De naheffingsaanslag loonbelasting wordt dan voor hetzelfde bedrag opgelegd als in het geval waarin de inhoudingsplichtige wel zou verhalen.

2.13 Uniform heffingsloon en premies werknemersverzekeringen

Premies werknemers-verzekeringen

De over het uniforme heffingsloon te betalen premies worden uitgedrukt in percentages. De percentages worden jaarlijks vastgesteld. Voor de WW gelden twee premiepercentages. Bij een schriftelijke arbeidsovereenkomst voor onbepaalde tijd geldt een premiepercentage van 2,70%. Is hiervan geen sprake, dan geldt een premiepercentage van 7,70%. Voor de WAO/WIA is het premiepercentage mede afhankelijk van het arbeidsongeschiktheidsrisico dat per werkgever wordt berekend.

Per 1 januari 2013 is het werknemersdeel van de WW-premie vervallen en bestaan de werknemersverzekeringen nog uitsluitend uit een werkgeversdeel.

Maximum premieloon

Bij de berekening van de premies werknemersverzekeringen moet de werkgever nog wel rekening houden met het feit dat het maximum premieloon voor de werknemersverzekeringen € 58.311 bedraagt. Het maximum bijdrageloon voor de Zvw bedraagt eveneens € 58.311.

Bij de toepassing van het zogenoemde anoniementarief (art. 26b Wet LB) geldt geen maximum premieloon werknemersverzekeringen/maximum bijdrageloon Zvw.

77

2.14 Loonberekening

Loonberekening   Het uitgangspunt in de navolgende berekening op is een werknemer die in 1967 is geboren een en brutoloon van € 2.000 per maand verdient. Hij heeft een arbeidscontract voor onbepaalde tijd. De pensioenpremie bedraagt € 200 per maand. De helft van deze premie komt als eigen bijdrage voor rekening van de werknemer.

	Te betalen door	Berekening nettoloon werknemer	Berekening loonkosten werkgever	Uniforme heffingsgrondslag
Brutoloon per maand	Werkgever	€ 2.000,00	€ 2.000,00	€ 2.000,00
Pensioenpremie	Werkgever	–	€ 100,00	–
	Werknemer	€ 100,00 –/–	–	€ 100,00 –/–
Loon in natura	Werkgever	€ 0,00 +	€ 0,00 +	€ 0,00 +
Grondslag voor alle loonheffingen				€ 1.900,00
Premies werknemersverzekeringen				
Premie WW-Awf (2,7%)	Werkgever	–	€ 51,30 +	–
WAO/WIA (7,53%)	Werkgever	–	€ 143,07 +	–
Gedifferentieerde premie Whk-premie (gemiddeld 1,36%)	Werkgever	–	€ 25,84 +	–
Inkomensafhankelijke bijdrage Zvw				€ 1.900,00
Inkomensafhankelijke Zvw-bijdrage (7%)	Werkgever	+	€ 133,00 +	+
Loonbelasting/premie volksverzekeringen				€ 1.900,00
Loonbelasting/premie volksverzekeringen	Werknemer	€ 154,83 –/– –/–		
Nettoloon werknemer		€ 1.745,17		
Loonkosten werkgever			€ 2.453,21*	

* Exclusief reservering van 8% vakantiegeld over € 2.000.

Tabel 2.8 Loonberekening

Wet uniformering loonbegrip

Wet uniformering loonbegrip

Op grond van de Wet uniformering loonbegrip geldt voor de loonbelasting en premie volksverzekeringen, de werknemersverzekeringen en de Zorgverzekeringswet een zelfde loonbegrip. Er gelden twee uitzonderingen:
- loon uit vroegere dienstbetrekking, zoals bijvoorbeeld pensioen maar ook een ontslagvergoeding, vormt geen loon voor de werknemersverzekeringen;
- eindheffingsloon, zoals bijvoorbeeld de 80% indien en voor zover de vrije ruimte is overschreden, vormt geen loon voor de volksverzekeringen, de werknemersverzekeringen en de Zorgverzekeringswet. Slechts als er sprake is van loon waarbij de Belastingdienst een naheffingsaanslag oplegt onder toepassing van het eindheffingsregime, is er wel sprake van loon voor alle loonheffingen.

Op de volgende pagina's staan twee formulieren waarmee inhoudingsplichtigen te maken krijgen:
- model opgaaf gegevens voor de loonheffingen;
- model loonstaat.

Belastingdienst

Model
Opgaaf gegevens voor de loonheffingen

Waarom dit formulier?

Uw werkgever of uitkeringsinstantie houdt loonheffingen in op uw loon of uitkering. Loonheffingen is de verzamelnaam voor loonbelasting/premie volksverzekeringen, premies werknemersverzekeringen en de inkomensafhankelijke bijdrage Zorgverzekeringswet. Voor de inhouding moet uw werkgever of uitkeringsinstantie uw persoonlijke gegevens registreren.

Met dit formulier geeft u deze gegevens op. Verder geeft u aan of u wilt dat uw werkgever of uitkeringsinstantie de loonheffingskorting toepast. Uw werkgever of uitkeringsinstantie houdt dan minder loonbelasting/premie volksverzekeringen in op uw loon of uitkering.

Als u geen gegevens opgeeft
Als u uw persoonlijke gegevens niet – of fout – opgeeft, moet uw werkgever of uitkeringsinstantie 52% loonbelasting/premie volksverzekeringen inhouden. Dit is het hoogste belastingtarief. Bovendien moet uw werkgever over uw hele loon de premies werknemersverzekeringen en de inkomensafhankelijke bijdrage Zorgverzekeringswet berekenen. Dit geldt ook als u zich niet legitimeert.

Invullen en inleveren
U moet dit formulier ingevuld en ondertekend vóór uw 1e werkdag bij uw werkgever inleveren. Gaat u werken op dezelfde dag waarop uw werkgever u aanneemt? Dan moet u deze opgaaf inleveren vóór u gaat werken. Als u een uitkering krijgt, moet u deze opgaaf inleveren voor de 1e betaling.

Bij het inleveren van deze opgaaf moet u zich legitimeren. Neem dus een geldig identiteitsbewijs mee.

Let op!
Als er iets in uw gegevens verandert nadat u dit formulier hebt ingeleverd, moet u dit schriftelijk aan uw werkgever of uitkeringsinstantie doorgeven. Lever dan een nieuwe 'Opgaaf gegevens voor de loonheffingen' bij uw werkgever of uitkeringsinstantie in.

Meer informatie
Kijk voor meer informatie op www.belastingdienst.nl en zoek op 'heffingskortingen'. Of bel de BelastingTelefoon: 0800 - 0543, bereikbaar van maandag tot en met donderdag van 8.00 tot 20.00 uur en op vrijdag van 8.00 tot 17.00 uur.

1 Uw gegevens

Heeft uw werkgever of uitkeringsinstantie uw gegevens al ingevuld? Controleer ze dan en verbeter ze als ze fout zijn.

1a	Naam en voorletter(s)	
1b	Burgerservicenummer (BSN)	
1c	Straat en huisnummer	
1d	Postcode en woonplaats	
1e	Land en regio *Alleen invullen als u in het buitenland woont*	
1f	Geboortedatum	
1g	Telefoonnummer	

Model loonstaat vanaf 2021

Werknemer

Naam en voorletters
Burgerservicenummer (BSN)
Adres
Postcode
Woonplaats
Land/regio
Geboortedatum

Inhoudingsplichtige/werkgever

Naam
Adres
Postcode
Woonplaats

Loonheffingennummer L

Gegevens voor de tabeltoepassing

Loonheffingskorting	☐ ja ☐ nee	met ingang van
Loonheffingskorting	☐ ja ☐ nee	met ingang van
Loonheffingskorting	☐ ja ☐ nee	met ingang van
Jonggehandicaptenkorting	☐ ja ☐ nee	met ingang van
Jonggehandicaptenkorting	☐ ja ☐ nee	met ingang van

Loon-tijdvak	Nummer inkomsten-verhouding	Loon in geld	Loon anders dan in geld	Fooien en uitkeringen uit fondsen	Aftrekposten voor alle heffingen	Loon voor de werknemers-verzekeringen	Loon voor de Zorgverze-keringswet	Loon voor de loonbelasting/volksver-zekeringen
kolom 1	kolom 2	kolom 3	kolom 4	kolom 5	kolom 7	kolom 8	kolom 12	kolom 14

Ingehouden loonbelasting/premie volks-verzekeringen	Ingehouden bijdrage Zvw	Uitbetaald bedrag (kolom 3-7-15-16)	Verrekende arbeidskorting	Levensloop-verlofkorting

HOOFDSTUK 3
Raamwerk Wet IB

In dit hoofdstuk wordt uiteengezet wie op grond van de Wet IB belastingplichtig is en hoe de te betalen belasting wordt bepaald. Het boxenstelsel is daarin leidend. Ook gaat het over de toeslagen die iemand kan aanvragen, omdat de toeslagen weer afhankelijk zijn van het belastbaar inkomen van die persoon.

- belastingplicht
- boxenstelsel
- tarief
- heffingskorting
- toerekening
- fiscaal partnerschap
- wijze van heffing

3.1 Inleiding

In dit hoofdstuk wordt uiteengezet wie op grond van de Wet IB belastingplichtig is en hoe de uiteindelijk verschuldigde belasting wordt bepaald.
In hoofdstuk 4 tot en met 8 wordt vervolgens uitgebreid ingegaan op de grondslagen waarop een belastingplichtige inkomstenbelasting moet betalen.

De onderwerpen die in dit hoofdstuk aan de orde komen, zijn:
- wie is belastingplichtig?
- heffingsgrondslagen;
- tarief;
- heffingskortingen/toeslagen;
- toerekening van inkomen;
- hoe wordt de verschuldigde belasting geheven?

3.2 Belastingplicht

3.2.1 Inleiding

Natuurlijke personen
Inkomstenbelasting wordt geheven van natuurlijke personen (art. 1.1 Wet IB). Alle inwoners van Nederland zijn belastingplichtig voor de inkomstenbelasting (binnenlandse belastingplichtigen). Maar uiteraard is iemand uitsluitend inkomstenbelasting verschuldigd als hij inkomen geniet. Binnenlandse belastingplichtigen betalen inkomstenbelasting over hun inkomen, waar ter wereld ze dat ook hebben genoten (art. 2.1 lid 1 onder a Wet IB: woonplaatsbeginsel).

Binnenlandse belastingplichtigen

Buitenlandse belastingplichtigen
Niet-inwoners van Nederland die wel Nederlands inkomen genieten, vallen ook onder de belastingplicht voor de inkomstenbelasting (art. 2.1 lid 1 onder b Wet IB: buitenlandse belastingplichtigen). Zij zijn slechts belastingplichtig over het inkomen dat ze in Nederland hebben genoten (bronstaatbeginsel).

In dit hoofdstuk en ook in de hoofdstukken 4 tot en met 8 wordt uitgegaan van een binnenlandse belastingplichtige. In hoofdstuk 14 wordt ingegaan op het in Nederland te belasten inkomen van een buitenlandse belastingplichtige.

3.2.2 Invloed belastingverdragen

Dubbele belastingheffing
De heffingsbeginselen die Nederland hanteert voor de inkomstenbelasting, het woonplaatsbeginsel voor binnenlands belastingplichtigen en het bronstaatbeginsel voor buitenlands belastingplichtigen, kunnen leiden tot dubbele belastingheffing. Dat wil zeggen: zowel Nederland als het andere land heft belasting over het inkomen.

3.2.3 Woonplaats

In verband met de belastingplicht (binnenlandse of buitenlandse) is het van belang om te weten waar iemand woont. Dit is geregeld in art. 4 AWR. De fiscale woonplaats wordt bepaald aan de hand van de feitelijke omstandigheden. Uit de rechtspraak blijkt dat moet worden gekeken naar de plaats waar het sociaal (woonplaats gezin, lidmaatschap verenigingen, etc.) en economisch (waar is het werk, waar zijn de bankrekeningen, etc.) middelpunt van iemands leven ligt.

Feitelijke omstandigheden

Voorbeeld

Kees heeft een woning in Groningen. Hij woont daar met zijn gezin met twee kinderen. Het gezin staat geregistreerd bij de gemeente Groningen. Kees heeft een baan in de stad, heeft een bankrekening bij een Nederlandse bank en is lid van een sportvereniging. De kinderen gaan in de stad naar school. Deze verschillende economische en sociale omstandigheden maken duidelijk dat Kees in Nederland woont. Hij is binnenlands belastingplichtig voor de Wet IB.

Woonplaatsficties

De Wet IB kent daarnaast een tweetal woonplaatsficties (art. 2.2 Wet IB):
– Iemand die ophoudt in Nederland te wonen en binnen een jaar daarna weer in Nederland gaat wonen, blijft binnenlands belastingplichtig (ook tijdens zijn verblijf in het buitenland) als hij in dat jaar niet elders heeft gewoond.
Deze fictie geldt niet als hij tijdens zijn afwezigheid als inwoner belastingplichtig was in een lidstaat van de Europese Unie of een andere 'aangewezen' mogendheid.

Voorbeeld

Marvin Bakker houdt op 19 juni 2020 op in Nederland te wonen. Hij vertrekt naar Suriname. Uiteindelijk besluit hij om op 17 april 2021 weer naar Nederland terug te keren. Op grond van art. 2.2 lid 1 Wet IB wordt Marvin geacht ook in de periode tussen 19 juni 2020 en 17 april 2021 in Nederland te hebben gewoond. Marvin kan tegenbewijs leveren door aannemelijk te maken dat hij in de periode nadat hij Nederland heeft verlaten, daadwerkelijk in Suriname heeft gewoond. Levert Marvin dit bewijs, dan treedt de fictie niet in werking en wordt Marvin voor de periode van 19 juni 2020 tot 17 april 2021 niet aangemerkt als binnenlandse belastingplichtige. Dat scheelt Marvin belastingheffing in Nederland.

– De zogenoemde diplomatenfictie: Nederlanders die als ambtenaar in het buitenland gaan werken, worden voor de toepassing van de Wet IB onder bepaalde voorwaarden geacht in Nederland te zijn blijven wonen.

3.3 Inkomen en tarieven

3.3.1 Inleiding

Boxenstelsel — De Wet IB gaat uit van het 'drieboxenstelsel', waarbij in elk van de boxen per kalenderjaar een afzonderlijk belastbaar inkomen wordt berekend (art. 2.3 Wet IB). De belastingtarieven voor deze drie boxen zijn niet hetzelfde.

Box 1	Belastbaar inkomen uit werk en woning	Progressief tarief
Box 2	Belastbaar inkomen uit aanmerkelijk belang	Vast tarief 26,90%
Box 3	Belastbaar inkomen uit sparen en beleggen	Vast tarief 31%

Tabel 3.1 Tarieven boxenstelsel inkomstenbelasting

De belastingberekening in de Wet IB leidt tot een verschuldigd bedrag, waarbij het in box 1 verschuldigde bedrag bestaat uit inkomstenbelasting en premies volksverzekeringen. Op dit verschuldigde bedrag mogen binnenlandse belasting-*Heffingskortingen* plichtigen bepaalde heffingskortingen in mindering brengen. Op deze heffingskortingen wordt in paragraaf 3.4 nader ingegaan. Op het bedrag dat dan nog overblijft, komen de zogenoemde voorheffingen (zoals loonheffing en dividendbelasting) in mindering. Schematisch ziet een en ander er dan als volgt uit:

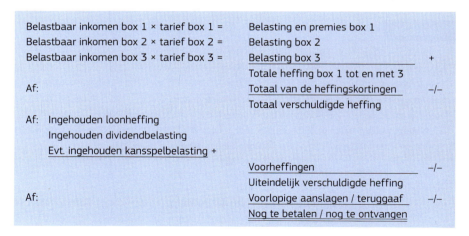

Tabel 3.2 Opbouw te betalen inkomstenbelasting

In paragraaf 3.7 wordt nader ingegaan op de begrippen voorheffingen en voorlopige teruggaaf.

3.3.2 Box 1: belastbaar inkomen uit werk en woning

Het belastbaar inkomen uit werk en woning bestaat uit verschillende elementen (zie ook art. 3.1 Wet IB). In hoofdstuk 4 en 5 wordt dieper ingegaan op de wijze waarop het te belasten inkomen moet worden bepaald.

Tarieven Als het belastbaar inkomen van box 1 is vastgesteld, moeten op dit inkomen de tarieven worden toegepast zoals die zijn weergegeven in art. 2.10 en art. 2.10a Wet IB. Het verschuldigde percentage aan inkomstenbelasting over de eerste twee schijven wordt verhoogd met de premie volksverzekeringen. Samen vormen zij

Inkomensheffing de zogenoemde inkomensheffing. Een en ander leidt tot tabel 3.3a:

Personen geboren na 31 december 1945					
Geen recht op AOW				Wel recht op AOW	
belastbaar inkomen meer dan	maar niet meer dan	Inkomensheffing		Inkomensheffing	
		%	bedrag	%	bedrag
–	€ 35.129	37,10%	€ 13.032	19,20%	€ 6.744
€ 35.129	€ 68.507	37,10%	€ 25.416	37,10%	€ 19.127
€ 68.507	–	49,50%	–	49,50%	–
Opmerking: het verschil zit in de premies voor de AOW.[1]					

Tabel 3.3a Tarieftabel inkomstenbelasting voor mensen geboren na 31 december 1945

Personen geboren voor 1 januari 1946					
belastbaar inkomen meer dan	maar niet meer dan	tarief inkomsten-belasting	tarief premie volksverzekeringen	Inkomensheffing	
		%	%	%	bedrag
–	€ 35.941	9,45%	9,75%	19,20%	€ 6.900
€ 35.941	€ 68.507	37,10%		37,10%	€ 18.981
€ 68.507	–	49,50%		49,50%	

Tabel 3.3b Tarieftabel inkomstenbelasting voor mensen geboren voor 1 januari 1946

---

[1] Personen zonder recht op AOW-uitkering:
Het tarief voor de premies volksverzekeringen bedraagt 27,65% tot een belastbaar inkomen van € 35.129. Het tarief is als volgt samengesteld:
AOW   17,90%
Anw   0,10%
Wlz   9,65%
         27,65%

> **Voorbeeld**
>
> 1 Nicole is 22 jaar en heeft een belastbaar inkomen in box 1 van € 13.000. Zij is over box 1 een heffing verschuldigd van € 4.823 (37,10% over € 13.000).
>
> 2 Robert is 44 jaar en heeft een belastbaar inkomen in box 1 van € 70.000. De verschuldigde heffing kan als volgt worden bepaald:
>
> | | |
> |---|---:|
> | Over het inkomen tot en met € 68.507 moet hij betalen | € 25.416 |
> | (37,10% × € 68.507) | |
> | Over het meerdere betaalt hij 49,50% | |
> | (€ 70.000 –/– € 68.507) × 49,50% | €   739 + |
> | Heffing box 1 | € 26.155 |
>
> 3 Ralph is 70 jaar (geboren in 1950) en heeft een belastbaar inkomen in box 1 van € 21.000. De verschuldigde heffing kan als volgt worden bepaald:
>
> | | |
> |---|---:|
> | Over het inkomen tot en met € 21.000 moet hij betalen | € 4.032 |
> | (€ 21.000 × 19,20%) | |

Het uiteindelijk verschuldigde bedrag kan nog hoger worden. Er moet namelijk een correctie plaatsvinden indien en voor zover bepaalde kosten tegen het hoogste belastingtarief in aftrek zijn gebracht (art. 2.10 lid 2 en lid 3 Wet IB en art. 2.10a lid 2 en lid 3 Wet IB). Het gaat hier om de volgende posten:
a. de ondernemersaftrek (zie paragraaf 4.20);
b. de MKB-winstvrijstelling mits de grondslag van deze vrijstelling positief is (zie paragraaf 4.21);
c. de terbeschikkingstellingsvrijstelling mits de grondslag voor deze vrijstelling positief is (zie paragraaf 5.4.5);
d. de aftrekbare kosten met betrekking tot een eigen woning (zie paragraaf 5.6.6);
e. de persoonsgebonden aftrek voor zover die is meegenomen bij het bepalen van het inkomen in box 1 (zie paragraaf 5.1 en hoofdstuk 8).

Indien het belastbaar inkomen in box 1 (inclusief deze posten) meer bedraagt dan € 68.507, is de verhoging 6,5% van het totaal van de bovenstaande vijf posten. Bedraagt het inkomen minder dan € 68.507, dan neemt men het belastbaar inkomen in box 1 en telt men de som van de bovengenoemde vijf posten daarbij op. Op dit totaal brengt men dan € 68.507 (het punt waarbij de hoogste belastingschijf wordt bereikt) in mindering. Als er een negatief bedrag resulteert, is er niets tegen de hoogste belastingschijf afgetrokken en vindt er geen correctie plaats. Is het verschil positief, dan wordt de verschuldigde belasting verhoogd met 6,5% van dat verschil.

HOOFDSTUK 3 | RAAMWERK WET IB

Voorbeeld

1 Pieter (45 jaar) heeft na aftrek van € 5.000 aan eigenwoningrente een belastbaar inkomen in box 1 van € 75.000. De verschuldigde heffing kan als volgt worden bepaald:

Over het inkomen tot € 68.507 moet hij betalen	€ 25.416
Over het meerdere betaalt hij 49,50% (€ 75.000 –/– € 68.507))	€ 3.214
Heffing box 1	€ 28.630
Het belastbaar inkomen in box 1 bedraagt meer dan € 68.507 en dus is de gehele eigenwoningrente tegen het hoogste tarief afgetrokken.	
De correctie voor kosten eigen woning bedraagt 6,5% van € 5.000	€ 325 +
Uiteindelijke heffing box 1	€ 28.955

2 Janneke (31 jaar) is ondernemer en heeft een belastbaar inkomen in box 1 van € 65.000. In dit inkomen zit een ondernemersaftrek van (stel) € 6.670 en een MKB-winstvrijstelling van (stel) € 5.970.

Over het inkomen betaalt zij 37,10% × 65.000	€ 24.115
Voor het berekenen van de eventuele correctie wordt haar box 1-inkomen verhoogd met € 12.640 (€ 6.670 + € 5.970), dit wordt dan € 77.640	
De correctie bedraagt dan 6,5% × € (77.640 –/– € 68.507)	€ 593
Uiteindelijke heffing box 1	€ 24.708

3.3.3 Box 2: belastbaar inkomen uit aanmerkelijk belang

Aanmerkelijk belang Alleen mensen die een aandelenbelang van minimaal 5% hebben in een rechtspersoon (een zogeheten aanmerkelijk belang), kunnen te maken krijgen met een belastingheffing in box 2. De belasting in box 2 bedraagt 26,90%.

In hoofdstuk 6 wordt dieper ingegaan op de belastingheffing over inkomen uit aanmerkelijk belang.

3.3.4 Box 3: belastbaar inkomen uit sparen en beleggen

Inkomen uit sparen en beleggen Als iemand in privé een behoorlijk vermogen bezit, moet hij in verband hiermee ook een bedrag aan inkomstenbelasting voldoen. Niet de werkelijk genoten inkomsten zoals ontvangen rente of ontvangen huur worden belast, maar een forfaitair te bepalen inkomen. Dit forfaitaire inkomen is afhankelijk van het vermogen dat de belastingplichtige in box 3 heeft. De belasting in box 3 bedraagt 31%. In hoofdstuk 7 wordt uitgelegd welk vermogen binnen box 3 belast is en hoe dat vermogen wordt bepaald.

3.3.5 Verzamelinkomen

Verzamelinkomen — Op diverse punten in de Wet IB komt het begrip 'verzamelinkomen' voor. Dit is de som van het *inkomen* uit werk en woning, het *inkomen* uit aanmerkelijk belang en het *belastbaar inkomen* uit sparen en beleggen (art. 2.18 Wet IB).

3.4 Heffingskortingen

3.4.1 Inleiding

Zoals in paragraaf 3.3.2 al is opgemerkt, wordt de verschuldigde belasting eerst per box berekend. Vervolgens is de totaal over het inkomen van een kalenderjaar verschuldigde inkomstenbelasting gelijk aan de som van de belasting die in de verschillende boxen is uitgerekend. Dit bedrag wordt vermeerderd met de verschuldigde premie volksverzekeringen. Die volksverzekeringen zijn geregeld in de Algemene Ouderdomswet (AOW), de Algemene nabestaandenwet (Anw), de Algemene Kinderbijslagwet (AKW) en de Wet langdurige zorg (Wlz).

Voor de Algemene Kinderbijslagwet, waarin het recht op kinderbijslag is geregeld, wordt geen premie geheven. De premie volksverzekeringen is verschuldigd over het premie-inkomen. Dit premie-inkomen is gelijk aan het belastbaar inkomen in box 1. Het premie-inkomen bedraagt maximaal € 35.129 (voor mensen geboren na 31 december 1945) of € 35.941 (voor mensen geboren voor 1 januari 1946). Dit wordt ook wel aangeduid als een gecombineerde inkomensheffing. Het gecombineerde heffingspercentage is dan de som van het tarief voor de inkomstenbelasting en het premiepercentage voor de volksverzekeringen.

Gecombineerde inkomensheffing

Op de gecombineerde inkomensheffing wordt een heffingskorting toegepast. Deze heet dan ook weer gecombineerde heffingskorting (art. 8.1 t/m 8.19 Wet IB). Hierna zal de toevoeging 'gecombineerd(e)' steeds achterwege blijven als dit geen aanleiding geeft tot verwarring.

Gecombineerde heffingskorting

De heffingskorting kan uit een groot aantal onderdelen bestaan. Dit aantal is afhankelijk van de (persoonlijke) omstandigheden van de belastingplichtige. Toepassing van de heffingskorting kan in principe niet leiden tot uitbetaling van de heffingskortingen. Dat wil zeggen dat een belastingplichtige nooit meer aan heffingskorting kan genieten dan de totaal verschuldigde inkomensheffing.

Fiscaal partner — Hierop is één uitzondering van toepassing voor de belastingplichtige met een fiscaal partner. Een fiscaal partner (zie voor dit begrip paragraaf 3.6) die geen of weinig inkomen geniet en die dus geen of weinig heffing verschuldigd is, kan in beginsel toch de volledige korting genieten als de andere partner voldoende belasting is verschuldigd om van de heffingskortingen te kunnen profiteren (art. 8.9 Wet IB). Alleen de algemene heffingskorting, de arbeidskorting en de inkomensafhankelijke combinatiekorting kunnen op deze manier 'via' de partner worden geïnd.

Beperking overdraagbaarheid

Het uitbetalen van de algemene heffingkorting, arbeidskorting en inkomensafhankelijke combinatiekorting wordt echter geleidelijk afgebouwd. Hierdoor wordt in 2021 € 379 (13,33% × € 2.837) van de algemene heffingskorting uitbetaald. Deze beperking geldt niet als de belastingplichtige geboren is voor 1 januari 1963 (art. 8.9 lid 2 Wet IB).

> **Voorbeeld**
>
> Henk en Jasmijn zijn fiscale partners. Henk is aan inkomensheffing € 9.000 verschuldigd en Jasmijn, die slechts een paar uurtjes per week buitenshuis werkt, € 700. Henk heeft recht op een heffingskorting van (stel) € 3.500 en voor Jasmijn geldt een heffingskorting van (stel) € 2.837. Jasmijn is geboren in 1974; Henk en Jasmijn hebben geen kinderen.
>
> Na toepassing van zijn heffingskorting moet Henk nog € 5.500 aan belasting betalen. Jasmijn kan in eerste instantie maar een heffingskorting van € 700 genieten. Er blijft € 2.137 over. Dit bedrag aan heffingskorting kan zij niet verrekenen. Ook maakt zij geen aanspraak op uitbetaling als minstverdienende partner omdat het uit te betalen bedrag van € 379 (13,33% × € 2.837)) lager is dan haar eigen heffingskorting ad € 700. De uitwerking is anders als Jasmijn geboren zou zijn in 1963. In dat geval zou zij wel in aanmerking komen voor uitbetaling van de heffingskorting in verband met verhoging van de heffingskorting voor de minstverdienende partner. Zij zou dan een bedrag van € 2.137 ontvangen (€ 2.837 –/– € 700).

Omdat de heffingskortingen worden verrekend met de verschuldigde belasting en normaal gesproken niet worden uitbetaald, kunnen (alleenstaande) belastingplichtigen met een laag inkomen niet volledig gebruikmaken van alle heffingskortingen. Mede met het oog hierop kennen we in Nederland bepaalde toeslagen. Deze toeslagen worden uitgekeerd aan mensen die aan bepaalde criteria voldoen. Deze worden nader besproken in paragraaf 3.8.

3.4.2 Elementen van de heffingskorting

Standaardheffingskorting

Zoals gezegd bestaat de totale heffingskorting (de standaardheffingskorting) uit een aantal onderdelen.
a. de algemene heffingskorting (art. 8.10 Wet IB);
b. de arbeidskorting (art. 8.11 Wet IB);
c. de inkomensafhankelijke combinatiekorting (art. 8.14a Wet IB);
d. de jonggehandicaptenkorting (art. 8.16a Wet IB);
e. de ouderenkorting (art. 8.17 Wet IB);
f. de alleenstaande-ouderenkorting (art. 8.18 Wet IB);
g. de korting voor groene beleggingen (art. 8.19 Wet IB);

Ad a. De algemene heffingskorting

Algemene heffingskorting — De algemene heffingskorting (art. 8.10 Wet IB) geldt voor iedere belastingplichtige. De hoogte van deze korting is inkomensafhankelijk. De korting bedraagt € 2.837 bij een inkomen tot € 21.043. Wanneer het inkomen boven de € 21.043 uitkomt, wordt die € 2.837 verminderd met 5,977% van het box 1-inkomen boven die € 21.043. Dit heeft tot gevolg dat bij een inkomen boven € 68.507 er géén algemene heffingskorting meer over is.

> **Voorbeeld**
>
> 1. Bonnie is 32 jaar. Zij heeft een belastbaar inkomen uit werk en woning van € 16.800. Haar algemene heffingskorting bedraagt in 2021 € 2.837.
>
> 2. Haar vriend Paul heeft een belastbaar inkomen uit werk en woning van € 50.000. De vermindering van de algemene heffingskorting is 5,977% × € 28.957 (€ 50.000 –/– € 21.043) = € 1.730. Zijn algemene heffingskorting is dan € 2.837 –/– € 1.730 = € 1.107.

Als iemand recht heeft op een AOW-uitkering, wordt de algemene heffingskorting gekort in verband met het feit dat hij geen AOW-premies is verschuldigd. De heffingskorting die hij ontvangt, bedraagt: (IB% eerste schijf / IB% + PH% eerste schijf) × bedrag algemene heffingskorting. In 2021 leidt dat tot de volgende berekening: 19,2% / 37,1% × € 2.837 = € 1.469.
Het kortingspercentage wordt 19,2% / 37,1% x 5,977% ofwel 3,093%.

> **Voorbeeld**
>
> Ralph is 70 jaar. Zijn algemene heffingskorting is in 2021 maximaal € 1.469. Als Ralph een hoog inkomen uit werk en woning heeft, wordt zijn algemene heffingskorting gekort. De vermindering bedraagt 3,093% van het box I-inkomen boven € 21.043. Bij een box I-inkomen van € 50.000 bedraagt de algemene heffingskorting voor Ralph dus: € 1.469 –/– 3,093% (€ 50.000 –/– €21.043) = € 573.

Deze herrekening geldt op grond van art. 8.3 t/m art. 8.7 Wet IB ook voor de specifieke heffingskortingen zoals die hierna worden besproken bij de onderdelen b tot en met f.

Ad b. De arbeidskorting

Arbeidskorting — De arbeidskorting (art. 8.11 Wet IB) geldt voor de belastingplichtige die een arbeidsinkomen heeft. De definitie van het begrip arbeidsinkomen staat in art. 8.1 letter e Wet IB. Uitgangspunt is het gezamenlijke bedrag van hetgeen de belastingplichtige met tegenwoordige arbeid geniet als winst (na mutaties oudedagsreserve) uit een of meer ondernemingen, loon en resultaat uit een of meer werkzaamheden. Elk jaar worden de hoogte en het percentage opnieuw vastgesteld.

De arbeidskorting is de som van:
a. 4,581% van het arbeidsinkomen met een maximum van € 463, vermeerderd met:
b. 28,771% van het arbeidsinkomen voor zover dat meer bedraagt dan € 10.108, waarbij de som van de bedragen berekend op de voet van de onderdelen a en b niet meer bedraagt dan € 3.837, alsmede vermeerderd met:

HOOFDSTUK 3 | RAAMWERK WET IB

c. 2,663% van het arbeidsinkomen voor zover dat meer bedraagt dan € 21.835, waarbij de som van de bedragen berekend op de voet van de onderdelen a, b en c niet meer bedraagt dan € 4.205, en verminderd, doch niet verder dan tot nihil, met:

d. 6% van het arbeidsinkomen voor zover dat meer bedraagt dan € 35.652.

De vermindering houdt in dat voor belastingplichtigen met een arbeidsinkomen hoger dan € 105.736 ((€ 35.652 + (€ 4.205/6%)) de arbeidskorting wordt verlaagd met het maximale bedrag van € 4.205 tot € 0.

Voorbeeld

1. Remco werkt parttime. Zijn salaris bedraagt € 15.000. De arbeidskorting bedraagt dan het maximum van letter a € 463 + € 1.407 (28,771% van (€ 15.000 –/– 10.108)) ofwel € 1.870.

2. Karel heeft een salaris van € 50.000. De arbeidskorting bedraagt dan € 4.205 –/– € 860 (6% × (€ 50.000 –/– € 35.652) = € 3.345.

Het maximum van de arbeidskorting is afhankelijk van het inkomen en de leeftijd van de belastingplichtige.

Voor belastingplichtigen die recht hebben op een AOW-uitkering, vindt er wel een korting plaats omdat zij geen AOW-premie meer verschuldigd zijn. De uiteindelijke korting bedraagt dan, net als bij de algemene heffingskorting, 19,20/37,10 × arbeidskorting van iemand die nog geen recht op een AOW-uitkering heeft (art. 8.3 t/m 8.7 Wet IB). Schematisch ziet een en ander er dan als volgt uit:

Arbeidsinkomen hoger dan	Arbeidsinkomen niet hoger dan	Arbeidskorting voor AOW	Arbeidskorting na AOW
€ 0	€ 10.108	4,581% × arbeidsinkomen	2,371% × arbeidsinkomen
€ 10.108	€ 21.835	€ 463 + 28,771% × (arbeidsinkomen – € 10.108)	€ 240 + 14,890% × (arbeidsinkomen – € 10.108)
€ 21.835	€ 35.652	€ 3.837 + 2,663% × (arbeidsinkomen – € 21.835)	€ 1.987 + 1,378% × (arbeidsinkomen – € 21.835)
€ 35.652	€ 105.736	€ 4.205 – 6% × (arbeidsinkomen – € 35.652)	€ 2.178 – 3,105% × (arbeidsinkomen – € 35.652)
€ 105.736	–	€ 0	€ 0

Tabel 3.4 Overzicht arbeidskorting 2021

Ad c. De inkomensafhankelijke combinatiekorting

Inkomensafhankelijke combinatiekorting

Sommige belastingplichtigen kunnen aanspraak maken op de inkomensafhankelijke combinatiekorting (art. 8.14a Wet IB). Deze korting geldt voor de minstverdienende partners en alleenstaande ouders die de zorg hebben voor kinderen die bij de aanvang van het kalenderjaar niet ouder zijn dan 12 jaar. Het kind moet ten minste 6 maanden op hetzelfde adres als de ouders ingeschreven staan. De belastingplichtige moet met werken een inkomen van minimaal € 5.153 verdienen of als ondernemer recht hebben op de zelfstandigenaftrek. Boven het genoemde inkomen wordt de inkomensafhankelijke combinatiekorting vastgesteld op 11,45% van het meerdere, tot een maximum van € 2.815 bij een inkomen van € 29.738. In geval van co-ouderschap met de ex-partner mag het kind onder voorwaarden op het adres van de ander ingeschreven staan.

Ad d. De jonggehandicaptenkorting

Jonggehandicaptenkorting

De jonggehandicaptenkorting (art. 8.16a Wet IB) is een vast bedrag (€ 761 in 2021) voor belastingplichtigen die recht hebben op een uitkering op grond van de Wet arbeidsongeschiktheidsvoorziening jonggehandicapten (Wajong).

Ad e. De ouderenkorting

Ouderenkorting

Belastingplichtigen die recht hebben op een AOW-uitkering komen in aanmerking voor de ouderenkorting (art. 8.17 Wet IB) ter grootte van € 1.703 (in 2021) als ze een verzamelinkomen (zie paragraaf 3.3.5) genieten dat niet hoger is dan € 37.970. Boven het genoemde inkomen wordt de ouderenkorting verminderd met 15% van het verzamelinkomen voor zover dat meer is dan € 37.970, met dien verstande dat de vermindering ten hoogste € 1.703 bedraagt. In tabelvorm ziet dat er als volgt uit:

Verzamelinkomen hoger dan	Verzamelinkomen niet hoger dan	Ouderenkorting
€ 0	€ 37.970	€ 1.703
€ 37.970	€ 49.323	€ 1.703 – 15% × (verzamelinkomen – € 37.970)
€ 49.323	–	0

Tabel 3.5 Overzicht ouderenkorting 2021

Ad f. De alleenstaande-ouderenkorting

Alleenstaande-ouderenkorting

Een belastingplichtige heeft recht op de alleenstaande-ouderenkorting (art. 8.18 Wet IB) als hij een inkomen geniet op grond van de Algemene Ouderdomswet (AOW) als alleenstaande of als alleenstaande met kinderen. De korting bedraagt in 2021 € 443.

Ad g. De korting groene beleggingen

Korting maatschappelijke beleggingen

De korting groene beleggingen (art. 8.19 Wet IB) geldt voor de belastingplichtige die in aanmerking komt voor de vrijstelling groene beleggingen van art. 5.13 Wet IB. De korting groene beleggingen bedraagt 0,7% van de op peildatum 1 januari 2021 vrijgestelde groene beleggingen (art. 5.13 en 5.14 Wet IB). In 2021 bedraagt deze vrijstelling van vermogen voor één belastingplichtige maximaal € 60.429 (€ 120.858 voor fiscaal partners: zie paragraaf 7.5.9).

3.4.3 Overzicht van de heffingskortingen

Heffingskorting	Het hele jaar jonger dan de AOW-leeftijd	Het hele jaar de AOW-leeftijd of ouder
Algemene heffingskorting	Bedrag is afhankelijk van inkomen, maximaal € 2.837.	Bedrag is afhankelijk van inkomen, maximaal € 1.469.
Arbeidskorting	Bedrag is afhankelijk van inkomen, maximaal € 4.205.	Bedrag is afhankelijk van inkomen, maximaal € 2.178.
Maximum uitbetaling algemene heffingskorting als geboren na 31 december 1962 en in 2021 de niet- of weinig verdienende fiscale partner	€ 379	n.v.t.
Inkomensafhankelijke combinatiekorting (maximaal)	€ 2.815	€ 1.458
Ouderenkorting	n.v.t.	Bedrag is afhankelijk van inkomen, maximaal € 1.703.
Alleenstaandeouderenkorting	n.v.t.	€ 443
Jonggehandicaptenkorting	€ 761	n.v.t.
Levensloopverlofkorting	€ 223	n.v.t.
Korting groene beleggingen	0,7% van vrijstelling in box 3	0,7% van vrijstelling in box 3

Tabel 3.6 Overzicht heffingskortingen inkomstenbelasting 2021

3.5 Toerekeningsregels

3.5.1 Inleiding

Toerekening

Voor iedere (individuele) belastingplichtige wordt de belasting per box berekend. Om dit mogelijk te maken, is in de Wet IB een drietal bepalingen opgenomen die bepalen hoe de inkomsten en vermogensbestanddelen moeten worden toegerekend. Het gaat hierbij om een toerekening tussen:
- de boxen onderling;
- ouders en hun minderjarige kinderen;
- volwassen partners onderling.

Verder is er nog een bijzondere regeling voor het toerekenen van Afgezonderd Particulier Vermogen.

In deze paragraaf wordt nader ingegaan op deze vier toerekeningsregels.

3.5.2 Toerekening inkomen aan boxen

Rangorderegeling

Een bepaald inkomen kan slechts in één box worden belast. Als het in twee of meer boxen past, wordt het toegerekend aan de box die het eerst in de wet wordt genoemd (de *rangorderegeling*). De volgorde bij het bepalen van belastinginkomen is dus eerst de volgorde van de boxen, en daarna de volgorde van inkomen in een box zelf (art. 2.14 lid 1 Wet IB). Bezittingen en schulden die in aanmerking komen voor box 1 of 2, komen niet in aanmerking voor box 3. Een eigen woning bijvoorbeeld valt in box 1 en telt dus niet mee voor het bepalen van de rendementsgrondslag in box 3.

Het inkomen in box 1 wordt op een andere manier bepaald dan bijvoorbeeld het inkomen in box 3. In box 1 worden, behalve bij de inkomsten uit eigen woning, de werkelijk in een kalenderjaar genoten inkomsten belast. In box 3 wordt het inkomen bepaald aan de hand van het vermogen dat bij aanvang van het kalenderjaar aanwezig is.
Als de belastingplichtige ervoor zorgt dat het aanwezige vermogen op 1 januari niet in box 3 maar in box 1 valt, zal het te belasten inkomen in box 3 nihil bedragen.

> **Voorbeeld**
>
> Een directeur-enig aandeelhouder heeft € 800.000 op een spaarrekening staan. Hij leent het geld op 28 december uit aan zijn bv. Op 2 januari lost de bv de lening vervolgens af. Op grond van art. 3.92 Wet IB wordt de rente die de directeur ontvangt van zijn bv, in box 1 belast. De rente over een periode van 5 dagen zal beperkt zijn. Op 1 januari is er niets te belasten in box 3. Dit scheelt de directeur aan te betalen inkomstenbelasting. Dit trucje herhaalt deze belastingplichtige elk jaar. De rente over 360 dagen die de directeur-enig aandeelhouder ontvangt, wordt – als de hoofdregel wordt toegepast – niet in de heffing betrokken. Omdat het vermogen slechts 5 dagen in box 1 zit, zal het inkomen dat in deze periode wordt genoten te verwaarlozen zijn.

Maatregelen tegen boxhoppen

Om te voorkomen dat de verschuldigde belasting op deze manier kan worden ontlopen, is bepaald dat een vermogensbestanddeel in dit soort gevallen meerdere keren in de heffing kan worden betrokken (art. 2.14 lid 3 letter b, c en d Wet IB). Als een vermogensbestanddeel van box 3 wordt overgeheveld naar box 1 of 2 en het binnen 3 maanden weer terugkeert naar box 3, wordt het betreffende vermogensbestanddeel geacht steeds deel te hebben uitgemaakt van de heffingsgrondslag van box 3. Gelet op het feit dat voor box 3 alleen het vermogen op 1 januari relevant is, wordt de sanctie alleen opgelegd als in die periode van 3 maanden een jaarwisseling heeft plaatsgevonden (art. 2.14 lid 3 letter b Wet IB).

> **Voorbeeld**
>
> De rente die de directeur uit het vorige voorbeeld ontvangt over 5 dagen, wordt belast in box 1. Daarbij komt nog dat het bedrag van € 800.000 ook in de heffingsgrondslag van box 3 van het jaar erop wordt meegenomen.

Als de periode dat het vermogensbestanddeel buiten de heffingsgrondslag van box 3 is gebracht, langer is dan 3 maanden maar korter dan 6 maanden, is de sanctie hetzelfde. In dat geval mag de belastingplichtige echter aannemelijk maken dat zakelijke overwegingen (dus geen fiscale) aan de transacties ten grondslag liggen (art. 2.14 lid 3 letter c Wet IB).

> **Voorbeeld** (variant op het vorige voorbeeld)
>
> Stel dat de directeur het geld op 28 december uitleent aan zijn bv en de bv de lening op 28 april aflost. De rente die de directeur van zijn bv ontvangt, wordt belast in box 1. Ook nu wordt het bedrag van € 800.000 in box 3 meegenomen. Als de directeur echter aannemelijk kan maken dat zijn bv het geld bijvoorbeeld slechts tijdelijk nodig had, blijft de sanctie (heffing in box 1 én box 3) achterwege. In dat geval wordt alleen belasting geheven over de rente in box 1.

Voor zover vermogensbestanddelen inkomen, al dan niet vrijgesteld, uit werk en woning of uit aanmerkelijk belang genereren, worden zij niet in aanmerking genomen voor het belastbare inkomen uit sparen en beleggen.

Misbruik Om misbruik tegen te gaan is de volgende bepaling opgenomen in de Wet IB: als vermogensbestanddelen, of delen daarvan, gedurende een periode van meer dan 6 achtereenvolgende maanden, maar niet meer dan 18 achtereenvolgende maanden, inkomen uit werk en woning of uit aanmerkelijk belang genereren en in ten minste een deel van die periode behoren tot de bezittingen van een vrijgestelde beleggingsinstelling (VBI, zie Wet Vpb) en daaraan voorafgaand en daaropvolgend inkomen uit sparen en beleggen genereren, worden deze tevens in aanmerking genomen in box 3 indien in deze periode een peildatum van box 3 is gelegen (art. 2.14 lid 3 letter d Wet IB).

Tegenbewijs daarvoor is echter mogelijk. De belastingplichtige moet dan aannemelijk maken dat zakelijke overwegingen ten grondslag liggen aan het schuiven met het vermogen tussen de boxen.

3.5.3 Toerekening inkomen minderjarig kind

Minderjarige kinderen Hoewel de belasting wordt geheven van iedere inwoner afzonderlijk, geldt voor minderjarige kinderen een uitzondering. Sommige inkomensbestanddelen van minderjarige kinderen worden toegerekend aan de ouder (art. 2.15 lid 2 Wet IB) die het gezag over het kind uitoefent. Voor een aantal inkomensbestanddelen geldt gewoon de hoofdregel van zelfstandige belastingplicht van het kind. Wanneer beide ouders het gezag uitoefenen over het kind, worden de aan de ouders toe te rekenen inkomsten gelijkelijk verdeeld. Als de ouders fiscaal partners zijn, heeft deze toewijzing weinig gevolgen. Fiscaal partners kunnen de betreffende inkomsten namelijk naar eigen inzicht onderling verdelen (zie paragraaf 3.5.4).

Dit gebeurt vooral bij inkomensbestanddelen die te maken hebben met vermogen, Voor de toepassing van de Wet IB wordt ook een pleegkind als kind beschouwd (art. 1.4 Wet IB).

Voorbeeld

Marvin Suarez is 16 jaar. Hij werkt drie dagen in de week als vakkenvuller bij een lokale supermarkt. Hij verdient hiermee € 1.800 per jaar. Daarnaast hebben zijn ouders op zijn 15e verjaardag een bedrag van € 50.000 gestort op een spaarrekening die op naam staat van Marvin.
Op grond van de hoofdregel worden de inkomsten bij Marvin zelf in aanmerking genomen. Van die hoofdregel zijn uitgezonderd de inkomsten die te maken hebben met vermogen, zoals de inkomsten uit sparen en beleggen. Hierdoor wordt het bedrag op de spaarrekening van Marvin toegerekend aan zijn ouders. Over de inkomsten die Marvin geniet uit zijn werk in de supermarkt, is hij zelf belastingplichtig.

3.5.4 Toerekening inkomen fiscale partners

Ieder natuurlijk persoon is zelfstandig belastingplichtig voor de Wet IB. Twee personen die getrouwd zijn of samenwonen, moeten in principe ieder hun eigen inkomen (negatief of positief) aangeven (art. 2.17 lid 1 Wet IB). Met betrekking tot de gezamenlijke rendementsgrondslag van box 3 (art. 5.2 lid 2 Wet IB) en de in de wet opgesomde gemeenschappelijke inkomensbestanddelen (art. 2.17 lid 5 Wet IB) mogen fiscale partners (zie voor dit begrip paragraaf 3.6) zelf bepalen in hoeverre deze bij hen afzonderlijk in aanmerking worden genomen. Deze gemeenschappelijke inkomensbestanddelen zijn:

Fiscale partners

– belastbare inkomsten uit eigen woning;
– belastbaar inkomen uit aanmerkelijk belang;
– de persoonsgebondenaftrekposten.

De keuze wordt gemaakt bij het indienen van de belastingaangifte. Mocht de verdeling van dien aard zijn dat niet het juiste bedrag wordt verantwoord, dan rekent de Belastingdienst aan ieder van de partners de helft van de totale bedragen toe. Tot het moment waarop de beide aanslagen onherroepelijk vaststaan, mogen de partners de verdeling nog herzien.

Voorbeeld

Kees en Marjan zijn getrouwd. Kees heeft een jaarloon van € 78.000 en Marjan geniet een winst uit haar nagelstudio van € 20.000. Het belastbaar inkomen uit eigen woning bedraagt negatief € 14.000. Het belastbaar inkomen uit sparen en beleggen bedraagt € 3.000 voor Marjan en € 1.500 voor Kees.
Kees geeft in zijn eigen aangifte ib het inkomen uit werk aan, Marjan geeft in haar aangifte de winst uit onderneming aan.
Vervolgens moeten ze nog het inkomen uit eigen woning en het inkomen uit sparen en beleggen aangeven. Het belastbaar inkomen uit eigen woning behoort tot de gezamenlijke inkomensbestanddelen. Omdat dit bedrag negatief is en daarmee voor een verlaging zorgt, kan dit het best bij Kees in aanmerking worden genomen. Het tarief in box 1 is immers progressief. Daardoor betaalt hij over de top van zijn inkomen een hoger percentage belasting dan Marjan. Door het inkomen van Kees te verlagen met € 14.000, bespaart het koppel meer belasting dan als dit bedrag bij Marjan in aanmerking zou worden genomen. Als de winst van Marjan ook € 78.000 zou bedragen, zouden ze er beter aan doen om het bedrag van € 14.000 gelijkelijk over hen beiden te verdelen. Het inkomen uit sparen en beleggen, in totaal € 4.500, mag over beiden worden verdeeld in de verhouding die zij zelf wensen.

Vrij toerekenen

Het vrij toerekenen van de aangegeven inkomsten is alleen mogelijk als de betreffende personen gedurende het gehele jaar elkaars fiscaal partner zijn. Is er géén sprake van een 'geheel jaar', dan kunnen zij verzoeken om de aangegeven inkomsten toch vrij toe te rekenen alsof zij het gehele jaar fiscaal partner zijn geweest (art. 2.17 lid 7 Wet IB). Dit is bijvoorbeeld het geval bij echtscheiding.

> **Voorbeeld**
>
> Karmen en Lex zijn getrouwd in algehele gemeenschap van goederen. Zij hebben een eigen woning (belastbaar inkomen uit eigen woning bedraagt € 5.000 negatief) en een gezamenlijk vermogen van € 100.000. In de loop van het jaar verhuist Lex naar een ander adres en wordt een verzoek tot echtscheiding ingediend. Hierdoor eindigt het fiscaal partnerschap.
> Het belastbaar inkomen uit eigen woning mag, als men daartoe een verzoek indient, vrij worden toegerekend, evenals het vermogen dat op de peildatum (1 januari van het betreffende jaar) aanwezig was.

Voor migranten (personen die in het loop van het jaar emigreren of immigreren) gelden bijzondere bepalingen. Zij kunnen slechts in bepaalde situaties (art. 2.17 lid 7 en lid 8 Wet IB) en in het jaar van vertrek/aankomst de hierboven aangegeven inkomens en vermogens vrij toerekenen. Hier wordt in dit kader niet verder op ingegaan.

3.5.5 Toerekening Afgezonderd Particulier Vermogen

Soms brengen mensen hun vermogen onder in een stichting of een andere rechtsvorm. Dit vermogen zou dan buiten de particuliere belastingheffing blijven. Sommige belastingplichtigen maakten hier misbruik van. Zij konden op deze manier een belastingheffing over hun box 3-vermogen ontwijken. De wetgever heeft hier echter op ingespeeld via de regels van Afgezonderd Particulier Vermogen (APV). Als niet duidelijk is wie eigenaar is van een APV, wordt op grond van art. 2.14a Wet IB bepaald dat in dit soort situaties door het APV wordt heengekeken. Dat wil zeggen: puur voor de heffing van de inkomstenbelasting wordt gedaan alsof die APV niet bestaat.

Als een inbrenger bijvoorbeeld zijn spaargeld inbrengt in een APV, blijft dit spaargeld belast in box 3 bij de inbrenger. Overlijdt de inbrenger, dan erven zijn erfgenamen het vermogen in het APV: zij geven dan vanaf dat moment ieder hun deel van het vermogen in het APV aan in box 3. Hierdoor moet over het APV jaarlijks inkomstenbelasting worden betaald. Er bestaan enkele uitzonderingen op de regeling. De belangrijkste is het geval dat het APV zelfstandig in de belastingheffing wordt betrokken naar een redelijk tarief van ten minste 10%. Daarnaast is de regeling ook niet van toepassing op een algemeen nut beogende instelling (ANBI) of een instelling die een sociaal belang behartigt (SBBI). In die situaties wordt het vermogen niet meer toegerekend aan de inbrenger.

3.6 Fiscaal partnerschap

In de Wet IB wordt op diverse punten gesproken over fiscale partners. Fiscale partners genieten, zoals hiervoor al werd opgemerkt (onder andere in paragraaf 3.4.1 en 3.5.4), soms fiscale voordelen door dat partnerschap. De wetgeving beschrijft welke belastingplichtigen wanneer voor het fiscale partnerschap in aanmerking komen (art. 5a AWR juncto art. 1.2 Wet IB):
a. gehuwden en geregistreerde partners;
b. ongehuwd samenwonenden (onder bepaalde voorwaarden).

Het partnerschap voor de belastingwetgeving begint op het moment dat voldaan wordt aan de wettelijke voorwaarden.

Ad a. Gehuwden en geregistreerde partners

Gehuwden Gehuwden en geregistreerde partners zijn fiscaal partner op grond van het algemene begrip (art. 5a lid 1 letter a AWR en art. 2 lid 6 AWR). Degenen die van tafel en bed gescheiden zijn (art. 1:169 en volgende BW) worden voor het fiscaal partnerschap niet langer aangemerkt als gehuwd (art. 5a lid 3 AWR). Dit is iets anders dan duurzaam gescheiden leven. Hiervan is al sprake als het stel niet meer samenleeft en ook niet meer plan is om samen te leven.

Vanaf het moment waarop het stel een verzoek tot echtscheiding of tot scheiding van tafel en bed heeft ingediend én de beide personen niet meer op hetzelfde adres zijn ingeschreven, wordt het stel geacht niet langer fiscaal partners te zijn.

Voorbeeld

Rick en Marloes zijn getrouwd. Zij zien geen heil meer in hun huwelijk. Rick verlaat op 1 mei de woning en gaat een woning huren (laat zich ook op dat adres inschrijven). Op 1 augustus wordt een verzoek tot echtscheiding ingediend en op 1 december is de scheiding formeel een feit.
Tot 1 augustus worden Rick en Marloes aangemerkt als fiscaal partners.

Als op enig moment partnerschap ontstaat, geldt deze kwalificatie van partnerschap ook voor de andere perioden in het belastingjaar, onder de voorwaarde dat de personen staan ingeschreven op hetzelfde woonadres. Als het stel in de loop van het jaar trouwt, maar daaraan voorafgaand al op hetzelfde adres was ingeschreven, worden zij ook geacht in de periode voorafgaande aan het huwelijk fiscaal partners te zijn (art. 5a lid 2 AWR).

Voorbeeld

Rick gaat op 1 september samenwonen met Lieke. Zij hebben geen notariële samenlevingsovereenkomst. Op 30 december treden zij in het huwelijk. Op grond van de wettekst voldoen zij pas vanaf 30 december aan het partnerbegrip maar worden ze toch al met terugwerkende kracht tot 1 september geacht fiscaal partners te zijn.

De belastingplichtige kan op een bepaald moment maar één fiscaal partner hebben. Indien een belastingplichtige met meer dan één echtgenote duurzaam samenwoont, wordt alleen de echtgenote uit het oudste huwelijk als fiscaal partner aangemerkt (art. 5a lid 5 AWR).

Ad b. Ongehuwd samenwonenden

Ongehuwd samenwonenden Wanneer een belastingplichtige ongehuwd samenwoont, kan er ook sprake zijn van een fiscaal partnerschap. Op grond van het algemene partnerbegrip is dat het geval als twee ongehuwde meerderjarigen een notarieel samenlevingscontract zijn aangegaan en op hetzelfde adres zijn ingeschreven (art. 5a lid 1 letter b AWR). Als zij voldoen aan deze eisen, zijn zij van rechtswege fiscaal partner.

Als men met meerdere personen één notarieel samenlevingscontract is aangegaan, wordt dit contract buiten aanmerking gelaten. Heeft men twee of meer samenlevingscontracten afgesloten met twee of meer mensen, dan wordt alleen het oudste samenlevingscontract in aanmerking genomen (art. 5a lid 5 AWR).

> **Voorbeeld**
>
> John trekt op 1 mei bij Carla in. Hij laat zich ook op dit adres inschrijven. Op 15 september sluiten John en Carla een notarieel samenlevingscontract; vanaf dat moment voldoen zij aan de eisen van een fiscaal partnerschap.
> Op 1 december komt ook Dick bij hen inwonen. Als John en Carla ieder afzonderlijk een samenlevingscontract met hem aangaan, heeft dit geen gevolgen. John en Carla blijven fiscaal partners (oudste overeenkomst). Als John, Dick en Carla met hun drieën een nieuwe overeenkomst opstellen en de oude overeenkomst komt te vervallen, eindigt het partnerschap tussen John en Carla op 1 december.

Uitbreiding partnerbegrip
Voor ongehuwd samenwonenden wordt het algemene partnerbegrip uitgebreid in de Wet IB. Op grond van art. 1.2 lid 1 Wet IB wordt voor de toepassing van de Wet IB onder partner mede verstaan degenen die op hetzelfde adres zijn ingeschreven en:
- samen een kind hebben, of
- één van de partners een kind heeft en de ander dit kind heeft erkend, of
- men als partners geregistreerd staat bij een pensioenfonds, of
- men samen eigenaar is van een woning die als hoofdverblijf dienst doet, of
- op het woonadres tevens een minderjarig kind van tenminste een van beiden staat ingeschreven, behoudens ingeval de belastingplichtige door middel van een schriftelijke huurovereenkomst doet blijken dat een van beiden op zakelijke gronden een deel van de woning huurt van de ander. Bij ministeriële regeling kunnen aan de huurovereenkomst nadere voorwaarden worden gesteld, of
- men in het voorafgaande jaar ook als fiscaal partner werd aangemerkt.

> **Voorbeeld**
>
> Mark en Kim gaan op 1 april samenwonen in een woning die volledig op naam staat van Mark. Zij laten zich beiden op dat adres inschrijven en hebben geen notarieel samenlevingscontract. Zij zijn dan nog geen fiscaal partner omdat ze niet gezamenlijk eigenaar zijn van de woning. Op 1 september bevalt Kim van een dochter. Mark erkent dit kind. Zij voldoen dan nog steeds niet aan het algemene partnerbegrip uit de AWR, maar wel aan het partnerbegrip uit de Wet IB.

Beperking
De Wet IB kent ten opzichte van het algemene partnerbegrip ook nog een beperking (art. 1.2 lid 4 Wet IB). Op grond van de algemene regeling is er sprake van een fiscaal partnerschap als een ouder met een kind een notarieel samenlevingscontract heeft opgesteld en zij op hetzelfde adres zijn ingeschreven. Voor de toepassing van de Wet IB kan dit echter niet leiden tot een fiscaal partnerschap als het betreffende kind bij aanvang van het kalenderjaar nog geen 27 jaar is.

Opname verpleeg- of verzorgingshuis
Als iemand wordt opgenomen in een verpleeg- of verzorgingshuis, leidt dit ook tot een wijziging van de inschrijving in de (gemeentelijke) basisadministratie persoonsgegevens. De opname is immers ook een vorm van verhuizing. Voor gehuwden en geregistreerde partners heeft dat geen gevolgen want een inschrijving op een zelfde adres is voor hen geen voorwaarde voor fiscaal partnerschap. Bij samenwoners geldt wel de eis dat ze op hetzelfde adres moeten zijn ingeschreven om elkaars fiscale partner te zijn (art. 1.2 lid 1 Wet IB). Om te voorkomen dat het fiscaal partnerschap voor ongehuwden onbedoeld eindigt als één van beiden wordt opgenomen in een verpleeg- of verzorgingstehuis, biedt de wetgever zowel bij het centrale partnerbegrip (art. 5a lid 7 AWR) als bij de uitbreiding in de Wet IB (art. 1.2 lid 5 Wet IB) een oplossing. Het partnerschap blijft bestaan, tenzij:
- een derde persoon ten aanzien van één van beiden als nieuwe partner wordt aangemerkt, of
- één van beiden door middel van een schriftelijke kennisgeving de Belastingdienst laat weten dat zij allebei niet langer als partners aangemerkt willen worden.

3.7 Wijze van heffing

3.7.1 Inleiding

Aanslagbelasting — De inkomstenbelasting is een aanslagbelasting (zie art. 9.1 Wet IB en hoofdstuk 1). Dit betekent dat er aangifte moet worden gedaan van het in een kalenderjaar genoten inkomen. De Belastingdienst controleert de aangifte, al of niet grondig, waarna een aanslag wordt opgelegd.

Conserverende aanslag In sommige gevallen, zoals bij emigratie van de belastingplichtige of bedrijfsbeëindiging door de belastingplichtige ondernemer, wordt het bedrag van de aanslag niet ingevorderd maar geconserveerd (art. 2.8 lid 2 en art. 2.9 Wet IB): het belastingbedrag is dan wel bekend, maar hoeft (nog) niet te worden betaald. Het wel of niet betalen hangt dan af van een bepaalde gebeurtenis in de toekomst, die aan de belastingplichtige van te voren bekend wordt gemaakt. Een voorbeeld is als de houder van een aanmerkelijk belang naar het buitenland verhuist (zie art. 4.16 lid 1 letter h Wet IB).

Voorheffingen Bij het opleggen van de aanslag wordt rekening gehouden met de zogenoemde voorheffingen en de voorlopige aanslagen die aan de belastingplichtige zijn opgelegd. De Belastingdienst legt echter niet altijd een aanslag op. In deze paragraaf wordt ingegaan op deze zaken. Ook komt het begrip middeling aan de orde.

3.7.2 Voorheffingen

Over sommige bestanddelen van het inkomen wordt een heffing aan de bron ingehouden. Dit gebeurt bij loon (loonbelasting), bij dividend (dividendbelasting) en bij prijzen van kansspelen (kansspelbelasting; dit gebeurt alleen in uitzonderlijke gevallen, namelijk als de gewonnen prijs onderdeel uitmaakt van de winst uit onderneming). Deze inkomensbestanddelen moeten bruto, dat wil zeggen zonder aftrek van de ingehouden belasting, worden opgenomen in de betreffende box van de aangifte IB.
Als de totale belasting over het totale inkomen is berekend, wordt de ingehouden belasting van die specifiek genoemde inkomensbestanddelen hierop in mindering gebracht (zie ook tabel 3.2). De loonbelasting, de dividendbelasting en de kansspelbelasting worden voorheffingen genoemd.
Voorheffingen die zijn ingehouden op inkomen waarvoor een conserverende aanslag is opgelegd, komen niet voor verrekening in aanmerking.

Dividendstrippen Als een belastingplichtige aandeelhouder geen recht heeft op verrekening van dividendbelasting, zou hij zijn aandelen, inclusief het recht op dividend, vlak voor het moment van dividenduitkering kunnen verkopen aan een (rechts)persoon die de voorheffing wel kan verrekenen. Dit 'dividendstrippen' heeft de wetgever aangepakt door de leden 2 en 3 van art. 9.2 in de Wet IB op te nemen. Aftrek van de voorheffing blijft dan achterwege.

3.7.3 Voorlopige teruggaaf

Als een belastingplichtige in loondienst is bij een werkgever, moet hij een formulier invullen aan de hand waarvan de werkgever de in te houden loonbelasting kan bepalen.

Het belastbare loon vormt maar één onderdeel van het inkomen in box 1. Van eventueel (negatief) inkomen dat de werknemer geniet, is de werkgever meestal niet op de hoogte. Hierdoor kan de situatie ontstaan dat de werkgever over het loon van de werknemer meer loonbelasting inhoudt en afdraagt aan de Belastingdienst dan de belastingplichtige aan inkomstenbelasting verschuldigd is. Dit wordt wel weer rechtgetrokken door de belastingaanslag die volgt op de belastingaangifte, maar de feitelijke teruggave van te veel betaalde belasting vindt dan plaats ruim na het jaar waarover die belasting is verschuldigd.

Voorlopige teruggaaf — Om deze reden heeft de wetgever de mogelijkheid tot een verzoek om voorlopige teruggaaf ingevoerd. De belastingplichtige moet daarbij aangeven hoe zijn inkomen er in het betreffende jaar uit zal zien. Ook maakt melding van de op hem van toepassing zijnde heffingskortingen en doet hij een schatting van de in te houden loonbelasting. De Belastingdienst berekent dan hoeveel de verwachte teruggave over volgend jaar zal zijn en betaalt dit in het belastingjaar in maandelijkse termijnen uit aan de belastingplichtige.

> **Voorbeeld**
>
> Piet en Dina, beide geboren in 1971, wonen samen en hebben een notarieel samenlevingscontract gesloten. Dina verricht geen betaalde werkzaamheden, Piet heeft in dienstbetrekking een salaris van € 56.000. Het belastbare inkomen uit eigen woning bedraagt € 9.000 negatief.
> Dina kan een beroep doen op de uitbetaling van de algemene heffingskorting omdat Piet voldoende belasting betaalt. De maximale uitbetaling van de algemene heffingskorting is € 379 (2021), zie ook paragraaf 3.4.2. Zij ontvangt dan van de Belastingdienst elke maand € 31,58 op haar rekening.
> Piet betaalt over de top van zijn inkomen 37,10% belasting. De negatieve inkomsten uit eigen woning leveren dus een belastingvoordeel op van € 3.339 (37,10% × € 9.000). Als Piet verzoekt om voorlopige teruggaaf, stort de Belastingdienst maandelijks € 278 op zijn rekening.

3.7.4 Wel of geen aanslag

Een aanslag inkomstenbelasting wordt opgelegd in de volgende gevallen:
a. overschrijding van de aanslaggrens;
b. er is een voorlopige teruggaaf verleend;
c. de belastingplichtige heeft (al dan niet verplicht) aangifte gedaan.

Ad a. Overschrijding van de aanslaggrens

Overschrijden aanslaggrens — Als de verschuldigde belasting meer bedraagt dan de som van de voorheffingen en de voorlopige teruggaven ter zake van de heffingskortingen, moet de belastingplichtige bijbetalen.

Om efficiencyredenen wordt echter geen aanslag opgelegd als de overschrijding niet meer bedraagt dan € 48 (art. 9.4 Wet IB; art. 45 Uitv.reg. IB).

> **Voorbeeld**
>
> Wouter is in dienst bij een aannemer. Op zijn loon is € 5.000 aan loonbelasting ingehouden. Daarnaast heeft hij € 100 bijverdiend met het doen van klusjes.
> Als de inhouding op zijn loon juist is berekend, zou hij over zijn bijverdiensten ongeveer 37% belasting moeten bijbetalen. Dat is € 37. Omdat dit bedrag beneden de aanslaggrens blijft, wordt er geen aanslag opgelegd.

Ad b. Er is een voorlopige teruggaaf verleend

Voorlopige teruggaaf — Een belastingplichtige aan wie een voorlopige teruggaaf is verleend, moet altijd een aangiftebiljet invullen en krijgt altijd een aanslag opgelegd. De aanslaggrens is in dit geval niet van toepassing. Een uitzondering op deze regel geldt voor teruggaven die uitsluitend ter zake van de heffingskortingen zijn vastgesteld (art. 9.4 lid 4 Wet IB).

In tegenstelling tot voorlopige teruggaven op grond van geschatte uitgaven (zoals de betaalde rente op een eigenwoninglening), zullen de teruggaven wegens de heffingskortingen namelijk in de regel wel op het juiste bedrag zijn vastgesteld. Daarom hoeft voor deze categorie ook geen herrekening plaats te vinden.

Als de voorlopige teruggaaf berust op een onjuist toegepaste heffingskorting, volgt een aanslag conform de regels die hierboven onder a zijn vermeld.

Als de partners dus:
- geen voorlopige teruggaaf vragen voor de minstverdienende partner in verband met de heffingskorting, en
- bij de aangifte zo veel inkomen toerekenen aan die partner dat deze na toepassing van de heffingskorting een bedrag aan belasting is verschuldigd dat ligt tussen € 0 en de aanslaggrens van € 48,

dan geniet de minstverdienende partner het voordeel van de aanslaggrens.

Ad c. Belastingplichtige heeft aangifte gedaan

Aangiftebiljet — Het kan gebeuren dat het bedrag aan voorheffingen de verschuldigde belasting overtreft. Als een belastingplichtige geen uitnodiging tot het doen van een aangifte heeft ontvangen, kan hij uit eigen beweging een aangiftebiljet indienen. Dit moet binnen 5 jaar na afloop van het kalenderjaar door de Belastingdienst zijn ontvangen (zie art. 45 Uitv.reg. IB). Alleen als het te ontvangen bedrag meer bedraagt dan € 15, wordt een teruggave aan de belastingplichtige verleend (art. 9.4 lid 5 Wet IB).

3.7.5 Codering aanslagen

Belastingaanslagen zijn gecodeerd. De codering bestaat uit:
- burgerservicenummer belastingplichtige;
- soort lettercode aanslag (H = Inkomstenbelastingen/premie volksverzekeringen; V = Vennootschapsbelasting; W = Premie zorgverzekeringswet);
- jaar van de aanslag (eerste cijfer);
- aanduiding soort aanslag (tweede cijfer – 0 tot en met 5 betreffen de eerste tot zesde voorlopige aanslag, het cijfer 6 betreft de definitieve aanslag, de cijfers 7 t/m 9 betreffen de eerste tot en met derde navorderingsaanslag).

3.7.6 Middeling

Middeling Door de progressieve tarieven is het nadelig als inkomsten in box 1 sterk wisselen. In art. 3.154 Wet IB is hiervoor een tegemoetkoming opgenomen. Op verzoek van een belastingplichtige wordt een inkomen in box 1 over een periode van 3 aaneengesloten jaren gemiddeld. Vervolgens wordt de verschuldigde belasting over box 1 vóór middeling vergeleken met de verschuldigde belasting over box 1 na middeling. Er volgt dan een teruggave voor zover het verschil meer bedraagt dan € 545.

> **Voorbeeld**
>
> Het inkomen van Silvia bedraagt in jaar 1 € 5.000, in jaar 2 € 10.000 en in jaar 3 € 50.000. Over de 3 jaren moet zij in box 1 respectievelijk (stel) € 1.500, € 3.500 en € 20.000 aan belasting betalen. In totaal is dat € 25.000. Als de inkomens zouden worden gemiddeld, zou het inkomen in elk van de jaren € 21.666 worden. Uitgaande van een gemiddeld tarief van 35% in elk van de jaren, geeft dat een verschuldigde belasting van in totaal € 22.749. Als Silvia een verzoek tot middeling indient, heeft zij recht op een teruggave van € 25.000 (oorspronkelijk verschuldigd) –/– € 22.749 (verschuldigd na middeling) –/– € 545 (de in aanmerking te nemen drempel) = € 1.706.

Een bepaald kalenderjaar kan maar eenmaal in een middeling worden meegenomen (art. 3.154 lid 2 Wet IB). Als het jaar waarin de belastingplichtige recht op een AOW-uitkering krijgt in een middeling wordt betrokken, geldt een aangepaste regeling (art. 3.154 lid 8 Wet IB).

Een verzoek om het box 1-inkomen te middelen kan pas worden gedaan als de aanslag over het laatste jaar dat in de middeling wordt betrokken, definitief is geworden.

3.8 Toeslagen

Toeslagen

In bepaalde gevallen kan een inwoner van Nederland in aanmerking komen voor een toeslag. Deze toeslagen hebben betrekking op specifieke situaties. De overheid is van mening dat deze mensen een bijdrage van de overheid verdienen om bepaalde kosten te kunnen dekken. Normaal gesproken probeert de overheid dit zo veel mogelijk via de aangifte inkomstenbelasting te regelen, maar dit is (in technische zin) niet altijd mogelijk. Toeslagen zijn in sterke mate afhankelijk van het belastbaar inkomen (art. 7 AWIR).

We kennen de volgende toeslagen: de huurtoeslag, de zorgtoeslag, het kindgebonden budget en de kinderopvangtoeslag. Op de website bij dit boek is een pdf-file te downloaden met een bespreking van deze toeslagen, inclusief een aantal opgaven daarover.

Toeslagen zijn wat anders dan belastingen. Omdat de toeslagen gekoppeld zijn aan het inkomen voor de belastingen, heeft de wetgever ervoor gekozen om de uitvoering en uitbetaling van de toeslagen via de Belastingdienst te regelen.

HOOFDSTUK 4
Box 1: winst uit onderneming

Eén van de inkomensbestanddelen in box 1 is de belastbare winst uit onderneming. Dit hoofdstuk is ingedeeld in een aantal deelparagrafen: onderneming, ondernemerschap en medegerechtigden; het bepalen van de winst uit onderneming; ondernemings- en ondernemersfaciliteiten; en staking van de onderneming.

- onderneming
- belastbare winst
- vermogensetikettering
- investeringsaftrek
- staking onderneming
- overlijden
- firmaproblematiek
- overdracht onderneming

4.1 Algemeen

In hoofdstuk 3 is de structuur van de Wet IB aan de orde gekomen. In dit hoofdstuk wordt ingegaan op het bepalen van één van de inkomensbestanddelen in box 1: de belastbare winst uit onderneming. De overige elementen van box 1 worden in hoofdstuk 5 behandeld. De wettelijke bepalingen met betrekking tot winst uit onderneming staan in de artikelen 3.2 tot en met 3.79a Wet IB.

Dit hoofdstuk bestaat uit vier onderdelen:
A. Onderneming, ondernemerschap en medegerechtigden
B. Bepalen van de winst uit onderneming
C. Ondernemings- en ondernemersfaciliteiten
D. Staking van de onderneming

Vennootschapsbelasting

Resultaat overige werkzaamheden

De regels voor de winstbepaling in de Wet IB zijn niet alleen van belang voor ondernemers en andere winstgenieters die onder de inkomstenbelasting vallen, ze zijn voor een groot deel ook van toepassing bij de vennootschapsbelasting (hoofdstuk 9) en voor een deel ook bij de bepaling van het resultaat uit overige werkzaamheden (paragraaf 5.4).

ONDERDEEL A Onderneming, ondernemerschap en medegerechtigden

4.2 Inleiding

Belastbare winst uit onderneming

De belastbare winst uit onderneming wordt in art. 3.2 Wet IB omschreven als: 'het gezamenlijke bedrag van de winst die de belastingplichtige als *ondernemer* geniet uit één of meer *ondernemingen*, verminderd met de ondernemersaftrek en de mkb-winstvrijstelling.' In dit onderdeel wordt ingegaan op deze begrippen.

Ook zal blijken dat niet alleen bij ondernemers sprake is van winst uit onderneming, maar dat er ook andere winstgenieters zijn.
Verder wordt aandacht besteed aan de scheidslijn tussen de belastbare winst uit onderneming en andere elementen van het belastbare inkomen in box 1. Hoe de belastbare winst uit onderneming moet worden bepaald, komt aan de orde in onderdeel B (paragraaf 4.6 en volgende).

4.3 Onderneming

Begrip onderneming

De Wet IB bevat geen definitie van het begrip onderneming. Er is regelmatig bij de belastingrechter geprocedeerd over de vraag of een onderneming aanwezig is of niet. Naar aanleiding daarvan is de volgende definitie van een onderneming ontstaan:
Een onderneming is:
- een duurzame organisatie,
- van kapitaal en arbeid,
- die erop is gericht om deel te nemen aan het maatschappelijke productieproces (het economische verkeer),
- met het oogmerk winst te behalen.

Hierna worden de verschillende onderdelen van deze definitie één voor één besproken.

Organisatie van kapitaal en arbeid
Een organisatie van kapitaal en arbeid is er al snel. Een kappersschaar en een persoon die knipt, zijn samen al voldoende om een organisatie te vormen.

Zelfstandig uitgeoefend beroep

Bij een zelfstandig uitgeoefend beroep is het element van kapitaal ondergeschikt aan de kennis en arbeid van degene die de prestatie levert, zoals bij artsen, advocaten, notarissen, architecten, etc. In de wet is het zelfstandig uitgeoefende beroep gelijkgesteld met een onderneming (art. 3.5 Wet IB).

Uit de rechtspraak blijkt dat de volgende elementen een rol spelen bij de vraag of er sprake is van een onderneming:
- zelfstandigheid;
- aantal opdrachtgevers;
- aanwezigheid debiteurenrisico (het risico dat rekeningen onbetaald blijven);
- inschrijving bij de Kamer van Koophandel;
- het lopen van ondernemersrisico;
- het voeren van een administratie;
- de manier waarop naar buiten wordt getreden;
- een eigen website, briefpapier;
- omvang van de opbrengsten;
- omvang van de investeringen.

Het is niet zo dat steeds alle factoren aanwezig moeten zijn. Het gaat erom aan de hand van de feiten van de concrete situatie te beoordelen of er sprake is van een onderneming.

Voor de inkomstenbelasting zijn er drie bronnen van arbeidsinkomen:
- winst uit onderneming;
- loon uit dienstbetrekking;
- resultaat uit overige werkzaamheden.

De beoordeling of sprake is van de ene of de andere bron, moet in deze volgorde plaatsvinden. De afbakeningsproblemen tussen winst uit onderneming, loon uit dienstbetrekking, resultaat uit overige werkzaamheden en inkomsten uit sparen en beleggen komen aan de orde in paragraaf 4.5.

Duurzaamheid

Duurzaamheid — Het moet een duurzame organisatie betreffen, waarmee wordt bedoeld dat de onderneming niet een incidenteel karakter heeft. De duurzaamheid hoeft slechts latent aanwezig of bedoeld te zijn. Het is mogelijk dat een onderneming slechts een korte tijd bestaat.

Voorbeeld

Linda heeft de kappersschool met goed gevolg doorlopen. Zij begint een praktijk als thuiskapster. Ze investeert in materiaal en begint met het knippen van klanten, die zij heeft geworven door een advertentie. Na 4 maanden blijken haar baten niet op te wegen tegen de kosten. Ze besluit alsnog in loondienst te gaan. Ondanks de korte duur van de onderneming heeft zij toch een onderneming gehad.

Deelname aan het economische verkeer

Deelname aan het economische verkeer — Er is sprake van deelname aan het economisch verkeer als activiteiten worden verricht buiten de eigen kring en bijvoorbeeld niet alleen in de familie- of hobbysfeer. Meestal is sprake van deelname aan het economisch verkeer als voor de prestatie een vergoeding wordt ontvangen.

Winstoogmerk

Winstoogmerk — Wil er sprake zijn van een onderneming, dan moet er naar winst worden gestreefd en moet winst ook redelijkerwijs te verwachten zijn. Daarom is er geen sprake van een onderneming bij een hobby waarbij het niet de verwachting is dat de baten de lasten zullen overtreffen. Er is daarentegen juist wél sprake van een onderneming als er redelijkerwijs winst te verwachten is, maar de belastingplichtige die winst niet beoogt. Het objectieve criterium van het voordeel 'verwachten' is belangrijker dan het subjectieve 'beogen'. Een psychotherapeut met een goedlopende praktijk kan bijvoorbeeld stellen dat winst maken niet zijn oogmerk is, maar dat hij zijn cliënten primair uit ideële motieven helpt. Er is dan echter wel sprake van een onderneming, want er is redelijkerwijs winst te verwachten.

In de praktijk is toch niet altijd duidelijk of er wel of geen sprake is van een onderneming, vooral omdat men niet weet hoe de resultaten zich zullen ontwikkelen. Soms blijkt dat activiteiten die eerst niet als onderneming werden aangemerkt, na verloop van tijd wel winstgevend zijn. Dan wordt de winst vanaf dat moment *Verliezen in aanloopfase* — alsnog in de heffing betrokken. De verliezen uit de 'vóórondernemingsperiode' (maximaal 5 jaar) mogen dan alsnog in aanmerking worden genomen (art. 3.10 Wet IB en art. 5 Uitv.reg. IB).

HOOFDSTUK 4 | BOX 1: WINST UIT ONDERNEMING

> **Voorbeeld**
>
> Japke is in jaar 1 een stoeterij begonnen. De Belastingdienst oordeelde toen dat het hobby was. In de jaren erna blijkt de stoeterij zich te ontwikkelen tot een winstgevend bedrijf. Vanaf jaar 5 wordt Japke als ondernemer aangemerkt. Zij mag de kosten en lasten van de jaren 1 t/m 4, na verrekening met de baten van die jaren, in aftrek brengen op de winst van jaar 5.

4.4 Ondernemers en andere winstgenieters

4.4.1 Inleiding

Ondernemer — Art. 3.4 Wet IB geeft aan dat als ondernemer wordt aangemerkt de belastingplichtige voor rekening van wie een onderneming wordt gedreven en die rechtstreeks wordt verbonden voor verbintenissen betreffende die onderneming. Maar zoals *Winstgenieters* in paragraaf 4.2 al is aangestipt, zijn er – naast de ondernemer – nog meer winstgenieters. In art. 3.3 lid 1 Wet IB worden de twee andere winstgenieters genoemd. Dit zijn:

a. de belastingplichtige die winst geniet, anders dan als ondernemer of aandeelhouder, als medegerechtigde tot het vermogen van een onderneming (*medegerechtigden*);

b. de belastingplichtige die voordelen geniet uit hoofde van een bepaalde schuldvordering op een ondernemer, ten behoeve van een voor zijn rekening gedreven onderneming (*schuldeisers met specifieke vorderingen*).

Het begrip ondernemer wordt behandeld in het onderdeel *ondernemerschap* (paragraaf 4.4.2). Daarbij wordt ook ingegaan op een aantal samenwerkingsvormen. Vervolgens wordt ingegaan op het zogenoemde urencriterium (paragraaf 4.4.3). Dit urencriterium is niet relevant voor het bepalen van het ondernemerschap, maar bepaalt wel in hoeverre een ondernemer in aanmerking komt voor bepaalde fiscale faciliteiten. De andere winstgenieters worden behandeld in het onderdeel *medegerechtigden* (paragraaf 4.4.4) en in het onderdeel *specifieke schuldeisers* (paragraaf 4.4.5).

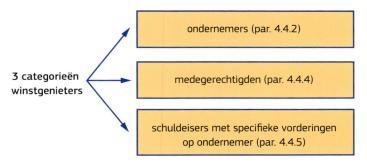

4.4.2 Ondernemerschap

Ondernemer — Ondernemer is: 'de belastingplichtige voor rekening van wie een onderneming wordt gedreven en die rechtstreeks wordt verbonden voor verbintenissen betreffende die onderneming' (art. 3.4 Wet IB). De ondernemer moet zelfstandig een onderneming drijven, waarbij sprake is van een zekere continuïteit. Essentieel is dat de ondernemer ondernemersrisico loopt.

'Rechtstreeks verbonden voor verbintenissen' betekent dat de belastingplichtige tegenover de zakelijke crediteuren aansprakelijk is voor de schulden van de onderneming. Deze verbondenheid moet 'rechtstreeks' zijn. Als de verbondenheid voortvloeit uit de gerechtigdheid in een huwelijksgemeenschap of een nalatenschap, is de verbondenheid niet 'rechtstreeks' en is er geen sprake van ondernemerschap.

> **Voorbeeld**
>
> Loes en Richard zijn in algehele gemeenschap van goederen getrouwd. Richard heeft een administratiekantoor. Door het huwelijksvermogensrecht kunnen schuldeisers verhaal halen op het gemeenschappelijke vermogen van Richard en Loes. Loes wordt echter niet aangemerkt als ondernemer. De onderneming wordt niet rechtstreeks voor haar rekening en risico gedreven.

Het in paragraaf 4.4.3 te bespreken urencriterium speelt geen rol bij de beantwoording van de vraag of iemand ondernemer is of niet.

Eenmanszaak

Degene die voor eigen rekening een onderneming drijft, is rechtstreeks aansprakelijk voor verbintenissen van zijn eenmanszaak. Hij is dus ondernemer, ook al zou hij bijna al het werk door werknemers of anderen laten verrichten.

De vennootschap onder firma (vof) / maatschap

Samenwerkingsverbanden van personen — De vennootschap onder firma (vof) en de maatschap zijn samenwerkingsverbanden van personen. Ze zijn geen rechtspersonen, zoals bijvoorbeeld een vereniging, stichting of besloten vennootschap. Schuldeisers kunnen verhaal halen op het gehele privévermogen van alle deelnemers. Bij een vennootschap onder firma is iedere deelnemer voor alle schulden van de vennootschap voor het geheel (hoofdelijk) aansprakelijk. Bij de maatschap is ieder slechts aansprakelijk voor zijn aandeel in de schulden van de maatschap. Voor personenvennootschappen komen er nieuwe regels waarbij de verschillen tussen vof en maatschap verdwijnen. In 2021 gelden deze nieuwe regels nog niet.

Bij een vennootschap onder firma en een maatschap worden alle firmanten of maten als ondernemer aangemerkt als in het samenwerkingsverband een onderneming wordt gedreven. De maatschap en vof zijn niet zelf belastingplichtig voor de inkomstenbelasting. Bij een vof of maatschap (tussen natuurlijke personen) geeft iedere vennoot/maat zijn aandeel in de winst van het samenwerkingsverband aan. Bij een winstverdeling tussen firmanten/maten is het niet ongebruikelijk dat die uit verschillende stappen bestaat. Hierbij zijn allerlei varianten mogelijk.

Voorbeeld

Joris en Peter drijven gezamenlijk Reclamebureau JP vof. De winst van de vof bedraagt volgens de jaarrekening € 180.000. Het kapitaal in de vof van Joris is € 40.000 en van Peter € 80.000. Vanwege de gedeeltelijke arbeidsongeschiktheid van Peter werkt Joris aanmerkelijk meer in het bedrijf. De winst wordt volgens het firmacontract als volgt verdeeld: ieder krijgt een vergoeding van 5% over zijn kapitaal. Joris krijgt daarnaast € 20.000 als vergoeding voor meerdere arbeid. Het restant van de winst wordt bij helfte verdeeld.

Joris		Peter	
5% × € 40.000	€ 2.000	5% × € 80.000	€ 4.000
Vergoeding meerdere arbeid	€ 20.000	Verdeling restant winst	€ 77.000
Verdeling restant winst	€ 77.000		
Winst Joris	€ 99.000	Winst Peter	€ 81.000

Let wel: het gehele winstaandeel is winst uit onderneming, ook voor zover dit bestaat uit een kapitaalvergoeding en een arbeidsvergoeding.

Partners verrichten vaak allebei werkzaamheden in een onderneming. Zij kunnen een man-vrouwfirma of -maatschap aangaan waardoor de onderneming voor rekening en risico van hen beiden wordt gedreven. Het voordeel van de man-vrouw-vof is dat zowel de man als de vrouw recht hebben op de ondernemersfaciliteiten (zie onderdeel C). Zij moeten dan wel allebei aan de gestelde voorwaarden voor de faciliteit voldoen. Verder leidt het verdelen van de winst over beide echtgenoten meestal tot een tariefvoordeel vanwege het progressieve tarief in box 1.

Voorbeeld

Een belastingadviseur maakt jaarlijks een winst van € 150.000. Een deel van haar inkomen wordt belast tegen het toptarief. Ze gaat een maatschap aan met haar echtgenoot. Hij werkt als administrateur parttime mee in de onderneming. Gelet op de taakverdeling tussen beiden, is een winstverdeling van 50%/50% niet zakelijk. Stel dat een zakelijke winstverdeling 2/3 voor de fiscaliste en 1/3 voor haar man zou zijn. Dan gaat, als gevolg van het aangaan van de maatschap, € 50.000 van de winst van de vrouw over naar haar man. Deze winst wordt bij de man mogelijk tegen een lager tarief belast.

Andere fiscale mogelijkheden voor situaties waarin beide partners werkzaamheden verrichten in een onderneming, zijn het toepassen van de zogeheten meewerkaftrek en het toekennen van een reële arbeidsbeloning. In paragraaf 4.20.5 wordt hierop ingegaan.

Commanditaire vennootschap

Beherende vennoten

Een commanditaire vennootschap (cv) is een samenwerkingsverband met één of meer beherende vennoten, die voor hun gehele vermogen aansprakelijk zijn voor zakelijke schulden, en één of meer commanditaire vennoten. Beherende vennoten van een cv waarin een onderneming wordt gedreven, zijn ondernemers. Zij zijn te vergelijken met vennoten in een vof. Een commanditaire vennoot (ook wel aangeduid als stille vennoot) is een geldschieter die geen beheersdaden mag verrichten. Hij is slechts aansprakelijk voor zijn aandeel of storting in de vennootschap. Op grond hiervan kan een commanditaire vennoot niet worden aangemerkt als ondernemer (zie paragraaf 4.4.4). Wel geniet hij winst uit onderneming als medegerechtigde, tenzij er sprake is van een open commanditaire vennootschap.

Commanditaire vennoten

> **Voorbeeld**
>
> Robert en Frans hebben samen een bouwbedrijf in de vorm van een commanditaire vennootschap. Robert is de beherende vennoot en Frans is de commanditaire vennoot (er is geen sprake van een open cv). Robert krijgt 70% van de winst en Frans krijgt 30%. Robert is een echte ondernemer, hij moet zijn aandeel in de winst aangeven als belastbare winst uit onderneming. Frans is geen ondernemer voor de inkomstenbelasting, maar wel een medegerechtigde. Hierdoor wordt ook zijn aandeel in het resultaat aangemerkt als belastbare winst uit onderneming.

Open cv

Naast de 'gewone' commanditaire vennootschap kent het belastingrecht ook de open commanditaire vennootschap. Bij een open cv kan een stille vennoot zijn belang verkopen zonder dat hij daarvoor toestemming van andere vennoten nodig heeft. De open cv wordt belast via de vennootschapsbelasting (zie hoofdstuk 9, paragraaf 9.2.2) en de commanditaire vennoot wordt gezien als een aandeelhouder. Als het belang van de commanditaire vennoot in een open cv 5% of meer bedraagt, valt dit in box 2 en als het belang kleiner is, valt het in box 3.

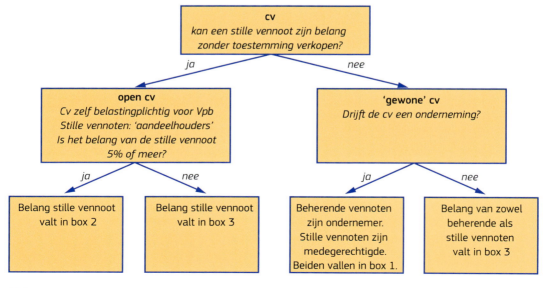

Besloten vennootschap/naamloze vennootschap

De besloten of naamloze vennootschap (bv of nv) is een rechtspersoon en onderworpen aan de vennootschapsbelasting. Een bv of nv betaalt dus vennootschapsbelasting over haar winst, en geen inkomstenbelasting. De aandeelhouders in een bv of nv worden niet rechtstreeks verbonden voor verbintenissen van de vennootschap. Hierdoor zijn zij geen ondernemer voor wat betreft hun aandeelhouderschap in de bv of nv. De vennootschapsbelasting wordt in hoofdstuk 9 behandeld. Het is echter wel mogelijk dat aandelen in een rechtspersoon tot het ondernemingsvermogen van een ondernemer behoren en op zijn balans staan (zie paragraaf 4.9.4).

4.4.3 Urencriterium

Om als ondernemer te kunnen worden aangemerkt, moet worden voldaan aan de definitie zoals die is geformuleerd in art. 3.4 Wet IB. In deze omschrijving wordt geen norm gesteld aan het aantal uren dat iemand als ondernemer werkzaam is. Ook iemand met zeer kleinschalige activiteiten kan ondernemer zijn.

Voor ondernemers bestaan een behoorlijk aantal fiscale faciliteiten, zoals de zelfstandigenaftrek, de mkb-winstvrijstelling en de oudedagsreserve. Deze fiscale voordelen zijn onder meer bedoeld om het ondernemerschap in het algemeen of bepaalde activiteiten in het bijzonder te stimuleren. Maar de wetgever heeft deze voordelen ook ingevoerd om zo rekening te houden met het feit dat de winst van een ondernemer niet alleen bestemd is voor zijn levensonderhoud, maar ook voor de oude dag.

Urencriterium Om te vermijden dat alle ondernemersfaciliteiten ook bij activiteiten met een zeer geringe omvang binnen handbereik komen, heeft de wetgever het urencriterium geïntroduceerd (art. 3.6 Wet IB). Dit houdt in dat een minimumaantal uren besteed moet zijn aan de onderneming om in aanmerking te komen voor bepaalde ondernemersfaciliteiten.

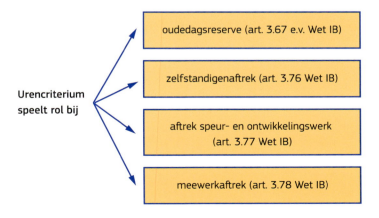

Een ondernemer hoeft niet aan het urencriterium te voldoen om de mkb-winstvrijstelling (art. 3.79a Wet IB) en de stakingsaftrek (art. 3.79 Wet IB) te mogen toepassen.

In paragraaf 4.4.6 is schematisch weergegeven in welke situaties de diverse faciliteiten wel en niet mogen worden gebruikt.

Norm

Een belastingplichtige voldoet aan het urencriterium als:

1.225 uur
– hij gedurende een kalenderjaar ten minste 1.225 uur besteedt aan werkzaamheden voor een of meer ondernemingen waaruit hij als ondernemer winst geniet, en

Tijd (50% of meer)
– de tijd die in totaal wordt besteed aan die ondernemingen en het verrichten van werkzaamheden in de zin van de afdelingen 3.3 (belastbaar loon) en 3.4 (resultaat overige werkzaamheden), grotendeels (50% of meer) wordt besteed aan die ondernemingen.

Startende ondernemer
Deze laatste eis geldt niet als de ondernemer in een of meer van de 5 voorafgaande kalenderjaren geen ondernemer was (zogenoemde startende ondernemer).

Voorbeeld

Marcel heeft sinds 4 jaar een eigen zaak. Hierin is hij op jaarbasis gedurende 1.250 uur werkzaam. Daarnaast werkt hij nog 1.300 uur per jaar op een accountantskantoor. Ondanks het feit dat hij maar 49% van zijn tijd in zijn eigen onderneming werkt, voldoet Marcel wel aan het urencriterium. Hij wordt namelijk aangemerkt als een startende ondernemer. Na het vijfde jaar voldoet hij, als de situatie niet verandert, niet meer aan het urencriterium. Dan gaat de 50%-norm namelijk ook voor hem gelden.

Het staat de belastingplichtige vrij hoe hij aannemelijk maakt dat hij voldoende uren heeft gewerkt. Het is bij twijfel raadzaam om een agenda bij te houden aan de hand waarvan de gemaakte uren kunnen worden aangetoond. Ook indirecte uren, zoals het bijwonen van een voorlichting, tellen mee. Bij uren waarbij men wacht op klanten is dat lastiger. Blijkens rechterlijke uitspraken is het daarbij van belang of de ondernemer zich tijdens de niet-productieve uren ook privé nuttig kan maken. Bij een kapster die vanuit huis werkte, oordeelde de rechter dat de tijd die werd besteed aan het wachten op klanten niet meetelde, terwijl bij een snackbarhoudster de wachturen wel meetelden als zakelijk.

Zwangerschap
Bij een zwangerschap vindt er een versoepeling plaats. In dat geval wordt de ondernemerster namelijk geacht om ook tijdens haar zwangerschapsverlof de 'normale' uren te hebben gemaakt. (art. 3.6 lid 5 Wet IB).

Samenwerkingsverbanden

Bij een maatschap of vennootschap onder firma tussen bijvoorbeeld echtgenoten of ouders en kinderen, voldoet een vennoot niet altijd aan het urencriterium, ook al werkt hij meer dan 1.225 uur in de onderneming. Want als de werkzaamheden van een vennoot hoofdzakelijk van ondersteunende aard zijn en het bovendien ongebruikelijk is dat een dergelijk samenwerkingsverband tussen niet-verbonden personen wordt aangegaan, tellen de werkzaamheden van die vennoot niet mee voor 'zijn' urencriterium (art. 3.6 lid 2 letter a Wet IB).

Ongebruikelijk samenwerkingsverband

Voorbeeld

Een tandarts heeft een maatschap met zijn echtgenote. Zij werken beiden 1.600 uur op jaarbasis. De vrouw verzorgt de administratie en beheert de agenda. De uren van de man tellen wel mee voor zijn urencriterium, maar die van de vrouw tellen niet mee voor háár urencriterium. De werkzaamheden van de vrouw zijn namelijk ondersteunend en het is in zo'n situatie ongebruikelijk dat er een maatschap bestaat als er geen privérelatie tussen beiden zou bestaan. De vrouw is wel ondernemer, maar voldoet niet aan het urencriterium waardoor zij geen recht heeft op de meeste ondernemersfaciliteiten.

Verder blijven de binnen een samenwerkingsverband gewerkte uren ook buiten beschouwing voor het urencriterium als de samenwerking verband houdt met een onderneming waaruit de belastingplichtige zelf geen inkomen geniet, maar een aan hem verbonden persoon wél (de zogenoemde ondermaatschappen) (art. 3.6 lid 2 letter b Wet IB).

Ondermaatschappen

Voorbeeld

Christien is oogarts. Samen met haar man Jan heeft zij een ondermaatschap, die participeert in een (boven)maatschap voor oogchirurgie in een groot ziekenhuis. Jan is in deze (boven)maatschap niet werkzaam. Wel voert hij enige werkzaamheden uit ten behoeve van de onderneming van Christien. Hoewel Jan wel kan kwalificeren als ondernemer, blijven de uren die hij binnen dit samenwerkingsverband maakt, buiten beschouwing bij de beoordeling of hij voldoet aan het urencriterium.

Als verbonden personen van de belastingplichtige worden in dit verband aangemerkt:
- personen die behoren tot het huishouden van de belastingplichtige; en
- bloed- of aanverwanten in de rechte lijn, of personen die tot hun huishouden behoren.

Wel of niet voldaan aan urencriterium?

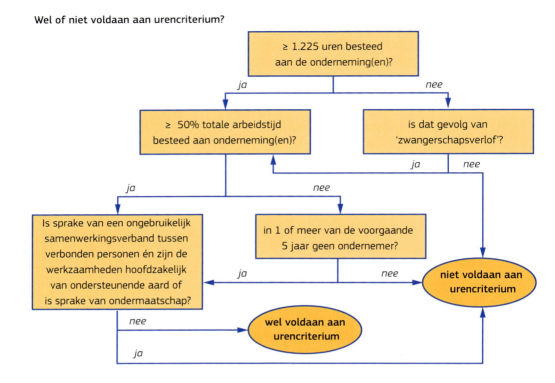

4.4.4 Medegerechtigden

Medegerechtigden

Winstgenieters

Commanditaire vennoot

Naast de 'echte' ondernemers van art. 3.4 Wet IB (paragraaf 4.4.2) genieten ook de zogenoemde medegerechtigden winst uit onderneming, hoewel zij niet voldoen aan het fiscale ondernemersbegrip. Er is namelijk ook sprake van winst uit onderneming als iemand die geen ondernemer is, wel als medegerechtigde tot het vermogen van een onderneming winst geniet uit die onderneming (art. 3.3 lid 1 letter a Wet IB). Medegerechtigden zijn personen die wel (financieel) deelnemen in een onderneming, maar die niet – of slechts beperkt – aansprakelijk zijn voor de schulden van die onderneming. In de praktijk gaat het met name om de winst van een commanditaire vennoot in een (niet open) cv die een onderneming drijft (zie paragraaf 4.4.2). Een dergelijke commanditaire vennoot (ook wel 'stille vennoot' genoemd) is geen ondernemer, maar moet zijn winstaandeel wel aangeven als winst uit onderneming. Het maakt daarbij niet uit of de stille vennoot bij beëindiging van de cv al dan niet gerechtigd is tot een eventueel liquidatiesaldo (art. 3.3 lid 2 Wet IB).

4.4.5 Schuldeisers met specifieke vorderingen op een ondernemer/onderneming

Normaal gesproken valt een verstrekte geldlening in box 3, maar hierop zijn diverse uitzonderingen. Zo behoort een lening die de crediteur in het kader van zijn onderneming heeft verstrekt tot zijn ondernemingsvermogen. Als dat niet het geval is, kan een vordering toch in de sfeer van de winst uit onderneming vallen als de lening feitelijk functioneert als eigen vermogen van de onderneming of de vergoeding voor de lening voor het grootste deel afhankelijk is van de winst (art. 3.3 lid 1 sub b Wet IB). De belastingplichtige die de lening heeft verstrekt is dan geen ondernemer, maar geniet wel winst uit onderneming.

De vordering leidt tot winst uit onderneming onder de volgende omstandigheden (art. 3.3 lid 3 Wet IB):

Eigen vermogen
a. de schuldvordering die is aangegaan onder zodanige voorwaarden dat deze in feite functioneert als eigen vermogen van de onderneming (de lening hoeft bijvoorbeeld niet te worden afgelost);

Winstafhankelijk
b. een schuldvordering waarvan de vergoeding op het tijdstip van het aangaan van de schuldvordering zodanig wordt vastgesteld dat deze – rechtens dan wel in feite – bezien over de gehele looptijd grotendeels afhankelijk is van de winst. De vergoeding heeft dan eigenlijk meer weg van een winstaandeel dan van rente.

Voordeel is dat een eventueel verlies, zoals afwaardering van de vordering in verband met de slechte financiële situatie van de debiteur, in aftrek kan worden gebracht. De aftrekbaarheid van dit verlies kan wel aan een beperking onderhevig zijn. Hier wordt later nader op ingegaan (zie paragraaf 4.4.7).

Samenloop met de terbeschikkingstellingsregeling

Als de rente op een schuldvordering op grond van art. 3.3 lid 3 Wet IB als winst uit onderneming in de heffing kan worden betrokken, maar ook valt onder de zogeheten terbeschikkingstellingsregeling zoals bedoeld in art. 3.91 Wet IB (zie hoofdstuk 5), gaat deze laatste voor. Deze in art. 3.3 lid 4 Wet IB opgenomen regeling is een afwijking op de hoofdregel van bronvolgorde zoals vastgelegd in art. 2.14 Wet IB, waarbij is bepaald dat de eerste bron voorgaat (zie hoofdstuk 3).

4.4.6 Wel of geen recht op vrijstellingen en faciliteiten

Geen ondernemers
De medegerechtigden en schuldeisers met een specifieke vordering als bedoeld in art. 3.3 Wet IB zijn wel winstgenieters, maar geen ondernemers. Zij kunnen niet gebruikmaken van fiscale faciliteiten die uitsluitend voor ondernemers zijn bestemd. Verder zijn er een aantal faciliteiten die alleen gelden voor ondernemers die aan het urencriterium voldoen. Tabel 4.1 toont welke regelingen gelden voor alle winstgenieters, welke alleen voor ondernemers en voor welke regelingen het urencriterium van belang is.

Faciliteit	Ondernemers die niet aan het urencriterium voldoen	Ondernemers die aan het urencriterium voldoen	Medegerechtigden/ bepaalde geld- schieters
Bosbouwvrijstelling	X	X	X
Landbouwvrijstelling	X	X	X
Kwijtscheldingswinstvrijstelling	X	X	X
Willekeurige afschrijvingen	X	X	X
Herinvesteringsreserve	X	X	X
Kostenegalisatiereserve	X	X	X
Investeringsaftrek kleinschaligheid	X	X	X
Investeringsaftrek energie	X	X	–
Investeringsaftrek milieu	X	X	–
Oudedagsreserve	–	X	–
Zelfstandigenaftrek	–	X	–
Aftrek speur- en ontwikkelingswerk (S&O)	–	X	–
Meewerkaftrek	–	X	–
Stakingsaftrek	X	X	–
Stakingslijfrente	X	X	–
Mkb-winstvrijstelling	X	X	–

Tabel 4.1 Belastingfaciliteiten voor ondernemers en medegerechtigden/geldschieters

Of een bepaalde faciliteit alleen voor ondernemers geldt of ook voor andere winstgenieters, blijkt uit de tekst van het betreffende wetsartikel. Zo stelt art. 3.67 Wet IB dat 'de ondernemer die aan het urencriterium voldoet', kan toevoegen aan de oudedagsreserve. Art. 3.54 Wet IB geeft daarentegen voor het vormen van een herinvesteringsreserve niet een dergelijke beperking, zodat ook andere winstgenieters deze reserve kunnen vormen.

De ondernemings- en ondernemersfaciliteiten worden inhoudelijk behandeld in onderdeel C (vanaf paragraaf 4.13).

4.4.7 Beperkte verliesverrekening voor medegerechtigden en schuldeisers met een specifieke vordering

Beperkte verlies- verrekening

Art. 3.9 Wet IB bepaalt dat het verrekenbare verlies uit onderneming voor de medegerechtigde en de schuldeiser met een specifieke vordering als bedoeld in art. 3.3 Wet IB nooit meer kan zijn dan de waarde (op het moment van inbreng) van het door deze winstgenieters ingebrachte vermogen. Deze waarde wordt eventueel vermeerderd met wat hij later per saldo heeft gestort, en verminderd met wat hij later heeft onttrokken.

> **Voorbeeld**
>
> Gerard treedt als commanditaire vennoot toe tot een commanditaire vennootschap (cv). Hij stort € 50.000. In jaar 1 doet de cv een investering en in verband hiermee mag Gerard een bedrag van € 1.000 in mindering brengen als investeringsaftrek. Vervolgens stort hij in jaar 2 nog eens € 20.000 in de onderneming, om vervolgens in jaar 3 € 30.000 op te nemen.
> Als Gerard als commanditaire vennoot alleen maar verliezen lijdt, zijn deze op grond van art. 3.9 Wet IB slechts tot maximaal € 40.000 verrekenbaar (€ 50.000 + € 20.000 –/– € 30.000, de stortingen en onttrekkingen). Zonder deze regeling zou Gerard in totaal € 41.000 kunnen aftrekken: € 1.000 als investeringsaftrek en € 40.000 als gevolg van verliezen op zijn inleg.

4.5 Verhouding tussen winst uit onderneming en andere inkomensbronnen

Het is niet altijd eenvoudig om aan te geven wanneer iets moet worden belast als belastbare winst uit onderneming, als belastbaar loon of als belastbaar resultaat uit overige werkzaamheden. De grenzen tussen deze verschillende inkomensbronnen zijn niet exact aan te geven. De feitelijke omstandigheden spelen hierbij een belangrijke rol. Met de Wet deregulering beoordeling arbeidsrelaties (*Wet DBA*) werd in 2016 geprobeerd om een systeem in te voeren waarbij opdrachtgevers en opdrachtnemers (zzp'ers) zekerheid hebben over de arbeidsrelatie die ze met elkaar aangaan. Deze wet heeft niet de duidelijkheid en rust gebracht die hij moest brengen. Het kabinet heeft daarom besloten de wet te vervangen en streeft ernaar om in 2021 nieuwe maatregelen in te laten gaan. Tot die tijd is de Wet DBA van kracht.

Wet DBA

Onder deze wet kunnen opdrachtgevers en opdrachtnemers zogenoemde *modelovereenkomsten* aangaan, waarin de arbeidsrelatie wordt vastgelegd en waarbij geen sprake is van loondienst.

Modelovereenkomst

Zzp'ers kunnen bij twijfel ook de ondernemerscheck via de website van de Belastingdienst doen.

Winst uit onderneming versus belastbaar loon

Over loon uit dienstbetrekking worden (naast de loonheffing) premies werknemersverzekeringen ingehouden. Bij winst uit onderneming gebeurt dit niet. Verder kan een ondernemer nog aanspraak maken op een aantal ondernemings- en ondernemersfaciliteiten, terwijl dit bij loon uit dienstbetrekking niet mogelijk is. Als iemand werkzaamheden verricht voor een opdrachtgever, bepaalt de aard van dat werk of er sprake is van een arbeidsovereenkomst. Het maakt dan niet uit wat er in een overeenkomst wordt vastgelegd.

Om beide bronnen van inkomen te kunnen afbakenen, is de vraag naar de zelfstandigheid het meest onderscheidende criterium. Bij een dienstbetrekking staat iemand in een gezagsverhouding tot een ander. In de meeste gevallen is bij voor-

Gezagsverhouding

baat duidelijk of er een gezagsverhouding bestaat. Het is niet relevant in hoeverre een werkgever gebruikmaakt van een aanwezige gezagsverhouding. Het feit dat de werkgever aanwijzingen en instructies kan geven, is al voldoende.

Als iemand slechts voor één opdrachtgever werkt, zal hij over het algemeen geen ondernemer zijn. Dit kan echter anders zijn als omvangrijke investeringen worden gedaan. Zo kan een transporteur die met zijn eigen vrachtauto voor één opdrachtgever rijdt, ondernemer zijn.

> **Voorbeeld**
>
> Jac is een fulltime werkende trainer in een automatiseringsbedrijf. Hij krijgt zijn lesmateriaal en studenten van de afdeling P&O. Jac mag zijn eigen lestijden vaststellen. De afdeling P&O bemoeit zich niet met de dagelijkse gang van zaken. Deze verantwoordelijkheid berust geheel bij Jac. Het salaris van Jac is afhankelijk van het aantal lessen dat hij geeft. Ondanks het feit dat niemand Jac feitelijk aanstuurt, is hij toch in loondienst werkzaam. Er is namelijk formeel gezien sprake van een gezagsverhouding tussen Jac en zijn werkgever (zie paragraaf 2.2.2).
>
> Anne, de echtgenote van Jac, is werkzaam als automatiseerder. In het verleden werkte zij in loondienst voor het automatiseringsbedrijf, maar zij heeft zich nu gevestigd als zelfstandige. Anne heeft zich als ondernemer gemeld bij de Belastingdienst en de Kamer van Koophandel. In de overeenkomst tussen Anne en haar voormalige werkgever is bepaald dat zij uitsluitend voor hem mag werken en dat zij op jaarbasis minimaal gedurende 800 uur standby-dienst moet draaien. De computer en internetaansluiting worden door het bedrijf ter beschikking gesteld. Anne ontvangt een basissalaris, aangevuld met een bonus die afhankelijk is van haar daadwerkelijk gewerkte uren. Ook in deze situatie zal er sprake zijn van een dienstbetrekking.

Winst uit onderneming versus resultaat uit overige werkzaamheden

Bij resultaat uit overige werkzaamheden gaat het om voordelen die worden behaald met arbeid die niet in dienstbetrekking wordt verricht. Naast arbeid is er vaak wel enig kapitaal (zoals de laptop van de freelancejournalist). Ook is er sprake van deelname aan het economische verkeer en is er het oogmerk om voordeel/winst te behalen. Dit betekent dat in principe wordt voldaan aan de eerder gegeven definitie van een onderneming. Dat maakt het lastig om af te bakenen wanneer sprake is van winst uit onderneming en wanneer van resultaat uit overige werkzaamheden. Het gaat erom welk fiscaal 'etiket' het beste bij de feitelijke situatie past. De laatste jaren is het aantal zzp'ers (zelfstandigen zonder personeel) voortdurend toegenomen. In de praktijk is het geregeld onduidelijk of een zzp'er als ondernemer kan worden aangemerkt.

Belangrijke elementen bij het onderscheid tussen een onderneming en een werkzaamheid zijn:
– de duurzaamheid (als iets een incidenteel voordeel oplevert, kan er geen sprake zijn van een onderneming);
– de omvang van de werkzaamheden, de omvang van de investeringen, de aanwezige (financiële) risico's, etc.

> **Voorbeeld**
>
> Een controller die werkzaam is bij een groot bedrijf besluit in de avonduren voor enkele klanten de administratie te gaan voeren. Gezien de beperkte omvang van de activiteiten zullen de inkomsten worden aangemerkt als resultaat uit overige werkzaamheden. Als de administratieve activiteiten uitgroeien en de controller nog maar twee dagen per week in loondienst werkt en op de andere werkdagen in zijn eigen administratiekantoor, zal er waarschijnlijk wel van een onderneming gesproken kunnen worden. Waar de grens ligt tussen de beide inkomensbronnen, is niet precies aan te geven.

Winst en resultaat uit overige werkzaamheden zijn beide belast in box 1. Voor de belastingplichtige is het vanwege de ondernemersfaciliteiten aantrekkelijker om winst uit onderneming te genieten, vooral als hij voldoende uren maakt om aan het urencriterium te voldoen.

In paragraaf 5.4 wordt dieper ingegaan op resultaat uit overige werkzaamheden.

Winst uit onderneming versus inkomen uit sparen en beleggen

Inkomsten uit het sparen en beleggen van privévermogen vallen onder het regime van box 3. Bij sparen en beleggen worden forfaitaire percentages van het vermogen op 1 januari van het betreffende jaar als inkomen in aanmerking genomen. Bij winst uit onderneming geldt als uitgangspunt dat de daadwerkelijk gerealiseerde voordelen (positief dan wel negatief), dus ook vermogenswinsten of -verliezen, in de heffing worden betrokken. Gezien deze zeer verschillende regels is het onderscheid tussen winst uit onderneming en inkomen uit sparen en beleggen van groot belang. En ook hier geldt dat het niet altijd eenvoudig is om aan te geven welke inkomensbron van toepassing is.

Normaal vermogensbeheer Bepalend is de vraag in hoeverre er sprake is van 'normaal vermogensbeheer'. Bij normaal vermogensbeheer, dat in box 3 valt, is men over het algemeen passiever dan bij ondernemerschap en wordt doorgaans minder rendement verwacht. Bij meer dan normaal vermogensbeheer kan er sprake zijn van een onderneming. Er wordt bijvoorbeeld een extra arbeidsinspanning geleverd of er wordt gebruikgemaakt van relaties of van bepaalde kennis en vaardigheden, en dat alles op een meer dan incidentele manier. Het voordeel wordt dan – afhankelijk van de vraag welk fiscaal 'etiket' het beste bij de feitelijke situatie past – in de heffing betrokken als resultaat uit overige werkzaamheden of als winst uit onderneming (zie ook paragraaf 4.3).

> **Voorbeeld**
>
> 1 Weduwe Visser bezit een aantal panden in de binnenstad van Nijmegen. Deze worden via een makelaar verhuurd aan derden. De makelaar regelt alles, mevrouw Visser krijgt alleen exploitatieoverzichten en de opbrengsten. Er is sprake van normaal vermogensbeheer. De opbrengsten van de panden vallen in box 3.
>
> 2 Weduwe Visser bezit een aantal panden in de binnenstad van Nijmegen. Zij handelt in de panden, voert de verhuuradministratie en doet bezichtigingen met nieuwe huurders. Ook regelt ze zelf het onderhoud en de schoonmaak. Dit alles met de bedoeling om een hoger rendement te behalen. Dit gaat het normale vermogensbeheer te boven. De resultaten worden belast als winst uit onderneming of als resultaat uit overige werkzaamheid.
>
> 3 Weduwe Visser bezit een aantal panden in de binnenstad van Nijmegen die in box 3 vallen. De eigenaar van het pand naast haar, wil zijn pand verkopen. Hij geeft aan € 200.000 voor het pand te willen hebben. Weduwe Visser weet dat één van haar huurders wegens uitbreiding van zijn kantoor een dergelijk pand wil kopen en daar € 300.000 voor over heeft. Dit omdat hij al een bod heeft gedaan op haar eigen pand. Zij koopt het pand van de buurman, verkoopt het door aan haar huurder en behaalt € 100.000 winst. Het voorzienbare resultaat zal worden belast als resultaat uit een werkzaamheid.

ONDERDEEL B Bepalen van de belastbare winst uit onderneming

4.6 Inleiding

Belastbare winst uit onderneming

De belastbare winst uit onderneming bestaat uit de winst uit onderneming minus de ondernemersaftrek en de mkb-winstvrijstelling (art. 3.2 Wet IB). De ondernemersaftrek en de mkb-winstvrijstelling zijn ondernemersfaciliteiten waarop in onderdeel C nader wordt ingegaan.

De winst uit onderneming is het bedrag van de gezamenlijke voordelen die worden verkregen uit een onderneming (art. 3.8 Wet IB). De gezamenlijke voordelen bestaan niet alleen uit de jaarlijkse winst die met de reguliere ondernemingsactiviteiten wordt behaald. Zij omvatten bijvoorbeeld ook:

Incidentele baten en lasten
– de incidentele baten die worden behaald bij de vervreemding van vermogensbestanddelen, zoals bij de verkoop van een ondernemingspand. Deze baten worden in de commerciële jaarrekening vaak gepresenteerd na de winst uit bedrijfsuitoefening, maar wel als onderdeel van de jaarwinst;

Voordelen privéverbruik
– de voordelen die de ondernemer geniet doordat hij goederen uit de onderneming privé verbruikt (zoals de eigenaar van een elektronicawinkel die een televisietoestel uit zijn zaak haalt om het zelf te gaan gebruiken);

- de onttrekkingen aan de omzet doordat een ondernemer iemand anders onzakelijk bevoordeelt (zoals de aannemer die samen met zijn personeel een huis voor zijn zus bouwt tegen vergoeding van alleen de materiaalkosten);
- winst die wordt behaald bij en met de beëindiging (staking) van de onderneming.

De wet spreekt van de gezamenlijke voordelen uit een onderneming, maar dit kan ook een negatief bedrag zijn (verlies).

Vermogens-vergelijking   De winst uit onderneming kan worden berekend door middel van het opmaken van een resultatenrekening of door middel van een vermogensvergelijking. Beide methoden leiden tot eenzelfde uitkomst.

Bij vermogensvergelijking wordt het eindvermogen vergeleken met het vermogen aan het begin van het jaar. Het verschil laat zien hoeveel het ondernemingsvermogen is toe- of afgenomen. Deze uitkomst moet worden gecorrigeerd voor de bedragen die de ondernemer heeft ingebracht (kapitaalstortingen), dan wel uit de onderneming heeft opgenomen voor privédoeleinden (onttrekkingen). Vervolgens moeten nog een aantal correcties worden doorgevoerd op grond van de fiscale regelgeving. Een voorbeeld hiervan is de correctie voor het privégebruik van de auto die tot het ondernemingsvermogen behoort. Tot slot worden de ondernemingsfaciliteiten (mits van toepassing) in mindering gebracht.

Schematisch ziet een en ander er als volgt uit:

Vermogen (inclusief fiscale reserves) aan het einde van het jaar (paragraaf 4.7 tot en met 4.9)	....
Vermogen (inclusief fiscale reserves) bij aanvang van het jaar (paragraaf 4.7 tot en met 4.9)	.... –/–
Mutatie van het ondernemingsvermogen	....
Af: Door de ondernemer ingebracht kapitaal (paragraaf 4.10.1)	.... –/–
	....
Bij:	
Privégebruik auto (paragraaf 4.10.3) fiets (paragraaf 4.10.4)	....
Forfait ondernemingswoning (paragraaf 4.10.2)	....
Overige onttrekkingen (paragraaf 4.10.1)	.... +
	.... +
Winst volgens de resultatenrekening	....
Bij:	
Beperkt aftrekbare kosten (paragraaf 4.11)	....
Niet aftrekbare kosten (paragraaf 4.11)	.... +
	.... +
	....
Af:	
Vrijstellingen op grond van de Wet IB (paragraaf 4.12)	....
Saldo investeringsregelingen (paragraaf 4.15 en 4.16)	.... +
	.... –/–
	....
Mutatie fiscale reserves (exclusief oudedagsreserve) (paragraaf 4.17 en 4.18)	.... +/–
Winst uit onderneming voor toepassing oudedagsreserve	....
Mutatie oudedagsreserve (paragraaf 4.19)	.... +/–
Winst uit onderneming in de zin van art. 3.8 Wet IB	....
Af: ondernemersaftrek (paragraaf 4.20)	.... –/–
Grondslag mkb-winstvrijstelling	....
Af: mkb-winstvrijstelling (paragraaf 4.21)	.... –/–
Belastbare winst uit onderneming in de zin van art. 3.2 Wet IB	....

Opmerkingen:
De fiscale reserves maken deel uit van het ondernemingsvermogen. De bedragen die aan deze reserves worden toegevoegd, mogen op de fiscale winst in mindering worden gebracht. In onderdeel C (Ondernemings- en ondernemersfaciliteiten) wordt nader ingegaan op de fiscale reserves.

Tabel 4.2 Opbouw belastbare winst uit onderneming

Art. 3.8 Wet IB definieert de totale winst uit onderneming die tijdens het totale bestaan van de onderneming wordt behaald. Omdat de belasting echter per kalenderjaar wordt geheven, zijn er regels om tot een juiste toerekening van de winst aan dat betreffende jaar te komen. Hierbij zijn twee begrippen van belang:
– het begrip 'goed koopmansgebruik' (art. 3.25 Wet IB);
– het begrip 'balanscontinuïteit'.

In paragraaf 4.7 wordt op deze basisbegrippen van de fiscale winstberekening ingegaan.

Vanaf paragraaf 4.8 wordt aandacht besteed aan een aantal specifieke onderwerpen:
– de problematiek van de vermogensetikettering (wat behoort wel of niet tot de onderneming);
– de wijze waarop het vermogen van de onderneming moet worden gewaardeerd;
– hoe moet worden omgegaan met kapitaalstortingen en -onttrekkingen door de ondernemer;
– de kosten die wel bedrijfskosten vormen, maar fiscaal niet of slechts beperkt aftrekbaar zijn;
– de voordelen die wel deel uitmaken van de winst uit onderneming, maar worden vrijgesteld van belastingheffing.

Gebroken boekjaar De winst wordt niet altijd per kalenderjaar bepaald; een gebroken boekjaar is toegestaan als de aard van de onderneming dat rechtvaardigt (art. 3.66 Wet IB). In de landbouw bijvoorbeeld komt het gebroken boekjaar veel voor. De winst wordt dan aangegeven in het kalenderjaar waarin het boekjaar eindigt. De winst van bijvoorbeeld het boekjaar 1 mei 2020 tot en met 30 april 2021 moet in de aangifte over 2021 worden meegenomen.

Tonnageregeling In art. 3.22 tot en met 3.24 Wet IB is een speciale regeling opgenomen voor zeeschepen. Met deze tonnageregeling wil de regering tegengaan dat zeescheepvaartondernemingen verhuizen naar landen met een gunstig fiscaal klimaat. Op grond van deze regeling kan de winst uit een zeescheepvaartonderneming worden bepaald aan de hand van de tonnage van de schepen waarmee de winst wordt behaald. Er wordt dan niet gekeken naar het werkelijk behaalde resultaat. Eigenaren van zeeschepen opereren voor een groot deel buiten Nederland. Voor toepassing van de regeling dient de ondernemer een verzoek in te dienen, waarna de tonnageregeling voor een periode van 10 jaar moet worden toegepast. De regeling wordt in de praktijk weinig gebruikt.

4.7 Basisprincipes fiscale winstbepaling

4.7.1 Inleiding

Een ieder die winst uit onderneming geniet – ondernemers en andere winstgenieters – moet jaarlijks zijn winst uit onderneming bepalen en aangeven bij de Belastingdienst. Het verschil tussen een ondernemer en een andere winstgenieter bestaat bij het vaststellen van de belastbare winst voornamelijk uit het recht op ondernemersfaciliteiten. Deze komen in onderdeel C aan de orde.
In dit onderdeel, waarin het gaat over het bepalen van de winst uit onderneming, gaan we uit van de ondernemer maar ook voor andere winstgenieters, bijvoorbeeld de commanditaire vennoot, gelden dezelfde regels voor de winstberekening.
De winst uit onderneming moet zo goed mogelijk worden toegerekend aan de jaren waarop zij betrekking heeft. Daarbij moet de winst volgens goed koopmansgebruik worden vastgesteld én moet de beginbalans van het boekjaar steeds aansluiten op de eindbalans van het vorige boekjaar.

4.7.2 Goed koopmansgebruik

Goed koopmansgebruik

De in een bepaald jaar aan te geven winst moet worden bepaald volgens goed koopmansgebruik, met inachtneming van een bestendige gedragslijn die onafhankelijk is van de vermoedelijke uitkomst (art. 3.25 Wet IB). Goed koopmansgebruik houdt in dat de boekhouding, met enkele uitzonderingen, gevoerd moet worden naar algemeen aanvaarde bedrijfseconomische principes.

Bij het begrip 'goed koopmansgebruik' staan drie beginselen centraal:
a. realiteitszin;
b. voorzichtigheid;
c. eenvoud.

Ad a. Realiteitszin

Realiteitszin

Baten en lasten moeten worden toegerekend aan de jaren waarop zij betrekking hebben. Inkomsten en uitgaven mogen dus niet naar eigen inzicht over de diverse jaren worden verdeeld.

Voorbeeld

Op 2 januari van een bepaald jaar ontvangt Richard, een accountant, een betaling van een debiteur. De dienst is in december van het jaar daarvoor verricht; er was geen reden om te twijfelen of de debiteur wel zou betalen. Op grond van de realiteitszin moet de omzet die met deze betaling verband houdt, worden opgenomen in het resultaat over het voorgaande boekjaar. Op de balans moet een te vorderen bedrag (vlottende activa) worden opgenomen ongeacht of de verrichte werkzaamheden op balansdatum al zijn gefactureerd.

Bij een verkooptransactie moet de winst uiterlijk ten tijde van de levering worden genomen. Als de verkoopovereenkomst al eerder is gesloten, hoeft op dat eerdere tijdstip nog geen winst te worden verantwoord. Er mag echter niet worden gewacht tot het moment waarop de factuur wordt verzonden, of tot het moment waarop deze is betaald.

Overlopende posten — Ontvangsten of betalingen die betrekking hebben op meerdere jaren of op een ander jaar dan waarin de betaling of ontvangst plaatsvindt, moeten fiscaal worden toegerekend aan het jaar waarop ze betrekking hebben. Daarom zullen vooruitbetaalde bedragen als actiefpost worden opgenomen op de balans, en vooruitontvangen bedragen als passiefpost. Dit noemt men overlopende posten, ofwel transitoire activa of passiva.

Ad b. Voorzichtigheid

Voorzichtigheidsbeginsel — Verliezen mogen op grond van het voorzichtigheidsbeginsel reeds worden genomen in het jaar waarop zij betrekking hebben, ook als zij nog niet zijn gerealiseerd.

Voorbeeld

> Remco weet dat een van zijn debiteuren betalingsproblemen heeft. Hij mag in redelijkheid twijfelen of de debiteur zijn rekening zal voldoen. Op grond van het voorzichtigheidsbeginsel waardeert hij de vordering af. De winst daalt hierdoor (de debiteur zal overigens het bedrag van de schuld volledig blijven passiveren). Op het moment waarop blijkt dat de debiteur tóch wel kan betalen, moet Remco de afwaardering terugnemen. De winst van het lopende jaar wordt op dat moment verhoogd met het bedrag van de eerdere afwaardering.

Ad c. Eenvoud

Eenvoudbeginsel — De systematiek om de winst toe te rekenen aan bepaalde jaren, moet praktisch hanteerbaar zijn.

Voorbeeld

> Een ondernemer weet uit ervaring dat ongeveer 5% van de debiteuren zijn nota niet voldoet. Op grond van het voorzichtigheidsbeginsel mag hij hiermee rekening houden. Strikt genomen zou hij per debiteur moeten nagaan in hoeverre deze de nota zal voldoen. Met toepassing van het eenvoudbeginsel mag hij echter jaarlijks een afwaardering toepassen van 5% van de openstaande rekeningen.

De drie beginselen kunnen met elkaar in conflict komen. In dat geval moet er naar een evenwicht worden gezocht.

Voorbeeld

> Een ondernemer betaalt op 1 december de motorrijtuigenbelasting van zijn bedrijfsauto voor 3 maanden (december tot en met februari) vooruit. 2/3e deel heeft betrekking op het volgende kalenderjaar, maar omwille van de eenvoud wordt het volledige bedrag in het jaar van betaling ten laste van de winst gebracht.

Het is het eenvoudigst om de omzet pas te verantwoorden als het geld is ontvangen. De realiteitszin verplicht echter om de omzet al in een eerder stadium te verantwoorden. In dat geval gaat het realiteitsbeginsel voor.

Goed koopmansgebruik geldt ook voor waarderingssystemen van in de onderneming aanwezige goederen en vermogensobjecten. Vaak zijn er verschillende waarderingssystemen mogelijk die voldoen aan de eisen van goed koopmansgebruik, waarbij behoorlijke verschillen in waardering kunnen ontstaan. Door te wisselen van het ene waarderingssysteem naar het andere, kunnen incidentele verliezen of winsten ontstaan. Daarom moet de belastingplichtige de door hem gekozen waarderingssystematiek consequent toepassen. Er moet sprake zijn van een bestendige gedragslijn, maar als er zakelijke redenen voor zijn, mag de ondernemer van systeem veranderen (art. 3.25 Wet IB). Voorwaarde is natuurlijk wel dat het nieuwe systeem ook in overeenstemming met goed koopmansgebruik is. Een stelselwijziging is niet toegestaan als deze is gericht op het realiseren van een incidenteel fiscaal voordeel.

Bestendige gedragslijn

Voorbeeld

Ronald heeft dit jaar met zijn onderneming een mager resultaat behaald. Met het oog op de verrekening van aftrekposten in box 1, komt dit slecht uit. Als hij zijn voorraad niet langer op basis van de marktwaarde maar op basis van de aanschafwaarde zou waarderen, zou zijn voorraad opeens veel meer waard zijn, en daarmee zou zijn eindvermogen en dus ook zijn winst in één klap stijgen. Beide waarderingsmethodes vallen binnen het goed koopmansgebruik. Toch is de stelselwijziging niet toegestaan, omdat deze uitsluitend is gericht op het behalen van incidenteel fiscaal voordeel.

4.7.3 Balanscontinuïteit en foutenleer

Totale winst

Om de *totale winst* van de onderneming over de jaren heen op een juiste manier vast te kunnen stellen, moet de winstberekening van elk jaar aansluiten op de winstberekening van het voorafgaande jaar. Daarom moet de openingsbalans van elk jaar gelijk zijn aan de eindbalans van het voorgaande jaar. Dit wordt het beginsel van balanscontinuïteit genoemd. Als eind- en beginbalans niet aan elkaar gelijk zijn, zou het kunnen gebeuren dat bepaalde winsten niet of dubbel worden belast.

Balanscontinuïteit

Voorbeeld

Ans paste tot dit jaar voor de waardering van haar voorraad op de balans het ijzerenvoorraadstelsel toe. De voorraad was op de eindbalans van vorig jaar gewaardeerd op € 50.000. Dit jaar schakelt ze over naar waardering op kostprijs of lagere marktwaarde. Dit omdat de goederen van haar voorraad steeds minder soortgelijk zijn. Ze heeft dus zakelijke redenen voor de stelselwijziging.
Volgens het nieuwe waarderingsstelsel zou de voorraad op de beginbalans van dit jaar op € 55.000 gewaardeerd moeten worden. Dat zou echter strijdig zijn met de balanscontinuïteit. Ans moet de voorraad op de beginbalans van dit jaar op € 50.000 waarderen, en daarna als gevolg van de stelselwijziging in dit jaar deze waarde aanpassen naar € 55.000.

Er kunnen in een bepaald jaar fouten in de balans zijn geslopen die pas in een later jaar worden geconstateerd. De balansen van de onderneming moeten dan zodanig worden gecorrigeerd dat er geen dubbele heffing ontstaat en er geen winst buiten het te belasten resultaat blijft.

De wijze waarop fouten bij de etikettering of bij keuzes voor waarderingstelsels moeten worden hersteld, is ontwikkeld in de rechtspraak. Dit leerstuk wordt de foutenleer genoemd. Uitgangspunt daarvan is dat alle fouten op de balans die ertoe kunnen leiden dat een gedeelte van de totale winst buiten de belastingheffing blijft, te allen tijde kunnen worden hersteld. Dat betekent dat ook een fout in de balans die al meer dan 5 jaar (de navorderingstermijn van art. 16 AWR) eerder ontstaan is, moet worden hersteld. Dat kan nog leiden tot te belasten winst.

Foutenleer

Uitgangspunt bij de foutenleer is dat de fout wordt gecorrigeerd in het jaar waarin de fout is gemaakt. Als de correctie plaatsvindt in een eerder jaar dan het lopende boekjaar, moet ook het beginvermogen van het lopende jaar worden aangepast.

Voorbeeld

Hans heeft in jaar 1 een ondernemingswinst behaald van € 75.000. Bij een boekenonderzoek door de Belastingdienst in jaar 2 blijkt dat Hans een waarderingsstelsel hanteerde dat in strijd was met goed koopmansgebruik, waardoor de eindvoorraad van jaar 1 € 25.000 te laag was gewaardeerd. Het eindvermogen en daarmee ook de winst over jaar 1 moet met € 25.000 worden verhoogd. De beginvoorraad van jaar 2 moet vervolgens ook met € 25.000 worden gecorrigeerd.

Het doorvoeren van een correctie in het jaar waarin de fout is gemaakt, is echter alleen mogelijk als de inspecteur nog de mogelijkheid heeft om een (navorderings)aanslag op te leggen. Als de fout niet kan worden hersteld in het jaar waarin zij is gemaakt, mag de fout worden hersteld in het laatste jaar waarvan de aanslag nog niet definitief is geregeld. De inspecteur neemt de correctie dan mee in de definitieve aanslag over het laatst openstaande jaar. Als zo'n correctie in een oneigenlijk jaar voor de belastingplichtige belangrijke nadelen met zich meebrengt, moet de inspecteur hiervoor een redelijke tegemoetkoming geven.

Correctie in laatst openstaande jaar

Voorbeeld

In jaar 1 heeft Harold een voorziening van € 100.000 gevormd in verband met toekomstige saneringskosten. In jaar 7 blijkt dat deze voorziening niet terecht is. De inspecteur kan de fout niet meer herstellen in jaar 1, omdat de navorderingstermijn voorbij is. Als Harold niet instemt met vrijwillige navordering over jaar 1, kan de inspecteur de correctie doorvoeren in het oudste jaar waarvan de aanslag nog niet onherroepelijk vaststaat. Stel dat dit jaar 6 is. Dan kan de inspecteur bij de aanslagregeling de winst over jaar 6 met € 100.000 verhogen.

Bij een fout die *niet* tot uitdrukking komt in een balanspost, geldt het volgende. De inspecteur kan de fout herstellen door een correctie van de winst van het jaar waarin de fout werd gemaakt. Als de aanslag over dat jaar al definitief is, kan de inspecteur een navorderingsaanslag opleggen als aan de voorwaarden van art. 16 AWR is voldaan. Navordering is mogelijk binnen een termijn van 5 jaar en bij buitenlands inkomen en/of vermogen 12 jaar. Verder heeft de inspecteur een 'nieuw feit' nodig, tenzij de belastingplichtige te kwader trouw is of er sprake is van een kennelijke fout. Zie verder paragraaf 13.6.5.

Navorderings-termijn

> **Voorbeeld**
>
> In jaar 1 heeft Hans de kosten van het behangen van zijn woning ten onrechte ten laste van de winst van zijn reclamebedrijf gebracht. In jaar 3 is de aanslag over jaar 1 opgelegd. De inspecteur ontdekt de gemaakte fout pas in jaar 8. De fout heeft geen betrekking op een balanspost. Navordering is nu niet meer mogelijk, omdat de termijn van 5 jaar is verstreken.

4.8 Vermogensetikettering

4.8.1 Inleiding

Zaken die een ondernemer voor zijn onderneming gebruikt, vormen ondernemingsvermogen en moet hij dus op de balans van de onderneming opnemen. Een ondernemer heeft ook privévermogen, bijvoorbeeld het huisraad in zijn woning. Dat vermogen komt uiteraard niet op zijn ondernemingsbalans te staan. Soms zijn er vermogensbestanddelen waarvan het niet op voorhand duidelijk is of ze wel of niet op de balans van de onderneming moeten staan, namelijk als ze zowel privé als zakelijk worden gebruikt.

Vermogensbestanddelen die de ondernemer bezit, laten zich in drie categorieën verdelen:
– verplicht privévermogen;
– verplicht ondernemingsvermogen;
– keuzevermogen; dit is vermogen dat zowel in de privésfeer als zakelijk wordt gebruikt en dat afhankelijk van de keuze van de ondernemer ondernemingsvermogen of privévermogen is.

Vermogens-etikettering

Het vraagstuk of een vermogensbestanddeel tot het ondernemingsvermogen of tot het privévermogen behoort, noemen we de vermogensetikettering. Alleen de winsten of verliezen op zakelijke vermogensbestanddelen behoren tot de winst uit onderneming. Winsten of verliezen die betrekking hebben op bestanddelen die tot het privévermogen behoren, zijn niet belast maar ook niet aftrekbaar. Voor de bepaling van de winst is het dus belangrijk om te weten wat tot het ondernemingsvermogen behoort en wat tot het privévermogen behoort.

4.8.2 De wijze van etikettering

Bij de vermogensetikettering gaat het om de functie die het vermogensbestanddeel vervult. Voor schulden geldt dat de schuld het vermogensbestanddeel volgt dat met het geleende geld is aangeschaft. Dus als een bepaalde zaak wordt aangemerkt als ondernemingsvermogen, behoort de schuld die de ondernemer aangaat voor de aanschaf van die zaak óók tot het ondernemingsvermogen.

Verplicht ondernemingsvermogen

Verplicht ondernemingsvermogen

Een vermogensbestanddeel dat uitsluitend of nagenoeg uitsluitend (90% of meer) binnen de onderneming wordt gebruikt, is verplicht ondernemingsvermogen.

Verplicht privévermogen

Verplicht privévermogen

Een vermogensbestanddeel dat uitsluitend of nagenoeg uitsluitend (90% of meer) privé wordt gebruikt, is verplicht privévermogen.

Voorbeeld

Piet heeft een aardappelhandel. Zijn voorraad slaat hij op in een loods, gelegen op een bedrijventerrein bij zijn dorp. Piet woont aan de andere kant van het dorp. De loods behoort verplicht tot het ondernemingsvermogen en de woning verplicht tot zijn privévermogen.

Keuzevermogen

Keuzevermogen

Een ondernemer moet voor vermogensbestanddelen die hij zowel binnen als buiten de onderneming gebruikt, kiezen of hij ze tot zijn privévermogen of tot zijn zakelijke vermogen wil rekenen. Hij moet echter wel binnen de grenzen der redelijkheid blijven. Zaken die voor 90% of meer zakelijk worden gebruikt, moet de ondernemer als ondernemingsvermogen aanmerken, terwijl zaken die voor 90% of meer privé worden gebruikt verplicht privévermogen zijn. Voorbeelden van keuzevermogen zijn een computer of een auto die zowel zakelijk als privé worden gebruikt, of een woning op het erf van een boerderij waar de boer woont. Daarnaast kan het voorkomen, vooral bij panden, dat een vermogensbestandeel voor een deel als privévermogen en voor een deel als ondernemingsvermogen wordt aangemerkt.

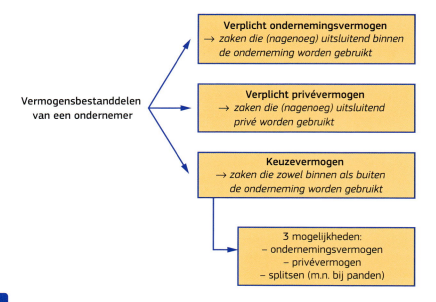

> **Voorbeeld**
>
> Ruud is ondernemer en koopt een auto die hij zowel voor zakelijke als privéritten gebruikt. Hij financiert de auto met een geldlening. Stel dat hij de auto tot zijn ondernemingsvermogen rekent. De schuld volgt dan het activum en moet ook op de balans van de onderneming worden gezet. De betaalde rente is dan een kostenpost voor het bedrijf. Ook alle andere kosten van de auto zijn aftrekbaar van de winst. In verband met het privégebruik moet wel een bedrag als onttrekking bij de winst worden geteld (zie paragraaf 4.10.3).
>
> Wordt de auto als privévermogen aangemerkt, dan behoort ook de schuld tot het privévermogen (box 3). Voor de kilometers die voor de onderneming worden gereden, mag Ruud een bedrag ten laste van de winst brengen (zie paragraaf 4.11.5). Eventuele andere autokosten zijn niet aftrekbaar van de winst.

De wijze van vermogensetikettering is van groot belang bij gecombineerde woon-werkpanden. Indien de ondernemer toekomstige waardestijgingen verwacht, kan het aantrekkelijk zijn om een pand privé te houden. Hij hoeft bij verkoop dan geen winst aan te geven, omdat vermogenswinsten in de privésfeer niet belastbaar zijn. Het nadeel van privé-etikettering kan zijn dat de kosten die ten behoeve van het pand worden gemaakt, niet of slechts gedeeltelijk aftrekbaar zijn. Daarnaast is het dan niet mogelijk om gebruik te maken van fiscale faciliteiten (zoals de investeringsaftrek) als er in het pand wordt geïnvesteerd.

In hoeverre de ondernemer vrij is in zijn keuze, wordt mede bepaald door de indeling van het pand.

Technisch splitsbare panden

Splitsbaar pand — Bij een pand dat zowel voor zakelijke als privédoeleinden wordt gebruikt (gemengd gebruik), moet worden beoordeeld of er sprake is van een splitsbaar pand. Daarvan is sprake als de verschillende onderdelen zelfstandig kunnen worden verkocht of zelfstandig rendabel kunnen worden gemaakt. Een splitsbaar pand wordt niet beoordeeld als geheel, maar per afzonderlijk zelfstandig gedeelte.

Voorbeeld

Willem begint een biologisch restaurant. Dit restaurant beslaat de benedenverdieping van een historisch pand. Naast de toegang van het restaurant zit een aparte voordeur. Deze deur leidt via een trap naar de bovengelegen woning, waar Willem en zijn gezin wonen. Er zijn geen verbindingen binnendoor tussen het restaurant en de woning. Kortom: het pand is splitsbaar. Het restaurantgedeelte wordt voor de onderneming gebruikt en is daarom verplicht ondernemingsvermogen. De woning is verplicht privévermogen, omdat het mogelijk is om deze zelfstandig rendabel te maken. Wordt de bovenwoning echter niet alleen gebruikt om in te wonen, maar is deze ook dienstbaar aan de onderneming, dan behoort de bovenwoning tot het keuzevermogen. De ondernemer mag dan kiezen of hij de woning als privévermogen of als ondernemingsvermogen aanmerkt. Stel bijvoorbeeld dat Willem één kamer in de bovenwoning gebruikt als kantoor of als opslagruimte van het restaurant. Dan vormt de bovenwoning keuzevermogen.

Niet technisch splitsbare panden

Bouwkundig geheel — Bij panden die één bouwkundig geheel vormen, kan de ondernemer kiezen. Er zijn dan drie mogelijkheden:
a. Het gehele pand wordt als bedrijfsvermogen aangemerkt.
b. Het gehele pand wordt als privévermogen aangemerkt.
c. Het pand wordt administratief gesplitst overeenkomstig het gebruik.

De keuze van de ondernemer geeft de doorslag, tenzij de redelijkheid zich tegen deze keuze verzet. Als een pand bijvoorbeeld zo'n klein bedrijfsgedeelte heeft dat het nagenoeg uitsluitend voor woondoeleinden wordt gebruikt, zal sprake zijn van verplicht privévermogen.

Ad a. Het gehele pand wordt als bedrijfsvermogen aangemerkt

Als het gehele pand als bedrijfsvermogen wordt aangemerkt, vallen zowel het woon- als het bedrijfsgedeelte in de winstsfeer. Alle kosten ten aanzien van het pand (inclusief afschrijvingen en rente) mogen in aftrek worden gebracht, behalve de zogenoemde huurderslasten. Huurderslasten zijn uitgaven die in een huursituatie voor rekening van de huurder zijn, zoals de kosten van behangen en het binnenschilderwerk in het woongedeelte. Omdat de ondernemer het woongedeelte aanwendt voor privédoeleinden, moet hij een (verhoogd) eigenwoningforfait als onttrekking in aanmerking nemen (art. 3.19 lid 2 Wet IB). Een onttrekking wordt bij de winst geteld (zie par. 4.6, tabel 4.2). Bij verkoop van het pand is een eventuele boekwinst geheel belast als winst uit onderneming.

> **Voorbeeld**
>
> Ondernemer Saïd rekent een niet-splitsbaar pand geheel tot zijn bedrijfsvermogen. De WOZ-waarde die aan het woningdeel is toe te rekenen, bedraagt € 160.000. Alle kosten, met uitzondering van de huurderslasten voor het huurgedeelte, ter zake van het pand zijn dan bedrijfskosten, omdat het pand tot het ondernemingsvermogen behoort, behalve de huurderslasten. Ook de gehele financieringsrente mag Saïd als bedrijfslast opvoeren. Omdat hij woont in de woning die deel uitmaakt van zijn ondernemingsvermogen, moet hij een verhoogd eigenwoningforfait bij de winst optellen. Dit forfait bedraagt 1,45% van € 160.000 = € 2.320.

Ad b. Het gehele pand wordt als privévermogen aangemerkt

Als het hele pand als privévermogen wordt geëtiketteerd, valt het in beginsel onder de eigenwoningregeling van box 1. Een zelfstandig deel van het pand dat voor de onderneming wordt gebruikt, valt echter in box 3 (art. 3.111 lid 10 Wet IB). Dat geldt bijvoorbeeld voor zelfstandige werkruimte die voldoet aan de eisen van art. 3.16 lid 1 letters a en b Wet IB (zie paragraaf 4.11.4). De onderneming heeft dan alleen recht op aftrek van het voordeel dat ter zake van deze ruimte in box 3 in aanmerking wordt genomen, vermeerderd met de 'huurderslasten' van de werkruimte (art. 3.17 lid 1 letter c Wet IB).

Bij verkoop van het pand valt een boekwinst of -verlies als privémutatie buiten de belastingheffing.

> **Voorbeeld**
>
> Een woon-winkelpand is niet technisch splitsbaar. De eigenaar merkt het pand aan als privévermogen. Het pand heeft een vrije verkoopwaarde van € 400.000 (tevens de WOZ-waarde). Hiervan is 60% (€ 240.000) toe te rekenen aan het bedrijfsgedeelte en 40% (€ 160.000) aan de woning. Voor de aankoop van het pand is een lening afgesloten van € 200.000. Deze wordt door de belastingplichtige pro rata verdeeld over het bedrijfsgedeelte en de woning.
> De ondernemer moet voor de woning in box 1 (zie paragraaf 5.6.3) een eigenwoningforfait aangeven van 0,5% over een bedrag van € 160.000 (is € 800). Over een bedrag van € 80.000 (40% van € 200.000, de schuld voor zover die betrekking heeft op het woongedeelte) mag de verschuldigde rente in box 1 worden afgetrokken.
> In box 3 neemt de ondernemer een bezitting op van € 240.000 en een schuld van € 120.000 (60% van € 200.000).
> Bij het bepalen van de winst uit onderneming mag de ondernemer een bedrag ten laste van zijn winst brengen dat gelijk is aan het bedrag dat in box 3 in aanmerking wordt genomen over de bezitting van € 240.000 (art. 3.17 lid 1 letter c Wet IB).

Ad c. Het pand wordt administratief gesplitst overeenkomstig het gebruik

Gesplitst overeenkomstig gebruik

Als het pand administratief wordt gesplitst overeenkomstig het gebruik, valt het woongedeelte in box 1: de belastingplichtige geeft het (gewone) eigenwoningforfait aan en mag de verschuldigde rente die betrekking heeft op het woongedeelte aftrekken.

Ten aanzien van het bedrijfsgedeelte mogen alle kosten in aftrek worden gebracht. Bij verkoop van het pand wordt alleen de winst die aan het bedrijfsgedeelte kan worden toegerekend, in de belastingheffing betrokken.

> **Voorbeeld**
>
> Stel: het pand uit het voorgaande voorbeeld wordt gesplitst conform het gebruik. Dan wordt in verband met de woning in box 1 een inkomen belast van € 800 (het gewone eigenwoningforfait van 0,5% van € 160.000) en mag de rente over € 80.000 van dat inkomen worden afgetrokken. Het bedrijfsgedeelte behoort tot het ondernemingsvermogen. In verband hiermee mag de rente over € 120.000 als bedrijfslast worden opgevoerd. Ook alle andere kosten die betrekking hebben op het bedrijfsgedeelte, zijn aftrekbaar.

4.8.3 Vermogensetikettering en huwelijksgoederenregime

Wat in paragraaf 4.8.2 is besproken, geldt voor een pand dat eigendom is van de ondernemer of tot zijn huwelijksgemeenschap behoort. Is hij op huwelijkse voorwaarden getrouwd en is het pand eigendom van zijn echtgenote, dan stelt de echtgenote het bedrijfsgedeelte van het pand ter beschikking aan de onderneming van een verbonden persoon. Dat betekent dat de regeling van art. 3.91 Wet IB van toepassing is en inkomsten bij de echtgenote als resultaat uit overige werkzaamheden in aanmerking worden genomen. In paragraaf 5.4.2 wordt dit onderwerp behandeld.

4.8.4 Keuzeherziening

Bij een vermogensbestanddeel dat tot het keuzevermogen behoort, is de ondernemer gebonden aan een eenmaal gemaakte keuze voor ondernemings- of privévermogen, tenminste als de aanslag van het jaar waarin de keuze naar voren komt, definitief vaststaat. Het kan gebeuren dat een ondernemer zijn aanvankelijke keuze bij nader inzien minder gelukkig vindt. Hij kan dit dan zonder problemen corrigeren tot het moment waarop de aanslag van het jaar waarin het vermogensbestanddeel is verkregen of de onderneming is gestart, definitief vaststaat (dat is het moment waarop geen bezwaar of beroep meer mogelijk is). Een eventuele herziening kan plaatsvinden met terugwerkende kracht tot het moment van aanschaf.

Keuzeherziening tot aanslag definitief is

Zodra de aanslag over het betreffende jaar definitief is, staat de keuze vast. Pas als zich een bijzondere situatie voordoet, kan de ondernemer zijn eerder gemaakte keuze aanpassen. Hierbij kan bijvoorbeeld worden gedacht aan een ingrijpende verbouwing, een nieuwe uitspraak van een rechter of een wetswijziging. Als de keuze op grond van een bijzondere omstandigheid wordt herzien, gaat deze verandering in op het moment waarop de verandering zich voordoet.

Bijzondere omstandigheid

> **Voorbeeld**
>
> Els heeft haar woon-winkelpand destijds tot haar ondernemingsvermogen gerekend. Achteraf heeft ze in haar ogen een verkeerde keuze gemaakt. Ze kan echter geen bezwaar of beroep meer aantekenen, want de termijn hiervoor is inmiddels verstreken. Ze kan de gemaakte keuze dus niet meer herzien.
> In 2021 woedt er een stevige brand. Bij de herstelwerkzaamheden wordt het woondeel stevig uitgebreid, ten koste van de winkel. Els rekent het pand vanaf dat moment tot haar privévermogen. Tezamen met de schade-uitkering is het pand op dat moment € 50.000 meer waard dan de boekwaarde van het pand. Els moet wel afrekenen over de meerwaarde die ten tijde van de keuzeherziening aanwezig was. Het overbrengen van het pand naar privé is namelijk een onttrekking die tot de winst moet worden gerekend.

Heretikettering kan verplicht zijn als de feitelijke functie verandert van activa die (verplicht of door een gemaakte keuze) in het ondernemingsvermogen dan wel in het privévermogen zijn ondergebracht. Dit is bijvoorbeeld het geval als een pand dat in privé werd verhuurd, na het eindigen van de verhuur in de eigen onderneming wordt gebruikt.

4.9 Waardering van vermogensbestanddelen

4.9.1 Inleiding

De wijze van waarderen van de activa en de passiva is van grote invloed op het resultaat. Bij de waardering moet goed koopmansgebruik in acht worden genomen. De waardering van de activa en passiva moet plaatsvinden naar de situatie op de balansdatum. Latere informatie over de situatie op balansdatum, die bekend wordt voordat de balans is opgemaakt, moet wél worden meegenomen. Gebeurtenissen die zich na balansdatum voordoen, hebben daarentegen geen invloed op de waardering op de balans.

> **Voorbeeld**
>
> Joke heeft op 31 december een vordering op Quini. Begin februari van het daaropvolgende jaar hoort Joke dat Quini al enige maanden problemen heeft met het tijdig betalen van haar rekeningen. Joke mag hiermee rekening houden bij de waardering van de vordering per 31 december, want achteraf is gebleken dat Quini op balansdatum al betalingsmoeilijkheden had. Als de betalingsproblemen echter zijn ontstaan door een brand bij Quini in januari, mag Joke daarmee geen rekening houden bij de waardering van de vordering op 31 december van het vorige jaar. Het gaat dan immers niet om informatie over de situatie op de balansdatum, maar om een gebeurtenis ná die balansdatum.

Waarderingsmethodes

In deze paragraaf wordt ingegaan op de belangrijkste waarderingsmethodes zoals die in de praktijk worden toegepast. Achtereenvolgens komen de volgende activa en passiva (vermogensbestanddelen op de actief- en passiefzijde van de balans) aan de orde:

- bedrijfsmiddelen (inclusief willekeurige afschrijvingen);
- vorderingen;
- effecten;
- voorraden;
- onderhanden werk;
- schulden;
- voorzieningen.

4.9.2 Bedrijfsmiddelen

Wat onder een bedrijfsmiddel moet worden verstaan, staat in art. 3.30 Wet IB. Het gaat hierbij om goederen die worden gebruikt voor het drijven van een onderneming. In tegenstelling tot zaken die voor de omzet zijn bestemd, gaat het hierbij dus om het vaste kapitaal. Hierbij kan worden gedacht aan materiële activa, zoals machines en meubilair, maar ook aan immateriële activa, zoals goodwill, octrooien, etc.

Zaken die voor de uitoefening van een bedrijf worden gehuurd, zijn voor de huurder geen bedrijfsmiddelen, tenzij de huurder belangrijke investeringen doet in het door hem gehuurde of gepachte object. Het huur- of pachtrecht wordt dan een zogenaamd economisch goed, waarop kan worden afgeschreven.

Voorbeeld

Joost huurt een winkelpand waarin hij voor € 25.000 een verbouwing laat uitvoeren. Als huurder wordt Joost geen eigenaar van de uitgevoerde verbouwing in het winkelpand. Wel is het huurrecht na de verbouwing een zogenaamd economisch goed, dat voor € 25.000 op de balans opgenomen kan worden en waarop kan worden afgeschreven.

Kostprijs minus afschrijvingen — Bij de waardering van bedrijfsmiddelen geldt het volgende uitgangspunt: waardering op de kostprijs minus afschrijvingen. Als de bedrijfswaarde echter lager is dan de kostprijs minus de afschrijvingen, mag het bedrijfsmiddel op deze lagere bedrijfswaarde worden gewaardeerd. Bij bedrijfsmiddelen die niet door het gebruik in waarde dalen, zoals grond, vindt geen afschrijving plaats.

Hierna wordt ingegaan op de bepaling van de kostprijs, op de verschillende afschrijvingsmethoden en op het begrip bedrijfswaarde.

Aanschafkosten — Bij een gekocht bedrijfsmiddel wordt de kostprijs gevormd door de aanschafkosten. Bij het bepalen van de aanschafkosten gaat het natuurlijk om de koopprijs van een bedrijfsmiddel, maar ook om de bijkomende kosten. Bij onroerende zaken behoren bijvoorbeeld ook de notariskosten en de overdrachtsbelasting tot de aanschafkosten. Ook alle kosten van het bedrijfsklaar maken van een bedrijfsmiddel, zoals de installatiekosten van een machine, zijn aanschafkosten. Ook onderhoudskosten die worden gemaakt om bijvoorbeeld een pand na aankoop bedrijfsklaar te maken, moeten worden geactiveerd. In zo'n uitzonderingsgeval mogen onderhoudskosten dus niet – zoals gebruikelijk is – ineens ten laste van de winst worden gebracht. Als een subsidie wordt ontvangen voor de aanschaf van een bedrijfsmiddel, komt deze in mindering op de boekwaarde.

De nieuwe Baangerelateerde Investeringskorting (BIK, afdrachtvermindering loonheffing) komt niet in mindering op de afschrijvingsbasis of het investeringsbedrag van een bedrijfsmiddel (art. 3.29d Wet IB).

Voortbrengingskosten

Bij een zelfgemaakt bedrijfsmiddel bestaat de kostprijs uit de voortbrengingskosten. Hierbij gaat het om álle kosten die in het bedrijf zijn gemaakt om het bedrijfsmiddel te maken: de integrale kostprijs. De kosten voor materialen en dergelijke zijn doorgaans goed te bepalen; de moeilijkheid zit in het bepalen van de indirecte kosten die samen met de directe kosten de voortbrengingskosten vormen. Welk gedeelte van het salaris van de administratief medewerker moet bijvoorbeeld aan het bedrijfsmiddel worden toegerekend?

Afschrijvingen

De basisgedachte achter het afschrijven is dat de ondernemer de aanschaffings- en voortbrengingskosten minus de restwaarde in principe gedurende de economische levensduur ten laste van zijn winst brengt. De totale waardedaling wordt dus geleidelijk in aanmerking genomen. De ondernemer begint met afschrijven bij ingebruikname van het bedrijfsmiddel.

Bedrijfsmiddelen met een geringe aanschafprijs of lage voortbrengingskosten, mogen echter ineens als kosten ten laste van de winst worden gebracht (art. 3.30 lid 4 Wet IB). Deze bedrijfsmiddelen worden dan niet geactiveerd (niet op de balans gezet).

In de wet staat geen criterium wanneer een voorwerp van geringe waarde is. In de praktijk wordt aansluiting gezocht bij de grens voor investeringen die meetellen voor de kleinschaligheidsinvesteringsaftrek. De grens ligt daar op € 450 (art. 3.45 lid 2 sub b Wet IB).

Voor de afschrijvingen spelen drie factoren een rol:
– kostprijs (dit begrip is hiervoor toegelicht);
– vermoedelijke levensduur van het bedrijfsmiddel; het gaat hierbij niet om de technische levensduur, maar om de periode dat het bedrijfsmiddel economisch verantwoord kan worden aangewend, de zogenoemde *economische levensduur*;
– te verwachten restwaarde.

Afschrijvings-systemen Er zijn meerdere bedrijfseconomische afschrijvingssystemen die allemaal uitgaan van de bovenstaande gegevens:
a. de lineaire methode;
b. de degressieve methode;
c. afschrijving naar rato van het gebruik.

Ad a. De lineaire methode

Lineair De lineaire methode wordt in de praktijk het meest toegepast. Hierbij worden de afschrijvingen gelijkmatig verdeeld over de periode waarin het bedrijfsmiddel in gebruik is.

Ad b. De degressieve methode

Degressief Bij deze methode wordt ervan uitgegaan dat het nut van een bedrijfsmiddel het hoogst is als het bedrijfsmiddel nieuw is. Er wordt een bepaald vast percentage van de boekwaarde ten laste van het resultaat gebracht. De afschrijvingskosten zijn in het begin hoog, en worden vervolgens ieder jaar lager. Deze methode is alleen in overeenstemming met goed koopmansgebruik als het nut van de investering in het begin aanmerkelijk hoger is dan later.

Ad c. Afschrijving naar rato van het gebruik

Naar rato van het gebruik Bij het bepalen van de afschrijvingen wordt rekening gehouden met de mate waarin de machine naar verwachting zal worden gebruikt. Dit wordt ook wel de intensiteitsmethode genoemd.

Voorbeeld

Een machine kost € 200.000. De restwaarde kan op € 20.000 worden gesteld. De te verwachten levensduur bedraagt 10 jaar. De machine zal naar verwachting in deze periode 550.000 eenheden kunnen maken, maar als gevolg van slijtage zal de productie jaarlijks afnemen. In jaar 1 wordt een productie verwacht van 100.000 eenheden, in jaar 2 90.000 eenheden, etc. De afschrijvingen kunnen dan als volgt worden berekend:
- Bij de lineaire methode bedraagt de jaarlijkse afschrijving (200.000 –/– 20.000) / 10 = € 18.000.
- Bij de degressieve methode wordt uitgegaan van een afschrijvingspercentage van 20,5% over de boekwaarde (het percentage waarmee na 10 jaar de restwaarde ongeveer wordt bereikt). Dit leidt in jaar 1 tot een afschrijving van € 41.000 (20,5% van € 200.000) en in jaar 2 tot een afschrijving van € 32.595 (20,5% van (€ 200.000 –/– € 41.000)). Als gevolg van het hierna behandelde art. 3.30 lid 2 Wet IB mag echter in jaar 1 maximaal € 40.000 (20% × € 200.000) worden afgeschreven.
- Bij de intensiteitsmethode wordt in jaar 1 € 32.727 afgeschreven ((100.000 : 550.000) × (€ 200.000 –/– € 20.000)).

Maximale afschrijving

Maximum afschrijving goodwill en overige bedrijfsmiddelen In art. 3.30 lid 2 Wet IB is een voorschrift opgenomen met betrekking tot de maximaal in acht te nemen afschrijving voor goodwill en overige bedrijfsmiddelen. Op goodwill mag per jaar maximaal 10% en op andere bedrijfsmiddelen maximaal 20% van de aanschaffings- of voortbrengingskosten worden afgeschreven.

Beperking afschrijving gebouwen tot bodemwaarde

Voor gebouwen wordt de afschrijving beperkt door de bodemwaarde (art. 3.30a Wet IB). Eerst kunnen de normale bedrijfseconomische afschrijving en waardering worden bepaald. Er mag echter niet verder worden afgeschreven dan tot de bodemwaarde.

Deze bodemwaarde is:
- de WOZ-waarde voor gebouwen die direct of indirect voor meer dan 70% aan een ander dan de ondernemer zelf ter beschikking worden gesteld;
- 50% van de WOZ-waarde voor gebouwen die in eigen gebruik bij de ondernemer zijn.

Met de WOZ-waarde wordt bedoeld de waardering die ingevolge de Wet waardering onroerende zaken aan het pand is toegekend.

Het gevolg kan dus zijn dat de fiscale afschrijving door dit voorschrift lager wordt.

Voorbeeld

Jan heeft een onderneming. Op 1 januari van het betreffende jaar heeft zijn bedrijfspand een boekwaarde van € 200.000. Per jaar schrijft Jan € 10.000 af op dit pand. Aan het einde van het betreffende jaar zou het pand een boekwaarde hebben van € 190.000.

Stel nu dat de WOZ-waarde van het pand € 385.000 zou bedragen en het pand volledig door Jan binnen zijn onderneming wordt gebruikt. Dan bedraagt de bodemwaarde € 192.500 (50% van € 385.000). Op grond van deze beperking mag Jan in het betreffende jaar geen € 10.000 maar slechts € 7.500 afschrijven.

Zou het pand tot de onderneming van Jan behoren en aan derden worden verhuurd, dan mag er in het betreffende jaar helemaal niet worden afgeschreven. De boekwaarde, die nu immers al lager is dan de WOZ-waarde, bedraagt dan aan het einde van het jaar nog steeds € 200.000. Afschrijvingen uit het verleden worden overigens niet teruggenomen.

Lagere bedrijfswaarde

Bedrijfswaarde De bedrijfswaarde is de waarde die aan het bedrijfsmiddel kan worden toegekend, uitgaande van zijn functie en nut binnen het bedrijf in zijn geheel. Gezien deze definitie is de bedrijfswaarde niet eenvoudig te berekenen. Als blijkt dat de bedrijfswaarde van een bedrijfsmiddel lager ligt dan de kostprijs minus afschrijvingen, mag een extra afboeking plaatsvinden en het betreffende bedrijfsmiddel op de bedrijfswaarde worden gewaardeerd. Omstandigheden die ten tijde van de investering al bekend zijn, kunnen geen aanleiding zijn voor afwaardering naar een lagere bedrijfswaarde (art. 3.29c Wet IB). De keerzijde van een afwaardering op lagere bedrijfswaarde is dat er weer winst moet worden genomen als de bedrijfswaarde op een later moment weer stijgt.

> **Voorbeeld**
>
> Een fabriek produceert rubberen matten voor draaideuren. Na verloop van tijd worden draaideurunits op de markt gebracht waarin al een ondervloer is verwerkt. De fabriek mag de machines die de rubberen matten produceren, nu afwaarderen tot hun restwaarde (die in dit geval nihil is). Binnen het productieproces zijn de machines immers waardeloos geworden.

Het voorschrift van art. 3.30 lid 2 Wet IB leidt ertoe dat mogelijk slechts een deel van de afwaardering tot de lagere bedrijfswaarde in een bepaald jaar ten laste van de winst mag worden gebracht. Op roerende bedrijfsmiddelen mag immers maximaal 20% van de aanschaffings- of voortbrengingskosten worden afgeschreven. De rest van de afwaardering zal moeten doorschuiven naar het volgende jaar.

> **Voorbeeld**
>
> Stel dat de machines uit het vorige voorbeeld een oorspronkelijke kostprijs hadden van € 100.000. De machines worden afgeschreven tegen 20% (van de aanschafwaarde) per jaar. In jaar 3 wordt de bedrijfswaarde van de machines nihil.
> De fiscale afschrijving in jaar 3 is geen € 60.000 (€ 100.000 minus de afschrijving van jaar 1 en 2 ad € 40.000), maar slechts € 20.000. Er mag immers niet meer dan 20% van de aanschafkosten worden afgeschreven. De overige afschrijving schuift door naar jaar 4 en 5.

Extra afschrijving bij abnormale gebeurtenis

Als een bedrijfsmiddel door een abnormale gebeurtenis, bijvoorbeeld een brand, een zeer grote waardevermindering heeft ondergaan, kan dit aanleiding zijn tot een extra afschrijving. De keerzijde daarvan is dat de herstelkosten in een volgend jaar als kapitaaluitgave moeten worden geactiveerd. Dit kan het geval zijn als de herstelkosten in verhouding tot de boekwaarde van het activum relatief groot zijn, te denken valt aan minimaal 25%. Dan kan de ondernemer naast de jaarlijkse afschrijving een extra afschrijving toepassen in verband met de waardevermindering. Deze bijzondere afschrijving wordt berekend met de volgende formule:

$$\frac{\text{Boekwaarde} - \text{restwaarde}}{\text{Werkelijke waarde} - \text{restwaarde}} \times \text{waardevermindering}$$

De werkelijke waarde is de waarde die het bedrijfsmiddel onmiddellijk voorafgaand aan de abnormale gebeurtenis had.

> **Voorbeeld**
>
> Een door brand getroffen vrachtschip had voor die gebeurtenis een waarde van € 500.000. Na de brand was het nog maar € 200.000 waard. De boekwaarde bedroeg € 250.000 en de restwaarde € 50.000. De extra afschrijving wordt als volgt berekend:
>
> $$\frac{€\ 250.000\ -/-\ €\ 50.000}{€\ 500.000\ -/-\ €\ 50.000} \times (€\ 500.000\ -/-\ €\ 200.000) = €\ 133.333$$
>
> Er vindt dus een afboeking plaats van € 133.333. De kosten van herstel moeten vervolgens worden geactiveerd.

Willekeurig afschrijven

Willekeurig afschrijven — Onder bepaalde voorwaarden kan een ondernemer willekeurig afschrijven op bepaalde bedrijfsmiddelen (art. 3.31 tot en met 3.39 Wet IB). Dit is een faciliteit om bepaalde investeringen van overheidswege te stimuleren.

Het willekeurig mogen afschrijven is een ondernemingsfaciliteit die in onderdeel C wordt besproken (paragraaf 4.14).

4.9.3 Vorderingen

Nominale waarde — Vorderingen worden in beginsel op hun nominale waarde gewaardeerd, waarbij de volgende correcties mogelijk zijn:
- Er wordt geen of een te lage (lager dan de marktrente voor soortgelijke vorderingen) rente over de vordering ontvangen; dan vindt waardering plaats op de contante waarde van de vordering (realiteitsbeginsel).
- Er is twijfel over de inbaarheid van de vordering (de debiteur kan misschien niet betalen); dan is de vordering onvolwaardig en mag deze worden afgewaardeerd naar het bedrag dat vermoedelijk wel kan worden geïnd (voorzichtigheidsbeginsel).
- Als de vordering tegen een lager bedrag dan de nominale waarde is overgenomen van een derde, hoeft de waarde van de vordering niet boven de kostprijs te worden gewaardeerd. De winstneming mag op grond van goed koopmansgebruik (voorzichtigheidsbeginsel) worden uitgesteld tot het moment van aflossing.

Vreemde valuta — Luidt de vordering in een vreemde valuta, dan mag rekening worden gehouden met een waardedaling van de betreffende munteenheid. Uitgangspunt is dat de vordering wordt gewaardeerd op de historische koers óf de lagere koers per balansdatum. Wordt de munt meer waard dan ten tijde van het ontstaan van de vordering, dan mag de ondernemer het verantwoorden van de winst uitstellen.

> **Voorbeeld**
>
> Liesbeth heeft een ondernemingsvordering van 500.000 roebel op een Russische oliemaatschappij. De koers van de roebel bedraagt op dat moment € 0,10, zodat de vordering dan € 50.000 waard is. Als de koers van de roebel daalt naar € 0,09, mag de vordering worden gewaardeerd op € 45.000 (verlies van € 5.000). Stijgt de waarde van de roebel vervolgens naar € 0,11, dan is de vordering € 55.000 waard. Fiscaal kan de vordering op € 50.000 worden gewaardeerd. De eerdere afwaardering van € 5.000 moet ongedaan worden gemaakt, maar op basis van het voorzichtigheidsbeginsel hoeft Liesbeth nog geen winst te nemen.

Huurkoop en koop op afbetaling

Bij huurkoop of koop op afbetaling wordt een geleverd goed in termijnen betaald. In het totaalbedrag zijn, naast de gewone prijs van het goed, ook rente en een risico-opslag begrepen. Bij het sluiten van de transactie moet de verkoper de huurkoopvordering op de contante waarde waarderen. Van de later ontvangen termijnen behoren vervolgens alleen het rentebestanddeel en de risico-opslag tot de winst.

Met het risico van wanbetaling kan, net als bij gewone vorderingen, rekening worden gehouden door een afwaardering van de vorderingen, individueel dan wel collectief, of door het vormen van een voorziening dubieuze debiteuren.

4.9.4 Effecten

Aandelen of obligaties — Bij een IB-ondernemer zullen niet vaak effecten (*aandelen* of *obligaties*) op de balans voorkomen. Beleggingen of verstrekte geldleningen voor doeleinden die vreemd zijn aan de onderneming, behoren tot het privévermogen. Een uitzondering geldt voor tijdelijk overtollige liquide middelen die de ondernemer belegt in effecten op een zodanige wijze dat redelijkerwijs moet worden aangenomen dat deze middelen tijdig weer in de onderneming beschikbaar zullen zijn voor het doen van investeringen of om tegenvallers op te vangen. Deze effecten, die verplicht of door keuze tot het ondernemingsvermogen behoren, waardeert de ondernemer op de kostprijs, dan wel op de kostprijs of lagere beurskoers. Risicovolle beleggingen en versterkte geldleningen vallen niet onder de uitzondering.

Verder kan sprake zijn van ondernemingsvermogen als een ondernemer een aandelenbelang heeft in een toeleverancier of afnemer. In dat geval spreekt men van een deelneming, en behoren de aandelen tot de financiële vaste activa. Meestal betreft het dan overigens geen verplicht ondernemingsvermogen, maar keuzevermogen. Een en ander hangt af van de feitelijke situatie, bijvoorbeeld of de deelname in het aandelenkapitaal vrijwillig is voor de leveranciers/afnemers en of er een relatie bestaat tussen de deelname in het aandelenkapitaal en leveringen/afnamen. Deelnemingen worden gewaardeerd op de kostprijs, dan wel op kostprijs of lagere bedrijfswaarde.

4.9.5 Voorraden

Voorraad — Onder voorraad wordt verstaan de aanwezige hoeveelheid goederen, zoals grond- en hulpstoffen, halffabrikaten en gereed product die zijn bestemd voor de omzet. Het is het geheel van goederen dat ter bewerking, verwerking of verkoop aanwezig is. Deze goederen gaan over het algemeen maar één productieproces mee. Voor voorraden zijn verschillende waarderingssystemen ontwikkeld. Goed koopmansgebruik gaat uit van algemeen aanvaarde boekhoudkundige principes. Toch zijn niet alle systemen die binnen de bedrijfseconomie mogelijk zijn, toegestaan bij het bepalen van de fiscale winst.

Kostprijs of lagere marktwaarde

Kostprijs — In de praktijk wordt de voorraad meestal gewaardeerd op de kostprijs of de lagere marktwaarde. Bij marktwaarde gaat het om de prijs op de inkoopmarkt. Als een ondernemer de voorraad continu zou waarderen op de marktwaarde, wordt bij een stijgend prijspeil een winst verantwoord terwijl deze nog niet is gerealiseerd. Daarom is het doorgaans niet in overeenstemming met goed koopmansgebruik om een voorraad uitsluitend op de marktwaarde te waarderen. Als de marktwaarde lager is dan de kostprijs, is het juist wel goed koopmansgebruik om op marktwaarde te waarderen, vanwege het voorzichtigheidsbeginsel.

> **Voorbeeld**
>
> Hassan heeft op 31 december een voorraad van 100 kilo koper, met een kostprijs van € 20.000. Op 31 december is de inkoopprijs van koper echter gezakt naar € 160 per kilo. Hierdoor wordt de voorraad op 31 december voor € 16.000 (de marktwaarde) op de balans opgenomen. Zou de koperprijs op 31 december € 250 per kilo bedragen, dan zou de voorraad voor € 20.000 (de kostprijs) op de balans worden opgenomen.

Bij een handelsonderneming is het redelijk eenvoudig om de kostprijs van een voorraad goederen vast te stellen. De kostprijs bestaat dan uit de aanschafkosten en de bijkomende aankoopkosten. Bij een bedrijf dat zelf de voorraad goederen heeft geproduceerd, kan dit moeilijker liggen. De kostprijs moet dan worden berekend als de som van de aanschafprijs van de grondstoffen, de toe te rekenen directe kosten (bijvoorbeeld loonkosten van de werknemers die bij de productie betrokken zijn) en het variabele deel van de algemene bedrijfskosten (bijvoorbeeld de onderhouds- en afschrijvingskosten van machines die voor de productie worden gebruikt). Uit jurisprudentie blijkt dat geen rekening hoeft te worden gehouden met het constante deel van de algemene kosten (kosten die niet veranderen als de productie wordt opgevoerd/teruggebracht).

Lifo/fifo-systeem

Lifo — Een ander voorraadwaarderingssysteem is het lifo-systeem. Dit staat voor last-in-first-out. Wat als laatste is binnengekomen, wordt geacht als eerste te zijn verkocht. Bij lifo wordt ervan uitgegaan dat steeds de oudste voorraad aanwezig is.

Indien de kostprijs gestegen is, leidt het lifo-systeem tot een lagere waardering van de voorraad.

Fifo
- Er is ook een fifo-systeem. Dit staat voor first-in-first-out. Wat als eerste is binnengekomen, wordt geacht als eerste te zijn verkocht. Bij fifo wordt ervan uitgegaan dat steeds de nieuwste voorraad aanwezig is. Het fifo-systeem leidt bij dalende kostprijzen tot een lagere waardering van de voorraad dan het lifo-systeem.

Voorbeeld

Een onderneming heeft op 1 januari een handelsvoorraad van 40 spaarlampen, met een inkoopprijs van € 2 per stuk. Op 15 januari worden 50 spaarlampen ingekocht voor € 3 per stuk. Op 28 januari worden 80 spaarlampen verkocht voor € 5 per stuk.
- Bij toepassing van het lifo-stelsel is de winst € 400 (80 × € 5) –/– € 210 ((50 × € 3) + (30 × € 2)) = € 190. De waarde van de resterende voorraad op 31 januari is 10 × € 2 = € 20.
- Bij toepassing van het fifo-stelsel is de winst € 400 (80 × € 5) –/– € 200 ((40 × € 2) + (40 × € 3)) = € 200. De waarde van de resterende voorraad op 31 januari is 10 × € 3 = € 30.

Deze methodes kunnen alleen worden toegepast als de voorraad uit soortverwante goederen bestaat.

IJzerenvoorraadstelsel

IJzeren voorraad
Een andere waarderingsmethode vormt het zogenoemde ijzerenvoorraadstelsel. Deze methode is nogal omslachtig en wordt in de praktijk (zeker in het midden- en kleinbedrijf) vrijwel nooit toegepast. Bij het ijzerenvoorraadstelsel wordt gewerkt met een bepaalde vaste (norm)voorraad. Deze voorraad wordt gewaardeerd op de kostprijs ten tijde van het vaststellen van deze (norm)voorraad. Als de voorraad op de balansdatum kleiner is dan de normvoorraad, wordt er gesproken van een manco. De voorraad wordt dan gewaardeerd op de normwaarde, minus het bedrag waarmee het manco tegen de marktprijs kan worden aangevuld. Is de voorraad groter dan de normvoorraad, dan wordt de normwaarde aangevuld met de kostprijs van het surplus, dan wel de lagere marktwaarde. Het ijzerenvoorraadstelsel is alleen mogelijk voor soortgelijke of soortverwante goederen.

Voorbeeld

Joost heeft op 1 januari 500 stuks van product X op voorraad. Op 31 december bedraagt de voorraad 550 stuks. Joost hanteert het ijzerenvoorraadstelsel. De normale voorraad is 500 stuks, die wordt gewaardeerd op € 10 per stuk. De kostprijs bedraagt in het betreffende jaar € 12 per eenheid.
De voorraad wordt op 31 december gewaardeerd op € 5.600. De waarde van de normale voorraad is € 5.000 (500 × € 10) en de waarde van het surplus is € 600 (50 × € 12).

Incourante voorraad

Incourante voorraad

Bij modegevoelige artikelen gebeurt het nogal eens dat een ondernemer op balansdatum voorraden heeft die hij alleen kan kwijtraken tegen een veel lager bedrag dan de oorspronkelijke verkoopprijs. Een afwaardering tot de lagere (inkoop)marktwaarde is dan toegestaan. Maar als de artikelen helemaal 'uit' zijn, is deze waarde niet vast te stellen. Het is dan toegestaan de betreffende artikelen te waarderen op de te verwachten verkoopwaarde, verminderd met de gebruikelijke opslag voor (verkoop)kosten en winst.

> **Voorbeeld**
>
> Winkelier Cees heeft op balansdatum een voorraad merchandiseartikelen van de meidengroep M3. M3 was zeer populair, maar is op de balansdatum behoorlijk 'uit'. De kostprijs van de artikelen was € 10.000. De oorspronkelijke verkoopwaarde was € 15.000. Cees verwacht aan het eind van het jaar dat hij nog € 3.000 voor de artikelen kan ontvangen. De voorraad kan dan op 10.000 / 15.000 × 3.000 = € 2.000 op de balans worden opgenomen.

In een besluit van de staatssecretaris van Financiën over voorraadwaardering geeft hij een praktische regeling voor de waardering van voorraden door detaillisten op het gebied van textiel, kleding, schoenen, meubelen en stoffering. Met toepassing van deze regeling mag de kostprijs van deze goederen met bepaalde percentages worden afgewaardeerd, afhankelijk van de periode dat de goederen onverkocht zijn.

4.9.6 Onderhanden werk

Onderhanden werk

Bij onderhanden werk gaat het om langlopende projecten en opdrachten zoals een bouwwerk waaraan langere tijd wordt gewerkt. Voor het werk hebben de aannemer en de opdrachtgever een overeenkomst van aanneming van werk gesloten. Bij bedrijven in de dienstverlening gaat het om een overeenkomst van opdracht. Fiscaal is van belang hoe het onderhanden werk of de onderhanden opdracht op balansdatum moet worden gewaardeerd.

Onderhanden opdracht

De toerekenbare kosten en het toerekenbare winstdeel per onderhanden werk moet worden geactiveerd, zodat de winst voortschrijdend wordt genomen (art. 3.29b Wet IB). De kostprijs bestaat uit alle direct toerekenbare kosten, zoals lonen, materialen, kosten en afschrijving van gebruikte machines, energie en werk door derden. Ook moet het constante deel van de algemene kosten, zoals loonkosten van de algemene leiding en huisvestingskosten, in de waardering worden opgenomen. Er moet een (evenredig deel van de) winstopslag worden geactiveerd. Dit betekent dat niet mag worden gewacht met winstneming tot het werk of de opdracht is afgerond. Als een opdracht op de balansdatum voor de helft klaar is, moet dus de helft van de overeengekomen vergoeding op dat moment geactiveerd worden. Dit activeren leidt vervolgens tot winstneming. Er mag rekening worden gehouden met het mogelijke gebrek aan inbaarheid van de declaratie. De Belastingdienst heeft afspraken gemaakt met brancheorganisaties over de waardering van onderhanden werk. De afspraken verminderen de administratieve lasten voor vooral kleinere bedrijven.

> **Voorbeeld**
>
> 1 Marjolein is decorontwerpster. Zij ontwikkelt voor een opera een specifiek decorconcept. Voor de totale opdracht gaat zij € 100.000 ontvangen. Hierin zit naar verwachting een bedrag van € 30.000 aan winst. Op 31 december heeft zij ongeveer 50% van de opdracht gereed. Facturering vindt pas plaats bij oplevering, want de opdrachtgever heeft pas iets aan haar product als het hele ontwerp klaar is. Marjolein moet het onderhanden werk op 31 december waarderen op 50% van € 100.000 = € 50.000. In dit bedrag zit dan € 15.000 (50% van € 30.000) aan winst verdisconteerd.
>
> 2 Joost heeft een bouwwerk aangenomen voor een bedrag van € 900.000. De gecalculeerde winst is € 90.000. Aan het einde van het boekjaar is voor dit werk € 270.000 aan kosten gemaakt. Er is € 240.000 gefactureerd. Het werk is voor een derde deel klaar.
> Het onderhanden werk is dan € 270.000 plus een derde van de gecalculeerde winst ad € 30.000 minus het gefactureerde bedrag van € 240.000 is € 60.000.

4.9.7 Schulden

Juridisch afdwingbare verplichting

Bij een schuld is er sprake van een juridisch afdwingbare verplichting (een overeenkomst of een wettelijke verplichting om een som geld te voldoen). Schulden worden normaliter tegen hun nominale bedrag gewaardeerd. Langlopende renteloze schulden en laagrentende schulden moeten daarentegen voor de contante waarde worden gepassiveerd.

4.9.8 Voorzieningen

Voorzieningen

Onder bepaalde voorwaarden kan de ondernemer al rekening houden met toekomstige verplichtingen. Denk bijvoorbeeld aan een fabriek die tijdens zijn productieproces de bodem vervuilt. Ondanks het feit dat de gemeente nog van niets weet, moet de fabriek de bodem op een gegeven moment schoonmaken, wat de nodige kosten met zich mee zal brengen. Een ander voorbeeld is een garantievoorziening: een ondernemer die garantie verleent op geleverde producten en diensten, kan daarop worden aangesproken en kan daarvoor dus in beginsel een garantievoorziening vormen.

Toekomstige verplichtingen — Een ondernemer mag ten laste van de winst een voorziening vormen als de verwachting bestaat dat in de toekomst kosten moeten worden gemaakt die:
- hun oorsprong vinden in feiten en omstandigheden die zich in een periode voorafgaand aan de balansdatum hebben voorgedaan; en
- met een redelijke mate van zekerheid gemaakt moeten gaan worden; en
- aan de betreffende periode kunnen worden toegerekend.

4.9.9 Toekomstige loon- en prijsstijgingen

Bij het waarderen van schulden of voorzieningen kan art. 3.26 Wet IB van belang zijn. Een ondernemer mag bij de winstberekening namelijk geen rekening houden met wijzigingen in de hoogte van lonen en prijzen die zich zullen voordoen na afloop van het jaar waarover de winst wordt berekend. De bedoeling van dit voorschrift is dat toekomstige loon- en prijsstijgingen drukken op de jaren waarin deze zich voordoen. Hierop mag nog niet worden vooruitgelopen.

Voorbeeld

Rudolf geeft 10 jaar garantie op de inpakmachines die hij in 2021 verkoopt. De ervaring leert dat bepaalde onderdelen van de machine gemiddeld na 6 jaar vervangen moeten worden. Dit kost – naar het prijspeil van 2021 – € 1.000 aan loon en onderdelen. De toekomstige loon- en prijsstijging wordt geschat op 3% per jaar. Rudolf mag de verplichtingen als gevolg van de verleende garantie als schuld opnemen op de balans (in de praktijk wordt dit vaak een voorziening genoemd, maar eigenlijk is het een verplichting, dus een schuld). Per verkochte inpakmachine mag Rudolf de contante waarde van € 1.000 passiveren. Hij mag pas rekening houden met loon- en prijsstijgingen in het jaar dat deze zich voordoen. Dus als het in 2022 € 1.030 kost om de onderdelen van de machine vervangen, mag hij in 2022 per verkochte inpakmachine een bedrag van € 1.030 passiveren.
Als Rudolf later een machine gaat repareren, moet hij de daarmee samenhangende kosten in mindering brengen op de gepassiveerde garantieverplichting.

Pensioenverplichtingen

De invloed van toekomstige loonstijgingen is met name ook van belang bij pensioenopbouw. Nu is een IB-ondernemer niet in dienstbetrekking en pensioenopbouw via de onderneming is voor hem daarom niet aan de orde. Wel kan de ondernemer een oudedagsreserve op de balans opnemen, zie paragraaf 4.19. Voor de in de onderneming werkzame werknemers moet wel pensioen worden opgebouwd bij een pensioenfonds of -stichting of door middel van een pensioenverzekering. De ondernemer brengt de betaalde pensioenpremies dan ten laste van de winst.

In de pensioenpremie kan ook rekening zijn gehouden met toekomstige loonstijgingen. De feitelijke betalingen mogen dan volledig ten laste van de winst worden gebracht (art. 3.27 Wet IB). Een van de voorschriften van art. 3.27 Wet IB is dat rekening mag worden gehouden met een maximale verhoging van de pensioengrondslag van 4%.

4.10 Kapitaalstortingen en -onttrekkingen

4.10.1 Inleiding

Als een ondernemer geld stort op zijn zakelijke rekening, neemt zijn ondernemingsvermogen toe, maar van een bedrijfsopbrengst is natuurlijk geen sprake. Net zo min is er sprake van kosten als de ondernemer geld opneemt van de bankrekening van het bedrijf voor het doen van privé-uitgaven. Bij de winstberekening door middel van vermogensvergelijking moeten stortingen in mindering worden gebracht en onttrekkingen worden bijgeteld.

Stortingen/ onttrekkingen

Bijzondere onttrekkingen vormen het privégebruik van de auto die de ondernemer op zijn balans heeft staan en het privégebruik van de woning van de ondernemer die op de bedrijfsbalans staat (zie ook paragraaf 4.8.2).

Bij het bepalen van de omvang van de onttrekkingen in natura moet worden uitgegaan van een normale verkoopprijs (inclusief winstopslag). Alleen als het gaat om een product met een geringe waarde en de omzet door de onttrekking niet lager wordt, mag worden uitgegaan van de kostprijs.

Voorbeeld

1 Mark verkoopt computers. In zijn winkel staat een computer met een verkoopprijs van € 2.000 en een kostprijs van € 1.500. Zijn dochter Leontine krijgt de computer voor het behalen van haar diploma. Voor de belastingheffing wordt een onttrekking van € 2.000 in aanmerking genomen. De omzet wordt weliswaar niet geschaad, want er mag van worden uitgegaan dat Mark zijn voorraad weer kan aanvullen, maar het is geen product van geringe waarde, zodat de onttrekking op de normale verkoopprijs moet worden gesteld.

2 Ariana heeft een winkel in woningdecoratie. De plaatselijke school benadert haar voor een bijdrage in natura aan de jaarlijkse zomermarkt. Ariana denkt aan de reputatie van haar winkel en schenkt een aantal blikken verf ter waarde van € 200. Tegelijkertijd neemt ze ook een aantal blikken verf mee naar huis voor de slaapkamers van haar eigen zoontjes (verkoopprijs € 40).
Alleen ten aanzien van de blikken voor de slaapkamers spelen persoonlijke motieven een rol. Deze onttrekking mag op de kostprijs worden gesteld (vanwege de geringe waarde) en moet bij de winst worden geteld. Ten aanzien van de bijdrage aan de zomermarkt is er geen sprake van een onttrekking, maar van reclamekosten. De kosten van de blikken komen in aftrek op de winst en er wordt geen bijtelling in aanmerking genomen.

4.10.2 Eigenwoningforfait bij ondernemingswoning

Als een ondernemer woont in een pand dat tot zijn ondernemingsvermogen behoort, moet hij vanwege het privégebruik zijn winst verhogen met een forfait (een door de wetgever vastgesteld bedrag of percentage). Alle kosten en lasten van de woning zijn dan aftrekbaar van de winst, en om rekening te houden met het woongenot, wordt het forfait als een onttrekking bij de winst opgeteld.

Aangepast forfait Het forfait is hoger dan het forfait dat geldt voor een privéwoning (art. 3.112 Wet IB) omdat bij een bedrijfswoning de kosten en lasten van de winst aftrekbaar zijn.

Huurderslasten Huurderslasten zijn echter niet aftrekbaar. Huurderslasten zijn uitgaven die in een huursituatie voor rekening van de huurder komen, zoals uitgaven voor behangen en binnenschilderwerk in het woongedeelte.

Hoe de onttrekking moet worden berekend staat in art. 3.19 Wet IB. Hierbij moet worden uitgegaan van de WOZ-waarde van het privégedeelte van het pand. Bij zelfstandige werkruimten betreft de onttrekking alleen het woongedeelte, bij onzelfstandige werkruimten het gehele pand.

De onttrekking wordt gesteld op 1,45% van de WOZ-waarde van de woning als deze minimaal € 75.000 en maximaal € 1.110.000 bedraagt. Bij woningen met een lagere of hogere WOZ-waarde gelden andere percentages.

> **Voorbeeld**
>
> Hans woont in een pand dat op zijn ondernemingsbalans staat. Het pand heeft een zelfstandige bedrijfsruimte. Het woongedeelte heeft een WOZ-waarde van € 90.000. Hans moet een onttrekking in aanmerking nemen van 1,45% van € 90.000 = € 1.305.

Het forfait geldt alleen voor een IB-ondernemer die zelf in de ondernemingswoning woont. Als een werknemer in de woning woont, is er sprake van loon in natura en gelden andere bedragen (zie hoofdstuk 2).

4.10.3 Privégebruik auto van de zaak

Privégebruik auto Als een auto tot het ondernemingsvermogen behoort, zijn alle kosten aftrekbaar van de winst. Wel moet in verband met eventuele privékilometers op grond van art. 3.20 Wet IB een onttrekking in aanmerking worden genomen. Voor personenauto's en bestelauto's bedraagt deze onttrekking volgens de hoofdregel 22% van de cataloguswaarde van de auto (inclusief btw en bpm), zie art. 3.20 lid 1 letter a en lid 5 Wet IB.

Voor auto's die geen CO_2 uitstoten, zoals elektrische auto's, is de bijtelling 12% (art. 3.20 lid 2 Wet IB). Er geldt namelijk een milieukorting van 10%, maar deze bedraagt maximaal € 4.000. Voor waterstofauto's en zonne-energieauto's geldt dit maximum weer niet. Met een zonne-energieauto wordt bedoeld een auto die is voorzien van geïntegreerde zonnepanelen waarbij de voor de aandrijving benodigde energie wordt opgeslagen in een accupakket dat geen lood bevat en de zonnepanelen een vermogen hebben van ten minste 1 kilowattpiek.

CO_2-uitstoot per kilometer	Percentage van de cataloguswaarde
0 gram	12% over maximaal € 40.000 en 22% over het meerdere
0 gram	12% (waterstofauto of zonne-energieauto)
Alle overige auto's	22%

Tabel 4.3 Opbouw van bijtellingspercentage inkomstenbelasting voor auto's van de zaak die in 2021 voor het eerst in gebruik zijn genomen, afhankelijk van CO_2-uitstoot

De indeling in een lagere bijtellingscategorie geldt voor een periode van 60 maanden, gerekend vanaf het moment dat de auto voor het eerst op naam is gesteld. Voor auto's die vóór 2021 voor het eerst op naam zijn gesteld, gelden soms andere bijtellingspercentages.
Als de betreffende auto ouder is dan 15 jaar, bedraagt de onttrekking 35% van de waarde in het economische verkeer (art. 3.20 lid 1 letter b en lid 5 letter b Wet IB). Voor bestelauto's die uitsluitend of nagenoeg uitsluitend geschikt zijn voor het vervoer van goederen geldt geen bijtelling (art. 3.20 lid 5 letter a Wet IB).

Ritten-administratie

Verklaring uitsluitend zakelijk gebruik bestelauto

Als een ondernemer via een sluitende rittenadministratie – of op een andere wijze – kan aantonen dat hij met de auto minder dan 500 kilometer privé rijdt, mag de onttrekking op nihil worden gesteld (art. 3.20 lid 3 Wet IB). In art. 9 Uitv. reg. IB staat aan welke voorwaarden een rittenadministratie moet voldoen. Voor een bestelauto is er een mogelijkheid om de rittenregistratie te vermijden. De ondernemer kan een 'verklaring uitsluitend zakelijk gebruik bestelauto' afgeven als hij voornemens is de bestelauto uitsluitend zakelijk te gebruiken (art. 3.20 lid 6 Wet IB). Uiteraard zijn er sancties als er toch privégebruik blijkt te zijn.
Kilometers tussen de woning en het bedrijf worden aangemerkt als zakelijke kilometers. Zij kunnen voor de grens van 500 kilometer dus buiten beschouwing blijven.

Als een auto in de loop van het jaar wordt gekocht of verkocht, moet de onttrekking naar tijdsgelang worden berekend.

Voorbeeld

Joke is huisarts en heeft een 2 jaar oude auto (geen elektrische) met een cataloguswaarde van € 30.000 (inclusief btw en bpm). De auto behoort tot het ondernemingsvermogen. De kosten van de auto, inclusief de afschrijvingskosten, bedragen € 9.000. Joke houdt geen rittenadministratie bij.
Omdat de auto tot het ondernemingsvermogen behoort, mogen de kosten van € 9.000 volledig ten laste van de winst worden gebracht. Als onttrekking moet 22% × € 30.000 = € 6.600 bij de winst worden geteld.

Voor de situatie waarin de auto tot het privévermogen behoort: zie paragraaf 4.11.5.

4.10.4 Privégebruik fiets van de zaak

Fiets van de zaak   Als een ondernemer een fiets heeft die tot zijn ondernemingsvermogen behoort maar die hij ook privé of voor woon-werkverkeer gebruikt, moet hij een onttrekking in aanmerking nemen. Die onttrekking is 7% van de waarde (consumentenadviesprijs) van de fiets (art. 3.20a Wet IB).

4.11 Niet aftrekbare en beperkt aftrekbare kosten

4.11.1 Inleiding

Privé-element
Gemengde kosten   Bepaalde kosten die een belastingplichtige maakt ten behoeve van zijn onderneming hebben soms ook in zekere mate een privé-element, bijvoorbeeld de kosten van een zakenlunch. Voor deze kosten wordt ook wel de term 'gemengde kosten' gebruikt. Omdat het lastig kan zijn om vast te stellen of er een onttrekking is en hoe groot deze is, geeft de wet voorschriften over wat wel en niet aftrekbaar is.

In de eerste plaats geldt voor een aantal zaken een algemene uitsluiting of beperking van de aftrek (art. 3.14 en 3.15 Wet IB). Daarnaast zijn er bepaalde uitsluitingen of beperkingen van aftrek die alleen gelden voor zover de kosten betrekking hebben op de ondernemer zelf (art. 3.16 en 3.17 Wet IB).

4.11.2 Algemene uitsluiting van aftrek

Niet aftrekbaar   De volgende kosten komen niet in aanmerking voor aftrek (art. 3.14 lid 1 Wet IB):
- standsuitgaven (letter a);
- vaartuigen die worden gebruikt voor representatieve doeleinden (letter b);
- geldboetes en fiscale boetes (letter c);
- criminele kosten (letters d en e);
- wapens en munitie (letter f);
- agressieve dieren (letter g);
- steekpenningen (letter h);
- dwangsommen (letter i).

> **Voorbeeld**
>
> Louis is ondernemer en rijdt in een auto die op de balans van zijn onderneming staat. Omdat hij te hard heeft gereden, heeft hij een bekeuring ontvangen. Bedrijfseconomisch vormt deze een bedrijfslast. Fiscaal mag deze bekeuring echter niet als kostenpost worden opgevoerd.
> Een jaar later krijgt Louis een naheffingsaanslag loonbelasting opgelegd van € 4.000, plus een fiscale boete van € 1.000, omdat hij te hoge reiskostenvergoedingen aan zijn werknemers heeft uitbetaald. De naheffing van € 4.000 is wel aftrekbaar, maar de boete van € 1.000 niet.

4.11.3 Algemene aftrekbeperking

Beperkt aftrekbaar

De volgende kosten zijn beperkt aftrekbaar (art. 3.15 lid 1 Wet IB):
- voedsel, drank en genotmiddelen (letter a);
- representatie, daaronder begrepen recepties, feestelijke bijeenkomsten en vermaak (letter b) (onder representatie vallen ook relatiegeschenken);
- congressen, seminars, symposia, excursies, studiereizen, e.d. inclusief reis- en verblijfskosten (letter c en lid 2) Het gaat hier om bijeenkomsten die voor de deelnemers veelal vrijblijvend van aard zijn. Als het gaat om zakelijke cursussen of opleidingen, is de aftrekbeperking niet van toepassing.

Met betrekking tot deze kosten is de eerste € 4.700 fiscaal niet aftrekbaar. Een belastingplichtige kan echter ook opteren voor een aftrekbeperking die afhankelijk is van de werkelijk gemaakte kosten (art. 3.15 lid 1 en lid 5 Wet IB). Dan zijn de kosten voor 80% aftrekbaar en bedraagt de aftrekbeperking dus 20% van het totaal van de betreffende kosten. Als de bovengenoemde kosten minder bedragen dan € 23.500, is toepassing van de aftrekbeperking van 20% aantrekkelijker. Daarboven is het aantrekkelijker om de hoofdregel toe te passen, zodat een bedrag van € 4.700 niet aftrekbaar is.

Voorbeeld

De representatiekosten van een ondernemer bedragen € 8.000. In dit geval is het voor hem het voordeligst om art. 3.15 lid 5 Wet IB toe te passen. Dan is 20% × 8.000 = € 1.600 niet aftrekbaar, terwijl volgens de hoofdregel van lid 1 € 4.700 niet aftrekbaar zou zijn.

Als er sprake is van een samenwerkingsverband, zoals een vof, moet iedere participant voor zich de volledige aftrekbeperking van € 4.700 toepassen, of kiezen voor de regeling van art. 3.15 lid 5 Wet IB.

4.11.4 Uitgesloten aftrek van kosten t.b.v. de ondernemer

Niet aftrekbare kosten t.b.v. ondernemer

De kosten die worden gemaakt ten behoeve van de ondernemer zelf, mogen niet in aftrek worden gebracht als het gaat om één van de volgende in de wet (art. 3.16 Wet IB) genoemde zaken:
- kosten van een werkruimte in de privéwoning van de ondernemer (tenzij aan zeer specifieke voorwaarden wordt voldaan) (lid 1);
- een telefoonabonnement voor een aansluiting thuis (lid 2 letter a);
- literatuur met uitzondering van vakliteratuur (lid 2 letter b);
- kleding met uitzondering van werkkleding. Werkkleding is kleding die alleen geschikt is om tijdens het werk te dragen of die is voorzien van zodanige uiterlijke kenmerken (logo's) dat zij alleen geschikt is om te dragen bij het uitoefenen van de onderneming (lid 2 letter c en lid 5 en 7; zie ook art. 7 Uitv.reg. IB);

- kosten van persoonlijke verzorging. Voor artiesten, fotomodellen, presentatoren en beroepssporters geldt een uitzondering, ook voor hun kleding (lid 2 letter d en lid 7);
- inkomensafhankelijke bijdrage Zorgverzekeringswet (lid 2 letter e);
- reis- en verblijfskosten in verband met niet-noodzakelijke cursussen en opleidingen etc., voor zover deze meer bedragen dan € 1.500 (lid 2 letter f en lid 8));
- kosten in verband met apparatuur die tot het privévermogen van de ondernemer behoort of die in privé gehuurd is. Het gaat om muziekinstrumenten, geluidsapparatuur, gereedschappen, computers e.d. (lid 3);
- de vergoeding die aan de partner wordt betaald wegens verrichte werkzaamheden in de onderneming. Deze vergoeding mag niet worden afgetrokken als deze minder bedraagt dan € 5.000 (lid 4). In dat geval kan de ondernemer onder bepaalde voorwaarden wel gebruikmaken van de meewerkaftrek (zie ook paragraaf 4.20.5);
- loonbelasting en premie volksverzekering die zijn ingehouden op het loon dat tot de ondernemingswinst wordt gerekend. Deze heffingen zijn namelijk als voorheffing verrekenbaar met de inkomstenbelasting. Ook buitenlandse heffingen die hiermee overeenstemmen zijn uitgesloten van aftrek (lid 9);
- rente van schulden die bij de schuldeiser niet in de heffing worden betrokken op grond van art. 5.4 Wet IB (lid 10). Het gaat hier om schulden die voortvloeien uit een erfenis en het uitzonderlijke geval dat deze schulden tot het ondernemingsvermogen behoren.

Deze uitsluitingen van aftrek gelden ook voor uitgaven ten behoeve van gezinsleden van de ondernemer. Naast ondernemers kan het ook gaan om andere winstgenieters, bijvoorbeeld commanditaire vennoten.

Werkruimte in eigen woning

Voor een werkruimte in de privéwoning die een ondernemer gebruikt voor zijn onderneming, is slechts in een zeer beperkt aantal gevallen kostenaftrek mogelijk. Alleen als een zelfstandige werkruimte intensief voor de onderneming wordt gebruikt (art. 3.16 lid 1 Wet IB), mag de ondernemer kosten aftrekken. Voor de zelfstandigheid van de werkruimte gaat het om factoren als:
- het aanwezig zijn van een eigen opgang;
- het aanwezig zijn van eigen sanitaire voorzieningen;
- de mogelijkheid om de werkruimte aan een ander te verhuren.

In of vanuit werkruimte

Zelfs als de werkruimte als zelfstandig is aan te merken, is aftrek vervolgens alleen mogelijk als de ondernemer een bepaald deel van zijn inkomen in of vanuit de werkruimte in de woning verwerft. Alleen als aan al die voorwaarden is voldaan, behoort de werkruimte tot box 3. Aftrekbaar is dan een bedrag dat in verband met de bezitting in box 3 in aanmerking wordt genomen (art. 3.17 lid 1 c Wet IB). Ook de huurderslasten, lasten die in een huursituatie voor de huurder zouden zijn (bijvoorbeeld kosten van binnenschilderwerk), zijn dan aftrekbaar.

Voor de werkruimte in een gehuurde woning geldt eveneens dat aftrek alleen mogelijk is als het een voldoende zelfstandige werkruimte betreft en de ondernemer voldoende inkomen in of vanuit de werkruimte verwerft (art. 3.16 lid 13 Wet IB).

4.11.5 In aftrek beperkte kosten t.b.v. de ondernemer

Beperkt aftrekbare kosten t.b.v. ondernemer

Er geldt een beperking in de aftrek voor bepaalde gemengde kosten die (mede) worden gemaakt ten behoeve van de ondernemer/winstgenieter zelf of personen die tot zijn huishouding behoren. Het gaat om de volgende onderwerpen (art. 3.17 lid 1 Wet IB):

- Verhuiskosten: de kosten van het overbrengen van de inboedel plus een bedrag van € 7.750, zijn aftrekbaar (letter a ten 1e). De aftrekpost geldt als de ondernemer in het kader van zijn onderneming is verhuisd. Daarvan is in elk geval sprake als de onderneming is verplaatst, waarbij de ondernemer eerst op meer dan 25 kilometer van de onderneming woonde en na zijn verhuizing op minder dan 10 kilometer (art. 8 Uitv.reg. IB).
- Extra huisvestingskosten gedurende maximaal 2 jaar (letter a ten 2e). Stel: een transportondernemer uit Leeuwarden heeft zijn bedrijf uitgebreid door overname van een transportbedrijf uit Rotterdam. Om daar te werken, heeft hij een flat in Rotterdam gehuurd. De huurkosten van de extra huisvesting mag hij maximaal 2 jaar aftrekken van de winst.
- Kosten van een auto – of ander vervoermiddel – die tot het privévermogen van de ondernemer behoort, of die hij in privé huurt (letter b). Hierbij geldt een maximale aftrek van € 0,19 per zakelijke kilometer, inclusief de kilometers van de woning naar de onderneming (woon-werkverkeer).

Voorbeeld

Leo rijdt op een motor die niet op de balans van zijn onderneming staat. In het betreffende jaar rijdt hij op 260 dagen heen en weer tussen zijn woning en zijn bedrijf (afstand enkele reis: 6 kilometer). Daarnaast rijdt hij in dat jaar in totaal 3.000 kilometer voor het bezoeken van zakenrelaties. In totaal mag hij 6.120 kilometer ([260 (aantal dagen) × 2 (heen en terug) × 6 kilometer] + 3.000 kilometer) als zakelijke kilometers ten laste brengen van zijn onderneming. De kosten die in verband hiermee in aftrek op de winst mogen komen, zijn € 1.163 (€ 6.120 × € 0,19).

- Kosten van andere privébezittingen van de ondernemer: aftrekbaar is een gebruiksvergoeding van maximaal het voordeel uit sparen en beleggen dat in verband met de bezittingen in box 3 in aanmerking wordt genomen. Bij in privé gehuurde bezittingen gaat het om maximaal een evenredig deel van de huurprijs (letter c).

> **Voorbeeld**
>
> Paul gebruikt voor zijn onderneming een garagebox die tot zijn privévermogen behoort. De waarde van de garagebox is € 30.000. Als gebruiksvergoeding mag Paul maximaal het bedrag dat in box 3 als voordeel in aanmerking wordt genomen ten laste van zijn winst brengen.

4.12 Vrijstellingen

4.12.1 Inleiding

In de Wet IB worden bepaalde resultaten uit onderneming buiten de belastingheffing geplaatst.

Vrijstellingen De belangrijkste vrijstellingen zijn:
- de bosbouwvrijstelling (art. 3.11 Wet IB);
- de landbouwvrijstelling (art. 3.12 Wet IB);
- de kwijtscheldingswinstvrijstelling (art. 3.13 lid 1 letter a Wet IB).

4.12.2 Bosbouwvrijstelling

Bosbouw Alle voordelen uit een bosbedrijf zijn vrijgesteld van de heffing van inkomstenbelasting (art. 3.11 Wet IB). Omdat de voordelen uit bosbouw veelal negatief zijn, werkt de vrijstelling anders dan de naam suggereert. De verliezen mogen hierdoor niet in aftrek worden gebracht op eventuele andere inkomensbestanddelen in box 1.

Als de belastingplichtige dat wil, kan hij de vrijstelling buiten werking laten stellen. Dat is dan wel meteen voor een periode van 10 jaar. Eventuele verliezen zijn dan wel aftrekbaar, maar de behaalde winsten in deze periode moeten worden aangegeven. Een belastingplichtige zal hiervoor vooral kiezen als hij denkt dat in die periode van 10 jaar per saldo sprake zal zijn van een verlies.

4.12.3 Landbouwvrijstelling

Landbouwgrond Op grond van de landbouwvrijstelling worden de waardeveranderingen van landbouwgrond bij de berekening van de winst buiten beschouwing gelaten (art. 3.12 Wet IB). Zo'n waardeverandering komt doorgaans naar voren bij verkoop van landbouwgrond, want tussentijds zal normaal gesproken geen herwaardering op de balans plaatsvinden. De ondergrond van agrarische bedrijfsgebouwen behoort ook tot de landbouwgrond.

Alleen de waardeverandering als gevolg van de waardeontwikkeling bij voortzetting van het gebruik van de grond in het landbouwbedrijf, valt onder de landbouwvrijstelling. Een waardeverandering die het gevolg is van een mogelijke toekomstige bestemmingswijziging, is bij de realisatie van deze waardeverandering dus wél belast. Een weiland dat bijvoorbeeld een woningbouwbestemming krijgt, stijgt meestal fors in waarde. De bestemmingswijzigingswinst valt niet onder de landbouwvrijstelling.

> **Voorbeeld**
>
> Boer Piet oefent een landbouwbedrijf uit. De boekwaarde van de daarbinnen aangewende gronden bedraagt € 200.000. Dit bedrag komt overeen met de waarde in het economische verkeer bij voortgezet agrarisch gebruik op het moment van aankoop van de grond. Boer Piet verkoopt de grond voor € 1.000.000 aan een projectontwikkelaar. De waarde in het economische verkeer bij voortgezette aanwending van de grond in het kader van het landbouwbedrijf, bedraagt ten tijde van de vervreemding € 300.000.
>
> De boekwinst bedraagt € 1.000.000 minus € 200.000 = € 800.000. Het verschil tussen de waarde bij voortgezet agrarisch gebruik bij verkoop en aankoop (in dit geval het verschil tussen € 300.000 en € 200.000 = € 100.000), valt onder de landbouwvrijstelling. Het verschil tussen de waarde in het economische verkeer (€ 1.000.000) en de waarde in het economische verkeer bij voortgezet agrarisch gebruik (€ 300.000) ad € 700.000, valt niet onder de landbouwvrijstelling en wordt normaal in de heffing betrokken.

Onder de landbouwvrijstelling vallen verder niet de waardemutaties die zijn ontstaan door de uitoefening van het landbouwbedrijf (denk bijvoorbeeld aan de aanleg van een drainagesysteem). Deze laatste beperking van de landbouwvrijstelling is in de praktijk overigens moeilijk uitvoerbaar en daarom vooral theoretisch van aard.

4.12.4 Kwijtscheldingswinstvrijstelling

Kwijtschelding

Als een schuldeiser een vordering vanwege de oninbaarheid ervan kwijtscheldt, leidt dit tot winst bij degene die de schuld had (de schuldenaar). Het vermogen van de schuldenaar wordt groter, want de schuld, die als passiefpost op de balans stond, vervalt bij kwijtschelding. Deze kwijtscheldingswinst is in principe vrijgesteld (art. 3.13 lid 1 letter a Wet IB).

Kwijtscheldingswinst

Kwijtscheldingswinstvrijstelling

De wetgever vindt het ongewenst dat een ondernemer die vanwege zijn financiele problemen kwijtschelding krijgt, vervolgens weer een bedrag aan belasting moet betalen. Daarom is de kwijtscheldingswinstvrijstelling ingesteld. Voorwaarde voor de vrijstelling is dat de schuldeiser een vordering op de ondernemer prijsgeeft die niet voor verwezenlijking vatbaar is.

Wordt de schuld echter vanwege persoonlijke motieven kwijtgescholden, dan leidt dit niet tot een belastbare winst uit onderneming. Kwijtschelding uit persoonlijke motieven komt vooral binnen de familiesfeer voor. De ondernemer wordt dan geacht het voordeel in privé te hebben ontvangen en dit vervolgens te hebben ingebracht in zijn onderneming. Het privévoordeel kan belast zijn met schenkbelasting. Bij een kwijtschelding vanwege persoonlijke motieven komt de kwijtscheldingswinstvrijstelling dus helemaal niet aan bod.

> **Voorbeeld**
>
> Marten heeft een eigen zaak. De actiefzijde (bezittingen) van de onderneming bestaat uit een voorraad met een waarde van € 1.000. Marten heeft een bedrijfsschuld aan een derde van € 100.000. Het eigen vermogen van Marten bedraagt per saldo dus € 99.000 negatief. Hij kan zijn financiële verplichtingen niet nakomen. De derde scheldt de schuld kwijt en doet dit vanwege zakelijke motieven. Marten realiseert hierdoor een winst van € 100.000. Deze valt in principe onder de vrijstelling voor kwijtscheldingswinst. Het eigen vermogen bedraagt nu € 1.000.
>
> Ook als de schuld vanwege persoonlijke motieven wordt kwijtgescholden, stijgt het ondernemingsvermogen met € 100.000. Maar omdat de kwijtschelding plaatsvindt vanwege persoonlijke motieven, wordt deze stijging niet gezien als winst van de onderneming, maar als kapitaalstorting door de ondernemer. Dit zou bijvoorbeeld aan de orde kunnen zijn in de situatie dat de schuldeiser Martens eigen vader is, die de schuld kwijtscheldt om zijn zoon een voordeel te doen toekomen.

De schuldenaar moet vanuit het standpunt van de schuldeiser niet in staat zijn om de schuld af te lossen. Voor zover het overige inkomen in box 1 negatief is of er verliezen uit het verleden kunnen worden verrekend met het inkomen in box 1, kan niet gebruik worden gemaakt van de kwijtscheldingswinstvrijstelling.

> **Voorbeeld**
>
> Marten uit het vorige voorbeeld realiseert een kwijtscheldingswinst van € 100.000. De kwijtschelding heeft plaatsgevonden, omdat de schuldeiser Marten niet meer in staat achtte om de vordering te voldoen.
> Het inkomen van Marten in box 1 bedraagt –/– € 50.000; hierbij is geen rekening gehouden met de kwijtscheldingswinst. Marten heeft nog compensabele verliezen uit box 1 van eerdere jaren voor een bedrag van € 30.000.
> Van de kwijtscheldingswinst van € 100.000 mag op € 20.000 (100.000 –/– 50.000 –/– 30.000) de kwijtscheldingswinstvrijstelling worden toegepast. Het belastbare inkomen uit box 1 bedraagt dan –/– € 50.000 + (€ 100.000 –/– € 20.000) = € 30.000. Dit belastbare inkomen wordt verrekend met de aanwezige compensabele verliezen van € 30.000. Dit leidt ertoe dat er niets in de belastingheffing wordt betrokken en er na afloop geen compensabele verliezen meer zijn.

Voor de schuldeiser/winstgenieter is het verlies op een vordering overigens gewoon aftrekbaar. Het feit dat de schuldenaar profiteert van een vrijstelling, doet daar niet aan af.

ONDERDEEL C Ondernemings- en ondernemersfaciliteiten

4.13 Inleiding

Ondernemings-faciliteiten

Ondernemers-faciliteiten

Ondernemingsfaciliteiten zijn fiscale regelingen die niet alleen bedoeld zijn voor ondernemers, maar ook gelden voor andere belastingplichtigen die winst uit onderneming genieten. Ondernemersfaciliteiten zijn fiscale regelingen die uitsluitend bedoeld zijn voor ondernemers, Voor sommige faciliteiten moet de ondernemer dan ook nog aan het urencriterium voldoen. In tabel 4.1 van paragraaf 4.4.6 staat een overzicht van de faciliteiten.

Op de jaarlijks aan te geven belastbare winst uit onderneming kunnen winstgenieters door toepassing van deze faciliteiten bedragen in mindering brengen, zodat zij minder belasting hoeven te betalen. Dit is om ondernemers de mogelijkheid te bieden om bijvoorbeeld geld te reserveren voor toekomstige investeringen, slechte tijden of een pensioenvoorziening. Ook zijn er faciliteiten waarmee de overheid bepaalde door haar gewenste ontwikkelingen wil stimuleren, zoals de milieu-investeringsaftrek. Uit de wettekst van de betreffende faciliteit is af te leiden of de regeling geldt voor alle winstgenieters of alleen voor ondernemers, en of aan het urencriterium voldaan moet zijn. Zo staat in de regeling van de kleinschaligheidsinvesteringsaftrek (art. 3.41 Wet IB) dat 'de belastingplichtige' daarop recht heeft, terwijl in het wetsartikel over de energie-investeringsaftrek (art. 3.42 Wet IB) staat dat dit geldt voor 'de ondernemer'. Zo kan alleen 'de ondernemer die aan het urencriterium voldoet', toevoegen aan de oudedagsreserve (art. 3.67 Wet IB).

De volgende regelingen worden beschouwd als ondernemingsfaciliteiten:
– willekeurige afschrijving (paragraaf 4.14);
– kleinschaligheidsinvesteringsaftrek/desinvesteringsbijtelling (paragraaf 4.15 en 4.16);
– fiscale reserves, bestaande uit:
  • kostenegalisatiereserve (paragraaf 4.17);
  • herinvesteringsreserve (paragraaf 4.18).

De ondernemersfaciliteiten zijn:
– energie-investeringsaftrek (paragraaf 4.15.3);
– milieu-investeringsaftrek (paragraaf 4.15.4);
– oudedagsreserve (paragraaf 4.19);
– ondernemersaftrek bestaande uit:
  • zelfstandigenaftrek (paragraaf 4.20.2);
  • startersaftrek (paragraaf 4.20.3);
  • aftrek in verband met speur- en ontwikkelingswerk (paragraaf 4.20.4);
  • meewerkaftrek (paragraaf 4.20.5);

- startersaftrek bij arbeidsongeschiktheid (paragraaf 4.20.6);
- stakingsaftrek (paragraaf 4.23.3);
– mkb-winstvrijstelling (paragraaf 4.21).

De diverse faciliteiten worden zo veel mogelijk besproken in de volgorde waarin zij in de Wet IB zijn opgenomen.

Naast de hierboven genoemde reserves kent de Wet IB ook nog de terugkeerreserve (art. 3.54a Wet IB). Deze kan ontstaan als een onderneming die in de bv-vorm werd gedreven, fiscaal geruisloos wordt omgezet in een IB-onderneming. Deze regeling wordt behandeld in het hoofdstuk Vennootschapsbelasting, in paragraaf 9.10.

4.14 Willekeurige afschrijving

De overheid wil met het bieden van de faciliteit van willekeurige afschrijving een aantal soorten investeringen bevorderen, omdat daarmee een maatschappelijk belang is gemoeid. De willekeurige afschrijving is een faciliteit die de mogelijkheid biedt om afschrijvingslasten naar voren te halen en de belastingheffing dus uit te stellen. Dit kan een liquiditeits- en enig rentevoordeel opleveren, en soms ook een tariefvoordeel. Het is echter ook toegestaan om juist minder af te schrijven dan volgens goed koopmansgebruik zou moeten, als dat de ondernemer beter uitkomt.

Willekeurig afschrijven

Milieubedrijfsmiddelen

Iedere winstgenieter uit een onderneming kan, onder bepaalde voorwaarden, willekeurig afschrijven op bepaalde bedrijfsmiddelen die:
– in het belang zijn van het Nederlandse milieu (art. 3.31 Wet IB, hiervoor wordt wel de afkorting VAMIL gebruikt). De bedrijfsmiddelen die hiervoor in aanmerking komen, staan op een lijst die wordt vastgesteld door het ministerie van Infrastructuur en Milieu. Hierbij geldt de voorwaarde dat de investering binnen 3 maanden wordt gemeld (art. 2 lid 1 Uitv.reg. Willekeurige afschrijving). Milieubedrijfsmiddelen kunnen maar voor 75% willekeurig worden afgeschreven. De overige 25% volgt het reguliere afschrijfregime.
– in het belang zijn van het bevorderen van de ontwikkeling van de economische ontwikkeling of structuur of de bevordering van het ondernemerschap

Starters

(art. 3.34 Wet IB). In het kader van de bevordering van het ondernemerschap kunnen startende ondernemers willekeurig afschrijven als zij recht hebben op startersaftrek. Het bedrag dat zij maximaal willekeurig kunnen afschrijven, is € 328.721, het maximumbedrag uit de investeringsaftrektabel van art. 3.41 Wet IB (art. 7 en 8 Uitv.reg. Willekeurige afschrijving).

De willekeurige afschrijving beïnvloedt de winst, en daarmee de andere faciliteiten die afhangen van de hoogte van de winst (denk bijvoorbeeld aan de oudedagsreserve en de mkb-winstvrijstelling).

Belasting-verschuiving De willekeurige afschrijving leidt tot een belastingverschuiving en (behoudens eventuele tariefsverschillen) niet tot een belastingbesparing. Als een belastingplichtige met een geringe winst tegen een laag tarief zo snel mogelijk afschrijft en later hoge winsten zal gaan behalen die dan tegen een hoger tarief worden belast, kan het willekeurig afschrijven zelfs nadelig uitpakken.

> **Voorbeeld**
>
> Henk koopt aan het eind van jaar 1 een bedrijfsmiddel ter waarde van € 20.000. Zijn winst uit onderneming in het startjaar bedraagt – als geen rekening wordt gehouden met de afschrijvingen op het nieuwe bedrijfsmiddel – € 20.000. Henk verwacht vanaf jaar 2 een jaarinkomen van € 200.000 te behalen. Het bedrijfsmiddel gaat naar verwachting 5 jaar mee. Als alle andere elementen buiten beschouwing worden gelaten, schrijft Henk normaal gesproken € 4.000 per jaar af, tegen het hoogste belastingtarief (49,5%). Wordt het bedrijfsmiddel voor 75% in jaar 1 afgeschreven, dan wordt dit afgeschreven tegen een lager belastingpercentage.

Bij willekeurige afschrijving kan in tegenstelling tot bij gewone afschrijving al worden afgeschreven vóórdat het betreffende bedrijfsmiddel in gebruik wordt genomen. Vóór de ingebruikname kan echter niet meer worden afgeschreven dan er is betaald (art. 3.35 Wet IB). Er kan maximaal worden afgeschreven tot de restwaarde van het bedrijfsmiddel.

Op gebouwen mag niet verder worden afgeschreven dan tot de bodemwaarde (zie paragraaf 4.9.2 en art. 3.30a Wet IB). Deze beperking geldt echter niet voor gebouwen die kwalificeren als milieubedrijfsmiddelen (art. 3.31 lid 1 Wet IB).

4.15 Investeringsaftrek

4.15.1 Inleiding

Investeringsaftrek De investeringsaftrek is een faciliteit die is bedoeld om investeringen door bedrijven, en daarmee de economische bedrijvigheid, te stimuleren. De regeling is gericht op investeringen door kleinere bedrijven en op investeringen die nuttig worden geacht op het gebied van energie en milieu.

In deze paragraaf wordt ingegaan op de volgende investeringsregelingen:
– de kleinschaligheidsinvesteringsaftrek (art. 3.41 Wet IB);
– de energie-investeringsaftrek (art. 3.42 Wet IB);
– de milieu-investeringsaftrek (art. 3.42a Wet IB).

Deze regelingen voorzien in een aftrek op de winst uit onderneming. De aftrek bedraagt een percentage van de waarde van bepaalde investeringen. De investeringsaftrek staat volledig los van de afschrijving op bedrijfsmiddelen. Bij een investering in bedrijfsmiddelen kan dus naast de afschrijving ook een bedrag in het kader van de investeringsaftrek ten laste van de winst worden gebracht. Als een bedrijfsmiddel waarvoor een investeringsaftrek is genoten binnen een bepaalde periode wordt vervreemd (er wordt dan gedesinvesteerd), moet er een zogeheten desinvesteringsbijtelling plaatsvinden (paragraaf 4.16).

Voordat op de specifieke regelingen wordt ingegaan, zal eerst worden stilgestaan bij een aantal begrippen.

Investeren

Investeren

Aangaan van verplichtingen

Het begrip 'investeren' staat bij deze regelingen centraal. Investeren is in dit specifieke verband 'het aangaan van verplichtingen ter zake van de aanschaffing of de verbetering van een bedrijfsmiddel' (art. 3.43 Wet IB). Het tijdstip waarop wordt geïnvesteerd is het moment dat de verplichting wordt aangegaan en niet het tijdstip van levering of ingebruikname. Investeren is dus met name het sluiten van een koopovereenkomst voor de aanschaf van een bedrijfsmiddel. Het bestaan van een investeringsverplichting kan blijken uit een ondertekende orderbevestiging of aannemingsovereenkomst. Bij door de ondernemer zelf geproduceerde bedrijfsmiddelen, gaat het om het maken van voortbrengingskosten ter zake van een bedrijfsmiddel.

Uitgesloten investeringen

Uitgesloten bedrijfsmiddelen

Niet alle investeringen komen voor de investeringsaftrek in aanmerking. Een aantal soorten bedrijfsmiddelen is uitgesloten (art. 3.45 Wet IB). De wetgever vindt de fiscale stimulering van de uitgesloten bedrijfsmiddelen niet nodig of niet gewenst. Uitgesloten zijn o.a.:
– grond (art. 3.45 lid 1 sub b Wet IB);
– woonhuizen (art. 3.45 lid 1 sub c Wet IB);
– personenauto's (art. 3.45 lid 1 sub d Wet IB)
– goodwill en vergunningen (art. 3.45 lid 1 sub f Wet IB)
– dieren, bijvoorbeeld melkvee (art. 3.45 lid 1 sub g Wet IB).

Specifiek voor de kleinschaligheidsaftrek zijn uitgesloten:
– bedrijfsmiddelen die zijn bestemd voor de verhuur of om anderszins ter beschikking te worden gesteld aan derden (art. 3.45 lid 2 sub a Wet IB);
– bedrijfsmiddelen met een investeringsbedrag van minder dan € 450 (art. 3.45 lid 2 sub b Wet IB).

Voorbeeld

Piet koopt voor zijn onderneming de volgende zaken: een bedrijfshal voor € 120.000 (inclusief de waarde van de ondergrond ad € 30.000), een personenauto voor € 10.000 en een stuk gereedschap van € 1.000. Het totaal aan investeringen voor de investeringsaftrek bedraagt € 91.000 (€ 120.000 –/– € 30.000 + € 1.000). De investeringen in de personenauto en de grond zijn namelijk uitgesloten van de aftrek. Het gereedschap en de bedrijfshal – zonder de grond – kwalificeren wel voor de investeringsaftrek.

Uitgesloten transacties

Naast uitgesloten investeringen zijn ook bepaalde transacties uitgesloten (art. 3.46 Wet IB). Hierbij wordt niet gekeken naar het bedrijfsmiddel, maar naar de partijen die de verplichtingen aangaan.

Een transactie is uitgesloten van investeringsaftrek als deze plaatsvindt tussen:
a. de belastingplichtige zelf en personen die tot zijn huishouden behoren;
b. bloed- of aanverwanten in de rechte lijn of personen die tot hun huishouden behoren;
c. gerechtigden tot een nalatenschap waartoe het bedrijfsmiddel behoort;
d. degene die voor ten minste een derde gedeelte belang heeft in een lichaam, en dat lichaam.

Door deze transacties uit te sluiten, wil men voorkomen dat op één goed waarbij steeds het belang wordt behouden, meerdere keren van de investeringsfaciliteiten wordt geprofiteerd. Er bestaan echter ontheffingsmogelijkheden, zodat de investeringsaftrek meestal toch mag worden toegepast als er sprake is van reële betalingsverplichtingen tussen gelieerde partijen.

Het moment van realiseren van de aftrek

Betalingscriterium

Voor het moment waarop de investeringsaftrek in mindering komt op de winst, is niet alleen het tijdstip waarop de verplichtingen worden aangegaan van belang. Tot aan het moment waarop het bedrijfsmiddel daadwerkelijk in gebruik wordt genomen, kan niet meer worden afgetrokken dan het bedrag dat is betaald. Op het moment dat het bedrijfsmiddel in gebruik is genomen, kan de aftrek volledig worden benut. Wel moet de aftrek dan worden verminderd met het bedrag dat al eerder in verband met het betreffende bedrijfsmiddel is afgetrokken (art. 3.44 Wet IB).

Voorbeeld

Een ondernemer heeft bouwplannen. In totaal is hij in jaar 1 voor € 100.000 aan verplichtingen aangegaan. In verband hiermee heeft hij recht op een kleinschaligheidsinvesteringsaftrek van € 16.568. Hij betaalt in jaar 1 slechts een termijn van € 10.000 aan de aannemer.
Als het gebouw in jaar 1 in gebruik is genomen, kan de gehele aftrek van € 16.568 worden geclaimd en benut. Als het gebouw nog niet in gebruik is genomen, mag in dit jaar niet meer dan € 10.000 worden afgetrokken, namelijk niet meer dan er dit jaar is betaald. De resterende aftrek van € 6.568 wordt doorgeschoven totdat er meer is betaald, dan wel totdat het gebouw in gebruik wordt genomen.

4.15.2 Kleinschaligheidsinvesteringsaftrek

De kleinschaligheidsinvesteringsaftrek (KIA) is bedoeld om het investeren door kleine en middelgrote ondernemingen aan te moedigen. De aftrek vergroot het rendement op hun investering, omdat de belastbare winst – en daarmee de geheven belasting – lager wordt.

Kleinschaligheids- De wet bevat een tabel aan de hand waarvan de aftrek kan worden bepaald.
investeringsaftrek

Voor 2021 ziet deze tabel er als volgt uit (art. 3.41 Wet IB):

Investeringsbedrag		Kleinschaligheidsinvesterings-aftrek
van meer dan	maar niet meer dan	
–	€ 2.400	€ 0
€ 2.400	€ 59.170	28% van het investeringsbedrag
€ 59.170	€ 109.574	€ 16.568
€ 109.574	€ 328.721	€ 16.568 verminderd met 7,56% van het gedeelte van het investerings-bedrag dat de € 109.574 te boven gaat
€ 328.721	–	€ 0

Tabel 4.4 Kleinschaligheidsinvesteringsaftrek

Bepalend voor de investeringsaftrek is het totaalbedrag aan investeringen in (niet uitgesloten) bedrijfsmiddelen in een kalenderjaar. Als een ondernemer meerdere ondernemingen heeft, wordt de kleinschaligheidsinvesteringsaftrek per onderneming berekend.

Blijven de investeringen onder de € 2.400 of bedragen zij meer dan € 328.721, dan is de aftrek nihil.

Voorbeeld

Alexander wil twee machines kopen van elk € 180.000. Overige investeringsplannen heeft hij niet. De aftrek bedraagt dit jaar € 11.244 als hij dit jaar voor één machine de verplichtingen aangaat en volgend jaar nog eens € 11.244 als hij dan voor de tweede machine de verplichting aangaat. Besluit Alexander de beide machines in één jaar te kopen, dan krijgt hij helemaal geen investeringsaftrek! Investeringsplanning is dus belangrijk om de investeringsaftrek te optimaliseren.

Samenwerkings- Als een belastingplichtige deelneemt in een samenwerkingsverband, geldt de
verband samentelbepaling van art. 3.41 lid 3 Wet IB. Dit kan het best aan de hand van een voorbeeld worden uitgelegd (art. 3.41 lid 3 Wet IB).

> **Voorbeeld**
>
> Jacob en Irem hebben een transportbedrijf, een vennootschap onder firma (vof). Ieder is voor 50% gerechtigd tot de winst van de vof. De vof heeft voor € 40.000 geïnvesteerd in bedrijfsmiddelen die in aanmerking komen voor de KIA. Dat betekent dat Jacob en Irem ieder € 20.000 in hun onderneming hebben geïnvesteerd. Daarnaast heeft Jacob voor € 60.000 aan buitenvennootschappelijk ondernemingsvermogen geïnvesteerd. Dit betreft een vrachtwagen die de vof gaat exploiteren. Ook deze investering komt in aanmerking voor de KIA. Voor Jacob bedraagt op grond van de samentelbepaling het investeringsbedrag € 100.000 (€ 40.000 + € 60.000). Bij dit investeringsbedrag hoort het maximumbedrag van € 16.568. Jacob heeft recht op een evenredig gedeelte van dit bedrag aan KIA, namelijk € 13.254 (€ 16.568 × (½ × € 40.000 + € 60.000) / € 100.000). Irem heeft niet geïnvesteerd met buitenvennootschappelijk ondernemingsvermogen. Zoals aangegeven heeft de vof voor € 40.000 geïnvesteerd in bedrijfsmiddelen die in aanmerking komen voor de KIA. Dat betekent dat Irem € 20.000 in zijn onderneming heeft geïnvesteerd. Op grond van de samentelbepaling bedraagt het investeringsbedrag € 40.000. Bij dit investeringsbedrag hoort een KIA van 28% van het investeringsbedrag, € 11.200. Irem heeft recht op een KIA van € 5.600, zijnde 28% van € 40.000 × (½ x € 40.000 / € 40.000).

Samenloop met herinvesteringsreserve

Bij de investering in een bedrijfsmiddel is het soms toegestaan om een bij een eerdere verkoop behaalde boekwinst af te boeken op de aanschafprijs. Dit is de regeling van de herinvesteringsreserve, die in paragraaf 4.18 wordt behandeld. Uit de jurisprudentie blijkt dat de investeringsaftrek dan moet worden bepaald aan de hand van de kostprijs minus de afgeboekte herinvesteringsreserve. De desinvesteringsbijtelling, zie paragraaf 4.16, wordt dan berekend over de boekwaarde en niet over de verkoopprijs. Op grond van een besluit is het echter toegestaan om over de kostprijs vóór afboeking van de herinvesteringsreserve investeringsaftrek te claimen (voorwaarde is wel dat de desinvesteringsbijtelling dan ook over de verkoopprijs wordt berekend).

Toepassing van deze goedkeuring is voor de ondernemer niet altijd voordelig. Door het uitrekenen van de investeringsaftrek en desinvesteringsbijtelling voor beide mogelijkheden kan worden bepaald of het wel of niet aantrekkelijk is.

4.15.3 Energie-investeringsaftrek

Energie-investeringsaftrek

De overheid probeert energiebesparende maatregelen te stimuleren, onder andere door fiscale faciliteiten. Om in aanmerking te komen voor de energie-investeringsaftrek (EIA, art. 3.42 Wet IB), moet de ondernemer aan de volgende voorwaarden voldoen:
– Het moet gaan om investeringen door een ondernemer, in een bedrijfsmiddel dat nog niet eerder is gebruikt.
– Het ministerie van Economische Zaken en Klimaat moet een verklaring hebben afgegeven dat er sprake is van een energie-investering. Dit is een investering in een bedrijfsmiddel dat in het belang is van een doelmatig gebruik van energie. Elk jaar verschijnt een lijst van energie-investeringen die voor de aftrek in aanmerking komen.

De energie-investeringsaftrek bedraagt 45,5% van de in aanmerking te nemen energie-investeringen, mits deze meer bedragen dan € 2.500 (dit drempelbedrag is te vinden in art. 3.45 lid 4 letter b Wet IB). Aan de energie-investeringen is een maximum van € 126.000.000 gesteld; over het meerdere wordt geen aftrek verleend. Het is mogelijk dat een bepaalde investering zowel voor de kleinschaligheidsinvesteringsaftrek als voor de energie-investeringsaftrek in aanmerking komt.

4.15.4 Milieu-investeringsaftrek

Milieu-investeringsaftrek

De milieu-investeringsaftrek (MIA, art. 3.42a Wet IB) bevordert investeringen in bedrijfsmiddelen die van belang zijn voor de bescherming van het Nederlandse milieu of voor het dierenwelzijn. Ook voor de kosten van een milieuadvies geldt deze aftrek.

De voorwaarden voor toepassing van de milieu-investeringsaftrek zijn:
– Er moet sprake zijn van een ondernemer.
– Het gaat om investeringen in nog niet eerder gebruikte bedrijfsmiddelen.
– De bedrijfsmiddelen zijn door de minister van Infrastructuur en Waterstaat aangewezen als milieu-investeringen.
– Het investeringsbedrag is hoger dan € 2.500 (zie art. 3.45 lid 4 letter b Wet IB).

De aftrek is afhankelijk van de categorie waarin het milieubedrijfsmiddel is opgenomen. Voor de milieu-investeringsaftrek worden drie categorieën investeringen onderscheiden. De percentages voor de verschillende categorieën zijn:
I: 36%;
II: 27%;
III: 13,5%.

Het is vanzelfsprekend dat een investering zowel milieuvriendelijk als energiebesparend kan zijn. Maar als de ondernemer met betrekking tot een investering bij de aangifte kiest voor toepassing van de energie-investeringsaftrek, komt het recht op de milieu-investeringsaftrek te vervallen. Het is dus niet mogelijk om beide regelingen voor hetzelfde bedrijfsmiddel toe te passen. De milieu-investeringsaftrek mag wel worden geclaimd samen met de kleinschaligheidsinvesteringsaftrek. Voor veel milieubedrijfsmiddelen is naast de MIA ook willekeurige afschrijving, VAMIL, mogelijk (zie paragraaf 4.14).

4.16 Desinvesteringsbijtelling

Aanwending in onderneming

Het begrip investeren houdt in dat binnen de onderneming een min of meer duurzame aanschaf plaatsvindt. De wet bevat een minimumtermijn voor de aanwending van het betreffende bedrijfsmiddel in de onderneming. Deze termijn is 5 jaar. Als de ondernemer een bedrijfsmiddel vervreemdt binnen 5 jaar na aanvang van het kalenderjaar waarin de investering heeft plaatsgevonden, dan moet hij een desinvesteringsbijtelling doen in het jaar van vervreemding (art. 3.47 Wet IB). Deze bijtelling is afhankelijk van:
- het percentage van de investeringsaftrek die destijds voor het desbetreffende bedrijfsmiddel is genoten;
- het bedrag waarvoor het bedrijfsmiddel wordt verkocht.

De desinvesteringsbijtelling kan nooit meer bedragen dan de genoten investeringsaftrek. Verder blijft een bijtelling achterwege als er in een jaar voor niet meer dan € 2.400 aan bedrijfsmiddelen is vervreemd.

Voorbeeld

Heidi heeft in jaar 5 geïnvesteerd in een tandartsstoel. De aanschafprijs bedroeg € 4.000 en de genoten investeringsaftrek met betrekking tot deze stoel bedroeg (stel) 28% van € 4.000 = € 1.120. Verder heeft zij in jaar 3 een luchtverversingsinstallatie gekocht voor € 35.000; de investeringsaftrek bedroeg (stel) 28% van € 35.000 = € 9.800.
In jaar 1 heeft zij een complete inventaris aangeschaft voor € 70.000. De investeringsaftrek hierover bedroeg (stel) € 15.000.
In jaar 7 verkoopt Heidi al deze bedrijfsmiddelen. De tandartsstoel verkoopt ze voor € 2.000, de installatie voor € 10.000 en de overige inventaris voor € 12.000.
De desinvesteringsbijtelling voor de tandartsstoel bedraagt 28% van € 2.000 = € 560. De desinvesteringsbijtelling voor de luchtverversingsinstallatie bedraagt 28% van € 10.000 = € 2.800. Voor de complete inventaris, die in jaar 1 is aangeschaft, is de desinvesteringstermijn in jaar 7 al verstreken.

Het begrip desinvesteren omvat meer dan alleen het verkopen van een bedrijfsmiddel. Naast de vervreemding van een bedrijfsmiddel kunnen nog de volgende desinvesteringen worden onderscheiden:
- Het bedrijfsmiddel wordt aan de onderneming onttrokken.
- De investering krijgt door een andere aanwending het karakter van een uitgesloten investering.
- Er blijkt uiteindelijk niet te zijn geïnvesteerd.

> **Voorbeeld**
>
> Een vrachtvervoerder koopt begin jaar 1 een vrachtwagen ter waarde van € 160.000. Deze is bestemd voor eigen gebruik. Vanaf oktober van jaar 2 gaat de vervoerder de vrachtwagen uitsluitend verhuren. De vrachtwagen heeft op dat moment een boekwaarde van € 90.000 en een waarde in het economische verkeer van € 110.000. Een bedrijfsmiddel dat bestemd is voor de verhuur, komt niet in aanmerking voor toepassing van de investeringsaftrek. Daarom wordt in jaar 2 een desinvestering in aanmerking genomen van € 110.000. Van het bedrag van € 110.000 wordt hetzelfde percentage als ter zake van de investering in de vrachtwagen als investeringsaftrek in aanmerking is genomen, als desinvesteringsbijtelling bij de winst geteld.

4.17 Kostenegalisatiereserve

Gelijkmatige verdeling
De kostenegalisatiereserve is bedoeld voor een gelijkmatige verdeling van kosten en lasten over de jaren waarin zij ontstaan. Als een ondernemer voorziet dat hij over een aantal jaren wordt geconfronteerd met een grote kostenpost die door de bedrijfsvoering van het lopende jaar en de jaren erna wordt veroorzaakt, mag hij daarvoor gelijkmatig reserveren ten laste van de fiscale winst (art. 3.53 lid 1 letter a Wet IB). Het moet gaan om kosten, en dus niet om uitgaven voor verbetering of vernieuwing. Dit zijn namelijk kapitaaluitgaven die geactiveerd moeten worden.

> **Voorbeeld**
>
> Een schip moet voor groot onderhoud eenmaal in de 10 jaar naar een werf. De kosten van onderhoud bedragen € 100.000. De kosten mogen over 10 jaren worden verdeeld. Jaarlijks mag een bedrag van € 10.000 worden gereserveerd.

Het te reserveren bedrag moet al worden ingeschat op het moment dat de ondernemer met reserveren begint. Hierbij moet hij uitgaan van het prijspeil op dat moment. Als de prijzen vervolgens gaan stijgen, mag de ondernemer in de volgende jaren rekening houden met de prijsstijgingen die daadwerkelijk zijn opgetreden. Met toekomstige prijsstijgingen mag hij dus nog geen rekening houden (zie ook paragraaf 4.9.9).

> **Voorbeeld**
>
> De kosten van het plegen van onderhoud aan het schip uit het vorige voorbeeld zijn ingeschat op € 100.000. In het eerste jaar is een reserve gevormd van € 10.000. Vervolgens stijgen de kosten. Eind jaar 2 wordt ingeschat dat de totale kosten € 105.000 bedragen. Aan het einde van jaar 2 vergt dit een reserve van € 21.000 (20% van 105.000). Er mag in jaar 2 € 11.000 aan de kostenegalisatiereserve worden toegevoegd.

Als niet direct is gestart met de opbouw van de reserve, mag dit niet worden ingehaald.

> **Voorbeeld**
>
> Stel dat voor het onderhoud van het schip uit het vorige voorbeeld in het eerste jaar niets is gereserveerd. Dan mag dat in jaar 2 niet worden ingehaald. In jaar 2 mag dan slechts 10% van € 105.000 = € 10.500 worden gereserveerd.

Als de uitgaven, waarvoor gereserveerd is, uiteindelijk worden gemaakt, moeten deze op de reserve worden afgeboekt. De uitgaven komen dus niet ten laste van de winst, omdat de reserveringen daarvoor in de voorgaande jaren al ten laste van de winst zijn gebracht. Als de kosten uiteindelijk lager blijken te zijn dan vooraf werd geschat, moet het restant van de reserve aan de winst worden toegevoegd. Dit moet gebeuren nadat de kosten daadwerkelijk zijn gemaakt. Zijn de kosten hoger, dan mag het meerdere in het betreffende jaar alsnog ten laste van de winst worden gebracht.

In veel gevallen waarin een kostenegalisatiereserve gevormd zou kunnen worden, zal de ondernemer de voorkeur geven aan het vormen van een voorziening (paragraaf 4.9.8). Voor voorzieningen geldt namelijk bijvoorbeeld niet de beperking dat inhaaldotaties niet zijn toegestaan.

Tot slot worden de voorwaarden om een kostenegalisatiereserve te mogen vormen op een rij gezet:
– Het gaat om kosten die ongelijkmatig worden gemaakt.
– De uitgaven zijn opgeroepen door de bedrijfsuitoefening in het jaar van dotatie.
– Er is sprake van een piek in de uitgaven.
– Er is een redelijke mate van zekerheid dat de toekomstige uitgaven zich voor zullen doen.

4.18 Herinvesteringsreserve

Herinvesterings-reserve

De herinvesteringsreserve biedt de mogelijkheid om de boekwinst die bij de verkoop van een bedrijfsmiddel is behaald, te reserveren en af te boeken op de aanschafprijs van een of meerdere bedrijfsmiddelen waarin wordt geherinvesteerd (art. 3.54 Wet IB). Ook als een bedrijfsmiddel aan de onderneming wordt onttrokken of een verzekeringsuitkering wordt ontvangen voor een bedrijfsmiddel dat verloren is gegaan of is beschadigd, mag de ondernemer voor de behaalde boekwinst een herinvesteringsreserve vormen. Hierdoor voorkomt de ondernemer dat hij direct winst behaalt waarover hij inkomstenbelasting moet betalen. Voorwaarde is wel dat de ondernemer het voornemen heeft om de opbrengst van het verkochte of verloren gegane bedrijfsmiddel te herinvesteren. Als de ondernemer vervolgens weer een investering doet, moet hij het gereserveerde bedrag in mindering brengen op de aanschafprijs van het nieuwe bedrijfsmiddel. Hierdoor wordt de afschrijvingsgrondslag wel lager, en daarmee worden de daaropvolgende jaarwinsten hoger. Er is dus geen sprake van een vrijstelling, maar van een verschuiving van de winst.

Afschrijvingsgrondslag

> **Voorbeeld**
>
> Een tot het ondernemingsvermogen behorende vrachtauto wordt verkocht voor € 60.000. Deze vrachtauto had een boekwaarde van € 30.000. De boekwinst bedraagt dus € 30.000. Dit bedrag wordt toegevoegd aan de herinvesteringsreserve. De invloed op de fiscale winst is dus nihil.
> De ondernemer koopt een nieuwe vrachtauto voor € 70.000. Hij moet de vrachtauto activeren voor € 40.000, aangezien hij de herinvesteringsreserve in mindering moet brengen op de aanschafwaarde van de nieuwe vrachtauto. € 40.000 is ook het bedrag waarop hij vervolgens gaat afschrijven.
>
> Uitgaande van een levensduur van 8 jaar en een restwaarde van nihil, zou de ondernemer zonder toepassing van de herinvesteringsreserve jaarlijks € 8.750 afschrijven (70.000 / 8). Door toepassing van de herinvesteringsreserve mag hij nu jaarlijks maar € 5.000 afschrijven (40.000 / 8). De winst zal daarom jaarlijks € 3.750 (8.750 –/– 5.000) hoger worden. In een periode van 8 jaar wordt op deze manier alsnog € 30.000 (8 × 3.750) extra in de belastingheffing betrokken.

De voordelen van een herinvesteringsreserve voor de belastingplichtige zijn:
– Er wordt niet in één keer een groot beroep gedaan op de liquide middelen door belastingheffing over de boekwinst. De belastingdruk wordt naar de toekomst verschoven.
– Mogelijk valt de hogere jaarwinst in een voordeliger tarief dan een 'piekwinst' door de vervreemding;
– De verschuiving van belastingheffing naar de toekomst kan een rentevoordeel opleveren.

De ondernemer kan een gevormde herinvesteringsreserve in principe afboeken op elk willekeurig ander aan te schaffen bedrijfsmiddel. Alleen als een gevormde reserve wordt afgeboekt op de aankoopprijs van een bedrijfsmiddel waarover normaal gesproken niet wordt afgeschreven (bijvoorbeeld grond) of gedurende een periode van meer dan 10 jaar wordt afgeschreven (denk aan bedrijfspanden), moet de reserve zijn gevormd bij de verkoop van een bedrijfsmiddel dat economisch gezien eenzelfde functie had (art. 3.54 lid 4 Wet IB).

Economisch eenzelfde functie

> **Voorbeeld**
>
> 1 Een ondernemer verkoopt een pand en daarbij vormt hij een herinvesteringsreserve. Deze reserve kan in principe worden afgeboekt op de aanschafprijs van een computer, een auto of een ander pand.
>
> 2 Een ondernemer verkoopt een auto en daarbij vormt hij een herinvesteringsreserve. Deze reserve mag wel worden afgeboekt op de aanschafprijs van een computer of een andere auto, maar niet op die van een pand.

Als een boekwinst is ontstaan door overheidsingrijpen, zoals bij een onteigening, wordt geen eis gesteld met betrekking tot de economische functie (art. 3.54 lid 10 Wet IB).

Boekwaarde-eis De wet stelt een beperking aan de hoogte van het bedrag dat uit de gevormde herinvesteringsreserve kan worden geput. De boekwaarde van het bedrijfsmiddel waarin wordt ge(her)investeerd, mag door de afboeking van de reserve niet lager komen te liggen dan de boekwaarde van het vervreemde bedrijfsmiddel ten tijde van de vervreemding. Het gedeelte van de reserve dat niet kan worden benut, kan worden doorgeschoven naar een andere investering of aan de winst worden toegevoegd (de reserve wordt dan opgeheven) (art. 3.54 lid 2 Wet IB).

> **Voorbeeld**
>
> Een machine met een afschrijvingstermijn van 7 jaar en een boekwaarde van € 4.000, wordt verkocht voor € 5.000. De boekwinst bedraagt € 1.000. Deze wordt gereserveerd ten behoeve van een herinvestering. Vervolgens wordt een kopieerapparaat gekocht voor € 4.800. Van het gereserveerde bedrag van € 1.000 mag slechts € 800 worden afgeboekt op de aanschafprijs van het kopieerapparaat, omdat de gecorrigeerde aanschafprijs dan gelijk is aan de boekwaarde van de machine ten tijde van de verkoop. De resterende € 200 wordt op een volgende investering afgeboekt.

3 jaar Het vormen van een reserve is alleen toegestaan als de belastingplichtige een voornemen heeft om in het jaar van vervreemding óf in een van de 3 daaropvolgende jaren een herinvestering te gaan doen. De periode van 3 jaar wordt verlengd als er sprake is van bijzondere omstandigheden. Was er een voornemen tot herinvesteren, maar ziet de belastingplichtige er later toch van af, dan wordt de reserve op dat moment opgeheven en wordt hierover alsnog belasting geheven.

> **Voorbeeld**
>
> Ronald verkoopt zijn fabriekshal met een aanzienlijke winst. Hij vormt een herinvesteringsreserve. Hij wil namelijk 10 kilometer verderop een nieuw pand gaan bouwen. Hij heeft al een bouwvergunning aangevraagd. Op een gegeven moment blijkt dat op zijn toekomstige terrein Romeinse resten zijn gevonden en er opgravingen moeten worden gedaan. Ronald moet de bouw 4 jaar opschorten. De periode waarbinnen hij moet herinvesteren, verloopt. Dit zal geen probleem opleveren, want er zijn bijzondere omstandigheden die verlenging van de herinvesteringstermijn rechtvaardigen.

4.19 Oudedagsreserve

4.19.1 Inleiding

Een werknemer is bijna altijd via zijn werkgever verzekerd voor een oudedagsvoorziening, zoals een pensioen. Voor ondernemers is dit anders. Voor specifieke beroepen is een verplichte pensioenregeling tot stand gebracht (bijvoorbeeld voor medici). In alle overige gevallen zal een ondernemer desgewenst zelf voor een oudedagsvoorziening moeten zorgen.

Voor een ondernemer is het betalen van premies voor een lijfrente (zie paragraaf 5.8) vaak bezwaarlijk. Dit vergt namelijk liquide middelen die binnen de onderneming dikwijls hard nodig zijn. Het vermogen van ondernemingen bestaat vaak uit vaste en vlottende activa, en niet uit liquide middelen. Veel ondernemers regelen dan ook geen adequate oudedagsvoorziening.

Oudedagsreserve

Het is voor een ondernemer wel mogelijk om een zogenoemde oudedagsreserve te vormen (art. 3.67 tot en met 3.73 Wet IB). Soms wordt in de praktijk de afkorting FOR gebruikt voor de oudedagsreserve, afgeleid van de vroegere benaming 'fiscale oudedagsreserve'. Jaarlijks kan de ondernemer ten laste van de fiscale winst een bepaald bedrag reserveren. Gedurende de periode van opbouw is er dus geen sprake van een echte oudedagsvoorziening. Het is een boekhoudkundige passiefpost waarover nog geen belasting is betaald, en een middel om de 'opbouw' over meerdere jaren te verdelen. Maar het is geen 'potje' met geld waarin daadwerkelijk voor de oudedagsvoorziening wordt gespaard.

Bij beëindiging van de onderneming kan de ondernemer de reserve omzetten in een lijfrente bij een toegestane verzekeraar. Dat doet hij door een bedrag af te storten dat gelijk is aan het saldo van de oudedagsreserve. Er vindt dan geen belastingheffing plaats doordat dan tegenover de belaste vrijval van de oudedagsreserve een aftrekbare uitgave voor inkomensvoorzieningen staat (art. 3.124 e.v. Wet IB). De omzetting van een oudedagsreserve in een lijfrentevoorziening kan ook tussentijds plaatsvinden. De ondernemer is echter niet verplicht om de oudedagsreserve om te zetten in een lijfrente. Bij bedrijfsbeëindiging moet de opgebouwde oudedagsreserve worden opgeheven. Als geen omzetting in een lijfrente plaatsvindt, leidt dit tot belastingheffing over de vrijval van de reserve.

Vrijval reserve

Ook bestaat de mogelijkheid dat de oudedagsreserve tussentijds moet worden afgebouwd, bijvoorbeeld bij het bereiken van de AOW-leeftijd. Dit leidt tot een bijtelling bij de winst, ter grootte van het afgebouwde deel van de oudedagsreserve.

4.19.2 Toevoegen aan de oudedagsreserve

Voorwaarden De toevoeging bedraagt in 2021 9,44% van de winst uit onderneming, met een maximum van € 9.395 (art. 3.68 Wet IB). Toevoegen mag onder de volgende voorwaarden:
- De ondernemer voldoet aan het urencriterium (zie paragraaf 4.4.3).
- De ondernemer heeft aan het begin van het jaar de AOW-leeftijd nog niet bereikt.
- Betaalde premies voor oudedagsvoorzieningen die ten laste komen van de winst, komen in mindering op de berekende toevoeging.
- De toevoeging mag niet groter zijn dan het verschil tussen het ondernemingsvermogen bij het einde van het jaar en de stand van de oudedagsreserve bij het begin van dat jaar.

Doteren Het is niet verplicht om een bedrag toe te voegen (te 'doteren') aan de oudedagsreserve. De ondernemer kan jaarlijks beslissen of hij een bedrag aan de oudedagsreserve wil toevoegen. De hoogte van het toe te voegen bedrag wordt bepaald aan de hand van de wettelijke regels. Een ondernemer kan dus niet zelf bepalen hoeveel hij wil toevoegen.

Voor het bepalen van de dotatie aan de oudedagsreserve wordt onder winst verstaan:
- de winst,
- vóór toevoeging aan en afneming van de oudedagsreserve,
- vermeerderd met de premies en andere bijdragen aan pensioenregelingen die bij een aantal beroepen verplicht zijn.

Voorbeeld

De winst uit onderneming van een notaris bedraagt € 35.000. In dit resultaat is een premiebetaling verwerkt van € 2.500 ten behoeve van een verplichte pensioenregeling van de notaris zelf. De grondslag voor de toevoeging aan de oudedagsreserve bedraagt € 37.500.
De notaris kan nu € 3.540 (9,44% van de grondslag) doteren, maar daarop moet hij de betaalde pensioenpremie in mindering brengen. Per saldo kan de notaris aan de oudedagsreserve een bedrag toevoegen van € 1.040 (€ 3.540 –/– € 2.500).

De dotatie aan de oudedagsreserve mag in een bepaald jaar niet meer bedragen dan het verschil tussen het ondernemingsvermogen aan het einde van het jaar en de stand van de oudedagsreserve aan het begin van het jaar. Het gaat hierbij om de fiscale boekwaarde van het eigen vermogen, verminderd met de herinvesteringsreserve, de kostenegalisatiereserve en een eventuele terugkeerreserve (zie paragraaf 9.10.4 voor uitleg over de terugkeerreserve).

> **Voorbeeld**
>
> Het ondernemingsvermogen van een ondernemer bedraagt op 31 december van een bepaald jaar € 130.000 (inclusief een herinvesteringsreserve van € 8.000). Op 1 januari van datzelfde jaar bedraagt de stand van de oudedagsreserve € 120.000. Het maximaal te doteren bedrag is € 122.000 (€ 130.000 –/– € 8.000) –/– € 120.000 = € 2.000. De winst moet dan wel toereikend zijn. (In dit voorbeeld moet de winst minimaal € 21.186 zijn, want 9,44% × € 21.186 = € 2.000.)

Als een ondernemer meerdere ondernemingen heeft, moet voor de toevoeging aan de oudedagsreserve worden uitgegaan van de gezamenlijke winst en het gezamenlijke vermogen van de ondernemingen (art. 3.72 Wet IB).

4.19.3 Inhaaltoevoeging aan de oudedagsreserve

Als de oudedagsreserve bij het begin van het jaar groter is dan het ondernemingsvermogen aan het einde van het jaar, mag de ondernemer niet aan de oudedagsreserve doteren. In bepaalde gevallen (art. 3.70 Wet IB) moet de reserve zelfs worden verminderd. Dit is bijvoorbeeld het geval als de ondernemer in het kalenderjaar en het daaraanvoorafgaande jaar niet voldoet aan het urencriterium (zie paragraaf 4.19.4).

Inhaaltoevoeging Als hij vervolgens in het volgende jaar wel voldoet aan de voorwaarden om bedragen toe te voegen aan de oudedagsreserve, mag naast de gewone toevoeging ook nog een inhaaltoevoeging plaatsvinden (art. 3.69 Wet IB).

> **Voorbeeld**
>
> Piet is slager. Vorig jaar en het jaar ervoor voldeed hij niet aan het urencriterium. De oudedagsreserve bedroeg € 61.000 en het ondernemingsvermogen € 60.000. Vorig jaar moest zijn oudedagsreserve daarom verplicht afnemen met € 1.000. Dit jaar voldoet Piet wel aan het urencriterium. Het ondernemingsvermogen op 1 januari bedroeg € 60.000. Het ondernemingsvermogen op 31 december bedraagt € 70.000. De stand van de oudedagsreserve op 1 januari bedroeg € 60.000. De winst voor dotatie aan deze reserve bedraagt € 60.000.
> Op grond van de normale regels zou Piet € 5.664 mogen doteren (9,44% van 60.000). De stand van de oudedagsreserve zou dan € 65.664 worden. Hij mag echter nog een inhaaltoevoeging doen van € 1.000. De stand van de reserve wordt hierdoor € 66.664.

4.19.4 Het afbouwen van de oudedagsreserve

De oudedagsreserve is een fiscale reserve, oftewel een boekhoudkundige post op de balans die tot verschuiving van winst naar de toekomst leidt. Er vindt wel uitstel van belastingheffing plaats, maar geen afstel; ooit moet de ondernemer afrekenen. De oudedagsreserve kan worden omgezet in een lijfrente. In dat geval worden de latere lijfrente-uitkeringen belast en vindt dus nog verder belastinguitstel plaats. Om de belastingheffing over de oudedagsreserve zeker te stellen, zijn dan ook een aantal verplichte afrekenmomenten in de regeling ingebouwd.

Vrijwillig afbouwen

Een belastingplichtige kan de opgebouwde oudedagsreserve op elk moment omzetten in een bij de wet omschreven en van fiscale faciliteiten voorziene lijfrente, zoals is geregeld in art. 3.70 en 3.128 Wet IB. Zeker in een situatie waarin de ondernemer over voldoende liquide middelen beschikt, kan het interessant zijn om de oudedagsvoorziening op deze manier zeker te stellen. Meestal vindt de omzetting van de oudedagsreserve echter niet tussentijds, maar pas bij bedrijfsbeëindiging plaats.

Als de belastingplichtige de oudedagsreserve omzet in een lijfrente, moet hij het bedrag van de reserve laten vrijvallen ten gunste van de winst uit onderneming (art. 3.70 lid 1 Wet IB). Daar staat dan eenzelfde bedrag als aftrekpost tegenover in verband met uitgaven voor inkomensvoorzieningen (lijfrentepremie). Dit alles vindt plaats in box 1, tegen hetzelfde tarief. Op het eerste oog is de uitkomst per saldo neutraal. Maar de hogere winst die door deze handelwijze ontstaat, heeft wel gevolgen voor de winstafhankelijke ondernemersfaciliteiten (zoals de ondernemersaftrek en de MKB-winstvrijstelling). Er kan – in plaats van een gewone lijfrente – ook gekozen worden voor een lijfrentespaarrekening of een lijfrentebeleggingsrecht (art. 3.126a Wet IB).

Voorbeeld

Lucas heeft een oudedagsreserve opgebouwd van € 50.000. In zijn onderneming beschikt hij over een banktegoed van € 70.000. Hij schat in dat hij hiervan € 30.000 nodig heeft voor verplichtingen op korte en langere termijn en hij besluit een koopsom van € 40.000 te storten voor een lijfrente. De gedeeltelijke afbouw van de oudedagsreserve leidt dan tot een verhoging van de winst uit onderneming van € 40.000 en een stand van de oudedagsreserve van € 10.000. Daarentegen mag de storting van de lijfrentepremie van € 40.000 als uitgave voor inkomensvoorziening in mindering worden gebracht op het inkomen in box 1 (art. 3.128 Wet IB). Uit deze lijfrenteverzekering zal hij te zijner tijd uitkeringen ontvangen waarmee hij in zijn oude dag kan voorzien. Deze uitkeringen worden dan belast.

Verplicht afbouwen

De stand van de oudedagsreserve moet worden teruggebracht naar het niveau van het ondernemingsvermogen per het einde van het jaar als (art. 3.70 lid 1 letter b Wet IB):
- de onderneming geheel of gedeeltelijk wordt gestaakt; of
- de ondernemer aan het begin van het kalenderjaar de AOW-gerechtigde leeftijd heeft bereikt; of
- de belastingplichtige in het lopende en het voorafgaande kalenderjaar niet voldoet aan het urencriterium.

Het bedrag waarmee de oudedagsreserve afneemt, verhoogt de winst in het jaar van afbouwen. Als een ondernemer zijn bedrijf volledig staakt (en geen lijfrente aankoopt voor het bedrag van de oudedagsreserve), is het ondernemingsvermogen aan het eind van het jaar nihil en moet de oudedagsreserve dus volledig worden toegevoegd aan de winst. Als de ondernemer daarbij de oudedagsreserve wel omzet in een lijfrente, valt de oudedagsreserve ook vrij, maar dan op grond van art. 3.70 lid 1 letter a (in plaats van lid 1 letter b sub 1) Wet IB.

4.20 Ondernemersaftrek

4.20.1 Inleiding

Volgens art. 3.2 Wet IB is de belastbare winst uit onderneming het gezamenlijke bedrag van de winst die de belastingplichtige als ondernemer geniet, verminderd met de 'ondernemersaftrek'.

Ondernemersaftrek De ondernemersaftrek (art. 3.74 Wet IB) is een verzamelbegrip en is als volgt opgebouwd:

Zelfstandigenaftrek (paragraaf 4.20.2)	....
Startersaftrek, een verhoging van de zelfstandigenaftrek (paragraaf 4.20.3)	....
Aftrek speur- en ontwikkelingswerk (paragraaf 4.20.4)	....
Meewerkaftrek (paragraaf 4.20.5)	....
Startersaftrek bij arbeidsongeschiktheid (paragraaf 4.20.6)	....
Stakingsaftrek (paragraaf 4.23.3)	.... +
Ondernemersaftrek	....

Tabel 4.5 Opbouw ondernemersaftrek

Deze aftrekposten zijn slechts bestemd voor ondernemers. Om voor de ondernemersaftrek in aanmerking te komen, moet de ondernemer voldoen aan het urencriterium (art. 3.6 Wet IB, zie paragraaf 4.4.3). Het enige bestanddeel van de aftrek waarvoor dit niet geldt, is de stakingsaftrek.

Het belastingvoordeel dat de ondernemersaftrek en de MKB-winstvrijstelling (paragraaf 4.21) opleveren in de hoogste tariefschijf, is afgetopt (art. 2.10 lid 2 en 3 Wet IB, zie daarvoor paragraaf 3.3.2). De diverse onderdelen van de ondernemersaftrek worden in de volgende paragrafen nader uitgewerkt. De stakingsaftrek komt aan de orde in onderdeel D (paragraaf 4.23.3).

4.20.2 Zelfstandigenaftrek

Zelfstandigen- aftrek

Een ondernemer die aan het urencriterium voldoet en die bij aanvang van het betreffende kalenderjaar de AOW-gerechtigde leeftijd nog niet heeft bereikt, komt in aanmerking voor de volledige zelfstandigenaftrek (art. 3.76 Wet IB). De zelfstandigenaftrek bedraagt € 6.670.

Bij ondernemers die aan het begin van het kalenderjaar de AOW-leeftijd hebben bereikt, bedraagt de zelfstandigenaftrek 50% van dit bedrag.

De zelfstandigenaftrek kan niet meer bedragen dan de winst over het betreffende jaar, behalve bij startende ondernemers. Bij een geringe winst of een verlies kan de niet gerealiseerde zelfstandigenaftrek in de volgende 9 jaar alsnog worden gerealiseerd, mits de winst dan wel voldoende is (art. 3.76 lid 5 tot en met 9 Wet IB).

Voorbeeld

Hanny heeft in jaar 10 een winst uit onderneming van € 5.000 en in jaar 11 van € 13.000. De zelfstandigenaftrek zou in jaar 10 in principe € 6.670 bedragen, maar mag gezien de winst maximaal € 5.000 zijn. (Hanny is geen startende ondernemer.) In jaar 11 wordt de zelfstandigenaftrek van € 6.670 verhoogd met € 1.670, zodat de totale aftrek in jaar 11 € 8.340 bedraagt.

4.20.3 Startersaftrek

Startersaftrek

De startersaftrek (art. 3.76 lid 3 Wet IB) is een extra aftrek van € 2.123 op de winst uit onderneming. Deze aftrek wordt verleend als de ondernemer in aanmerking komt voor de zelfstandigenaftrek én wordt aangemerkt als startende ondernemer.

Een ondernemer wordt aangemerkt als startende ondernemer als hij:
- in één of meer van de 5 voorafgaande jaren geen ondernemer was; en
- in deze periode niet meer dan twee keer de zelfstandigenaftrek heeft toegepast.

Dit betekent dat een ondernemer in een periode van 5 jaar maximaal drie keer de startersaftrek kan claimen.

Voorbeeld

Johan is ondernemer en jonger dan 55 jaar. Hij is zijn onderneming in 2017 gestart. In 2019 heeft hij voor de eerste maal voldaan aan het urencriterium. Ook was dat het jaar waarin hij voor de eerste keer de startersaftrek claimde. In 2020 heeft hij weer aanspraak gemaakt op de zelfstandigenaftrek en de startersaftrek. In 2021 kan hij dus nog gebruikmaken van de startersaftrek. In 2022 kan dat echter niet meer.

Persoonlijk criterium — Zoals gezegd komt een ondernemer alleen in aanmerking voor de startersaftrek als hij een startende ondernemer is. Dit is een persoonlijk criterium; de onderneming zelf hoeft niet nieuw te zijn. Dus ook de ondernemer die zijn bedrijf van een ander heeft gekocht, is starter. De startersaftrek geldt echter niet voor de ondernemer die zijn onderneming voortzet na een geruisloze terugkeer uit de bv of nv.

4.20.4 Aftrek speur- en ontwikkelingswerk

Speur- en ontwikkelingswerk — De aftrek speur- en ontwikkelingswerk (S&O) (art. 3.77 Wet IB) is een aftrek die gebaseerd wordt op de uren die de ondernemer in speur- en ontwikkelingswerk steekt. Deze aftrek dient om door de overheid gewenste vernieuwing en kennisontwikkeling in het bedrijfsleven te stimuleren.

Voorwaarden — De voorwaarden zijn:
- De ondernemer voldoet aan het urencriterium.
- In het kalenderjaar werd ten minste 500 uur besteed aan S&O-werk.

Wil er sprake zijn van speur- en ontwikkelingswerk, dan moet de belastingplichtige beschikken over een zogenoemde S&O-verklaring, die wordt afgegeven door de minister van Economische Zaken en Klimaat. De aftrek bedraagt in 2021 € 13.188. Voor een startende ondernemer kan de aftrek worden verhoogd met € 6.598 (in 2021).

Afdrachtvermindering — Naast de aftrek voor speur- en ontwikkelingswerk in de inkomstenbelasting geldt er ook een afdrachtvermindering van loonbelasting en premie volksverzekeringen. Deze kan worden toegepast als werknemers speur- en ontwikkelingswerk verrichten. Bedrijven kunnen voor S&O-kosten (zowel voor loonkosten als andere kosten en uitgaven) fiscaal voordeel aanvragen via de WBSO (Wet bevordering speur- en ontwikkelingswerk). Werkgevers kunnen dit fiscale voordeel verrekenen via de loonheffing.

4.20.5 Meewerkaftrek

Meewerkaftrek — De meewerkaftrek (art. 3.78 Wet IB) is een vermindering van de belastbare winst vanwege het feit dat de partner meewerkt in de onderneming. Het gaat hierbij om een fiscaal partner (van een ondernemer), die in de onderneming meewerkt zonder zelf ondernemer te zijn (de onderneming wordt dan niet mede voor zijn of haar risico gedreven). De meewerkaftrek levert de ondernemer een aftrekpost op. Deze aftrekpost wordt bij de meewerkende partner niet als inkomen belast.

Voorwaarden De volgende voorwaarden gelden:
- De belastingplichtige is ondernemer.
- De ondernemer voldoet aan het urencriterium.
- De meewerkende partner werkt op jaarbasis minimaal 525 uur mee in de onderneming.

De meewerkaftrek is afhankelijk van het aantal uren dat de partner meewerkt en van de winst uit onderneming. De aftrek word bepaald aan de hand van de volgende tabel:

Aantal meegewerkte uren is		Aftrek bedraagt
gelijk aan of meer dan	maar minder dan	
525	875	1,25% van de winst
875	1.225	2% van de winst
1.225	1.750	3% van de winst
1.750	–	4% van de winst

Tabel 4.6 Meewerkaftrek

De winst is hier de winst uit onderneming(en) waarin de partner zonder enige vergoeding arbeid verricht. Hierop komen enkele bedragen in mindering die niet tot de gewone jaarwinst behoren (art. 3.78 lid 3 Wet IB).

Arbeidsbeloning Er kan ook op andere manieren rekening worden gehouden met het meewerken van de partner. De partner kan een arbeidsbeloning krijgen in de vorm van salaris of een arbeidsvergoeding. Dit leidt wel tot loon of tot resultaat uit overige werkzaamheden. Deze vergoeding wordt bij de partner belast als deze hoger is dan € 5.000 (zie art. 3.96 letter b en art. 3.16 lid 4 Wet IB). De vergoeding verlaagt de winst van de ondernemer, die dan niet in aanmerking komt voor de meewerkaftrek.
Is de vergoeding lager dan € 5.000, dan is de ontvangst bij de partner niet belast, maar bij de ondernemer ook niet aftrekbaar van de winst. De staatssecretaris heeft aangegeven dat de ondernemer in dat geval wel in aanmerking komt voor de meewerkaftrek.

Een ondernemer kan jaarlijks kiezen of hij een arbeidsvergoeding toekent of de meewerkaftrek toepast.

> **Voorbeeld**
>
> Sander behaalt € 120.000 winst. Hij betaalt over een deel daarvan het toptarief van 49,5%. Zijn vrouw Loes geniet zelf € 10.000 aan inkomen. Als Loes meewerkt in de onderneming van Sander, kan het aantrekkelijk zijn om Loes zo veel winst toe te delen dat zij onder een lager belastingtarief valt dan Sander. De beloning die zij krijgt, gaat namelijk af van de top van de winst van Sander, die hierdoor minder belasting betaalt. De arbeidsvergoeding moet wel reëel zijn in relatie tot de verrichte arbeid.

Een andere samenwerkingsvorm tussen partners is de man-vrouwmaatschap of de vennootschap onder firma. Hierop wordt in paragraaf 4.4.2 ingegaan.

4.20.6 Startersaftrek bij arbeidsongeschiktheid

Een arbeidsongeschikte ondernemer zal soms niet (direct) aan het urencriterium kunnen voldoen en daardoor faciliteiten mislopen. Om de arbeidsdeelname van arbeidsongeschikten te bevorderen, wordt onder de volgende voorwaarden een startersaftrek bij arbeidsongeschiktheid verleend (art. 3.78a Wet IB):
– De ondernemer moet recht hebben op een uitkering op grond van diverse sociale wetten of een periodieke uitkering of particuliere verzekering wegens arbeidsongeschiktheid
– De ondernemer moet voldoen aan het verlaagde urencriterium van 800 uur (art. 3.78a lid 3 Wet IB).
– De ondernemer mag de AOW-leeftijd nog niet hebben bereikt.
– Er is geen sprake van een ondernemer die zijn onderneming voortzet na een geruisloze terugkeer uit de bv of nv.

De aftrek bedraagt:
– als in de afgelopen 5 jaar geen aftrek is genoten: maximaal € 12.000;
– als de aftrek in de afgelopen 5 jaar één keer is toegepast: maximaal € 8.000;
– als de aftrek in de afgelopen 5 jaar twee keer is toegepast: maximaal € 4.000.

De aftrek kan niet hoger zijn dan de genoten winst.

4.21 De mkb-winstvrijstelling

Uit oogpunt van lastenverlichting wordt voor ondernemers 14% van de gezamenlijke winst uit onderneming, na aftrek van de ondernemersaftrek, vrijgesteld van belastingheffing (art. 3.79a Wet IB). Gezien de hoogte van de aftrek is deze zogeheten mkb-winstvrijstelling dus een belangrijke aftrekpost voor ondernemers.

> **Voorbeeld**
>
> Aafke is vorig jaar een automatiseringsbedrijf gestart waarin ze zo'n 2.000 uur per jaar werkt.
>
> | | |
> |---|---:|
> | Haar winst bedraagt dit jaar: | € 20.000 |
> | Zij heeft recht op: | |
> | Zelfstandigenaftrek | € 6.670 –/– |
> | Startersaftrek | € 2.123 –/– |
> | Winst voor mkb-winstvrijstelling | € 11.207 |
> | Mkb-winstvrijstelling (14% × 10.847) | € 1.569 –/– |
> | Belastbare winst | € 9.363 |

ONDERDEEL D Staking van de onderneming

4.22 Inleiding

Staking onderneming — Bij de overdracht of liquidatie van de onderneming staakt de ondernemer zijn onderneming. Meestal zal de ondernemer dan stakingswinst behalen, bijvoorbeeld als gevolg van de verkoop van een bedrijfspand voor een hogere waarde dan de boekwaarde. De winst bij staking van de onderneming wordt bepaald volgens de normale regels van de winstberekening van met name art. 3.8 en 3.25 Wet IB. In de praktijk komen bij een staking echter veel specifieke onderwerpen aan de orde. Daarom wordt de staking van de onderneming als afzonderlijk onderwerp behandeld.

Begrip staking — Het begrip staking is niet met zo veel woorden in de wet omschreven, maar het gaat om situaties waarin de ondernemer ophoudt om voor zijn eigen rekening een onderneming te drijven. Dat betekent dat niet alleen sprake is van een staking bij de overdracht of liquidatie van een onderneming, maar bijvoorbeeld ook bij het overlijden van de ondernemer. Ook kan een onderneming gedeeltelijk worden gestaakt.

Gedeeltelijke staking — Van een gedeeltelijke staking is sprake in de volgende gevallen:
- de inbreng van een onderneming in een vennootschap onder firma (staking van een evenredig deel van de onderneming);
- een duurzame belangrijke inkrimping van het bedrijf;
- overdracht van een zelfstandig onderdeel van de onderneming; dit is bijvoorbeeld het geval als een onderneming uit drie filialen bestaat, en één filiaal wordt verkocht.

Afrekening In principe moet bij de staking van een onderneming belasting worden betaald over de gerealiseerde stakingswinst. Dit wordt ook wel 'afrekenen' genoemd. De Wet IB biedt echter een aantal mogelijkheden waarbij een afrekening achterwege kan blijven, doordat de onderneming voor de inkomstenbelasting geacht wordt niet te zijn gestaakt. Dit wordt (geruisloze) doorschuiving genoemd.

Geruisloze doorschuiving

De berekening van de stakingswinst en de bijzonderheden daarbij zullen in paragraaf 4.23 worden behandeld. In de paragrafen daarna worden de verschillende situaties van staking behandeld, waarbij ook de eventuele doorschuifmogelijkheden aan de orde komen. De volgende situaties van (gedeeltelijke) staking kunnen worden onderscheiden:
- overdracht van een onderneming (paragraaf 4.24);
- liquidatie (paragraaf 4.25);
- overlijden van de ondernemer (paragraaf 4.26);
- ontbinding van de huwelijksgemeenschap waarin de onderneming valt (paragraaf 4.27);
- staking, gevolgd door de start van een nieuwe onderneming (paragraaf 4.28);
- overige gevallen van eindafrekeningswinst (paragraaf 4.29);
- overdracht aan een eigen bv (paragraaf 4.30);
- het aangaan van of de uittreding uit een samenwerkingsverband (paragraaf 4.31).

4.23 Stakingswinst en stakingsfaciliteiten

4.23.1 Inleiding

Ieder jaar wordt de jaarwinst in de heffing betrokken. Bij het staken van een onderneming worden de stille en fiscale reserves (en een eventuele desinvesteringsbijtelling) gerealiseerd. De meerwaarden komen bij de staking tot uitdrukking omdat deze op grond van het goed koopmansgebruik niet tot de jaarwinst hoefden te worden gerekend. De stakingswinst maakt deel uit van de winst uit onderneming in het jaar van staking.

Voor de stakingswinst gelden een aantal stakingsfaciliteiten: de stakingsaftrek, de mogelijkheid van een extra lijfrentepremieaftrek en de diverse doorschuifregelingen. De beschikbaarheid van deze faciliteiten, die slechts gelden voor de stakingswinst en niet voor de gewone jaarwinst, maakt het onderscheid tussen beide soorten winst relevant.

4.23.2 Begrip stakingswinst

Stakingswinst is de winst die wordt behaald met of bij de staking van de onderneming. De stakingswinst bestaat uit de volgende onderdelen:
- stille reserves;
- goodwill;
- vrijval van fiscale reserves;
- desinvesteringsbijtelling.

Meestal zal de stakingswinst positief zijn, maar het is natuurlijk ook mogelijk dat de berekening van de stakingswinst tot een negatief bedrag leidt. Dan is sprake van een stakingsverlies.

Stille reserves

_{Stille reserves} Stille reserves ontstaan doordat de boekwaarde van de zaken die in de onderneming aanwezig zijn (zoals onroerende zaken), verschilt van de waarde in het economische verkeer. Als bij een bedrijfsbeëindiging de overdrachtsprijs van een activum hoger is dan de boekwaarde, wordt een stille reserve gerealiseerd.

Ook stille reserves in vermogensbestanddelen die de ondernemer niet verkoopt maar zelf wil houden, behoren tot de stakingswinst. Deze bestanddelen, zoals een auto of een woon-winkelpand, gaan namelijk tot het privévermogen van de belastingplichtige behoren. Dergelijke onttrekkingen moeten worden gewaardeerd op de waarde in het economische verkeer, zodat het verschil tussen deze waarde en de boekwaarde ook tot de stakingswinst behoort. Bij het overbrengen van een ondernemerswoning naar privé mag op grond van een besluit de woning onder bepaalde voorwaarden worden gewaardeerd op 85% van de waarde in het economische verkeer.

Onttrekkingen

Worden bepaalde activa echter aangehouden in afwachting van verkoop, dan blijven deze tot het ondernemingsvermogen behoren. Er is dan sprake van een langlopende liquidatie. Bij een latere verkoop worden de boekwinsten of -verliezen in het betreffende jaar alsnog in aanmerking genomen. Dit wordt wel nagekomen stakingswinst genoemd.

Nagekomen stakingswinst

Goodwill

Goodwill Goodwill is de meerwaarde die een bestaand bedrijf heeft bóven de som van zijn delen (de aanwezige bezittingen en schulden naar hun waarde in het economische verkeer). Bij een overname verwacht de koper dat hij – bij dezelfde investering – door het overnemen van een bestaande onderneming meer winst zal behalen dan bij het starten van een totaal nieuwe onderneming. Zaken die hierbij een rol spelen, zijn het direct kunnen starten, de aanwezigheid van een klantenkring, de besparing op reclamekosten, etc. Het gaat dus om het gedeelte van de marktwaarde van een onderneming dat niet direct toewijsbaar is aan de activa en passiva.

> **Voorbeeld**
>
> Piet heeft al 30 jaar een goedlopende brood- en banketbakkerij in een middelgroot dorp. Hij vindt het nu tijd geworden om te stoppen. De waarde van het bedrijfspand, inventaris en overige activa is € 350.000. Hij slaagt er echter in een koopprijs voor de hele zaak te bedingen van € 450.000. Vanwege de winstgevendheid van de onderneming is de koper bereid om een bedrag van € 100.000 aan goodwill te betalen.

Vrijval van fiscale reserves

Fiscale reserves — Tot de fiscale stakingswinst behoren, naast de stille reserves en de goodwill, de met de staking vrijvallende fiscale reserves:
- de kostenegalisatiereserve;
- de herinvesteringsreserve;
- de oudedagsreserve.

Kostenegalisatiereserve — De kostenegalisatiereserve (art. 3.53 Wet IB) wordt gevormd om toekomstige kosten gelijkmatig ten laste van de winst te laten komen (zie ook paragraaf 4.17). Bij staking zullen deze kosten niet meer door de stakende ondernemer worden gedragen, en moeten de reserves vrijvallen in de stakingswinst.

Het staken van een onderneming betekent dat de ondernemer niet langer van plan is om de gereserveerde boekwinsten die binnen de onderneming zijn behaald bij de verkoop van bedrijfsmiddelen, te gebruiken voor herinvestering. *Herinvesteringsreserve* — De in het verleden gevormde herinvesteringsreserve (art. 3.54 Wet IB, zie ook paragraaf 4.18) moet dan ook worden opgeheven. De gereserveerde boekwinsten vallen dan alsnog in de stakingswinst.

Oudedagsreserve — De oudedagsreserve (zie ook paragraaf 4.19) moet op grond van art. 3.70 Wet IB worden opgeheven bij het volledig staken van de onderneming. Het is wel mogelijk om bij de staking een lijfrente te bedingen ter grootte van de oudedagsreserve, *Lijfrente* zodat belastingheffing over dit bedrag kan worden uitgesteld. Er is een regeling voor het geval dat de ondernemer meerdere ondernemingen heeft en er één of meer staakt. De ondernemer mag dan kiezen of hij over de oudedagsreserve van de betreffende gestaakte onderneming(en) afrekent, of deze toevoegt aan de oudedagsreserve(s) van de overblijvende onderneming(en), voor zover aan de vermogenseis wordt voldaan (art. 3.72 lid 3 Wet IB).

Desinvesteringsbijtelling

Desinvesteringsbijtelling — Tot slot behoort ook de eventuele desinvesteringsbijtelling tot de stakingswinst. Als de ondernemer zijn onderneming staakt binnen de desinvesteringstermijn van 5 jaar na een investering waarover hij de investeringsaftrek heeft genoten (art. 3.40 tot en met art. 3.42a Wet IB), vindt een (al dan niet fictieve) vervreemding plaats waarover de desinvesteringsbijtelling verschuldigd is (art. 3.47 Wet IB, zie ook paragraaf 4.16). Bij staking wegens overlijden van de ondernemer hoeft geen desinvesteringsbijtelling plaats te vinden.

Berekening stakingswinst
In het jaar van staking wordt zowel gewone jaarwinst als stakingswinst behaald.

> **Voorbeeld**
>
> Saskia verkoopt haar onderneming aan een derde. Op de balans van de onderneming staat een pand met een boekwaarde van € 100.000 en een oudedagsreserve van € 20.000.
> Degene die de onderneming overneemt, betaalt voor het pand € 450.000 en voor de goodwill € 250.000.
> De overige bezittingen en schulden gaan over tegen de boekwaarde. De verkoop van het pand leidt tot een desinvesteringsbijtelling van (stel) € 3.000.
> De stakingswinst van Saskia bedraagt:
>
> | | |
> |---|---:|
> | Stille reserves in pand (450.000 –/– 100.000) | € 350.000 |
> | Goodwill (250.000 –/– 0) | € 250.000 |
> | Desinvesteringsbijtelling | €   3.000 |
> | Vrijval van de gevormde oudedagsreserve | € 20.000 + |
> | Stakingswinst | € 623.000 |
>
> Op de stakingswinst plus de overige (jaar)winst, worden de ondernemingsaftrek en de mkb-winstvrijstelling in mindering gebracht. Wat dan overblijft, is de belastbare winst uit onderneming (art. 3.2 Wet IB).

Nagekomen winst — Nadat een onderneming gestaakt is, kunnen er nog baten of lasten uit de onderneming voortvloeien. Stel bijvoorbeeld dat de oud-ondernemer door een oude klant wordt aangesproken wegens wanprestatie, of dat een eerder oninbaar geachte vordering alsnog wordt betaald. Deze baten en lasten behoren nog tot de gewone winst en moeten in het jaar waarin zij zich voordoen, als zodanig worden opgenomen bij het inkomen in box 1. Ook kan er sprake zijn van nagekomen stakingswinst, bijvoorbeeld als een aanvankelijk onzekere bedrijfsbeëindigingspremie alsnog wordt ontvangen.

Stakingsfaciliteiten
Bij staking gelden een aantal stakingsfaciliteiten:
- de stakingsaftrek (paragraaf 4.23.3);
- de mogelijkheid tot extra lijfrentepremieaftrek (paragraaf 4.23.4);
- doorschuifregelingen voor een aantal situaties (paragraaf 4.23.5).

4.23.3 Stakingsaftrek

Stakingsaftrek — Als een ondernemer zijn onderneming staakt, behaalt hij stakingswinst. Hij heeft dan recht op de stakingsaftrek (art. 3.79 Wet IB). Hiermee wordt de stakingswinst waarover hij daadwerkelijk belasting moet betalen, verlaagd. De stakingsaftrek is een onderdeel van de ondernemersaftrek.

De stakingsaftrek bedraagt maximaal € 3.630 en geldt alleen voor een ondernemer, dus bijvoorbeeld niet voor een stille vennoot.

Iedere ondernemer mag slechts één keer gebruikmaken van het maximumbedrag van de stakingsaftrek. Als een tweede onderneming wordt gestaakt, moet rekening worden gehouden met de eerder benutte stakingsaftrek. De stakingsaftrek geldt niet bij een gedeeltelijke staking van een onderneming.

> **Voorbeeld**
>
> Wim heeft twee ondernemingen. In 2021 staakt hij één van zijn ondernemingen. De stakingswinst die hij realiseert, bedraagt € 2.000. Daarmee heeft hij recht op een stakingsaftrek van € 2.000. De stakingsaftrek die Wim in de toekomst nog kan claimen bij het staken van zijn tweede onderneming, bedraagt nu maximaal € 1.630 (3.630 –/– 2.000).

Geruisloze doorschuiving — In bepaalde gevallen kan een onderneming 'geruisloos' doorschuiven. De geruisloze doorschuiving is een faciliteit waarbij niet wordt afgerekend over de stakingswinst. In paragraaf 4.24.4 (en ook 4.26.2, 4.27.2 en 4.30) wordt hier dieper op ingegaan. Als een belastingplichtige ondernemer is geworden door middel van een geruisloze doorschuiving, kan hij pas aanspraak maken op de stakingsaftrek als de onderneming langer dan 3 jaar voor zijn rekening is gedreven.

> **Voorbeeld**
>
> Theo heeft op 1 januari 2019 de onderneming van zijn vader overgenomen. Voor die tijd was Theo al vennoot van de onderneming. Bij de overdracht aan Theo is gebruikgemaakt van een geruisloze doorschuiving aan een medeondernemer, zoals bedoeld in art. 3.63 Wet IB.
> Theo heeft pas recht op de stakingsaftrek als hij de onderneming in elk geval tot 1 januari 2022 voor zijn rekening blijft drijven.

4.23.4 Bedingen lijfrente bij bedrijfsbeëindiging

De hoofdregel is dat de ondernemer fiscaal afrekent over de door hem behaalde stakingswinst. De ondernemer kan echter ook gebruikmaken van een faciliteit om voor de stakingswinst een lijfrente aan te kopen, waarbij hij de lijfrente-uitkeringen kan gebruiken voor zijn levensonderhoud. Dit is enigszins vergelijkbaar met een pensioen.

Bedingen van een lijfrente — De belastingheffing over de stakingswinst en de oudedagsreserve kan worden uitgesteld door een lijfrente te bedingen. Bij het afsluiten van een lijfrente mag de ondernemer de premie of koopsom onder voorwaarden in aftrek brengen op zijn belastbaar inkomen. Maar hij gaat dan te zijner tijd wel belasting betalen over de uitkeringen die hij gaat ontvangen. De lijfrente-uitkeringen zijn in het jaar van ontvangst belast in box 1. Een lijfrente is een aanspraak op vaste en gelijkmatige periodieke uitkeringen volgens een levensverzekeringsovereenkomst (art. 1.7 Wet IB). De uitkeringen moeten uiterlijk bij overlijden eindigen, maar eerder mag ook.

De premie vermindert niet direct de belastbare stakingswinst. De premie of koopsom voor de lijfrenteverzekering maakt namelijk deel uit van de post 'Uitgaven voor inkomensvoorzieningen'. Deze post is een zelfstandig onderdeel van het belastbaar inkomen uit werk en woning (zie paragraaf 5.8, art. 3.1 Wet IB).

Oudedagsreserve De omzetting van de oudedagsreserve is geregeld in art. 3.70 lid 1 en 3.128 Wet IB. De oudedagsreserve kan bij staking worden omgezet in een lijfrente, maar dit kan ook al tijdens het ondernemerschap.

Stakingslijfrente De omzetting in een lijfrente van stakingswinst die is behaald bij een volledige of gedeeltelijke staking, is geregeld in art. 3.129 Wet IB. Het bedrag dat – afgezien van de oudedagsreserve – maximaal in aftrek kan komen, is in principe gelijk aan de gerealiseerde stakingswinst (voor toepassing van de stakingsaftrek), maar niet meer dan:

a. € 474.517 als:
- de ondernemer op het moment van staking hooguit 5 jaar jonger dan de AOW-leeftijd is; of
- de ondernemer voor 45% of meer arbeidsongeschikt is en de hem toekomende lijfrentetermijnen ingaan binnen 6 maanden na het staken; of
- de stakingswinst is ontstaan door het overlijden van de ondernemer;

b. € 237.267 als:
- de ondernemer op het moment van staking hooguit 15 jaar jonger is dan de AOW-leeftijd; of
- de lijfrente-uitkeringen direct ingaan;

c. € 118.640 in alle overige gevallen.

Deze maximumbedragen gelden in 2021.

Deze drie bedragen moeten worden verlaagd met:
- de waarde in het economische verkeer van bepaalde aanspraken inzake beroepspensioenen en bedrijfsbeëindigingsaanspraken;
- de stand van de oudedagsreserve bij aanvang van het kalenderjaar;
- de lijfrentepremies die al in eerdere jaren op het belastbaar inkomen in mindering zijn gebracht.

Voorbeeld

Willem, een aannemer van 64, draagt zijn onderneming over aan zijn zoon. Hij heeft op 1 januari van het stakingsjaar een oudedagsreserve van € 100.000 opgebouwd. Hij bedingt hiervoor een lijfrente. De stakingswinst (voor stakingsaftrek) bedraagt € 250.000 (hierin is de oudedagsreserve niet begrepen). Hij kan nu de laagste van de twee volgende bedragen in aftrek brengen:
- € 250.000;
- € 374.517 (€ 474.517 –/– € 100.000); het maximumbedrag van art. 3.129 lid 2 letter a Wet IB (Willem is op het moment van staken immers minder dan 5 jaar jonger dan de AOW-leeftijd), minus de stand van de oudedagsreserve bij aanvang van het kalenderjaar.

> De lijfrenteaftrek in het kader van de staking van de onderneming bedraagt dus maximaal € 250.000, naast de lijfrente die voor de oudedagsreserve wordt bedongen.
>
> **Toelichting**
> Op de te belasten winst uit onderneming, komt de stakingsaftrek (als onderdeel van de ondernemersaftrek) in mindering, evenals de mkb-winstvrijstelling. Maar bij de bepaling van het bedrag aan aftrekbare lijfrentepremie mag worden uitgegaan van de stakingswinst, zonder aftrek van de stakingsaftrek en de mkb-winstvrijstelling.

De lijfrente mag worden bedongen bij een professionele verzekeraar of bank, maar bij staking mag dit ook bij degene die de onderneming overneemt (art. 3.126 lid 1 sub a ten 2e Wet IB).

Het is gebruikelijk om in verband met de inbreng van een onderneming in een bv een lijfrente te bedingen bij de eigen bv. Doordat de ondernemer de belasting over de oudedagsreserve en een eventuele stakingswinst voorlopig niet hoeft te betalen, bespaart hij namelijk op de liquide middelen die de bv nodig heeft om te ondernemen.

Naast het bedingen van een lijfrente bij een verzekeraar of de opvolger van de ondernemer, is het ook mogelijk om de 'koopsom' voor de lijfrente op een geblokkeerde spaar- of beleggingsrekening bij een bank te storten. Men spreekt dan van lijfrentesparen of lijfrentebeleggen (zie paragraaf 5.8). Hiervoor gelden dezelfde maximaal aftrekbare bedragen als voor een gewone lijfrenteverzekering.

4.23.5 Doorschuiving onderneming

Geruisloze doorschuiving In bepaalde gevallen kan een ondernemer zijn onderneming overdragen aan een ander, zonder dat hij hoeft af te rekenen over de stakingswinst. Dit wordt een geruisloze doorschuiving genoemd.

Doorschuiffaciliteiten Voor de volgende stakingsvormen bestaan er doorschuiffaciliteiten:
– overdracht aan een medeondernemer of werknemer (paragraaf 4.24.4);
– overgang van de onderneming door overlijden (paragraaf 4.26.2);
– ontbinding van de huwelijksgoederengemeenschap (paragraaf 4.27.2);
– bedrijfsbeëindiging, gevolgd door het starten van een nieuwe onderneming; hierbij geldt wel een andere methodiek dan bij de overige situaties (paragraaf 4.28);
– overdracht van de onderneming aan een eigen nv of bv (paragraaf 4.30).

De systematiek en implicaties van de geruisloze doorschuiving komen in paragraaf 4.24.4 uitgebreid aan de orde en worden in de overige paragrafen niet herhaald.

4.24 Overdracht van de onderneming

4.24.1 Inleiding

Overdracht De meest gewone vormen van staking zijn de overdracht van de onderneming en de liquidatie van de onderneming. Bij de overdracht van de onderneming blijft de onderneming weliswaar bestaan, maar wordt deze in het vervolg voor rekening van iemand anders gedreven. Dit in tegenstelling tot de liquidatie, waarbij de onderneming wordt stopgezet zonder dat deze aan een ander wordt vervreemd (paragraaf 4.25).

Over het algemeen wordt een bedrijf overgedragen tegen een koopsom die ineens moet worden voldaan. De vermogensbestanddelen die niet worden verkocht, gaan voor de waarde in het economische verkeer over naar privé. Het is mogelijk om hierover in overleg te treden met de Belastingdienst of een gezamenlijke taxatie te laten plaatsvinden.

Als bekend is wat de overdrachtsprijs is en de waarden van de vermogensbestanddelen die naar privé gaan, zijn vastgesteld, kan de stakingswinst worden berekend. In paragraaf 4.23.2 is al uitgebreid ingegaan op de stakingswinst. Hierbij *Overnameprijs* maakt het in principe geen verschil of de overnameprijs ineens wordt voldaan of *schuldig gebleven* dat de overnemer dit bedrag vooralsnog schuldig blijft. Wel mag bij de staking bij de waardering van de vordering op de overnemende partij rekening worden gehouden met het eventuele risico van oninbaarheid. De vordering mag dan op de contante waarde worden gewaardeerd als de overnemer geen of slechts een lage rente betaalt. De aldus gewaardeerde vordering gaat op het moment van staking tot het privévermogen van de ex-ondernemer behoren. Eventuele waardeveranderingen, bijvoorbeeld door betalingsmoeilijkheden of onenigheid, leiden dan niet tot een verlaging van de stakingswinst of anderszins tot een verlies uit onderneming.

Voorbeeld

Henk verkoopt zijn viswinkel voor € 170.000 aan Jan. Dat is € 100.000 boven de boekwaarde, zodat de stakingswinst € 100.000 bedraagt. De betaling van de koopprijs wordt enige tijd uitgesteld, omdat Jan eerst wat geld moet verdienen. Ten tijde van de overdracht wordt de vordering gewaardeerd op € 170.000. Jan vindt bij nader inzien dat de overgenomen voorraad niet aan de verwachtingen voldoet en betaalt slechts € 120.000. Na 2 jaar procederen krijgt Henk nog eens € 25.000 betaald (€ 20.000 plus wettelijke rente). Henk ontvangt in totaal € 145.000; dat is € 25.000 minder dan vooraf was gedacht (€ 170.000 -/- € 145.000). De stakingswinst blijft echter € 100.000. De vordering behoort vanaf het overdrachtsmoment tot de heffingsgrondslag van box 3.

Uitstel van Bij een bedrijfsoverdracht waarbij de koopsom in termijnen zal worden betaald, *betaling* is het mogelijk om uitstel van betaling te krijgen voor de belasting over de stakingswinst. Dit uitstel is te verkrijgen voor de duur van maximaal 10 jaar voor de nog niet ontvangen termijnen. Bij de ontvangst van elke termijn, vervalt het uitstel voor een evenredig gedeelte. Dit is geregeld in art. 25 lid 18 Invorderingswet.

Als een ondernemer zijn bedrijf verkoopt aan een derde, is er geen reden om te twijfelen aan de zakelijkheid van de overdrachtsprijs. Maar bij een overdracht aan een persoon uit het eigen gezin of de familiekring is dat minder vanzelfsprekend. Bij het bepalen van de stakingswinst moet dan worden uitgegaan van de waarde in het economische verkeer als de verkoopprijs hiervan afwijkt. Ook hier is gezamenlijke taxatie of een vooroverleg met de Belastingdienst niet ongebruikelijk.

Naast de verkoop van de onderneming en het sluiten van het bedrijf zijn er ook nog andere manieren om tot een bedrijfsoverdracht te komen. Hierna bespreken we de volgende varianten:
- verhuur van de onderneming (paragraaf 4.24.2);
- verkoop tegen een winstrecht (paragraaf 4.24.3).

Deze varianten zijn ontwikkeld omdat de overnemer vaak over onvoldoende liquide middelen beschikt om de koopsom te financieren.

4.24.2 Verhuur van de onderneming

Verhuur onderneming

Als de onderneming als geheel wordt verhuurd, is er geen sprake van een overdracht of staking van een onderneming. Er is dan alleen maar sprake van een andere wijze van bedrijfsuitoefening. De verhuurder en de huurder zijn beiden ondernemer. Het is denkbaar dat de hurende ondernemer op een gegeven moment zó lang huurt en de onderneming zódanig aan zijn persoon verbonden raakt, dat er nog slechts sprake is van de kale verhuur van één of enkele vermogensbestanddelen. Dan is er een einde gekomen aan het ondernemerschap van de verhuurder. Dat is het moment waarop moet worden afgerekend. Het is niet altijd duidelijk wanneer dat het geval is. De afrekening kan worden voorkomen als de verhuurder de vervangende investeringen doet. Het voordeel van het op deze wijze voortgezette ondernemerschap, is dat eventuele liquiditeitsproblemen worden voorkomen. Het nadeel is dat het probleem van de eindafrekening wordt doorgeschoven naar de toekomst.

Voorbeeld

Gerard heeft een dierenartsenpraktijk. Hij wil deze overdragen aan Menno. Dit doet hij door de gehele onderneming te verhuren. Menno neemt de medicijnvoorraad over en gaat de praktijkruimte en de inventaris huren van Gerard. Het pand heeft op dat moment een waarde van € 250.000 en een boekwaarde van € 100.000. Over de stille reserve ad € 150.000 hoeft nog niet te worden afgerekend, want Gerard is fiscaal gezien nog steeds ondernemer. Menno wordt ook aangemerkt als ondernemer.

> Na een aantal jaren blijkt dat Menno de inventaris geleidelijk heeft vervangen. Hij huurt feitelijk alleen het pand nog. Gerard is dus geen ondernemer meer. Dat betekent dat het pand geacht wordt op enig moment het ondernemingsvermogen van Gerard te hebben verlaten. Het pand, dat nog wel eigendom van Gerard is, gaat over naar box 3. Het pand blijkt in het jaar waarin geconstateerd wordt dat er feitelijk is gestaakt, een waarde te hebben van € 600.000. Het pand staat nog steeds voor € 100.000 op de balans van Gerard. Daarom moet Gerard nu afrekenen over een stakingswinst van € 500.000 (€ 600.000 –/– € 100.000).

In de praktijk komt het wel voor dat de verhuur van een bedrijfspand nog te lang wordt aangegeven als winst uit onderneming.

4.24.3 Overdracht tegen een winstrecht

Winstrecht De verkoop tegen een winstrecht houdt in dat de overdragende partij zijn onderneming overdraagt tegen het recht op een bepaald deel van het bedrijfsresultaat van de overnemer gedurende een bepaalde periode, in plaats van tegen een vaste verkoopprijs.
Bij deze manier van overdracht kan worden gekozen voor:
a. direct afrekenen;
b. uitstel van winstneming.

Ad a. Direct afrekenen
Waarde schatten De ondernemer moet de waarde van het winstrecht zo goed mogelijk schatten. Deze geschatte waarde wordt dan als overdrachtsprijs gehanteerd.
Na de overdracht behoort het winstrecht tot de vermogensbestanddelen die in box 3 worden belast. Aangezien de totale waarde van het winstrecht wordt geschat, zal het uiteindelijk voor de onderneming betaalde bedrag hoger of lager kunnen zijn. Dit verschil komt niet meer tot uitdrukking in de stakingswinst.

Ad b. Uitstel van winstneming
Omdat bij een winstrecht de totale omvang van de overdrachtsprijs niet met zekerheid vaststaat en de werkelijke prijs in de praktijk regelmatig lager uitpakt dan de aanvankelijke schatting, kan op grond van het voorzichtigheidsbeginsel worden gekozen voor uitstel van winstneming. De daadwerkelijk te ontvangen uitkeringen uit hoofde van het winstrecht worden dan aangemerkt als nagekomen bedrijfsbaten. Deze uitkeringen worden pas belast nadat de boekwaarde van de overgedragen onderneming wordt overtroffen door de uitkeringen. Zolang er baten zijn, moet er belastbare winst uit onderneming in box 1 worden aangegeven. De ontvangen uitkeringen worden als gewone winst belast, waardoor geen gebruik kan worden gemaakt van de stakingsfaciliteiten. Verder kan de winstrechtgenieter geen aanspraak maken op bijvoorbeeld de ondernemersaftrek.

Voorzichtigheidsbeginsel

Uitstel van winstneming

Stakingsfaciliteiten

4.24.4 Overdracht aan medeondernemer(s) of werknemer(s)

Bij overdracht van de onderneming aan een medefirmant of -maat of aan een werknemer, hoeft de overdragende ondernemer niet af te rekenen over de stakingswinst als een gezamenlijk verzoek wordt ingediend om de onderneming geruisloos door te schuiven naar de opvolger (art. 3.63 Wet IB).

Geruisloze doorschuiving

Geruisloze doorschuiving

Met name met het oog op de financierbaarheid van bedrijfsopvolging, is de (geruisloze) doorschuiving naar medeondernemers/werknemers in de wet opgenomen. Bij een geruisloze doorschuiving gaat de onderneming of een gedeelte daarvan over van de ene belastingplichtige naar de andere, zonder fiscale afrekening over de stille reserves. De fiscale claim op deze reserves blijft echter bestaan. Dit wordt bewerkstelligd doordat bij doorschuiving de onderneming geacht wordt niet te zijn gestaakt en dat de opvolger fiscaal in de plaats treedt van zijn voorganger. Dat betekent dat de boekwaarden van activa en passiva van de oude ondernemer gehandhaafd blijven op de openingsbalans van de overnemende ondernemer. De fiscale claim op de stille en fiscale reserves en de goodwill gaat aldus over naar de opvolger. Doordat de overnemer met deze lage boekwaarden moet beginnen, kan hij namelijk minder afschrijven en behaalt hij bij een eventuele verkoop van een bedrijfsmiddel een hogere boekwinst. Verder loopt de desinvesteringstermijn van bedrijfsmiddelen door – de onderneming wordt immers geacht niet te zijn gestaakt – waardoor de overnemer te maken kan krijgen met een desinvesteringsbijtelling als hij een bedrijfsmiddel verkoopt. Ter zake van de bedrijfsovername heeft de overnemer geen recht op investeringsaftrek, omdat de onderneming geacht wordt niet te zijn gestaakt.

Boekwaarden blijven gehandhaafd

Let wel dat geruisloze doorschuiving niet betekent dat de overdrachtsprijs van de onderneming op de boekwaarden wordt gesteld. De overnameprijs zal in principe gewoon op basis van de waarde in het economische verkeer worden vastgesteld, ervan uitgaande dat partijen zakelijk handelen en de overdrager geen schenking aan de opvolger wil doen. Het is daarbij zakelijk om de prijs die bij verkoop zonder doorschuiving zou worden gerealiseerd, te verminderen met de belastingclaim die de opvolger op zich neemt. Deze claim, de latent verschuldigde belasting, wordt in de praktijk veelal gesteld op 20% van de stille reserves (een gemiddeld tarief, waarbij rekening wordt gehouden met het feit dat deze belasting over langere tijd betaald gaat worden).

Voorwaarden

De voorwaarden voor geruisloze doorschuiving van art. 3.63 Wet IB zijn:
– Er is sprake van een bestaand samenwerkingsverband (zoals een vof) dat direct voorafgaand aan de overdracht al minimaal 36 maanden duurt, en waarvan de voortzettende ondernemer deel uitmaakt. Of er is sprake van een werknemer die direct voorafgaand aan de overdracht minimaal 36 maanden in de onderneming werkzaam is geweest. De bovenstaande termijnen kunnen

worden verkort, onder andere als de overdrager plotseling ernstig ziek is (art. 13a Uitv.reg. IB).
- De overdragende partij en de overnemende partij verzoeken gezamenlijk om toepassing van de faciliteit van geruisloze doorschuiving.

Voorbeeld

René werkt al 18 jaar in het botenbouwbedrijf van Lucas (61). Lucas wil met pensioen om eindelijk zelf eens te kunnen gaan varen. René en Lucas komen overeen dat René het bedrijf zal overnemen. Zij verzoeken om een geruisloze doorschuiving.

De balans van de eenmanszaak Lucas boten ziet er als volgt uit:

Lucas boten (in €)						
	Fiscaal	WEV			Fiscaal	WEV
Goodwill		20.000	Kapitaal Lucas		151.000	271.000
Loods	100.000	200.000	Crediteuren		5.000	5.000
Voorraad	50.000	50.000				
Bank	6.000	6.000				
	156.000	276.000			156.000	276.000

De waarde van de onderneming in het economische verkeer (WEV) bedraagt € 271.000. Omdat de belastingclaim op de stille reserves overgaat van Lucas op René, wordt de koopsom verminderd met 20% van (€ 271.000 –/– € 151.000) = € 24.000. René moet € 247.000 betalen.
René blijft de overnamesom tegen een rentevergoeding schuldig aan Lucas. Volgens de regels voor vermogensetikettering behoort deze schuld tot het verplichte ondernemingsvermogen.

De openingsbalans van René ziet er nu als volgt uit:

René's botenbedrijf (voorheen Lucas boten) (in €)						
	Fiscaal	WEV			Fiscaal	WEV
Goodwill		20.000	Kapitaal René		–96.000	24.000
Loods	100.000	200.000	Lening Lucas		247.000	247.000
Voorraad	50.000	50.000	Crediteuren		5.000	5.000
Bank	6.000	6.000				
	156.000	276.000			156.000	276.000

Als gevolg van de geruisloze overdracht is het fiscale beginkapitaal van René een negatief bedrag.

Het opbouwen van een oudedagsreserve

Negatief eigen vermogen

Bij een geruisloze doorschuiving wordt bij het bepalen van de overdrachtsprijs rekening gehouden met de aanwezige stille reserves. Deze reserves komen echter niet terug op de fiscale balans van de voortzettende ondernemer. Hierdoor kan op de fiscale balans een negatief eigen vermogen ontstaan (zie voorbeeld). Dit heeft tot gevolg dat er niet aan de oudedagsreserve mag worden toegevoegd (art. 3.68 lid 2 Wet IB).

4.25 Liquidatie

Bij liquidatie houdt de onderneming op te bestaan. De individuele bezittingen worden verkocht of overgebracht naar het privévermogen. Ook schulden worden wel naar privé overgebracht. Voor de bepaling van de stakingswinst moet de waarde in het economische verkeer worden bepaald van de bezittingen en schulden die naar privé gaan. Er is geen sprake van goodwill, omdat de onderneming niet wordt voortgezet; er is dan ook geen meerwaarde boven de som der delen. Het komt voor dat de belastingplichtige het initiatief neemt om met de Belastingdienst tot een gezamenlijke taxatie van bepaalde bezittingen te komen. Hiermee voorkomt men meningsverschillen achteraf over de waarde van de naar het privévermogen overgebrachte vermogensbestanddelen, en daarmee over de hoogte van de stakingswinst.

Bij liquidatie is het niet mogelijk om gebruik te maken van een doorschuifregeling. Wel kan de stakingswinst worden verminderd met de stakingsaftrek. Ook de mkb-winstvrijstelling is erop van toepassing. Uiteraard is het ook mogelijk om de oudedagsreserve en/of de stakingswinst om te zetten in een lijfrente.

4.26 Overlijden van de ondernemer

4.26.1 Overlijdenswinst

Bij het overlijden van de ondernemer houdt hij vanzelfsprekend op winst binnen Nederland te genieten. Het ondernemingsvermogen gaat van rechtswege over naar de erfgenamen; er is geen overdracht. Zonder nadere bepalingen blijven de stille reserves onbelast.

Fictieve overdracht — Art. 3.58 Wet IB bepaalt dat er sprake is van een fictieve overdracht, direct voorafgaand aan het overlijden, aan de erfgenamen, tegen de waarde in het economische verkeer. Zo wordt dus wel stakingswinst behaald, die in dit verband overlijdenswinst wordt genoemd. Voor de desinvesteringsbijtelling vindt geen staking plaats.
Voor een eventueel tot het ondernemingsvermogen behorende woning, die tot hoofdverblijf dient van een tot het huishouden van de ondernemer behorende persoon, mag de waarde worden gesteld op 60% van de woningwaarde (WOZ-waarde, art. 3.58 lid 2 Wet IB).

Overlijdenswinst — De overlijdenswinst moet worden aangegeven bij de belastingaangifte van de overleden ondernemer. Uiteraard is de stakingsaftrek van toepassing. De erfgenamen kunnen de oudedagsreserve en de stakingswinst omzetten in een lijfrente, waarbij de premie bij de aangifte van de overleden ondernemer in aftrek wordt gebracht (art. 3.131 Wet IB).

De Invorderingswet biedt de mogelijkheid om 10 jaar uitstel van betaling te krijgen voor belasting over overlijdenswinst (art. 25 lid 17 Inv.wet).

4.26.2 Doorschuiffaciliteit

Het is voor de erfgenamen of echtgenoot mogelijk om de onderneming voort te zetten zonder dat er afgerekend hoeft te worden. De onderneming wordt dan niet gestaakt, maar geruisloos doorgeschoven (art. 3.62 Wet IB). Niet alle erfgenamen hoeven de onderneming voort te zetten. Bij de verdeling van de nalatenschap kan de onderneming bijvoorbeeld aan één van de erfgenamen worden toebedeeld. Deze erfgenaam betaalt dan een bedrag aan de overige erfgenamen als hij door het verkrijgen van de onderneming wordt overbedeeld. Deze erfgenaam kan om doorschuiving verzoeken.

Geruisloze doorschuiving Bij geruisloze doorschuiving gaan de erfgenamen verder met dezelfde boekwaarden als de overleden ondernemer. Zo blijft de fiscale claim op de stille reserves behouden. De voortzettende erfgenamen worden fiscaal geacht in de plaats van de overleden ondernemer te zijn getreden.

Vanwege het persoonlijke karakter van de oudedagsreserve moet deze bij overlijden worden afgerekend. Er is alleen een faciliteit voor het doorschuiven van de oudedagsreserve naar de voortzettende partner (art. 3.62 lid 3 Wet IB).

4.27 Ontbinding huwelijksgemeenschap

4.27.1 Fictieve overdracht van 50% van de onderneming

Op grond van het huwelijksvermogensrecht kan een onderneming in de huwelijksgoederengemeenschap vallen. De echtgenoot van de ondernemer is dan voor 50% gerechtigd tot het ondernemingsvermogen. Dit maakt de echtgenoot echter *Rechtstreeks verbonden* niet tot ondernemer, want hij wordt niet rechtstreeks verbonden voor verbintenissen van die onderneming.

Ontbinden huwelijksgoederengemeenschap Bij het ontbinden van de huwelijksgoederengemeenschap waartoe een onderneming behoort, bijvoorbeeld door echtscheiding of door het opmaken van huwelijkse voorwaarden, vindt een fictieve staking van 50% van de onderneming plaats. Deze 50% wordt geacht te zijn overgedragen (van de ondernemer naar zijn echtgenote) voor de waarde in het economische verkeer. Er is dus sprake van een *Fictieve staking* fictieve staking (art. 3.59 lid 1 Wet IB). Op grond van deze fictie zal over de stakingswinst moeten worden afgerekend. Ook nu vindt geen eventuele desinvesteringsbijtelling plaats. De reden voor deze fictieve overdracht is niet eenvoudig te doorgronden, temeer daar de ondernemer vaak gewoon verder gaat met zijn onderneming. Maar het komt erop neer dat zonder deze bepaling er bepaalde winsten, met name stille reserves, buiten de heffing zouden kunnen blijven.

Ook bij het overlijden van de partner van de ondernemer kan deze fictieve overdracht aan de orde zijn. Ook dan is er sprake van een ontbinding van de huwelijksgemeenschap. Bij het overlijden van de ondernemer zelf komt deze fictie niet aan bod, want dan wordt de gehele onderneming geacht te zijn gestaakt (zie paragraaf 4.26).

4.27.2 Verplichte doorschuiving

Verplichte doorschuiving

Als de onderneming bij de hiervoor beschreven situaties van ontbinding van de huwelijksgemeenschap wordt voortgezet, moet degene die de onderneming rechtstreeks voortzet de fiscale claim overnemen (art. 3.59 lid 2 Wet IB). Bij een ontbinding van de huwelijksgemeenschap zal er vrijwel altijd sprake zijn van voortzetting van de onderneming. De in paragraaf 4.27.1 beschreven afrekening komt dus vrijwel niet voor. Bijna altijd zal het de oorspronkelijke ondernemer zijn die, na een echtscheiding of het overlijden van de echtgenoot, de onderneming voortzet. Bij overlijden van de echtgenoot is het echter ook denkbaar dat bijvoorbeeld een kind erfgenaam is en de onderneming voortzet in samenwerking met de overlevende ouder.
De verplichte doorschuiving geldt overigens ook voor de oudedagsreserve voor zover die overgaat op de echtgenoot (art. 3.59 lid 3 Wet IB).

4.28 Staking gevolgd door het starten van een nieuwe onderneming

Soms komt het voor dat een ondernemer zijn onderneming staakt zonder dat hij wil stoppen met ondernemen. Hij wil de opbrengst dan gebruiken om elders eenzelfde of andersoortige onderneming te beginnen. Bij de staking wordt stakingswinst behaald, die niet in een herinvesteringsreserve kan worden ondergebracht omdat de onderneming gestaakt is. De wetgever heeft ondernemers de gelegenheid willen bieden om de stakingswinst toch te reserveren als de staking gevolgd gaat worden door de start van een nieuwe onderneming (art. 3.64 Wet IB).

Conserverende aanslag

Om belastingheffing over de winst bij staking te voorkomen, moet de ondernemer aannemelijk maken dat hij binnen het jaar van staking of binnen 12 maanden na de staking zal overgaan tot herinvestering in een nieuwe onderneming. Over de stakingswinst wordt dan een conserverende aanslag opgelegd. Dat wil zeggen dat de Belastingdienst een gewone aanslag inkomstenbelasting oplegt, die echter gedurende een bepaalde tijd niet wordt ingevorderd. De stakingswinst gaat vervolgens functioneren als een soort herinvesteringsreserve (zie paragraaf 4.18). De nieuwe onderneming hoeft niet een zelfde soort onderneming te zijn als de oude onderneming. Een ondernemer kan de regeling bijvoorbeeld toepassen als hij zijn restaurant verkoopt en binnen een jaar een schoenenwinkel koopt. Bij de start van de nieuwe onderneming, wordt de winst van de oude onderneming afgeboekt van de waarde van de nieuwe onderneming. De inspecteur vermindert dan de conserverende aanslag. Een verlenging van de termijn van 12 maanden is onder strenge voorwaarden mogelijk.

4.29 Overige gevallen van eindafrekeningswinst

Er is geen sprake van staking als een ondernemer emigreert, maar zijn onderneming in Nederland laat voortbestaan. Ook een ondernemer die in Nederland blijft, maar wel zijn onderneming overbrengt naar het buitenland, zal in bepaalde gevallen in Nederland belasting verschuldigd blijven over zijn ondernemingswinsten.

Bij sommige grensoverschrijdende mutaties moet wel worden afgerekend.

In art. 3.60 Wet IB wordt geregeld dat moet worden afgerekend over het verschil tussen de werkelijke waarde en de boekwaarde van overgebrachte vermogensbestanddelen, als bestanddelen van het vermogen van een in Nederland gedreven onderneming worden overgebracht naar een buiten Nederland gelegen onderneming van dezelfde ondernemer en de belastingplichtige gelijktijdig of daarna ophoudt binnenlands belastingplichtig te zijn.

Eindafrekening Volgens art. 3.61 Wet IB moet in elk geval een eindafrekening plaatsvinden als de belastingplichtige ophoudt in Nederland winst uit onderneming te genieten. Ook moet er dan een afrekening voor de investeringsregelingen plaatsvinden. Dit artikel is een restartikel en is alleen van toepassing als de overige artikelen nog niet tot een eindafrekening hebben geleid. Ook alle andere gevallen waarin een deel van de totaalwinst buiten schot is gebleven, vallen onder dit artikel.

Exitheffingen Voor de zogenaamde exitheffingen (art. 3.60 en 3.61 Wet IB) geldt in Europa onder voorwaarden de mogelijkheid van uitstel van betaling (art. 25a Inv.wet).

4.30 Overdracht onderneming aan een eigen bv

4.30.1 Inleiding

Voordelen bv

Er kunnen redenen zijn om een onderneming in te brengen in een eigen bv. Dit heeft onder meer de volgende voordelen:
- Een bv is een rechtspersoon en een zelfstandige drager van rechten en verplichtingen. De aandeelhouder en directeur zijn, behalve in gevallen van wanbeleid, niet met hun persoonlijke vermogen aansprakelijk voor schulden van de vennootschap.
- Aandelen van een bv zijn makkelijker over te dragen dan van een IB-onderneming. Wel is voor aandelenoverdracht een notariële akte vereist. Maar bij een IB-onderneming dienen de afzonderlijke activa en passiva alle volgens de daarvoor geldende regels te worden overgedragen, bijvoorbeeld onroerend goed d.m.v. een notariële akte en vorderingen d.m.v. een akte van cessie.
- Door middel van een holdingstructuur of door zaken buiten de bv te houden is het mogelijk om bijvoorbeeld onroerende zaken buiten de risicosfeer van de onderneming te brengen.
- Door het verschil in belastingpercentages tussen de diverse belastingen en het moment waarop de belasting moet worden afgedragen, kan het interessant zijn om een onderneming onder te brengen in een bv.

Nadelen bv

Er zijn ook nadelen aan een bv verbonden:
- Bij een bv kan geen gebruik worden gemaakt van een aantal ondernemersfaciliteiten, zoals de zelfstandigenaftrek en de mkb-winstvrijstelling.
- De administratieve kosten van een bv zijn veelal hoger, zowel bij oprichting als bij de jaarlijkse administratieve verplichtingen (denk aan de oprichtingskosten van een bv, het grotere aantal belastingaangiftes).
- Op de winstuitkeringen of vervreemdingsvoordelen op de aandelen is het aanmerkelijkbelangtarief van 26,90% van box 2 verschuldigd. De verliezen van box 2 zijn niet direct verrekenbaar met winsten of inkomsten uit andere inkomensboxen.

Rechtspersoon

De bv is een rechtspersoon met een eigen fiscaal en juridisch regime. Dit betekent een geheel andere positie voor zowel de ondernemer die zijn bedrijf omzet in de bv-vorm, als voor het bedrijf. De inbrengende ondernemer geniet na de omzetting geen winst uit onderneming meer. In het spraakgebruik blijft hij wel ondernemer, maar voor de Wet IB niet meer. De winst van de bv wordt belast met vennootschapsbelasting. De ex-ondernemer wordt meestal directeur van de bv en geniet als zodanig een salaris. Dat salaris is aftrekbaar van de winst van de bv en wordt bij de directeur belast als belastbaar loon in box 1 van de inkomstenbelasting. Verder wordt de ex-ondernemer aandeelhouder van de bv. De aandelen vormen een aanmerkelijk belang en zitten in box 2 (behandeld in hoofdstuk 6 van dit boek). Voordelen uit het aanmerkelijk belang (bijvoorbeeld dividend of verkoopwinst op de aandelen) zijn belast met 26,90% inkomstenbelasting. Dividend is niet aftrekbaar van de winst van de bv. Naast het zijn van directeur en aandeelhouder, kan de directeur-grootaandeelhouder nog meer betrekkingen hebben met zijn bv. Bij omzetting van een bedrijf in de bv komt het bijvoorbeeld veel voor dat de bv een schuld aan de aandeelhouder krijgt.

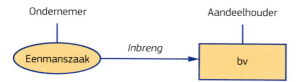

Bij de behandeling van de omzetting in de bv in dit hoofdstuk, wordt uitgegaan van de inbreng van een eenmanszaak in de nieuw op te richten bv. Een vennootschap onder firma of ander samenwerkingsverband kan uiteraard ook in een bv worden ingebracht. De firmanten brengen dan gezamenlijk hun firma in een bv in. Ook kan iedere firmant zijn eigen firmadeel omzetten in een bv. Daarbij – maar ook bij omzetting van een eenmanszaak in een bv – wordt vaak een structuur met persoonlijke houdstermaatschappijen (personal holdings) en een werkmaatschappij tot stand gebracht. In dit kader wordt hierop nu verder niet ingegaan. Verder kan een onderneming ook in een al bestaande bv worden ingebracht.

Staking IB-onderneming

De omzetting van een onderneming in de bv-vorm betekent een staking van de onderneming voor de inkomstenbelasting. In principe moet worden afgerekend over de aanwezige stille en fiscale reserves en de goodwill. Ook moet de eventueel opgebouwde oudedagsreserve worden opgeheven. Hierbij kan de belastingplichtige een beroep doen op de stakingsaftrek. Verder kan hij gebruikmaken van de mogelijkheid om een extra lijfrentepremie in aftrek te brengen in verband met de te realiseren stakingswinst en de op te heffen oudedagsreserve. De nieuw op te richten bv kan daarbij als verzekeraar optreden.

Geruisloze inbreng

Naast deze fiscale afrekening bij de omzetting in de bv-vorm ('ruisende inbreng'), biedt de Wet IB ook de mogelijkheid om de onderneming zonder afrekening in de bv in te brengen (art. 3.65 Wet IB). Dit wordt de 'geruisloze inbreng' genoemd. In paragraaf 4.30.2 komt de inbreng met fiscale afrekening (ruisende inbreng) aan de orde en in de paragrafen 4.30.3 en verder de geruisloze inbreng.

4.30.2 Ruisende inbreng

Zoals hiervoor uiteengezet, betekent omzetting in de bv een staking van de onderneming waarbij stakingswinst wordt behaald, tenzij gebruik wordt gemaakt van de regeling van geruisloze inbreng van art. 3.65 Wet IB. Een geruisloze inbreng lijkt in eerste instantie aantrekkelijk, omdat niet over de stakingswinst hoeft te worden afgerekend. In de praktijk wordt echter ook veel gebruikgemaakt van de 'normale' ruisende inbreng. Dit gebeurt enerzijds omdat de geruisloze inbreng veel beperkende voorwaarden kent en anderzijds omdat door gebruikmaking van de extra lijfrentepremieaftrek bij staking, de feitelijke afrekening ten tijde van de inbreng beperkt dan wel volledig afwezig kan blijven. Bovendien speelt zo'n afrekening alleen als er stille reserves en goodwill in de onderneming aanwezig zijn, en dat is niet altijd het geval.

Stakingswinst De stakingswinst die bij inbreng in een bv wordt behaald, bestaat net als bij een verkoop van het bedrijf uit de stille reserves en de goodwill, de fiscale reserves en de desinvesteringsbijtelling. De stille reserves en de goodwill kunnen echter niet worden berekend door de gerealiseerde verkoopprijs te verminderen met de boekwaarden, aangezien er geen tussen onafhankelijke partijen tot stand gekomen verkoopprijs is. Daarom zullen zij moeten worden vastgesteld aan de hand van de taxaties van de waarde in het economische verkeer.

Bestaande bv Bij een omzetting in een bv hoeft niet beslist een nieuwe bv te worden opgericht. Een onderneming kan namelijk ook naar een bestaande bv worden overgebracht. De onderneming zou in principe aan de bv verkocht kunnen worden, maar we gaan er hier vanuit dat de onderneming als storting op de te plaatsen aandelen wordt ingebracht in een nieuwe bv. Voor zover de onderneming meer waard is dan het geplaatste en gestorte aandelenkapitaal, kan de ondernemer dan een vordering op de bv krijgen (een zogenoemde creditering). Als er onroerende zaken zijn, moet wel rekening worden gehouden met de overdrachtsbelasting. Om een vrijstelling van de overdrachtsbelasting over de onroerende zaken te verkrijgen, moet de waarde van de onderneming voor 90% of meer worden omgezet in aandelenkapitaal en is de mogelijkheid voor een creditering dus beperkt (zie paragraaf 12.2.8).

Voorbeeld

Ruisende inbreng

Peter (53 jaar) heeft een eenmanszaak en wil deze inbrengen in een nieuw op te richten bv. De balans van de eenmanszaak ziet er als volgt uit:

Peters bedrijf (in €)					
	Fiscaal	WEV		Fiscaal	WEV
Goodwill		100.000	Kapitaal Peter	40.000	330.000
Pand	100.000	200.000	Oudedagsreserve	90.000	
Debiteuren	5.000	5.000	Crediteuren	10.000	10.000
Voorraad	15.000	15.000			
Bank	20.000	20.000			
	140.000	340.000		140.000	340.000

Peter wil de oudedagsreserve en de stakingswinst zo veel mogelijk omzetten in een uitgestelde lijfrente bij de eigen bv. De stakingswinst bedraagt:

Goodwill	€ 100.000
Boekwinst pand	€ 100.000 +
	€ 200.000

HOOFDSTUK 4 | BOX 1: WINST UIT ONDERNEMING

De stakingswinst en de oudedagsreserve worden na de stakingsaftrek en toepassing van de mkb-winstvrijstelling belast in box 1.

De koopsommen voor de lijfrenten zijn daarentegen aftrekbaar als uitgaven voor inkomensvoorzieningen in box 1.

De bv moet aan Peter de waarde van de onderneming (€ 330.000) voldoen. Deze afrekening kan er als volgt uitzien:

Waarde van de onderneming		€ 330.000
Uit te geven aandelenkapitaal*	€ 18.000	
Lijfrenteverplichting in verband met opheffen oudedagsreserve (art. 3.128 Wet IB)	€ 90.000	
Lijfrenteverplichting in verband met stakingslijfrente, maximaal € 237.267 –/– € 90.000 (art. 3.129 Wet IB)	€ 147.267 +	
		€ 251.530 –/–
Nog door de bv te voldoen		€ 74.733

Als de bv dit bedrag schuldig blijft (Peter wordt gecrediteerd), ziet de openingsbalans van de bv er als volgt uit:

Peters bv (in €)

	Fiscaal	WEV		Fiscaal	WEV
Goodwill	100.000	100.000	Aandelenkapitaal	18.000	18.000
Pand	200.000	200.000	Lijfrenteverplichtingen		
Debiteuren	5.000	5.000	aan Peter	237.267	237.267
Voorraad	15.000	15.000	Schuld aan Peter	74.733	74.733
Bank	20.000	20.000	Crediteuren	10.000	10.000
	340.000	340.000		340.000	340.000

* In het verleden gold voor bv's een minimumkapitaal van € 18.000, maar nu niet meer. Het geplaatste en volgestorte aandelenkapitaal kan dus ook op een lager bedrag worden vastgesteld, of een hoger bedrag. In dat geval zal de schuld aan Peter hoger, c.q. lager worden.

Het is mogelijk om bepaalde zaken buiten de inbreng te laten en naar privé over te brengen. Hierbij kan bijvoorbeeld worden gedacht aan een pand of een auto. De ondernemer is hierin vrij. Uiteraard moet een onttrekking wel plaatsvinden tegen de waarde in het economische verkeer.

De omzetting in een bv gaat niet van de ene op de andere dag. De oprichting en inbreng vergt altijd enige voorbereidingstijd. Als de ondernemer echter besluit tot een omzetting in een bv, kan de onderneming fiscaal alvast voor rekening van de nog op te richten bv worden gedreven. Om te kunnen aantonen dat zo'n besluit bestaat, is het verstandig deze intentieverklaring (bij meerdere betrokkenen ook wel een voorovereenkomst genoemd) aangetekend aan de Belastingdienst te versturen, vergezeld van een begeleidend formulier (geleideformulier

Intentieverklaring
Voorovereenkomst

genoemd), dat op de website van de Belastingdienst te vinden is. De periode tussen het besluit van de ondernemer en de juridische oprichting van de bv, wordt de voorperiode genoemd. Het besluit kan zelfs nog enige terugwerkende kracht hebben: op verzoek wordt door de Belastingdienst een terugwerkende kracht van 3 maanden goedgekeurd. Dit wordt dan de voor-voorperiode genoemd. De bv moet dan wel binnen 9 maanden na het begin van de voor-voorperiode worden opgericht. Voor een geruisloze inbreng gelden andere termijnen (zie volgende paragraaf).

Voorperiode

Voor-voorperiode

De ondernemer staakt zijn onderneming op het moment dat de (voor-)voorperiode begint. Per dat tijdstip wordt dus de stakingswinst berekend.

Tijdens de voorperiode is de inbrenger nog niet in loondienst bij de bv. De arbeidsbeloning die hij gedurende deze periode krijgt, is als resultaat uit overige werkzaamheden belast in box 1. Deze arbeidsbeloning is aftrekbaar van de winst van de bv. De winst uit de (voor-)voorperiode moet worden aangegeven in het eerste statutaire boekjaar van de bv. Dit boekjaar start bij oprichting.

4.30.3 Geruisloze omzetting

Zonder speciale regeling zou de fiscale afrekening over de stakingswinst een belemmering kunnen zijn om een onderneming om te zetten in de bv-vorm. De wetgever wil echter een door de ondernemer gewenste rechtsvormwijziging niet fiscaal belemmeren. Daarom is de faciliteit van de inbreng zonder fiscale afrekening in het leven geroepen. Dit wordt de geruisloze inbreng genoemd. De belastingclaim op de stille en fiscale reserves blijft behouden doordat de boekwaarden fiscaal gelijk blijven en de verkrijgingsprijs van de verkregen aanmerkelijkbelangaandelen wordt berekend aan de hand van de boekwaarden. Omdat de bv een rechtspersoon met een ander fiscaal regime is en de ondernemer ook aandelen verkrijgt voor zijn inbreng, gelden er voorwaarden om te waarborgen dat de fiscale claims daadwerkelijk behouden blijven. Deze zogenoemde standaardvoorwaarden zijn gebundeld in een besluit bij de wet. Als de belastingplichtige om geruisloze inbreng verzoekt, zal de inspecteur bij inwilliging van het verzoek een beschikking afgeven met bijlagen waarin deze voorwaarden zijn opgenomen. De vennootschap moet deze standaardvoorwaarden uitdrukkelijk aanvaarden.

Geruisloze inbreng

De grondgedachte van de geruisloze inbreng is hetzelfde als bij de andere doorschuifregelingen in de inkomstenbelasting: de onderneming wordt geacht niet te zijn gestaakt. De opvolger – in dit geval de bv – treedt fiscaal zo veel mogelijk in de plaats van de inbrengende ondernemer.

Voorwaarden geruisloze omzetting

De belangrijkste voorwaarden voor de geruisloze omzetting worden hierna puntsgewijs behandeld. Deze voorwaarden hebben betrekking op:
- het doorschuiven van fiscale claims naar de bv;
- de wijze waarop de koopsom moet worden voldaan;
- de in aanmerking te nemen verkrijgingsprijs;
- (uitzonderingen op) het vervreemdingsverbod;
- hetgeen aan de bv moet worden overgedragen;
- de in aanmerking te nemen termijnen.

De bv treedt fiscaal in de plaats van de inbrengende ondernemer

Op grond van de tweede standaardvoorwaarde treedt de vennootschap in fiscale zin zo veel mogelijk in de plaats van de inbrengende ondernemer. Dit betekent dat de vermogensbestanddelen hun boekwaarde behouden. Ook de fiscale reserves blijven bestaan. Dat geldt echter niet voor de oudedagsreserve, die volgens art. 3.65 lid 2 Wet IB van de doorschuiving is uitgesloten. Er vindt geen desinvesteringsbijtelling plaats; evenmin bestaat recht op investeringsaftrek. Een latente verplichting tot desinvesteringsbijtelling (als de 5-jaarstermijn voor bepaalde bedrijfsmiddelen nog niet voorbij is) gaat over op de bv.

Boekwaarden blijven gelijk

Storting op aandelen en toegestane crediteringen

De aandelen die ter zake van het ingebrachte vermogen worden uitgegeven, moeten bij de inbrengende ondernemer worden geplaatst. De aandelen moeten worden volgestort (vijfde standaardvoorwaarde). De waarde van de ingebrachte onderneming mag wel hoger zijn dan het nominale bedrag van de geplaatste aandelen: het boeken van agio is toegestaan.

Lijfrente voor oudedagsreserve

De inbrenger mag voor zijn oudedagsreserve een lijfrente bedingen bij de bv. Als dit gebeurt, komt dit op de balans van de bv tot uitdrukking door het opnemen van een lijfrenteverplichting als passiefpost.

In twee situaties is – naast de crediteringen in verband met een lijfrente die voor de oudedagsreserve wordt bedongen – een creditering van de inbrenger toegestaan. In de eerste plaats mag de bv een schuld aan de inbrenger boeken voor het bedrag van de openstaande en nog te verwachten aanslagen inkomstenbelasting en premie volksverzekeringen. Deze aanslagen moeten wel betrekking hebben op de periode vóór het overgangstijdstip; dat is het tijdstip vanaf wanneer de onderneming voor rekening van de bv wordt gedreven. Een tweede creditering is toegestaan als afronding om bijvoorbeeld tot een rond bedrag aan aandelenkapitaal te komen. Het bedrag dat maximaal als afronding mag worden gecrediteerd, bedraagt 5% van het door de bv uit te geven aandelenkapitaal, met een maximum van € 25.000. Wiskundig gezien komt 5% van het aandelenkapitaal overeen met 5/105 van het bedrag dat aan aandelen zou worden uitgegeven voordat de afrondingscreditering in aanmerking is genomen.

Creditering van belastingschulden

Afrondingscreditering

Voorbeeld

Geruisloze inbreng

Peter (53 jaar) heeft een eenmanszaak en wil deze geruisloos inbrengen in een nieuw op te richten bv.
De balans van de eenmanszaak ziet er als volgt uit:

Peters bedrijf (in €)					
	Fiscaal	WEV		Fiscaal	WEV
Goodwill		100.000	Kapitaal Peter	40.000	330.000
Pand	100.000	200.000	Oudedagsreserve	90.000	
Debiteuren	5.000	5.000	Crediteuren	10.000	10.000
Voorraad	15.000	15.000			
Bank	20.000	20.000			
	140.000	340.000		140.000	340.000

De waarde in het economische verkeer van de onderneming bedraagt € 330.000.

Omdat de bv fiscaal verder moet met de oude boekwaarden, heeft de bv te maken met een latente vennootschapsbelastingclaim op de stille reserves en de goodwill. Stel dat deze claim op 15% van de stille reserves en de goodwill kan worden gesteld.

Peter heeft nog € 12.000 aan privébelastingschulden open staan.
De bv gaat aandelen uitgeven met een nominale waarde van € 500 per aandeel.

Waarde van de onderneming in het economischeverkeer	€ 330.000	
Af: latente vpb-claim: 15% × (€ 100.000 + € 100.000)		€ 30.000 −/−
Te voldoen door de bv		€ 300.000
Creditering in verband met de lijfrente	€ 90.000	
Creditering in verband met belastingschulden	€ 12.000 +	
		€ 102.000 −/−
Resteert		€ 198.000
Afrondingscreditering*		€ 9.000 −/−
Uit te geven aandelen**		€ 189.000

Gelet op de tot nu behandelde voorwaarden, ziet de openingsbalans van de bv er als volgt uit:

Peters bv (in €)					
	Fiscaal	WEV		Fiscaal	WEV
Goodwill		100.000	Aandelenkapitaal	19.000***	189.000
Pand	100.000	200.000	Lijfrenteverplichtingen		
Debiteuren	5.000	5.000	aan Peter	90.000	90.000
Voorraad	15.000	15.000	Lening Peter 1	12.000	12.000
Bank	20.000	20.000	Lening Peter 2	9.000	9.000
			Crediteuren	10.000	10.000
			Latente vpb-claim		30.000
	140.000	340.000		140.000	340.000

> * De maximaal in aanmerking te nemen afrondingscreditering bedraagt:
> 5/105 × 198.000 = € 9.428. Omdat er wordt gewerkt met afgeronde bedragen, moet er bij het uit te geven aandelenkapitaal een veelvoud van € 500 staan. Uitgaande van een maximale creditering in geld, bedraagt de in aanmerking te nemen afrondingscreditering (lening 2 Peter) € 9.000.
> ** Het aandelenkapitaal mag wel op een lager bedrag worden vastgesteld, maar niet hoger. Er is namelijk wel agio toegestaan, maar het is niet toegestaan dat de aandelen niet worden volgestort.
> *** Zie het voorbeeld hierna voor een nadere onderbouwing van het bedrag van € 19.000.

Vaststelling verkrijgingsprijs van de aandelen

Aanmerkelijk belang

Verkrijgingsprijs

De aandelen die bij een geruisloze omzetting worden verkregen, behoren tot een zogenoemd aanmerkelijk belang en vallen in box 2 (zie hoofdstuk 6). Dat wil zeggen dat bij verkoop van de aandelen moet worden afgerekend over het verschil tussen de overdrachtsprijs en de prijs waarvoor de aandelen zijn verkregen. Het is dus van belang hoe hoog de verkrijgingsprijs van de aandelen is. Deze verkrijgingsprijs van de aandelen die bij de omzetting zijn verkregen, wordt op grond van de zesde standaardvoorwaarde gesteld op de boekwaarde van de overgedragen activa en passiva, minus de herinvesteringsreserve en de egalisatiereserve (deze mogen worden doorgeschoven naar de bv) en de van de bv bedongen lijfrente. Verder moet ook rekening worden gehouden met de crediteringen die hebben plaatsgevonden. De op deze wijze berekende verkrijgingsprijs kan een negatief bedrag zijn.

Aanmerkelijk-belangclaim

De fiscale verkrijgingsprijs komt door dit alles uit op een lager bedrag dan de reële waarde van de aandelen. Dat betekent dat er een inkomstenbelastingclaim op de aandelen komt te rusten, namelijk een aanmerkelijkbelangclaim. Bij een latere verkoop van de aandelen is namelijk belast wat meer wordt ontvangen dan de verkrijgingsprijs.

Voorbeeld

Peter uit het vorige voorbeeld moet vaststellen wat de verkrijgingsprijs is van de aandelen die hij verkrijgt. De aandelen hebben een nominale waarde van € 189.000. Dit is echter niet de waarde die voor de heffing in box 2 relevant is. Deze waarde bedraagt:

Boekwaarde van de ingebrachte activa en passiva (oudedagsreserve maakt onderdeel uit van het ondernemingsvermogen)	€ 130.000
Af: crediteringen via lijfrente	€ 90.000
Af: creditering in verband met belastingschulden	€ 12.000
Af: creditering ter afronding	€ 9.000 –/–
In aanmerking te nemen verkrijgingsprijs	€ 19.000

Als Peter de aandelen vervolgens na 4 jaar verkoopt voor € 400.000, moet hij in box 2 een inkomen in aanmerking nemen van € 381.000 (€ 400.000 –/– € 19.000).

Twee belastingclaims op reserves

Bij een geruisloze inbreng ontstaat in plaats van een IB-claim op de stille en fiscale reserves en de goodwill, een vennootschapsbelastingclaim én een aanmerkelijkbelangclaim. Er ontstaat een vennootschapsbelastingclaim omdat de werkelijke waarde van de activa hoger is dan de doorgeschoven boekwaarde. De bv kan bij een geruisloze inbreng dus minder afschrijven en zal bij de verkoop van activa een hogere (fiscale) boekwinst realiseren dan bij een ruisende inbreng. Er ontstaat een aanmerkelijkbelangclaim omdat de werkelijke waarde van de aandelen hoger ligt dan de (fiscale) verkrijgingsprijs.

Vervreemdingsverbod aandelen

Vervreemdingsverbod aandelen

Tegenbewijsregeling

De geruisloze omzetting is mogelijk gemaakt omdat er wellicht onvoldoende liquide middelen beschikbaar zijn om over de stille reserves te kunnen afrekenen. Als de aandelen kort na de omzetting worden verkocht, is dat probleem weg. Daarom is bepaald dat alsnog moet worden afgerekend als de aandelen gedurende de eerste 3 jaar worden vervreemd (standaardvoorwaarde 1). De afrekening blijft achterwege als de inbrenger aannemelijk maakt dat de inbreng geen onderdeel vormt van een geheel van rechtshandelingen dat gericht is op de overdracht van de onderneming (tegenbewijsregeling).

Onttrekking van vermogensbestanddelen

Onttrekking vermogensbestanddelen

Er dient een onderneming te worden omgezet in een bv. Het hoeft daarbij niet te gaan om de gehele onderneming zoals deze bestond voor de inbreng. Er mogen dus vermogensbestanddelen worden onttrokken. Over de onttrekkingen moet fiscaal afgerekend worden.

Terugwerkende kracht geruisloze omzetting

Terugwerkende kracht

De omzetting van een IB-onderneming gebeurt in de praktijk meestal met terugwerkende kracht tot 1 januari. Dan is wel vereist dat de ondernemer vóór 1 oktober van het betreffende jaar een intentieverklaring of voorovereenkomst waaruit blijkt dat er een voornemen tot omzetting bestaat aangetekend en vergezeld van een begeleidend formulier (geleideformulier genoemd), dat op de website van de Belastingdienst te vinden is, verstuurt naar de Belastingdienst. Vervolgens moet de omzetting vóór 1 april van het daaropvolgende jaar zijn afgerond. Dit is bepaald in de achtste standaardvoorwaarde.

Tot stand brengen van holdingstructuur

Holdingstructuur

In het voorgaande is uitgegaan van de inbreng van de onderneming in één bv. In de praktijk is meestal een holdingstructuur wenselijk. Deze kan zonder fiscale afrekening worden bereikt door na de geruisloze inbreng de onderneming onder te brengen in een werk-bv met toepassing van de bedrijfsfusieregeling (art. 14 Wet Vpb, zie paragraaf 9.9.3) of de regeling van de fiscale eenheid (art. 15 Wet Vpb, zie paragraaf 9.8).

4.31 Het aangaan van of het uittreden uit een samenwerkingsverband

4.31.1 Inleiding

Samenwerkingsverband

Het aangaan van een samenwerkingsverband of de uittreding uit een samenwerkingsverband brengt doorgaans stakingsproblematiek met zich mee. Met een samenwerkingsverband wordt hier bedoeld een vennootschap onder firma (vof), een maatschap of een commanditaire vennootschap (cv). In het vervolg wordt telkens uitgegaan van een vof, maar voor een maatschap of cv geldt in principe hetzelfde.

Als twee of meer personen een vof aangaan om een bedrijf of beroepspraktijk te starten, zijn de fiscale gevolgen relatief eenvoudig. Van stille reserves of stakingsproblematiek is voor hen geen sprake. Ook als zij als startende firmanten een bestaande onderneming overnemen van een ander, is de fiscale problematiek beperkt. Uiteraard zal voor degene die zijn bedrijf verkoopt aan de firmanten een staking aan de orde zijn. Doorschuiving zal niet mogelijk zijn, tenzij de firmanten al als werknemer in dienst waren bij het over te nemen bedrijf.

Inbreng

Als een ondernemer echter een vof aangaat en daarbij zijn bestaande onderneming inbrengt in een vof met één of meer andere personen, brengt dit doorgaans stakingsproblematiek met zich mee. Om een fiscale afrekening hierbij te voorkomen, worden diverse methoden toegepast. Deze komen in de volgende paragrafen aan de orde.
Een ondernemer kan verschillende redenen hebben om een firma aan te gaan. Zo kan dit een stap zijn naar een uiteindelijke bedrijfsopvolging. Maar de samenwerking in een firma kan ook een doel op zich zijn om de gewenste bedrijfsvoering te bereiken. Daarbij kan het natuurlijk ook gaan om een krachtenbundeling, waarbij verschillende ondernemers ieder hun eigen onderneming inbrengen.

Als een ondernemer uittreedt uit een vof, zal hij zijn onderneming in principe staken. Dit komt in paragraaf 4.31.6 aan de orde.

Gedeeltelijke staking

De inbreng van een onderneming in een vof betekent een gedeeltelijke overdracht van een onderneming. De mate waarin iedere firmant gerechtigd is tot de bezittingen en schulden van de firma, wordt bepaald door de winstgerechtigdheid. Bij inbreng van een onderneming in een vof met één andere vennoot, waarbij de winst 50/50 wordt verdeeld, is dus sprake van een vervreemding van de helft van de onderneming. Zonder nadere bedingen gaat dus 50% van de stille en

Overdrachtswinst

fiscale reserves en de goodwill over, wat bij de inbrenger tot een overdrachtswinst leidt. Dit betekent niet dat de kapitalen van beide firmanten ook gelijk zijn. Deze zullen in de praktijk verschillen, waarmee bij beëindiging van de firma uiteraard rekening moet worden gehouden (zie ook paragraaf 4.31.6).

> **Voorbeeld**
>
> Willem heeft een reclamebedrijf. Hij gaat een vof aan met Richard. Willem brengt de eigendom van zijn onderneming in, waarbij hij voor de boekwaarde wordt gecrediteerd. Richard brengt geen kapitaal in, alleen kennis en arbeid. Beiden zullen voor 50% gerechtigd zijn tot de winst van de vof.
>
> | Balans eenmanszaak Willem (in €) | | | | | |
> |---|---|---|---|---|---|
> | | Fiscaal | WEV | | Fiscaal | WEV |
> | Onroerende zaak | 150.000 | 200.000 | Kapitaal Willem | 160.000 | 260.000 |
> | Inventaris | 10.000 | 20.000 | Schulden | 20.000 | 20.000 |
> | Onderhanden werk | 20.000 | 20.000 | | | |
> | Goodwill | – | 40.000 | | | |
> | | 180.000 | 280.000 | | 180.000 | 280.000 |
>
> | Balans vof (in €) | | | | | |
> |---|---|---|---|---|---|
> | | Fiscaal | WEV | | Fiscaal | WEV |
> | Onroerende zaak | 150.000 | 200.000 | Kapitaal Willem | 160.000 | 210.000 |
> | Inventaris | 10.000 | 20.000 | Kapitaal Richard | 0 | 50.000 |
> | Onderhanden werk | 20.000 | 20.000 | Schulden | 20.000 | 20.000 |
> | Goodwill | – | 40.000 | | | |
> | | 180.000 | 280.000 | | 180.000 | 280.000 |
>
> Richard brengt geen kapitaal in, maar doordat hij gerechtigd wordt tot de helft van de onderneming, gaan 50% van de stille reserves en de goodwill op hem over. Deze bevoordeling kan worden voorkomen door Richard hiervoor te laten betalen. Maar ongeacht of Richard hiervoor nu wel of niet betaalt, behaalt Willem een (stakings)winst van € 50.000, namelijk 50% van (€ 50.000 + € 10.000 + € 40.000).
>
> Men kan zich bij dit voorbeeld afvragen of het wel reëel (zakelijk) is om de winst 50/50 te verdelen, nu de ene firmant veel meer kapitaal inbrengt dan de andere firmant. Mogelijk is dat het geval als de toetredende firmant grote capaciteiten heeft of meer arbeid gaat verrichten dan de andere firmant. Maar als dat niet het geval is, kan door middel van een andere winstverdeling rekening worden gehouden met het feit dat Willem meer kapitaal inbrengt. De winstverhouding kan bijvoorbeeld worden gesteld op 60% voor Willem en 40% voor Richard. Gebruikelijker is echter om bij de winstverdeling vooraf een vergoeding voor het meerdere kapitaal te verrekenen, waarna het restant van de winst bij helfte wordt verdeeld. Op dezelfde wijze kan een vergoeding voor eventuele meerdere arbeid worden verrekend.

Herwaarderings-winst

De onderneming kan ook voor de werkelijke waarde worden ingebracht in het samenwerkingsverband. De inbrenger behaalt dan stakingswinst voor zover de toetredende firmant tot de stille reserves en goodwill gerechtigd wordt. De inbrenger dient dan naast de commerciële balans wel een fiscale balans op te maken waarop hij de vermogensbestanddelen tegen de fiscale boekwaarden blijft opnemen. Anders behaalt hij namelijk herwaarderingswinst voor het overige deel van de stille reserves en goodwill.

Er worden in de praktijk dan ook vooral inbrengmethoden toegepast waarbij overdrachtswinst en herwaarderingswinst worden voorkomen.
Deze inbrengmethoden bestaan uit bedingen (voorwaarden) die in het vennootschapscontract worden opgenomen. Deze bedingen hebben betrekking op de aanwezige stille reserves (inclusief goodwill) of de winstverdeling.

We kennen de volgende bedingen:
- inbreng tegen boekwaarde en het voorbehoud van de stille reserves;
- het creëren van buitenvennootschappelijk vermogen;
- inbreng tegen de werkelijke waarde waarbij op de fiscale balans geen herwaardering plaatsvindt;
- de nieuwe firmant krijgt een ingroeiregeling met betrekking tot de winst.

Deze bedingen worden in de volgende paragrafen nader uitgewerkt.

Een andere – voormalige – inbrengmethode is nog de inbreng tegen boekwaarde met een betaling buiten de boeken van de vennootschap om. Hierbij werd geen overdrachtswinst voorkomen maar wel herwaarderingswinst. Als gevolg van een arrest uit 2014 waarin de Hoge Raad is 'omgegaan', is deze ingewikkelde methode om herwaarderingswinst te voorkomen niet meer nodig. Het is nu toegestaan om op de persoonlijke fiscale firmabalans van de inbrenger uit te gaan van andere boekwaarden dan commercieel op de firmabalans staan, zodat herwaarderingswinst voorkomen kan worden.

Soms kan ook gebruik worden gemaakt van de geruisloze doorschuiving van art. 3.63 Wet IB, namelijk als een ondernemer een vof aangaat met iemand die al ten minste 3 jaar werknemer is bij het bedrijf van de ondernemer. De inbreng van een onderneming in een firma is namelijk de overdracht van een gedeelte van een onderneming. En de doorschuiving is niet alleen mogelijk bij de overdracht van een gehele onderneming, maar ook bij de overdracht van een gedeelte van een onderneming (art. 3.63 lid 3 Wet IB).

4.31.2 Het voorbehoud van de stille reserves

Voorbehoud stille reserves

Als wordt gewerkt met een voorbehoud van stille reserves, wordt in het samenwerkingscontract een bepaling opgenomen dat de overdragende ondernemer zaken inbrengt tegen de boekwaarde en zijn recht op de stille reserves die op dat moment aanwezig zijn, aan zichzelf voorbehoudt. Bij een latere overdracht van de onderneming aan bijvoorbeeld een derde, gaat zijn claim vóór op de normale verdeling van de overwinst, mits de betreffende stille reserve er dan nog is. Is de stille reserve gedaald, dan krijgt hij slechts het lagere bedrag.

> **Voorbeeld**
>
> Als we verder werken met het voorbeeld van Willem en Richard, komt de openingsbalans bij een voorbehoud van de stille reserves en de goodwill er als volgt uit te zien:
>
> | Openingsbalans vof (in €) | | | | | |
> |---|---|---|---|---|---|
> | | Fiscaal | WEV | | Fiscaal | WEV |
> | Onroerende zaak | 150.000 | 200.000 | Kapitaal Willem | 160.000 | 260.000 |
> | Inventaris | 10.000 | 20.000 | Kapitaal Richard | 0 | 0 |
> | Onderhanden werk | 20.000 | 20.000 | Schulden | 20.000 | 20.000 |
> | Goodwill | – | 40.000 | | | |
> | | 180.000 | 280.000 | | 180.000 | 280.000 |
>
> Als de onroerende zaak 5 jaar later voor € 230.000 zou worden verkocht, terwijl de boekwaarde dan bijvoorbeeld € 140.000 is, wordt een boekwinst van € 90.000 behaald. In verband met de voorbehouden stille reserve komt daarvan € 50.000 aan Willem toe, plus de helft van de reserve die na het aangaan van de firma is ontstaan: 50% × (€ 90.000 –/– € 50.000) = € 20.000. Richard realiseert een stille reserve van € 20.000.

De inbreng tegen boekwaarde met voorbehoud van stille reserves wordt in de praktijk het meest toegepast. Als gevolg van het voorbehoud ontstaat namelijk geen overdrachtswinst, waardoor de inbreng 'geruisloos' verloopt voor de heffing van inkomstenbelasting.

4.31.3 Creëren van buitenvennootschappelijk vermogen

De realisatie van stille reserves en goodwill kan ook worden voorkomen als de ondernemer niet de *eigendom* van vermogensbestanddelen inbrengt in de firma, maar het *gebruik en genot* daarvan. Ook kunnen deze vermogensbestanddelen worden verhuurd aan de vof. Ze blijven dan wel tot het ondernemingsvermogen van de inbrenger behoren: ze vormen zogenoemd buitenvennootschappelijk ondernemingsvermogen. Deze zaken waarvan het gebruik en genot is ingebracht, komen op de firmabalans niet voor. Maar ze staan wel op de persoonlijke ondernemingsbalans van de betreffende vennoot. Waardemutaties van zaken waarvan het gebruik en genot in de firma is ingebracht, komen alleen ten goede aan de eigenaar en vallen bij realisatie niet in de winst van de vof.

HOOFDSTUK 4 | BOX 1: WINST UIT ONDERNEMING

Voorbeeld

We werken verder met het voorbeeld van Willem en Richard.
Willem brengt het gebruik en genot van het pand in. Van de overige zaken brengt hij de eigendom in, met voorbehoud van de stille reserves.

De balans van de vof ziet er dan zo uit:

	Balans vof (in €)					
	Fiscaal	WEV		Fiscaal	WEV
Inventaris	10.000	20.000	Kapitaal Willem	10.000	60.000
Onderhanden werk	20.000	20.000	Kapitaal Richard	0	0
Goodwill	–	40.000	Schulden	20.000	20.000
	30.000	80.000		30.000	80.000

Verder heeft Willem nog buitenvennootschappelijk ondernemingsvermogen op zijn persoonlijke ondernemingsbalans staan:

	Balans Willem (in €)					
	Fiscaal	WEV		Fiscaal	WEV
Onroerende zaak	150.000	200.000	Kapitaal Willem	150.000	200.000
	150.000	200.000		150.000	200.000

Bij de winstverdeling is het in zo'n situatie gebruikelijk om een vergoeding voor de inbreng van het gebruik en genot te verrekenen, waarbij de meerdere winst in een vaste verhouding wordt verdeeld.

Voorbeeld

We werken verder met het voorbeeld van Willem en Richard.
De winst van de firma tussen Willem en Richard bedraagt in het eerste jaar € 120.000. In de firma-akte is overeengekomen dat Willem een vergoeding van € 10.000 krijgt voor de inbreng van het gebruik en genot van het pand. Het restant van de winst wordt 50/50 verdeeld.
De winst van Willem is dan 10.000 + 50% × (€ 120.000 –/– € 10.000) = € 65.000. De winst van Richard is 50% × (€ 120.000 –/– € 10.000) = € 55.000.

Of de kosten die betrekking hebben op zaken waarvan het gebruik en genot is ingebracht, zoals onderhoudskosten of afschrijvingskosten, ten laste van de winst van de maatschap komen of alleen ten laste van de winst van de inbrengende vennoot, is afhankelijk van de wijze waarop dit in de firma-akte is geregeld.

4.31.4 Inbreng tegen de werkelijke waarde zonder herwaardering op fiscale balans

Inbreng tegen werkelijke waarde

Bij inbreng tegen de werkelijke waarde wordt de inbrenger op de firmabalans voor de werkelijke waarde gecrediteerd op zijn kapitaalrekening. Fiscaal mag hij echter een fiscale balans hanteren met lagere boekwaarden. De inbrenger behaalt dan wel overdrachtswinst voor zover de toetreder gerechtigd wordt tot de stille reserves, maar hij behaalt geen herwaarderingswinst.

> **Voorbeeld**
>
> We gaan weer uit van het eerdere voorbeeld. Richard brengt nu echter niet alleen arbeid in, maar ook een bedrag van € 50.000, waarvoor hij op zijn kapitaalrekening wordt gecrediteerd. Willem brengt zijn onderneming in tegen de werkelijke waarde.
> De stille reserve in het pand is € 50.000 en in de inventaris € 10.000. De goodwill is € 40.000, zodat Willem 50% × (€ 50.000 + € 10.000 + € 40.000) = € 50.000 belaste overdrachtswinst behaalt.
>
> | Commerciële balans vof (in €) | | | |
> |---|---|---|---|
> | Onroerende zaak | 200.000 | Kapitaal Willem | 260.000 |
> | Inventaris | 20.000 | Kapitaal Richard | 50.000 |
> | Onderhanden werk | 20.000 | Schulden | 20.000 |
> | Goodwill | 40.000 | | |
> | Kas | 50.000 | | |
> | | 330.000 | | 330.000 |
>
> | Persoonlijke fiscale balans vof van Willem (in €) | | | |
> |---|---|---|---|
> | Onroerende zaak | 150.000 | Kapitaal Willem | 210.000 |
> | Inventaris | 10.000 | Kapitaal Richard | 0 |
> | Onderhanden werk | 20.000 | Schulden | 20.000 |
> | Kas | 50.000 | | |
> | | 230.000 | | 230.000 |
>
> Willems fiscale winst bedraagt de helft van de met behulp van deze persoonlijke fiscale vof-balans te berekenen winst. Het lijkt misschien eerder voor de hand te liggen om de helft van de stille reserves en goodwill tot uitdrukking te laten komen op deze persoonlijke fiscale balans van Willem. Maar dat levert de nodige boekhoudkundige problemen en onduidelijkheden op bij bijvoorbeeld verkoop van activa of het berekenen van afschrijvingen (daarop wordt hier niet nader ingegaan). De persoonlijke fiscale vof-balans van Richard is gelijk aan de commerciële balans van de vof.

Bij deze inbrengmethode is het niet noodzakelijk dat de toetredende firmant liquide middelen inbrengt. De fiscale gevolgen zijn hetzelfde als er geen inbreng van kasgeld is. Aangezien belaste overdrachtswinst dient te worden verantwoord, ligt het voor de hand deze methode vooral toe te passen als de toetreder ook daadwerkelijk financiële middelen inbrengt. De ondernemer die zijn bedrijf inbrengt zou dan bijvoorbeeld de liquide middelen kunnen opnemen uit de firma, waarbij deze middelen als een soort overnamesom voor de stille reserves en goodwill te beschouwen zijn.

Er kunnen ook andere situaties zijn waarbij gekozen wordt voor inbreng tegen de werkelijke waarde. Zo'n situatie is bijvoorbeeld dat de inbrenger niet het volledige risico wil lopen dat de ten tijde van de inbreng aanwezige stille reserves tenietgaan. Een andere situatie kan zijn dat de inbrenger compensabele verliezen heeft die dreigen te verdampen (zie paragraaf 5.11).

4.31.5 Ingroeiregeling met oplopend winstaandeel

De winstverdeling in een vof weerspiegelt over het algemeen de mate van inzet van de firmanten (de arbeid); over het kapitaal wordt vaak in het kader van de winstverdeling een rente berekend.

Ingroeiregeling Bij de ingroeiregeling (ook wel inverdienregeling genoemd) brengt de toetreder geen kapitaal in. De ondernemer die zijn onderneming inbrengt waarbij hij voor de boekwaarde wordt gecrediteerd, krijgt een groter winstaandeel dan hij op grond van zijn inzet zou verdienen. Via dit hogere winstaandeel wordt hij gecompenseerd voor het feit dat de toetreder in het samenwerkingsverband gerechtigd wordt tot de al aanwezige stille reserves. Het hogere winstaandeel heeft vaak een aflopende schaal in een bepaalde periode. Het aandeel moet zodanig worden vastgesteld dat het voldoende compensatie biedt voor de verschuiving van de aanwezige meerwaarde in de onderneming.

Voordelen Deze methode kent de volgende voordelen:
– De toetreder hoeft niet direct te betalen voor zijn toetreden.
– De boekhoudkundige verwerking is eenvoudig.

Nadelen Er zijn ook nadelen:
– De toetreder heeft te maken met de bestaande lage afschrijvingen, terwijl hij indirect wel betaalt voor de stille reserves.
– Contractueel moet goed worden vastgelegd hoe de gerechtigdheid tot de stille reserves is als de vof tijdens de ingroeiperiode wordt beëindigd.
– Noch de overdrager noch de toetreder kan precies inschatten hoeveel er uiteindelijk voor de stille reserves zal worden betaald.

> **Voorbeeld**
>
> Eric en Heidi gaan een vof aan. Eric is al ondernemer en zij besluiten dat Heidi middels een ingroeiregeling zal toetreden. Ze zullen allebei evenveel inzet en arbeid inbrengen. Ze schatten de jaarwinst op € 160.000. De bestaande onderneming van Eric heeft een stille reserve van € 200.000. Zij spreken af dat ten aanzien van de winstverdeling en het aandeel in de stille reserves het volgende zal gelden:
>
> | Jaar | Aandeel in stille reserves | | Winstverdeling | |
> | --- | --- | --- | --- | --- |
> | | Eric | Heidi | Eric | Heidi |
> | 1 | 90% | 10% | 80% | 20% |
> | 2 | 80% | 20% | 70% | 30% |
> | 3 | 70% | 30% | 60% | 40% |
> | 4 | 60% | 40% | 55% | 45% |
> | Daarna | 50% | 50% | 50% | 50% |
>
> Bij een jaarlijkse winst van € 160.000 'betaalt' Heidi uiteindelijk € 104.000 (€ 48.000 + € 32.000 + € 16.000 + € 8.000), een redelijke uitkomst (hierbij wordt geredeneerd dat de bedragen die Heidi minder aan winst krijgt, aan te merken zijn als 'betaling' voor de stille reserves). Bij tussentijdse vervreemding aan het begin van jaar 3, heeft Heidi (bij een gelijkblijvende stille reserve) € 80.000 'betaald', maar krijgt zij slechts € 60.000 van de stille reserve vergoed; dit is een stuk minder redelijk.

4.31.6 Het uittreden uit een samenwerkingsverband

Een ondernemer die uit een firma wil treden, draagt zijn firma-aandeel meestal over aan de overblijvende firmanten óf aan een derde die toetreedt tot de firma. De firma-akte bevat meestal voortzettings- of overnemingsbedingen, die regelen wat er gebeurt als een firmant uit de firma treedt. Het is ook denkbaar dat een ondernemer die uit de firma treedt, activa en passiva krijgt toebedeeld waarmee hij zijn ondernemerschap voortzet in de vorm van een eenmanszaak. Deze uitzonderingssituatie wordt in dit kader echter niet behandeld.

De uittredende firmant die zijn onderneming overdraagt aan de overblijvende firmanten of een derde, staakt zijn onderneming. De stakingswinst bestaat uit het bedrag dat hij meer ontvangt dan het saldo van zijn kapitaalrekening én de vrijval van zijn oudedagsreserve. Verder kan de overdracht van zijn aandeel in bedrijfsmiddelen leiden tot een desinvesteringsbijtelling.

Voorbeeld

Wanda en Jildau hebben een aantal jaren in firmaverband een productie- en handelsbedrijf in zelfontworpen turnkleding gedreven. Het winstaandeel van Wanda was 60% en dat van Jildau 40%. Wanda wil zich terugtrekken uit het bedrijf en draagt haar firma-aandeel over aan Jildau.

De balans van de firma ziet er op dat moment als volgt uit:

Balans vof (in €)					
	Fiscaal	WEV		Fiscaal	WEV
Onroerende zaak	130.000	160.000	Kapitaal Wanda	80.000	134.000
Inventaris	20.000	25.000	Kapitaal Jildau	60.000	96.000
Voorraden	40.000	45.000	Schulden	60.000	60.000
Vorderingen	10.000	10.000			
Goodwill	–	50.000			
	200.000	290.000		200.000	290.000

In het kapitaal van Wanda is een oudedagsreserve van € 30.000 begrepen.

De overdrachtsprijs kan worden berekend door bij het fiscale kapitaal het aandeel dat Wanda heeft in de stille reserves en goodwill op te tellen. Het aandeel van Wanda in de stille reserves en goodwill wordt bepaald door haar winstaandeel, 60% (tenzij in het firmacontract afwijkende bepalingen staan).
Berekening overdrachtsprijs:

Kapitaal Wanda		€ 80.000
Bij: aandeel Wanda in reserves en goodwill:		
Stille reserve onroerende zaak	€ 160.000 –/– € 130.000 = € 30.000	
Stille reserve inventaris	€ 25.000 –/– € 20.000 = € 5.000	
Stille reserve voorraden	€ 45.000 –/– € 40.000 = € 5.000	
Goodwill	€ 50.000	
Aandeel Wanda in stille reserves en goodwill: 60% × € 90.000 =		€ 54.000
Overnamesom die Jildau betaalt voor het firma-aandeel van Wanda		€ 134.000

Jildau activeert het firmadeel dat ze heeft overgenomen tegen het bedrag dat ze ervoor betaalt.

Wanda behaalt stakingswinst:

Gerealiseerde stille reserves en goodwill	€ 54.000
Desinvesteringsbijtelling	PM
Vrijval oudedagsreserve	€ 30.000
Stakingswinst	€ 84.000

Op de stakingswinst wordt de stakingsaftrek in mindering gebracht, voor zover deze nog niet eerder is benut. Ook is de mkb-winstvrijstelling nog van toepassing. De stakingswinst kan desgewenst worden omgezet in een lijfrente.

Doorschuiving Normaal gesproken kan bij een overdracht aan medefirmanten de doorschuifregeling van art. 3.63 Wet IB worden toegepast, mits de medefirmanten al ten minste 3 jaar deel uitmaken van het samenwerkingsverband. Bij overdracht van het firma-aandeel aan een nieuw toetredende firmant is geen doorschuiving mogelijk, tenzij hij al 3 jaar als werknemer voor de firma werkzaam is geweest.

Ook is mogelijk dat een firmant zijn actieve betrokkenheid bij de firma wil beëindigen, maar verder gaat als stille vennoot. Ze vormen de vennootschap onder firma dan om tot een commanditaire vennootschap. De firmant hoeft dan in principe niet af te rekenen over zijn aandeel in stille reserves en goodwill, maar kan dat nog voor zich uit schuiven tot hij zijn cv-aandeel overdraagt.

HOOFDSTUK 5

Box 1: belastbaar inkomen uit werk en woning

Box 1 is de inkomensbox, waarin onder andere de arbeidsinkomsten worden belast. Eerst komen eerst een aantal algemene regels aan de orde. Daarna worden de diverse onderdelen van het inkomen besproken. Praktische voorbeelden geven aan hoe het inkomen in box 1 wordt opgebouwd.

- waardering
- belastbaar loon
- resultaat uit overige werkzaamheden
- periodieke uitkeringen
- eigen woning
- inkomensvoorzieningen
- negatieve uitgaven
- verliesverrekening

5.1 Inleiding

Zoals in hoofdstuk 3 al is aangegeven, wordt bij het bepalen van de verschuldigde inkomstenbelasting uitgegaan van drie boxen. In dit hoofdstuk wordt nader ingegaan op box 1.

Box 1

Dit is de inkomensbox waarin onder andere de arbeidsinkomsten worden belast. Art. 3.1 Wet IB geeft aan hoe het inkomen in box 1 is opgebouwd. Schematisch ziet dit er als volgt uit:

De belastbare winst uit onderneming (hoofdstuk 4)	....
Het belastbare loon (paragraaf 5.3)	....
Het belastbare resultaat uit overige werkzaamheden (paragraaf 5.4)	....
De belastbare periodieke uitkeringen en verstrekkingen (paragraaf 5.5)	....
De belastbare inkomsten uit eigen woning (paragraaf 5.6)	....
De negatieve uitgaven voor inkomensvoorzieningen (paragraaf 5.9)	....
De negatieve persoonsgebonden aftrekposten (paragraaf 5.10)	.... +
	....
Aftrek wegens geen of geringe eigenwoningschuld (paragraaf 5.7)	....
De uitgaven voor inkomensvoorzieningen (paragraaf 5.8)	....
De persoonsgebonden aftrek (hoofdstuk 8)	.... +
	.... –/–
Inkomen uit werk en woning	....
Af: te verrekenen verliezen uit werk en woning (paragraaf 5.11)	.... –/–
Belastbaar inkomen uit werk en woning	....

Tabel 5.1 Opbouw inkomen in box 1

Zoals in het schema al is aangegeven, komen de diverse posten in dit hoofdstuk nader aan de orde. Praktische voorbeelden geven aan hoe het inkomen in box 1 wordt opgebouwd. In dit hoofdstuk wordt echter niet ingegaan op de belastbare winst uit onderneming, want deze inkomenspost is in hoofdstuk 4 al uitgebreid aan de orde geweest. Ook wordt in dit hoofdstuk nog geen aandacht besteed aan de persoonsgebonden aftrek, want dit gebeurt in hoofdstuk 8.

Alvorens op de diverse posten wordt ingegaan, komen eerst een aantal algemene regels aan de orde. Deze gelden in principe voor alle inkomensonderdelen van box 1. Als voor bepaalde inkomensposten een afwijkende regeling geldt, wordt dit zowel in de wettekst als in dit hoofdstuk expliciet vermeld.

5.2 Algemene bepalingen binnen box 1

5.2.1 Inleiding

De diverse bestanddelen die samen het belastbaar inkomen uit werk en woning vormen (box 1), hebben een aantal gemeenschappelijke kenmerken. Aan het einde van hoofdstuk 3 van de Wet IB zijn deze bepalingen gegroepeerd. Het gaat hierbij om de afdelingen 3.11 e.v. (art. 3.144 e.v. Wet IB). Deze bepalingen gelden voor alle onderdelen van het box 1-inkomen, tenzij in de Wet IB expliciet anders is bepaald. In het kader van dit hoofdstuk gaan de volgende subparagrafen in op de volgende onderdelen:
- de waardering van niet in geld genoten inkomen (paragraaf 5.2.2);
- het tijdstip waarop inkomsten worden belast (paragraaf 5.2.3);
- het tijdstip waarop kosten en uitgaven voor inkomensvoorzieningen in aftrek mogen worden gebracht (paragraaf 5.2.4).

5.2.2 Waardering van niet in geld genoten inkomen

Bij het invullen van de aangifte moeten alle inkomsten en aftrekposten in eurobedragen worden verantwoord. Nu kan het gebeuren dat bepaalde inkomsten niet in geld worden ontvangen. In dat geval kan het lastig zijn om te bepalen voor welk bedrag in euro's deze inkomsten moeten worden aangegeven.

Beloningen in natura — Art. 3.144 Wet IB geeft aan hoe beloningen in natura moeten worden gewaardeerd voor het bepalen van het inkomen in box 1. Het uitgangspunt hierbij is de waarde van het betreffende inkomensbestanddeel in het economische verkeer. Slechts in bepaalde gevallen mag de belastingplichtige uitgaan van het bedrag dat hij zich bespaart ('besparingswaarde'). In de Wet IB is het probleem van de waardering van beloningen in natura beperkt. In de meeste gevallen gaat het namelijk om loon in natura. Hierop is al uitgebreid ingegaan in hoofdstuk 2 over de loonbelasting. De Wet op de loonbelasting bevat een groot aantal bijzondere bepalingen die betrekking hebben op loon in natura.

5.2.3 Tijdstip waarop inkomsten worden belast

Tijdstip — Het uitgangspunt in box 1 is dat inkomsten worden belast in het jaar waarin zij worden genoten. In de volksmond is dat het moment waarop het geld wordt ontvangen (contant) of wordt bijgeschreven op de bankrekening. Het moment waarop het inkomen moet worden verantwoord, is vastgelegd in art. 3.146 Wet IB.

Loon, periodieke uitkeringen en verstrekkingen, etc., alsmede de voordelen uit eigen woning en de negatieve uitgaven voor inkomensvoorzieningen, worden – voor zover niet anders is bepaald – geacht te zijn genoten op het tijdstip waarop zij:

a. ontvangen zijn (contant of bijgeschreven op de bankrekening);
b. verrekend zijn (het inkomen wordt verrekend met een nog openstaande schuld);
c. ter beschikking zijn gesteld (het inkomen ligt klaar, maar is nog niet in ontvangst genomen);
d. rentedragend zijn geworden (er wordt rente vergoed in verband met het te laat voldoen van de betaling); of
e. vorderbaar en inbaar zijn geworden (het geld kan juridisch gezien worden opgevraagd en ook met succes worden geïnd).

Het moment (van de vijf hierboven genoemde momenten) dat zich het eerst voordoet, is het moment waarop het inkomen is genoten.

Voorbeeld

Marieke heeft recht op partneralimentatie. Haar ex wil de alimentatie niet voldoen, omdat hij vindt dat zij in haar eigen levensonderhoud moet voorzien. Er ligt al een uitspraak van de rechter, maar de man weigert de alimentatie te voldoen. Marieke vraagt zich af of zij de alimentatie nu toch al moet verantwoorden.

Marieke heeft niets ontvangen (zie a). Er is ook niets verrekend (zie b) of door de man ter beschikking gesteld (zie c). Zij kan de alimentatie op grond van de gerechtelijke uitspraak wel invorderen, maar het is duidelijk dat de man hier niet aan zal meewerken. Op grond van dit laatste is de alimentatie niet (met succes) inbaar (zie e). Alleen als de man rente verschuldigd is (zie d), moet Marieke de alimentatie aangeven. Zo niet, dan heeft geen van de hiervoor genoemde 'genietingsmomenten' zich voorgedaan. In het laatste geval moet het inkomen worden doorgeschoven naar het jaar waarin wel aan één van de voorwaarden wordt voldaan.

Voor het aangeven van de belastbare winst uit onderneming en het belastbare resultaat uit overige werkzaamheden, gelden andere regels. Hierbij moeten de opbrengsten en kosten zo goed mogelijk worden toegerekend aan de jaren waarop zij betrekking hebben. Een en ander overeenkomstig 'goed koopmansgebruik'. In hoofdstuk 4 is al nader ingegaan op dit begrip.

5.2.4 Tijdstip waarop aftrekbare kosten of uitgaven voor inkomensvoorzieningen in aftrek mogen worden gebracht

Aftrekbare kosten Art. 3.147 Wet IB bepaalt dat aftrekbare kosten en uitgaven voor inkomensvoorzieningen – voor zover niet anders is bepaald – voor aftrek in aanmerking komen op het tijdstip waarop zij:
a. zijn betaald (contant voldaan, dan wel afgeschreven van de bankrekening);
b. zijn verrekend (het bedrag is verrekend met een vordering die de belastingplichtige nog had openstaan);
c. ter beschikking zijn gesteld (het geld is afgegeven, maar nog niet door de andere partij in ontvangst genomen); of
d. rentedragend zijn geworden (er moet rente worden betaald in verband met het te laat voldoen van het bedrag).

Net als bij het tijdstip waarop inkomsten moeten worden verantwoord (zie paragraaf 5.2.3), geldt ook hier dat de bovenstaande punten niet van toepassing zijn als het gaat om het bepalen van de aan te geven belastbare winst uit onderneming of het belastbare resultaat uit overige werkzaamheden.

5.3 Belastbaar loon

5.3.1 Inleiding

(Fictieve) dienstbetrekking

Het belastbare loon vormt de belangrijkste inkomenspost in box 1. Het gaat hierbij om inkomsten die de belastingplichtige geniet uit een (fictieve) dienstbetrekking. Op grond van art. 3.80 Wet IB is het belastbare loon als volgt opgebouwd:

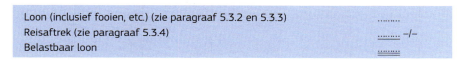

Tabel 5.2 Opbouw belastbaar loon

Door de gekozen systematiek mag de belastingplichtige dus geen andere (beroeps)kosten in aftrek brengen bij het bepalen van het belastbaar loon.

5.3.2 Loon

Begrip loon

Voor het begrip loon verwijst art. 3.81 Wet IB naar de Wet LB. Dit betekent dat wat op grond van de Wet LB als te belasten loon wordt aangemerkt, ook voor de Wet IB als loon wordt aangemerkt. Een werknemer moet dus het belastbare loon (loon voor de loonheffingen) opnemen in zijn aangifte inkomstenbelasting. Hij hoeft niet meer in de Wet IB na te gaan of een bepaalde vergoeding belast of onbelast is. In de Wet LB wordt niet alleen het inkomen uit een bestaande dienstbetrekking als te belasten loon aangemerkt, maar ook het inkomen uit een vroegere dienstbetrekking. Ook een uitkering op grond van de AOW of WIA wordt als loon aangemerkt.

Verder moeten verzekeringsmaatschappijen op bepaalde uitkeringen loonbelasting inhouden. Hierbij kan bijvoorbeeld worden gedacht aan een maandelijkse lijfrente-uitkering als aanvulling op het pensioen. Ook dergelijke uitkeringen worden via de Wet LB (art. 34 Wet LB) onder het loonbegrip gebracht en worden dus aangemerkt als belastbaar loon voor de aangifte inkomstenbelasting. Een gevolg hiervan is dat deze uitkeringen, op grond van de zogeheten bronnenvolgorde (art. 2.14 Wet IB, zie hoofdstuk 3), in de aangifte inkomstenbelasting niet meer als een belastbare periodieke uitkering of verstrekking kunnen worden aangemerkt.

In art. 3.81 en 3.82 Wet IB wordt het loonbegrip voor de toepassing van de Wet IB vervolgens uitgebreid. Een belangrijke aanvulling op het loonbegrip wordt gevormd door de fooien. Deze komen in paragraaf 5.3.3 aan bod.

5.3.3 Fooien

Arbeidsbeloning

De fooien die een werknemer ontvangt, worden fiscaal gezien als een arbeidsbeloning. Omdat de werkgever vaak niet precies weet hoeveel fooi een werknemer heeft ontvangen, is het lastig om dit bedrag te verlonen. In verband hiermee worden fooien in beginsel vrijgesteld van de heffing van loonbelasting, tenzij bij het vaststellen van het loon al rekening is gehouden met het ontvangen van fooien óf de zogenoemde Fooienregeling van toepassing is (art. 12 Wet LB en art. 3.6 Uitv.reg. LB). Bij het bepalen van het belastbare loon voor de Wet LB, moet – voor wat betreft de in aanmerking te nemen fooien – in bepaalde situaties dus worden uitgegaan van de uitvoeringsregeling.

Fooienregeling

Omdat de werknemer zelf wel weet hoeveel fooi hij heeft ontvangen, moet hij de werkelijk ontvangen fooien opnemen in zijn aangifte inkomstenbelasting (art. 3.81 Wet IB). Maar dit moet natuurlijk alleen gebeuren als en voor zover de ontvangen fooien nog niet in aanmerking zijn genomen bij het bepalen van zijn loon voor de loonbelasting. Heeft de werknemer minder fooi ontvangen dan bij het bepalen van het loon voor de loonbelasting is meegenomen, dan kan hij in zijn aangifte inkomstenbelasting het verschil aangeven als negatief loon.

5.3.4 Reisaftrek

Woon-werkverkeer

In verband met de kosten van woon-werkverkeer mag een belastingplichtige op grond van art. 3.87 Wet IB een bepaald bedrag in aftrek brengen. Dit is alleen toegestaan voor zover aan de volgende voorwaarden wordt voldaan:
– Hij reist per openbaar vervoer naar zijn werk.
– De afstand van een enkele reis bedraagt meer dan 10 kilometer.
– Er wordt in principe minimaal eenmaal per week tussen de woon- en de werkplaats gereisd.
– Hij beschikt over een zogenoemde 'openbaarvervoerverklaring' dan wel 'reisverklaring' (art. 16 Uitv.reg. IB).

Openbaarvervoerverklaring

Een werknemer wordt geacht minimaal eenmaal per week heen en weer te reizen als hij in een bepaald jaar op 40 dagen of meer naar dezelfde werkplaats heeft gereisd (art. 3.87 lid 8 Wet IB).

Het bedrag dat in aftrek kan worden gebracht, is afhankelijk van:
– het aantal dagen waarop de belastingplichtige naar zijn werkplek reist;
– de lengte van het per openbaar vervoer afgelegde traject.

Met behulp van tabel 5.3 kan het aftrekbedrag worden bepaald. De tabel vermeldt het bedrag dat op jaarbasis mag worden afgetrokken als op 4 of meer dagen heen en weer wordt gereisd. Wordt slechts een gedeelte van het jaar en/of op minder dan 4 dagen heen en weer gereisd, dan moet het aftrekbedrag worden herrekend. Als de werknemer in verband met ziekte of vakantie tijdelijk niet naar zijn werkplek reist, mag de aftrek gewoon doorlopen. Maar bij een langdurige onderbreking moet het aftrekbedrag worden aangepast.

Bij een enkelereisafstand (in kilometers) per openbaar vervoer		is het aftrekbedrag op jaarbasis
van meer dan	maar niet meer dan	
–	10	–
10	15	€ 471
15	20	€ 626
20	30	€ 1.045
30	40	€ 1.296
40	50	€ 1.689
50	60	€ 1.879
60	70	€ 2.083
70	80	€ 2.155
80	–	€ 2.185

Tabel 5.3 Reisaftrek woon-werkverkeer

Als een werknemer van zijn werkgever een (onbelaste) reiskostenvergoeding krijgt, moet deze in mindering worden gebracht op het bedrag van de reisaftrek. Dit kan echter niet leiden tot een negatief aftrekbaar bedrag (verhoging van het salaris).

Voorbeeld

Tim is werknemer en reist dagelijks met de trein tussen zijn woonplaats en zijn werk. Hij werkt 3 dagen per week. De reisafstand per openbaar vervoer bedraagt 23 kilometer. Hij krijgt geen reiskostenvergoeding.
Op 1 augustus gaat hij ergens anders werken. Ook nu gaat hij met de trein naar zijn werk. Hij gaat nu 4 dagen werken en de reisafstand per openbaar vervoer bedraagt 12 kilometer. Van zijn nieuwe werkgever ontvangt hij een (onbelaste) reiskostenvergoeding van € 25 per maand. Tim beschikt over de benodigde verklaringen.

De reisaftrek die Tim in aanmerking mag nemen, bedraagt:

3/4 (reist 3 dagen in plaats van 4 of meer) × € 1.045 × 7/12 (tot en met 31/7) =	€ 457
4/4 (reist 4 dagen) × € 471 × 5/12 (vanaf 1/8) =	€ 196 +
Totaal in aftrek te brengen op grond van de tabel	€ 653
Af: ontvangen reiskostenvergoeding (5 maanden × € 25)	€ 125 –/–
Reisaftrek	€ 528

Bij een tarief van 37,1% leidt dit tot een belastingvermindering van € 196, bij een tarief van 49,5% is dat € 261.

Opmerking: als de belastingplichtige gedurende minder dan 4 dagen per week heen en weer reist én de enkelereisafstand meer bedraagt dan 90 kilometer, moet de reisaftrek als volgt worden berekend: aantal dagen dat in het betreffende jaar wordt gereisd × aantal kilometers (enkelereisafstand) × € 0,24. Het op deze wijze berekende aftrekbedrag, kan op jaarbasis echter nooit hoger zijn dan € 2.185. Een en ander is vastgelegd in art. 3.87 lid 5 letter b Wet IB.

> **Voorbeeld**
>
> Rosanne is werkzaam op een accountantskantoor. Zij gaat elke maand 4 dagen (willekeurig verspreid over de maand) naar een klant om de administratie bij te werken. Zij moet dan 100 kilometer reizen. Rosanne ontvangt geen reiskostenvergoeding. Zij reist per openbaar vervoer en beschikt over een reis/openbaar-vervoerverklaring.
> Hoewel Rosanne niet elke week zal reizen, wordt het kantoor van de klant toch als werkplaats aangemerkt. Zij reist op jaarbasis namelijk gedurende 40 dagen of meer naar dezelfde locatie om daar werkzaamheden te verrichten. De reisafstand (enkele reis) bedraagt meer dan 90 kilometer. De reisaftrek die zij kan claimen, bedraagt: 4 (dagen) × 12 (maanden) × 100 (enkele reisafstand) × € 0,24 = € 1.152.

Naast de reisaftrek mag een werknemer geen andere kosten in aftrek brengen die hij maakt voor het uitoefenen van zijn dienstbetrekking. Een werkgever kan dus meer kosten onbelast vergoeden dan een werknemer in aftrek kan brengen op zijn inkomen.

5.4 Belastbaar resultaat uit overige werkzaamheden

5.4.1 Inleiding

Resultaat uit overige werkzaamheden

De derde inkomensbron (na belastbare winst uit onderneming en belastbaar loon) is het belastbare resultaat uit overige werkzaamheden. Deze inkomenscategorie is feitelijk een soort restcategorie van inkomen uit werk en woning, als het gaat om inkomsten die worden verdiend door arbeid te verrichten. Als de opbrengsten niet kunnen worden belast als belastbare winst uit onderneming of belastbaar loon, kunnen zij altijd nog worden belast als belastbaar resultaat uit overige werkzaamheden.

Het gaat hier om verschillende soorten opbrengsten. Het is niet noodzakelijk dat de belastingplichtige fysiek noemenswaardige arbeid verricht. Zuivere beleggingsresultaten worden niet in de heffing betrokken. Is het te behalen voordeel vooraf te voorzien, dan is echter geen sprake van een zuiver beleggingsresultaat (art. 3.91 lid 1 letter c Wet IB). De behaalde opbrengst is dan 'gewoon' belast als resultaat uit overige werkzaamheden.

> **Voorbeeld**
>
> Joke hoort van een vriend dat hij zijn woning wil verkopen voor € 250.000. Zij weet dat een collega op zoek is naar woonruimte. De woning van de vriend voldoet aan de wensen van de collega. Joke koopt de woning en verkoopt deze direct door aan de collega voor € 265.000. Deze boekwinst van € 15.000 wordt normaal gesproken niet belast in de Wet IB als er geen sprake is van een onderneming. Maar omdat Joke vooraf al weet dat ze het pand met winst kan verkopen, wordt het behaalde voordeel nu wel belast als resultaat uit overige werkzaamheden.

Freelance-activiteiten — Ook de opbrengsten uit freelanceactiviteiten worden belast als resultaat uit overige werkzaamheden. Dit geldt natuurlijk alleen als er geen sprake is van een dienstbetrekking, want anders worden de opbrengsten belast als loon. Is er geen dienstbetrekking in de zin van het Burgerlijk Wetboek, dan kan er op grond van de Wet LB nog wel sprake zijn van een fictieve dienstbetrekking. Zo biedt art. 4 letter f Wet LB de mogelijkheid om te opteren voor een dienstbetrekking. Door deze 'opting-in'-regeling kunnen een freelancer en zijn opdrachtgever doen alsof er een dienstbetrekking is. De opdrachtgever houdt dan loonbelasting in op de uitbetaalde vergoedingen. Ook kan hij bepaalde kosten onbelast vergoeden. In deze situatie is er geen sprake van resultaat uit overige werkzaamheden, maar van belastbaar loon.

Overige werkzaamheden — Naast de inkomsten uit werkzaamheden als freelancer kan het bij 'resultaat uit overige werkzaamheden' ook gaan om:
- een vergoeding voor het verzorgen van lezingen;
- vergoedingen voor leden van de Eerste Kamer, de Tweede Kamer of de gemeenteraad (formeel is er in deze gevallen geen sprake van de gezagsverhouding die voor een dienstbetrekking cruciaal is);
- beloningen voor auteurswerkzaamheden;
- vergoedingen voor het verzorgen van belastingaangiften voor derden;
- vergoedingen voor het verzorgen van bijlessen;
- opbrengsten uit het rendabel maken van vermogen; dit moet op een dusdanige wijze gebeuren dat er geen sprake meer is van normaal vermogensbeheer (dit is onder meer het geval bij handel met voorkennis);
- vergoedingen voor het zich borgstellen voor schulden (alleen als een schuld betrekking heeft op een onderneming, een werkzaamheid of een samenwerkingsverband; het mag dus niet gaan om schulden van een 'gewone' particulier).

De komende subparagrafen gaan nader in op een tweetal specifieke 'werkzaamheden'/situaties:
- De belastingplichtige stelt vermogen ter beschikking aan een onderneming van een verbonden persoon (paragraaf 5.4.2).

Verbonden persoon —
- De belastingplichtige stelt vermogen ter beschikking aan een eigen bv, dan wel de bv van een verbonden persoon (paragraaf 5.4.3).

Feitelijk passen deze activiteiten niet binnen de categorie resultaat uit overige werkzaamheden. Het gaat namelijk om opbrengsten uit vermogen, die normaal gesproken via box 2 of box 3 in de belastingheffing worden betrokken. Maar om misbruik te voorkomen, moeten deze opbrengsten in box 1 tegen het progressieve tarief worden belast.

Hierna wordt ingegaan op de wijze waarop het te belasten voordeel moet worden bepaald en het moment waarop de belastbare bate moet worden verantwoord.

5.4.2 Terbeschikkingstelling aan de onderneming van een verbonden persoon

Ondernemings-vermogen

Als een ondernemer een bedrijfspand koopt, moet hij dit tot zijn ondernemingsvermogen rekenen. Dit heeft als nadeel dat een eventuele waardestijging in de belastingheffing wordt betrokken. Zonder nadere regelgeving kan dit ondervangen worden als de ondernemer op huwelijkse voorwaarden gehuwd is en de echtgenote het pand aanschaft. De echtgenote verhuurt het pand vervolgens aan haar man (de ondernemer), die hierover huur moet betalen. Deze huur mag hij in aftrek brengen bij het bepalen van zijn belastbare winst uit onderneming. Deze aftrek vindt plaats in box 1, tegen het progressieve tarief. Als het pand bij de echtgenote in box 3 valt, wordt het pand forfaitair belast (zie hoofdstuk 7). Het voordeel van de aftrek bij de ondernemer kan dan groter zijn dan de belastingdruk bij de partner. De werkelijke huur is niet relevant en ook een eventuele waardestijging wordt niet belast. Dit zou er zelfs toe kunnen leiden dat de huur binnen redelijke grenzen gemaximaliseerd wordt.

De wetgever heeft dit alles onderkend. Daarom heeft hij bepaald dat de resultaten in dergelijke gevallen moeten worden belast als belastbaar resultaat uit overige werkzaamheden (in box 1). Het gaat hierbij niet alleen om de inkomsten uit de verhuur van een pand, maar ook om de inkomsten van andere vermogensbestanddelen die aan de onderneming van een verbonden persoon ter beschikking worden gesteld (art. 3.91 lid 1 letter a Wet IB).
Een ondernemer kan echter geen vermogen ter beschikking stellen aan zijn eigen onderneming (ook niet fictief). Er is geen sprake van het ter beschikking stellen van vermogen als de ondernemer en zijn echtgenote in gemeenschap van goederen zijn getrouwd en het vermogensbestanddeel tot hun gemeenschappelijke vermogen behoort. In dat geval zal het betreffende vermogensbestanddeel overigens in de meeste gevallen verplicht tot het ondernemingsvermogen behoren.

Verbonden persoon

Verbonden persoon

In deze paragraaf is al meerdere malen de term 'verbonden persoon' gevallen. Verbonden personen zijn op grond van art. 3.91 lid 2 onderdelen b en c Wet IB:
– de (fiscale) partner van de belastingplichtige;
– de minderjarige kinderen van de belastingplichtige of zijn (fiscale) partner.

Hierbij moet nog het volgende worden opgemerkt:

Minderjarig
a. Als de belastingplichtige minderjarig is, worden ook zijn (schoon)ouders en hun (fiscale) partners aangemerkt als verbonden personen (art. 3.91 lid 2 letter c Wet IB).

Voorbeeld

Bart (14 jaar) heeft uit de nalatenschap van zijn moeder een pand verkregen. Dit pand wordt verhuurd aan de onderneming van zijn vader. Omdat Bart minderjarig is, wordt zijn vader aangemerkt als 'verbonden persoon'. Hierdoor wordt de huur bij Bart belast als belastbaar resultaat uit overige werkzaamheden. Alle kosten (inclusief afschrijvingen) die met het pand te maken hebben, mogen daarbij in aanmerking worden genomen. Als het resultaat is bepaald, wordt het saldo vervolgens op grond van art. 2.15 Wet IB toegerekend aan de vader van Bart.

Samenwerking
b. Als de verbonden persoon samenwerkt met iemand anders, wordt het totale resultaat belast als resultaat uit overige werkzaamheden (art. 3.91 lid 1 letter b Wet IB).

Voorbeeld

De vader van Bart uit het vorige voorbeeld voegt zijn onderneming samen met die van een concurrent. De vader van Bart krijgt 50% van de winst. Ondanks het feit dat het pand ook deels in gebruik is bij iemand die niet als een met Bart verbonden persoon kan worden aangemerkt, wordt de gehele huur nog steeds belast als resultaat uit overige werkzaamheden.

Ongebruikelijke terbeschikkingstelling
c. Ook bij het ter beschikking stellen van vermogen door een (groot)ouder aan een meerderjarig (klein)kind, kan het resultaat worden belast als belastbaar resultaat uit overige werkzaamheden, zonder dat wordt voldaan aan de criteria van een verbonden persoon (art. 3.91 lid 3 Wet IB). Dit kan echter alleen als er sprake is van een ongebruikelijke terbeschikkingstelling. Dit alles geldt overigens ook in de omgekeerde situatie, namelijk als een meerderjarig (klein)kind een vermogensbestanddeel uitleent aan zijn (groot)ouders.

Voorbeeld

Luc is 17 jaar. Hij heeft geld uitgeleend aan de onderneming van zijn vader. Zolang Luc minderjarig is, wordt zijn vader aangemerkt als een aan hem verbonden persoon (zie punt a van deze paragraaf). Of er al dan niet sprake is van een maatschappelijk ongebruikelijke terbeschikkingstelling is niet relevant.

Stel Luc is 18 jaar. Als er sprake is van een maatschappelijk ongebruikelijke transactie, blijft er sprake van een tbs-vordering. Is de lening niet aan te merken als maatschappelijk ongebruikelijk, dan gaat de vordering over van box 1 naar box 3.

Als wordt gesproken over het ter beschikking stellen van vermogen, zal het over het algemeen gaan om het verstrekken van een lening of de verhuur van een pand. In art. 3.91 lid 2 letter a en d Wet IB is een aantal situaties genoemd die worden gelijkgesteld met het ter beschikking stellen van vermogen. Het gaat daarbij bijvoorbeeld om:
- het afsluiten van levensverzekeringsovereenkomsten;
- het vestigen van een optie om een vermogensbestanddeel te kopen dat door een ander aan een verbonden persoon ter beschikking wordt gesteld;
- het zich borg stellen voor schulden.

5.4.3 Terbeschikkingstelling aan de eigen bv of die van een verbonden persoon

In de vorige paragraaf is ingegaan op de situatie waarin vermogen ter beschikking werd gesteld aan de onderneming van een verbonden persoon. Als de ondernemingsactiviteiten zijn ondergebracht in een besloten vennootschap (bv) of naamloze vennootschap (nv), kunnen soortgelijke situaties aan de orde zijn. Deze kunnen dan onder art. 3.92 Wet IB vallen. Het gaat hierbij om vermogen dat ter beschikking wordt gesteld aan een eigen vennootschap of die van een verbonden persoon.

Wil er in dit kader sprake kunnen zijn van het ter beschikking stellen van vermogen in de zin van de Wet IB, dan moeten de aandelen bij de belastingplichtige of de verbonden persoon tot een aanmerkelijk belang behoren. Het begrip verbonden persoon is in dit kader gelijk aan het begrip verbonden persoon zoals dat in de voorgaande paragraaf is gedefinieerd.

Aanmerkelijk belang

Hoofdstuk 6 gaat uitgebreid in op het begrip aanmerkelijk belang. Kort gezegd betekent dit dat het (aandelen)belang van de belastingplichtige of een met hem verbonden persoon in de vennootschap waaraan het vermogen ter beschikking wordt gesteld, minimaal 5% moet bedragen. Ook een (optie)recht om 5% van de aandelen in een vennootschap te kopen, is voldoende voor het ontstaan van een aanmerkelijkbelangpositie. In box 2 vallen ook een aantal bijzondere vormen van aanmerkelijk belang. Het gaat dan om een aanmerkelijk belang op grond van de meetrekregeling (art. 4.10 Wet IB) of om een fictief aanmerkelijk belang (art. 4.11 Wet IB). In beide situaties valt het aandelenbezit in box 2 (belastbare winst uit aanmerkelijk belang), maar kan er geen sprake zijn van een terbeschikkingstelling in de zin van de Wet IB (zie art. 3.92 lid 1 letter a laatste volzin Wet IB).

HOOFDSTUK 5 | BOX 1: BELASTBAAR INKOMEN UIT WERK EN WONING

> **Voorbeeld**
>
> Lars (25 jaar) bezit 4% van de aandelen in Teko Holding bv. De overige aandelen zijn in handen van zijn vader. Lars heeft op zakelijke condities geld geleend aan Teko Holding bv.
> Lars bezit minder dan 5% van de aandelen. Toch worden de voordelen uit de aandelen belast in box 2. Hij wordt namelijk 'meegetrokken' door zijn vader (art. 4.10 Wet IB).
> De rente op de lening wordt echter niet als belastbaar resultaat uit overige werkzaamheden belast in box 1, omdat Lars zelf geen echt aanmerkelijk belang heeft en zijn vader geen verbonden persoon is. De lening valt bij Lars 'gewoon' in box 3. Was Lars minderjarig geweest of was er sprake geweest van een ongebruikelijke terbeschikkingstelling, dan was de rente wel belast als resultaat uit overige werkzaamheden (in box 1).

Net als bij het ter beschikking stellen van vermogen aan de onderneming van een verbonden persoon, staan in art. 3.92 lid 2 letter a en c Wet IB een aantal situaties die worden gelijkgesteld met het ter beschikking stellen van vermogen (zie paragraaf 5.4.2).

Als een directeur een lening verstrekt aan zijn bv, moet hij de ontvangen rente op grond van de terbeschikkingstellingsregeling aangeven in box 1. De rente wordt dan progressief belast. Als hij ook nog een salaris ontvangt van zijn bv, kan de belastingdruk oplopen tot 49,5%. Wordt de lening verstrekt door zijn partner, dan wordt de rente bij de partner eveneens belast in box 1. Maar als zijn partner zelf geen of minder inkomsten heeft, zal de belastingdruk lager liggen. Daarom kan het van belang zijn dat duidelijk is wie de lening aan de bv verstrekt. Mensen die samenwonen of op huwelijkse voorwaarden zijn getrouwd, kunnen via een overeenkomst duidelijk maken wie de lening verstrekt. Als mensen in (een beperkte) gemeenschap van goederen zijn getrouwd en een vermogensbestanddeel dat in de huwelijksgemeenschap valt ter beschikking wordt gesteld aan de eigen bv of die van een verbonden persoon, moeten de beide partners 50% van de inkomsten (en de kosten) verantwoorden (art. 3.92 lid 4 Wet IB).

> **Voorbeeld**
>
> Evelien leent € 100.000 aan de bv van haar man. De bv betaalt over de lening 5% rente. Evelien en haar man zijn getrouwd in algehele gemeenschap van goederen en de lening valt binnen de huwelijksgemeenschap. Evelien en haar man moeten elk € 2.500 (50% van € 5.000) aan rente aangeven.

5.4.4 Bepalen van het belastbare resultaat uit overige werkzaamheden

Totale voordeel — Het belastbare resultaat uit overige werkzaamheden bestaat uit de som van de resultaten uit de diverse werkzaamheden. Het voordeel bestaat uit het totale voordeel (in welke vorm dan ook) dat met een 'werkzaamheid' wordt behaald. Het resultaat wordt bepaald alsof het gaat om een onderneming. In art. 3.95 Wet IB wordt een aantal artikelen van overeenkomstige toepassing verklaard.

Wel van toepassing	Niet van toepassing
– totale winstbegrip	– willekeurige afschrijvingen
– opstellen balans en resultatenrekening	– investeringsaftrek
– beperking aftrekbare kosten	– bosbouw- en landbouwvrijstelling
– goed koopmansgebruik	– zelfstandigenaftrek/meewerkaftrek
– afschrijven op bedrijfsmiddelen	– stakingsaftrek
– herinvesteringsreserve	– oudedagsreserve
– kostenegalisatiereserve	– mkb-winstvrijstelling
– staking/doorschuiven (deels)	

Tabel 5.4 Artikelen betreffende de winst uit onderneming die wel of niet van toepassing zijn op het resultaat uit overige werkzaamheden

Door de verwijzing naar een aantal artikelen die de belastbare winst uit onderneming definiëren, tellen niet alleen de reguliere inkomsten mee in de heffing, maar ook vermogenswinsten die met de werkzaamheden worden gerealiseerd.

Goed koopmansgebruik

Het resultaat uit overige werkzaamheden moet op grond van het 'goed koopmansgebruik' zo goed mogelijk worden toegerekend aan de jaren waarop het betrekking heeft. Dit brengt met zich mee dat moet worden afgeschreven op bedrijfsmiddelen die meerdere jaren meegaan. De aanschafkosten van deze zaken mogen dus niet direct ten laste van het belastbare resultaat worden gebracht. De hoofdregel dat inkomsten worden belast als zij zijn ontvangen, etc. (zie paragraaf 5.2.3) en dat kosten aftrekbaar zijn als zij zijn betaald, etc. (zie paragraaf 5.2.4), geldt dus niet voor het resultaat uit overige werkzaamheden.

Voorbeeld

Loek verhuurt een bedrijfspand aan zijn eigen bv. De huur die hij ontvangt, wordt belast. Hij mag alle kosten die hij maakt in verband met het pand, in mindering brengen op de te belasten huuropbrengsten. Ook mag hij (beperkt) afschrijven op het bedrijfspand. Hij moet ook een balans opstellen (op de actiefzijde staat dan alleen het bedrijfspand) en een resultatenoverzicht opstellen. Als hij het pand verkoopt, moet hij het verschil tussen de verkoopopbrengst en de waarde waarvoor het pand op zijn balans staat, aangeven als belastbaar resultaat uit overige werkzaamheden.

Onzakelijke lening

Als een vordering wordt aangemerkt als het ter beschikking stellen van vermogen in de zin van de Wet IB, mag een eventueel boekverlies ten laste van het resultaat worden gebracht. Dit kan zich voordoen als de schuldenaar niet in staat is om zijn lening af te lossen. In de jurisprudentie is echter bepaald dat dit niet mag als er sprake is van een zogenoemde onzakelijke lening (een lening die door een onafhankelijke derde niet zou zijn verstrekt omdat bijvoorbeeld de risico's te groot zijn). Als de geldverstrekker een aanmerkelijk belang heeft in de vennootschap waar hij het geld aan heeft uitgeleend, leidt het niet-aftrekbare boekverlies tot een verhoging van de verkrijgingsprijs van zijn aandelen (zie ook hoofdstuk 6).

Tbs-vrijstelling Als er sprake is van het ter beschikking stellen van vermogen, mag op het berekende resultaat uit overige werkzaamheden op grond van art. 3.99b Wet IB een vrijstelling worden toegepast van 12%. Deze tbs-vrijstelling is een van de posten die leidt tot een correctie van de verschuldigde inkomstenbelasting indien en voor zover door deze vrijstelling het belastbare inkomen in de hoogste belastingschijf wordt verlaagd (zie art. 2.10 lid 2 en art. 2.10a lid 2 Wet IB en paragraaf 3.3.2).

De vrijstelling mag dus niet worden toegepast op gewone nevenwerkzaamheden of op een voordeel dat valt onder art. 3.91 lid 1 letter c Wet IB. Dit brengt met zich mee dat de tbs-vrijstelling niet van toepassing is bij het rendabel maken van vermogen op een wijze die normaal actief vermogensbeheer te buiten gaat.

Voorbeeld

Een directeur verhuurt een pand aan zijn bv. Er is hier sprake van normaal vermogensbeheer en de huuropbrengst bedraagt € 15.000. De directeur moet € 6.000 rente betalen in verband met een lening die hij heeft afgesloten voor de aankoop van het pand. Verder mag hij nog € 4.000 aan andere kosten (inclusief afschrijvingen) in aftrek brengen. Het belastbare resultaat uit overige werkzaamheden bedraagt dan voor aftrek van de vrijstelling: € 5.000 (€ 15.000 –/– € 6.000 –/– € 4.000). Na aftrek van de tbs-vrijstelling van 12% blijft er nog een belastbaar bedrag over van € 4.400.

Opmerkingen:
- Als een belastingplichtige ophoudt met het genieten van resultaat uit overige werkzaamheden, kan hij in bepaalde gevallen uitstel van betaling krijgen voor de belasting die hij verschuldigd is (art. 25 lid 14 Inv.wet en art. 4a Uitv.reg. Inv.wet);
- Een 'gewone' werknemer mag geen beroepskosten in aftrek brengen, maar een 'resultaatgenieter' mag dat wél.
- Voordelen uit kansspelen behoren niet tot het resultaat uit overige werkzaamheden.
- Voordelen uit het houden van kostgangers kunnen worden belast als resultaat uit overige werkzaamheden. Op zich is dit interessant, omdat de belastingplichtige de kosten die hij in verband daarmee maakt, in aftrek mag brengen. Voor de huur die in de vergoeding is begrepen, kan het echter nadelig zijn om dergelijke voordelen te belasten als resultaat uit overige werkzaamheden. De huur kan namelijk onder bepaalde voorwaarden buiten de heffing blijven als het huurvoordeel wordt aangemerkt als inkomen uit de eigen woning. De belastingplichtige kan, als aan de gestelde voorwaarden is voldaan, gebruikmaken van de zogeheten kamerverhuurvrijstelling (zie art. 3.114 Wet IB en paragraaf 5.6.5). Om een belastingplichtige van beide genoemde voordelen te laten profiteren, biedt art. 3.97 Wet IB de mogelijkheid om de vergoeding voor

het houden van kostgangers te splitsen in een huurgedeelte en een gedeelte voor de overige kosten (maaltijden, etc.). Hieraan zijn wel voorwaarden verbonden. Zo mag het huurgedeelte op jaarbasis niet meer bedragen dan € 5.668.

5.4.5 Opwaarderingsreserve

Een directeur-aandeelhouder mag een vordering op zijn bv afwaarderen als blijkt dat deze niet aan haar verplichtingen kan voldoen. Dit verlies mag hij verrekenen met zijn inkomsten in box 1. Als het op een later moment in financiële zin weer wat beter gaat met de bv, moet de vordering weer worden opgewaardeerd. Dit voordeel wordt belast tegen het progressieve tarief (maximaal 49,5%).

De directeur-aandeelhouder zou de vordering na afwaardering echter ook kunnen omzetten in aandelen. De koerswinst die vervolgens zou ontstaan als de bv in financieel opzicht beter zou gaan draaien, zou dan in box 2 worden belast tegen een tarief van 26,90% (zie hoofdstuk 2), in plaats van tegen het progressieve tarief van box 1. Om dit te voorkomen, is art. 3.98a Wet IB ingesteld. Op grond van deze bepaling moet de afwaardering worden teruggedraaid op het moment dat de vordering wordt omgezet in aandelen. De winst die hierdoor ontstaat, wordt niet direct belast, maar ondergebracht in een zogenoemde 'opwaarderingsreserve'. Als vervolgens blijkt dat de aandelen in waarde zijn gestegen, moet een overeenkomstig deel van de opwaarderingsreserve vrijvallen en wordt dit in box 1 belast als resultaat uit overige werkzaamheden.

Opwaarderingsreserve

> **Voorbeeld**
>
> Ronald is directeur-grootaandeelhouder van RiMo bv. Een bank eist de woning van Ronald als zekerheid voor een lening aan RiMo bv van € 200.000. Dit leidt op zich nog niet tot het ter beschikking stellen van vermogen.
>
> RiMo bv komt haar financiële verplichtingen niet na en de bank besluit haar zekerheid uit te winnen. De woning van Ronald wordt verkocht en in ruil hiervoor krijgt Ronald de vordering van de bank op RiMo bv. Er is nu wél sprake van het ter beschikking stellen van vermogen. Ronald mag de vordering bij aanvang waarderen op de nominale waarde van € 200.000 (dit is bevestigd door de staatssecretaris van Financiën) en mag de vordering vervolgens waarderen op de werkelijke waarde. Ervan uitgaande dat deze nihil is, heeft Ronald in het eerste jaar een aftrekpost van € 200.000.
>
> Als Ronald vervolgens zijn vordering van nominaal € 200.000 omzet in aandelen, moet de afwaardering van € 200.000 worden teruggedraaid. Hierdoor ontstaat een boekwinst van € 200.000, die voor het volledige bedrag wordt toegevoegd aan de opwaarderingsreserve. Per saldo is er op dat moment niets te belasten.
>
> De aandelen die Ronald bezit, stijgen in het daaropvolgende jaar in waarde. Stel dat de stijging € 30.000 bedraagt, dan moet de opwaarderingsreserve worden verlaagd tot € 170.000 en ontstaat een te belasten resultaat uit overige werkzaamheden van € 30.000.

Als de vordering niet wordt omgezet in aandelen, maar wordt prijsgegeven, wordt de regeling op dezelfde wijze toegepast.

5.5 Belastbare periodieke uitkeringen en verstrekkingen

5.5.1 Inleiding

Periodieke uitkeringen

Belastbare periodieke uitkeringen en verstrekkingen tellen mee bij het bepalen van het inkomen in box 1. In tegenstelling tot bijvoorbeeld 'belastbaar loon', waarbij meteen duidelijk is wat hiermee wordt bedoeld, is 'belastbare periodieke uitkeringen en verstrekkingen' een vrij abstracte term. Bij dit begrip is niet direct duidelijk wat hieronder wordt verstaan. Om hiervan een helder beeld te krijgen, moet eerst duidelijk zijn welke inkomensbestanddelen de 'belastbare periodieke uitkeringen en verstrekkingen' vormen. Art. 3.100 Wet IB geeft aan dat deze post als volgt is samengesteld:

De aangewezen periodieke uitkeringen en verstrekkingen (paragraaf 5.5.2)	....
Termijnen van gefacilieerde lijfrenten (paragraaf 5.5.3)	....
Bepaalde buitenlandse uitkeringen	....
Uitkeringen op grond van verplicht gestelde deelnemingen aan pensioenregelingen	.... +
	....
Aftrekbare kosten (paragraaf 5.5.4)	.... –/–
Belastbare periodieke uitkeringen en verstrekkingen	....

Tabel 5.5 Opbouw belastbare periodieke uitkeringen en verstrekkingen

Wil er sprake zijn van een periodieke uitkering, dan moet aan een aantal voorwaarden worden voldaan. Er moet onder andere sprake zijn van een reeks van uitkeringen, die voortvloeien uit dezelfde oorzaak en waarvan de totale omvang onzeker is. Het is voldoende dat bij aanvang de verwachting bestaat dat er een reeks van uitkeringen komt. Als bijvoorbeeld door overlijden slechts één uitkering wordt ontvangen, kan er toch sprake zijn van een periodieke uitkering.

Deze paragraaf gaat in op de uitkeringen die samen de belastbare periodieke uitkeringen en verstrekkingen vormen. De buitenlandse uitkeringen en de uitkeringen op grond van verplicht gestelde deelnemingen aan pensioenregelingen, blijven buiten beschouwing.

5.5.2 Aangewezen periodieke uitkeringen en verstrekkingen

De aangewezen periodieke uitkeringen en verstrekkingen staan opgesomd in art. 3.101 Wet IB. Het gaat hierbij om periodieke uitkeringen en verstrekkingen die:

Publiekrechtelijke regeling

a. worden ontvangen op grond van een publiekrechtelijke regeling; uitkeringen uit hoofde van de AOW, WW, ZW, etc. worden belast op grond van art. 34 Wet LB en worden voor de Wet IB dus aangemerkt als belastbaar loon. Deze uitkeringen vallen dus niet onder de aangewezen periodieke uitkeringen en verstrekkingen.

Art. 3.103 Wet IB noemt een aantal zeer specifieke uitkeringen die wél onder deze bron van inkomen vallen. In art. 3.104 Wet IB staan een aantal publiekrechtelijke uitkeringen die zijn uitgesloten van belastingheffing (kinderbijslag, uitkeringen uit hoofde van de studiefinanciering, etc.);

Alimentatie

b. worden ontvangen op grond van een rechtstreeks uit het familierecht voortvloeiende verplichting, tenzij de uitkeringen of verstrekkingen worden ontvangen van bloed- of aanverwanten in de rechte lijn of in de tweede graad van de zijlijn; het gaat hier vooral om de alimentatie – of een eventuele afkoopsom daarvan – die wordt ontvangen van de ex-echtgenoot. De alimentatie die wordt ontvangen voor de kinderen, wordt niet in de heffing betrokken. Als de alimentatie wordt verstrekt in de vorm van huisvesting, moet in de aangifte een bedrag terugkomen dat gelijk is aan het eigenwoningforfait (art. 3.101 lid 2 Wet IB). Zie in dit verband ook paragraaf 5.6.3.

Voorbeeld

Joke ontvangt maandelijks € 900 van haar ex-echtgenoot. Daarnaast ontvangt zij maandelijks € 250 voor hun beide kinderen. Verder woont zij in een woning die eigendom is van haar ex. Zij hoeft hiervoor geen huur te betalen. De woning heeft een WOZ-waarde van € 300.000. Zij moet in het betreffende jaar aangeven: (12 × € 900) + (0,50% van € 300.000). De kinderalimentatie blijft onbelast.

In rechte vorderbaar

c. in rechte vorderbaar zijn en niet de tegenwaarde voor een prestatie vormen, tenzij ze worden ontvangen van een bloed- of aanverwant in de rechte lijn of in de tweede graad van de zijlijn, dan wel de genieter behoort tot het huishouden van de belastingplichtige. Denk aan een vorm van 'alimentatie' die een ongehuwd persoon betaalt aan zijn voormalige partner. Er moet dan wel sprake zijn van een morele verplichting die in een overeenkomst is vastgelegd.

Studiekosten

d. niet in rechte vorderbaar zijn en worden ontvangen van een rechtspersoon; hieronder vallen bijvoorbeeld de uitkeringen die bedrijven als bijdrage in de studiekosten uitbetalen aan de kinderen van werknemers (art. 3.101 lid 1 letter d Wet IB).

In art. 3.102 Wet IB vindt een uitbreiding plaats van de aangewezen uitkeringen. Op grond hiervan wordt onder andere in de belastingheffing betrokken (art. 3.102 lid 3 Wet IB) datgene wat in het kader van een echtscheiding wordt ontvangen ter zake van de verrekening van lijfrenten (indien en voor zover de premies in aftrek zijn gebracht).

> **Voorbeeld**
>
> Johan en Ineke gaan scheiden. Johan heeft een lijfrentespaarrekening (zie paragraaf 5.8 e.v.) met daarop een bedrag van € 24.000. Johan heeft de door hem ingelegde bedragen volledig in aftrek kunnen brengen. In het kader van de scheiding van Ineke wordt afgesproken dat Johan de lijfrentespaarrekening mag houden maar dat Ineke in 'ruil' daarvoor € 12.000 krijgt aan inboedel etc.
> Ineke moet dan € 12.000 aangeven in haar aangifte over het betreffende jaar als belastbare periodieke uitkering en verstrekking.
> Stel dat Johan maar 60% van de ingelegde bedragen in aftrek had kunnen brengen. In dat geval had Ineke maar € 7.200 (60% van € 12.000) hoeven aan te geven.

Let op: de bedragen die de ontvanger moet aangeven op grond van art. 3.102 lid 3 Wet IB komen bij de betalende persoon als persoonsgebonden aftrek in mindering (zie hoofdstuk 8 en art. 6.3 lid 1 letter d Wet IB).

5.5.3 Termijnen van gefacilieerde lijfrenten

Lijfrentepolis   Veel mensen sluiten een inkomensverzekering af als aanvulling op hun pensioen. Dit gebeurt meestal in de vorm van een lijfrentepolis of lijfrentespaarrekening. Dit is een verzekering/rekening die vanaf een overeengekomen tijdstip periodiek een bedrag uitkeert. De uitkering stopt op een nader te bepalen moment of als de uitkeringsgerechtigde overlijdt. Als aan bepaalde voorwaarden wordt voldaan, mag de betaalde lijfrentepremie in mindering worden gebracht op het box 1-inkomen (art. 3.124 e.v. Wet IB: uitgaven voor inkomensvoorzieningen). De uitkeringen die uit hoofde van lijfrenteproducten worden ontvangen, moeten in box 1 worden belast. Meestal zal op de uitkering loonbelasting worden ingehouden en moet de uitkering worden aangemerkt als belastbaar loon. Als dat niet het geval is, moeten de uitkeringen worden meegenomen als belastbare periodieke uitkeringen en verstrekkingen.

De uitkeringen uit hoofde van lijfrenteproducten worden belast als zij voldoen aan de voorwaarden zoals die in art. 3.124 e.v. Wet IB worden gesteld. Dus ook als de premie destijds niet aftrekbaar was, bijvoorbeeld omdat er geen sprake was van een pensioentekort (zie paragraaf 5.8 en volgende), wordt de uitkering belast. Om de belastingplichtige tegemoet te komen, mag de niet in aftrek gebrachte premie tot een bedrag van € 2.269 per betaald jaar in mindering worden gebracht *Beperkte* op de belaste uitkering (art. 3.107a Wet IB: beperkte saldomethode). Dit betekent *saldomethode* dat over de eerste (maximaal) € 2.269 geen belasting wordt geheven.

> **Voorbeeld**
>
> James sluit een lijfrenteverzekering af. Hij betaalt hiervoor op jaarbasis een premie van € 4.500. Op zich zou deze premie aftrekbaar zijn, maar omdat James slechts een beperkt pensioentekort heeft, mag hij slechts € 2.750 aan premie in aftrek brengen. De resterende € 1.750 is dus niet aftrekbaar. Als de verzekering tot uitkering komt, hoeft James over de eerste € 1.750 per jaar geen belasting te betalen.
>
> Stel dat slechts € 1.000 aftrekbaar was geweest en € 3.500 buiten beschouwing moest blijven. Dan zou James over de eerste € 2.269 (het maximumbedrag) geen belasting hoeven te betalen. Er is dan € 1.231 (€ 3.500 –/– € 2.269) belast terwijl daar geen aftrek tegenover heeft gestaan.

Als de lijfrente tot uitkering komt, moet de belastingplichtige aannemelijk maken dat inderdaad een deel van de premie niet in aftrek is gebracht. Dit zal in de praktijk niet eenvoudig zijn, omdat er behoorlijk wat tijd kan zitten tussen het moment waarop de premie wordt betaald en het moment waarop de uitkering wordt ontvangen.

5.5.4 Aftrekbare kosten

Aftrekbare kosten Op grond van art. 3.108 Wet IB mag een belastingplichtige de kosten tot verwerving, inning en behoud van de uitkering, in aftrek brengen. Wel is een regeling getroffen om excessieve bedragen van de aftrek uit te sluiten. Verder mogen rentekosten die in verband met deze inkomsten worden gemaakt, niet als aftrekbare kosten worden opgevoerd. De aftrekbare kosten moeten worden onderscheiden van de (niet-aftrekbare) kosten tot verwerving van een bron van inkomen.

> **Voorbeeld**
>
> Malieke is een paar jaar geleden gescheiden. Zij heeft recht op alimentatie. Haar ex betaalt al enige tijd de alimentatie niet meer. Malieke stapt naar de rechter om haar ex te dwingen weer alimentatie te gaan betalen. De kosten die Malieke moet maken om haar alimentatie te ontvangen, mag zij als kosten in aftrek brengen bij het bepalen van haar box 1-inkomen.
> Als de ex van Malieke kosten maakt om zich te verweren, zijn die kosten bij hem overigens niet aftrekbaar.

5.6 De belastbare inkomsten uit eigen woning

5.6.1 Inleiding

Onroerende zaken Vermogen wordt belast in box 3 (belastbaar inkomen uit sparen en beleggen). Hieronder vallen ook onroerende zaken. De wetgever heeft echter een uitzondering gemaakt voor de eigen woning. Op grond van de Wet IB wordt de eigen woning in box 1 in de heffing betrokken. Dit omdat voor de aankoop van een woning vaak geld wordt geleend (meestal in de vorm van een hypotheek). Door de woning in het belastbare inkomen van box 1 mee te nemen, mag de rente over deze lening worden verrekend met de progressief belaste inkomsten in box 1. Op deze manier betaalt de overheid mee aan de financiering van een eigen woning.

> **Voorbeeld**
>
> Leo koopt een eigen woning en leent € 200.000. Hij is op jaarbasis 5% rente verschuldigd. Hij betaalt dus € 10.000 per jaar aan rente. Deze rente mag hij in box 1 aftrekken. Hij moet wel rekening houden met een zogenoemd eigenwoningforfait (zie hierna). Als we uitgaan van een eigenwoningforfait van € 1.200, resulteert een aftrek van € 8.800. Uitgaande van een tarief van 37,1% leidt deze aftrek tot een belastingbesparing van € 3.264. Per saldo betaalt Leo € 6.735. De netto rentelast bedraagt dan 3,37%.

De belastbare inkomsten uit eigen woning worden in art. 3.110 en 10bis.3 Wet IB als volgt gedefinieerd:

Voordelen uit eigen woning	
Eigenwoningforfait (paragraaf 5.6.3 en 5.6.5)	....
Tijdelijke verhuur (paragraaf 5.6.4)	.... +
	....
Voordeel uit kapitaalverzekering eigen woning (paragraaf 5.6.8)	.... +
	....
Aftrekbare kosten (paragraaf 5.6.6. en 5.6.7)	.... -/-
Belastbare inkomsten uit eigen woning	....

Tabel 5.6 Opbouw belastbare inkomsten uit eigen woning

De wetgever heeft besloten om de aftrek van eigenwoningrente minder aantrekkelijk te maken. Om dit te realiseren wordt de verschuldigde belasting over box 1 verhoogd met een percentage van de aftrekbare kosten eigen woning. Dit gebeurt alleen indien en voor zover de kosten in aftrek kunnen worden gebracht tegen het hoogste tarief (zie paragraaf 3.3.2).

Bovenstaande posten worden in deze paragraaf nader uitgewerkt. Maar eerst moet worden bekeken wanneer er sprake is van een eigen woning. Verder komt in deze paragraaf ook het belang van de kamerverhuurvrijstelling aan de orde.

5.6.2 Begrip eigen woning

Begrip eigen woning — Onder een eigen woning wordt verstaan een (gedeelte van een) gebouw, een duurzaam aan een plaats gebonden schip (woonschip) of woonwagen dat/die de belastingplichtige – dan wel een persoon die tot zijn huishouden behoort – als hoofdverblijf ter beschikking heeft (art. 3.111 Wet IB). De eigen woning moet (economisch) eigendom zijn en met betrekking tot die woning:

- moet de belastingplichtige of zijn partner de voordelen genieten;
- moeten de kosten en lasten op de belastingplichtige of zijn partner drukken; en
- moet een eventuele waardeverandering de belastingplichtige of zijn partner grotendeels (meer dan 50%) aangaan.

Geen hoofdverblijf Tweede woningen en vakantiehuisjes die niet als hoofdverblijf dienen, vallen dus niet in box 1. Deze worden meegenomen bij het bepalen van de verschuldigde belasting over box 3. Normaal gesproken kunnen fiscale partners maar één hoofdverblijf hebben. Maar als zij nog wel fiscale partners zijn, maar al wel duurzaam gescheiden leven, kunnen zij ieder een eigen hoofdverblijf hebben (zie art. 3.111 lid 8 in combinatie met de slotzin van art. 3.111 lid 4 Wet IB).

In testamenten wordt de eigendom van de woning soms (gedeeltelijk) toebedeeld aan de kinderen. De langstlevende partner krijgt over dit gedeelte dan vaak het recht van vruchtgebruik. Voor de kinderen resteert dan het zogenoemde blote eigendom. In dat geval is de woning dus niet (volledig) het eigendom van de langstlevende partner. De wetgever heeft bewerkstelligd dat voor de langstlevende de eigenwoningregeling in dat geval van toepassing blijft. Daarom geldt de eigenwoningregeling (inclusief de renteaftrek) ook als er sprake is van een *Erfrecht* gebruiksrecht dat op grond van erfrecht is verkregen. Voor de kinderen zit de blote eigendom van de woning in box 3. Op grond van een bijzondere regeling wordt deze bij hen niet in de heffing betrokken (defiscalisering).

> **Voorbeeld**
>
> Een weduwe krijgt op grond van het testament van haar man een recht van vruchtgebruik ten aanzien van de woning waarin zij woont. Haar (uitwonende) kinderen krijgen de zogenoemde blote eigendom van de woning. Voor de weduwe geldt dat de woning wordt aangemerkt als eigen woning, omdat het recht van vruchtgebruik uit hoofde van het testament is ontstaan. Voor de kinderen zit de blote eigendom van de woning in box 3. Op grond van een bijzondere regeling wordt het bij hen niet in de heffing betrokken.

Financieringsrente Een woning kan alleen als eigen woning worden aangemerkt als zij als hoofdverblijf dient. Dit is vooral van belang voor de aftrek van financieringsrente. Want alleen als een woning wordt aangemerkt als eigen woning, mag de belastingplichtige de rente die hij is verschuldigd in verband met de financiering van die woning, in aftrek brengen. In bepaalde situaties beschouwt de wetgever een woning toch (fictief) als eigen woning, ondanks het feit dat de woning niet langer of nog niet als hoofdverblijf dient. Het gaat hier om de volgende woningen (art. 3.111 lid 2 tot en met 6 Wet IB):
- de woning die bestemd is voor de verkoop; dit geldt alleen gedurende het eerste jaar dat de woning niet meer wordt bewoond en de 3 daaropvolgende jaren. Als de eigenaar de woning (tijdelijk) wil verhuren in de periode dat de woning te koop staat, gaat de woning met de daarbij behorende eigenwoningschuld naar box 3 en is de financieringsrente niet meer aftrekbaar. Als de huur-

der de woning verlaat en deze weer leeg komt te staan, mag de woning met de daarbij behorende eigenwoningschuld weer naar box 1 komen en is de betaalde rente vanaf dat moment wél weer aftrekbaar. Hoewel de woning in de tussenliggende periode niet meer wordt aangemerkt als eigen woning, wordt in dit verband bij een tijdelijke verhuur geen (fictieve) vervreemding voor de bijleenregeling in aanmerking genomen (art. 3.111 lid 2 Wet IB). Als de woning permanent wordt verhuurd, wordt de overgang naar box 3 wel gezien als (fictieve) vervreemding. Zie in dit kader ook paragraaf 5.6.6 en 5.6.7;

- de woning die bestemd is om als eigen woning te gaan dienen; hierbij geldt als voorwaarde dat aannemelijk is dat de woning in het betreffende jaar of in de 3 daaropvolgende jaren als hoofdverblijf gaat dienen (art. 3.111 lid 3 Wet IB). Hierbij is ook bepaald vanaf welk moment een nieuw te bouwen woning aangemerkt wordt als een eigen woning.
- een woning die niet langer door de belastingplichtige wordt bewoond, maar voor de gewezen (fiscaal) partner – dan wel de duurzaam gescheiden levende echtgenoot – nog wel als hoofdverblijf dient (maximaal 24 maanden); de woning is voor de belastingplichtige formeel geen eigen woning, maar toch moet hij de woning in deze periode behandelen alsof het een eigen woning is. Concreet betekent dit dat hij zijn aandeel in het eigenwoningforfait moet aangeven, en de rente over zijn aandeel in de eigenwoningschuld moet aftrekken (art. 3.111 lid 4 Wet IB);
- de woning die niet meer als hoofdverblijf voor de belastingplichtige dient omdat hij is opgenomen in een verpleeginrichting (zoals een verpleeg- of verzorgingshuis); de woning kan dan maximaal 2 jaar nog als eigen woning worden beschouwd (art. 3.111 lid 5 Wet IB);
- een woning die gedurende minimaal 1 jaar als eigen woning is aangemerkt; als de belastingplichtige dan tijdelijk elders verblijft (in het buitenland of in Nederland), kan de woning toch nog als eigen woning aangemerkt, mits:
  - de woning niet aan derden ter beschikking wordt gesteld; en
  - de belastingplichtige samen met zijn partner niet met betrekking tot een andere woning belastbare inkomsten uit eigen woning geniet (art. 3.111 lid 6 Wet IB).

5.6.3 Eigenwoningforfait

Eigenwoning-forfait

Hoewel iemand met een eigen huis hieruit normaal gesproken geen inkomsten ontvangt, krijgt hij in principe tóch te maken met belastingheffing over het voordeel uit eigen woning. Dit belaste voordeel is in feite het voordeel dat de bewoner (de eigenaar) geniet omdat hij geen huur hoeft te betalen. Omdat een huurder veel kosten (bijvoorbeeld voor onderhoud) niet zelf hoeft te betalen – deze komen meestal voor rekening van de verhuurder – is een aangepaste 'huur' bepaald. Dit is het zogenoemde 'eigenwoningforfait'. Dit aan te geven forfait wordt afgeleid van de WOZ-waarde (art. 3.112 lid 2 Wet IB) die voor een woning is vastgesteld. Deze waarde wordt ook gebruikt voor de heffing van onroerendezaakbelasting door de gemeente waarin de woning is gelegen. Het aan te geven bedrag kan met behulp van de volgende tabel worden vastgesteld (art. 3.112 Wet IB):

Bij een WOZ/eigenwoningwaarde van		bedraagt het forfait op jaarbasis
meer dan	maar niet meer dan	
–	€ 12.500	nihil
€ 12.500	€ 25.000	0,20% van deze waarde
€ 25.000	€ 50.000	0,30% van deze waarde
€ 50.000	€ 75.000	0,40% van deze waarde
€ 75.000	€ 1.110.000	0,50% van deze waarde
€ 1.110.000	–	€ 5.550, vermeerderd met 2,35% van de eigenwoningwaarde voor zover deze uitgaat boven € 1.110.000

Tabel 5.7 Eigenwoningforfait

Opmerking: als de woning slechts een deel van het jaar wordt aangemerkt als eigen woning, wordt het forfait tijdsevenredig bepaald. Hierbij wordt aangesloten bij de periode dat iemand volgens de basisregistratie personen op het betreffende adres staat ingeschreven (art. 3.112 lid 6 Wet IB).

Het eigenwoningforfait geldt ook als er bij wijze van fictie (zie paragraaf 5.6.2) sprake is van een eigen woning. Hierop worden in art. 3.112 lid 4 Wet IB twee uitzonderingen gemaakt. Als een woning feitelijk niet als hoofdverblijf dient, maar wel als eigen woning wordt aangemerkt in de periode dat deze óf nog niet in gebruik is óf in de verkoop staat (art. 3.111 lid 2 en lid 3 Wet IB), wordt het forfait op nihil gesteld.

Voorbeeld

Loes heeft een woning met een WOZ-waarde van € 300.000. Op 1 april 2021 krijgt zij de sleutel van haar nieuwe woning en gaat zij in deze woning wonen. Deze verhuizing wordt ook als zodanig verwerkt in de basisregistratie personen. De nieuwe woning heeft een WOZ-waarde van € 400.000. Haar oude woning wordt verkocht op 1 juli 2021.
Loes moet voor de oude woning een eigenwoningforfait aangeven van € 375 (3/12 × 0,50% × € 300.000). Voor de nieuwe woning moet zij € 1.500 (9/12 × 0,50% × € 400.000) aangeven. Gedurende de periode van 1 april tot en met 1 juli 2021 hoeft Loes voor de woning die in de verkoop staat, geen inkomen (forfait) in aanmerking te nemen.

Als de belastingplichtige (tijdelijk) elders woont en art. 3.111 lid 6 Wet IB van toepassing is (zie paragraaf 5.6.2), geldt een aangepast forfait. Deze bedraagt 0,80% als de WOZ-waarde van de woning niet meer bedraagt dan € 1.110.000. Is de WOZ-waarde hoger dan € 1.110.000, dan bedraagt het forfait € 8.880 + 2,35% over het meerdere.

Voorbeeld

Kim heeft een woning in Nederland met een WOZ-waarde van € 400.000. Zij woont echter gedurende het gehele jaar in de Verenigde Staten. De woning in Nederland is niet haar hoofdverblijf. Kim dient een verzoek in om de woning toch als eigen woning te kwalificeren. Zij kan dan namelijk ook haar rente in aftrek brengen. De bijtelling bedraagt nu € 3.200 (0,80% van € 400.000). Zou de woning een WOZ-waarde hebben van € 1.400.000, dan zou de bijtelling € 15.695 (€ 8.880 + 2,35% van (€ 1.400.000 -/- € 1.110.000)) hebben bedragen.

Eigendomsverhoudingen Als een woning voor meerdere mensen als eigen woning dient, moet het forfait worden toegerekend conform de eigendomsverhoudingen (art. 3.115 Wet IB). Voor fiscale partners heeft deze regeling weinig gevolgen. De belastbare inkomsten uit eigen woning behoren namelijk als geheel tot de gemeenschappelijke inkomsten die vrij mogen worden toegerekend (art. 2.17 Wet IB, zie hoofdstuk 3).

Voorbeeld

Cobie, haar minderjarige dochter en Cees wonen sinds 1 mei van dit jaar samen in een woning met een WOZ-waarde van € 250.000. Cobie en Cees zijn sinds 1 mei fiscaal partners in de zin van de Wet IB. De woning is geheel eigendom van Cobie. Als Cobie en Cees niet kiezen voor een vrije toerekening alsof zij het gehele jaar fiscaal partners waren, moet Cobie de inkomsten uit eigen woning aangeven. Kiezen zij wel voor een vrije toerekening alsof zij het gehele jaar fiscaal partners waren, dan kunnen zij het totaal van de belastbare inkomsten uit eigen woning naar eigen inzicht verdelen. Zij mogen echter niet besluiten om het forfait volledig toe te rekenen aan degene met het laagste inkomen en de aftrekbare kosten aan degene met het hoogste inkomen.

5.6.4 Tijdelijke verhuur

Tijdelijke verhuur Als de woning die door de belastingplichtige als hoofdverblijf wordt gebruikt, gedurende een korte periode (bijvoorbeeld tijdens een vakantie) wordt verhuurd, staat de woning tijdelijk niet meer ter beschikking aan de belastingplichtige. Op grond van art. 3.111 lid 7 en art. 3.113 Wet IB blijft de woning in dit geval echter in box 1 – zij gaat dus niet over naar box 3. De belastingplichtige moet gewoon het eigenwoningforfait blijven aangeven in box 1 en daarnaast ook nog 70% van de ontvangen huur (ook in box 1). Worden in verband met de verhuur specifieke kosten gemaakt (zoals bemiddelingskosten en energiekosten), dan mogen deze in mindering worden gebracht op de ontvangen huur.

> **Voorbeeld**
>
> Marco gaat 2 maanden op wintersport. Hij verhuurt zijn woning gedurende 14 dagen aan een Duitser. De woning heeft een WOZ-waarde van € 350.000. De huur die Marco ontvangt, bedraagt € 800. De kosten die met deze verhuur samenhangen, bedragen € 100.
>
> Ook tijdens zijn vakantie kan Marco over zijn woning beschikken. Alleen tijdens de periode dat hij de woning verhuurt, ligt dit anders. Marco moet in box 1 de volgende bedragen aangeven als inkomsten uit eigen woning:
> - eigenwoningforfait van 0,50% van € 350.000 = € 1.750;
> - 70% van (de ontvangen huur ad € 800 –/– de verhuurkosten ad € 100) = € 490.

Op basis van de wettekst zou de regeling voor tijdelijke verhuur alleen van toepassing zijn als de gehele eigen woning wordt verhuurd. Uit recente jurisprudentie blijkt echter dat ook bij tijdelijke verhuur van een deel van de eigen woning (bijvoorbeeld een tuinhuisje) art. 3.113 Wet IB van toepassing is.

5.6.5 Kamerverhuurvrijstelling

Als een deel van de woning wordt verhuurd aan een derde, wordt dit deel van de woning niet meer aangemerkt als eigen woning. Het betreffende gedeelte staat namelijk niet meer ter beschikking aan de eigenaar. Dit betekent dat de WOZ-waarde van de woning moet worden opgesplitst naar rato van bijvoorbeeld de vloeroppervlakken van het verhuurde gedeelte en de rest van de woning. Dit leidt tot een lager eigenwoningforfait in box 1, want het gedeelte dat wordt verhuurd, wordt in box 3 in de belastingheffing betrokken. Als de aankoop van de woning is gefinancierd, moet mogelijk ook een deel van de lening als box 3-vermogen worden aangemerkt.

Kamerverhuurvrijstelling

Het bovenstaande geldt niet als de eigenaar van de woning gebruik kan maken van de kamerverhuurvrijstelling (art. 3.114 Wet IB). Als deze vrijstelling van toepassing is, blijft de ontvangen huur volledig buiten de belastingheffing. Voor het bepalen van het eigenwoningforfait wordt de gehele woning in aanmerking genomen en de rente blijft gewoon aftrekbaar.

Om de vrijstelling te mogen toepassen, moet aan de volgende voorwaarden worden voldaan:
- De verhuurde ruimte mag geen zelfstandige woonruimte vormen.
- Het mag niet gaan om de verhuur van een kamer voor korte duur (bijvoorbeeld in het kader van een hotel/motel).
- De woning waarin de verhuurde kamer zich bevindt, moet deel uitmaken van de woning die voor de verhuurder als hoofdverblijf dient.
- De (bruto)huuropbrengst bedraagt niet meer dan € 5.668 per jaar.
- Zowel de huurder als de verhuurder moet in de basisregistratie personen op het woonadres ter zake van de betreffende woning staan ingeschreven.

> **Voorbeeld**
>
> Oma Cornelissen heeft een woning met een waarde van € 240.000. Zij verhuurt 1/6e deel van de woning aan een alleenstaande man. Zij ontvangt hiervoor een huur van € 250 per maand. Oma Cornelissen moet in haar aangifte het eigenwoningforfait aangeven (0,50% van € 240.000). De ontvangen huur van € 3.000 blijft op grond van de kamerverhuurvrijstelling geheel buiten de belastingheffing.

Werkruimte Als een belastingplichtige een werkruimte verhuurt aan zijn werkgever of zijn eigen onderneming, kan dit ertoe leiden dat deze ruimte niet langer onder de eigenwoningregeling valt (art. 3.111 lid 10 Wet IB). Voordat de fiscale gevolgen in kaart kunnen worden gebracht, moet worden bekeken in hoeverre de werkruimte **Kwalificerend** wordt aangemerkt als een zogenoemde kwalificerende werkruimte (zie onder andere art. 2.14 lid 3 letter e Wet IB). Daarbij staan twee criteria centraal:

Zelfstandigheidscriterium
– zelfstandigheidscriterium: de werkruimte moet een zelfstandig gedeelte vormen (zoals bijvoorbeeld een ruimte met een eigen op- of ingang);

Inkomenscriterium
– inkomenscriterium:
  • als de belastingplichtige naast de betreffende werkruimte ook nog de beschikking heeft over een werkruimte buiten de eigen woning (bijvoorbeeld op het kantoor van zijn werkgever), moet minstens 70% van het inkomen *in* de werkruimte in de eigen woning worden verworven;
  • als de belastingplichtige naast de betreffende werkruimte niet beschikt over een werkruimte elders, moet minstens 70% van het inkomen *in* of *vanuit* de werkruimte in de eigen woning worden verworven én moet minstens 30% van het inkomen *in* de werkruimte worden verworven.

> **Voorbeeld**
>
> Renate heeft op haar zolder een studeerkamer. Zij gebruikt deze kamer voor haar werk. Renate kan de kamer alleen via de gewone trap bereiken en de kamer heeft geen eigen toilet. De werkkamer behoort gewoon tot de eigen woning.
> Stel nu dat Renate haar garage ombouwt tot werkkamer en daar ook een eigen toilet laat plaatsen. In dat geval moet worden bekeken in hoeverre Renate haar inkomen in (als zij ook elders een werkplek heeft) of vanuit (als zij geen andere werkplek heeft) die werkkamer verwerft.

Bij een niet-kwalificerende werkruimte blijft de werkruimte onderdeel van de eigen woning. Het eigenwoningforfait wordt berekend over de waarde van de woning inclusief de werkruimte, en de eigenwoningrente valt onder box 1.

Kan de werkruimte wel als kwalificerende werkruimte worden aangemerkt, dan behoort de werkruimte niet tot de eigen woning en wordt deze afhankelijk van de feitelijke omstandigheden meegenomen in het belastbaar resultaat uit overige werkzaamheden (box 1), óf in box 3. Dit kan ook gevolgen hebben voor de aftrek van de eigenwoningrente en de belastbaarheid van waardemutaties.

Overigens zal in de praktijk slechts in een beperkt aantal gevallen sprake zijn van een kwalificerende werkruimte.

In de diverse fiscale wetten zijn bepalingen opgenomen met betrekking tot de (on)belastbaarheid van vergoedingen en de eventuele aftrekbaarheid van die vergoedingen. Zie bijvoorbeeld art. 3.16 Wet IB en art. 3.93 Wet IB. In het kader van dit boek wordt hier niet dieper op ingegaan.

5.6.6 Rente eigenwoningschuld

Eigenwoningschuld — Veel belastingplichtigen die een eigen huis willen kopen, sluiten hiervoor een lening af. De rente die over de lening moet worden betaald, is aftrekbaar in box 1 als er sprake is van een eigenwoningschuld. Deze rente is voor veel belastingplichtigen de belangrijkste aftrekpost. Voordat we ingaan op de aftrekbare kosten ter zake van een eigen woning, komt in deze paragraaf eerst aan de orde wat een eigenwoningschuld is.

Voorwaarden eigenwoningschuld

Er zijn vier eisen waaraan moet worden voldaan om een schuld te kunnen aanmerken als eigenwoningschuld. Deze zien op de volgende onderdelen:
a. aanwending lening;
b. invulling overeenkomst;
c. nakomen aflossingsverplichting;
d. verplichting tot informatieverstrekking.

Ad a. Aanwending lening

Aankoop — Wil er sprake zijn van een eigenwoningschuld, dan moet deze zijn aangegaan met als doel de aankoop van een woning te financieren. Soms wordt een pand gekocht en wordt slechts een deel gebruikt als eigen woning. Het andere deel wordt dan bijvoorbeeld verhuurd aan iemand anders of wordt door de eigen onderneming gebruikt. Een eventuele lening moet dan worden gesplitst. De belastingplichtige mag zelf kiezen hoe hij de schuld verdeelt. Hij mag echter geen hogere schuld toerekenen aan een deel van het pand dan de waarde van dat deel ten tijde van de aanschaf (art. 3.119a lid 2 Wet IB).

> **Voorbeeld**
>
> Els is ondernemer en koopt een pand voor € 400.000. 60% van dit pand gaat ze als eigen woning gebruiken. De resterende 40% gaat ze verhuren aan iemand anders. Het deel dat ze zelf gaat gebruiken, is € 240.000 waard. Het verhuurde deel, dat in box 3 valt, is € 160.000 waard.
> Voor de aanschaf van het pand sluit Els een financiering af van € 300.000. Als wordt uitgegaan van een evenredige toedeling, zou de eigenwoningschuld € 180.000 zijn en zou de resterende € 120.000 in box 3 vallen. Els mag echter ook € 240.000 toerekenen aan de eigen woning en de resterende € 60.000 aan het verhuurde deel. Een andere optie is om € 160.000 toe te rekenen aan box 3 en de resterende € 140.000 aan de eigen woning. Alle combinaties binnen deze twee uitersten zijn ook toegestaan.

Verwervings- Onder de verwervingskosten van een nieuwe woning vallen de koopsom, de
kosten eventueel verschuldigde overdrachtsbelasting, de kosten van de transportakte,
Verbouwen etc. De lening die men afsluit voor het verbouwen van een woning, het onderhouden van een woning of het afkopen van de rechten van erfpacht kwalificeert
Financierings- ook als eigenwoningschuld. Verder mogen de financieringskosten worden mee-
kosten genomen bij het bepalen van de maximale eigenwoningschuld, voor zover deze kosten zijn toe te rekenen aan de eigenwoningschuld. Denk hierbij onder andere aan bemiddelings- en advieskosten met betrekking tot de financiering (voor zover deze op grond van art. 3.120 lid 5 Wet IB voor aftrek in aanmerking komen), de taxatiekosten voor de hypotheek en de kosten van de hypotheekakte (art. 3.119a lid 2 Wet IB).

Voorbeeld

Leo koopt een nieuwe woning voor € 200.000. Hij moet € 4.000 aan overdrachtsbelasting betalen. Verder moet hij aan de notaris € 1.000 betalen voor de leveringsakte van de woning en € 750 voor de hypotheekakte. Een makelaar heeft de woning in opdracht van de bank getaxeerd in verband met de hypotheek. De kosten hiervan zijn € 550. De bank zelf heeft voor het verstrekken van de lening een vergoeding gevraagd van € 1.000. Zonder rekening te houden met een eventuele eigenwoningreserve, kan de eigenwoningschuld maximaal € 200.000 + € 4.000 + € 1.000 + € 750 + € 550 + € 1.000 = € 207.300 zijn.

Recht van Als op grond van een testament iemand het recht van vruchtgebruik van een
vruchtgebruik woning heeft, is deze woning voor deze persoon een eigen woning in de zin van de Wet IB (art. 3.111 lid 1 letter b Wet IB). Soms moet deze persoon dan wel de rente van de lening die betrekking heeft op die woning voldoen. Op grond van art. 3.119a lid 8 Wet IB wordt de betreffende schuld als eigenwoningschuld aangemerkt. Hierdoor is de verschuldigde rente aftrekbaar als kosten van een eigenwoningschuld.

Voorbeeld

De partner van Karin is overleden. Tot zijn nalatenschap behoort onder andere een woning die voor beiden als hoofdverblijf diende en een schuld die de partner was aangegaan in verband met de aanschaf van de betreffende woning. Op grond van het testament gaan de woning en de schuld naar de kinderen. Karin krijgt op grond van hetzelfde testament het recht van vruchtgebruik van de woning waarin zij woonden. Karin blijft in de woning wonen. Op grond van het testament is zij dan wel gehouden om de rentelasten te dragen voor de lening die de partner was aangegaan toen hij de woning kocht. Karin moet ter zake van de woning een eigenwoningforfait aangeven en mag de rente als kosten daarop in mindering brengen.

Splitsing van Als een deel van de lening niet als eigenwoningschuld kan worden aangemerkt,
kosten moeten de kosten worden gesplitst. Alleen voor zover de gemaakte kosten zijn toe te rekenen aan de eigenwoningschuld, mag de lening die wordt aangegaan om deze kosten te voldoen, als eigenwoningschuld worden aangemerkt.

> **Voorbeeld**
>
> Sam koopt een woning voor € 198.000, waarvoor hij een lening afsluit. Daarnaast leent hij ook nog € 25.000 voor het kopen van meubels en een leuke auto. In totaal leent hij € 225.000, want hij moet ook nog € 2.000 aan financieringskosten betalen.
> Sam kan van de € 2.000 aan financieringskosten € 1.760 (€ 198.000/€ 225.000 × € 2.000) toerekenen aan zijn eigenwoningschuld. Van de totale schuld van € 225.000 valt € 199.760 (€ 198.000 + € 1.760) in box 1 en het restant ad € 25.240 in box 3 (consumptief krediet).

Bijleenregeling

Bijleenregeling — Verhoogt iemand de hypotheek op zijn woning om met dit geld te gaan beleggen, dan is dit deel van de schuld geen onderdeel van de eigenwoningschuld. Maar als iemand een ander huis koopt en de nieuwe woning geheel financiert en vervolgens de overwaarde van zijn oude woning gaat beleggen, wordt de lening wel geheel aangegaan voor de aankoop van een eigen woning.

> **Voorbeeld**
>
> Nicole heeft een eigen woning met een vrije verkoopwaarde van € 300.000. Voor de aankoop van deze woning heeft zij € 100.000 geleend. Als zij nu € 200.000 extra leent, kan zij dit geld gebruiken om te gaan beleggen. De schuld is dan geen eigenwoningschuld, want met het geld wordt geen huis gekocht. De extra schuld van € 200.000 valt in box 3.
> Nicole kan ook gaan verhuizen. De nieuwe woning financiert zij volledig. Zij verkoopt haar huidige woning en na het aflossen van de oude schuld houdt zij € 200.000 over. Met dit geld gaat zij beleggen. Omdat het geleende geld nu volledig is gebruikt voor de aankoop van een (nieuwe) eigen woning, is er in principe sprake van een eigenwoningschuld.

Overwaarde — De wetgever vindt echter dat de overwaarde die wordt gerealiseerd bij de verkoop van een woning, in de nieuwe woning moet worden geïnvesteerd (art. 3.119a lid 3 en 3.119aa Wet IB). Gebeurt dat niet, dan wordt een deel van de nieuwe schuld niet als eigenwoningschuld aangemerkt. Daarom mag de eigenwoningschuld niet meer zijn dan de kosten van verwerving van de woning en de onderhoudskosten (3.119a lid 3 Wet IB) minus het bedrag van de zogenoemde *eigenwoningreserve* op het moment dat de nieuwe woning een eigen woning is in de zin van de Wet IB (bijleenregeling).

Vervreemdingssaldo — De eigenwoningreserve bestaat uit het vervreemdingssaldo dat bij verkoop van een eigen woning in de zin van de Wet IB is gerealiseerd. Het vervreemdingssaldo bestaat uit de verkoopprijs van die woning minus de eigenwoningschuld én minus de kosten die zijn gemaakt in verband met de verkoop (art. 3.119aa Wet IB).

> **Voorbeeld**
>
> Ad heeft een eigen woning. De eigenwoningschuld voor deze woning is € 109.000. Ad verhuist naar een andere eigen woning, die hij heeft gekocht voor € 200.000. De aankoopkosten zijn € 10.000. Ad verkoopt zijn oude woning voor € 150.000. De makelaarscourtage is € 3.000.
> In verband met de verkoop van de oude woning ontstaat een vervreemdingssaldo van € 38.000 (€ 150.000 –/– € 109.000 –/– € 3.000). Dit bedrag is zijn eigenwoningreserve. De totale aankoopkosten zijn € 210.000. De maximale eigenwoningschuld is € 172.000 (€ 210.000 –/– € 38.000). De eigenwoningreserve is geheel verrekend. Leent Ad meer dan € 172.000, dan valt het meerdere in de rendementsgrondslag van box 3.

Als na de aankoop van de nieuwe woning nog een eigenwoningreserve resteert, mag pas een nieuwe lening aan de eigenwoningschuld worden toegevoegd als deze reserve nihil is geworden (art. 3.119aa lid 2 en lid 3 Wet IB). De eigenwoningreserve neemt af met:

a. de afboeking van de eigenwoningreserve bij aankoop van een nieuwe woning;
b. aflossingen op de eigenwoningschuld;
c. een afboeking in verband met de kosten van een verbouwing, onderhoud of de afkoop van een erfpachtcontract;
d. het toegevoegde bedrag als een periode van 3 jaar is verstreken nadat een vervreemdingssaldo aan de eigenwoningreserve is toegevoegd.

> **Voorbeeld**
>
> Kas verkoopt zijn woning voor € 600.000. De eigenwoningschuld voor deze woning is op het moment van de verkoop nog € 200.000. Als alle andere kosten buiten beschouwing worden gelaten, realiseert hij dus een overwaarde van € 400.000.
> Kas koopt een nieuwe woning voor € 250.000. Aan deze woning moet nog het nodige worden verbouwd. Voor de aanschaf van de nieuwe woning mag Kas geen eigenwoningschuld opvoeren. Hij moet hiervoor de overwaarde van zijn woning gebruiken. Doet hij dat niet, dan wordt de schuld gekwalificeerd als een 'gewone' schuld in box 3.
> Na de aankoop van de nieuwe woning heeft Kas nog een eigenwoningreserve van € 150.000. Als hij de woning gaat verbouwen, moet hij eerst deze eigenwoningreserve wegwerken. 3 jaar na verkoop van de oude woning vervalt de gevormde reserve. Als Kas pas gaat verbouwen na verloop van deze termijn, mag hij een eventuele schuld die hij aangaat om de verbouwing te financieren, aanmerken als eigenwoningschuld.

Schenken Als een woning wordt geschonken of tegen een te lage prijs wordt verkocht, geldt als maatstaf voor het bepalen van het vervreemdingssaldo (verkoper) en de maximaal op te voeren box 1-lening (koper) de werkelijke waarde (art. 3.119aa lid 4 Wet IB).

> **Voorbeeld**
>
> Simon verkoopt zijn eigen woning aan zijn dochter voor een bedrag van € 100.000. De werkelijke waarde van het pand is € 250.000. Simon heeft voor deze woning een eigenwoningschuld van € 95.000, zodat hij een overwaarde realiseert van € 155.000 (250.000 –/– 95.000). Hierbij moet namelijk niet worden uitgegaan van de verkoopprijs, maar van de werkelijke waarde van de woning.
> De dochter verkoopt haar voormalige woning voor € 175.000. Hierop zat een eigenwoningschuld van € 125.000. Zij realiseert een overwaarde van € 50.000. Omdat de werkelijke waarde van haar nieuwe woning € 250.000 is, mag zij in principe een maximale schuld opvoeren van € 200.000 (250.000 –/– 50.000). Zij hoeft echter maar € 100.000 te betalen. Aangezien de eigenwoningschuld nooit hoger kan zijn dan het daadwerkelijk betaalde bedrag, is haar eigenwoningschuld dus maximaal € 100.000.

Verhuurd Als de voormalige eigen woning wordt verhuurd – in plaats van verkocht – gaat deze van box 1 over naar box 3. Er is dan formeel gezien geen vervreemding. Toch wordt voor het bepalen van de maximaal in aanmerking te nemen eigenwoningschuld voor een eventuele nieuwe woning, geacht dat de oude woning is verkocht tegen de waarde in het economische verkeer. Voor woningen die in de verkoop staan en voor een korte periode worden verhuurd, geldt echter een uitzondering (zie art. 3.111 lid 2 Wet IB).

> **Voorbeeld**
>
> Daan heeft een nieuwe woning gekocht voor € 320.000 (inclusief alle bijkomende kosten). Zijn oude woning (waarde € 225.000) heeft hij niet verkocht, maar is hij gaan verhuren. Voor deze woning heeft Daan nog een schuld openstaan van € 175.000.
> De verhuurde woning en de daarbij behorende schuld gaan van box 1 over naar box 3. Ondanks dat Daan de woning niet heeft verkocht, wordt hij wel geacht een overwaarde te hebben gerealiseerd van € 50.000 (€ 225.000 –/– € 175.000). Voor de nieuwe woning kan de maximale eigenwoningschuld dus slechts € 270.000 (€ 320.000 –/– € 50.000) zijn. Als er sprake is van tijdelijke verhuur van de voormalige eigen woning die in de verkoop staat, gaan de oude woning en de bijbehorende schuld ook naar box 3, maar hoeft hij geen rekening te houden met een eventuele overwaarde. De rente van de schuld voor de nieuwe woning blijft geheel aftrekbaar.

Het omgekeerde is ook mogelijk: een belastingplichtige gaat zelf een woning bewonen die hij eerst heeft verhuurd. Hierbij mag hij voor de verwervingskosten uitgaan van de huidige waarde. Vervolgens kan hij nagaan in hoeverre hij een eventuele schuld die hij in het verleden is aangegaan, naar box 1 kan overbrengen.

Voorbeeld

Anne heeft in 2015 een woning gekocht voor € 250.000. Deze woning wordt verhuurd en is nu € 300.000 waard. In 2015 heeft zij € 200.000 geleend voor de aankoop van de woning. Anne heeft haar huidige eigen woning verkocht en heeft daarbij een overwaarde gerealiseerd van € 60.000. De huurder heeft de verhuurde woning verlaten en Anne wil er nu zelf in gaan wonen.
Voor de verwervingskosten van deze woning mag Anne uitgaan van een bedrag van € 300.000. Aangezien zij op haar oude woning een overwaarde heeft gerealiseerd van € 60.000, mag haar eigenwoningschuld maximaal € 240.000 zijn (€ 300.000 –/– € 60.000). De bestaande schuld van € 200.000 mag Anne dus overbrengen naar box 1.

Gebonden aan de persoon — De eigenwoningreserve is gebonden aan de persoon die het vervreemdingssaldo heeft behaald. Maar als twee mensen gaan samenwonen (de eigendomsverhouding is niet relevant) en één van hen vervolgens een andere eigen woning koopt óf als zij gezamenlijk een andere eigen woning kopen, moeten zij – gedurende de periode dat de samenwoning duurt – bij de bepaling van de eigenwoningschuld rekening houden met de eventuele eigenwoningreserve van de ander als zij worden aangemerkt als fiscaal partners (art. 3.119a lid 4 Wet IB). Gedurende de periode waarin in de nieuwe eigen woning een gemeenschappelijke huishouding wordt gevoerd, geldt de verlaging van de eigenwoningschuld van de belastingplichtige met (het ongebruikte deel van) de eigenwoningschuld van zijn partner.

Voorbeeld

Wim en Veronique zijn fiscale partners. Wim is eigenaar van een woning, waarin hij samenwoont met Veronique. Wim verkoopt deze woning voor € 300.000. Omdat hij nog een eigenwoningschuld had van € 225.000, realiseert hij een overwaarde van € 75.000. Wim en Veronique gaan nu wonen in een woning die door Veronique wordt aangeschaft voor € 350.000. Hoewel Veronique zelf geen overwaarde heeft gerealiseerd bij de verkoop van de woning van Wim, mag zij toch maar een eigenwoningschuld opvoeren van € 275.000 (€ 350.000 –/– € 75.000). Zij moet namelijk rekening houden met de eigenwoningreserve van Wim, aangezien Wim die reserve heeft gerealiseerd bij de verkoop van een woning waarin hij met Veronique samenwoonde. Als Veronique een bedrag leent van € 350.000, komt € 75.000 van deze schuld in box 3 terecht. Als de relatie met Wim eindigt en Wim de woning verlaat, mag de schuld van € 75.000 alsnog worden overgebracht naar box 1.

Let op: een belastingplichtige hoeft alleen rekening te houden met de overwaarde van zijn partner als zij hebben samengewoond in de woning die heeft geleid tot de eigenwoningreserve.

> **Voorbeeld**
>
> Stel dat Wim uit het vorige voorbeeld was gaan samenwonen met Veronique in een woning die zij huurde. Ook dan zou Wim bij de verkoop van zijn eigen woning een overwaarde van € 75.000 hebben gerealiseerd. Als Veronique vervolgens een nieuwe woning koopt, heeft Wim nog steeds een eigenwoningreserve, maar hoeft zij hiermee geen rekening te houden. De overwaarde is namelijk afkomstig uit een woning waarin zij niet met Wim heeft samengewoond. Als Veronique € 350.000 leent voor de aanschaf van die woning, mag zij het gehele bedrag aanmerken als eigenwoningschuld.

Extra vrijstelling

Vrijstelling bij een schenking

Op grond van de Successiewet kan men gebruikmaken van een verhoogde vrijstelling bij een schenking in verband met de eigen woning (aflossen van eigenwoningschuld, aankoop of onderhoud dan wel verbetering). Dit heeft wel gevolgen voor de eigenwoningschuld die men kan opvoeren in box 1. Bij het bepalen van de maximale eigenwoningschuld wordt hetgeen ter zake van die verwerving, die verbetering, dat onderhoud of die afkoop aan verhoogde vrijstelling van schenkbelasting is genoten, in mindering gebracht op de verwervingskosten (art. 3.119a lid 3 letter b Wet IB).

> **Voorbeeld**
>
> Ilja krijgt in verband met de aankoop van een woning een vrijgestelde schenking van € 50.000 van haar ouders. De verwervingskosten van haar nieuwe woning zijn € 225.000. De eigenwoningschuld van Ilja kan dan niet hoger zijn dan € 175.000.

Uitsluiting

Tot de eigenwoningschuld behoren op grond van art. 3.119a lid 6 Wet IB niet:
a. de schulden die zijn aangegaan of ontstaan ter betaling van renten als bedoeld in art. 3.120 lid 1 onderdeel a Wet IB

> **Voorbeeld**
>
> Dominique leent bij de bank een bedrag van € 300.000. € 250.000 is bestemd voor de aanschaf en de resterende € 50.000 gaat zij gebruiken om de rente over de lening te voldoen. Er wordt nu maar een eigenwoningschuld van € 250.000 in aanmerking genomen. Het restant valt in box 3. Alleen de rente over de € 250.000 mag in aftrek worden gebracht.

b. de schulden die zijn aangegaan ter verwerving van de eigen woning of een gedeelte daarvan indien de eigen woning of een gedeelte daarvan direct of indirect is verkregen van de partner van de belastingplichtige, voor zover het totaal van de schulden die de belastingplichtige en zijn partner zijn aangegaan ter verwerving van de woning, na deze verkrijging meer bedraagt dan vóór de vervreemding van de woning of een gedeelte daarvan door zijn partner;

HOOFDSTUK 5 | BOX 1: BELASTBAAR INKOMEN UIT WERK EN WONING

Voorbeeld

Marjolein en Ruben wonen samen. De woning is eigendom van Marjolein. Zij heeft de woning voor € 250.000 gekocht van Ruben. Het gehele bedrag heeft zij geleend bij een bank. Ruben heeft de verkoopopbrengst gebruikt om zijn hypotheek van € 150.000 af te lossen. Het restant heeft hij op een spaarrekening gezet. Marjolein mag nu slechts een schuld van € 150.000 als eigenwoningschuld in aanmerking nemen in box 1. De resterende € 100.000 valt in box 3. Als Marjolein en Ruben gescheiden gaan wonen, mag Marjolein vanaf dat moment de gehele schuld in box 1 meenemen en mag zij dus alle rente in aftrek brengen.

c. schulden die zijn ontstaan uit een overeenkomst van geldlening tussen partners;

Voorbeeld

Lars is gehuwd met Monique, ze hebben gescheiden vermogens. Lars koopt een woning en leent hiervoor geld bij zijn vrouw Monique. Deze lening kan nu niet worden aangemerkt als eigenwoningschuld. Als het partnerschap tussen Monique en Lars eindigt, kan de lening van Lars wel worden aangemerkt als eigenwoningschuld als deze voldoet aan de wettelijke eisen.

d. schulden die corresponderen met geldvorderingen als bedoeld in art. 5.4 lid 1 Wet IB;

Voorbeeld

Koos is overleden. Zijn nalatenschap bestaat uit de woning die hij samen met zijn vrouw bewoonde. Hij laat deze woning na aan zijn vrouw. Zijn kinderen krijgen een vordering op hun moeder, doordat moeder door het verkrijgen van de woning wordt overbedeeld. Zij moet een rente vergoeden aan de kinderen. De kinderen hoeven op grond van art. 5.4 Wet IB niets aan te geven in verband met de vordering. Hierdoor mag moeder de rente die zij aan de kinderen verschuldigd is, niet in aftrek brengen. Als tot de nalatenschap ook nog een eigenwoningschuld behoort en ook deze schuld overgaat naar moeder, kwalificeert deze schuld wel als eigenwoningschuld.

e. schulden waarvan de maximale looptijd van 360 maanden is verstreken

Verrekening Voor eigenwoningschulden die niet onder het overgangsrecht vallen (zie paragraaf 5.6.7) geldt dat de schuld in 30 jaar moet worden afgelost (zie hieronder ad b). Het is echter mogelijk dat iemand in de jaren 2001 t/m 2012 een eigenwoningschuld heeft gehad die niet onder het overgangsrecht valt. Deze persoon heeft dan al profijt gehad van de mogelijkheid om rente in aftrek te brengen. De periode waarover hij dan al recht op aftrek heeft gehad, wordt in mindering gebracht op de 30-jaarsperiode waarvoor men onder het nieuwe recht aftrek kan claimen (art. 3.119a lid 7 Wet IB). De lening zelf mag wel gewoon in 360 maanden worden afgelost, maar op een gegeven moment zal de restantschuld niet meer worden aangemerkt als eigenwoningschuld en kan men voor deze schuld geen renteaftrek meer claimen.

> **Voorbeeld**
>
> Simon heeft vanaf 1 mei 2003 tot en met 1 mei 2010 een eigen woning gehad. Hij is daarna een woning gaan huren. In de betreffende periode had hij een eigenwoningschuld van € 200.000.
> In 2021 koopt Simon een nieuwe woning en leent daarvoor € 175.000, die volledig als eigenwoningschuld kan worden aangemerkt. Hij heeft gehoord van zijn financieel adviseur dat hij geen recht heeft op het overgangsrecht zoals dat voor sommige eigenwoningschulden wel geldt.
> Simon moet de lening nu in 30 jaar gaan aflossen maar na 23 jaar wordt de schuld niet meer aangemerkt als eigenwoningschuld en verliest hij voor deze lening zijn recht op hypotheekrenteaftrek.
>
> Voordeel van deze regeling is dat de aflossing van een lening over 30 jaar kan worden gespreid. Zonder deze maatregel zou dat in het voorbeeld voor Simon hebben betekend dat hij de lening in 23 jaar zou moeten aflossen.

Ad b. Invulling overeenkomst

Annuïtair

Een schuld kan alleen kwalificeren als eigenwoningschuld als de leningovereenkomst bepaalt dat die lening gedurende de looptijd ten minste annuïtair en in ten hoogste 360 maanden volledig wordt afgelost. Bij een annuïtaire lening betaalt de lener maandelijks een gelijk bedrag aan de geldverstrekker. In deze termijn zit een bedrag aan rente en een bedrag aan aflossing. In de eerste termijn zit veel rente en een beetje aflossing. Door de kleine aflossing hoeft de lener in de daaropvolgende maand minder rente te betalen en is er dus meer geld beschikbaar voor aflossen. Een en ander kan worden berekend met een zeer ingewikkelde formule die in de wet te vinden is.

De maandtermijn wordt zo bepaald dat de lener na 30 jaar betalen de schuld helemaal heeft afgelost. De schuld verloopt dan conform de gestippelde lijn in onderstaande grafiek.

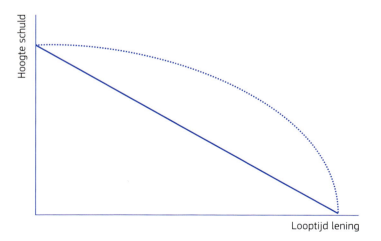

Eerdere aflossingseis Als iemand zijn woning verkoopt, lost hij zijn lening af. Als hij daarna weer een andere woning koopt, moet hij wel rekening houden met de eerdere aflossingseis. Als de nieuwe lening minder hoog is dan de eerdere eigenwoningschuld ten tijde van de verkoop, is de termijn waarbinnen de schuld minimaal annuïtair moet worden afgelost 360 maanden minus de al verbruikte periode.

> **Voorbeeld**
>
> Rob koopt in 2021 een woning en gaat daarbij een eigenwoningschuld aan van € 280.000. In 2025 verkoopt hij die woning voor € 290.000. De eigenwoningschuld is op dat moment nog (stel) € 270.000. Hij koopt vervolgens een nieuwe woning en leent hiervoor – mede met het oog op de bijleenregeling – een bedrag van € 240.000. Deze lening moet hij dan minimaal in 26 jaar annuïtair aflossen.

Splitsen Als de schuld voor de nieuwe woning hoger is dan de oude schuld, mag de lener het meerdere gewoon in 30 jaar annuïtair aflossen. Het is dan wel noodzakelijk om de lening in meerdere delen op te splitsen (art. 3.119c lid 3 en 6 Wet IB).

> **Voorbeeld**
>
> Rob uit het vorige voorbeeld gaat eerst 2 jaar huren en koopt vervolgens een woning. De eigenwoningschuld voor die woning is € 300.000. Dan moet hij een bedrag van € 270.000 in 26 jaar aflossen, want voor de oude lening had hij al 4 jaar aftrek gehad. Voor de resterende € 30.000 kan hij een andere 30-jarige annuïteitenhypotheek afsluiten.

Bij verkoop van een woning is het dus belangrijk om de stand van de eigenwoningschuld goed vast te leggen omdat deze relevant is voor een eventuele nieuwe eigenwoningschuld. De Belastingdienst kan dan een beschikking aflossingsstand afgeven (art. 3.119d Wet IB). Hierop kan men dan bij de aankoop van een volgende eigen woning terugvallen.

De aflossingsstand wordt per belastingplichtige bepaald en men dient dus ook per belastingplichtige te bepalen wat de looptijd van de lening maximaal mag zijn.

> **Voorbeeld**
>
> Gerard en Dico kopen samen een woning. Beiden hebben in verband met een eerdere woning een aflossingsbeschikking. De laatste stand van de eigenwoningschuld van Gerard is € 125.000, hij moet dit resterende bedrag in 24 jaar aflossen. De laatste stand van de eigenwoningschuld van Dico is € 110.000, hij moet dit resterende bedrag in 20 jaar aflossen. Stel dat Gerard en Dico ieder een eigenwoningschuld aangaan voor de nieuwe woning voor een bedrag van € 140.000. Dan zou deze lening in vier delen gesplitst kunnen worden:
> Gerard: € 125.000 / 24 jaar en € 15.000 / 30 jaar
> Dico: € 110.000 / 20 jaar en € 30.000 / 30 jaar

Als iemand een eigen woning heeft en een eigenwoningschuld, vervolgens gaat trouwen en de woning door het huwelijk in een (beperkte) huwelijksgemeenschap valt, wordt de historie van die eigenwoningschuld gelijkelijk verdeeld over de echtgenoten (art. 3.119c lid 9 Wet IB).

> **Voorbeeld**
>
> Nick heeft in 2021 een woning gekocht en is daarbij een eigenwoningschuld aangegaan van € 210.000. Deze moet hij in ten minste 30 jaar annuïtair aflossen. In 2025 trouwt Nick met Simone. In de huwelijkse voorwaarden is bepaald dat de woning in een (beperkte) huwelijksgemeenschap valt. De eigenwoningschuld bedraagt op dat moment (stel) € 175.000.
> Na het huwelijk hebben Nick en Simone beiden een eigenwoningschuld van € 87.500 en deze moeten zij in ten minste 26 jaar annuïtair aflossen. Zouden zij de woning direct verkopen, dan hebben ze allebei een aflossingsstand van € 87.500 die zij naar een volgende woning moeten meenemen.

Aannemer of projectontwikkelaar De aflossingsverplichting zoals die hierboven is weergegeven, geldt overigens niet voor een schuld ter zake een nieuwe woning die men heeft bij een aannemer of projectontwikkelaar (art. 3.119a lid 5 Wet IB). De aflossingsverplichting gaat in op het moment dat de lening aan de aannemer wordt voldaan met geld dat is geleend bij een andere instelling / persoon of als de onroerende zaak wordt geleverd.

> **Voorbeeld**
>
> Lieke koopt een nieuwbouwwoning. Tussen het tekenen van de koop- aanneemovereenkomst en de overdracht van de grond waarop de woning wordt gebouwd zit een behoorlijke tijd. Over deze periode moet Lieke rente betalen aan de aannemer. Hoewel Lieke waarschijnlijk niet heeft hoeven af te lossen op de lening, wordt de schuld wel aangemerkt als eigenwoningschuld en is de rente fiscaal aftrekbaar.

Ad c. Nakomen aflossingsverplichting

Het opnemen van een contractuele aflossingsverplichting heeft geen zin als er geen sanctie bestaat als de belastingplichtige niet voldoet aan deze verplichting. Daarom kwalificeert deze schuld niet langer meer als eigenwoningschuld wanneer de stand van de schuld op een bepaald moment te hoog is.

Een belastingplichtige kan dus in het begin van de looptijd meer aflossen (zie de ononderbroken lijn in bovenstaande grafiek). Hij zou zelfs op een gegeven moment een tijdje kunnen stoppen met het aflossen van de lening, mits de schuld maar niet boven de stippellijn komt te liggen.

Toetsmomenten Er vindt overigens geen doorlopende toetsing plaats. Op de volgende vier momenten beoordeelt de Belastingdienst of wordt voldaan aan de minimale aflossingsverplichtingen (art. 3.119c lid 7 Wet IB):
a. 31 december van het kalenderjaar;
b. het moment van vervreemding van de eigen woning;
c. het moment van wijziging van de maandelijkse rentevoet;
d. het laatste moment waarop de voorgaande schuld bestond

Nu kan het gebeuren dat een belastingplichtige door omstandigheden een achterstand oploopt bij het aflossen van zijn lening. Dit zou tot gevolg hebben dat de schuld niet meer kwalificeert als eigenwoningschuld en de rente dus niet langer aftrekbaar is. Dit hoeft geen directe gevolgen te hebben. In bepaalde gevallen kan een aflossingsachterstand worden ingehaald:

Aflossingsachterstand

a. Als een belastingplichtige op 31 december van een kalenderjaar onvoldoende heeft afgelost maar dit inhaalt voor 31 december van het daaropvolgende kalenderjaar, blijft de schuld een eigenwoningschuld. Deze 'veiligheidsmarge' geldt voor iedereen en kent daarom – naast de eis dat het tekort in het volgende jaar ingehaald moet worden – verder geen voorwaarden, behalve dat het te weinig aflossen niet meer dan incidenteel mag gebeuren (art. 3.119e lid 1 Wet IB).

Was een eigenwoningschuld gedurende de gehele looptijd van de lening een of twee keer aan het eind van het kalenderjaar te hoog en wordt dit in het daaropvolgende jaar weer rechtgetrokken, dan zijn er geen gevolgen voor het recht op fiscale renteaftrek. Wanneer dit anders dan incidenteel gebeurt, gaat het recht op fiscale renteaftrek wel verloren. Van anders dan incidenteel een te hoge eigenwoningschuld hebben is bijvoorbeeld sprake als een belastingplichtige elke 3 of 4 jaar de maximaal toegestane schuld overschrijdt, maar daarvan kan ook sprake zijn als het minder vaak gebeurt. De verklaring voor het meermaals overschrijden van de maximale norm kan hierbij ook van belang zijn.

Onvoldoende betalingscapaciteit

b. Als de achterstand na 1 jaar nog niet is ingehaald en deze veroorzaakt wordt door onvoldoende betalingscapaciteit, kunnen de geldverstrekker en de belastingplichtige – met behoud van de kwalificatie eigenwoningschuld en dus renteaftrek – een nieuw ten minste annuïtair aflossingsschema overeenkomen (art. 3.119e lid 2 onderdeel a Wet IB). De schuld moet echter wel op het oorspronkelijke moment geheel zijn afgelost. De belastingplichtige moet de opgelopen achterstand dus in de loop van de tijd inhalen.

Onbedoelde fout

c. Is er geen sprake van onvoldoende betalingscapaciteit, dan kan de achterstand die aan het einde van het hersteljaar nog bestaat, ook zijn ontstaan door een onbedoelde fout in de betaling of berekening van het aflossingsbedrag. Dit kan bijvoorbeeld gebeuren als in het 1e kalenderjaar te weinig is afgelost en dit in het kalenderjaar na dat jaar van ontstaan van de aflossingsachterstand hersteld is, maar de aflossing voor december van het 2e kalenderjaar door een fout in de berekening net te laag is. Ook kan een bedrag door het invullen van een foutief rekeningnummer bijvoorbeeld een dag te laat worden afgeboekt. In die gevallen blijft de schuld behoren tot de eigenwoningschuld op voorwaarde dat de eigenwoningschuld aan het einde van het 2e kalenderjaar na het jaar van het ontstaan van de aflossingsachterstand niet hoger is dan oorspronkelijk was afgesproken (art. 3.119 lid 2 onderdeel b Wet IB). In dit geval mag de schuldeiser van de schuld niet een herberekening maken van het annuïtaire aflossingsschema.

d. Als de betalingsproblemen niet binnen de termijn kunnen worden opgelost omdat deze zodanig groot zijn dat ook een nieuw ten minste annuïtair aflossingsschema financieel niet haalbaar is, is er nog een ontsnappingsroute. De

Aflossingschema

schuldeiser en belastingplichtige mogen in dat geval uiterlijk in het 4e kalenderjaar na het jaar van het ontstaan van de aflossingsachterstand een nieuw ten minste annuïtair aflossingsschema overeenkomen dat wordt berekend naar de hoogte van de schuld op het moment direct voorafgaand aan het ingaan van het nieuwe aflossingschema. De schuld blijft dan behoren tot de eigenwoningschuld. Als dat in het 4e kalenderjaar na het jaar van het ontstaan van de aflossingsachterstand nog steeds niet haalbaar is, kwalificeert de betreffende schuld met ingang van 1 januari van dat jaar niet meer als eigenwoningschuld, waardoor vanaf dat moment de rente niet meer fiscaal aftrekbaar is.

Om renteaftrek voor de eigen woning te behouden, zal de belastingplichtige voor het verstrijken van het 5e jaar moeten zorgen dat hij de aflossing van de eigenwoningschuld kan dragen. Dit kan bijvoorbeeld door naar goedkopere financiering te zoeken (bijvoorbeeld een ten minste annuïtaire aflossingslening met lagere rente bij een andere geldverstrekker), te verhuizen naar een goedkopere woning met lagere lasten, of de lening te splitsen in een deel waarop nog wel aan de aflossingsverplichting voldaan kan worden en een deel waarvoor dat niet meer lukt.

Voorbeeld

In 2021 leent Ad voor zijn woning € 200.000. In 2026 is de eigenwoningschuld op 1 januari € 180.000. In juni van dat jaar raakt Ad werkloos, waardoor hij niet het volledige bedrag kan aflossen. Stel dat de eigenwoningschuld op dat moment € 178.000 is (jaar 1).
Situatie 1: Ad heeft de ruimte om de achterstand in 2027 in te lopen. Er zijn vooralsnog geen fiscale gevolgen.
Situatie 2: In 2027 is Ad nog steeds werkloos en er wordt nog steeds niet afgelost. De eigenwoningschuld is dan nog steeds € 178.000 (jaar 2).

In 2028 moeten Ad en de bank – nadat hij aannemelijk heeft gemaakt dat hij echt een betalingsprobleem heeft – in principe een nieuw ten minste annuïtair aflossingsschema berekenen voor het bedrag van € 178.000 met looptijd van nog 23 jaar (jaar 3).
Als Ad aannemelijk maakt dat hij ook de aflossingsbedragen bij dat nieuwe aflossingsschema niet kan betalen, moeten hij en de bank uiterlijk op 31 december 2030 (jaar 5) een nieuw ten minste annuïtair aflossingsschema vastleggen van € 178.000 (in 21 jaar annuïtair volledig aflossen).

Verhuizing

Bij een verhuizing moet het ten minste annuïtaire aflossingsschema voor de nieuwe woning worden voortgezet vanaf het punt waar men in het ten minste annuïtaire aflossingsschema voor de oude woning was gebleven op het moment direct voorafgaand aan het aangaan van de schuld voor de nieuwe woning (art. 3.119f Wet IB). Dit geldt natuurlijk alleen voor zover de nieuwe schuld de oude schuld niet overtreft. Voor het meerdere – dat resteert na toepassing van de beschikking aflossingsstand – gaat een nieuw ten minste annuïtair aflossingsschema gelden.

> **Voorbeeld**
>
> Max is verhuisd naar een nieuwe woning, die hij heeft gekocht voor € 300.000. Zijn oude woning, waar hij sinds 2021 5 jaar heeft gewoond, staat leeg en wil hij verkopen. De schuld van die oude woning is op het moment van de verhuizing nog € 180.000. Het aflossingsschema van de schuld van de oude woning moet worden voortgezet bij de schuld van de nieuwe woning. Voor het meerdere moet Max een nieuw ten minste annuïtair aflossingsschema met de bank afspreken. Als de bijleenregeling buiten aanmerking wordt gelaten, bestaat de schuld van de nieuwe woning uit een schuld van € 180.000 die Max in 25 jaar annuïtair moet aflossen en een schuld van € 120.000 die hij in 30 jaar annuïtair moet aflossen.

Aflossingsvrij

Alleen voor de schuld van de woning die bestemd is om eigen woning van de belastingplichtige te blijven, hoeft men te voldoen aan de aflossingseis (art. 3.119f lid 1 Wet IB). De schuld van de andere woning mag dus (tijdelijk) aflossingsvrij gemaakt worden, zonder dat dit tot gevolg heeft dat deze schuld daardoor niet meer behoort tot de eigenwoningschuld. In art. 3.119f Wet IB wordt uitdrukkelijk verwezen naar art. 3.111 lid 2 en lid 3 Wet IB. Als men als gevolg van een scheiding tijdelijk twee eigen woningen heeft, zou dus geen beroep mogelijk zijn op deze faciliteit. Dat zou dan betekenen dat men voor beide leningen aan de aflossings-verplichting moet voldoen.

Ad d. Verplichting tot informatieverstrekking

De vierde voorwaarde om te kunnen spreken van een eigenwoningschuld in de zin van de Wet IB heeft betrekking op de informatieverstrekking richting de Belastingdienst (art. 3.119g Wet IB).

Deze informatieplicht is nodig omdat de aflossingen gedurende het jaar en de schuldstand aan het einde van het jaar een belangrijke rol spelen voor de vraag of een belastingplichtige de rente op die schuld fiscaal kan aftrekken. Normaal krijgt de Belastingdienst deze informatie via de geldverstrekker (bank, verzekeraar etc.). Als de lening bij iemand anders is geleend (bijvoorbeeld familie of de eigen vennootschap), moet de belastingplichtige de relevante informatie verstrekken.

Informatieplicht Aan deze informatieverplichting kan via de aangifte inkomstenbelasting worden voldaan.

Toekomstperspectief

De regelgeving rondom de eigen woning is in de loop van de jaren erg complex geworden. Voor een starter is het nog wel te overzien. Echter, als mensen samen een woning gaan kopen maar een totaal verschillend eigenwoningverleden hebben, wordt het al snel zeer complex. Dit alles is nog versterkt door uitspraken van de staatssecretaris van Financiën bij een wijziging van het huwelijksvermogensrecht in 2019. Het standpunt van Financiën was dat wanneer mensen een woning kopen (50%-50%) en hiervoor een schuld aangaan, deze schuld ook in dezelfde verhouding aan hen wordt toegerekend. Als zij dan een verschillend eigenwoningverleden hebben, kunnen er problemen ontstaan.

> **Voorbeeld**
>
> Bert heeft in 2020 een eigen woning verkocht waarvoor hij 9 jaar aftrek van eigenwoningrente had genoten. Op deze eigen woning rustte een bestaande eigenwoningschuld (BEWS) van € 100.000. Bij verkoop realiseerde Bert een EWR van € 50.000. Bianca heeft geen eigenwoningverleden.
>
> Bert en Bianca kopen in 2021 samen een woning van € 200.000 en financieren de aankoop met een gezamenlijke annuïteitenhypotheek van € 100.000, een gezamenlijke aflossingsvrije hypotheek van € 50.000 en € 50.000 eigen vermogen van Bert. Bert en Bianca kwalificeren als fiscaal partners in de zin van de Wet IB.
> Zowel Bert als Bianca hebben een aandeel van 50% in de woning. De verwervingskosten eigen woning bedragen voor beiden € 100.000. Daartegenover staat dat beiden een aandeel van 50% hebben in de annuïteitenhypotheek van € 100.000 en de aflossingsvrije hypotheek van € 50.000.
> Bert heeft een EWR van € 50.000; voor hem is het overgangsrecht van toepassing. Hij heeft, rekening houdend met € 100.000 verwervingskosten en zijn EWR van € 50.000, nog een BEWS van € 50.000 waarvoor nog 21 jaar recht op renteaftrek bestaat en fiscaal de aflossingseis niet geldt. Voor Bianca geldt dat ze alleen renteaftrek kan verkijgen indien haar schuld voldoet aan de aflossingseis.
>
> Voor Bert geldt het volgende:
> – Van de aflossingsvrije hypotheek van € 50.000 wordt bij hem € 25.000 aangemerkt als BEWS, daarvoor heeft hij 21 jaar recht op renteaftrek.
> – Een deel van zijn aandeel in de annuïteitenhypotheek (€ 25.000) wordt ook als BEWS aangemerkt, daarvoor heeft hij 21 recht op renteaftrek.
> – Hij heeft voor zijn aandeel in de annuïteitenhypotheek (€ 25.000) 30 jaar recht op renteaftrek.
>
> Voor Bianca geldt het volgende:
> – Zij heeft voor haar aandeel in de annuïteitenhypotheek (€ 50.000) 30 jaar recht op renteaftrek.
> – Haar aandeel in de aflossingsvrije hypotheek (€ 25.000) voldoet niet aan de aflossingseis en valt in box 3.

Omdat deze problemen ongewenst waren, heeft de staatssecretaris via een besluit een oplossing geboden. Onder bepaalde voorwaarden wordt goedgekeurd dat het eigenwoningverleden van beide partners bij helfte wordt verdeeld over beide partners, waarna de individuele EWS en het eigenwoningverleden worden bepaald. De goedkeuring geldt met terugwerkende kracht met ingang van het belastingjaar 2013. Voor deze goedkeuring gelden de volgende voorwaarden:

a. De partners kopen de eigen woning aan in een 50/50-verhouding en gaan de schuld(en) voor financiering van de woning ook in die verhouding aan.
b. Beide partners doen een beroep op deze goedkeuring door de eigenwoningreserve en de eigenwoningrente op deze manier in hun aangifte(n) op te nemen.
c. Beide partners gaan akkoord met de volgende consequentie: deze toepassing van de goedkeuring door het zodanig opnemen van de eigenwoningreserve en de eigenwoningrente in de aangifte(n) geldt ook voor latere jaren. De verdeling bij helfte van het eigenwoningverleden van één of beide partners kan daardoor niet meer worden herzien of teruggedraaid in een later belastingjaar.

> **Voorbeeld**
>
> Bert en Bianca uit het vorige voorbeeld doen een beroep op de goedkeuring. Hierdoor gaat het eigenwoningverleden van Bert voor de helft over op Bianca. Het eigenwoningverleden van Bert bestaat uit een EWR van € 50.000 en het overgangsrecht voor € 100.000 waarvoor nog 21 jaar recht op renteaftrek bestaat.
> Voor Bert en Bianca geldt het volgende:
> - Het gehele bedrag van hun hypotheek van € 75.000 per persoon wordt aangemerkt als EWS. De EWR van € 25.000 per persoon wordt volledig in mindering gebracht op de verwervingskosten van € 100.000 per persoon.
> - Van de hypotheek van € 75.000 per persoon wordt € 25.000 aangemerkt als BEWS. Daarvoor hebben zij beiden 21 jaar recht op renteaftrek.
> - De resterende € 50.000 per persoon wordt aangemerkt als EWS. Daarvoor geldt voor beiden een nieuwe termijn van aflossing van 30 jaar en renteaftrek.
>
> Voor Bert verandert er per saldo niets, maar Bianca 'krijgt' een EWR van € 25.000 en een BEWS van € 25.000, waarvoor nog 21 jaar recht op renteaftrek bestaat. Zij heeft nu geen box 3-schuld meer.

In beide voorbeelden wordt vermogen van Bert aan Bianca toegerekend. In de praktijk zullen partijen dit niet altijd prettig vinden. In dat geval kunnen ze ervoor kiezen om onderling een draagplichtovereenkomst op te stellen. Hierin kunnen zij dan vastleggen welke schuld aan een ieder moet worden toegerekend.

> **Voorbeeld**
>
> Bert en Bianca van de vorige voorbeelden zouden in een draagplichtovereenkomst kunnen vastleggen dat de aflossingsvrije hypotheek geheel aan Bert wordt toegerekend en de annuïteitenhypotheek geheel aan Bianca wordt toegerekend.
>
> Voor Bert geldt dan het volgende:
> - Hij moet zijn EWR van € 50.000 verrekenen met zijn aandeel in de aankoopsom van € 100.000. Per saldo kan zijn EWS € 50.000 gaan bedragen.
> - De aflossingsvrije hypotheek van € 50.000 wordt aangemerkt als BEWS, daarvoor heeft hij 21 jaar recht op renteaftrek.
>
> Voor Bianca geldt dan het volgende:
> - Zij heeft geen EWR en kan dus een maximale EWS hebben die gelijk is aan haar aandeel in de aankoopsom. Per saldo kan haar EWS € 100.000 gaan bedragen.
> - Zij heeft geen recht op faciliteiten van overgangsrecht; ze moet haar gehele EWS ten minste annuïtair in maximaal 30 jaar aflossen.
> - Zij mag de rente van de aan haar toe te rekenen annuïteitenhypotheek geheel aftrekken.

De bovenstaande voorbeelden maken duidelijk dat de huidige eigenwoningregeling in de praktijk heel veel problemen oplevert. Ook de hypotheekadviseurs zien soms door de bomen het bos niet meer. Het wordt voor hen steeds lastiger om een correct hypotheekadvies op te stellen. Er is daarom al diverse malen verzocht bij de politiek om de regelgeving drastisch te gaan vereenvoudigen. Met de lage hypotheekrente van dit moment is de financiële impact van zo'n aanpassing waarschijnlijk kleiner dan voorheen. Op het moment van afsluiten van deze editie was daar echter nog geen duidelijkheid over.

Aftrekbare kosten

De kosten die de belastingplichtige mag aftrekken bij het bepalen van de belastbare inkomsten uit eigen woning (art. 3.120 Wet IB), bestaan uit:
- rente (inclusief boeterente bij vervroegde aflossingen of het oversluiten van een eigenwoningschuld) en kosten van schulden die kwalificeren als eigenwoningschuld;
- periodieke betalingen (dus geen eenmalige betaling) op grond van rechten van erfpacht, opstal of beklemming met betrekking tot de eigen woning.

Moment aftrekbaarheid

De rente is aftrekbaar op het moment dat deze wordt voldaan, verrekend, ter beschikking wordt gesteld of rentedragend wordt (art. 3.147 Wet IB). Hierop bestaat één uitzondering: als de rente wordt vooruitbetaald. Alleen als de rente betrekking heeft op een periode die eindigt vóór 1 juli van het daaropvolgende jaar, mag deze in het jaar van betaling worden afgetrokken. Wordt deze periode overschreden, dan mag in het jaar van betaling alleen de rente in aftrek worden gebracht die op dat jaar betrekking heeft (delen van een maand tellen als een hele maand). De overige betaalde rente wordt verdeeld over de resterende looptijd van de overeenkomst op grond waarvan de rente is vooruitbetaald (delen van een jaar tellen als een heel jaar) (art. 3.120 lid 3 en lid 4 Wet IB).

> **Voorbeeld**
>
> Nicole heeft een schuld op haar eigen woning van € 200.000. Zij moet maandelijks € 1.000 rente betalen. In december van jaar 1 betaalt zij de rente van die maand en de rente over de maanden januari tot en met juni van jaar 2 (in totaal € 7.000). Zij mag in jaar 1 het gehele bedrag in aftrek brengen.
> Als Nicole in december van jaar 1 de rente tot en met januari van jaar 3 betaalt (in totaal € 14.000), mag zij in jaar 1 slechts € 1.000 aftrekken. Het resterende bedrag van € 13.000 mag ze voor € 6.500 in aftrek brengen in jaar 2 en voor € 6.500 in jaar 3.

Als de belastingplichtige emigreert of komt te overlijden, mag hij de rente die hij wel heeft betaald maar nog niet heeft afgetrokken, direct in aftrek brengen.

Restschulden

In het verleden hebben veel mensen hun woning maximaal gefinancierd. Als de woning dan wordt verkocht tegen een lagere prijs dan de eigenwoningschuld, blijft er een restschuld over. Deze restschuld heeft geen betrekking meer op de eventuele nieuwe woning en moet volgens de systematiek van de Wet IB (art. 2.14 Wet IB) verhuizen naar box 3. Om tegemoet te komen aan de financiële problemen van deze mensen, heeft de wetgever bepaald dat ze de rente op deze restschulden gedurende 15 jaar tijdelijk in mindering mogen brengen op het belastbaar inkomen uit eigen

Restschulden

woning (art. 3.120a Wet IB). De schuld is echter geen eigenwoningschuld en hoeft niet te voldoen aan de voorwaarden van art. 3.119a Wet IB. De overgangsregeling geldt voor vervreemdingen in de periode van 29 oktober 2012 en 31 december 2017. Dit betekent dat deze regeling nog tot 2032 blijft doorwerken.

Overgangsregeling

5.6.7 Eigenwoningschuld (oud regime)

Paragraaf 5.6.6 behandelde de huidige regelgeving inzake de aftrek van rente in verband met de financiering van de aankoop van een woning. Voor veel mensen geldt echter nog (gedeeltelijk) een andere regeling. Daarom wordt ook deze 'oude' regeling behandeld. De insteek die een belastingplichtige hierbij moet kiezen is dat de 'nieuwe' regeling van kracht is indien en voor zover de lening niet onder de overgangsregeling valt van art. 10bis.1 Wet IB.

Voordeel van de overgangsregeling is dat een belastingplichtige niet annuïtair hoeft af te lossen op een schuld die wordt aangemerkt als bestaande eigenwoningschuld, waardoor hij een lagere maandlast heeft.

Overgangsregeling

De onderstaande regelingen gelden voor schulden die kwalificeren als bestaande eigenwoningschuld. Dit is de eigenwoningschuld zoals de belastingplichtige die had op 31 december 2012 conform de wetgeving op dat moment.

Als bestaande eigenwoningschuld

> **Voorbeeld**
>
> Uit de aangifte over 2012 van Hans blijkt dat hij op 31 december 2012 een eigenwoningschuld had van € 200.000. In 2021 koopt Hans een andere woning voor € 300.000. Zijn eigenwoningschuld is op dat moment nog steeds € 200.000. Hans moet zijn lening in twee delen knippen: een deel van € 200.000 waarvoor de regels van deze paragraaf gelden, en een deel van € 100.000 waarvoor de regels van paragraaf 5.6.6 gelden.

Verder bevat art. 10bis.1 Wet IB nog een aantal bijzondere situaties waarbij er formeel op 31 december 2012 geen sprake is van een eigenwoningschuld maar er toch een beroep kan worden gedaan op de overgangsregeling.

Niet eigenwoningschuld

Als een belastingplichtige een 'oude' eigenwoningschuld heeft, mag hij deze meenemen als hij een andere woning koopt of als hij de lening oversluit naar een andere geldverstrekker (art. 10bis.1 lid 3 Wet IB). Bij het oversluiten/verhuizen wordt de oorspronkelijke schuld namelijk afgelost en wordt voor de nieuwe woning weer een andere schuld aangegaan. Zonder deze bepaling zou het twijfelachtig zijn of de eerbiedigende werking van kracht zou blijven. Een en ander geldt overigens alleen als de opvolgende schuld ontstaat in het jaar waarin de oude schuld is afgelost of in het daaropvolgende jaar.

> **Voorbeeld**
>
> Juliet heeft een 'oude' eigenwoningschuld van € 225.000. Zij verkoopt in 2021 haar woning en besluit een woning te gaan huren. In verband hiermee lost zij haar eigenwoningschuld geheel af. In 2022 koopt zij een andere woning en leent hiervoor een bedrag van € 275.000 (volledig aan te merken als eigenwoningschuld). Zij heeft dan een bestaande eigenwoningschuld van € 225.000 en een 'nieuwe' eigenwoningschuld van € 50.000.

Aflossen Als een belastingplichtige een deel van de bestaande eigenwoningschuld aflost, is de eerbiedigende werking alleen nog van kracht op het resterende deel (art. 10bis.1 lid 3 Wet IB) van de lening. Dit is vooral relevant als hij een andere woning gaat kopen.

> **Voorbeeld**
>
> Stel dat Juliet uit het vorige voorbeeld in 2017 € 25.000 heeft afgelost op de schuld die zij op 31 december 2012 had. Dan zou van de nieuwe schuld die zij in 2022 aangaat maar voor € 200.000 worden aangemerkt als bestaande eigenwoningschuld en zou de 'nieuwe' eigenwoningschuld € 75.000 zijn.

Omvang eigenwoningschuld

Als een belastingplichtige een lening aangaat voor de aanschaf van een woning, kan deze lening kwalificeren als eigenwoningschuld voor de Wet IB. De omvang van de schuld wordt bepaald aan de hand van de regels van paragraaf 5.6.6. Dit betekent dat wanneer de belastingplichtige de woning verkoopt, het vervreemdingssaldo/de eigenwoningreserve moet worden bepaald en verrekend bij het bepalen van de eigenwoningschuld als hij binnen 3 jaar een andere woning koopt of gaat verbouwen/onderhoud plegen.

Eigenwoningreserve

> **Voorbeeld**
>
> Donna heeft op 31 december 2012 een eigenwoningschuld van € 275.000. In 2021 verkoopt zij haar woning voor € 350.000. Zij realiseert dus een overwaarde van € 75.000. Vervolgens koopt zij in datzelfde jaar een andere woning voor € 300.000. Haar eigenwoningschuld is dan maximaal € 225.000. Deze wordt nu geheel aangemerkt als een op 31 december 2012 bestaande eigenwoningschuld.

Aftrekbare rente

Voor een eigenwoningschuld die kwalificeert als bestaande eigenwoningschuld gelden wat betreft de renteaftrek in principe dezelfde regels als voor nieuwe schulden. Op grond van art. 10bis.10 Wet IB is ook art. 3.120 Wet IB van toepassing. Omdat er op die bestaande leningen niet afgelost moest worden, had de wetgever bepaald dat men maar gedurende 30 jaar de rente in aftrek mocht brengen. Onder het overgangsrecht geldt deze voorwaarde nog steeds (art. 10bis.10 Wet IB).

Voor schulden die zijn aangegaan vóór 1 januari 2001, begint de termijn van 30 jaar op 1 januari 2001. Stel dat een belastingplichtige per 1 januari 1998 een eigenwoningschuld is aangegaan, dan is de rente dus pas 30 jaar na 1 januari 2001 – dus vanaf 1 januari 2031 – niet meer aftrekbaar.

De 30-jaarstermijn blijft lopen zolang de lening niet geheel is afgelost. Heeft de belastingplichtige in aanvulling op een bestaande lening een nieuwe lening afgesloten, dan start voor het nieuw geleende bedrag een nieuwe termijn van 30 jaar. Deze nieuwe termijn geldt voor het volledige nieuw geleende bedrag, óók als op de oude schuld al een bedrag is afgelost (de nieuwe schuld en de aflossing worden dus niet met elkaar verrekend). Verder start bij aankoop van een andere woning een nieuwe 30-jaarstermijn als en voor zover het totaal van de schulden meer is dan het totaal van alle voorgaande schulden.

Voorbeeld

Lambert leent begin 2005 een bedrag van € 300.000 voor de aankoop van een eigen woning. Hij mag de rente over dit bedrag tot en met 2034 in aftrek brengen. Begin 2007 lost hij € 20.000 af op de lening. Omdat niet de gehele lening wordt afgelost, loopt de 30-jaarstermijn gewoon door.

Begin 2010 verbouwt Lambert zijn woning. In verband hiermee leent hij € 40.000. Er start een nieuwe termijn van 30 jaar voor het gehele bedrag van € 40.000. Het feit dat er inmiddels € 20.000 is afgelost, doet daar niet aan af.

Begin 2012 koopt Lambert een nieuwe woning en verkoopt zijn oude woning. Hiervoor leent hij € 350.000. Als dit bedrag geheel als eigenwoningschuld mag worden aangemerkt, kan hij de rente voor een bedrag van € 300.000 aftrekken tot en met 2034 (looptijd schuld oude woning), voor een bedrag van € 40.000 tot en met 2039 (looptijd verbouwingsschuld) en voor € 10.000 tot en met 2041 (looptijd schuld nieuwe woning).

Einde overgangsregeling

De hierboven geschetste overgangsregeling blijft tot 31 december 2043 bestaan. Vanaf 1 januari 2044 is de rente van een eigenwoningschuld alleen nog maar aftrekbaar als de lening voldoet aan de voorwaarden van paragraaf 5.6.6.

5.6.8 Voordeel uit KVEW / SEW / BEW

Kapitaalverzekering
Een kapitaalverzekering is een verzekeringsovereenkomst die wordt afgesloten door een persoon (de verzekeringnemer), waarbij een andere persoon (de begunstigde) een bedrag krijgt als iemand (de verzekerde) op een bepaald moment in leven is of komt te overlijden. Een kapitaalverzekering vormt vermogen en valt daarom normaal gesproken in box 3. Jaarlijks wordt de polis dan in de heffing betrokken, ondanks het feit dat de polis pas na verloop van tijd tot uitkering zal komen. Ditzelfde geldt ook voor spaarrekeningen en beleggingsrekeningen. Tot 31 december 2012 kon men er echter voor opteren om via box 1 belastingvrij te 'sparen'. Men moest de verzekering, spaarrekening en/of beleggingsrekening dan (fiscaal) koppelen aan de eigen woning. Om dat te kunnen moest het product aan een aantal voorwaarden voldoen.

Overgangsregeling

Belastingvrij sparen

Met ingang van 1 april 2013 is belastingvrij sparen geen optie meer. Producten die op dat moment reeds voldeden aan de fiscale voorwaarden vallen onder een overgangsregeling. Deze overgangsregeling geldt tot 1 januari 2044. Het overgangsrecht geldt echter niet meer als de belastingplichtige na 31 maart 2013 het op te bouwen bedrag verhoogt en/of de looptijd van het product verlengt (art. 10bis.2 en art. 10bis.2a Wet IB). De overgangsregeling met betrekking tot deze producten is redelijk complex. In dit kader wordt hier niet nader op ingegaan.

5.7 Aftrek wegens geen of geringe eigenwoningschuld

Als een belastingplichtige geen of slechts een geringe eigenwoningschuld heeft, kan hij in aanmerking komen voor een extra aftrekpost (art. 3.123a Wet IB). De grondslag voor deze aftrek wordt als volgt berekend:

Voordelen uit de eigen woning (paragraaf 5.6.3 en 5.6.4)	....
Aftrekbare kosten ter zake van de eigen woning (paragraaf 5.6.6 / 5.6.7)	.... –/–
Grondslag voor te claimen aftrek	....

Tabel 5.8 Opbouw aftrek wegens geen of geringe eigenwoningschuld

De aftrek bedraagt 90% van de grondslag. Het betreffende percentage wordt in de komende jaren afgebouwd naar 0%. Met de aftrek wegens geen of geringe eigenwoningschuld wilde de overheid mensen met een kleine eigenwoningschuld stimuleren om de gehele eigenwoningschuld af te lossen. Omdat de meeste mensen nu verplicht zijn om af te lossen op de eigenwoningschuld, kan deze stimulans geleidelijk worden verminderd.

Voorbeeld

Klaas heeft een woning met een WOZ-waarde van € 300.000. In verband met deze woning heeft hij een eigenwoningschuld van € 20.000. Over deze lening moet hij op jaarbasis € 1.000 aan rente betalen. Het aan te geven eigenwoningforfait bedraagt € 1.500 (0,50% van 300.000). Na aftrek van de rente resteert een bedrag van € 500. De extra aftrek die hij kan claimen, bedraagt dus € 450 (90% × € 500). Per saldo geeft hij € 50 aan ter zake van de eigen woning.

Voor de aftrek wegens geen of een geringe eigenwoningschuld wordt niet gekeken naar de omvang van de schuld, maar naar de aftrekbare kosten. Hierdoor was het in het verleden mogelijk om op oneigenlijke wijze gebruik te maken van deze regeling. Want door te schuiven met het betalen van de rente kon een belastingplichtige ervoor zorgen dat de aftrekbare kosten in een bepaald jaar nihil waren. In dat jaar zou hij dan een extra aftrek krijgen, ondanks het bestaan van een (aanzienlijke) eigenwoningschuld. Om dergelijk misbruik te vermijden, heeft de wet-

Toerekening aftrek gever bepaald dat voor het bepalen van de aftrek wegens geen of een geringe eigenwoningschuld, de aftrekbare kosten moeten worden toegerekend aan de jaren waarop zij betrekking hebben (art. 3.123a lid 4 Wet IB). Let op: deze correctie geldt alleen voor de aftrek wegens geen of een geringe eigenwoningschuld, en niet voor het bepalen van het belastbaar inkomen uit eigen woning.

> **Voorbeeld**
>
> Rob heeft een eigenwoningschuld van € 400.000 en betaalt jaarlijks € 20.000 aan rente. Hij heeft een eigen woning met een WOZ-waarde van € 600.000. Dit betekent een aan te geven eigenwoningforfait van € 3.000 (0,50% × € 600.000). Al in 2021 betaalt Rob de rente over de maanden januari tot en met juni 2022. De rente over de maanden juli tot en met december 2022 betaalt Rob pas in 2023. Dit leidt in de jaren 2021 tot en met 2023 tot het volgende belastbaar inkomen uit eigen woning:
> - 2021: – € 27.000 (€ 3.000 aan eigenwoningforfait en – € 30.000 aan rente);
> - 2022: € 3.000 (eigenwoningforfait);
> - 2023: – € 27.000 (€ 3.000 aan eigenwoningforfait – € 30.000 aan rente).
>
> Rob komt in 2022 niet in aanmerking voor een aftrek wegens geen of een geringe eigenwoningschuld, aangezien voor deze aftrek net wordt gedaan alsof Rob de rente over 2022 gewoon in 2022 betaalt.

De aftrek maakt overigens geen deel uit van het belastbaar inkomen uit eigen woning. Deze post is ook niet genoemd in art. 2.17 lid 5 Wet IB. Dat betekent dat fiscale partners de aftrek niet naar eigen inzicht kunnen verdelen. In art. 3.123a Wet IB staat voorgeschreven hoe de aftrek dan moet worden bepaald. Dit gebeurt in drie stappen:
1. De voordelen uit eigen woning en de aftrekbare kosten van beide partners worden bij elkaar opgeteld.
2. Aan de hand van deze totaalbedragen wordt bekeken in hoeverre zij samen recht hebben op een extra aftrek in verband met geen of een geringe eigenwoningschuld.

> **Voorbeeld**
>
> Johan en Tilly zijn gehuwd op huwelijkse voorwaarden en hebben gescheiden vermogens. Zij bezitten ieder 50% van een woning met een WOZ-waarde van € 350.000. Johan heeft recht op een renteaftrek van € 3.000. Tilly heeft haar aandeel geheel gefinancierd met eigen vermogen; zij heeft dus geen eigenwoningschuld. Zij kan echter geen aanspraak maken op de extra aftrek in verband met geen of geringe eigenwoningschuld.
> Samen moeten Johan en Tilly namelijk een eigenwoningforfait aangeven van € 1.750. De gezamenlijke aftrekbare kosten bedragen € 3.000. Omdat de aftrekbare kosten meer bedragen dan het voordeel uit eigen woning, hebben zij geen van beiden recht op een extra aftrek.

3. Als en voor zover de partners recht hebben op een extra aftrek, wordt deze verdeeld in dezelfde verhouding als de belastbare inkomsten uit eigen woning.

> **Voorbeeld**
>
> Joop en Anne zijn gehuwd op huwelijkse voorwaarden en hebben gescheiden vermogens. Zij bezitten ieder 50% van een woning met een WOZ-waarde van € 350.000. Joop heeft recht op een renteaftrek van € 500 en Anne van € 1.000. Samen moeten zij een forfait aangeven van € 1.750. De gezamenlijke aftrekbare kosten bedragen € 1.500. Per saldo hebben zij gezamenlijk recht op een extra aftrek van € 225 (90% × (1.750 –/– 1.500)).
> Als Joop en Anne de belastbare inkomsten uit eigen woning geheel toerekenen aan Joop, moet hij ook de extra aftrek in verband met geen of een geringe eigenwoningschuld opnemen in zijn aangifte. Verdelen ze de belastbare inkomsten uit eigen woning (bijvoorbeeld ieder 50%), dan moeten ze de extra aftrek op dezelfde manier verdelen.

5.8 De uitgaven voor inkomensvoorzieningen

5.8.1 Inleiding

Inkomensvoorzieningen — De uitgaven voor inkomensvoorzieningen (art. 3.124 Wet IB) zijn de op de belastingplichtige drukkende premies voor:

Lijfrenten die dienen ter compensatie van een pensioentekort	....
Lijfrenten waarbij de termijnen toekomen aan een meerderjarig invalide (klein)kind en uitsluitend eindigen bij het overlijden van de gerechtigde	....
Aanspraken op periodieke uitkeringen als gevolg van invaliditeit of ziekte	....
Bijdragen voldaan op grond van art. 66a lid 3 Anw	.... +
Totale uitgaven voor inkomensvoorzieningen	....

Tabel 5.9 Opbouw uitgaven voor inkomensvoorzieningen

Bij de uitgaven voor inkomensvoorzieningen gaat het om inkomensvervangende uitkeringen. Het moet gaan om een uitkering die periodiek van karakter is en waarvan de totale omvang niet vooraf duidelijk is. Het mag niet gaan om een eenmalige uitkering of om een verzekering die de kosten vergoedt die samenhangen met ziekte of arbeidsongeschiktheid.

Bij een lijfrente ten behoeve van een meerderjarig invalide kind gaat het om een verzekering die het kind van een (aanvullend) inkomen moet voorzien.

Arbeidsongeschikt — Op grond van de WIA heeft een werknemer recht op een inkomensvervangende uitkering als hij arbeidsongeschikt is of langdurig niet in staat is om te werken. Het gaat hier om een soort basisverzekering die afhankelijk is van het salaris van de werknemer. Als een aanvullende inkomensverzekering wordt afgesloten, mag de verschuldigde premie in mindering worden gebracht op het inkomen in box 1.

De WIA-premie zelf mag niet in aftrek komen, omdat deze niet op de werknemer drukt. Deze premie komt namelijk voor rekening van de werkgever. Eventuele uitkeringen worden via de loonbelasting in de heffing betrokken.

<small>Pensioentekort</small>

In de volgende subparagrafen wordt dieper ingegaan op lijfrenten die dienen ter compensatie van een pensioentekort. In het verleden kon hiervan alleen gebruik worden gemaakt als de premies werden gestort bij een professionele verzekeraar. Omdat er nogal wat onrust bestond omtrent de kosten die in de polissen verdisconteerd werden, bestaat nu ook de mogelijkheid om geld te storten op een speciale bankrekening of op een geblokkeerde beleggingsrekening (lijfrentesparen of banksparen). Als in de komende subparagrafen wordt gesproken over een premie, wordt daarmee ook een inleg op zo'n speciale bankrekening of zo'n geblokkeerde beleggingsrekening bedoeld.

Als aan alle voorwaarden wordt voldaan, mag het ingelegde bedrag in mindering worden gebracht op het box 1-inkomen. Als het ingelegde bedrag (inclusief het behaalde rendement) op een later moment wordt uitgekeerd/opgenomen, moet hierover op dat moment inkomstenbelasting worden betaald. Hierbij kan sprake zijn van een (aanzienlijk) tariefsvoordeel als de belastingplichtige op het moment dat de inleg wordt afgetrokken onder een hoger tarief valt dan op het moment waarop het bedrag wordt uitgekeerd/opgenomen.
Als niet aan de gestelde voorwaarden wordt voldaan, mag de inleg niet in aftrek worden gebracht. Er is dan sprake van een vermogensbestanddeel dat in de rendementsgrondslag van box 3 valt. Jaarlijks moet dan belasting worden betaald over de waarde van dit vermogensbestanddeel. De uitkeringen/opnames leiden dan niet meer tot een belastingheffing.

5.8.2 Lijfrentevoorzieningen

<small>Lijfrente</small>

In art. 1.7 lid 1 letter a Wet IB wordt een lijfrente als volgt gedefinieerd: 'Een aanspraak op vaste en gelijkmatige periodieke uitkeringen die eindigen uiterlijk bij overlijden, welke aanspraak niet kan worden afgekocht (paragraaf 5.9), vervreemd, prijsgegeven of formeel of feitelijk tot voorwerp van zekerheid kan dienen.' Er moet een kans op nadeel bestaan in de periode dat de termijnen worden ontvangen. Dit houdt in dat er ten aanzien van het verzekerde lichaam een sterftekans van minimaal 1% moet zijn. In art. 1.7 lid 1 letter b Wet IB is een soortgelijke definitie gegeven voor de lijfrentespaarrekening en het lijfrentebeleggingsrecht. Omdat er geen sprake is van een verzekering, is er geen sprake van een sterftekans. Daarom is in art. 3.126a Wet IB opgenomen over welke periode de opnamen moeten worden verspreid.

Bij de definitie van lijfrentevoorzieningen is het noodzakelijk om een onderscheid te maken tussen lijfrenteverzekeringen enerzijds en lijfrentespaarrekeningen en lijfrentebeleggingsrechten anderzijds.

Verzekeren

Met betrekking tot de lijfrenteverzekering die dient ter compensatie van een pensioentekort, worden in art. 3.125 Wet IB een drietal lijfrenteverzekeringen benoemd:
a. de oudedagslijfrente;
b. de nabestaandenlijfrente;
c. de tijdelijke oudedagslijfrente.

Valt de verzekering niet binnen een van bovengenoemde vormen, dan is de premie niet aftrekbaar. De polis valt dan in box 3 (zie hoofdstuk 7). De drie bovengenoemde lijfrenten hebben elk hun eigen kenmerken. Zij kunnen als volgt worden beschreven:

Ad a. Oudedagslijfrente

Oudedagslijfrente

Bij de oudedagslijfrente gaat het om een lijfrente waarvan de termijnen toekomen aan de belastingplichtige zelf (art. 3.125 lid 1 letter a Wet IB). De lijfrente mag na het overlijden van de partner worden teruggebracht, maar niet verder dan tot 70% (art. 3.125 lid 2 Wet IB). De oudedagslijfrente moet uiterlijk ingaan in het jaar waarin de belastingplichtige de leeftijd bereikt die vijf jaar hoger is dan de AOW-gerechtigde leeftijd. De eis dat de termijnen toekomen aan de belastingplichtige zelf, betekent dat deze zowel verzekeringsnemer als verzekerde als begunstigde is. De periodieke uitkering is levenslang en stopt dus uitsluitend op het moment dat de verzekerde overlijdt.

Ad b. Nabestaandenlijfrente

Nabestaandenlijfrente

Net als bij een pensioenregeling (partnerpensioen) zal ook voor degene die in zijn oude dag wil voorzien, de wens (kunnen) bestaan om voor de partner te zorgen. De wet biedt deze mogelijkheid door middel van de nabestaandenlijfrente (art. 3.125 lid 1 letter b Wet IB). Er moet sprake zijn van een contract waarbij de termijnen toekomen aan een natuurlijk persoon en ingaan bij het overlijden van de belastingplichtige of van zijn (gewezen) partner. Dat betekent dat er in de opbouwfase beperkingen zijn opgelegd als het gaat om wie als verzekerde op de polis kan worden opgenomen. Dit kan uitsluitend de verzekeringsnemer zijn of zijn (gewezen) partner.

Er is geen beperking opgenomen ten aanzien van degene die op de nabestaandenlijfrentepolis als begunstigde wordt vermeld. De periodieke uitkeringen uit de nabestaandenlijfrente mogen naar keuze levenslang zijn of tijdelijk. Hierop wordt één uitzondering gemaakt. In de wet is namelijk bepaald dat als de termijnen toekomen aan bloed- of aanverwanten, niet zijnde de (gewezen) partner, in de rechte lijn of in de tweede of derde graad van de zijlijn, de termijnen eindigen bij het overlijden van de gerechtigde óf uiterlijk bij het bereiken van de 30-jarige leeftijd. In dit laatste geval is in de wet opgenomen dat de lijfrente niet aan het 1%-overlijdenskanscriterium hoeft te voldoen (art. 3.125 lid 3 Wet IB).

> **Voorbeeld**
>
> Lieke is 27 jaar als haar vader overlijdt. Op grond van een door haar vader afgesloten lijfrenteverzekering, heeft Lieke recht op een nabestaandenlijfrente. Lieke kan nu kiezen, want zij kan het beschikbare kapitaal:
> - in 3 jaar laten uitkeren (sterftekans speelt nu geen rol), of
> - gebruiken om er een levenslange uitkering voor te bedingen.

Nabestaandenlijfrenten moeten in beginsel direct ingaan ná het overlijden van de verzekerde. Sinds de invoering van de Algemene nabestaandenwet (Anw) is het echter toegestaan om het ingangstijdstip van (een gedeelte van) de nabestaandenlijfrente uit te stellen tot op het moment waarop de Anw-uitkering vervalt.

Er is geen beperking opgenomen over de hoogte van de termijnen in de uitkeringsfase. Deze is in principe onbeperkt.

Ad c. Tijdelijke oudedagslijfrente

Tijdelijke oudedagslijfrente

De tijdelijke oudedagslijfrente (art. 3.125 lid 1 letter c Wet IB) is bedoeld als aanvulling op het pensioen, waarbij het een aanvulling betreft in de eerste jaren na pensionering, waarin iemand vaak nog een hoger bestedingspatroon heeft dan in de latere jaren.

Hier moet sprake zijn van een lijfrenteverzekering waarbij de termijnen te zijner tijd toekomen aan de belastingplichtige. De lijfrente mag na het overlijden van de partner worden teruggebracht, maar niet verder dan tot 70% (art. 3.125 lid 2 Wet IB). Aan de tijdelijke oudedagslijfrente zijn meerdere voorwaarden gesteld. Zo moet:
- de looptijd minimaal 5 jaar bedragen;
- de lijfrente niet eerder ingaan dan in het jaar waarin de belastingplichtige de AOW-gerechtigde leeftijd bereikt en uiterlijk in het jaar waarin de leeftijd wordt bereikt die 5 jaar hoger is dan de AOW-gerechtigde leeftijd;
- de hoogte van de termijnen worden beperkt tot maximaal € 22.443 per jaar.

Opmerking: een lijfrenteverzekering mag niet worden afgekocht. Op deze regel wordt een uitzondering gemaakt als de waarde van de verzekering op het moment dat de uitkeringen zouden ingaan, niet meer bedraagt dan € 4.547 (art. 3.133 lid 2 letter d Wet IB). De uitkering wordt dan belast als ware het een normale uitkering.

Lijfrentesparen of lijfrentebeleggen

Lijfrentesparen of lijfrentebeleggen

De toegestane uitkering uit hoofde van een lijfrentespaarrekening of een lijfrentebeleggingsrecht kent een andere opbouw dan die bij lijfrenteverzekeringen. Het uitgangspunt hierbij is het antwoord op de vraag of degene die de bedragen heeft gespaard, wel of niet in leven is op het moment waarop de opname van de opgebouwde bedragen begint (art. 3.126a lid 4 Wet IB).

Bij in leven zijn van de belastingplichtige
Als de belastingplichtige nog in leven is op het moment dat de uitkeringen starten, moeten de termijnen uiterlijk ingaan in het kalenderjaar waarin hij de leeftijd bereikt die vijf jaar hoger is dan de AOW-gerechtigde leeftijd.

Verder geldt dat als de eerste termijn wordt uitgekeerd vóór het kalenderjaar waarin de belastingplichtige de AOW-gerechtigde leeftijd bereikt bereikt, de periode tussen de eerste en de laatste termijn ten minste 20 jaar moet bedragen, vermeerderd met het aantal jaren dat de verzekeringsnemer jonger is dan de AOW-gerechtigde leeftijd ten tijde van het uitkeren van de eerste termijn.

> **Voorbeeld**
>
> Daphne is geboren op 2 april 1960 en 60 jaar als zij geld wil gaan opnemen van haar lijfrentespaarrekening. Voor haar geldt een AOW-gerechtigde leeftijd van 67 jaar en 3 maanden. Zij zal de opnames van het geld moeten spreiden over een periode van minimaal 27 jaar en 3 maanden (20 jaar + het aantal jaren dat zij jonger is dan de voor haar geldende AOW-gerechtigde leeftijd).

Als de eerste termijn wordt uitgekeerd ná het kalenderjaar waarin de belastingplichtige de leeftijd heeft bereikt die 1 jaar lager is dan de AOW-gerechtigde leeftijd geldt dat:
- de periode tussen de eerste en de laatste termijn ten minste 5 jaar moet bedragen als het gezamenlijke bedrag aan termijnen in een kalenderjaar niet hoger is dan € 22.443;
- de periode tussen de eerste en de laatste termijn ten minste 20 jaar moet bedragen als het gezamenlijke bedrag aan termijnen in een kalenderjaar wél hoger is dan € 22.443.

> **Voorbeeld**
>
> Jim, de man van Daphne, heeft onlangs de AOW-gerechtigde leeftijd bereikt, en wil ook geld gaan opnemen van zijn lijfrentespaarrekening. Jim kan de opnames nu spreiden over een periode van minimaal 20 jaar, maar als de opnames niet meer dan € 22.443 per jaar bedragen, mag hij het geld ook in minimaal 5 jaar opnemen.

Als de eerste termijn wordt uitgekeerd binnen 6 maanden na het overlijden van de partner of de gewezen partner van de verzekeringsnemer, geldt in afwijking van het bovenstaande dat de periode tussen de eerste en de laatste termijn ten minste 5 jaar moet bedragen.

> **Voorbeeld**
>
> Stel dat Jim overlijdt vóórdat Daphne geld gaat opnemen van haar lijfrentespaarrekening. In dat geval mag Daphne haar spaarsaldo in minimaal 5 jaar opnemen, mits de eerste termijn binnen 6 maanden na het overlijden van Jim wordt uitgekeerd.

Bij overlijden van de belastingplichtige

Als de termijnen ingaan na het overlijden van de verzekeringsnemer, moeten de termijnen net als bij een nabestaandenlijfrente toekomen aan een natuurlijk persoon. De periode waarover de opnames moeten worden verspreid, is afhankelijk van de persoon aan wie deze ten goede komen. Als deze ten goede komen aan:
- een bloed- of aanverwant, niet zijnde de (gewezen) partner, in de rechte lijn of in de tweede of derde graad van de zijlijn, die ouder is dan 30 jaar, moet de periode tussen de eerste en de laatste termijn ten minste 20 jaar bedragen;
- een bloed- of aanverwant, niet zijnde de (gewezen) partner, in de rechte lijn of in de tweede of derde graad van de zijlijn, die jonger is dan 30 jaar, bedraagt de periode tussen de eerste en de laatste termijn hetzij:
    - ten minste 5 jaar, maar nooit meer dan het aantal jaren dat deze bloed- of aanverwant ten tijde van het uitkeren van de eerste termijn jonger is dan 30 jaar;
    - ten minste 20 jaar;
- een ander persoon dan hierboven bedoeld, bedraagt de periode tussen de eerste en de laatste termijn ten minste 5 jaar.

Voorbeeld

Jim overlijdt vóórdat hij geld is gaan opnemen van zijn lijfrentespaarrekening. Nu mag zijn echtgenote Daphne zijn kapitaal in minimaal 5 jaar opnemen. Zou het geld echter toekomen aan één van de kinderen van Jim, dan zou deze het geld in minimaal 20 jaar kunnen opnemen. Deze periode kan korter zijn als het kind op het moment van het overlijden van Jim nog geen 30 jaar is.

Hierbij moet nog worden opgemerkt dat:
- als het saldo van een lijfrentespaarrekening of -beleggingsrekening waarvan nog geen geld is opgenomen niet meer bedraagt dan € 4.547, het gehele saldo in één keer mag worden opgenomen (art. 3.126a lid 5 Wet IB);
- als de eerste termijn is opgenomen en de gerechtigde tot de termijnen komt te overlijden, het recht op de overige termijnen overgaat op de erfgenamen van de overleden persoon.

Voorbeeld

Daphne is op 60-jarige leeftijd begonnen met het opnemen van geld van haar lijfrentespaarrekening. Hierbij heeft zij afgesproken dat zij het geld gedurende een periode van 30 jaar zal opnemen. Als Daphne vervolgens op 65-jarige leeftijd komt te overlijden, komen de verdere opnames ten gunste van haar erfgenamen. Het resterende kapitaal wordt in de nog resterende 25 jaar aan hen uitgekeerd. Zij zijn dus gebonden aan de opnameperiode die door Daphne is afgesproken.

5.8.3 Toegelaten aanbieders

Toegelaten verzekeraars

De premies voor lijfrenteverzekeringen (zowel die als compensatie dienen voor een pensioentekort als die voor een meerderjarig invalide kind) zijn slechts in aftrek te brengen als zij zijn ondergebracht bij één van de in art. 3.126 Wet IB genoemde toegelaten verzekeraars. Als de lijfrenteverzekering wordt gesloten bij een professionele verzekeraar, is aan deze eis voldaan. Er bestaat echter ook de mogelijkheid om bij de overdracht van een IB-onderneming een lijfrente af te sluiten bij de overnemende vennootschap of de overnemende ondernemer (niet zijnde de echtgenote). In dat geval is er wel een maximum gesteld aan de premie die in aftrek kan worden gebracht (stakingswinst c.q. opgebouwde (fiscale) oudedagsreserve (zie hoofdstuk 4).

Met de invoering van lijfrentespaarrekeningen en -beleggingsrekeningen worden ook banken, etc. aangemerkt als toegelaten aanbieders. Voor hen gelden wel specifieke voorwaarden (art. 3.126a lid 1 en lid 2 Wet IB). Er kan geen spaar- of beleggingsrekening worden geopend bij degene die het bedrijf overneemt. Bij de overnemende ondernemer kan namelijk uitsluitend een lijfrenteverzekering worden afgesloten.

5.8.4 Premies

Meerderjarig invalide kind

Voor de lijfrentepremie ten behoeve van een meerderjarig invalide kind (art. 3.124 lid 1 letter b Wet IB) geldt geen wettelijk maximum. De uitkeringen moeten echter bedoeld zijn om in het levensonderhoud van het betreffende kind te voorzien. Hierdoor is er wel sprake van een zeker (natuurlijk) maximum. Als de premie te extreem is, wordt de uitkering te hoog om nog te kunnen zeggen dat zij geheel dient om de kosten van levensonderhoud te dekken. Ook voor premies voor bijvoorbeeld een arbeidsongeschiktheidsverzekering (art. 3.124 lid 1 letter c Wet IB) geldt geen maximum.

De omvang van de in aanmerking te nemen premies c.q. stortingen voor lijfrenten die dienen ter compensatie van een pensioentekort (art. 3.124 lid 1 letter a Wet IB), staat in art. 3.127 tot en met 3.129 Wet IB en is als volgt opgebouwd:

De jaarruimte	....
De inhaal- of reserveringsruimte	....
De OR-lijfrente (zie hoofdstuk 4, onderdeel D)	....
De stakingswinstlijfrente (zie hoofdstuk 4, onderdeel D)	.... +
Totale premies lijfrenten	....

Tabel 5.10 Opbouw premies c.q. stortingen lijfrenten ter compensatie van pensioentekort

In het vervolg van deze subparagraaf wordt nader ingegaan op de jaarruimte en de inhaal- of reserveringsruimte. De OR-lijfrente en de stakingslijfrente hangen samen met de belastbare winst uit onderneming en komen aan de orde in onderdeel D van hoofdstuk 4.

Ad a. Jaarruimte

Jaarruimte
De jaarruimte (art. 3.127 lid 1 Wet IB) geeft aan in hoeverre de belastingplichtige bedragen kan aftrekken omdat in het betreffende jaar sprake is van een tekort in zijn pensioenopbouw. Voorwaarde om gebruik te kunnen maken van de jaarruimte is dat de betreffende persoon bij aanvang van het kalenderjaar nog geen recht heeft op een AOW-uitkering.

De maximale aftrek op grond van de jaarruimte wordt berekend aan de hand van de volgende formule:

$$(13{,}3\% \times PG) -/- F -/- 6{,}27 \times A$$

Premiegrondslag
De *factor PG* staat voor de premiegrondslag en is gebaseerd op de gegevens uit de aangifte inkomstenbelasting van het voorafgaande kalenderjaar. De premiegrondslag 2021 bestaat uit (art. 3.127 lid 3 Wet IB):

Winst uit onderneming 2020 (voor mutaties van de OR en ondernemersaftrek)	....
Belastbaar loon 2020 (salaris)	....
Belastbaar resultaat uit overige werkzaamheden 2020 (auteursvergoeding etc.)	....
Belastbare periodieke uitkeringen en verstrekkingen 2020 (alimentatie, lijfrenten etc.)	....
Totaal (let op: maximaal € 112.189)	....
Af: in te bouwen franchise 2021	€ 12.672
Premiegrondslag 2021 (met maximum van € 99.517)	....

Tabel 5.11 Opbouw jaarruimte bij lijfrente

FOR
De *factor F* heeft betrekking op de mutatie in het voorgaande jaar in de zogenoemde oudedagsreserve (OR) (art. 3.127 lid 4 letter b Wet IB). Dit is een reserve die een ondernemer ten laste van zijn belastbare winst kan vormen in het kader van de opbouw van een oudedagsvoorziening. Dit bedrag wordt in mindering gebracht op de jaarruimte, omdat wordt verondersteld dat de belastingplichtige op deze wijze (deels) heeft voorzien in zijn oude dag. De F kan niet negatief zijn. Is de uitkomst negatief, dan wordt de F op nihil gesteld.

Pensioenaangroei
De *factor A* heeft betrekking op de pensioenaangroei in het jaar voorafgaand aan het jaar waarover de belastingplichtige een aftrek claimt (art. 3.127 lid 4 letter a Wet IB).

> **Voorbeeld**
>
> Dick heeft in 2020 een salaris van € 50.000 en in 2021 is dat € 55.000. Dick is ook actief als freelancejournalist en geeft in 2020 in verband hiermee een inkomen aan van € 7.500. In 2021 is dat € 5.000.
> In 2020 had Dick een pensioenaangroei van € 525 en in 2021 is dat € 535.
> De jaarruimte van Dick bedraagt in 2021: (13,3% × [€ 50.000 + € 7.500 –/– € 12.672] –/– 6,27 × € 525) = € 2.670.

Ad b. Inhaal- of reserveringsruimte

Inhaalruimte Als een belastingplichtige de jaarruimte in een bepaald jaar niet (geheel) heeft benut, kan hij die jaarruimte in de 7 daaropvolgende jaren alsnog claimen. De aftrek is wel beperkt en kan in een bepaald jaar niet meer bedragen dan de laagste van de volgende bedragen (art. 3.127 lid 2 Wet IB):
- de som van de onbenutte jaarruimten van de 7 voorafgaande jaren;
- 17% van de premiegrondslag van het betreffende jaar (in 2021 dus de premiegrondslag 2021, die is gebaseerd op het inkomen van 2020 (zie hierboven));
- € 7.489 óf – voor personen die aan het begin van het kalenderjaar een leeftijd hebben bereikt die ten hoogste 10 jaar lager is dan de AOW-leeftijd – € 14.785.

Als de belastingplichtige gebruikmaakt van de inhaal- of reserveringsruimte, wordt de geclaimde aftrek eerst zo veel mogelijk in mindering gebracht op de oudste van de 7 jaarruimten die onbenut zijn gebleven.

> **Voorbeeld**
>
> Dick uit het vorige voorbeeld is 45 jaar en heeft over de afgelopen 7 jaar in totaal € 17.000 aan onbenutte jaarruimte. In het jaar waarin hij de aftrek wil inhalen, bedraagt zijn premiegrondslag € 44.828. De inhaal- of reserveringsruimte die Dick kan claimen, is gelijk aan de laagste van de volgende bedragen:
> - € 17.000 (som van de onbenutte jaarruimten van de 7 voorafgaande jaren);
> - 17% van € 44.828 = € 7.620;
> - € 7.489.
>
> Dick kan dus een aftrek claimen van € 7.489. Stel dat het onbenutte bedrag als volgt was verdeeld over de diverse jaren:
>
> | Jaar –7: | € 1.750 | Jaar –4: | € 3.500 |
> |---|---|---|---|
> | Jaar –6: | € 2.000 | Jaar –3: | € 3.000 |
> | Jaar –5: | € 3.000 | Jaar –2: | € 3.750 |
>
> Na de inhaalaftrek is er nog € 9.511 over. De gebruikte reserveringsruimte van € 7.489 wordt achtereenvolgens in mindering gebracht op jaar –7 (€ 1.750), jaar –6 (€ 2.000), jaar –5 (€ 3.000) en jaar –4 (€ 739).

Omdat de onbenut gebleven jaarruimte maar beperkt kan worden benut, is het uit praktisch oogpunt beter om eerst zo veel mogelijk de inhaal- of reserveringsruimte te benutten en pas daarna de jaarruimte. Deze kan namelijk de komende 7 jaar nog worden benut.

> **Voorbeeld**
>
> Dick heeft een jaarruimte van € 2.670 en een inhaal-of reserveringsruimte van € 7.489. Hij wil echter maar € 8.000 uitgeven voor een lijfrente. Hij kan het beste een inhaal-of reserveringsruimte claimen van € 7.489 en een jaarruimte van € 511. Het resterende gedeelte van de jaarruimte (€ 2.159) kan hij doorschuiven naar latere jaren. De onbenutte jaarruimte die in het volgende jaar kan worden gebruikt, bedraagt dan € 11.670 (€ 9.511 resterend na verrekening van de gebruikte inhaal-of reserveringsruimte + € 2.159).

5.8.5 Tijdstip van aftrek

Tijdstip In art. 3.147 Wet IB staat wanneer de uitgaven voor inkomensvoorzieningen in aftrek mogen komen. Art. 3.130 Wet IB bevat echter een specifieke regel voor lijfrentepremies. De premies voor lijfrenten komen in aanmerking voor aftrek op het tijdstip waarop zij zijn betaald of verrekend (art. 3.130 Wet IB). De belastingplichtige mag echter door de verrekening geen schuld hebben gekregen bij de verzekeraar.

Als een belastingplichtige in de eerste 6 maanden van een kalenderjaar lijfrentepremies stort in verband met de behaalde stakingswinst of het omzetten van een oudedagsreserve in een lijfrente (zie hoofdstuk 4), mag de aftrek worden teruggewenteld naar het voorafgaande jaar.

> **Voorbeeld**
>
> Simone zet op 1 mei 2022 een deel van haar oudedagsreserve om in een lijfrente. Zij mag kiezen of zij deze omzetting verwerkt in haar aangifte over 2021 of in haar aangifte over 2022.
> Als de omzetting pas plaatsvindt op 1 augustus 2022, moet de omzetting worden verwerkt in de aangifte over 2022.

5.9 De negatieve uitgaven voor inkomensvoorzieningen

Negatieve uitgaven De categorie 'negatieve uitgaven voor inkomensvoorzieningen' is in de Wet IB opgenomen om te voorkomen dat er misbruik kan worden gemaakt van de aftrek voor uitgaven voor inkomensvoorzieningen. Als een uitgave voor een inkomensvoorziening wordt teruggedraaid, wordt dit bedrag op grond van art. 3.132 Wet IB weer in de heffing betrokken. Daarnaast kan dit leiden tot 20% revisierente (zie hoofdstuk 13 en art. 30i AWR).

Ook als er feitelijk geen sprake is van het ongedaan maken van een uitgave voor een inkomensvoorziening, kan in bepaalde gevallen toch een bijtelling op het inkomen plaatsvinden. Dit kan het geval zijn als in strijd wordt gehandeld met de voorwaarden op grond waarvan de aftrek is geclaimd. Deze handelingen zijn opgesomd in art. 3.133 tot en met 3.136 Wet IB. Het gaat hier onder andere om het verpanden van lijfrentepolissen, het overbrengen van de verzekering naar een niet-erkende verzekeraar, emigratie, bepaalde aanpassingen in pensioenregelingen, etc. Of de belastingplichtige daadwerkelijk een bedrag heeft ontvangen, is niet van belang.

> **Voorbeeld**
>
> Joep heeft een premie voor een lijfrente in aftrek gebracht op zijn inkomen. Hij verpandt de polis in het kader van een financiering. Op grond van art. 1.7 Wet IB is dat niet toegestaan. In verband hiermee moet de aftrek op grond van art. 3.133 Wet IB ongedaan worden gemaakt.

Onder bepaalde voorwaarden mag een lijfrentekapitaal dat is opgebouwd in het kader van een pensioentekort (art. 3.125/3.126a Wet IB) worden gebruikt voor het realiseren van een aanvullend inkomen bij langdurige arbeidsongeschiktheid (art. 3.133 lid 9 Wet IB). De betreffende persoon mag op dat moment nog niet de AOW-gerechtigde leeftijd hebben bereikt. Ook mag de som van de uitkeringen op basis van deze faciliteit niet hoger zijn dan € 42.460 of, als dat hoger is, het gemiddelde van de premiegrondslag verhoogd met de franchise (zie art. 3.127 lid 3 Wet IB) van het betreffende jaar en het voorafgaande jaar.

> **Voorbeeld**
>
> Sophie is 45 jaar en langdurig arbeidsongeschikt in 2021. Haar premiegrondslag bedroeg in 2020 € 47.528 (inclusief een franchise van € 12.472), in 2021 was dat € 37.328 (inclusief een franchise van € 12.672). Sophie mag in 2021 dus in ieder geval € 42.460 gebruiken, maar gelet op de inkomensgegevens over 2020 en 2021 zou het ook € 55.000 mogen zijn: [(€ 47.528 + € 12.472) + (€ 37.328 + € 12.672)] : 2.

In art. 3.134 Wet IB zijn een aantal handelingen opgesomd die niet leiden tot een negatieve uitgave. Op grond van 3.134 lid 2 Wet IB mag een lijfrentevoorziening worden overgedragen:
- in het kader van een verdeling van een gemeenschap bij echtscheiding of scheiding van tafel en bed;
- in het kader van het voldoen of afkopen van alimentatie;
- ter voldoening aan een verplichting tot verevening van pensioenrechten.

> **Voorbeeld**
>
> Henk heeft in de afgelopen jaren een lijfrentevoorziening opgebouwd. De ingelegde bedragen heeft hij de afgelopen jaren volledig in aftrek gebracht bij het bepalen van zijn belastbaar inkomen uit werk en woning. Henk was in algehele gemeenschap van goederen gehuwd en wenst in het kader van de verdeling van de huwelijksgemeenschap de helft van de door hem opgebouwde voorziening aan zijn vrouw over te dragen. Normaal is het vervreemden van een lijfrentevoorziening niet mogelijk zonder het constateren van negatieve uitgaven inkomensvoorziening, maar in dit kader is dat wel mogelijk.

Vaak wordt bij een lijfrente eerst een kapitaal opgebouwd en wordt daarna pas bepaald wat voor soort lijfrente er wordt gekozen. Zeker als in de uitkeringsfase sprake is van een verzekering, duurt het vaak enige tijd voordat de te ontvangen termijnen zijn vastgesteld. Als de voorgeschreven ingangsdatum niet wordt gehaald, is dit formeel gezien een reden om te stellen dat er sprake is van een afkoop van de lijfrente, met alle gevolgen van dien. Op grond van art. 3.133 lid 3 Wet IB wordt pas een afkoop geconstateerd als de uitkering nog niet is bepaald op 31 december van het jaar dat volgt op het jaar van expiratie. Bij een overlijden wordt deze termijn met 1 jaar verlengd (31 december van het tweede jaar dat volgt op het jaar van expiratie). Er geldt een uitzondering voor de situatie waarin redelijkerwijs niet aan de wettelijke termijn kan worden voldaan.

Normaal gesproken wordt alleen de afgetrokken premie in aanmerking genomen. Als echter in strijd met de voorwaarden wordt gehandeld, wordt het bedrag van de negatieve uitgaven gesteld op de waarde in het economische verkeer (art. 3.137 Wet IB).

Voorbeeld

De premie die Henk (zie vorige voorbeeld) in aftrek heeft gebracht, bedraagt € 5.000. De polis heeft op dit moment een waarde van € 4.500 (dit in verband met kosten die de verzekeraar op de premie heeft ingehouden). De in aanmerking te nemen negatieve uitgave bedraagt nu € 4.500. Dit bedrag wordt bij Henk progressief belast en hij moet ook nog 20% revisierente voldoen.

5.10 Negatieve persoonsgebonden aftrek

Negatieve persoonsgebonden aftrek

Het kan gebeuren dat een belastingplichtige een uitgave heeft gedaan die valt onder de categorie 'persoonsgebonden aftrek' (zie hoofdstuk 8), maar deze in een later stadium retour ontvangt. Als dit binnen hetzelfde kalenderjaar gebeurt, is er geen enkel probleem. De aftrek is dan nihil, want er drukken geen kosten op de belastingplichtige. Maar als de teruggaaf in een ander jaar plaatsvindt, komen de zaken anders te liggen. Als de teruggave plaatsvindt vóórdat de aangifte is ingediend, moet de belastingplichtige hiermee rekening houden. Vindt de teruggave plaats nadat de aangifte al is ingediend, dan moet een andere oplossing worden gezocht, in de vorm van een negatieve aftrek. Op zich past het niet binnen de Wet IB om uit te gaan van negatieve kosten. Toch is dit noodzakelijk om te voorkomen dat belastingplichtigen misbruik gaan maken van de situatie door een betaald bedrag wél af te trekken, maar géén bijtelling toe te passen als het betaalde bedrag retour wordt ontvangen.

Box 1

In art. 3.139 Wet IB wordt de negatieve persoonsgebonden aftrek geïntroduceerd. De correctie van de persoonsgebonden aftrek verloopt altijd direct via box 1. Dit gebeurt ook als de persoonsgebonden aftrek in de oorspronkelijke aangifte is verrekend met het inkomen in box 2 of box 3; ook dan wordt het ongedaan maken van de uitgaven gecorrigeerd in box 1. Het bedrag dat in aanmerking moet worden genomen, is nooit hoger dan het bedrag waarvoor (ten onrechte) aftrek is geclaimd.

> **Voorbeeld**
>
> Simon is gescheiden. Zijn ex heeft een zeker bedrag aan alimentatie bedongen. Hoewel Simon het hier niet mee eens is, voldoet hij het bedrag wel. Hij brengt dit bedrag als persoonsgebonden aftrek in mindering op zijn box 1-inkomen. Na 2 jaar wordt Simon in het gelijk gesteld. Hij krijgt € 20.000 retour. Hij moet dit bedrag in box 1 aangeven als negatieve persoonsgebonden aftrek.

Limitatieve opsomming — De opsomming in art. 3.139 Wet IB is overigens limitatief. Slechts een vijftal situaties kan leiden tot een negatieve persoonsgebonden aftrek. Dit zijn:
- retour ontvangen alimentatiebetalingen aan een ex-partner (art. 6.3 Wet IB);
- een retour ontvangen bedrag of nagekomen vergoeding voor specifieke zorgkosten (art. 6.16 Wet IB);
- een retour ontvangen betaling van of nagekomen vergoeding voor scholingsuitgaven (art. 6.27 Wet IB);
- het bedrag (inclusief eventuele verhoging) dat door hem is ontvangen ten gevolge van de ontbinding of herroeping van een schenking die als aftrekbare gift in aanmerking is genomen.

De persoonsgebonden aftrek kan vrij worden toegerekend tussen personen die het gehele jaar fiscaal partner zijn of opteren voor een toerekening alsof zij het gehele jaar dezelfde partner hebben gehad. De negatieve persoonsgebonden aftrek mag echter niet vrij worden toegerekend. Deze moet altijd in aanmerking worden genomen bij degene die de aftrek heeft geclaimd (art. 2.17 lid 6 Wet IB). Dit is het geval zolang de betrokken personen fiscale partners zijn. Is dat niet het geval, dan moet de aftrek in aanmerking worden genomen bij degene die de negatieve aftrek 'ontvangt'.

> **Voorbeeld**
>
> Simon (zie vorige voorbeeld) woont samen met zijn nieuwe vriendin. Zij zijn het gehele jaar fiscale partners geweest. De aftrek in verband met de alimentatie is destijds verwerkt in de aangifte van de partner van Simon, omdat zij het hoogste inkomen had en dus het meeste voordeel had van de aftrek (aftrek tegen een hoger tarief). Na 2 jaar, als Simon de betaalde alimentatie terugkrijgt, heeft Simon nog altijd een (aanzienlijk) lager inkomen dan zijn vriendin. Het zou gelet op de tarieven gunstig zijn om de negatieve persoonsgebonden aftrek te verwerken in de aangifte van Simon. Dat is echter niet toegestaan. Want omdat de aftrek is verwerkt in de aangifte van zijn partner, moet zij ook de bijtelling in aanmerking nemen.

5.11 Te verrekenen verliezen uit werk en woning

Verliesverrekening — Het laatste element dat het belastbare inkomen in box 1 bepaalt, is een eventueel te verrekenen verlies uit andere jaren. Is het inkomen uit werk en woning negatief, dan hoeft er in het betreffende jaar geen belasting over box 1 te worden betaald. Het negatieve inkomen van box 1 kan echter niet worden verrekend met positieve inkomsten in box 2 en box 3. Maar het negatieve inkomen van het betreffende jaar kan wel worden verrekend met eventuele positieve inkomens in andere jaren (art. 3.148 e.v. Wet IB).

Een verlies in box 1 kan worden verrekend met het box 1-inkomen van de 3 voorgaande jaren en de 9 daaropvolgende jaren. De volgorde van verrekening is verplicht voorgeschreven. Het verlies moet eerst met het oudste jaar worden verrekend. Kan niet het gehele verlies worden verrekend, dan mag het restant worden verrekend met het één na oudste jaar. En als daarna nog niet alles is verrekend, mag het restant worden verrekend met het jaar voorafgaand aan het jaar waarin het verlies is geleden. De reeds betaalde belasting wordt terugbetaald. Is dan nog steeds niet het gehele verlies verrekend, dan mag dat in de daaropvolgende jaren alsnog gebeuren.

Schematisch ziet dit er als volgt uit:

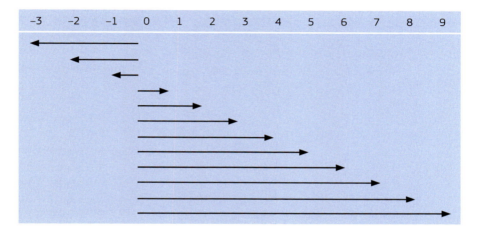

Voorbeeld

Rianne heeft in jaar 4 een behoorlijk bedrag aan boeterente betaald. Daarnaast heeft zij een behoorlijk bedrag aan inkomensvoorzieningen uitgegeven. Per saldo bedraagt haar inkomen in box 1 –/– € 8.000. Haar inkomen bedroeg in de 3 voorafgaande jaren respectievelijk € 5.000 (jaar 1), € 10.000 (jaar 2) en € 30.000 (jaar 3). Hoewel het voor Rianne – gelet op de progressieve tarieven in box 1 – wellicht interessanter is om het verlies van € 8.000 te verrekenen met haar inkomen in het voorafgaande jaar (jaar 3), is dat niet toegestaan. Eerst wordt het inkomen van jaar 1 (€ 5.000) teruggebracht naar nihil. Vervolgens wordt het inkomen van jaar 2 (€ 10.000) teruggebracht naar € 7.000.

HOOFDSTUK 6
Box 2: belastbaar inkomen uit aanmerkelijk belang

Een aandeelhouder met een behoorlijk belang in een bv of nv moet in fiscaal opzicht gelijk worden behandeld als een ondernemer die voor eigen rekening en risico een onderneming drijft. Daarvoor is box 2 bedoeld, dat een apart tarief kent. In deze box worden zowel dividenden (reguliere voordelen) als waardemutaties (vervreemdingsvoordelen) belast.

- aanmerkelijk belang
- reguliere voordelen
- vervreemingsvoordelen
- doorschuifregelingen
- overlijden
- VBI
- genietingsmoment
- verliesverrekening

6.1 Inleiding

De wetgever vergelijkt een aandeelhouder die een behoorlijk belang heeft in een bv of nv meer met een ondernemer dan met een belegger. Een dergelijke aandeelhouder wordt een aanmerkelijkbelanghouder (AB-houder) genoemd. Voor deze aandeelhouders is in hoofdstuk 4 van de Wet IB een aparte regeling opgenomen. Op grond van deze regeling valt het inkomen dat een AB-houder geniet uit zijn aanmerkelijk belang in een bv/nv, in box 2. Het tarief van box 2 bedraagt 26,9%. Dit lijkt een laag tarief. Maar doordat de bv/nv zelf ook belasting betaalt over de behaalde winst, namelijk in de vorm van vennootschapsbelasting, ligt de totale belastingdruk hoger. Voor het jaar 2021 geldt in de vennootschapsbelasting een tarief van 15% over de eerste € 245.000 en 25% over het meerdere (zie ook paragraaf 9.4). Bij een winst voor vennootschapsbelasting van € 100.000, bedraagt de gecombineerde heffing (vennootschapsbelasting + box 2 inkomstenbelasting) 37,87%. Bij een winst voor vennootschapsbelasting van € 500.000, is dit 41,59%.

Aanmerkelijkbelanghouder

Tarief box 2

Een ondernemer wiens winst wordt belast met inkomstenbelasting, betaalt in box 1 maximaal 49,50% belasting. Wel blijft in de inkomstenbelasting een deel van de winst uit onderneming onbelast, voornamelijk door de zelfstandigenaftrek (art. 3.76 Wet IB) en de mkb-vrijstelling (art. 3.79a Wet IB). Hierdoor is de effectieve belastingdruk lager dan 49,50%.

> **Voorbeeld**
>
> Frits, natuurlijk persoon zonder partner, is enig aandeelhouder van Frits bv. Frits bv heeft dit jaar een winst vóór vennootschapsbelasting gerealiseerd van € 100.000. Hierover is Frits bv € 15.000 aan vennootschapsbelasting verschuldigd (15% × 100.000). De winst na aftrek van de verschuldigde vennootschapsbelasting (€ 85.000) wordt aan Frits als dividend uitgekeerd. Hierover is Frits in box 2 een aanmerkelijkbelangheffing van 26,9% verschuldigd, zodat hij 26,9% × € 85.000 = € 22.865 aan inkomstenbelasting moet betalen. Over de winst van € 100.000 heeft Frits in totaal € 37.865 (€ 15.000 + € 22.865) aan belasting betaald. De totale belastingdruk komt hierdoor uit op € 37.865 : € 100.000 × 100% = 37,87%.

In box 2 worden zowel de dividenden (reguliere voordelen) als de waardemutaties (vervreemdingsvoordelen) in de belastingheffing betrokken. Schematisch ziet het belastbaar inkomen in box 2 er als volgt uit (art. 4.1 Wet IB):

Reguliere voordelen (paragraaf 6.3)	....
Af: aftrekbare kosten reguliere voordelen (paragraaf 6.4)	.... –/–
	....
Overdrachtsprijs (paragraaf 6.5.2)	....
Verkrijgingsprijs (paragraaf 6.5.3)	.... –/–
Vervreemdingsvoordeel	
	.... +
	....
Af: Persoonsgebonden aftrek (hoofdstuk 8)	.... –/–
Inkomen uit aanmerkelijk belang (art. 4.12 Wet IB)	....
Te verrekenen verliezen (paragraaf 6.11)	.... –/–
Belastbaar inkomen uit aanmerkelijk belang (art. 4.1 Wet IB)	....

Tabel 6.1 Opbouw belastbaar inkomen uit aanmerkelijk belang

Het inkomen uit aanmerkelijk belang vóór vermindering met de persoonsgebonden aftrek, wordt aangemerkt als een gemeenschappelijk inkomensbestanddeel dat vrijelijk tussen fiscale partners kan worden verdeeld (art. 2.17 lid 5 Wet IB).

Als het aandelenbezit van een natuurlijk persoon niet als een aanmerkelijk belang kan worden aangemerkt, wordt de waarde van de aandelen belast in box 3 (zie hoofdstuk 7). Als de aandelen tot het ondernemingsvermogen behoren (zie hoofdstuk 4), worden de inkomsten uit deze aandelen belast in box 1. Dit laatste is slechts zelden het geval.

Voordat wordt ingegaan op de reguliere voordelen, de vervreemdingsvoordelen en de te verrekenen verliezen, wordt in de volgende paragraaf eerst bekeken wanneer sprake is van een aanmerkelijk belang. Hierbij wordt vooral ingegaan op aandelen en opties. Er wordt geen aandacht besteed aan winstbewijzen en de participaties in open fondsen, coöperaties, etc. (art. 4.5 Wet IB).

6.2 Aanmerkelijk belang

6.2.1 Inleiding

Aanmerkelijk-belanghouder
Volgens art. 4.6 e.v. Wet IB is een aandeelhouder een aanmerkelijkbelanghouder als hij ten minste 5% van het geplaatste aandelenkapitaal bezit, of een optie heeft om 5% van de aandelen te kopen, of winstbewijzen bezit die recht geven op ten minste 5% van de jaarwinst van de vennootschap. Hierbij geldt dat een belastingplichtige die geen 5% van alle aandelen in een vennootschap bezit, toch een aanmerkelijk belang kan hebben. Dit kan doordat hij van een bepaalde soort aandelen 5% of meer bezit, of op grond van de meetrekregeling.
Verder wordt een belastingplichtige onder bepaalde omstandigheden geacht een fictief aanmerkelijk belang te hebben (zie paragraaf 6.2.5).

Deze paragraaf licht de diverse begrippen nader toe. Hierbij staat steeds het aandelenkapitaal centraal. Onder aandelenkapitaal wordt verstaan 'het bij de aandeelhouders geplaatste deel van het maatschappelijk kapitaal van een vennootschap' (art. 4.8 Wet IB). Hoeveel de aandeelhouders daadwerkelijk op de aandelen storten, is niet van belang voor de beantwoording van de vraag of er wel of geen sprake is van een aanmerkelijk belang.

6.2.2 'Gewoon' aanmerkelijk belang

Aanmerkelijk belang

Er is sprake van een aanmerkelijk belang als een belastingplichtige zelf één aandeel heeft en al dan niet samen met zijn fiscale partner (zie hoofdstuk 3) direct of indirect ten minste 5% van het aandelenkapitaal in een vennootschap met een in aandelen verdeeld kapitaal bezit (art. 4.6 Wet IB). Heeft een belastingplichtige, eveneens samen met zijn fiscale partner, een koopoptie op ten minste 5% van de aandelen, dan is hij ook aanmerkelijkbelanghouder. Hetzelfde geldt voor een belastingplichtige die een winstrecht heeft op minimaal 5% van de winst.

De diverse criteria moeten los van elkaar worden bekeken. Men mag dus niet het belang in aandelen en het belang in opties bij elkaar optellen om te beoordelen of er sprake is van een aanmerkelijk belang. In art. 4.4 Wet IB staat weliswaar dat een koopoptie gelijk wordt gesteld met het hebben van een aandeel. Deze regeling wordt echter expliciet uitgesloten voor de bepaling of er sprake is van een aanmerkelijk belang (art. 4.6 tot en met 4.8 Wet IB).

Voorbeeld

1 Carla van Buren (42 jaar) heeft 50% van de aandelen in Van Buren bv. Haar echtgenoot Frans, met wie zij op huwelijkse voorwaarden is getrouwd, heeft 2% van de aandelen in Van Buren bv. Carla en Frans bezitten beiden een aanmerkelijk belang. Frans heeft zelf weliswaar minder dan 5% van de aandelen, maar samen met zijn fiscale partner Carla heeft hij wél een belang van minimaal 5%.

2 Willem Peters bezit 4% van de aandelen in Terug bv. Met de overige aandeelhouders is afgesproken dat Willem desgewenst nog eens 3% van het aandelenkapitaal kan kopen. Willem heeft dus een koopoptie op 3% van het aandelenkapitaal. Omdat Willem minder dan 5% van het aandelenkapitaal bezit en ook geen koopoptie heeft op minimaal 5% van het aandelenkapitaal, heeft Willem geen aanmerkelijk belang. Hij mag de percentages van het aandelenbezit en de koopoptie namelijk niet bij elkaar optellen.

Indirect aandeelhouderschap

In de voorbeelden is sprake van een *direct* aanmerkelijk belang. Dat wil zeggen dat de belastingplichtige zelf eigenaar is van de aandelen van de vennootschap waarin hij een aanmerkelijk belang heeft. Er is sprake van *indirect* (ook wel 'middellijk') aandeelhouderschap als de aandeelhouder middels een andere vennootschap de zeggenschap heeft over de aandelen. Het is ook mogelijk dat een belastingplichtige zowel direct als indirect aandelen bezit in een vennootschap. De middellijk gehouden aandelen (dus met tussenkomst van een houdstermaatschappij) tellen alleen mee als de belastingplichtige ook een aanmerkelijk belang heeft in de houdstermaatschappij.

Voorbeeld

Frans Dam bezit direct 3% van de aandelen in Dam werk-bv en indirect 10% van 40% = 4%. Direct en indirect bezit hij 7% van de aandelen in Dam werk-bv en dus heeft hij een aanmerkelijk belang. Omdat Frans een aanmerkelijk belang heeft in Dam houdster-bv, tellen de middellijk gehouden aandelen mee. Frans heeft hierdoor een aanmerkelijk belang in de werk-bv.

Zou Frans in plaats van 10% slechts 2% van de aandelen in Dam houdster-bv hebben bezeten, dan zou hij geen aanmerkelijk belang hebben in de houdster-bv (belang is te gering) en de werk-bv (omdat hij geen aanmerkelijk belang heeft in de houdster-bv, tellen de middelijk gehouden aandelen niet mee).

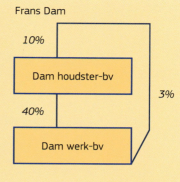

Vruchtgebruik
Blote eigendom

In bovenstaande situaties is ervan uitgegaan dat de aandeelhouder de volle eigendom heeft van de aandelen. Maar het kan ook zijn dat de ene belastingplichtige het vruchtgebruik van de aandelen bezit (het recht om de dividenden te ontvangen) en een andere belastingplichtige de blote eigendom. Als zij in dat geval beiden voldoen aan de normen voor het hebben van een aanmerkelijk belang, hebben zij allebei een aanmerkelijk belang (art. 4.3 en art. 4.6 Wet IB).

Aandelen certificeren

Een vennootschap kan aandelen certificeren. De aandelen van de vennootschap zijn dan in handen van een daartoe opgerichte rechtspersoon, meestal een stichting. Deze stichting geeft vervolgens certificaten van de aandelen uit. Het enige verschil tussen deze certificaten van de aandelen en de aandelen zelf, is dat de houder van een certificaat geen zeggenschap heeft. De zeggenschap is namelijk voorbehouden aan de houder van de aandelen. En aangezien de stichting zelf de aandelen houdt, berust de zeggenschap over de vennootschap bij de stichting.
Dividenden die de vennootschap uitkeert aan de stichting, worden door de stichting op haar beurt uitgekeerd aan de certificaathouders. Eigenlijk is een certificaathouder puur een 'geldgever', aangezien hij geen zeggenschap heeft in de vennootschap. Als een certificaathouder voldoet aan de normen voor het hebben van een aanmerkelijk belang, heeft hij een aanmerkelijk belang in de onderliggende vennootschap, ook al bezit hij zelf geen aandelen.

Voorbeeld

Simone bezit alle certificaten in SIM bv. De aandelen van deze bv zijn in handen van Stichting Sim. Een en ander ziet er dan als volgt uit:

Als SIM bv dividend uitkeert, gaat dit (via de stichting) naar Simone. Doordat Simone alle certificaten in SIM bv bezit, heeft zij een aanmerkelijk belang in deze bv. Zij moet het ontvangen dividend dus aangeven in box 2.
Op de algemene vergadering van aandeelhouders heeft Simone als privépersoon geen stemrecht. Doordat Stichting Sim alle aandelen van SIM bv bezit, heeft zij het stemrecht dat op die aandelen rust.

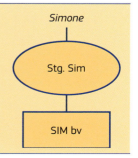

Soortaandelen — Door de uitgifte van soortaandelen kan het voorkomen dat een belastingplichtige in het gehele aandelenkapitaal geen aanmerkelijk belang heeft, maar in één van de soorten aandelen wel een bezit van 5% of meer van die soort ontstaat. Op grond van art. 4.7 Wet IB wordt het bezit van 5% of meer in één van de soorten van de aandelen eveneens aangemerkt als een aanmerkelijke belang.

Flex-bv — Een vennootschap kan verschillende soorten aandelen uitgeven, aandelen die verschillende winstrechten vertegenwoordigen of verschillende stemrechten geven. Er kunnen ook aandelen zonder winstrechten of aandelen zonder stemrechten worden uitgegeven. Er moet echter altijd één aandeel met stemrecht worden geplaatst.
Deze aandelen worden gekwalificeerd als verschillende aandelen, niet alleen als er sprake is van vermogensrechtelijke verschillen (dus verschillende winstrechten per soort aandeel) maar ook als tussen soorten aandelen een verschil bestaat met betrekking tot de besluitvorming omtrent winstuitkeringen of vermogen van de vennootschap.

> **Voorbeeld**
>
> ACD bv heeft een aandelenkapitaal van € 150,10. Het totale aandelenkapitaal bestaat uit drie verschillende soorten aandelen met verschillende rechten:
> - 1.000 aandelen A van € 0,10 per stuk. Aan deze aandelen zijn de normale winstrechten verbonden.
> - 1.000 aandelen B van € 0,05 per stuk. Aan deze aandelen zijn winstrechten verbonden indien de vennootschap een van te voren bepaalde winst heeft behaald.
> - 1 aandeel C van € 0,10. Dit is een aandeel waar geen dividendrechten aan verbonden zijn, alleen stemrecht.
>
> Patricia Kwart is directeur van ACD bv en zij bezit 2 aandelen A en 100 aandelen B.
> Patricia heeft dus 2 aandelen van € 0,10 nominaal (€ 0,20) en 100 aandelen B van € 0,05 dus € 5. Zij bezit 3,46% van de aandelen (5,20/150,10). Patricia heeft dus geen aanmerkelijk belang in het gehele kapitaal. Echter, Patricia bezit 10% van de aandelen B. Op grond van art. 4.7 Wet IB bezit Patricia dus wel een aanmerkelijk belang in de aandelen B.
> Let op: de overige aandelen van Patricia worden op grond van de meesleepregeling van art. 4.9 Wet IB ook tot het aanmerkelijk belang gerekend (zie paragraaf 6.2.3).

6.2.3 Meesleepregeling

Meesleepregeling — De zogeheten 'meesleepregeling' bepaalt dat als een aandeelhouder eenmaal een aanmerkelijk belang in een vennootschap heeft, zijn overige aandelen in of winstbewijzen van die vennootschap ook tot dat aanmerkelijk belang behoren. De achterliggende gedachte van deze regeling is dat elke vorm van vermogensverschaffing door de aanmerkelijkbelanghouder zo veel mogelijk gelijk wordt behandeld. De volgende vermogensbestanddelen, die concreet in de wet zijn omschreven, kunnen in het aanmerkelijk belang worden meegesleept:

- overige aandelen;
- overige winstbewijzen;
- koopopties op aandelen of winstbewijzen;
- genotsrechten (onder andere het vruchtgebruik) op aandelen en winstbewijzen.

Op deze wijze wordt versnippering van vermogen over aandelen, winstbewijzen en dergelijke, met als doel om belastingheffing te ontlopen, voorkomen.

> **Voorbeeld**
>
> Patricia uit het vorige voorbeeld heeft een aanmerkelijk belang in de aandelen B. Op grond van de meesleepregeling valt haar gehele aandelenbezit in ACD bv onder het aanmerkelijkbelangregime, dus ook de twee aandelen A die op zichzelf geen aanmerkelijk belang vormen.

> **Voorbeeld**
>
> Ad heeft 5% koopopties op de aandelen van een bv. Hij heeft al 2% aandelen van de aandelen in die bv. De opties vormen een aanmerkelijk belang en daardoor worden de aandelen meegetrokken.

6.2.4 Meetrekregeling

Meetrekregeling Een belastingplichtige die zelf geen aanmerkelijk belang heeft, kan tóch zo'n belang hebben als zijn fiscale partner een aanmerkelijk belang heeft. Ook kan de belastingplichtige een aanmerkelijk belang hebben als hij zelf niet aan de 5%-eis voldoet, maar zijn bloed- of aanverwanten in de rechte lijn – of hun fiscale partners – wél aan deze eis voldoen (art. 4.10 Wet IB). Dit wordt ook wel aangeduid als de meetrekregeling.

> **Voorbeeld**
>
> Claudia is op huwelijkse voorwaarden getrouwd met Erik. Erik is werkzaam bij Veenstra bv. Hij heeft 4% van het aandelenkapitaal. Claudia heeft geen aandelen in deze vennootschap. Erik heeft geen aanmerkelijk belang. Op een verjaardag vertelt de vader van Claudia heel trots dat hij directeur is geworden bij Veenstra bv en dat hij direct 7% van het aandelenkapitaal heeft verkregen. De vader van Claudia is nu aanmerkelijkbelanghouder. Omdat de vader een bloedverwant in de rechte lijn van Claudia is en een aanverwant van Erik, én de vader van Claudia nu zelf een aanmerkelijk belang heeft, behoren de aandelen van Erik nu ook tot een aanmerkelijk belang.

Voor de toepassing van de meetrekregeling eindigt aanverwantschap wel door echtscheiding, maar niet door overlijden (art. 4.2 Wet IB).

> **Voorbeeld**
>
> Erik en Claudia (zie vorige voorbeeld) besluiten te gaan scheiden. De aandelen blijven bij Erik. Door de echtscheiding vervalt de aanverwantschap tussen Erik en de vader van Claudia, waardoor Erik geen aanmerkelijk belang meer heeft in Veenstra bv.
>
> Stel dat Erik en Claudia niet scheiden, maar dat Claudia komt te overlijden. De aanverwantschap tussen Erik en de vader van Claudia eindigt dan niet door Claudia's overlijden, zodat Erik een aanmerkelijk belang blijft houden in Veenstra bv.

In zowel art. 4.6 als 4.10 Wet IB komt het begrip 'partner' aan de orde. Het is mogelijk dat een partner niet op grond van art. 4.6 een aanmerkelijk belang heeft, maar wel op grond van art. 4.10.

> **Voorbeeld**
>
> Max en Bea zijn fiscale partners. Max bezit 11% van het aandelenkapitaal in Verlinden bv. Bea bezit een koopoptie op 3% van het aandelenkapitaal. Bea heeft geen aanmerkelijk belang op grond van art. 4.6 Wet IB. Opties en aandelen worden immers niet samengeteld voor de artikelen 4.6 tot en met 4.9 Wet IB (zie art. 4.4 Wet IB) (zie paragraaf 6.2.2).
> Bea heeft echter wel een aanmerkelijk belang op grond van art. 4.10 Wet IB (meetrekregeling).

6.2.5 Fictief aanmerkelijk belang

Fictief aanmerkelijk belang

Het kan gebeuren dat een belastingplichtige op grond van bovenstaande criteria geen aanmerkelijk belang bezit. Maar in bepaalde situaties worden de aandelen dan toch als een 'fictief aanmerkelijk belang' aangemerkt. Meestal is de belastingplichtige dan in het verleden aanmerkelijkbelanghouder geweest, maar is zijn aandelenbezit onder de 5% gedaald. Ook de belastingplichtige die middels de meetrekregeling een aanmerkelijk belang heeft, kan bij het eindigen van die meetrekregeling een fictief aanmerkelijk belang krijgen. In het voorbeeld hiervoor, waar Claudia en Erik getrouwd waren en besloten te scheiden, had Erik formeel geen aanmerkelijk belang meer op grond van de meetrekregeling. Wel kan hij dan een fictief aanmerkelijk belang hebben, door ervoor te kiezen om zijn aandelen in box 2 te laten zitten. Als een belastingplichtige kiest voor een fictief aanmerkelijk belang, blijven de artikelen in box 2 onverkort van toepassing (art. 4.11, 4.17, 4.40 en 4.41 Wet IB). In de paragrafen over fictieve vervreemdingen (paragraaf 6.6) en de doorschuifregelingen (paragraaf 6.7.3) wordt nader ingegaan op het fictief aanmerkelijk belang.

De belastingplichtige met een fictief aanmerkelijk belang kan op ieder moment aangeven dat hij box 2 wil verlaten. Hij moet dan afrekenen in box 2 als ware er sprake van een vervreemding. Vervolgens behoort het belang in de bv tot zijn box 3-vermogen (art. 4.16 lid 3 Wet IB).

6.2.6 Aanmerkelijk belang en het huwelijksvermogensrecht

Gemeenschap van goederen

In art. 4.6 Wet IB staat dat er sprake is van een aanmerkelijk belang als een belastingplichtige, samen met zijn partner:
- 5% of meer bezit in het aandelenkapitaal van een vennootschap, of
- op 5% of meer van het aandelenkapitaal een koopoptie heeft, of
- een winstrecht heeft van 5% of meer van de winst.

Als beide partners aandelen bezitten in dezelfde vennootschap, wordt dit bezit bij elkaar opgeteld voor de beoordeling of er sprake is van een aanmerkelijk belang.

Beperkte gemeenschap

Het huwelijksvermogensrecht heeft invloed op de vraag of er sprake is van een aanmerkelijk belang. Is men in algehele gemeenschap van aandelen gehuwd, dan is het aandelenpakket gemeenschappelijk bezit. Sinds 1 januari 2018 wordt een huwelijk gesloten in beperkte gemeenschap, tenzij partijen anders overeenkomen. Beperkte gemeenschap houdt in dat, indien één van de partijen ten tijde van het huwelijk al een aanmerkelijk belang in een vennootschap had, deze aandelen niet in de gemeenschap vallen. Dan kan het dus voorkomen dat één van de partijen aandelen heeft en dus een aanmerkelijk belang heeft, en de andere partij geen aandelen heeft en dus ook geen aanmerkelijk belang heeft. Worden de aandelen tijdens de huwelijkse periode verworven, dan kunnen deze in de gemeenschap vallen en hebben beide partijen een aanmerkelijk belang.

Toedeling inkomsten uit aanmerkelijk belang

Het inkomen uit aanmerkelijk belang behoort tot de gemeenschappelijke inkomensbestanddelen die vrijelijk verdeeld kunnen worden tussen partners (art. 2.17 lid 5 Wet IB). Zoals al eerder is gezegd, is het tarief over het dit inkomen 25% (art. 2.12 Wet IB).

6.3 Reguliere voordelen

Reguliere voordelen

De Wet IB onderscheidt twee soorten inkomsten uit aanmerkelijk belang, namelijk reguliere voordelen en vervreemdingsvoordelen. Reguliere voordelen zijn voordelen (inkomsten) die worden behaald uit aandelen of winstbewijzen die tot een aanmerkelijk belang behoren. Deze voordelen mogen worden verminderd met de aftrekbare kosten.

Het kenmerkende verschil tussen de reguliere voordelen en de vervreemdingsvoordelen is dat de aandelen na het behalen van de reguliere voordelen nog wél in bezit van de belastingplichtige zijn, terwijl de vervreemdingsvoordelen juist worden behaald omdat de belastingplichtige zijn aandelen 'vervreemdt' (verkoopt).

Erfbelasting

Onder bepaalde omstandigheden geldt een vrijstelling voor een regulier voordeel dat wordt genoten uit geërfde aandelen. In paragraaf 6.11 wordt nader ingegaan op deze materie.

Tot de reguliere voordelen behoren onder andere (art. 4.13 Wet IB):
a. dividend/uitkeringen op winstbewijzen;
b. bepaalde forfaitair vast te stellen voordelen;
c. teruggaaf van wat op aandelen of winstbewijzen is gestort;
d. bonusaandelen uitgereikt door een zogenoemde fiscale beleggingsinstelling (FBI).

Ad a. Dividend/uitkeringen op winstbewijzen

Dividend — Dividend is datgene wat een vennootschap aan haar aandeelhouder betaalt omdat deze aandeelhouder geld ter beschikking stelt aan de vennootschap. Dividend is dus een vergoeding voor het vermogen dat een aandeelhouder in de vennootschap heeft geïnvesteerd. Onder dividend wordt zowel het reguliere dividend als het verkapte dividend verstaan. Voor een verdere behandeling van dividend wordt verwezen naar hoofdstuk 9.

Ad b. Bepaalde forfaitair vast te stellen voordelen

Fictieve voordelen — Dit betreft fictieve voordelen uit aandelen of winstbewijzen in een vennootschap die op grond van art. 6a Wet Vpb (zie hoofdstuk 9) zijn vrijgesteld van de heffing van vennootschapsbelasting, alsmede fictieve voordelen in verband met aandelen in een buitenlands beleggingslichaam. In paragraaf 6.9 wordt een en ander verder uitgewerkt.

Ad c. Teruggaaf van wat op aandelen of winstbewijzen is gestort

Teruggaaf — Als een vennootschap overgaat tot het terugbetalen van het gestorte kapitaal, wordt deze teruggaaf aangemerkt als regulier voordeel. Maar als de terugbetaling van aandelenkapitaal plaatsvindt na goedkeuring van de aandeelhoudersvergadering en de statutaire vermindering van de nominale waarde van de desbetreffende aandelen, kan de terugbetaling onbelast blijven. Vereist is dan wel dat de verkrijgingsprijs (aankoopprijs) wordt verminderd met dit onbelast terugbetaalde kapitaal (art. 4.33 Wet IB). Het terugbetaalde kapitaal is wél belast als de belastingplichtige een hoger bedrag terugontvangt dan hij destijds voor de aandelen heeft betaald.

Verkrijgingsprijs verminderd

Voorbeeld

Fokko bv heeft in het verleden 1.000 aandelen uitgegeven met een nominale waarde van € 1.000 per stuk, tegen een koers van 100%. Het gestorte kapitaal van Fokko bv bedraagt dus nominaal € 1.000.000. De directie besluit om per aandeel € 300 terug te betalen. Dit doet zij met goedkeuring van de algemene vergadering van aandeelhouders. Statutair wordt de nominale waarde van de aandelen met € 300 per stuk verminderd.

De heer Vastenhoud bezit 100 aandelen Fokko bv. Hij heeft deze aandelen verkregen bij uitgifte. Hij heeft dus € 100.000 (100 × 1.000) voor zijn aandelenbezit betaald (zijn verkrijgingsprijs is € 100.000). Hij krijgt na de vergadering van aandeelhouders en de statutenwijziging € 30.000 uitbetaald. De ontvangst van dit bedrag is onbelast. Zijn verkrijgingsprijs wordt echter wel verminderd met € 30.000, zodat deze nu € 70.000 wordt.

Zou de heer Vastenhoud de aandelen destijds hebben verkregen voor € 20.000, dan zou zijn verkrijgingsprijs door de ontvangst van de betaling van € 30.000 op nihil worden gesteld. Een bedrag van € 10.000 zou dan als regulier voordeel worden aangemerkt.

Indien een aandeelhouder aandelen zonder nominale waarde bezit en er op die aandelen kapitaal wordt terugbetaald, is dit hele ontvangen bedrag dividend. Er wordt dan namelijk niet voldaan aan de voorwaarde dat het nominale aandelenkapitaal statutair is verminderd met een gelijk bedrag (art. 4.13 lid 1 letter b Wet IB).

Ad d. Bonusaandeel

– *Bonusaandelen die zijn uitgegeven door een 'gewone' vennootschap (niet zijnde een fiscale beleggingsinstelling (FBI: zie paragraaf 9.4.2)*

Bonusaandelen   Bonusaandelen die zijn uitgegeven door een 'gewone' vennootschap, worden *niet* aangemerkt als een regulier voordeel, ongeacht of deze bonusaandelen ten laste van de agioreserve of de winstreserve komen. Doordat men nu meer aandelen bezit heeft dit wel gevolgen voor de gemiddelde verkrijgingsprijs van het pakket aandelen (zie paragraaf 6.5.3).

– *Bonusaandelen die zijn uitgegeven door een fiscale beleggingsinstelling (FBI: zie paragraaf 9.4.2.)*

Bij een FBI gaat het om een (beursgenoteerde) vennootschap die op grond van art. 28 Wet Vpb geen vennootschapsbelasting is verschuldigd. Slechts in zeer uitzonderlijke gevallen heeft iemand een aanmerkelijk belang in zo'n vennootschap. Het om niet – dus zonder betaling door de verkrijger – uitreiken van aandelen (bonusaandelen) door een FBI, is als regulier voordeel belast voor zover er geen storting heeft plaatsgehad of zal plaatsvinden (art. 4.13 lid 1 letter e Wet IB). Maar als de bonusaandelen worden uitgegeven ten laste van de agioreserve, is de uitreiking onbelast. Een agioreserve ontstaat als een aandeelhouder meer dan de nominale waarde op de aandelen stort als deze worden uitgegeven.

Voorbeeld

Spam bv is een FBI en heeft een aandelenkapitaal van 1.000 aandelen van € 1.000 nominaal (totaal € 1.000.000). Op deze aandelen is door de aandeelhouders € 1.500.000 gestort. Er is dus een agioreserve van € 500.000. De tot nu toe opgebouwde winstreserve bedraagt € 2.500.000.
Spam bv reikt nieuwe aandelen uit. Iedere aandeelhouder ontvangt per 10 aandelen 1 nieuw aandeel. Met de algemene vergadering van aandeelhouders is afgesproken dat per aandeel € 750 uit de agioreserve komt. Het restant ad € 250 komt ten laste van de winstreserve.

De heer Van Amerongen bezit 100 aandelen in Spam bv. Dit is 10% en hij is dus aanmerkelijkbelanghouder. Door het besluit van Spam bv krijgt hij 10 bonusaandelen. Voor deze aandelen hoeft hij niets te betalen. De uitreiking van de bonusaandelen wordt als regulier voordeel belast in box 2, waarbij geldt dat de uitreiking ten laste van de agioreserve buiten de belastingheffing blijft. Daarom wordt belast: 10 × € 250 (1.000 nominaal –/– 750 storting uit het agio) = € 2.500.

6.4 Kosten ter verwerving van reguliere voordelen

Verwerving, inning en behoud

Onder de kosten ter verwerving van reguliere voordelen verstaat de wetgever de kosten die een belastingplichtige moet maken ter verwerving, inning en behoud van de reguliere voordelen. Hieronder vallen bijvoorbeeld de inningskosten, bankkosten en renten van geldleningen om de aandelen aan te schaffen. Al deze kosten mogen in aftrek worden gebracht op de behaalde reguliere voordelen (zie schema in paragraaf 6.1).

De aankoopprijs, de aankoopkosten en dergelijke zijn kosten die worden gemaakt voor de aankoop van de aandelen en behoren niet tot de kosten ter verwerving van reguliere voordelen. Deze kosten zijn dus niet aftrekbaar.

> **Voorbeeld**
>
> Mevrouw Pater koopt per 1 juli 20% van de aandelen van Claus bv. Zij betaalt in totaal € 250.000 voor 200 aandelen met een nominale waarde van € 1.000 per stuk. Om deze aankoop te financieren, leent zij bij de Rabobank € 250.000 tegen 6% rente. Mevrouw Pater ontvangt in november een dividend van € 20.000. Op 31 december betaalt ze aan de Rabobank € 7.500 rente. De inkomsten die mevrouw Pater dit jaar aangeeft, zijn: € 20.000 (dividend) –/– € 7.500 (betaalde rente) = € 12.500.

De geheven dividendbelasting en kansspelbelasting behoren niet tot de aftrekbare kosten (art. 4.15 lid 4.a Wet IB).

6.5 Vervreemdingsvoordelen

6.5.1 Inleiding

Andere eigenaar

Vervreemdingswinst

Onder het vervreemden van aandelen wordt niet alleen verstaan het verkopen van aandelen, maar bijvoorbeeld ook het schenken, vererven en ruilen van aandelen. Bij een vervreemding krijgen de aandelen altijd een andere eigenaar. De winst die bij een dergelijke overdracht wordt gerealiseerd, is een belastbaar feit voor het inkomen uit aanmerkelijk belang. Art. 4.19 Wet IB stelt dat de vervreemdingswinst bestaat uit de overdrachtsprijs (paragraaf 6.5.2) minus de verkrijgingsprijs (paragraaf 6.5.3). Natuurlijk kan een verkoop ook een verlies opleveren. Wat er met zo'n verlies gebeurt, wordt in paragraaf 6.11 nader uitgewerkt. Opgemerkt wordt dat de wetgever heeft bepaald dat als er sprake is van geruisloze terugkeer uit de besloten vennootschap als bedoeld in art. 14c Wet Vpb (zie hoofdstuk 9), de vervreemdingswinst niet negatief kan zijn (art. 4.24a Wet IB).

In deze paragraaf wordt uitgegaan van reële vervreemdingen. De Wet IB kent ook een aantal fictieve vervreemdingen. In paragraaf 6.6 wordt hier uitgebreid op ingegaan.

6.5.2 Overdrachtsprijs

Overdrachtsprijs   De overdrachtsprijs is (art. 4.20 Wet IB):

Ontvangen tegenprestatie	....
Kosten in verband met de vervreemding	.... −/−
Overdrachtsprijs	....

Tabel 6.2 Opbouw overdrachtsprijs aandelen

> **Voorbeeld**
>
> Peter Peters bezit 100% van de aandelen in Peters bv. Hij heeft deze aandelen bij de uitgifte verkregen voor een prijs van € 20.000. Dit is tevens zijn verkrijgingsprijs. Peters verkoopt zijn 100%-aandelenpakket aan de heer De Zeeuw. De Zeeuw wil van de verkoper de garantie dat de balans en de winst-en-verliesrekening juist zijn (dit noemt men een balansgarantie). Peters geeft om die reden een accountant de opdracht om de boekhouding van de bv te controleren en een accountantsverklaring af te geven. Dit kost Peters € 11.000. Nadat de accountant de cijfers akkoord heeft bevonden, betaalt De Zeeuw voor het gehele aandelenpakket € 225.000.
> De overdrachtsprijs die Peters ontvangt, bedraagt € 225.000 −/− € 11.000 (accountantskosten) = € 214.000. Zijn vervreemdingsvoordeel bedraagt € 214.000 −/− € 20.000 (verkrijgingsprijs) = € 194.000.

Waarde in het economische verkeer

Als de overdrachtsprijs op een niet normale wijze tot stand is gekomen of zelfs in zijn geheel ontbreekt, wordt de waarde in het economische verkeer als overdrachtsprijs genomen (art. 4.22 Wet IB). Zo komt het bij familierelaties voor dat de aandelen voor een te laag bedrag aan één van de kinderen worden verkocht. Daardoor zou het vervreemdingsvoordeel lager zijn dan wanneer de aandelen tegen een zakelijke prijs zouden zijn verkocht. Om die reden kan de Belastingdienst de overdrachtsprijs aanpassen. De Belastingdienst moet dan de hoogte van deze zakelijke prijs aantonen. De belastingplichtige moet aantonen dat de tussen partijen overeengekomen prijs wel reëel (en dus wél zakelijk) is.

Ook als er sprake is van een schenking van aandelen door een aanmerkelijkbelanghouder, wordt zowel bij de vervreemder (de schenker) als de verkrijger de waarde in het economische verkeer in aanmerking genomen. Ook bij een zogenoemde 'fictieve vervreemding' van de aandelen (zie paragraaf 6.6) speelt art. 4.22 Wet IB een belangrijke rol. In dat geval ontbreekt eveneens een overdrachtsprijs. Op grond van art. 4.22 Wet IB wordt de overdrachtsprijs dan (fictief) gesteld op de waarde in het economische verkeer.

> **Voorbeeld**
>
> Vader Evers, 100% aandeelhouder van Evers bv, heeft drie kinderen. Zijn oudste dochter Vivian wil de vennootschap van haar vader overnemen. Zij is niet werkzaam in Evers bv. De heer Evers heeft destijds de aandelen verkregen voor € 25.000. Vader en dochter komen overeen dat dit ook de prijs is waarvoor de dochter de aandelen kan overnemen.
> De balans van Evers bv laat buiten een aandelenkapitaal van € 18.000 een winstreserve zien van € 1.575.000. De bv drijft met haar gehele vermogen een onderneming als bedoeld in art. 3.2 Wet IB. De prognoses zijn dat de winst de komende jaren hoog zal blijven.
> Nu duidelijk blijkt dat de overdrachtsprijs te laag is, zal de Belastingdienst stellen dat de prijs van de aandelen in elk geval hoger moet zijn dan de overeengekomen € 25.000. Stel dat met de Belastingdienst wordt overeengekomen dat de overdrachtsprijs € 1.500.000 moet zijn. Dan behaalt de heer Evers een vervreemdingsvoordeel van € 1.475.000 (€ 1.500.000 overdrachtsprijs –/– € 25.000 verkrijgingsprijs). De verkrijgingsprijs voor Vivian is € 1.500.000.

Bij schenking van aanmerkelijkbelangaandelen kan onder bepaalde voorwaarden gebruik worden gemaakt van een 'doorschuiffaciliteit' (art. 4.17c Wet IB). Dit betekent dat de overdracht van de aandelen niet als een vervreemding wordt aangemerkt. Deze faciliteit is van toepassing als aan de volgende vier voorwaarden wordt voldaan (zie art. 4.17c lid 1 Wet IB):

a. De vennootschap waarop de aandelen of winstbewijzen betrekking hebben, is een materiële onderneming (verlenen van diensten, geven van adviezen, produceren en dergelijke) als bedoeld in art. 3.2 Wet IB (geen aandacht zal worden besteed aan de medegerechtigdheid als bedoeld in art. 3.3 Wet IB).
b. De aandelen of winstbewijzen behoren bij de vervreemder niet tot een aanmerkelijk belang op grond van art. 4.10 Wet IB (meetrekregeling).
c. De verkrijger is binnenlands belastingplichtige en de verkregen aandelen of winstbewijzen maken geen deel uit van het vermogen van een voor zijn rekening gedreven onderneming en behoren niet tot het resultaat uit een werkzaamheid van hem.
d. De verkrijger is gedurende de 36 maanden onmiddellijk voorafgaand aan het tijdstip van de vervreemding in dienstbetrekking werkzaam bij de vennootschap waarop de aandelen of winstbewijzen betrekking hebben.

Deze regeling beoogt eenzelfde effect als de regeling van art. 3.63 Wet IB, de doorschuiffaciliteit voor de ondernemer naar een mede-eigenaar of werknemer van zijn onderneming (zie paragraaf 4.25.4).

Voor verdere vereisten omtrent het materiële ondernemersvereiste wordt verwezen naar paragraaf 6.8.

> **Voorbeeld**
>
> Vivian werkt al meer dan 36 maanden in Evers bv (zie vorige voorbeeld). Op grond van art. 4.17c Wet IB is het mogelijk om, mits vader Evers en Vivian daartoe gezamenlijk een verzoek indienen, de overdracht van de aandelen niet als een vervreemding aan te merken. Vivian treedt in de plaats van de heer Evers en de verkrijgingsprijs van de aandelen wordt gesteld op € 25.000. Dit bedrag is identiek aan de verkrijgingsprijs van de heer Evers zelf bij aankoop van de aandelen (art. 4.39c Wet IB).

Als in een bv naast een materiële onderneming ook veel beleggingen aanwezig zijn, wordt de berekening iets gecompliceerder. De doorschuiffaciliteit is namelijk alleen van toepassing op de materiële onderneming. Dit vermogen mag wel eerst met 5% worden verhoogd (zie paragraaf 6.8 en art. 4.17c lid 3 en art. 4.17a lid 6 Wet IB) Over het belegde vermogen moet wel worden afgerekend, maar daarbij mag men wel zo veel mogelijk van de oorspronkelijke verkrijgingsprijs verrekenen.

> **Voorbeeld**
>
> Belastingplichtige Ad bezit alle aandelen in AD bv. De waarde van de aandelen in AD bv bedraagt € 1.000.000, waarvan € 800.000 toerekenbaar is aan het ondernemingsvermogen en € 200.000 aan het beleggingsvermogen van de bv. Zijn verkrijgingsprijs bedraagt € 300.000. Ad schenkt alle aandelen in AD bv aan zijn zoon Bernard, die al 7 jaar in dienstbetrekking is bij AD bv.
>
> De overdracht (in dit geval in de vorm van een schenking) vormt een vervreemding van de aandelen voor de waarde in het economische verkeer, zijnde € 1.000.000. Voor het deel dat toerekenbaar is aan het ondernemingsvermogen ad € 840.000 (€ 800.000 + 5%), wordt bij toepassing van de doorschuifregeling geen vervreemding geconstateerd. Voor het resterende deel van € 160.000, dat betrekking heeft op het beleggingsvermogen, is wel sprake van een vervreemding. Ad mag zijn verkrijgingsprijs hiermee verrekenen en hoeft dus per saldo niet af te rekenen. Van zijn oorspronkelijke verkrijgingsprijs van € 300.000 resteert dan nog een bedrag van € 140.000. Dat gedeelte van de verkrijgingsprijs wordt doorgeschoven naar Bernard.
> De verkrijgingsprijs van Bernard bestaat uit het doorgeschoven deel van de verkrijgingsprijs van Ad ad € 140.000 plus het bedrag waarover Ad heeft afgerekend, € 160.000. Dit heeft tot gevolg dat de verkrijgingsprijs van Bernard gelijk is aan de verkrijgingsprijs van Ad, dus € 300.000 (zie ook art. 4.39c en 4.19 Wet IB).

Niet in één keer betalen

Het is mogelijk dat koper en verkoper bij verkoop van aandelen die tot een aanmerkelijkbelangpakket behoren, overeenkomen dat de overdrachtsprijs niet in één keer wordt betaald, maar in termijnen. Als het aantal termijnen of de omvang van de termijnen niet bij verkoop reeds vaststaat, wordt op het tijdstip van de vervreemding een schatting gemaakt van de te verwachten opbrengst. Blijkt later dat de daadwerkelijk genoten overdrachtsprijs hoger of lager is dan de geschatte overdrachtsprijs, dan wordt het meerdere in aanmerking genomen als een vervreemdingswinst en het lagere bedrag als een vervreemdingsverlies (art. 4.28 Wet IB).

> **Voorbeeld**
>
> Karmen heeft in 2021 haar aandelen verkocht. Deze aandelen vielen in box 2 en de verkrijgingsprijs van de aandelen bedroeg € 20.000. De overdrachtsprijs was mede afhankelijk van de winst in de eerste 5 jaar na verkoop van de aandelen. De geschatte overdrachtsprijs was € 200.000.
> Zij heeft dus in box 2 afgerekend over een bedrag van € 180.000. Als er in totaal € 250.000 voor de aandelen is ontvangen, moet Karmen in het jaar van ontvangst de extra ontvangen bedragen ook in box 2 verantwoorden. Mocht de opbrengst minder zijn dan € 200.000, dan mag zij dat bedrag als verlies uit aanmerkelijk belang opvoeren.

6.5.3 Verkrijgingsprijs

Verkrijgingsprijs De verkrijgingsprijs wordt gesteld op de historische kostprijs. Als de koper kosten heeft moeten maken om de aandelen te verwerven (denk aan de kosten van adviseurs, notariskosten, etc.), worden deze bij de verkrijgingsprijs opgeteld (art. 4.21 Wet IB). De verkrijgingsprijs is dus:

Betaalde tegenprestatie	....
Kosten in verband met de verwerving	.... +
Verkrijgingsprijs	============

Tabel 6.3 Opbouw verkrijgingsprijs aandelen

Geruisloze overgang Als de onderneming wordt ingebracht onder gebruikmaking van art. 3.65 Wet IB (geruisloze overgang bij inbreng in een nv of bv), kan het gebeuren dat de verkrijgingsprijs van de aandelen negatief is (zie in dit verband paragraaf 4.31.3). De wetgever heeft dit expliciet opgenomen in art 4.12 lid 4 Wet IB.

De verkrijgingsprijs kan op basis van art. 4.36 Wet IB door de inspecteur worden vastgesteld bij een voor bezwaar vatbare beschikking.

Gemiddelde verkrijgingsprijs

Verschillende prijzen Als een belastingplichtige de aandelen voor verschillende prijzen verkrijgt, wordt de verkrijgingsprijs van een aandeel gesteld op het gemiddelde van de door de belastingplichtige betaalde bedragen (art. 4.21 lid 2 Wet IB).

> **Voorbeeld**
>
> Vaartuig bv heeft in 1992 2.500 aandelen met een nominale waarde van € 100 uitgegeven. Karel Meijer koopt op 1 juli 2021 van een aandeelhouder 200 aandelen in Vaartuig bv voor € 40.000. Een jaar later koopt hij nog eens 300 aandelen in Vaartuig bv. Voor dit pakket betaalt hij € 80.000. Hij bezit nu 500 aandelen, met een totale verkrijgingsprijs van € 120.000. Dit is per aandeel € 120.000 / 500 = € 240.

Step up

Step up

Stel: een aandeelhouder bezit 4% aandelen in een vennootschap. Nadat hij deze aandelen 3 jaar in zijn bezit heeft, koopt hij nog eens 3% erbij. Door de aankoop van deze 3% komt hij nu boven de 5% en verkrijgt hij op dat moment een aanmerkelijk belang. Als verkrijgingsprijs van het héle pakket aandelen geldt dan de prijs in het economische verkeer op het moment waarop de aandeelhouder het aanmerkelijk belang verkrijgt. In dit geval is dat het moment waarop hij de 3% bijkoopt (art. 4.23 Wet IB). Dus voor de oude aandelen wordt niet uitgegaan van de oorspronkelijke verkrijgingsprijs. Deze regeling wordt ook wel aangeduid als 'step up'.

Voorbeeld

Hans Kazan heeft 1% van de aandelen in Goochel bv. Hij heeft deze aandelen 5 jaar geleden gekocht voor € 2.500. In het jaar 2021 koopt hij 6% van het aandelenkapitaal erbij. Hij betaalt voor deze [€ 24.000 : 6]. Hij bezit nu 7% van het aandelenkapitaal en heeft dus een aanmerkelijk belang. De verkrijgingsprijs van dit aanmerkelijk belang bedraagt € 28.000 ([€ 24.000 / 6] × 7).

Immigratie

Bij immigratie van een natuurlijk persoon geldt eenzelfde soort regeling (art. 4.25 Wet IB). Stel: een buitenlandse belastingplichtige bezit aandelen in een vennootschap die niet in Nederland is gevestigd. Dit aandelenbezit zou op grond van de Nederlandse belastingwetgeving een aanmerkelijk belang vormen. Deze buitenlandse belastingplichtige gaat in Nederland wonen. Vanaf het moment dat deze belastingplichtige zich in Nederland vestigt, gelden de regels voor de binnenlandse belastingplicht en valt het bezit ook daadwerkelijk onder de regels van het aanmerkelijk belang. De verkrijgingsprijs van dit aandelenpakket wordt gesteld op de waarde in het economische verkeer ten tijde van de immigratie. Deze regeling geldt niet voor belastingplichtigen die ooit binnenlands belastingplichtig zijn geweest.

Verkrijgingsprijs bonusaandelen

– *Bonusaandelen die zijn uitgegeven door een 'gewone' vennootschap*

Regulier voordeel

Bij uitgifte van bonusaandelen door een 'gewone' vennootschap (dus geen FBI), is het reguliere voordeel van deze aandelen nihil (art. 4.13 lid 2 Wet IB, zie paragraaf 6.3). Als er geen bijbetaling op deze aandelen heeft plaatsgevonden, is de verkrijgingsprijs van deze bonusaandelen nihil.

> **Voorbeeld**
>
> Kolos bv heeft een aandelenkapitaal van 1.000 aandelen van € 250 per stuk nominaal, dus € 250.000. Patrick bezit 40% van deze aandelen. Hij heeft deze 400 aandelen bij uitgifte verkregen voor € 250 per stuk. Kolos bv geeft 10% bonusaandelen uit ten laste van de winstreserve. Voor iedere 10 aandelen krijgt een aandeelhouder 1 aandeel. Patrick krijgt dus 40 bonusaandelen uitgereikt. Zijn gemiddelde verkrijgingsprijs is na de uitgifte van bonusaandelen:
>
> | | |
> |---|---:|
> | 400 × € 250 = | € 100.000 |
> | 40 × € 0 = | € 0 |
> | Verkrijgingsprijs 440 aandelen | € 100.000 |
> | Verkrijgingsprijs per aandeel = € 100.000 / 440 = | € 227,27 |

– *Bonusaandelen die zijn uitgegeven door een FBI*

De verkrijgingsprijs van een bonusaandeel dat is uitgegeven door een FBI (zie paragraaf 6.3), wordt gelijkgesteld aan het bedrag dat als regulier voordeel is belast (art. 4.26 Wet IB). Worden de bonusaandelen echter ten laste van de agio-reserve uitgegeven, dan is de verkrijgingsprijs nihil. De agio is namelijk al bij de uitgifte van de aandelen – die boven de nominale waarde heeft plaatsgevonden – opgenomen in de verkrijgingsprijs bij degene die het agio heeft gestort.

Agioreserve

> **Voorbeeld**
>
> De heer Van Amerongen bezit 100 aandelen in Snap bv. Hij heeft destijds bij de uitgifte 60 aandelen verkregen tegen een koers van 150%. Voor die aandelen heeft hij € 90.000 (60 × € 1.000 × 150%) betaald. De overige 40 aandelen heeft hij van een medeaandeelhouder gekocht voor € 110.000.
> De heer Van Amerongen krijgt 10 bonusaandelen. Voor deze aandelen hoeft hij niets te betalen. Het bedrag dat voor deze bonusaandelen bij hem wordt belast in box 2, is 10 × € 250 (€ 1.000 nominaal –/– € 750 storting uit het agio) = € 2.500. Dit is ook de verkrijgingsprijs van deze aandelen. Zijn verkrijgingsprijs per aandeel wordt: (€ 90.000 + € 110.000 + € 2.500) : 110 aandelen = € 1.841.

Verkrijgingsprijs bij aankoop middels koopoptie

Koopoptie

In paragraaf 6.2.2 is aangegeven dat als een belastingplichtige een koopoptie heeft op minimaal 5% van het aandelenkapitaal, er eveneens een aanmerkelijk belang is. Als de koop wordt gesloten, is de verkrijgingsprijs van de aandelen gelijk aan de aankoopprijs plus het bedrag dat is betaald in verband met het verkrijgen van de koopoptie (art. 4.30 Wet IB).

> **Voorbeeld**
>
> In de situatie dat een belastingplichtige een optie op aanmerkelijkbelangaandelen verwerft voor € 5.000 en later het totale pakket koopt voor € 70.000, bedraagt de verkrijgingsprijs van de aandelen € 75.000.

Besluit een belastingplichtige geen gebruik te maken van zijn optierecht en heeft hij een aanmerkelijk belang, dan wordt de verkrijgingsprijs van de overige aandelen verhoogd met het bedrag dat voor het optierecht is betaald(art. 4.30 lid 2 Wet IB). Heeft de belastingplichtige geen aanmerkelijk belang meer, dan is er sprake van een fictieve vervreemding. De overdrachtsprijs kan dan op nihil worden gesteld, waardoor een verlies uit aanmerkelijk belang ontstaat. In paragraaf 6.11 wordt ingegaan op de wijze waarop dit verlies wordt verrekend.

6.6 Fictieve vervreemdingen

Fictieve vervreemdingen

Buiten de verkoop en de schenking kent de Wet IB een aantal fictieve vervreemdingen (art. 4.16 Wet IB). Dit zijn bijvoorbeeld:
a. het inkopen van aandelen en winstbewijzen;
b. het betaalbaar stellen van liquidatie-uitkeringen;
c. het van rechtswege worden van aandeelhouder in een andere vennootschap;
d. de overgang onder algemene titel alsmede de overgang krachtens erfrecht onder bijzondere titel;
e. het brengen van de aandelen in het vermogen van een onderneming;
f. het niet langer aanwezig zijn van een aanmerkelijk belang;
g. emigratie;
h. het verlenen van een koopoptie.

Hierna zal nader worden ingegaan op deze fictieve vervreemdingen. Daarbij zal ook aandacht worden besteed aan de berekening van het vervreemdingsvoordeel. In paragraaf 6.9 (VBI) zal overigens ook nog aandacht worden besteed aan een fictieve vervreemding in de zin van art. 4.16 Wet IB.

Ad a. Het inkopen van aandelen en winstbewijzen (lid 1 letter a en b)

Als een vennootschap de door haarzelf uitgegeven aandelen koopt van een aandeelhouder, is er sprake van inkoop van aandelen. Dit geldt ook als de aandelen worden ingekocht door een vennootschap die met de vennootschap is verbonden. De aandeelhouder vervreemdt hiermee zijn aandelen.

Verbonden vennootschap

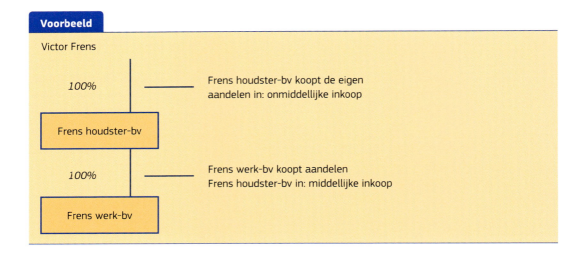

De prijs die de inkopende vennootschap betaalt, wordt aangemerkt als de overdrachtsprijs. Het verschil tussen de overdrachtsprijs en de verkrijgingsprijs is de vervreemdingswinst. Dit wordt bij de (ex-)aandeelhouder belast in box 2.

Ad b. Het betaalbaar stellen van liquidatie-uitkeringen (lid 1 letter c)

Liquidatie vennootschap

Als een vennootschap overgaat tot liquidatie (de vennootschap houdt dan op te bestaan), zullen de aandeelhouders één of meerdere uitkeringen krijgen. Voor zover het saldo van deze uitkeringen de verkrijgingsprijs overtreft, is dit bedrag belast als winst uit aanmerkelijk belang. De aandeelhouder verkoopt weliswaar zijn aandelen niet, maar omdat de vennootschap ophoudt te bestaan, is hij als gevolg daarvan geen aandeelhouder meer.

Het bovenstaande geldt ook als de vennootschap onder gebruikmaking van de terugkeerfaciliteit (van bv naar onderneming zonder rechtspersoonlijkheid) van art. 14c Wet Vpb wordt geliquideerd. De waarde van de liquidatie-uitkering is gelijk aan de fiscale waarde van de onderneming die de belastingplichtige voortzet (art. 4.16 lid 5 Wet IB). Onder bepaalde omstandigheden hoeft over deze winst geen belasting te worden betaald. Zie hiervoor hoofdstuk 9 inzake de geruisloze terugkeer.

Ad c. Het van rechtswege worden van aandeelhouder in een andere vennootschap (lid 1 letter d)

Fusie

Bij een fusie kan het gebeuren dat aandelen worden ingeruild tegen aandelen in een andere vennootschap. Voor zover de waarde van de nieuwe aandelen de verkrijgingsprijs overtreft, is er sprake van een vervreemdingswinst. Onder bepaalde omstandigheden hoeft over deze winst niet te worden afgerekend. Zie hiervoor paragraaf 6.7.4.

Ad d. Overgang onder algemene titel alsmede de overgang krachtens erfrecht onder bijzondere titel (lid 1 letter e)

Overgang onder algemene titel

Als een aanmerkelijkbelanghouder voor 1 januari 2018 is gehuwd in gemeenschap van goederen, draagt deze belastingplichtige (indirect) de helft van zijn vermogen over aan degene met wie hij in het huwelijk treedt. Trouwen in gemeenschap van goederen is een overgang onder algemene titel en daarmee een fictieve vervreemding. Indien belastingplichtigen voor 1 januari 2018 zijn gehuwd onder het opstellen van huwelijkse voorwaarden waarbij gemeenschap van aangebracht vermogen werd uitgesloten, of indien zij zijn gehuwd na 1 januari 2018 zonder het maken van huwelijkse voorwaarden, behoudt iedere partner zijn eigen bezit dat hij bij aanvang van het huwelijk heeft en is er geen sprake van overgang van vermogen. De na het huwelijk verkregen vermogensbestanddelen vallen wel in de gemeenschap (zie voor meer info paragraaf 11.7.1). De goederen die al voor het sluiten van het huwelijk toebehoorden aan de echtgenoten gezamenlijk, vallen wel in de huwelijksgemeenschap (art. 1:94 lid 2 BW). Hier zou dan wel sprake kunnen zijn van een (fictieve) vervreemding.

Voorbeeld

1. Jan bezit alle aandelen van TAK bv. Hij trouwt op 25 mei 2021 met Ineke en er worden geen huwelijkse voorwaarden opgesteld. De aandelen blijven van Jan en vallen niet in de huwelijksgemeenschap.

2. Bert trouwt op 20 mei 2021 met Carla en zij hebben geen huwelijkse voorwaarden. Op 25 mei koopt Bert alle aandelen STAM bv. De aandelen zijn verkregen op het moment dat zij gehuwd waren en vallen in de huwelijksgemeenschap.

3. Carlo bezit 30% van de aandelen in BLAD bv. De overige 70% is eigendom van Diede. Op het moment dat Carlo en Dieide in 2021 in het huwelijk treden zonder het opmaken van huwelijkse voorwaarden, vallen de aandelen (als er niets anders is bepaald) in de (beperkte) huwelijksgemeenschap. Diede draagt dan dus (indirect) 20% van haar aandelen over aan Carlo.

Op grond van art. 4.16 Wet IB wordt een verdeling van de huwelijksgemeenschap aangemerkt als vervreemding. Voor zover de waarde in het economische verkeer de verkrijgingsprijs overtreft, is deze belast.
In art. 4.17 Wet IB wordt deze vervreemding in bepaalde gevallen teruggenomen. In paragraaf 6.7.2 wordt hier nader op ingegaan.
Daarnaast wordt de overgang op grond van erfrecht onder bepaalde omstandigheden vrijgesteld. In hoofdstuk 6.8 wordt hier nader op ingegaan.

Ad e. Het brengen van de aandelen in het vermogen van een onderneming (lid 1 letter f)

Sfeerovergang

Als een belastingplichtige zijn aandelen die in box 2 zitten tot het vermogen van zijn eigen IB-onderneming gaat rekenen (en dat in fiscale zin is toegestaan in het kader van de zogenoemde vermogensetikettering), vindt de belastingheffing over de voor- of nadelen in het vervolg plaats in box 1. Er is dan sprake van een sfeerovergang. Gaat de belastingheffing over de inkomsten uit de aandelen over van box 2 naar box 1, dan wordt dit aangemerkt als een vervreemding.

Vervreemdingswinst — De vervreemdingswinst is het verschil tussen de waarde in het economische verkeer en de verkrijgingsprijs. Het aandelenpakket wordt op de balans van de onderneming geactiveerd voor de overdrachtsprijs. Deze is gelijk aan de waarde in het economische verkeer.

Ad f. Het niet langer aanwezig zijn van een aanmerkelijk belang (lid 1 letter g)

Geen aanmerkelijk belang meer — Door de verkoop van een deel van een aandelenpakket, kan het belang dalen tot onder de 5%-grens. Daarnaast kan een bezit onder de 5%-eis dalen doordat de vennootschap nieuwe aandelen uitgeeft en de aanmerkelijkbelanghouder geen nieuwe aandelen koopt.

> **Voorbeeld**
>
> Pelgrim bv heeft 500 aandelen uitgegeven. De heer Paters bezit 30 aandelen en dus meer dan 5% (6%). Pelgrim bv geeft 500 nieuwe aandelen uit. De heer Paters besluit geen aandelen te kopen. Nu heeft Pelgrim bv in totaal 1.000 aandelen uitgegeven. De heer Paters bezit nu 30 aandelen van de in totaal 1.000 aandelen (3%), waardoor zijn aandelenbelang onder de 5%-grens zakt.

Als het bezit van een aanmerkelijkbelanghouder na verkoop van een deel van zijn pakket daalt tot onder de 5%-grens, is hij geen aanmerkelijkbelanghouder meer. De aandelen worden dan volgens de regels van box 3 in de belastingheffing betrokken. Ook dit is een sfeerovergang. Als de aandelen van box 2 naar box 3 gaan, wordt dit aangemerkt als een vervreemding.

De vervreemdingswinst wordt gesteld op de waarde in het economische verkeer minus de verkrijgingsprijs. De belastingplichtige kan ook kiezen voor een fictief aanmerkelijk belang (art. 4.11 en art. 4.40 Wet IB). Hierdoor hoeft hij niet af te rekenen. Dit wordt nader besproken in paragraaf 6.7.3.

Ad g. Emigratie (lid 1 letter h)

Emigratie — Emigreert de belastingplichtige, dan eindigt zijn belastingplicht in Nederland. Omdat de aanmerkelijkbelangheffing uitgaat van het subject (= de belastingplichtige zelf), moet hij dan afrekenen over de waardevermeerderingen die zich tijdens de binnenlandse bezitsperiode hebben voorgedaan.

Als de vennootschap in Nederland is gevestigd, houdt de belastingplichtige op grond van art. 7.5 Wet IB wel een aanmerkelijk belang in de vennootschap, maar nu als buitenlandse belastingplichtige. De verkrijgingsprijs voor dit pakket is gelijk aan het bedrag waarover hij bij zijn emigratie heeft moeten afrekenen *Dubbele heffing* — (art. 7.6 Wet IB). Op deze wijze wordt dubbele heffing voorkomen.

Conserverende aanslag — Emigratie wordt dus gezien als een vervreemding. Ter veiligstelling van de belasting die de belastingplichtige over de meerwaarden moet voldoen, legt de Belastingdienst een zogeheten conserverende aanslag op (art. 2.8 en 2.9 Wet IB). Het bedrag van deze aanslag is gelijk aan het belastingbedrag dat de belastingplichtige zou moeten betalen als hij de aandelen zou hebben verkocht. Tegelijkertijd krijgt de aanmerkelijkbelanghouder (renteloos) uitstel van betaling van deze conserverende aanslag (art. 25 lid 8 Inv. Wet).

Als hij de aandelen vervreemdt, wordt de aanslag alsnog ingevorderd. Indien de aandelen na emigratie minder waard zijn geworden en deze vermindering bij de vervreemding tot uitdrukking komt, wordt de aanslag navenant verlaagd. De Belastingdienst houdt dus rekening met waardedalingen na de emigratie.

Ad h. Het verlenen van een koopoptie

Koopoptie — Het verlenen van een koopoptie wordt ook aangemerkt als een fictieve vervreemding. Dit hangt samen met de bepaling dat een belastingplichtige die een koopoptie op minimaal 5% van het aandelenkapitaal bezit, een aanmerkelijkbelanghouder is. Voor de berekening van de verkrijgingsprijs van aandelen die op deze wijze zijn verkregen, wordt verwezen naar paragraaf 6.5.3.

Voor de verkoper wordt het bedrag dat hij heeft ontvangen voor het verlenen van de koopoptie, aangemerkt als vervreemdingsvoordeel (art. 4.31 Wet IB).

> **Voorbeeld**
>
> Helena bezit 10% van de aandelen in Zwart bv. Sven koopt van Helena voor € 8.000 een koopoptie op 10% van het aandelenkapitaal van Zwart bv. In het koopoptiecontract is opgenomen dat Sven de aandelen tussen nu en over 10 maanden kan kopen voor de huidige waarde van € 65.000.
> Door deze koop heeft Sven op grond van art. 4.6 Wet IB een aanmerkelijk belang. Helena bezit nog steeds 10% van de aandelen van Zwart bv en heeft dus ook een aanmerkelijk belang op grond van art. 4.6 Wet IB. Door de verkoop van de optie behaalt Helena echter wel een vervreemdingsvoordeel van € 8.000.
>
> *Situatie I:*
> Na 6 maanden is het aandelenpakket van Helena € 80.000 waard en besluit Sven de aandelen te kopen voor het afgesproken bedrag van € 65.000. Helena ontvangt nu € 65.000. Dat is haar overdrachtsprijs voor de aandelen. Sven heeft nu € 8.000 + € 65.000 = € 73.000 voor de aandelen betaald. Dat is zijn verkrijgingsprijs (art. 4.30 lid 1 Wet IB).
>
> *Situatie II:*
> Sven besluit de aandelen van Helena niet te kopen. Na 10 maanden vervalt zijn koopoptie en dus ook zijn aanmerkelijk belang. Hij heeft voor dit aanmerkelijk belang € 8.000 betaald. Ervan uitgaande dat Sven verder geen aandelen bezit die tot een aanmerkelijk belang behoren, is deze betaalde € 8.000 voor hem een verlies uit aanmerkelijk belang (zie paragraaf 6.11 voor de regels omtrent verliesverrekening). Mocht Sven wel een aanmerkelijk belang hebben in Zwart bv, dan wordt de betaalde € 8.000 opgeteld bij de verkrijgingsprijs van de betreffende aandelen (art. 4.30 lid 2 Wet IB).

6.7 Doorschuifregelingen

6.7.1 Inleiding

Latere belastingheffing

Bij fictieve vervreemdingen wordt meestal geen geld ontvangen, omdat de aandelen niet of niet allemaal daadwerkelijk worden verkocht. De aanmerkelijkbelangheffing kan dan een liquiditeitsprobleem met zich mee brengen. Daarom kan de belastingclaim in een aantal situaties worden doorgeschoven naar de toekomst. Door de verkrijgingsprijs door te schuiven, stelt de wetgever de toekomstige belastingheffing veilig. Het doorschuiven van de aanmerkelijkbelangclaim gebeurt echter niet automatisch, want de belastingplichtige moet hiervoor kiezen. Hij moet zijn keuze aangeven bij de aangifte(n) waarin het vervreemdingsvoordeel naar voren komt (art. 4.40 en 4.41 Wet IB).

In paragraaf 6.7.2 tot en met 6.7.5 wordt een aantal situaties nader uitgewerkt. Het gaat hierbij om:
– het aangaan en het verbreken van een huwelijksgemeenschap;
– een daling van het belang tot minder dan 5%;
– een fusie;
– een geruisloze terugkeer uit de bv.

Verder wordt in paragraaf 6.8 uitgebreid ingegaan op de doorschuifmogelijkheid bij overlijden. Aan de mogelijkheden om bij schenking de aanmerkelijkbelangclaim door te schuiven, is in paragraaf 6.5.2 al aandacht besteed.

6.7.2 Doorschuiven bij aangaan of verbreken huwelijksgemeenschap

Algehele gemeenschap van goederen

Beperkte gemeenschap van goederen

Volgens het tot 1 januari 2018 geldende huwelijksgoederenregime huwde men in algehele gemeenschap van goederen tenzij er huwelijkse voorwaarden werden opgesteld waarin die gemeenschap werd uitgesloten. Sinds 1 januari 2018 huwt men in beperkte gemeenschap van goederen, tenzij huwelijkse voorwaarden worden opgesteld waarin wordt overeengekomen dat er sprake is van gemeenschap van goederen. Beperkte gemeenschap van goederen houdt in dat indien een van de partijen aandelen bezit op het moment dat het huwelijk voltrokken wordt, deze aandelen niet in de huwelijkse gemeenschap vallen. Worden aandelen verkregen tijdens het huwelijk, dan vallen ze wel in de huwelijkse gemeenschap.

Aanmerkelijkbelanghouder

Indien een aanmerkelijkbelanghouder huwt in gemeenschap van goederen, vervreemdt hij daarmee de helft van zijn aandelen aan zijn partner. Deze huwelijkspartner wordt voor de helft eigenaar van de aandelen. Bij die overgang hoeft niet te worden afgerekend als de partner binnenlands belastingplichtig is (art. 4.17 Wet IB).

Voorbeeld

Hans bezit 60% van de aandelen in Pret bv. Hij heeft deze aandelen verkregen voor € 120.000. In 2017 trouwt hij in algemene gemeenschap van goederen met Paula, dus zonder het maken van huwelijkse voorwaarden. De aandelen Pret bv hebben dan een waarde in het economisch verkeer van € 250.000. Paula verkrijgt door het huwelijksgoederenregime de helft van de aandelen, met een waarde van € 125.000. Over de meerwaarde van € 65.000 (€ 125.000 –/– [€ 120.000 / 2]) hoeft niet te worden afgerekend. De verkrijgingsprijs van de aandelen van Paula bedraagt € 60.000 (€ 120.000 / 2).

Echtscheiding Bij echtscheiding vindt wederom een vervreemding plaats. Bij deze vervreemding moet wél over de meerwaarden worden afgerekend. Maar als de verdeling van de boedel plaatsvindt binnen 2 jaar na de ontbinding van de huwelijksgemeenschap, kan de belastingclaim worden doorgeschoven naar de verkrijger. De verkrijger moet dan wel een binnenlandse belastingplichtige zijn.

Voorbeeld

In 2023 besluiten Hans en Paula (uit het vorige voorbeeld) te scheiden. Paula krijgt de aandelen Pret bv toegedeeld. De aandelen hebben op dat moment een waarde in het economisch verkeer van € 350.000. Paula bezit al de helft van de aandelen en verkrijgt nu ook de aandelen die in handen zijn van Hans. Bij deze vervreemding moet de waarde in het economisch verkeer worden gehanteerd. Hans moet afrekenen over de meerwaarde van € 175.000 (€ 350.000 / 2) minus zijn verkrijgingsprijs van € 60.000. Hij moet dus afrekenen over € 115.000 (€ 175.000 –/– € 60.000).
Als Hans afrekent over de meerwaarde, heeft het totale aandelenpakket van Paula een verkrijgingsprijs van € 60.000 + € 175.000 = € 235.000.
Wordt de boedel binnen 2 jaar verdeeld, dan kan de fiscale claim worden doorgeschoven naar de verkrijger, in dit geval Paula. Hans betaalt dan geen belasting over de meerwaarde van het aandelenpakket dat hij heeft overgedragen en het totale aandelenpakket van Paula heeft een verkrijgingsprijs van € 120.000 (2 × € 60.000).

NB. De doorschuifregeling bij verdeling van de huwelijksgemeenschap na een echtscheiding is niet beperkt tot een bv met louter ondernemingsvermogen. De regeling geldt ook als sprake zou zijn van een beleggings-bv. Bij vererving van aanmerkelijkbelangaandelen is dit anders (zie art. 4.17a Wet IB en paragraaf 6.8).

De Wet IB gaat ervan uit dat in een situatie als deze wordt doorgeschoven als dat op grond van de voorwaarden mogelijk is. Wil de nieuwe aandeelhouder de fiscale claim niet doorschuiven, dan moet hij verzoeken om een afrekening (art. 4.17 en 4.38 Wet IB). Dan moet de oorspronkelijke eigenaar van de aandelen afrekenen over het verschil tussen de waarde van de aandelen en zijn verkrijgingsprijs.

Als een belastingplichtige op huwelijkse voorwaarden is getrouwd en één van de partijen al aandelen bezit ten tijde van het sluiten van het huwelijk, maken deze aandelen geen deel uit van een gemeenschap. Dat geldt ook als het huwelijk is gesloten na 1 januari 2018 zonder dat er huwelijkse voorwaarden zijn gemaakt waarin partijen hebben afgesproken dat er sprake is van gemeenschap van goederen. Worden in deze laatste situatie de aandelen verworven ná het aangaan van het huwelijk, dan vallen ze wel in de huwelijkse gemeenschap. Bij echtscheiding is er geen sprake van een overgang op grond van huwelijksvermogensrecht en ook niet van een verdeling van de huwelijksgemeenschap. Als de aandelen dan toch worden overgedragen aan de echtgenoot die deze aandelen niet heeft gekocht, is er sprake van een vervreemding en is art. 4.17 Wet IB niet van toepassing. De overdragende aandeelhouder moet dan afrekenen over de meerwaarden die zijn opgebouwd tijdens de bezitsperiode.

Voorbeeld

Femke en Alewijn trouwen in 2004 op huwelijkse voorwaarden. In het jaar 2008 besluiten zij samen Falke bv op te richten. Ieder krijgt 50% van de aandelen in deze bv. De verkrijgingsprijs van deze aandelen is voor zowel Femke als voor Alewijn € 50.000.
In 2021 besluiten Femke en Alewijn te scheiden. Femke wil Falke bv alleen voortzetten. De waarde in het economisch verkeer van het totale aandelenpakket is op het moment van echtscheiding € 250.000, dus € 125.000 voor het pakket van Femke en € 125.000 voor het pakket van Alewijn. Femke betaalt Alewijn voor zijn pakket € 125.000. Omdat er in deze situatie geen sprake is van een verdeling van een huwelijksgemeenschap of een overgang op grond van huwelijksvermogensrecht, zal Alewijn moeten afrekenen over de vervreemdingswinst van € 75.000 (€ 125.000 overdrachtsprijs –/– € 50.000 verkrijgingsprijs).
Femkes verkrijgingsprijs wordt € 175.000 (€ 50.000 voor de eerste 50% van de aandelen bij uitgifte en € 125.000 voor de aandelen die zij van Alewijn heeft gekocht).

Als een belastingplichtige met een aanmerkelijk belang in algehele gemeenschap van goederen is gehuwd (dus voor 1 januari 2019 of na 1 januari 2019 onder het maken van huwelijkse voorwaarden waarin gemeenschap is opgenomen) en vervolgens overlijdt, behoort een deel van de aandelen tot de nalatenschap. Door het overlijden wordt ook de huwelijksgemeenschap ontbonden. Als bij de verdeling van het gemeenschappelijke vermogen meer dan 50% van de aandelen aan de nalatenschap worden toegerekend, wordt het meerdere geacht krachtens erfrecht te zijn verkregen door degene die deze aandelen krijgt (art. 4.17a lid 8 Wet IB). Hierdoor wordt bereikt dat de doorschuifregeling van art. 4.17 Wet IB bij verdeling van de huwelijksgemeenschap bij het overlijden niet kan worden benut. Mogelijk kan wel een beroep worden gedaan op de doorschuifregeling bij overlijden. Hiervoor is echter vereist dat de bv een materiële onderneming drijft (zie paragraaf 6.8).

> **Voorbeeld**
>
> Cees en Elly zijn getrouwd in algehele gemeenschap van goederen en hebben een dochter (Sandra). De aandelen in Ceel bv behoren tot de huwelijksgemeenschap. Cees komt te overlijden. Bij de verdeling van de nalatenschap van Cees worden de aan Cees toebehorende aandelen – 50% van de tot de huwelijksgemeenschap behorende aandelen – toebedeeld aan dochter Sandra. Vervolgens schenkt Elly ook haar 50% van de aandelen in Ceel bv aan Sandra. Als Elly en Sandra de fiscale claim willen doorschuiven, moet voor alle aandelen worden voldaan aan de voorwaarden van de doorschuiving bij overlijden. Als sprake is van een beleggings-bv, kan dus niet worden doorgeschoven (zie paragraaf 6.8).

6.7.3 Doorschuiven als belang daalt tot minder dan 5%

Geen aanmerkelijk belang meer — Als een aandeelhouder niet meer voldoet aan de 5%-eis, moet worden afgerekend over de waarde van het aandelenpakket in het economische verkeer, minus de verkrijgingsprijs (art. 4.16 lid 1 letter g Wet IB).

> **Voorbeeld**
>
> Pelgrim bv heeft 500 aandelen uitgegeven. De heer Paters bezit 30 aandelen (6%). Daarmee voldoet hij aan de 5%-eis. Pelgrim bv geeft 500 nieuwe aandelen uit. De heer Paters besluit geen aandelen te kopen. Nu heeft Pelgrim bv 1.000 aandelen uitgegeven. De heer Paters bezit nu 30 aandelen van de in totaal 1.000 aandelen (3%), waardoor zijn aandelenbelang onder de 5%-grens zakt.
> De heer Paters heeft zijn aandelen verkregen voor € 12.000. Na de emissie van nieuwe aandelen is de waarde van zijn aandelenpakket in het economische verkeer € 15.000. Omdat het aandelenbelang van de heer Paters onder de 5%-eis daalt, moet hij – ondanks het feit dat hij geen aandelen heeft verkocht – afrekenen over € 3.000 (€ 15.000 –/– € 12.000).

De heer Paters uit het bovenstaande voorbeeld kan kiezen voor een fictief aanmerkelijk belang. Dan wordt niet afgerekend over de meerwaarde en blijft het aanmerkelijkbelangregime onverkort van toepassing op het 3%-pakket (art. 4.40 Wet IB).

Fictief aanmerkelijk belang — Als aandelen tot een fictief aanmerkelijk belang behoren, kunnen de aandelen op een later moment op verzoek van de belastingplichtige alsnog als vervreemd worden aangemerkt (art. 4.16 lid 3 Wet IB). De aandelen worden dan geacht op dat moment te zijn vervreemd en worden vanaf dat moment belast in box 3. De belastingplichtige moet dan afrekenen over het (fictieve) vervreemdingsvoordeel (art. 4.46 lid 7 Wet IB). Dit wordt berekend door de waarde in het economische verkeer (op het moment van de vervreemding) te verminderen met de verkrijgingsprijs.

6.7.4 Doorschuiven en fusies

Fusie Bij een juridische splitsing, juridische fusie of aandelenfusie wordt de 'koopprijs' van de aandelen betaald in aandelen van een andere vennootschap. Omdat in deze situatie dus geen geld wordt ontvangen, kan het tot liquiditeitsproblemen leiden als de belastingplichtige moet afrekenen over de vervreemdingswinst. Om dit probleem te vermijden, regelen art. 4.41 en 4.42 Wet IB het doorschuiven van de verkrijgingsprijs van de vervallen aandelen naar de nieuw verkregen aandelen.

6.7.5 Doorschuiven en geruisloze terugkeer

Geruisloze terugkeer Ook bij geruisloze terugkeer vanuit de bv of nv naar een IB-onderneming (art. 14c Wet Vpb), krijgt een belastingplichtige geen geld voor zijn aandelen. De vennootschap wordt geliquideerd en dus heeft de belastingplichtige geen aanmerkelijk belang meer. Dit vervreemdingsvoordeel wordt op verzoek van de belastingplichtige niet in aanmerking genomen (zie hoofdstuk 9).

6.8 Aanmerkelijk belang en overlijden

In deze paragraaf wordt ingegaan op de gevolgen van de vererving van aandelen die in box 2 zitten. We beperken ons tot de gevolgen voor de inkomstenbelasting. De gevolgen voor de erfbelasting worden in hoofdstuk 11 behandeld.

Dit is een gecompliceerde regeling. Daarom zal slechts worden ingegaan op de hoofdlijnen van de huidige regeling van vererving. Geen aandacht zal besteed worden aan:
– de medegerechtigdheid als bedoeld in art. 3.3 Wet IB;
– preferente aandelen en indirect aanmerkelijk belang;
– schuldvorderingen die zijn ontstaan door overdracht van de aandelen.

In hoofdstuk 6.6 ad d is al gezegd dat de overgang van aandelen onder algemene titel alsmede de overgang krachtens erfrecht onder bijzondere titel worden gezien als een fictieve vervreemding. Dit zou inhouden dat bij overlijden belasting betaald zou moeten worden (aanmerkelijkbelangheffing). Om de bedrijfsoverdracht zonder belastingheffing te laten verlopen, heeft de wetgever bepaald dat het deel van de waarde van de aandelen dat betrekking heeft op het ondernemingsvermogen van een vennootschap, zonder belastingheffing aan de erven kan worden overgedragen (art. 4.17a en 4.17b Wet IB).

Uitgangspunten

Geen vervreemding

Het uitgangspunt van de regeling voor de vererving van een aanmerkelijk belang is dat de overgang op grond van erfrecht onder algemene titel of onder bijzondere titel, in afwijking van de hoofdregel van art. 4.16 lid 1 letter e Wet IB, op verzoek van de gezamenlijke belanghebbenden niet als vervreemding wordt aangemerkt. Dit uitgangspunt geldt slechts voor het deel van de overdrachtsprijs dat toerekenbaar is aan het ondernemingsvermogen in de zin van art. 3.2 Wet IB van de vennootschap waarop de aandelen of winstbewijzen betrekking hebben. Bovendien moet aan de onderstaande voorwaarden worden voldaan (art. 4.17a Wet IB):

a. De vennootschap waarop de aandelen of winstbewijzen betrekking hebben, drijft een (materiële) onderneming als bedoeld in art. 3.2 Wet IB.
b. De aandelen of winstbewijzen behoren bij de erflater niet tot een aanmerkelijk belang op grond van de meetrekregeling van art. 4.10 Wet IB.
c. De verkrijger is binnenlands belastingplichtig en de verkregen aandelen of winstbewijzen maken geen deel uit van het vermogen van een voor zijn rekening gedreven onderneming én behoren niet tot het resultaat uit een werkzaamheid van hem.
d. Bij een overgang op grond van erfrecht onder bijzondere titel, vindt deze overgang plaats binnen 2 jaar na het overlijden.

Geen aanmerkelijkbelangwinst

Als de bv waarin de erflater een aanmerkelijk belang heeft een zogenoemde materiële onderneming drijft (een onderneming in de zin van art. 3.2 Wet IB, zie voorwaarde a), wordt de overdracht van de aandelen als gevolg van het overlijden van de erflater niet als vervreemding aangemerkt. Er wordt dan geen aanmerkelijkbelangwinst gerealiseerd.

Bij een overgang op grond van erfrecht onder bijzondere titel, moet het verzoek om doorschuiving binnen 2 jaar na het overlijden zijn gedaan (voorwaarde d).

Materiële onderneming

Materiële onderneming

Het is van belang om vast te stellen wanneer er sprake is van een materiële onderneming in de zin art. 3.2 Wet IB. Ook moet worden vastgesteld welk deel van het vermogen van de bv aan deze materiële onderneming kan worden toegerekend (het restant behoort dan tot het beleggingsvermogen van de bv). Bij het begrip materiële onderneming wordt zo veel mogelijk aangesloten bij het begrip dat in de inkomstenbelasting wordt gehanteerd. Dat wil zeggen dat er sprake kan zijn van verplicht bedrijfsvermogen, keuzevermogen en vermogen dat niet dienstbaar is aan de onderneming, zoals overmatige liquide middelen (zie in dit verband paragraaf 4.8). Als de belastingplichtige kan aantonen dat de bv de liquide middelen die in de vennootschap worden aangehouden gaat gebruiken voor bijvoorbeeld de aankoop van een pand, zullen deze middelen tot het ondernemingsvermogen worden gerekend.

Omdat het gaat om de waarde van de aandelen, moeten bij de waardering van die aandelen niet alleen de intrinsieke waarden worden vastgesteld, maar ook de stille reserves en de goodwill. Nadat de waarde is vastgesteld, moet worden bepaald welk deel van de waarde wordt toegekend aan de onderneming en welk deel aan het beleggingsvermogen van de vennootschap.

Vervolgens wordt de waarde die wordt toegekend aan de onderneming verhoogd met 5% van die waarde, zodat een deel van het beleggingsvermogen ook onder de vrijstelling van art. 4.17a Wet IB valt. Als het gehele vermogen van de vennootschap wordt aangemerkt als ondernemingsvermogen, kan die 5% niet worden toegepast. De vrijstelling kan namelijk nooit hoger zijn dan de waarde van de aandelen.

Voorbeeld

Henk Jorrit bezit alle aandelen van bv Jorrit. Hij heeft deze aandelen bij de oprichting verkregen voor € 30.000 (dat is zijn verkrijgingsprijs). De waarde van de activa van deze bv bedraagt € 480.000. Hiervan bestaat € 80.000 uit beleggingen en is € 400.000 toe te rekenen aan een onderneming. Verder heeft bv Jorrit € 200.000 aan schulden, die allemaal zijn toe te rekenen aan de onderneming.
Daarnaast zijn er stille reserves en goodwill ter waarde van € 75.000. Deze zijn toe te rekenen aan de onderneming (de latente belastingschuld kan op 10% worden gesteld).
De balans van bv Jorrit ziet er dan als volgt uit:

bv Jorrit (in €)					
	Fiscale waarde	Werkelijke waarde		Fiscale waarde	Werkelijke waarde
Onderneming	400.000	475.000	Vermogen	280.000	347.500
Beleggingen	80.000	80.000	Crediteuren	200.000	200.000
			Latente vpb-claim		7.500
	480.000	555.000		480.000	555.000

De waarde van de aandelen in deze bv bedraagt dus € 347.500. Hiervan is € 80.000 toe te rekenen aan de beleggingen en € 267.500 aan de materiële onderneming.

Henk komt te overlijden; zijn zonen Karel en Ben erven zijn aandelen.
De aandelen worden door het overlijden van Henk fictief overgedragen (art. 4.16 lid 1 Wet IB) aan Karel en Ben, middels de verdeling van de erfenis. Bv Jorrit drijft een materiële onderneming. Op grond van art. 4.17a Wet IB wordt de overgang krachtens erfrecht onder algemene titel op verzoek niet als vervreemding aangemerkt. Het deel van de onderneming dat niet als vervreemd wordt aangemerkt, wordt als volgt berekend:
Het vermogen dat is toe te rekenen aan de materiële onderneming van bv Jorrit, voor zover deze tot uitdrukking komt in de waarde van de aandelen, is € 267.500 (zie hiervoor), vermeerderd met 5% hiervan (art. 4.17a lid 6 Wet IB) = € 267.500 + € 13.375 = € 280.875. De overdracht van dit deel wordt niet als vervreemding aangemerkt. Met betrekking tot het andere deel is wel sprake van een vervreemding; de omvang van dit deel bedraagt € 347.500 –/– € 280.875 = € 66.625.
De vervreemdingswinst van Henk bedraagt nu € 66.625 –/– € 30.000 (verkrijgingsprijs van Henk) = € 36.625. De verkrijgingsprijs voor de zonen wordt in totaal op € 66.625 gesteld.

Dividenduitkering bij beleggingsvermogen

Dividenduitkering Als een bv beleggingsvermogen heeft, kan deze bv een dividenduitkering doen aan de erfgenamen, zodat deze de aanmerkelijkbelangheffing van 25% over de vervreemdingswinst kunnen betalen. Een dividend is een regulier inkomen (art. 4.12 Wet IB). Dit zou dus inhouden dat er nu twee keer belasting moet worden betaald: één keer over de geconstateerde vervreemdingswinst bij overlijden (art. 4.16 lid 1 letter e Wet IB) en één keer over de dividenduitkering om deze belastingschuld te kunnen betalen.

Omdat de wetgever dit een ongewenste situatie vond, is in art. 4.12a Wet IB een aantal vereisten gesteld. Als een dividenduitkering aan deze vereisten voldoet, is de uitkering geheel of gedeeltelijk vrijgesteld. De vereisten zijn:
- De dividenduitkering vindt plaats binnen 24 maanden na het overlijden van de belastingplichtige.
- Bij het overlijden is een vervreemdingswinst geconstateerd.
- De dividenduitkering bedraagt niet meer dan de geconstateerde vervreemdingswinst.
- De dividenduitkering wordt afgeboekt van de verkrijgingsprijs van de erfgenamen.

Voorbeeld

De bij Henk uit het vorige voorbeeld geconstateerde vervreemdingswinst is € 36.625. Om de over deze vervreemdingswinst verschuldigde inkomstenbelasting van 26,9% (€ 9.825) te kunnen betalen, keert bv Jorrit binnen 24 maanden na het overlijden van Henk een bedrag uit dat gelijk is aan de vervreemdingswinst ad € 36.625. Dit dividend wordt nu door de zonen van Henk ontvangen, maar zij moeten als erfgenamen ook de door Henk verschuldigde belasting voldoen. Normaal zou dit dividend worden belast, maar dat hoeft nu niet. Wel wordt de verkrijgingsprijs van de aandelen voor de zonen met € 36.625 verlaagd. De verkrijgingsprijs voor de zonen wordt dan gezamenlijk € 30.000 (de verkrijgingsprijs na doorschuiving van € 66.625 (zie het vorige voorbeeld) –/– het vrijgestelde dividend van € 36.625).

De doorschuifregeling van art. 4.17b Wet IB

Onverdeeldheid Als een belastingplichtige overlijdt en meerdere erfgenamen heeft, ontstaat er een onverdeeldheid. Bij verdeling van de nalatenschap wordt de onverdeeldheid opgeheven. Voor deze verdeling is in art. 4.17b Wet IB een doorschuifregeling opgenomen. Een verdeling van de nalatenschap binnen 2 jaar na het overlijden, wordt op verzoek in het geheel niet als een vervreemding aangemerkt (dit in tegenstelling tot het overlijden). Om doelmatigheidsredenen geldt dat ook ten aanzien van de waardeontwikkeling van het beleggingsvermogen in de tussenliggende periode. De verkrijgingsprijs wordt daarbij doorgeschoven (art. 4.39b Wet IB).

> **Voorbeeld**
>
> Belastingplichtige Ad bezit alle aandelen in een bv. De waarde van de aandelen bedraagt € 1.000.000. Hiervan is € 800.000 toerekenbaar aan het ondernemingsvermogen en € 200.000 aan het beleggingsvermogen. De verkrijgingsprijs van Ad bedraagt € 300.000.
> Ad overlijdt en zijn twee in Nederland wonende kinderen Bernard en Cees zijn de erfgenamen. Anderhalf jaar na het overlijden van Ad wordt de nalatenschap verdeeld. Op dat moment bedraagt de waarde van de aandelen € 1.080.000, waarvan € 800.000 toerekenbaar is aan het ondernemingsvermogen en € 280.000 aan het beleggingsvermogen. De aandelen worden toegescheiden aan Cees. Bernard verkrijgt een overbedelingsvordering op Cees.
>
> *Uitwerking*
> Het overlijden van Ad vormt een fictieve vervreemding aan Bernard en Cees. Voor het deel dat toerekenbaar is aan het ondernemingsvermogen (€ 840.000, namelijk € 800.000 + 5%; lid 6), wordt de vervreemding op verzoek teruggenomen (doorschuifregeling art. 4.17a Wet IB). Voor het beleggingsvermogensdeel (€ 160.000) is wel sprake van een vervreemding (de overdrachtsprijs is dus € 160.000). Ad brengt hierop zijn verkrijgingsprijs van € 300.000 in mindering, tot een bedrag van € 160.000 (art. 4.19 Wet IB). Hierdoor is bij Ad geen sprake van een vervreemdingsvoordeel.
> Het restant van de verkrijgingsprijs van Ad (€ 140.000) wordt doorgeschoven naar zijn erfgenamen Bernard (€ 70.000) en Cees (€ 70.000). De verkrijgingsprijs voor zowel Bernard als Cees bedraagt € 150.000, namelijk € 80.000 voor het deel van de overdracht dat als vervreemding is aangemerkt, plus € 70.000 van de doorgeschoven verkrijgingsprijs van Ad (art. 4.39a en art. 4.19 Wet IB).
> De verdeling van de nalatenschap is – op verzoek – geen vervreemding (art. 4.17b Wet IB). Cees verkrijgt alle aandelen, met doorschuiving van de verkrijgingsprijs van Bernard. De verkrijgingsprijs van Cees bedraagt dus € 300.000. Met de waardeontwikkeling van de aandelen in de tussenliggende periode wordt geen rekening gehouden.

6.9 VBI en buitenlandse beleggingslichamen

6.9.1 VBI

Vrijgestelde beleggingsinstelling

In de Wet op de vennootschapsbelasting is een bijzondere vrijstelling opgenomen voor de 'vrijgestelde beleggingsinstelling' (VBI, art. 6a Wet Vpb). In hoofdstuk 9 wordt hier meer aandacht aan besteed. Een VBI kan alleen een nv of een fonds voor gemene rekening zijn. Waar in dit hoofdstuk van een nv wordt gesproken, omvat dit tevens de rechtspersoon fonds voor gemene rekening.
Een VBI kan een nieuw opgerichte vennootschap zijn. Maar ook een bestaande nv kan omgevormd worden tot een VBI. Verkrijgt een bestaande nv een VBI-status, dan is de overgang van een 'normale' nv naar een VBI voor de aanmerkelijkbelanghouder een fictieve vervreemding van de aandelen (art. 4.16 lid 1 letter k Wet IB) indien en voor zover er een positief vervreemdingsvoordeel is. Indien er een negatief vervreemdingsvoordeel is, is art. 4.16 lid 1 letter k niet van toepassing (art. 4.16 lid 7 Wet IB).

Als een belastingplichtige een aanmerkelijk belang heeft in een VBI, wordt bij hem jaarlijks een forfaitair rendement in aanmerking genomen (art. 4.13 lid 1 letter a Wet IB). Dit forfaitaire rendement wordt gesteld op 5,69% per jaar van de waarde in het economische verkeer die aan het begin van het kalenderjaar, of het moment waarop de VBI ingaat (art. 4.14, lid 1 en lid 3 Wet IB) aan de aanmerkelijkbelangaandelen kan worden toegekend (art. 4.14 lid 1 Wet IB). Bezit de belastingplichtige de aandelen slechts een deel van het jaar, dan wordt het forfaitaire rendement naar tijdsgelang berekend (art. 4.14 lid 2 Wet IB).

> **Voorbeeld**
>
> Brent is directeur en enig aandeelhouder van BaBa nv. Bij oprichting van de nv heeft Brent deze aandelen verkregen voor € 45.000. Deze nv drijft een onderneming. BaBa nv verkoopt de onderneming en na afrekenen met de Belastingdienst over de verkoopwinst, hebben de aandelen een waarde van € 400.000. Na verzoek wordt BaBa nv per 1 januari 2021 een VBI.
> Op 1 januari 2021 is er sprake van een fictieve vervreemding op grond van art. 4.17 lid 1 letter k Wet IB en moet de aandeelhouder, de heer Brent, afrekenen over het vervreemdingsvoordeel van € 355.000 (€ 400.000 −/− € 45.000).
> De verkrijgingsprijs van de aandelen wordt verhoogd met deze € 355.000 (art. 4.27 lid 3 Wet IB) en wordt dus € 400.000.

Dividend Keert de vennootschap een dividend uit, dan wordt dit dividend gewoon belast, maar wordt het dividend ook in mindering gebracht op het forfaitaire rendement. Dit forfaitaire rendement kan hierdoor echter niet negatief worden.
Het bedrag dat op grond van fictie in aanmerking moet worden genomen, mag bij de verkrijgingsprijs worden opgeteld (art. 4.27 Wet IB).

> **Vervolg voorbeeld**
>
> In oktober 2021 wordt door de nv een dividend uitgekeerd van € 5.000. Dit uitgekeerde dividend wordt aangemerkt als regulier voordeel. Daarnaast wordt ook een fictief voordeel belast. Dit voordeel is gelijk aan 5,69% van de waarde van de aandelen bij aanvang van het kalenderjaar. Dit is € 22.760 (5,69% van € 400.000). Op dit bedrag mag het in 2021 uitgekeerde dividend (€ 5.000) in mindering worden gebracht. Per saldo blijft er een fictief aan te geven voordeel over van € 17.760. Het totale reguliere voordeel is in 2021 € 22.760 (€ 5.000 + € 17.760).
> De verkrijgingsprijs van het aandelenpakket van Brent is nu € 417.760 (€ 400.000 + het fictief in aanmerking genomen voordeel van € 17.760).

Als de bv (een deel van) haar winst niet uitkeert aan de aandeelhouders, worden de aandelen in die bv meer waard. Door het verhogen van de verkrijgingsprijs zal bij verkoop het vervreemdingsvoordeel minder worden. Dit betekent dat door het verhogen van de verkrijgingsprijs wordt voorkomen dat een voordeel dubbel wordt belast.

> **Vervolg voorbeeld**
>
> Per 1 januari 2022 is de waarde in het economisch verkeer van de aandelen BaBa nv € 410.000. In 2022 is dus het forfaitair rendement € 23.329 (5,69% van € 410.000). Ervan uitgaande dat er in 2022 geen dividend wordt uitgekeerd, is de verkrijgingsprijs per ultimo 2022 dus € 441.089 (= € 417.760 + € 23.329).
> Op 1 januari 2023 is de waarde in het economisch verkeer van de aandelen BaBa nv € 420.000.
> Op 1 mei 2023 verkoopt de heer Brent zijn aandelen BaBa nv. Het forfaitair rendement over 2023 is € 7.966 (4/12 × 5,69% × € 420.000) (en dus wordt de verkrijgingsprijs op 1 mei van die aandelen € 449.055). Tijdens de bezitsperiode van de heer Brent in 2023 wordt geen dividend uitgekeerd.
> De zakelijke verkoopprijs is € 422.000.
> De heer Brent heeft een vervreemdingsverlies van € 27.055. Hoe dit verlies verrekend wordt, is afhankelijk van het feit of de heer Brent nog een ander aanmerkelijk belang bezit.

Flits-VBI

Om te voorkomen dat een belastingplichtige kiest voor een constructie waarbij box-3-heffing wordt voorkomen door vermogen uit box 3 tijdelijk onder te brengen in een VBI, de zogenoemde flits-VBI, schrijft art. 2.14 lid 1 letter d Wet IB voor dat wanneer een belastingplichtige vanuit box 3 vermogen inbrengt in een VBI en dit vermogen binnen 18 maanden na inbreng weer inkomen uit sparen en beleggen gaat genereren, dit vermogen geacht wordt om voor die periode zowel inkomen uit aanmerkelijk belang als inkomen uit sparen en beleggen te genereren.

6.9.2 Buitenlandse beleggingslichamen

In buitenland gevestigde vennootschap

Als een in Nederland wonende belastingplichtige een aanmerkelijk belang bezit in een vennootschap die in het buitenland is gevestigd, valt dit bezit onder de regels van het aanmerkelijkbelangregime. Dit betekent dat zowel de reguliere inkomsten (reguliere voordelen) als de verkoopwinst (het vervreemdingsvoordeel) worden belast.

Forfaitair rendement

Als het gaat om een vennootschap waarvan de bezittingen grotendeels bestaan uit (directe of indirecte) beleggingen, worden net als bij een VBI (zie paragraaf 6.9.1) niet alleen de werkelijk ontvangen reguliere inkomsten in aanmerking genomen, maar ook een forfaitair rendement (art. 4.13 Wet IB). Dit forfaitaire rendement geldt echter niet als de winst van deze vennootschap wordt belast tegen een tarief van 10% of meer (art. 4.14 lid 8 letter c Wet IB). In dat geval worden alleen de werkelijk ontvangen reguliere voordelen in aanmerking genomen.
Het forfaitaire rendement wordt gesteld op 5,69% per jaar van de waarde in het economische verkeer die aan het begin van het kalenderjaar aan de aanmerkelijkbelangaandelen kan worden toegekend (art. 4.14 Wet IB).
Keert het buitenlandse beleggingslichaam een dividend uit, dan wordt dit dividend gewoon belast, maar wordt het dividend ook in mindering gebracht op het forfaitaire rendement. Dit forfaitaire rendement kan hierdoor echter niet negatief worden.

HOOFDSTUK 6 | BOX 2: BELASTBAAR INKOMEN UIT AANMERKELIJK BELANG

> **Voorbeeld**
>
> Vincent Janssen koopt op 1 januari 2021 10% van het aandelenkapitaal in Pacofic bv, gevestigd op de Bahama's. Het betreft een beleggingsmaatschappij. De bezittingen bestaan voor 80% uit beleggingen in beursgenoteerde vennootschappen. De waarde van de vennootschap per 1 januari 2021 is € 150.000.000 en Vincent betaalt voor zijn pakket dus € 15.000.000. In het jaar 2021 keert Pacofic bv geen dividend uit. Over 2021 moet Vincent in box 2 een forfaitair rendement aangeven van 5,69% van € 15.000.000 = € 853.500. Over deze € 853.500 is hij 26,9% inkomstenbelasting verschuldigd.
>
> De waarde van de vennootschap bedraagt per 1 januari 2022 € 165.000.000. Pacofic bv keert dit jaar dividend uit. Vincent ontvangt € 400.000 dividend.
> Over 2022 moet Vincent een forfaitair rendement aangeven van 5,69% van 10% (zijn aandelenbezit) van € 165.000.000 = € 938.850. Dit forfaitaire rendement moet worden verminderd met zijn werkelijk genoten voordeel (€ 400.000).
>
> Vincent geeft over 2022 als regulier voordeel aan:
>
> | | |
> |---|---:|
> | Ontvangen dividend | € 400.000 |
> | Forfaitair rendement (€ 938.850 –/– € 400.000) | € 538.850 + |
> | Reguliere voordelen | € 938.850 |
>
> De waarde van de vennootschap per 1 januari 2023 bedraagt € 180.000.000. Pacofic bv keert dit jaar dividend uit. Vincent ontvangt € 1.100.000.
> Over 2023 moet Vincent een forfaitair rendement aangeven van 5,69% van 10% (zijn aandelenbezit) van € 180.000.000 = € 1.024.200. Dit forfaitaire rendement moet worden verminderd met zijn werkelijk genoten voordeel (€ 1.100.000).
>
> Vincent geeft over 2023 als regulier voordeel aan:
>
> | | |
> |---|---:|
> | Ontvangen dividend | € 1.100.000 |
> | Forfaitair rendement (€ 1.024.200 –/– € 1.100.000) | € nihil + |
> | Reguliere voordelen | € 1.100.000 |

Verkrijgingsprijs aandelen

Zoals uit het voorbeeld blijkt, is het mogelijk dat het forfaitaire rendement hoger is dan het ontvangen dividend. De belastingplichtige moet dan iets aangeven wat hij (nog) niet heeft ontvangen. De wetgever heeft daarom bepaald dat het door de belastingplichtige aangegeven forfaitaire rendement de verkrijgingsprijs van de aandelen verhoogt (art. 4.27 Wet IB). Dit leidt ertoe dat bij een verkoop van de aandelen minder winst wordt gerealiseerd.

> **Voorbeeld**
>
> In het bovengenoemde voorbeeld heeft Vincent zijn aandelen verkregen voor € 15.000.000. Dit bedrag moet worden verhoogd met het forfaitaire rendement dat hij heeft aangegeven. De verkrijgingsprijs bedraagt ultimo 2021: € 15.000.000 (feitelijke verkrijgingsprijs) + € 853.500 (forfaitair rendement 2021) + € 538.850 (forfaitair rendement 2022) = € 16.477.770. In 2023 is alleen het werkelijk ontvangen dividend aangegeven. Als Vincent begin 2024 zijn volledige aandelenpakket verkoopt voor bijvoorbeeld € 18.600.000, moet hij als vervreemdingsvoordeel aangeven: € 18.600.000 −/− € 16.477.770 = € 2.122.300.

6.10 Genietingsmoment

Genietingsmoment — De Wet IB geeft aan op welk moment de gerealiseerde voordelen en de kosten moeten worden aangegeven. Ook hierbij moet een onderscheid worden gemaakt tussen:
a. reguliere voordelen,
b. aftrekbare kosten, en
c. vervreemdingsvoordelen.

Ad a. Regulier voordeel

Regulier voordeel — Een regulier voordeel is belast als het ontvangen, verrekend, ter beschikking is gesteld of rentedragend is geworden (art. 4.43 Wet IB). Ook is een regulier voordeel belast als het vorderbaar én inbaar is. Deze regeling geldt ook als genietingsmoment van de inkomsten in box 1 (zie hoofdstuk 5).

Ad b. Aftrekbare kosten

Aftrekbare kosten — De kosten die verband houden met het reguliere voordeel zijn aftrekbaar in het jaar waarin zij zijn betaald, verrekend, door de aanmerkelijkbelanghouder ter beschikking zijn gesteld of rentedragend zijn geworden (art. 4.44 Wet IB) (zie hoofdstuk 5).

Ad c. Vervreemdingsvoordeel

Vervreemdingsvoordeel — Een vervreemdingsvoordeel is belast op het moment van vervreemden (art. 4.46 Wet IB). Dit is het moment waarop de overeenkomst wordt gesloten. Bij fictieve vervreemdingen is het vervreemdingsmoment in de fictie begrepen. Wanneer de aandelen worden geleverd of op welk moment de koopsom wordt voldaan, is niet relevant voor het bepalen van het vervreemdingsmoment. Het sluiten van de overeenkomst is cruciaal.

6.11 Verliesverrekening

Verliesverrekening Tot nu toe is steeds gesproken over de voordelen die in box 2 worden belast. Maar er kunnen ook verliezen optreden. Verliezen in box 2 worden verrekend met de voordelen uit aanmerkelijk belang (art. 4.47 e.v. Wet IB). Dit kunnen zowel reguliere voordelen als vervreemdingsvoordelen zijn. Als in het jaar waarin het verlies wordt geleden, geen of onvoldoende voordelen zijn behaald, kan het verlies in het betreffende jaar niet volledig worden verrekend. Het verlies kan dan worden verrekend met de voordelen van het voorafgaande jaar. Blijft dan toch nog een niet verrekend verlies over, dan kan de belastingplichtige dit aanmerkelijkbelangverlies verrekenen met de voordelen in de 6 volgende jaren (art. 4.49 lid 1 Wet IB). Dit kan uiteraard pas in de toekomst, als deze voordelen daadwerkelijk zijn gerealiseerd.

Als een belastingplichtige geen aanmerkelijk belang meer heeft, is het mogelijk dat in box 2 een niet verrekenbaar verlies overblijft. Dit verlies mag hij niet verrekenen met de inkomens uit één van de andere boxen. Wel mag een belastingplichtige die in het jaar zelf en het voorafgaande jaar geen aanmerkelijk belang heeft gehad, de inspecteur verzoeken om een bedrag ter grootte van 26,25% van het verlies te verrekenen met de over box 1 verschuldigde belasting (art. 4.53 Wet IB). Is de belasting in box 1 in het betreffende jaar niet toereikend, dan wordt het restant van de belastingkorting doorgeschoven. Hierbij mag de oorspronkelijke verliesverekeningtermijn van 6 jaar niet worden overschreden. De belastingkorting mag niet worden verrekend met de over box 3 verschuldigde belasting.

Voorbeeld

Dirk heeft bij de verkoop van zijn aandelen in 2021 een verlies geleden van € 100.000. Door de verkoop van de aandelen bezit Dirk geen aanmerkelijk belang meer. Hij kan dit niet verrekenen met voordelen in box 2 uit het voorafgaande jaar. Ook in het daaropvolgende jaar (2022) heeft Dirk geen aanmerkelijk belang en hij kan in dat jaar ook geen verliezen verrekenen. Als hij ook in het tweede jaar na verkoop van de aandelen (2023) nog geen aanmerkelijk belang bezit, mag Dirk de inspecteur verzoeken om € 26.900 (26,9% van het verlies van € 100.000) in mindering brengen op de belasting die hij in dat jaar (2023) in box 1 verschuldigd is. Als Dirk in dat jaar in box 1 slechts € 12.000 aan belasting verschuldigd is, mag hij € 14.900 (€ 26.900 –/– € 12.000) verrekenen in latere jaren. Dit kan dan tot en met 2027.

Overgangsrecht verliescompensatie

Voor verliezen uit aanmerkelijk belang die zijn ontstaan in 2018 of eerdere jaren blijft gelden dat deze verrekenbaar zijn met de inkomens uit aanmerkelijk belang van het voorafgaande jaar en de volgende 9 jaren. Voor verliezen uit aanmerkelijk belang die zijn ontstaan in de jaren 2019 en latere jaren geldt dat deze verliezen slechts verrekenbaar zijn met inkomens uit aanmerkelijk belang uit het voorafgaande jaar en de 6 volgende jaren.

Verliezen worden gecompenseerd in de volgorde waarin de verliezen zijn ontstaan en de inkomens zijn genomen (art. 4.49 lid 3 Wet IB). Hierdoor verdampen verliezen uit het kalenderjaar 2019 in 2025 en verdampen verliezen uit het kalenderjaar 2020 in 2026, terwijl verliezen uit het kalenderjaar 2017 pas in 2026 verdampen en verliezen uit het kalenderjaar 2018 pas in 2027.

Om nu te voorkomen dat verliezen uit 2019 en 2020 niet gecompenseerd kunnen worden omdat wettelijk gezien eerst het verlies uit 2017 en 2018 gecompenseerd moet worden, is in het overgangsrecht opgenomen dat verliezen uit 2019 eerder worden gecompenseerd dan verliezen uit 2017 en 2018 en dat verliezen uit 2020 eerder worden gecompenseerd dan verliezen uit 2018.

HOOFDSTUK 7
Box 3: belastbaar inkomen uit sparen en beleggen

Vermogen kan worden opgebouwd in vele vormen: geld sparen, beleggen in postzegels, aandelen, onroerende zaken, etc. Dit vermogen kan toenemen door de ontvangst van rente, dividend, huur of doordat de waarde ervan stijgt. De Belastingdienst gaat ervan uit dat met het vermogen jaarlijks een bepaald rendement wordt behaald. Over dat rendement wordt belasting geheven.

- forfaitair rendement
- bezittingen
- schulden
- vrijstellingen
- erfrecht
- groene beleggingen
- nettopensioen
- waardering

7.1 Inleiding

Dit hoofdstuk gaat over box 3 van de inkomstenbelasting: het inkomen uit sparen en beleggen. Iedereen bouwt graag vermogen op. Dit kan in vele vormen: geld sparen, beleggen in postzegels, aandelen, onroerende zaken, etc. Vaak neemt dit vermogen toe door de ontvangst van rente, dividend, huur of doordat de waarde ervan stijgt. Er wordt dan een voordeel genoten. Wie denkt dat dit als inkomen uit sparen en beleggen belast wordt, heeft het mis. Op grond van een wetsfictie wordt ervan uitgegaan dat met het vermogen jaarlijks een bepaald rendement wordt behaald. Over dat (forfaitaire) rendement wordt vervolgens (na aftrek van het heffingvrij vermogen) de belasting berekend.

Opgemerkt zij nog dat het vermogen het saldo is van bezittingen en schulden. Met deze laatste wordt dus ook rekening gehouden (zie paragraaf 7.4).

In dit hoofdstuk komen de volgende onderdelen aan de orde:
- forfaitair rendement (paragraaf 7.2);
- bezittingen die tot de heffingsgrondslag behoren (paragraaf 7.3);
- schulden die tot de heffingsgrondslag behoren (paragraaf 7.4);
- vrijstelling voor specifieke vermogensbestanddelen (paragraaf 7.5);
- waardering van vermogensbestanddelen (paragraaf 7.6).

7.2 Forfaitair rendement

7.2.1 Rendementsklassen

Forfaitair rendement

In box 3 wordt het inkomen uit sparen en beleggen *forfaitair* bepaald. Er wordt dus niet gekeken naar het inkomen dat een belastingplichtige feitelijk realiseert. Nee, in plaats daarvan wordt hij geacht een bepaald percentage van zijn vermogen aan inkomen te hebben gerealiseerd. De wet maakt daarbij onderscheid in twee *rendementsklassen*, één voor spaargelden en één voor alle overige vermogensbestanddelen (zoals aandelen, obligaties maar ook onroerende zaken). Voor elke rendementsklasse is op basis van een gemiddeld rendement een forfaitair rendementspercentage vastgesteld. Voor spaartegoeden is dit in artikel 5.2 lid 1 Wet IB op 0,03% gesteld en voor de overige beleggingen op 5,69%. Deze percentages worden jaarlijks bij wet opnieuw vastgesteld.

Rendementsklassen

7.2.2 Vermogensmix

Drie schijven
De wetgever gaat er verder van uit dat met het stijgen van het vermogen een steeds kleiner deel van het vermogen in de vorm van spaargelden wordt aangehouden. Het box 3-vermogen wordt daarom forfaitair gesplitst in drie delen of schrijven. De eerste schijf loopt van meer dan € 0 tot en met € 50.000, de tweede schijf van meer dan € 50.000 tot en met € 950.000. De laatste schijf start bij meer dan € 950.000 en kent geen maximum (oneindig).

Verder is per schijf een verdeling vastgesteld over sparen en overige vermogensbestanddelen. De wet duidt dit aan als rendementsklassen, waarbij rendementsklasse I uit de spaargelden bestaat en rendementsklasse II uit de overige vermogensbestanddelen. Voor de verdeling per schijf geldt: hoe hoger de schijf, des te groter het aandeel overige vermogensbestanddelen. In 2021 bestaat schijf 1 voor 67% uit spaargelden en voor 33% uit overige beleggingen. Voor schijf 2 is dat 21% sparen en 79% overige vermogensbestanddelen en voor schijf 3 0% sparen en 100% overige vermogensbestanddelen. Ook voor deze verdeling geldt dat zij jaarlijks wordt vastgesteld.

Het gewogen forfaitaire rendement komt daarmee uit op 1,898% in schijf 1, 4,501% in schijf 2 en 5,690% in schijf 3. Rekening houdend met een belastingtarief van 31% (art. 2.13 Wet IB) bedraagt de heffing als percentage van het vermogen dan 0,588% in schijf 1, 1,395% in schijf 2 en 1,764% in schijf 3.

Grondslag sparen en beleggen		Spaardeel	Beleggingsdeel	Gewogen gemiddeld forfaitair rendement	Belasting als percentage van het vermogen
meer dan	maar niet meer dan				
		0,03%	5,69%		
€ –	€ 50.000	67,00%	33,00%	1,898%	0,588%
€ 50.000	€ 950.000	21,00%	79,00%	4,501%	1,395%
€ 950.000	∞	0,00%	100,00%	5,690%	1,764%

Tabel 7.1 Gewogen gemiddelde forfaitair rendement en belasting als percentage van het vermogen per schijf

7.2.3 Peildatum

Wij zagen al dat het bij de berekening van het box 3-inkomen niet om de werkelijk genoten inkomsten gaat maar om een forfaitair vastgesteld inkomen. Dit wordt berekend op basis van iemands vermogen op 1 januari 0.00 uur van het belastingjaar; alle wijzigingen die zich nadien voordoen, zijn irrelevant. De wet noemt dit de rendementsgrondslag: de waarde van de bezittingen minus de schulden (na aftrek van de doelmatigheidsdrempel, zie paragraaf 7.4.3).

Rendementsgrondslag

Als een belastingplichtige anders dan door overlijden niet het gehele kalenderjaar in Nederland woonde, wordt alleen het deel van het forfaitaire rendement belast dat kan worden toegerekend aan de periode waarin hij in Nederland woonde. De belasting wordt in eerste instantie berekend alsof de belastingplichtige het gehele jaar in Nederland woonde. Vervolgens wordt de uitkomst vermenigvuldigd met het aantal volle maanden dat de belastingplichtige in Nederland woonde. Dit product wordt vervolgens door 12 gedeeld (art. 5.2 lid 3 Wet IB).

Voorbeeld

Piet Hein (alleenstaand) heeft een grondslag sparen en beleggen (vermogen) van € 500.000. Op 5 februari wordt hij binnenlands belastingplichtig. Als hij het gehele jaar binnenlands belastingplichtig zou zijn, zou zijn forfaitaire box 3-inkomen € 21.205 zijn. Dit wordt nu met 10/12 deel vermenigvuldigd. Het forfaitaire box 3-inkomen van Piet Hein bedraagt dus 10/12 × € 21.205 = € 17.670.

7.2.4 Heffingvrij vermogen

Heffingvrij vermogen
Grondslag sparen en beleggen

De rendementsgrondslag wordt vervolgens op grond van art. 5.5 Wet IB verminderd met het *heffingvrij vermogen* van € 50.000. Wat resteert, is de *grondslag sparen en beleggen*. De grondslag sparen en beleggen is altijd minstens nihil (€ 0); het box 3-inkomen kan dus nooit negatief zijn. In de wet staat het als volgt: de grondslag sparen en beleggen is de rendementsgrondslag aan het begin van het kalenderjaar (peildatum) voor zover die rendementsgrondslag meer bedraagt dan het heffingvrije vermogen (art. 5.2 lid 1 tweede volzin Wet IB).

Fiscale partners mogen op grond van art. 2.17 lid 2 Wet IB zelf bepalen welk deel van de gezamenlijke grondslag sparen en beleggen bij elk van hen in aanmerking wordt genomen. Maken zij geen keuze, dan wordt bij elk 50% belast. Onder gezamenlijke grondslag sparen en beleggen wordt verstaan de gezamenlijke rendementsgrondslag (de bezittingen minus het aftrekbare deel van de schulden) aan het begin van het kalenderjaar van de belastingplichtige en zijn partner voor zover die gezamenlijke rendementsgrondslag meer bedraagt dan het heffingsvrije vermogen van de belastingplichtige en zijn partner (art. 5.2 lid 2 Wet IB). De regeling bestaat dus uit twee onderdelen: ten eerste mogen de heffingvrije vermogens bij elkaar worden opgeteld en ten tweede mogen de partners vervolgens zelf bepalen wie welk deel van het gezamenlijk vermogen aangeeft.

> **Voorbeeld**
>
> Kees en Bea zijn onder huwelijkse voorwaarden gehuwd. Er is geen gemeenschappelijk vermogen (koude uitsluiting). Op 1 januari was het vermogen van Kees € 55.000 en dat van Bea € 115.000. Zij hebben geen schulden. Met toepassing van art. 2.17 lid 2 Wet IB kiezen zij ervoor om het hele vermogen ad € 170.000 bij Kees aan te geven en Bea's heffingvrije vermogen (€ 50.000) geheel aan Kees over te dragen. Kees' grondslag sparen en beleggen bedraagt dan € 70.000 (€ 170.000 –/– 2 × € 50.000). Ze kunnen ook ieder € 35.000 aangeven. Dit is gelet op de schijven net iets gunstiger. Beiden vallen dan binnen de eerste schijf van € 50.000.

7.2.5 Persoonsgebonden aftrek

Voordeel uit sparen en beleggen

Belastbaar inkomen uit sparen en beleggen

Op basis van (1) de grondslag sparen en beleggen en (2) de verdeling over de rendementsklassen wordt het forfaitair rendement berekend, het *voordeel uit sparen en beleggen*. Dit bedrag wordt zo nodig verminderd met (het resterende deel van) de persoonsgebonden aftrek (zie paragraaf 8.1). Het verschil is het *belastbaar inkomen uit sparen en beleggen* (art. 5.1 Wet IB).

7.2.6 Tarief

Over het belastbaar inkomen uit sparen en beleggen wordt tot slot aan de hand van het tarief de over het box 3-inkomen verschuldigde belasting berekend. Het belastingtarief is 31% (art. 2.13 Wet IB).

In schema ziet het er als volgt uit:

Waarde bezittingen peildatum	....
Waarde schulden peildatum –/– een wettelijke drempel van € 3.200*	.... –/–
Vermogen op peildatum	....
Af:	
Heffingvrije vermogen	.... –/–
Nettogrondslag voor rendement	....
Verdeling binnen schaal 1 (percentage gemiddeld rendement 1,898%** / maximale grondslag € 50.000 / maximaal forfaitair inkomen € 949)	
– Rendementsklasse I 67% × € .... = € .... × 0,03% =	....
– Rendementsklasse II 33% × € .... = € .... × 5,69% =	....
Verdeling binnen schaal 2 (percentage gemiddeld rendement 4,501% / maximale grondslag € 950.000 / maximaal forfaitair inkomen € 40.509)	
– Rendementsklasse I 21% × € .... = € .... × 0,03% =	....
– Rendementsklasse II 79% × € .... = € .... × 5,69% =	....
Verdeling binnen schaal 3 (percentage gemiddeld rendement 5,690%)	
– Rendementsklasse I 0% × € .... = € .... × 0,03% =	....
– Rendementsklasse II 100% × € .... = € .... × 5,69% =	.... +
Voordeel uit sparen en beleggen	....
Af: Persoonsgebonden aftrek*** (hoofdstuk 8)	.... –/–
Belastbaar inkomen uit sparen en beleggen	....
* € 6.400 als er sprake is van fiscaal partnerschap.	
** De gemiddelde rendementpercentages zijn op drie decimalen afgerond.	
*** Bij de persoonsgebonden aftrek gaat het om de aftrek die resteert na de aftrek in box 1 (zie hoofdstuk 8).	

Tabel 7.2 Berekeningsschema voor de belasting over het box 3-inkomen

Als wij het risico van een klein (afrondings)verschil voor lief nemen, is de berekening te vereenvoudigen tot:

Schaal 1	....	×	1,898%	....
Schaal 2	....	×	4,501%	....
Schaal 3	....	×	5,690%	....
Voordeel uit sparen en beleggen				....
Af: Persoonsgebonden aftrek (hoofdstuk 8)				....
Belastbaar inkomen uit sparen en beleggen				....

Tabel 7.3 Vereenvoudigd berekeningsschema voor de belasting over het box 3-inkomen

In de voorbeelden hierna werken we verder met het vereenvoudigde schema.

7.2.7 Twee voorbeelden: van vermogen naar te betalen belasting

Voorbeeld 1

Voorbeeld 1 Maussa is 59 jaar en heeft geen fiscaal partner. Zijn rendementsgrondslag was per 1 januari 2021 € 150.000.

Bereken hoeveel belasting Moussa moet betalen over zijn box 3-inkomen uitgaande van een vrijstelling van € 50.000.

Schaal 1	€ 50.000	×	1,898%	€ 949
Schaal 2	€ 50.000	×	4,501%	€ 2.250
Schaal 3	–	×	5,690%	–
Voordeel uit sparen en beleggen				€ 3.199
Af: Persoonsgebonden aftrek				–
Belastbaar inkomen uit sparen en beleggen				€ 3.199
Hierover is Maussa € 992 (31% van € 3.200) belasting verschuldigd.				

Uitleg: de rendementsgrondslag moet worden verminderd met het heffingvrij vermogen. Er resteert dan een grondslag sparen en beleggen van € 100.000. Hiervan valt € 50.000 in schijf 1 en € 50.000 in schijf 2.
Het fictief rendement bedraagt in schaal 1 € 949 en € 2.251 in schaal 2. Het fictief rendement komt daarmee uit op € 3.200. In voorkomende gevallen komt hierop een resterend deel van de persoonsgebonden aftrek in mindering. Het resterende bedrag is het belastbaar inkomen uit sparen en beleggen.
Hierover is Maussa 31% (art. 2.13 Wet IB) belasting verschuldigd, hier € 992.

Voorbeeld 2

Voorbeeld 2 Nazim is 34 jaar en heeft geen fiscaal partner. Zijn rendementsgrondslag was per 1 januari 2021 € 1.550.000. De grondslag sparen en beleggen is dan € 1.500.000.

Bereken hoeveel belasting Nazim moet betalen over zijn box 3-inkomen.

Schaal 1	€ 50.000	×	1,898%	€ 949
Schaal 2	€ 900.000	×	4,501%	€ 40.509
Schaal 3	€ 550.000	×	5,690%	€ 31.295
Voordeel uit sparen en beleggen				€ 72.753
Af: Persoonsgebonden aftrek				–
Belastbaar inkomen uit sparen en beleggen				€ 72.753
Hierover is Nazim € 22.553 (31% van € 72.753) belasting verschuldigd.				

Uitleg: de rendementsgrondslag moet worden verminderd met het heffingvrij vermogen. Er resteert dan een grondslag sparen en beleggen van € 1.500.000. Hiervan valt 50.000, in schijf 1, € 900.000 in schijf 2 en € 550.000 in schijf 3.

Het fictief rendement bedraagt in schaal 1 € 949, in schaal 2 € 40.509 en € 31.295 in schaal 3. Het fictief rendement komt daarmee uit op € 72.753. Dit is het belastbaar inkomen uit sparen en beleggen.
Hierover is Nazim 31% (art. 2.13 Wet IB) belasting verschuldigd, hier € 22.553.

Conclusie
Uit de twee voorbeelden blijkt het 'progressieve' karakter van de box 3-heffing. Een en ander komt doordat het forfaitaire rendement over de overige vermogensbestanddelen aanzienlijk hoger is (5,69%) dan het forfaitaire rendement over spaargelden (0,03%) én bij schijf 2 en 3 een aanzienlijk groter deel (79% resp. 100%) van het vermogen aan de overige vermogensbestanddelen wordt toegerekend dan bij schijf 1 (33%).

7.3 Bezittingen

7.3.1 Inleiding

Bezittingen en schulden

De rendementsgrondslag op 1 januari 0.00 uur van een bepaald kalenderjaar is het verschil tussen de waarde van de bezittingen en de waarde van de schulden op dat moment. In art. 5.3 lid 2 Wet IB is bepaald welke bezittingen tot de rendementsgrondslag behoren. Het betreft de volgende categorieën:
a. onroerende zaken;
b. rechten op onroerende zaken;
c. roerende zaken;
d. rechten op roerende zaken;
e. rechten die niet op zaken betrekking hebben;
f. overige vermogensrechten.

Op grond van de boxenvolgorde van art. 2.14 Wet IB gaat het steeds om vermogensbestanddelen die niet tot de inkomensbronnen van box 1 of box 2 behoren. Vermogensbestanddelen als bedrijfsgebouwen (box 1), de eigen woning (box 1) en een aanmerkelijk belang (box 2) behoren dus niet tot het box 3-vermogen.

De diverse bezittingen worden in de volgende subparagrafen kort besproken.

7.3.2 Onroerende zaken

Onroerende zaken die in box 1 vallen, mogen niet worden belast in box 3 (zie paragraaf 3.5.2: toerekenen inkomen aan de boxen). Het gaat dan om:
– panden die als ondernemingsvermogen worden aangemerkt (art. 3.2 e.v. Wet IB);
– de eigen woning (art. 3.111 Wet IB);

- panden die ter beschikking worden gesteld (art. 3.91 en 3.92 Wet IB) aan:
  - de IB-onderneming van verbonden personen;
  - de eigen vennootschap;
  - de vennootschap van een verbonden persoon.

Onroerende zaken die wel in box 3 worden belast, zijn bijvoorbeeld panden die aan derden worden verhuurd of de (tweede) woning die niet als hoofdverblijf dienst doet.

7.3.3 Rechten op onroerende zaken

Rechten op onroerende zaken

Tot de rechten op onroerende zaken behoren onder meer:
- het recht van vruchtgebruik;
- het recht van erfpacht;
- het recht van gebruik;
- het recht van appartement;
- het recht van opstal.

Ook beperkte rechten vallen hieronder. Denk hierbij aan een recht van vruchtgebruik op een recht van erfpacht op een woning.

Voorbeeld

Gerd is overleden. Tot zijn nalatenschap behoort onder andere een vakantiewoning, waarde € 150.000. In zijn testament heeft Gerd bepaald dat zijn dochter (de eigendom van) de woning verkrijgt onder een last van vruchtgebruik ten gunste van haar moeder (66 jaar). Daardoor komen de baten en lasten van de vakantiewoning – stel € 5.000 per jaar – aan haar moeder toe. De waarde van dit recht – 11 × € 5.000 = € 55.000 (zie art. 19 Uitv.besl. IB) – behoort tot het vermogen van moeder. De waarde van de woning minus de waarde van het recht van erfpacht (€ 150.000 –/– € 55.000 = 95.000) behoort tot het vermogen van de dochter.

7.3.4 Roerende zaken

Roerende zaken

De hoofdregel is dat roerende zaken tot de rendementsgrondslag behoren. Dit is echter niet het geval als de belastingplichtige – of personen uit zijn huishouden – de roerende zaken voor persoonlijke doeleinden gebruikt of verbruikt. Voorbeelden van roerende zaken die voor persoonlijke doeleinden worden gebruikt/verbruikt en dus niet tot de rendementsgrondslag behoren, zijn:
- inboedels;
- roeiboten, pleziervaartuigen;
- caravans;
- personenauto's;
- juwelen;
- audio- en video-installaties;
- wijnvoorraden.

Bewijslast De bovengenoemde roerende zaken tellen niet mee voor de rendementsgrondslag, tenzij deze zaken als belegging worden aangehouden. Dit is het geval als de zaken gezien de aard en de hoeveelheid hoofdzakelijk (lees: minimaal 70%) als belegging fungeren. De bewijslast dat de roerende zaken in eigen gebruik hoofdzakelijk als belegging dienen, ligt in het algemeen bij de Belastingdienst.

> **Voorbeeld**
>
> Simone is de enige erfgenaam van haar vader, baron Van der Ploegh. Hij heeft haar ruim veertig oldtimers nagelaten. In tegenstelling tot haar vader heeft Simone niets met auto's. Zij was dan ook van plan de auto's te verkopen maar heeft daar met het oog op de verwachte waardestijging van de collectie van afgezien. Ze houdt de auto's nu als belegging aan, daarom behoren ze tot haar rendementsgrondslag.

7.3.5 Rechten op roerende zaken

Rechten op roerende zaken

Onder rechten op roerende zaken vallen onder meer termijn- of optiecontracten voor bijvoorbeeld:
- metalen;
- edelmetalen als platina, goud en zilver;
- landbouwproducten als aardappelen en tarwe;
- aardolie;
- vreemde valuta.

Bij deze rechten is het niet de bedoeling dat de roerende zaken daadwerkelijk in het bezit van de belastingplichtige komen. De rechten zijn aangeschaft om ermee te speculeren.

Tot de rechten op roerende zaken horen ook de zakelijke rechten op een roerende zaak, zoals het recht van vruchtgebruik van een roerende zaak en het recht van gebruik van een roerende zaak. In paragraaf 7.3.4 zagen wij dat roerende zaken voor eigen gebruik of verbruik veelal niet tot de rendementsgrondslag behoren. Om te voorkomen dat er verschil in behandeling ontstaat tussen de belastingplichtige die als eigenaar een roerende zaak voor persoonlijke doeleinden gebruikt en een belastingplichtige die een vergelijkbare roerende zaak op basis van een vruchtgebruik voor persoonlijke doeleinden gebruikt, geldt op grond van art. 5.9 Wet IB een vrijstelling als het (gebruiks)recht is verkregen krachtens erfrecht.

> **Voorbeeld**
>
> Jaap is eigenaar van een schilderij dat bij hem in de woonkamer hangt. De waarde van het schilderij telt op grond van art. 5.3 lid 2 letter c Wet IB niet mee bij het bepalen van de rendementsgrondslag van Jaap. Bij zijn buurman Koos hangt eveneens een schilderij in de woonkamer. Koos is niet de eigenaar van het schilderij. Hij kreeg het na het overlijden van zijn tante in bruikleen. Omdat het gebruik (genot) niet wezenlijk anders is dan bij Jaap én omdat Koos het gebruiksrecht krachtens erfrecht verkreeg, telt de waarde van dit gebruiksrecht op grond van art. 5.9 Wet IB niet mee bij het bepalen van de rendementsgrondslag van Koos. Zou Koos het gebruiksrecht van zijn tante hebben gekocht, dan telt de waarde ervan echter wel mee bij het bepalen van zijn rendementsgrondslag.

7.3.6 Rechten die niet op zaken betrekking hebben

Rechten die niet op zaken betrekking hebben

Tot de rechten die niet op zaken betrekking hebben, behoren onder meer:
– obligaties;
– schuldvorderingen;
– winstrechten;
– aandelen;
– opties op aandelen en winstbewijzen;
– aanspraken op kapitaaluitkeringen uit levensverzekeringen;
– geld.

> **Voorbeeld**
>
> Een Brabander wint op oudejaarsavond € 20 miljoen in de oudejaarsloterij. Het bedrag wordt op 4 januari daaropvolgend op zijn bankrekening bijgeschreven. De inspecteur stelt dat de vordering op de loterij-instelling op 1 januari tot het vermogen van de Brabander behoort en verhoogt het box 3-inkomen. De Brabander stapt vervolgens naar de rechter en stelt dat hij op 1 januari nog niet over het geld kon beschikken. Helaas voor de Brabander denken de rechtbank, het hof en de Hoge Raad daar anders over; op 1 januari had de Brabander een vordering op de loterij-instelling en die behoort tot zijn box 3-vermogen.

Vorderingen en dergelijke die voortvloeien uit heffingen en belastingen die door de rijksoverheid, lagere overheden en waterschappen zijn opgelegd, worden uitdrukkelijk uitgesloten van het begrip bezitting (art. 5.3 lid 2 tweede volzin Wet IB). Belastingplichtigen hoeven een te verwachten teruggaaf inkomstenbelasting of een nog niet door de Belastingdienst uitbetaalde 'negatieve aanslag' dus niet aan te geven.

> **Voorbeeld**
>
> Dorien heeft een vordering van € 10.000 op haar zus. Ook krijgt zij nog € 5.000 aan inkomstenbelasting terug over het vorige jaar. De vordering op haar zus moet wel worden meegenomen in de rendementsgrondslag, maar de vordering op de Belastingdienst niet.

Volledigheidshalve wordt opgemerkt dat dit op grond van art. 5.3 lid 2 derde volzin Wet IB niet geldt voor een vordering erfbelasting; die behoort dus wel tot het vermogen.

7.3.7 Overige vermogensrechten

Overige vermogensrechten

De categorie 'overige vermogensrechten' is een bezemcategorie. Hieronder vallen alle rechten die niet onder de eerdergenoemde categorieën vallen maar wel een economische waarde hebben. Voorbeelden hiervan zijn vergunningen en auteursrechten.

7.4 Schulden

7.4.1 Inleiding

Schulden

Bij het bepalen van de rendementsgrondslag worden de schulden in mindering gebracht op de bezittingen zoals geformuleerd in paragraaf 7.3. Hierbij wordt op grond van de boxenvolgorde van art. 2.14 Wet IB alleen rekening gehouden met de schulden waarvan de rente bij het bepalen van het box 1- of box 2-inkomen niet in aftrek is gebracht. Alle overige schulden komen in box 3 voor aftrek in aanmerking. Het gaat daarbij onder andere om leningen die zijn aangegaan voor consumptieve uitgaven (een lening voor een caravan of een wereldreis).

Op de hierboven geformuleerde hoofdregel bestaan enkele uitzonderingen, waarvan de twee belangrijkste zijn:
a. Belastingschulden mogen niet worden afgetrokken, met uitzondering van erfbelastingschulden (art. 5.3 lid 3 letters c, d en e Wet IB).
b. Er wordt een drempelbedrag gehanteerd van € 3.200 (voor fiscale partners € 6.400) (art. 5.3 lid 3 letter f Wet IB, zie ook paragraaf 7.4.3).

7.4.2 Belastingschulden

Belastingschulden

Net zoals de belastingvorderingen niet worden meegenomen bij het bepalen van de bezittingen, zo moeten ook de belastingschulden buiten aanmerking blijven (art. 5.3 lid 3 letter c Wet IB).

Een uitzondering hierop vormt de schuld die voortvloeit uit de erfbelasting of een gelijksoortige buitenlandse belasting. Deze schuld is namelijk wél aftrekbaar. Dit geldt ook voor de hiermee samenhangende belasting- en invorderingsrente (art. 5.3 lid 3 letters d en e Wet IB).

> **Voorbeeld**
>
> Rob heeft een erfenis ontvangen van zijn oma. In verband hiermee moet hij erfbelasting betalen. Het geld van de erfenis staat al op zijn bankrekening en deze bezitting wordt meegenomen in de rendementsgrondslag. Een deel van het geld moet worden gebruikt om de verschuldigde erfbelasting te betalen. Deze schuld telt mee bij het bepalen van de rendementsgrondslag. Als Rob de schuld voor het einde van het jaar voldoet, staat er minder geld op zijn rekening, waardoor de rendementsgrondslag op de eerstvolgende peildatum lager wordt. Als hij de erfbelasting pas in het volgende jaar betaalt, is het effect per saldo hetzelfde, aangezien hij dan de belastingschuld op de peildatum in aftrek mag brengen.
>
> Als de aanslag van de erfbelasting nog niet is opgelegd, doet Rob er verstandig aan om de notaris – of iemand anders die de erfenis afwikkelt – te vragen om de verschuldigde erfbelasting te berekenen. De uitkomst van deze berekening kan hij dan als schuld opvoeren.

7.4.3 Drempelbedrag

De schulden komen niet volledig op de bezittingen in mindering. Op grond van art. 5.3 lid 3 letter f Wet IB moeten de gezamenlijke schulden eerst met € 3.200 worden verminderd. Wat daarna nog resteert, mag op de bezittingen in mindering worden gebracht. Dit staat bekend als de doelmatigheidsdrempel.

Doelmatigheidsdrempel

Als de belastingplichtige gedurende het hele kalenderjaar dezelfde partner heeft – of op grond van de keuze als bedoeld in artikel 2.17 Wet IB geacht wordt te hebben – wordt het bedrag op € 6.400 (2 × € 3.200) gesteld.

> **Voorbeeld**
>
> 1 Op 1 januari is Albert nog € 2.500 aan Bert schuldig. Albert heeft verder geen schulden. Albert mag hiervan niets in aftrek brengen. De schuld valt geheel weg tegen de doelmatigheidsdrempel.
>
> 2 Carla is een alleenstaande vrouw van 36 jaar. De waarde van haar bezittingen is € 150.000 en van haar schulden € 20.200. Doordat de eerste € 3.200 aan schulden niet meetelt, mag van de schulden € 17.000 in mindering worden gebracht op de bezittingen. De rendementsgrondslag (voor aftrek van het heffingvrije bedrag) is dus € 133.000 (€ 150.000 –/– € 17.000).
>
> 3 Daan en Eva wonen ongehuwd samen in een eigen woning waarvan zij elk voor 50% eigenaar zijn. Zij zijn dus elkaars fiscale partner (art. 1.2 lid 1 letter d Wet IB). Daan had op 1 januari een schuld van € 3.800; Eva had een schuld van € 1.400. Van de schulden is niets aftrekbaar (€ 3.800 + € 1.400 = € 5.200. Dit is minder dan € 6.400).
>
> 4 Frits en Gemma wonen ongehuwd samen in een eigen woning waarvan zij elk voor 50% eigenaar zijn. Zij zijn dus elkaars fiscale partner. Frits had op 1 januari een schuld van € 4.800; Gemma had een schuld van € 2.600. Van de schulden is € 1.000 aftrekbaar (€ 4.800 + € 2.600 = € 7.400 –/– € 6.400 = € 1.000).

7.5 Vrijstellingen

7.5.1 Inleiding

Vrijstellingen In afdeling 5.2 en 5.3 van hoofdstuk 5 van de Wet IB zijn diverse bezittingen en verplichtingen vrijgesteld. Hierbij worden bepaalde vermogensbestanddelen (bezittingen) uitgesloten van de rendementsgrondslag. De inkomsten uit deze bestanddelen worden dus niet forfaitair belast. Voor de rendementsgrondslag van box 3 geldt onder meer voor de volgende vermogensbestanddelen een vrijstelling:
a. bos, natuurterreinen en aangewezen landgoederen (art. 5.7 Wet IB);
b. artistieke en wetenschappelijke voorwerpen (art. 5.8 Wet IB);
c. rechten op roerende zaken op grond van het erfrecht (art. 5.9 Wet IB);
d. rechten op overlijdens- en invaliditeitsuitkeringen, contanten en waardebonnen (art. 5.10 Wet IB);
e. kortlopende termijnen van inkomsten en verplichtingen (art. 5.12 Wet IB);
f. groene beleggingen (art. 5.13 Wet IB).

Hierna worden de diverse vrijstellingen nader uitgewerkt. Maar eerst wordt ingegaan op een specifieke bepaling, namelijk die in art. 5.4 Wet IB. Het betreft hier een 'vrijstelling' die geldt voor bepaalde verkrijgingen op grond van het erfrecht. Het gaat hierbij om onderbedelingsvorderingen en overbedelingsschulden. Naar de systematiek van de Wet IB is de verkrijging krachtens erfrecht geen 'echte' vrijstelling. Praktisch werkt het echter wel als zodanig.

7.5.2 Verkrijging krachtens erfrecht

Wettelijk erfrecht Als na iemands overlijden blijkt dat die persoon geen testament heeft opgesteld, wordt zijn nalatenschap volgens de regels van het wettelijk erfrecht verdeeld. We spreken dan van een wettelijke verdeling van een nalatenschap. Op grond van de wet krijgt de langstlevende ouder dan van rechtswege (lees: automatisch) alles uit de nalatenschap. Deze ouder moet (dus) ook alle schulden betalen. Elk van de kinderen krijgt een niet-opeisbare geldvordering op de langstlevende ouder ter grootte van zijn erfdeel. Pas bij overlijden van de langstlevende ouder wordt deze vordering opeisbaar. In art. 5.4 Wet IB is bepaald dat het kind bij het bepalen van zijn bezittingen en schulden in box 3 geen rekening hoeft te houden met zijn niet-opeisbare vordering en dat de schuld bij de langstlevende ouder niet in aan-
Defiscalisatie merking wordt genomen. Wij spreken dan van defiscalisatie. De regel geldt ook als een kind de niet-opeisbare vordering op grond van een testament verkreeg. Ook dan telt de vordering niet mee als vermogensbestanddeel.

Doordat samenwoners voor het erfrecht vreemden van elkaar zijn, gelden de wettelijke regels op grond waarvan de langstlevende alles erft voor hen niet. Als zij een dergelijke regeling toch willen, moeten zij een testament maken of een geregistreerd partnerschap aangaan. Alleen dan krijgt de langstlevende recht op (een deel van) de nalatenschap. De defiscalisering werkt dan ook voor samenwoners, ook als een kind/de kinderen van de samenwoner de blote eigendom erft/erven en aan de langstlevende ouder/samenwoner het recht van vruchtgebruik wordt toegekend. Voorwaarde bij dit alles is wel dat de samenwoners voor de erfbelasting elkaars fiscale partners zijn (art. 5.4 lid 7 Wet IB). Let erop dat het begrip 'fiscaal partner' in art. 1a lid 1 Successiewet voor de erf- en schenkbelasting anders is ingevuld dan in art. 1.2 Wet IB voor de inkomstenbelasting. Zie voor meer uitleg paragraaf 11.3 van dit boek.

De defiscalisering van het erfdeel vinden wij, behalve in art. 5.4 Wet IB, ook op verschillende andere plaatsen in de Wet IB terug. Enkele voorbeelden ervan zijn:
– belastbare winst uit onderneming: art. 3.16 lid 10 Wet IB
– belastbaar inkomen uit de eigen woning: art. 3.119a lid 6 letter d Wet IB
– belastbaar inkomen uit aanmerkelijk belang: art. 4.15 Wet IB
– belastbaar inkomen uit sparen en beleggen: art. 5.4 Wet IB

Voorbeeld

Vader Fatih is overleden. Zijn nalatenschap is € 210.000 waard en bestaat uit spaargeld, deposito's en effecten. Zijn vrouw Gonca, hun zoon Hasad en hun dochter Irmak zijn de erfgenamen (elk voor eenderde deel). Aan moeder Gonca zijn alle zaken van de erfenis toebedeeld. Daardoor heeft zij aan elk van haar kinderen een niet-opeisbare schuld wegens overbedeling van € 70.000. Gonca moet in haar IB-aangifte in box 3 behalve haar eigen deel (€ 70.000) ook de delen van haar kinderen (€ 140.000) aangeven. Zij mag de schuld aan haar kinderen niet in aftrek brengen. De kinderen hoeven op hun beurt niets op te geven.

Als een nalatenschap volgens de regels van het wettelijk erfrecht wordt verdeeld, ontvangen de kinderen alleen 'op papier'. Daarom zijn de over die nalatenschap verschuldigde belastingen schulden van de nalatenschap (art. 4:7 lid 1 letter e BW), die voor rekening van de langstlevende ouder zijn (art. 4:13 lid 2 BW). Concreet betekent dit dat de langstlevende ouder de aan de kinderen opgelegde belastingaanslagen betaalt.

7.5.3 Bos, natuurterreinen en aangewezen landgoederen

Natuur Vanwege de bevordering en instandhouding van de 'groene natuur' zijn bossen, natuurterreinen en landgoederen in de zin van de Natuurschoonwet 1928, vrijgesteld van de box 3-heffing. De bebouwde gedeelten van landgoederen, inclusief de ondergrond, zijn echter niet vrijgesteld (art. 5.7 lid 1 letter c Wet IB).

7.5.4 Artistieke en wetenschappelijke voorwerpen

Artistieke en wetenschappelijke voorwerpen

Als een kunst- of wetenschappelijk voorwerp onder de roerende zaken in eigen gebruik valt, behoort dit niet tot de rendementsgrondslag (zie paragraaf 7.3.5). Is het betreffende voorwerp een onroerende zaak of een roerende zaak die niet in eigen gebruik is, dan is dit voorwerp in beginsel vrijgesteld op grond van art. 5.8 Wet IB. Kunstvoorwerpen die hoofdzakelijk als belegging dienen, zijn van deze regel uitgezonderd; die tellen dus wel mee bij het bepalen van het vermogen.

Kunststukken die zijn uitgeleend aan musea en dergelijke, zijn in principe vrijgesteld. Ook een complete kunst- of postzegelverzameling kan onder de vrijstelling vallen.

Volle eigendom

De vrijstelling voor kunst en wetenschap is alleen van toepassing als een belastingplichtige de volle eigendom heeft van het kunst- of wetenschappelijke voorwerp. Als een belastingplichtige bijvoorbeeld alleen het vruchtgebruik van een schilderij heeft, behoort de waarde van het vruchtgebruik tot de grondslag in box 3 en is de vrijstelling niet van toepassing.

7.5.5 Rechten op roerende zaken krachtens erfrecht

Rechten op roerende zaken krachtens erfrecht

Rechten op roerende zaken die krachtens erfrecht zijn verkregen, zijn vrijgesteld. Voorwaarde is wel dat er sprake is van eigen gebruik/verbruik en dat de zaken niet hoofdzakelijk als belegging dienen. Het gaat bij deze vrijstelling om een andere situatie dan in paragraaf 7.5.2 is beschreven. Het gaat nu namelijk om zaken uit de nalatenschap die niet naar de langstlevende ouder gaan, maar op grond van een testament eigendom worden van bijvoorbeeld de kinderen. Als de langstlevende ouder bepaalde roerende goederen op grond van het testament wel mag gebruiken (recht van gebruik), geldt voor dit recht een vrijstelling.
Het doel van deze bepaling is om het levenslange recht van gebruik van bijvoorbeeld de inboedel, uit te sluiten van de vermogensrendementsheffing (art. 5.9 Wet IB).

> **Voorbeeld**
>
> Niek overlijdt en laat onder andere een zeilboot na. Zijn oudste zoon Casper is de 'gelukkige' erfgenaam, maar zolang Casper minderjarig is, mag zijn moeder Annie de boot gebruiken. Dit gebruiksrecht heeft voor box 3 geen waarde. Dit zou echter anders zijn als moeder Annie de boot verhuurde.

7.5.6 Rechten op overlijdens- en invaliditeitsuitkeringen

Overlijden Veel mensen sluiten verzekeringen af die bij overlijden tot uitkering komen. De uitkeringen dienen meestal als dekking voor de kosten van een crematie of een begrafenis (zogenoemde begrafenispolissen). Deze relatief kleine polissen zijn onbelast (art. 5.10 letter a Wet IB).

Deze vrijstelling is van toepassing als de som van het verzekerde kapitaal uit overlijdensverzekeringen per verzekerde niet meer bedraagt dan € 7.348. Is de som van het verzekerde kapitaal per verzekerde toch hoger dan het hiervoor vermelde bedrag, dan kan toch nog van de vrijstelling gebruik worden gemaakt als de som van de waarde van de rechten (de actuariële waarde) op de peildatum niet meer bedraagt dan € 7.348 per persoon. Wordt niet aan deze criteria voldaan, dan is de vrijstelling niet van toepassing en wordt de gehele waarde van de verzekering in de rendementsheffing betrokken.

Voorbeeld

Rosanne (35 jaar) heeft een verzekering afgesloten. Als zij overlijdt, keert de verzekeraar € 10.000 uit. Aan het hierboven eerstgenoemde criterium wordt niet voldaan: de uitkering is hoger dan € 7.348. Gelet op de relatief jonge leeftijd van Rosanne is er maar een kleine kans dat de verzekering op korte termijn tot uitkering zal komen. De waarde van de verzekering is dus beperkt. Daardoor kan de waarde van de polis, uitgaande van de gemiddelde levensverwachting van Rosanne, worden gesteld op de actuariële waarde van de uitkering. Deze actuariële waarde van de verzekering is niet meer dan € 7.348. Er wordt niets in de heffing betrokken. Met de verzekering hoeft pas rekening te worden gehouden als de actuariële waarde ervan op enig moment boven de € 7.348 uitkomt (of als Rosanne een tweede verzekering afsluit en de som van de actuariële waarden van beide verzekeringen hoger is dan € 7.348).

Naast de vrijstelling voor begrafenispolissen kent art. 5.10 Wet IB nog een vrijstelling voor:
a. rechten op kapitaaluitkeringen die uitsluitend kunnen plaatsvinden bij invaliditeit, ziekte of een ongeval (art. 5.10 letter b Wet IB);
b. rechten op termijnen van een in art. 4.28 Wet IB bedoelde overdrachtsprijs van een aanmerkelijk belang (art. 5.10 letter c Wet IB).

7.5.7 Contanten en waardebonnen

Er geldt een vrijstelling van in totaal € 552 (bij fiscale partners € 1.104) aan contanten, chipkaarttegoeden en cadeaubonnen. Zie art. 5.10 letter d Wet IB.

7.5.8 Kortlopende termijnen van inkomsten en verplichtingen

Kortlopende termijnen

Lopende termijnen van inkomsten en verplichtingen behoren niet tot de bezittingen en de schulden als aan de volgende twee voorwaarden wordt voldaan (art. 5.12 Wet IB):
- Zij hebben betrekking op een tijdvak van een jaar of korter (bijvoorbeeld maandhuur).
- Het achterliggende vermogensbestanddeel (bijvoorbeeld de verhuurde kamer) waarop de inkomsten en de verplichtingen betrekking hebben, is in het bezit van de belastingplichtige.

Voorbeeld

Als de jaarlijkse rente op een spaarrekening op 1 oktober 2020 wordt bijgeschreven, hoeft de belastingplichtige per 1 januari 2021 geen rekening te houden met de rente die in de maanden oktober tot en met december 2020 op het kapitaal is aangegroeid.

7.5.9 Groene beleggingen

Groene beleggingen

Bij groene beleggingen (art. 5.13 Wet IB) gaat het om aandelen, winstbewijzen en leningen in geld aan door het ministerie aangewezen groene fondsen: instellingen die zich hoofdzakelijk bezighouden met het verstrekken van kredieten en/of het beleggen van vermogen ten behoeve van milieuprojecten in binnen- en buitenland (art. 5.14 Wet IB en art. 28 t/m 29b Uitv.reg. IB).

Per belastingplichtige is een bedrag van maximaal € 60.429 aan groene beleggingen vrijgesteld. Als een belastingplichtige gedurende het hele jaar dezelfde fiscale partner heeft, geldt een gezamenlijk maximum van € 120.858 voor alle groene beleggingen.

Om het beleggen in groene beleggingen verder te stimuleren, heeft een belegger in verband met deze investering recht op een extra heffingskorting van 0,7% (art. 8.19 lid 2 Wet IB, zie hoofdstuk 3).

7.5.10 Nettolijfrenten

Afdeling 3.7 van de Wet IB bevat een regeling op grond waarvan premies betaald voor een lijfrenteverzekering bedoeld ter compensatie van een pensioentekort onder voorwaarden in aftrek mogen worden gebracht bij de berekening van het inkomen uit werk en woning. Daarvoor geldt een maximale premiegrondslag van € 112.189 (zie paragraaf 5.8 en art. 3.127 lid 3 Wet IB). Om toch boven die premiegrondslag fiscaal gefaciliteerd een oudedagsvoorziening op te kunnen bouwen, is

Nettolijfrente

de nettolijfrente ingevoerd (art. 5.16 Wet IB). Hierdoor is het mogelijk om op vrijwillige basis een voorziening voor de oude dag op te bouwen over inkomsten boven de bedoelde grens van € 112.189. In tegenstelling tot de premies betaald voor het deel tot € 112.189 premiegrondslag, is de premie betaald voor het hogere deel niet fiscaal aftrekbaar. Bij een nettolijfrente bestaat de fiscale faciliteit 'slechts' uit een vrijstelling binnen box 3; de opgebouwde aanspraken zijn vrijgesteld en tellen niet mee bij het bepalen van het box 3-vermogen (art. 5.17 Wet IB).

Het gaat hier om een lijfrente (art. 3.125 Wet IB), een lijfrentespaarrekening of lijfrentebeleggingsrecht (art. 3.126a Wet IB). De verschuldigde premie moet aan een aantal voorwaarden voldoen (art. 5.16 lid 3 Wet IB). Zo kan de belastingplichtige na het kalenderjaar waarin hij AOW-gerechtigd wordt, niet meer gebruikmaken van deze faciliteit. De faciliteit van het belastingvrij sparen in box 3 is uitdrukkelijk bedoeld voor de oude dag (art. 5.16c lid 1 BW). Als de oudedagsvoorziening wordt aangetast, vervalt de vrijstelling van box 3 voor de volle aanspraak.

7.5.11 Nettopensioen

De beperking in de fiscaal gefaciliteerde opbouw van pensioenaanspraken (zie paragraaf 5.8 en paragraaf 7.5.10) geldt ook voor het pensioen dat werknemers via hun werkgever opbouwen; ook daarvoor geldt de maximale pensioengrondslag. In plaats daarvan kunnen werknemers over het deel van hun loon boven € 112.189 via hun werkgever een nettopensioen opbouwen. Omdat de hiervoor verschuldigde premie ten laste van het nettoloon van de werknemer komt, is deelname niet verplicht. De werkgever is desgevraagd wel verplicht een regeling aan te bieden, maar deelname geschiedt op vrijwillige basis.

Nettopensioen

Bij deelname wordt vanuit het netto-inkomen pensioen opgebouwd waarbij de betaalde premies fiscaal niet aftrekbaar zijn. Daar staat tegenover dat over de pensioenuitkeringen te zijner tijd geen belasting is verschuldigd. De fiscale faciliteit bestaat 'slechts' uit een vrijstelling binnen box 3; de opgebouwde aanspraken zijn vrijgesteld en tellen niet mee bij het bepalen van het box 3-vermogen (art. 5.17 Wet IB).

Net als een 'gewoon' pensioen kan een nettopensioenregeling (art. 5.17 lid 3 Wet IB) naast een ouderdomspensioen in een partnerpensioen en/of wezenpensioen voorzien (resp. art. 5.17a, 5.17b en 5.17c Wet IB).

Als er onregelmatige handelingen plaatsvinden met het nettopensioen, vervalt de vrijstelling voor box 3 (art. 5.17e Wet IB).

7.6 Waardering

7.6.1 Inleiding

Waarde bezittingen en schulden
Waarde in het economische verkeer

Vóórdat het forfaitaire inkomen kan worden bepaald, moet aan alle bezittingen en schulden een waarde worden toegekend. Voor bezittingen en schulden in box 3 geldt op grond van art. 5.19 Wet IB als uitgangspunt de waarde in het economische verkeer (meestal de verkoopwaarde) van het betreffende vermogensbestanddeel. Op deze hoofdregel bestaan een aantal uitzonderingen, namelijk voor:
– tweede woningen;
– effecten;
– vruchtgebruik/recht van gebruik.

7.6.2 Tweede woning en andere woningen anders dan de eigen woning

WOZ-waarde

Voor de waardering van een woning die tot de rendementsgrondslag van box 3 behoort (dus een woning die niet als hoofdverblijf dienst doet) wordt in art. 5.20 Wet IB een uitzondering gemaakt op de hoofdregel. Voor deze woningen, bijvoorbeeld een vakantiewoning, moet worden uitgegaan van de WOZ-waarde (art. 5.20 lid 1 Wet IB). Deze waarde staat vermeld op de aanslag onroerendezaakbelasting die de belastingplichtige ontvangt van de gemeente waarin de woning is gelegen. De peildatum is 1 januari van het voorafgaande jaar. Met andere woorden: de WOZ-waarde voor 2021 staat in de WOZ-beschikking of -aanslag die begin 2021 is ontvangen maar is gebaseerd op de waarde per 1 januari 2020.

Leegwaarderatio

Als de woning op 1 januari 2021 wordt verhuurd en onder de huurbescherming valt, of minimaal 12 jaar wordt verpacht, wordt de WOZ-waarde gecorrigeerd met de zogenoemde leegwaarderatio (zie art. 5.20 lid 3 Wet IB en art. 17a lid 2 Uitv.besl. IB). Huurbescherming houdt in dat de verhuurder de huurovereenkomst niet zomaar kan opzeggen. Opzegging door de verhuurder kan maar in een aantal gevallen en loopt vrijwel altijd via de rechter. De huurbescherming geldt onder andere voor de huur/verhuur van een zelfstandige woonruimte, waarbij de hoogte van de huur irrelevant is. Voor de huur van kamers gelden afwijkende regels.

De leegwaarderatio wordt als volgt bepaald: de jaarlijkse kale huur, dus zonder bijkomende energie-en servicekosten, wordt afgezet tegen de WOZ-waarde.

HOOFDSTUK 7 | BOX 3: BELASTBAAR INKOMEN UIT SPAREN EN BELEGGEN

Bij een jaarlijkse huur of pacht als percentage van de WOZ-waarde		bedraagt de leegwaarderatio
van meer dan	maar niet meer dan	
0%	1%	45%
1%	2%	51%
2%	3%	56%
3%	4%	62%
4%	5%	67%
5%	6%	73%
6%	7%	78%
7%	–	85%

Tabel 7.4 Leegwaarderatio (art. 17a lid 2 Uitv.besl. IB)

Voorbeeld

Het verhuurde huis van Bartels heeft een WOZ-waarde van € 300.000. De jaarlijkse huur is € 9.000. Dit is 3% van € 300.000. Volgens de tabel van art. 17a. Uitv.besl. IB is de leegwaarderatio dan 56% (valt in de klasse 2% tot en met 3%) en moet de eigenaar van de woning € 168.000 (56% van € 300.000) opgeven in box 3.

Bij een woning met een onzakelijke huurprijs wordt de leegwaarderatio gesteld op 3,5% van de WOZ-waarde (art. 17a lid 3 Uitv.besl. IB). Voor een appartement dat ongesplitst deel uitmaakt van een groter geheel, wordt de WOZ-waarde verlaagd met € 20.000 (art. 17a lid 4 Uitv.besl. IB).

Staat de verhuurde woning op erfpachtgrond, dan wordt de WOZ-waarde eerst met het 17-voud van de jaarlijkse canon verminderd, waarna de uitkomst met de leegwaarderatio wordt vermenigvuldigd (art. 5.20 lid 4 Wet IB en art. 17b Uitv. besl. IB).

Voorbeeld

Bartels bezit een woning met een WOZ-waarde van € 300.000, die hij voor € 9.000 per jaar verhuurt. Voor de grond is Bartels een canon verschuldigd van € 3.000 per jaar.
De contante waarde van de canon is € 51.000 (17 × € 3.000). De WOZ-waarde wordt nu verlaagd tot € 249.000 (€ 300.000 –/– € 51.000). De huuropbrengst (€ 9.000) is ruim 3,6% van de gecorrigeerde waarde van de woning (€ 9.000 : € 249.000 × 100%). De leegwaarderatio komt daardoor uit op 62% (art. 17a lid 2 Uitv.besl. IB). Bartels moet voor de woning € 186.000 (62% van € 300.000) aangeven.

Als er geen WOZ-waarde voor een woning beschikbaar is, zoals bij woningen in het buitenland, moet de waarde zo redelijk mogelijk worden geschat (art. 5.20 lid 2 Wet IB). Dit kan gebeuren door de woning te vergelijken met actuele verkoopprijzen van min of meer identieke woningen. Kortom, zoveel mogelijk volgens de regels van de WOZ én per 1 januari van het voorafgaande jaar én in in vrij opleverbare staat.

7.6.3 Effecten

Effecten kunnen worden onderverdeeld in courante en incourante effecten.

Courante effecten

Courante effecten

Courante effecten zijn effecten die aan de beurs zijn genoteerd. Voor aan de Euronext Amsterdam N.V. genoteerde aandelen geldt de waardering uit de Officiële Prijscourant (art. 5.21 Wet IB). Voor effecten die aan buitenlandse beurzen zijn genoteerd, blijft de hoofdregel van toepassing (waarde in het economische verkeer).

Incourante effecten

Incourante effecten

Incourante effecten zijn niet aan de beurs genoteerd. Voor incourante effecten geldt de waarde in het economische verkeer. De waardebepaling is vaak niet zo eenvoudig. Het aantal situaties waarin niet-beursgenoteerde aandelen in box 3 vallen is echter beperkt. Meestal worden de aandelen namelijk in relatief grote pakketten gehouden. Daardoor behoren ze bijna altijd tot een aanmerkelijk belang. Deze aanmerkelijkbelangpakketten vallen in box 2 en maken daarom geen deel uit van de heffingsgrondslag van box 3. Daardoor vallen alleen relatief kleine aandelenpakketten in box 3.

Rendementswaarde

Voor het bepalen van de waarde in het economische verkeer kunnen verschillende benaderingen worden gekozen. Bij kleine aandelenpakketten wordt meestal uitgegaan van de zogenoemde rendementswaarde. Dit is de waarde die het aandeel ontleent aan de dividenden die daarop plegen te worden uitgekeerd.

$$\frac{\text{Verwacht rendement}}{\text{Normatief rendement}} \times 100\%$$

Voorbeeld

Het aandelenkapitaal van A nv bestaat uit 100.000 aandelen van € 20 nominaal. De bedrijfsleiding is voorstander van een stabiele dividendpolitiek. Het dividend bedraagt al vele jaren € 2,40 per aandeel, wat overeenkomt met 12% van de nominale waarde van het aandeel. Bij de huidige stand van de economie wordt een dividend van 6% normaal geacht. Nu er twee keer zo veel dividend wordt uitgekeerd, kan de rendementswaarde worden gesteld op 200% van de nominale waarde oftewel € 40 (200% van € 20) per aandeel.

Behalve de rendementswaarde zijn er nog drie waarden die kunnen worden gehanteerd bij niet-beursgenoteerde effecten. Het gaat hierbij om:

Intrinsieke waarde

- *intrinsieke waarde:* dit is de waarde van de bezittingen minus de waarde van de schulden, ofwel de waarde van het in de vennootschap aanwezige nettovermogen;

Rentabiliteitswaarde

- *rentabiliteitswaarde:* hierbij wordt uitgegaan van de te verwachten winsten, die worden getoetst aan een normatieve rentabiliteit (die overigens per bedrijfstak kan verschillen);

Liquidatiewaarde

- *liquidatiewaarde:* hierbij gaat het om de waardebepaling van de losse activa en passiva van de onderneming. Deze methode is alleen toegestaan als de betreffende vennootschap op korte termijn daadwerkelijk wordt opgeheven (geliquideerd).

Niet elke methode is altijd even goed toe te passen. Als er bijvoorbeeld geen dividend wordt uitbetaald, kan geen rendementswaarde worden berekend. Er wordt dan ook wel voor gekozen om verschillende berekeningen te maken. Vervolgens wordt er een gemiddelde genomen.

7.6.4 Genotsrechten

Begrip

Genotsrecht

Een genotsrecht is: 'elke gerechtigdheid tot voordelen uit goederen' (art. 5.22 lid 3 Wet IB). Het begrip genotsrecht omvat een breed scala van persoonlijke en zakelijke (gebruiks)rechten, zoals een persoonlijk gebruiksrecht van een onroerende zaak (recht op 'gratis' wonen) of een vruchtgebruik op aandelen (recht op dividend). De wetgever heeft de omschrijving bewust ruim geformuleerd, zodat telkens kan worden beoordeeld of – en zo ja, in hoeverre – er sprake is van een genotsrecht. Als iemand wel het voordeel van iets heeft, maar niet de eigendom, kan al sprake zijn van een genotsrecht.

Blote eigendom

Degene die wel de eigendom heeft, maar niet het voordeel, heeft de 'blote eigendom' (art. 5.22 Wet IB). De waarde van de blote eigendom is de volle eigendom minus de waarde van het genotsrecht.

Waardebepaling

Waardering genotsrechten

Voor de waardering van genotsrechten gelden (forfaitaire) rekenregels (art. 18 en 19 Uitv.besl. IB).

Rekenregels

De volgende rekenregels gelden bij de bepaling van de waarde van genotsrechten voor box 3:

Jaarlijkse voordelen = 4%

1. Bepaal de jaarlijkse voordelen: deze voordelen bedragen 4% van de volle eigendomswaarde van de zaak of het vermogensrecht waarop het genotsrecht is gevestigd (art. 18 lid 2 Uitv.besl. IB).

> **Voorbeeld**
>
> Muriel heeft een recht (vruchtgebruik) om de rente van een pakket obligaties te ontvangen. De nominale waarde van de obligaties bedraagt € 10.000. De jaarlijks te ontvangen rente bedraagt 3,5%, dus € 350. Stel dat de beurswaarde van de obligaties € 12.500 bedraagt. Voor de berekening van de waarde van het genotsrecht moet Muriel dan uitgaan van een jaarlijks te ontvangen voordeel van € 500 (4% van de beurswaarde van € 12.500).

Kapitalisatiefactor
2. Bepaal met behulp van art. 19 Uitv.besl. IB de zogeheten kapitalisatiefactor; de hoogte van deze factor hangt af van:
  - wanneer het recht eindigt:
    – bij overlijden (lid 1);

Factor is:	Wanneer degene gedurende wiens leven de uitkering moet plaatshebben:
22	jonger dan 20 jaar is
22	20 jaar of ouder, doch jonger dan 25 jaar is.
21	25 jaar of ouder, doch jonger dan 30 jaar is.
20	30 jaar of ouder, doch jonger dan 35 jaar is.
19	35 jaar of ouder, doch jonger dan 40 jaar is.
18	40 jaar of ouder, doch jonger dan 45 jaar is.
16	45 jaar of ouder, doch jonger dan 50 jaar is.
15	50 jaar of ouder, doch jonger dan 55 jaar is.
13	55 jaar of ouder, doch jonger dan 60 jaar is.
11	60 jaar of ouder, doch jonger dan 65 jaar is.
9	65 jaar of ouder, doch jonger dan 70 jaar is.
8	70 jaar of ouder, doch jonger dan 75 jaar is.
6	75 jaar of ouder, doch jonger dan 80 jaar is.
4	80 jaar of ouder, doch jonger dan 85 jaar is.
3	85 jaar of ouder, doch jonger dan 90 jaar is.
2	90 jaar of ouder, doch jonger dan 95 jaar is.
1	95 jaar of ouder is.

Tabel 7.5 Levenslang genotsrecht afhankelijk van het leven van een man

HOOFDSTUK 7 | BOX 3: BELASTBAAR INKOMEN UIT SPAREN EN BELEGGEN

- of op een vast tijdstip, dan wel bij eerder overlijden (lid 2);

Leeftijdsklasse van genoemde persoon met daaronder de factoren	0–19	20–24	25–29	30–34	35–39	40–44	45–49	50–54	55–59	60–64	65–69	70–74	75–79	80–84	85–89	90–94	95–100	100–
het eerste vijftal jaren	0,91	0,91	0,91	0,91	0,9	0,9	0,9	0,89	0,88	0,87	0,84	0,8	0,74	0,65	0,54	0,4	0,27	0,18
het tweede vijftal jaren	0,74	0,74	0,74	0,74	0,74	0,73	0,72	0,7	0,67	0,62	0,54	0,45	0,33	0,2	0,08	0,02		
het derde vijftal jaren	0,61	0,61	0,6	0,6	0,59	0,58	0,56	0,53	0,48	0,4	0,3	0,2	0,1	0,03				
het vierde vijftal jaren	0,5	0,5	0,49	0,49	0,48	0,46	0,43	0,38	0,31	0,22	0,14	0,06	0,02					
het vijfde vijftal jaren	0,41	0,4	0,4	0,39	0,37	0,35	0,3	0,24	0,17	0,1	0,04	0,01						
het zesde vijftal jaren	0,33	0,33	0,32	0,3	0,28	0,25	0,2	0,14	0,08	0,03	0,01							
het zevende vijftal jaren	0,27	0,26	0,25	0,23	0,2	0,16	0,11	0,06	0,02									
het achtste vijftal jaren	0,21	0,2	0,19	0,16	0,13	0,09	0,05	0,02										
het negende vijftal jaren	0,17	0,15	0,13	0,11	0,07	0,04	0,01											
het tiende vijftal jaren	0,13	0,11	0,09	0,06	0,03	0,01												
het elfde vijftal jaren	0,09	0,07	0,05	0,03	0,01													
het twaalfde vijftal jaren	0,06	0,04	0,02	0,01														
de volgende jaren	0,03	0,02	0,01															

Tabel 7.6 Tijdelijk genotsrecht afhankelijk van het leven van een man

- het geslacht van de genotsgerechtigde (art. 19 lid 7 Uitv.besl. IB). Voor vrouwen geldt: leeftijd minus 5 jaar;

> **Voorbeeld**
>
> Marcia is op 1 januari 54 jaar en heeft een levenslang recht van vruchtgebruik op een pakket aandelen. De kapitalisatiefactor bedraagt nu 16 (leeftijd minus 5 jaar, dus ze valt in de klasse 45 jaar of ouder, maar jonger dan 50 jaar).

– afhankelijk van leven van één of van twee of meer personen (art. 19 lid 8 Uitv. besl. IB). Voor een tijdelijk genotsrecht dat afhankelijk is van het leven van twee of meer personen geldt:
- leeftijd van de jongste persoon minus 10 jaar als het recht eindigt bij overlijden van de langstlevende;
- leeftijd van de oudste persoon plus 5 jaar als het recht eindigt bij overlijden van de eerststervende.

> **Voorbeeld**
>
> Enkele jaren geleden schonken de ouders van Nicole haar een pakket aandelen onder de last aan hen jaarlijks een bedrag van € 25.000 te voldoen. Deze last eindigt bij het overlijden van de langstlevende ouder. Haar ouders zijn nu inmiddels 82 en 77 jaar. Voor het bepalen van de kapitalisatiefactor gaan wij nu uit van een mannelijk persoon van 77 –/– 10 = 67 jaar. De waarderingsfactor is dus 9.

3. Looptijd

   Bij de waardering van genotsrechten c.q. periodieke uitkeringen is ook van belang hoeveel betalingen kunnen worden verwacht. Met andere woorden: ook de looptijd speelt een rol. Met betrekking tot de looptijd kan onder meer onderscheid worden gemaakt tussen de eeuwigdurende, de levenslange en de tijdelijke looptijd. Bij de levenslange looptijd en de tijdelijke looptijd kan weer onderscheid worden gemaakt tussen wel/niet al ingegaan en wel/niet afhankelijk van iemands leven.

> **Voorbeeld**
>
> **Vaste, levenslange uitkering**
> Paul (72) heeft zijn onderneming verkocht. Hij ontvangt de rest van zijn leven van de nieuwe eigenaar jaarlijks € 15.000. Het recht op de jaarlijkse uitkering behoort tot zijn bezittingen. De waarde ervan moet worden gesteld op € 120.000 (8 × € 15.000) (art. 19 lid 1 Uitv.besl. IB).
>
> **Variabele, levenslange uitkering**
> Marcia is op 1 januari 64 jaar en heeft een levenslang recht van vruchtgebruik op een pakket aandelen. Haar zoon heeft de blote eigendom van het aandelenpakket. Het pakket heeft een beurswaarde van € 50.000. Het recht van vruchtgebruik heeft (uitgaande van een factor die hoort bij een leeftijd van 64 –/– 5 = 59 jaar) op 1 januari een waarde van: 4% × € 50.000 × factor 13 = € 26.000.
> Haar zoon moet in box 3 een bedrag aangeven van € 24.000 (€ 50.000 –/– € 26.000).

Op 1 januari van het jaar erop is Marcia 65 jaar en valt zij in een hogere leeftijdscategorie. Als we van een zelfde beurswaarde uitgaan, heeft het recht van vruchtgebruik (uitgaande van een factor die hoort bij een leeftijd van 65 −/− 5 = 60 jaar) een waarde van 4% × € 50.000 × factor 11 = € 22.000.
Haar zoon moet op 1 januari van het volgende jaar een bedrag in aanmerking nemen van € 28.000 (€ 50.000 −/− € 22.000).

Vaste uitkering gedurende bepaald aantal jaren of tot eerder overlijden
Ronald (52) heeft zijn onderneming verkocht. Hij ontvangt van de nieuwe eigenaar gedurende 13 jaar of tot aan zijn eerdere overlijden jaarlijks € 20.000. Het recht op de jaarlijkse uitkering behoort tot zijn bezittingen. De waarde ervan moet worden gesteld op (5 × 0,89 + 5 × 0,70 + 3 × 0,53 = 9,54 × € 20.000 =) € 190.800 (art. 19 lid 2 Uitv.besl. IB).

Variabele uitkering gedurende bepaald aantal jaren of tot eerder overlijden
Mark is op 1 januari 54 jaar en heeft een recht van vruchtgebruik op een pakket aandelen voor een periode van 13 jaar. Het recht eindigt echter als Mark binnen deze periode komt te overlijden. Zijn zoon heeft de blote eigendom van het aandelenpakket. Het pakket heeft een beurswaarde van € 50.000.
Omdat het rendement en daarmee de waarde van jaar tot jaar zal verschillen, wordt het rendement forfaitair vastgesteld op € 2.000 (4% van € 50.000) per jaar (art. 18 lid 2 Uitv.besl. IB). De waarde van het recht van vruchtgebruik bedraagt (5 × 0,89 + 5 × 0,70 + 3 × 0,53 = 9,54 × € 2.000 =) € 19.080.

Uitkering afhankelijk van twee levens
Enkele jaren geleden schonken de ouders van Nicole haar een pakket aandelen onder de last aan hen jaarlijks een bedrag van € 25.000 te voldoen. Deze last eindigt bij het overlijden van de langstlevende ouder. Haar ouders zijn inmiddels 82 en 77 jaar. De beurswaarde van het pakket aandelen is per 1 januari € 500.000. Voor de waardering van de verplichting gaan wij nu uit van een mannelijk persoon van 77 −/− 10 = 67 jaar (art. 19 lid 8 letter a Uitv.besl. IB). De waarderingsfactor is dus 9.
Het jaarlijkse voordeel wordt bij fictie gesteld op € 20.000 (4% van € 500.000) (art. 5.22 lid 1 Wet IB jo. art. 18 lid 2 Uitv.besl. IB).
De ouders moeten € 180.000 (9 × € 20.000) aangeven. Dit is de gekapitaliseerde waarde van de vordering op hun dochter. De dochter geeft enerzijds € 500.000 aan wegens het bezit van het pakket aandelen en anderzijds € 180.000 als gekapitaliseerde waarde van haar schuld aan haar ouders.

De leden 3 tot en met 11 van art. 19 Uitv.besl. IB behandelen andere variaties van de looptijd.

Huren Ook het recht om een woning te mogen huren, is een soort van genotsrecht. Zonder nadere regelgeving zou een huurder de waarde van dit recht moeten opgeven. In art. 5.19 lid 4 Wet IB is bepaald dat de waarde van dit recht nihil is als de huur wordt voldaan in regelmatig vervallende termijnen die betrekking hebben op een tijdvak van ten hoogste 1 jaar.

Recht op 'gratis' wonen door ex De belastingplichtige die eigenaar is van de woning waarin zijn ex-partner na hun scheiding is blijven wonen, moet die woning gedurende de eerste 2 jaar nadat hij deze heeft verlaten nog in box 1 als eigen woning aangeven (de betaalde hypotheekrente is dan onder voorwaarden binnen box 1 aftrekbaar). Na die 2 jaar is voor hem niet langer sprake van een eigen woning en moet hij de woning als bezitting in box 3 aangeven (een voor de woning aangegane lening is als schuld aftrekbaar). De tussen de ex-echtelieden gemaakte afspraak belichaamt voor de ex-echtgenoot/bewoner een recht van bewoning, een genotsrecht, waarvan de waarde op grond van art. 5.22 lid 4 Wet IB op nihil moet worden gesteld. Anderzijds moet de ex-echtgenoot/eigenaar de volle waarde van de woning tot diens rendementsgrondslag rekenen.

HOOFDSTUK 8
Persoonsgebonden aftrek

Door het toestaan van de persoonsgebonden aftrek, houdt de wetgever rekening met draagkrachtverminderende omstandigheden. Iemand die veel bijzondere uitgaven heeft, kan van één of meer aftrekposten profiteren en hoeft daardoor minder belasting te betalen. Welke aftrekvormen er zijn, hoe ze in mindering worden gebracht op het inkomen en wanneer, wordt in dit hoofdstuk uit de doeken gedaan.

- tijdstip van aftrek
- onderhoudsverplichtingen
- specifieke zorgkosten
- scholingsuitgaven
- weekenduitgaven
- gehandicapten
- aftrekbare giften
- periodieke giften

8.1 Inleiding

Zowel positieve als negatieve inkomensbestanddelen zijn boxgebonden en de daarover verschuldigde belasting wordt niet beïnvloed door persoonlijke situaties. Maar door het toestaan van de persoonsgebonden aftrek, heeft de wetgever toch rekening gehouden met draagkrachtverminderende omstandigheden. Iemand die veel bijzondere uitgaven heeft, kan van één of meer aftrekposten profiteren en hoeft daardoor minder belasting te betalen.

Draagkrachtverminderende omstandigheden

Voor zover dergelijke uitgaven worden vergoed door bijvoorbeeld de werkgever of een verzekeraar, zijn ze niet aftrekbaar. De uitgaven drukken dan immers niet op de belastingplichtige. Zie art. 6.1 lid 1 letter a Wet IB.

De persoonsgebonden aftrek is op grond van art. 6.1 Wet IB als volgt samengesteld:

Uitgaven voor onderhoudsverplichtingen (paragraaf 8.3)	....
Uitgaven voor specifieke zorgkosten (paragraaf 8.4)	....
Weekenduitgaven voor gehandicapten (paragraaf 8.5)	....
Scholingsuitgaven (paragraaf 8.6)	....
Aftrekbare giften (paragraaf 8.7)	....
Het gedeelte van de persoonsgebonden aftrek van voorafgaande jaren dat niet eerder in aanmerking is genomen	.... +
Persoonsgebonden aftrek	....

Tabel 8.1 Opbouw persoonsgebonden aftrek

De persoonsgebonden aftrek wordt eerst in mindering gebracht op het inkomen in box 1 (art. 6.2 Wet IB). Als de persoonsgebonden aftrek hoger is dan het inkomen in box 1, mag het verschil worden afgetrokken van het inkomen in box 3. Maar ook dit mag daardoor niet negatief worden. Een eventueel restant wordt dan zo veel mogelijk ondergebracht in box 2.

Verzamelinkomen

Is het verzamelinkomen – dat is de som van de inkomens uit de drie boxen – lager dan de totale persoonsgebonden aftrek, dan wordt het niet in aanmerking genomen bedrag door de inspecteur vastgesteld. Dit bedrag mag dan worden meegenomen naar het volgende jaar.

Schematisch ziet een en ander er als volgt uit

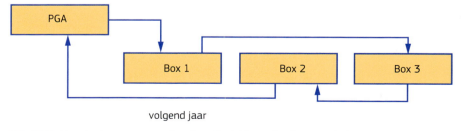

Tabel 8.2 Verrekening persoonsgebonden aftrek binnen het boxenstelsel

Deze vaststelling geschiedt bij een voor bezwaar vatbare beschikking (art. 6.2a Wet IB). Dit houdt in dat de belastingplichtige tegen deze vaststelling bezwaar kan maken als hij het niet eens is met de omvang van het vastgestelde bedrag.

> **Voorbeeld**
>
> Rob heeft in een bepaald jaar een aanzienlijk bedrag aan persoonsgebonden aftrek. In totaal mag hij € 50.000 aan persoonsgebonden aftrek opvoeren. Het inkomen in box 1 bedraagt € 30.000. Rob heeft een bescheiden vermogen, waardoor zijn inkomen in box 3 slechts € 750 bedraagt. Rob heeft geen inkomen in box 2.
> Eerst wordt het inkomen in box 1 verminderd tot nihil. Er resteert dan nog een onbenutte aftrek van € 20.000 (€ 50.000 –/– € 30.000). Van dit bedrag wordt € 750 verrekend met het box 3-inkomen. Omdat er geen box 2-inkomen is, kan de resterende € 19.250 (€ 20.000 –/– € 750) niet in aftrek worden gebracht. Dit bedrag wordt in het volgende jaar opnieuw meegenomen bij het bepalen van de persoonsgebonden aftrek en de te belasten inkomsten in box 1 tot en met 3.

8.2 Tijdstip van aftrek

Tijdstip Voor zover in de Wet IB niet anders is bepaald, komen uitgaven ter zake van persoonsgebonden aftrekposten in aanmerking voor aftrek op het tijdstip waarop zij (art. 6.40 Wet IB):
a. zijn betaald, of
b. zijn verrekend, of
c. ter beschikking zijn gesteld, of
d. rentedragend zijn geworden.

Dit laatste (d) geldt niet voor aftrekbare giften.

8.3 Uitgaven voor onderhoudsverplichtingen

Levensonderhoud Tot de uitgaven voor onderhoudsverplichtingen behoren de uitgaven tot voorziening in het levensonderhoud van personen met wie de belastingplichtige (meestal) een persoonlijke band heeft (gehad). De wet somt een zestal uitkeringen (in geld) en verstrekkingen (in natura) op (art. 6.3 Wet IB). Dit aantal is limitatief. Hierna worden onder 'uitkeringen' ook de verstrekkingen verstaan. De wet noemt onder andere de volgende uitkeringen:
a. periodieke uitkeringen op grond van een rechtstreeks uit het familierecht voortvloeiende verplichting (alimentatie);
b. afkoopsommen die worden gedaan aan de gewezen echtgenoot (afkoopsommen voor alimentatie);
c. kosten van bijstand die op grond van de Particpatiewet zijn verhaald;

d. bedragen die worden voldaan in verband met de verplichte verrekening van pensioenrechten, lijfrenten en andere inkomensvoorzieningen waarvan de betaalde premies als uitgaven voor inkomensvoorzieningen in aanmerking zijn genomen;
e. in rechte vorderbare periodieke uitkeringen tot vergoeding van schade door het derven van levensonderhoud;
f. in rechte vorderbare periodieke uitkeringen die berusten op een dringende morele verplichting tot voorziening in het onderhoud.

Ad a. Periodieke uitkeringen op grond van een rechtstreeks uit het familierecht voortvloeiende verplichting

Alimentatie-uitkeringen Onder deze uitkeringen vallen de alimentatie-uitkeringen van de ene ex-echtgenoot aan de andere. Betalingen die worden gedaan voor de kinderen die bij de ex-echtgenoot verblijven, vallen hier niet onder. Zij behoren namelijk tot de uitgesloten categorie 'bloed- en aanverwanten in de rechte lijn'.

Een veelvoorkomende vorm van een verstrekking is het ter beschikking stellen van een woning (art. 3.101 Wet IB). De waarde van deze verstrekking wordt dan gesteld op het eigenwoningforfait zoals dat berekend wordt volgens art. 3.112 Wet IB. Zie ook art. 6.3 lid 3 Wet IB.

> **Voorbeeld**
>
> Saban en Klara zijn bijna 16 jaar getrouwd geweest. Op 1 september zijn ze apart gaan wonen. Het appartement dat ze tot hun scheiding samen bewoonden, is steeds eigendom van Saban geweest. Klara blijft daar voorlopig in wonen, samen met hun 8-jarige dochter Zoy. Het eigenwoningforfait voor deze woning bedraagt € 1.500.
> Saban betaalt aan Klara € 400 per maand aan (partner)alimentatie en hij draagt € 150 per maand bij aan het levensonderhoud van Zoy.
>
> Saban kan de maandelijkse betalingen aan Klara (4 × € 400) opvoeren als uitgaven voor onderhoudsverplichtingen. Ook 4/12e deel van het eigen woningforfait (4/12 × € 1.500 = € 500) komt daarvoor in aanmerking.

Ad b. Afkoopsommen die worden gedaan aan de gewezen echtgenoot

Afkoop alimentatie-verplichting Soms wil een ex-echtgenoot in één keer van zijn betalingsverplichting ten opzichte van de andere ex-echtgenoot af. Dit kan worden bereikt door de contante waarde van de toekomstige alimentatie-uitkeringen in één keer te voldoen. Vaak gebeurt dit in de vorm van een overbedeling uit de huwelijkse goederengemeenschap aan de ex-echtgenoot. De afkoopsom of overbedeling, ter voldoening van de betalingsverplichting, is dan in één keer aftrekbaar als persoonsgebonden aftrek.

> **Voorbeeld**
>
> Stel dat Saban uit het vorige voorbeeld zijn alimentatieverplichting aan Klara, die inmiddels in een huurhuis is gaan wonen, afkoopt. Hij betaalt haar in één keer € 34.000. Saban kan dit bedrag in het jaar van betaling volledig opvoeren als uitgave voor een onderhoudsverplichting.

Ad c. Kosten van bijstand die op grond van de Participatiewet zijn verhaald

Kosten van bijstand

Als gehuwden gaan scheiden, kan een ex-partner die geen eigen inkomen heeft, bij de gemeente een uitkering aanvragen op grond van de Participatiewet. De gemeente kan dit bedrag in bepaalde gevallen geheel of gedeeltelijk verhalen op de andere ex-partner. Dit bedrag vormt voor deze ex-partner vervolgens een aftrekbare onderhoudsverplichting.

> **Voorbeeld**
>
> Govert is veroordeeld om maandelijks € 300 aan alimentatie te betalen aan zijn ex-echtgenote Gré. Omdat Govert in eerste instantie weigerde om bij te dragen aan het onderhoud van Gré, ontving zij 5 maanden lang € 450 per maand van de gemeente (op grond van de Participatiewet). Nadat de gemeente op de hoogte is gesteld van het vonnis, vordert deze 5 × € 300 = € 1.500 van Govert terug.
> Govert mag het bedrag van € 1.500 opvoeren als uitgave voor een onderhoudsverplichting. Betaalt hij het bedrag in termijnen, dan zijn de betalingen aftrekbaar in het jaar waarin zij zijn gedaan zijn (zie paragraaf 8.2). Dit kan voordelig zijn in verband met de progressie van het tarief.

Ad d. Bedragen die worden voldaan in verband met de verplichte verrekening van pensioenrechten, lijfrenten en andere inkomensvoorzieningen

Pensioen

Echtgenoten genieten in de regel elk voor de helft van elkaars pensioen. Ook als het pensioen nog niet is ingegaan, komt het opgebouwde recht meestal aan beiden toe. Door te scheiden, zal een pensioenuitkering in de toekomst vaak alleen worden uitbetaald aan één van de ex-partners, namelijk aan degene op wiens naam de polis staat. Dit toekomstige inkomensverlies voor de andere ex-partner wordt bij scheiding verrekend. De betaling kan in één keer plaatsvinden of in de vorm van een verhoogde alimentatie-uitkering. In beide gevallen zijn de bedragen aftrekbaar in het jaar van betaling.

Als voorwaarde geldt dat de betaalde premies die hebben geleid tot het pensioen of de lijfrente, destijds aftrekbaar waren als uitgaven voor inkomensvoorzieningen.

Ad e. In rechte vorderbare periodieke uitkeringen tot vergoeding van schade door het derven van levensonderhoud

Onrechtmatige daad

Volgens het civiele recht is degene die een onrechtmatige daad pleegt als gevolg waarvan iemand verminkt of gewond raakt, verplicht om aan het slachtoffer de schade te vergoeden wegens te derven inkomsten. Heeft de onrechtmatige daad geleid tot de dood van het slachtoffer, dan is de pleger van deze daad verplicht om aan de nabestaanden het te derven levensonderhoud te vergoeden.

De betalingen die op grond van deze regels zijn gedaan, zijn aftrekbaar als onderhoudsverplichting. Voor zover de pleger van de onrechtmatige daad voor het betreffende risico is verzekerd, drukken de uitgaven niet op hem. In dat geval zijn de uitgaven niet aftrekbaar.

Uitkeringen aan bloed- of aanverwanten in de rechte lijn of in de tweede graad van de zijlijn, behoren niet tot deze categorie. Ook betalingen aan personen die tot het huishouden van de belastingplichtige behoren, zijn uitgesloten van aftrek (art. 6.4 lid 1 Wet IB).

Ad f. In rechte vorderbare periodieke uitkeringen die berusten op een dringende morele verplichting tot voorziening in het onderhoud

In de praktijk blijken ook samenwoners 'alimentatie' te willen betalen als zij uit elkaar gaan. Omdat een echte alimentatieverplichting alleen voortvloeit uit het familierecht, hebben samenwoners geen wettelijke onderhoudsverplichting ten opzichte van elkaar. Als ex-samenwoners een dringende morele verplichting voelen om een soort alimentatie te gaan betalen, kunnen de uitbetaalde bedragen in aftrek komen, mits deze zijn omgezet in een juridisch afdwingbare uitkering. Dat betekent dat de betalende partij een concrete toezegging doet aan zijn wederpartij.

De beperkingen die onder e zijn genoemd, zijn ook hier van toepassing.

Voorbeeld

Karel en Anke, die al jaren samenwonen, besluiten uit elkaar te gaan. Anke heeft na de geboorte van hun kind haar baan opgezegd en heeft geen vermogen. Na het verbreken van de relatie, vertrekt ze naar haar geboorteland Oostenrijk.
Karel en Anke komen (schriftelijk) overeen dat Karel gedurende maximaal 2 jaar maandelijks een bedrag aan Anke zal betalen. Vindt Anke eerder werk of een andere partner, dan wordt de uitkering stopgezet. Omdat Karel en Anke niet getrouwd waren, kan Karel niet worden veroordeeld tot het betalen van alimentatie. Maar omdat Anke geen inkomen en geen vermogen heeft, voelt Karel zich moreel verplicht om gedurende een bepaalde tijd in haar onderhoud te blijven voorzien. Voor hem vormen de betalingen aan Anke een aftrekbare onderhoudsverplichting.

8.4 Uitgaven voor specifieke zorgkosten

Specifieke zorgkosten Uitgaven voor specifieke zorgkosten mogen als onderdeel van de persoonsgebonden aftrek worden opgevoerd (art. 6.16 t/m 6.20 Wet IB). Deze uitgaven voor specifieke zorgkosten moeten zijn gedaan voor de belastingplichtige zelf, zijn fiscale partner, zijn kinderen die jonger zijn dan 27 jaar, tot zijn huishouden behorende ernstig gehandicapte personen van 27 jaar of ouder, of de – bij de belastingplichtige inwonende – zorgafhankelijke ouders, broers of zusters. De begrippen 'zorgafhankelijk' en 'ernstig gehandicapt' worden bij algemene maatregel van bestuur nader omschreven. Zie art. 6.16 Wet IB en art. 20 Uitv.besl. IB.

8.4.1 Opbouw uitgaven specifieke zorgkosten (art. 6.17 Wet IB)

De volgende uitgavenposten wegens ziekte of invaliditeit zijn aftrekbaar als specifieke zorgkosten indien en voor zover zij niet worden gedekt door een ziektekostenverzekering:

a. genees- en heelkundige hulp; hiertoe behoren niet de uitgaven voor ooglaserbehandelingen ter vervanging van een bril of contactlenzen. Onder genees- en heelkundige hulp wordt verstaan:
   – een behandeling door een arts;
   – een behandeling door een paramedicus onder begeleiding van een arts of
   – een behandeling door een bij ministeriële regeling aan te wijzen paramedicus.
b. vervoer, zoals reiskosten naar een huisarts of ziekenhuis; als een belastingplichtige in verband met zijn ziekte of handicap hogere vervoerskosten heeft dan vergelijkbare gezonde personen, geldt de aftrek ook voor het deel dat hoger is dan de gebruikelijke vervoerskosten;
c. farmaceutische hulpmiddelen die zijn verstrekt op voorschrift van een arts;
d. andere hulpmiddelen voor zover deze van een zodanige aard zijn dat zij hoofdzakelijk door zieke of invalide personen worden gebruikt. Hieronder vallen bijvoorbeeld steunzolen. Ook de aanpassingskosten van een auto en andere zaken kunnen onder deze bepaling vallen. Niet aftrekbaar zijn de kosten van brillen, contactlenzen of overige hulpmiddelen ter ondersteuning van het gezichtsvermogen, hulpmiddelen voor mobiliteit, zoals scootmobielen, rolstoelen en aanpassingen aan, in of om een woning, woonboot, woonwagen of aanhorigheid daarvan (art. 6.17 lid 2 Wet IB);
e. extra gezinshulp; deze kosten worden als extra aangemerkt voor zover ze hoger zijn dan een drempelbedrag dat afhankelijk is van het verzamelinkomen. Zie art. 6.17, leden 3 en 4 Wet IB;
f. extra kosten van een dieet dat op medisch voorschrift wordt gevolgd; deze aftrek wordt verleend in de vorm van forfaitaire bedragen, die afhankelijk zijn van het gevolgde dieet. De dieetverklaring mag ook door een diëtist zijn afgegeven;
g. extra kleding en beddengoed; ook de daarmee samenhangende extra uitgaven, volgens bij ministeriële regeling vast te stellen regels, zijn aftrekbaar;
h. reiskosten van ziekenbezoek; er moet sprake zijn van het regelmatig bezoeken van personen die wegens ziekte of invaliditeit langer dan een maand worden verpleegd, en met wie de bezoeker bij de aanvang van de verpleging een gezamenlijke huishouding voerde. Hierbij geldt als voorwaarde dat de afstand tussen de woning/verblijfplaats van de bezoeker en de plaats waar de verpleging plaatsvindt, meer dan 10 kilometer moet bedragen. Deze afstand moet worden gemeten langs de meest gebruikelijke weg. Het aftrekbedrag is € 0,19 per gereden autokilometer. Wordt per taxi of op een andere manier gereisd (openbaar vervoer), dan zijn de werkelijke kosten aftrekbaar.

8.4.2 Beperking uitgaven voor specifieke zorgkosten (art. 6.18 Wet IB)

De opsomming van art. 6.17 is limitatief. Om misverstanden en twijfel te voorkomen, omschrijft de wetgever in art. 6.18 Wet IB een aantal uitgaven die niet als aftrekbaar kunnen worden aangemerkt:

a. premies voor volksverzekeringen (zoals AOW en Anw) en premievervangende belastingen[1] en uitgaven voor buitenlandse regelingen die naar hun aard of strekking daarmee overeenkomen;
b. premies en bijdragen voor een ziektekostenregeling en premievervangende en bijdragevervangende belastingen[1] en uitgaven voor naar aard en strekking daarmee overeenkomende buitenlandse regelingen;
c. bijdragen krachtens de Wet langdurige zorg (Wlz);
d. bijdragen die zijn verschuldigd krachtens de Wet maatschappelijke ondersteuning (Wmo);
e. bijdragen verschuldigd krachtens de Zorgverzekeringswet;
f. uitgaven die worden afgeboekt op een verplicht of een overeengekomen vrijwillig eigen risico inzake de Zorgverzekeringswet;
g. uitgaven voor zorg die vallen onder het door de belastingplichtige voor hemzelf of voor de in art. 6.16 Wet IB genoemde personen ingevolge de Zorgverzekeringswet verplicht te verzekeren risico;
h. bij ministeriële regeling aangewezen uitgaven die vanwege wijziging van het bepaalde bij of krachtens de Zorgverzekeringswet bepaalde niet langer zijn aan te merken als uitgaven als bedoeld onder g. Daarbij gaat het bijvoorbeeld om beperking van ivf-behandeling op grond van leeftijd en om bepaalde loopondersteunende hulpmiddelen zoals krukken en rollators (zie art. 39a Uitv.reg. IB);
i. uitgaven als bedoeld in de Wlz of de wet Wmo voor zover een bijdrage is verschuldigd voor het verkrijgen van een subsidie of een tegemoetkoming in de kosten op grond van deze wetten;
j. uitgaven die op de voet van afdeling 6.6 in aanmerking zijn genomen. Dat zijn weekenduitgaven voor gehandicapten. Zie paragraaf 8.5 hierna.

---

[1] Voor gewetensbezwaarden is het mogelijk dat in plaats van dat zij premies betalen, vervangende belasting wordt geheven.

HOOFDSTUK 8 | PERSOONSGEBONDEN AFTREK

> **Voorbeeld**
>
> Thérèse is 67 jaar oud en volgt een natriumbeperkt dieet. Zij doet in 2021 de volgende uitgaven:
> | | |
> |---|---|
> | a. basis ziektekostenpremie | € 1.200 |
> | b. inhouding inkomensafhankelijke bijdrage Zorgverzekeringswet | € 1.050 |
> | c. eigen risico | € 150 |
> | d. tandarts | € 200 |
> | e. gehoorapparaat | € 2.200 |
> | f. bij de drogist aangeschafte zalfjes | € 50 |
>
> De uitgaven voor de tandarts en het gehoorapparaat komen in aanmerking voor aftrek, voor een totaalbedrag van € 2.400 (€ 200 + € 2.200). De andere uitgaven staan niet vermeld in art. 6.17 Wet IB (f) of zijn juist wel genoemd in art. 6.18 Wet IB (a, b en c).

8.4.3 Verhoging uitgaven voor specifieke zorgkosten (art. 6.19 Wet IB)

Het aftrekbedrag van de uitgaven die in de vorige paragraaf zijn genoemd bij de onderdelen b tot en met g, wordt voor belastingplichtigen die de AOW-gerechtigde leeftijd hebben bereikt verhoogd met 113%, mits het verzamelinkomen in het betreffende kalenderjaar vóór de toepassing van de persoonsgebonden aftrek niet hoger is dan het bedrag dat is genoemd in de eerste regel van de tweede kolom van de tabel in artikel 2.10a lid 1 Wet IB (2021: € 35.941).

Voor het bepalen van de hoogte van het verzamelinkomen worden de inkomens van partners bij elkaar geteld als dit partnerschap het gehele jaar heeft bestaan.

Voor belastingplichtigen die de AOW-leeftijd nog niet hebben bereikt, bedraagt de verhoging geen 113%, maar 40%. Dit hangt samen met het feit dat personen die nog niet AOW-gerechtigd zijn, vanwege een hoger marginaal tarief een hogere belastingteruggaaf krijgen. Als een belastingplichtige zelf jonger is, maar een partner heeft die wél AOW-gerechtigd is, geldt voor hem dezelfde verhoging als voor zijn partner, namelijk 113%.

> **Voorbeeld**
>
> Thérèse uit het vorige voorbeeld geniet een AOW-uitkering van € 13.541 en een pensioen van de Stichting Bedrijfspensioenfonds voor de Bouwnijverheid van wijlen haar man van € 2.800.
> Omdat het verzamelinkomen van Thérèse niet hoger is dan € 35.941, mag zij het aftrekbare bedrag voor het gehoorapparaat van € 2.200 verhogen met 113%. Hierdoor wordt de aftrek € 4.686 (€ 2.200 + (€ 2.200 × 113%). De uitgaven voor de tandarts (€ 200) vallen onder art. 6.17 lid 1 letter a en komen niet in aanmerking voor de verhoging. De totale aftrek voor specifieke zorgkosten bedraagt € 4.886 (€ 4.686 + € 200).

8.4.4 Drempel uitgaven specifieke zorgkosten (art. 6.20 Wet IB)

De uitgaven voor specifieke zorgkosten zijn slechts aftrekbaar voor zover ze meer bedragen dan de van toepassing zijnde drempel. Deze drempel is afhankelijk van de hoogte van het verzamelinkomen vóór de toepassing van de persoonsgebonden aftrek:
a. Als het verzamelinkomen niet meer bedraagt dan € 7.989, is de drempel € 139.
b. Als het verzamelinkomen tussen € 7.989 en € 42.434 ligt, is de drempel 1,65% van dat verzamelinkomen.
c. Als het verzamelinkomen meer bedraagt dan € 42.434, is de drempel de som van 1,65% van de eerste € 42.434 van het verzamelinkomen en 5,75% van het meerdere.

Als gedurende het hele jaar sprake is van fiscaal partnerschap, worden de verzamelinkomens en de uitgaven voor specifieke zorgkosten samengevoegd en worden de bij sub a en sub b genoemde bedragen van € 7.989 en € 139 verdubbeld naar respectievelijk € 15.978 en € 278. Het andere bedrag bij sub b (€ 42.434) en de bedragen in sub c blijven bij fiscaal partnerschap ongewijzigd.

> **Voorbeeld**
>
> Voor Thérèse uit het vorige voorbeeld bedraagt de drempel 1,65% × (€ 13.541 + € 2.800) = € 269. Zij kan daarom € 4.617 (€ 4.886 –/– € 269) opvoeren als uitgaven voor specifieke zorgkosten.

8.4.5 Tegemoetkomingsregeling specifieke zorgkosten

Wanneer een belastingplichtige recht heeft op heffingskortingen maar een erg laag inkomen geniet, kan het zijn dat het totale bedrag van de heffingskortingen hoger is dan de verschuldigde belasting.

Specifieke zorgkosten Als een belastingplichtige specifieke zorgkosten heeft afgetrokken in zijn aangifte inkomstenbelasting en weinig of geen belasting betaalt door zijn recht op heffingskortingen, dan maakt de Belastingdienst een nieuwe berekening van de verschuldigde belasting, dit keer zonder aftrek van de specifieke zorgkosten. Deze nieuwe berekening kan leiden tot een andere uitkomst van het verschil tussen de verschuldigde belasting en de heffingskortingen. Dit verschil wordt aan de belastingplichtige uitbetaald, mits de zogenoemde teruggaafgrens van € 15 wordt gehaald (art. 9.4 lid 5 Wet IB en paragraaf 3.7.4). Dit wordt de 'tegemoetkoming specifieke zorgkosten' genoemd.

HOOFDSTUK 8 | PERSOONSGEBONDEN AFTREK

> **Voorbeeld**
>
> Mevrouw Droogstoppel is 70 jaar. Zij heeft een inkomen van € 9.500. Bij de uitbetaling hiervan wordt belasting ingehouden. In totaal betaalt mevrouw Droogstoppel € 230 belasting. Zij heeft geen fiscale partner. Mevrouw Droogstoppel heeft specifieke zorgkosten. Het bedrag dat zij daarvoor mag aftrekken, is € 2.500. Het inkomen waarover zij belasting moet betalen, wordt hierdoor lager, namelijk € 7.000.
>
> Mevrouw Droogstoppel zou aan belasting 19,20% × € 7.000 = € 1.344 moeten betalen. Maar zij heeft ook recht op heffingskortingen. Dat zijn kortingen op de belasting die zij moet betalen, afhankelijk van haar persoonlijke situatie. In totaal heeft mevrouw Droogstoppel recht op een korting van (stel) € 3.615. De korting is meer dan mevrouw Droogstoppel aan belasting moet betalen. Het bedrag aan heffingskortingen dat zij gebruikt, is € 1.344. De belasting die al is ingehouden bij de uitbetaling van haar inkomen krijgt zij terug. Mevrouw Droogstoppel heeft uitgaven voor specifieke zorgkosten afgetrokken in haar aangifte en heeft geen belasting betaald door haar recht op heffingskortingen. Daarom maakt de Belastingdienst een nieuwe berekening van de verschuldigde belasting, dit keer zonder aftrek van de specifieke zorgkosten.
>
> Als mevrouw Droogstoppel geen uitgaven voor specifieke zorgkosten had gehad, zou het inkomen waarover zij belasting moet betalen geen € 7.000 zijn, maar € 9.500. Zij zou dan aan belasting 19,20% × € 9.500 = € 1.824 moeten betalen. Hier gaat € 3.615 aan heffingskortingen van af. Ook nu is de korting meer dan mevrouw Droogstoppel aan belasting moet betalen. Het bedrag aan heffingskortingen dat zij nu gebruikt, is € 1.824. Zij maakt dus meer gebruik van de heffingskortingen als geen rekening wordt gehouden met de aftrek van specifieke zorgkosten. Dit scheelt haar € 1.824 –/– € 1.344 = € 480. De Belastingdienst betaalt dat verschil uit als tegemoetkoming in de specifieke zorgkosten.
>
> | | Berekening met aftrek zorgkosten | | Berekening zonder aftrek zorgkosten | |
> |---|---|---|---|---|
> | Inkomen | | € 9.500 | | € 9.500 |
> | Aftrek specifieke zorgkosten | | € 2.500 | | – |
> | Belastbaar inkomen | | € 7.000 | | € 9.500 |
> | Berekening verschuldigde belasting | 19,20% × € 7.000 | € 1.344 | 19,20% × € 9.500 | € 1.824 |
> | Algemene heffingskorting | € 1.469 | | € 1.469 | |
> | Ouderenkorting | € 1.703 | | € 1.703 | |
> | Alleenstaande ouderenkorting | €   443 + | | €   443 + | |
> | Totaal heffingskortingen | | € 3.615 | | € 3.615 |
> | Te betalen belasting | € 1.344 –/– € 3.615 | €   0 | € 1.824 –/– € 3.615 | €   0 |
> | Gebruikt deel van heffingskortingen | | € 1.344 | | € 1.824 |

8.5 Weekenduitgaven voor gehandicapten (art. 6.25 en 6.26 Wet IB)

Gehandicapte kinderen

Gehandicapte kinderen van 21 jaar of ouder die in een inrichting verblijven en zo nu en dan een weekend thuis logeren, brengen voor de ouders vaak extra zorgkosten met zich mee. Daarom mogen de ouders voor elke dag waarop het kind thuis verblijft, een vast bedrag (€ 11) opvoeren als buitengewone uitgave (art. 6.26 Wet IB en art. 40 Uitv.reg. IB). Ook de kosten van het halen en brengen van het kind zijn aftrekbaar, tegen een vast bedrag per kilometer (€ 0,19). Deze regeling geldt ook voor de verzorging van broers of zusters van 21 jaar of ouder en voor een ernstig gehandicapte persoon die onder mentorschap of onder curatele is gesteld, voor zover de belastingplichtige als curator zijn persoonlijke belangen behartigt (art. 6.25 lid 2 en 3 Wet IB).

Heeft een belastingplichtige een deel van het jaar een fiscale partner en hebben zij er niet voor gekozen om het hele jaar fiscaal partner te zijn, dan wordt het in aanmerking te nemen bedrag gesteld op de helft als zij beiden weekenduitgaven voor gehandicapten in aanmerking nemen.

Uitgaven die in aanmerking zijn genomen als weekenduitgaven voor gehandicapten, kunnen niet ook nog eens worden opgevoerd als specifieke zorgkosten. Dubbele aftrek is dus niet mogelijk.

Voorbeeld

Klaus is 24 jaar oud en opgenomen in een zorginstelling in Bosch en Duin, omdat hij aan een ongeneeslijke spierziekte lijdt. Gemiddeld één keer per 14 dagen (dus 26 keer per jaar) verblijft hij een weekend bij zijn broer Gordon en schoonzus Anouk te Castricum. Deze halen hem op vrijdagavond op en brengen hem op zondagavond weer terug. De enkelereisafstand van Castricum naar Bosch en Duin, nabij Bilthoven, bedraagt 85 kilometer.

Het aantal zorgdagen per weekend is drie (vrijdag tot en met zondag). Als aftrekbedrag komt in aanmerking 26 × 3 × € 11 = € 858. Daarnaast kan voor reiskosten worden opgevoerd € 0,19 × (26 × 4 × 85) = € 1.680. De totale aftrek voor weekenduitgaven voor gehandicapten bedraagt dan € 2.538 (€ 858 + € 1.680).

8.6 Scholingsuitgaven (art. 6.27 – 6.30 Wet IB)

Scholingsuitgaven

Het volgen van een opleiding of studie met het oog op het verwerven van (meer) inkomen uit werk en woning, wordt fiscaal gefacilieerd. Uitgaven voor het op peil houden of verbeteren van kennis en vaardigheden om de huidige werkzaamheden goed te kunnen blijven verrichten, behoren ook tot de scholingsuitgaven. De kosten ter zake van het volgen van een procedure erkenning verworven competenties, waarvoor een verklaring is afgegeven door een bij ministeriële regeling aangewezen instantie, mogen ook tot de scholingsuitgaven worden gerekend. Het genieten van een opleiding met een overwegend hobbyachtig karakter leidt niet tot enige aftrek.

Voor zover de aftrekbare uitgaven uitstijgen boven de van toepassing zijnde drempel kunnen deze in mindering worden gebracht op het inkomen.

De scholingsuitgaven die op de partner van de belastingplichtige drukken, worden mede als scholingsuitgaven van de belastingplichtige aangemerkt (zie art. 6.27 lid 3 Wet IB).

8.6.1 Omschrijving (art. 6.27 Wet IB)

Omvang scholingsuitgaven

Bij de in aanmerking te nemen scholingsuitgaven moet het gaan om:
a. lesgeld, cursusgeld, collegegeld, examengeld als bedoeld in art. 7.44 van de Wet op het hoger onderwijs en wetenschappelijk onderzoek of promotiekosten;
b. door de onderwijsinstelling verplicht gestelde leermiddelen en beschermingsmiddelen.

De wet IB geeft in lid 4 van art. 6.27 een definitie van de volgende begrippen:
- een *leermiddel* is een gebruiksvoorwerp gericht op het bijbrengen van studiegerelateerde kennis en vaardigheden met uitzondering van computerapparatuur en bijbehorende randapparatuur. Hieronder vallen zaken als boeken, readers, software en cd-roms maar ook benodigdheden voor timmer-, schilder- en kappersopleidingen. Niet eronder vallen tablets, notebooks en internetabonnementen.
Betreft het de aanschaf van duurzame goederen, dan dient de aftrek via jaarlijkse afschrijvingen plaats te vinden. Daarbij moet het wel gaan om een goed dat iemand die de studie niet volgt, gewoonlijk niet zou kopen.
- een *beschermingsmiddel* is een studiegerelateerd gebruiksvoorwerp dat dient ter voorkoming van verwonding van een persoon of ter voorkoming van schade aan kleding. Denk hierbij aan handschoenen, veiligheidsbrillen, helmen, schoenen met stalen neuzen, kappersschorten en stofjassen.
- onder *promotiekosten* worden verstaan de kosten van publicatie van het proefschrift alsmede de kosten van de voorgeschreven kleding voor de promovendus en de paranimfen voor de promotieplechtigheid.

Voorbeeld

Jacob is 23 jaar oud volgt sinds januari de opleiding industriële vormgeving op de HTS te Zwolle. Hij woont op kamers en betaalt daar € 350 per maand voor. Aan collegegeld is hij in zijn eerste jaar € 1.750 verschuldigd. Jacob schafte zich voor € 700 een nieuwe laptop aan die hij onontbeerlijk acht voor de studie. De overall en de veiligheidschoenen die hij tijdens de praktijklessen draagt kostten samen € 150. Jacob kocht voor € 500 aan studieboeken.
De aftrekbare scholingsuitgaven voor Jacob bedragen € 500 (studieboeken zijn leermiddelen) € 1.750 (collegegeld) € 150 (overall en veiligheidsschoenen zijn beschermingsmiddelen). Het totale bedrag wordt dan € 2.400. dit bedrag moet worden verminderd met de drempel van art. 6.30 lid 1 zodat aftrekbaar blijft € 2.400 -/- € 250 = € 2.150
De kamerhuur wordt niet genoemd in art. 6.27 lid 1 Wet IB en leidt dus niet tot aftrek en de laptop wordt in art. 6.27 lid 4 onderdeel a uitdrukkelijk uitgesloten van aftrek.

8.6.2 Beperkingen (art. 6.28)

Vergoedingen

Bij het berekenen van de scholingsuitgaven moet wel rekening worden gehouden met eventuele vrijgestelde vergoedingen en verstrekkingen. Maar ook een tegemoetkoming van bijvoorbeeld de werkgever verlaagt het in aftrek te brengen bedrag: de uitgaven moeten immers op de belastingplichtige drukken.

Recht op studiefinanciering?

Studiefinanciering

Studenten aan het middelbaar beroepsonderwijs (MBO), het hoger beroepsonderwijs (HBO) of het wetenschappelijk onderwijs (WO) die recht hebben op studiefinanciering, kunnen hun kosten voor boeken, les- of collegegeld niet aftrekken van hun inkomen. Dit is een gevolg van de Wet studievoorschot hoger onderwijs. Hierdoor zijn de belastingregels voor de aftrek van studiekosten veranderd. Studerenden aan de hiervoor genoemde instellingen die géén recht op studiefinanciering hebben, behouden hun aftrekrecht wel.

Wordt een genoten prestatiebeurs na de studie definitief *niet* omgezet in een gift? Dan mag in het jaar dat daarover bericht werd ontvangen van de Dienst Uitvoering Onderwijs (DUO) alsnog een bedrag worden afgetrokken voor de gemaakte studiekosten. Het gaat daarbij om het bedrag dat, als gevolg van de toegekende prestatiebeurs, indertijd niet in aftrek gebracht kon worden. Het maximum van € 15.000 (zie art. 6.30 Wet IB) mag met dit bedrag worden verhoogd.

8.6.3 Drempel en maximum (art. 6.30 Wet IB)

Drempel

Wanneer het bedrag van de scholingsuitgaven berekend is moet het, alvorens het in mindering kan worden gebracht op het inkomen, worden verminderd met de drempel van € 250.

Standaardstudieperiode

Buiten de standaardstudieperiode bedraagt de maximale aftrek € 15.000. Deze standaardstudieperiode is een aaneengesloten periode van niet meer dan vijf kalenderjaren, waarin de belastingplichtige voor het bereiken van de 30-jarige leeftijd de voor werkzaamheden beschikbare tijd grotendeels besteedt aan een opleiding met een totale studielast van de zodanige omvang dat daarnaast geen volledige werkkring mogelijk is.

> **Voorbeeld**
>
> Jacob uit het vorige voorbeeld wil zijn jeugddroom verwezenlijken en geeft zich op voor een pilotenopleiding. Hij is dan 26 jaar oud. De opleiding duurt drie jaar en kost € 180.000 te betalen in drie jaarlijkse termijnen van € 60.000.
> De kosten van de opleiding kunnen worden aangemerkt als scholingsuitgaven. Rekening houdend met de drempel van € 250 zou per jaar € 59.750 voor aftrek in aanmerking komen.
> Maar dit bedrag stijgt ruimschoots uit boven het plafond van € 15.000 dat in aft. 6.30 lid 1 Wet IB wordt genoemd. Toch kan Jacob het gehele bedrag opvoeren als aftrekbare scholingsuitgaven als hij ervoor kiest de drie jaar van de opleiding te laten vallen in zijn standaardstudieperiode. Dat kan omdat de opleiding afloopt voordat Jacob 30 jaar oud is. Deze periode loopt dan voor hem van zijn 25^e tot en met zijn 29^e levensjaar, zie art. 6.30 lid 2 Wet IB. Mocht het inkomen van Jacob gedurende zijn opleiding niet voldoende zijn om de aftrek van de scholingskosten te kunnen realiseren, dan kan hij deze op grond van art. 6.1 lid 1 onderdeel b meenemen naar volgende jaren. Zie paragraaf 8.1 hiervoor.

8.7 Aftrekbare giften (art. 6.32 – 6.39a Wet IB)

Goede doelen — Om mensen fiscaal te stimuleren om geld te geven aan goede doelen, kunnen giften onder bepaalde voorwaarden als persoonsgebonden aftrek worden meegenomen bij het bepalen van de verschuldigde inkomstenbelasting.

Bij giften gaat het om bevoordelingen uit vrijgevigheid en verplichte bijdragen waar geen directe tegenprestatie tegenover staat (art. 6.33 Wet IB). Een gift kan op verschillende wijzen plaatsvinden. Er kan contant geld worden gegeven of er kan geld worden overgemaakt. Het afzien van de zogenoemde onbelaste vrijwilligersvergoeding kan onder voorwaarden als een gift worden aangemerkt (zie art. 6.36 lid 1 Wet IB). Er is ook sprake van een gift bij het niet in rekening brengen van kosten die wel in aanmerking komen voor een vergoeding (zie onder andere art. 6.36 lid 2 Wet IB). Giften die worden gedaan door af te zien van een reiskostenvergoeding voor het vervoer per auto (anders dan per taxi), worden in aanmerking genomen voor € 0,19 per kilometer.

Omdat er in de giftenregeling (art. 6.32 t/m 6.39a Wet IB) van verschillende instellingen, verenigingen en stichtingen wordt gesproken, volgt hieronder een kort overzicht met verwijzing naar de plaatsen waar een uitvoeriger beschrijving hiervan is opgenomen en de voorwaarden waaraan moet zijn voldaan.

ANBI
– Een instelling is een ANBI (Algemeen Nut Beogende Instelling, art. 6.33 letter b Wet IB).
– Een ANBI kan door de Belastingdienst als zodanig worden aangewezen en geregistreerd als de instelling voldoet aan een aantal voorwaarden en een verzoek daartoe indient (art. 5b AWR). Een lijst met alle ANBI's is te vinden op de site van de Belastingdienst.

Culturele ANBI
– Een culturele ANBI is een ANBI die zich (nagenoeg) uitsluitend richt op cultuur. Op lijst met ANBI's staat in de kolom 'activiteit' het woord 'cultuur'. Kerken en kerkelijke instellingen zijn geen culturele ANBI's

SBBI — Een SBBI (Sociaal Belang Behartigende Instelling) is een stichting of een vereniging die activiteiten ontplooit voor en door mensen. Het gaat om instellingen met activiteiten waaraan een grote maatschappelijke waarde kan worden toegekend, zoals zangkoren, muziekverenigingen, sportclubs, speeltuinen, ouderenverenigingen, dorpshuizen enz. (voorwaarden: art. 5c AWR).

Steunstichting SBBI — Een Steunstichting SBBI is een stichting die is opgericht om geld in te zamelen voor een jubileum van een SBBI op het gebied van sport en muziek (voorwaarden: art. 5d AWR). Op de site van de Belastingdienst staat een overzicht van Steunstichtingen SBBI. De geldigheidsduur van het predicaat Steunstichting is maximaal 1 jaar.

Vereniging — Een vereniging is een niet Vpb-plichtige of daarvan vrijgestelde vereniging met volledige rechtsbevoegdheid, die minimaal 25 leden telt.

Bij het bepalen van de aftrekbare giften (art. 6.32 Wet IB) moet onderscheid worden gemaakt tussen:
a. periodieke giften;
b. andere giften.

Ad a. Periodieke giften

Periodieke giften
Periodieke giften zijn giften in de vorm van vaste en gelijkmatige periodieke uitkeringen die uiterlijk bij overlijden eindigen. De gift moet worden gedaan aan een algemeen nut beogende instelling of een vereniging (art. 6.34 Wet IB). Periodieke giften kunnen onbeperkt in aftrek worden gebracht, mits aan bepaalde voorwaarden wordt voldaan. De eisen (art. 6.38 Wet IB) waaraan moet worden voldaan, zijn:
– De giften zijn vastgelegd in een notariële akte of in een onderhandse akte van schenking die voldoet aan bepaalde voorwaarden. Via de site van de Belastingdienst kunnen de voorbeeldformulieren voor periodieke giften in geld of in natura worden gedownload.
– De giften moeten gedurende een periode van minimaal 5 jaar plaatsvinden in de vorm van vaste en gelijkmatige periodieke uitkeringen.
– De giften moeten uiterlijk stoppen bij het eigen overlijden of bij het overlijden van een ander. Deze keuze moet bij het vastleggen van de giften al duidelijk zijn gemaakt.
– De instelling waaraan wordt gedoneerd, is een vereniging of is aangewezen als een algemeen nut beogende instelling (ANBI). Zie verder na ad b hieronder.

Ad b. Andere giften

Andere giften
Als een gift niet voldoet aan de criteria van een periodieke gift, wordt zij aangemerkt als een 'andere gift'. Ook andere giften zijn aftrekbaar, maar in tegenstelling tot een periodieke gift, gelden voor andere giften wel bepaalde beperkingen. Een aftrek is alleen mogelijk:

- als de gift met schriftelijke bewijzen kan worden aangetoond (zoals een kopie van een bankafschrift), en
- als de giften gezamenlijk meer bedragen dan 1% van het verzamelinkomen van de belastingplichtige, vóór toepassing van de persoonsgebonden aftrek (deze drempel bedraagt echter minimaal € 60),
- tot een bedrag dat gelijk is aan 10% van het verzamelinkomen, vóór toepassing van de persoonsgebonden aftrek, en
- als de gift gedaan is aan een ANBI of aan een steunstichting SBBI.

De lijst met ANBI's is te vinden op de site van de Belastingdienst. De instelling waaraan de gift wordt gedaan kan gevestigd zijn in een lidstaat van de EU, op de BES-eilanden, Aruba, Curaçao, Sint-Maarten of een door het ministerie van Financiën aangewezen mogendheid.

Een gift aan een ANBI die is aangemerkt als een culturele instelling (art. 5b AWR, art. 1d lid 2 Uitv.reg. AWR) kan ook in 2021 in aanmerking worden genomen voor 1,25 keer het gedane bedrag. Deze factor wordt op maximaal € 5.000 toegepast (zie art. 6.39a Wet IB). Eenmalige giften aan een steunstichting sociaal belang (SBBI) zijn onder voorwaarden aftrekbaar.

Een herroepelijke gift die wordt herroepen moet bij het inkomen worden opgeteld als voor die gift eerder giftenaftrek werd genoten. Zie hiervoor paragraaf 5.10.

Voorbeeld

Remco woont op zichzelf. In een bepaald jaar heeft hij via zijn bankrekening € 4.000 overgemaakt aan Artsen zonder Grenzen. Het verzamelinkomen van Remco voor toepassing van de persoonsgebonden aftrek bedraagt € 30.000.
Op het totaal van de 'andere giften' (€ 4.000) wordt een drempel toegepast. Voor Remco bedraagt deze 1% van € 30.000 = € 300. Per saldo zou een bedrag van € 3.700 in aftrek kunnen komen, ware het niet dat de aftrek nooit hoger kan zijn dan 10% van het verzamelinkomen. In het geval van Remco is dit 10% van € 30.000 = € 3.000. De aftrek bedraagt dan ook € 3.000.

Fiscale partner Als een belastingplichtige gedurende het gehele jaar dezelfde fiscale partner heeft gehad, moet voor toepassing van de persoonsgebonden aftrek worden uitgegaan van het gezamenlijke verzamelinkomen.

HOOFDSTUK 9
Vennootschaps-belasting

De Belastingdienst maakt gebruik van de Wet Vpb om belasting te heffen van lichamen: dat zijn voornamelijk rechtspersonen, zoals bv's, nv's en stichtingen. Daarbij is het uitgangspunt dat het totaal van de belastingheffing voor ondernemingen van natuurlijke personen niet wezenlijk anders is dan dat voor rechtspersonen. Dit hoofdstuk gaat over de vennootschapsbelasting en de bijzondere aspecten daarvan.

- belastingplicht
- vrijstellingen
- tarief
- renteaftrek
- deelnemingen
- vorderingen
- fiscale eenheid
- fusie & splitsing

9.1 Inleiding

Rechtspersonen

In dit hoofdstuk komt de Wet op de Vennootschapsbelasting 1969 (hierna: Wet Vpb) aan de orde. In tegenstelling tot de Wet IB, waarin belasting wordt geheven van natuurlijke personen, wordt in de Wet Vpb voornamelijk belasting geheven van lichamen, voornamelijk rechtspersonen, zoals bv's, nv's en stichtingen.

Globaal evenwicht

De wetgever hanteert als uitgangspunt dat de belastingheffing voor ondernemingen van natuurlijke personen per saldo niet substantieel anders is dan voor ondernemingen die in de vorm van een rechtspersoon worden gedreven (globaal evenwicht). Maar als we de twee belastingheffingen met elkaar vergelijken, lijkt de belastingheffing door de Wet Vpb op het eerste gezicht veel gunstiger uit te vallen dan de belastingheffing door de Wet IB. Het hoogste Vpb-tarief is namelijk 25% en het hoogste IB-tarief 49,50%. Vergeet echter niet dat de winst die een rechtspersoon behaalt, uiteindelijk wordt uitgekeerd aan een aandeelhouder-natuurlijk persoon, die hierover in box 2 een aanmerkelijkbelangheffing van 26,9% verschuldigd is.

Kortom: een natuurlijke persoon die zijn onderneming drijft in de vorm een eenmanszaak, wordt belast tegen maximaal 49,50% inkomstenbelasting (zie hoofdstuk 3 en 4). De ondernemer die zijn onderneming in de vorm van een bv drijft, wordt belast tegen maximaal 45,18% (25% vennootschapsbelasting, gecombineerd met 26,9% inkomstenbelasting over de winst die na de heffing van Vpb wordt uitgekeerd).

Voorbeeld

Een ondernemer maakt winst van € 100:

In een eenmanszaak

Winst	€ 100,00
Belastingheffing IB (maximaal 49,50%)	€ 49,50 -/-
Netto	€ 50,50

In een bv

Winst	€ 100,00
Belastingheffing Vpb (maximaal 25%)	€ 25,00 -/-
Nettowinst na Vpb	€ 75,00
Belastingheffing IB (AB-tarief 26,9%)	€ 20,18 -/-
Netto	€ 54,82

Let op:
Een IB-ondernemer kan nog gebruikmaken van een aantal faciliteiten zoals de zelfstandigenaftrek en de MKB-winstvrijstelling. Hierdoor zal de werkelijke belastingdruk lager komen te liggen.
Als men de onderneming via een bv uitoefent, moet de directeur een salaris ontvangen. Dit salaris wordt bij hem belast maar verlaagt de te belasten winst van de bv.

Het bovenstaande voorbeeld lijkt de eerste indruk te bevestigen dat de Vpb-heffing voor een ondernemer gunstiger uitpakt dan de IB-heffing. Dit is echter niet helemaal waar. De inkomstenbelasting begint namelijk met een veel lager tarief dan 49,50%. En om het verschil in belastingheffing tussen de 'Vpb-ondernemer' en de 'IB-ondernemer' nog kleiner te maken, kent de Wet IB de ondernemersaftrek (art. 3.74 Wet IB) en de zogenoemde mkb-winstvrijstelling van 14% (art. 3.79a Wet IB) (zie hoofdstuk 4). In het algemeen kunnen we zeggen dat de Vpb-heffing gunstiger uitpakt naarmate de winst hoger wordt.

In dit hoofdstuk wordt ingegaan op:
– het subject: wie is belastingplichtig voor de Wet Vpb (paragraaf 9.2)?
– het object: waarover moet het tarief worden berekend (paragraaf 9.3)?
– het tarief: hoeveel belasting moet er worden betaald (paragraaf 9.4)?

Vervolgens wordt aandacht besteed aan een aantal specifieke regelingen uit de Wet Vpb die een rol spelen bij het bepalen van het belastbare bedrag (paragraaf 9.5 e.v.).

9.2 Subjectieve belastingplicht (wie?)

9.2.1 Inleiding

Subject In deze paragraaf komt aan de orde wie (het 'subject') belastingplichtig is voor de vennootschapsbelasting. Hierbij geldt een onderscheid tussen binnenlandse en buitenlandse belastingplichtigen. Een binnenlands belastingplichtige (zie paragraaf 9.2.2) wordt belast voor zijn winst uit de gehele wereld (is het wereldinkomen) en een buitenlands belastingplichtige (zie paragraaf 14.3) alleen voor de winst die afkomstig is uit Nederland (= het inkomen dat de belastingplichtige in Nederland geniet). De Wet Vpb stelt bepaalde 'subjecten' vrij van de heffing van vennootschapsbelasting (zie paragraaf 9.2.3).

9.2.2 Binnenlandse belastingplicht

Lichaam Een lichaam is binnenlands belastingplichtig als het:
a. in Nederland is gevestigd, en
b. genoemd staat in art. 2 lid 1 Wet Vpb.

Ad a. In Nederland is gevestigd
Waar een lichaam is gevestigd, wordt volgens art. 4 AWR naar de omstandigheden beoordeeld. Deze omstandigheden zijn in de rechtspraak nader ingevuld. De belangrijkste omstandigheid is de plaats waar de feitelijke leiding van het lichaam *Feitelijke* is gevestigd. Dit heet de 'feitelijke vestigingsplaats'. De feitelijke leiding is meestal *vestigingsplaats* gevestigd daar waar de bestuursleden leiding geven aan het lichaam.

> **Voorbeeld**
>
> Mevrouw Meijer is directeur-grootaandeelhouder van Meijer bv. Omdat mevrouw Meijer in Nederland woont en bestuurder is van Meijer bv, is de vestigingsplaats van Meijer bv ook Nederland (art. 4 AWR). Als mevrouw Meijer emigreert, verplaatst de feitelijke vestigingsplaats van Meijer bv mee.

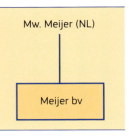

Er bestaat echter een uitzondering op deze regel (art. 2 lid 4 Wet Vpb). Een lichaam wordt geacht in Nederland te zijn gevestigd als het is opgericht naar Nederlands recht. Het maakt dan niet uit waar het lichaam feitelijk is gevestigd. Dit wordt de 'fictieve vestigingsplaats' genoemd. Deze bepaling is overigens niet op alle artikelen uit de Wet Vpb van toepassing.

Fictieve vestigingsplaats

Ad b. Genoemd staat in art. 2 lid 1 Wet Vpb

In art. 2 lid 1 Wet Vpb staan alle lichamen genoemd die belastingplichtig zijn als zij in Nederland zijn gevestigd:

1. Nv, bv, open cv en andere vennootschappen waarvan het kapitaal in aandelen is verdeeld (letter a)

Een naamloze vennootschap (nv) en een besloten vennootschap (bv) zijn rechtspersonen met in aandelen verdeeld kapitaal. Een commanditaire vennootschap (cv) is dat niet, maar in een open cv is de toetreding en uittreding van de commanditaire vennoten (geldschieters) wel vrijelijk mogelijk. Het belang dat een commanditaire vennoot heeft, is dan te vergelijken met een aandeel in een nv of bv (art. 2 lid 3 letter c jo. f AWR). De open cv wordt voor zijn belastingheffing dus gelijkgesteld met de nv en de bv.

Open commanditaire vennootschap

Vennootschappen die naar buitenlands recht zijn opgericht (zoals de Duitse GmbH, de Belgische BVBA en de Franse SA of SARL, die vergelijkbaar zijn met de Nederlandse nv of bv) en die in Nederland zijn gevestigd, zijn op basis van art. 2 Wet Vpb binnenlands belastingplichtig.

2. Coöperaties en verenigingen op coöperatieve grondslag (letter b)

Coöperaties en verenigingen op coöperatieve grondslag zijn samenwerkingsverbanden die het gezamenlijke belang dienen van hun leden (ondernemers), te weten het behalen van economische voordelen. Een voorbeeld hiervan is de 'Coöperatie Vleestomaat UA', die ten behoeve van haar leden een nieuw soort vleestomaat op de markt brengt, waarbij het risico niet slechts door één ondernemer wordt gedragen. De mate waarin de leden kunnen worden verplicht om bij te dragen aan een eventueel liquidatietekort van de coöperatie, valt te herleiden uit de letters BA (Beperkte Aansprakelijkheid), UA (Uitgesloten Aansprakelijkheid) en WA (Wettelijke Aansprakelijkheid) achter de naam van de coöperatie.

Coöperaties

BA, UA en WA

3. Onderlinge waarborgmaatschappijen en verenigingen die op onderlinge grondslag als verzekeraar of kredietinstelling optreden (letter c)

Dit zijn bijzondere lichamen die ten behoeve van hun leden als verzekeraar of kredietinstelling optreden. Net als bij de coöperatie is de aansprakelijkheid geregeld met BA, UA of WA. Onderlinge waarborgmaatschappijen en verenigingen die op onderlinge grondslag als verzekeraar of kredietinstelling optreden, mogen echter niet als coöperatie opereren (zie 2).

4. Verenigingen en stichtingen die op voet van de Woningwet zijn toegelaten als instellingen die in het belang van de volkshuisvesting werkzaam zijn (woningcorporaties) (letter d)

Woningcorporatie Een woningcorporatie is een organisatie die zich zonder winstoogmerk richt op het bouwen, beheren en verhuren van betaalbare woonruimtes. Het ministerie van Binnenlandse Zaken en Koninkrijksrelaties laat het verhuren van goede en goedkope woningen grotendeels over aan deze organisaties.

Verplicht ondernemingsvermogen Alle onder punt 1 tot en met 4 genoemde lichamen worden geacht met hun gehele vermogen een onderneming te drijven (art. 2 lid 5 Wet Vpb). Alles wat het lichaam in bezit heeft, is dus verplicht ondernemingsvermogen. Het vraagstuk van de vermogensetikettering zoals dat bij een IB-ondernemer (zie hoofdstuk 4) speelt, komt hier niet aan de orde.

5. Hiervóór niet genoemde verenigingen en andere dan publiekrechtelijke rechtspersonen, indien en voor zover zij een onderneming drijven (letter e)

Verenigingen en stichtingen Verenigingen en stichtingen zijn 'indien en voor zover zij een onderneming drijven', belastingplichtig voor de Wet Vpb. Met 'indien en voor zover' wordt bedoeld dat de vereniging of stichting slechts belastingplichtig is met dat deel van haar vermogen waarmee ze een onderneming drijft. Hierbij kan bijvoorbeeld worden gedacht aan een stichting die een moskee heeft en bij de ingang van de moskee een winkeltje drijft. Deze stichting is alleen belastingplichtig voor de resultaten van dat winkeltje. De moskee zelf komt dus niet voor op de balans van de stichting. De problematiek van de vermogensetikettering speelt hier dus wél een rol.

Voor de definitie 'onderneming' is aansluiting gezocht bij het begrip onderneming uit de Wet IB (zie hoofdstuk 4). Het begrip onderneming wordt echter *Concurrentie* uitgebreid door art. 4 Wet Vpb. Werkzaamheden waarmee in concurrentie wordt *Pensioenen* getreden met ondernemers (letter a) én het verzorgen van pensioenen (letter b) zijn ook activiteiten waarmee een vereniging of stichting een onderneming drijft.

> **Voorbeeld**
>
> Een sportvereniging organiseert in haar kantine bruiloften en partijen tegen kostprijs, waardoor zij niet naar winst streeft. Op grond van het ondernemersbegrip uit de inkomstenbelasting drijft de kantine van de sportvereniging geen onderneming, omdat het winststreven ontbreekt. Dit zou betekenen dat de vereniging niet belastingplichtig is, maar dat zou een doorn in het oog zijn van de plaatselijke cafébaas, want die zou zijn omzet hierdoor zien afnemen. Op grond van art. 4 letter a Wet Vpb is de sportvereniging echter toch belastingplichtig voor haar kantineopbrengsten, omdat zij in concurrentie treedt met het café. De opbrengsten die zijn gekoppeld aan de sportactiviteiten, blijven wél onbelast.

6. Fondsen voor gemene rekening (letter f)

Fonds voor gemene rekening — Particulieren kunnen beleggen via een fonds voor gemene rekening. Dit betekent dat het fonds voor hen belegt en dat deze particulieren geen aandelen maar 'bewijzen van deelgerechtigdheid' in dit fonds hebben.

Fondsen voor gemene rekening zijn dus open beleggingsfondsen, waarvan de bewijzen van deelgerechtigdheid vrij verhandelbaar zijn (art. 2 lid 3 Wet Vpb).

7. Publiekrechtelijke rechtspersonen, niet zijnde de Staat, die niet al op grond van de onderdelen a, b, c, d en e belastingplichtig zijn, voor zover zij een onderneming drijven (letter g)

Het komt voor dat een overheidslichaam, zoals een gemeente, zelf activiteiten uitvoert die 'ondernemingsachtige trekjes' vertonen, bijvoorbeeld een gemeente die een busbedrijf exploiteert. In dat geval is dit overheidslichaam voor dat deel belastingplichtig. We spreken dan van een 'direct' overheidslichaam; het lichaam (zoals een gemeente) drijft zelf een onderneming.

'Direct' overheidslichaam

'Indirecte' overheidsbedrijven — Daarnaast kent de Wet Vpb ook nog 'indirecte' overheidsbedrijven. Deze bedrijven worden niet door overheidslichamen zelf uitgeoefend, maar zijn in handen van deze overheidslichamen en worden belast op basis van de onderdelen a, b, c, d en e.

> **Voorbeeld**
>
> Stichting Vervoersbedrijf Eindhoven heeft als doelstelling het per bus vervoeren van personen binnen de gemeente Eindhoven. De stichting bezit 20 bussen en heeft 40 chauffeurs in loondienst. De vervoerprijzen zijn gebaseerd op de prijzen van strippenkaarten. Het exploitatieresultaat van de stichting is sinds jaren positief. De bestuursleden van deze stichting kunnen uitsluitend worden benoemd en ontslagen door de gemeente Eindhoven. Ook komt bij liquidatie alles ten goede aan de gemeente Eindhoven.
>
> In dit geval is er sprake van een indirect overheidsbedrijf. De stichting is belastingplichtig omdat ze een onderneming drijft als bedoeld in art. 2 lid 1 letter e Wet Vpb, namelijk een duurzame organisatie van kapitaal en arbeid die deelneemt aan het economisch verkeer en winst beoogt die redelijkerwijs is te verwachten.

9.2.3 Vrijstellingen

Maatschappelijk, sociaal of cultureel belang

De Wet Vpb kent een aantal subjectieve vrijstellingen. Als een lichaam subjectief is vrijgesteld, betekent dit dat het lichaam niet belastingplichtig is. De subjectieve vrijstellingen staan genoemd in art. 5 en 6 Wet Vpb. Daarnaast kent de Wet Vpb de vrijgestelde beleggingsinstelling (art. 6a Wet Vpb) en nader genoemde vrijgestelde lichamen (art. 6b en 6c Wet Vpb).

Art. 5 Wet Vpb

Subjectieve vrijstellingen

Onder nadere voorwaarden zijn subjectief vrijgesteld:
a. natuurschoonlichamen die ten doel hebben het in stand houden van landerijen die vallen onder de definitie van de Natuurschoonwet;
b. pensioenlichamen die ten doel hebben het verzekeren van pensioenen en VUT-regelingen van werknemers; dit geldt overigens niet voor pensioenlichamen waarvan de aandelen voor 10% of meer in het bezit zijn van de directieleden of hun familieleden;
c. ziekenhuizen, bejaardenhuizen, opvangtehuizen en kredietverstrekkers aan economisch zwakke groepen van de bevolking;
d. landbouwbedrijven, onderlinge verzekeraars en uitvaartverzekeraars, op voorwaarde dat het streven naar winst van bijkomstige betekenis is (zie hieronder bij art. 6);
e. ziekenhuisverplegingsfondsen en ziektekostenverzekeringsmaatschappijen, voor zover zij geen winst beogen;
f. uitvoeringsinstanties van wettelijke sociale verzekeringen;
g. openbare leeszalen en bibliotheken.

Art. 6 Wet Vpb

Belastingplichtig

Zoals vermeld, zijn verenigingen belastingplichtig indien en voor zover zij een onderneming drijven of in concurrentie treden met andere ondernemers. Sportverenigingen en buurthuizen zullen dus niet zo snel belastingplichtig zijn. Dit zou echter kunnen veranderen als zij proberen om fondsen te werven door een feest te organiseren, oud papier op te halen, wenskaarten te verkopen, etc. Met zulke activiteiten drijven zij een onderneming, en zijn daarmee voor dat gedeelte belastingplichtig voor de Wet Vpb. Omdat dit ongewenst is, is art. 6 Wet Vpb ingevoerd, waarmee verenigingen en stichtingen die een bescheiden winst maken volledig vrijgesteld zijn van de Vpb.

Vrijgesteld

Op grond van dit artikel is een vereniging of stichting subjectief vrijgesteld van Vpb als de winst in het betreffende jaar niet hoger is dan € 15.000, of samen met de winsten in de afgelopen 4 jaren niet hoger is dan € 75.000 (dus in totaal 5 aaneengesloten jaren).

Hierbij geldt overigens ook dat verenigingen en stichtingen die een maatschappelijk of sociaal belang nastreven, de winst mogen verminderen met de minimumloonkosten van vrijwilligers (art. 9 lid 1 letter h Wet Vpb).

> **Voorbeeld**
>
> Stichting Fideel te Zaandam is begin 2021 opgericht. Volgens de statuten heeft zij als doel 'het bevorderen van activiteiten zoals hobby's en lichamelijke beweging door middel van het aanreiken van middelen daartoe, teneinde het isolement van aan-huis-gebonden gehandicapten, demente bejaarden en mindervaliden te verlichten (...)'. De Stichting Fideel verkoopt wenskaarten, zowel 'huis aan huis' als op weekmarkten. Zij schakelt daarvoor vrijwilligers in. In 2021 behaalt de stichting met de kaartverkoop een omzet van € 30.000. Het batig saldo bedraagt € 20.000.
>
> Stichting Fideel is met haar werkzaamheden in concurrentie getreden met ondernemingen. Daarom is zij op grond van art. 4 Wet Vpb belastingplichtig. Voor de vrijstelling van art. 6 Wet Vpb is onder meer vereist dat de behartiging van een algemeen maatschappelijk belang op de voorgrond staat. Hiervan kan alleen sprake zijn als de winst van Stichting Fideel lager is dan € 15.000. De winst is echter hoger, namelijk € 20.000. Wel mag zij op grond van art. 9 lid 1 letter h Wet Vpb de minimumloonkosten van vrijwilligers aftrekken van de winst. Als deze loonkosten in 2021 hoger zijn dan € 5.000, wordt de winst alsnog lager dan € 15.000 en is Stichting Fideel niet belastingplichtig voor de Wet Vpb.

Overigens hebben verenigingen en stichtingen ook de mogelijkheid om te kiezen voor belastingplicht voor de Wet Vpb (art. 6 lid 3 Wet Vpb). Deze keuze geldt voor een periode van 5 jaar.

Vrijgestelde beleggingsinstelling (art. 6a Wet Vpb)

Vrijgestelde beleggingsinstelling (VBI)

Art. 6a Wet Vpb is ingevoerd om (grote) beleggingsinstellingen die in Nederland waren gevestigd en dreigden zich ergens anders te gaan vestigen, voor Nederland te behouden. Op grond van dit artikel is een zogenoemde vrijgestelde beleggingsinstelling (VBI) niet belastingplichtig voor de vennootschapsbelasting.

De VBI mag niet worden verward met de FBI, een fiscale beleggingsinstelling (zie paragraaf 9.4.2). In tegenstelling tot de VBI is de FBI wél vennootschapsbelastingplichtig, maar haar winst wordt belast tegen het bijzondere tarief van 0%.

De VBI is vrijgesteld van vennootschapsbelasting én hoeft geen dividendbelasting in te houden op uitgekeerde winsten. Daar staat wel tegenover dat een VBI geen recht heeft op teruggaaf van ingehouden belasting op dividend dat de VBI zelf heeft ontvangen.

Voorwaarden VBI-regeling

Om de VBI-regeling te mogen toepassen, moet aan de volgende voorwaarden worden voldaan:
1. Het lichaam heeft één van de volgende rechtsvormen:
   – een nv;
   – een fonds voor gemene rekening;
   – een lichaam dat is opgericht naar het op de BES-eilanden geldende recht, dan wel het recht van Aruba, Curaçao, Sint-Maarten, een lidstaat van de Europese Unie of een staat waarmee Nederland een verdrag ter voorkoming van dubbele belasting heeft gesloten dat discriminatie naar nationaliteit van lichamen verbiedt.

2. De beleggingsinstelling kan worden aangemerkt als beleggingsinstelling in de zin van art. 1.1 Wet op het Financieel Toezicht.
3. Het enige doel volgens de statuten en de enige feitelijke werkzaamheid van de VBI is het beleggen van gelden of andere goederen, met als doel het realiseren van waardestijging en rendement van haar vermogen.
4. De VBI belegt uitsluitend in financiële instrumenten, zoals effecten, deelnemingsrechten, geldmarktinstrumenten, rentetermijncontracten, swaps, opties en afgeleide financiële instrumenten met het oog op overdracht van kredietrisico dan wel verrekening.
5. De deelnemers in de VBI moeten voldoen aan het collectiviteitsvereiste. Met andere woorden: er moet meer dan één deelnemer zijn.
6. De beleggingen van de VBI moeten zijn gedaan met toepassing van het beginsel van risicospreiding (verschillende beleggingsproducten).
7. Op verzoek van de aandeelhouders kunnen hun aandelen direct of indirect worden ingekocht of terugbetaald (op vooraf bekendgemaakte tijdstippen), ten laste van de bezittingen van de vennootschap.

De VBI-regeling gaat in met ingang van het jaar waarin het verzoek tot toepassing van de regeling wordt ingediend. Dit verzoek moet worden ingediend bij de inspecteur, die beslist bij een voor bezwaar vatbare beschikking.

Overige vrijgestelde lichamen (art. 6b Vpb)
Ten slotte zijn volledig van belastingplicht vrijgesteld de lichamen die (nagenoeg) uitsluitend (90% of meer) activiteiten verrichten in de uitvoering van
- het academisch ziekenhuis (letter a);
- bekostigd onderwijs (letter b).

9.3 Objectieve belastingplicht (waarover?)

9.3.1 Grondslag bepalen

De grondslag voor de heffing van vennootschapsbelasting kan in drie stappen worden bepaald:
- stap 1: de fiscale winstberekening;
- stap 2: de fiscale winst bepalen;
- stap 3: het belastbare bedrag bepalen.

Hierna zullen deze drie stappen uitvoerig worden besproken.

9.3.2 Stap 1: fiscale winstberekening

Er zijn twee methoden voor de fiscale winstberekening:
a. via de (commerciële) resultatenrekening;
b. door middel van vermogensvergelijking.

Op het aangiftebiljet vennootschapsbelasting zijn beide methoden verplicht; de uitkomst van beide methoden moet uiteraard gelijk zijn.

Methode a: via de (commerciële) resultatenrekening

(Commerciële) resultatenrekening
Bij deze methode wordt de commerciële winst als uitgangspunt genomen. Vervolgens wordt daarop gecorrigeerd wat daarvan afwijkt volgens de fiscale winstberekening. Zo wijkt de commerciële afschrijving nogal eens af van de fiscale afschrijving.

Voorbeeld

Handelsonderneming 'Graag of niet' bv heeft in 2021 een commerciële winst behaald van € 2.000. De resultatenrekening ziet er als volgt uit:

Kosten	Graag of niet bv (in €)		Opbrengsten
Kostprijs verkopen	10.000	Opbrengst verkopen	15.000
Afschrijvingskosten	3.000		
Winst	2.000		
	15.000		15.000

De commerciële afschrijvingskosten zijn € 3.000. Deze kosten hebben betrekking op een bedrijfsmiddel dat vorig jaar is geherwaardeerd, waardoor de commerciële afschrijvingskosten per jaar € 500 hoger zijn dan de fiscale afschrijvingskosten. In fiscale zin wordt een bedrijfsmiddel namelijk niet geherwaardeerd. Voor het verschil in afschrijvingskosten ad € 500, moet een correctie plaatsvinden. De fiscale winstberekening is dan als volgt opgebouwd:

Commerciële winst	€ 2.000
Correctie fiscaal lagere afschrijving	€ 500 +
Einde stap 1: fiscale winstberekening, methode a	€ 2.500

Methode b: vermogensvergelijking

Vermogensvergelijking
Bij de methode van vermogensvergelijking wordt de winst berekend door het fiscale eigen vermogen aan het begin van een periode en het fiscale eigen vermogen aan het eind van die periode met elkaar te vergelijken. De logica hierachter is dat de winst c.q. het verlies zorgt voor een verhoging (bij winst) of een verlaging (bij verlies) van het eigen vermogen. De vermogensmutatie is dus gelijk aan de winst.

HOOFDSTUK 9 | VENNOOTSCHAPSBELASTING

Fiscaal eigen vermogen eind		....
Af: fiscaal eigen vermogen begin		.... –/–
Vermogensmutatie = saldo fiscale winstberekening methode b		....

In de meeste gevallen zijn we er nu nog niet. Want vaak zijn er ook wijzigingen in het vermogen die niet door winst of verlies worden veroorzaakt. Als een aandeelhouder bijvoorbeeld extra kapitaal stort op zijn aandelen, is er geen sprake van winst, maar neemt het eigen vermogen van de vennootschap wel toe. Dit betekent dat we bij een vermogensvergelijking een correctie moeten uitvoeren voor wijzigingen die niet worden veroorzaakt door behaalde winsten (of geleden verliezen). Deze correctie vindt plaats door de toenames van het eigen vermogen die niet tot de fiscale winstberekening behoren (de zogeheten 'stortingen') in de vermogensvergelijking op te tellen bij het beginvermogen. De verschillende soorten stortingen worden besproken in paragraaf 9.3.6.

Stortingen

Voorbeeld

Een vennootschap heeft in een bepaald jaar geen activiteiten uitgevoerd en heeft dus ook geen winst of verlies gerealiseerd. Het eigen vermogen van € 10.000 is door de uitgifte van nieuwe aandelen met € 5.000 toegenomen. Het beginvermogen van € 10.000 moet in de vermogensvergelijking worden gecorrigeerd met het bedrag van deze storting.

Fiscaal eigen vermogen eind		€ 15.000
Fiscaal eigen vermogen begin	€ 10.000	
Bij: kapitaalstortingen	€ 5.000 +	
Gecorrigeerd eigen vermogen begin		€ 15.000 –/–
Vermogensmutatie = fiscale winstberekening, methode b		€ 0

Het eigen vermogen kan ook worden verlaagd, bijvoorbeeld door een dividenduitkering, die ten laste komt van de winstreserves. Er is dan geen sprake van een verlies, zodat bij de vermogensvergelijking ook voor een dergelijke afname van het eigen vermogen een correctie moet worden doorgevoerd. Zonder correctie zou de fiscale winstberekening in de vermogensvergelijking te laag uitvallen. Een dergelijke afname van het eigen vermogen wordt een onttrekking genoemd. Andere voorbeelden van onttrekkingen zijn de vennootschapsbelasting en bronbelastingen. In paragraaf 9.3.7 worden de onttrekkingen verder behandeld.

Onttrekking

Voorbeeld

Een vennootschap heeft in een bepaald jaar geen activiteiten uitgevoerd en heeft dus ook geen winst of verlies gerealiseerd. Het eigen vermogen van € 10.000 is door de uitkering van dividend wel met € 4.000 afgenomen. Het eindvermogen van € 6.000 moet in de vermogensvergelijking dus worden gecorrigeerd.

Fiscaal eigen vermogen eind	€ 6.000	
Bij: uitkering van dividend	€ 4.000 +	
Gecorrigeerd eigen vermogen eind		€ 10.000
Fiscaal eigen vermogen begin		€ 10.000 –/–
Vermogensmutatie = fiscale winstberekening, methode b		€ 0

Ook een terugbetaling van kapitaal door de vennootschap aan de aandeelhouder is geen verlies, maar verlaagt wel het eigen vermogen. Deze vermogensmutatie moet op dezelfde manier worden gecorrigeerd op het eindvermogen.

Vermogens-vergelijking De uiteindelijke vermogensvergelijking ziet er nu als volgt uit:

Tabel 9.1 Vermogensvergelijking

Voorbeeld (vervolg van het voorbeeld onder a.)

Handelsonderneming 'Graag of niet' bv heeft de volgende *fiscale* balansen:

Graag of niet bv 1 januari 2021 (in €)			
Bedrijfsmiddel	16.000	Eigen vermogen	10.000
Kas	10.000	Schuld	16.000
	26.000		26.000

Graag of niet bv 31 december 2021 (in €)			
Bedrijfsmiddel	13.500	Eigen vermogen	22.500
Kas	25.000	Schuld	16.000
	38.500		38.500

In 2021 is voor € 15.000 aandelen uitgeven en is € 5.000 aan dividend uitgekeerd. De uitgegeven aandelen zijn volgestort. Dit betekent dat het vermogen per saldo met 10.000 is gestegen, maar dat deze toename niet tot de fiscale winstberekening behoort.

HOOFDSTUK 9 | VENNOOTSCHAPSBELASTING

> Let op! Hier zijn de fiscale balansen weergegeven! Dit betekent dat we geen rekening meer hoeven te houden met de correctie voor de commerciële afschrijving (zie het voorbeeld onder a), want deze is al verwerkt in de fiscale balans.
>
> De vermogensvergelijking ziet er als volgt uit:
>
> | | | |
> |---|---|---|
> | Fiscaal vermogen eind | € 22.500 | |
> | Bij: onttrekkingen (o.a. dividend) | € 5.000 | |
> | Bij: kapitaalterugbetalingen | € 0 + | |
> | Gecorrigeerd eindvermogen | | € 27.500 |
> | Fiscaal vermogen begin | € 10.000 | |
> | Bij: kapitaalstortingen | € 15.000 + | |
> | Gecorrigeerd beginvermogen | | € 25.000 −/− |
> | Einde stap 1: fiscale winstberekening, methode b | | € 2.500 |
>
> Ter vergelijking: ook onder methode a bedroeg de fiscale winstberekening € 2.500. Dit bewijst dat methode a en methode b altijd tot dezelfde uitkomst leiden.

9.3.3 Stap 2: fiscale winst bepalen

Fiscale winstberekening Met de fiscale winstberekening (stap 1) is nog niet de fiscale winst berekend. In de wet staan namelijk veel regelingen die ervoor zorgen dat de fiscale winst afwijkt van de uitkomst van de fiscale winstberekening. Een vrijstelling of een extra aftrekpost zorgt er bijvoorbeeld voor dat de fiscale winst lager is. Ook een toevoeging aan een fiscale reserve, zoals de herinvesteringsreserve, zorgt voor een lagere fiscale winst. Anderzijds zorgen kosten die in eerste instantie ten laste van de winst zijn gebracht maar fiscaal niet mogen worden afgetrokken (niet-aftrekbare kosten), juist voor een hogere fiscale winst.

Voorbeeld

De fiscale winstberekening van Timmetje bv leidt dit jaar tot een bedrag van € 100.000. De bv heeft dit jaar recht op een investeringsaftrek van € 6.000, er is € 10.000 betaald in verband met boetes voor te hard rijden (niet-aftrekbare kosten) en de bv heeft recht op een deelnemingsvrijstelling van € 15.000 (zie paragraaf 9.6). Ook heeft Timmetje bv besloten om de boekwinst van € 4.000 op de verkoop van een bedrijfsmiddel toe te voegen aan de herinvesteringsreserve.

Einde stap 1: saldo fiscale winstberekening		€ 100.000
Bij of af:		
− niet-aftrekbare kosten	€ 10.000 +	
− investeringsaftrek	€ 6.000 −/−	
− deelnemingsvrijstelling	€ 15.000 −/−	
− toevoeging herinvesteringsreserve	€ 4.000 −/−	
		€ 15.000 −/−
Einde stap 2: fiscale winst		€ 85.000

De onderdelen die van invloed zijn op de fiscale winst, vinden we in de schakelbepaling van art. 8 Wet Vpb en in art. 9 Wet Vpb e.v.

Schakelbepaling van art. 8 Wet Vpb

Omdat sommige artikelen uit de Wet op de Inkomstenbelasting ook van toepassing zijn op de Wet op de Vennootschapsbelasting, verwijst artikel 8 Wet Vpb naar deze artikelen uit de Wet IB. Art. 8 Wet Vpb is dus een schakelbepaling met de Wet IB.

Schakelbepaling

Zo is uit de Wet IB onder andere van toepassing:
– het totaalwinst-begrip;
– objectieve vrijstellingen, zoals de landbouwvrijstelling;
– kostenaftrekbeperkingen;
– het goed koopmansgebruik;
– de waardering van onderhanden werk;
– bepaalde ondernemingsfaciliteiten (zoals de willekeurige afschrijving en de investeringsaftrek);
– fiscale reserves (met uitzondering van de fiscale oudedagsreserve);
– beperking van de afschrijving op gebouwen.

Voor de uitleg van deze begrippen wordt verwezen naar de onderdelen B en C in hoofdstuk 4.

Overigens wordt in de schakelbepaling van art. 8 lid 1 Wet Vpb niet verwezen naar art. 3.15 Wet IB (aftrekbeperking algemene kosten). Dit suggereert dat deze beperking niet van toepassing is op vennootschapsbelastingplichtige lichamen. Dit is echter niet helemaal waar. Deze aftrekbeperking geldt namelijk wel als het lichaam werknemers heeft in de zin van de Wet op de Loonbelasting 1964 (art. 8 lid 5 Wet Vpb, zie hoofdstuk 2). De werking is precies hetzelfde als in art. 3.15 Wet IB, echter met een aantal wijzigingen. Het bedrag van € 4.700 dat als niet-aftrekbaar wordt beschouwd (art. 3.15 lid 1 Wet IB), wordt namelijk vervangen door 0,4% van het gezamenlijk belastbare loon, mits deze uitkomst hoger is dan € 4.700 en het in 3.15 lid 5 Wet IB genoemde percentage wordt vervangen door 73,5%.

Voorbeeld

Groot bv heeft acht werknemers. Deze zijn in 2021 op kosten van de bv naar een receptie van een afnemer geweest. De kosten hiervan bedroegen € 6.000. Het gezamenlijk belastbare loon is € 1.250.000. De aftrekbeperking van art. 3.15 lid 1 Wet IB is van toepassing. Door de combinatie met art. 8 lid 5 Wet Vpb zijn de kosten nu dus slechts aftrekbaar voor 6.000 –/– (0,4% × € 1.250.000) = € 1.000. Groot bv mag kiezen voor toepassing van de 73,5%-regeling uit art. 3.15 lid 5 Wet IB in combinatie met art. 8 lid 5 Wet Vpb. De kosten zijn nu voor 73,5% aftrekbaar, dus voor € 4.410. De niet-aftrekbare kosten zijn dus € 1.590.

Winstbepalingsartikelen van art. 9 Wet Vpb e.v.

In art. 9 Wet Vpb en verder staat een aantal specifieke artikelen die ook van invloed zijn op de fiscale winst, zoals niet of beperkt aftrekbare kosten, objectieve vrijstellingen en fiscale reserves. In het schema hieronder staan de verwijzingen.

Einde stap 1: saldo fiscale winstberekening	....
Bij of af:	
– objectieve vrijstellingen (hoofdstuk 4)	....
– niet-/beperkt aftrekbare kosten/rente (hoofdstuk 4 en paragraaf 9.3.8, 9.3.9 en 9.5)	....
– giften (paragraaf 9.3.10)	....
– investeringsaftrek (hoofdstuk 4)	....
– mutatie fiscale reserves (hoofdstuk 4)	....
– correctie in verband met deelnemingsvrijstelling (paragraaf 9.6)	.... +/–
	.... +/–
Einde stap 2: fiscale winst	....

Tabel 9.2 Opbouw fiscale winst

9.3.4 Stap 3: belastbaar bedrag bepalen

Als is vastgesteld dat een lichaam belastingplichtig is voor de Wet Vpb (subjectieve belastingplicht, zie paragraaf 9.2), moet nog worden bepaald waarover *Objectieve belastingplicht* belasting moet worden betaald (objectieve belastingplicht). Oftewel: wat is de grondslag die wordt vermenigvuldigd met het tarief (zie paragraaf 9.4) om de verschuldigde belasting uit te rekenen?

Volgens art. 7 lid 1 Wet Vpb wordt de belasting geheven naar het belastbare bedrag. In lid 2 staat dat dit belastbare bedrag gelijk is aan de belastbare winst, verminderd met de te verrekenen verliezen (zie paragraaf 9.3.11).

Belastbare winst Hoe de belastbare winst moet worden berekend, staat in lid 3. Hier wordt aangegeven dat de belastbare winst hetzelfde is als de (fiscale) winst, verminderd met de aftrekbare giften. De aftrekbare giften worden in paragraaf 9.3.10 behandeld.

Einde stap 2: fiscale winst	....	
Aftrekbaar deel van de giften (paragraaf 9.3.10)	....	–/–
Belastbare winst	....	
Te verrekenen verliezen (paragraaf 9.3.11)	....	–/–
Einde stap 3: belastbaar bedrag	....	

Tabel 9.3 Opbouw belastbaar bedrag

In de volgende paragrafen wordt nader ingegaan op de diverse onderdelen die uiteindelijk het belastbare bedrag bepalen.

9.3.5 Schematisch overzicht berekening belastbaar bedrag

Als we de stappen 1, 2 en 3 in één schema zetten, ziet de berekening van het belastbare bedrag er schematisch als volgt uit:

Fiscaal vermogen eind	....	
Bij: onttrekkingen (paragraaf 9.3.7)	....	
Bij: kapitaalterugbetalingen	.... +	
Gecorrigeerd eindvermogen		....
Fiscaal vermogen begin	....	
Bij: kapitaalstortingen (paragraaf 9.3.6)	.... +	
Gecorrigeerd beginvermogen		.... –/–
Einde stap 1 = saldo fiscale winstberekening, methode b (gelijk aan de uitkomst van methode a)		....
Bij of af:		
– objectieve vrijstellingen (hoofdstuk 4)	....	
– niet-/beperkt aftrekbare kosten/rente (hoofdstuk 4 en paragraaf 9.3.8, 9.3.9 en 9.5)	....	
– giften (paragraaf 9.3.10)	....	
– investeringsaftrek (hoofdstuk 4)	....	
– mutatie fiscale reserves (hoofdstuk 4)	....	
– correctie in verband met deelnemingsvrijstelling (paragraaf 9.6)	.... +/–	
		.... +
Einde stap 2: fiscale winst		....
Af: aftrekbaar deel van de giften (paragraaf 9.3.10)		.... –/–
Belastbare winst		....
Af: te verrekenen verliezen (paragraaf 9.3.11)		.... –/–
Einde stap 3: belastbaar bedrag		....

Tabel 9.4 Opbouw belastbaar bedrag voor de vennootschapsbelasting

9.3.6 Kapitaalstortingen

Storting van kapitaal

Een storting van kapitaal behoort logischerwijs niet tot de winst, omdat dit geen opbrengst uit de bedrijfsuitoefening is, maar een betaling door de aandeelhouder.

Er zijn drie vormen van kapitaalstortingen:
- nominaal gestort kapitaal;
- agio;
- informeel kapitaal.

De eerste twee vormen spreken voor zich: de aandeelhouder stort geld op aandelen (nominaal gestort kapitaal) en het meerdere dat de aandeelhouder stort bovenop het nominale aandelenkapitaal, is agio.

'Onzichtbare' kapitaalstorting

De derde vorm is de 'onzichtbare' kapitaalstorting. De aandeelhouder bevoordeelt de vennootschap dan zonder dat er in formele zin sprake is van kapitaal. Dit kan op verschillende manieren. De aandeelhouder kan de vennootschap bevoordelen door minder huur/rente te bedingen (informeel kapitaal in de kostensfeer) of door een bedrijfsmiddel tegen een niet zakelijk (in dit geval: te laag) bedrag te verkopen aan de vennootschap (informeel kapitaal in de vermogenssfeer). Met andere woorden: het voordeel dat aan de vennootschap wordt gelaten, is louter gebaseerd op aandeelhoudersmotieven. Bij een willekeurige derde zou de aandeelhouder nooit op deze manier hebben gehandeld. Informeel kapitaal is slechts een fiscaal begrip en zal commercieel niet voorkomen.

Voorbeeld

Informeel kapitaal in de kostensfeer

Moeder bv heeft alle aandelen van Dochter bv. Moeder bv heeft een vordering op Dochter bv ter hoogte van € 100.000. Moeder bv bedingt een rente van 2%, terwijl bij zakelijke derden 6% zou zijn bedongen.

Moeder bv laat Dochter bv dus een voordeel toekomen van € 4.000, zijnde het verschil tussen 6% en 2% van € 100.000. Dit wordt gezien als een onzakelijke bevoordeling van Moeder bv aan Dochter bv.
De fiscale journaalposten luiden als volgt:

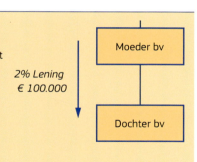

Moeder bv
Kas	2.000	
Deelneming Dochter bv	4.000	
Aan Renteopbrengst		6.000

De uitkomst van de fiscale winstberekening van Moeder bv wordt dus € 4.000 hoger. Via methode a uit zich dat in € 4.000 hogere opbrengst en via methode b in een hoger eindvermogen van € 4.000.

Dochter bv

Rentekosten	6.000	
Aan Kas		2.000
Aan Informeel kapitaal		4.000

De uitkomst van de fiscale winstberekening van Dochter bv wordt dus € 4.000 lager. Via methode a uit zich dat in € 4.000 hogere kosten en via methode b in een kapitaalstorting van € 4.000.

Voorbeeld

Informeel kapitaal in de vermogenssfeer

Moeder bv heeft alle aandelen van Dochter bv. Moeder bv heeft een pand verkocht aan Dochter bv voor een bedrag van € 100.000. De boekwaarde is € 80.000 en de werkelijke waarde is € 250.000.

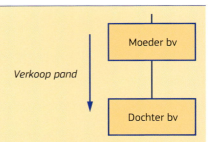

In dit geval laat Moeder bv een voordeel toekomen aan Dochter bv ter waarde van € 150.000, zijnde het verschil tussen de overeengekomen prijs en de werkelijke waarde. Dit wordt gezien als een onzakelijke bevoordeling door Moeder bv aan Dochter bv.

De fiscale journaalposten luiden als volgt:

Moeder bv

Kas	100.000	
Deelneming Dochter bv	150.000	
Aan Pand		80.000
Aan Boekwinst		170.000

De uitkomst van de fiscale winstberekening van Moeder bv wordt dus € 150.000 hoger. Via methode a uit zich dat in € 150.000 hogere opbrengst en via methode b in een hoger eindvermogen van € 150.000.

Dochter bv

Pand	250.000	
Aan Kas		100.000
Aan Informeel kapitaal		150.000

De uitkomst van de fiscale winstberekening van Dochter bv blijft gelijk, via methode a omdat er geen opbrengsten en kosten zijn, en via methode b omdat de stijging van het eindvermogen net zo hoog is als de kapitaalstorting (€ 150.000).

Deelnemerschapslening

Zoals uit beide voorbeelden blijkt, laat Moeder bv zich een voordeel ontglippen dat ze wél had genomen als ze met een willekeurige derde had gehandeld. Deze informele kapitaalstorting bij Dochter bv verhoogt de kostprijs van de aandelen in Dochter bv (deelneming) bij Moeder bv. Uit jurisprudentie blijkt dat zelfs het verstrekken van een lening in bepaalde situaties gekwalificeerd kan worden als informeel kapitaal. Dit is bijvoorbeeld het geval als de vennootschap aan wie de lening wordt verstrekt zo verliesgevend is dat vooraf al vaststaat dat de schuld nooit zal worden terugbetaald.

Ook als de lening dusdanige eigenschappen heeft dat zij lijkt op eigen vermogen (we spreken dan van een '*deelnemerschapslening*'), is sprake van informeel kapitaal. Dit is het geval als de lening *cumulatief* aan de volgende eisen voldoet:

Deelnemerschapslening

1. achtergesteld bij alle schuldeisers;
2. geen vaste looptijd (of een looptijd die langer is dan 50 jaar);
3. rente is winstafhankelijk;
4. slechts opeisbaar bij faillissement, surseance van betaling of liquidatie.

Het belang van óf kapitaalstorting óf lening ligt hier in de vergoeding op het ter beschikking gestelde vermogen. In het geval van een kapitaalstorting wordt de vergoeding gezien als dividend en is deze dus niet aftrekbaar van de winst. In het geval van een lening wordt de vergoeding gezien als rente en is deze dus wel aftrekbaar van de winst.

Voorbeeld

Moeder bv heeft alle aandelen van Dochter bv. Moeder bv heeft een lening verstrekt aan Dochter bv, terwijl Dochter bv al jaren verlies lijdt. Het ligt niet in de verwachting dat het op termijn beter zal gaan met Dochter bv.

Omdat een bank nooit een lening zou verstrekken aan Dochter bv, is hier sprake van een bevoordeling uit aandeelhoudersmotieven. De lening moet daarom worden gezien als (informeel) kapitaal.

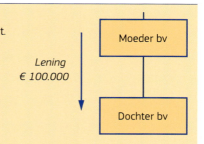

De journaalposten luiden als volgt:

Moeder bv
Deelneming Dochter bv 100.000
Aan Kas 100.000
Dochter bv
Kas 100.000
Aan Informeel kapitaal 100.000

De lening blijft civielrechtelijk voldoen aan de kwalificatie van een lening. De kwalificatie 'informeel kapitaal' is slechts de fiscale kwalificatie. De rente die Dochter bv betaalt aan Moeder bv, wordt fiscaal gezien als dividend. Deze is bij Dochter bv niet aftrekbaar (en overigens niet belast bij Moeder bv vanwege de deelnemingsvrijstelling, zie paragraaf 9.6 e.v.).

9.3.7 Onttrekkingen

Onttrekkingen Bij de vermogensvergelijking moet een correctie worden uitgevoerd voor de onttrekkingen. Dit komt doordat onttrekkingen wel het vermogen verlagen, maar geen kosten zijn. Het gaat hierbij om:
a. winstuitdelingen (art. 10 lid 1 letter a, b en c Wet Vpb);
b. de in aanmerking genomen vennootschapsbelasting (art. 10 lid 1 letter e Wet Vpb);
c. ingehouden bronbelastingen, zoals dividend- en kansspelbelastingen (art. 10 lid 1 letter f Wet Vpb).

Ad a. Winstuitdelingen

Winstuitdeling Een voor de hand liggend voorbeeld van een winstuitdeling, is cashdividend (dividend in contanten) of stockdividend (dividend in de vorm van uit te geven aandelen). Minder voor de hand liggende voorbeelden zijn situaties waarin de aandeelhouder wordt bevoordeeld zonder dat er in formele zin sprake is van dividend. Dit wordt verkapt dividend genoemd (ook: vermomd dividend).

> **Voorbeeld**
>
> Moeder bv heeft alle aandelen in Dochter bv. Dochter bv verkoopt een pand aan Moeder bv tegen de boekwaarde van € 100.000. De werkelijke waarde is € 250.000.
>
> Verkoop pand € 100.000
> Boekwaarde € 80.000
> Werkelijke waarde € 250.000
>
> Deze transactie zou tussen willekeurige derden nooit voor dit bedrag tot stand zijn gekomen. Dochter bv heeft Moeder bv bevoordeeld voor € 150.000, zijnde het verschil tussen de overdrachtsprijs (€ 100.000) en de waarde waarvoor het pand zakelijk gezien zou moeten worden overgedragen (€ 250.000). Deze bevoordeling wordt fiscaal gezien als dividend (verkapt dividend).
>
> Dochter bv moet een extra boekwinst verantwoorden van € 150.000. Deze heeft zij fiscaal gezien direct uitgekeerd als dividend. Het dividend is echter niet aftrekbaar, dus de fiscale winstberekening van Dochter bv is € 150.000 hoger dan werd verondersteld. Hiertegenover staat wel dat Moeder bv het pand te boek mag stellen voor de waarde in het economisch verkeer, zijnde € 250.000.
>
> De fiscale journaalposten luiden als volgt:
>
> *Moeder bv*
> | | | |
> |---|---:|---:|
> | Pand | 250.000 | |
> | Aan Kas | | 100.000 |
> | Aan Dividendopbrengst | | 150.000 |
>
> *Dochter bv*
> | | | |
> |---|---:|---:|
> | Kas | 100.000 | |
> | Dividenduitkering | 150.000 | |
> | Aan Pand | | 80.000 |
> | Aan Boekwinst | | 170.000 |

HOOFDSTUK 9 | VENNOOTSCHAPSBELASTING

Dividendbelasting

Ongeacht welke vorm van dividend wordt uitgekeerd, moet in beginsel op basis van de Wet op de Dividendbelasting 1965 15% dividendbelasting worden ingehouden en afgedragen aan de Belastingdienst (in het bovenstaande voorbeeld is dit niet gebeurd, vanwege de toepassing van de deelnemingsvrijstelling, zie paragraaf 9.6).

Deze dividendbelasting is een voorheffing op de belasting die de ontvanger van het dividend is verschuldigd (zie ook paragraaf 9.4). Dit geldt natuurlijk alleen als de ontvanger van het dividend belastingplichtig is.

Ad b. Vennootschapsbelasting

Vennootschapsbelasting

Zoals gezegd, is ook de verschuldigde vennootschapsbelasting een onttrekking. De vennootschapsbelasting beïnvloedt namelijk het eindvermogen, maar is niet aftrekbaar en wordt evenmin verwerkt in de winst-en-verliesrekening.

De vennootschapsbelasting kan op twee verschillende manieren worden verwerkt in de boekhouding van de ondernemer, namelijk via het kasstelsel en via het reserveringsstelsel. Om de hoogte van de onttrekking te kunnen bepalen, is het belangrijk om te weten welk stelsel in de boekhouding wordt gehanteerd.

Kasstelsel

Als de betaalde vennootschapsbelasting in de boekhouding wordt verwerkt via het kasstelsel, is het relatief eenvoudig om te bepalen wat de onttrekking is. Deze is namelijk gelijk aan het bedrag dat in het betreffende jaar is betaald aan vennootschapsbelasting. Op de balans staat geen balanspost 'te vorderen Vpb' of 'te betalen Vpb'.

Reserveringsstelsel

Dit is anders als het reserveringsstelsel wordt gehanteerd. In dat geval verlaagt de daadwerkelijke vennootschapsbelastingdruk het eigen vermogen. Op de balans komt dan een balanspost 'te betalen Vpb' of 'te vorderen Vpb' te staan. De betaalde vennootschapsbelasting verlaagt alleen de post 'te betalen Vpb'. De onttrekking is dan te herleiden uit de stand van deze post per 1 januari, de stand per 31 december en de betalingen in het betreffende jaar.

Voorbeeld

Adviesbureau De Graaf bv heeft de volgende *fiscale* balansen:

De Graaf bv 1 januari 2021 (in €)			
Bedrijfsmiddel	16.000	Eigen vermogen	10.000
Kas	10.000	Te betalen Vpb	16.000
	26.000		26.000

De Graaf bv 31 december 2021 (in €)			
Bedrijfsmiddel	13.500	Eigen vermogen	20.000
Kas	25.000	Te betalen Vpb	18.500
	38.500		38.500

> De Graaf bv heeft in 2021 € 7.500 betaald aan vennootschapsbelasting.
>
> Berekening onttrekking Vpb:
>
> | | |
> |---|---|
> | Te betalen Vpb per 31 december 2021 | € 18.500 |
> | Bij: betaalde Vpb | € 7.500 + |
> | | € 26.000 |
> | Te betalen Vpb per 1 januari 2021 | € 16.000 −/− |
> | Onttrekking vennootschapsbelasting | € 10.000 |
>
> De vermogensvergelijking ziet er als volgt uit:
>
> | | | |
> |---|---|---|
> | Fiscaal vermogen eind | € 20.000 | |
> | Bij: onttrekkingen vennootschapsbelasting | € 10.000 | |
> | Bij: kapitaalterugbetalingen | € 0 + | |
> | Gecorrigeerd eindvermogen | | € 30.000 |
> | Fiscaal vermogen begin | € 10.000 | |
> | Bij: kapitaalstortingen | € 0 + | |
> | Gecorrigeerd beginvermogen | | € 10.000 −/− |
> | Vermogensmutatie = fiscale winstberekening, methode b | | € 20.000 |

Ad c. Bronbelasting

Dividendbelasting en kansspelbelasting — Als laatste vormen de ingehouden dividendbelasting en kansspelbelasting een onttrekking. Het gaat hierbij om de belasting die de uitkeerder van dividend c.q. prijzen heeft ingehouden op de uitkering. Deze door de uitkeerder ingehouden en afgedragen belasting is voor de ontvanger niet aftrekbaar. Maar deze belasting mag wel als voorheffing in mindering worden gebracht op de verschuldigde vennootschapsbelasting (zie paragraaf 9.4).

9.3.8 Aftrekbare bedragen

Naast de bepalingen uit de Wet IB die op grond van de schakelbepaling van art. 8 Wet Vpb van toepassing zijn (zie paragraaf 9.3.3), heeft de Wet Vpb nog extra bepalingen die van invloed zijn op de winst, zoals art. 9 Wet Vpb. Dit artikel bepaalt wat mede in aftrek komt bij het bepalen van de winst. Zonder dit artikel zouden twijfels ontstaan over de aftrekbaarheid van bepaalde bedragen.

Winstuitdelingen — Zo zijn bijvoorbeeld winstuitdelingen niet aftrekbaar (art. 10 lid 1 letter a Wet Vpb), aangezien zij niet tot de kosten van een onderneming behoren. Er zijn echter winstuitdelingen die een zakelijke grondslag hebben en tóch aftrekbaar zouden kunnen zijn. In art. 9 lid 1 Wet Vpb worden de volgende 'andere van de winst aftrekbare kosten' als aftrekbaar aangemerkt, namelijk winstuitdelingen:

- aan bestuurders en verder personeel, toegekend ter zake van in de onderneming verrichte arbeid (letter a), de zogenoemde tantièmes;
- die de tegenprestatie vormen voor een zakelijke prestatie, zolang de winstuitdeling niet toekomt aan oprichters, aandeelhouders en dergelijke (letter b);
- van een verzekeringsmaatschappij die aan verzekerden krachtens hun verzekering toekomen (letter c);
- van een open commanditaire vennootschap (zie paragraaf 9.2.2) die toekomen aan de beherende vennoten (letter e); en
- door een coöperatie of een vereniging op coöperatieve grondslag aan haar leden (letter g).

Oprichtingskosten Verder zijn de oprichtingskosten en de kosten van wijziging van het kapitaal (letter d) uitdrukkelijk aftrekbaar gesteld. Onder deze kosten vallen onder andere emissiekosten (bij uitgifte van aandelen) en notariskosten.

9.3.9 Niet-aftrekbare bedragen

Aftrekbeperkingen Door de schakelbepaling van art. 8 Wet Vpb (zie paragraaf 9.3.3) is een aantal aftrekbeperkingen uit de Wet IB ook van toepassing bij het bepalen van het belastbare bedrag van een lichaam dat onder de Wet Vpb valt. In art. 10 lid 1 Wet Vpb staat nog een aantal extra onttrekkingen en niet-aftrekbare bedragen. In paragraaf 9.3.7 zijn dividend, vennootschapsbelasting en bronbelasting genoemd als onttrekkingen. Deze verlagen het eindvermogen, maar zijn niet aftrekbaar (art. 10 lid 1 letter a, b, c, e, en f Wet Vpb). Het verschil tussen onttrekkingen en

Onttrekkingen niet-aftrekbare bedragen is dat onttrekkingen in de winst- en-verliesrekening niet tot de winst worden gerekend. Vandaar dat onttrekkingen bij de vermogensvergelijking worden gecorrigeerd. Niet-aftrekbare bedragen worden pas na de fiscale winstberekening gecorrigeerd (bij stap 1).

De volgende kosten zijn niet aftrekbaar (art. 10 e.v. Wet Vpb):
- rentevergoeding op bepaalde leningen (art. 10 lid 1 letter d Wet Vpb; zie paragraaf 9.5);
- fictief loon in de zin van art. 12a Wet LB 1964, tenzij de genieter (aanmerkelijkbelanghouder) belast wordt naar een per saldo naar Nederlandse maatstaven redelijk tarief (art. 10 lid 1 letter g Wet Vpb; zie hoofdstuk 2);
- uitreiking van aandelen, of rechten om aandelen te verwerven aan personeelsleden met een jaarsalaris hoger dan € 589.000, de zogenoemde 'stock appreciation rights' (art. 10 lid 1 letter j Wet Vpb).

Bovengenoemde posten zijn niet aftrekbaar en worden bij de berekening van de fiscale winst opgeteld bij de winst.

Commissarisbeloning

In art. 11 Wet Vpb wordt een kostenpost genoemd die in aftrek wordt beperkt, namelijk de zogenoemde commissarisbeloning voor een commissaris-natuurlijk persoon die een aanmerkelijk belang (zie hoofdstuk 6) heeft in de vennootschap. Omdat de wetgever veronderstelt dat een aanmerkelijkbelanghouder een dusdanige zeggenschap heeft in de vennootschap dat hij als commissaris zijn eigen beloning kan bepalen, zou zijn vergoeding kunnen worden gezien als dividend in plaats van als inkomen. Een bepaald deel wordt daarom als niet-aftrekbaar beschouwd. Als de vergoeding meer bedraagt dan € 1.815, mag slechts 50% van de beloning – maar ten minste € 1.815 en ten hoogste € 9.076 – in aftrek worden gebracht.

Het gedeelte dat niet aftrekbaar is, kan alsnog voor aftrek in aanmerking komen, mits wordt aangetoond dat dit meerdere wordt toegekend ter zake van de toezichthoudende taak ten behoeve van niet-aandeelhouders en het uitvoeren van bepaalde bestuurstaken.

> **Voorbeeld**
>
> Een directeur-grootaandeelhouder van een bv is tevens commissaris van deze bv. Uit hoofde van dit commissariaat ontvangt hij een beloning van € 20.000. De bv mag in deze situatie slechts aftrekken: 50% × € 20.000 = € 10.000, maar maximaal € 9.076. De aftrekbeperking is dus € 10.924 (€ 20.000 –/– € 9.076). Indien en voor zover kan worden aangetoond dat het niet-aftrekbare deel van de vergoeding betrekking heeft op toezicht ten behoeve van niet-aandeelhouders en het uitvoeren van bepaalde bestuurstaken, mag de correctie achterwege blijven.

9.3.10 Giften

Giften vormen geen kosten van bedrijfsvoering en moeten altijd worden opgeteld bij de winst, als zijnde niet aftrekbaar. Als er sprake is van sponsoring (denk hierbij bijvoorbeeld aan Ziggo dat Ajax sponsort), vormen deze 'giften' wél aftrekbare bedrijfskosten.

Afhankelijk van de hoogte van de winst én het doel van de gift, kunnen de giften uiteindelijk toch worden afgetrokken. Want op basis van art. 16 Wet Vpb komen giften die zijn gedaan aan algemeen nut boegende instellingen, in aftrek voor de berekening van de belastbare winst. Ook voor de Wet Vpb geldt de zogenoemde multiplier (zie hoofdstuk 8) voor giften aan zogenoemde culturele ANBI's of steunstichtingen SBBI. De aftrek van giften aan dit soort instellingen mag worden verhoogd met 50%, maar ten hoogste met € 2.500 (art. 16 lid 4 Wet Vpb).

De aftrek van giften kent geen ondergrens maar wel een dubbele bovengrens. Giften zijn aftrekbaar tot een bovengrens van 50% van de (fiscale) winst en tot een bedrag van maximaal € 100.000 (art. 16 lid 1 Wet Vpb). Giften in contanten tellen niet mee en zijn dus per definitie niet aftrekbaar van de winst (art. 16 lid 3 Wet Vpb).

HOOFDSTUK 9 — VENNOOTSCHAPSBELASTING

> **Voorbeeld**
>
> Jansen bv heeft een fiscale winst van € 15.000. Van deze winst zijn de giften aan het Nederlandse Rode Kruis ad € 10.000 nog niet afgetrokken. Een bedrag van € 10.000 is dus in principe aftrekbaar, echter met een maximum van 50% van de winst. Dat maximum is € 7.500 (50% van 15.000), zodat Jansen bv € 7.500 mag aftrekken van de fiscale winst. Het niet-aftrekbare deel mag niet worden meegenomen naar andere jaren.

Als de fiscale winst negatief is, kunnen giften vanwege de 50%-grens niet worden afgetrokken, en komen deze ook niet voor aftrek in volgende jaren in aanmerking.

9.3.11 Te verrekenen verliezen

Verliesverrekening — Als de belastbare winst negatief is, is dit een verlies. Een verlies mag op grond van art. 20 Wet Vpb worden verrekend met de belastbare winsten van het voorafgaande jaar (carry back) en de 6 volgende jaren (carry forward). Het oudste verlies wordt het eerst verrekend.

> **Voorbeeld**
>
> | Jaar | 2020 | 2021 | 2022 | 2023 | 2024 |
> |---|---|---|---|---|---|
> | Belastbare winst | 100 | –/– 400 | 50 | 100 | 350 |
> | Carry back | –/– 100 | 100 + | | | |
> | Restant | 0 | –/– 300 | | | |
> | Carry forward | | 50 + | –/– 50 | | |
> | Restant | | –/– 250 | 0 | | |
> | Carry forward | | 100 + | | –/– 100 | |
> | Restant | | –/– 150 | | 0 | |
> | Carry forward | | 150 + | | | –/– 150 |
> | Restant (belastbaar bedrag) | | 0 | | | 200 |
>
> **Toelichting op het schema**
>
> Het verlies van 2021 (€ 400) wordt verrekend met de belastbare winst van 2020 (€ 100). Na de verliesverrekening resteert een belastbaar bedrag in 2020 van € 0. De carry back vindt plaats door vermindering van de aanslag over het voorafgaande jaar bij een voor bezwaar vatbare beschikking.
> Het restant van het verlies van 2021 ad € 300 (€ 400 –/– € 100), wordt nu verrekend met de winst van de komende 6 jaren, waarbij de belastbare winst over 2022 als eerste voor verrekening in aanmerking komt. Vervolgens komen de belastbare winsten uit 2023 en 2024 in aanmerking.

Handel in vennootschappen met compensabele verliezen

Het te verrekenen verlies kan dus 6 jaar naar voren worden geschoven. Hierdoor zou een lege bv met een bedrag aan te verrekenen verliezen toch een behoorlijke waarde kunnen hebben. Immers, de koper van de aandelen in de bv kan de winsten die hij eventueel in deze bv gaat behalen, nog verrekenen met de openstaande verliezen. Zo ontstond in het verleden dus een levendige handel in zoge-

Verlies-bv's heten verlies-bv's.

Voorbeeld

Jansen bv heeft zijn onderneming gestaakt en heeft een bedrag aan te verrekenen verliezen van € 100.000. De heer Pietersen wenst een onderneming te starten in bv-vorm en is wel geïnteresseerd in Jansen bv. De heer Pietersen koopt de aandelen Jansen bv voor een schappelijke prijs (€ 20.000) en start daarin zijn onderneming. De eerste € 100.000 van de winst wordt niet belast, en dat levert een flink voordeel op.

Hoofdregel verlies-bv's In antwoord op deze handel in verlies-bv's heeft de wetgever art. 20a Wet Vpb ingevoerd. Dit artikel komt erop neer dat als:
a. ten minste 30% (in belangrijke mate) van de aandelen in de bv van eigenaar wisselt (art. 20a lid 1 Wet Vpb), en
b. de materiële onderneming voor 70% of meer is gestaakt of binnen 3 jaar voor 70% of meer zal worden gestaakt, of als er überhaupt geen onderneming wordt gedreven (art. 20a lid 4 Wet Vpb),

de te verrekenen verliezen verdampen. Dit houdt in dat ze niet meer verrekenbaar zijn.

Voorbeeld

Jansen bv heeft haar onderneming gestaakt en heeft een bedrag aan te verrekenen verliezen van € 100.000. De heer Pietersen wenst een onderneming te starten in bv-vorm en is wel geïnteresseerd in Jansen bv. Als de heer Pietersen de aandelen Jansen bv koopt, treedt art. 20a Wet Vpb in werking. De onderneming van Jansen bv is gestaakt en de aandelen zullen voor 30% of meer van eigenaar wisselen. De openstaande verliezen zullen verdwijnen ('verdampen').

Uitzonderingen hoofdregel verlies-bv's Op de hoofdregel bestaat een aantal uitzonderingen, die hieronder zullen worden besproken:
1. als de wijziging van eigenaar voortvloeit uit een overlijden of aangaan/beëindiging van een huwelijk, blijven de verliezen verrekenbaar (lid 2 letter a);

Voorbeeld

Jansen bv heeft haar onderneming gestaakt en heeft een bedrag aan te verrekenen verliezen van € 100.000. De aandeelhouder komt te overlijden en Jansen jr. verkrijgt het pakket aandelen krachtens erfrecht. De verliezen zouden nu niet meer verrekenbaar zijn, omdat er een wijziging van aandeelhouder voor 30% of meer heeft plaatsgevonden. Op basis van art. 20a lid 2 letter a Wet Vpb blijven de verliezen echter toch verrekenbaar.

2. als de verkrijger van de aandelen al ten minste een derde gedeelte van de aandelen had, telt de verkrijging van deze aandelen (= de aandelen die hij nieuw krijgt) niet mee voor de 30%-eis (lid 2 letter b);

> **Voorbeeld**
>
> De heer Jansen en de heer Pietersen hebben ieder 50% van de aandelen in Jansen bv. De bv heeft te verrekenen verliezen. De heer Jansen verkoopt zijn pakket aandelen aan de heer Pietersen (25%) en zijn zoon Jansen jr. (25%). Er is een wijziging van eigenaar voor 50%, dus de verliezen zouden niet meer verrekenbaar zijn als de door Jansen bv gedreven onderneming voor meer dan 70% wordt gestaakt. Maar omdat de heer Pietersen al meer dan een derde deel van de aandelen in Jansen bv had, telt zijn verkrijging van de aandelen niet mee. Wat overblijft, is een wijziging van 25%. Dit is minder dan 30%, zodat de verliezen verrekenbaar blijven.

3. als de vennootschap een beursgenoteerde nv is, is er de kans dat in een jaar 30% van eigenaar wisselt zonder dat de nv hiervan op de hoogte is. In dat geval zijn de verliezen nog verrekenbaar (lid 3).

De uitleg hiervóór gaat om een vennootschap die te verrekenen verliezen heeft en vervolgens wordt gestaakt voor 70% of meer én van eigenaar wisselt. De carry forward van verliezen is dan niet meer toegestaan. Dezelfde bepalingen zijn van toepassing als de vennootschap nog verrekenbare winsten heeft en er verliezen worden geleden nadat de vennootschap voor 90% (geheel of nagenoeg geheel) of meer is gestaakt én van eigenaar is gewisseld. Op grond van art. 20a lid 9 Wet Vpb is de carry back dan eveneens niet toegestaan.

9.3.12 Eindafrekening

Net als in de Wet IB (art. 3.61) heeft de wetgever in de Wet Vpb maatregelen getroffen om te voorkomen dat geen heffing plaatsvindt over in Nederland gerealiseerde stille reserves (inclusief goodwill). Daarom heeft de wetgever art. 15c en 15d Wet Vpb ingevoerd. Art. 15c Wet Vpb bepaalt dat als een vennootschap zijn vestigingsplaats verplaatst naar het buitenland (zie paragraaf 9.2.2 onder a) waardoor de Nederlandse Belastingdienst niet meer kan of mag heffen over de winst van deze vennootschap, de vennootschap geacht wordt op het moment *onmiddellijk* voorafgaand aan de verplaatsing al haar vermogensbestanddelen te hebben vervreemd tegen de waarde in het economische verkeer. Hierdoor vindt er dan een eindafrekening plaats.

Eindafrekening

Vangnetbepaling Mocht Nederland op basis van art. 15c Wet Vpb nog niet genoeg zekerheid hebben, dan is art. 15d Wet Vpb de vangnetbepaling. Op basis van dit artikel worden de voordelen van een vennootschap die nog niet zijn belast (lees: stille reserves, goodwill en fiscale reserves) tot de winst gerekend als de vennootschap ophoudt in Nederland belastbare winst te genieten.

Uitstel van betaling Omdat er belasting betaald moet worden maar er feitelijk geen winst is gerealiseerd, kan het best zo zijn dat de vennootschap niet de liquide middelen heeft om de belasting te betalen. Daarom bestaat er op basis van de Invorderingswet (zie ook hoofdstuk 13, onderdeel B) een mogelijkheid tot uitstel van betaling van belasting.

9.4 Tarief (hoeveel?)

9.4.1 Normaal tarief

In art. 22 Wet Vpb staat het tarief genoemd.

Bij een winst van:		bedraagt het percentage
meer dan	maar niet meer dan	
€ 0	€ 245.000	15
€ 245.000	–	25 over het meerdere

Tabel 9.5 Tarief vennootschapsbelasting

Voorheffingen Er mag rekening worden gehouden met voorheffingen. Als op de winst van een belastingplichtige dividendbelasting of kansspelbelasting is ingehouden door degene die het dividend c.q. de prijs heeft uitgekeerd, mogen deze belastingen op grond van art. 25 lid 1 Wet Vpb in mindering worden gebracht op de verschuldigde vennootschapsbelasting.

> **Voorbeeld**
>
> Dirksen bv heeft in een bepaald jaar een belastbaar bedrag van € 300.000 (zie paragraaf 9.3.1). De bv heeft dit jaar een brutodividend ontvangen van € 10.500, waarop 15% (€ 1.575) dividendbelasting is ingehouden. De verschuldigde vennootschapsbelasting bedraagt:
>
> Verschuldigde vennootschapsbelasting:
> 15% over € 245.000   € 36.750
> 25% over (€ 300.000 –/– € 245.000)   € 13.750 +
>   € 50.500
> Af: te verrekenen dividendbelasting   € 1.575 –/–
>   € 48.925

9.4.2 Bijzonder tarief: fiscale beleggingsinstelling

Fiscale beleggingsinstellingen (FBI's)
Op basis van art. 28 Wet Vpb kan het tarief worden verlaagd naar 0%. Dit tarief is uitsluitend van toepassing op fiscale beleggingsinstellingen (FBI's). De gedachte achter het 0%-tarief is dat beleggen in privé en beleggen via een FBI fiscaal niet van elkaar mogen verschillen.

Doorstootverplichting
Een FBI is een binnenlands belastingplichtige nv, bv of fonds voor gemene rekening, waarvan de feitelijke werkzaamheden bestaan uit het beleggen van vermogen. De belangrijkste voorwaarde voor een FBI is dat zij moet voldoen aan de zogeheten 'doorstootverplichting'. Dit houdt in dat de winst die een FBI in een bepaald jaar behaalt, binnen 8 maanden na afloop van dat jaar aan haar aandeelhouders ter beschikking moet worden gesteld. De overige voorwaarden zijn te vinden in art. 28 lid 2 letter b Wet Vpb en het Besluit Beleggingsinstellingen. Het tarief van 0% komt uit art. 9 van het Besluit Beleggingsinstellingen.

9.4.3 Bijzonder tarief: innovatiebox

Innovatiebox
De wetgever vindt het belangrijk dat in Nederland veel wordt gedaan aan innovatie en de ontwikkeling van nieuwe producten. Om dit te stimuleren, is de innovatiebox geïntroduceerd, met een verlaagd tarief van 9%. De innovatiebox is in de wet te vinden in artikelen 12b en 12ba tot en met 12bg Wet Vpb. Dit tarief wordt toegepast op de voordelen die uit innovaties in Nederland worden behaald.

Art. 12b Wet Vpb en verder geeft aan in welke gevallen de innovatiebox kan worden toegepast. Het moet gaan om een immaterieel vast actief dat door de belastingplichtige zelf is voortgebracht en waarvoor aan hem een Speur- en Ontwikkelingsverklaring is afgegeven bij de ontwikkeling van het activum (zie hoofdstuk 2).

Substance-eis
De innovatiebox is alleen bedoeld voor ondernemingen met een substantiële economische aanwezigheid in Nederland en voor innovatieve activiteiten die in Nederland worden ontplooid. In de art. 12 ba Wet Vpb e.v. is beschreven wanneer sprake is van deze substance en daar zijn ook de berekeningsmethoden beschreven.

Drempel
Als de belastingplichtige ervoor kiest om de innovatiebox toe te passen, worden de voordelen die uit hoofde van het betreffende activum worden behaald, belast tegen een effectief tarief van 9%. De belastingplichtige kan dit verlaagde tarief van 9% toepassen voor zover de opbrengsten hoger zijn dan de voortbrengingskosten (drempel). Het verlaagde tarief geldt alleen voor positieve voordelen. Verliezen mogen tegen het normale tarief worden afgetrokken. Als een activum al baten genereert vóórdat een octrooi is verkregen, mogen deze baten ('pré-octrooibaten') achteraf worden meegenomen in de innovatiebox.

> **Voorbeeld**
>
> Farrat bv heeft in 2020 een octrooi aangevraagd en gekregen voor een door haar ontwikkelde moderne loopfiets. Voor dit product zijn ontwikkelkosten gemaakt ad € 300.000 en is een verklaring Speur- en Ontwikkelingswerk afgegeven. Deze kosten zijn al in eerdere jaren ten laste van de fiscale winst gebracht. In 2021 bedraagt de fiscale winst van Farrat bv € 2.000.000, waarvan € 1.200.000 te danken is aan de verkoop van de producten waarvoor het octrooi is aangevraagd. In principe is op de winst het normale tarief van toepassing, maar door toepassing van de innovatiebox van art. 12b Wet Vpb, is op een deel van de winst het 9%-tarief van toepassing. Dat is het gedeelte van de winst dat is behaald met het octrooi (€ 1.200.000), maar pas voor zover het de voortbrengingskosten/ontwikkelkosten (€ 300.000) overstijgt.
> Dit betekent dus dat € 900.000 (€ 1.200.000 –/– € 300.000) van de winst wordt belast tegen het 9%-tarief. Het restant van de winst, € 1.100.000 (€ 2.000.000 –/– € 900.000), wordt belast tegen het reguliere tarief.

9.5 Renteaftrekbeperkingen

9.5.1 Inleiding

Rentekosten — Rentekosten zijn kosten van de bedrijfsuitoefening en dus aftrekbaar. Belastingadviseurs maakten hiervan in het verleden gebruik door bijvoorbeeld renteaftrek in Nederland te creëren en de rentebaten niet- of laagbelast in het buitenland te laten belanden.

> **Voorbeeld**
>
> Moeder bv bezit alle aandelen van de op Curaçao gevestigde Dochter bv, een vennootschap die op Curaçao belast wordt tegen een tarief van 0%. Deze Dochter bv heeft een lening verstrekt aan Moeder bv van € 100.000 tegen 6% rente.
>
> Moeder bv trekt de rente van € 6.000 af tegen een tarief van maximaal 25%; de ontvangst van de rente bij Dochter bv is vrijgesteld. Binnen het concern betekent dit een voordeel van maximaal 25% van € 6.000 is € 1.500.
>
>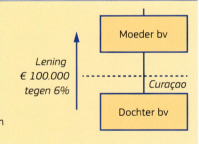
> Lening € 100.000 tegen 6%

Renteaftrekbeperkingen — De wetgever heeft getracht deze uitholling van de belastinggrondslag tegen te gaan door in de Wet Vpb een aantal renteaftrekbeperkingen te creëren. In deze paragraaf zullen er een aantal worden besproken.

9.5.2 Hybride lening (art. 10 lid 1 letter d Wet Vpb)

Informeel kapitaal

In paragraaf 9.3.6 is al besproken dat een lening als informeel kapitaal kan kwalificeren. Een voorbeeld daarvan is de deelnemerschapslening (zie eerder in paragraaf 9.3.6). Als de lening kwalificeert als informeel kapitaal, is de vergoeding (rente) niet aftrekbaar. Deze vergoeding wordt dan behandeld als een dividenduitkering.

Als de belastingplichtige toch een renteaftrek wil creëren, maar hij de overige schuldeisers niet wil benadelen, zal hij een lening aangaan die niet voldoet aan alle eisen om van een deelnemerschapslening te kunnen spreken. De lening kwalificeert dan niet als informeel kapitaal en de rentevergoeding is dan wel aftrekbaar.

Hybride leningen

Art. 10 lid 1 letter d Wet Vpb voorkomt dit door te stellen dat rente op leningen die feitelijk functioneren als eigen vermogen, niet aftrekbaar is. Deze leningen noemen we hybride leningen. Er wordt in elk geval geen aftrek verleend voor rente (en waardemutaties) van een lening zonder vaste aflossingsdatum dan wel met een looptijd van meer dan 10 jaar, als deze lening is verkregen van een gelieerd lichaam én een vergoeding ontbreekt of de vergoeding in belangrijke mate (minimaal 30%) afwijkt van wat in het economische verkeer door onafhankelijke partijen zou zijn overeengekomen (art. 10b Wet Vpb).

Voorbeeld

Moeder bv heeft alle aandelen van Dochter bv. Moeder bv heeft een lening van € 100.000 verstrekt aan Dochter bv. De looptijd is 30 jaar, de rente is winstafhankelijk en de lening is achtergesteld.

Deze lening is niet te kwalificeren als informeel kapitaal, omdat niet is voldaan aan de vier cumulatieve eisen voor een deelnemerschapslening (zie paragraaf 9.3.6). De lening voldoet echter wel aan de hybride vorm in de zin van art. 10 lid 1 letter d Wet Vpb. De rentevergoeding die Dochter bv betaalt aan Moeder bv, is dus niet aftrekbaar. Overigens is de renteontvangst bij Moeder bv op basis van de deelnemingsvrijstelling onbelast als Dochter bv als deelneming kwalificeert (zie paragraaf 9.6.2).

Lening € 100.000

Moeder bv → Dochter bv

De wetgever bereikt door deze aftrekbeperking dus hetzelfde resultaat als bij een deelnemerschapslening: de betaalde vergoeding is niet aftrekbaar.

9.5.3 Kasrondjes en leningen van verbonden lichamen

De wetgever heeft ervoor gekozen om een op onzakelijke gronden gecreëerde rentelast (hieronder worden ook kosten en valutaresultaten begrepen) in Nederland in aftrek te beperken. In art. 10a Wet Vpb zijn daartoe twee renteaftrekbeperkingen opgenomen:
a. kasrondje;
b. lening van een verbonden lichaam.

Ad a. Kasrondje

Kasrondje Bij het zogenoemde kasrondje keert de dochtermaatschappij een dividend uit aan de moedermaatschappij, die dit direct weer terugleent aan de dochtermaatschappij. Met andere woorden: het dividend wordt schuldig gebleven. Op deze manier wordt bij de dochtermaatschappij eigen vermogen (winstreserve) omgezet in vreemd vermogen (lening). De vergoeding op eigen vermogen is niet aftrekbaar, maar de vergoeding op vreemd vermogen in principe wél. Art. 10a lid 1 Wet Vpb staat renteaftrek op deze kasrondjes niet toe. Dit geldt niet alleen voor schuldig gebleven dividend, maar ook voor schuldig gebleven kapitaalstortingen en terugbetalingen van kapitaal.

Voorbeeld

Moeder bv heeft alle aandelen van Dochter bv. Dochter bv heeft een dividend van € 100.000 uitgekeerd, dat zij schuldig is gebleven.

De rente die Dochter bv op deze lening is verschuldigd, is op basis van art. 10a lid 1 Wet Vpb niet aftrekbaar.

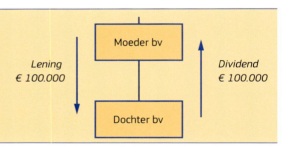

Ad b. Lening van een verbonden lichaam

Een belastingadviseur zou kunnen bedenken om het dividend niet rechtstreeks schuldig te blijven, maar om te lenen van een maatschappij binnen het concern en zodoende toch een renteaftrek te creëren. Deze vlieger gaat niet op, omdat de wetgever in art. 10a lid 1 Wet Vpb de aftrek van rente op leningen van verbonden lichamen in bepaalde situaties heeft beperkt. Het begrip verbonden lichaam of natuurlijk persoon is gedefinieerd in art. 10a lid 4, 5 en 6 Wet Vpb. Het gaat hierbij om (een samenwerkende groep van) lichamen of personen die voor een derde deel of meer in relatie staan tot de belastingplichtige. Bij de aftrekbeperking gaat het om leningen van verbonden lichamen en/of natuurlijke personen in de volgende situaties:

Leningen van verbonden lichamen
1. de winstuitdeling of teruggaaf van gestort kapitaal (letter a);
2. de storting van kapitaal (letter b);
3. de verwerving van aandelen in een lichaam dat na deze verwerving een verbonden lichaam is (letter c).

HOOFDSTUK 9 | VENNOOTSCHAPSBELASTING

At arm's length

Voor zowel situatie a als b bestaat een tegenbewijsmogelijkheid, waardoor de rente wel aftrekbaar is (art. 10a lid 3 Wet Vpb). Het tegenbewijs houdt in dat de belastingplichtige aannemelijk moet maken dat de lening op zakelijke gronden ('at arm's length') is gebaseerd. De bewijslast daarvoor ligt bij de belastingplichtige, maar als de ontvanger van de rente is belast voor een tarief dat naar Nederlandse maatstaven redelijk is, is het bewijs ook geleverd en zal de inspecteur aannemelijk moeten maken dat er géén zakelijke redenen zijn geweest voor het aangaan van de lening. Een percentage van 10% wordt als een naar Nederlandse maatstaven redelijk tarief beschouwd. Een zakelijke overweging is bijvoorbeeld het ontbreken van liquide middelen om dividend uit te keren.

Voorbeeld

Moeder bv heeft alle aandelen van Dochter 1 bv en Dochter 2 bv. Dochter 2 bv is gevestigd op Curaçao en is vrijgesteld van winstbelasting. Dochter 1 bv leent € 100.000 van Dochter 2 bv om daarmee een dividenduitkering te doen aan Moeder bv.

Deze situatie valt onder de werking van art. 10a lid 1 letter a Wet Vpb. De rente die Dochter 1 bv is verschuldigd aan Dochter 2 bv is niet aftrekbaar, tenzij zij aannemelijk kan maken dat de lening om zakelijke redenen is aangegaan, bijvoorbeeld als de ontvanger van de rente (Dochter 2 bv) wordt belast tegen een tarief dat hoger is dan 10%.

Wordt het geld direct geleend bij een externe partij, dan is er geen sprake van een aftrekbeperking.

9.5.4 Earningsstrippingsmaatregel

Earningsstrippingsmaatregel

Met ingang van 1 januari 2019 heeft Nederland de eerste Europese richtlijn antibelastingontwijking in de wet ingevoerd. Onderdeel hiervan is een generieke renteaftrekbeperking; de zogenoemde earningsstrippingsmaatregel in art. 15b Vpb. De reden van deze aftrekbeperking is dat de wetgever het verschuiven van schulden naar Nederland onaantrekkelijker wil maken. Dit wordt geregeld door de aftrekbaarheid van de per saldo verschuldigde rente te beperken, ongeacht aan wie deze is verschuldigd.

Als de per saldo verschuldigde rente van een belastingplichtige hoger is dan 30% van het fiscale brutobedrijfsresultaat, is het meerdere van deze rente niet langer aftrekbaar van de winst. Er geldt echter wel een drempel van € 1.000.000. Dit betekent dat de eerste € 1.000.000 aan rente niet in aftrek wordt beperkt door

Per saldo verschuldigde rente art. 15b Vpb. De per saldo verschuldigde rente is het saldo tussen de ontvangen rente op leningen en de betaalde rente op leningen.

Fiscale brutobedrijfsresultaat Het fiscale brutobedrijfsresultaat is dan de fiscale winst (dus na stap 2, zie paragraaf 9.3.3), vermeerderd met rente, afschrijvingen en afwaarderingen.

De rente die niet in aftrek komt, mag onbeperkt in de tijd worden vooruitgeschoven. Dit betekent dat de rente een jaar later wel in aftrek mag worden gebracht, tenzij deze wederom beperkt wordt als gevolg van deze maatregel. Dan wordt de rente weer vooruitgeschoven.

Voorbeeld

Een belastingplichtige heeft in jaar 1, 2 en 3 de volgende fiscale winsten:

	Jaar 1	Jaar 2	Jaar 3
Fiscale winst	€ 10.000.000	€ 11.000.000	€ 12.000.000

Ieder jaar is de per saldo verschuldigde rente € 4.800.000. Het totaal aan rente, afschrijvingen en afwaarderingen is ieder jaar € 5.000.000.

De earingsstrippingsmaatregel werkt nu als volgt uit:

Jaar 1:
Fiscale winst: € 10.000.000
Per saldo verschuldigde rente: € 4.800.000

De drempel is € 1.000.000 of, als het bedrag hoger is, 30% van de fiscale winst vermeerderd met rente/afschrijvingen/afwaarderingen. Dit is in dit voorbeeld 30% van € 15.000.000 (€ 10.000.000 plus € 5.000.000) is € 4.500.000.
Dit betekent dat niet aftrekbaar is de rente voor zover die hoger is dan € 4.500.000. Dus niet aftrekbaar is € 4.800.000 −/− € 4.500.000 = € 300.000. Dat bedrag wordt vooruitgewenteld naar jaar 2 en verder.
De fiscale winst van jaar 1 is € 10.000.000 + € 300.000 = € 10.300.000.

Jaar 2:
Fiscale winst: € 11.000.000
Per saldo verschuldigde rente	€ 4.800.000
Vooruitgewentelde rente van jaar 1	€ 300.000 +
Totaal verschuldigde rente	€ 5.100.000

De drempel is € 1.000.000 of, als het bedrag hoger is, 30% van de fiscale winst vermeerderd met rente/afschrijvingen/afwaarderingen. Dit is 30% van € 16.000.000 (€ 11.000.000 plus € 5.000.000) is € 4.800.000. Dit betekent dat niet aftrekbaar is de rente voor zover die hoger is dan € 4.800.000. Dus € 5.100.000 −/− € 4.800.000 = € 300.000 is niet aftrekbaar. Dit is gelijk aan de vooruitgewentelde rente uit jaar 1. Deze mag dus niet in aftrek worden genomen in jaar 2 en wordt verder vooruitgewenteld naar jaar 3 en verder. De fiscale winst van jaar 2 blijft € 11.000.000.

Jaar 3:
Fiscale winst: 12.000.000
Per saldo verschuldigde rente   € 4.800.000
Vooruitgewentelde rente van jaar 2   €   300.000 +
Totaal verschuldigde rente   € 5.100.000

De drempel is € 1.000.000 of, als het bedrag hoger is, 30% van fiscale winst vermeerderd met rente/afschrijvingen/afwaarderingen. Dit is 30% van € 17.000.000 (€ 12.000.000 plus € 5.000.000) is € 5.100.000. Dit betekent dat niet aftrekbaar is de rente voor zover die hoger is dan € 5.100.000. Dus alle rente is aftrekbaar. De fiscale winst van jaar 3 is € 12.000.000. Hier mag echter de vooruitgewentelde rente nog van afgetrokken worden. De fiscale winst is dus € 12.000.000 –/– € 300.000 = € 11.700.000.

9.6 Deelnemingsvrijstelling

9.6.1 Inleiding

Aparte activiteit

Om risico's te spreiden, wordt vaak een aantal vennootschappen opgericht, die elk voor zich een aparte activiteit gaan uitvoeren. De aandelen in de verschillende vennootschappen worden dan gehouden door houdstermaatschappijen die op hun beurt weer worden gehouden door een tophoudstermaatschappij.

Voorbeeld

Als Werkmaatschappij 1 bv een winst behaalt van € 25.000, wordt deze belast tegen 15%. Er blijft dan € 21.250 over. Vervolgens wordt deze winst uitgekeerd aan Houdster 1 bv. De winst bij Houdster 1 bv bedraagt dan € 21.250; deze winst zou worden belast tegen 15%, waarna € 18.062 overblijft. Als deze winst dan ook nog wordt uitgekeerd aan Tophoudster bv en daar wederom tegen 15% zou worden belast, blijft er van de winst van € 25.000 netto slechts € 15.352 over. Dit is natuurlijk niet gewenst en werkt in de hand dat er nauwelijks bedrijfsstructuren zullen worden opgezet.

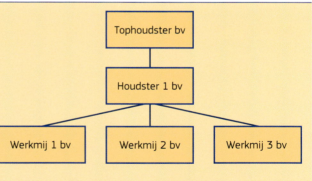

Deelnemings-vrijstelling Verlengstuk

Vanuit de gedachte dat dezelfde winst niet dubbel mag worden belast, is in de Wet Vpb de deelnemingsvrijstelling van toepassing, mits aan de voorwaarden is voldaan (zie paragraaf 9.6.2). De deelneming is als het ware het verlengstuk van de houdster. De verlengstukgedachte zegt dat de winst van de deelneming de winst van de houdster is. Dit houdt in dat alle voordelen uit hoofde van een deelneming, niet tot de winst worden gerekend. In bovenstaand voorbeeld is dan de € 25.000 winst van Werkmaatschappij 1 wel bij Werkmaatschappij 1 belast, maar de € 21.250 die Werkmaatschappij 1 bv uitkeert aan Houdster 1 bv is bij Houdster 1 vrijgesteld, evenals de winst die Houdster 1 bv op haar beurt uitkeert aan Tophoudster bv. Bij Tophoudster bv blijft dan netto € 21.250 over, ongeacht de (lengte van de) bedrijfsstructuur.

9.6.2 Begrip deelneming

Deelnemingen

Binnenlandse deelneming

Om als deelneming te kwalificeren, moet worden voldaan aan de voorwaarden van art. 13 lid 2 Wet Vpb. Deze voorwaarden zijn dat de belastingplichtige:
a. voor ten minste 5% van het nominaal gestorte kapitaal aandeelhouder is van een vennootschap waarvan het kapitaal geheel of ten dele in aandelen is verdeeld, of
b. voor ten minste 5% aandeelhouder is van het nominaal gestorte aandelenkapitaal, dan wel ten minste 5% bezit van het aantal in omloop zijnde bewijzen van deelgerechtigdheid in een fonds voor gemene rekening, of
c. lid is van een coöperatie of een vereniging op coöperatieve grondslag, of
d. als commanditaire vennoot een aandeel heeft in de vennootschappelijke gemeenschap van een open cv en daardoor voor ten minste 5% deelt in het door die vennootschap behaalde voordeel.

Ten minste 5% aandeelhouder van het nominaal gestorte kapitaal

Ten minste

Niet alleen de juridische eigendom kwalificeert als deelneming, maar in sommige gevallen ook de economische eigendom. Hierbij kan bijvoorbeeld worden gedacht aan de situatie waarin certificaten zijn uitgegeven door een stichting administratiekantoor. In dat geval zijn de aandelen (in een bv) in handen van een stichting. Deze heeft op haar beurt certificaten uitgegeven. De houders van de certificaten hebben recht op de voordelen uit hoofde van de aandelen die de stichting bezit. De stichting heeft echter de zeggenschap over de aandelen en mag bij een aandeelhoudersvergadering gebruikmaken van het stemrecht op de betreffende aandelen. De zeggenschap (de juridische eigendom) en het rendement (de economische eigendom) zijn gescheiden.

Voorbeeld

Stichting AK heeft alle aandelen van Dochter bv. De stichting heeft aan Moeder bv certificaten uitgereikt die recht geven op alle voordelen uit hoofde van de aandelen Dochter bv. Moeder bv heeft nu meer dan 5% van de economische eigendom van de aandelen Dochter bv en heeft daarom een deelneming in Dochter bv.

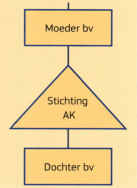

Gestorte nominale kapitaal Belangrijk is dat er alleen een deelneming is als voor minimaal 5% wordt deelgenomen in het gestorte nominale kapitaal. De aandelen moeten wel zijn volgestort.

Voorbeeld

1 Moeder bv heeft 90% van de aandelen in Dochter bv, maar ze heeft de aandelen nog niet volgestort en de overige aandeelhouder(s) wel. Bijvoorbeeld Moeder bv heeft 90 aandelen van nominaal € 10 niet volgestort en overige aandeelhouders hebben 10% van nominaal € 10 wel volgestort. Dochter bv kwalificeert nu niet als deelneming van Moeder bv, omdat Moeder bv 0% heeft van het nominaal gestorte aandelenkapitaal.

2 Moeder bv heeft 4 van de in totaal 100 uitstaande aandelen van Dochter bv. Zij is de enige die de aandelen heeft volgestort. Dochter bv kwalificeert nu wel als deelneming van Moeder bv, omdat Moeder bv 100% van het nominaal *gestorte* aandelenkapitaal bezit.

3 Zie voorbeeld 2. Nu hebben de overige aandeelhouders hun aandelen ook volgestort. Dochter bv kwalificeert nu niet als deelneming van Moeder bv, omdat Moeder bv maar 4% van het nominaal *gestorte* aandelenkapitaal heeft.

Gelijkstelling

Gelijkstelling Er is op basis van art. 13 lid 3 Wet Vpb sprake van gelijkstelling als de belastingplichtige minimaal 5% van de stemrechten bezit in een lichaam dat in een lidstaat van de EU is gevestigd waarmee Nederland een belastingverdrag heeft gesloten dat voorziet in een verlaging van belastingheffing op dividenden op grond van het aantal stemrechten.

405

Uitsluiting

Geen deelneming — Niet als deelneming worden gekwalificeerd:
- de fiscale beleggingsinstelling (art. 13 lid 8 Wet Vpb) (zie paragraaf 9.4.2);
- een belang in een beleggingsdeelneming (art. 13 lid 9 Wet Vpb); hiervoor in de plaats komt een deelnemingsverrekening (dit is in feite een tegemoetkoming aan de belastingplichtige).

Beleggingsdeelnemingen

Zoals eerder gezegd, is de deelneming 'het verlengstuk' van de houdster. In dat opzicht stelt de wetgever dat als een deelneming ter belegging wordt gehouden, er geen sprake is van een verlengstuk.

Beleggings-deelneming — De deelnemingsvrijstelling is dan ook niet van toepassing op beleggingsdeelnemingen (art. 13 lid 9 en 10 Wet Vpb). Een beleggingsdeelneming is een deelneming:
- waarvan de bezittingen voor meer dan 50% onmiddellijk of middellijk bestaan uit vrije beleggingen, *of*
- waarvan de bezittingen voor meer dan 50% onmiddellijk of middellijk bestaan uit financieringen van de houdster of aan haar verbonden lichamen, dan wel uit bedrijfsmiddelen die aan haar ter beschikking worden gesteld.

Voor beleggingsdeelnemingen geldt dus niet de deelnemingsvrijstelling. Hierop gelden echter twee uitzonderingen. Als de deelneming is onderworpen aan een belasting naar de winst die resulteert in een voor Nederlandse begrippen reële heffing (10% of meer bij een naar Nederlandse maatstaven bepaalde belastbare winst), kwalificeert ook een beleggingsdeelneming als een deelneming. Daarnaast is het mogelijk dat beleggingen wél in het kader van de bedrijfsuitoefening worden aangehouden. Hierbij kan bijvoorbeeld worden gedacht aan een deelneming van een verzekeraar die beleggingen aanhoudt ter dekking van mogelijke claims. Ook dan kan deze deelneming onder de toepassing van de deelnemingsvrijstelling vallen.

Samengevat houdt dit in dat er geen sprake is van een deelneming, en dus geen toepassing is van de deelnemingsvrijstelling, bij een laagbelaste buitenlandse beleggingsdeelneming.

Aflopende deelneming

Aflopende deelneming — De Wet Vpb kent ook een zogenoemde aflopende deelneming. Dat wil zeggen dat als het belang onder de harde, objectieve 5%-grens is gezakt, de belastingplichtige op basis van art. 13 lid 16 Wet Vpb een beroep kan doen op de deelnemingsvrijstelling.

Voorwaarde is hierbij wel dat de belastingplichtige de deelneming ten minste 1 jaar heeft gehouden en onafgebroken in aanmerking kwam voor de deelnemingsvrijstelling.

Sfeerovergang — De statuswijziging (die ook wel 'sfeerovergang' wordt genoemd) houdt in dat de deelnemingsvrijstelling nog 3 jaar na het verlies van de status van deelneming, van toepassing blijft. Als het belang na 3 jaar nog niet aan de 5%-eis voldoet, is de deelnemingsvrijstelling niet meer van toepassing.

Meesleepregeling

Winstbewijzen en hybride vorderingen (zie paragraaf 9.5.2) vallen niet onder de definitie van deelneming. Maar als een belastingplichtige een deelneming heeft in een lichaam, valt deze wel onder de toepassing van de deelnemingsvrijstelling. Dit is de meesleepregeling van art. 13 lid 4 Wet Vpb.

Meetrekregeling

Als een belastingplichtige een aandelenbezit, een hybride schuldvordering of winstbewijzen heeft die niet kwalificeren als deelneming, maar een met de belastingplichtige verbonden lichaam in de zin van art. 10a lid 4 Wet Vpb wél een deelneming heeft in het betreffende lichaam, vallen deze bezittingen toch onder de deelnemingsvrijstelling. Dit wordt de meetrekregeling genoemd.

Voorbeeld

N bv kan Voy bv typeren als een deelneming.

O BV mag Voy bv niet als deelneming typeren. Er wordt immers niet voldaan aan het objectieve 5%-criterium.

Maar omdat O bv en N bv verbonden lichamen zijn via C bv, wordt het belang van O bv in Voy bv op grond van art. 13 lid 5 letter a Wet Vpb als deelneming beschouwd. Er kan dus gebruik worden gemaakt van de deelnemingsvrijstelling.

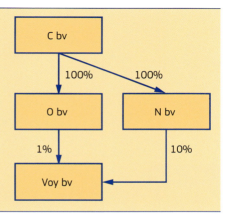

9.6.3 Gevolgen deelnemingsvrijstelling

Als er sprake is van een deelneming, blijven alle voordelen uit hoofde van de deelneming buiten beschouwing. Met 'voordelen' worden zowel winsten als verliezen bedoeld. Alle resultaten uit een deelneming behoren dus niet tot de fiscale winst. Dit geldt zowel voor reguliere voordelen (dividend) als voor vervreemdingsvoordelen. Is een regulier voordeel op basis van de deelnemingsvrijstelling vrijgesteld, dan mag de inhouding van dividendbelasting door de uitkerende bv achterwege blijven (art. 4 Wet Dividendbelasting). Indien een moedermaatschappij een deelneming heeft in een dochtermaatschappij, is een betaling door de dochtermaatschappij belast bij de moedermaatschappij voor zover die betaling bij de dochter aftrekbaar is (art. 13 lid 17 Wet Vpb).

> **Voorbeeld**
>
> Moeder bv bezit alle aandelen van Dochter 1 bv en Dochter 2 bv. Uit Dochter 1 bv ontvangt zij een dividend van € 100.000. Dochter 2 bv wordt verkocht voor een bedrag van € 100.000, terwijl de balanswaarde € 150.000 bedraagt.
>
> Beide dochters kwalificeren als een deelneming en dus is het dividend van Dochter 1 bv bij Moeder bv onbelast en is het verlies op Dochter 2 bv niet aftrekbaar. Beide resultaten vallen buiten de winst. Dochter 1 bv hoeft geen dividendbelasting in te houden op het door haar uitgekeerde dividend omdat de deelnemingsvrijstelling van toepassing is (art. 4 Wet Dividendbelasting).

Het kan gebeuren dat een aandelenbezit in een bepaalde bezitsperiode niet als deelneming kwalificeert en in een andere bezitsperiode wél als deelneming kwalificeert. De wetgever heeft in deze omstandigheid bepaald dat de vervreemdingsresultaten op deze aandelen gecompartimenteerd (gesplitst) moeten worden, namelijk in een belast resultaat over de periode dat geen sprake was van een deelneming en een onbelast resultaat over de periode dat wél sprake was van een deelneming. Dit gebeurt via de vorming van een compartimenteringsreserve (art. 28c Wet Vpb).

> **Voorbeeld**
>
> Moeder bv heeft enkele jaren geleden voor € 10.000 een 4%-belang gekocht in Dochter bv. Vorig jaar heeft ze 1% bijgekocht voor € 5.000. Dit jaar verkoopt ze haar 5%-belang voor € 100.000.
>
> De compartimenteringsleer zegt nu dat het resultaat met de verkoop van deze deelneming, zijnde de opbrengst van € 100.000 minus de kostprijs van € 15.000 is € 85.000, gesplitst moet worden in een belast gedeelte en een vrijgesteld gedeelte. Het resultaat dat is toe te rekenen aan de periode dat geen sprake is van een deelneming, is belast. Het resultaat dat is toe te rekenen aan de periode dat wel sprake is van een deelneming, is onbelast.
>
> Toen Moeder bv 1% van de aandelen Dochter bv bijkocht (voor € 5.000), werd Dochter bv een deelneming van Moeder bv. De waarde van de 5% van de aandelen in Dochter bv, was op dat moment € 25.000 (1% is € 5.000, dus 5% is € 25.000). Het resultaat dat is toe te rekenen aan de niet-deelnemingsperiode, is dus vast te stellen op € 25.000 minus € 15.000 (kostprijs) is € 10.000. Dit resultaat is belast. Het restant van € 75.000 (100.000 –/– 25.000) is toerekenbaar aan de periode erna en is dus vrijgesteld op basis van de deelnemingsvrijstelling.

9.6.4 Deelnemingskosten

Kosten van een deelneming

Ondanks het feit dat alle voordelen uit een deelneming niet tot de winst behoren, zijn de kosten van een deelneming wel aftrekbaar van de winst. Bij kosten van een deelneming kan worden gedacht aan rentekosten, omdat geleend moest worden om de deelneming te verwerven (financieringskosten), of aan kosten van het innen van dividend. Voor financieringskosten geldt echter wel de aftrekbeperking voor excessieve financieringskosten van art. 13l Wet Vpb, zie paragraaf 9.5.4.

Andere kosten van een deelneming zijn aan- en verkoopkosten. Deze kosten worden afgeboekt van de aankoopprijs dan wel de verkoopprijs, en vallen als zodanig onder de deelnemingsvrijstelling.

Valutaresultaten

Ten aanzien van valutaresultaten met betrekking tot deelnemingen geldt het volgende. Valutarisico kan worden afgedekt met behulp van financiële instrumenten (onder andere valutatermijncontracten en call- of putopties). De valutaresultaten alsmede de resultaten uit het afdekken van deze resultaten, vallen onder de deelnemingsvrijstelling (art. 13 lid 7 Wet Vpb).

9.6.5 Liquidatieverliezen

Liquidatieverliezen

Het uitgangspunt van de deelnemingsvrijstelling is dat winsten niet dubbel mogen worden belast. Voor verliezen geldt dat zij niet dubbel aftrekbaar mogen zijn.

Wordt een bv opgeheven, dan wordt deze civielrechtelijk geliquideerd en ontbonden. Er ontstaat dan mogelijk een liquidatie-uitkering. Als een deelneming wordt geliquideerd en de liquidatie-uitkering lager is dan het bedrag dat voor de deelneming is opgeofferd, wordt op deze deelneming een verlies geleden dat in principe onder de deelnemingsvrijstelling valt (niet aftrekbaar). Dit verlies kan echter zijn ontstaan door de slechte resultaten van de ontbonden deelneming. Zij kan eventuele verliezen niet meer in aftrek brengen, omdat ze niet meer bestaat. Per saldo wordt het verlies nu helemaal niet afgetrokken. Dit ongewenste effect wordt weggehaald door liquidatieverliezen op deelnemingen aftrekbaar te laten zijn (art. 13d lid 1 Wet Vpb). Het liquidatieverlies is te berekenen door de liquidatie-uitkering te verminderen met het opgeofferde bedrag (art. 13d lid 5 Wet Vpb). Het in aanmerking te nemen liquidatieverlies is in principe ongelimiteerd, maar dat geldt alleen indien er sprake is van een kwalificerend belang. Daar is sprake van indien moeder-bv gedurende minimaal 5 jaar een doorslaggevende invloed op de besluitvorming in de geliquideerde deelneming had én de geliquideerde deelneming in de Europese Unie of daaraan gerelateerd land was gevestigd. In andere gevallen is het in aanmerking te nemen liquidatieverlies gemaximeerd tot € 5.000.000 (art. 13d lid 2 Wet Vpb).

Opgeofferde bedrag

> **Voorbeeld**
>
> Moeder bv heeft alle aandelen van Dochter bv verworven voor € 100.000. Een paar jaar later wordt Dochter bv ontbonden in verband met tegenvallende resultaten. De liquidatie-uitkering bedraagt € 10.000.
>
> Het liquidatieverlies bedraagt € 90.000 (€ 100.000 –/– € 10.000) en mag door Moeder bv ten laste van haar winst worden gebracht. De deelnemingsvrijstelling is niet van toepassing.

Tegengaan misbruik

Misbruik — Om misbruik tegen te gaan, worden de liquidatie-uitkeringen op basis van art. 13d lid 6 Wet Vpb verhoogd met de positieve voordelen uit het ontbonden lichaam in:
a. het jaar waarin het ontbonden lichaam zijn onderneming geheel of nagenoeg geheel heeft gestaakt, in de 5 daaraan voorafgaande jaren en in de daaropvolgende jaren;
b. de 6 tot en met 10 jaren voorafgaande aan de staking waarin die onderneming verlies heeft geleden.

Op deze manier kan het liquidatieverlies niet kunstmatig, namelijk door het uitkeren van dividend, worden verhoogd.

'Echte' onderneming — Als de ontbonden deelneming materieel gezien een 'echte' onderneming drijft, mag het liquidatieverlies pas worden afgetrokken op het moment dat de onderneming zelf is gestaakt, dan wel is/wordt voortgezet door een derde (art. 13d lid 14 Wet Vpb). Het gaat er immers om dat het een liquidatieverlies is (een soort van stakingsverlies) bij het einde van de onderneming.

> **Voorbeeld**
>
> Een dochteronderneming, die schoenen fabriceert, wordt vanwege de slechte resultaten geliquideerd door de moederonderneming. Het opgeofferde bedrag van de aandelen in de dochteronderneming bedraagt € 1.000.000. De liquidatie-uitkering bedraagt € 150.000. De moederonderneming zet zelf de onderneming voort.
> In dit geval mag de moederonderneming het liquidatieverlies van € 850.000 (€ 1.000.000 –/– € 150.000) pas nemen als zij de onderneming zelf staakt of overdraagt aan een derde.

Tussenholding

Tussenhoudsterbepaling — Art. 13d lid 7 Wet Vpb is de zogenoemde 'tussenhoudsterbepaling'. Als de ontbonden deelneming zelf een deelneming bezat die in waarde is gedaald, zou de aandeelhouder een verlies mogen nemen dat niet is ontstaan bij de deelneming, maar bij de 'kleindochter'. Dat is dan eigenlijk geen liquidatieverlies en dit verlies mag dan dus ook niet worden genomen.

Voorbeeld

Moeder bv heeft alle aandelen van Dochter bv verworven voor € 100.000. Dochter bv heeft op haar beurt alle aandelen in Kleindochter bv verworven voor € 50.000. Een paar jaar later wordt Dochter bv ontbonden in verband met tegenvallende resultaten. De liquidatie-uitkering bedraagt € 10.000, zijnde de waarde van de aandelen in Kleindochter bv.

Het liquidatieverlies is € 90.000 (€ 100.000 -/- € 10.000) en mag op basis van art. 13d lid 1 Wet Vpb door Moeder bv ten laste van haar winst worden gebracht. Achter dit verlies van € 90.000 schuilt echter een verlies in Kleindochter bv van € 40.000 (€ 50.000 -/- € 10.000). Kleindochter bv wordt niet ontbonden en zou in de toekomst best eens winst kunnen maken, die dan met het verlies van € 40.000 kan worden verrekend. Dit verlies is dus nog niet definitief. Op basis van art. 13d lid 7 Wet Vpb moet het liquidatieverlies van Moeder bv worden verminderd met de waardedaling van Kleindochter bv. Het liquidatieverlies is dus € 90.000 -/- € 40.000 = € 50.000.

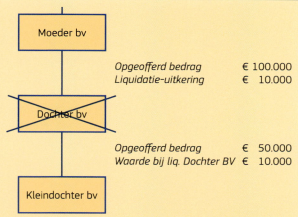

9.7 (Afgewaardeerde) vorderingen

9.7.1 Inleiding

Vordering afwaarderen Heeft een maatschappij een vordering die minder waard is dan de nominale waarde, dan mag deze vordering worden afgewaardeerd. De waardevermindering wordt vervolgens ten laste van de winst gebracht. Denk bijvoorbeeld aan de situatie waarin het niet goed gaat met een schuldenaar en de kans bestaat dat de vordering op deze schuldenaar niet (volledig) kan worden geïnd. De adviespraktijk heeft in het verleden constructies bedacht om – nadat het weer goed gaat met de schuldenaar – een waardestijging van deze afgewaardeerde vordering onbelast te laten zijn, bijvoorbeeld door de vordering om te zetten in aandelenkapitaal. Dus: afwaardering ten laste van de winst en vervolgens een belastingvrije opwaardering. De wetgever vond dit geen goede ontwikkeling en heeft daarom gezorgd voor antimisbruikwetgeving. De artikelen die in deze paragraaf worden besproken, zijn *Antimisbruikbepalingen* zogenoemde antimisbruikbepalingen. Per paragraaf zal worden aangeven wat het (vermeende) misbruik is en hoe de wetgever daarop heeft geanticipeerd.

9.7.2 Vervreemden dan wel overbrengen van afgewaardeerde vordering

Vervreemden Wordt een vordering op een deelneming afgewaardeerd ten laste van de Nederlandse winst, dan is het interessant om deze vordering binnen het concern over te dragen aan een concernvennootschap die gevestigd is in een land waar een lager belastingtarief geldt. Een eventuele opwaardering van deze vordering wordt dan belast tegen dat lagere tarief. Dus: afwaardering tegen het Nederlandse tarief en opwaardering tegen het lagere buitenlandse tarief.

> **Voorbeeld**
>
> Moeder bv heeft alle aandelen van Dochter 1 bv en Dochter 2 bv. Dochter 2 bv is gevestigd op Curaçao en is vrijgesteld van winstbelasting. Moeder bv heeft € 100.000 geleend aan Dochter 1 bv. Omdat het slecht gaat met Dochter 1 bv, waardeert Moeder bv de vordering af tot nihil. Vervolgens verkoopt Moeder bv de vordering voor nihil aan Dochter 2 bv.
>
>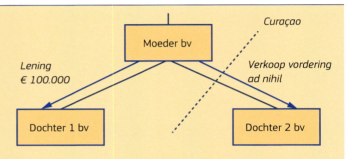
>
> Mocht het vervolgens ooit weer goed gaan met Dochter 1 bv, dan is de opwaardering van de vordering niet belast.
>
> De vordering blijft dus binnen het concern en toch is de afwaardering aftrekbaar en de opwaardering niet belast, omdat Dochter 2 bv op Curaçao is gevestigd en is vrijgesteld van het betalen van vennootschapsbelasting.

De wetgever vond deze situatie ongewenst en heeft daarom art. 13b Wet Vpb ingevoerd. Door toepassing van dit artikel moet Moeder bv in de hierboven beschreven situatie op het moment van vervreemding aan Dochter 2 bv een winst nemen van € 100.000, zijnde het bedrag dat zij had afgewaardeerd. Art. 13b Wet Vpb geldt echter alleen als de vordering:
– wordt overgebracht naar een in het buitenland gelegen vaste inrichting (filiaal) van de belastingplichtige of een verbonden lichaam, of
– wordt vervreemd aan een in het buitenland gevestigd verbonden lichaam.

9.7.3 Omzetten afgewaardeerde vordering

Als een tot nihil afgewaardeerde schuldvordering van bijvoorbeeld € 100.000 wordt omgezet in aandelenkapitaal, zien we bij de schuldenaar de volgende journaalpost:

Schuld	100.000
Aan Aandelenkapitaal	100.000

Bij de schuldeiser ontstaat de volgende journaalpost:

Deelneming	0
Aan Vordering	0

De vordering was immers afgewaardeerd tot nihil. Als de deelneming bij de schuldeiser een deelneming is (of wordt) als bedoeld in art. 13 lid 2 Wet Vpb (zie paragraaf 9.6.2), zijn op grond van de deelnemingsvrijstelling alle voordelen uit hoofde van die deelneming vrijgesteld. Gaat het dan op een later moment weer goed met de 'schuldenaar', dan wordt de post 'Deelneming' meer waard. Deze opwaarderingswinst valt onder de deelnemingsvrijstelling. De schuldeiser heeft nu € 100.000 als afwaarderingsverlies kunnen aftrekken van zijn winst, en de eventuele waardestijging is vanwege de deelnemingsvrijstelling onbelast. Hiertegen heeft de wetgever art. 13ba Wet Vpb in stelling gebracht.

Opwaarderings-reserve

Als een vordering op een deelneming, die lager is dan de nominale waarde, wordt omgezet in (formeel of informeel) aandelenkapitaal, geniet de schuldeiser als gevolg van art. 13ba lid 2 Wet Vpb een winst ter grootte van het verschil. In de hierboven vermelde situatie wordt dus op het moment van omzetting € 100.000 tot de winst van de schuldeiser gerekend. Deze winst *mag* echter op datzelfde moment worden toegevoegd aan een fiscale reserve: de *opwaarderingsreserve*. Per saldo ontstaat dus geen belastingheffing. Maar bij een waardestijging van de deelneming valt de reserve voor dat gedeelte vrij. Op dat moment wordt de ten laste van de winst gebrachte afwaardering van de schuldvordering, alsnog in de heffing betrokken. De opwaardering van de post deelneming is dan per saldo wel belast. Deze regeling geldt ook als pas ná omzetting sprake is van een deelneming.

> **Voorbeeld**
>
> Jansen bv heeft een vordering van € 150.000 op een zakelijke relatie, Pietersen bv. Met Pietersen bv gaat het de laatste tijd niet zo goed. Daarom heeft Jansen bv de vordering op Pietersen bv ten laste van haar winst afgewaardeerd tot nihil.
>
> Om er weer bovenop te komen, heeft Pietersen bv alle schuldeisers (die in totaal een vordering op Pietersen bv hebben van € 2.000.000) aangeboden om deel te nemen in Pietersen bv ter hoogte van de nominale waarde van de schulden. Zodoende krijgt Jansen bv voor de nominale waarde van € 150.000 aandelen in Pietersen bv. Dit aandelenkapitaal vertegenwoordigt 5% van het nominale gestorte aandelenkapitaal.
>
> Op basis van art. 13ba Wet Vpb moet Jansen bv € 150.000 tot haar winst rekenen. Deze *mag* zij toevoegen aan de opwaarderingsreserve. Per saldo leidt dit (nog) niet tot belastingheffing. Stel nu dat het na verloop van tijd beter gaat met Pietersen bv en dat de waarde van de aandelen € 70.000 is. Dan moet Jansen bv de opwaarderingsreserve voor dit bedrag laten vrijvallen.

Art. 13ba Wet Vpb geldt niet alleen in de situatie van een omzetting in (al dan niet formeel) kapitaal, maar ook in het geval van kwijtschelding. Maar als de deelneming als gevolg van de kwijtschelding wordt belast naar een tarief dat naar Nederlandse maatstaven redelijk is (minimaal 10%), hoeft geen winst te worden genomen (art. 13ba lid 4 Wet Vpb).

> **Voorbeeld**
>
> Moeder bv heeft alle aandelen van de in Engeland gevestigde Daughter Ltd. Moeder bv heeft aan Daughter Ltd. een lening verstrekt van € 100.000. Vanwege de slechte financiële resultaten van Daughter Ltd. heeft Moeder bv de vordering afgewaardeerd tot nihil. Uiteindelijk heeft ze de vordering kwijtgescholden.
>
>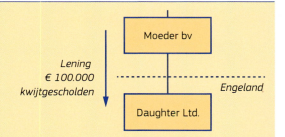
>
> Door de toepassing van art. 13ba Wet Vpb moet Moeder bv ten tijde van de kwijtschelding het bedrag van de afwaardering (€ 100.000) tot haar winst rekenen en toevoegen aan de opwaarderingsreserve. Dit hoeft niet als Daughter Ltd. ter zake van de kwijtschelding wordt belast naar een tarief dat naar Nederlandse maatstaven redelijk is (minimaal 10%).

Ten slotte geldt art. 13ba lid 2 Wet Vpb ook voor die situaties waarin de eigenschappen van de afgewaardeerde vordering op een deelneming dusdanig veranderen dat zij feitelijk gaat functioneren als eigen vermogen bij de deelneming (zie paragraaf 9.6.2 en 9.5.2, de hybride lening). Ook in deze situaties zou de waardestijging zonder art. 13ba Wet Vpb onbelast zijn.

> **Voorbeeld**
>
> Moeder bv heeft alle aandelen in Dochter bv. Zij heeft eveneens een vordering van nominaal € 100.000 op Dochter bv. Vanwege de slechte gang van zaken bij Dochter bv, is deze vordering afgewaardeerd tot nihil. De voorwaarden van de lening worden aangepast: de lening wordt winstafhankelijk en de looptijd is 40 jaar. Op dat moment voldoet de lening aan de eigenschappen die zijn genoemd in art. 10 lid 1 letter d Wet Vpb, zodat er sprake is van een hybride lening. De vordering behoort op basis van art. 13 lid 3 letter b Wet Vpb bij Moeder bv tot de deelneming.
> Art. 13ba Wet Vpb schrijft nu voor dat Moeder bv een winst moet nemen ter grootte van het afwaarderingsverlies (€ 100.000). Moeder bv *mag* dit bedrag toevoegen aan de opwaarderingsreserve. Als het weer goed gaat met Dochter bv, valt een waardestijging in de winst bij Moeder bv.

9.8 Fiscale eenheid

9.8.1 Inleiding

De Wet Vpb biedt de mogelijkheid om tussen verschillende vennootschappen een fiscale eenheid voor de heffing van vennootschapsbelasting aan te gaan. Een fiscale eenheid tussen verschillende vennootschappen houdt in dat de belasting wordt geheven alsof er één belastingplichtig lichaam is. Deze mogelijkheid biedt een aantal voordelen, maar heeft tegelijkertijd ook een aantal nadelen.

Voordelen fiscale eenheid

Voordelen:
- Er hoeft slechts één aangifte vennootschapbelasting te worden ingediend door de fiscale eenheid als geheel, op naam van de moedermaatschappij.
- Binnen het jaar worden verliezen en winsten onderling tegen elkaar weggestreept.
- Interne leveringen blijven buiten beschouwing en winsten daarop worden dus niet belast.
- Binnen een fiscale eenheid is het mogelijk om belastingvrij te herstructureren.

Nadelen fiscale eenheid

Nadelen:
- Iedere vennootschap is binnen de fiscale eenheid hoofdelijk aansprakelijk voor de gehele vennootschapsbelastingschuld van de fiscale eenheid.
- Een eventueel liquidatieverlies van art. 13d Wet Vpb (zie paragraaf 9.6.5) kan binnen een fiscale eenheid niet worden genomen, en ook niet na ontbinding van de fiscale eenheid.
- Het tariefopstapje van 15% geldt maar één keer.
- De kleinschaligheidsinvesteringsaftrek (art. 8 lid 1 Wet Vpb juncto art. 3.41 Wet IB) zal sneller lager zijn, omdat alle investeringen moeten worden samengenomen.

Bovengenoemde voor- en nadelen zijn niet cumulatief. Iedere belastingplichtige zal voor zichzelf een goede afweging moeten maken. In deze paragraaf gaan we in op de voorwaarden voor en de gevolgen van het aangaan van de fiscale eenheid. Ook wordt ingegaan op de voorwaarden en gevolgen van de beëindiging van een fiscale eenheid.

9.8.2 Voorwaarden voor aangaan fiscale eenheid

Voorwaarden fiscale eenheid

De voorwaarden waaraan moet worden voldaan om een fiscale eenheid te kunnen aangaan, luiden als volgt (art. 15 lid 1 tot en met 3 en lid 5 Wet Vpb).
– De moedermaatschappij bezit ten minste 95% van de aandelen in de dochtermaatschappij. Er kunnen meerdere dochtermaatschappijen in één fiscale eenheid zijn. De aandelen moeten recht geven op ten minste 95% van de stemrechten in de dochtermaatschappij én in alle gevallen recht geven op ten minste 95% van de winst en van het vermogen van de dochtermaatschappij. Het moet hierbij gaan om zowel de juridische als de economische eigendom. Ook een middellijk bezit telt mee, mits de tussenliggende dochtermaatschappijen tot de fiscale eenheid behoren of gevestigd zijn in een lidstaat van de Europese Unie (zogenoemde tussenmaatschappijen).

> **Voorbeeld**
>
> Hier is een fiscale eenheid toegestaan, omdat Dochter 1 bv en Dochter 2 bv beiden tot de fiscale eenheid behoren.
>
>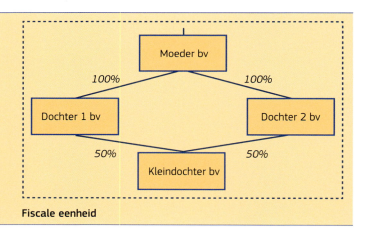

HOOFDSTUK 9 | VENNOOTSCHAPSBELASTING

> **Voorbeeld**
>
> Een fiscale eenheid tussen moeder bv en dochter bv is in deze situatie ook toegestaan, omdat Moeder bv meer dan 95% van de aandelen in Dochter bv bezit via een in de Europese Unie gevestigde tussenhoudster.
>
>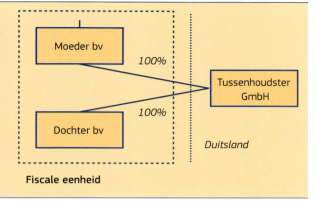

- Het aangaan van de fiscale eenheid gebeurt op verzoek van beide belastingplichtigen.
- De fiscale eenheid gaat in op de door moedermaatschappij en dochtermaatschappij gewenste datum, maar niet eerder dan 3 maanden vóór dat verzoek.
- De boekjaren van de moeder- en dochtermaatschappij(en) zijn gelijk.
- De moeder- en dochtermaatschappij(en) gebruiken hetzelfde winstbepalingsstelsel.
- De moeder- en de dochtermaatschappij zijn beide feitelijk in Nederland gevestigd (zie echter ook tekst hieronder).
- De moedermaatschappij is een nv, bv, coöperatie of onderlinge waarborgmaatschappij, dan wel een naar aard en inrichting vergelijkbaar lichaam, opgericht naar het recht van een EU-land of een land waarmee Nederland een verdrag ter voorkoming van dubbele belasting heeft gesloten.
- De dochtermaatschappij is een nv of een bv, dan wel een naar aard en inrichting vergelijkbaar lichaam, opgericht naar het recht van een EU-land of een land waarmee Nederland een verdrag ter voorkoming van dubbele belasting heeft gesloten.

Fiscale eenheid 'over de landsgrens' Een fiscale eenheid 'over de landsgrens' is niet mogelijk, omdat zowel de dochtermaatschappij als de moedermaatschappij feitelijk in Nederland gevestigd moeten zijn (voor de definitie van vestigingsplaats, zie paragraaf 9.2). Maar dat wil niet zeggen dat een in het buitenland gevestigde dochter (en/of moeder) geen onderdeel kan uitmaken van de fiscale eenheid. Als deze dochtermaatschappij (en/of moedermaatschappij) namelijk feitelijk een onderneming drijft in Nederland (vaste inrichting), is het onder voorwaarden mogelijk om met deze vaste inrichting een fiscale eenheid aan te gaan (art. 15 lid 4 Wet Vpb). De in het buitenland gevestigde dochtermaatschappij (en/of moedermaatschappij) moet een nv of bv zijn, dan wel een naar aard en inrichting vergelijkbaar lichaam, opgericht naar het recht van een EU-land of een land waarmee Nederland een verdrag ter voorkoming van dubbele belasting heeft gesloten.

> **Voorbeeld**
>
> Moeder bv heeft alle aandelen in de in Zweden gevestigde Daughter Ltd. Deze Daughter Ltd. heeft in Nederland een filiaal (= vaste inrichting), waarin de onderneming wordt gedreven. Een fiscale eenheid tussen Moeder bv en de vaste inrichting is daarom mogelijk.
>
>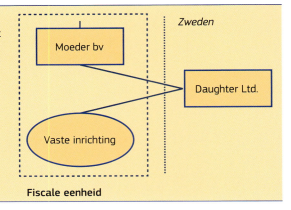

9.8.3 Gevolgen van aangaan fiscale eenheid

Gevolgen aangaan fiscale eenheid

Als wordt voldaan aan alle voorwaarden die in de vorige paragraaf zijn genoemd, zal de inspecteur het verzoek inwilligen. De inspecteur beslist op het verzoek bij een voor bezwaar vatbare beschikking. Op grond van art. 15 lid 1 Wet Vpb wordt de belasting vanaf het moment van de gewenste ingangsdatum geheven van de moedermaatschappij alsof de werkzaamheden en het vermogen van de dochtermaatschappij onderdeel uitmaken van de werkzaamheden en het vermogen van de moedermaatschappij (consolidatie). In de aangifte vennootschapsbelasting van de moedermaatschappij moet één geconsolideerde balans en winst-en-verliesrekening worden opgenomen.

> **Voorbeeld**
>
> Moeder bv bezit alle aandelen in Dochter bv. De balansen van de beide maatschappijen per 31 december 2020 zien er als volgt uit.
>
> | Moeder bv (in €) | | | |
> |---|---|---|---|
> | Deelneming Dochter bv | 100.000 | Eigen vermogen | 130.000 |
> | Vordering Dochter bv | 50.000 | Schuld | 20.000 |
> | | 150.000 | | 150.000 |
>
> | Dochter bv (in €) | | | |
> |---|---|---|---|
> | Pand | 100.000 | Eigen vermogen | 100.000 |
> | Bedrijfsmiddel | 50.000 | Crediteuren | 50.000 |
> | Kas | 50.000 | Schuld Moeder bv | 50.000 |
> | | 200.000 | | 200.000 |

Moeder bv en Dochter bv vormen vanaf 1 januari 2021 een fiscale eenheid ex art. 15 Wet Vpb. De balans van Dochter bv wordt voor de aangifte vennootschapsbelasting geconsolideerd bij Moeder bv. De balans van de fiscale eenheid per 1 januari 2021 ziet er als volgt uit:

Moeder bv (in €)			
Pand	100.000	Eigen vermogen	130.000
Bedrijfsmiddel	50.000	Crediteuren	50.000
Kas	50.000	Schuld	20.000
	200.000		200.000

De post Deelneming Dochter bv is uiteraard verdwenen, omdat de fiscale eenheid als belastingplichtige deze deelneming niet meer bezit. De deelneming behoort nu zelf tot het vermogen van de fiscale eenheid. Ook zijn de onderlinge vorderingen en schulden verdwenen (geëlimineerd). In de winst-en-verliesrekening komen we dus geen onderlinge rente tegen.

Voordat men een fiscale eenheid aangaat, moet men rekening houden met een aantal potentiële nadelige gevolgen (art. 15ab lid 6 en art. 15ae lid 1 Wet Vpb):
a. afgewaardeerde vorderingen;
b. voorvoegingsverliezen/-winsten.

Ad a. Afgewaardeerde vorderingen

Afgewaardeerde vorderingen — Als er tussen de maatschappijen schulden zijn, moeten deze bij de consolidatie worden geëlimineerd zoals in het hiervoor gebruikte voorbeeld. Als de vordering echter is afgewaardeerd omdat het slecht gaat met de schuldenaar (zie paragraaf 9.7), is de eliminatie niet gelijk. Er wordt dan immers een schuld geëlimineerd tegen de nominale waarde, en een vordering tegen de lagere waarde in het economische verkeer. Art. 15ab lid 6 Wet Vpb schrijft voor dat de schuld zich op het moment voorafgaand aan het aangaan van de fiscale eenheid, moet conformeren aan de vordering. Dit betekent dat de schuld op een lagere waarde moet worden gezet. Dit leidt tot een belaste winst bij de schuldenaar.

Voorbeeld

Moeder bv bezit alle aandelen in Dochter bv. Dochter bv heeft een schuld aan Moeder bv van nominaal € 100.000. Moeder bv heeft de schuld afgewaardeerd tot € 40.000, zijnde de waarde van de vordering in het economische verkeer. De balansen van de beide maatschappijen per 31 december 2020 zien er als volgt uit:

Moeder bv (in €)			
Deelneming Dochter bv	0	Eigen vermogen	20.000
Vordering Dochter bv	40.000	Schuld	20.000
	40.000		40.000

Dochter bv (in €)			
Pand	100.000	Eigen vermogen	–/– 100.000
Bedrijfsmiddel	50.000	Crediteuren	200.000
Kas	50.000	Schuld Moeder bv	100.000
	200.000		200.000

Moeder bv en Dochter bv vormen vanaf 1 januari 2021 een fiscale eenheid ex art. 15 Wet Vpb. De balans van Dochter bv wordt geconsolideerd bij Moeder bv. Maar op basis van art. 15ab lid 6 Wet Vpb moet Dochter bv de schuld van nominaal € 100.000 waarderen op € 40.000. Dochter bv moet dus een winst van € 60.000 nemen. Deze is belast, maar zal wellicht weggestreept kunnen worden tegen de openstaande te verrekenen verliezen.

Moeder bv (in €)			
Deelneming Dochter bv	0	Eigen vermogen	20.000
Vordering Dochter bv	40.000	Schuld	20.000
	40.000		40.000

Dochter bv (in €)			
Pand	100.000	Eigen vermogen	–/– 40.000
Bedrijfsmiddel	50.000	Crediteuren	200.000
Kas	50.000	Schuld Moeder bv	40.000
	200.000		200.000

De balans van de fiscale eenheid per 1 januari 2021 ziet er dan als volgt uit:

Moeder bv (in €)			
Pand	100.000	Eigen vermogen	–/– 20.000
Bedrijfsmiddel	50.000	Crediteuren	200.000
Kas	50.000	Schuld	20.000
	200.000		200.000

Het eigen vermogen van Moeder bv op 31 december 2020 is niet gelijk aan het eigen vermogen van de fiscale eenheid op 1 januari 2021. Dat komt doordat de waardering van de post Deelneming Dochter bv nihil is en het eigen vermogen van Dochter bv –/– € 40.000. Dit verschil verklaart de verlaging van het eigen vermogen van de fiscale eenheid. Deze vermogensmutatie valt niet in de belaste sfeer.

Ad b. Voorvoegingsverliezen/winsten

Voorvoegings-verliezen/winsten

Art. 15ae lid 1 Wet Vpb schrijft voor dat de verliezen/winsten van een maatschappij vóór het aangaan van de fiscale eenheid (voorvoegingsverliezen/-winsten) alleen maar verrekend kunnen worden met de winsten/verliezen die de maatschappij binnen de fiscale eenheid zelf haalt (enkelvoudige winsten/verliezen). Als dit niet zo in de wet was opgenomen, zouden de te verrekenen verliezen van een maatschappij heel gemakkelijk kunnen worden verrekend met de toekomstige winsten van een andere maatschappij door een fiscale eenheid met elkaar aan te gaan. Met dit artikel heeft de wetgever deze mogelijkheid ongedaan gemaakt.

In deze situatie wordt een voordeel van de fiscale eenheid tenietgedaan, namelijk het voordeel dat slechts één balans en één winst-en-verliesrekening hoeft te worden opgemaakt. Want om de voorvoegingsverliezen/-winsten te kunnen verrekenen, moeten toch de enkelvoudige resultaten worden berekend. Het enkelvoudige resultaat van een maatschappij is het resultaat dat zij zou hebben behaald als zij niet tot de fiscale eenheid had behoord.

> **Voorbeeld**
>
> Moeder bv en Dochter bv vormen per 1 januari een fiscale eenheid ex art. 15 Wet Vpb. Moeder bv heeft uit voorgaande jaren een te verrekenen verlies opgebouwd van € 500.000 (voorvoegingsverlies). Als de fiscale eenheid in het eerste jaar een winst maakt van € 600.000, mag deze winst niet zomaar worden verrekend met het openstaande verlies van Moeder bv. Eerst moeten de enkelvoudige winsten worden berekend. Stel dat Moeder bv een winst heeft gerealiseerd van € 200.000 en Dochter bv een winst van € 400.000. Dan mag alleen de winst van Moeder bv worden verrekend. De overige € 400.000 mag niet worden verrekend.

9.8.4 Voorwaarden en gevolgen beëindiging

Eindiging fiscale eenheid

De fiscale eenheid eindigt als niet langer aan de voorwaarden van art. 15 lid 1 tot en met 3 Wet Vpb wordt voldaan. Ook kan de fiscale eenheid op verzoek van de beide belastingplichtigen worden beëindigd op een door hen gewenste ingangsdatum. Dit kan echter niet met terugwerkende kracht (art. 15 lid 10 Wet Vpb). Behoren er meerdere maatschappijen tot een fiscale eenheid, dan hoeft de fiscale eenheid niet volledig te worden verbroken. Als bijvoorbeeld één dochter uit de fiscale eenheid wil stappen, is dat mogelijk.

Overigens is het wel zo, dat als een dochtermaatschappij binnen één boekjaar eerst wordt gevoegd en vervolgens weer wordt ontvoegd, er geacht wordt geen fiscale eenheid tot stand te zijn gekomen (art. 15 lid 11 Wet Vpb).

Bij de ontvoeging van een maatschappij uit een fiscale eenheid gaan de bij deze maatschappij nog openstaande oude voorvoegingsverliezen mee (art. 15af lid 1 letter a Wet Vpb). De nog openstaande verliezen uit de fiscale eenheid die toe te rekenen zijn aan deze maatschappij mogen worden meegenomen door deze maatschappij (art. 15af lid 1 letter b Wet Vpb). Dat is een keuze die de moedermaatschappij en de ontvoegde maatschappij gezamenlijk maken (15af lid 3 Wet Vpb).

Misbruik fiscale eenheid — In het verleden werd misbruik gemaakt van de fiscale eenheid. Dit misbruik hield in dat stille reserves via de fiscale eenheid en met gebruik van de deelnemingsvrijstelling onbelast konden worden genoten. Om hieraan een einde te maken, is art. 15ai Wet Vpb ingevoerd.

> **Voorbeeld**
>
> Moeder bv is in het bezit van een pand met een behoorlijke stille reserve van € 150.000. Als zij dit pand vervreemdt, behaalt zij een winst en moet zij daarover vennootschapsbelasting betalen. Dit is ongewenst. Daarom gaat Moeder bv een fiscale eenheid aan met Dochter bv. Vervolgens draagt zij binnen de fiscale eenheid het pand over aan Dochter bv, ongeacht tegen welke waarde, en een jaar later verkoopt ze de aandelen in Dochter bv. Dit alles gebeurt onbelast. De overdracht binnen een fiscale eenheid is immers niet zichtbaar, en de vervreemdingswinst op de aandelen valt onder de deelnemingsvrijstelling.

Art. 15ai Wet Vpb bepaalt dat de fiscale eenheid toch belasting moet betalen over de stille reserves in het pand ten tijde van verbreking van de fiscale eenheid als tussen de overdracht van het vermogensbestanddeel en de verbreking van de fiscale eenheid minder dan 6 kalenderjaren zitten, tenzij:
a. de overdracht heeft plaatsgevonden in het kader van een bij de aard en omvang van de overdrager en de overnemer passende normale bedrijfsuitoefening, of
b. er sprake was van een overdracht van een zelfstandig onderdeel van een onderneming tegen uitreiking van aandelen, en er tussen de overdracht en de verbreking meer dan 3 kalenderjaren zitten.

Afrekenen — De fiscale eenheid mag overigens, als dat in haar voordeel is, ervoor kiezen om af te rekenen over de ten tijde van de overdracht aanwezige stille reserves van het bedrijfsmiddel minus de afschrijving (lid 2).

> **Voorbeeld**
>
> Moeder bv vormt met Dochter bv een fiscale eenheid. Moeder bv is in het bezit van een pand met een behoorlijke stille reserve van € 150.000. Zij draagt het pand binnen de fiscale eenheid over aan Dochter bv. Onmiddellijk daarna verkoopt Moeder bv de aandelen in Dochter bv.
> Op grond van art. 15ai Wet Vpb moet de fiscale eenheid het pand voorafgaand aan de verbreking van de fiscale eenheid te boek stellen op de waarde in het economische verkeer. Op dat moment wordt dus € 150.000 tot de winst van de fiscale eenheid gerekend.

9.9 Fusie & splitsing

9.9.1 Inleiding

Fusie en overname

In de praktijk worden, ter vergroting van het marktaandeel, vaak vennootschappen overgenomen. Ook gebeurt het vaak dat vennootschappen met elkaar fuseren. Een voorbeeld is de overname van Ziggo door UPC. Binnen de Wet Vpb geldt een aantal faciliteiten die ervoor zorgen dat bij een fusie, overname of splitsing geen winst hoeft te worden genomen. Hierbij onderscheiden we achtereenvolgens de volgende situaties:
- aandelenfusie;
- bedrijfsfusie;
- juridische fusie;
- juridische splitsing.

In deze paragraaf zullen de diverse situaties globaal worden besproken.

9.9.2 Aandelenfusie

Aandelenfusie

De aandelenfusiefaciliteit is opgenomen in art. 3.55 Wet IB, maar is via de schakelbepaling in art. 8 lid 1 Wet Vpb ook van toepassing op de vennootschapsbelasting. Art. 3.55 Wet IB zegt dat als een aandelenpakket wordt verkocht aan een vennootschap die daarvoor als tegenprestatie eigen aandelen uitreikt, er geen winst hoeft te worden genomen.

Voorwaarden

De faciliteit is van toepassing als:
1. een in Nederland ofwel in de EU gevestigde vennootschap tegen uitreiking van eigen aandelen – en eventueel met bijbetaling – een dusdanig aandelenbezit verwerft in een in Nederland of in de EU gevestigde vennootschap dat zij meer dan de helft van de stemrechten kan uitoefenen, of
2. een in Nederland gevestigde vennootschap tegen uitreiking van eigen aandelen – en eventueel met bijbetaling – een dusdanig aandelenbezit verwerft in een buiten de EU gevestigde vennootschap dat zij 90% of meer van de stemrechten kan uitoefenen.

Mocht de vennootschap al meer dan de helft van de aandelen bezitten, dan is de faciliteit ook van toepassing (art. 3.55 lid 3 Wet IB). De faciliteit geldt echter niet als de bijbetaling groter is dan 10% van de nominale waarde van de uitgereikte aandelen en als de aandelenfusie niet is gebaseerd op zakelijke gronden. Een voorbeeld van een zakelijk motief is het herstructureren van de bedrijfsstructuur (art. 3.55 lid 4 Wet IB).

> **Voorbeeld**
>
> Moeder 1 bv heeft alle aandelen van Dochter 1 bv en Moeder 2 bv heeft alle aandelen in Dochter 2 bv. De kostprijzen van beide aandelenpakketten zijn € 100.000 en de waarde op dit moment bedraagt van beide pakketten € 250.000.
> Als de twee moedermaatschappijen willen samenwerken, kunnen ze ervoor kiezen om een aandelenfusie toe te passen. In dat geval kunnen Moeder 1 bv en Moeder 2 bv bijvoorbeeld een nieuwe houdstermaatschappij oprichten. Hierin worden de aandelen Dochter 1 bv en Dochter 2 bv dan gestort tegen uitreiking van aandelen door de houdstermaatschappij. Omdat Dochter 1 bv en Dochter 2 bv evenveel waard zijn, is de verhouding in dit geval 50/50, maar deze kan natuurlijk anders zijn.
>
> In elk geval ontstaat nu de volgende structuur: Dochter 1 bv en Dochter 2 bv zijn nu zustermaatschappijen van elkaar geworden en behoren tot hetzelfde concern. De winst ad € 150.000 (€ 250.000 –/– € 100.000) die Moeder 1 bv en Moeder 2 bv ieder behalen met de vervreemding van de aandelen aan Houdstermaatschappij bv, is vrijgesteld op basis van art. 8 lid 1 Wet Vpb juncto art. 3.55 Wet IB, de aandelenfusiefaciliteit.
>
> De aandelen in Houdstermaatschappij bv worden bij Moeder 1 bv en Moeder 2 bv voor dezelfde waarde te boek gesteld als de aandelen in respectievelijk Dochter 1 bv en. Dochter 2 bv. Dit geldt eveneens voor het opgeofferde bedrag als bedoeld in art. 13d Wet Vpb jo. art.13i Wet Vpb.

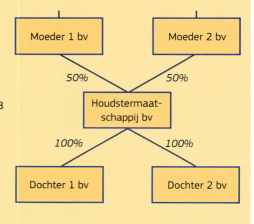

Deelnemings-vrijstelling

Let op: als Dochter 1 bv of Dochter 2 bv zou kwalificeren als een deelneming in de zin van art. 13 lid 2 Wet Vpb, zou het voordeel al zijn vrijgesteld op basis van de deelnemingsvrijstelling. Er wordt binnen de vennootschapsbelasting dus alleen maar daadwerkelijk gebruikgemaakt van de aandelenfusiefaciliteit als de vervreemde aandelen geen deelneming vormen.

9.9.3 Bedrijfsfusie

Onderneming laten 'uitzakken'

Wat in de praktijk vaak gebeurt, is dat men (een zelfstandig onderdeel van) een onderneming laat 'uitzakken' tegen uitreiking van aandelen. In plaats van een echte aandelenruil wordt nu de daadwerkelijke onderneming overgedragen tegen uitreiking van aandelen. Dit noemen we een bedrijfsfusie. Op basis van art. 14 Wet Vpb wordt de meerwaarde van de onderneming niet belast als de voortzetter van de onderneming doorgaat op de oude fiscale boekwaarden. Dit is

HOOFDSTUK 9 | VENNOOTSCHAPSBELASTING

de bedrijfsfusiefaciliteit, die te vergelijken is met de geruisloze inbreng van een eenmanszaak in een bv op basis van art. 3.65 Wet IB (zie hoofdstuk 4).

Voorbeeld

Moeder 1 bv heeft alle aandelen van Dochter 1 bv en Moeder 2 bv heeft alle aandelen in Dochter 2 bv. De directies van beide moedermaatschappijen hebben besloten om met elkaar te gaan samenwerken door middel van een bedrijfsfusie. Zij richten Kleindochter BV op, waarin Dochter 1 bv en Dochter 2 bv hun ondernemingen (activa en passiva) inbrengen tegen uitreiking van aandelen.

De structuur komt er nu als volgt uit te zien:
De winst die beide dochters behalen bij de inbreng (stille reserves, goodwill, fiscale reserves), wordt dan niet in aanmerking genomen, mits Kleindochter bv doorgaat met de oude fiscale boekwaarden van Dochter 1 bv en Dochter 2 bv.

Als de overnemer:
– te verrekenen verliezen heeft, of
– aanspraak kan maken op voorwaartse verrekening van verliezen ter voorkoming van dubbele belasting, of
– de innovatiebox toepast, of
– de deelnemingsverrekening toepast, of
– een ander winstbepalingsstelsel heeft dan de ingebrachte onderneming,
kan de faciliteit alleen worden toegepast onder door de inspecteur te stellen voorwaarden (art. 14 lid 2 Wet Vpb).

In de volgende situaties mag de bedrijfsfusiefaciliteit niet worden toegepast (tenzij het tegendeel aannemelijk wordt gemaakt):
– De bedrijfsfusie is niet gebaseerd op zakelijke gronden.
– De aandelen van de vennootschap waarin de onderneming is ingebracht, worden binnen 3 jaar vervreemd.

In het laatste geval wordt de faciliteit teruggedraaid en moet alsnog worden afgerekend over de meerwaarde van de onderneming.

> **Voorbeeld**
>
> Moeder bv heeft 50% van de aandelen in Dochter bv. De beide bv's besluiten uit zakelijke overwegingen tot een bedrijfsfusie, waarbij Moeder bv haar onderneming overdraagt aan Dochter bv. Dochter bv reikt eigen aandelen uit ter verkrijging van deze onderneming.
>
> De fiscale balans van Moeder bv luidt als volgt:
>
> | Moeder bv (in €) | | | |
> |---|---|---|---|
> | Bedrijfsgebouwen | 450.000 | Fiscaal vermogen | 900.000 |
> | Deelneming Dochter | 300.000 | Schulden | 600.000 |
> | Overige activa | 750.000 | | |
> | | 1.500.000 | | 1.500.000 |
>
> De bedrijfsgebouwen van Moeder bv hebben een waarde in het economische verkeer van € 750.000. Verder is er geen sprake van goodwill, stille reserves of fiscale reserves. Door toepassing van art. 14 Wet Vpb wordt er niet afgerekend. De waarde van de over te dragen onderneming wordt wel gedrukt door een toekomstige Vpb-heffing (is latente Vpb-claim). Ooit moet er namelijk worden afgerekend. Deze latente Vpb-claim wordt meestal op 20% gesteld.
>
> Dochter bv heeft een geplaatst en gestort aandelenkapitaal van € 600.000. Het betreft 200 aandelen van € 3.000 nominaal. De fiscale balans van Dochter bv ziet er als volgt uit:
>
> | Dochter bv (in €) | | | |
> |---|---|---|---|
> | Activa | 1.200.000 | Fiscaal vermogen | 1.200.000 |
>
> Het fiscale vermogen bestaat uit € 600.000 aandelenkapitaal en € 600.000 winstreserves. Er is geen sprake van goodwill of stille reserves. De waarde per aandeel Dochter bv bedraagt dus € 1.200.000 : 200 aandelen = € 6.000.
>
> *Uitwerking:*
> De waarde van de over te dragen onderneming van Moeder bv bedraagt:
>
> | | |
> |---|---|
> | Fiscaal vermogen (exclusief deelneming Dochter bv) | € 600.000 |
> | Bij: stille reserve in gebouwen € 750.000 –/– € 450.000 = | € 300.000 + |
> | | € 900.000 |
> | Af: latente vennootschapsbelasting € 300.000 à 20% = | € 60.000 –/– |
> | Waarde onderneming Moeder bv | € 840.000 |
>
> Omdat 1 aandeel van Dochter bv € 6.000 waard is, moet Dochter bv € 840.000 / € 6.000 = 140 aandelen uitreiken ter verkrijging van de onderneming.
> De fiscale balansen na fusie van Moeder bv en Dochter bv zien er als volgt uit:
>
> | Moeder bv (in €) | | | |
> |---|---|---|---|
> | Deelneming Dochter bv | 1.140.000 | Fiscaal vermogen | 1.140.000 |

Verklaring fiscaal vermogen Moeder bv:	
Fiscaal vermogen oud	€ 900.000
Winst bij fusie (€ 300.000 –/– € 60.000)	€ 240.000

Dochter bv (in €)			
Bedrijfsgebouwen	450.000	Fiscaal vermogen	1.800.000
Overige activa	1.950.000	Schulden	600.000
	2.400.000		2.400.000

Verklaring fiscaal vermogen Dochter bv:	
Fiscaal vermogen oud	€ 1.200.000
Boekwaarde overgedragen onderneming	€ 600.000

Mocht Moeder bv de aandelen in Dochter bv binnen 3 jaar verveemden, dan moet Moeder bv alsnog afrekenen over de doorgeschoven stille reserves van € 300.000, tenzij aannemelijk wordt gemaakt dat deze vervreemding berust op zakelijke gronden.

Opgeofferde bedrag Op basis van art. 14 lid 3 Wet Vpb wordt het opgeofferde bedrag van de verkregen aandelen voor de toepassing van art. 13d Wet Vpb gelijkgesteld aan de fiscale boekwaarde van de ingebrachte onderneming (zie paragraaf 9.6.5).

Voorbeeld

In het hiervoor gebruikte voorbeeld is het opgeofferde bedrag van Moeder bv in Dochter bv dus € 300.000 (oude aandelen Dochter bv) + € 600.000 (boekwaarde van het ingebrachte vermogen) = € 900.000.

9.9.4 Juridische fusie

Juridische fusie Als twee ondernemingen samen willen gaan, kan ook worden gekozen voor de juridische fusie. Hierbij smelten twee of meer vennootschappen (verdwijnende vennootschappen) samen tot één vennootschap (verkrijgende vennootschap). Dit kan een bestaande of een nieuwe vennootschap zijn.

Onder algemene titel De activa en passiva gaan dan onder algemene titel over op de verkrijgende vennootschap. De verdwijnende vennootschap wordt als gevolg van art. 14b Wet Vpb geacht een winst te hebben behaald ter grootte van het verschil tussen de werkelijke waarde van de 'verdwenen' activa en passiva en de boekwaarde ervan. Op basis van lid 2 van dat artikel hoeft de winst niet te worden genomen, mits de verkrijgende vennootschap doorgaat op de oude fiscale boekwaarden.

> **Voorbeeld**
>
> Moeder 1 bv heeft alle aandelen van Dochter 1 bv en Dochter 2 bv.
> De twee dochtervennootschappen willen gaan samenwerken en besluiten tot een juridische fusie. Hierbij is Dochter 1 bv de verdwijnende vennootschap en is Dochter 2 bv de verkrijgende vennootschap.
>
>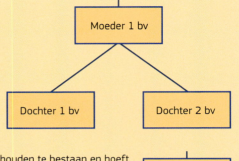
>
> De nieuwe situatie ziet er als volgt uit. Dochter 1 bv is opgehouden te bestaan en hoeft geen winst te verantwoorden, mits Dochter 2 bv doorgaat op de oude fiscale boekwaarden van Dochter 1 bv. Bij Moeder 1 wordt het opgeofferde bedrag voor de aandelen in Dochter 2 bv bijgeteld bij het opgeofferde bedrag in Dochter 1 bv (art. 13k Wet Vpb).
>
>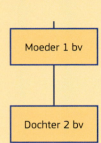

Als:
- bij een van deze rechtspersonen aanspraak bestaat op verliesverrekening, of
- de verkrijgende en de verdwijnende rechtspersoon niet hetzelfde winstbepalingsstelsel toepassen, of
- een van deze rechtspersonen recht heeft op toepassing van de innovatiebox, of deelnemingsverrekening of vermindering ter voorkoming van dubbele belasting bestaat,

kan de faciliteit alleen worden toegepast onder door de inspecteur te stellen voorwaarden.

De faciliteit kan niet worden toegepast als de juridische fusie niet is gebaseerd op zakelijke gronden. Dan wordt de faciliteit teruggedraaid en moet alsnog worden afgerekend over de meerwaarde van de onderneming.

HOOFDSTUK 9 | VENNOOTSCHAPSBELASTING

Voorbeeld

Moeder bv heeft 100% van de aandelen in Dochter 1 bv en Dochter 2 bv. Op grond van zakelijke overwegingen wordt besloten tot een juridische fusie, waarbij Dochter 1 bv haar onderneming overdraagt aan Dochter 2 bv tegen uitreiking van aandelen aan Moeder bv. Dochter 1 bv houdt op te bestaan.

De fiscale balans van Dochter 1 BV ziet er als volgt uit:

Dochter 1 bv (in €)			
Bedrijfsgebouwen	450.000	Fiscaal vermogen	900.000
Overige activa	1.050.000	Schulden	600.000
	1.500.000		1.500.000

De bedrijfsgebouwen van Dochter 1 bv hebben een waarde in het economische verkeer van € 750.000. Verder is er geen sprake van goodwill, stille reserves of fiscale reserves. Door toepassing van art. 14b lid 2 Wet Vpb wordt er niet afgerekend.

Dochter 2 bv heeft een geplaatst en gestort aandelenkapitaal van € 600.000. Het betreft 200 aandelen van € 3.000 nominaal. De fiscale balans van Dochter 2 bv ziet er als volgt uit:

Dochter 2 bv (in €)			
Activa	1.200.000	Fiscaal vermogen	1.200.000

Het fiscale vermogen bestaat uit € 600.000 aandelenkapitaal en € 600.000 winstreserves. Er is geen sprake van goodwill of stille reserves. De waarde per aandeel Dochter 2 bv bedraagt dus € 1.200.000 : 200 aandelen = € 6.000.

Omdat 1 aandeel van Dochter 2 bv € 6.000 waard is, moet Dochter 2 bv € 1.140.000 / € 6.000 = 190 aandelen uitreiken ter verkrijging van de onderneming.
De fiscale balans na fusie van Dochter 2 bv ziet er als volgt uit:

Dochter 2 bv (in €)			
Bedrijfsgebouwen	450.000	Fiscaal vermogen	2.100.000
Overige activa	2.250.000	Schulden	600.000
	2.700.000		2.700.000

Verklaring fiscaal vermogen Dochter 2 BV:
Fiscaal vermogen oud € 1.200.000
Boekwaarde overgedragen onderneming € 900.000

Mocht Moeder bv de aandelen in Dochter 2 bv binnen 3 jaar vervreemden, dan moet Dochter 2 bv (Dochter 1 bv bestaat immers niet meer) alsnog afrekenen over de doorgeschoven stille reserves van € 300.000.

9.9.5 Juridische splitsing

Juridische splitsing

Als een vennootschap zo veel activiteiten heeft ontwikkeld dat het noodzakelijk wordt om deze te herstructureren in verschillende bv's, is juridische splitsing een mogelijkheid. Hierbij wordt een vennootschap:
- gesplitst in twee (of meer) nieuwe vennootschappen (verkrijgende vennootschappen), waarbij de splitsende vennootschap ophoudt te bestaan (verdwijnende vennootschap), of
- gedeeltelijk gesplitst in twee (of meer) nieuwe vennootschappen (verkrijgende vennootschappen), waarbij de splitsende vennootschap blijft bestaan.

Onder algemene titel

De activa en passiva gaan onder algemene titel over op de verkrijgende vennootschappen. In beide bovengenoemde gevallen wordt de splitsende vennootschap als gevolg van art. 14a Wet Vpb geacht een winst te hebben behaald ter grootte van het verschil tussen de werkelijke waarde van de 'verdwenen' activa en passiva en de boekwaarde ervan. Op basis van lid 2 van dat artikel hoeft de winst niet te worden genomen, mits de verkrijgende vennootschappen doorgaan op de oude fiscale boekwaarde.

Voorbeeld

Moeder bv heeft alle aandelen van Dochter bv, een transportbedrijf. De activiteiten van het transportbedrijf zijn inmiddels dusdanig uitgebreid dat het gewenst is om de activiteiten te splitsen in nationaal, internationaal en logistiek. Daarom wordt besloten tot een juridische splitsing van Dochter bv, waarbij Dochter bv ophoudt te bestaan.

De structuur wordt als volgt:
Dochter bv is opgehouden te bestaan en hoeft geen winst te verantwoorden, mits de drie nieuwe bv's doorgaan op de oude boekwaarden van Dochter bv. Het door Moeder bv opgeofferde bedrag voor de aandelen in Dochter bv wordt voor een evenredig gedeelte toegerekend aan de drie bv's (art. 13j Wet Vpb).

Als:
- de splitsende en/of de verkrijgende rechtspersoon te verrekenen verliezen hebben, of
- de splitsende en/of de verkrijgende rechtspersoon de innovatiebox, dan wel de deelnemingsverrekening toepassen, of
- de splitsende en/of de verkrijgende rechtspersoon een ander winstbepalingsstelsel toepassen, of

- bij de splitsende en/of de verkrijgende rechtspersoon aanspraak bestaat op vermindering ter voorkoming van dubbele belasting,

kan de faciliteit alleen worden toegepast onder door de inspecteur te stellen voorwaarden.

De faciliteit kan niet worden toegepast als:
- de juridische splitsing niet is gebaseerd op zakelijke gronden, of
- de aandelen van de vennootschap waarin de onderneming is ingebracht, binnen 3 jaar worden vervreemd.

In het laatste geval wordt de faciliteit teruggedraaid en moet alsnog worden afgerekend over de meerwaarde van de onderneming.

9.10 Geruisloze terugkeer

9.10.1 Inleiding

Geruisloze terugkeer

In de Wet Vpb bestaat de mogelijkheid om een in de bv-vorm gedreven onderneming zonder fiscale belemmeringen (geruisloos) te laten 'terugkeren' naar een IB-onderneming (eenmanszaak of vof). In art. 14c Wet Vpb is geregeld aan welke voorwaarden moet worden voldaan en hoe de geruisloze terugkeer uitwerkt. De gevolgen van een terugkeer blijven echter niet beperkt tot de vennootschapsbelasting. De aandeelhouder heeft na terugkeer uit de bv namelijk geen aanmerkelijk belang meer in de bv (de bv moet worden ontbonden). Hij zou dan moeten afrekenen (art. 4.16 lid 1 letter g Wet IB, zie hoofdstuk 6), maar ook hiervoor is een faciliteit gecreëerd. Verder is in box 1 ook nog een aantal artikelen van toepassing op de teruggekeerde onderneming. Hierna worden de gevolgen van de geruisloze terugkeer per belasting besproken.

9.10.2 Vennootschapsbelasting

Vennootschapsbelasting

Bij een terugkeer van de onderneming (naar de IB) en ontbinding van de bv, zou art. 15d Wet Vpb er normaal gesproken voor zorgen dat er winst moet worden genomen (eindafrekening, zie paragraaf 9.3.12). Maar bij een geruisloze terugkeer wordt de winst die gerealiseerd wordt bij de overbrenging van de activa en passiva van de bv naar de IB-onderneming, niet belast. De eenmanszaak (of vof) gaat dan door met de oude fiscale boekwaarden van de bv. Hierbij moet wel rekening worden gehouden met een latente belastingclaim die overgaat naar de IB-onderneming. De latente belastingclaim wordt gesteld op 15% van de aanwezige stille reserves (art. 3.54a lid 3 Wet IB).

> **Voorbeeld**
>
> De heer Jansen heeft alle aandelen in Jansen bv. Jansen besluit de onderneming voort te zetten als eenmanszaak, via de methode van de geruisloze terugkeer van art. 14c Wet Vpb. De balans van Jansen bv ziet er als volgt uit.
>
> | Jansen bv (in €) | | | |
> |---|---|---|---|
> | Pand | 100.000 | Eigen vermogen | 100.000 |
> | Bedrijfsmiddel | 50.000 | Schuld | 100.000 |
> | Kas | 50.000 | | |
> | | 200.000 | | 200.000 |
>
> Het pand is € 140.000 waard, en het bedrijfsmiddel € 70.000. De waarde van de onderneming bedraagt:
>
> | | |
> |---|---|
> | Eigen vermogen | € 100.000 |
> | Stille reserves: | |
> | Pand | € 40.000 |
> | Bedrijfsmiddel | € 20.000 + |
> | | € 60.000 + |
> | Latente vennootschapsbelasting: | |
> | 15% van stille reserves minus te verrekenen verliezen: | |
> | 15% × (€ 60.000 –/– € 0) | € 9.000 –/– |
> | Waarde onderneming Jansen bv | € 151.000 |
>
> De 'eindafrekeningswinst' van € 60.000 is vrijgesteld. De IB-onderneming gaat door op dezelfde boekwaarden.

Compensabele verliezen

Te verrekenen verliezen

De winst is weliswaar vrijgesteld, maar dat geldt niet voor zover er in de bv nog te verrekenen verliezen zijn. Voor het bedrag van deze verliezen, wordt de winst geacht wél te zijn genoten. Deze winst wordt dan wel belast, maar wordt afgezet tegen de te verrekenen verliezen, zodat er geen vennootschapsbelasting hoeft te worden betaald. De boekwaarden van de activa met stille reserves worden met een gelijk bedrag verhoogd.

Voorbeeld

Jansen bv uit het vorige voorbeeld heeft voor een bedrag van € 30.000 aan te verrekenen verliezen.
De waarde van de onderneming Jansen bv is als volgt te berekenen:

Eigen vermogen		€ 100.000
Stille reserves:		
Pand	€ 40.000	
Bedrijfsmiddel	€ 20.000 +	
		€ 60.000 +
Latente vennootschapsbelasting:		
15% van stille reserves minus te verreken verliezen:		
15% × (€ 60.000 –/– € 30.000)		€ 4.500 –/–
Waarde onderneming Jansen bv		€ 155.500

Door toepassing van art. 14c Wet Vpb hoeft Jansen bv geen belasting te betalen over de winst van € 60.000, maar wel voor zover er te verrekenen verliezen zijn. Deze verliezen bedragen € 30.000 en dus bedraagt de belaste winst bij terugkeer € 30.000 (€ 60.000 –/– € 30.000).

De eenmanszaak gaat door met de oude boekwaarden, vermeerderd met deze € 30.000 naar evenredigheid van de stille reserves.

De nieuwe boekwaarden bedragen:
Pand:
€ 100.000 + (€ 40.000 : € 60.000) × € 30.000 = € 100.000 + € 20.000 = € 120.000
Bedrijfsmiddel:
€ 50.000 + (€ 20.000 : € 60.000) × € 30.000 = € 50.000 + € 10.000 = € 60.000

Stille reserves Als de te verrekenen verliezen hoger zijn dan de stille reserves in de onderneming, zouden deze op het moment van terugkeer verloren gaan. In lid 3 van art. 14c Wet Vpb wordt hiervoor een tegemoetkoming verleend. Omdat het tarief in box 1 van de Wet IB (ongeveer 42%) hoger is dan het tarief in de Wet Vpb (ongeveer 15%), mag dit verlies voor 15/42e deel worden meegenomen naar box 1. Per saldo blijft het voordeel dan ongeveer gelijk.

> **Voorbeeld**
>
> Het bedrag van de te verrekenen verliezen van Jansen bv (zie de voorbeelden hiervoor) is nu geen € 30.000, maar € 100.000.
>
> De waarde van de onderneming Jansen bv is als volgt te berekenen:
>
> | | | |
> |---|---:|---:|
> | Eigen vermogen | | € 100.000 |
> | Stille reserves: | | |
> | – Pand | € 40.000 | |
> | – Bedrijfsmiddel | € 20.000 + | |
> | | € 60.000 | |
> | Latente vennootschapsbelasting: | | |
> | 15% van stille reserves minus te verrekenen verliezen: | | |
> | 15% × (€ 60.000 –/– € 60.000) | € 0 –/– | |
> | | | € 60.000 + |
> | Waarde onderneming Jansen bv | | € 160.000 |
>
> Voor de winst van € 60.000 geldt niet de vrijstelling van art. 14c Wet Vpb, want er zijn te verrekenen verliezen over. De belaste winst bij terugkeer bedraagt € 60.000. De boekwaarden van de activa zijn na terugkeer gelijk aan de waarde in het economische verkeer:
>
> | | |
> |---|---:|
> | Pand | € 140.000 |
> | Bedrijfsmiddel | € 70.000 |
>
> Er blijft in de bv een bedrag van € 40.000 over aan te verrekenen verliezen. Dit bedrag mag voor 15/42e deel worden meegenomen naar box 1. Het te verrekenen verlies na geruisloze terugkeer bedraagt dan 15/42 × € 40.000 = € 14.286.

Voorwaarden

Voorwaarden Aan de geruisloze terugkeer zijn wel de volgende voorwaarden verbonden:
1. Er is sprake van een nv of een bv die in Nederland is gevestigd of in het buitenland is gevestigd met een vaste inrichting in Nederland.
2. De aandeelhouders van de bv zijn uitsluitend natuurlijke personen.
3. De bv of nv moet worden ontbonden.
4. De bv of nv drijft een materiële onderneming.
5. De aandeelhouders moeten de onderneming voortzetten.
6. Het moet gaan om een gezamenlijk verzoek van de bv/nv en de aandeelhouder(s).
7. De geruisloze terugkeer geldt enkel voor vermogensbestanddelen die tot het ondernemingsvermogen gaan behoren.

9.10.3 Inkomstenbelasting: aanmerkelijkbelangheffing (box 2)

Aanmerkelijk-belangheffing
Als op basis van art. 14c Wet Vpb geruisloos wordt teruggekeerd, moet de bv/nv worden ontbonden. Heeft de aandeelhouder een aanmerkelijk belang in de vennootschap, dan wordt er *geacht* een vervreemding te zijn, omdat er een liquidatie-uitkering betaalbaar wordt gesteld (zie 4.16 lid 1 letter c Wet IB). De wetgever spreekt van een fictieve vervreemding (zie ook hoofdstuk 6).

Vervreemdings-prijs
De vervreemdingsprijs wordt op basis van art. 4.34 Wet IB vastgesteld op de waarde in het economische verkeer. Dit brengt met zich mee dat er meestal een vervreemdingsvoordeel zal zijn, waarover 26,9% inkomstenbelasting is verschuldigd. Om de terugkeer zowel voor de vennootschapsbelasting als voor de inkomstenbelasting volledig geruisloos te laten zijn, is in art. 4.42a Wet IB opgenomen dat het vervreemdingsvoordeel op verzoek van de aandeelhouder niet in aanmerking hoeft te worden genomen.

> **Voorbeeld**
>
> Lees nog een keer het eerste voorbeeld uit paragraaf 9.10.2. Stel nu dat de verkrijgingsprijs van het pakket aandelen van de heer Jansen € 100.000 bedraagt. Uit het eerder gebruikte voorbeeld blijkt dat de onderneming in het economische verkeer een waarde heeft van € 151.000. De winst uit aanmerkelijk belang van € 51.000 (€ 151.000 –/– € 100.000) wordt op verzoek van de heer Jansen conform art. 4.42a Wet IB niet in aanmerking genomen.

9.10.4 Inkomstenbelasting: winst uit onderneming (box 1)

Inkomsten-belastingclaim
Als geruisloos wordt teruggekeerd, worden een vennootschapsbelastingclaim en een aanmerkelijkbelangclaim omgezet in een inkomstenbelastingclaim in box 1. Dit is geen probleem, omdat de wetgever de tarieven nu juist zo op elkaar heeft afgestemd dat de vennootschapsbelasting én de aanmerkelijkbelangheffing samen ongeveer gelijk zijn aan de belastingheffing in box 1 (zie paragraaf 9.1).

> **Voorbeeld**
>
> Als het eerste voorbeeld van de heer Jansen in deze paragraaf nader wordt uitgewerkt, blijkt dat de vrijgestelde belastingclaims (vennootschapsbelasting + inkomstenbelasting box 2) ongeveer gelijk zijn aan de toekomstige claim in box 1.
>
> Vrijgesteld is:
> Vennootschapsbelasting over € 60.000 = 15% × € 60.000 =   € 9.000
> Inkomstenbelasting box 2 over € 50.100 = 26,9% × € 51.000 =   € 13.719 +
>   € 22.719
>
> Deze vrijgestelde claims zijn omgezet in een toekomstige box 1-claim. De werkelijke waarden van het pand en het bedrijfsmiddel zijn respectievelijk € 140.000 en € 70.000, terwijl is doorgegaan op de oude boekwaarden. Er is dus nog een in de toekomst te belasten winst van € 60.000 (de stille reserves).
>
> Toekomstige box 1-claim 37,10% × € 60.000   € 22.260
>
> Zo is dus een claim van € 22.719 omgezet in een claim van € 22.260. De vrijgestelde gezamenlijke vennootschapsbelasting- én aanmerkelijkbelangheffing zijn min of meer gelijk aan de toekomstige box 1-claim.

In het bovenstaande voorbeeld is geen sprake van te verrekenen verliezen in de vennootschapsbelasting én is de verkrijgingsprijs van het aanmerkelijkbelangpakket gelijk aan de boekwaarde van de onderneming. Is dit anders, dan zou de belastingplichtige nadeel kunnen hebben (maar ook voordeel kunnen hebben) omdat de box 1-claim hoger (of lager) is dan de gezamenlijke vennootschapsbelasting- én aanmerkelijkbelangheffing. Om dit verschil te compenseren (of in te halen), is in art. 3.54a Wet IB de zogeheten terugkeerreserve opgenomen. Als de gezamenlijke vrijgestelde vennootschapsbelasting én aanmerkelijkbelangheffing hoger is dan de toekomstige box 1-heffing (de belastingplichtige heeft dus een voordeel genoten), moet op de balans van de IB-onderneming een terugkeerreserve worden gezet die bij staking van de onderneming tot een extra heffing leidt om het genoemde verschil in te halen. Is de gezamenlijke vrijgestelde belasting lager dan de toekomstige box 1-heffing (de belastingplichtige heeft dus een nadeel), dan wordt op de activazijde van de balans een terugkeerreserve gezet die de winst bij staking verlaagt.

> **Voorbeeld**
>
> We gaan uit van een compensabel verlies van € 30.000. De verkrijgingsprijs voor het aanmerkelijk belang is € 100.000.
>
> De waarde van de onderneming van Jansen bv bedraagt € 155.500.
>
> Vrijgesteld is:
> Vennootschapsbelasting over € 30.000 = 15% × € 30.000 =   € 4.500
> Inkomstenbelasting box 2 over € 55.050 = 26,9% × € 55.500 =   € 14.929 +
>   € 19.429
>
> De toekomstige box 1-claim is 37,10% van € 30.000 (resterende stille reserves) = € 11.130.

Nu blijkt dat het bedrag dat is vrijgesteld (€ 19.429), hoger is dan de maximale toekomstige claim (€ 11.130). Op basis van art. 3.54a Wet IB moet de heer Jansen op zijn IB-balans credit een terugkeerreserve opnemen ter grootte van:
50% van het buiten aanmerking gebleven vervreemdingsvoordeel, verminderd met 85% van de buiten aanmerking gebleven winst in de bv =
50% × (€ 55.500 –/– 85% × € 30.000) = € 15.000

De toekomstige box 1-claim is nu 37,10% van (€ 30.000 + € 15.000 =) € 45.000 = € 16.695
Dit bedrag ligt in dezelfde orde van grootte als hetgeen is vrijgesteld (€ 19.429).

De onderneming van eenmanszaak Jansen ziet er nu als volgt uit:

Jansen (in €)			
Pand	120.000	Eigen vermogen	115.000*
Bedrijfsmiddel	60.000	Terugkeerreserve	15.000
Kas	50.000	Schuld	100.000
	230.000		230.000

* Eigen vermogen oud € 100.000
Winst Vpb (ophoging boekwaarde) € 30.000
Terugkeerreserve € 15.000 –/–
€ 15.000 +
Eigen vermogen nieuw € 115.000

9.11 Internationale maatregelen tegen belastingontwijking

Vanwege de toepassing van de deelnemingsvrijstelling, het steeds lager wordende Vpb-tarief én het feit dat Nederland per 1 januari 2021 enkel een bronheffing kent van 25% op uitgaande rentes en royalty's naar laagbelastende landen en in misbruiksituaties, heeft Nederland voor buitenlandse bedrijven een aantrekkelijk vestigingsklimaat ten opzichte van andere landen en wordt Nederland steeds meer gezien als een belastingparadijs. Dit is voor de landen die geen belastingparadijs zijn natuurlijk ongewenst. Ook begint Nederland in te zien dat het beter is dat bedrijven belasting betalen in het land waar het inkomen wordt verdiend, en niet daar waar het laagste belastingtarief geldt. De samenwerkingsverbanden die Nederland heeft, zoals de Europese Unie (EU) en de Organisatie voor Economische Samenwerking en Ontwikkeling (OESO), hebben maatregelen ingesteld die ervoor moeten zorgen dat wereldwijd steeds minder belastingparadijzen bestaan. Inmiddels heeft Nederland op basis van de Europese maatregelen tegen belastingontwijking, in het Engels Anti Tax Avoidance Directives (ATAD), de volgende maatregelen ingevoerd.

9.11.1 Controlled Foreign Company (ATAD 1)

Per 1 januari 2019 heeft Nederland in art. 13ab Wet Vpb een controlled foreign company (CFC)-maatregel ingevoerd, gebaseerd op ATAD 1, waarin staat dat het niet de bedoeling is dat winsten verschoven worden naar buitenlandse gecontroleerde vennootschappen die met een laag tarief worden belast. Als sprake is van een CFC, worden bepaalde 'besmette voordelen' in die CFC belast in Nederland als onderdeel van de winst van de moedermaatschappij; ook al is de CFC in het buitenland gevestigd. Deze besmette voordelen zijn passieve inkomsten zoals rente, royalty en dividenden. Deze besmette voordelen worden genoemd in art. 13ab lid 1 Wet Vpb

Er is sprake van een CFC als:
1. het Nederlandse belastingplichtige lichaam – samen met een gelieerd lichaam of natuurlijk persoon – een direct of indirect belang heeft van meer dan 50% in een buitenlands lichaam, of als sprake is van een vaste inrichting; én
2. het buitenlands lichaam of de vaste inrichting is gevestigd in een land met een laag statutair winstbelastingtarief (minder dan 9%), of in een land dat is opgenomen op de EU-lijst van niet-coöperatieve rechtsgebieden voor belastingdoeleinden.

In bepaalde gevallen geldt er een uitzondering. Dit is bijvoorbeeld het geval als de CFC een wezenlijke economische activiteit uitoefent (genoeg *substance* heeft). De besmette voordelen worden dan niet in aanmerking genomen bij het Nederlandse belastingplichtige lichaam. Daarnaast is de regeling alleen van toepassing als het saldo van de besmette voordelen positief is, en voorzover het niet is uitgekeerd aan de moedermaatschappij.

9.11.2 Hybride mismatches (ATAD2)

Per 1 januari 2020 heeft Nederland de maatregelen ingevoerd tegen belastingontwijking door internationaal opererende bedrijven met zogenoemde hybride mismatches. Hybride mismatches ontstaan doordat er verschillen in de winstbelastingstelsels van diverse landen zijn. Internationaal opererende bedrijven maken gebruik van deze verschillen tussen de winstbelastingstelsels. Zo kan het zijn dat een betaling van het ene onderdeel van het bedrijf in het ene land aan het andere onderdeel van het bedrijf in het andere land, wel aftrekbaar is in het ene land, maar onbelast in het andere land. Een betaling kan bijvoorbeeld in het ene land als aftrekbare rente worden gezien en de ontvangst in het andere land als onbelast dividend (deelnemingsvrijstelling). Zo kunnen deze bedrijven er bijvoorbeeld ook voor zorgen dat één betaling meerdere malen in verschillende landen aftrekbaar is. Met de invoering van de hybridemismatchmaatregelen worden deze ongewenste gevolgen bestreden. In art. 12aa Wet Vpb tot en met art. 12ag Wet Vpb staan deze maatregelen verwoord.

Aan de kostenkant wordt op grond van art. 12aa Wet Vpb de aftrek van een betaling aan het in het buitenland verbonden lichaam geweigerd als er geen buitenlandse belastingheffing tegenover staat bij de ontvanger als gevolg van verschillen in kwalificatie van die betaling. In de situatie andersom gaat Nederland ervan uit dat het buitenland een vergelijkbare regeling heeft. Is dit niet zo, dan worden op grond van art. 12ab Wet Vpb aan de opbrengstenkant vergelijkbare ontvangsten in de belastingheffing betrokken.

9.12 Dividendbelasting

Dividendbelasting   Als een bv of nv een dividend uitkeert aan haar aandeelhouders, moet zij 15% (art. 5 Wet Dividendbelasting) dividendbelasting inhouden (art. 1 Wet Dividendbelasting). De aandeelhouder mag de ingehouden dividendbelasting verrekenen met de door haar verschuldigde inkomsten- of vennootschapsbelasting (zie paragraaf 9.4.1).

Voorbeeld

Philips nv keert een dividend uit aan haar aandeelhouders van € 2 per aandeel.
Isaac heeft 100 aandelen Philips nv en ontvangt dus een dividend van € 200. Hij ontvangt echter maar € 170. Het resterende bedrag van € 30 is 15% dividendbelasting en wordt door Philips ingehouden en afgedragen aan de Nederlandse Belastingdienst.
Isaac moet over zijn inkomsten in box 1, 2 en 3 (na aftrek van de heffingskortingen) in totaal € 15.000 aan inkomstenbelasting betalen. Naast de op het loon van Isaac ingehouden loonbelasting (stel: € 12.000), mag Isaac ook de ingehouden dividendbelasting verrekenen (€ 30).
Isaac moet per saldo nog € 2.970 (€ 15.000 –/– € 12.000 –/– € 30) aan inkomstenbelasting betalen.

Als een dividend in goederen wordt uitgekeerd, moet er 15% dividendbelasting worden berekend over de waarde in het economische verkeer.

Geen inhouding dividendbelasting   De uitkeerder van het dividend moet de ingehouden dividendbelasting betalen binnen 1 maand na de datum waarop de opbrengst beschikbaar is gesteld. In een aantal gevallen mag de inhouding van dividendbelasting achterwege blijven (art. 4 Wet Dividendbelasting). Dit is onder andere het geval als de ontvanger:
– een beroep kan doen op de deelnemingsvrijstelling (art. 13 Wet Vpb) en de deelneming behoort tot het vermogen van zijn in Nederland gedreven onderneming (zie paragraaf 9.6), en
– de uitkerende vennootschap deel uitmaakt van dezelfde fiscale eenheid (art. 15 Wet Vpb) en de aandelen, winstbewijzen en geldleningen bij de ontvanger behoren tot het vermogen van zijn in Nederland gedreven onderneming (zie paragraaf 9.8).

Aangiftebiljet Als een bv een dividend uitkeert, moet zij een aangiftebiljet invullen en bij het indienen van de aangifte ook de ingehouden dividendbelasting afdragen. Op grond van belastingverdragen kan het zo zijn dat in Nederland minder dividendbelasting had moeten worden ingehouden. De in het buitenland gevestigde ontvanger van het dividend kan dan een verzoek indienen om de te veel ingehouden dividendbelasting terug te krijgen (art. 10 Wet Dividendbelasting).

Het bovenstaande geldt, behoudens specifieke uitzonderingen, overigens niet als de uitkerende vennootschap wordt aangemerkt als een vrijgestelde beleggingsinstelling (art. 1 lid 4 Wet Div.bel. juncto art. 6a Wet Vpb) (zie paragraaf 9.2.3)

HOOFDSTUK 10
Omzetbelasting

De omzetbelasting is een algemene, niet cumulatieve, indirecte verbruiksbelasting in de lidstaten van de Europese Unie. De consument is degene die uiteindelijk de omzetbelasting betaalt. Maar de ondernemer moet de omzetbelasting innen en voldoen aan de Belastingdienst. De Wet OB is systematisch opgebouwd. Daardoor is het mogelijk om door de beantwoording van een aantal vragen te achterhalen of omzetbelasting is verschuldigd – en zo ja, hoeveel...

- verbruiksbelasting
- Europese Unie
- ondernemerschap
- belastbaar feit
- leasing
- ketentransacties
- plaats van levering
- ICP, ICT, ICD

10.1 Inleiding

De Wet op de Omzetbelasting (hierna Wet OB) is anders opgebouwd dan bijvoorbeeld de Wet Inkomstenbelasting of de Wet op de vennootschapsbelasting. De Wet OB is systematisch opgebouwd. Daardoor is het mogelijk om door de beantwoording van een aantal vragen te achterhalen of omzetbelasting is verschuldigd – en zo ja, hoeveel. In dit hoofdstuk worden achtereenvolgens de volgende vragen nader uitgewerkt:
– Wat is omzetbelasting (paragraaf 10.2)?
– Wie moet omzetbelasting voldoen (paragraaf 10.3)?
– Wat zijn de belaste prestaties (paragraaf 10.4 tot en met 10.9)? Hierbij moet onderscheid worden gemaakt tussen een aantal verschillende belastbare feiten, namelijk:

Belastbare feiten

- leveringen van goederen onder bezwarende titel door ondernemers in Nederland (paragraaf 10.4);
- intracommunautaire verwervingen van goederen onder bezwarende titel door ondernemers en rechtspersonen die geen ondernemer zijn in Nederland (paragraaf 10.5);
- intracommunautaire verwervingen van nieuwe vervoermiddelen in Nederland (paragraaf 10.6);
- invoer van goederen (uit niet-lidstaten) (paragraaf 10.7);
- het verrichten van diensten onder bezwarende titel door ondernemers in Nederland (paragraaf 10.8).

Combinatie van belaste prestaties

Daarnaast kan er ook sprake zijn van een combinatie van belaste prestaties (paragraaf (10.9).
– Waar zijn de prestaties belast (paragrafen 10.4.4 en 10.8.3)?
– Waarover moet omzetbelasting worden berekend (paragraaf 10.10)?
– Hoeveel omzetbelasting moet op de factuur worden gezet (paragraaf 10.11)?
– In hoeverre kan de in rekening gebrachte omzetbelasting in aftrek worden gebracht (paragraaf 10.12)?
– Door wie en wanneer moet de omzetbelasting worden voldaan (paragraaf 10.13)?
– Welke vrijstellingen kent de Wet OB (paragraaf 10.14)?
– Welke bijzondere regelingen kent de Wet OB (paragraaf 10.15)?

Aan het eind van dit hoofdstuk wordt aandacht besteed aan de administratieve verplichtingen die uit de Wet OB voortvloeien (paragraaf 10.16).

10.2 Wat is omzetbelasting?

10.2.1 Inleiding

Algemene, indirecte verbruiksbelasting

De omzetbelasting is een algemene, niet cumulatieve, indirecte verbruiksbelasting in de lidstaten van de Europese Unie (hierna kortweg: Unie):
- de term 'niet-cumulatief' betekent dat het niet uitmaakt hoe vaak een goed wordt verkocht voordat het aan de consument wordt geleverd. Het maakt dus niet uit of een consument een goed van € 100 rechtstreeks bij de fabrikant koopt of in de winkel.
- De term 'verbruiksbelasting' wil zeggen dat belasting worden geheven over het verbruik door consumenten.
- De term 'algemeen' wil zeggen dat de belasting niet op een specifiek goed drukt. Dit in tegenstelling tot bijzondere verbruiksbelastingen als accijnzen, die specifiek op een bepaald goed drukken (bijvoorbeeld op suiker, tabak, benzine en wijn). Het gevolg van een algemene belasting is dat in principe ál het verbruik wordt belast.
- De term 'indirect' betekent dat de belasting niet wordt voldaan door de verbruiker (de consument), maar door een ander, namelijk de ondernemer.

Voorbeeld

Als Eric een fles wijn koopt bij een slijter, is voor de Wet OB al direct sprake van verbruik, ook als Eric de fles wijn vervolgens nog 3 jaar opslaat in zijn wijnkelder.

De omzetbelasting wordt ook wel aangeduid met de afkorting btw, wat staat voor 'belasting over de toegevoegde waarde'. Dit is echter niet helemaal juist, want omzetbelasting en btw zijn niet exact hetzelfde. Omzetbelasting is een belasting die volgens een bepaald systeem wordt geheven. In de Unie is gekozen voor het systeem waarbij belasting wordt geheven over de toegevoegde waarde, met aftrek van voorbelasting. Btw is dus één van de systemen voor de heffing van omzetbelasting. In dit boek gebruiken we beide termen door elkaar.

> **Voorbeeld**
>
> Mark koopt een pc bij De Computergigant in Hilversum voor € 1.210. De Computergigant heeft deze pc voor € 850 gekocht bij De PC-fabrikant te Eindhoven. De PC-fabrikant heeft de pc samengesteld uit onderdelen die hij heeft ingekocht bij de onderdelenfabrikanten te Almere en in Taiwan. In Almere is ingekocht voor € 400. De onderdelen die afkomstig zijn uit Taiwan, zijn door het Taiwanese bedrijf ingevoerd en vanuit zijn magazijn in Rotterdam verkocht voor € 250. De genoemde prijzen tussen de ondernemers onderling zijn exclusief 21% omzetbelasting. De genoemde consumentenprijs (€ 1.210) is inclusief omzetbelasting.
>
> | Partij Inkoop/verkoop | | Vergoeding | OB | Aangifte OB | Saldo Aangifte |
> |---|---|---|---|---|---|
> | Onderdelenfabrikant Taiwan | V | 250 | 52,5 | 52 | 52 |
> | Onderdelenfabrikant Almere | V | 400 | 84 | 84 | 84 |
> | PC-fabrikant | I | 650 | 136,5 | −136 | |
> | | V | 850 | 178,5 | 178 | 42 |
> | De Computergigant | I | 850 | 178,5 | −178 | |
> | | V | 1.000 | 210 | 210 | 32 |
> | Totaal | | | | | 210 |
>
> V = verkoop, I = inkoop
>
> Uit het schema valt af te lezen dat:
> - Mark als consument degene is die uiteindelijk de (totale) omzetbelasting van € 210 betaalt;
> - pas aan het eind bekend is hoeveel omzetbelasting wordt voldaan;
> - de totaal aangegeven omzetbelasting gelijk is aan de omzetbelasting die in de laatste schakel is verschuldigd;
> - de omzetbelasting voor de ondernemers in principe geen effect heeft op hun kostprijs of winst.

10.2.2 Invloed Unie

Bij de oprichting van de Europese Economische Gemeenschap (EEG) wilde men voor de hele EEG één systeem van heffing van omzetbelasting invoeren. In diverse lidstaten werd al langer omzetbelasting geheven, maar niet elk land hanteerde hetzelfde stelsel. Om de heffing op dezelfde wijze te laten verlopen (te harmoniseren), was één gemeenschappelijk stelsel voor de omzetbelasting nodig. De harmonisatie heeft als doel om een gemeenschappelijke markt te scheppen, waarin belemmeringen bij grensoverschrijding en andere vormen van concurrentievervalsing worden vermeden.

Unie De regelgeving van de Unie (voorheen de EEG) verloopt via richtlijnen. In deze richtlijnen wordt aangegeven hoe de omzetbelasting moet worden geheven, zodat de heffing in alle lidstaten vrijwel gelijk is. Op deze manier wordt getracht te voorkomen dat bij prestaties binnen de Unie geen heffing of dubbele heffing plaatsvindt.

HOOFDSTUK 10 | OMZETBELASTING

Richtlijnen Ondanks het feit dat de richtlijnen zich niet specifiek richten tot de burgers van de Unie, kunnen deze burgers hieraan wel rechten ontlenen (zie het vorige voorbeeld en paragraaf 10.12.1). De Belastingdienst kan zich echter níet beroepen op de richtlijnbepalingen, omdat hij de nationale regelgeving moet uitvoeren.

Voorbeeld

Uit een arrest van het Hof van Justitie van de Europese Unie (hierna: HvJ EU) blijkt dat de richtlijn niet geheel correct was geïmplementeerd in onze Wet OB. Het gevolg hiervan werd duidelijk als een ondernemer bijvoorbeeld een huis liet bouwen. Stel dat dit huis voor 5% werd gebruikt voor de onderneming en voor de andere 95% privé. Op basis van de richtlijn kon de voorbelasting toch voor 100% in aftrek worden gebracht. De Nederlandse wetgeving voorzag niet in de mogelijkheid tot een correctie wegens het privégebruik. Pas toen de Wet OB was aangepast, werd het mogelijk om te corrigeren voor het privégebruik van het huis.

Verordeningen

Verordeningen Naast de hiervoor genoemde btw-richtlijnen bestaan er ook btw-verordeningen. Deze verordeningen zijn er omdat de voorschriften van de btw-richtlijnen soms ruimte laten voor interpretatie door de lidstaten in hun nationale wetgeving. Een verordening heeft als doel uniformiteit bij de uitvoering van de btw-richtlijnen te waarborgen. Daarom is een verordening bindend en rechtstreeks van toepassing in de lidstaten. In tegenstelling tot de richtlijn vindt dus geen omzetting plaats in het nationale recht.

Gemeenschappelijk stelsel Door te kiezen voor een gemeenschappelijk stelsel met gemeenschappelijke begrippen, moeten concurrentieverstorende invloeden worden geweerd. Het zou daarom voor de ondernemer omzetbelastingtechnisch niet meer mogen uitmaken waar hij gevestigd is.

Nationale wetgeving Het is mogelijk dat er onduidelijkheid bestaat over de toepassing van de btw-richtlijnen in relatie tot de nationale wetgeving. Anders gezegd: het kan gebeuren dat men meent dat de nationale wet in strijd is met de Europese regelgeving. In dat geval kan de Nederlandse belastingrechter prejudiciële vragen stellen aan het HvJ EU in Luxemburg. Een prejudiciële vraag is een rechtsvraag aan een hoger rechtsorgaan over de uitleg van een rechtsregel. Nadat het Hof uitspraak heeft gedaan, moet de Nederlandse rechter deze uitspraak verwerken in zijn eigen uitspraak. De uitspraak van het Europese Hof is niet alleen bindend voor de lidstaat waarvan de nationale rechter de zaak heeft aangebracht, maar ook voor alle andere lidstaten. Dit kan tot gevolg hebben dat onze Wet OB moet worden aangepast. In dit hoofdstuk worden geen lopende procedures toegepast.

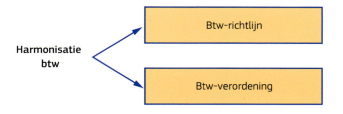

445

10.3 Wie moet omzetbelasting voldoen?

Art. 1:	Leveringen	Diensten	Verwervingen	Invoer
Wie: De ondernemer	Art. 7 de ondernemer	Art. 7 de ondernemer	Ondernemers/ rechtspersonen/ niet-ondernemers	Iedereen

10.3.1 Inleiding

Consument — De consument is degene die uiteindelijk de omzetbelasting betaalt. Maar de ondernemer is – een uitzondering daargelaten – degene die de omzetbelasting moet innen en voldoen aan de Belastingdienst. De ondernemer is op dit vlak feitelijk een onbezoldigd ambtenaar. Sterker nog, als de ondernemer niet op de juiste wijze aan zijn administratieve verplichtingen voldoet, kan hij een naheffingsaanslag tegemoet zien en eventueel ook nog een boete krijgen.

Belastingplichtige — Richtlijn 2006/112 hanteert niet het begrip ondernemer, maar heeft het over de 'belastingplichtige'. De Hoge Raad heeft bepaald dat deze begrippen dezelfde betekenis hebben. Uit het voorgaande blijkt dat het belangrijk is om te weten wanneer sprake is van een ondernemer.

In deze paragraaf komen achtereenvolgens de volgende onderwerpen aan de orde:
– het begrip ondernemer (paragraaf 10.3.2);
– het ondernemerschap van de overheid (paragraaf 10.3.3);
– de fiscale eenheid voor de omzetbelasting (paragraaf 10.3.4).

10.3.2 Ondernemer

Ondernemer — In art. 7 Wet OB wordt het begrip ondernemer beschreven. Een ondernemer is een ieder die een bedrijf of beroep zelfstandig uitoefent.

Een ieder

Ieder — In de Wet OB is voor het ondernemerschap de rechtsvorm in principe niet relevant. De term 'een ieder' in de zin van de Wet OB omvat zowel natuurlijke personen als rechtspersonen. Ook samenwerkingsverbanden zonder rechtspersoonlijkheid kunnen ondernemer zijn voor de Wet OB, zolang zij maar als eenheid of entiteit naar buiten treden.

Nationaliteit — Ook de nationaliteit van de ondernemer is niet van belang en de ondernemer hoeft evenmin in Nederland te zijn gevestigd. Als een buitenlandse ondernemer in Nederland belaste prestaties verricht, is hij ondernemer voor de Wet OB.

> **Voorbeeld**
>
> Een in Duitsland gevestigde ondernemer verkoopt kleding op de markt in Venlo. Hij verricht een belaste prestatie in Nederland; daarom is hij ondernemer voor de Wet OB. Over zijn verkopen in Nederland is hij Nederlandse omzetbelasting verschuldigd.

Wet IB/Wet OB Met betrekking tot de maatschap, de vennootschap onder firma (vof) en de commanditaire vennootschap (cv) is er een groot verschil tussen het ondernemersbegrip in enerzijds de Wet IB (zie hoofdstuk 4) en anderzijds de Wet OB. Voor de Wet IB worden de afzonderlijke vennoten of maten als ondernemer beschouwd. In de Wet OB zijn de vof, de maatschap en de cv de ondernemer. Bij de omzetbelasting wordt namelijk naar de entiteit gekeken. Degene die zich in het economische verkeer presenteert als degene met wie zaken wordt gedaan, is dé ondernemer voor de omzetbelasting. De juridische vorm is daarbij onbelangrijk.

'Een ieder' kan zich dus voordoen in de volgende vormen: een eenmanszaak, maatschap, vof, cv, nv, bv, vereniging of stichting en elke min of meer duurzame samenwerking tussen de hiervoor genoemde vormen.

> **Voorbeeld**
>
> Als een man en een vrouw beiden bedrijfsactiviteiten naar buiten toe verrichten, is het niet direct mogelijk om aan te geven wie de ondernemer is voor de Wet OB. Dit is afhankelijk van de wijze waarop deze twee zich naar buiten toe presenteren. De volgende mogelijkheden kunnen zich voordoen:
> a. Ieder van hen is een afzonderlijke ondernemer.
>   Man en vrouw presenteren zich afzonderlijk naar buiten toe als ondernemer. De man is bijvoorbeeld een zelfstandig gevestigde belastingadviseur en de vrouw is een zelfstandig gevestigde accountant. Beiden voeren dan een eigen administratie en handelen onder eigen naam, versturen eigen facturen, etc.
> b. Eén van hen is ondernemer, de ander werkt mee in diens bedrijf.
>   De vrouw heeft een accountantsbedrijf, haar man werkt in haar onderneming en verzorgt de fiscale kant van het bedrijf. Het accountantskantoor treedt alleen (als entiteit) naar buiten als ondernemer.
> c. Het samenwerkingsverband is ondernemer.
>   Als man en vrouw zich als eenheid naar buiten toe presenteren, worden zij voor de Wet OB aangemerkt als één ondernemer.

Volgens de rechtspraak is een bv die in de oprichtingsfase verkeert, nog geen ondernemer voor de Wet OB omdat zij nog niet bestaat. De bv is pas ondernemer voor de Wet OB als de oprichtingsakte bij de notaris is gepasseerd. In de periode dat sprake is van een bv in oprichting (bv i.o.) is de oprichter de btw-ondernemer.

> **Voorbeeld**
>
> Erwin de Vries heeft een schildersbedrijf 'Verfhandel De Vries'. Hij wil zijn onderneming inbrengen in een bv. In juni 2020 is sprake van een bv i.o. In januari 2021 is de oprichtingsakte bij de notaris gepasseerd. In mei 2021 vindt er bij de onderneming een boekenonderzoek plaats. Er blijkt over de maand augustus 2020 te weinig omzetbelasting op aangifte is voldaan. Over de maand augustus 2020 legt de Belastingdienst een naheffingsaanslag op. De naheffingsaanslag wordt aan Erwin de Vries (als oprichter van de bv) opgelegd, omdat hij voor de Wet OB toen de ondernemer was. De bv was in augustus 2020 immers nog in oprichting. Er is sprake van een naheffingsaanslag, omdat de Belastingdienst geen aanslag oplegt. De ondernemer doet zelf aangifte voor de OB en geeft hierin aan hoeveel hij aan de Belastingdienst moet voldoen (de ondernemer stelt dus eigenlijk zijn eigen aanslag OB vast, zie ook paragraaf 13.7).

Bedrijf of beroep

Bedrijf of beroep — Het volgende element in de definitie is het begrip 'bedrijf'. Hieronder wordt ook een beroep verstaan (art. 7 lid 2 letter a Wet OB). Iemand die in dienstbetrekking werkt, verricht die werkzaamheden niet als ondernemer. Het moet dus gaan om een zelfstandig uitgeoefend beroep. Verricht hij daarnaast freelance werkzaamheden, dan is het goed denkbaar dat hij die werkzaamheden wel als ondernemer verricht. De vraag of iemand ondernemer is, moet dus per activiteit worden beoordeeld. Het is niet altijd mogelijk om aan te geven wanneer sprake is van zelfstandigheid of ondergeschiktheid. Uit de jurisprudentie blijkt dat hierbij van belang is of iemand de vrijheid heeft om zelf te bepalen hoe hij de opdracht invult.

Bedrijf — Volgens de jurisprudentie is een bedrijf als volgt te omschrijven: 'een organisatie van kapitaal en arbeid die erop gericht is om in een duurzaam streven deel te nemen aan het economische (ruil)verkeer'. Ook uit deze omschrijving volgt weer een essentieel verschil met de Wet IB. Het begrip 'winststreven' ontbreekt namelijk in de voorgaande omschrijving, terwijl dit in de Wet IB een belangrijke plaats inneemt.

Kapitaal — Wat onder kapitaal wordt verstaan is afhankelijk van het bedrijf of beroep, het is al snel aanwezig. Een journalist kan al volstaan met een kladblok en een pen. Een tandarts heeft een tandartsstoel met toebehoren nodig.

Arbeid — Ook arbeid wordt al snel aanwezig geacht.

> **Voorbeeld**
>
> Een maatschap voert werkzaamheden voor ziekenhuizen uit. De werkzaamheden worden op basis van de gewerkte uren in rekening gebracht. Feitelijk worden de werkzaamheden door ieder van de maten verricht, zonder bemiddeling of tussenkomst van een derde. Het gevolg hiervan is dat geen sprake is van het ter beschikking stellen of uitlenen van personeel. De maatschap is degene die de werkzaamheden als ondernemer heeft uitgevoerd en niet de maten. Vanwege de rechtsvorm staan de maten niet in een ondergeschikte verhouding tot de maatschap.

Het begrip arbeid is ook van belang bij het onderscheid tussen normaal vermogensbeheer en ondernemerschap. Normaal vermogensbeheer wordt niet gezien als ondernemerschap, tenzij art. 7 lid 2 letter b Wet OB van toepassing is.

Quasi-ondernemerschap

Quasi-ondernemerschap — Volgens art. 7 lid 2 letter b Wet OB is ook sprake van een bedrijf bij de exploitatie van een vermogensbestanddeel om er duurzaam opbrengst uit te verkrijgen (quasi-ondernemerschap). Een vermogensbestanddeel kan zowel een lichamelijke als een onlichamelijke zaak zijn. De exploitatie van een lichamelijke zaak is bijvoorbeeld de verhuur van een onroerende of roerende zaak (gebouw, machine, auto et cetera). Een voorbeeld van het exploiteren van een onlichamelijke zaak is bijvoorbeeld de verhuur van een auteursrecht.

Overige eisen ondernemerschap

Geen incidentele prestatie — Voor het ondernemerschap mag geen sprake zijn van een incidentele prestatie. Er moet regelmatig worden deelgenomen aan het maatschappelijke verkeer.

Voorbeeld

Vincent heeft voor het eerst in zijn leven een uitvinding op ICT-gebied gedaan. Hij heeft op zijn uitvinding octrooi aangevraagd en gekregen. Hij kan op dit recht een licentie verlenen. In dat geval ontvangt hij regelmatig inkomsten uit dit recht en is hij ondernemer voor de Wet OB. Als hij geen licentie verleent, maar dit recht direct verkoopt, is hij geen ondernemer. In dat geval is namelijk sprake van een incidentele prestatie.

Prestaties in het economische verkeer

Prestatie in het economische verkeer — Er is sprake van een prestatie in het economische verkeer als iemand presteert ten opzichte van personen die niet tot de eigen kring behoren.

Voorbeeld

Bij het telen van groenten voor de eigen leefgemeenschap is geen sprake van deelname aan het economische verkeer.

Tegen vergoeding — Daarnaast is van essentieel belang dat in ruil voor de prestatie een vergoeding wordt ontvangen. Uit de jurisprudentie blijkt dat er geen sprake is van deelname aan het economische verkeer als alle prestaties 'om niet' (gratis) worden verricht. Als prestaties niet voor geld worden verricht maar worden geruild, is echter wél sprake van een prestatie tegen vergoeding. De prestatie is dan verricht in het economische verkeer.

Het HvJ EU heeft bepaald dat als een (rechts)persoon alleen 'prestaties om niet' verricht, hij geen ondernemer is voor de omzetbelasting. Worden zowel prestaties tegen vergoeding als prestaties om niet verricht, dan is er een andere situatie. Als de prestaties om niet helemaal niets te maken hebben met de onderneming of met belaste handelingen, is degene die de prestaties verricht met betrekking tot deze gratis prestaties geen ondernemer. Maar als de gratis prestaties direct samenhangen met de prestaties die wel tegen vergoeding plaatsvinden, verricht de ondernemer de gratis prestaties wél in het kader van zijn onderneming.

> **Voorbeeld**
>
> 1 Een slager die zijn klanten een plakje worst laat proeven, blijft voor al zijn prestaties ondernemer voor de Wet OB.
>
> 2 Een openbaarvervoerbedrijf dat naast het (betaalde) busvervoer ook gratis vervoer aanbiedt via een veerpont, is voor beide prestaties ondernemer voor de Wet OB. Het vervoer via de veerpont vindt namelijk plaats in het kader van het aanbieden van openbaar vervoer.

Het HvJ EU heeft tevens bepaald dat de verrichtingen van openbare bureaus voor rechtsbijstand, bij gebreke van een direct daaraan toe te rekenen vergoeding, geen 'economische activiteiten' zijn. Het Hof heeft hierbij overwogen dat wel een vergoeding wordt betaald voor de geleverde prestaties, maar dat deze vergoeding niet het totale bedrag dekt van de honoraria die in de wetgeving zijn vastgelegd. Het Hof wijst er verder op dat de tegenprestatie mede afhankelijk is van de draagkracht en het vermogen van de cliënt. Er ontbreekt derhalve een rechtstreeks verband tussen de dienst en de vergoeding.

Symbolische vergoeding

Symbolische vergoeding

Zoals hierboven is gesteld, is het verrichten van prestaties tegen een vergoeding te zien als het verrichten van economische activiteiten, ongeacht het oogmerk of het resultaat van die prestaties. Een winststreven is dus niet van belang. Dit is alleen anders als de vergoeding slechts symbolisch is, zodat in wezen sprake is van vrijgevigheid. Om te bepalen of hiervan sprake is, kan van belang zijn welke vergoeding wordt gevraagd voor soortgelijke in het maatschappelijke verkeer verrichte prestaties. Let op dat het hierbij niet altijd van belang is of de vergoeding al dan niet kostendekkend is. Een niet-kostendekkende vergoeding leidt in elk geval niet per definitie tot de conclusie dat er geen belastbare prestaties worden verricht.

> **Voorbeeld**
>
> Een wassenbeeldenmuseum vraagt een toegangsprijs van € 2,50 per persoon. De toegangsprijs bij andere wassenbeeldenmusea bedraagt € 25 tot € 30. De toegangsprijs kan worden gezien als een symbolische vergoeding. Hierdoor is het museum geen ondernemer voor de Wet OB.

Als geen tegenprestatie wordt bedongen, zoals bij een symbolische vergoeding maar ook bij diefstal of vrijgevigheid, kan over deze tegenprestatie geen omzetbelasting worden geheven.

Zelfstandig

Zelfstandig Met het begrip 'zelfstandig' wordt bedoeld dat mensen in ondergeschiktheid, bijvoorbeeld in dienstbetrekking, niet als ondernemer worden aangemerkt. Aan de hand van een aantal elementen wordt beoordeeld of er sprake is van ondergeschiktheid. Deze elementen worden in onderlinge samenhang bekeken. Het ontbreken van één element betekent niet direct dat de persoon geen ondernemer is voor de Wet OB. Voorbeelden van deze elementen kunnen zijn:
- het optreden naar buiten toe;
- het lopen van financieel risico;
- de vrijheid om de werktijden zelf te bepalen;
- het ontvangen van vakantiegeld en/of een tantième;
- de aanwezigheid van een arbeidsovereenkomst;
- het aantal opdrachtgevers;
- het gebruik van eigen bedrijfsmiddelen;
- de verplichting om de arbeid persoonlijk te verrichten.

In kader van ondernemening Een ondernemer valt onder de Wet OB voor zover hij zijn prestaties verricht in het kader van zijn onderneming. Als hij daarnaast andere prestaties verricht (nevenwerkzaamheden), vallen deze alleen onder de Wet OB als zij verband houden met de activiteiten van zijn onderneming. Nevenwerkzaamheden die in loondienst worden verricht, zijn nooit belast voor de Wet OB. Of het gaat om een nevenwerkzaamheid of een activiteit die verband houdt met de onderneming, is sterk afhankelijk van de feiten.

Voorbeeld

De diensten van een advocaat als adjunct-secretaris van een juristenvereniging houden verband met zijn onderneming. Deze nevenwerkzaamheden zijn belast voor de Wet OB. Als deze advocaat daarnaast 1 dag per week docent is bij de Hogeschool van Amsterdam, is hij voor deze uren in loondienst. Deze inkomsten vallen buiten het ondernemerschap voor de Wet OB.

10.3.3 Overheid

Overheid — Een aantal personen en lichamen die op grond van de definitie in de wet geen ondernemer zijn, worden door de wet aangewezen als ondernemer. Door deze fictie worden zij voor bepaalde handelingen toch als ondernemer beschouwd. Op grond van art. 7 lid 3 Wet OB kunnen de rijksoverheid, provincies, gemeenten, waterschappen, bedrijfsschappen, productschappen, et cetera ondernemer zijn voor de Wet OB.

Geen ondernemer — Uit de jurisprudentie blijkt dat de overheid niet als ondernemer wordt aangemerkt in die situaties waarin sprake is van een specifiek voor haar geldend juridisch regime waarbij geen concurrentie optreedt. De overheid is dus geen ondernemer als zij optreedt als overheid.

Concurrentie — In het algemeen kan worden gesteld dat als de overheid in concurrentie treedt met andere ondernemers, zij als ondernemer optreedt en dus onder de Wet OB valt. De overheid moet dan wel voldoen aan alle voorwaarden voor het ondernemerschap voor de Wet OB.

> **Voorbeeld**
>
> Een specifieke overheidstaak is het uitgeven van paspoorten, rijbewijzen, etc. Voor deze activiteiten is de overheid geen ondernemer voor de Wet OB.
>
> De overheid treedt onder andere in concurrentie bij de exploitatie van een parkeergarage, zwembad of haven, bij de levering van onroerende zaken en rechten waaraan deze zijn onderworpen, bij het aanleggen of onderhouden van tuinen ten behoeve van derden en bij het geven van gelegenheid tot kamperen in de zin van post b 10 van de bij de Wet OB behorende Tabel 1, etc. In al deze gevallen is de overheid ondernemer voor de Wet OB, mits aan alle overige voorwaarden wordt voldaan.

10.3.4 Fiscale eenheid

Fiscale eenheid — De rechtspraak heeft uitgemaakt dat ook een fiscale eenheid onder voorwaarden valt onder het begrip 'een ieder' zoals dat is besproken in paragraaf 10.3.2. Dit betekent dat onder bepaalde voorwaarden twee of meer juridisch zelfstandige ondernemers als één ondernemer voor de Wet OB worden aangemerkt. Een fiscale eenheid kan alleen worden gevormd tussen maatschappelijke verschijningsvormen die allemaal ondernemer in de zin van de OB kunnen zijn. Ook een fiscale eenheid valt onder voorwaarden onder het begrip 'een ieder', zoals dat is besproken in paragraaf 10.3.2. Dit betekent dat onder bepaalde voorwaarden twee of meer juridisch zelfstandige ondernemers als één ondernemer voor de Wet OB worden aangemerkt. Ook niet-ondernemers kunnen deel uitmaken van een fiscale eenheid voor de omzetbelasting.

Moeiende moeder — Ten aanzien van een 'moeiende moeder' (zoals dat genoemd wordt in de zogenoemde Holdingresolutie) die niet-belastingplichtig is, geldt dat zij onder voorwaarden deel kan uitmaken van een fiscale eenheid. Het moet dan gaan om een organisatie die binnen het geheel een sturende en beleidsbepalende functie vervult zonder dat zij daar een vergoeding voor ontvangt, waarbij het ontbreken van een vergoeding er de oorzaak van is dat zij niet belastingplichtig is.

Voorwaarden fiscale eenheid

Voorwaarden Een fiscale eenheid tussen meerdere ondernemers is alleen mogelijk als cumulatief sprake is van:
a. financiële verwevenheid,
b. organisatorische verwevenheid, en
c. economische verwevenheid.

Ad a. Financiële verwevenheid

Financiële verwevenheid Onder financiële verwevenheid wordt verstaan dat ten minste een meerderheid van de aandelen in elk van de vennootschappen, direct of indirect in dezelfde handen is. Dit laatste kan ook betekenen dat een meerderheid van de aandelen in handen is van dezelfde groep personen, mits die personen ten aanzien van de ondernemingen als eenheid samenwerken. Het hebben van zeggenschap in de betreffende rechtspersonen wordt gelijkgesteld aan het houden van aandelen.

Uit de jurisprudentie blijkt dat een belang van 50% niet voldoende is om te worden aangemerkt als fiscale eenheid. Vereist is dat de ene onderneming de andere(n) in financieel opzicht overheerst.

Voorbeeld

Aker bv heeft een belang van 55% in CDK bv. Beide vennootschappen kunnen samen een fiscale eenheid vormen. Als CDK bv een belang van 40% bezit in Berk bv en Aker bv een belang van 45% in Berk bv heeft, behoort Berk bv ook tot de fiscale eenheid (mits aan alle overige voorwaarden wordt voldaan). Aker bv bezit namelijk direct en indirect samen met CDK bv meer dan 50% van de aandelen van Berk bv.

Ad b. Organisatorische verwevenheid

Organisatorische verwevenheid Er is sprake van organisatorische verwevenheid als eenzelfde persoon of dezelfde groep van personen de bestuursfuncties in de verschillende ondernemingen vervult. Het gaat erom dat de betrokken ondernemingen onder een gezamenlijke leiding staan of dat de leiding van de ene onderneming feitelijk ondergeschikt is aan de leiding van de andere onderneming.

Ad c. Economische verwevenheid

Economische verwevenheid Van economische verwevenheid is sprake als:
– de activiteiten van de ondernemingen in hoofdzaak strekken tot de verwezenlijking van eenzelfde economisch doel, of
– de activiteiten van de ene onderneming in hoofdzaak worden verricht ten behoeve van de andere onderneming. In hoofdzaak wil zeggen: niet incidenteel, en voor meer dan de helft van de prestaties.

> **Voorbeeld**
>
> Een fabrikant van fietswielen levert in hoofdzaak aan de fietsfabrikant. De fietsfabrikant kan, mits ook aan de andere voorwaarden wordt voldaan, een fiscale eenheid vormen met de fabrikant van de fietswielen.

Onderling niet verwaarloosbare economische betrekkingen

In de volgende situatie is een fiscale eenheid ook mogelijk omdat voldaan is aan de voorwaarde van een economische verwevenheid. Een houdstermaatschappij bezit alle aandelen van een aantal vennootschappen (werkmaatschappijen). Zij ontvangt van elk van deze vennootschappen een afgesproken managementvergoeding en tussen de vennootschappen (werkmaatschappijen) bestaan onderling niet verwaarloosbare economische betrekkingen.

> **Voorbeeld**
>
> Holding Avion bv bezit sinds 2021 alle aandelen in drie dochtervennootschappen: Energie, OG en Supermarkt. Avion bv voert de directie over deze vennootschappen en daarvoor ontvangt zij van elk van de vennootschappen een managementvergoeding. Energie levert voor 22% energie aan de andere twee zustervennootschappen. OG exploiteert onroerend goed en verhuurt onder andere de bedrijfsruimten aan haar zustervennootschappen Energie en Supermarkt. Sinds 2021 is sprake van een fiscale eenheid tussen de Holding Avion bv en de dochtervennootschappen Supermarkt en OG. Dochtervennootschap Energie behoort ook tot de FE-OB, omdat sprake is van een nauwe economische verwevenheid.

Wordt aan de voorwaarden voldaan, dan kunnen de betrokken ondernemers bij de Belastingdienst een verzoek indienen om als fiscale eenheid te worden aangemerkt. De inspecteur beslist hierop bij een voor bezwaar vatbare beschikking. De Belastingdienst kan ook op eigen initiatief een fiscale eenheid constateren en een beschikking afgeven.

Er is sprake van een fiscale eenheid vanaf het tijdstip waarop ondernemingen financieel, organisatorisch en economisch met elkaar zijn verbonden. De beschikking is declaratoir van aard. Zij geeft een ondernemer rechtszekerheid en heeft tot doel om benadeling te voorkomen.

Gevolgen fiscale eenheid

Gevolgen fiscale eenheid

Als sprake is van een fiscale eenheid, betekent dit dat de Belastingdienst deze eenheid als één ondernemer aanmerkt. Het gevolg is bijvoorbeeld dat:
- de prestaties tussen de eenheden onderling als interne prestaties worden beschouwd; deze prestaties vallen niet onder de Wet OB;
- de fiscale eenheid één aangifte omzetbelasting moet indienen;
- alle ondernemers binnen de fiscale eenheid hoofdelijk aansprakelijk zijn voor de omzetbelastingschuld van de eenheid;
- de fiscale eenheid één nieuw btw-nummer krijgt; onder dit nummer wordt alles van de fiscale eenheid geregistreerd bij de Belastingdienst. De individuele ondernemers kunnen op hun facturen hun eigen btw-nummers blijven gebruiken.

HOOFDSTUK 10 | OMZETBELASTING

Einde fiscale eenheid

Einde fiscale eenheid — Voldoet een fiscale eenheid niet meer aan alle drie de vereisten, dan is zij van rechtswege ontbonden. De hoofdelijke aansprakelijkheid voor de omzetbelastingschulden van de eenheid blijft echter bestaan totdat aan de inspecteur is gemeld dat de fiscale eenheid niet meer aan alle eisen voldoet. De beschikking wordt dan ingetrokken.

Voorbeeld

Aannemersbedrijf Martens bv vormt samen met Bouwmaatschappij Willemsen bv een fiscale eenheid voor de omzetbelasting (hierna: FE-OB). De FE-OB is in september 2020 verbroken. Pas op 18 mei 2021 is de inspecteur per brief geïnformeerd over het feit dat de FE-OB met ingang van 25 september 2020 is verbroken. Naar aanleiding van een controle zijn aan de FE-OB naheffingsaanslagen over de maanden januari tot en met april 2021 opgelegd vanwege het niet-betalen van de verschuldigde omzetbelasting. Bouwmaatschappij Willemsen bv moet deze naheffingsaanslagen betalen omdat zij tot 18 mei 2021 (mede) hoofdelijk aansprakelijk is voor de OB-schulden van de FE-OB.

10.4 Belastbaar feit 1: de levering van goederen

Art. 1:	Leveringen	Diensten	Verwervingen	Invoer
Wat: De leveringen	Artt. 3, 3a, 3b	Art. 4	Art. 17	Art. 18
Waar: Plaats van de levering	Artt. 5, 5a, 5b, en 5c	Artt. 6, 6a t/m 6j	Art. 17b	

10.4.1 Inleiding

Levering van goederen — Ter zake van een levering kan alleen omzetbelasting worden geheven als zich bepaalde in de Wet OB vastgelegde feiten voordoen. Deze belastbare feiten zijn opgesomd in art. 1 Wet OB. Eén van de hier genoemde belastbare feiten is de levering van goederen en diensten (zie ook paragraaf 10.8). Uit art. 1 Wet OB blijkt dat de levering moet plaatsvinden:
– binnen Nederland;
– door ondernemers die handelen binnen het kader van de onderneming;
– onder bezwarende titel.

Bezwarende titel — Meestal worden prestaties verricht vanwege een verbintenis of overeenkomst ('prestatie onder bezwarende titel'). Een overeenkomst is een meerzijdige rechtshandeling waaruit voor beide partijen rechtsgevolgen voortkomen. Vanwege deze 'bezwarende titel' is de vergoeding afdwingbaar. Het is niet vereist dat de hoogte van de vergoeding van tevoren vastligt. Wel is vereist dat de vergoeding bepaalbaar is. Ook is niet van belang onder welke naam de vergoeding wordt betaald. Van belang is dát er wordt betaald, in welke vorm dan ook. Dit kan in geld zijn, maar ook in natura.

> **Voorbeeld**
>
> Een slager en een accountant spreken af dat de accountant ieder kwartaal de aangifte omzetbelasting van de slager indient. In ruil hiervoor krijgt hij van de slager iedere zaterdag een kilo biefstuk mee naar huis. Zij hebben nu een – mondelinge – overeenkomst afgesloten. Als zij deze afspraak schriftelijk bevestigen, is het bewijsrechtelijk eenvoudiger om elkaar aan de afspraak te houden.

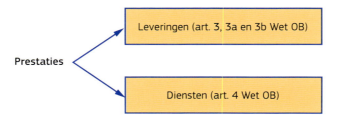

Binnen de Wet OB worden verschillende soorten leveringen onderscheiden. Deze worden in paragraaf 10.4.2 besproken. In paragraaf 10.4.3 worden ten aanzien van de (fictieve) leveringen een aantal specifieke situaties besproken. Vervolgens wordt in paragraaf 10.4.4 aandacht besteed aan de plaats waar een levering plaatsvindt. Volgens de wet zijn namelijk de leveringen die in Nederland worden verricht, belast met omzetbelasting. Leveringen die buiten Nederland worden verricht, zijn níet belast voor de Wet OB. Hierbij is niet de nationaliteit van de ondernemer van belang, maar wel de plaats waar de ondernemer de prestaties verricht.

In deze paragraaf wordt geen aandacht besteed aan de zogenoemde margeregeling. Deze komt in paragraaf 10.15.3 aan de orde.

10.4.2 Leveringen van goederen

Art. 3 Wet OB bevat een opsomming waarin zowel de 'echte' leveringen als de 'fictieve' leveringen zijn opgenomen. Bij fictieve leveringen bepaalt de Wet OB dat er sprake is van een levering. De diverse vormen van echte leveringen zijn:

Vormen van leveringen

a. de overdracht of overgang van de macht om als eigenaar over een goed te beschikken (art. 3 lid 1 letter a Wet OB);
b. de afgifte van goederen volgens een overeenkomst van huurkoop (art. 3 lid 1 letter b Wet OB);
c. de oplevering van onroerende zaken door de vervaardiger (art. 3 lid 1 letter c Wet OB);

d. de rechtsovergang van goederen tegen betaling van een vergoeding ingevolge een vordering door of namens de overheid (art. 3 lid 1 letter d Wet OB);
e. het aanbrengen van een goed aan een ander goed (art. 3 lid 1 letter f Wet OB).

Ad a. De overdracht of overgang van de macht om als eigenaar over een goed te beschikken

Overdracht van goederen

Bij de overdracht of overgang van de macht om als eigenaar over een goed te beschikken, gaat het om een civielrechtelijke levering. Van zo'n overdracht is sprake bij verkoop, maar ook als er is geruild. Van belang is dat de goederen zijn overgedragen aan een ander, die hiermee vervolgens kan doen en laten wat hij wil (zoals een eigenaar dat kan).

Soms wordt alleen de economische eigendom van goederen overgedragen, terwijl de verkoper de juridische eigendom behoudt. De koper van de economische eigendom wordt dan juridisch gezien geen eigenaar, maar alleen bezitter. De bezitter loopt vanaf de overdracht het economische risico op waardeveranderingen en het eventuele tenietgaan van het goed. De goederen worden ook overgedragen aan de koper; na de overdracht maken ze deel uit van het bedrijfsvermogen van de overnemende partij.

Voorbeeld

Een ondernemer heeft voor zijn bedrijf een computer nodig en sluit hiervoor een financial leasecontract af. Daarmee gaat het financiële risico van de computer over op de ondernemer. Hij moet de computer nu op zijn balans zetten (activeren) en hierop afschrijven, ondanks het feit dat hij niet de juridische eigenaar van de computer is.

Er is ook sprake van een overdracht als het betreffende goed het bedrijfsvermogen verlaat zonder dat een eigendomsoverdracht heeft plaatsgevonden (zie ook art. 3 lid 3 letter a Wet OB).

Voorbeeld

Een wijnhandelaar, die zijn onderneming drijft in de vorm van een eenmanszaak, neemt iedere week een fles wijn mee naar huis. De wijnhandelaar was al eigenaar van de fles wijn. Het feit dat hij de fles meeneemt naar huis, verandert daar niets aan; de fles wijn gaat van zijn bedrijfsvermogen over naar zijn privévermogen, maar behoort nog steeds tot het (totale) vermogen van de ondernemer.

Om vast te stellen of er in de zin van de Wet OB sprake is van een overdracht van de economische eigendom, moet worden bekeken of de koper de macht heeft gekregen om als eigenaar over dat goed te beschikken.

Goederen

Goederen zijn alle lichamelijke stoffelijke objecten. Niet-lichamelijke zaken (zoals rechten en dergelijke) kunnen dus niet worden geleverd in de zin van de Wet OB. Deze zaken worden aangemerkt als diensten (zie paragraaf 10.8). De wet noemt één uitzondering op deze regeling, want in art. 3 lid 7 Wet OB staat dat 'alle voor menselijke beheersing vatbare stoffen alsmede elektriciteit, gas, warmte en dergelijke', goederen zijn.

Overeenkomst — Een voorbeeld van een overdracht is de levering op grond van een overeenkomst. Een overeenkomst is een meerzijdige rechtshandeling waaruit voor beide partijen rechtsgevolgen voortvloeien. Zakenrechtelijke overeenkomsten (een doen, nalaten, tenietgaan, overdracht of vestiging) kunnen een eigendom doen overgaan.
De belangrijkste overeenkomsten zijn:
– koop en verkoop;
– koop en verkoop op afbetaling;
– ruil.

Ad b. De afgifte van goederen ingevolge een overeenkomst van huurkoop

Afgifte van goederen — Bij een overeenkomst van koop en verkoop gaat de eigendom van de goederen over bij de afgifte van deze goederen. Bij een overeenkomst van huurkoop gaat de eigendom van de goederen pas over nadat de laatste termijn is betaald. In beide gevallen is er sprake van een eigendomsoverdracht door een overeenkomst, maar het leveringstijdstip is verschillend. Maatschappelijk gezien vindt in beide gevallen (gelijktijdig) consumptie plaats. Daarom is in art. 3 lid 1 letter b Wet OB de afgifte van goederen door middel van huurkoop als levering aangeduid, en niet de eigendomsovergang.

Voorbeeld

Hans wil een televisie kopen, maar heeft te weinig geld. Hij koopt de televisie daarom in huurkoop, waarbij hij de prijs in termijnen betaalt. Civielrechtelijk wordt de eigendom pas aan de koper overgedragen nadat de laatste termijn is betaald. Omdat het verbruik eerder plaatsvindt dan de laatste betaling, is in de Wet OB de afgifte van het goed aangewezen als belastbaar feit.

Operational lease

Operational lease — Tegenwoordig worden er in plaats van huurkoopovereenkomsten veel leaseovereenkomsten gesloten. Huurkoop en lease hebben met elkaar gemeen dat het goed in juridische zin eigendom blijft van de verkoper ('lessor'), maar dat het goed al in de macht van de koper ('lessee') komt. Er zijn twee soorten leaseovereenkomsten te onderscheiden, namelijk 'operational lease' en 'financial lease'. Operational lease lijkt juridisch het meest op (ver)huur en wordt daarom voor de omzetbelasting als dienst gezien (zie paragraaf 10.8). Dit betekent dat de wettelijke bepalingen voor verhuur van toepassing kunnen zijn (bijvoorbeeld art. 6 lid 1, 6g lid 1, 6i letter g, 6j letter a en b Wet OB en art. 11 lid 1 letter b Wet OB).
Is de leasing als een dienst te beschouwen, dan moet de lessor (de verstrekker van de goederen) telkens als er een termijn vervalt, over die leasetermijn (inclusief het rentebestanddeel) omzetbelasting afdragen.

Financial lease

Financial lease

De tegenhanger van operational lease is financial lease. Bij financial lease stelt de lessor een goed ter beschikking aan de lessee. Deze terbeschikkingstelling vindt plaats tegen een periodieke vergoeding, waarvan de contante waarde de prijs van het goed benadert. Na afloop van de leaseperiode heeft de gebruiker een koopoptie. De eigendom gaat na het betalen van de laatste leasetermijn niet automatisch over. Daarom wordt financial lease ook niet gelijkgesteld met huurkoop. De afgifte van het goed is geen levering, de terbeschikkingstelling is een dienst. Pas bij het gebruikmaken van de koopoptie gaat de macht om als eigenaar te beschikken over. Op dat moment is er sprake van een 'gewone' levering tegen de overeengekomen vergoeding.

Als wordt voldaan aan een vijftal strikte voorwaarden kan het sluiten van een financieal leaseovereenkomst worden beschouwd als een levering in de zin van de Wet OB. De levering vindt dan plaats op het moment dat het goed aan de lessee ter beschikking wordt gesteld. Deze voorwaarden zijn:

Voorwaarden

1. Het geleaste goed wordt gebruikt door de ondernemer/lessee of namens hem door een ander.
2. De lessee draagt de kosten en de risico's voor het geleaste goed.
3. De lessee heeft een koopoptie met een vastgestelde prijs, die zodanig is dat bij voorbaat vaststaat dat de koopoptie zal worden uitgeoefend.
4. De lessee kan op elk gewenst moment eigenaar worden van het geleaste goed door de resterende leasetermijnen (exclusief het rentebestanddeel) ineens af te lossen en de onder 3 bedoelde optieprijs te voldoen.
5. Met uitzondering van de situatie die is beschreven bij punt 4, kan de leaseovereenkomst gedurende de looptijd niet eenzijdig worden beëindigd.

Voorbeeld

Marleen krijgt een auto van de zaak. Haar baas least de auto voor een vast bedrag per maand. Aan het einde van het contract (na 3 jaar) kan de auto voor een klein bedrag worden overgenomen. Marleen vindt de auto niet fijn rijden en wil al na 6 maanden een andere auto van de leasemaatschappij. Voor een hoger leasebedrag kan Marleen een andere auto leasen. Haar 'oude' auto wordt bij de leasemaatschappij ingeleverd. Gezien deze laatste mogelijkheid, is hier sprake van een dienst.

Als de leasing is aan te merken als de levering van een goed, is de lessor aan het begin van de leaseperiode omzetbelasting verschuldigd over het totale bedrag van de leasetermijnen en de optieprijs. Als de lessor het kasstelsel toepast, is de lessor de omzetbelasting volgens art. 26 van de Wet OB verschuldigd op het tijdstip waarop de lessee de vergoeding betaalt (zie paragraaf 10.13.6).

Combinatie tussen levering van een goed en kredietverlening

Het is echter ook mogelijk dat de lessor aan de lessee twee prestaties verricht, namelijk 1) de levering van een goed en 2) een dienst die bestaat uit het verlenen van krediet. Deze situatie doet zich voor als de lessor aan de volgende voorwaarden voldoet:
- Hij brengt het rentebestanddeel van de leasetermijnen afzonderlijk in rekening aan de lessee.
- Hij berekent het rentebestanddeel over een bepaalde periode en op grond van een specifiek overeengekomen rentepercentage.

De koopsom wordt uit de lening voldaan. De omzetbelasting die is verschuldigd over de levering van het goed, moet daarom worden voldaan bij het aangaan van de financiering.

Het rentebestanddeel dat de lessor berekent, is aan te merken als een vergoeding voor het krediet dat hij aan de lessee verleent. Deze kredietverlening is vrijgesteld volgens art. 11 lid 1 letter j onder 1° Wet OB (zie paragraaf 10.14.4). De aan de kredietverlening toe te rekenen voorbelasting komt bij de lessor niet voor aftrek in aanmerking, tenzij de lessee buiten de Unie woont of is gevestigd (art. 15 lid 2 letter c Wet OB) (zie paragraaf 10.12).

> **Voorbeeld**
>
> Een bank verstrekt leningen aan ondernemingen in Marokko. Kredietverstrekking is een prestatie die is vrijgesteld van omzetbelasting (art. 11 lid 1 letter j Wet OB). Het gevolg hiervan is dat de bank geen recht heeft op aftrek van voorbelasting (art. 15 lid 1 Wet OB). Maar omdat de prestatie in dit geval aan ondernemers in Marokko wordt verleend, is de plaats van dienst niet in Nederland. De prestatie is dus in Nederland niet belastbaar. Daardoor is er geen sprake van een vrijgestelde prestatie en heeft de bank toch recht op aftrek van voorbelasting (zie paragraaf 10.14).

Ad c. De oplevering van onroerende zaken door de vervaardiger

Oplevering door vervaardiger — Als er sprake is van de oplevering van een nieuwe onroerende zaak door degene die deze heeft vervaardigd, is dit een levering in de zin van de Wet OB op het moment van oplevering van de onroerende zaak. De opdrachtgever stelt de grond waarop de onroerende zaak wordt gebouwd (lees: vervaardigd) zelf ter beschikking aan een aannemer. De eigenaar van de grond wordt door 'natrekking' van rechtswege eigenaar van de hele onroerende zaak. Er is formeel gezien dus geen sprake van een eigendomsovereenkomst door de overdracht of overgang van de macht om als eigenaar over een goed te beschikken. Om toch omzetbelasting te kunnen heffen, wordt in de Wet OB deze oplevering aangemerkt als levering.

Natrekking

Vervaardigen — Volgens de jurisprudentie is 'vervaardigen' het voortbrengen van een goed dat eerst niet bestond. Het kan hierbij onder meer gaan om het stichten van een gebouw, het aanleggen van straten, dijken en vijvers, het bouwen van bruggen, het graven van kanalen en het bouwrijp maken van gronden. Bij werkzaamheden aan een bestaand goed is er geen sprake van een levering, maar van een dienst (zie paragraaf 10.8).

> **Voorbeeld**
>
> Een ondernemer bezit een stuk grond. Hij vraagt aan een aannemer om op die grond een nieuwe fabriekshal te bouwen. Bij de oplevering van de hal door de aannemer vindt juridisch gezien geen eigendomsoverdracht plaats. Want doordat de ondernemer eigenaar is van de grond, is hij door natrekking eigenaar van de hal. De Wet OB merkt de oplevering aan als een levering in de zin van de Wet OB.

Bouwterrein — Ook bij het verrichten van sloopwerkzaamheden waardoor onbebouwde grond ontstaat, is er sprake van het vervaardigen van een onroerende zaak. Maar let op: alleen als deze onbebouwde grond kan worden aangemerkt als een bouwterrein, is bij de oplevering sprake van een levering in de zin van de Wet OB. Op grond van art. 11 lid 4 Wet OB is een bouwterrein onbebouwde grond die kennelijk bestemd is om te worden bebouwd met één of meer gebouwen.

Er is dus alleen sprake van een levering als de onbebouwde grond bestemd is voor bebouwing door er minstens één gebouw op te plaatsen. Het vervaardigen van onbebouwde grond die niet bestemd is voor bebouwing, is geen levering in de zin van art. 3 lid 1 letter c Wet OB, maar een dienst ex art. 4 lid 1 Wet OB (zie paragraaf 10.8).

> **Voorbeeld**
>
> Als een voetbalvereniging een stuk grond bezit en aan een aannemer de opdracht geeft om hiervan een sportgrasveld te maken, is dit geen levering in de zin van de Wet OB, omdat een sportgrasveld een onbebouwd terrein is.

Ad d. De rechtsovergang van goederen ingevolge een vordering door of namens de overheid

Vordering door overheid — Bij de rechtsovergang van goederen ingevolge een vordering door of namens de overheid krijgen de goederen wel een andere eigenaar, maar alleen op grond van de Vorderingswet 1962. Dit is niet hetzelfde als een verbeurdverklaring, onteigening of inbeslagneming. Als wordt gehandeld vanwege het vonnis van een rechter, vindt geen heffing van omzetbelasting plaats. In de praktijk komt deze vorm van levering nauwelijks voor.

Ad e. Het aanbrengen van een goed aan een ander goed

Aanbrengen aan een ander goed — Als een ondernemer de opdracht krijgt om een goed 'aan te brengen aan een ander goed', is er geen sprake van een juridische levering. De eigenaar verkrijgt het goed namelijk door natrekking. Natrekking vindt dus plaats bij installatie en montage. In dergelijke gevallen is op grond van een fictie sprake van een levering in de zin van de Wet OB. Deze levering kan zowel bij roerende als bij onroerende zaken plaatsvinden.

> **Voorbeeld**
>
> Als een particulier een nieuwe keuken koopt en laat installeren in zijn huis, wordt hij eigenaar door natrekking. De keuken wordt vast (aard- en nagelvast) gemonteerd in zijn huis. Hoewel er formeel geen sprake is van een levering, wordt de keuken voor de toepassing van de Wet OB wel aangemerkt als een levering.

Er kan alleen sprake zijn van een levering volgens art. 3 lid 1 letter f Wet OB als de overeenkomst betrekking heeft op het installeren of monteren van de goederen. Als partijen een overeenkomst sluiten tot reparatie, wordt de opdrachtgever ook eigenaar van de goederen (vervangende onderdelen) die bij de reparatie worden gebruikt. De overeenkomst heeft dan echter uitsluitend betrekking op de reparatie, en niet op de overgang van de eigendom van de gebruikte goederen. Daarom is bij een reparatie sprake van een dienst (zie paragraaf 10.8).

De fictieve leveringen van art. 3 lid 3 Wet OB

Fictieve leveringen

In de Wet OB wordt een tweetal fictieve leveringen gelijkgesteld met een levering onder bezwarende titel:
1. het door een ondernemer om niet onttrekken van een goed dat hij bestemt voor andere dan bedrijfsdoeleinden (art. 3. lid 3 letter a Wet OB);
2. als de ondernemer bij bedrijfsbeëindiging goederen in bezit heeft waarvoor indertijd geheel of gedeeltelijk recht op voorbelasting is geclaimd (art. 3 lid 3 letter c Wet OB).

Voor deze fictieve leveringen is het niet nodig dat een vergoeding wordt betaald. Als wordt voldaan aan de voorwaarden die in het genoemde artikel staan, moet de heffing van omzetbelasting plaatsvinden. In paragraaf 10.10.3 wordt aangegeven over welk bedrag de omzetbelasting moet worden geheven.

Ad 1. Het door een ondernemer om niet onttrekken van een goed dat hij bestemt voor andere dan bedrijfsdoeleinden

Onttrekking voor privégebruik

Het is mogelijk dat een ondernemer goederen waarvoor hij destijds volledig of gedeeltelijk het recht op voorbelasting heeft geclaimd, aan de onderneming onttrekt voor privégebruik. Door deze 'levering' verlaten de goederen het bedrijfsvermogen. Door dit als een levering aan te merken, vindt heffing van omzetbelasting plaats over de goederen die de ondernemer uit zijn onderneming overhevelt naar de privésfeer. Dit past in het kader van de Wet OB, omdat deze het karakter van een verbruiksbelasting heeft.

Het begrip privé moet erg ruim worden opgevat. Er is namelijk niet alleen sprake van een privéonttrekking als de ondernemer het betreffende goed zelf gebruikt, maar ook bij levering aan zijn gezin, familie, personeel, etc. (Zie ook het voorbeeld van de wijnhandelaar in paragraaf 10.4.2.).

Voorbeeld

Een ondernemer heeft een nieuwe computer gekocht. Na een jaar blijkt de capaciteit van deze computer toch te gering. Hij koopt een andere computer met meer mogelijkheden. De oude computer gebruikt hij voortaan thuis. Hij is en blijft eigenaar. Formeel is er dan ook geen levering, maar voor de omzetbelasting is wel sprake van een fictieve levering.

Ad 2. Als de ondernemer bij bedrijfsbeëindiging goederen in bezit heeft waarvoor indertijd geheel of gedeeltelijk recht op voorbelasting is geclaimd (art. 3 lid 3 letter c Wet OB)

Bedrijfs-
beëindiging

Als een ondernemer – of zijn rechthebbende – zijn bedrijf beëindigt, is het mogelijk dat hij goederen uit zijn bedrijf in bezit heeft. Het 'onder zich hebben' van deze goederen wordt in dergelijke situaties gezien als een belaste handeling. Hierbij geldt als voorwaarde dat bij de aanschaf van de goederen geheel of gedeeltelijk de voorbelasting is geclaimd (zo niet, dan hoeft over de goederen geen omzetbelasting te worden voldaan).

Voorbeeld

Henk Veenendaal staakt zijn onderneming. Hij heeft zijn gehele onderneming inclusief alle voorraden verkocht, met uitzondering van twee computers. Deze twee computers staan bij hem thuis, zodat hij thuis kan werken. Er is hier sprake van een levering ex art. 3 lid 3 letter c Wet OB.

10.4.3 Specifieke situaties

Specifieke
situaties

In de Wet OB worden met betrekking tot leveringen een aantal speciale situaties besproken. Het gaat hierbij om:
a. zogenoemde ketentransacties (art. 3 lid 4 Wet OB);
b. veilingen (art. 3 lid 5 Wet OB);
c. werkzaamheden van commissionairs (art. 3 lid 6 Wet OB);
d. overbrenging van eigen goederen (art. 3a Wet OB);
e. overbrengen van voorraad op afroep (art. 3b Wet OB).

Deze situaties worden in deze paragraaf nader besproken. Hierbij zal ook nog aandacht worden besteed aan verboden leveringen.

Ad a. Ketentransacties

Ketentransacties

De hoofdregel is dat de omzetbelasting de goederenstroom volgt. Als er meerdere tussenverkopers zijn, is het echter mogelijk dat de eerste verkoper de goederen direct aflevert bij de laatste koper. Volgens het Burgerlijk Wetboek is dan sprake van één levering, namelijk de levering van de eerste verkoper aan de laatste koper. De eigendom van de eerste verkoper gaat namelijk rechtstreeks over op de laatste koper. Voor de Wet OB is echter sprake van een aantal (fictieve) leveringen, namelijk een levering van de eerste verkoper aan de eerste tussenverkoper en een levering van de eerste tussenverkoper aan de tweede tussenkoper, tot en met de levering van de laatste tussenverkoper aan de uiteindelijke koper. Alle leveringen zijn belast voor de Wet OB. In dit geval volgt de omzetbelasting niet de goederenstroom, maar de factuurstroom. In paragraaf 10.4.4 onderdeel 'Harmonisatie ketentransacties' (art. 5c Wet OB) wordt nader ingegaan op de vraag wie van de

Verschillende
partijen in andere
lidstaten

ondernemers in een ketentransactie met verschillende partijen in andere lidstaten de intracommunautaire levering mag toepassen. In voornoemde situatie mag volgens het HvJ EU maar één van de verkopers in de keten de intracommunaitaire levering toepassen.

> **Voorbeeld**
>
> Een fabrikant van frisdrank sluit een overeenkomst om frisdrank te leveren aan de groothandel. De groothandel laat de frisdrank vervolgens rechtstreeks vanuit de fabriek afleveren bij de detailhandel waaraan hij zelf weer frisdrank levert. Hoewel er civielrechtelijk maar één levering is, namelijk van de fabrikant naar de detailhandel, gaat er zowel een factuur van de fabrikant naar de groothandel als van de groothandel naar de detailhandel. Voor de omzetbelasting zijn er daarom twee leveringen.

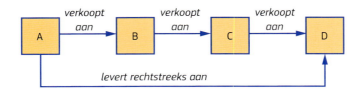

Ad b. Veilingen

Veilingen Een veilinghouder verkoopt goederen die niet van hem zijn aan een derde. Hiervoor ontvangt hij een provisie. In de Wet OB is met betrekking tot veilingen een tweetal fictieve leveringen opgenomen. De fictie van deze leveringen is dat de veilinghouder voor de Wet OB geacht wordt de belaste ondernemer te zijn aan wie én door wie de goederen worden geleverd. De veilinghouder is echter nooit eigenaar van deze goederen geweest, want civielrechtelijk gaat de eigendom van een geveild goed meteen over van de oorspronkelijke eigenaar op de koper (de derde). Voor de Wet OB is er echter eerst een levering van de oorspronkelijke eigenaar aan de veilinghouder. Deze levering is alleen belast als de 'leverancier' (de oorspronkelijke eigenaar) een ondernemer is. Vervolgens verricht de veilinghouder een (fictieve) levering aan de koper van het goed. Omdat de veilinghouder ondernemer is, vindt over deze levering heffing van omzetbelasting plaats.

De bepaling van art. 3 lid 5 Wet OB is in de wet opgenomen om bij de handel van goederen via een veiling een regelmatige heffing van omzetbelasting en aftrek van voorbelasting te bewerkstelligen. Daarnaast vereenvoudigt deze regeling de administratieve afwikkeling door de veilinghouder. Zonder deze regeling zou de administratieve afhandeling behoorlijk lastig kunnen zijn, doordat de koper en de verkoper geen contact met elkaar hebben.

> **Voorbeeld**
>
> Een tulpenkweker verkoopt zijn tulpen via de veiling in Aalsmeer voor € 2.000 aan een bloemist. Dit is feitelijk één levering. De wettelijke fictie is dat de kweker levert aan de veilinghouder, waarna de veilinghouder levert aan de bloemist. Uitgaande van een btw-tarief van 9% ziet de (credit)factuur die de veiling aan de kweker verstuurt, er als volgt uit:
>
> | | |
> |---|---:|
> | Door u geleverde tulpen 'Tom Jones' tegen klokprijs | € 2.000 |
> | Af: Veilingkosten verkoop | €   200 –/– |
> | | € 1.800 |
> | Omzetbelasting 9% | €   162 + |
> | Totaal door u te ontvangen | € 1.962 |
>
> De tulpenkweker moet € 162 voldoen aan de Belastingdienst.
>
> De factuur van de veiling aan de bloemist ziet er als volgt uit:
>
> | | |
> |---|---:|
> | Door u gekochte tulpen 'Tom Jones' tegen klokprijs | € 2.000 |
> | Bij: Veilingkosten aankoop | €   100 + |
> | | € 2.100 |
> | Omzetbelasting 9% | €   189 + |
> | Totaal door u te betalen | € 2.289 |
>
> De bloemist kan € 189 als voorbelasting claimen.
>
> De veilinghouder moet € 189 voldoen aan de Belastingdienst, maar mag de betaalde voorbelasting ad € 162 verrekenen. Per saldo betaalt hij € 27 (9% van € 300 (€ 200 kosten voor de tulpenkweker + € 100 kosten voor de bloemist).

Ad c. Commissionairs

Commissionairs   Een commissionair sluit overeenkomsten op eigen naam, maar op order en voor rekening van een ander. Civielrechtelijk neemt de commissionair de goederen voor zijn opdrachtgever (committent) in ontvangst. Dit betekent dat niet hij eigenaar van de goederen wordt, maar de commitent. De commissionair verkrijgt zelf op geen enkel moment de eigendom, zodat er geen sprake is van een ketentransactie.

De fictie is dat de leveringen met tussenkomst van een commissionair worden geacht aan en vervolgens door die commissionair te zijn geleverd. Evenals bij veilingen is het niet nodig dat de verkoper en de koper met elkaar in contact worden gebracht. De werking van deze regeling, die is opgenomen in art. 3 lid 6 Wet OB, is dan ook gelijk aan die van de regeling voor veilingen.

Makelaars, handelsagenten, etc. vallen niet onder deze regeling, omdat zij de leverancier en de afnemer met elkaar in contact brengen. Zij verrichten een (bemiddelings)dienst (zie paragraaf 10.8).

Ad d. Overbrenging eigen goederen

Overbrenging eigen goederen

Als een ondernemer zijn goederen overbrengt naar een andere lidstaat, wordt deze overbrenging bestempeld als een fictieve levering. Deze levering is fictief, omdat er geen eigendomsoverdracht plaatsvindt. De goederen blijven eigendom van de ondernemer; zij gaan alleen Nederland uit.

> **Voorbeeld**
>
> Een ondernemer brengt televisies vanuit zijn magazijn in Putten naar zijn winkel te Amsterdam. Er is geen sprake van een belaste levering.
> Als dezelfde ondernemer de voorraad uit Putten vervoert naar zijn magazijn in Hannover (Duitsland), is er wél sprake van een belaste (fictieve) levering.

Hoe een en ander verder moet worden afgewikkeld, wordt behandeld in paragraaf 10.5.3.

Ad e. Overbrengen van voorraad op afroep

Overbrengen voorraad op afroep

In plaats van overbrenging van een eigen goed naar een andere lidstaat kan met ingang van 1 januari 2020 sprake zijn van 'overbrengen van voorraad op afroep' (art 3b Wet OB). Daarvan is sprake als de EU-afnemer al bekend is en de ondernemer zijn goederen, vooruitlopend op deze levering, alvast naar een andere lidstaat vervoert. De afnemer dient dan deze goederen binnen 12 maanden uit de voorraad te halen. Deze wijze van leveren is vanwege de verkopen via internet steeds gebruikelijker geworden. Hoe een en ander verder moet worden afgewikkeld, wordt behandeld in paragraaf 10.5.4.

Monsters of geschenken van geringe waarde

Monsters

De in art. 3 Wet OB genoemde leveringen worden niet als levering gezien als het gaat om zogeheten 'monsters' of om geschenken met een geringe waarde (art. 3 lid 8 Wet OB). Deze geringe waarde is maximaal € 15 excl. omzetbelasting.

Verboden leveringen

Verboden leveringen

Het is mogelijk dat leveringen plaatsvinden die wettelijk verboden zijn. Denk maar aan drugs, namaakparfums, vals geld, etc. Soms zijn bepaalde leveringen verboden, maar worden zij wel gedoogd. Dit is bijvoorbeeld het geval bij hasj en paddo's. De betreffende leveringen vallen in principe onder art. 3 lid 1 letter a Wet OB, wat zou betekenen dat hierover 'gewoon' omzetbelasting moet worden voldaan. Uit de jurisprudentie blijkt echter dat geen omzetbelasting wordt geheven als er drugs of vals geld wordt geleverd, omdat daarvoor binnen de Unie een absoluut verhandelingsverbod geldt. De handel in namaakproducten is ook verboden, maar hierover moet wel omzetbelasting worden voldaan. Dit omdat er ook een legale handel in die producten bestaat (namelijk in de 'originele' producten).

Verhandelingsverbod

Legale handel

De verkoop van het legale product is geen economisch delict. De verkoop van namaakproducten is daarentegen niet toegestaan. Nu er geen absoluut verbod geldt, is ook de verkoop van het namaakproduct een levering voor de Wet OB.

10.4.4 Plaats van de levering

Plaats van levering

De plaats van de levering is van belang, omdat de hoofdregel is dat alleen een levering in Nederland een belastbaar feit oplevert voor de Nederlandse omzetbelasting (art. 1 Wet OB). Bij het bepalen van de plaats van levering is de centrale vraag of het vervoer van de goederen plaatsvindt in verband met de levering.

Afstandsverkopen

Daarnaast is er nog een speciale regeling voor de zogenoemde afstandsverkopen.

Wanneer de plaats van de levering in Nederland is, heeft dit onder andere gevolgen voor de vraag wie de omzetbelasting moet voldoen. Is de afnemer een in Nederland gevestigde ondernemer, dan kan verlegging (zie ook paragraaf 10.13.3) plaatsvinden. Verlegging vindt niet plaats wanneer de afnemer een particulier is.

Vervoer van de goederen in verband met de levering (art. 5 lid 1 letter a Wet OB)

Vervoer

Als een goed in verband met de levering wordt vervoerd, is de plaats van de levering waar het vervoer aanvangt. Begint het vervoer in Nederland, dan vindt de levering in Nederland plaats en is deze daarmee in Nederland belastbaar. Start het vervoer in het buitenland, dan vindt de levering in het betreffende land plaats. De levering is dan in dat land belastbaar en daarom kan er in Nederland geen belasting worden geheven.

Er is sprake van 'vervoer in verband met de levering' als de leverancier een leveringsverplichting heeft vóórdat het vervoer begint.

> **Voorbeeld**
>
> Een in Nederland gevestigde groothandel in papier koopt rollen papier in Duitsland. De plaats van de levering is Duitsland, omdat het vervoer daar begint.
>
> Stel nu dat de Duitse leverancier de rollen papier vóór de transactie eerst naar Nederland heeft overgebracht en daar in een loods heeft opgeslagen. Als de transactie pas daarna plaatsvindt, is de plaats van levering Nederland. De rollen papier zijn weliswaar vanuit Duitsland naar Nederland vervoerd, maar de levering van de Duitse eigenaar aan de Nederlandse groothandel (eigendomsoverdracht) vindt pas plaats in Nederland. Het vervoer naar Nederland had niets met de levering in Nederland te maken, omdat nog geen sprake was van een leveringsverplichting.

Aanbrengen aan een ander goed

De bovengenoemde regel geldt niet als een goed aan een ander goed wordt aangebracht (art. 3 lid 1 letter f Wet OB). Bij deze goederen is de plaats van de levering namelijk de plaats waar zij zich ten tijde van de levering bevinden. Dit komt doordat de levering pas plaatsvindt op het moment dat de goederen zijn aangebracht (natrekking).

> **Voorbeeld**
>
> Een restaurant in Bussum koopt een keuken in Duitsland. De fabrikant installeert de keuken. Dit is een levering die valt onder art. 3 lid 1 letter f Wet OB. De plaats van de levering is Nederland, omdat de keuken in Bussum wordt geïnstalleerd.

Geen vervoer in verband met de levering (art. 5 lid 1 letter b Wet OB)

Geen vervoer — Als de goederen niet in verband met de levering worden vervoerd, is de plaats van de levering waar de goederen zich op het tijdstip van de levering bevinden.

> **Voorbeeld**
>
> 1 Een kledingzaak in Antwerpen verkoopt een jas aan een Nederlandse particulier. De plaats van de levering is België. Deze levering is niet in Nederland belast.
>
> 2 Een Nederlander koopt een onroerende zaak in Frankrijk. De plaats van de levering is Frankrijk. Deze levering is niet in Nederland belast.

Afstandsverkopen (art. 5a Wet OB)

Aan particulieren die in het buitenland goederen kopen, wordt buitenlandse omzetbelasting in rekening gebracht. De levering vindt namelijk daar plaats waar de goederen zich bevinden op het moment van levering. Als ondernemers goederen leveren aan particulieren die in andere lidstaten wonen en deze goederen bij de kopers afleveren, vindt de levering plaats waar het vervoer begint. Leveranciers kunnen er dan voor kiezen om het vervoer van de goederen te laten beginnen in een land met een laag btw-tarief, want dit maakt de verkoopprijs inclusief omzetbelasting zo laag mogelijk, wat voor de consument gunstig is. Het doel van *Land van bestemming* de omzetbelasting is echter dat de leveringen worden belast in het land van bestemming.

> **Voorbeeld**
>
> Gerard koopt via internet al zijn elektronica bij een webwinkel die is gevestigd in Luxemburg. Het btw-tarief is daar 12%. De verkoper zorgt ook voor het vervoer naar Gerard. Vanwege het lage btw-tarief, zijn de prijzen lager en kopen meer mensen bij deze winkel. De webwinkel kan gezien zijn verkopen ook goedkoper inkopen. Gerard betaalt voor zijn elektronica dan ook gemiddeld 20% minder dan wanneer hij deze in Nederland zou hebben aangeschaft.

Verschuivingen handelsstromen — Omdat de btw-tarieven niet overal gelijk zijn, kan dit leiden tot ongewenste verschuivingen van handelsstromen. Hierdoor treedt concurrentievervalsing op (zie het bovenstaande voorbeeld). Om dit te vermijden, is de regeling voor afstandsverkopen ingevoerd (art. 5a Wet OB). Het principe van deze regeling is dat de plaats van levering wordt verlegd naar de lidstaat waar de goederen aankomen. Indien de regeling voor afstandsverkopen van toepassing is, wordt bereikt dat de goederen altijd in het land van aankomst worden belast. Hierdoor moeten consumenten in het betreffende land altijd hetzelfde btw-tarief betalen, ongeacht uit welke lidstaat de goederen zijn verzonden. Op deze wijze maakt het niet meer uit dat de tarieven in de lidstaten niet gelijk zijn.

Afstandsverkoop Van een afstandsverkoop is sprake als:
- een ondernemer goederen (niet zijnde een nieuw vervoermiddel (zie paragraaf 10.6) of margegoed (zie paragraaf 10.15.3)) levert aan:
  - particulieren;
  - ondernemers en rechtspersonen/niet-ondernemers die de betaalde omzetbelasting niet kunnen verrekenen,
- de goederen direct of indirect voor rekening van de leverancier worden vervoerd, en
- het vervoer plaatsvindt tussen twee lidstaten.

Drempelbedrag De regeling voor afstandsverkopen is alleen van toepassing als de totale vergoedingen voor de leveringen in het voorafgaande of het lopende jaar hoger zijn dan een bepaald drempelbedrag. De drempel wordt voor iedere lidstaat afzonderlijk toegepast. Voor verkopen met een bestemming in Nederland bedraagt de drempel € 100.000.

Voorbeeld

1 Postorderbedrijf De Vries, gevestigd in Luxemburg, levert een dvd-recorder aan particulier Van Dalen in Arnhem. Het postorderbedrijf zorgt voor het vervoer naar Van Dalen. Het postorderbedrijf heeft het drempelbedrag dat voor Nederland geldt (€ 100.000) dit jaar al ruimschoots overschreden. Hierdoor is de regeling voor afstandsverkopen van toepassing en vindt de levering plaats in Nederland. Over de levering moet Van Dalen Nederlandse omzetbelasting betalen.

2 Marianne Knop koopt in München een digitale camrecorder, omdat deze daar veel goedkoper is dan in Nederland. Zij neemt de camrecorder mee naar haar woonplaats Den Bosch. De plaats van levering is Duitsland, want Marianne zorgt zelf voor het vervoer. Marianne betaalt Duitse omzetbelasting. Met betrekking tot de overbrenging naar Nederland is zij geen omzetbelasting verschuldigd omdat zij een particulier is.

Controle drempelbedragen Het controleren van de drempelbedragen kan de nodige administratieve problemen opleveren. Een leverancier kan daarom verzoeken om de drempelbedragen buiten beschouwing te laten. Alle afstandsverkopen zijn dan belast in het land van bestemming. Deze keuze kan per land (en dus per drempelbedrag) worden gemaakt.

Uit het voorgaande blijkt dat het mogelijk is dat een buitenlandse leverancier Nederlandse omzetbelasting in rekening brengt, omdat de plaats van levering in Nederland is.

Gas en elektriciteit (art. 5b Wet OB)

Gas en elektriciteit zijn goederen (art. 3 lid 7 Wet OB), ook al zijn deze niet fysiek tastbaar waardoor het volgen lastig is. Daarom staan in de wet speciale regels voor het bepalen van de plaats van levering van gas en elektriciteit via het aardgassysteem of het elektriciteitsnet. Het gaat er dan niet om of de goederen worden vervoerd, maar wie de afnemer is (art. 5b lid 1 Wet OB). Die afnemer moet dan wel een wederverkoper zijn (zie art. 5b lid 2 Wet OB voor de omschrijving van dit begrip). De omzetbelasting wordt dan ook geheven in het land waar de afnemer is gevestigd. Deze regeling is uitgebreid tot de levering en invoer van gas via elk op het grondgebied van de Unie gesitueerd aardgassysteem, of via een net dat is aangesloten op een dergelijk systeem. Verder geldt deze regeling ook voor de invoer en levering van warmte en koude via warmte- en/of koudenetten.

Als geleverd wordt aan andere dan wederverkopers, zoals particulieren of ondernemers die zelf de energie gebruiken, is de plaats van de levering daar waar deze afnemer het werkelijk gebruik en verbruik van deze goederen heeft (art. 5b lid 3 Wet OB).

> **Voorbeeld**
>
> Een elektriciteitsbedrijf in Zeeland levert elektriciteit aan het havenbedrijf in Antwerpen. Dit havenbedrijf gebruikt de elektriciteit voor zijn onderneming. De plaats van de levering is Antwerpen.

Let erop dat deze regeling alleen geldt voor leveringen via een aardgassysteem en/of elektriciteitsnet. De regeling geldt niet als gas wordt geleverd in gasflessen of als iemand batterijen koopt.

Harmonisatie ketentransacties (art. 5c Wet OB)

Bij een ketentransactie worden de goederen geleverd aan twee of meer ondernemers binnen de Unie (zie ook par. 10.4.3). Bijvoorbeeld van A aan B, van B aan C en van C aan D: de goederen gaan dan direct van A naar D. Indien de verschillende partijen in andere lidstaten zijn gevestigd, kan dit intracommunautaire goederenvervoer, dus tegen het 0% btw-tarief, echter maar aan één levering worden toegeschreven. Dit is de levering aan of door de tussenhandelaar. Art. 5c Wet OB regelt de harmonisatie van ketentransacties en bepaalt aan welke levering van de opvolgende leveringen in de keten het intracommunautaire vervoer moet worden toegerekend. Alleen die levering wordt aangemerkt als een intracommunnautaire levering (ICL). Een ICL is een levering tussen verschillende lidstaten. De leveringen in de keten vóór de ICL vinden plaats in de lidstaat van aanvang van het vervoer. De leveringen in de keten na de ICL vinden plaats in de lidstaat waar het vervoer eindigt. Voor de toepassing van de regeling moet worden bepaald wie de tussenhandelaar is aan wie het vervoer of de verzending wordt toegeschreven.

De hoofdregel is dat de ICL plaatsvindt aan de tussenhandelaar. De tweede mogelijkheid, de ICL vindt plaats door die tussenhandelaar, gaat voor op de hoofdregel als wordt voldaan aan de voorwaarden. De regeling voor ketentransacties doet niet af aan de werking van de vereenvoudigde ABC-regeling (niet in dit boek opgenomen). De regeling voor ketentransacties heeft geen gevolgen voor de verschuldigdheid van omzetbelasting, terwijl de ABC-regeling juist gaat over de verschuldigdheid van omzetbelasting.

Tussenhandelaar Van belang is om vast te stellen wie de tussenhandelaar is. Een tussenhandelaar is niet de eerste leverancier in de keten. Wie tussenhandelaar is hangt af van wie de goederen verzendt of vervoert:
1. Vervoert of verzendt een ondernemer in de keten (niet de 1e leverancier) de goederen zelf? Dan is die ondernemer de tussenhandelaar.
2. Vervoert of verzendt een partij buiten de keten de goederen? Dan is de tussenhandelaar degene die de opdracht geeft aan die partij voor het intracommunautaire vervoer of verzending.

Voorbeeld

Levering van A aan B, van B aan C en van C aan D: de goederen gaan dan direct van A naar D. Alle partijen zijn gevestigd in verschillende lidstaten. Twee mogelijkheden:
1. B koopt van A en regelt het vervoer zelf. Dan is B de tussenhandelaar. Alleen het btw-tarief voor de goederen die A levert aan B is 0%. De andere leveringen, bijvoorbeeld van B aan C en van C aan D, zijn binnenlandse leveringen die belast zijn in de lidstaat waar de goederen aankomen.
2. C schakelt een transportbedrijf (een derde) in, C is de tussenhandelaar. De levering van A naar B is een binnenlandse levering, evenals de levering van B naar C. De levering tussen C en D vindt plaats tegen 0%.

Praktische uitvoering

Bewijsregel Art. 37e Wet OB bevat een bewijsregel die bepaalt dat een ondernemer die in Nederland woont of is gevestigd, geacht wordt ál zijn prestaties (leveringen en diensten) in Nederland te verrichten. Het is dus aan de ondernemer om te bewijzen dat een levering niet in Nederland is belast. Dit geldt dus ook voor ondernemers die in het buitenland gevestigd zijn.

Als een in het buitenland gevestigde ondernemer in Nederland opgeslagen goederen levert aan een ondernemer in Nederland, is de plaats van levering in Nederland en is Nederlandse omzetbelasting verschuldigd. Maar omdat de afnemer een ondernemer is die in Nederland woont of is gevestigd, is niet de buitenlandse ondernemer de belasting verschuldigd, maar de in Nederland woonachtige of gevestigde afnemer. Dit noemt men verlegging. Het gevolg hiervan is dat

Verleggen

de afnemer de omzetbelasting moet aangeven en betalen, in plaats van de buitenlandse ondernemer (art. 12 lid 3 Wet OB, zie paragraaf 10.13.3).

> **Voorbeeld**
>
> De heer Han, een in Japan gevestigde ondernemer, laat vanuit Japan auto's verschepen naar Nederland. Nadat hij deze auto's heeft ingevoerd, verkoopt hij de auto's aan zowel particulieren als ondernemers. De kopers kunnen de auto's ophalen bij zijn magazijn in Aalten (Nederland). Als de koper een ondernemer is, zet de heer Han op zijn factuur: btw verlegd naar …… (naam koper, etc.). De koper moet deze omzetbelasting vervolgens op aangifte voldoen en als hij belaste handelingen verricht, heeft de koper ook recht op de aftrek van voorbelasting.

Als een in het buitenland gevestigde ondernemer goederen levert aan Nederlandse particulieren, kan de omzetbelasting niet worden verlegd naar de afnemer. Als de goederen in Nederland waren opgeslagen, is de plaats van levering in Nederland en moet er Nederlandse omzetbelasting worden geheven. De buitenlandse ondernemer moet zich dan aanmelden als ondernemer bij de Belastingdienst/kantoor Buitenland in Heerlen en de verschuldigde belasting zelf voldoen. In plaats van zichzelf te aan te melden als ondernemer, kan de buitenlandse ondernemer er ook voor kiezen om in Nederland een fiscaal vertegenwoordiger aan te stellen (art. 33g Wet OB). Deze vertegenwoordiger voldoet dan de verschuldigde omzetbelasting en verzorgt de administratieve afhandeling.

> **Voorbeeld**
>
> De heer Han uit het vorige voorbeeld verkoopt zijn auto's aan zowel particulieren als ondernemers. De kopers kunnen de auto's ophalen bij zijn magazijn in Aalten (Nederland). Als een koper een particulier is, moet de heer Han op zijn factuur omzetbelasting vermelden.
> De heer Han vindt de omzetbelasting te ingewikkeld en laat daarom zijn boekhouder zijn btw-aangifte invullen en betalen (als fiscaal vertegenwoordiger). De boekhouder factureert de omzetbelasting die hij voor de heer Han heeft betaald, door met een opslag van 10%.

10.5 Belastbaar feit 2: Intracommunautaire verwerving (ICV)

Art. 1:	Leveringen	Diensten	Verwervingen	Invoer
Wat: De leveringen	Artt. 3, 3a, 3b	Art. 4	**Art. 17**	Art. 18
Waar: Plaats van de levering	Artt. 5, 5a, 5b en 5c	Artt. 6, 6a t/m 6j	**Art. 17b**	

10.5.1 Inleiding

In deze paragraaf gaat het niet om goederen die een lidstaat (bijvoorbeeld Nederland) verlaten (zie paragraaf 10.4.4), maar om goederen die naar een lidstaat (bijvoorbeeld Nederland) worden vervoerd en in beginsel daar worden verkocht.

Intracommunautaire verwerving

Wanneer de goederen uit een andere lidstaat komen, heet dit een intracommunautaire verwerving (ICV) oftewel een aankoop uit een andere lidstaat naar een lidstaat (bijvoorbeeld Nederland). Dit heeft tot gevolg dat de binnengrenzen van de lidstaten zijn vervallen, waardoor er één interne markt tot stand is gekomen. Er is dus geen sprake meer van in- en uitvoer tussen deze lidstaten. Van invoer is alleen nog sprake als goederen uit zogenaamde 'derde landen' (landen buiten de Unie) naar een lidstaat worden overgebracht. Bij uitvoer verlaten de goederen de Unie.

Voorbeeld

Een in Nederland gevestigde groothandel in papier koopt rollen papier in Duitsland. De Duitse leverancier verzorgt het transport naar Nederland. De plaats van de levering is Duitsland. De rollen papier gaan vanuit Duitsland (lidstaat) naar Nederland (lidstaat). Er vindt in Nederland een ICV plaats en in Duitsland een ICL.

Verrekeningssysteem

Met betrekking tot leveringen waarbij ondernemers in verschillende lidstaten zijn betrokken, was het de bedoeling dat de heffing van omzetbelasting zou plaatsvinden in het land waar de levering van de goederen plaatsvindt. Ondernemers zouden dan ook de omzetbelasting die zij in een andere lidstaat betalen, als voorbelasting moeten kunnen aftrekken. De diverse lidstaten zouden de aan hen toekomende omzetbelasting dan via een verrekeningssysteem (clearing-stelsel) ontvangen. Maar omdat niet alle lidstaten vertrouwen hadden in dit systeem, is een overgangsstelsel ontworpen. Dit stelsel is nog steeds van toepassing, in afwachting van de invoering van het definitieve systeem. In deze paragraaf wordt het overgangsstelsel uitgelegd en wordt aangegeven hoe de belastingheffing hierbij verloopt. In beginsel komt de intracommunautaire transactie (ICT) erop neer dat in de lidstaat van de verkoper een binnenlandse levering plaatsvindt tegen een tarief van 0% (de ICL) en in de lidstaat van de koper een verwerving plaatsvindt tegen het in dat land geldende tarief (de ICV).

Omdat de fiscale grenzen tussen de lidstaten zijn vervallen, is ook de controlemogelijkheid aan de grenzen vervallen. Hiervoor in de plaats is een ander controlesysteem gekomen. Dit systeem heeft een administratieve lastenverzwaring met zich meegebracht voor ondernemers die ICT's verrichten. In paragraaf 10.16.4 wordt hier nader op ingegaan.

10.5.2 Het huidige systeem: ICP

Intracommunautaire prestatie

Ondernemers moeten sommige van hun prestaties aan afnemende ondernemers in een andere lidstaat laten registreren. Dit gebeurt via een opgaaf intracommunautaire prestaties (ICP's). ICP's vallen uiteen in intracommunautaire transacties (ICT's) en intracommunautaire diensten (ICD's). We spreken van een ICT als een goed in verband met de levering van de ene lidstaat naar een andere lidstaat wordt vervoerd. De verkoper verricht dan een ICL en de koper een ICV, zie ook hierna.

De ICL is een gewone 'binnenlandse' levering, die belast is in het land waar het vervoer aanvangt. Het bijzondere zit 'm echter in het geldende btw-tarief van 0% (art. 9 lid 2 letter b jo tabel II, post a6 Wet OB). De verkrijging van de goederen in de andere lidstaat (de verwerving, de ICV) is door de Wet OB aangewezen als een belastbaar feit. Er is dus sprake van één transactie, namelijk de eigendomsovergang van de goederen, maar er zijn twee belastbare feiten, namelijk de ICL in de ene lidstaat en de ICV in de andere lidstaat.

Er is sprake van een ICV (art. 17a lid 1 Wet OB) als goederen door een ondernemer in het kader van zijn onderneming worden verworven, en een andere ondernemer deze goederen in het kader van zijn onderneming heeft geleverd. De goederen moeten hierbij van de ene lidstaat naar de andere worden vervoerd.

De verwerving is belast tegen het tarief van het land waar de verwerving plaatsvindt (zie paragraaf 10.11). De ICL is voor de leverancier een belastbaar feit dat hij moet vermelden op zijn aangifte omzetbelasting. De ICV is voor de afnemer een belastbaar feit dat hij moet vermelden op zijn aangifte.

Voorbeeld

Een in Nederland gevestigde ondernemer verkoopt televisies aan een ondernemer in België. De tv's worden geleverd vanuit een loods in Nederland. Er is sprake van een levering door een ondernemer (wie?) en de goederen worden in verband hiermee in eigendom overgedragen (wat?). De levering vindt plaats in Nederland (waar?).
Omdat de goederen door een ondernemer worden vervoerd van de ene lidstaat naar een andere, is sprake van een ICL. Dit is evenals een binnenlandse levering een belastbaar feit. Het verschil is echter het tarief (zie paragraaf 10.11) om te bepalen hoeveel omzetbelasting moet worden voldaan.

Listing

Omdat nu ook de diensten onder het begrip ICT vallen, moeten ook de diensten die een ondernemer in een andere lidstaat verricht, worden vermeld in de aangifte omzetbelasting. De plaats waar een dienst wordt verricht, wordt hierbij bepaald door de artikelen 6 tot en met 6j Wet OB (zie paragraaf 10.8). Als een dienst wordt verricht in een andere lidstaat, is sprake van een ICD. Daarnaast is ook de administratieve controle ('listing') aangepast, want voortaan moeten ook de diensten op de zogeheten 'list' (het overzicht) worden vermeld. Er is dan sprake van een ICP in plaats van een ICL.

HOOFDSTUK 10 | OMZETBELASTING

> **Voorbeeld**
>
> Brenda is een bekende zangeres (ondernemer) en woonachtig in Duivendrecht. Tijdens de zomermaanden treedt zij maandelijks op in een nachtclub van een in Daun (Duitsland) gevestigde nachtclubeigenaar (ondernemer). De plaats van deze dienst is Duitsland. Brenda moet deze dienst vermelden bij vraag 3b op haar aangifte OB. Daarnaast moet zij deze dienst vermelden op de zogenoemde "list" (opgaaf ICP, art. 37a Wet OB).

Matching   Via deze 'listing' kan een centrale databank op Europees niveau controleren of de opgaven met elkaar corresponderen: de zogenoemde 'matching'.

10.5.3 Overbrenging van een eigen goed naar een andere lidstaat

Overbrenging eigen goed   Een ICT kan onder andere plaatsvinden bij leveringen (art. 3 Wet OB). Het is echter ook mogelijk dat er goederenstromen tussen lidstaten plaatsvinden waarbij geen sprake is van een levering in de zin van art. 3 Wet OB, omdat er geen sprake is van een eigendomsoverdracht aan een ander.

> **Voorbeeld**
>
> Een ondernemer in witgoed te Kerkrade brengt wasmachines over van zijn bedrijf in Kerkrade naar zijn opslagplaats in Hasselt (België). Vanuit Hasselt worden de wasmachines geleverd aan particulieren in België.

Fictieve levering   Omdat het voor de Belastingdienst belangrijk is om ook deze goederenstromen te kunnen volgen, is de fictieve levering van art. 3a Wet OB in het leven geroepen. In dit artikel is sprake van een ICL als een ondernemer een eigen goed van zijn bedrijf overbrengt naar een andere lidstaat. In art. 3a lid 2 Wet OB worden de uitzonderingen opgesomd. In de praktijk blijkt dat alleen nog sprake is van overbrenging van een eigen goed als eigen voorraden en productiemiddelen die binnen het eigen bedrijf worden gebruikt, naar een andere lidstaat worden overgebracht.

Bestemmingsland   Het gevolg hiervan is dat de ondernemer uit het bovenstaande voorbeeld in België een ICV verricht. De plaats van de ICV is de plaats van aankomst van het vervoer, oftewel het bestemmingsland (art. 17b Wet OB). Volgens de Wet OB vindt de heffing van omzetbelasting plaats in het bestemmingsland.

475

Op grond van art. 34 Wet OB moet de ondernemer dan ook een aparte registratie voeren per categorie van de ontvangen goederen en de verzonden goederen. In de praktijk wordt vaak een voorraadadministratie bijgehouden waaruit blijkt welk goed zich in welk land bevindt.

10.5.4 Overbrengen van voorraad op afroep (art. 5c Wet OB)

Voorraad op afroep

De laatste jaren is het aantal verkopen naar andere lidstaten via internet steeds groter geworden. Ondernemers willen dan ook hun voorraad al zoveel mogelijk hebben in de lidstaten waar hun afnemers zijn gevestigd. Met ingang van 1 januari 2020 is de regeling 'overbrengen van voorraad op afroep' in het leven geroepen om grensoverschrijdende transacties eenvoudiger te maken (zie paragraaf 10.4.3 onder 'Ad e'). Voorwaarden om deze regeling toe te mogen passen is dat de afnemer al bekend is en dat de ondernemer zijn goederen, vooruitlopend op de levering, alvast naar een andere lidstaat vervoert. De eigendomsoverdracht van de goederen vindt voor de omzetbelasting pas plaats na levering (in het land waar de goederen zijn opgeslagen) binnen 12 maanden aan de afnemer. De vereenvoudiging houdt in dat een ondernemer zich niet meer hoeft te registeren in de lidstaat van de toekomstige afnemer van de goederen. Deze regeling is verplicht in alle EU-lidstaten.

Deze ondernemer hoeft zich niet meer te registreren in de lidstaat van de koper als voldaan wordt aan de volgende voorwaarden:
– De verkopende ondernemer heeft een overeenkomst gesloten met de koper.
– De koper is al bekend op het tijdstip waarop het vervoer begint.
– De verkoper heeft het juiste btw-identificatienummer (btw-id) van deze koper.
– De verkoper vervoert de goederen zelf naar het andere lidstaat of laat dit doen voor zijn rekening.
– De verkopende ondernemer is niet gevestigd of heeft geen vaste inrichting in het EU-land waarnaar de goederen worden vervoerd.
– De verkoper levert de goederen aan uw afnemer binnen 12 maanden na de datum van aankomst in de andere lidstaat.
– De verkoper houdt een register bij van deze goederen. In dit register moet hij ten minste de volgende gegevens opnemen:
  • de lidstaat waaruit de goederen zijn vervoerd;
  • de verzenddatum van de goederen;
  • het btw-id van de afnemer;
  • de lidstaat waarnaar de goederen zijn vervoerd;
  • het btw-id van de houder van de opslag;
  • het adres waar de goederen bij aankomst worden opgeslagen;
  • de datum van aankomst van de goederen in de opslag;
  • de waarde van de goederen;
  • een beschrijving van de goederen;
  • het aantal goederen.

- Op het moment dat de goederen aan de koper zijn geleverd, vult de verkoper dit register aan met de volgende gegevens:
  - de datum van levering;
  - een beschrijving van de geleverde goederen;
  - het aantal goederen;
  - de vergoeding;
  - het btw-id van de afnemer.

De verkopende ondernemer geeft het overbrengen van deze goederen per afnemer op in zijn opgaaf ICP in de nieuwe rubriek 'Overbrengen voorraad op afroep', in het tijdvak waarin het vervoer van de goederen is begonnen.
Wanneer de verkopende ondernemer de goederen niet binnen 12 maanden levert aan zijn koper, heeft hij een ICL verricht.

Wijziging koper Als een andere ondernemer binnen 12 maanden na het overbrengen van de goederen deze goederen koopt, moet dit ook worden geregistreerd in het register. In dat geval moet het btw-id van de nieuwe koper worden aangevuld.

Fictieve ICL In het geval de goederen wegraken vanwege diefstal, verlies, vernietiging, retourzending of vervoer naar een ander lidstaat, vervalt deze regeling. Er is dan sprake van een fictieve intracommunautaire levering (hierna: fictieve ICL) op de datum van diefstal, verlies of vernietiging van de goederen. De verkoper doet deze fictieve ICL op de datum van diefstal, verlies of vernietiging van de goederen. Is de datum niet te achterhalen, dan geldt de datum waarop deze diefstal, vermissing of vernietiging is geconstateerd. Zowel de verkoper als de koper moet zijn register aanvullen met de volgende gegevens:
- de datum waarop deze gebeurtenis plaatsvindt of is vastgesteld;
- een beschrijving van de goederen;
- het aantal goederen;
- de vergoeding.

Door het vervallen van de regeling voor het overbrengen van voorraad op afroep ontstaat een fictieve ICL. Een fictieve ICL is ook mogelijk:
1. wanneer de goederen niet binnen 12 maanden na het overbrengen worden geleverd maar eigendom blijven van de verkoper en in de andere lidstaat blijven;
2. als de goederen door de verkoper worden vervoerd naar een andere lidstaat dan de oorspronkelijke lidstaat. In het land van vertrek vindt de fictieve ICL plaats.

Bij een fictieve ICL moeten zowel de verkopende ondernemer als de kopende ondernemer het register bijwerken met de volgende gegevens:
- de datum waarop deze gebeurtenis plaatsvindt of is vastgesteld;
- een beschrijving van de goederen;
- het aantal goederen;
- de vergoeding.

Ook de kopende ondernemer moet een register bijhouden. In zijn register zijn ten minste dezelfde gegevens terug te vinden als in dat van de verkoper. Dit geldt ook ingeval sprake is van diefstal, retourzending, etc.

Samenvatting regeling voorraad op afroep

Door de invoering van art. 3b Wet OB wordt de overbrenging van goederen die deel uitmaken van het bedrijfsvermogen van een ondernemer naar een andere lidstaat binnen de Unie onder voorwaarden niet behandeld als een levering van goederen onder bezwarende titel. Het artikel geldt voor de goederen die met ingang van de datum van inwerkingtreding worden verzonden of vervoerd. Relevant is niet waar de goederen worden opgeslagen, als ze maar fysiek in voorraad liggen in de lidstaat van bestemming. De leverancier mag niet gevestigd zijn in de lidstaat of daar een vaste inrichting hebben.

De leverancier die de regeling inzake voorraad op afroep toepast, heeft twee listingsverplichtingen: op het moment van overbrenging van de goederen naar de andere lidstaat en op het moment van het overdragen van de beschikkingsmacht aan de afnemer op basis van de overeenkomst. Voor de koper van deze goederen heeft deze levering ook gevolgen.

10.5.5 Gevolgen ICV

Btw-identificatie-nummer

Als een Nederlandse ondernemer een ICV verricht, moet hij aan de leverancier zijn btw-identificatienummer doorgeven. De leverancier brengt 0% omzetbelasting in rekening, omdat hij een ICL verricht. Vervolgens moet de Nederlandse ondernemer de ICV aangeven in Nederland, door de ICV op zijn aangiftebiljet aan te geven (zie paragraaf 10.16.4.

> **Voorbeeld** (een uitbreiding van het voorbeeld uit paragraaf 10.5.1)
>
> Een in Nederland gevestigde groothandel in papier koopt voor € 10.000 (exclusief omzetbelasting) rollen papier in Duitsland. De Duitse leverancier verzorgt het transport naar Nederland. De plaats van de levering is Duitsland. De Duitse leverancier zet op zijn factuur 0% omzetbelasting. In Duitsland vindt een ICL plaats en in Nederland een ICV. De Nederlandse ondernemer geeft de ICV aan door bij punt 4b van het aangiftebiljet in de eerste kolom een bedrag van € 10.000 te vermelden en bij de tweede kolom een bedrag van € 2.100 (het bedrag van de omzetbelasting). Daarnaast moet de Duitse ondernemer in het formulier "Opgaaf omzetbelasting intracommunautaire prestaties" de gevraagde gegevens bij punt 3 invullen (zie de formulieren aan het einde van dit hoofdstuk).

10.5.6 Uitgesloten ICT

Uitgesloten ICT

Er kan geen sprake zijn van een ICT als (art. 1a lid 1 Wet OB):
a. er is geleverd door een ondernemer die valt onder de nieuwe kleineondernemersregeling. Deze ondernemer kan geen ICL verrichten, omdat hij geen omzetbelasting (dus ook geen 0%) op zijn facturen mag vermelden (zie paragraaf 10.15.2);
b. er is geleverd in de zin van art. 3 lid 1 letter f Wet OB, omdat de plaats van de levering daar is waar het goed wordt aangebracht (zie paragraaf 10.4.4); de eigendom van het goed wordt niet aan de koper overgedragen, maar gaat door natrekking over op de eigenaar van de hoofdzaak waaraan het geleverde goed is vastgemaakt. Het vervoer vindt nu niet plaats met het oog op de eigendomsoverdracht (art. 3 lid 1 letter a Wet OB), maar met het oog op de montage (art. 3 lid 1 letter f Wet OB);
c. bij de levering de margeregeling wordt toegepast (zie paragraaf 10.15.3);
d. er is geleverd volgens de regeling van de afstandsverkopen (art. 5a Wet OB, zie paragraaf 10.4.4);
e. er goederen worden geleverd aan ondernemers die uitsluitend vrijgestelde prestaties verrichten, ondernemers die onder de nieuwe kleineondernemersregeling vallen en rechtspersonen-niet-ondernemers, mits deze afnemers in de loop van het jaar en het voorgaande boekjaar voor niet meer dan € 10.000 aan goederen hebben verworven uit andere lidstaten.

De bij punt e genoemde afnemers verrichten dus wel een ICV als zij boven de grens van € 10.000 uitkomen. Zij kunnen er ook voor kiezen om in Nederland voor al hun inkopen in een andere lidstaat een ICV aan te geven. Zij moeten hiervoor een beschikking van de inspecteur vragen. Zij zullen dit doen als het omzetbelastingtarief van de ingekochte goederen in de andere lidstaat hoger is dan in Nederland (art. 5a lid 5 Wet OB).

Voorbeeld

Tandarts Hollemans uit Winterswijk, die uitsluitend vrijgestelde prestaties verricht, koopt in maart 2020 voor € 8.000 een bedrijfsmiddel van Kraftzeuge GmbH uit Bonn. Hij heeft nog niet eerder goederen uit een andere lidstaat gekocht. Omdat hij beneden de € 10.000-grens blijft, betaalt hij omzetbelasting in Duitsland. Er is geen sprake van een ICV in Nederland. In mei 2020 koopt Hollemans voor € 3.000 aan inventaris en gereedschap van Santers in Hasselt (België). Hij verwerft de goederen voor het gehele bedrag en komt daarmee in 2020 uit op € 8.000 + € 3.000 = € 11.000 aan verwervingen. Het gevolg is dat de laatste aankoop van € 3.000 nu een ICT is. Santers verricht een ICL in België en Hollemans verricht een ICV in Nederland. Op de transactie die in maart 2020 heeft plaatsgevonden, wordt niet teruggekomen.
Als Hollemans in 2021 goederen koopt in een andere lidstaat, is er meteen sprake van een ICV. Dit komt doordat hij in het voorafgaande jaar voor meer dan € 10.000 aan goederen heeft gekocht in een andere lidstaat.

10.6 Belastbaar feit 3: ICV van nieuwe vervoermiddelen

Nieuwe vervoermiddelen

Bij de levering van goederen door een ondernemer uit een andere lidstaat aan een particulier, is normaal gesproken geen sprake van een ICV. Maar als een nieuw vervoermiddel in een andere lidstaat wordt aangeschaft, is áltijd sprake van een ICV (art. 1 letter c Wet OB), ongeacht de status van de koper. De koper moet de omzetbelasting voldoen in het land waar hij woont, en niet in het land waar hij het vervoermiddel aanschaft. De verkoper geeft een ICL aan. Overigens wordt op grond van art. 7 lid 6 Wet OB íedereen die een nieuw vervoermiddel levert en dit vervoert of verzendt (of dit laat doen) naar een andere lidstaat, voor die levering als ondernemer aangemerkt. Dit geldt dus ook voor particulieren.

Voorbeeld

Rolf koopt een nieuwe Peugeot bij een dealer in Parijs. Hij koopt ook meteen nieuwe kleren. In verband met de nieuwe auto moet hij omzetbelasting in Nederland voldoen. Voor de kleren heeft hij in Frankrijk Franse omzetbelasting betaald.

Begrip nieuw vervoermiddel

Onder het begrip 'nieuw vervoermiddel' vallen (art. 2a lid 1 letter f Wet OB):
– landvoertuigen (auto, tractor, motorfiets, etc.), mits zij niet meer dan 6.000 kilometer hebben gereden óf minder dan 6 maanden oud zijn;
– schepen, mits zij niet meer dan 100 uur hebben gevaren of minder dan 3 maanden oud zijn;
– vliegtuigen, mits zij niet meer dan 40 uur hebben gevlogen of minder dan 3 maanden oud zijn.

10.7 Belastbaar feit 4: invoer

Art. 1:	Leveringen	Diensten	Verwervingen	**Invoer**
Wat: De leveringen	Artt. 3, 3a, 3b	Art. 4	Art. 17	**Art. 18**
Waar: Plaats van de levering	Artt. 5, 5a, 5b en 5c	Artt. 6, 6a t/m 6j	Art. 17b	

10.7.1 Inleiding

Invoer   Invoer of uitvoer vindt plaats als goederen naar c.q. van Nederland worden vervoerd van c.q. naar een niet-lidstaat. Bij invoer wordt van iedereen omzetbelasting geheven, ook van particulieren. In deze paragraaf wordt nader ingegaan op de heffing van omzetbelasting bij invoer en op wat er gebeurt bij de uitvoer van goederen.

10.7.2 Invoer

Art. 1 letter d Wet OB wijst de invoer van goederen aan als belastbaar feit. Dit betekent dat bij invoer in Nederland van goederen die afkomstig zijn uit een land buiten de Unie (zogenoemde 'derde landen'), omzetbelasting wordt geheven over *Douanewaarde*   de douanewaarde van de ingevoerde goederen (art. 19 Wet OB).

Invoer   Onder invoer wordt volgens art. 18 Wet OB begrepen:
– het binnenbrengen in Nederland van goederen die niet in het vrije verkeer binnen de gemeenschap zijn, of van goederen uit derde landen;
– het binnenbrengen in Nederland van goederen waarvoor niet eerder de verschuldigde (douane)rechten zijn voldaan, dan wel het onttrekken in Nederland van goederen aan een douaneregeling;
– de bevoorrading in Nederland van vervoermiddelen met goederen die niet in het vrije verkeer zijn.

Wijze van heffing   Omzetbelasting bij invoer kan op twee manieren worden geheven:
– bij de douane door middel van de zogeheten 'aangifte ten invoer'. Er wordt dus als het ware aan de grens betaald (art. 22 Wet OB). Dit is de hoofdregel;
– via de verleggingsregeling van art. 23 Wet OB. In dat geval geeft de ondernemer de omzetbelasting in verband met de invoer aan bij zijn aangifte omzetbelasting en kan hij in dezelfde aangifte ook de voorbelasting verrekenen, zodat per saldo nul wordt afgedragen. Deze regeling kan alleen worden toegepast als de ondernemer een beschikking heeft ontvangen van de inspecteur.

10.7.3 Uitvoer

Uitvoer   Onder uitvoer van goederen (art. 24 Wet OB) verstaan we het brengen van goederen buiten de Unie of de opslag in een douane-entrepot. Bij uitvoer is er sprake van een levering van goederen. Er moet dus omzetbelasting in rekening worden gebracht. Bij uitvoer mag de verschuldigde omzetbelasting op 0% worden gesteld. Omdat er sprake is van een belaste levering, behoudt de ondernemer zijn recht op vooraftrek (zie paragraaf 10.12). De uitvoer moet worden aangetoond aan de hand van boeken en bescheiden.

10.8 Belastbaar feit 5: diensten

Art. 1:	Leveringen	Diensten	Verwervingen	Invoer
Wat: De diensten	Artt. 3, 3a, 3b	**Art. 4**	Art. 17	Art. 18
Waar: Plaats van de dienst	Artt. 5, 5a, 5b en 5c	**Artt. 6, 6a t/m 6j**	Art. 17b	

10.8.1 Inleiding

Diensten Het verrichten van een dienst is een belastbaar feit voor de Nederlandse omzetbelasting, voor zover deze in Nederland onder bezwarende titel wordt verricht door een als zodanig handelende ondernemer (art. 1 letter a Wet OB). In deze paragraaf wordt ingegaan op het begrip 'dienst' en op de plaats waar een dienst wordt verricht.

10.8.2 Het begrip dienst

Begrip dienst Diensten zijn alle prestaties, met uitzondering van leveringen van goederen (art. 4 lid 1 Wet OB). Diensten die tegen een vergoeding worden verricht, zijn belastbaar. Uit deze omschrijving blijkt dat hier veel onder kan vallen, mits er maar sprake is van een bezwarende titel, zoals bij een wederkerige overeenkomst (bijvoorbeeld een aannemingsovereenkomst). Tegen vergoeding betekent dat de vergoeding en de dienst in een directe relatie tot elkaar moeten staan (er is een causaal verband) én moeten worden verricht in het economische verkeer. Prestaties om niet (zonder vergoeding) zijn dus geen diensten in de zin van de Wet OB, tenzij sprake is van privégebruik van een zakelijk goed (art. 4 lid 2 Wet OB). Dit is *Fictieve dienst* een belaste fictieve dienst.

Privégebruik zakelijke goederen

Privégebruik roerende zaken Als een ondernemer eigenaar is van een goed dat tot zijn onderneming behoort en hij dit goed ook privé gebruikt, kan sprake zijn van een belaste dienst voor de Wet OB (art. 4 lid 2 letter a Wet OB). Privégebruik wil zeggen dat het goed niet wordt gebruikt voor bedrijfsdoeleinden. Hierbij geldt als voorwaarde dat de ondernemer bij de aanschaf van dit goed de aftrek van voorbelasting heeft geclaimd.

Voorbeeld

Ondernemer Jansen is accountant. Op de balans van zijn onderneming staat een computer, die hij – naast het zakelijke gebruik – ook gebruikt voor het bewerken van zijn vakantiefoto's. De heer Jansen heeft de omzetbelasting die hij bij aankoop van de computer heeft betaald, als voorbelasting in aftrek gebracht. Nu hij de computer ook voor privédoeleinden gebruikt, is hij hier omzetbelasting voor verschuldigd. De vraag over welk bedrag de omzetbelasting wordt berekend, wordt in paragraaf 10.10.3 beantwoord.

Privégebruik onroerende zaken

Bij privégebruik van onroerende zaken bestaat voor dat deel van het gebruik geen recht op aftrek van voorbelasting. Daardoor kan een correctie (lees: bijtelling) voor het privégebruik achterwege blijven (zie ook paragraaf 10.12.5).

Verrichten van een dienst om niet

Als een dienst, waarover normaal gesproken omzetbelasting verschuldigd is, om niet wordt verricht, is wegens het ontbreken van een vergoeding geen omzetbelasting verschuldigd. Op deze regel geldt een uitzondering in het geval dat om niet-zakelijke redenen van een vergoeding is afgezien. Op grond van art. 4 lid 2 letter b Wet OB is in dat geval toch sprake van een belastbare dienst. De ondernemer moet de dienst wel om niet verrichten. Verder moet hij de dienst zélf verrichten: 'interne dienst'. Wordt de dienst ingekocht bij een derde, dan kan de ondernemer in beginsel geen aftrek van voorbelasting claimen (zie paragraaf 10.12.1).

Voorbeeld

Belaste diensten ingevolge art. 4 lid 2 letter b Wet OB
Interne diensten
- Een kapper knipt het haar van één van zijn kapsters.
- Het personeel van een bioscoop kan gratis naar de film.

In beide gevallen is de dienst belast met omzetbelasting.

Ingekochte dienst
Een zelfstandig gevestigde slager vraagt zijn accountant om ook de belastingaangiften van zijn personeel te verzorgen. De accountant stuurt de factuur naar de slager. De slager vertelt zijn medewerkers dat zij voor het laten invullen van hun aangifte niets hoeven te betalen.
De slager heeft geen recht op aftrek van voorbelasting.

Prestaties waarvoor slechts een symbolische vergoeding wordt gevraagd, worden niet beschouwd als diensten in het economische verkeer. In paragraaf 10.3.1 is het begrip 'symbolische vergoeding' al behandeld.

Bezwarende titel

Meestal worden diensten verricht vanwege een verbintenis of overeenkomst (prestatie onder bezwarende titel). Vanwege deze prestatie onder bezwarende titel is de vergoeding afdwingbaar. Het is niet vereist dat de hoogte van de vergoeding van tevoren vastligt. Wel is vereist dat de vergoeding bepaalbaar is. Verder is niet van belang onder welke naam de vergoeding wordt betaald. Van belang is dát er wordt betaald, in welke vorm dan ook. Soms is onduidelijk of voor een bepaalde prestatie wel een vergoeding wordt betaald. Zo is een subsidie soms wél een vergoeding voor een geleverde prestatie, maar vaak niet.

> **Voorbeeld**
>
> Een gemeente geeft een prijssubsidie aan een bioscoop, zodat ook de minder commerciële films worden vertoond. Deze subsidie vormt de vergoeding voor de film, ondanks het feit dat een ander de film bekijkt (de prestatie afneemt). Omdat de subsidie de vergoeding vormt voor de film, moet de bioscoop omzetbelasting voldoen over de subsidie.

Subsidies, schadevergoedingen — Veel subsidies en schadevergoedingen zijn geen vergoeding voor een specifieke dienst en dus vrij van omzetbelasting. In dergelijke gevallen is er namelijk geen aanwijsbare tegenprestatie (zie ook paragraaf 10.10.2).

> **Voorbeeld**
>
> Een gemeente geeft een algemene subsidie aan een museum ten behoeve van de exploitatie van het museum. In deze situatie is er geen direct verband tussen de toegangsprijs van het museum en de subsidie, waardoor het museum geen omzetbelasting hoeft te voldoen over de subsidie.

Diensten kunnen worden onderverdeeld in:
a. diensten die bestaan uit werkzaamheden aan goederen: het vegen van schoorstenen, het APK-keuren van een auto, het onderhouden van een tuin, het uitbaggeren van havens, etc.
b. andere diensten; hieronder vallen zowel de eenmalige diensten als de doorlopende diensten.

Eenmalige diensten — Eenmalige diensten kunnen bestaan uit het doen, geven of nalaten van iets op een specifiek moment. Doorlopende diensten worden verricht op een aaneenschakeling van momenten, en wel zoals de betrokken partijen zijn overeengekomen.

> **Voorbeeld**
>
> Eenmalige dienst: het maken van een serie foto's voor een portfolio.
> Doorlopende dienst: de verhuur van een huis.

10.8.3 Plaats van dienst

Plaats van de dienst — Leveringen van goederen kunnen fysiek worden gevolgd, maar bij diensten is dit niet mogelijk. In de algemene regel was het uitgangspunt dat de diensten belast waren in het land waar de dienstverrichter is gevestigd. Het nadeel van deze algemene regel was dat ondernemers van buiten de Unie nooit omzetbelasting zouden hoeven te betalen. Om deze concurrentieverstoring tegen te gaan, is de algemene hoofdregel aangevuld met diverse regels. Het doel van deze regeling is om de heffing goed te laten aansluiten bij het land waar het verbruik plaatsvindt. Op deze wijze:

- zijn de regels eenvoudiger toepasbaar;
- vinden er in de verschillende lidstaten minder interpretatieverschillen plaats;
- vindt er minder concurrentieverstoring plaats.

Door deze regeling wordt een dienst vaker geacht plaats te vinden in de lidstaat van de afnemer. Deze betaalt hierdoor (vaker) omzetbelasting in zijn eigen land, en minder buitenlandse omzetbelasting. Dit leidt tot een vermindering van zijn OB-verplichtingen in andere lidstaten. Ook zal hij minder vaak een verzoek hoeven in te dienen voor de teruggaaf van omzetbelasting die in een andere lidstaat is betaald.

Twee hoofdregels Uit art. 6 blijkt dat twee hoofdregels van toepassing zijn:
a. Als een ondernemer een dienst verricht aan een andere ondernemer ('business-to-business', B2B), is de plaats van dienst de plaats waar de afnemende ondernemer de zetel van zijn bedrijfsuitoefening of een vaste inrichting heeft. Is de afnemer gevestigd in Duitsland, dan is de plaats van dienst Duitsland. In dat geval is de Duitse Wet OB van toepassing.
b. Als een ondernemer een dienst verricht aan consumenten en andere niet-ondernemers ('business-to-consumer', B2C), is de plaats van dienst de plaats waar de presterende ondernemer is gevestigd of een vaste inrichting heeft. Is een afnemende consument gevestigd in Duitsland, maar is de presterende ondernemer gevestigd in Nederland, dan is de plaats van dienst Nederland. In dat geval is de Nederlandse Wet OB van toepassing.

Voorbeeld

B2B
Een ondernemer uit Antwerpen verzorgt de was voor een Rotterdams ziekenhuis. De plaats van dienst is Nederland, omdat het ziekenhuis (ondernemer) in Nederland is gevestigd. De Nederlandse Wet OB is van toepassing.

B2C
Een in Rotterdam gevestigde kapper knipt een Deense toerist in zijn zaak. Plaats van dienst is Nederland, omdat de kapper in Nederland is gevestigd.

Vaste inrichting Een vaste inrichting is een bedrijfsruimte in Nederland van een buitenlandse onderneming die over voldoende faciliteiten beschikt om als een zelfstandige onderneming te kunnen functioneren. Er moet sprake zijn van voldoende gekwalificeerd personeel en technische middelen om economische activiteiten te kunnen verrichten. Vanuit deze duurzaam geëxploiteerde bedrijfsruimte worden namelijk de leveringen en/of diensten aan derden verricht.

Voorbeelden van een vaste inrichting zijn een winkel of een andere vaste verkoopgelegenheid, een werkplaats of een fabriek met kantoor. Er is geen sprake van een vaste inrichting bij een opslagruimte, een goederendepot of een inrichting waar alleen maar ondersteunende activiteiten plaatsvinden, zoals onderzoek, reclame en/of het verstrekken van inlichtingen. Een vakantiewoning die voor de verhuur is bestemd, is ook geen vaste inrichting.

Op de beide hoofdregels gelden een aantal uitzonderingen. Deze zijn beschreven in art. 6a tot en met art. 6j Wet OB. Om de plaats van dienst te bepalen, moet eerst worden gekeken naar de uitzonderingen. Als geen van de uitzonderingen van toepassing is, is één van de twee hoofdregels van toepassing.

In een aantal gevallen is een (verplichte) verlegging van toepassing als de afnemer een ondernemer is (zie ook paragraaf 10.13.3). In grote lijnen betekent een verlegging dat de omzetbelasting niet wordt afgedragen door degene die de dienst verricht, maar door de ondernemer die de dienst afneemt.

Uitzonderingen

Uitzonderingen   De uitzonderingen zijn terug te vinden in tien groepen (art. 6a tot en met 6j Wet OB). Hierna wordt voor elke groep aangegeven wat de plaats van dienst is bij B2B en B2C.

Groep 1: Diensten verricht door een tussenpersoon (art. 6a Wet OB)

Tussenpersoon   Een tussenpersoon is iemand die in naam en voor rekening van een ander een handeling verricht.
B2B en B2C: plaats van de onderliggende handeling.

Voorbeeld

Ondernemer De Vries koopt in België op naam van zijn opdrachtgever bv Terloops een partij dvd's. Zowel voor B2B als voor B2C is de plaats van dienst België, omdat de aankoop in België plaatsvindt.

Groep 2: Diensten die betrekking hebben op een onroerende zaak (art. 6b Wet OB)

Onroerende zaken   Diensten met betrekking tot specifieke onroerende zaken zijn onder andere diensten van een makelaar, diensten van architecten en andere deskundigen, het voorbereiden/coördineren van bouwwerken, het verhuren van een hotelkamer, vakantiewoning of kampeerterrein
B2B en B2C: plaats waar de onroerende zaak is gelegen.

Voorbeeld

Een schildersbedrijf uit Maastricht schildert een villa in Lommel (België).
B2B: de afnemer is een ondernemer, dus de plaats van dienst is België.
B2C: de afnemer is een consument; ook in dit geval is de plaats van dienst België, omdat de onroerende zaak in België is gelegen.

Groep 3: Diensten met betrekking tot personen- en goederenvervoer (art. 6c Wet OB)

Vervoer Onder vervoer verstaan we de feitelijke handeling van het vervoeren. Er is geen sprake van vervoer als een vervoermiddel (met of zonder bemanning) ter beschikking wordt gesteld. Dit valt namelijk onder de verhuur van een vervoermiddel en dan kan art. 6g Wet OB of de hoofdregel van toepassing zijn (zie groep 7).

Personenvervoer (lid 1)
B2B en B2C: plaats waar het vervoer plaatsvindt.

Voorbeeld

Een Franse busondernemer maakt met een bus een dagtochtje naar Nederland, waarbij hij door België rijdt. B2B en B2C: de plaats van dienst is Frankrijk voor het vervoer in Frankrijk, de plaats van dienst is België voor het stukje vervoer in België en Nederland voor het stukje vervoer in Nederland.

Goederenvervoer (lid 2 / geen intracommunautair goederenvervoer)
B2B: hoofdregel (plaats waar de afnemer is gevestigd).
B2C: plaats waar het vervoer plaatsvindt.

Voorbeeld

Een Franse transporteur neemt (op zijn terugreis naar Frankrijk) voor een Nederlandse opdrachtgever goederen mee van Schiphol naar Breda.
B2B: de plaats van dienst is Nederland.
B2C: de plaats van dienst is Nederland.

Intracommunautair goederenvervoer (lid 3)
B2B: hoofdregel.
B2C: plaats van vertrek.

Voorbeeld

Een Oostenrijkse transporteur vervoert voor een Nederlandse opdrachtgever goederen uit Italië via Oostenrijk naar Nederland.
B2B: de plaats van dienst is Nederland.
B2C: de plaats van dienst is Italië (plaats van vertrek).

Groep 4: Culturele, artistieke, sportieve, wetenschappelijke, educatieve, vermakelijkheids- of soortgelijke activiteiten (hoofdregel art. 6.1, 6d en art. 6e lid 1 Wet OB)

Evenementen Het verrichten van diensten inzake culturele, artistieke, sportieve, wetenschappelijke, educatieve etc. evenementen valt onder de hoofdregel van art. 6.1 Wet OB. Echter art. 6d Wet OB heeft betrekking op het verlenen van toegang tot culturele, artistieke, sportieve, etc. evenementen die worden verricht aan ondernemers én niet-ondernemers. In art. 6e Wet OB gaat het uitsluitend om prestaties die worden verricht aan niet-ondernemers. Onder 'soortgelijke activiteiten' vallen onder andere beurzen en tentoonstellingen, diensten van de organisatoren van dergelijke activiteiten alsmede het verlenen van toegang tot die activiteiten.

B2B:
- bij diensten: de plaats waar de afnemer is gevestigd;
- bij het verlenen van toegang: de plaats waar het evenement daadwerkelijk plaatsvindt.

B2C: plaats waar de activiteit feitelijk plaatsvindt.

> **Voorbeeld**
>
> Een ondernemer uit Bergen op Zoom organiseert in Italië een meubelbeurs voor een afnemer gevestigd in Italië, alsmede het verlenen van toegang tot die activiteiten.
> B2B:
> - de dienst – het organiseren van de meubelbeurs – is de plaats van dienst: daar waar de afnemer van de dienst is gevestigd, dus Italië;
> - de dienst – het verlenen van toegang aan de bezoekers die een kaartje kopen voor deze beurs – is de plaats van dienst: daar waar het evenement daadwerkelijk plaatsvindt, dus Italië.
>
> B2C: de dienst – het verlenen van toegang aan bezoekers die een kaartje kopen voor deze beurs – is de plaats van dienst: daar waar de activiteit feitelijk plaatsvindt, dus in Italië.

Groep 5: Activiteiten die met het vervoer samenhangen, alsmede deskundigenonderzoeken en werkzaamheden met betrekking tot roerende lichamelijke zaken (art. 6e lid 2 letters a en b Wet OB)

Samenhangend met vervoer — Laden, lossen en intern vervoer zijn voorbeelden van activiteiten die samenhangen met het vervoer. Een voorbeeld van een werkzaamheid met betrekking tot roerende lichamelijke zaken, is het onderhoud aan een auto.

B2B: hoofdregel.
B2C: plaats waar de dienst daadwerkelijk wordt verricht.

> **Voorbeeld**
>
> Een Franse ondernemer lost in Lyon een vrachtwagen voor een in Spanje gevestigde Spaanse opdrachtgever.
> B2B: hoofdregel: de plaats van dienst is Spanje.
> B2C: plaats waar de dienst wordt verricht: Frankrijk.
>
> Een garagebedrijf gevestigd te Dresden (Duitsland) repareert een auto voor een in Nederland gevestigde Nederlandse opdrachtgever. Er is sprake van een werkzaamheid/onderhoud aan een roerend goed.
> B2B: hoofdregel: de plaats van dienst is Nederland.
> B2C: plaats waar de dienst wordt verricht: Duitsland.

Groep 6: Restaurant- en cateringdiensten (art. 6f Wet OB)

Restaurant- en cateringdiensten
De restaurant- en cateringdiensten behoeven geen nadere uitleg. Van belang hierbij is het onderscheid tussen een levering en een dienst. Bij het nuttigen van een maaltijd ter plaatse is sprake van een dienst, terwijl bij het kopen van een afhaalmaaltijd sprake is van een levering. Voor leveringen kan art. 5 lid 1 letter c Wet OB van toepassing zijn.

Restaurant- en cateringdiensten (lid 1)
B2B en B2C: plaats waar de dienst daadwerkelijk plaatsvindt.

Restaurant- en cateringdiensten tijdens personenvervoer binnen de lidstaten aan boord van een schip, vliegtuig of trein (lid 2)
B2B en B2C: plaats van dienst is de plaats van vertrek van het personenvervoer.

> **Voorbeeld**
>
> Tijdens een vlucht van Madrid naar Amsterdam worden aan boord van het vliegtuig maaltijden verkocht aan de passagiers.
> B2B en B2C: plaats van de dienst is Madrid.

Groep 7: Verhuur van vervoermiddelen (art. 6g Wet OB)

Verhuur van vervoermiddelen
Verhuur van vervoermiddelen wordt gesplitst in twee groepen: kortdurende en langdurende verhuur.

Onder kortdurende verhuur wordt begrepen het ononderbroken bezit of gebruik van het vervoermiddel. Voor een auto is dit 30 dagen en voor een schip maximaal 90 dagen.
B2B en B2C: plaats van de dienst is daar waar het vervoermiddel daadwerkelijk ter beschikking wordt gesteld.

Langdurende verhuur wordt gescheiden in:
1. langdurende verhuur vervoermiddel (plaats: B2B: hoofdregel.
   B2C: plaats waar de afnemer is gevestigd (eventueel Nederland volgens art. 6j letter a Wet OB), en
2. langdurende verhuur pleziervaartuig (plaats: B2B: hoofdregel.
   B2C: plaats terbeschikkingstelling voertuig (eventueel Nederland volgens art. 6j letter a Wet OB).

> **Voorbeeld**
>
> Een Japanner huurt voor 15 dagen een auto tijdens een bezoek aan Nederland.
> B2B en B2C: plaats van dienst is Nederland.
>
> Stel nu dat de Japanner de auto 35 dagen huurt (= langdurige verhuur).
> B2B: hoofdregel, plaats waar de afnemer gevestigd is: Japan.
> B2C: art. 6g lid 2 Wet OB, de Japanner is hier als toerist: Japan.

Groep 8: Digitale diensten: Elektronische diensten, telecommunicatiediensten en radio- en televisieomroepdiensten (art. 6h Wet OB)

Elektronische diensten
– Elektronische diensten
In art. 2a lid 1 letter q Wet OB is aangegeven wat onder elektronische diensten moet worden verstaan. Daarbij wordt verwezen naar bijlage II van Richtlijn 2006/112, waarin een niet-uitputtende, voorbeeldsgewijze opsomming van elektronische diensten is opgenomen. Bij elektronische diensten gaat het om diensten die met behulp van elektronische middelen (internet of een digitaal netwerk) tegen betaling worden geleverd. Ze zijn grotendeels geautomatiseerd en kunnen niet zonder informatietechnologie worden geleverd
Voorbeelden: online verkeersinformatie en weerberichten, online dagbladen en tijdschriften, online gegevensopslag, toegang tot of downloaden van software, gebruik van zoekmachines en online spelen.
Geen electronische diensten zijn: online cursussen, het bouwen van websites, de diensten van raadgevende beroepsbeoefenaren zoals advocaten en financiele adviseurs die per e-mail advies geven, het leveren van goederen zoals boeken en kleding die via internet worden besteld, etc.

Telecommunicatiediensten
– Telecommunicatiediensten
Deze groep diensten ziet op de transmissie, uitzending of ontvangst van signalen, tekst, beelden, geluiden of informatie via draad, radiogolven, optische of andere elektromagnetische systemen. Daarbij horen ook de overdracht en het verlenen van het recht om gebruik te maken van capaciteit voor een dergelijke transmissie, uitzending of ontvangst.
Voorbeelden: telefonie, sms, toegang tot internet en voicemail.

Radio- en televisieomroepdiensten
– Radio- en televisieomroepdiensten
Dit zijn diensten met audio- en audiovisuele inhoud, zoals radio- of televisieprogramma's, die door en onder de redactionele verantwoordelijkheid van een aanbieder van mediadiensten op basis van een programmaschema via communicatienetwerken aan het grote publiek worden aangeboden voor het gelijktijdig beluisteren of bekijken.
Voorbeelden: de publieke omroep die programma's uitzendt, het verzorgen van streektelevisie.

De hoofdregel bij de hierboven genoemde digitale diensten is dat de dienst is belast in het land waar de particuliere afnemer woont (art. 6h lid 1), tenzij:
– deze dienstverrichter in een andere EU-lidstaat is gevestigd dan waar de particuliere afnemer woont;
– deze dienstverrichter in het lopende jaar de drempel van € 10.000 niet heeft overschreden voor de in alle EU-lidstaten verrichte diensten, en in het voorafgaande kalenderjaar deze drempel ook niet heeft overschreden (art. 6h lid 3 Wet OB). Deze drempel geldt alleen voor dienstverrichters die in één EU-lidstaat zijn gevestigd. Overschrijdt de dienstverrichter in de loop van het jaar deze drempel, dan is vanaf dat moment de hoofdregel van toepassing (art. 6h lid 4 Wet OB).

De facturen mogen voldoen aan de factuurvereisten van de EU-lidstaat van de dienstverrichter. Dat betekent dat in Nederland gevestigde dienstverrichters geen facturen hoeven uit te reiken aan hun particuliere afnemers in een andere EU-lidstaat. In Nederland hoeven ondernemers geen factuur uit te reiken aan particulieren.

Als een niet in Nederland gevestigde aanbieder (ondernemer van binnen of buiten de EU) levert aan in een Nederland gevestigde ondernemer, is art. 6.1 Wet OB van toepassing en daardoor geldt ook de verplichte verlegging van art. 12 lid 2 Wet OB (zie ook paragraaf 10.13.3).

Voorbeeld

Een Australische ondernemer laat voor € 15.000 software downloaden door in Nederland gevestigde afnemers.
B2B: hoofdregel, plaats van dienst is waar de afnemers zijn gevestigd.
B2C: plaats van dienst is Nederland; de Australische ondernemer zal zich moeten laten registreren in Nederland.

Woonplaats afnemer Voor bepaalde digitale diensten aan particulieren is al vastgesteld waar de afnemer woont. Het kan daarbij gaan om:
- *de fysieke locatie*
  Dit geldt indien de dienst wordt verricht op een bepaalde locatie zoals een internetcafe, restaurant, hotellobby, WiFi-hotspot en telefooncel.
- *de plaats van vertrek van het personenvervoer*
  Dit geldt bij het verrichten van digitale diensten tijdens personenvervoer binnen de EU per trein, vliegtuig of schip.
- *de plaats waar de vaste telecommunicatielijn van de particulier is geïnstalleerd*
  Deze dienst wordt via een vaste lijn verricht.
- *de landencode van de simkaart van de particulier*
  Deze digitale dienst wordt dan met behulp van een mobiele telefoon verricht.
- *de plek waar de decoder is, of de plaats waar de viewing card naar toe is gestuurd*
  Voor deze digitiale dienst is het gebruik van een decoder of viewing card vereist.

Wanneer een ondernemer meent dat de plaats van de hiervoor genoemde diensten niet dezelfde is als de werkelijke woonplaats van de particulier, kan van vorenstaande regel worden afgeweken. De ondernemer moet de andere woonplaats dan wel met behulp van twee niet-tegenstrijdige bewijsmiddelen vaststellen. Dat kan met het factuuradres, bankgegevens, het internetprotocoladres (IP-adres) of andere zakelijke gegevens. Dit hoeft niet als de omzetten van de ondernemer in alle EU-lidstaten minder bedragen dan € 100.000. In dat geval heeft de ondernemer aan één bewijsstuk voldoende om de woonplaats vast te stellen.

Mini One Stop Shop (MOSS)

Mini One Stop Shop (MOSS)

Zoals hiervoor is behandeld, zijn om concurrentieverstoringen te voorkomen digitale diensten altijd belast in het land waar de particuliere afnemer woont. Om te voorkomen dat een ondernemer zich in elke EU-lidstaat waar hij digitale diensten verricht moet registreren, is de regeling Mini One Stop Shop (MOSS) ingevoerd (art. 28v Wet OB). Deze MOSS-regeling is te beschouwen als een administratieve vereenvoudiging. De MOSS-regeling bestaat uit een EU-regeling en een niet-EU-regeling. De regelingen geven ondernemers de mogelijkheid om de omzetbelasting die zij over hun diensten moeten betalen, aan te geven in één EU-lidstaat. Dit geldt alleen als zij elektronische diensten, telecommunicatiediensten of omroepdiensten aan particulieren in andere EU-lidstaten verrichten.

Het MOSS-principe houdt in dat de ondernemer zich éénmaal in een lidstaat laat registreren voor het verrichten van deze diensten en slechts één enkele aangifte en betaling per kwartaal hoeft te doen. Daarmee heeft hij in één keer aan zijn verplichtingen voldaan voor alle EU-lidstaten waar hij deze diensten verricht.

De MOSS-regeling mag niet worden gebruikt voor:
– digitale diensten die verricht worden voor particulieren die niet wonen in een EU-lidstaat; voor deze diensten is de plaats van dienst ook de plaats waar de afnemer is gevestigd;
– digitale diensten die worden verricht voor Nederlandse particulieren; deze moeten worden aangegeven op de periodieke btw-aangifte;
– digitale diensten die worden verricht voor particulieren in EU-lidstaten waar de ondernemer beschikt over een vaste inrichting voor de omzetbelasting; deze moet de ondernemer aangeven op de periodieke btw-aangifte;
– het terugvragen van Nederlandse omzetbelasting; dit moet de ondernemer doen in de periodieke btw-aangifte;
– het alleen terugvragen van omzetbelasting uit andere landen.

Wanneer de ondernemer digitale diensten verricht voor andere ondernemers binnen de Unie, is de plaats van dienst de EU-lidstaat waar de afnemende ondernemer is gevestigd (B2B-hoofdregel). De afnemer moet de omzetbelasting dan in die EU-lidstaat voldoen.

Zowel in de Unie gevestigde als niet in de Unie gevestigde ondernemers kunnen gebruikmaken van de MOSS-regeling. Het is echter niet verplicht. Als een ondernemer niet gebruikmaakt van deze regeling, moet hij zich echter laten registreren in alle lidstaten waarin zijn afnemers wonen, en daar ook aangifte doen en omzetbelasting voldoen.

> **Voorbeeld**
>
> Een Nederlandse ondernemer verkoopt voor € 50.000 aan te downloaden spelletjes aan particulieren in Duitsland, België en Nederland. De plaats van dienst is Duitsland, België en Nederland. De alleen in Nederland gevestigde ondernemer kan kiezen uit één van de volgende mogelijkheden:
> 1. Registratie bij MOSS Nederland en aangifte doen in Nederland van alle belastbare digitale diensten in andere EU-lidstaten waar de ondernemer niet gevestigd is. De belastbare prestaties die hij in Nederland verricht, geeft hij aan op zijn gebruikelijke periodieke btw-aangifte.
> 2. Registratie als btw-plichtige in elke EU-lidstaat waar zijn afnemers gevestigd zijn.

Groep 9: Intellectuele diensten waarbij de afnemer een niet-ondernemer is die buiten de Unie is gevestigd (art. 6i Wet OB).

Het gaat hierbij onder meer om:
- diensten op het gebied van reclame;
- diensten verricht door raadgevende personen, ingenieurs, adviesbureaus, advocaten, accountants en soortgelijke diensten;
- informatieverwerking en -verschaffing;
- het beschikbaar stellen van personeel;
- de verhuur van roerende zaken, met uitzondering van vervoermiddelen.

B2B: niet van toepassing.
B2C: plaats van dienst is daar waar de afnemer is gevestigd of zijn woonplaats of gebruikelijke verblijfplaats heeft.

Als de afnemer van de bovengenoemde diensten niet tot deze categorie behoort (een niet-ondernemer uit de Unie), is de hoofdregel van toepassing.

> **Voorbeeld**
>
> **1** Een Nederlandse advocaat verstrekt een advies aan een particulier in Zwitserland.
> B2C: plaats van dienst is Zwitserland. De afnemer betaalt geen Nederlandse omzetbelasting.
>
> **2** De Nederlandse advocaat verstrekt een advies aan een particulier in Denemarken. Deze prestatie valt niet in groep 9, maar onder de hoofdregel B2C.
> B2C: plaats van dienst is dan Nederland, zodat de afnemer Nederlandse omzetbelasting betaalt.
>
> **3** De Nederlandse advocaat verstrekt een advies aan een ondernemer in Denemarken.
> Deze prestatie valt niet onder groep 9. B2B: hoofdregel: plaats van dienst is Denemarken. De omzetbelasting wordt verlegd naar de afnemer.

Groep 10: Voorkoming van niet-heffing (art. 6j Wet OB)

De laatste groep is bedoeld om te voorkomen dat geen Unie-omzetbelasting wordt geheven terwijl het werkelijke gebruik of de exploitatie van de dienst wél in de Unie plaatsvindt. Het gaat hier om een aantal diensten die worden verricht door ondernemers (waaronder ook een vaste inrichting) die buiten de Unie wonen of zijn gevestigd, waarbij de plaats van de dienst buiten de Unie zou zijn gelegen, maar

waarbij het daadwerkelijke gebruik of de exploitatie van de dienst wél in de Unie plaatsvindt. De fictie van art. 6j Wet OB stelt dat de plaats van dienst in deze gevallen Nederland is. Concreet gaat het hierbij om de volgende diensten:
a. de verhuur van vervoermiddelen aan particulieren, dan wel aan een vaste inrichting in Nederland;
b. diensten als bedoeld in art. 6i lid 1 letters a tot en met g Wet OB die worden verricht aan in Nederland gevestigde lichamen in de zin van de AWR, andere dan ondernemers. Hierbij kan bijvoorbeeld worden gedacht aan een publiekrechtelijk lichaam, zoals een gemeente;
c. diensten als bedoeld in art. 6i lid 1 letters i en j Wet OB die worden verricht aan particulieren die in Nederland wonen, daar zijn gevestigd of daar hun gebruikelijke verblijfplaats hebben.

Voorbeeld

Een ondernemer uit Zwitserland verhuurt computers aan de gemeente Venlo, die deze computers gebruikt voor de afdeling Burgerzaken. De gemeente treedt hier op als overheid en is dus een lichaam in de zin van de AWR (rechtspersoon/niet-ondernemer). Op grond van art. 6j Wet OB is de plaats van dienst Nederland. De Zwitserse ondernemer verricht dus een dienst in Nederland.

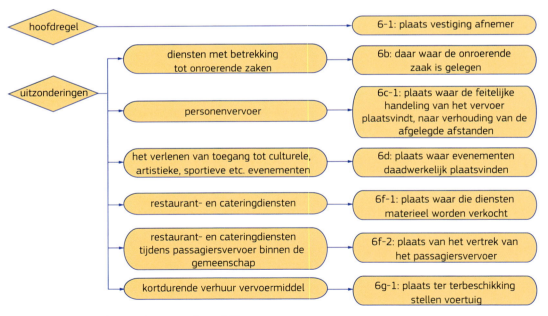

Schema Plaats van dienst B2B

HOOFDSTUK 10 | OMZETBELASTING

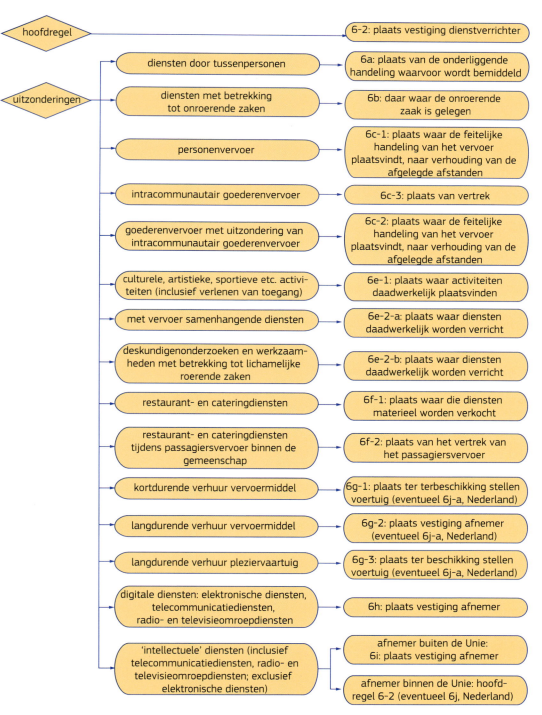

Schema Plaats van dienst B2C

495

10.9 Belastbaar feit: gemengde prestaties

Art. 1:	Leveringen	Diensten	Verwervingen	Invoer
Wat: Prestatie	Artt. 3, 3a, 3b	Art. 4	Art. 17	Art. 18
Waar: Plaats van de Prestatie	Artt. 5, 5a, 5b en 5c	Artt. 6, 6a t/m 6j	Art. 17b	

Gemengde prestaties — Het is mogelijk dat een ondernemer een opdracht krijgt die zowel uit leveringen als uit diensten bestaat. Ook kan een opdracht uit verschillende leveringen en diensten bestaan. We spreken dan van een 'gemengde prestatie'. Als iemand naar een café gaat en een drankje bestelt, is er sprake van een levering (het drankje) én een dienst (het serveren van de drank). Dan rijst de vraag of hier sprake is van één prestatie of dat het er twee of meer zijn.

Prestaties splitsen — De hoofdregel is dat moet worden nagegaan of het mogelijk is om de prestaties te splitsen. Als een prestatie gesplitst kan worden, moet dit ook daadwerkelijk gebeuren. Uit de jurisprudentie blijkt dat als splitsen niet mogelijk is, moet worden bekeken of:
a. één prestatie overheerst;
b. de prestaties naar maatschappelijke opvattingen niet splitsbaar zijn.
Als minimaal één van deze twee situaties het geval is, is sprake van één prestatie. In alle andere gevallen is sprake van meer dan één prestatie. Wordt één vergoeding betaald, dan moet deze vergoeding worden gesplitst en worden toegerekend aan de verschillende prestaties.

Eén prijs niet doorslaggevend — Voor de beoordeling of er al dan niet sprake is van één prestatie, is het feit dat één prijs in rekening wordt gebracht niet van doorslaggevende betekenis. Het berekenen van één prijs kan wel een aanwijzing zijn. De omstandigheid dat één vaste prijs wordt berekend, ongeacht of de aangeboden nevenprestaties wel of niet worden afgenomen, zal er sneller toe leiden dat die nevenprestaties als bijkomende prestaties worden aangemerkt.

Bijkomende prestaties — Voor bijkomende prestaties geldt hetzelfde omzetbelastingtarief als voor de hoofdprestatie waaraan zij onderschikkend zijn. Bijkomende prestaties zijn prestaties die voor de modale klant geen doel op zich vormen, maar de belangrijkste prestatie aantrekkelijker maken of een middel zijn om zo goed mogelijk van een andere prestatie te profiteren. Het gaat daarbij om prestaties die samen met een andere prestatie door dezelfde leverancier worden verricht (in één transactie) én een kleine invloed hebben op de totaalprijs van de betreffende transactie (zie ook paragraaf 10.10).

HOOFDSTUK 10 | OMZETBELASTING

> **Voorbeeld**
>
> 1 Een particulier gaat naar een kapper en laat zijn haar wassen en watergolven. Dit zijn twee prestaties (twee diensten). Normaal berekent de kapper een apart bedrag voor het wassen van het haar als het haar wordt geknipt. Klanten kunnen bij een knipbeurt ook kiezen om het haar niet te laten wassen. Maar bij watergolven wordt het haar altijd gewassen. Hierbij is het wassen ondergeschikt aan het watergolven. De dienst van het wassen gaat op in de dienst van het watergolven.
>
> 2 Een kapper spuit na het knippen haarlak op. De levering van de lak gaat op in de dienst van het knippen.
>
> 3 Mensen gaan naar een restaurant voor de bediening (dienst) en de levering van voedsel gaat daarin op.

10.10 Waarover moet omzetbelasting worden berekend?

Art. 1:	Leveringen	Diensten	Verwervingen	Invoer
Waarover/ maatstaf	Art. 8 de vergoeding	Art. 8 de vergoeding	Art. 17c	Art. 19

10.10.1 Inleiding

Vergoeding
In art. 8 Wet OB staat dat omzetbelasting wordt berekend over de vergoeding. Dit is het totale bedrag dat ter zake van de prestatie in rekening wordt gebracht of wordt betaald. Voor de omzetbelasting zijn een aantal maatstaven te onderscheiden. In deze paragraaf wordt dieper ingegaan op het begrip 'vergoeding' en het bedrag dat bij interne leveringen in aanmerking moet worden genomen.

10.10.2 De vergoeding

Maatstaf van heffing
De vergoeding is het totale bedrag exclusief omzetbelasting dat ter zake van de prestatie in rekening wordt gebracht of wordt betaald. In de omzetbelasting wordt ook wel de term 'maatstaf van heffing' gebruikt.

Het totale bedrag
Het totale bedrag kan afwijken van wat is afgesproken. In dat geval moet de omzetbelasting worden berekend over het bedrag dat is betaald, tenzij een factuur is uitgereikt waarop een hoger bedrag staat.

> **Voorbeeld**
>
> Als een ondernemer zich vergist en een te hoog bedrag in rekening brengt, moet hij over dit hogere bedrag omzetbelasting berekenen. Als de winkelier een lamp verkoopt aan een particulier en per vergissing € 550 euro berekent in plaats van € 500, moet hij uit het bedrag van € 550 de omzetbelasting berekenen en voldoen aan de Belastingdienst.

Ter zake van de prestatie

Rechtstreeks verband — Er moet een rechtstreeks verband bestaan tussen de prestatie en het ontvangen bedrag. Is er geen verband, dan is er ook geen sprake van een vergoeding in de zin van de Wet OB. Een schadevergoeding is geen vergoeding voor een geleverde prestatie, omdat er geen rechtstreeks verband bestaat tussen het als schade uitgekeerde bedrag en een verrichte prestatie. Daarom is een schadevergoeding onbelast. Bij subsidies is ook niet altijd een aanwijsbare tegenprestatie aanwezig. In dat geval is de subsidie niet belast met omzetbelasting.

> **Voorbeeld**
>
> 1. Als een boek te laat wordt teruggebracht bij een bibliotheek, moet de lener een boete betalen. Deze boete is niet te beschouwen als een dienst aan de lener, omdat het verlengen van de uitleentermijn gratis is. Er is dus geen verband tussen de geleverde prestatie (het gratis uitlenen van het boek) en de boete, zodat de boete onbelast is.
>
> 2. Bij een videotheek betaalt een klant ook een boete voor het te laat terugbrengen van een dvd. Als de boete gebaseerd is op de daghuurprijs, is wél een prestatie te onderkennen, namelijk de verhuur van een dvd. In dat geval is de boete wél belast.

In rekening gebracht

Rekening — De ondernemer moet wel een bedrag in rekening brengen. Als de afnemer vrijwillig een bijdrage betaalt, is geen heffing van omzetbelasting mogelijk. Als namelijk onverplicht een betaling wordt verricht waarvan de hoogte van tevoren niet te bepalen is, kan deze betaling niet worden gezien als een tegenprestatie voor de geleverde prestatie. De ondernemer heeft dan niets in rekening gebracht; hij heeft geen vergoeding bedongen.

> **Voorbeeld**
>
> Stel: een museum verleent gratis toegang; de bezoekers kunnen zelf bepalen of zij een bijdrage storten voor het onderhoud van de collectie. Er wordt dan geen omzetbelasting geheven over de vrijwillige bijdrage.

Het in rekening te brengen bedrag kan zowel mondeling als schrifelijk worden afgesproken. Als afgesproken is dat € 1.000 wordt gefactureerd en € 2.000 zal worden betaald, is het hogere bedrag afgesproken en vormt dit de maatstaf van heffing.

Bijkomende kosten

Bijkomende kosten

Ook de bijkomende kosten behoren tot de vergoeding. In dat geval wordt voor de bijkomende kosten hetzelfde tarief gehanteerd als voor de geleverde prestatie (art. 8 lid 2 Wet OB).

Voorbeeld

1. De meterhuur en het vastrecht horen bij de levering van gas, water en elektriciteit.

2. Als een boek € 15 kost en de boekhandel € 3 verzendkosten in rekening brengt, moet over € 18 omzetbelasting worden berekend.

3. Bij de levering van een ring in een doosje is het gebruikelijk dat de verpakking wordt gezien als een bijkomende kostenpost. Maar een antieke zilveren juwelendoos kan niet als de normale verpakking van een ring worden aangemerkt en zal dus afzonderlijk (= los van de ring) in de heffing moeten worden betrokken.

De volgende drie posten behoren niet tot de vergoeding in de zin van de Wet OB:

Contante betaling

1. korting voor contante betaling.

Voorbeeld

Aan u geleverde goederen	€ 1.000,00
Korting voor contante betaling	€ 20,00 –/–
	€ 980,00
Omzetbelasting: 21% van € 980	€ 205,80 +
Totaal te betalen	€ 1.185,80

Als niet aan de voorwaarde voor de korting wordt voldaan, bijvoorbeeld omdat de klant op het laatste moment aangeeft toch op rekening te willen betalen, moet een aanvullende factuur worden uitgereikt.

Als wordt gewerkt met een kredietbeperkingstoeslag, behoort deze vergoeding wel tot de vergoeding.

Krediet- beperkingstoeslag

Om ervoor te zorgen dat klanten op tijd betalen, vermelden sommige ondernemers op de factuur een kredietbeperkingstoeslag.

De kredietbeperkingstoeslag wordt opgeteld bij het factuurbedrag. Meestal is dit een percentage van het totaalbedrag. Over de toeslag wordt op de factuur geen omzetbelasting berekend. Betaalt de klant te laat, dan moet hij de toeslag aan de ondernemer betalen. In dat geval moet de ondernemer omzetbelasting voldoen over deze toeslag.

> **Voorbeeld**
>
> | | | |
> |---|---|---|
> | Aan u geleverde goederen | € 1.000,00 | |
> | Omzetbelasting: 21% van € 1.000 | €   210,00 + | |
> | Totaal te betalen | € 1.210,00 | als binnen 14 dagen wordt betaald |
> | Kredietbeperkingtoeslag 1% | €   12,10 + | |
> | Totaal te betalen | € 1.222,10 | als ná 14 dagen wordt betaald |
>
> Als de klant na de betalingstermijn betaalt, ontvangt de ondernemer € 1.222,10. De ondernemer moet dan alsnog € 2,10 (21/121 × € 12,10) aan omzetbelasting betalen, omdat hij € 12,10 extra heeft ontvangen. De koper heeft alleen recht op aftrek van deze omzetbelasting (€ 2,10) als hij een aanvullende factuur van de verkoper in zijn bezit heeft.
>
> NB. In de praktijk komt het ook voor dat de kredietbeperkingstoeslag eerst bij het goederenbedrag wordt opgeteld, waarna over het totaal de omzetbelasting wordt berekend.
>
> | | | |
> |---|---|---|
> | Aan u geleverde goederen | €   990,00 | |
> | Kredietbeperkingstoeslag 1% | €   10,00 + | |
> | | € 1.000,00 | |
> | Omzetbelasting: 21% van € 1.000 | €   210,00 + | |
> | Totaal te betalen | € 1.210,00 | als na 14 dagen wordt betaald |
> | | | |
> | Als binnen 14 dagen wordt betaald | €   990,00 | |
> | Omzetbelasting: 21% van € 990,00 | €   207,90 | |
> | Totaal te betalen | € 1.197,90 | |
>
> Het verschil is 1.210 –/– 1.197,90 = € 12,10 (€10 korting en € 2,10 omzetbelasting).
>
> Indien tijdig wordt betaald, is omzetbelasting verschuldigd over € 1.000, terwijl maar € 990 is ontvangen. Slechts via het uitreiken van een creditfactuur kan de leverancier teruggaaf krijgen van 21% over € 10. Bij te late betaling is er niets aan de hand.

Assurantiekosten

2. assurantiekosten, mits zij afzonderlijk op de factuur worden vermeld.

(Quasi-)-doorlopende posten

3. (quasi-)doorlopende posten; dit zijn kosten die worden betaald in naam en voor rekening van de opdrachtgever en vervolgens worden doorberekend. Hierbij kan bijvoorbeeld worden gedacht aan griffiekosten die door een advocaat worden doorberekend aan zijn cliënt.

> **Voorbeeld**
>
> | | |
> |---|---|
> | Voor u verzorgde procedure (belast) | € 4.000,00 |
> | Griffiekosten gerechtshof (onbelast) | €   75,00 + |
> | | € 4.075,00 |
> | Omzetbelasting: 21% van € 4.000 | €   840,00 + |
> | Totaal te betalen | € 4.915,00 |

Vergoeding in natura

Vergoeding in natura — Een vergoeding kan geheel of gedeeltelijk in natura worden voldaan (= niet in geld). In dat geval betaalt de opdrachtgever met goederen of in de vorm van arbeid. Als de leverancier hiermee instemt, wordt de belasting geheven over de totale waarde van de tegenprestatie. Bij het bepalen van de waarde van de tegenprestatie in goederen, moet in principe worden uitgegaan van de waarde die de goederen hebben voor degene die ze ontvangt. Maar omdat dit subjectief is, wordt om praktische redenen uitgegaan van de waarde van de opgeofferde gaven. De waarde zelf moet echter wel naar objectieve maatstaven worden vastgesteld.

> **Voorbeeld**
>
> Een voetballer maakt reclame voor een autodealer. Hij wordt hiervoor betaald met een nieuwe auto. De auto heeft een inkoopwaarde van € 30.000. Dit bedrag (de waarde van de opgeofferde gaven) vormt de vergoeding waarover omzetbelasting moet worden geheven, ook al is de verkoopprijs hoger. Het gevolg is dat de dealer de voorbelasting in aftrek kan brengen, en over hetzelfde bedrag omzetbelasting moet voldoen.

Margeregeling — Bij de verkoop van gebruikte goederen, antiek, kunst en verzamelvoorwerpen gelden bijzondere regels voor het vaststellen van het bedrag van de vergoeding. Deze zogenoemde margeregeling wordt in paragraaf 10.15.3 besproken.

10.10.3 Maatstaf van heffing bij interne leveringen

Interne levering — Van een interne levering is sprake bij een fictieve levering in de zin van art. 3 lid 3 Wet OB. De fictieve leveringen zijn behandeld in paragraaf 10.4.2. Om de waarde van een interne levering te kunnen bepalen, moet onderscheid worden gemaakt tussen goederen die zijn gekocht bij een derde en goederen die zelf zijn vervaardigd.

Aankoopprijs — Zijn de goederen bij een derde gekocht, dan moet worden uitgegaan van de aankoopprijs van het betreffende goed. Als de goederen in waarde zijn gedaald, mag op basis van een besluit worden uitgegaan van de lagere waarde.

> **Voorbeeld**
>
> Ondernemer Koopmans heeft een computerzaak. In januari 2021 koopt hij een aantal computers bij de groothandel. De aankoopprijs (exclusief omzetbelasting) per computer bedraagt € 900. In juni 2021 geeft hij zijn zoon Johan één van deze computers cadeau. Koopmans moet nu omzetbelasting betalen omdat hij een privéonttrekking heeft gedaan. De verschuldigde omzetbelasting moet worden berekend over € 900. Als de computer inmiddels in waarde is gedaald, mag Koopmans van een lagere aankoopprijs uitgaan.

Kostprijs — Is het goed in het eigen bedrijf vervaardigd, dan is geen aanschafprijs beschikbaar. In dat geval moet worden uitgegaan van de kostprijs, berekend op het tijdstip waarop deze handelingen worden uitgevoerd. Hierbij worden alle kosten (exclusief omzetbelasting) die zijn gemaakt voor het vervaardigen van het goed, bij elkaar opgeteld. Denk hierbij aan de kosten van het ontwerp, de aanschafkosten van de gebruikte materialen, etc.

Wanneer een ondernemer stopt met zijn onderneming en hij nog ondernemingsgoederen in zijn bezit heeft, gaan deze over naar het privévermogen van de ondernemer. De waarde waarover omzetbelasting moet worden berekend, is o.a. afhankelijk van de aanschafprijs. Als de goederen in waarde zijn gedaald, mag op basis van een besluit worden uitgegaan van de lagere waarde.

> **Voorbeeld**
>
> Makelaar Broekhuizen heeft thuis een computer staan. Hij heeft als hobby het zelf in elkaar zetten van computers. Voor zijn onderneming heeft hij dan ook zelf een computer gebouwd. Hiervoor heeft hij indertijd voor € 1.700 aan materiaal (exclusief omzetbelasting) gekocht. De economische waarde van deze computer is nog € 500. Wanneer makelaar Broekhuizen stopt met zijn onderneming, zal hij 21% over € 500 is € 105 moeten vermelden op zijn aangifte.

10.10.4 Maatstaf van heffing bij fictieve diensten

Bij fictieve diensten moet de vergoeding worden gesteld op de door de ondernemer gedane uitgaven voor het verrichten van de diensten (art. 8 lid 7 Wet OB). Hierbij moet onderscheid worden gemaakt tussen de volgende twee situaties:
1. privégebruik van goederen die tot het bedrijf behoren (denk bijvoorbeeld aan een werknemer die een auto van de zaak krijgt), zie ook paragraaf 10.12.5;
2. het gratis verrichten van fictieve diensten voor privédoeleinden (denk bijvoorbeeld aan de glazenwasser die zijn personeel de ramen van zijn privéwoning laat schoonmaken).

Ad 1. Privégebruik van goederen die tot het bedrijf behoren

Voor de berekening van het bedrag waarover omzetbelasting moet worden geheven, bestaan twee categorieën van gedane uitgaven (art. 5a Uitv.besch. OB), namelijk:
- de kosten van de aankoop of vervaardiging van het goed;
- de kosten van het onderhoud, de reparatie, etc.

Privégebruik — Deze kosten tellen alleen mee als voor de desbetreffende kosten een recht op volledige of gedeeltelijke aftrek van voorbelasting is ontstaan.

Bij de eerste categorie (de kosten van de aankoop of vervaardiging van het goed) gaat het in principe om eenmalige uitgaven die zich voordoen in het jaar van de verwerving of de vervaardiging. Eventuele uitgaven die in een eerder of later jaar zijn/worden gedaan, moeten hierbij worden opgeteld. Het totaalbedrag van deze kosten moet vervolgens worden verdeeld over meerdere kalenderjaren (art. 5a lid 2 en lid 4 Uitv.besch. OB). Bij roerende zaken waarop wordt afgeschreven, moet het totaalbedrag worden gedeeld door 5. In het jaar dat de ondernemer het goed gaat gebruiken, moet voor het eerst een deel van de kosten in aanmerking worden genomen.

Bij onroerende zaken, waarbij in 10 jaar kan worden herzien mits de zaken worden gebruikt voor bedrijfsdoeleinden, wordt het totaalbedrag niet gedeeld door 10, maar is de btw-aftrek voor het privégebruik vanaf de aanschaf beperkt tot het evenredige deel van de onroerende zaak dat voor bedrijfsdoeleinden wordt gebruikt. Indien het gebruik binnen de herzieningstermijn van 10 jaar wijzigt, kan worden gecorrigeerd.

Let op, deze niet in het eerste jaar van herzien in aftrek te brengen omzetbelasting terzake van dit privégebruik – het privégebruik is in het eerste jaar groter dan in de daarop volgende jaren – kan niet meer worden herzien. Dit geldt ook als binnen de 10 jaar het gebruik wordt gewijzigd van privégebruik gewijzigd naar zakelijk gebruik (zie ook het voorbeeld aan het eind van paragraaf 10.12.3).

De uitgaven van de tweede categorie (kosten van onderhoud, reparatie, etc.) moeten in aanmerking worden genomen in het kalenderjaar waarin de ondernemer de desbetreffende goederen of diensten gaat gebruiken. Dus als een ondernemer bijvoorbeeld uitgaven heeft gedaan voor de verbouwing van een pand dat hij vervolgens in gebruik neemt (gemengd gebruik: zakelijk en privé), moeten deze uitgaven worden toegerekend aan het kalenderjaar waarin het goed in gebruik is genomen. Dat betekent dat de aftrek van omzetbelasting wordt beperkt voor zover die kosten zijn toe te rekenen aan het privégebruik.

Is het goed al in gebruik genomen en worden er op een later moment bijvoorbeeld uitgaven gedaan voor een verbouwing van het goed, dan worden die uitgaven toegerekend aan het kalenderjaar waarin de ondernemer de 'verbouwingsdienst' gaat gebruiken. Vaak is dit hetzelfde kalenderjaar als het jaar waarin de uitgaven feitelijk worden gedaan. De herziening van de aftrek vindt alleen plaats bij ingebruikneming en aan het einde van het desbetreffende boekjaar.

Voorbeeld

Frank heeft een koeriersbedrijf voor Amsterdam en omstreken. Gezien de vele opstoppingen en parkeerproblemen, gebruikt hij motoren om de brieven en pakjes weg te brengen.

Eén van de motoren gebruikt hij ook privé. De aanschafprijs van de motor is € 15.000 exclusief omzetbelasting (jaarlijkse afschrijving is € 15.000/5 = € 3.000) en de (onderhouds)kosten bedragen € 3.500 exclusief omzetbelasting. Het privégebruik is te stellen op 40%. De maatstaf van heffing is dan 40% × € 6.500 (€ 3.000 + € 3.500) = € 2.600. Frank moet, uitgaande van een tarief van 21%, € 546 aan omzetbelasting betalen voor het privégebruik.

Ad 2. Het gratis verrichten van fictieve diensten voor privédoeleinden

Fictieve diensten Bij gratis fictieve diensten voor privédoeleinden gaat het steeds om eenmalige diensten die de ondernemer zelf om niet verricht (art. 4 lid 2 letter b Wet OB). Daarom worden hier niet alleen die uitgaven in aanmerking genomen waarvoor bij de ondernemer het recht op volledige of gedeeltelijke aftrek van voorbelasting is ontstaan. Voor deze fictieve diensten is bepaald dat álle specifiek aan die dienst toe te delen uitgaven moeten worden 'meegenomen' in de maatstaf van heffing (art. 5b Uitv.besch. OB).

> **Voorbeeld**
>
> De eigenaar van een glazenwassersbedrijf laat zijn personeel de ramen van zijn privéwoning lappen. De loonkosten van het personeel bedragen € 50. De eigenaar verricht een dienst aan zichzelf. Met betrekking tot deze dienst is hij omzetbelasting verschuldigd over € 50.

10.10.5 Maatstaf van heffing bij invoer

Douanewaarde De maatstaf van heffing bij invoer wordt in art. 19 Wet OB gesteld op de douanewaarde. De douanewaarde wordt bepaald op grond van het communautaire douanewetboek, waarbij de transactiewaarde het uitgangspunt is.

De douanewaarde is inclusief belastingen (behalve omzetbelasting), heffingen, rechten bij invoer en bijkomende kosten (art. 19 lid 2 Wet OB).

10.11 Hoeveel omzetbelasting moet er worden voldaan?

Art. 1:	Leveringen	Diensten	Verwervingen	Invoer
Hoeveel: tarief + vrijstellingen	Art. 9 tarief Art. 11 vrijstellingen	Art. 9 tarief Art. 11 vrijstellingen	Art. 17d tarief Art. 17e vrijstellingen	Art. 20 Art. 21 vrijstellingen bij invoer

10.11.1 Inleiding

Tarief Art. 9 lid 1 Wet OB geeft antwoord op de vraag hoeveel omzetbelasting moet worden voldaan. De belasting (het tarief) bedraagt 21% (algemeen tarief), tenzij sprake is van leveringen van goederen en diensten:
– die worden genoemd in Tabel I; in dat geval is het tarief 9% (art. 9 lid 2 letter a Wet OB). Dit is het verlaagde tarief;
– die worden genoemd in Tabel II, mits is voldaan aan door de wetgever bij algemene maatregel van bestuur vast te stellen voorwaarden. In dat geval is het tarief nihil (art. 9 lid 2 letter b Wet OB). Dit is 0% (ook wel het nultarief genoemd). De voorwaarden staan genoemd in art. 12 Uitv.besl. OB.

De tabellen zijn te vinden na het laatste artikel in de wet OB. Het algemene btw-tarief is 21%, het lage tarief is met ingang van 1 januari 2019 9%.

Het ministerie van Financiën heeft een toelichting gegeven op Tabel I. Hierin wordt zoveel mogelijk omschreven welke prestaties onder het verlaagde tarief vallen, maar ook wanneer sprake is van een dienst of een levering. Tevens wordt bij een aantal van de beschreven prestaties ingegaan op de gemengde prestaties en hoe daarmee moet worden omgegaan.

Soms wordt een goedkeuring gegeven om het verlaagde tarief te mogen toepassen op samenhangende prestaties. De laatste wijziging ging voornamelijk om de aanpassing van de einddatum voor de toepassing van het verlaagde tarief op renovatie- en herstelwerkzaamheden van woningen van Tabel b post 21 Wet OB (nu dus vervallen).

Nultarief Als sprake is van een nultarief (0% omzetbelasting op de factuur), behoudt de ondernemer zijn recht op de aftrek van voorbelasting. Maar als een vrijstelling van toepassing is (geen omzetbelasting op de factuur), heeft de ondernemer geen recht op de aftrek van voorbelasting.

10.11.2 Tabel I

Verlaagd tarief In Tabel I zijn de goederen en diensten genoemd die onder het verlaagde tarief van 9% vallen. Het verlaagde tarief is ingesteld om de druk van de omzetbelasting te verzachten voor de minder draagkrachtigen. Dit blijkt ook uit de posten die onder deze tabel vallen, want het gaat hier voornamelijk om uitgaven die gewoonlijk tot het normale bestedingspatroon behoren.

Tabel I is onder te verdelen in:
a. leveringen van goederen (voorbeeld: het kopen van een bos bloemen);
b. diensten (voorbeeld: het schilderen van een woning uit het jaar 2008).

Voorbeeld

1 Een *papieren krant* valt onder het verlaagde tarief van art. 9 lid 2 letter a jo Tabel I post a30.

2 Het *geven van sportlessen in een sportaccommodatie* zoals judo, aerobic en zumba valt onder het verlaagde tarief van art. 9 lid 2 a j Tabel 1 post b3. Let op, het moet gaan om actieve sportbeoefening, hieronder valt niet een denksport zoals bijvoorbeeld bridge, schaken, dammen, go.

3 *Sportlessen, instructies of begeleiding die niet worden gegeven in combinatie met het ter beschikking stellen van een sportaccommodatie*, vallen onder het 21%-tarief. Dit is bijvoorbeeld het geval als een personal trainer les geeft aan iemand die al lid is van de sportschool. De betaling aan de personal trainer valt onder het 21%-tarief.

10.11.3 Tabel II

Nultarief
In Tabel II zijn de goederen en diensten vermeld die onder het nultarief vallen. Het gaat hierbij onder meer om het internationale goederen- en dienstenverkeer. Het nultarief wordt dan gebruikt als hulpmiddel om het doel van de omzetbelasting te bereiken, namelijk het belasten van de binnenlandse bestedingen (leveringen en diensten). Het nultarief geldt alleen als aan de hand van boeken en bescheiden kan worden aangetoond dat er sprake is van uitvoer of van een intracommunautaire levering (ICL). Invoer, uitvoer en de ICL zijn eerder behandeld in de paragrafen 10.5 en 10.7.

Net als Tabel I is ook Tabel II te verdelen in leveringen (post a) en diensten (post b).

Tarief	
– art. 9 lid 1 Wet OB	21%
– art. 9 lid 2 letter a Wet OB + Tabel I Wet OB	9%
– art. 9 lid 2 letter b Wet OB + Tabel II Wet OB	0%

10.12 In hoeverre recht op de aftrek van voorbelasting?

Art. 1:	Leveringen	Diensten	Verwervingen	Invoer
Aftrek	Artt. 2 +15 +16 + 16a + 17 + 29	Artt. 2 +15 + 16 + 16a + 17 + 29	Artt. 2 + 15 + 16 + 16a + 17 + 29	Artt. 2 + 15 + 16 + 16a + 17 + 20

10.12.1 Inleiding

Voorbelasting
Een ondernemer mag van de omzetbelasting die hij is verschuldigd, de zogeheten 'voorbelasting' aftrekken. Dit is de omzetbelasting die aan hem in rekening is gebracht in verband met aan hem geleverde prestaties, plus de omzetbelasting die hij moet betalen in verband met verwerving of invoer. Dit is vastgelegd in art. 2 Wet OB. Deze aftrek is een cruciaal onderdeel van ons btw-systeem, omdat het doel van dit systeem is om per schakel alleen de toegevoegde waarde te belasten. Per saldo betaalt de ondernemer alleen de omzetbelasting over de door hem toegevoegde waarde. Door de aftrek van voorbelasting ('vooraftrek') staan de goederen omzetbelastingvrij bij de ondernemer.

Vooraftrek

10.12.2 Voorwaarden aftrek van voorbelasting

Aftrek De omzetbelasting is in beginsel aftrekbaar als aan de volgende vier voorwaarden wordt voldaan:
1. de omzetbelasting is in rekening gebracht door een ondernemer;
2. er is sprake van een prestatie aan de ondernemer;
3. de omzetbelasting is vermeld op een juiste factuur;
4. de prestatie wordt door de afnemer voor belaste handelingen gebruikt.

Ondernemer De eerste voorwaarde, dat de omzetbelasting in rekening is gebracht door een ondernemer, is logisch en behoeft geen toelichting.

Prestatie De tweede voorwaarde valt in drie delen uiteen. Ten eerste moet er sprake zijn van een prestatie, ten tweede moet degene die de factuur ontvangt de prestatie zelf hebben afgenomen en ten derde dit in zijn kwaliteit van ondernemer doen. Het doorbelasten van kosten zonder dat daar een prestatie aan ten grondslag ligt, is geen prestatie in de zin van de omzetbelasting. Als dan toch omzetbelasting op de factuur wordt gezet, is deze niet als voorbelasting aftrekbaar.

Voorbeeld

Prestatie
Een loodgieter is bezig in het huis van een particulier. Bij het vervangen van de kraan van een radiator gaat het mis waardoor de vloerbedekking ernstig beschadigd raakt. De loodgieter belt een bevriende woninginrichter en vraagt hem het tapijt op zijn kosten te vervangen en de factuur naar hem te sturen. Omdat de prestatie – het herstellen van de schade – niet door de loodgieter maar de bewoner van de woning wordt genoten, mag de loodgieter de op de factuur vermelde OB niet in aftrek brengen.

Hoedanigheid afnemer
Een schilder schildert in opdracht van een bv het woonhuis van de dga van die bv. Hij stuurt de factuur naar de bv onder vermelding van 'schilderen pand'. De bv heeft geen recht op aftrek van voorbelasting, ook al zou de bv deze factuur betalen. De bv is namelijk niet de afnemer van de prestatie, dat is de dga. Als de schilder de factuur rechtstreeks en op naam van de dga had verzonden, had deze dga ook geen recht gehad op aftrek van voorbelasting, omdat hij deze prestatie als privépersoon heeft afgenomen.

Factuurvereisten De derde voorwaarde is dat sprake moet zijn van een juiste factuur. Om recht te hebben op aftrek van de omzetbelasting die aan hem in rekening is gebracht, moet een ondernemer over een juiste factuur beschikken. In art. 35a Wet OB staan de eisen waaraan een factuur moet voldoen. De reden voor die eisen is dat de factuur in feite een bepaalde geldwaarde heeft voor de ondernemer. Op basis van deze factuur kan hij namelijk via zijn aangiftebiljet omzetbelasting terugvragen bij de Belastingdienst. Voldoet de factuur niet aan de eisen, dan heeft de ondernemer in beginsel ook geen recht op vooraftrek. In de paragrafen 10.16.3 en 10.16.4 wordt uitgebreid ingegaan op bedoelde eisen en de factuurverplichtingen.

Geen factuur — In een aantal gevallen kan de ondernemer toch aftrek van voorbelasting claimen, zonder dat een factuur aanwezig is die voldoet aan de eisen van art. 35 Wet OB. Er zijn namelijk regelingen getroffen voor:
- reizen per openbaar vervoer;
- brandstof voor auto's.

Op deze regelingen (te vinden in artikel 33 van de Uitv.besch OB) wordt niet nader ingegaan.

Belaste handelingen — De vierde voorwaarde is dat de prestatie wordt gebruikt voor belaste handelingen.
Om de mate van aftrek te kunnen bepalen moet worden nagegaan welke handelingen de ondernemer heeft verricht of zal verrichten. Het begrip handelingen kan worden verdeeld in niet-economische handelingen en economische handelingen.

Niet-economische handelingen — Onder niet-economische handelingen worden verstaan:
- verboden handelingen zoals de verkoop van drugs (zie ook paragraaf 10.4.3);
- de hoedanigheid van de afnemende ondernemer (als ondernemer of als overheid);
- gratis prestaties (zie paragraaf 10.3.2: prestaties om niet en prestaties tegen een symbolische vergoeding).

Deze niet-economische handelingen geven geen recht op aftrek voorbelasting.

> **Voorbeeld**
>
> Een wietteler koopt lampen om zijn planten beter te laten groeien. Op de factuur staat omzetbelasting vermeld. De verkoop van softdrugs wordt door de Nederlandse overheid gedoogd, maar omdat binnen de Europese Unie voor softdrugs een absoluut verhandelingsverbod bestaat, vindt de verkoop van wiet plaats als een niet-economische handeling. De wietteler heeft geen recht op aftrek van voorbelasting, maar de levering van wiet is ook niet belast met omzetbelasting.

Economische handelingen — Onder economische handelingen wordt verstaan met omzetbelasting belaste handelingen. Een ondernemer heeft alleen recht op aftrek van voorbelasting als hij de goederen of diensten gebruikt voor belaste handelingen (zie art. 15 Wet OB). Als de goederen en diensten voor vrijgestelde prestaties worden gebruikt, heeft de ondernemer geen recht op aftrek van voorbelasting. Volgens de jurisprudentie zijn de diensten en daarmee samenhangende leveringen van goederen van organisaties die collectieve belangen behartigen voor hun leden, onder voorwaarden geen economische, met omzetbelasting belaste activiteit, omdat er geen rechtstreeks verband bestaat tussen de dienst en de ontvangen prestatie (zie ook paragraaf 10.10.2).

Als een ondernemer zowel belaste als onbelaste handelingen verricht, is alleen aftrek van voorbelasting (op investeringen en ontvangen prestaties) mogelijk als en voor zover deze handelingen kunnen worden toegerekend aan de belaste activiteiten (zie ook paragraaf 10.12.3).

Voorbeeld

De Vereniging Land- en Tuinbouworganisatie bevordert de belangen van haar leden. Deze collectievebelangenbehartiging wordt niet gezien als een economische, met omzetbelasting belaste activiteit. De leden betalen voor deze onbelastbare dienst een contributie. Daarnaast verricht de vereniging individueel belaste diensten aan haar leden. Als de vereniging een advocaat inschakelt in verband met de (onbelaste) collectievebelangenbehartiging, is geen aftrek van voorbelasting mogelijk.

Uit artikel 15 lid 1 Wet OB volgt dat de omzetbelasting die een ondernemer in aftrek mag brengen, de omzetbelasting is:
- die door andere ondernemers ter zake van leveringen en diensten op een juiste factuur in rekening is gebracht;
- die de ondernemer verschuldigd is vanwege een intracommunautaire verwerving (ICV), dit is zowel het geval als er een intracommunautaire transactie (ICT) heeft plaatsgevonden, als wanneer hij zijn eigen goederen (bij fictie) heeft overgebracht naar Nederland;
- die de ondernemer ter zake van invoer is verschuldigd;
- die naar de ondernemer is verlegd;
- op interne prestaties;

Schematisch:

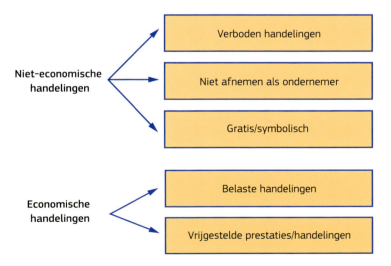

In de praktijk kennen wij nog twee belastingpercentages: 2,7% en 1,5%. Deze percentages zijn geen extra tarieven naast die van art. 9 Wet OB (21%, 9% en 0%), maar zijn het gevolg van een ministeriële goedkeuring op grond waarvan de aftrek van omzetbelasting op de autokosten forfaitair mag worden gecorrigeerd (beperkt) wegens privégebruik van die auto van de zaak (zie paragraaf 10.12.5).

Aanschaf van investeringsgoederen

Investeringsgoederen — Investeringsgoederen zijn goederen waarop de ondernemer voor de inkomsten- of vennootschapsbelasting afschrijft, of waarop hij zou kunnen afschrijven als hij aan een vergelijkbare belasting zou zijn onderworpen. Onroerende zaken en rechten waaraan deze zaken zijn onderworpen en waarop niet wordt afgeschreven, kunnen ook investeringsgoederen zijn. Bij investeringsgoederen is de aftrek van voorbelasting niet definitief. Afhankelijk van het gebruik kan bij deze goederen de aftrek in de volgende boekjaren worden gecorrigeerd (herzien). Zie paragraaf 10.12.3).

Het verschil tussen (investerings)goederen en diensten is van belang voor een gewijzigd gebruik voor de omzetbelasting. Geen investeringsgoederen zijn goederen die fiscaal in één keer worden afgeschreven en ingekochte diensten. Bij deze niet-investeringsgoederen is de aftrek definitief zodra de herziening in het jaar van ingebruikneming aan het einde van dat boekjaar heeft plaatsgevonden. Bij onroerende zaken is het dan ook belangrijk om te weten of sprake is van een kostbare verbouwing (dienst) of van een nieuw vervaardigd onroerend goed (levering).

Vermogensetikettering — De omzetbelasting kent ook een vermogensetikettering. Een ondernemer heeft de mogelijkheid om bij de aanschaf van een investeringsgoed het goed geheel of gedeeltelijk tot zijn bedrijfsvermogen te rekenen of geheel in zijn privévermogen op te nemen. Deze vermogensetikettering heeft gevolgen voor het recht op aftrek van voorbelasting.

1. De ondernemer rekent het investeringsgoed geheel tot zijn bedrijfsvermogen

Bedrijfsvermogen — Deze keuze brengt mee dat de ondernemer de omzetbelasting die aan hem in rekening is gebracht met betrekking tot de aanschaf van het investeringsgoed, voor 100% kan aftrekken, mits dit goed wordt gebruikt voor belaste handelingen.

2. De ondernemer rekent het investeringsgoed gedeeltelijk tot zijn bedrijfsvermogen en gedeeltelijk tot zijn privévermogen

Keuzevermogen — Als een investeringsgoed deels tot het bedrijfsvermogen en deels tot het privévermogen van de ondernemer behoort, is er sprake van keuzevermogen.
De ondernemer kan de aan hem in rekening gebrachte omzetbelasting ter zake van het investeringsgoed voor 100% in aftrek brengen. Maar tegelijkertijd moet de ondernemer omzetbelasting betalen voor het privégebruik (fictieve dienst) volgens art. 4 lid 2 Wet OB (zie de paragrafen 10.8.2 en 10.10.4). Bij de berekening van de gemaakte uitgaven met betrekking tot het privégebruik wordt aangesloten

bij de bestaande herzieningsperiode voor de roerende en onroerende zaken (zie paragraaf 10.12.3).

De regels met betrekking tot de heffing (en aftrek) van gemengd gebruik (privé- en zakelijk gebruik) van onroerende zaken zijn als volgt: geen recht op aftrek van voorbelasting bij privégebruik van zakelijke goederen, en ook geen correctie (lees: bijtelling) voor het privégebruik. Als binnen de herzieningstermijn wijzigingen optreden in het prive- en zakelijk gebruik van de onroerende zaak, kan een correctie plaatsvinden inzake de aftrek (herzien).

Voor andere uitgaven in verband met een onroerende zaak die tevens privé wordt gebruikt (zoals onderhoudswerkzaamheden), geldt dat de herziening van de aftrek alleen plaatsvindt bij ingebruikneming en aan het einde van het desbetreffende boekjaar.

Voorbeeld

Mevrouw Charles koopt een vakantiewoning voor € 121.000 (exclusief € 21.000 omzetbelasting). Zij kiest ervoor om deze woning voor 100% als ondernemingsvermogen te bestempelen, omdat de woning wordt verhuurd.
Mevrouw Charles heeft geen recht op 100% aftrek van voorbelasting, omdat zij met haar gezin een aantal weken per jaar (stel: 20%) in de vakantiewoning verblijft. Zij heeft recht op 80% aftrek van omzetbelasting.

3. De ondernemer rekent het investeringsgoed geheel tot zijn privévermogen

Privévermogen   Als de ondernemer het investeringsgoed geheel tot zijn privévermogen rekent, heeft hij geen recht op aftrek van de aan hem in rekening gebrachte omzetbelasting.

Voorbeeld

Een ondernemer brengt een pand, bestaande uit drie verdiepingen, over van zijn bedrijfsvermogen naar zijn privévermogen. Vervolgens laat hij de tweede en derde verdieping verbouwen tot woning. Vastgesteld wordt dat in wezen nieuwbouw heeft plaatsgevonden. Toch kan de in rekening gebrachte omzetbelasting niet in aftrek worden gebracht, want de woning behoorde ten tijde van de verbouwing tot het privévermogen.
Het keuzemoment voor de belastingplichtige en ook het beoordelingsmoment voor de aftrek zijn uiterlijk gelegen op het tijdstip waarop feitelijk wordt beschikt over de verbouwing. Op dat moment was sprake van uitsluitend gebruik als woning.

Gebruik en onderhoud van het investeringsgoed

Als een investeringsgoed wordt gebruikt voor (belaste) bedrijfsdoeleinden, is de voorbelasting die betrekking heeft op het gebruik en het onderhoud van dit investeringsgoed aftrekbaar. Dit geldt ook als de ondernemer ervoor heeft gekozen om het goed geheel tot zijn privévermogen te rekenen.

10.12.3 Aftrek bij belaste en vrijgestelde prestaties

Belaste en vrijgestelde prestaties

Het is mogelijk dat een ondernemer zowel belaste als vrijgestelde prestaties verricht in de zin van de Wet OB. Alleen voor zover hij belaste prestaties verricht, mag hij de betaalde voorbelasting in aftrek brengen op de verschuldigde omzetbelasting. Hij moet de aan hem in rekening gebrachte omzetbelasting splitsen (artt. 11 en 12 Uitv.besch. OB).

De omzetbelasting op alle aangeschafte goederen en diensten die hij uitsluitend gebruikt voor belaste prestaties, mag hij direct in aftrek brengen. De omzetbelasting op goederen en diensten die hij na aanschaf uitsluitend gebruikt voor vrijgestelde prestaties, mag hij helemaal niet in aftrek brengen. De omzetbelasting op goederen en diensten die hij aanschaft voor het gebruik voor vrijgestelde én belaste prestaties, moet hij splitsen.

Pro rata

Bij de aanschaf wordt de aftrek van voorbelasting berekend naar de verhouding die in dat tijdvak geldt tussen de belaste omzet en de totale omzet (art. 11 lid 1 letter c Uitv.besch. OB).

$$\text{Formule: aftrek} = \frac{\text{vergoeding belaste prestatie}}{\text{totale vergoeding}} \times \text{voorbelasting}$$

Als splitsing naar het werkelijke gebruik een zuiverder beeld geeft, moet de splitsing plaatsvinden op basis van het werkelijke gebruik (art. 11 lid 2 Uitv.besch. OB). Het bewijs van het werkelijke gebruik moet worden geleverd met behulp van objectief en nauwkeurig meetbare gegevens.

$$\text{Formule: aftrek} = \frac{\text{gebruik belaste prestatie}}{\text{totale prestaties}} \times \text{voorbelasting}$$

Als de pro rata op basis van het werkelijk gebruik is bepaald, geldt deze handelwijze voor het gehele goed. Wanneer het gebruik voor een of meer onderdelen van het geheel niet (nauwkeurig) kan worden bepaald, kan in het geheel geen gebruik worden gemaakt van dit begrip 'werkelijk gebruik'. Het recht op aftrek voorbelasting moet dan voor het geheel op basis van de omzetverhoudingen worden bepaald.

Voorbeeld

Makelaar Van den Aerts heeft een pand gekocht. Dit pand wordt gebruikt voor belaste, vrijgestelde en gemengde prestaties. Het recht op aftrek van omzetbelasting werd gedeeltelijk bepaald op basis van de omzetverhouding en gedeeltelijk met de pro rata-methode. De verdeling van de totale vloeroppervlakte van 360 m^2 was als volgt: voor de belaste activiteiten gebruikte hij 140 m^2 en voor de vrijgestelde activiteiten 20 m^2. De resterende 200 m^2 was voor gemengd gebruik. Van den Aerts heeft voor de gemengde ruimten geen informatie gegeven waaruit het werkelijke gebruik van die ruimten voor belaste en vrijgestelde prestaties afzonderlijk objectief en nauwkeurig kan worden bepaald. De pro-rata methode moet dan worden gebruikt voor het gehele pand.

Herziening

Herziening Vervolgens moet aan het einde van het jaar opnieuw worden berekend of de verhouding (omzetverhouding of werkelijk gebruik) is gewijzigd. Zo ja, dan moet de aftrek van voorbelasting worden herzien (art. 12 lid 3 Uitv.besch. OB).

Voor goederen geldt dat als een goed in een later tijdvak dan dat van aanschaf in gebruik wordt genomen, de aftrek moet worden herzien op basis van de verhouding die geldt in het tijdvak van ingebruikneming.
In dat geval wordt de aftrek die geldt voor het tijdvak van ingebruikneming, herzien aan de hand van de aftrek op basis van de jaarcijfers.

Voorbeeld

In januari schaft een makelaar een computer aan die zowel wordt gebruikt voor de afdeling makelaardij (belast) als voor de afdeling assurantie (vrijgesteld). De volgende informatie is gegeven:

Omzet makelaardij 1e kwartaal	€ 500.000
Omzet assurantie 1e kwartaal	€ 100.000
Betaalde omzetbelasting bij aanschaf computer	€ 2.500
Te claimen vooraftrek 1e kwartaal = (€ 500.000 / € 600.000) × € 2.500 =	€ 2.083
Herziening vooraftrek:	
Aan het einde van het boekjaar zijn de volgende omzetten bekend:	
Omzet makelaardij	€ 3.500.000
Omzet assurantie	€ 500.000
Te claimen vooraftrek 1e kwartaal (€ 3.500.000 / € 4.000.000) × € 2.500 =	€ 2.188
In aftrek gebracht in 1e kwartaal	€ 2.083 −/−
Nog te ontvangen	€ 105

Tijdvak

Tijdvak In het tijdvak waarin een ondernemer een factuur ontvangt waarop omzetbelasting in rekening wordt gebracht, heeft hij recht op teruggaaf van deze omzetbelasting. Op het moment van ontvangst van de factuur kent hij een bestemming toe aan de betreffende goederen en diensten.
Als hij de goederen en diensten voor belaste prestaties gaat gebruiken, heeft hij een volledig recht op aftrek, ook als hij de goederen of diensten niet direct gebruikt. Zolang de goederen op voorraad liggen, verandert er niets aan het recht op aftrek. Gaat de ondernemer de goederen vervolgens gebruiken, dan zal hij moeten
Bestemming van beoordelen of de bestemming van de goederen (belast of vrijgesteld) is gewijzigd.
de goederen Als de bestemming is gewijzigd, zal hij op basis van art. 15 lid 4 Wet OB de te veel afgetrokken belasting moeten terugbetalen of de te weinig teruggevraagde belasting alsnog mogen terugvragen. Dit is zelfs nog mogelijk als de ondernemer de goederen al 10 jaar op voorraad heeft liggen.

Herzieningstermijn

Herziening — Bij diensten en bij goederen die fiscaal in één keer ten laste van het resultaat komen, is de aftrek van voorbelasting definitief zodra de herziening aan het einde van het (boek)jaar van ingebruikneming heeft plaatsgevonden.

Investeringsgoederen — Voor investeringsgoederen is de aftrek van voorbelasting na de herziening echter nog niet definitief. Bij deze goederen wordt de aftrek in een aantal volgende jaren zo nodig opnieuw berekend. Ook dit heet 'herzien' (artt. 13 en 13A Uitv.besch. OB). Hierbij moet onderscheid worden gemaakt tussen herziening bij onroerende zaken en herziening bij roerende zaken.

Onroerende zaken

Onroerende zaken — Bij onroerende zaken volgt de Belastingdienst het recht op aftrek voorbelasting 10 jaar. De termijn valt in twee delen uiteen: het jaar van ingebruikneming en de daaropvolgende 9 jaren. Als het werkelijk gebruik in het 1e jaar afwijkt van datgene waar bij de ingebruikneming van uit is gegaan, vindt aan het einde van het 1e jaar een correctie plaats.

Voorbeeld

Bij de ingebruikneming van een pand is de ondernemer ervan uitgegaan dat hij het pand voor 90% voor belaste prestaties zal gebruiken en voor 10% voor vrijgestelde prestaties. Hij heeft daarom 90% van de aankoop-btw teruggevraagd. Aan het einde van het 1e jaar blijkt uit de cijfers dat de verhouding in werkelijkheid uitkomt op 85% belast / 15% vrijgesteld. De ondernemer moet nu 15% –/– 10% = 5% van de aankoop-btw aan de Belastingdienst terugbetalen.

Ook in de 9 daaropvolgende jaren wordt het recht op aftrek van jaar tot jaar opnieuw beoordeeld. Er bestaan echter twee belangrijk verschillen. Allereerst vindt er geen correctie plaats als het verschil tussen werkelijk gebruik en verwacht gebruik niet meer is dan 10% van het verwachte gebruik. Is het verschil meer dan 10%, dan wordt niet de gehele voorbelasting herzien maar een tiende deel ervan. Wijzigingen die zich na de 10-jaarstermijn voordoen, hebben geen invloed meer op de genoten aftrek. De herzieningstermijn is dan verstreken.

Voorbeeld

In het 1e jaar werd het pand uit het vorige voorbeeld voor 85% voor belaste prestaties gebruikt en voor 15% voor vrijgestelde prestaties. Aan het einde van het 2e jaar is duidelijk dat de omzet uit belaste prestaties tot 65% is gedaald; het aandeel voor vrijgestelde prestaties is daarmee 35% van het totale gebruik. Het belaste gebruik is dus met 20/85e deel gedaald. Dit is meer dan 10% (van 85%). De genoten aftrek moet dus worden herzien. De herziening bedraagt: 85% –/– 65% = 20% van 1/10 van de aankoop-btw van het pand.

HOOFDSTUK 10 | OMZETBELASTING

Correctie Een correctie kan plaatsvinden als er een wijziging in het gebruik optreedt. Stel dat het pand eerst 100% voor belaste prestaties wordt gebruikt. Als het pand dan later ook voor vrijgestelde prestaties wordt gebruikt, moet de afgetrokken voorbelasting worden gecorrigeerd.

Voorbeeld

Een aannemer kocht op 1 januari 2017 een nieuw kantoorpand en betaalde daarvoor € 35.000 omzetbelasting. Hij nam het pand direct in gebruik. Omdat hij als aannemer alleen belaste prestaties verrichtte, mocht hij 100% van € 35.000 = € 35.000 als voorbelasting in aftrek brengen (art. 15 leden 1 en 4 Wet OB). De aannemer moet gedurende het 2e tot en met het 10e gebruiksjaar, gerekend vanaf het jaar van ingebruikname van het pand, steeds aan het einde van elk jaar het recht op de aftrek voorbelasting van dat betreffende jaar vaststellen (art. 13 lid 2 Uitv.besch. OB).

Voor 2018 luidt de berekening:

2018: $\dfrac{100\% \text{ (werkelijk belast gebruik)}}{100\% \text{ (belast gebruik in 2018)}} \times 1/10 \times €\,35.000 =$ € 3.500

2017: $\dfrac{100\% \text{ (belast gebruik in 2017)}}{100\% \text{ (belast gebruik in 2017)}} \times 1/10 \times €\,35.000 =$ − 3.500

Verschil (terug te betalen voorbelasting) € 0

In 2019, 2020 en 2021 gebruikt de aannemer het pand nog steeds voor zijn aannemingsbedrijf. De berekening die hij eind 2019, 2020 en 2021 maakt is daarom gelijk aan die voor 2018 (zie hiervoor).
Eind 2021 beëindigt hij zijn aannemingsbedrijf. Vanaf 1 januari 2022 verhuurt hij het pand zonder omzetbelasting. Het gebruik wijzigt dus van 100% belast gebruik in 0% belast gebruik. Vanaf dat moment moet hij de aftrek van voorbelasting herzien, omdat de herzieningsperiode begint op 1 januari 2017 en eindigt op 31 december 2026. Eind 2022 maakt de ondernemer de volgende berekening:

2022: $\dfrac{0\% \text{ (werkelijk belast gebruik)}}{100\% \text{ (belast gebruik in 2022)}} \times 1/10 \times €\,35.000 =$ € 0

2017: $\dfrac{100\% \text{ (belast gebruik in 2017)}}{100\% \text{ (belast gebruik in 2017)}} \times 1/10 \times €\,35.000 =$ − 3.500

Verschil (terug te betalen voorbelasting) € −3.500

Als hij het pand ook in de daaropvolgende jaren zonder omzetbelasting (vrijgesteld) verhuurt, moet hij ook aan het einde van 2023, 2024, 2025 en 2026 € 3.500 omzetbelasting aan de Belastingdienst terugbetalen. Daarna eindigt de herzieningsregeling zodat de berekening in de daaropvolgende jaren niet meer gemaakt hoeft te worden.

Herziening van het recht op aftrek van voorbelasting kan zich ook voordoen als een ondernemer na een aantal jaren vrijgestelde verhuur een pand, na een aantal jaren van leegstand, met omzetbelasting gaat verhuren (belaste verhuur). In dat geval bestaat er in de jaren van leegstand recht op aftrek voorbelasting als aannemelijk is dat de ondernemer het pand in de nabije toekomst met omzetbelasting (belast) zal verhuren. Het gaat er dus om of het de bedoeling van de ondernemer is om het pand in de toekomst voor belaste bedrijfsdoeleinden te gebruiken.

Herzieningstermijn Als een onroerende zaak binnen de herzieningsperiode wordt geleverd, wordt er voor de aftrek van voorbelasting van uitgegaan dat deze onroerende zaak tot het einde van de herzieningsperiode wordt gebruikt door de ondernemer. Dit is een fictie, omdat het pand is verkocht en dus niet meer door de ondernemer wordt gebruikt. Wat betreft de herziening zijn er dan twee situaties te onderscheiden:

1. Als bij de levering (verkoop) van het pand geen omzetbelasting in rekening wordt gebracht, wordt aangenomen (fictie) dat de ondernemer de onroerende zaak gedurende de resterende herzieningstermijn voor vrijgestelde prestaties gebruikt. Als hij bij de aankoop van het pand recht had op aftrek van voorbelasting en het pand vervolgens binnen 10 jaar verkoopt zonder omzetbelasting in rekening te brengen, moet hij de bij aankoop geclaimde voorbelasting gedeeltelijk terugbetalen. De terugbetaling moet in één keer plaatsvinden en wel in het tijdvak waarin de verkoop heeft plaatsgevonden.

> **Voorbeeld**
>
> Een schilder heeft op 1 januari 2019 een nieuw pand gekocht en in gebruik genomen. Hij claimt een bedrag van € 20.000 aan vooraftrek. Wegens uitbreiding van zijn bedrijf verkoopt hij het pand op 1 januari 2023 aan een bank. Van zijn accountant hoort hij dat over deze verkoop geen omzetbelasting wordt geheven (de levering is vrijgesteld). De schilder moet de in 2019 afgetrokken voorbelasting nu herzien. De herzieningsperiode begint op 1 januari 2019 en eindigt op 31 december 2028 en bestaat uit twee delen. Het eerste deel betreft het jaar van ingebruikneming en het tweede deel de 9 daaropvolgende boekjaren. Aan elk van die 9 jaren rekent hij € 2.000 (10% van € 20.000) toe. Omdat hij het pand verkoopt en levert, moet hij op grond van de herzieningsregel op de eerste aangifte van het jaar 2023 € 12.000 (6 jaar × € 2.000) aangeven (zie art. 13a lid 2 Uitv.besch. OB).

Levering onroerende zaak 2. Als de ondernemer bij de levering (verkoop) van de onroerende zaak wél omzetbelasting in rekening brengt, wordt aangenomen dat hij de onroerende zaak gedurende de resterende termijn voor belaste prestaties gebruikt. Het maakt dan niet uit of de levering van rechtswege of vanwege een optie is belast (zie paragraaf 10.14.3). Is bij de aankoop van het pand aftrek van voorbelasting geclaimd, dan is er nu geen reden om de vooraftrek te herzien. Heeft de ondernemer destijds geen (volledige) vooraftrek geclaimd en verkoopt hij het pand binnen 10 jaar mét omzetbelasting, dan kan hij een gedeelte van de bij de aankoop betaalde omzetbelasting alsnog aftrekken.

HOOFDSTUK 10 | OMZETBELASTING

> **Voorbeeld**
>
> Een bank koopt op 1 januari 2018 een nieuw kantoorpand voor € 242.000, inclusief € 42.000 omzetbelasting. De bank verricht uitsluitend vrijgestelde prestaties en heeft daarom geen recht op aftrek van voorbelasting.
> Op 1 januari 2022 verkoopt de bank het pand aan een juwelier. Omdat de juwelier het pand voor belaste prestaties zal gebruiken en hij dus recht op aftrek heeft, wordt er geopteerd voor belaste levering.
> De herziening verloopt nu als volgt: de herzieningsperiode begint op 1 januari 2018 en eindigt op 31 december 2027. Vanwege de belaste levering (opteren) heeft de bank recht op aftrek van voorbelasting over de periode van 1 januari 2022 tot en met 31 december 2027. De bank heeft dus over 6 jaar recht op vooraftrek, telkens voor een bedrag van € 4.200 per jaar (10% van € 42.000). De bank mag daarom op de eerste aangifte van het jaar 2022 € 25.200 (6 × € 4.200) omzetbelasting als voorbelasting in aftrek brengen.

Let op: de levering van onroerende zaken binnen 2 jaar na de ingebruikneming, is altijd van rechtswege belast (art. 11 lid 1 letter a ten 1e Wet OB).

Roerende zaken

Roerende zaken — Bij roerende zaken verloopt de herziening net zoals bij onroerende zaken. Het enige verschil is dat de herzieningstermijn bij roerende zaken 5 jaar duurt.

10.12.4 Vooraftrek bij invoer

Vooraftrek bij invoer — Bij invoer geldt dat de ondernemer voor wie de goederen zijn bestemd, recht heeft op aftrek van de omzetbelasting die hij is verschuldigd (mits hij de goederen voor belaste doeleinden gebruikt). Per saldo heeft hij dus geen last van de omzetbelasting die hij bij invoer betaalt. Nadeel is wel dat hij de omzetbelasting bij invoer moet voorfinancieren, want hij kan deze pas terugvorderen in de aangifte omzetblasting over het betreffende tijdvak.

Btw-codenummer — Het is ook mogelijk dat de ondernemer een verzoek doet om toepassing van art. 23 Wet OB (btw-codenummer). De ondernemer krijgt zo'n codenummer als hij regelmatig goederen invoert en een correcte administratie voert. Als een ondernemer een btw-codenummer heeft, hoeft hij aan de grens geen omzetbelasting te voldoen, maar moet hij deze omzetbelasting aangeven op zijn aangifte omzetbelasting. Dit moet onder de rubriek 'Aan u verrichte leveringen vanuit het buitenland'. Hetzelfde bedrag kan weer als voorbelasting in aftrek worden gebracht, mits de goederen worden gebruikt voor belaste doeleinden. Dit is in administratieve zin wellicht iets meer werk, maar dit zorgt er wel voor dat de ondernemer de omzetbelasting bij invoer niet hoeft voor te financieren.

> **Voorbeeld**
>
> Sheldon, ondernemer te Rotterdam, koopt regelmatig meubelen in Ghana. Hij laat deze meubelen vervoeren naar de haven van Rotterdam. Sheldon heeft een zogenoemde art. 23-vergunning. Hij hoeft niet bij de douane te betalen, maar geeft de omzetbelasting aan op zijn aangiftebiljet omzetbelasting. Sheldon trekt deze omzetbelasting op dezelfde aangifte weer als voorbelasting af, omdat de meubelen met omzetbelasting worden verkocht.

10.12.5 Aftrek voorbelasting en personenauto

Voorbelasting en personenauto

Er is geen verschil tussen de heffing van omzetbelasting bij de aanschaf van een personenauto en de heffing bij de aanschaf van andere bedrijfsmiddelen. De ondernemer die de auto koopt, heeft recht op de aftrek van voorbelasting als hij de auto gebruikt voor belaste prestaties. Gebruikt hij de auto zowel zakelijk als privé, dan hoeft hij de aan hem in rekening gebrachte omzetbelasting niet te splitsen. Hij mag de omzetbelasting bij de aanschaf volledig in aftrek brengen. Daarnaast heeft hij recht op vooraftrek ter zake van alle 'kosten die drukken op het houden van een auto', zoals de benzine, de reparatiekosten, de kosten van onderhoud, etc.

Maar omdat de auto ook privé wordt gebruikt, moet voor het privégebruik omzetbelasting worden voldaan. De omzetbelasting moet worden betaald over het werkelijke privégebruik. Met behulp van een sluitende bijgehouden kilometeradministratie kan worden berekend wat de verhouding is tussen zakelijk gebruik en privégebruik. Zie ook herziening roerende zaken, paragraaf 10.12.3).

De correctie wegens privégebruik auto door de ondernemer én de correctie wegens privégebruik auto door zijn personeel vinden plaats op grond van art. 4 lid 2 Wet OB (privégebruik als fictieve dienst) mits de auto om niet (dus gratis) ter beschikking wordt gesteld. In beide gevallen wordt voor het woon-werkverkeer aangesloten bij de correctie via de fictieve dienst van art. 4 lid 2 Wet OB en art. 5a Uitv.besch OB. Deze wettelijke regeling zorgt ervoor dat er omzetbelasting drukt op het privégebruik van (ook) zakelijk gebruikte auto's. Deze regeling sluit exact aan bij het werkelijke privégebruik en de daadwerkelijk daaraan toerekenbare kosten.

De wettelijke regeling vereist dat ondernemers de privé gereden kilometers en de autokosten bijhouden in hun administratie. De privékilometers worden vervolgens afgezet tegen het totaal van de in dat jaar met die auto gereden kilometers. Uit die verhouding afgezet tegen de voor de desbetreffende auto gemaakte kosten vermenigvuldigd met het algemene OB-tarief volgt dan welk bedrag aan omzetbelasting is verschuldigd wegens het privégebruik van de auto.

Deze heffing op basis van het werkelijk gebruik voor privédoeleinden is te zien als een correctie op de aftrek van voorbelasting.

HOOFDSTUK 10 | OMZETBELASTING

> **Voorbeeld**
>
> Ondernemer Jansen heeft in 2020 een personenauto gekocht. De catalogusprijs bedroeg € 33.000. Dit bedrag is inclusief € 10.000 aan bpm en € 4.000 aan omzetbelasting. Hij verricht uitsluitend belaste prestaties en heeft de omzetbelasting op de aanschaf daarom geheel in aftrek gebracht evenals de omzetbelasting op het onderhoud en gebruik van deze auto. Jansen reed in 2021 40.000 km met de auto, waarvan 10.000 km privé (inclusief zijn woon-werkverkeer). Uit de administratie over 2021 blijken de volgende gebruikskosten (na aftrek van de omzetbelasting) van de auto:
>
> | | | |
> |---|---|---|
> | Brandstoffen | (€ 5.566 –/– € 966 OB) | € 4.600 |
> | Onderhoud | (€ 484 –/– € 84 OB) | € 400 |
> | Verzekering* | | € 650 |
> | Motorrijtuigenbelasting* | | € 200 |
>
> De correctie wegens privégebruik auto bedraagt nu:
>
> | | |
> |---|---|
> | Afschrijving (zie art. 5a lid 2 Uitv.besch. OB) | |
> | (1/5 × € 19.000 (€ 33.000 – € 10.000 – € 4.000) | € 3.800 |
> | Brandstoffen | € 4.600 |
> | Onderhoud | € 400 |
> | Totaal | € 8.800 |
> | Waarvan toe te rekenen aan privégebruik | |
> | (10.000 km/40.000 km × € 8.800) | € 2.200 |
> | OB-tarief 21% | |
> | Verschuldigde OB wegens privégebruik auto 21% × € 2.200 | € 462 |
>
> Wanneer Jansen de personenauto ook zou gebruiken voor vrijgestelde prestaties moet hij het bedrag van de bijtelling evenredig verlagen. Stel dat Jansen de auto voor 40% voor vrijgestelde prestaties (omzet) gebruikt en de maatstaf van heffing wegens het privégebruik nog steeds € 2.200 zou zijn, dan bedraagt de correctie wegens privégebruik van de auto (100% –/– 40%) × € 462 = € 272 omzetbelasting (afgerond). Dit is reëel want Jansen heeft dan ook maar 60% van de omzetbelasting op de aanschaf, het onderhoud en het gebruik afgetrokken.
>
> Merk op dat wij ook nu van de autokosten exclusief omzetbelasting uit gaan. Het is daarom in de praktijk van belang dat het niet-aftrekbare deel van de omzetbelasting op een afzonderlijke rekening (bijv. niet-aftrekbare omzetbelasting op autokosten) wordt geboekt. Voor de jaarverslaggeving behoort de niet-aftrekbare omzetbelasting op autokosten tot de autokosten en daarom is menigeen geneigd het als een bedrag op 'autokosten' te boeken. Het nadeel daarvan is dat je dan na afloop van het jaar het nodige uitzoekwerk hebt om tot een juiste omzetbelasting-berekening te komen.
>
> * Deze kosten worden niet meegerekend, omdat hierover geen omzetbelasting wordt betaald.

Wettelijke regeling en toch toepassing verlaagd forfait

Afschrijving Als voor het bepalen van de fictieve heffing de wettelijke regeling wordt toegepast, hoeft met ingang van het 6ᵉ gebruiksjaar geen rekening meer te worden gehouden met een afschrijvingscomponent (art. 5a lid 4 Uitv.besch OB). Goedgekeurd is dat met ingang van het 6e gebruiksjaar het verlaagde forfait van 1,5% van de catalogusprijs wordt toegepast (zie voor meer informatie de website van Convoy).

> **Voorbeeld**
>
> Schilder Jaspers koopt een nieuwe auto en hij claimt de aan hem in rekening gebrachte omzetbelasting als voorbelasting. Jaspers gebruikt deze auto ook in privé. Hij houdt een kilometeradministratie bij. Op basis van de wettelijke regeling heeft schilder Jaspers jaarlijks een correctie. Met ingang van het 6ᵉ jaar kan Jaspers het verlaagde forfait van 1,5% van de catalogusprijs als correctie gebruiken.

Geen kilometeradministratie en forfaitair percentage

Forfaitair bijtellingspercentage Niet alle ondernemers en werknemers willen een kilometeradministratie bijhouden. Goedgekeurd is dat indien geen kilometeradministratie is bijgehouden, een forfaitair bijtellingspercentage wordt toegepast. Dit percentage is 2,7% van de (oorspronkelijke) catalogusprijs van de auto, inclusief omzetbelasting en bpm. In dit besluit is ook aangegeven wat onder 'privégebruik auto' wordt verstaan.

> **Voorbeeld**
>
> Loodgieter Boers, een startende ondernemer, koopt een 5 jaar oude auto voor € 20.000 + € 4.200 omzetbelasting. De oorspronkelijke cataloguswaarde bedroeg € 50.000 inclusief bpm en omzetbelasting. Omdat hij uitsluitend belaste prestaties verricht, brengt hij de aan hem in rekening gebrachte omzetbelasting geheel als voorbelasting in aftrek.
> Boers gebruikt deze auto ook in privé. Hij houdt geen kilometeradministratie bij. In het jaar van aanschaf en de 4 daarop volgende jaren moet hij wegens het privégebruik van de auto jaarlijks 2,7% × € 50.000 = € 1.350 omzetbelasting aangeven.
> De leeftijd van de auto bij aanschaf is dus niet relevant voor het bijtellingspercentage, het gaat om het gebruik van de ondernemer. In het 6ᵉ gebruiksjaar mag Boers dus nog maar 1,5% × € 50.000 = € 750 omzetbelasting aangeven.

Het forfait van 2,7% geldt alleen bij een auto van de zaak als voor het privégebruik geen eigen bijdrage wordt betaald. Betaalt de werknemer een eigen bijdrage, dan kan worden uitgegaan van deze bijdrage. Dit is echter anders als de eigen bijdrage lager is dan de normale waarde van het privégebruik. Deze normale waarde is gelijk aan het bedrag dat de afnemer voor het privégebruik zou betalen als hij eenzelfde auto onder dezelfde omstandigheden zou willen krijgen van een zelfstandige leverancier. Dit komt in de meeste gevallen overeen met het deel van de leaseprijs dat is toe te rekenen aan het privégebruik. In dit laatste geval heeft de werkgever een keuze: toepassing van de gewone correctie of van het forfait van 2,7%.

HOOFDSTUK 10 | OMZETBELASTING

> **Voorbeeld**
>
> Ondernemer De Vries stelt een auto met een cataloguswaarde van € 28.000 ter beschikking aan een werknemer. De leaseprijs voor deze auto is € 550, waarvan € 250 is toe te rekenen aan het privégebruik van de werknemer. De werknemer betaalt echter een eigen bijdrage van € 50.
> Voor het berekenen van de correctie moet worden uitgegaan van de normale waarde. De normale waarde is € 250 × 12 = € 3.000 per jaar. De correctie bedraagt dan € 630 (21% van € 3.000).
> Indien geen kilometeradministratie is bijgehouden moet het forfait van 2,7% worden toegepast. De correctie is dan € 756 (2,7% van € 28.000). Het is in dit geval dus voordeliger om gebruik te maken van de heffing over de normale waarde, ook al omdat De Vries in dit laatste geval geen omzetbelasting hoeft te voldoen over de aan het personeel in rekening gebrachte bedragen.

Verlaagd forfait voor auto gekocht zonder aftrek van omzetbelasting

Verlaagd forfait Het is mogelijk dat een ondernemer die uitsluitend belaste prestaties verricht, desondanks bij aanschaf van een auto geen omzetbelasting in aftrek heeft kunnen brengen (bijvoorbeeld omdat de auto is aangeschaft onder de margeregeling, zie paragraaf 10.15.3). De omzetbelasting die drukt op het gebruik en onderhoud komt dan wel voor aftrek in aanmerking. In veel gevallen is geen kilometeradministratie aanwezig waaruit blijkt in welke mate de auto zakelijk en privé is gebruikt.

Onder voorwaarden is goedgekeurd dat de omzetbelasting die op autokosten drukt, geheel in aftrek wordt gebracht (dus met voorbijgaan aan het privégebruik).
Deze voorwaarden zijn:
– de ondernemer voldoet in de aangifte over het laatste belastingtijdvak van een jaar een btw-bedrag dat gelijk is aan 1,5% van de catalogusprijs (incl. btw en bpm);
– toepassing van de goedkeuring is alleen mogelijk als uit de administratie *niet* blijkt in hoeverre de auto voor privédoeleinden is gebruikt en/of welke kosten daaraan zijn toe te rekenen.

Let op! Toepassing van deze goedkeuring betekent niet dat ondernemers integraal recht op aftrek hebben van de omzetbelasting op kosten van auto's die zowel voor privédoeleinden worden gebruikt als voor niet belaste handelingen (zoals bij ondernemers met vrijgestelde prestaties of overheidsorganisaties).
Voor zover de omzetbelasting aan niet-belaste handelingen moet worden toegerekend, mag zij op grond van art. 15 lid 1 wet OB niet in aftrek worden gebracht.
Het niet volledig in aftrek kunnen brengen van de omzetbelasting heeft wel tot gevolg dat het forfait (2,7% of 1,5% van de catalogusprijs) daarmee evenredig wordt verlaagd.

De forfaitaire regeling mag niet worden toegepast:
1. als een ondernemer aan zijn personeel een eigen bijdrage in rekening brengt en de daarover verschuldigde omzetbelasting meer is dan 2,7% resp. 1,5% van de catalogusprijs van de auto;
2. als de ondernemer een kilometeradministratie bijhoudt. Met behulp van deze kilometeradministratie kan namelijk het werkelijk privégebruik worden berekend, op basis van de verhouding tussen het zakelijk gebruik en privégebruik.

10.12.6 Aftrek buitenlandse omzetbelasting

Buitenlandse omzetbelasting — Nederlandse ondernemers mogen de omzetbelasting die zij in het buitenland betalen ('buitenlandse omzetbelasting') niet als vooraftrek claimen in hun reguliere aangifte omzetbelasting. Zij moeten deze in het buitenland terugvragen.

> **Voorbeeld**
>
> Een Nederlandse ondernemer reist regelmatig voor zijn onderneming naar Frankrijk. Onderweg maakt hij kosten (benzine, hotelkosten, etc.). De buitenlandse omzetbelasting op deze kosten kan hij terugvragen via de Nederlandse belastingdienst (zie hierna).

Terugvragen — Een Nederland gevestigde ondernemer kan de omzetbelasting uit een andere lidstaat terugvragen via de Nederlandse Belastingdienst (art. 32 e.v. Wet OB). Deze omzetbelasting kan hij alleen digitaal terugvragen via een daartoe ingestelde portaalsite (art. 33c en 33d Wet OB). Vervolgens stuurt de Nederlandse Belastingdienst het verzoek door naar de belastingdienst in de lidstaat waar de omzetbelasting moet worden teruggevraagd. Per lidstaat moet een apart verzoek worden ingediend. Het verzoek moet binnen zijn vóór 1 oktober van het jaar dat volgt op het jaar waarvan de omzetbelasting wordt teruggevraagd.

Voorwaarden — Een ondernemer kan omzetbelasting die hij in een andere lidstaat betaald heeft, terugvragen als hij aan de volgende voorwaarden voldoet (art. 33 Wet OB):
– De onderneming is in Nederland gevestigd.
– De ondernemer hoeft geen aangifte omzetbelasting te doen in de lidstaat waar de omzetbelasting wordt teruggevraagd.
– De ondernemer gebruikt de goederen en diensten waarop de teruggevraagde omzetbelasting betrekking heeft voor met omzetbelasting belaste bedrijfsactiviteiten. Daardoor heeft hij recht op aftrek van voorbelasting.

Drempelbedrag — Voor een teruggaafverzoek gelden drempelbedragen. Het drempelbedrag is afhankelijk van de aangifte. Wordt na afloop van een kalenderjaar een verzoek om teruggaaf gedaan, dan moet het terug te vorderen omzetbelastingbedrag minimaal € 50 zijn. Wordt het verzoek tijdens het kalenderjaar gedaan (over een periode van ten minste 3 maanden), dan moet het terug te vorderen omzetbelastingbedrag minimaal € 400 zijn. Bedragen onder deze drempel kunnen ook worden teruggevraagd, maar de belastingdienst van de betreffende lidstaat beslist dan of het verzoek in behandeling wordt genomen.

Geen verzoek mogelijk Op grond van art. 33f lid 1 Wet OB kan een ondernemer geen OB terugvragen als hij:
- geen ondernemer is voor de omzetbelasting (omdat hij niet onderworpen is aan de Wet OB, kan hij de omzetbelasting ook niet terugvragen);
- uitsluitend vrijgestelde goederen en diensten levert;
- een ontheffing van administratieve verplichtingen heeft.

Voorbeeld

1 Een ondernemer reist voor zijn onderneming naar Frankrijk, waar hij tankt, eet en overnacht. Hij ontvangt hiervoor facturen met Franse omzetbelasting. Deze omzetbelasting vraagt de ondernemer digitaal terug via een daartoe ingestelde portaalsite. Het verzoek en de eventueel opgevraagde facturen stuurt hij naar de Belastingdienst. Die stuurt het verzoek door naar de Franse belastingdienst, die het verzoek afhandelt.

2 Een ondernemer koopt goederen in China (= geen lidstaat). Hij laat deze goederen lossen in Antwerpen (België: een lidstaat. Hij voert de goederen in België in en betaalt hierover Belgische omzetbelasting. Van deze invoer heeft hij een invoerdocument. De ondernemer kan de Belgische omzetbelasting elektronisch terugvragen. Daartoe stuurt hij het verzoek en het invoerdocument naar de Belastingdienst. Die stuurt het verzoek door naar de Belgische belastingdienst, die het verzoek afhandelt.

Een aantal lidstaten vraagt om facturen of invoerdocumenten mee te sturen. Papieren facturen of invoerdocumenten moeten dan worden gescand en als bijlage worden toegevoegd.

Het is niet nodig om een factuur mee te sturen als de vergoeding exclusief OB (per factuur):
- niet hoger is dan € 250 (bij brandstof);
- niet hoger is dan € 1.000 (bij andere kosten).

Beslissing De Belastingdienst van de betreffende lidstaat beslist binnen 4 maanden na ontvangst van het verzoek of dit wordt gehonoreerd. Deze heeft hierbij de mogelijkheid om aanvullende vragen te stellen. De beslistermijn kan worden verlengd tot maximaal 8 maanden. Als een lidstaat de teruggaaf te laat uitbetaalt, is hij rente verschuldigd.

Digitaal terugvragen Buitenlandse ondernemers die binnen de Unie zijn gevestigd en een factuur hebben ontvangen met Nederlandse omzetbelasting, kunnen deze digitaal terugvragen via de Belastingdienst in hun eigen land. Als zij structureel facturen met Nederlandse omzetbelasting ontvangen, kan het verstandiger zijn om zich in Nederland aan te melden als ondernemer. Hiertoe melden zij zich als 'gewone' ondernemer aan bij de Belastingdienst Particulieren/Ondernemingen Buitenland te Heerlen. Vervolgens ontvangen zij aangiften omzetbelasting en worden zij verder net zo behandeld als alle andere in Nederland gevestigde ondernemers.

Ondernemers die buiten de Unie zijn gevestigd, kunnen de door hen betaalde Nederlandse omzetbelasting terugvragen bij de Belastingdienst Particulieren/ Ondernemingen Buitenland te Heerlen.

10.12.7 Uitsluiting aftrek voorbelasting

In een aantal gevallen is geen aftrek van voorbelasting mogelijk, ondanks het feit dat de goederen en diensten in de onderneming worden gebruikt en vervolgens consumptief worden gebruikt. Als in deze situatie de omzetbelasting geheel als voorbelasting in aftrek zou worden gebracht, zou dit in strijd zijn met het karakter van de omzetbelasting (algemene verbruiksbelasting) en concurrentieverstorend werken. Ondernemers zouden dan hun privéaankopen via hun onderneming laten lopen en op deze wijze de omzetbelasting ontgaan. Om dat te voorkomen is het BUA (Besluit uitsluiting aftrek omzetbelasting 1968) van toepassing.
De aftrek van voorbelasting is uitgesloten bij:
– goederen en diensten die worden gebruikt voor vrijgestelde prestaties (art. 15 lid 2 Wet OB, zie ook paragraaf 10.14);
– spijzen en dranken die in horecabedrijven worden genuttigd (art. 15 lid 5 Wet OB);
– een ondernemer die op grond van art. 25 lid 3 Wet OB ontheven is van zijn administratieve verplichtingen (zie paragraaf 10.15.2);
– goederen en diensten waarop het Besluit Uitsluiting Aftrek Omzetbelasting (BUA) van toepassing is (art. 16 Wet OB). Het gaat hierbij om:
  • goederen en diensten die worden gebruikt voor het voeren van een zekere staat;
  • relatiegeschenken en giften aan particulieren of vrijgestelde ondernemers;
  • goederen en diensten die door het eigen personeel worden gebruikt, met uitzondering van het ter beschikking stellen van een auto (zie ook paragraaf 10.12.5);

De beperking geldt niet als:
  • de kosten van geschenken, giften en personeelsvoorzieningen (exclusief OB) in een boekjaar per werknemer/relatie niet meer dan € 227 bedragen (art. 1, 3 en art. 4 BUA); eventuele eigen bijdragen van de werknemers worden van het totaalbedrag afgetrokken. Door het buiten het BUA plaatsen van de correctie voor privégebruik auto zal in de toekomst in veel gevallen de BUA-grens van € 227 niet meer overschreden worden.

> **Voorbeeld**
>
> Hans drijft een onderneming in witgoed, deze bestaat in 2021 al 50 jaar. Ter gelegenheid van dit jubileum geeft Hans al zijn personeelsleden een 3D-televisie met een inkoopwaarde van € 300 (exclusief omzetbelasting). Hans mag de omzetbelasting van deze tv's niet als voorbelasting aftrekken, omdat het bedrag per personeelslid hoger is dan € 227.
> In 2022 geeft Hans één werknemer ter gelegenheid van diens 10-jarig jubileum een koelkast met een inkoopprijs van € 200 (plus € 42 omzetbelasting). Als dit de enige 'BUA-prestatie' is die Hans in 2022 aan dit personeelslid verricht, mag hij de omzetbelasting nu wél als voorbelasting in aftrek brengen omdat de € 227-grens niet is overschreden.

- het gaat om besloten busvervoer voor woon-werkverkeer (art. 1 lid 3 onderdeel b BUA);
- het gaat om een fiets van de zaak, mits aan bepaalde voorwaarden wordt voldaan (art. 1 lid 3 letter c BUA).

Het BUA gaat vóór op prestaties op grond van art. 3 lid 3 letters a en c Wet OB en art. 4 lid 2 Wet OB (art. 16a Wet OB). In plaats van het belasten van een fictieve prestatie wordt dan dus de aftrek van voorbelasting gecorrigeerd.

> **Voorbeeld**
>
> Hans uit het vorig voorbeeld geeft een werknemer ter gelegenheid van diens 25-jarig jubileum een magnetron met een waarde van € 300 (plus € 63 omzetbelasting). Volgens art. 3 lid 3 letter a Wet OB zou dit als een fictieve levering moeten worden belast. Art. 16a Wet OB 'overrulet' deze regel. Er wordt geen levering aangenomen. Omdat de € 227-grens wordt overschreden, is de omzetbelasting op grond van het BUA niet aftrekbaar.

10.12.8 Correctie ten onrechte betaalde omzetbelasting of verleende aftrek voorbelasting

Oninbare btw   Als definitief vaststaat dat een koper niet betaalt, heeft de verkopende ondernemer een dubbele strop: voor zijn prestatie ontvangt hij geen betaling evenmin als voor de op de factuur vermelde omzetbelasting, die hij al wel op aangifte aan de Belastingdienst heeft voldaan. Voor de koper geldt het tegenovergestelde, zeker als hij deze omzetbelasting al als voorbelasting heeft geclaimd. Art. 29 Wet OB zorgt er dan voor dat de verkoper alsnog een teruggaafrecht krijgt op de door hem betaalde omzetbelasting: de niet-betalende koper is dit bedrag aan omzetbelasting dan verschuldigd. In dit artikel staat wanneer een vordering als oninbaar wordt aangemerkt en hoe de verkoper de betaalde omzetbelasting dan kan terugvragen. Het artikel beschrijft ook wat de gevolgen voor de omzetbelasting zijn als de vordering wordt overgedragen.

Verkoper

Verkoper In de nieuwe regeling ontstaat het recht op teruggaaf op het tijdstip waarop de annulering, verbreking, ontbinding, gehele of gedeeltelijke niet-betaling of de prijsvermindering komt vast te staan (art. 29 lid 1 Wet OB). Een vordering wordt in ieder geval 1 jaar ná de uiterste betaaldatum van de factuur als oninbaar aangemerkt.

De verkoper kan de niet ontvangen maar al wel aangegeven omzetbelasting terugvragen zodra het zeker is dat zijn vordering (gedeeltelijk) oninbaar is. Bij niet- of gedeeltelijke betaling wordt de vordering in ieder geval 1 jaar ná de uiterste betaaldatum van de factuur als oninbaar aangemerkt (art. 29 lid 2 Wet OB). Als geen betalingstermijn is vastgelegd, geldt de wettelijke betalingstermijn van 30 dagen na ontvangst van de factuur door de koper. De verkoper moet de niet-ontvangen omzetbelasting altijd terugvragen.

De verkoper vermeldt het bedrag van de teruggaaf in de aangifte over het tijdvak waarin de oninbaarheid is ontstaan of waarin de 1-jaarstermijn valt. De verrekening vindt plaats door op de aangifte een negatieve omzet met het daarbij behorende negatieve bedrag aan omzetbelasting te vermelden (rubriek 1a of 1b van de aangifte).

> **Voorbeeld**
>
> Juwelier Said Ozdemir verkoopt aan projectontwikkelaar Maarssen vijf horloges voor
> € 1.210 (incl. € 210 aan omzetbelasting). Door de bouwcrisis gaan de zaken bij Maarssen echter slecht en blijft de factuur onbetaald, ondanks diverse herinneringsbrieven en aanmaningen. Said kan de betaalde omzetbelasting (€ 210) nu bij de Belastingdienst terugvragen.
>
> Stel: Maarssen betaalde op de vordering 40%, € 484. De vordering bestaat uit de vergoeding plus omzetbelasting. Said ontvangt dus 40% van de omzetbelasting. Voor het niet-betaalde deel (60% oftewel € 726) kan Said de omzetbelasting bij de Belastingdienst terugvragen.

Koper

Koper Het spiegelbeeld is ook mogelijk. Als een ondernemer de ontvangen factuur niet betaalt, heeft hij geen recht op aftrek voorbelasting. De kans is groot dat deze ondernemer de omzetbelasting als voorbelasting in aftrek heeft gebracht in het aangiftetijdvak waarin hij de factuur ontving. Achteraf bezien heeft hij geen recht op deze aftrek. De koper moet op zijn aangifte de in aftrek gebrachte omzetbelasting terugbetalen. Dit geldt als hij het factuurbedrag (deels) heeft teruggekregen of op het moment dat duidelijk is dat hij de factuur niet (helemaal) zal betalen. De koper moet de teveel in aftrek gebrachte omzetbelasting terugbetalen:
– op het moment dat het factuurbedrag (deels) is teruggekregen;
– op het moment dat duidelijk is dat hij de factuur niet (geheel) gaat betalen;
– maximaal 1 jaar na de uiterste betaaldatum van de factuur (de 1-jaarstermijn).

De koper moet deze omzetbelasting aangeven in zijn aangifte over het tijdvak waarin één van deze mogelijkheden heeft plaatsgevonden (art. 29 lid 7 Wet OB).

Indien de ondernemer een deel van de factuur heeft betaald, houdt hij in zoverre recht op aftrek. In het voorbeeld van zo-even moet hij (1.210 −/− 484)/1.210 × 210 = € 126 aan de Belastingdienst voldoen. Hij behoudt dus recht op aftrek voor het wel betaalde deel, zijnde 484/1.210 × 210 = € 84.

> **Voorbeeld**
>
> Projectontwikkelaar Maarsen (zie vorige voorbeeld) heeft indertijd de omzetbelasting als voorbelasting afgetrokken. Indien hij 1 jaar na de opeisbaarheid van de vergoeding de gehele factuur ad € 1.000 plus € 210 omzetbelasting niet heeft betaald, is hij deze omzetbelasting verschuldigd.

Overdracht van een vordering

Indeplaatstreding/ factoorregeling

Als een ondernemer zijn vordering geheel of gedeeltelijk aan een andere ondernemer overdraagt, treedt deze andere ondernemer onder voorwaarde voor die vordering of het overgedragen gedeelte daarvan in de plaats van de ondernemer die de vordering overdraagt. De overnemende ondernemer moet wel een ondernemer voor de omzetbelasting zijn. Niet van belang is dat deze alleen vrijgestelde prestaties verricht. De overnemende ondernemer moet het verzoek om teruggaaf van omzet belasting via een apart verzoek aan de inspecteur indienen.

> **Voorbeeld**
>
> Projectontwikkelaar Maarssen uit de vorige voorbeelden laat de vijf horloges die hij van juwelier Said Ozdemir kocht nog steeds onbetaald. Said verkoopt na 6 maanden voor € 200 zijn vordering op projectontwikkelaar Maarssen aan de factoormaatschappij Fair price bv.
> Te zijner tijd kan de factoormaatschappij bij de Belastingdienst een verzoek indienen tot teruggaaf van € 210.

Betaling ná teruggaaf omzetbelasting

Latere betaling

Als de ondernemer de omzetbelasting van een niet-betaalde vordering in mindering heeft gebracht op zijn aangifte en deze vordering later alsnog geheel of gedeeltelijk wordt betaald, moet de teruggevraagde omzetbelasting opnieuw worden betaald aan de Belastingdienst. De dan verschuldigde omzetbelasting wordt aangegeven in het aangiftetijdvak waarin de betaling is ontvangen.

Als de ondernemer de omzetbelasting indertijd niet heeft teruggevraagd, is de ondernemer bij een latere betaling toch omzetbelasting verschuldigd; er is dan sprake van een dubbele heffing. Deze dubbele heffing kan via een verzoek om ambtshalve teruggaaf worden gecorrigeerd.

10.13 Door wie en wanneer moet de omzetbelasting worden voldaan?

Art. 1:	Leveringen	Diensten	Verwervingen	Invoer
Door wie en wanneer	Artt. 12 + 13 + 14	Artt. 12 +13 + 14	Artt. 12 + 13 + 14 + 17f	Artt. 22+22a+23

10.13.1 Inleiding

In de inleiding van paragraaf 10.3.1 is aangegeven dat de ondernemer, uitzonderingen daargelaten, de omzetbelasting moet voldoen aan de Belastingdienst. In deze paragraaf wordt nader ingegaan op de uitzonderingen wie de omzetbelasting moet betalen en wanneer deze moet worden betaald.

10.13.2 Wie voldoet de omzetzetbelasting?

Volgens artikel 12 lid 1 Wet OB moet de ondernemer die in Nederland een prestatie heeft verricht, de daarover verschuldigde omzetbelasting aan de Belastingdienst voldoen. Dit geldt ook indien de afnemer van de prestatie of een derde de factuur heeft opgesteld en uitgereikt; zie art. 34c Wet OB.

Indien de prestatie niet in Nederland plaatsvindt, hoeft ook geen Nederlandse omzetbelasting te worden voldaan aan de Nederlandse belastingdienst. De regels omtrent de plaats van dienst zijn dan ook van belang om te bepalen of Nederlandse omzetbelasting op de factuur moet worden gezet (zie de paragrafen 10.4.4 en 10.8.3).

10.13.3 Verleggingsregelingen

Verlegging Er is sprake van een verlegging van de verschuldigde omzetbelasting als de afnemer van de prestaties de verschuldigde omzetbelasting moet voldoen, in plaats van de ondernemer die de prestaties verricht (art. 12 lid 1 Wet OB). De presterende ondernemer moet op zijn factuur vermelden 'btw verlegd', zodat de afnemer weet dat hij de verschuldigde omzetbelasting moet aangeven en betalen.

De verlegging van de heffing van omzetbelasting kan om de volgende redenen (moeten) plaatsvinden:
a. de vereenvoudiging van de administratieve verplichtingen omtrent de voldoening van omzetbelasting (art. 12 lid 2 tot en met 4 Wet OB);
b. het tegengaan van fraude (art. 12 lid 5 Wet OB).

Ad a. Vereenvoudiging van de administratieve verplichtingen

Administratieve verplichtingen

Als een Nederlandse ondernemer prestaties afneemt van een buitenlandse ondernemer die niet in Nederland woont of is gevestigd én er Nederlandse omzetbelasting is verschuldigd, wordt de omzetbelasting geheven van de Nederlandse afnemer (de ondernemer). Deze praktische regeling is verplicht voorgeschreven. De ondernemers die de goederen afnemen, hebben dus geen keuze: zij móeten de verschuldigde omzetbelasting aangeven en betalen. Als zij de goederen gebruiken voor belaste doeleinden, kunnen zij het opgegeven bedrag meteen als voorbelasting aftrekken.

Zonder deze regeling zou de buitenlandse leverancier de omzetbelasting zelf moeten voldoen. Hij zou zich dan moeten aanmelden bij de Belastingdienst in Nederland en regelmatig aangifte omzetbelasting moeten doen. Hij kan wel een fiscaal vertegenwoordiger aanstellen om zijn zaken in Nederland te behartigen, maar die moet hiervoor een vergunning hebben van de Belastingdienst (art. 33g lid 3 Wet OB). Om deze administratieve rompslomp te vermijden, is het eenvoudiger om bij leveringen aan een Nederlandse ondernemer de omzetbelasting te heffen van deze ondernemer, die immers al bekend is bij de Belastingdienst en toch al aangifte moet doen.

Alleen als de afnemer geen Nederlandse ondernemer is, kan de verleggingsregeling niet worden toegepast. Is de afnemer een particulier of een andere buitenlandse ondernemer, dan moet de buitenlandse leverancier zelf omzetbelasting berekenen én voldoen.

Voorbeeld

Een Zwitserse ondernemer heeft horloges opgeslagen in een magazijn te Amersfoort. Van daaruit levert hij de horloges aan zijn Nederlandse afnemers/ondernemers. Omdat de plaats van levering Nederland is, is over deze leveringen Nederlandse omzetbelasting verschuldigd. De omzetbelasting wordt verlegd naar de Nederlandse afnemer/ondernemer.

Plaats van dienst

In het vierde lid van art. 12 Wet OB is voor de duidelijkheid geregeld dat een buitenlandse ondernemer die een vaste inrichting in Nederland heeft, onder voorwaarden toch wordt geacht niet in Nederland te zijn gevestigd. Het gaat om de volgende voorwaarden:
a. De ondernemer verricht in Nederland een belastbare goederenlevering of een dienst.
b. De vaste inrichting in Nederland is niet betrokken bij het verrichten van de betreffende levering.

Wordt aan deze voorwaarden voldaan, dan is de verleggingsregeling van toepassing. De ondernemer/dienstverlener (leverancier) vermeldt op de factuur het btw-identificatienummer van de ondernemer/afnemer en de tekst 'btw verlegd'.

De lidstaten zijn uitsluitend verplicht om in hun wetgeving een verleggingsregeling op te nemen voor de hoofdregel voor B2B-diensten.

> **Voorbeeld**
>
> 1 Een Nederlandse ondernemer verricht een dienst voor een Duitse ondernemer. Deze dienst valt onder de hoofdregel: de plaats van dienst is Duitsland. Op grond van de verleggingsregeling wordt de Duitse omzetbelasting nu niet van de Nederlandse dienstverlener geheven, maar van de Duitse afnemer/ondernemer.
> De Nederlandse ondernemer stuurt een factuur zonder omzetbelasting, met daarop de tekst 'btw verlegd'. Daarnaast moet de Nederlandse ondernemer deze intracommunautaire prestatie (ICP) aangeven in zijn aangifte omzetbelasting, dit in verband met de controle op ICP's.
>
> 2 Een Nederlandse ondernemer neemt een dienst af van een Canadese ondernemer. Deze dienst valt onder de hoofdregel: de plaats van dienst is Nederland (B2B). Op grond van de verleggingsregeling wordt de omzetbelasting nu niet van de Canadese dienstverlener geheven, maar van de Nederlandse afnemer/ondernemer. De Canadese ondernemer stuurt een factuur zonder omzetbelasting, met daarop de tekst: 'btw verlegd'. De Nederlandse ondernemer moet deze ICP aangeven in zijn aangifte omzetbelasting. Hij moet de betaalde omzetbelasting in principe ook aangeven, maar hij mag hetzelfde bedrag aftrekken als voorbelasting (mits hij de dienst gebruikt voor belaste prestaties).

Ad b. Het tegengaan van fraude

Tegengaan van fraude

Er is ook een verleggingsregeling voor aannemers en inleners van personeel in de bouw (onroerende zaken), scheepsbouw of bepaalde elektronische apparaten (zoals mobiele telefoons en laptops). Deze regeling is ingevoerd om fraude (het niet voldoen van de omzetbelasting) zo veel mogelijk te voorkomen (art. 24b t/m 24bb Uitv.besl. OB). In het verleden kon het gebeuren dat aannemers met onderaannemers werkten en dat de onderaannemer personeel inhuurde via een koppelbaas. De onderaannemer betaalde aan de koppelbaas de factuur met omzetbelasting. De koppelbaas voldeed deze omzetbelasting niet, maar de onderaannemer en de aannemer betaalden wel de factuur en de omzetbelasting, en de Belastingdienst kon bij deze ondernemers de aftrek van voorbelasting niet weigeren. Om dergelijke ongewenste situaties uit de wereld te helpen, is ervoor gekozen om in het kader van de Wet Ketenaansprakelijkheid ook hier een verleggingsregeling toe te passen. Degene die de prestaties verricht, verlegt de omzetbelasting naar zijn afnemer.

> **Voorbeeld**
>
> Een schilder schildert in opdracht van een onderaannemer een nieuwbouwproject. De schilder vermeldt op zijn factuur 'btw verlegd'. De onderaannemer verlegt zijn omzetbelasting dus naar de aannemer. Dit is degene die deze omzetbelasting moet voldoen op zijn omzetbelastingaangifte. Als hij een belaste prestatie verricht, kan hij deze omzetbelasting als voorbelasting in aftrek brengen.

Een soortgelijke verplichte regeling kennen we ook als er wordt gekozen voor:
- de belaste levering van onroerende zaken (art. 24ba lid 1 letter a Uitv.besl. OB). Zie in dit verband paragraaf 10.14.3;
- telecommunicatiediensten zoals bedoeld in art. 2a lid 1 letter r Wet OB en deze dienst plaatsvindt in Nederland tussen ondernemers die deze dienst verrichten (art. 24ba lid 1 letter h Uitv.besl. OB). Tot deze verlegging (naar de afnemer van de dienst in plaats van de dienstverrichter) is besloten om de zogenoemde btw-(carrousel)fraude te verminderen. Geconstateerd is dat bij de hiervoor genoemde telecommunicatiediensten die met name buiten de EU worden afgenomen en die uiteindelijk via ondernemers in Nederland worden verricht te vaak btw-(carroussel)fraude voorkwam.

10.13.4 Wanneer wordt de omzetbelasting voldaan?

Het uitgangspunt is dat de verschuldigde omzetbelasting wordt voldaan op het moment dat de factuur voor de geleverde prestatie wordt uitgereikt (art. 13 lid 1 Wet OB). Dit wordt het factuurstelsel genoemd. In bepaalde situaties mag de ondernemer wachten met het voldoen van de omzetbelasting tot de vergoeding wordt ontvangen (kasstelsel).

Factuurstelsel

Kasstelsel

Bij prestaties aan niet-ondernemers of bij prestaties die nog moeten worden verricht, hoeft een ondernemer niet altijd een factuur te versturen. Wordt geen factuur verstuurd, dan wordt de omzetbelasting verschuldigd op het moment van de levering of de dienst (art. 13 lid 1 letter b Wet OB).

In deze paragraaf wordt ingegaan op het factuurstelsel en het kasstelsel, en op de wijze waarop de aangifte en de betaling moeten plaatsvinden.

10.13.5 Factuurstelsel

Factuurstelsel

Bij prestaties tussen ondernemers moet een factuur worden uitgereikt (art. 34c Wet OB). Bij het factuurstelsel is de omzetbelasting verschuldigd op het moment waarop de factuur wordt uitgereikt. Maar als een ondernemer de factuur niet tijdig uitreikt, is de omzetbelasting al eerder verschuldigd. De factuur moet worden uitgereikt vóór de 15e dag ná de maand waarin de prestatie is verricht (art. 34g Wet OB). Als de ondernemer niet vóór deze datum factureert, is hij de omzetbelasting toch al verschuldigd.

Als een ondernemer een betaling ontvangt vóórdat de prestatie is verricht (vooruitbetaling), is de omzetbelasting verschuldigd op het moment waarop de vooruitbetaling wordt ontvangen (art. 13 lid 2 Wet OB).

De ondernemer moet de verschuldigde omzetbelasting aangeven bij de aangifte over het betreffende belastingtijdvak. Of de factuur al is betaald, is niet van belang (met uitzondering van de vooruitbetaling zoals hierboven beschreven).

> **Voorbeeld**
>
> Een ondernemer levert op 12 december 2021 een goed aan een andere ondernemer. Hij doet per maand aangifte. Stel, hij reikt de factuur uit op:
> - 12 december 2021: de omzetbelasting is dan op 12 december 2021 verschuldigd en moet op de aangifte over december 2021 worden aangegeven en voldaan;
> - 14 januari 2022: de omzetbelasting is dan op 14 januari 2022 verschuldigd en moet op de aangifte over januari 2022 worden aangegeven en voldaan;
> - 12 februari 2022: de omzetbelasting is dan te laat in rekening gebracht. De ondernemer had op zijn laatst op 14 januari 2022 een factuur moeten uitreiken (vóór de 15e dag van de maand volgend op die waarin de prestatie is verricht). De omzetbelasting moet nu toch op de aangifte over januari 2022 worden aangegeven en voldaan.

10.13.6 Kasstelsel

Kasstelsel Bij het kasstelsel wordt de omzetbelasting verschuldigd op het moment waarop de betaling voor de verrichte prestatie wordt ontvangen. Alleen specifiek aangewezen ondernemers (zie art. 26 Wet OB en art. 26 Uitv.besch. OB) mogen het kasstelsel toepassen. Deze ondernemers leveren voornamelijk aan particulieren. De aangewezen ondernemers moeten het kasstelsel ook toepassen als zij leveren aan ondernemers. Als een aangewezen ondernemer voor meer dan 75% prestaties verricht aan ondernemers, moet hij wel het factuurstelsel toepassen. Kiest een aangewezen ondernemer er zelf voor om het kasstelsel niet toe te passen, dan moet hij de inspecteur hiervan schriftelijk op de hoogte brengen (art. 26 lid 2 Uitv.besch. OB).

Niet aangewezen ondernemers die wel voor meer dan 90% leveren aan particulieren, kunnen een verzoek bij de inspecteur indienen om het kasstelsel te mogen toepassen (art. 26 lid 1 letter b Uitv.besch. OB).

Een ondernemer die het kasstelsel toepast, moet de voorbelasting in aftrek brengen zodra deze in rekening is gebracht. Deze voorbelasting hoeft dan nog niet betaald te zijn, van belang is dat de ondernemer een correcte factuur heeft ontvangen.

> **Voorbeeld**
>
> Een ondernemer in verlichting verkoopt een aantal lampen aan mevrouw Meeuwissen. De factuur is verstuurd, maar nog niet betaald. Op grond van art. 26 Wet OB jo art. 26 lid 1 Uitv.besch. OB volgt de winkelier het kasstelsel. Pas nadat de factuur is betaald, hoeft hij de omzetbelasting op aangifte te voldoen.

10.13.7 Aangifte en betaling

Aangifte en betaling

De omzetbelasting die over een bepaald tijdvak is verschuldigd, moet op aangifte worden voldaan (art. 14 Wet OB en art. 17h Wet OB). Het aangiftetijdvak kan een maand, een kwartaal of een jaar zijn.

Ondernemers kunnen de aangifte omzetbelasting en opgaaf ICP (zie ook paragraaf 10.5.3) doen via het beveiligde gedeelte van de Belastingdienst. Wanneer een ondernemer de aangifte zelf doet of laat doen met eigen software, kan hij dat alleen nog maar doen via Standard Business Reporting (SBR). Daarvoor is speciale software nodig die geschikt is voor SBR en een PKI (overheid services servercertificaat).

Normaal moet zowel de aangifte als de betaling plaatsvinden binnen 1 maand na afloop van het aangiftetijdvak (art. 10 en 19 AWR). Ondernemers die per jaar aangifte doen, hebben echter 3 maanden (tot 1 april) de tijd voor het indienen van hun aangifte en het betalen van de verschuldigde omzetbelasting. Betaling vindt per bank plaats. Contante betaling bij de Belastingdienst is niet mogelijk.

Voor B2B-diensten waarbij de heffing is verlegd naar de afnemer van die dienst, de afnemer, is de omzetbelasting niet verschuldigd bij het uitreiken van de factuur, maar op het tijdstip waarop de dienst wordt verricht (art. 13 lid 1 letter a Wet OB).

Voorbeeld

Een in Duitsland gevestigde ondernemer repareert op 1 maart 2021 een computer bij Finke, een ondernemer in Winterswijk. Deze B2B-dienst valt onder art. 6.1 Wet OB. De btw-heffing wordt dan ook naar ondernemer Finke in Winterswijk verlegd (art. 12 lid 2 Wet OB). Op 1 april 2021 verstuurt de Duitse ondernemer de factuur. Finke is de OB desondanks op 1 maart 2021 verschuldigd (art. 13 lid 1 letter a Wet OB).
Als Finke maandelijks btw-aangifte moet doen, moet hij de omzetbelasting aangeven op de aangifte over maart 2021 (het aangiftetijdvak waarin de prestatie is verricht). Doet hij per kwartaal aangifte, dan moet hij de omzetbelasting aangeven op de aangifte over het 1e kwartaal van 2021.

10.14 Welke vrijstellingen kent de Wet OB?

Art. 1:	Leveringen	Diensten	Verwervingen	Invoer
Hoeveel: tarief + vrijstellingen	Art. 9 tarief Art. 11 vrijstellingen	Art. 9 tarief Art. 11 vrijstellingen	Art. 17d tarief Art. 17e vrijstellingen	Art. 20 Art. 21 vrijstellingen bij invoer

10.14.1 Inleiding

Vrijstellingen

In art. 11 Wet OB worden een aantal prestaties opgesomd die zijn vrijgesteld van de heffing van omzetbelasting. Bij een vrijstelling wordt op de factuur geen omzetbelasting vermeld. Een vrijstelling brengt met zich mee dat een ondernemer met betrekking tot deze vrijgestelde prestaties geen recht heeft op de aftrek van voorbelasting. Let wel: niet de ondernemer zelf is vrijgesteld, maar de prestatie die hij verricht. Dit betekent dat een ondernemer zowel belaste als vrijgestelde prestaties kan verrichten.

Collectieve belangenbehartiging

Diensten en daarmee samenhangende levering van goederen van organisaties die collectieve belangen behartigen voor hun leden, zijn vrijgesteld van omzetbelasting, omdat er geen verband bestaat tussen deze collectieve belangenbehartiging en de ledencontributies. Het gaat om bijvoorbeeld goede doelen, werknemersorganisaties en religieuze instellingen.

De cumulatieve voorwaarden voor de vrijstelling van omzetbelasting zijn:
- De organisatie is een werkgevers- of werknemersorganisatie, of een organisatie van politieke, religieuze, vaderlandslievende, levensbeschouwelijke of liefdadige aard.
- De activiteiten worden gedaan voor het collectieve belang van de leden tegen een statutair vastgestelde contributie.
- De organisatie heeft geen winstoogmerk.
- Het beheer en bestuur van de organisatie moet hoofdzakelijk door vrijwilligers worden gedaan die geen rechtstreeks belang hebben bij de resultaten van de organisatie. De organisatie mag daarnaast wel betaald personeel in dienst hebben.

Niet alle diensten van deze organisaties zijn vrijgesteld. Sommige diensten zijn altijd belast, zoals:
- diensten aan de individuele leden (bijvoorbeeld juridische of bedrijfseconomische adviezen);
- secretariaatswerkzaamheden;
- uitlenen van personeel.

Boekhouding

Om de vrijstellingen van art. 11 Wet OB te mogen toepassen, moet de ondernemer een boekhouding voeren waarin de voor de toepassing benodigde gegevens op een duidelijke en overzichtelijke wijze zijn vermeld (art. 11 lid 1 Wet OB en art. 6 Uitv.besl. OB). Dit geldt echter alleen voor ondernemers die vrijgestelde én belaste prestaties verrichten. Want met betrekking tot een ondernemer die uitsluitend vrijgestelde prestaties verricht, is goedgekeurd dat – voor de omzetbelasting – geen nadere eisen worden gesteld aan zijn administratie.

In de volgende paragrafen komen de diverse vrijstellingen aan de orde. Eerst zal uitgebreid worden ingegaan op de vrijstellingen voor de verhuur van onroerende zaken en de levering van onroerende zaken. Vervolgens worden de overige vrijstellingen kort besproken. In de laatste paragraaf wordt ingegaan op de vrije beroepsbeoefenaar die zijn beroep uitoefent in een bv.

10.14.2 Verhuur onroerende zaken

Verhuur onroerende zaken

Diensten als de verhuur en verpachting van onroerende zaken zijn in beginsel vrijgesteld van omzetbelasting. Uit de jurisprudentie blijkt dat sprake is van verhuur als de verhuurder tegen betaling van huur voor een overeengekomen tijdsduur, het recht verleent om zijn (onroerend) goed te gebruiken met uitsluiting van anderen. Hierbij is uitsluitend de 'plek' van belang, en niet de activiteiten die hier kunnen worden ontplooid.

Verhuur is een betrekkelijk passieve activiteit, die geen enkel verband houdt met het tijdsverloop en geen toegevoegde waarde van betekenis oplevert. Verhuur moet dan ook worden onderscheiden van andere activiteiten.

Aan de hand van het voorgaande moet worden beoordeeld of sprake is van verhuur of van een andere dienst. Of de verhuurder eigenaar is van het goed dat hij verhuurt, is niet van belang. Hij kan bijvoorbeeld ook vruchtgebruiker of erfpachter zijn. Ook is het mogelijk dat hij het goed dat hij (onder)verhuurt, zelf huurt. In al deze gevallen kan voor de Wet OB sprake zijn van verhuur.

Voorbeeld

De verhuur van een bowlingbaan (inclusief al het materiaal) kan worden gezien als een 'andere activiteit', en niet als verhuur. Het ter beschikking stellen van de baan is slechts een element van de prestatie waar het in wezen om gaat: het bowlen.

De hoofdregel is dat de verhuur van onroerende zaken is vrijgesteld van omzetbelasting, tenzij sprake is van één van de hierna genoemde uitzonderingen. Hierbij moet onderscheid worden gemaakt tussen:
a. verhuursituaties die van rechtswege belast zijn;
b. situaties waarbij een verzoek kan worden ingediend voor een belaste verhuur.

Ad a. Van rechtswege belaste verhuur

Van rechtswege belaste verhuur

In een viertal gevallen is de verhuur van rechtswege belast (art. 11 lid 1 letter b Wet OB). De verhuurder en huurder kunnen in deze gevallen niet kiezen of zij omzetbelasting op de factuur willen zetten, aangezien het wettelijk (van rechtswege) verplicht is om dit te doen. Het gaat om de volgende situaties:
1. *verhuur van machines en bedrijfsinstallaties;*
2. *verhuur in het kader van een hotel en dergelijke;* de verhuur van onroerende zaken in dit kader is belast zolang de verhuur plaatsvindt aan personen die

daar slechts voor een korte tijd verblijven. Het gaat hierbij om de aard van het verblijf, namelijk het verblijven zónder het middelpunt van het maatschappelijk leven daarheen te brengen. De huurder moet niet voornemens zijn om in de hotelkamer te gaan wonen. Is dit wel het geval, dan is de verhuur niet van rechtswege belast;

3. *verhuur van parkeerruimte en lig- en bergplaatsen;* van rechtswege is de verhuur van parkeerruimte (voor voertuigen) en de verhuur van lig- en bergplaatsen (voor vaartuigen) belast tegen het algemene tarief. Als iemand een onroerende zaak huurt en deze gebruikt voor de stalling van een caravan, betekent dit niet altijd dat er sprake is van de verhuur van een parkeerruimte. Wat in de afgesloten overeenkomst over het gebruik is opgenomen, is weliswaar van belang. Maar als het feitelijke gebruik afwijkt, is dat doorslaggevend;

4. d*e verhuur van safeloketten;* deze verhuur is belast, omdat deze dienst meer omvat dan het enkel ter beschikking stellen van een ruimte (safe), zoals bewaking en de bijbehorende diensten van banken.

Voorbeeld

De XXP-bank verhuurt bankkluisjes. De verhuur van deze kluisjes is belast met omzetbelasting.

Bij de verhuur van onroerende zaken die dienen als congres-, vergader- en/of tentoonstellingsruimten is meestal sprake van kortdurende verhuur aan veel en telkens wisselende huurders. Deze huurders hebben niet altijd in dezelfde mate recht op aftrek van de betaalde voorbelasting. Onder voorwaarden is goedgekeurd dat deze ruimtes met omzetbelasting kunnen worden verhuurd zonder dat de verhuurder en de huurder hiervoor hoeven te opteren. De goedkeuring geldt voor alle ondernemers.

Ad b. Opteren voor belaste verhuur

Opteren voor belaste verhuur

Naast de vier wettelijke uitzonderingen kunnen een huurder en een verhuurder vrijwillig kiezen ('opteren') voor een belaste verhuur (art. 11 lid 1 letter b ten 5e Wet OB). Hebben zij hiervoor geopteerd, dan moet de verhuurder omzetbelasting in rekening brengen over de huurtermijn. De huurder heeft geen nadeel van een belaste verhuur, omdat hij recht heeft op vooraftrek. De verhuurder heeft daarentegen recht op de aftrek van alle voorbelasting die betrekking heeft op de aanschaf, het onderhoud en de verbetering van het pand.

Wordt niet geopteerd voor een belaste verhuur, dan heeft de verhuurder geen recht op vooraftrek. De verhuurder zal de voorbelasting die voor hem niet aftrekbaar is, dan in zijn huurprijs doorberekenen. Het is dan ook goed mogelijk dat de huurprijs exclusief omzetbelasting bij belaste verhuur lager is dan bij vrijgestelde verhuur.

HOOFDSTUK 10 | OMZETBELASTING

> **Voorbeeld**
>
> Een kantoorpand staat leeg vanwege de ongunstige locatie ervan. Het lukt de eigenaar niet om het pand met omzetbelasting te verhuren. Uiteindelijk wil een tandarts het pand huren. De verhuur vindt zonder omzetbelasting plaats, omdat de tandarts geen 90%-verklaring kan afgeven. Door deze vrijgestelde verhuur kan de eigenaar de aan hem in rekening gebrachte omzetbelasting niet meer als voorbelasting in aftrek brengen. Stel dat de eigenaar gemiddeld € 1.200 per jaar aan omzetbelasting betaalt. Dan zal hij proberen om de huurprijs van het pand met € 100 per maand te verhogen.

Door de verhuur van een onroerende zaak is de verhuurder ondernemer voor de omzetbelasting (zie paragraaf 10.3.2 en art. 7 lid 2 Wet OB). De keuze tussen belast of vrijgesteld verhuren moet worden gemaakt op het moment dat de verhuurder de zaak aan de huurder gaat verhuren. Bij een wisseling van verhuurder blijft de optie voor belaste verhuur in stand. Ook voor de nieuwe verhuurder gelden de regels van belaste verhuur.

Voorwaarden Het is uitsluitend mogelijk om te opteren voor belaste verhuur als aan de volgende voorwaarden wordt voldaan:
1. De onroerende zaak mag niet als woning worden gebruikt. Aan deze voorwaarde wordt ook voldaan als een appartement dienst doet als kantoor.
2. De huurder heeft recht op ten minste 90% aftrek van voorbelasting (het zogenoemde '90%-criterium'). Dit betekent dat de onroerende zaak moet worden gebruikt voor prestaties waarvoor de huurder voor minimaal 90% recht heeft op de aftrek van voorbelasting. Als de huurder niet aan dit criterium voldoet, is belaste verhuur niet mogelijk. Bij de bepaling of aan het 90%-criterium wordt voldaan, worden de belaste handelingen van art. 3 lid 3 en 4 lid 2 Wet OB niet meegenomen. Ter voorkoming van een verstoring van de concurrentieverhoudingen is goedgekeurd dat in een aantal branches en sectoren het 90%-criterium is verlaagd naar een 70%-criterium. Dit geldt o.a. voor de makelaardij in onroerende zaken (hieronder valt tevens het bemiddelen bij hypotheken en verzekeringen), de reisbureaubranche (hieronder valt tevens het als tussenpersoon bemiddelen bij verzekeringen) en postvervoersbedrijven.
3. Huurder en verhuurder dienen gezamenlijk een schriftelijk verzoek in bij de inspecteur.

Goedgekeurd is dat niet altijd een beschikking nodig is om te opteren voor belaste verhuur. Als aan bepaalde voorwaarden wordt voldaan, is het mogelijk om zonder optieverzoek belast te verhuren.

Eindigen De optie voor belaste verhuur eindigt als het pand als woning wordt gebruikt of als de huurovereenkomst is beëindigd en het pand een nieuwe huurder krijgt. Bij iedere nieuwe verhuursituatie moet opnieuw worden beoordeeld of kan worden geopteerd voor belaste verhuur. Voor de nieuwe verhuur moet opnieuw een optieverzoek worden ingediend.

Het is niet mogelijk dat de verhuurder en de huurder tussentijds besluiten om de optie te laten eindigen. De optie geldt in principe namelijk voor de duur van de huurovereenkomst. Het is wel mogelijk dat de optie eindigt doordat de huurder niet langer aan het 90%-criterium voldoet. Als bij een nieuwe huurder niet langer wordt geopteerd voor een belaste verhuur, is het mogelijk dat de verhuurder de in aftrek gebrachte voorbelasting moet herzien (zie paragraaf 10.12.3).

> **Voorbeeld**
>
> Een ondernemer heeft 6 jaar geleden een nieuw pand gekocht en € 42.000 aan omzetbelasting in aftrek gebracht. Hij verhuurde het pand aan een makelaar. Vanwege de daling in de huizenverkopen voldoet de makelaar in het 7e jaar niet meer aan het 70%-criterium (voor makelaars geldt een lagere drempel). Hierdoor is belaste verhuur vanaf het 8e jaar niet meer mogelijk. De verhuurder moet vanaf het 8e jaar jaarlijks tot het einde van de herzieningstermijn € 4.200 (42.000/10) aan omzetbelasting herzien (art. 6a lid 8 Uitv. besch. OB).

10.14.3 Levering van onroerende zaken

Levering van onroerende zaken

De hoofdregel is dat de levering van onroerende zaken is vrijgesteld van omzetbelasting (art. 11 lid 1 letter a Wet OB). Dit betekent dat de verkoper geen omzetbelasting op de factuur mag zetten, maar ook dat hij de voorbelasting die aan deze verkoop is toe te rekenen, niet mag aftrekken. De ondernemer is voor deze prestatie de eindverbruiker.

Nieuwbouw

In beginsel is een verbouwing een dienst, echter ingrijpende verbouwingen kunnen ook een nieuw vervaardigd onroerend goed opleveren. Volgens de Hoge Raad is het criterium of door de (verbouwings)werkzaamheden in wezen nieuwbouw heeft plaatsgevonden. De vraag of in wezen nieuwbouw heeft plaatsgevonden, moet worden beantwoord door te kijken naar de aard en omvang van aan het object uitgevoerde ingrepen. Het resultaat van deze werkzaamheden, een eventuele wijziging in functie, uiterlijk of innerlijk is daarbij minder van belang, ook al kan dat wel een aanwijzing opleveren over welke ingrepen zijn uitgevoerd. Van belang blijft of er een zaak is voortgebracht die tevoren niet bestond.

Net als bij de verhuur van onroerende zaken kennen we ook bij de levering van onroerende zaken leveringen die van rechtswege worden belast en leveringen die op verzoek worden belast.

Van rechtswege belaste leveringen

Van rechtswege belaste leveringen

In de volgende situaties is de levering van onroerende zaken altijd belast omdat dit in de wet staat (van rechtswege):
1. de levering van een bouwterrein (zie art. 11 lid 6 Wet OB);
2. de levering van een (gedeelte van een) gebouw en het bijbehorende terrein, mits de levering plaatsvindt vóór, op of uiterlijk 2 jaren na de eerste ingebruikneming.

Kortom: elke levering van een nieuw vervaardigd gebouw c.q. onroerende zaak (nieuwbouw) tot 2 jaar na de eerste ingebruikneming, is verplicht belast met omzetbelasting. Na deze datum is de hoofdregel (vrijstelling) van toepassing, tenzij koper en verkoper een gezamenlijk verzoek doen tot belaste levering (optie).

> **Voorbeeld**
>
> Een schilder laat een pand bouwen. Op 15 december 2020 is dit pand gereed. Door omstandigheden kan de schilder het pand pas op 5 april 2021 betrekken. De ingebruikneming vindt dus plaats op 5 april 2021. Als de schilder dit pand op 4 april 2023 verkoopt (er zijn dan sinds de eerste ingebruikname nog geen 2 jaren verstreken), is deze levering van rechtswege belast en is de schilder omzetbelasting verschuldigd.

Opteren voor belaste levering

Opteren voor belaste levering

Als de levering niet van rechtswege belast is, kunnen de verkoper en de koper opteren voor een belaste levering. Zij moeten hiervoor gezamenlijk een schriftelijk verzoek indienen bij de inspecteur van de verkoper. De inspecteur beslist op dit verzoek bij een voor bezwaar vatbare beschikking. In tegenstelling tot de optie belaste verhuur (waarbij de onroerende zaak niet als woning mag worden gebruikt) is het bij de levering van een woning wél mogelijk om voor een belaste levering te opteren. In de praktijk zal dit niet vaak het geval zijn, want de voorwaarde voor het opteren voor een belaste levering is dat de koper de zaak gebruikt voor doeleinden waarvoor hij voor minstens 90% recht heeft op aftrek van voorbelasting. De belaste handelingen van de art. 3 lid 3 (fictieve leveringen) en 4 lid 2 (privégebruik van ondernemingsgoederen) Wet OB worden niet meegenomen bij de bepaling of aan het 90%-criterium wordt voldaan.

Bij de optie voor belaste levering moet niet de verkoper de verschuldigde omzetbelasting voldoen, maar de koper. De omzetbelasting wordt dus verlegd (zie paragraaf 10.13.3). De koper kan de omzetbelasting op dezelfde aangifte meteen weer aftrekken als voorbelasting.

Op de factuur van de transportakte moet worden vermeld 'btw verlegd'. Als de verkoper toch omzetbelasting op de factuur vermeldt, loopt de koper het risico dat bij hem het recht op aftrek van voorbelasting wordt geweigerd.

Als bij de levering van een onroerende zaak wordt geopteerd voor een belaste levering, kan dit bij de verkoper leiden tot een herziening van de in het verleden (niet) afgetrokken voorbelasting (zie paragraaf 10.13.3).

10.14.4 Overige vrijstellingen

Overige vrijstellingen

De overige vrijstellingen die in art. 11 Wet OB worden genoemd, zijn de vrijstellingen voor:
- medische prestaties (art. 11 lid 1 letter c, g en s Wet OB);
- sportverenigingen (art. 11 lid 1 letter e en f Wet OB);
- diensten door organisaties van algemeen jeugdwerk (art. 11 lid 1 letter d Wet OB);
- diensten door lijkbezorgers (art. 11 lid 1 letter h Wet OB);
- bank- en verzekeringsdiensten (art. 11 lid 1 letter i tot en met k Wet OB);
- kansspelen in de zin van art. 2-1 Wet op de Kansspelbelasting (art. 11 lid 1 letter l Wet OB);
- bepaalde diensten in het kader van de Postwet (art. 11 lid 1 letter m Wet OB);
- niet-commerciële activiteiten van openbare radio- en televisieorganisaties (art. 11 lid 1 letter n Wet OB);
- onderwijs en lezingen (art. 11 lid 1 letter o en p Wet OB);
- de diensten van componisten, schrijvers en journalisten (art. 11 lid 1 letter q Wet OB);
- levering van roerend goed dat uitsluitend wordt gebruikt voor vrijgestelde prestaties (art. 11 lid 1 letter r Wet OB);
- bepaalde leveringen en diensten van niet-commerciële maatschappelijke organisaties (art. 11 lid 1 letter t Wet OB);
- aangewezen diensten door zelfstandige samenwerkingsverbanden (art. 11 lid 1 letter u Wet OB). Zie hiervoor art. 9 Uitv.besl. OB en art. 9a Uitv.besch. OB;
- kinderopvang (art. 11 lid 1 letter w Wet OB);
- vrijstelling in verband met een goedkeuring van het ministerie (wereldwinkels, rechtswinkels, etc.).

Fondsenwerving

Sociale, culturele of recreatieve organisaties waarvan de hoofdprestaties zijn vrijgesteld, verrichten vaak ook andere prestaties om fondsen te werven (zoals de verkoop van promotiemateriaal). Deze prestaties van bijkomende aard zijn ook vrijgesteld voor zover de ontvangsten minder bedragen dan € 68.067 (leveringen) respectievelijk € 22.689 (diensten) (zie art. 11 lid 1 letter v Wet OB). Bij sportorganisaties geldt voor de diensten een drempel van € 50.000.

Naar aanleiding van jurisprudentie van het HvJ EU is met ingang van 1 januari 2019 de sportvrijstelling uitgebreid naar diensten van andere instellingen, waardoor deze sportvrijstelling van invloed kan zijn op de btw-behandeling van de exploitatie van sportaccommodaties. Ook het ter beschikking stellen van een sportaccommodatie hangt nauw samen met de beoefening van sport en deze terbeschikkingstellling is onontbeerlijk voor die sportbeoefening en valt daardoor onder de vrijstelling. In veel gevallen zal het niet meer mogelijk zijn om sportaccommodaties btw-belast te exploiteren. Daarnaast is de vrijstelling verruimd; nu geldt deze ook voor diensten die sportverenigingen verrichten aan niet-leden.

Geen winst-oogmerk

Let op: een aantal van de bovengenoemde vrijstellingen is alleen van toepassing als er geen winstoogmerk aanwezig is (art. 11 lid 3 Wet OB). Het HvJ EU heeft bepaald dat als er geen winstoogmerk aanwezig is, het niet uitmaakt dat vervolgens overschotten worden behaald, zelfs niet als systematisch naar overschotten wordt gestreefd én deze worden gerealiseerd. Zolang de overschotten maar niet als winst onder de leden worden verdeeld, is er geen sprake van een winstoogmerk.

10.14.5 Vrijgesteld beroep uitgeoefend in een bv

Zelfstandige beroepsbeoefenaren

Bij een paar vrijstellingen van art. 11 Wet OB kunnen zelfstandige beroepsbeoefenaren (bijvoorbeeld een huisarts of plastisch chirurg) hun beroep uitoefenen in de vorm van een bv. In dat geval is de bv de ondernemer die de prestaties verricht en kan de vrijstelling eigenlijk niet worden toegepast, omdat daarmee in de wetteksten geen rekening is gehouden. In dit soort gevallen wordt de vrijstelling echter toch toegepast als de betreffende beroepsbeoefenaar de prestatie persoonlijk verricht.

10.15 Bijzondere regelingen

10.15.1 Inleiding

In deze paragraaf worden een aantal bijzondere regelingen behandeld, namelijk:
– kleineondernemersregeling (art. 25 Wet OB);
– margeregeling (art. 28b tot en met 28i Wet OB);
– overdracht van een onderneming (art. 37d Wet OB).

De berekening van de vermindering is afwijkend als sprake is van btw-belaste verhuur van onroerende zaken, intracommunautaire verwervingen, invoer, de btw-belaste levering van een onroerende zaak en levering van beleggingsgoud. Hier wordt niet nader op ingegaan.

10.15.2 De kleineondernemersregeling (KOR)

Kleineondernemersregeling (KOR)

De kleineondernemersregeling (KOR) is per 1 januari 2020 gemoderniseerd. De nieuwe KOR geldt voor alle in Nederland gevestigde ondernemers en is een omzetgerelateerde vrijstellingsregeling. 'Alle ondernemers' wil zeggen dat naast natuurlijke personen ook rechtspersonen, zoals stichtingen, verenigingen en bv's, van de bijzondere regeling voor kleine ondernemers gebruik kunnen maken (indien zij belastingplichtig zijn voor de omzetbelasting).

Omzetgrens Naast het zijn van ondernemer geldt er ook een jaarlijkse omzetgrens van € 20.000. Het gaat daarbij om de omzet die een in Nederland gevestigde ondernemer behaalt met goederenleveringen en diensten die belastbaar zijn in Nederland, ongeacht het van toepassing zijnde tarief en ongeacht of de heffing is verlegd naar zijn afnemer. Omzet behaald uit vrijgestelde prestaties telt niet mee bij de bepaling van de omzetgrens; ondernemers met alleen vrijgestelde prestaties kunnen dan ook niet deelnemen aan de nieuwe KOR.

> **Voorbeeld**
>
> Huisarts Van den Brink begint op 28 oktober een eigen praktijk. Hij moet voor zijn praktijk veel inventaris en andere zaken aanschaffen. In totaal betaalt hij in het 4e kwartaal € 12.000 aan omzetbelasting en behaalt hij een omzet van € 18.000.
> Daar de huisarts alleen vrijgestelde prestaties verricht, kan hij niet deelnemen aan de nieuwe KOR.

Toepassingsbereik Door deze omzetgrens wordt de nieuwe KOR toegespitst op de doelgroep (startende) ondernemers en ondernemers met een beperkte omzet. De nieuwe KOR kan alleen worden toegepast door ondernemers die in Nederland zijn gevestigd of die in Nederland een vaste inrichting hebben en deze omzet vanuit die vaste inrichting realiseren. Daarnaast is de nieuwe KOR alleen van toepassing op leveringen van goederen en diensten die deze ondernemers verrichten in Nederland.

> **Voorbeeld**
>
> 1. Makelaar Brahims is in september begonnen met een eigen makelaarskantoor. Hij verzorgt ook aanvragen voor een hypotheek en alle verzekeringen die te maken hebben met een eigen woning. Zijn omzet voor de makelaardij is € 12.000 en voor de hypotheken en verzekeringen € 18.000. Makelaar Brahims kan deelnemen aan de nieuwe KOR omdat zijn belaste omzet niet meer is dan € 20.000, te weten € 12.000.
>
> 2. Joep werkt sinds 4 maanden via zijn eigen bv; hij is de enige werknemer in Cleaning bv. De bv is gespecialiseerd in het schoonmaken van net opgeleverde nieuwbouwhuizen. Daarnaast maakt hij de ramen van hotels schoon.
>
>   Met het schoonmaken van nieuwbouwhuizen behaalt hij een omzet van € 12.000, waarbij de omzetbelasting naar de aannemer/opdrachtgever wordt verlegd.
>   De omzet van de bv voor het schoonmaken van de ramen bedraagt € 7.000. Cleaning bv kan onder de nieuwe KOR vallen, omdat haar omzet € 19.000 bedraagt.
>
> 3. Katja de Vries (eenmanszaak) werkt 4 dagen per week in loondienst en daarnaast verkoopt en repareert zij regelmatig auto's. Katja heeft een omzet van € 32.000 vanwege de verkopen naar Denemarken (tarief 0%). Daarnaast heeft zij € 8.000 ontvangen voor het repareren van auto's. Katja kan niet onder de nieuwe KOR vallen, omdat haar omzet € 40.000 bedraagt.

HOOFDSTUK 10 | OMZETBELASTING

Optioneel systeem Het verschil tussen de KOR-'vrijstelling' en de vrijstellingen van art. 11 Wet OB (zie paragraaf 10.14) is dat de ondernemers bij de KOR-vrijstelling zelf kunnen kiezen of zij er wel of geen gebruik van maken.

Keuze en omzetgrens De kern van de nieuwe KOR is dat een ondernemer die onder de omzetgrens blijft en ervoor kiest om de nieuwe KOR toe te passen, geen omzetbelasting in rekening brengt aan zijn afnemers. Daar staat tegenover dat hij de omzetbelasting die andere ondernemers aan hem in rekening brengen, niet in aftrek kan brengen.

Ondernemers die voor toepassing van de nieuwe KOR kiezen, zijn als hoofdregel ontheven van het doen van btw-aangifte en van de daarbij horende administratieve verplichtingen met betrekking tot de door hen in Nederland verrichte goederenleveringen en diensten. Dit geldt ook voor ICL's die deze ondernemer vanuit Nederland verricht. De KOR-ondernemer moet in dat geval wel aan de administratieve verplichtingen voldoen. Ook kan hij omzetbelasting verschuldigd zijn en – als de heffing van omzetbelasting naar hem is verlegd – incidenteel btw-aangifte moeten doen.

Voorbeeld

1. Wendy is studente Nederlands. Zij maakt en verkoopt via haar webwinkel sieraden aan Nederlandse particulieren. Haar jaarlijkse omzet is € 12.000 exclusief € 3.150 aan omzetbelasting, haar kosten bedragen € 7.000 en de voorbelasting bedraagt € 1.470. Per saldo zou zij € 1.680 aan omzetbelasting moeten betalen. Als Wendy van de nieuwe KOR gebruikmaakt, hoeft zij die € 1.680 niet te betalen en hoeft zij geen facturen uit te reiken. Daar staat tegenover dat zij de voorbelasting niet in aftrek kan brengen. Verder hoeft Wendy geen boekhouding voor de omzetbelasting te voeren en geen kwartaalaangifte omzetbelasting in te dienen. Zij bespaart zich daarmee de kosten die de boekhouder anders voor het verzorgen van de aangifte zou berekenen.
Als Wendy al een factuur uitreikt, moet zij in plaats van een btw-bedrag daarop vermelden dat zij de KOR-vrijstelling toepast.

2. Een alleen in België gevestigde schilder schildert het bedrijfspand van een in Breda gevestigde loodgieter. Deze loodgieter heeft gekozen voor toepassing van de nieuwe KOR omdat hij nog maar 2 dagen per week als loodgieter werkt, de overige dagen geniet hij van zijn pensioen. De plaats van dienst is dan Nederland en de omzetbelasting wordt verlegd naar de loodgieter in Nederland. De loodgieter moet dan een incidentele btw-aangifte indienen en de verschuldigde omzetbelasting voldoen aan de Belastingdienst. Deze aan hem verlegde omzetbelasting telt niet mee voor de omzetgrens van de nieuwe KOR.

Ondernemers die de nieuwe KOR niet (kunnen) toepassen, doen op gebruikelijke wijze btw-aangifte.

De nieuwe KOR is **niet** van toepassing op de levering van nieuwe vervoermiddelen die in het kader van de levering door of voor rekening van verkoper of afnemer worden verzonden of vervoerd naar een plaats in een andere lidstaat.

Verder kan aan een ondernemer die de nieuwe KOR toepast en daarmee bewust kiest voor ontheffing van aangifte- en administratieve verplichtingen, geen artikel 23-vergunning worden afgegeven. Met deze artikel 23-vergunning wordt de heffing van de wegens invoer verschuldigde omzetbelasting verlegd naar de 'normale' btw-aangifte.

> **Voorbeeld**
>
> 1. Melik werkt 3 dagen per week in loondienst en 2 dagen als loopbaancoach. Zijn klanten zijn allemaal particulieren. Als hij gebruikmaakt van de nieuwe KOR, hoeft hij geen omzetbelasting op zijn tarief zetten, en hoeft hij ook geen facturen uit te schrijven of de aangifte omzetbelasting in te dienen. Daarom kiest Melik voor de nieuwe KOR.
>
> 2. Vervolg van voorbeeld 1. Melik koopt in Duitsland een nieuwe auto en brengt deze naar Nederland. Vanwege de aanschaf van deze auto moet Melik een incidentele btw-aangifte indienen.
>
> 3. Melik heeft gekozen voor de nieuwe KOR. Als Melik van plan is om regelmatig goederen uit China in te voeren, kan hij geen artikel 23-vergunning ontvangen. Melik is namelijk ontheven van de aangifteverplichting en daardoor kan hij ook niet worden aangewezen voor voldoening van de bij invoer verschuldigde omzetbelasting op aangifte.

Omzetdefinitie Voor het bepalen van de relevante omzet moet worden aangesloten bij de BTW-richtlijn 2006/112. Dit betekent dat de volledige in Nederland belaste omzet van de ondernemer moet worden meegeteld, ongeacht welk btw-tarief van toepassing is en of de heffing van omzetbelasting is verlegd naar de afnemer. Ook moet de omzet behaald met enkele specifiek in de wettekst genoemde vrijgestelde prestaties worden meegeteld. Dit zijn onder andere de omzet behaald met de levering en de verhuur van onroerende goederen en met financiële diensten op het gebied van het betaalverkeer, de handel in effecten, kredietverlening en verzekeringen. Verder wordt tot de omzet gerekend de vergoedingen die de ondernemer behaalt met de uitvoer van goederen uit de Unie of naar plaatsen die onder de regeling voor een douane-entrepot vallen en waarvoor in het kader van hun menslievende, liefdadige of opvoedkundige werk buiten de Unie op verzoek teruggaaf van omzetbelasting wordt verleend.

Daarnaast wordt tot de omzet gerekend de omzet waarvoor aan natuurlijke personen, andere dan ondernemers, onder voorwaarden een ontheffing van omzetbelasting wordt verleend omdat zij de goederen naar de plaats buiten de Unie uitvoeren.

In gevallen waarin de omzetbelasting over de winstmarge wordt berekend, zoals bij de reisbureauregeling en de margeregeling voor gebruikte goederen, telt niet de marge maar de volledige omzet mee voor toepassing van de nieuwe KOR.

Uitgezonderde omzet voor de bepaling van de € 20.000-grens

Uitgezonderde omzet — Omzet die wordt behaald met andere leveringen en diensten dan de hiervoor tot de omzet behorende genoemde prestaties telt niet mee om te bepalen of een ondernemer onder de omzetgrens blijft voor toepassing van de nieuwe KOR. Dit zijn, naast de eerder genoemde vrijgestelde prestaties, bijvoorbeeld grensoverschrijdende prestaties waarbij de plaats van levering of de plaats van dienst niet Nederland is en andere vrijgestelde prestaties dan die specifiek genoemd zijn. Ook kan een ondernemer niet de KOR-vrijstelling toepassen op de omzet behaald bij de levering van door de ondernemer in zijn bedrijf gebruikte roerende zaken en van onroerende zaken en rechten waaraan deze zijn onderworpen (art. 25 lid 3 Wet OB).

Naast deze in de wet genoemde uitzonderingen blijven bij het toetsen aan de € 20.000-grens de volgende twee 'omzetten' buiten beschouwing:
– de omzet wegens het forfait van het privégebruik auto (2,7% of 1,5% van de catalogusprijs inclusief omzetbelasting en bpm) telt niet mee, vanwege een besluit;
– de omzet behaald met prestaties waarbij de plaats van de prestatie in het buitenland is gelegen, omdat over die omzet buitenlandse omzetbelasting is verschuldigd. Bepalend of voor die omzetten aangifte wordt gedaan in een andere lidstaat.

Voorbeeld

Een alleen in Breda gevestigde schilder, schildert het bedrijfspand van een in Antwerpen gevestigde loodgieter. De plaats van deze B2B dienst is dan België, dus Belgische omzetbelasting, welke is verlegd naar de Belgische loodgieter.

Overschrijding omzetdrempel — Het kan gebeuren dat de ondernemer in de loop van een kalenderjaar met zijn omzet boven de omzetgrens uitkomt. In dat geval voldoet hij bij het verrichten van die omzetgrensoverschrijdende prestatie niet meer aan de voorwaarden. Dit betekent dat alle leveringen en diensten die hij verricht vanaf die overschrijding en de omzetgrensoverschrijdende handeling zelf niet langer onder de vrijstelling/nieuwe KOR vallen. Vanaf dat moment gaan de normale btw-regels gelden en is de ondernemer onder andere weer verplicht om op de reguliere wijze btw-aangifte te doen. Hij dient dan de inspecteur te verzoeken om uitgenodigd te worden tot het doen van aangifte (ex art. 6 AWR). De ondernemer moet zich dan voor de KOR afmelden. Dit kan alleen met het afmeldformulier (zie de website van de Belastingdienst). De Belastingdienst heeft 4 weken nodig om de afmelding te verwerken. De ondernemer kan zich alleen afmelden per de 1^e dag van het aangiftetijdvak en hij moet daarbij rekening houden met de eerder genoemde 4 weken. Na afmelding kan hij zich pas na 3 jaar weer aanmelden voor de nieuwe KOR.

Vervolgens herleven weer de gebruikelijke aangifteverplichtingen uit de Algemene wet inzake rijksbelastingen (hierna: AWR) van toepassing. Ook moet deze ondernemer weer voldoen aan zijn administratieve verplichtingen, zoals deze zijn neergelegd in de Wet OB 1968.

Aanmelden — Om gebruik te kunnen maken van de nieuwe KOR geldt hetzelfde als bij afmelden. Ook dit formulier is te vinden op de website van de Belastingdienst. De Belastingdienst heeft 4 weken nodig om de aanmelding te verwerken. Eenmaal ervoor gekozen, zal de ondernemer ten minste 3 jaar onder de nieuwe KOR moeten vallen. Na 3 jaar mag de ondernemer opnieuw kiezen of hij de nieuwe KOR blijft toepassen.

Gedane investeringen en nieuwe KOR

Als een ondernemer ervoor kiest om voortaan de nieuwe KOR toe te passen, heeft hij niet langer recht op de aftrek van voorbelasting op de investeringen en kosten. In dat geval kan deze ondernemer te maken krijgen met de herzieningsregels voor roerende en onroerende zaken (zie ook paragraaf 10.12) omdat hij bij de aanschaf omzetbelasting heeft geclaimd.

Herzieningsdrempel — Om kleine ondernemers tegemoet te komen, blijft de jaarlijkse herziening achterwege tot en met een bedrag van € 500 (art. 13 lid 4 Uitv.besch. OB). Deze drempel geldt niet in het jaar van ingebruikname.

> **Voorbeeld**
>
> Han Wilkens heeft 7 jaar geleden een vakantiewoning in Loosdrecht gekocht. Deze woning verhuurt hij aan toeristen (particulieren). Bij de aanschaf van de vakantiewoning heeft Han de omzetbelasting ad € 15.000 volledig in aftrek genomen. Vanwege de verhuur van de vakantiewoning betaalt hij 9% omzetbelasting over de jaaromzet ad € 14.000 is € 1.260. Hij heeft aan voorbelasting betaald € 420. Per saldo betaalt Han € 840.
>
> Han vraagt zich af of het voor hem voordelig is om deel te nemen aan de nieuwe KOR. In dat geval berekent hij geen omzetbelasting meer aan zijn klanten, maar kan hij ook geen omzetbelasting meer claimen. Vanwege de aanschaf van de vakantiewoning moet hij de omzetbelasting herzien, omdat hij deze indertijd heeft geclaimd. Dit betekent dat hij de komende drie jaar elk jaar € 1.500 (10% van de € 15.000) moet herzien. Dat is meer dan de € 840 die hij moet betalen als hij *niet* meedoet aan de nieuwe KOR. Wilkens besluit 3 jaar te wachten en dan opnieuw te bekijken of het voor hem voordeliger is om mee te doen aan de nieuwe KOR.

Voorbeeld

Reinier is ondernemer. Hij kiest ervoor om met ingang van 1 januari 2020 onder de KOR te vallen. Op 1 juli 2020 doet hij een investering. De betaalde omzetbelasting van € 1.000 kan hij niet in aftrek brengen, want hij valt onder de KOR. Op 7 november 2020 overschrijdt Reinier de grens van € 20.000, waardoor hij niet meer onder de KOR valt. Hij is vanaf die datum ondernemer met belaste prestaties.

Aan het einde van het jaar blijkt dat Reiniers belaste omzet € 3.000 is. Over deze € 3.000 moet hij wel omzetbelasting voldoen op aangifte (€ 130). Daarnaast moet Reinier herzien omdat hij in 2020 zowel belaste (€ 3.000) als vrijgestelde prestaties (€ 20.000) heeft verricht. De berekening voor de herziening is dan € 3.000/€ 23.000 × € 1.000 = € 130. Dit bedrag mag Reinier als voorbelasting claimen bij zijn laatste aangifte van dat jaar. Per saldo moet Reinier € 500 (€ 630 –/– € 130) betalen, omdat in het jaar van ingebruikname altijd moet worden herzien. De drempel is in het jaar van ingebruikname niet van toepassing.

Het jaar daarop valt Reinier niet meer onder de KOR. Zijn belaste omzet is dan € 50.000. Roerende zaken moeten voor de herziening 5 jaar worden gevolgd vanaf het jaar van ingebruikname. Reinier moet dus ook herzien vanaf het 2e tot en met het 5e gebruiksjaar. De berekening voor de herziening in 2021 is dan € 50.000/€ 50.000 × € 1.000 = €1.000.
Aan elk jaar kan € 200 (€1.000 : 5) worden toegerekend.
Hij heeft in 2020 al geclaimd als voorbelasting € 130 : 5 is € 26 voor het jaar 2021.
De herzienings-btw in 2021 is dan € 200 –/– € 26 = € 174. Maar omdat dit bedrag lager is dan de herzieningsdrempel, kan er geen herziening plaatsvinden. Reinier ontvangt dus geen € 174.
Deze berekening moet tot en met jaar 5 worden gemaakt.

Samengevat
Ondernemers kunnen voor de kleineondernemersregeling kiezen als zij voldoen aan de volgende drie voorwaarden:
– Zij zijn btw-ondernemer.
– Zij zijn als ondernemer in Nederland gevestigd of hebben hier een vaste inrichting.
– De omzet is niet hoger dan € 20.000 per kalenderjaar.

De prestaties genoemd in art. 25 lid 2 Wet OB vallen onder het begrip omzet van de nieuwe KOR. In art. 25 lid 3 Wet OB zijn een aantal specifieke prestaties genoemd die niet vallen onder het begrip omzet voor de nieuwe KOR.

10.15.3 Margeregeling

Margeregeling De margeregeling is vastgelegd in art. 28b tot en met 28i Wet OB. Deze regeling moet ervoor zorgen dat er geen dubbele belastingheffing plaatsvindt voor een aantal gebruikte of tweedehands goederen. De dubbele heffing treedt op doordat gebruikte goederen (inclusief omzetbelasting) voornamelijk door een particulier aan een handelaar worden verkocht (zonder omzetbelasting) die de goederen vervolgens aan een (andere) particulier verkoopt (verplicht met omzetbelasting).

Op deze manier worden goederen waarover al omzetbelasting is geheven, opnieuw onder de heffing van omzetbelasting gebracht, zonder dat de handelaar recht heeft op vooraftrek (hij ontvangt van een particulier immers geen factuur met omzetbelasting). Om deze cumulatie te voorkomen, is de margeregeling in de wet opgenomen.

De margeregeling kan uitsluitend worden toegepast door een wederverkoper die goederen heeft ingekocht van leveranciers die geen factuur met omzetbelasting mogen afgeven (zoals particulieren). Een wederverkoper is een handelaar wiens activiteiten geheel of gedeeltelijk bestaan uit het regelmatig verkopen van gebruikte goederen. Onder gebruikte goederen verstaan we alle roerende lichamelijke zaken die – in de staat waarin zij verkeren óf na reparatie – opnieuw kunnen worden gebruikt voor het doel waarvoor ze oorspronkelijk zijn bedoeld. Nieuwe vervoermiddelen, edele metalen en edelstenen vallen niet onder de margeregeling (art. 2a lid 1 letter l Wet OB jo art. 4 lid 1 Uitv.besch. OB).

Voorbeeld

Een wederverkoper koopt van een particulier een tafel voor € 100. Hij wil een winst maken van 50%, de verkoopprijs van de de tafel is € 150 (exclusief omzetbelasting).
- Zonder margerekening is de verkoopprijs: € 150 + € 31,50 (21% omzetbelasting) = € 181,50
- Met margeregeling is de verkoopprijs: € 150 –/– € 100 = € 50 + € 10,50 (21% omzetbelasting) = € 160,50

Uitwerking margeregeling

Uitwerking margeregeling

Winstmarge

Om een dubbele heffing te voorkomen, wordt de omzetbelasting bij het toepassen van de margeregeling niet berekend over de verkoopprijs (exclusief OB), maar over de winstmarge (art. 28b lid 1 Wet OB). De wederverkoper moet dan wel op de factuur aangeven dat de margeregeling wordt toegepast.

De winstmarge is het verschil tussen de vergoeding (verkoopprijs) en het bedrag dat de wederverkoper zelf voor het goed heeft moeten betalen (inkoopprijs). Bij een verliesgevende verkoop is de winstmarge negatief en is het niet nodig om omzetbelasting te heffen. De wederverkoper kan dan echter ook geen omzetbelasting terugvragen.

Ondanks het feit dat de wederverkoper met betrekking tot de inkoopprijs van de gebruikte goederen geen recht heeft op aftrek van voorbelasting, heeft hij wel recht op aftrek van voorbelasting als hij deze goederen laat repareren. De reparatiekosten verlagen de marge waarover de omzetbelasting wordt berekend overigens niet.

Voorbeeld

Een wederverkoper koopt van een particulier een antieke vaas voor € 500. Omdat hij van een particulier geen factuur met omzetbelasting kan ontvangen, heeft hij geen recht op aftrek van voorbelasting. Als hij de vaas voor € 1.600 verkoopt, moet hij op de factuur zetten: 'verkoop onder de margeregeling'. De wederverkoper mag op de factuur geen omzetbelasting vermelden, maar moet over zijn winstmarge wel 21/121 × (€ 1.600 –/– € 500) = € 190,91 aan omzetbelasting voldoen. De koper heeft geen recht op aftrek van voorbelasting omdat hij van de wederverkoper een factuur heeft ontvangen waarop geen bedrag aan omzetbelasting staat.

Stel: de wederverkoper heeft de vaas gerestaureerd; kosten € 400 plus € 84 omzetbelasting. De winstmarge, zijnde het verschil tussen verkoopprijs inclusief omzetbelasting en de inkoopprijs, blijft € 1.100. Omdat de wederverkoper nu wel een belaste prestatie heeft verricht, mag hij de omzetbelasting op de kosten in aftrek brengen. De wederverkoper moet ter zake van deze transactie dus per saldo € 190,91 –/– € 84 = € 106,91 aan de Belastingdienst voldoen.

Als het aankoopbedrag € 500 of meer is, moet de wederverkoper de particulier een inkoopverklaring laten ondertekenen en deze aan hem uitreiken (art. 4a lid 3 letter a Uitv.besch. Wet OB). In de praktijk vult de wederverkoper de verklaring in en hoeft de particulier deze alleen te ondertekenen. Ook in het voorbeeld hierboven moet dus een inkoopverklaring worden ingevuld en uitgereikt.

Inkoopverklaring

Volgens de jurisprudentie mag de margeregeling niet worden toegepast als in de administratie van een wederverkoper geen (deugdelijke) inkoopverklaring aanwezig is (art. 4a Uitv.besch. OB). Bij de voorgaande individuele methode moeten de inkopen en verkopen gescheiden worden bijgehouden. Uit de boekhouding moet de winstmarge per goed zijn af te lezen.

Toepassing margeregeling

De margeregeling kan alleen worden toegepast als het goed aan de wederverkoper is geleverd door een niet-aftrekgerechtigde, genoemd in art. 28b lid 2 Wet OB. Dit zijn:

Niet-aftrekgerechtigde

a. anderen dan ondernemers, zoals particulieren en overheidsinstellingen die niet als ondernemer optreden;
b. ondernemers die de roerende zaken uitsluitend hebben gebruikt voor vrijgestelde prestaties; deze goederen worden vrijgesteld geleverd (art. 11 lid 1 letter r Wet OB);
c. kleine ondernemers die ontheven zijn van hun administratieve verplichtingen (art. 25 lid 3 Wet OB), mits zij het betreffende goed als bedrijfsmiddel hebben gebruikt;
d. andere wederverkopers die de margeregeling toepassen;
e. andere ondernemers of wederverkopers uit een andere lidstaat, mits het gaat om goederen die onder de margeregeling vallen.

Een wederverkoper kan bij elke levering kiezen of hij bij die levering de margeregeling toepast of het normale omzetbelastingsysteem hanteert (art. 28f Wet OB). Door het toepassen van de margeregeling is het voor de koper niet zichtbaar hoeveel omzetbelasting in zijn aankoopprijs zit. Als dat wel het geval zou zijn geweest, weet de koper ook de winst van de verkoper en dat wil de verkoper niet.

Globalisatie

Globalisatie Het is niet altijd mogelijk om bepaalde goederen van inkoop tot verkoop individueel te volgen. Dit is bijvoorbeeld het geval bij partijgoederen of bij een verzameling beelden die vervolgens apart worden doorverkocht. Het is dan niet mogelijk om voor elk goed afzonderlijk de verschuldigde omzetbelasting te berekenen, omdat het verband tussen de verkoopprijs en de inkoopprijs niet duidelijk is vast te stellen. Een wederverkoper kan dan op bepaalde categorieën gebruikte goederen de zogenoemde globalisatiemethode toepassen (art. 28d Wet OB). Deze regeling houdt in dat met betrekking tot leveringen van deze goederen de belasting niet per voorwerp wordt berekend, maar over de winstmarge per aangiftetijdvak. Dit is administratief veel eenvoudiger. De winstmarge per tijdvak is de som van het totaal van de verkoopprijzen minus het totaal van de inkoopprijzen in dat tijdvak. De globalisatiemethode mag alleen worden toegepast als aan een aantal voorwaarden wordt voldaan (art. 4c lid 1 Uitv.besch. OB). Bij globaliseren is de winstmarge per product niet meer van belang.

Globalisatieregeling De globalisatieregeling is voorgeschreven voor een aantal categorieën goederen, zoals vervoermiddelen (daaronder begrepen caravans, fietsen en bromfietsen), kleding, meubelen, etc. (art. 4c lid 1 Uitv.besch. OB). Wederverkopers kunnen op verzoek worden uitgezonderd van deze verplichte globalisatie.

Het tegenovergestelde is ook mogelijk, want een wederverkoper van andere goederen kan vrijwillig voor de globalisatiemethode in aanmerking komen. Hij moet hiertoe dan wel een verzoek indienen bij de Belastingdienst. Op zijn verzoek ontvangt hij een voor bezwaar vatbare beschikking. De inspecteur zal zijn verzoek inwilligen als het onmogelijk of ongebruikelijk is om de goederen administratief individueel te volgen. Bij een positieve beschikking mag de wederverkoper globaliseren met ingang van 1 januari van een nieuw kalenderjaar (dit zal in de praktijk het eerstvolgende kalenderjaar zijn). Hij moet dan gedurende ten minste 5 kalenderjaren de globalisatiemethode toepassen (art. 4c lid 4 Uitv.besch. OB).

De inspecteur beslist op het verzoek om toepassing van de globalisatieregeling bij voor bezwaar vatbare beschikking (art. 4c lid 4 Uitv.besch. OB). Nu een wettelijke termijn voor het geven van deze beschikking ontbreekt, dient de beschikking ingevolge art. 4:13 Awb binnen een redelijke termijn na ontvangst van de aanvraag te worden gegeven. Deze termijn is in ieder geval verstreken als de inspecteur binnen 8 weken na ontvangst van de aanvraag geen beschikking heeft gegeven of een mededeling aan de belastingplichtige heeft gedaan dat de beschikking niet binnen deze termijn zal worden gegeven, waarbij tevens een termijn wordt genoemd waarbinnen de beschikking wel kan worden gegeven. Toepassing van de van rechtswege verleende vergunning op het verzoek in art. 4c lid 1, onderdeel b, Uitv.besch. OB geeft de belanghebbende extra zekerheid dat de inspecteur binnen deze termijn reageert.

Dit is ook van toepassing op de verzoeken genoemd in het achtste lid van art. 4c Uitv.besch. OB 1968. Dit artikellid heeft betrekking op de jaarglobalisatie, die is opgenomen in art. 4c lid 7 Uitv.besch. OB.

Uitwerking globalisatieregeling

Marge per tijdvak — Bij globalisatie wordt eerst de marge per tijdvak berekend. Dit is het verschil tussen de som van de verkopen en de som van de inkopen in dat tijdvak. Vervolgens wordt berekend hoeveel omzetbelasting hierin is inbegrepen. Dit bedrag is de verschuldigde omzetbelasting over het betreffende tijdvak.

Als de winstmarge in een tijdvak negatief is, is geen omzetbelasting verschuldigd. In dat geval kan niet worden verzocht om een teruggave van omzetbelasting. Wel bestaat de mogelijkheid om de negatieve winstmarge te verrekenen met een positieve winstmarge uit een volgend tijdvak in hetzelfde jaar. Dit is 'carry forward binnen het jaar zelf' (art. 4c lid 6 Uitv.besch. OB).

Carry forward — Carry forward is echter ook over de jaren heen mogelijk (art. 4c lid 7 Uitv.besch. OB). De wederverkoper heeft dan de mogelijkheid om de negatieve saldi van het ene jaar te compenseren met de positieve saldi van een later jaar. Het is niet mogelijk om een negatief jaarsaldo te verrekenen met een positief saldo van het eerste aangiftetijdvak van het nieuwe jaar (dit is immers geen saldo over een volledig jaar).

Voorbeeld

Een negatieve winstmarge van € 10.000 over het 1e kwartaal van 2021 mag worden verrekend met de positieve winstmarge van € 15.000 over het 2e kwartaal van 2021. In het 2e kwartaal hoeft de wederverkoper dan slechts over € 5.000 omzetbelasting aan te geven. In het 3e en 4e kwartaal is sprake van een negatieve winstmarge van respectievelijk € 1.000 en € 8.000. Over 2021 bedraagt de winstmarge dus per saldo € 4.000 negatief (–/– € 10.000 + € 15.000 –/– € 1.000 –/– € 8.000).

De wederverkoper mag aan het einde van het jaar salderen (art. 4c lid 7 Uitv.besch. OB). Dan blijkt dat er over een marge van € 5.000 op aangiften is voldaan terwijl over het gehele jaar over een marge van € 4.000 negatief verschuldigd is. Op verzoek stelt de inspecteur bij beschikking de (negatieve) jaarwinstmarge vast en wordt teruggaaf verleend voor de omzetbelasting verschuldigd over de aangegeven marge van € 5.000 (art. 4 lid 8 Uitv.besch. OB).

Als de wederverkoper zowel gebruikte 9%-goederen als 21%-goederen verhandelt, moet de jaarwinstmarge overigens per tariefgroep worden vastgesteld.

Als de wederverkoper 2022 met een positieve jaarwinstmarge afsluit, mag hij de negatieve jaarwinstmarge uit 2021 daar aan het einde van 2022 op in mindering brengen. Voorwaarde daarbij is dat de negatieve jaarwinstmarge over het vorige jaar bij beschikking is vastgesteld. Verder bedraagt de vermindering ook nu nooit meer dan wat er in dat kalenderjaar is aangegeven. Een eventueel resterende negatieve jaarwinstmarge kan ook nu weer bij beschikking worden vastgesteld, waarna deze naar het daaropvolgende kalenderjaar kan worden meegenomen.

10.15.4 Overdracht van een onderneming

Overdracht onderneming

Bij de overdracht van een onderneming of een zelfstandig gedeelte daarvan wordt geen omzetbelasting geheven (art. 37d Wet OB). De reden hiervoor is dat de goederen en diensten door de overdracht niet dichter bij de consument komen. Uitsluitend de persoon van de ondernemer verandert, waardoor de koper voor de berekening van de verschuldigde belasting in de plaats treedt van de verkoper. Hij treedt volledig in de rechten en plichten van de verkopende ondernemer. Dit betekent dat de herziening van de voorbelasting op investeringsgoederen wordt overgedragen aan de koper. De koper moet de onderneming dan wel voortzetten. Als de koper de onderneming koopt en deze vervolgens gaat beëindigen, is art. 37d Wet OB niet van toepassing.

Er is sprake van de overdracht van een onderneming (of een zelfstandig gedeelte hiervan) bij:
– de verkoop van een bedrijf aan een derde;
– de wijziging van de rechtsvorm (zoals bij de omzetting van een eenmanszaak in een bv);
– de voortzetting van het bedrijf door een erfgenaam na scheiding en deling van de boedel;
– een juridische fusie.

Zelfstandig gedeelte

Met een zelfstandig gedeelte van de onderneming bedoelen we een gedeelte dat een zekere zelfstandigheid bezit (zoals een filiaal), dan wel een zelfstandige onderneming kan vormen (zoals een deel van een accountantspraktijk). Als dit niet aan de orde is, moet de overdracht worden beschouwd als de verkoop van bedrijfsmiddelen. De verkoper moet dan op de normale wijze omzetbelasting in rekening brengen aan de koper.

10.16 Administratieve verplichtingen

10.16.1 Inleiding

Administratieve verplichtingen

In de wet is geregeld dat een ondernemer in de zin van de Wet OB een aantal administratieve verplichtingen heeft, namelijk de boekhoudverplichting en de factuurverplichting. De boekhoudverplichting (art. 34 Wet OB) is uitgewerkt in art. 31 Uitv.besch. OB. De factuurverplichting (artt. 34b tot en met 35 Wet OB) is van belang omdat de factuur een grote rol speelt in de heffing van omzetbelasting. Op basis van de facturen is de af te dragen omzetbelasting vast te stellen en het recht op aftrek van voorbelasting te bepalen. Beide verplichtingen worden in deze paragraaf besproken, evenals de administratieve verplichtingen in verband met ICT. Tot slot worden de forfaitaire berekeningsmethoden aangestipt.

10.16.2 Boekhoudverplichting

Boekhoud-
verplichting

In verband met het grote belang voor de heffing van omzetbelasting worden aan de administratie strenge eisen gesteld (art. 34 Wet OB). Zo moet iedere ondernemer regelmatig aantekening houden van:
- de inkomende en uitgaande facturen;
- de uitgaven en ontvangsten vanwege aan hem en door hem verrichte leveringen en diensten;
- de intracommunautaire transacties binnen de Unie;
- de invoer en uitvoer van goederen buiten de Unie;
- alle andere gegevens die van belang zijn voor de heffing van belasting in Nederland en de andere lidstaten.

Al deze aantekeningen moeten duidelijk en overzichtelijk worden gehouden, zodat aan de hand daarvan de verschuldigde belasting kan worden vastgesteld.

10.16.3 Factuurverplichting

Factuur-
verplichting

Een ondernemer die aan een andere ondernemer leveringen verricht of diensten verleent, is verplicht een factuur uit te reiken die aan bepaalde eisen voldoet (art. 34c Wet OB). De verplichting om op de voorgeschreven wijze te factureren, bestaat alleen bij het verrichten van leveringen en het verlenen van diensten door en aan ondernemers en aan rechtspersonen/niet-ondernemers. Leveringen en diensten aan niet-ondernemers (particulieren, etc.) behoeven in principe niet te worden gefactureerd, tenzij sprake is van een aangewezen ondernemer die voor al zijn leveringen een factuur moet uitreiken (art. 34e Wet OB jo. art. 32 Uitv. besch. OB).

De factuurplicht is voor deze aangewezen ondernemers uitgebreid tot ál hun leveringen (art. 34e Wet OB). Dit betekent dat een groothandelaar ook een factuur moet uitreiken aan een niet-ondernemer. De Belastingdienst krijgt hiermee meer controlemogelijkheden, waardoor 'zwarte inkopen' beter kunnen worden tegengegaan.

Ontheffing

Ondernemers die vrijgestelde prestaties verrichten, hoeven voor die prestaties geen facturen uit te reiken. Een uitzondering geldt bij de levering van gebruikte bedrijfsmiddelen (art. 34c lid 2 Wet OB jo. art. 32 lid 2 Uitv.besch. OB). Daarnaast mogen ondernemers die op grond van art. 25 lid 3 Wet OB zijn ontheven van administratieve verplichtingen, geen facturen uitreiken waarop omzetbelasting is vermeld.

Degene die op zijn facturen ten onrechte omzetbelasting vermeldt, is verplicht om deze omzetbelasting af te dragen (art. 37 Wet OB).

Elektronische factuur — Facturen mogen op papier worden uitgereikt, maar de ondernemer mag deze ook – onder voorbehoud van aanvaarding door de afnemer – elektronisch verzenden. Elektronisch verzonden facturen worden door de inspecteur onder voorwaarden aanvaard, mits de authenticiteit van de herkomst en de integriteit van de inhoud is gewaarborgd. Onder elektronisch factureren wordt onder andere verstaan het elektronisch verzenden en opslaan van een factuur (art. 35d Wet OB).

Periodiek factureren

Periodieke factuur — Het is mogelijk dat voor een aantal afzonderlijke leveringen of diensten een periodieke factuur wordt opgemaakt (art. 35 lid 1 Wet OB). Hierbij gelden de volgende voorwaarden:
– De leveringen en diensten zijn gelijksoortig.
– De periode waarop de periodieke factuur betrekking heeft, is niet langer dan een maand.

In dit kader kan bijvoorbeeld worden gedacht aan leveringen van onderdelen en schoonmaakdiensten.

Vooruitbetalingen

Vooruitbetalingen — Iedere ondernemer moet ervoor zorgen dat door hemzelf, dan wel – in zijn naam en voor zijn rekening – door zijn afnemer of een derde, een factuur wordt uitgereikt ter zake van vooruitbetalingen die door een andere ondernemer of een rechtspersoon anders dan een ondernemer aan hem worden gedaan vóórdat de levering of de dienst is verricht (art. 34g Wet OB). Als er meerdere vooruitbetalingen plaatsvinden, moet per deelbetaling een factuur worden uitgereikt.

Factuurvereisten

Factuurvereisten — Volgens art. 35a Wet OB moeten op een omzetbelastingfactuur onder andere de volgende gegevens staan:
a. de datum van uitreiking;
b. een opeenvolgend nummer, met één of meer reeksen, waardoor de factuur eenduidig wordt geïdentificeerd;
c. het btw-identificatienummer van de ondernemer die de levering of de dienst heeft verricht;
d. het btw-identificatienummer van de afnemer aan wie de levering of de dienst is verricht en van wie de belasting wordt geheven (verlegging); het btw-identificatienummer van de afnemer moet ook worden vermeld als sprake is van een intracommunautaire levering;
e. de naam en het adres van de ondernemer en zijn afnemer;
f. een duidelijke omschrijving van de geleverde goederen (onder andere de hoeveelheid) en de verrichte diensten;
g. de datum waarop de levering of de dienst heeft plaatsgevonden of is voltooid óf de datum van de vooruitbetaling, voor zover die datum kan worden vastgesteld en verschilt van de uitreikingsdatum van de factuur;

h. de vergoeding met betrekking tot elk tarief of elke vrijstelling, de eenheidsprijs exclusief belasting, evenals de eventuele vooruitbetalingskortingen en andere kortingen als die niet in de eenheidsprijs zijn begrepen;
i. het toegepaste tarief;
j. het te betalen bedrag van de belasting;
k. dat er een vrijstelling dan wel de verleggingsregeling is toegepast of dat er sprake is van een intracommunautaire levering;
l. de gegevens die nodig zijn om te bepalen of een vervoermiddel een nieuw vervoermiddel is;
m. of de margeregeling of de bijzondere regeling voor reisbureaus is toegepast;
n. het btw-identificatienummer, de naam en het adres van een fiscaal vertegenwoordiger als de belasting door hem wordt voldaan.

Voorbeeld

Als op de factuur staat vermeld: € 358 (inclusief omzetbelasting), heeft de afnemer geen recht op de aftrek van voorbelasting, omdat de omzetbelasting niet apart op de factuur is vermeld.

Vereenvoudigde factuur

Vereenvoudigde factuur

Het is ook mogelijk om een vereenvoudigde factuur (ex art. 34d Wet OB) uit te reiken. De belangrijkste voorwaarden om een vereenvoudigdigde factuur te mogen uitschrijven is dat sprake moet zijn van een factuur en het bedrag van de factuur is niet hoger dan € 100. In een vereenvoudigde factuur staan de volgende gegevens (art. 35a lid 2 Wet OB):
a. de datum van uitreiking van de factuur;
b. de identiteit van de ondernemer die de goederenlevering of de dienst verricht;
c. een duidelijke omschrijving van de geleverde goederen of de verrichte diensten;
d. het te betalen bedrag van de belasting of de gegevens aan de hand waarvan dat bedrag kan worden berekend;
e. wanneer de uitgereikte factuur een document of bericht is dat overeenkomstig artikel 34f als factuur geldt, een specifieke verwijzing naar de oorspronkelijke factuur, met specifieke vermelding van de aangebrachte wijzigingen.

Elektronisch factureren

Elektronisch factureren

Facturen kunnen ook elektronisch worden verstuurd, als de afnemer daarmee akkoord gaat (art. 35b Wet OB). Een factuur kan in de vorm van een PDF-bestand per mail worden verstuurd. De ondernemer moet de authenticiteit van de herkomst, de integriteit van de inhoud, en de leesbaarheid van de factuur waarborgen. Hij mag zelf bepalen hoe hij dit waarborgt. De definitie van een elektronische factuur, is opgenomen in art. 35d Wet OB. Ook een vereenvoudigde factuur mag elektronisch worden verstuurd.

Tijdstip factuur

Van groot belang is het tijdstip waarop een factuur wordt uitgereikt. Dit moment bepaalt het belastingtijdvak waarin de omzetbelasting moet worden voldaan én het belastingtijdvak waarin de in rekening gebrachte omzetbelasting als voorbelasting aftrekbaar is. Hierbij is van belang dat de belasting verschuldigd is op het tijdstip waarop de factuur uiterlijk had moeten worden uitgereikt (zie ook paragraaf 10.13).

Administratie en factuur

Nummering facturen

Eén van de eisen waaraan moet worden voldaan, is de nummering van zowel de uitgaande als de inkomende facturen (art. 31 lid 2 Uitv.besch. OB). Dit artikel maakt geen onderscheid tussen facturen voor belaste prestaties en facturen voor vrijgestelde prestaties. Ook wordt geen onderscheid gemaakt tussen verplichte en onverplichte facturen. Om aan deze eis te voldoen is het voldoende dat de facturen van een zodanig kenmerk worden voorzien, dat zij in de boekhouding gemakkelijk zijn terug te vinden. Verder houdt deze eis in dat de nummering doorlopend moet plaatsvinden. Dit kan zijn een chronologische volgorde naar tijdstip van binnenkomst. Voor de uitgaande facturen moet sprake zijn van een opeenvolgend nummer, met één of meer reeksen, waardoor de factuur eenduidig wordt geïdentificeerd.

Bewaren/opslaan van de facturen

Bewaren/opslaan

Een ondernemer is verplicht om kopieën te maken en op te slaan van alle facturen die door of namens hem worden uitgereikt. Voor de ontvangen facturen geldt hetzelfde. Daarbij geldt als eis dat de authenticiteit van de herkomst, de integriteit van de inhoud én de leesbaarheid van de facturen gedurende de gehele opslagperiode moet worden gewaarborgd (art. 35c lid 3 Wet OB).
Als een ondernemer facturen elektronisch verzendt of ontvangt en opslaat, moet hij de toegang tot deze gegevens waarborgen (art. 35c Wet OB).

Alle bescheiden die aan de genoemde eisen voldoen, kunnen als factuur worden beschouwd. Ook elk document of bericht dat wijzigingen aanbrengt in de oorspronkelijke factuur en hiernaar specifiek en ondubbelzinnig verwijst, geldt als factuur (art. 34f Wet OB). Het is niet van belang onder welke benaming deze bescheiden worden uitgereikt, zoals bijvoorbeeld facturen, rekeningen, nota's, declaraties, kwitanties en bonnen. Bij de levering van onroerende zaken kunnen ook notarisrekeningen die – al dan niet tezamen met de notariële akte – alle vereiste gegevens bevatten, als factuur worden aangemerkt. Daarom hoeft een notaris aan een ondernemer niet een aparte factuur uit te reiken indien hij zo'n notarisrekening aan de ondernemer heeft verstuurd.

Geringe gebreken

Als een factuur niet aan alle bovengenoemde eisen voldoet, heeft de afnemer volgens de wet geen recht op aftrek van voorbelasting. Goedgekeurd is echter dat de voorbelasting ook kan worden afgetrokken als de factuur slechts geringe gebreken vertoont.

Factuurverplichting bij vrijgestelde prestaties

Vrijgestelde prestaties
Voor zover een ondernemer vrijgestelde prestaties verricht, hoeft hij geen facturen uit te schrijven. Hij moet dan wel kunnen aantonen dat de prestaties zijn vrijgesteld. Als de afnemer een ondernemer is en om een factuur verzoekt, is de ondernemer wel verplicht om een factuur uit te reiken. Hij moet hierop dan vermelden dat een vrijstelling van toepassing is. Welke vrijstelling dit is, hoeft hij niet te vermelden.

In hoofdlijnen komen de factuurvereisten op het volgende neer:
– eisen inhoud (art. 35a wet OB);
– verplichte opeenvolgende nummering (art. 31 lid 2 Uitv.besch. OB);
– tijdstip van uitreiking (art. 34g Wet OB);
– bewaarplicht art. 35c wet OB.

10.16.4 Administratieve verplichtingen en ICP (listing)

Listing
Zoals eerder gesteld moet een ondernemer op zijn aangiftebiljet omzetbelasting zijn ICP's vermelden.

In verband met de controle van de OB-afdracht van de afnemer én in verband met fraudebestrijding, wisselen de belastingdiensten van de lidstaten onderling gegevens uit over transacties tussen de lidstaten. De ondernemer/dienstverrichter is verplicht om periodiek een lijst ('list', zie ook het voorbeeld aan het einde van dit hoofdstuk) met diensten aan lidstaatafnemers in te dienen (in plaats van alleen een lijst met leveringen aan lidstaatafnemers). Dit geldt alleen voor de B2B-diensten die onder de nieuwe hoofdregel vallen. Het gaat hierbij alleen om diensten die niet onder de uitzonderingen vallen. Diensten moeten worden aangegeven in het tijdvak waarin de dienst is geleverd. Bij leveringen is de factuurdatum het uitgangspunt. Daarnaast is een aantal zaken gewijzigd.

Termijnen voor opgaaf ICP

Leveranciers van goederen mogen niet zelf kiezen over welke termijn zij opgaaf ICP doen. Deze opgaaf ICP hangt af van de situatie:

Per maand
Een ondernemer kan altijd per maand een opgaaf ICP indienen (art. 37a Wet OB). Dit is echter verplicht als hij per kwartaal voor meer dan € 100.000 aan intracommunautaire leveringen (ICL'en) heeft verricht.

Per 2 maanden
Een ondernemer kan uitsluitend voor een periode van 2 maanden kiezen als hij in de tweede maand van het kwartaal de grens van € 100.000 aan intracommunautaire leveringen heeft overschreden. Nadat hij de opgaaf heeft ingediend, moet hij voortaan maandelijks opgaaf doen van zijn ICL'en.

Per kwartaal

Met betrekking tot de opgaaf per kwartaal gelden verschillende regels voor leveringen en diensten:
- goederen: een ondernemer mag zijn leveringen per kwartaal opgeven als hij in dit kwartaal of in één van de vorige 4 kwartalen het bedrag van € 100.000 aan ICL'en niet heeft overschreden;
- diensten: een ondernemer mag zijn diensten altijd per kwartaal opgeven, ook als hij zijn ICL'en per maand opgeeft. Hij kan dan maandelijks een opgaaf van zijn ICL'en indienen en aan het eind van het kwartaal een kwartaalopgaaf indienen voor zijn diensten.

Per jaar

Om één keer per jaar een opgaaf ICP te mogen indienen, moet een ondernemer een vergunning vragen bij zijn belastingkantoor. Hij moet dan voldoen aan vier voorwaarden:
- Hij doet per jaar aangifte omzetbelasting.
- Zijn jaaromzet aan ICL'en is niet hoger dan € 15.000.
- Hij levert geen nieuwe vervoermiddelen.
- Zijn omzet exclusief omzetbelasting is niet meer dan € 200.000.

Op de list vermeldt de ondernemer de btw-identificatienummers van de diverse afnemers en de bedragen waarvoor hij in de betreffende periode prestaties heeft verricht aan deze afnemers.

Informatieplicht — Ten slotte geldt een informatieplicht jegens het Centraal Bureau voor de Statistiek (CBS) als de intracommunautaire leveringen of verwervingen meer dan € 226.900 per jaar bedragen. Deze jaardrempel geldt afzonderlijk voor leveringen en verwervingen.

Gegevensuitwisseling — De list wordt bij de Belastingdienst vergeleken met de ICP's die op de aangiften omzetbelasting zijn aangegeven. Bij verschillen wordt een nader onderzoek ingesteld. Als er geen verschillen (meer) zijn, worden de listgegevens doorgegeven aan de centrale eenheden van de betreffende lidstaten. Daar worden de gegevens vergeleken met de door de afnemer op zijn aangifte aangegeven ICV's. Als er dan een verschil is, is sprake van een mismatch. Er kan dan een gegevensuitwisseling plaatsvinden tussen de betreffende lidstaten om vast te stellen waar het verschil is ontstaan. Dit kan betekenen dat de Belastingdienst een controle instelt bij de betreffende ondernemer.

Btw-identificatienummer

Btw-identificatienummer — Bij het listen is een belangrijke rol weggelegd voor het btw-identificatienummer. Dit is een uniek nummer dat gebruikt wordt bij ICP's. Elke lidstaat verstrekt dit nummer aan alle ondernemers en rechtspersonen/niet-ondernemers. De leverancier kan aan de hand van dit nummer nagaan of hij te maken heeft met een afnemer die in een andere lidstaat als ondernemer is geregistreerd. Hij kan het nummer namelijk verifiëren bij de belastingdienst in zijn eigen lidstaat. Van de belastingdienst ontvangt hij dan een schriftelijke bevestiging die hij bij zijn administratie kan bewaren. De leverancier moet het btw-identificatienummer van zijn afnemer én zijn eigen btw-identificatienummer op de factuur vermelden (art. 35a lid 1 letters c en d Wet OB). Hij moet dit nummer ook op de list vermelden.

De ondernemer die ICP's verricht, is verplicht om aantekening te houden van de gegevens die van belang zijn voor de door hem verrichte ICP's. Daarnaast moet hij een register bijhouden voor de overbrenging van eigen goederen naar een andere lidstaat.

10.16.5 Forfaitaire berekeningsmethode

Forfaitaire berekeningsmethode

Veel ondernemers verrichten zowel prestaties die belast zijn tegen 21% (het algemene tarief) als tegen 9% (het verlaagde tarief). Voor het berekenen van de verschuldigde omzetbelasting moeten deze ondernemers hun omzet en de daarin begrepen omzetbelasting splitsen naar de verschillende tarieven. Als een ondernemer het factuurstelsel hanteert, kan hij de verschuldigde omzetbelasting berekenen aan de hand van de door hem uitgereikte facturen.

Splitsingsmethode

Ondernemers die het kasstelsel hanteren, leveren voornamelijk aan niet-ondernemers. Zij reiken lang niet altijd een factuur uit. Dit brengt met zich mee dat zij geen nauwkeurige berekening kunnen maken van de verschuldigde omzetbelasting. Als zij hun ontvangsten niet op grond van de door hen gevoerde bedrijfsadministratie kunnen splitsen naar de verschillende tarieven, mogen zij gebruikmaken van een splitsingsmethode: de zogenoemde 'forfaitaire berekeningsmethode'. In art. 16 Uitv.besl. OB staat de algemene splitsingsmethode en in art. 17 Uitv.besl. OB is een splitsingsmethode opgenomen als het gaat om het leveren van goederen die de ondernemer zelf heeft vervaardigd.

Afzonderlijke verantwoording ontvangsten

Voor de diensten bestaat geen wettelijke bepaling. Daarom zal voor diensten een afzonderlijke verantwoording van de ontvangsten, verdeeld over de verschillende tarieven, moeten plaatsvinden. Een schoenwinkelier zal de ontvangsten uit zijn verkoopafdeling (die onderworpen zijn aan het algemene tarief) dus gescheiden moeten houden van de ontvangsten uit de reparatieafdeling (onderworpen aan het verlaagde tarief).

Omdat de meeste winkeliers tegenwoordig van een geautomatiseerd kassasysteem gebruiken waarbij het mogelijk is om de verkopen te scheiden in artikelgroepen, mogen zij niet gebruikmaken van de forfaitaire berekeningsmethoden. Voor de volledigheid worden de drie verschillende forfaitaire berekeningsmethoden in het kort als volgt beschreven.

Methode I

Bij methode I worden de ontvangsten naar de verschillende tarieven gesplitst op basis van de tot winkelwaarden herleide inkopen van de aan die tarieven onderworpen goederen. De inkopen worden gesplitst naar de verschillende tarieven en daarna wordt de winkelwaarde van de inkopen bepaald. Vervolgens worden de ontvangsten in verhouding van de berekende winkelwaarden gesplitst.

Voorbeeld

Over een aangiftetijdvak bedroegen de 21%-inkopen € 30.000 en de 9%-inkopen € 20.000, beide exclusief omzetbelasting. De brutowinst op de 21%-inkopen bedraagt 100% van de inkoop, die op de 9%-inkopen 75%. De winkelwaarden van de inkopen zijn dan:
- (100% + 100%) × € 30.000 × 121% = € 72.600 voor de 21%-inkopen;
- (100% + 75%) × € 20.000 × 109% = € 38.150 voor de 9%-inkopen.

De totale winkelwaarde van de inkopen is € 72.600 + € 38.150 = € 110.750.

De werkelijk in het aangiftetijdvak behaalde omzet van stel € 100.000 wordt nu als volgt over de OB-tarieven gesplitst:

21%-omzet	72.600/110.750 × € 100.000 = € 65.553	OB: 21/121 × € 65.553 =	€ 11.376
9%-omzet	38.150/110.750 × € 100.000 = € 34.454	OB: 9/109 × € 34.454 =	€ 2.844

Methode II

Bij methode II worden voor groepen van goederen die aan hetzelfde tarief zijn onderworpen de ontvangsten gesteld op de tot winkelwaarden herleide inkopen van die goederen, waarna het overblijvende deel van de ontvangsten wordt toegerekend aan de tot de andere tariefgroep behorende goederen. De inkopen worden daartoe gesplitst naar de verschillende tarieven. Daarna wordt de winkelwaarde van de inkopen van één tariefgroep bepaald. Van de totale ontvangsten wordt een bedrag dat gelijk is aan de berekende winkelwaarde toegerekend aan de verkopen van de goederen van die tariefgroep. Het restant van de ontvangsten wordt toegerekend aan de andere tariefgroep.

Voorbeeld

Over een aangiftetijdvak bedroegen de 21%-inkopen € 30.000 exclusief omzetbelasting. De brutowinst op de 21%-inkopen bedraagt 100% van de inkoop. De winkelwaarde van de 21%-inkopen is dan:
- (100% + 100%) × € 30.000 × 121% = € 72.600

De werkelijk in het aangiftetijdvak behaalde omzet van stel € 100.000 wordt nu als volgt over de OB-tarieven gesplitst:

21%-omzet		OB: 21/121 × € 72.600 =	€ 12.600
9-omzet	€ 100.000 –/– € 72.600 = € 27.400	OB: 9/109 × € 27.400 =	€ 2.262

Methode III

Bij methode III worden voor alle goederen de ontvangsten gesteld op de tot winkelwaarde herleide inkopen van de goederen, gesplitst naar de van toepassing zijnde tarieven. Bij deze methode wordt geen rekening gehouden met de werkelijke ontvangsten.

Voorbeeld

Over een aangiftetijdvak bedroegen de 21%-inkopen € 30.000 en de 9%-inkopen € 20.000, beide exclusief omzetbelasting. De brutowinst op de 21%-inkopen bedraagt 100% van de inkoop, die op de 9%-inkopen 75%. De winkelwaarden van de inkopen zijn dan:
- (100% + 100%) × € 30.000 × 121% = € 72.600 voor de 21%-inkopen;
- (100% + 75%) × € 20.000 × 109% = € 38.150 voor de 9%-inkopen.

Aan de werkelijk in het aangiftetijdvak behaalde omzet van stel € 100.000 wordt nu geheel voorbij gegaan. Aangegeven wordt:

21%-omzet	OB: 21/121 × € 72.600 = € 12.600.
9-omzet	OB: 9/109 × € 38.150 = € 3.150.

Winkelwaarde Bij al deze methoden wordt uitgegaan van de winkelwaarde van de inkopen. De winkelwaarde is de prijs waarvoor de ondernemer de goederen verkoopt. Als hij de winkelwaarden niet bijhoudt of niet kan aantonen hoe hij aan deze winkelwaarden is gekomen, voldoet hij niet aan zijn administratieve verplichtingen. De inspecteur zal dan zelf een splitsing maken van de omzet. De ondernemer zal vervolgens moeten aantonen dat deze splitsing onjuist is (omkering van de bewijslast, art. 25 lid 3 AWR).

Voorbeeld

John Bakker heeft 16 bloembakken ingekocht à € 5 = € 80 (exclusief omzetbelasting). John maakt op deze bloembakken gemiddeld 50% winst.

Berekening winkelwaarde:	
Inkoopprijs (exclusief 21% omzetbelasting)	€ 80
Gemiddelde winst (50%)	€ 40
	€ 120
Omzetbelasting: 21%	€ 25,20
Winkelwaarde	€ 145,20

Voorwaarden Om de forfaitaire berekeningsmethode te mogen toepassen, moet aan de volgende voorwaarden worden voldaan:
1. De forfaitaire berekeningsmethode geldt alleen voor de ontvangsten wegens leveringen. Andere leveringen (zoals koop op afbetaling) en diensten moeten

afzonderlijk worden bijgehouden, waarbij meteen een splitsing van de verschillende tarieven moet worden gemaakt.
2. De ondernemer moet het kasstelsel volgen.
3. De ondernemer kan de ontvangsten niet op basis van zijn boekhouding splitsen naar de verschillende tarieven.
4. De ondernemer moet vóór aanvang van het (boek)jaar een methode kiezen en zijn keuze schriftelijk mededelen aan de inspecteur.
5. Een gekozen methode moet worden toegepast tot aan het (boek)jaar dat volgt op het jaar van schriftelijke opzegging. Op deze manier is het niet mogelijk om in een bepaald jaar van methode te wisselen omdat dit op dat moment beter uitkomt.

10.17 Samenvatting en formulieren omzetbelasting

Onderstaand volgt een schematisch overzicht van de vragen met de bijbehorende artikelen in de Wet OB.

Art. 1 Wet OB	Leveringen	Diensten	Verwervingen	Invoer
Wie	7 de ondernemer	7 de ondernemer	Ondernemers/ rechtspersonen/ niet-ondernemers	iedereen
Wat	3, 3a en 3b	4	17a	18
Waar	5, 5a, 5b en 5c	6, 6a t/m 6j	17b	
Waarover: maatstaf	8 de vergoeding	8 de vergoeding	17c	19
Hoeveel: tarief + vrijstellingen	9 + 11	9 + 11	17d + 17e	20 + 21
Betaling door: bij wie heffen	12	12	17f	22, 22a, 23
Wanneer	13 + 14	13 + 14	17g + 17h	23-2+23-3
Aftrek	2 + 15 + 16 + 16 + 17 + 29	2 + 15 + 16 + 16 + 17 + 29	15 + 16 + 16a + 17	15 + 16 + 16a + 17

Op de volgende pagina's staan twee formulieren waarmee btw-plichtige ondernemers te maken kunnen krijgen:
– de aangifte omzetbelasting (gedeeltelijk; bij het gehele formulier is meer vermeld, zoals het OB-nummer en het tijdvak);
– de aangifte omzetbelasting voor intracommunautaire prestaties.

Deze formulieren worden veelal digitaal ingevuld en verzonden via de software van de Belastingdienst of de eigen administratiesoftware.

| Eigen kopie, niet opsturen |

Formulierversie
OB 400E - 2Z23FOL3

Aangiftenummer

Aangiftetijdvak

Betalingskenmerk

Afgedrukt op

Ondertekening
Naam   Functie
Verzonden op

Contactpersoon
Contactpersoon   Telefoonnummer

Gegevens omzet en omzetbelasting

	Bedrag waarover omzetbelasting wordt berekend	Omzetbelasting

Rubriek 1: Prestaties binnenland
1a. Leveringen/diensten belast met hoog tarief	€	€
1b. Leveringen/diensten belast met laag tarief	€	€
1c. Leveringen/diensten belast met overige tarieven, behalve 0%	€	€
1d. Privégebruik	€	€
1e. Leveringen/diensten belast met 0% of niet bij u belast	€	

Rubriek 2: Verleggingsregelingen binnenland
2a. Leveringen/diensten waarbij de omzetbelasting naar u is verlegd	€	€

Rubriek 3: Prestaties naar of in het buitenland
3a. Leveringen naar landen buiten de EU (uitvoer)	€
3b. Leveringen naar of diensten in landen binnen de EU	€
3c. Installatie/afstandsverkopen binnen de EU	€

Rubriek 4: Prestaties vanuit het buitenland aan u verricht
4a. Leveringen/diensten uit landen buiten de EU	€	€
4b. Leveringen/diensten uit landen binnen de EU	€	€ +

Rubriek 5: Voorbelasting, kleineondernemersregeling, schatting en totaal
5a. Omzetbelasting (rubrieken 1 t/m 4)	€
5b. Voorbelasting	€
5c. Subtotaal (rubriek 5a min 5b)	€
5d. Vermindering volgens de kleineondernemersregeling	€
5e. Schatting vorige aangifte(n)	€
5f. Schatting deze aangifte	€ +/-
Totaal	€ 0

☐ te betalen. Maak het bedrag over op rekeningnummer NL86 INGB 0002 4455 88 t.n.v. Belastingdienst Apeldoorn. Vermeld bij uw betaling het betalingskenmerk van deze aangifte.

☐ te ontvangen. Het bedrag wordt overgemaakt op rekeningnummer 0000000000000000000000000000000.

Belastingdienst

Eigen kopie, niet opsturen

Opgaaf
Intracommunautaire prestaties

Formulierversie
OB 401E - 2Z31FOL3

Tijdvak

Btw-identificatienummer

Afgedrukt op

Ondertekening
Naam   Functie
Nog niet ingezonden

Contactpersoon
Contactpersoon   Telefoonnummer

1 Fiscale eenheid
Btw-identificatienummer onderneming in   Landcode   Nummer
fiscale eenheid
                                         NL

2 Eerdere opgaven corrigeren

2a Correctie intracommunautaire leveringen en diensten
Tijdvak   Btw-identificatienummer   Correctiebedrag (+ of - t.o.v. de oorspronkelijke opgaaf)
               Landcode   Nummer   Leveringen   Diensten

2b Correctie intracommunautaire ABC-leveringen (vereenvoudigde regeling)
Tijdvak   Btw-identificatienummer   Correctiebedrag (+ of - t.o.v. de oorspronkelijke opgaaf)
               Landcode   Nummer   ABC-leveringen

3 Gegevens intracommunautaire prestaties

3a Intracommunautaire leveringen en diensten
               Btw-identificatienummer   Totaalbedrag per afnemer in dit tijdvak
               Landcode   Nummer   Leveringen   Diensten
                                                          +   +
                          Subtotaal   € 0   € 0

3b Intracommunautaire ABC-leveringen (vereenvoudigde regeling)
               Btw-identificatienummer   Totaalbedrag per afnemer in dit tijdvak
               Landcode   Nummer   ABC-leveringen
                                                          +
                          Subtotaal   €   0
                                          €   0 +
Totaal leveringen (rubriek 3a + 3b) en   €   0   €   0
diensten (rubriek 3a)

HOOFDSTUK 11
Schenk- en erfbelasting

De schenkbelasting en de erfbelasting staan beide in de Successiewet. Erfbelasting wordt geheven over alles wat iemand 'krachtens erfrecht' verkrijgt van iemand die op het moment van zijn overlijden in Nederland woonde, schenkbelasting wordt geheven over alles wat door schenking wordt verkregen van iemand die op het tijdstip van de schenking in Nederland woonde. Dit hoofdstuk behandelt de grondslagen van beide belastingen.

- fiscale woonplaats
- tarieven
- vrijstellingen
- schenkingsplan
- erfrecht
- wettelijke verdeling
- wetsficties
- huwelijksrecht

11.1 Inleiding

De schenkbelasting en de erfbelasting zijn beide opgenomen in de Successiewet (art. 1 SW).

Erfbelasting Erfbelasting wordt geheven over alles wat iemand 'krachtens erfrecht' verkrijgt van iemand die op het moment van zijn overlijden in Nederland woonde.

Schenkbelasting Schenkbelasting wordt geheven over alles wat door schenking wordt verkregen van iemand die op het tijdstip van de schenking in Nederland woonde. Een schenking is volgens de wet elke bevoordeling uit vrijgevigheid. Degene die de schenking ontvangt – de begiftigde – is belastingplichtig. In paragraaf 11.6 wordt uitgebreider ingegaan op het begrip schenking en de fiscale gevolgen daarvan.

Hierna wordt nader ingegaan op de grondslagen van de schenk- en erfbelasting. Voor een beter begrip wordt daarbij niet de volgorde van de wetsartikelen aangehouden, maar wordt de Successiewet behandeld aan de hand van de meest relevante onderwerpen.

11.2 Fiscale woonplaats

Fiscale woonplaats Zowel voor de schenkbelasting als voor de erfbelasting is vereist dat de schenker c.q. erflater in Nederland woont. De vraag waar iemand woont, hangt af van de omstandigheden. Globaal gaat het er hierbij om waar het centrum van iemands levensbelangen ligt (zie verder art. 4 AWR). De woonplaats van de erfgenaam of degene die een schenking krijgt (begiftigde), doet er niet toe.

Als de erflater of schenker emigreert, is het in principe mogelijk om aan de Nederlandse heffing van schenk- of erfbelasting te ontkomen. Wel moet een belastingplichtige met de Nederlandse nationaliteit die wil emigreren, rekening houden *10-jaarstermijn* met een wachttijd van 10 jaar. Een Nederlander die binnen 10 jaar ná zijn emigratie een schenking doet, wordt namelijk geacht nog steeds in Nederland te wonen (art. 3 lid 1 SW). Consequentie hiervan is dat de begiftigde in Nederland schenkbelasting is verschuldigd. Deze woonplaatsfictie geldt ook bij vererving. Als een Nederlander binnen 10 jaar ná zijn emigratie uit Nederland overlijdt en iets krachtens erfrecht nalaat, zijn de erfgenamen in Nederland erfbelasting verschuldigd.

Na afloop van de 10-jaarstermijn hoeft in Nederland geen schenk- of erfbelasting meer te worden betaald.

Voorbeeld

Rob heeft de Nederlandse nationaliteit en is 8 jaar geleden vanuit Nederland geëmigreerd naar België. Na het overlijden van Rob erft zijn zoon Frank een herenhuis in Maastricht. Frank is hierover in Nederland erfbelasting verschuldigd. Op grond van de woonplaatsfictie van art. 3 SW wordt zijn vader Rob namelijk geacht nog in Nederland te wonen. Waar de erfgenaam woont, is niet van belang. Als Frank bijvoorbeeld in Italië woont, is hij toch erfbelasting in Nederland verschuldigd. Het aanknopingspunt voor de erfbelasting is immers de woonplaats van de erflater (en niet de woonplaats van de erfgenaam).

Stel nu dat Rob pas 11 jaar na zijn emigratie overlijdt. In dat geval is de woonplaatsfictie niet meer van toepassing. Frank is dan in Nederland geen erfbelasting verschuldigd (wel is het mogelijk dat in België erfbelasting moet worden betaald).

1-jaarsfictie Naast de genoemde 10-jaarstermijn, die specifiek geldt voor erflaters/schenkers met de Nederlandse nationaliteit, kent de wet ook nog een 1-jaarsfictie. Op grond van deze fictie is een schenking altijd onderworpen aan Nederlandse schenkbelasting als een schenker binnen 1 jaar ná emigratie uit Nederland een schenking doet, óók als de schenker niet de Nederlandse nationaliteit heeft (art. 3 lid 2 SW).

Voorbeeld

De Amerikaan Bill woont vanwege zijn werk gedurende een aantal jaren in Nederland. In februari 2021 keert hij terug naar de VS en in september 2021 doet hij een schenking aan zijn zoon. Omdat deze schenking binnen 1 jaar na zijn emigratie plaatsvindt, is de zoon van Bill hierover in Nederland schenkbelasting verschuldigd (en mogelijk ook in de VS).

Voorkoming dubbele belasting De werking van de bovengenoemde woonplaatsficties kan in de praktijk leiden tot dubbele belastingheffing, namelijk in Nederland en het woonland. Om dubbele heffing te vermijden, heeft Nederland met een aantal landen erfbelastingverdragen gesloten. Is er geen verdrag van toepassing, dan verleent Nederland in sommige gevallen een belastingvermindering op grond van het Besluit voorkoming dubbele belasting.

11.3 De tarieven

De tarieven voor de schenk- en erfbelasting zijn gelijk. De Successiewet kent drie tariefgroepen, met elk twee tariefschijven (art. 24 lid 1 SW). In tariefgroep I (10% tot 20%) vallen de partners en de kinderen. In tariefgroep I A vallen de kleinkinderen. Voor hen geldt een opslag van 80% ten opzichte van tariefgroep I, waardoor de tarieven voor hen uitkomen op 18% en 36%. De overige verkrijgers vallen in tariefgroep II (30% tot 40%).

Overzicht tarieven

Belaste verkrijging	I. Partners en kinderen	I A. Kleinkinderen	II. Overige verkrijgers
0 – € 128.751	10%	18%	30%
€ 128.751 en hoger	€ 12.875 (10% van € 128.751) + 20% over het meerdere	€ 23.175 (18% van € 128.751) + 36% over het meerdere	€ 38.625 (30% van € 128.751) + 40% over het meerdere

Tabel 11.1 Overzicht tarieven Successiewet

Het begrip partner

Art. 5a AWR bevat een centraal partnerbegrip dat voor alle belastingenwetten geldt. In de Successiewet wordt hier in art. 1a SW gedeeltelijk van afgeweken.

Voor de schenk- en erfbelasting worden de volgende personen als partners aangemerkt:
- gehuwden, mits zij niet zijn gescheiden van tafel en bed (art. 5a lid 3 AWR);
- personen die een geregistreerd partnerschap zijn aangegaan;
- ongehuwd samenwonenden (met of zonder samenlevingscontract), mits zij voldoen aan een aantal aanvullende eisen (zie hierna).

Voorwaarden Om voor de schenk- en erfbelasting als partner te kunnen worden aangemerkt, moeten ongehuwd samenwonenden bij overlijden gedurende 6 maanden (bij schenken 2 jaar) aan de volgende voorwaarden voldoen (art. 1a lid 1 SW):
- Zij zijn beiden meerderjarig.
- Zij hebben een notarieel samenlevingscontract gesloten waarin een wederzijdse zorgverplichting is vastgelegd.
- Zij hebben een duurzame gemeenschappelijke huishouding gevoerd en stonden gedurende deze periode op hetzelfde woonadres ingeschreven in de basisregistratie personen.
- Zij zijn geen bloedverwanten in de rechte lijn (zoals een ouder en een kind) van elkaar.
- Zij voldoen niet met een ander aan de bovengenoemde voorwaarden voor partnerschap.

Voorbeeld

Carina (22 jaar) woont sinds 1 november 2020 samen met haar vriend Hans (30 jaar). Zij staan vanaf deze datum op hetzelfde woonadres ingeschreven en hebben een notarieel samenlevingscontract gesloten met daarin een wederzijdse zorgverplichting. Op 15 december 2021 komt Hans tijdens een skivakantie om het leven. In zijn testament heeft hij Carina tot enig erfgename benoemd. Omdat Carina langer dan 6 maanden met Hans samenwoonde en op hetzelfde adres stond ingeschreven, wordt zij voor de erfbelasting als partner aangemerkt (art. 1a lid 1 SW). Zij valt in tariefgroep I (10% tot 20%) en heeft recht op de partnervrijstelling (zie paragraaf 11.4).

HOOFDSTUK 11 | SCHENK- EN ERFBELASTING

Geen samen-levingscontract
De voorwaarde van een notarieel samenlevingscontract geldt niet als de ongehuwd samenwonenden op het moment van het overlijden of de schenking gedurende 5 kalenderjaren onafgebroken een gemeenschappelijke huishouding hebben gevoerd (5-jaarseis) en in de basisregistratie personen op hetzelfde woonadres staan ingeschreven (art. 1a lid 3 SW).

Voorbeeld

Stel dat Hans uit het vorige voorbeeld in 2021 komt te overlijden, terwijl er geen notarieel samenlevingscontract is opgesteld. Bij het overlijden van Hans wordt nu niet voldaan aan alle voorwaarden van art. 1a lid 1 SW. Omdat Carina en Hans pas sinds 1 november 2020 samenwonen, wordt ook niet voldaan aan de 5-jaarseis. Daarom wordt Carina ingedeeld in tariefgroep II (overige verkrijgers; 30% tot 40%). Hierdoor heeft zij slechts recht op een vrijstelling van € 2.244 (zie paragraaf 11.4). Als Carina en Hans wel minimaal 5 jaar zouden hebben samengewoond, viel Carina in tariefgroep I en had ze recht op de partnervrijstelling.

Aanverwanten en bloedverwanten

Aanverwantschap
Bij een huwelijk en geregistreerd partnerschap ontstaat civielrechtelijk aanverwantschap (art. 1:3 BW). Voor de Successiewet wordt aanverwantschap gelijkgesteld met bloedverwantschap (art. 19 lid 1 letter b SW). Dit betekent dat men voor de tariefgroepindeling en vrijstellingen hetzelfde wordt behandeld als een echtgenoot/geregistreerde partner. Een soortgelijke gelijkstelling geldt voor personen die als elkaars partner worden aangemerkt. Na ontbinding van het huwelijk (of beëindiging van de samenwoning) door overlijden, blijft deze gelijkstelling bestaan. Als het huwelijk is ontbonden door echtscheiding, geldt de gelijkstelling niet meer. Hetzelfde geldt als de samenwoning tijdens leven wordt verbroken.

Voorbeeld

Henry is getrouwd met Ankie. Het huwelijk wordt ontbonden door het overlijden van Ankie. 8 jaar later erft Henry € 100.000 van de moeder van Ankie. Henry valt in tariefgroep I (10% tot 20%) en heeft recht op de kindvrijstelling van € 21.282 (zie paragraaf 11.4).

NB. De uitwerking is hetzelfde als Henry slechts partner van Ankie zou zijn geweest en tot haar overlijden met haar zou hebben samengewoond.

Stief- en pleegkinderen

Gelijkstelling stiefkinderen
Stiefkinderen van gehuwden worden voor de heffing van schenk- en erfbelasting als eigen kinderen aangemerkt (art. 19 SW). Deze gelijkstelling geldt ook voor (quasi-)stiefkinderen van ongehuwd samenwonenden, mits deze voor de schenk- en erfbelasting als partner kunnen worden aangemerkt. Een soortgelijke regeling geldt voor pleegkinderen (art. 19 lid 2 SW). Het voordeel van deze gelijkstelling is dat de genoemde kinderen bij vererving in tariefgroep I kunnen vallen en in aanmerking kunnen komen voor de kindvrijstelling.

Let wel: de vererving gebeurt in deze gevallen niet automatisch op grond van de wet. Dit gebeurt uitsluitend als de vermelde kinderen in het testament als erfgenaam of legataris zijn aangewezen.

> **Voorbeeld**
>
> Carla (30 jaar) heeft sinds 1 december 2019 een notarieel samenlevingscontract met haar vriend Bart (50 jaar). Zij staan vanaf deze datum op hetzelfde woonadres ingeschreven en voeren een gemeenschappelijke huishouding. Op 15 maart 2021 komt Bart om het leven tijdens het bungeejumpen. In zijn testament heeft hij Carla en haar drie kinderen uit haar vorige huwelijk tot enig erfgenamen benoemd. Zowel Carla als haar kinderen vallen in tariefgroep I (partners en kinderen; 10% tot 20%). Carla heeft recht op de partnervrijstelling. Haar kinderen hebben ieder recht op de kindvrijstelling van € 21.282 (zie paragraaf 11.4).
>
> NB: Als Carla en Bart niet als partner kwalificeren, zouden Carla en haar kinderen vallen in tariefgroep II (overige verkrijgers; 30% of 40%). Per persoon zouden zij dan slechts recht hebben op een vrijstelling van € 2.244.

11.4 Vrijstellingen erfbelasting

De erfbelasting kent diverse vrijstellingen. De vrijstellingen zijn lager naarmate er een minder nauwe verwantschap is tussen de erflater en de verkrijger. Hierna volgt een overzicht van de belangrijkste vrijstellingen (art. 32 SW).

Vrijstellingen erfbelasting

Echtgenoten en partners	€ 671.910 (minimaal € 173.580 na pensioenimputatie)	art. 32 lid 1 sub 4° a SW / art. 32 lid 2 SW
(Klein)kinderen	€ 21.282	art. 32 lid 1 sub 4° c en d SW
Zieke en gehandicapte kinderen	€ 63.836	art. 32 lid 1 sub 4° b SW
Verkrijging ouders van een kind	€ 50.397	art. 32 lid 1 sub 4° e SW
Overige gevallen	€ 2.244	art. 32 lid 1 sub 4° f SW
Pensioen en lijfrenten (en dergelijke)	geheel vrijgesteld	art. 32 lid 1 sub 5° SW
ANBI/SBBI	geheel vrijgesteld	art. 32 lid 1 sub 3° en 8° SW
Steunstichting SBBI	geheel vrijgesteld	art. 32 lid 1 sub 9° SW
Verkrijging door een werknemer	geheel vrijgesteld	art. 32 lid 1 sub 10° SW
Lopende termijnen	geheel vrijgesteld	art. 32 lid 1 sub 11° SW

Tabel 11.2 Overzicht vrijstellingen erfbelasting

Vrijstelling erfbelasting (klein)kinderen

Voor kinderen die van hun (groot)ouders erven, geldt een vaste vrijstelling van € 21.282 (art. 32 lid 1 sub 4° c SW). Voor zieke en gehandicapte kinderen die grotendeels op kosten van hun ouder werden onderhouden en zelf niet in staat zijn om de helft te verdienen van wat gezonde personen verdienen, geldt een vrijstelling van € 63.836 (art. 32 lid 1 sub 4° b SW). Voor ouders die van een overleden kind erven, geldt een vrijstelling van € 50.397 (art. 32 lid 1 sub 4° e SW). Voor alle overige verkrijgers geldt een vrijstelling van € 2.244 (art. 32 lid 1 sub 4° f SW). Deze vrijstelling geldt bij een verkrijging door onafhankelijke derden en overige bloeden/of aanverwanten (zoals broers/zusters, neven/nichten, etc.).

De aanspraken ingevolge een pensioenregeling en lijfrenten (inclusief de zogenoemde 'nettolijfrente'; zie paragraaf 7.5.10) zijn volledig vrijgesteld van erfbelasting, mits de premies aftrekbaar waren voor de inkomstenbelasting (art. 32 lid 1 sub 5° jo. lid 4 SW). Als de premies niet aftrekbaar waren, is de aanspraak bij overlijden wel belast (zie voor de waardering paragraaf 11.8).

Inzake pensioenimputatie bij partners

Bij partners hebben dergelijke vrijgestelde pensioenaanspraken invloed op de partnervrijstelling (zogenoemde pensioenimputatie). Als bij het overlijden van een echtgenoot/samenlevende partner een recht op een nabestaandenpensioen of lijfrente en dergelijke wordt verkregen, is deze aanspraak niet belast voor de erfbelasting (art. 32 lid 1 sub 5° SW). De andere kant van de medaille is dat hiermee wel rekening wordt gehouden bij de toepassing van de partnervrijstelling. Deze uitkeringen leiden wel tot een korting op de partnervrijstelling van € 671.910 (art. 32 lid 1 sub 4° a SW). Deze korting – de zogenoemde pensioenimputatie – bedraagt 50% van de waarde van de pensioen- of lijfrenteaanspraak. Bij de berekening van de aanspraak wordt rekening gehouden met een latente belastingclaim van 30% op de toekomstige uitkeringen. Na toepassing van de kortingsregel bedraagt de partnervrijstelling minimaal € 173.580 (art. 32 lid 2 SW).

Voorbeeld

Sandrina (49 jaar) krijgt bij het overlijden van haar man Joop een vrijgesteld weduwepensioen van € 20.000 per jaar. De gekapitaliseerde waarde hiervan bedraagt 13 × € 20.000 = € 260.000 (zie paragraaf 11.8, onderdeel Periodieke uitkeringen). De helft van dit bedrag (€ 130.000) wordt na aftrek van een IB-latentie van 30% (= € 39.000) gekort op haar partnervrijstelling (uiteindelijke korting is € 130.000 –/– € 39.000 = € 91.000). Sandrina houdt dus per saldo een vrijstelling over van € 580.910 (€ 671.910 –/– € 91.000).

Vrijstelling voor ANBI's

Een legaat of erfstelling aan een algemeen nut beogende instelling (ANBI) is geheel vrijgesteld van erfbelasting. Een algemene omschrijving van het begrip ANBI is opgenomen in art. 5b AWR. Vereist is dat de instelling nagenoeg uitsluitend (= 90% of meer) het algemeen nut beoogt en dat de instelling als zodanig is aangemerkt door de inspecteur. In de wet is limitatief opgesomd welke doelen als algemeen nuttig kunnen worden aangemerkt: welzijn, cultuur, onderwijs, wetenschap en onderzoek, bescherming van natuur en milieu, gezondheidszorg, jeugd- en ouderenzorg, ontwikkelingssamenwerking, dierenwelzijn, religie, levensbeschouwing, spiritualiteit, de bevordering van de democratische rechtsorde en volkshuisvesting. Een combinatie van deze doelen is ook mogelijk. Daarnaast kunnen ook instellingen die financiële ondersteuning geven aan vermelde doelen in aanmerking komen voor de ANBI-status. Voor de ANBI-status komen niet in aanmerking een vennootschap met een in aandelen verdeeld kapitaal (nv/bv), een coöperatie, een onderlinge waarborgmaatschappij of een ander lichaam waarin bewijzen van deelgerechtigdheid kunnen worden uitgegeven.

Koninkrijk

Vereist is verder dat de instelling is gevestigd in het koninkrijk, een EU-staat of een bij ministeriële regeling aangewezen staat. Het begrip 'koninkrijk' is gedefinieerd in art. 2 lid 3 letter d, 1° AWR. Kort gezegd gaat het hierbij om Nederland, de BES-eilanden (Bonaire, Sint Eustatius en Saba) en de autonome landen Aruba, Curaçao en Sint Maarten. Instellingen die in een ander land zijn gevestigd, kunnen ook de ANBI-status krijgen als zij door de minister als zodanig worden aangemerkt en indien en zolang zij voldoen aan door hem te stellen voorwaarden (art. 5b lid 1 letter b AWR).

Voorbeeld

De miljonair Hendrik heeft in zijn testament een bedrag van € 300.000 gelegateerd aan het Rode Kruis. Daarnaast heeft hij € 100.000 gelegateerd aan de muziekvereniging waarvan hij zelf lid was. Het Rode Kruis is over deze verkrijging geen erfbelasting verschuldigd (deze instelling is aangewezen als ANBI). Het is echter de vraag of ook de muziekvereniging als ANBI is aangewezen. Zij moet hiervoor namelijk voldoen aan de eis dat zij voor 90% het algemeen belang dient. Omdat een muziekvereniging ook in grote mate het particuliere belang dient, zal vermoedelijk niet aan het 90%-criterium zijn voldaan.

NB. Misschien kan de muziekvereniging wel worden aangemerkt als SBBI (zie hierna).

Vrijstelling voor SBBI's

De Successiewet kent ook een algehele vrijstelling voor een verkrijging door een sociaal belang behartigende instelling (SBBI). Een SBBI is een instelling (meestal een vereniging) die een sociaal belang behartigt (zie art. 5c AWR). Hierbij kan bijvoorbeeld worden gedacht aan dorpshuizen, hobbyclubs, personeelsverenigingen, jeugdgroepen, buurtverenigingen en amateursportinstellingen. De instelling mag niet aan een winstbelasting zijn onderworpen (dan wel daarvan zijn vrijgesteld). Verder mag aan het legaat of de erfstelling niet een opdracht zijn verbonden die aan de verkrijging het karakter ontneemt van te zijn geschied in het sociaal belang (art. 32 lid 1 sub 8° SW). Anders dan een ANBI hoeft een SBBI niet vooraf als zodanig te worden aangewezen door de Belastingdienst. Een verkrijging door een steunstichting SBBI is eveneens vrijgesteld van erfbelasting (art. 32 lid 1 sub 9° SW). Een steunstichting is speciaal opgericht om geld in te zamelen voor het aangewezen doel van de SBBI (zie art. 5d AWR).

Voorbeeld

Diederik heeft in zijn testament een bedrag van € 50.000 gelegateerd aan de voetbalvereniging in zijn woonplaats. De voetbalvereniging is hierover geen erfbelasting verschuldigd, omdat zij zal kwalificeren als SBBI.

HOOFDSTUK 11 | **SCHENK- EN ERFBELASTING**

Vrijgesteld van erfbelasting

Op grond van art. 32 lid 1 sub 11° SW zijn tot het vermogen van de erflater behorende, nog niet vorderbare termijnen van renten, van uitkeringen, van bezoldigingen en van andere inkomsten vrijgesteld van erfbelasting. Het gaat hier bijvoorbeeld om lopende rente, huur-/pachttermijnen, dividend, salaris/tantième en pensioenen. De vrijstelling geldt alleen voor termijnen die ten tijde van het overlijden van de erflater nog niet verstreken zijn.

Voorbeeld

Tot de nalatenschap van Jaap behoort een spaarbankboekje met een saldo van € 100.000. Hierover wordt 1% rente per jaar vergoed. De rente is jaarlijks opeisbaar op 31 december. Jaap overlijdt op 1 april 2021. De op dat moment lopende rentetermijn valt onder de vrijstelling van art. 32 lid 1 sub 11° SW.

11.5 Vrijstellingen schenkbelasting

De hoogte van de schenkingsvrijstellingen is afhankelijk van de verwantschap tussen de schenker en de verkrijger. Hieronder volgt een overzicht van de belangrijkste jaarlijkse vrijstellingen die in de familiesfeer van toepassing zijn (art. 33 SW).

Overzicht schenkingsvrijstellingen in de familiesfeer

Verkrijging kind van ouders – jaarlijkse vrijstelling – eenmalige verhoging (kind tussen 18 en 40 jaar); bestedingsvrij – verhoging bij studie/opleiding (kind tussen 18 en 40 jaar) – eenmalige verhoging bij verwerving eigen woning en hiermee gelijkgestelde doeleinden (kind tussen 18 en 40 jaar)	€ 6.604 € 26.881 € 55.996 € 105.302	art. 33 sub 5° SW
Overgangsrecht bij verkrijging 'eigenwoningschenking' door kind (indien eenmalige verhoogde vrijstelling vóór 2010 is benut)	€ 29.115	art. 82a lid 1 SW
Verkrijging overige gevallen	€ 3.244	art. 33 sub 7° SW
Eenmalige verhoging bij verwerving eigen woning en hiermee gelijkgestelde doeleinden door overige verkrijger (tussen 18 en 40 jaar)	€ 105.302	art. 33 sub 7° SW

Tabel 11.3 Overzicht schenkingsvrijstellingen in de familiesfeer

Schenking van ouders aan kinderen

Vrijstelling schenkbelasting kind

Een ouder kan jaarlijks € 6.604 belastingvrij schenken aan een kind. Dit bedrag kan eenmalig worden verhoogd tot € 26.881. Hiervoor is vereist dat het kind op het moment van de schenking tussen de 18 en 40 jaar is. Is het kind 40 jaar of ouder, dan komt het niet meer in aanmerking voor de verhoogde vrijstelling. Maar op grond van een besluit kan de verhoogde vrijstelling ook worden geclaimd als de partner van het kind op het moment van de schenking tussen de 18 en 40 jaar is.

Verhoogde vrijstelling

Voorbeeld

Julia (39 jaar) krijgt van haar vader Maarten op 1 maart 2021 een schenking van € 30.000. Normaal gesproken zou zij slechts een vrijstelling kunnen claimen van € 6.604. Gelet op haar leeftijd kan de jaarlijkse schenkingsvrijstelling echter eenmalig worden verhoogd tot € 26.881. Zou Julia 41 jaar zijn maar haar partner Alex 39 jaar, dan zou zij alsnog in aanmerking komen voor de verhoogde vrijstelling van € 26.881.

Verhoging bij schenking in verband met studie van een kind

Studie of opleiding

De eenmalig verhoogde vrijstelling is € 55.996 (in plaats van € 26.881) als de schenking bestemd is voor het betalen van de kosten van een studie of opleiding voor een beroep van dat kind, mits de kosten aanzienlijk hoger zijn dan gebruikelijk (art. 33 sub 5° b SW). Hiervan is sprake als de kosten minimaal € 20.000 per jaar zijn, exclusief de kosten voor levensonderhoud (art. 6 Uitv.reg. SW). De vrijstelling geldt niet als de ouder een schenking doet voor de aflossing van schulden die het kind is aangegaan voor de financiering van een studie of opleiding.

Voor toepassing van de vrijstelling is vereist dat een notariële schenkingsakte wordt opgesteld, waarin wordt vermeld:
– voor welke studie of opleiding (inclusief de verwachte kosten) de schenking is bestemd;
– dat de schenking vervalt (ontbindende voorwaarde) voor zover deze niet binnen 2 kalenderjaren na het jaar waarin de schenking is gedaan, is besteed aan de studie of opleiding.

Voorbeeld

Diederik (27 jaar) volgt een pilotenopleiding (totale kosten: € 100.000). Zijn ouders schenken hem in verband hiermee bij notariële akte een bedrag van € 55.996. Deze schenking is vrijgesteld. De Belastingdienst kan eisen dat Diederik met schriftelijke bescheiden aantoont dat hij de schenking daadwerkelijk binnen 2 jaar heeft aangewend voor de opleiding. Als Diederik de studie bijvoorbeeld binnen 2 jaar beëindigt, geldt de vrijstelling slechts voor het gedeelte van de schenking dat voor de studie is aangewend.

Verhoging bij schenking ten behoeve van eigen woning (kind en overige verkrijgers)

Bij een schenking ten behoeve van de eigen woning geldt een eenmalige vrijstelling van € 105.302. Deze vrijstelling geldt voor alle schenkingen in verband met de eigen woning aan personen tussen de 18 en 40 jaar, ongeacht de familieband (dus bij kinderen en overige verkrijgers).

Bij kinderen geldt de verhoogde vrijstelling van € 105.302 in plaats van de verhoogde vrijstelling van € 26.881 (art. 33 sub 5° c SW). Bij overige verkrijgers geldt de vrijstelling in plaats van de normale vrijstelling van € 3.244 (art. 33 sub 7° SW).

Verwerving eigen woning Voor de verhoogde 'eigenwoningvrijstelling' moet men kunnen aantonen dat met de schenking een eigen woning in de zin van art. 3.111 lid 1 Wet IB is verworven (of dat de schenking is aangewend voor een hiermee gelijkgesteld doel). Een notariële schenkingsakte is niet vereist als gebruik wordt gemaakt van de 'eigenwoningvrijstelling'. Het is toegestaan om de schenking uit te smeren over 3 achtereenvolgende kalenderjaren, mits de begiftigde de leeftijd van 40 jaar nog niet heeft bereikt (art. 33a lid 2 SW).

De verhoogde vrijstelling geldt ook als de schenking verband houdt met de volgende gelijkgestelde bestedingsdoeleinden (art. 33a SW):
– de verwerving van een woning die leegstaat of in aanbouw is, maar bestemd is om binnen de in art. 3.111 lid 3 Wet IB genoemde termijn als woning te gaan fungeren;
– de schenking van een woning aan het kind die voor hem/haar een eigen woning in de zin art. 3.111 lid 1 of lid 3 Wet IB zal vormen
– de kosten van verbetering of onderhoud van die woning;
– de afkoop van de rechten van erfpacht, opstal of beklemming met betrekking tot die woning;
– de aflossing van de eigenwoningschuld als bedoeld in art. 3.119a Wet IB;
– de aflossing van een 'restschuld' als bedoeld in art. 3.120a Wet IB die is ontstaan nadat de belastingplichtige zijn eigen woning heeft vervreemd (zie paragraaf 5.6.6).

Voorbeeld

Monica (33 jaar) heeft van haar oom Jan op 1 maart 2021 een schenking van € 105.302 gekregen in verband met de verwerving van haar eigen woning.
Oom Jan kan deze schenking ook spreiden door 3 achtereenvolgende jaren een schenking te doen voor de aflossing van de eigenwoningschuld en/of een verbouwing van de woning van Monica (of een ander erkend bestedingsdoel). Ook dan is de verhoogde vrijstelling van toepassing.

De vrijstelling voor de eigen woning wordt alleen verleend als de schenking onvoorwaardelijk is gedaan (art. 5 lid 1 Uitv.reg. SW). Hierop bestaat één uitzondering: het is toegestaan dat de schenking wordt gedaan onder de ontbindende voorwaarde dat de schenking vervalt voor zover deze niet conform de voorwaarden van de vrijstelling is besteed aan de eigen woning. Verder geldt de eis dat de verkrijger het bedrag van de schenking uiterlijk in het 2e kalenderjaar dat volgt op het 1e kalenderjaar waarvoor hij een beroep op de verhoogde vrijstelling heeft gedaan, heeft besteed aan de eigen woning. Hij moet het geschonken bedrag dus binnen die periode hebben besteed. Dit moet blijken uit schriftelijke bescheiden.

De besteding van het geschonken bedrag moet dus binnen die periode hebben plaatsgevonden. Dit moet blijken uit schriftelijke bescheiden.

Zoals gezegd kunnen schenkingen voor de eigen woning worden verspreid over een periode van 3 achtereenvolgende kalenderjaren mits aan de overige voorwaarden van de vrijstelling wordt voldaan. Het in de 2 volgende kalenderjaren benutten van de nog niet gebruikte ruimte van de verhoogde vrijstelling gaat niet ten koste van de reguliere jaarlijkse vrijstelling in die kalenderjaren (€ 6.604 voor kinderen en € 3.244 voor overige verkrijgers).

> **Voorbeeld**
>
> Stel dat oom Jan uit het vorige voorbeeld op 1 maart 2021 een schenking van € 65.000 aan Monica heeft gedaan in verband met de verbouwing van haar eigen woning. Voor deze schenking wordt een beroep gedaan op de 'eigenwoningvrijstelling' (de 'gewone' vrijstelling van € 3.244 geldt in dit jaar dus niet). In 2022 en 2023 doet oom Jan een aanvullende schenking van € 23.200 aan Monica. Monica lost hiermee in 2022 en 2023 voor € 20.000 haar eigenwoningschuld af. Dit deel valt in deze jaren onder het (restant van) de verhoogde vrijstelling. De resterende € 3.200 valt onder de jaarlijkse vrijstelling van € 3.244 voor overige verkrijgers (art. 33 sub 7° SW).

Aangifteplicht

Wil de verkrijger de verhoogde vrijstelling kunnen claimen, dan moet hij in de aangifte voor de schenkbelasting een beroep doen op deze vrijstelling (ook als hij per saldo geen belasting is verschuldigd). Indien achteraf blijkt dat hij de schenking niet of niet tijdig heeft besteed aan de eigen woning, moet hij dit melden aan de inspecteur. Deze melding moet hij doen uiterlijk 31 mei van het 3e kalenderjaar volgend op het jaar waarvoor hij het beroep op de verhoogde vrijstelling heeft gedaan (art. 5 lid 2 Uitv.reg. SW).

Als een kind slechts de normale jaarlijkse schenking van € 6.604 van zijn ouder heeft ontvangen, hoeft het geen aangifte voor de schenkbelasting te doen (zie verder paragraaf 11.11).

Overige schenkingen

Vrijstelling overige gevallen — In overige gevallen bedraagt de vrijstelling voor de schenkbelasting € 3.244. Deze vrijstelling is van toepassing bij schenkingen aan onafhankelijke derden en overige bloed- en aanverwanten (bijvoorbeeld bij een schenking aan een kleinkind, broers/zusters, neven/nichten, etc.).

> **Voorbeeld**
>
> Tante Amalia schenkt haar neefje Tim in 2021 een bedrag van € 6.000. Deze schenking is vrijgesteld tot € 3.244. Over de resterende € 2.756 is Tim 30% schenkbelasting verschuldigd (zie voor het tarief paragraaf 11.3). Zou tante Amalia de schenking over 2 jaren hebben 'uitgesmeerd' en in beide jaren € 3.000 hebben geschonken, dan waren deze schenkingen geheel vrijgesteld.
>
> Schenkingen binnen het kalenderjaar worden bij elkaar opgeteld. Het is dus geen oplossing om het bedrag van € 6.000 te splitsen in twee schenkingen in hetzelfde jaar (zie paragraaf 11.6).

Geheel vrijgestelde schenkingen

In een aantal situaties is een schenking geheel vrijgesteld voor de schenkbelasting.

Verkrijging door een ANBI, SBBI of steunstichting SBBI	art. 33 sub 4°, 13° en 14° SW
Verkrijging van een ANBI, mits de uitkering geheel of nagenoeg geheel in het algemeen belang is	art. 33 sub 10° SW
Schenking aan iemand die niet in staat is om zijn schulden te betalen	art. 33 sub 8° SW
Verkrijging waarover de verkrijger ook inkomstenbelasting (of een voorheffing) is verschuldigd	art. 33 sub 9° SW
Schenking aan een rechtspersoon ter bevordering van de werknemersbelangen	art. 33 sub 11° SW
Voldoening aan een natuurlijke verbintenis	art. 33 sub 12° SW

Tabel 11.4 Overzicht vrijgestelde schenkingen

De verkrijging door een ANBI, SBBI of steunstichting SBBI is geheel vrijgesteld van schenkbelasting. Vereist is wel dat aan de schenking niet een opdracht is verbonden die aan de verkrijging het karakter ontneemt van te zijn geschied in het algemeen (of sociaal) belang. Doet een ANBI zelf een schenking die binnen haar doelstelling valt, dan is deze in principe niet belast bij de verkrijger. Over een verkrijging van een SBBI (= de instelling doet een schenking) moet de verkrijger normaal gesproken wel schenkbelasting betalen.

Doet een werkgever een schenking aan een rechtspersoon (meestal een stichting of vereniging) die de belangen van zijn werknemers of hun nabestaanden behartigt, dan geldt een volledige vrijstelling voor de schenkbelasting.

Als iemand over een verkrijging al inkomstenbelasting (of een voorheffing voor die belasting) is verschuldigd, hoeft hij hierover geen schenkbelasting te betalen. De verkrijging wordt dan niet nogmaals belast.

De verkrijging door iemand die niet in staat is om zijn schulden te betalen, is vrijgesteld van schenkbelasting. Voorwaarde is wel dat de schenking wordt gebruikt om de schulden af te lossen.

Voldoening natuurlijke verbintenis

Schenkingen die worden gedaan om te voldoen aan een natuurlijke verbintenis als bedoeld in art. 3 van boek 6 BW, zijn bij de verkrijger eveneens vrijgesteld van schenkbelasting.

> **Voorbeeld**
>
> Arend heeft een verhouding met Angelique. Uit hun relatie zijn kinderen geboren. Arend heeft de morele verplichting (natuurlijke verbintenis) om voor een aantal jaren te voorzien in het levensonderhoud van Angelique en de kinderen. Als Arend in een notariële akte laat vastleggen dat hij Angelique (en haar kinderen) jaarlijks een bedrag zal uitkeren, voldoet hij daarmee aan een natuurlijke verbintenis en hoeven Angelique en haar kinderen daarover geen schenkbelasting te voldoen.

11.6 Schenkbelasting

Schenkbelasting

Schenkbelasting wordt geheven over al hetgeen door schenking wordt verkregen van iemand die op het tijdstip van schenking in Nederland woonde (art. 1 lid 1 sub 2° SW).

Het begrip schenking wordt opgevat overeenkomstig art. 7:186 lid 2 van het Burgerlijk Wetboek. Schenkbelasting is verschuldigd bij iedere handeling uit vrijgevigheid die ertoe strekt dat degene die de handeling verricht een ander ten koste van zijn eigen vermogen verrijkt (art. 1 lid 7 SW). Er is sprake van een schenking als de schenker door die handeling 'armer' wordt en de verkrijger 'rijker'.

Verarming en verrijking

Door deze ruime definitie vallen onder het schenkingsbegrip ook situaties waarin naar de vorm geen schenking wordt gedaan, maar er in materieel opzicht wel sprake is van een bevoordeling. Een klassiek voorbeeld hiervan is de situatie waarin iemand zijn eigen woning tegen een te lage prijs aan zijn kinderen verkoopt.

> **Voorbeeld**
>
> Edwin verkoopt zijn woning in Den Haag (WOZ-waarde € 300.000, tevens de waarde in het economische verkeer) voor € 200.000 aan zijn zoon Maxime. Maxime moet schenkbelasting voldoen over de materiële bevoordeling van € 100.000 (€ 300.000 –/– € 200.000).
> Als over de materiële bevoordeling overdrachtsbelasting is geheven, mag Maxime deze belasting in mindering brengen op de schenkbelasting die hij moet betalen (art. 24 lid 2 SW).
> Het bedrag van de aftrekbare overdrachtsbelasting wordt berekend over het belaste gedeelte van de schenking (= waarde schenking minus de voor de verkrijger geldende vrijstelling).

11.6.1 Schenkingsplan

Spreiding van de schenkingen

Voor de schenk- en erfbelasting gelden dezelfde tarieven (zie paragraaf 11.3). Het is mogelijk om erfbelasting te besparen door jaarlijks schenkingen te doen aan de toekomstige erfgenamen. Want door de schenkingen te spreiden over een aantal jaren, kunnen de jaarlijkse schenkingsvrijstellingen (zie paragraaf 11.5) optimaal worden benut. Daarnaast kan door een dergelijk schenkingsplan ook de progressie in het tarief worden gematigd, in vergelijking tot de situatie dat alles in één keer vererft (of wordt geschonken).

Voorbeeld

Bas (70 jaar) schenkt in 2019, 2020 en 2021 € 100.000 aan zijn zoon Jeroen (40 jaar). Jeroen is hierover (rekening houdend met de jaarlijkse vrijstelling) in totaal € 28.368 schenkbelasting verschuldigd:

2019: 10% × (€ 100.000 –/– € 5.428) =	€ 9.457
2020: 10% × (€ 100.000 –/– € 5.515) =	– 9.448
2021: 10% × (€ 100.000 –/– € 6.604) =	– 9.339
	€ 28.244

In december 2022 komt Bas plotseling te overlijden. Zijn nalatenschap bedraagt op dat moment € 200.000. Hierover moet Jeroen € 22.868 erfbelasting betalen (uitgaande van het tarief 2021 en de toepassing van de kindvrijstelling). In totaal heeft hij € 51.112 (€ 28.244 + € 22.868) aan erf- en schenkbelasting betaald over zijn verkrijging.
Als Bas geen jaarlijkse schenkingen zou hebben gedaan, was de nalatenschap € 500.000 geweest. Jeroen had hierover dan € 82.868 erfbelasting moeten betalen. Door de jaarlijkse schenkingen bespaart Jeroen dus € 31.756 (€ 82.868 –/– € 51.112) aan belasting. Dit komt doordat de schenkingen zijn gespreid over meerdere jaren en dus tegen een lager tarief zijn belast (10% in plaats van 20%). Verder geldt voor de schenkbelasting jaarlijks een vrijstelling (in 2021: € 6.604).

Samentellingen

Schenkingen binnen 1 jaar — Bij de uitvoering van een 'schenkingsplan' moeten partijen er rekening mee houden dat ze de schenkingen die binnen hetzelfde kalenderjaar aan dezelfde verkrijger worden gedaan, bij elkaar optellen. Dit geldt niet alleen voor een schenking van een ouder aan zijn/haar kind, maar ook voor een schenking aan andere verkrijgers (art. 26 en 27 SW).

Voorbeeld

Oma schenkt haar kleinzoon Paul op 1 januari 2021 € 15.000. Op 31 december 2021 ontvangt Paul van zijn oma wederom een schenking van € 15.000. Omdat de schenkingen binnen een periode van 1 kalenderjaar zijn gedaan, moeten zij bij elkaar worden opgeteld. Er is dus sprake van één schenking van € 30.000. Per saldo moet Paul hierdoor meer schenkbelasting betalen dan wanneer oma de tweede schenking pas in 2022 zou hebben gedaan. In dat geval zou Paul de vrijstelling van € 3.244 (art. 33, 7e SW) namelijk twee keer kunnen benutten (in 2021 en in 2022). Nu kan dit uitsluitend in 2021 gebeuren.

Partners — Partners worden voor de schenkbelasting als één en dezelfde persoon beschouwd (art. 26 SW). Dit geldt zowel voor schenkingen dóór partners als voor schenkingen áán partners. Een soortgelijke samentelling geldt als ouders een schenking aan hun kind doen (art. 28 SW). Deze fictie voorkomt dat partners een tariefsvoordeel behalen door een schenking te splitsen.

Voorbeeld

Ernie schenkt in 2021 € 5.000 aan zijn zoon Bert en € 5.000 aan diens partner Ellen. Daarnaast schenkt Petra, de echtgenote van Ernie, in hetzelfde jaar eveneens € 5.000 aan Bert. Voor de schenkbelasting is hier sprake van één schenking van € 15.000.

180-dagen-regeling
Als de erflater binnen 180 dagen vóór zijn overlijden een schenking heeft gedaan, wordt de schenking bij zijn overlijden tevens belast met erfbelasting (art. 12 SW). De achterliggende gedachte hiervan is dat het tariefvoordeel dat kan worden behaald door de schenkingen in meerdere etappes te doen, wordt vermeden bij schenkingen op het sterfbed (waarbij een zieke nog even snel een schenking doet om voor de verkrijger een belastingvoordeel te realiseren). De eerder betaalde schenkbelasting wordt verrekend met de verschuldigde erfbelasting (art. 12 lid 2 SW). De 180-dagenregeling geldt niet als een ouder een schenking aan een kind heeft gedaan met toepassing van de eenmalig verhoogde schenkingsvrijstelling (art. 12 lid 3 SW).

> **Voorbeeld**
>
> Karin doet op 1 januari 2021 een schenking van € 100.000 aan haar dochter Els (30 jaar). Haar dochter is hierover € 9.339 schenkbelasting verschuldigd. Op 1 juni 2021 komt Karin te overlijden. Haar nalatenschap bedraagt € 300.000. Haar dochter Els is de enige erfgenaam.
> Omdat Karin de schenking binnen de 180-dagentermijn heeft gedaan, wordt de verkrijging van Els voor de berekening van de erfbelasting € 100.000 hoger. Zij moet hierdoor méér erfbelasting betalen, maar de betaalde schenkbelasting (€ 9.339) mag zij wel in mindering brengen op de verschuldigde erfbelasting (art. 12 lid 2 SW).
>
> NB. Stel dat Els voor een deel van de schenking een beroep heeft gedaan op de verhoogde schenkings-vrijstelling van art. 33 sub 5° SW. Dan geldt de 180-dagenregeling niet voor dit deel van de schenking. Els hoeft deze schenkingen dus niet bij de nalatenschap op te tellen (art. 12 lid 3 SW).

Een schenking kan in contanten plaatsvinden, maar kan ook op andere manieren worden vormgegeven. Ook kunnen er voorwaarden worden verbonden aan de schenking.

11.6.2 Schuldigerkenning

Schenking 'op papier'
Als een schenking in contanten niet wenselijk is, kan een ouder er ook voor kiezen om jaarlijks slechts 'op papier' bedragen schuldig te erkennen; deze bedragen zijn dan pas opeisbaar bij het overlijden. Het voordeel hiervan is dat de ouder tijdens zijn leven de beschikking over het vermogen blijft houden. De kinderen kunnen bij het overlijden van de ouder de schuldig erkende bedragen als schuld in de nalatenschap opeisen. Hierdoor hoeven zij minder erfbelasting te betalen. Ze moeten wel schenkbelasting betalen over de schuldigerkenning in het jaar dat de ouder de schenking op papier heeft gedaan.

Voorbeeld

Lees het eerste voorbeeld over Bas in paragraaf 11.6.1 nog een keer. Bas had in plaats van een schenking in contanten ook elk jaar bij notariële akte een bedrag van € 100.000 aan zijn zoon Jeroen rentedragend schuldig kunnen erkennen (opeisbaar bij overlijden). Jeroen zou hierover dan schenkbelasting moeten betalen. Bij het overlijden van zijn vader in 2022 had hij dan een bedrag van € 300.000 belastingvrij uit de nalatenschap kunnen opeisen.

Zakelijke rente — De schuldigerkenning moet plaatsvinden bij notariële akte. Verder is van belang dat over de schuldig erkende bedragen jaarlijks een zakelijke rente wordt betaald van minimaal 6% (anders is de fictiebepaling van art. 10 SW van toepassing; zie paragraaf 11.7.4).

Voorbeeld

Stel dat Bas uit de vorige voorbeelden over de jaarlijkse schenkingen op papier geen rente heeft betaald. In dat geval kan Jeroen bij het overlijden van zijn vader in 2022 nog steeds € 300.000 uit de nalatenschap opeisen. Maar omdat geen rente is betaald over de schuldigerkenningen, is voor Jeroen tevens sprake van een fictieve verkrijging van € 300.000 (art. 10 SW). Per saldo leiden de schenkingen op papier nu niet meer tot een besparing van erfbelasting.

11.6.3 Geldlening tegen te lage rente

Direct opeisbare leningen — Door het verstrekken van een lening met soepele voorwaarden, kan ook sprake zijn van een bevoordeling. Hierbij moet onderscheid worden gemaakt tussen een direct opeisbare lening en een lening met een bepaalde looptijd.

Bij een direct opeisbare geldlening wordt fictief een schenking aangenomen als de overeengekomen rente lager is dan 6% (art. 15 SW). Omdat sprake is van een fictiebepaling, wordt niet getoetst of degene die de lening verstrekt de wil heeft om de ander te bevoordelen. De bepaling geldt alleen voor leningen die direct of indirect zijn aangegaan tussen natuurlijke personen en niet beroeps-/bedrijfsmatig zijn verstrekt.

Voorbeeld

Alex leent in 2021 € 100.000 aan zijn zoon Ed, die hierover geen rente hoeft te betalen. De lening is direct opeisbaar. Op grond van art. 15 SW wordt Alex geacht (jaarlijks) het vruchtgebruik van de geldsom aan Ed te hebben geschonken. Dit voordeel bedraagt 6% × € 100.000 = € 6.000. Ed is over dit bedrag schenkbelasting verschuldigd. Eventueel kan hij de jaarlijkse vrijstelling van € 6.604 benutten.

Als Alex en Ed een rente van 4% hebben afgesproken, is het jaarlijkse voordeel (6 −/− 4 = 2%) × € 100.000 = € 2.000.

De fictiebepaling geldt ook als een (renteloze of laagrentende) lening eerst niet direct opeisbaar is, maar dat later wel wordt. In dat geval is vanaf dat moment sprake van een fictieve schenking, berekend volgens art. 15 SW.

Leningen die een vaste looptijd hebben (en dus niet direct opeisbaar zijn), mogen een gewone zakelijke rente dragen. De rente hoeft dus niet minimaal 6% te zijn. Of de rente zakelijk is, wordt beoordeeld aan de hand van de hoofdregel van art. 1 lid 7 SW. Wordt er geen zakelijke rente vergoed, dan zal in één keer sprake zijn van een schenking, die wordt berekend over de gehele looptijd van de lening. Het voordeel wordt berekend conform art. 21 lid 14 SW (zie paragraaf 11.8).

Voorbeeld

Bert leent € 100.000 aan zijn zoon Ron tegen een niet zakelijke rente van 4% per jaar. De lening moet over 5 jaar worden afgelost. Omdat een zakelijke rente minimaal 6% zou moeten bedragen, is sprake van een schenking. Het voordeel wordt berekend door het vruchtgebruik van de geldsom over 5 jaar te berekenen. Dit voordeel bedraagt (6% –/– 4% = 2%) × 0,85 × 5 × € 100.000 = € 8.500 (zie art. 6, laatste kolom en art. 10 Uitv.besl. SW).

NB. Zou de lening na 5 jaar nog niet zijn afgelost en opeisbaar worden, dan is vanaf dat moment sprake van een direct opeisbare lening. Het jaarlijkse voordeel bedraagt dan op grond van art. 15 SW (6% –/– 4% = 2%) × € 100.000 = € 2.000.

11.6.4 Voorwaardelijke schenkingen

Aan een schenking kunnen voorwaarden worden verbonden. Hierbij kan onderscheid worden gemaakt tussen ontbindende voorwaarden en opschortende voorwaarden.

Ontbindende Als een schenking onder een ontbindende voorwaarde is gedaan, betaalt de Belastingdienst bij vervulling van die voorwaarde – waardoor de schenking wordt teruggedraaid – de oorspronkelijk gegeven schenkbelasting terug (art. 53 SW). Bij deze restitutie moet rekening worden gehouden met de voordelen die de 'begiftigde' tijdens de bezitsperiode heeft genoten.

Voorbeeld

Billy schenkt in 2019 aandelen ter waarde van € 50.000 aan zijn zoon Ben. De schenking vervalt als Ben zijn studie niet vóór 1 september 2022 afrondt (ontbindende voorwaarde). Ben is over de schenking in 2019 (stel) € 5.000 schenkbelasting verschuldigd. In 2022 blijkt Ben zijn studie niet te hebben afgerond en treedt de ontbindende voorwaarde in vervulling. De schenkbelasting wordt op dat moment gerestitueerd.
De restitutie wordt verlaagd met het bedrag aan belasting dat verschuldigd zou zijn geweest over het voordeel dat tijdens de bezitsperiode is genoten (art. 53 lid 2 SW). Stel dat Ben de afgelopen 3 jaar in totaal € 10.000 dividend heeft ontvangen, waarover € 1.000 schenkbelasting verschuldigd zou zijn geweest. De restitutie bedraagt nu € 4.000 (€ 5.000 –/– € 1.000).

Opschortende voorwaarde

Voor een schenking onder opschortende voorwaarde geldt dat deze geacht wordt tot stand te komen op het moment dat de voorwaarde wordt vervuld (art. 1 lid 9 SW). Door deze wetsfictie zijn constructies waarbij een schenker in het buitenland belastingvrij een schenking onder opschortende voorwaarde doet terwijl hij bij het vervullen van de voorwaarde in Nederland woont, fiscaal onaantrekkelijk geworden.

> **Voorbeeld**
>
> Roderick is 10 jaar geleden geëmigreerd naar een belastingparadijs. Hij heeft op 1 januari 2009 onder opschortende voorwaarde een belastingvrije schenking van € 1.000.000 gedaan aan zijn zoon Barry. Bij het vervullen van de voorwaarde in 2021 is Roderick geremigreerd naar Nederland. Het gevolg hiervan is dat Barry toch in Nederland schenkbelasting is verschuldigd.

11.7 Verkrijgingen krachtens erfrecht

Verkrijging krachtens erfrecht of fictiebepaling

Erfbelasting wordt geheven over al hetgeen iemand krachtens erfrecht verkrijgt van iemand die ten tijde van zijn overlijden in Nederland woonde (art. 1 lid 1 onderdeel 1 SW). In de Successiewet wordt het begrip krachtens erfrecht ruim geïnterpreteerd. De wet sluit niet alleen aan bij het civielrechtelijke begrip vererven, maar kent een aantal uitbreidingen van het vererveringsbegrip. Deze fictiebepalingen komen in paragraaf 11.7.4 aan de orde. Maar eerst gaan we nader in op het wettelijk erfrecht en de wettelijke verdeling.

11.7.1 Wettelijk erfrecht

Wettelijk erfrecht

Het erfrecht is te vinden in Boek 4 van het Burgerlijk Wetboek (BW). Als iemand overlijdt (de erflater) en niets heeft geregeld bij testament, vererft zijn vermogen volgens het wettelijk erfrecht. Het erfrecht is gebaseerd op de graden van bloedverwantschap tussen de overledene/erflater en de erfgenamen. In totaal zijn er

Groepen (bloed)verwanten

vier groepen (bloed)verwanten:

1. de niet van tafel en bed gescheiden echtgenoot of geregistreerde partner en de kinderen van de erflater;
2. de ouders, broers en zusters;
3. de grootouders van de erflater;
4. de overgrootouders van de erflater.

Rangorde

Tussen de verschillende groepen bestaat een rangorde. Personen die tot een bepaalde groep behoren, erven pas als er geen personen uit de vorige groep meer in leven zijn. Binnen een bepaalde groep erft iedereen in principe voor gelijke delen. Iemand kan ook bij plaatsvervulling erven. In dat geval krijgt hij nooit meer dan het erfdeel van degene wiens plaats hij vervult. De vererving vindt in dat geval dus per staak plaats (zie hierna).

> **Voorbeeld**
>
> Rob overlijdt in 2021 met achterlating van zijn echtgenote en zijn twee kinderen Anouk en Rita. Er is geen testament. De echtgenote en de kinderen vallen allemaal in de eerstgenoemde groep (partner en kinderen) en hebben ieder recht op een gelijk deel van de nalatenschap. Ieder krijgt dus 1/3e deel. Stel dat Anouk eerder is overleden dan Rob. In dat geval erven haar kinderen (de kleinkinderen van Rob) door middel van plaatsvervulling 'de staak' (1/3e deel) die aan Anouk zou zijn toegekomen.

Testament Bij testament kan worden afgeweken van de wettelijke vererving en kunnen één of meer andere personen tot erfgenaam worden benoemd. Ook is het mogelijk dat specifieke vermogensbestanddelen, zoals een huis, worden gelegateerd aan iemand (legataris). De erflater kan in zijn testament ook aan een erfgenaam of legataris de last opleggen om een vermogensbestanddeel af te geven aan een ander (lastbevoordeelde).

Huwelijksgoederenregime Bij het bepalen van de hoogte van de nalatenschap is het huwelijksgoederenregime van belang. Als de erflater in algehele gemeenschap van goederen is getrouwd, heeft de overblijvende echtgenoot op grond van het huwelijksgoederenrecht recht op de helft van het gemeenschappelijke vermogen. De andere helft van het gemeenschappelijke vermogen vormt de nalatenschap. Hierin is de echtgenoot gelijk gerechtigd met de kinderen, tenzij een afwijkend testament is gemaakt. Voor de erfbelasting is uitsluitend belast wat uit de nalatenschap wordt verkregen. Het deel dat de overblijvende echtgenoot op grond van het huwelijksgoederenrecht krijgt, wordt niet belast met erfbelasting.

Als de partners op grond van de huwelijkse voorwaarden buiten gemeenschap van goederen waren getrouwd, is de nalatenschap gelijk aan het eigen vermogen van de overleden echtgenoot.

Huwelijksgoederenregime Beperkte gemeenschap van goederen Sinds 1 januari 2018 geldt bij het aangaan van een huwelijk een nieuw wettelijk huwelijksgoederenregime. In plaats van de gemeenschap van goederen geldt voortaan als standaardstelsel de beperkte gemeenschap van goederen. Het gevolg van het nieuwe huwelijksgoederenregime is dat alleen het vermogen dat de beide echtgenoten gedurende het huwelijk hebben opgebouwd in de gemeenschap valt. Het voorhuwelijkse (privé)vermogen blijft tot het privévermogen behoren. Tijdens het huwelijk ontvangen schenkingen en erfenissen vallen eveneens buiten de gemeenschap van goederen en blijven dus privévermogen van de betreffende partner.

Echtgenoten die een algehele gemeenschap willen doen ontstaan, kunnen dit voortaan slechts bereiken door huwelijkse voorwaarden op te stellen. Uiteraard kunnen zij in de huwelijkse voorwaarden ook kiezen voor een ander huwelijksgoederenregime of bijvoorbeeld elke gemeenschap van goederen uitsluiten.

Het nieuwe regime geldt voor alle huwelijken die zijn afgesloten vanaf 1 januari 2018. Voor huwelijken die voordien zijn afgesloten, blijven de oude regels gelden.

11.7.2 De wettelijke verdeling

Als een echtgenoot zonder testament overlijdt en zijn echtgenote en kinderen achterlaat, worden volgens de wet alle goederen van de nalatenschap toegedeeld aan de overblijvende echtgenote (zogenoemde wettelijke verdeling). Dat betekent wel dat ook alle schulden van de nalatenschap voor rekening van de overblijvende echtgenote komen.

Onderbedelings-vordering
De kinderen verkrijgen slechts een niet-opeisbare geldvordering op de langstlevende ouder ter grootte van de waarde van hun erfdeel (onderbedelingsvordering). Zij hebben dus geen recht op goederen van de nalatenschap. De vordering van de kinderen is alleen opeisbaar bij het overlijden van de ouder en bij diens faillissement en dergelijke. De vordering is in beginsel renteloos. Maar als het percentage van de wettelijke rente hoger is dan 6%, wordt op de vordering een enkelvoudige rente bijgeschreven ter grootte van het meerdere (inflatiecorrectie).

Voorbeeld

Piet laat bij zijn overlijden in 2021 zijn echtgenote Marie – met wie hij in gemeenschap van goederen was getrouwd – en twee kinderen na. Piet heeft geen testament opgesteld. De waarde van de bezittingen en schulden die tot de huwelijksgoederengemeenschap behoren, bedraagt in totaal € 1.500.000. De nalatenschap bedraagt dus € 750.000.

Marie en de twee kinderen zijn ieder voor 1/3e deel erfgenaam. Omdat de wettelijke verdeling van toepassing is, krijgt Marie de gehele nalatenschap toegedeeld. De kinderen krijgen elk een onderbedelingsvordering op Marie van € 250.000.

Stel dat de wettelijke rente 9% is: dan wordt jaarlijks een enkelvoudige rentevergoeding van 3% (9% –/– 6%) opgeteld bij de hoofdsom.

Voorschieten erfbelasting
De erfbelasting die de kinderen over hun vordering verschuldigd zijn, hoeven zij bij de wettelijke verdeling niet zelf te betalen. Op grond van het Burgerlijk Wetboek moet de overblijvende ouder dit betalen (art. 4:11 BW). Deze door de ouder voorgeschoten erfbelasting komt in mindering op de vordering die het kind op de ouder heeft.

Voor de berekening van de erfbelasting houdt de Successiewet bij de waardering van de vordering van het kind rekening met de beperkte opeisbaarheid en de verschuldigde rente. Als slechts de inflatiecorrectie wordt vergoed, wordt de vordering gewaardeerd alsof deze renteloos is (art. 21 lid 15 SW). De kinderen zijn hierdoor niet over het volledige bedrag (de nominale waarde) van hun vordering erfbelasting verschuldigd, maar over de lagere contante waarde ('blooteigendomswaarde').

> **Voorbeeld**
>
> Omdat de vordering uit het vorige voorbeeld renteloos is, wordt aangenomen voor de waardering dat Marie het genot (recht van vruchtgebruik) van de vorderingen van € 250.000 heeft. Haar verkrijging wordt voor de erfbelasting verhoogd met de waarde van het fictieve vruchtgebruik. De kinderen zijn slechts erfbelasting verschuldigd over de waarde van de blote eigendom van hun vordering. De waarde van het recht van vruchtgebruik en de blote eigendom wordt berekend volgens art. 21 lid 14 SW (zie paragraaf 11.8).

Wettelijke verdeling ongedaan maken
Als de langstlevende ouder niet wil dat de wettelijke verdeling plaatsvindt, kan deze de verdeling binnen 3 maanden na het overlijden ongedaan maken door een notariële verklaring in te schrijven in het boedelregister. Hierdoor ontstaat uiteindelijk weer een onverdeelde boedel. Het voordeel hiervan is dat de langstlevende echtgenoot en de kinderen de nalatenschap gezamenlijk naar eigen inzicht kunnen verdelen.

Het is ook mogelijk om in een testament de wettelijke verdeling direct buiten toepassing te verklaren of hierin afwijkingen op te nemen (bijvoorbeeld een hoger rentepercentage op de onderbedelingsvorderingen van de kinderen).

11.7.3 Testamenten

De meest voorkomende testamenten zijn:
1. het langstlevendetestament;
2. het vruchtgebruiktestament;
3. het combinatietestament.

Ad 1. Langstlevendetestament

Langstlevendetestament
Bij het langstlevendetestament krijgt de overblijvende echtgenoot de beschikking over alle goederen van de nalatenschap. Dit wordt gerealiseerd door alle goederen in het testament bij voorbaat toe te delen aan de langstlevende ouder (conform de 'wettelijke verdeling'). De erfdelen van de kinderen worden rentedragend schuldig gebleven. Zowel de schuld aan de kinderen als de hierover verschuldigde rente is pas opeisbaar bij het overlijden van de langstlevende ouder. Vaak wordt hier nog aan toegevoegd dat de schuld en de rente ook opeisbaar zijn als de langstlevende ouder hertrouwt of failliet gaat.

Het effect van een langstlevendetestament is dat bij het overlijden van de langstlevende ouder zijn/haar nalatenschap wordt verminderd met de schuld (inclusief rente) aan de kinderen. Afhankelijk van het aantal 'overlevingsjaren' en het gehanteerde rentepercentage in het testament, kan dit leiden tot een aanzienlijke besparing aan erfbelasting bij het overlijden van de langstlevende.

Renteclausule
Het is mogelijk om in het testament te bepalen dat de rente pas wordt vastgesteld bij het overlijden van de erflater (renteclausule). Als de rente binnen de aangiftetermijn is vastgesteld, wordt hiermee voor de erfbelasting rekening gehouden (art. 1 lid 3 SW). Wordt de rente na de aangiftetermijn vastgesteld, dan kan sprake zijn van een belastbare schenking.

> **Voorbeeld**
>
> De nalatenschap van Piet (zie de eerdere voorbeelden) bedraagt € 750.000. Piet heeft een langstlevende-testament. Op grond hiervan krijgt zijn echtgenote Marie de nalatenschap toebedeeld en krijgen zijn twee kinderen een onderbedelingsvordering van € 250.000. In het testament is bepaald dat de vordering geen rente draagt, tenzij de erfgenamen anders overeenkomen (renteclausule). Spreken de kinderen binnen de aangiftetermijn (in principe 8 maanden na overlijden van Piet) een enkelvoudige rente van 10% per jaar af, dan wordt deze afspraak gevolgd voor de erfbelasting. Spreken ze pas na de aangiftetermijn een rentepercentage af, dan is sprake van een schenking van moeder Marie aan de kinderen.

Maximale rente erfrechtelijke schulden

Om een einde te maken aan de mogelijkheid om de heffing van erfbelasting te ontlopen door middel van hoge rentepercentages over erfrechtelijke vorderingen, is in art. 9 SW bepaald dat de nalatenschap niet verder kan worden verkleind dan met 6% samengestelde rente per jaar. Blijkt bij het 'tweede overlijden' dat een hogere – enkelvoudige of samengestelde – rente is bijgeschreven op de schuld, dan wordt het bovenmatige fictief deel van de rente als een erfrechtelijke verkrijging aangemerkt.

> **Voorbeeld**
>
> Stel: 8 jaar na de dood van Piet uit de vorige voorbeelden overlijdt ook Marie. De kinderen kunnen dan op grond van het testament hun vordering van € 250.000, vermeerderd met 10% enkelvoudige rente over 8 jaar (€ 200.000), in mindering brengen op de nalatenschap van Marie. Op grond van art. 9 SW mag de nalatenschap slechts worden verminderd met 6% samengestelde rente over 8 jaar (€ 148.462). De bovenmatige rente van € 51.538 (= € 200.000 –/– € 148.462) wordt daarom fictief aangemerkt als een erfrechtelijke verkrijging bij de kinderen.
>
> NB. Stel dat een samengestelde rente van 8% is afgesproken. Dan bedraagt de totale rente € 212.732. De verkrijging van de kinderen wordt dan verhoogd met de bovenmatige rente van € 64.270 (€ 212.732 –/– € 148.462).

Voldoet de overblijvende echtgenoot al tijdens zijn/haar leven de rente aan de kinderen, dan wordt het bovenmatige gedeelte hiervan aangemerkt als een schenking (art. 9 lid 2 SW).

Ad 2. Vruchtgebruiktestament

Vruchtgebruiktestament

Bij een vruchtgebruiktestament krijgt de langstlevende ouder als vruchtgebruiker het recht op de vruchten (inkomsten) van de nalatenschap. De kinderen krijgen de blote eigendom. Bij het overlijden van de langstlevende partner vervalt het vruchtgebruik. De blote eigendom van de kinderen groeit op dat moment automatisch aan tot volle eigendom. Zowel over deze aangroei als over de eventuele waardestijging van het vermogen waarop het vruchtgebruik rust, zijn de kinderen geen erfbelasting verschuldigd.

> **Voorbeeld**
>
> De nalatenschap van Piet bedraagt € 750.000. Op grond van zijn testament krijgt zijn echtgenote Marie (60 jaar) het vruchtgebruik van zijn volledige nalatenschap. Zijn twee kinderen krijgen de blote eigendom van de nalatenschap. De waarde van het vruchtgebruik bedraagt 10 × 6% = 60% (zie paragraaf 11.8 voor de berekening). De blote eigendom bedraagt 40%. De verkrijging van Marie bedraagt 60% van € 750.000 = € 450.000. Deze verkrijging wordt niet belast vanwege de partnervrijstelling van € 603.600. De kinderen worden (ieder voor de helft) belast voor de blote eigendom van € 300.000 (40% van € 750.000).
>
> Bij het overlijden van Marie vervalt het vruchtgebruik. De 'aangroei' naar de volle eigendom is bij de kinderen niet belast. Als Marie overlijdt, krijgen zij dus belastingvij de beschikking over dit vermogen.

Uitstel van betaling

De vruchtgebruiker kan op grond van art. 35g SW (rentedragend) uitstel van betaling krijgen voor de erfbelasting die hij is verschuldigd over de blote eigendom van een woning die voor hem een eigen woning vormt in de zin van art. 3.111 Wet IB. Voorwaarde voor deze betalingsfaciliteit is dat het resterende deel van de verkrijging ontoereikend is om de verschuldigde erfbelasting te voldoen. Omdat in de praktijk de vruchtgebruiker de erfbelasting van de bloot eigenaar in eerste instantie moet voorschieten (art. 78 SW), wordt voor deze toets gekeken naar de positie van de vruchtgebruiker (art. 25 lid 20 Inv.wet). Deze moet, naast de erfenis, ook in privé niet voldoende eigen middelen hebben om de verschuldigde belasting over de blote eigendom te voldoen. De betalingsfaciliteit is van overeenkomstige toepassing op de verkrijging van een krachtens erfrecht verkregen onderbedelingsvordering die kan worden toegerekend aan de eigen woning (art. 35g lid 4 SW).

Ad 3. Combinatietestament

Combinatie-testament

Bij het combinatietestament worden de hiervoor besproken testamentvormen met elkaar gecombineerd. De erfgenamen/kinderen hoeven pas bij het overlijden van de eerst overleden ouder te kiezen welk testament (geheel of gedeeltelijk) in werking zal treden. Het grote voordeel hiervan is dat de erfgenamen niet zijn gebonden aan een testamentvorm die nú (bij het opmaken) optimaal lijkt, maar op het moment van overlijden achterhaald is.

11.7.4 Erfrechtelijke verkrijgingen bij wetsfictie

Om te vermijden dat toekomstige erflaters tijdens hun leven door middel van bepaalde constructies proberen te ontkomen aan de heffing van erfbelasting, wordt bij wetsfictie een aantal situaties gelijkgesteld met een verkrijging krachtens erfrecht. Hierna wordt een aantal belangrijke wetsficties behandeld:
– algemene erfrechtelijke wetsficties (paragraaf 11.7.5);
– huwelijksgoederenrechtelijke ficties (paragraaf 11.7.6);
– eigendom omzetten in vruchtgebruik (art. 10 SW) (paragraaf 11.7.7);

HOOFDSTUK 11 | SCHENK- EN ERFBELASTING

- verkrijging op grond van een overeenkomst bij overlijden (art. 11 SW) (paragraaf 11.7.8);
- levensverzekeringen (art. 13 SW) en pensioen-bv's (art. 13a SW) (paragraaf 11.7.9);
- afgezonderde particuliere vermogens (art. 16 SW) (paragraaf 11.7.10).

Overzicht fictief erfrechtelijke verkrijgingen

Overzicht fictief erfrechtelijke verkrijgingen	
Afstand van de gemeenschap van goederen door de erfgenamen vormt een fictieve erfrechtelijke verkrijging bij de langstlevende echtgenoot.	art. 6 SW
Bij de ficties van art. 8,10, 11 en 13 lid 2 SW mogen worden verrekend:	
– de betaalde tegenprestatie;	art. 7 lid 1 SW
– de verschuldigde schenk- en overdrachtsbelasting;	art. 7 lid 2 SW
– vermeerderd met 6% enkelvoudige rente (over beiden).	art. 7 lid 3 SW
Fictieve erfrechtelijke verkrijging in geval van:	
– schuldigerkenning niet-registergoederen (omkering bewijslast);	art. 8 lid 1 SW
– schuldigerkenning bij testament.	art. 8 lid 3 SW
Bovenmatige rente over erfrechtelijke schulden wordt aangemerkt als:	
– een erfrechtelijke verkrijging als de rente wordt opgeëist bij overlijden;	art. 9 lid 2 SW
– een schenking bij voortijdige aflossing tijdens leven.	art. 9 lid 2 SW
Omzetting van eigendom in vruchtgebruik tijdens leven, leidt bij het overlijden van de vruchtgebruiker tot een fictieve verkrijging.	art. 10 SW
Fictieve verkrijging op grond van een overeenkomst bij overlijden:	
– verblijvings-, toedelings- en overnamebeding in een vennootschaps- of samenlevingsovereenkomst etc.;	art. 11 lid 2 SW
– koopoptie uitoefenbaar bij overlijden erflater;	art. 11 lid 2 SW
– verkoop van een goed met uitgestelde levering bij overlijden;	art. 11 lid 2 SW
– schuldigerkenning en kwijtschelding onder opschortende voorwaarde van overleven van de erflater;	art. 11 lid 3 SW
– koopoptie onder opschortende voorwaarde overleven erflater.	art. 11 lid 3 SW
Fictieve erfrechtelijke verkrijging op grond van huwelijkse voorwaarden:	art. 11 lid 4 SW
– verkrijging méér dan de helft van de gemeenschap;	
– idem bij verkrijging op grond van verrekenbeding of deelgenootschap.	

Overzicht fictief erfrechtelijke verkrijgingen	
Overige fictieve verkrijgingen:	
– schenking binnen 180 dagen vóór het overlijden van de erflater (zie paragraaf 11.6.1);	art. 12 SW
– verkrijging op grond van een levensverzekeringsovereenkomst of derdenbeding;	art. 13 lid 1 SW
– erflater is zelf verzekeraar;	art. 13 lid 2 SW
– vrijval pensioenverplichting in nv/bv bij directeur-grootaandeelhouder;	art. 13a SW
– opzeggen beperkt recht;	art. 14 SW
– samentelling verkrijgingen bij partners;	art. 25 SW
– verwerping of afstand doen van bepaalde rechten.	art. 30 SW
De bezittingen van een afgezonderd particulier vermogen (APV) worden bij het overlijden van de inbrenger aangemerkt als een fictieve verkrijging door diens erfgenamen.	art. 16 SW

Tabel 11.5 Overzicht fictieve erfrechtelijke verkrijgingen

11.7.5 Algemene erfrechtelijke wetsficties

Bij het overlijden van de erflater moet met een aantal algemene erfrechtelijke wetficties rekening worden gehouden.

Schuldigerkenning niet-registergoederen (art. 8 SW)

Bewijspositie Belastingdienst

Als zich in de nalatenschap roerende goederen bevinden die volgens verklaringen van de erflater moeten worden afgegeven aan iemand anders, wordt aangenomen dat deze goederen toch tot de nalatenschap behoren. Degene aan wie de goederen moeten worden afgegeven, wordt verondersteld deze goederen krachtens erfrecht te hebben verkregen (art. 8 SW). Dit is uitsluitend anders als wordt aangetoond dat deze goederen al vóór het overlijden aan iemand anders toebehoorden. De bewijspositie van de Belastingdienst wordt door deze wetsfictie versterkt.

Voorbeeld

Esmée vindt in de boedel van haar overleden vader Berend een schilderij met het opschrift 'Dit schilderij is voor mijn vriendin Angelique'. Op grond van art. 8 SW wordt aangenomen dat Angelique het schilderij krachtens erfrecht heeft verkregen. Dit is uitsluitend anders als wordt aangetoond dat het schilderij al voor het overlijden aan Angelique toebehoorde en dat Berend het schilderij in bruikleen had.

Bovenmatige rente over erfrechtelijke schulden (art. 9 SW)
De nalatenschap kan door een erfrechtelijke schuld niet verder worden verminderd dan met 6% samengestelde rente per jaar. Is een hogere (enkelvoudig of samengestelde) rente afgesproken, dan wordt het bovenmatige deel van de rente op grond van art. 9 lid 2 SW beschouwd als een fictieve erfrechtelijke verkrijging. Wordt de bovenmatige rente al bij leven betaald, dan is er sprake van een schenking (zie paragraaf 11.7.3).

Samentelling erfrechtelijke verkrijgingen bij partners (art. 25 SW)
Partners worden voor de berekening van de verschuldigde erfbelasting als één persoon aangemerkt (art. 25 SW). Door deze fictie levert het geen voordeel op als een erflater een legaat splitst en elke partner één deel geeft. De verkrijgingen worden in dat geval voor de erfbelasting immers bij elkaar geteld.

Voorbeeld
Laura en Hans zijn gehuwd. De oom van Laura legateert € 150.000 aan Laura en € 150.000 aan Hans. Op grond van art. 25 SW is er sprake van één verkrijging van € 300.000, die wordt belast naar tariefgroep II. Verder geldt slechts één keer de vrijstelling van € 2.244 (art. 32 lid 1 sub 4° f SW). Per saldo is hierdoor € 106.227 erfbelasting verschuldigd.

NB. Zonder art. 25 SW zou voor de berekening van de verschuldigde erfbelasting sprake zijn van twee verkrijgingen van € 150.000. Daarnaast zou zowel Laura als Hans gebruik kunnen maken van de vrijstelling van € 2.244. De totaal verschuldigde erfbelasting zou dan 2 × € 46.227 = € 92.454 bedragen.

De fictie van art. 25 SW geldt alleen bij gehuwden of overige partners in de zin van art. 1a SW. In andere gevallen kan het splitsen van legaten over meerdere verkrijgers wél leiden tot een besparing van erfbelasting.

Verwerping of afstand doen van bepaalde rechten (art. 30 SW)
Art. 30 SW voorkomt dat minder schenk- of erfbelasting is verschuldigd door verwerping of afstand doen van een recht. Deze besparing kan zich voordoen doordat degene die als gevolg van deze handelingen (verwerping of afstand doen) iets erft of krijgt geschonken, in een gunstigere tariefgroep valt. Art. 30 bepaalt daarom dat de totale heffing uiteindelijk niet lager mag uitvallen. Is dit wel het geval, dan is men het verschil aan belasting alsnog verschuldigd.

Voorbeeld
Robin erft € 40.000 van zijn overleden vader. Omdat hij zelf al voldoende vermogen bezit, besluit hij de nalatenschap te verwerpen. Het gevolg hiervan is dat zijn twee kinderen door plaatsvervulling elk € 20.000 erven van hun opa (zie paragraaf 11.7.1). De kleinkinderen hebben elk recht op een vrijstelling van € 21.282 (art. 32 lid 1 sub 4° d SW). In beginsel zijn zij dus geen erfbelasting verschuldigd. Maar op grond van art. 30 SW zijn zij minimaal hetzelfde bedrag aan belasting verschuldigd als hun vader Robin, die € 40.000 heeft geërfd en eveneens recht heeft op een vrijstelling van € 21.282 (art. 32 lid 1 sub 4° c SW). Per saldo zou Robin € 1.871 aan erfbelasting verschuldigd zijn geweest. Dit bedrag wordt nu geheven bij zijn kinderen (ieder de helft).

Kort na elkaar overlijden (art. 53 lid 4 SW)

Kort na elkaar overlijden

Als twee personen kort na elkaar komen te overlijden, vererft een deel van de nalatenschap van de eerststervende per saldo twee keer. Om dubbele heffing te voorkomen, bevat art. 53 lid 4 SW een tegemoetkoming. Deze houdt in dat de erfbelasting die van de verkrijger is geheven, wordt verminderd tot nihil als betrokkene zelf binnen 30 dagen komt te overlijden.

Voorbeeld

Opa Paul komt in 2021 te overlijden tijdens een autorally. Enig erfgenaam is zijn zoon Hans. Helaas overlijdt Hans 2 dagen later ook plotseling. Enig erfgenaam van Hans is zijn zoon Harry. Op grond van de tegemoetkoming van art. 53 lid 4 SW wordt de aanslag erfbelasting voor Hans gesteld op nihil. Harry is over de (bruto) erfenis van zijn vader erfbelasting verschuldigd (tariefgroep I, 10-20%).

11.7.6 Huwelijksgoederenrechtelijke ficties

Als een erflater in gemeenschap van goederen was getrouwd, heeft de overblijvende echtgenoot (bij het overlijden van de ander) op grond van het huwelijksgoederenrecht recht op de helft van het gemeenschappelijke vermogen. De andere helft van het gemeenschappelijke vermogen vormt de nalatenschap (eventueel vermeerderd met privévermogen dat niet in de gemeenschap viel). Onderstaande wetsficties proberen constructies tegen te gaan die worden gebruikt om met het huwelijksgoederenregime of de huwelijkse voorwaarden geen of zo weinig mogelijk erfbelasting te betalen.

Afstand doen van de gemeenschap van goederen (art. 6 SW)

Als de erfgenamen afstand doen van de huwelijksgemeenschap waarin de erflater was getrouwd, is het gevolg hiervan dat de helft van de gemeenschap niet meer in de nalatenschap valt. Dit deel komt dan civielrechtelijk toe aan de langstlevende echtgenoot (art. 1:103 BW). Omdat deze 'aanwas' (aangroei) niet wordt aangemerkt als een erfrechtelijke verkrijging, zou hierover geen erfbelasting zijn verschuldigd. Daarom is de aanwas bij de langstlevende echtgenoot een fictieve erfrechtelijke verkrijging (art. 6 SW).

Voorbeeld

Els en Marc zijn in gemeenschap van goederen getrouwd. Het gezamenlijke vermogen bedraagt € 2.000.000. Marc heeft bij testament zijn maîtresse Ruby tot enig erfgenaam benoemd. Na het overlijden van Marc doet Ruby afstand van Marcs aandeel in de huwelijksgemeenschap (€ 1.000.000). Dit aandeel komt nu toe aan Els. Door de werking van art. 6 SW is zij hierover erfbelasting verschuldigd.

Afstand doen van de huwelijksgemeenschap mag er niet toe leiden dat per saldo minder erfbelasting is verschuldigd. Als dit wél het geval is, zorgt art. 30 SW (zie paragraaf 11.7.5) ervoor dat de erfbelasting niet lager uitvalt.

> **Voorbeeld**
>
> Els (zie vorige voorbeeld) valt in tariefgroep I en heeft recht op de partnervrijstelling van € 671.910 (art. 32 lid 1 sub 4° a SW). Zij zou in beginsel € 52.743 erfbelasting zijn verschuldigd over € 1.000.000. Maar door de werking van art. 30 SW mag de erfbelasting niet lager zijn dan het bedrag dat Ruby verschuldigd zou zijn geweest als zij geen afstand had gedaan van Marcs aandeel in de huwelijksgemeenschap. Ruby valt in tariefgroep II en heeft recht op een vrijstelling van € 2.244 (art. 32 lid 1 sub 4° f SW). Zij zou dus € 386.227 aan erfbelasting zijn verschuldigd. Els moet op grond van art. 30 SW minimaal dit bedrag aan erfbelasting betalen.

Verblijvings- en verrekenbedingen in de huwelijkse voorwaarden (art. 11 lid 4 SW)

Verblijvingsbeding — Als echtgenoten op huwelijkse voorwaarden zijn getrouwd, kunnen zij in de huwelijkse voorwaarden overeenkomen dat de hele goederengemeenschap na het overlijden van één van hen toekomt aan de overblijvende echtgenoot (verblijvingsbeding). Omdat de overblijvende echtgenoot hierdoor meer krijgt dan zijn eigen helft van de goederengemeenschap, is op grond van art. 11 lid 4 SW voor de andere helft sprake van een fictieve erfrechtelijke verkrijging.

> **Voorbeeld**
>
> Ans en Frits zijn op grond van hun huwelijkse voorwaarden in algehele gemeenschap van goederen getrouwd. Hun gezamenlijke vermogen bedraagt € 1.500.000. In de huwelijkse voorwaarden staat dat bij overlijden van één van beiden, het aandeel in de gemeenschap 'verblijft' aan de langstlevende echtgenoot (verblijvingsbeding). Frits komt te overlijden. Ans heeft op dat moment recht op haar eigen aandeel in de gemeenschap (€ 750.000). Op grond van het verblijvingsbeding heeft zij ook recht op de andere helft van de gemeenschap. Zonder nadere regeling zou Ans hierover geen erfbelasting zijn beschuldigd. Art. 11 lid 4 SW zorgt ervoor dat dit aandeel toch bij Ans wordt belast.

Finaal verrekenbeding — In de praktijk komt het ook voor dat partijen buiten gemeenschap van goederen trouwen, maar in de huwelijkse voorwaarden overeenkomen dat bij het overlijden van één van hen wordt afgerekend 'alsof partijen in gemeenschap van goederen zijn getrouwd' (finaal verrekenbeding). Van belang is dat dit verrekenbeding 'wederkerig' is (dus niet slechts bij het overlijden van één van de echtelieden). Zo niet, dan is de fictiebepaling van art. 11 lid 4 SW van toepassing. Eventueel kan de verkrijging ook onder de fictiebepaling van art. 11 lid 3 SW ('verkrijging onder voorwaarde van overleving') vallen (zie paragraaf 11.7.8).

> **Voorbeeld**
>
> Peter is met 'koude uitsluiting' (buiten gemeenschap van goederen) getrouwd met Els. Zijn vermogen bedraagt € 2.000.000. Els heeft geen eigen vermogen. In de huwelijkse voorwaarden is een wederkerig verrekenbeding opgenomen op grond waarvan bij overlijden van één van de echtelieden moet worden afgerekend alsof zij in gemeenschap van goederen zijn getrouwd. Stel: Peter komt als eerste te overlijden. Els heeft dan op grond van het verrekenbeding recht op € 1.000.000 (de helft van het gezamenlijke vermogen). Zij is hierover geen erfbelasting verschuldigd. De andere helft van het gezamenlijke vermogen vormt de nalatenschap waarover wél erfbelasting is verschuldigd.
>
> Zou het verrekenbeding niet wederkerig zijn aangegaan, maar alleen gelden als Peter als eerste zou overlijden, dan zou de vordering van Els van € 1.000.000 op grond van art. 11 lid 3 of lid 4 SW worden aangemerkt als een erfrechtelijke verkrijging.

Het voordeel van een wederkerig finaal verrekenbeding ten opzichte van de gemeenschap van goederen, is dat er niet hoeft te worden afgerekend als het huwelijk wordt ontbonden door echtscheiding. In dat geval blijft de 'koude uitsluiting' gelden. Het nadeel van het wederkerige verrekenbeding is echter dat dit ook werkt als de minstvermogende echtgenoot als eerste komt te overlijden.

> **Voorbeeld**
>
> Stel: Els uit het vorige voorbeeld komt als eerste te overlijden. Haar nalatenschap bestaat nu uit de vordering van € 1.000.000 op Peter. Als Peter enig erfgenaam is, is hij door het verrekenbeding erfbelasting verschuldigd over zijn 'eigen vermogen'!

11.7.7 Eigendom omzetten in vruchtgebruik (art. 10 SW)

Als een ouder tijdens het leven een woning of een ander vermogensbestanddeel overdraagt aan een kind en het genot (vruchtgebruik of recht van gebruik en bewoning) voorbehoudt, krijgt het kind bij overlijden van de ouder de volledige eigendom. Het vruchtgebruik vervalt namelijk uiterlijk bij het overlijden. Zonder nadere regeling zou deze aangroei niet belast zijn met erfbelasting. De wetgever vond deze situatie ongewenst. Daarom wordt de aangroei tot volle eigendom op grond van de wetsfictie van art. 10 SW alsnog belast.

Fictief legaat

De wetssystematiek is nogal ingewikkeld. In eerste instantie wordt het betreffende vermogensbestanddeel bij het overlijden van de ouder belast bij het kind als een fictief legaat. Maar het kind kan datgene wat het heeft opgeofferd – inclusief 6% rentederving per jaar – in mindering brengen op zijn verkrijging (art. 7 lid 3 SW).

HOOFDSTUK 11 | SCHENK- EN ERFBELASTING

> **Voorbeeld**
>
> Bas verkoopt zijn woning in 2021 (waarde € 500.000) aan zijn twee kinderen, onder voorbehoud van het recht van vruchtgebruik. De waarde van het recht van vruchtgebruik bedraagt € 330.000, de waarde van de (blote) eigendom bedraagt voor de kinderen € 170.000. De kinderen lenen de koopsom voor de blote eigendom van de woning bij de bank (het is ook mogelijk dat deze koopsom rentedragend schuldig wordt gebleven aan hun vader).
>
> Bas woont in de woning tot aan zijn overlijden in 2031. De woning is bij overlijden € 700.000 waard. Normaal gesproken zou de woning niet in de nalatenschap vallen (de aangroei naar de 'volle' eigendom door het vervallen van het vruchtgebruik is immers geen erfrechtelijke verkrijging). Maar door de werking van art. 10 SW wordt de woning geacht toch tot de nalatenschap te behoren. Hierbij moet op grond van art. 21 lid 1 SW worden uitgegaan van de waarde ten tijde van het overlijden (€ 700.000).
>
> | | |
> |---|---|
> | De kinderen worden dus belast voor: | € 700.000 |
> | Aftrek opgeofferd bedrag blote eigendom | € 170.000 |
> | Rentederving over 10 jaar × 6% × € 170.000 | € 102.000 −/− |
> | Totale verkrijging | € 428.000 |
>
> Per kind bedraagt de fictieve verkrijging € 214.000 (50% van € 428.000).

Waarde ten tijde van het overlijden

Bij toepassing van art. 10 SW moet worden uitgegaan van de waarde van het fictieve legaat ten tijde van het overlijden (art. 21 lid 1 SW). Als de blote eigendom wordt geschonken (of de koopsom direct wordt kwijtgescholden), is er niets opgeofferd en kan geen aftrek worden geclaimd. Om dubbele heffing te voorkomen, is het in dat geval toegestaan om de schenkbelasting en/of de verschuldigde overdrachtsbelasting te verrekenen met de verschuldigde erfbelasting over het fictieve legaat (art. 7 lid 2 SW). De verrekenbare belasting mag worden vermeerderd met een enkelvoudige rente van 6% vanaf het moment van betaling tot het moment van overlijden (art. 7 lid 3 SW).

Verrekening overdrachts- en schenkbelasting

> **Voorbeeld**
>
> Stel dat Bas uit het vorige voorbeeld in 2021 de blote eigendom van de woning (waard € 170.000) zou hebben geschonken aan zijn kinderen. De kinderen zijn hierover schenk- en overdrachtsbelasting verschuldigd. Bij het overlijden in 2031 mag deze belasting, vermeerderd met 6% enkelvoudige rente over de periode 2021-2031, in mindering worden gebracht op de verschuldigde erfbelasting.

Vereisten art. 10 SW

Voor toepassing van de wetsfictie is vereist dat:
1. het vruchtgebruik is ontstaan door een rechtshandeling van de erflater (overdracht, schenking, etc.) tijdens zijn leven, waarbij iets aan zijn vermogen is onttrokken (art. 10 lid 1 SW). Als het vruchtgebruik krachtens testament is ontstaan, geldt de fictie dus niet. De aangroei van de blote eigendom naar de volledige eigendom blijft dan dus onbelast;
2. de blote eigenaar de partner of een bloed- of aanverwant tot en met de vierde graad (of hun partner) van de erflater is (art. 10 lid 4 sub a SW);

3. de erflater tot zijn overlijden het vruchtgebruik moet hebben gehad; eindigt het vruchtgebruik meer dan 180 dagen voor zijn dood, dan geldt de fictie niet (zie art. 10 lid 4 sub b SW).

Reikwijdte art. 10 SW

De fictiebepaling heeft een ruime strekking. De fictie geldt in alle gevallen waarbij de toekomstige nalatenschap tijdens leven wordt 'uitgehold' door 'vruchtgebruikconstructies' door de erflater. Zo geldt de fictie bijvoorbeeld als:
– een ouder tijdens zijn/haar leven een schenking doet door middel van een schuldigerkenning, terwijl hierbij jaarlijks een lagere rente dan 6% per jaar is betaald (zie het voorbeeld in paragraaf 11.6.2);
– de ouders en hun kinderen de blote eigendom en vruchtgebruik gesplitst aankopen; in de wet is dit tot uitdrukking gebracht door te vermelden dat de fictie ook geldt bij een samenstel van rechtshandelingen (art. 10 lid 1 SW);
– de ouders de woning overdragen aan hun kinderen en de woning vervolgens huren tegen een onzakelijke huur; volgens de parlementaire behandeling is sprake van een onzakelijke huur als de huur op jaarbasis minder bedraagt dan 6% van de WOZ-waarde (vgl. tevens art. 10 lid 3 SW).

De fictie is normaal gesproken niet van toepassing als een erfgenaam bij de verdeling van de nalatenschap een rentedragende vordering wegens onderbedeling heeft verkregen (art. 10 lid 5 SW). Hetzelfde geldt bij legaten tegen inbreng van de waarde, waarbij de inbreng wordt schuldig gebleven (art. 10 lid 6 SW). Ook testamentaire legaten of lastbevoordelingen van een grootouder aan een kleinkind, vallen in principe niet onder de fictiebepaling (art. 10 lid 9 SW).

11.7.8 Verkrijging op grond van een overeenkomst bij overlijden (art. 11 SW)

Op grond van art. 11 SW wordt de verkrijging van een goed op grond van een overeenkomst bij overlijden in bepaalde familieverhoudingen aangemerkt als een erfrechtelijke verkrijging. Het gaat hier om:
– verblijvings-, toedelings- en overnemingsbedingen in vennootschaps- of samenlevingsovereenkomsten, etc;
– bepaalde koopopties;
– verkoop van een goed met uitgestelde levering bij overlijden;
– schuldigerkenningen en kwijtscheldingen onder opschortende voorwaarde van overleven van de erflater; bij deze laatste variant is een familieverhouding niet vereist.

Verblijvings-, toedelings- en overnemingsbedingen (art. 11 1e volzin SW)

Bij gemeenschappelijke eigendom wordt contractueel vaak bepaald dat het vermogensbestanddeel bij overlijden van de ene eigenaar verblijft aan de andere eigenaar of door hem kan worden overgenomen. Hoeft de ander hiervoor minder op te offeren dan de reële waarde, dan is sprake van een fictieve erfrechtelijke verkrijging op grond van art. 11 lid 2 SW. De eventuele tegenprestatie is aftrekbaar op grond van art. 7 lid 1 SW.

Alleen bij bepaalde familieleden — Voor de toepassing van de fictiebepaling is wel vereist dat de verkrijger de partner of een bloed- of aanverwant tot en met de vierde graad (of hun partner) van de erflater is (art. 11 lid 5 SW).

> **Voorbeeld**
>
> **Verblijvingsbeding in vof-contracten**
>
> Harry heeft samen met zijn zoon Jaap een vennootschap onder firma. In het firmacontract is bepaald dat bij overlijden van één van de vennoten de overblijvende vennoot het recht heeft om het firma-aandeel van de ander over te nemen voor de fiscale boekwaarde. Bij het overlijden van Harry neemt Jaap het firma-aandeel van zijn vader Harry over voor de fiscale boekwaarde van € 150.000. De werkelijke waarde van het firma-aandeel bedraagt € 250.000. Op grond van art. 11 lid 2 jo. art. 7 lid 1 SW wordt Jaap belast voor € 100.000 (€ 250.000 –/– € 150.000). Jaap kan eventueel wel gebruikmaken van de bedrijfsopvolgingsfaciliteit van art. 35b e.v. SW (zie paragraaf 11.10).
>
> Zouden Jaap en Harry onafhankelijke derden zijn, dan zou art. 11 lid 2 SW niet van toepassing zijn. De verkrijging zou dan bij Jaap geheel onbelast blijven.

Verblijvingsbeding bij samenwoners — De fictie van art. 11 lid 2 SW kan ook van toepassing zijn als samenwoners een verblijvingsbeding hebben opgenomen met betrekking tot gezamenlijk verworven goederen (zoals de eigen woning). De samenwoners moeten dan wel kwalificeren als partners (zie art. 11 lid 5 SW). Zie art. 1a SW en paragraaf 11.3 voor het begrip partner.

> **Voorbeeld**
>
> Eric en Marscha hebben samen een huis gekocht in de verhouding 60/40. Zij hebben bij de aankoop afgesproken dat bij overlijden van één van hen, het resterende aandeel in de woning aan de ander zal 'verblijven'. Als Eric en Marscha partners zijn in de zin van art. 1a SW, is deze verkrijging belast op grond van art. 11 lid 2 SW (omdat zij partners zijn, kan bij overlijden van één van de partners wel de partnervrijstelling worden geclaimd). Kunnen zij niet als 'partners' worden aangemerkt, dan is de verkrijging niet belast voor de erfbelasting.

Verblijvingsbeding tijdens leven — Als een verblijvings-, toedelings- of overnemingsbeding in een vennootschapscontract al tijdens leven wordt uitgevoerd, kan sprake zijn van een belastbare schenking (art. 11 lid 1 SW). Deze fictie probeert te voorkomen dat een firma- of maatschapsaandeel tijdens leven voor een te lage waarde wordt overgedragen. Vennoten kunnen de werking van deze fictie beperken door gebruik te maken van de bedrijfsopvolgingsfaciliteit van art. 35b e.v. SW (zie paragraaf 11.10).

Koopoptie uitoefenbaar bij overlijden (art. 11 lid 2, 2e volzin SW).

De fictiebepaling van art. 11 lid 2 SW geldt ook als niet-gemeenschappelijke goederen bij overlijden op grond van een overeenkomst kunnen worden overgenomen. Een voorbeeld hiervan is een koopoptie (recht om een goed te mogen kopen) die pas bij overlijden van de erflater kan worden uitgeoefend.

> **Voorbeeld**
>
> Ellen heeft haar zoon Mike een koopoptie verleend om bij haar overlijden haar vakantiehuisje te mogen kopen voor € 200.000. Stel: bij overlijden van Ellen is het huisje € 250.000 waard. Als Mike de koopoptie uitoefent, wordt hij op grond van art. 11 lid 2 SW belast voor € 50.000 (€ 250.000 –/– € 200.000).
>
> N.B. Als Ellen de koopoptie zou hebben verleend aan haar buurman, zou art. 11 lid 2 SW niet van toepassing zijn. Deze fictie geldt immers alleen als de verkrijger behoort tot de familiegroep van art. 11 lid 5 SW. Als de koopoptie onder opschortende voorwaarde van het overleven van Ellen is verleend, kan de verkrijging wel onder art. 11 lid 3 SW vallen (zie hierna).

Verkoop met uitgestelde levering (art. 11 lid 2, slot SW)

Als een onroerende zaak (of een ander vermogensbestanddeel) al tijdens leven wordt verkocht, maar pas bij overlijden juridisch wordt geleverd, vormt de leveringsverplichting een schuld van de nalatenschap. Door deze constructie zou erfbelasting kunnen worden bespaard doordat de verdere waardestijging van het verkochte goed niet meer in de nalatenschap valt. Om dit te voorkomen, is in art. 11 lid 2 SW bepaald dat in dergelijke gevallen bij overlijden van de erflater sprake is van een fictieve erfrechtelijke verkrijging voor de koper (mits deze behoort tot de familiegroep van art. 11 lid 5 SW).

Schuldigerkenning onder voorwaarde van overleven erflater (art. 11 lid 3 SW)

Als tijdens leven bedragen worden schuldig erkend onder de opschortende voorwaarde van overleven van de erflater, is deze schenking pas belast als de voorwaarde is vervuld (art. 1 lid 9 SW; zie paragraaf 11.6.4). Zonder nadere regeling zou hierdoor bij overlijden een fiscaal voordeel kunnen worden behaald (matiging tarief erfbelasting door spreiding van de verkrijging). Om dit te vermijden, wordt een schuldigerkenning (of kwijtschelding van een schuld) met een dergelijke voorwaarde, bij overlijden van de erflater aangemerkt als een erfrechtelijke verkrijging (art. 11 lid 3 SW). In tegenstelling tot de hiervoor genoemde ficties, is voor deze fictie een familieband niet vereist.

HOOFDSTUK 11 | SCHENK- EN ERFBELASTING

> **Voorbeeld**
>
> Max heeft zijn huishoudster Ans tot enig erfgenaam benoemd. Daarnaast erkent hij haar bij notariële akte tijdens zijn leven € 100.000 schuldig, onder de opschortende voorwaarde dat Ans bij het overlijden van Max nog in leven is. Overlijdt Max vóór Ans, dan treedt de voorwaarde in vervulling en kan zij € 100.000 uit de nalatenschap opeisen. Maar op grond van art. 11 lid 3 SW wordt bij Ans tevens € 100.000 aangemerkt als een erfrechtelijke verkrijging. Per saldo wordt hierdoor geen voordeel behaald.
>
> NB. Deze situatie is anders dan bij een onherroepelijke schuldigerkenning. Deze heeft tijdens leven wél direct effect (zie het voorbeeld in paragraaf 11.6.2).

Art. 11 lid 3 SW geldt ook als iets anders dan een geldsom is schuldig erkend. Hierdoor kan deze fictiebepaling bijvoorbeeld ook gelden als een koopoptie is verleend op een goed onder de opschortende voorwaarde van 'overleven' van de erflater (zie het bovenstaande voorbeeld).

11.7.9 Levensverzekeringen (art. 13 SW) en pensioen-bv's (art. 13a SW)

In art. 13 en art. 13a SW zijn twee specifieke wetsficties opgenomen met betrekking tot levensverzekeringen en pensioenen.

Verkrijging uit een levensverzekering (art. 13 SW)

Als bij het overlijden van iemand een uitkering uit een levensverzekering plaatsvindt aan een ander, wordt dit voor de Successiewet gelijkgesteld met een erfrechtelijke verkrijging als de premies voor de levensverzekering waren 'verschuldigd' door de erflater (art. 13 SW). Zonder deze bepaling zou het wel heel eenvoudig zijn om onder de heffing van erfbelasting uit te komen, namelijk door het vermogen van de erflater bij leven te gebruiken om premies te betalen voor een levensverzekering die uitkeert aan zijn partner of zijn kinderen.

> **Voorbeeld**
>
> Tjako heeft een levensverzekering afgesloten, waarvoor hij de premies is verschuldigd. Bij zijn overlijden krijgt zijn vriendin Babette een uitkering uit de levensverzekering van € 100.000. Deze uitkering is belast met erfbelasting, omdat de premies van de levensverzekering zijn onttrokken aan het vermogen van Tjako.
>
> Zou niet Tjako maar Babette de premies van de verzekering van Tjako zijn verschuldigd, dan is de fictiebepaling niet van toepassing. In dat geval is immers niets aan het vermogen van Tjako onttrokken.

Kruislings betalen van premies — In de praktijk worden levensverzekeringspolissen vaak zodanig afgesloten dat degene die de premies verschuldigd is, niet dezelfde persoon is als de verzekerde (het verzekerd lijf). Zijn er twee polissen, dan worden de premies kruislings betaald (de ene partner betaalt de verschuldigde premies van de verzekering op het leven van de andere partner, en andersom). Het voordeel van een dergelijke opzet is dat de bovengenoemde fictiebepaling dan niet van toepassing is. De premies van de levensverzekering zijn immers niet onttrokken aan het vermogen van de erflater.

Gemeenschap van goederen — Als mensen in gemeenschap van goederen zijn getrouwd, is normaal gesproken niet te voorkomen dat de premies (mede) ten laste van het gezamenlijke vermogen komen. Hierdoor wordt een uitkering uit een levensverzekering vanwege het overlijden van één van de partners, altijd belast bij de andere partner. De uitkering is slechts belast voor zover deze kan worden toegerekend aan een onttrekking aan het vermogen van de erflater. Bij gemeenschap van goederen is de uitkering hierdoor voortaan slechts voor de helft belast.

> **Voorbeeld**
>
> Enno is in gemeenschap van goederen getrouwd met Nikki. Enno heeft een levensverzekering afgesloten. De premies worden betaald uit de huwelijksgoederengemeenschap. Bij het overlijden van Enno in 2021 krijgt Nikki een uitkering uit de levensverzekering van € 100.000. Deze uitkering is voor de helft (€ 50.000) belast met erfbelasting. Door de gemeenschap van goederen is immers slechts de helft van de premies toe te rekenen aan een onttrekking aan het vermogen van Enno.

Samenlevingsovereenkomst of huwelijksvoorwaarden — Als partners op huwelijkse voorwaarden zijn getrouwd of kiezen voor samenwonen, kunnen ze wel onder de werking van de fictiebepaling uitkomen. Voorwaarde is wel dat de huwelijkse voorwaarden (c.q. de samenlevingsovereenkomst) goed zijn geredigeerd. Zo mag hierin niet staan dat de premies van levensverzekeringen als kosten van de huishouding worden aangemerkt. Verder moet worden gelet op de formulering van eventuele verrekenbedingen.

Erflater is verzekeraar — Als de erflater bij een overeenkomst van levensverzekering de verzekerde is en daarnaast tegelijkertijd zelf als verzekeraar optreedt, wordt de uitkering altijd geacht volledig aan het vermogen van de erflater te zijn onttrokken (art. 13 lid 2 SW). Met andere woorden: in dat geval is niet van belang wie de premies heeft betaald. De bepaling geldt ook als de partner of een bloed- of aanverwant van de erflater tot en met de vierde graad (of hun partners) als verzekeraar optreedt.

Vrijval pensioenverplichting in bv/nv (art. 13a SW)

Als een bv een pensioen heeft toegezegd aan haar directeur-grootaandeelhouder en deze komt te overlijden, vervalt de verplichting om aan hem pensioen te betalen. Hierdoor stijgt het eigen vermogen van de vennootschap. De fictie van art. 13a SW belast de waardestijging van de aandelen van een bv/nv als gevolg van de vrijval van een in eigen beheer opgebouwde pensioen- of lijfrenteverplichting.

Aanmerkelijk belang

De bepaling is alleen van toepassing als iemand anders dan de pensioengerechtigde een aanmerkelijk belang (globaal: een belang van 5% of meer) bezit in een bv of nv die een pensioen (of lijfrente) verzekert. De werkingssfeer van de fictie is beperkt tot de echtgenoot, de samenwonende partner en de bloed- of aanverwant (inclusief de echtgenoot) tot en met de vierde graad.

Voorbeeld

Joop (weduwnaar) heeft in een bv een pensioenverplichting van € 1.450.000 opgebouwd. Zijn zoon Bernard bezit alle aandelen van de bv. Bij het overlijden van Joop valt de pensioenverplichting vrij. Zonder nadere regeling zou Bernard de waardestijging van de aandelen belastingvrij opstrijken. Art. 13a SW steekt hier een stokje voor. Bij het overlijden van zijn vader wordt van Bernard erfbelasting geheven over de waardestijging van de aandelen die optreedt als gevolg van de vrijval van de pensioenverplichting.

11.7.10 Afgezonderde particuliere vermogens (art. 16 SW)

Afgezonderd Particulier Vermogen

Afgezonderd particulier vermogen (APV) is voor de schenk- en erfbelasting fiscaal transparant. APV is afgezonderd vermogen waarmee vooral een particulier belang wordt gediend (art. 2.14a lid 2 Wet IB). Het gaat hierbij om vermogen dat bijvoorbeeld is ingebracht in een trust, Antilliaanse SPF of Anstalt. De fiscale transparantie wordt gerealiseerd door een aantal wettelijke ficties:
– Het afzonderen van vermogensbestanddelen in een APV vormt geen schenking van de inbrenger, maar blijft toegerekend aan de inbrenger (art. 17a SW).
– Een schenking door de APV wordt gezien als een schenking door de inbrenger (art. 17 SW).
– De bezittingen van een APV worden bij overlijden van de inbrenger aangemerkt als een fictieve verkrijging door diens erfgenamen, tenzij zij kunnen aantonen dat zij geen begunstigden van de APV zijn en dit ook niet kunnen worden (zie art. 2.14a lid 6 Wet IB in combinatie met art. 16 SW).

Het gevolg van deze wettelijke ficties is dat het in een trust (of een ander APV) ingebrachte vermogen altijd blijft toegerekend aan de inbrenger en diens rechtsopvolger(s). Deze fiscale transparantie geldt ook voor de inkomstenbelasting (vgl. art. 2.14a Wet IB). Met deze ficties wil de wetgever voorkomen dat door de inbreng van vermogen in een APV zwevend vermogen ontstaat dat nergens kan worden belast.

Voorbeeld

Jerry heeft een aandelenportefeuille van € 10 miljoen ingebracht in een trust, die wordt aangemerkt als een APV. Bij het overlijden van Jerry worden de bezittingen en schulden van de trust tot zijn nalatenschap gerekend. Zijn erfgenamen zijn hierover erfbelasting verschuldigd.

11.8 Waarderingsregels

Waarde in het economische verkeer

Voor de heffing van schenk- en erfbelasting geldt als hoofdregel dat het verkregene moet worden gewaardeerd op de waarde in het economische verkeer ten tijde van de verkrijging (art. 21 lid 1 SW). Voor bepaalde vermogensbestanddelen kent de Successiewet speciale waarderingsregels.

Onroerende zaken

Onroerende zaken die als woning in gebruik zijn, moeten voor de schenk- en erfbelasting in beginsel worden gewaardeerd naar de WOZ-waarde in het jaar van de verkrijging (art. 21 lid 5 SW). Voor verhuurde woningen kan een waardedruk op de WOZ-waarde in aanmerking worden genomen. Deze waardedruk is afhankelijk van de jaarlijkse huur afgezet tegen de WOZ-waarde (art. 21 lid 8 SW en art. 10a Uitv.besl. SW):

Verhuurde woningen

Bij een jaarlijkse huur als percentage van de WOZ-waarde		bedraagt de vermenigvuldigingsfactor
van meer dan	maar niet meer dan	
0%	1,0%	45%
1,0%	2,0%	51%
2,0%	3,0%	56%
3,0%	4,0%	62%
4,0%	5,0%	67%
5,0%	6,0%	73%
6,0%	7,0%	78%
7,0%	–	85%

Tabel 11.6 Bepaling vermenigvuldigingsfactor bij huurwoningen

Verkrijger is huurder

Tabel 11.6 geldt alleen als de huurder recht heeft op huurbescherming (art. 7:232 e.v. BW). Bij kortstondige verhuur van de woning, zoals bij vakantiewoningen, geldt de waardevermindering niet. Als een woning wordt verkregen door de huurder (of diens partner), mag eveneens geen waardedruk in aanmerking worden genomen. In dat geval moet de woning worden gewaardeerd op de volledige WOZ-waarde (art. 21 lid 8 SW).

> **Voorbeeld**
>
> Roderick bezit bij zijn overlijden in 2021 een eigen woning in Den Haag (WOZ-waarde: € 800.000) en een verhuurde woning in Haarlem (WOZ-waarde: € 1.000.000). De huur bedraagt € 60.000 per jaar. Zijn zoon Robbie erft beide woningen. De woning in Den Haag moet worden gewaardeerd op de WOZ-waarde van € 800.000. De verhuurde woning in Haarlem heeft een rendement van 6% (€ 60.000 / € 1.000.000). Robbie moet deze dan ook waarderen op € 730.000 (73% × € 1.000.000).
> Als Robbie de woning in Haarlem zelf zou huren, zou hij deze woning moeten waarderen op de WOZ-waarde van € 1.000.000 (art. 21 lid 8 SW).

Keuze WOZ-waarde De WOZ kent een waardepeildatum die één jaar ligt voor het begin van het kalenderjaar waarvoor de waarde wordt vastgesteld. De WOZ-beschikking 2021 heeft dus als peildatum 1 januari 2020. In de periode tussen afgeven beschikking en peildatum kan de waarde verminderd zijn. De verkrijger kan daarom ook kiezen voor de WOZ-waarde die geldt voor het jaar ná het jaar van de verkrijging (art. 21 lid 5 SW).

> **Voorbeeld**
>
> Sandrina is getrouwd met Leon. Het huwelijk wordt ontbonden door het overlijden van Leon op 1 mei 2021. Tot de nalatenschap behoort een woning. In beginsel geldt nu voor de erfbelasting de WOZ waarde 2021 (€ 300.000). Indien de WOZ-waarde 2022 lager is (stel: € 280.000), kunnen de erfgenamen in de aangifte erfbelasting ook kiezen voor deze waarde.

Erfpacht De waarde van een recht van erfpacht op een woning wordt bepaald door de WOZ-waarde te verminderen met de last van de erfpachtcanon (art. 21 lid 9 en art. 10b Uitv.besl. SW). De vermindering wordt in beginsel gesteld op het 17-voud van het jaarlijkse bedrag van de erfpachtscanon. Een afwijkende regeling geldt bij verhuurde woningen die in erfpacht zijn uitgegeven (zie verder art. 10b Uitv. besl. SW).

> **Voorbeeld**
>
> Tot de nalatenschap behoort een woning in erfpacht met een WOZ-waarde van € 300.000. De jaarlijkse erfpachtscanon bedraagt € 2.500. Bij het overlijden mag de woning worden gewaardeerd op € 257.500 (= € 300.000 –/– 17 × € 2.500).

Voor overige onroerende zaken geldt de waarde in het economische verkeer als waarderingsgrondslag.

Effecten

Effecten — Courante effecten worden gewaardeerd overeenkomstig de vermelding in de Officiële prijscourant – uitgegeven door Euronext Amsterdam NV – die dagelijks uitkomt (art. 21 lid 3 SW). Voor incourante effecten is de waardering lastiger. De waardebepaling van een familie-bv is bijvoorbeeld complex. Een probleem is dat voor deze aandelen nauwelijks een markt bestaat. In de praktijk worden de aandelen vaak gewaardeerd op een gewogen gemiddelde van de intrinsieke waarde en de rentabiliteits- of de rendementswaarde.

Ondernemingsvermogen

Ondernemingsvermogen moet worden gewaardeerd op de waarde in het economische verkeer, met inbegrip van de voor overdracht vatbare goodwill. Bij die waardering moet rekening worden gehouden met vermogensbestanddelen die een eenheid vormen. Met andere woorden: de onderneming moet op 'going-concernbasis' worden gewaardeerd. Dit is de waarde die aan de vermogensbestanddelen kan worden toegekend als de gehele onderneming wordt verkocht en voortgezet. Hierbij wordt rekening gehouden met de rentabiliteit van de onderneming. Uit de jurisprudentie blijkt dat de going-concernwaarde zowel hoger als lager kan zijn dan de totale waarde van de losse vermogensbestanddelen in het economische verkeer (liquidatiewaarde). Als de liquidatiewaarde hoger is dan de going-concernwaarde, bijvoorbeeld omdat sprake is van onderrentabiliteit, moet van deze hogere waarde worden uitgegaan (art. 21 lid 13 SW).

Going-concern-waarde

Liquidatiewaarde

Bij voortzetting van de onderneming door de erfgenamen of begiftigden, kan gebruik worden gemaakt van de bedrijfsopvolgingsfaciliteit voor de Successiewet (zie art. 35b SW). Op grond van deze regeling is het verkregen ondernemingsvermogen gedeeltelijk vrijgesteld voor de schenk- en erfbelasting. In paragraaf 11.10 wordt nader ingegaan op deze regeling.

Vruchtgebruik en blote eigendom

Vruchtgebruik en blote eigendom — De waarde van het recht van vruchtgebruik wordt berekend door uit te gaan van een jaarlijks rendement van 6% en dit te vermenigvuldigen met de vermenigvuldigingsfactor die bij de leeftijd van de vruchtgebruiker hoort (art. 21 lid 14 SW en de tabel in art. 5 Uitv.besl. SW). De waarde van de blote eigendom is het verschil tussen de volle eigendom en de waarde van het vruchtgebruik (art. 21 lid 11 SW).

Voorbeeld

1. Bram (41 jaar) krijgt krachtens testament het recht van vruchtgebruik van een effectenportefeuille. Els krijgt de blote eigendom. Op grond van art. 5 Uitv.besl. SW behoort bij de leeftijd van 41 jaar de leeftijdsfactor 13. De periodieke opbrengst van het vruchtgebruik wordt gesteld op 6% (art. 10 Uitv.besl. SW). De waarde van het vruchtgebruik bedraagt dus 13 × 6% = 78% van de volle eigendom. De waarde van de blote eigendom is het verschil tussen de volle eigendom minus het vruchtgebruik, in casu dus 100% –/– 78% = 22%.

2 Bart heeft bij het overlijden van zijn vader een vordering wegens onderbedeling van € 250.000 gekregen op zijn moeder Marie (60 jaar). Omdat de wettelijke verdeling geldt, wordt de vordering voor de erfbelasting gewaardeerd als een renteloze vordering (zie paragraaf 11.7.2). Voor de waardering hiervan wordt daarom aangenomen dat Marie het recht van vruchtgebruik heeft en Bart de blote eigendom. Gelet op de leeftijd van Marie (60 jaar), geldt de leeftijdsfactor 10 (art. 5 Uitv.besl. SW). Omdat de vordering renteloos is, wordt de opbrengst van haar vruchtgebruik gesteld op 6% (art. 10 Uitv.besl. SW). De waarde van het vruchtgebruik bedraagt dus 10 × 6% = 60%. De blote eigendom bedraagt 40%. Bart moet voor de erfbelasting 40% van de vordering van € 250.000 (= € 100.000) aangeven. Marie wordt belast voor de waarde van het vruchtgebruik van de vordering, namelijk 60% × 250.000 = € 150.000.

NB. Zou er een (samengestelde) rente van 4% zijn afgesproken, dan zou het vruchtgebruik 10 × (6% –/– 4%) = 20% bedragen. De blote eigendom zou dan 80% zijn.

Tijdelijk vruchtgebruik In de bovengenoemde situaties ging het steeds om een levenslang recht van vruchtgebruik. Als dit recht tijdelijk is, is de tabel van art. 6 Uitv.besl. SW van toepassing. Verder moet worden uitgegaan van een gecorrigeerde leeftijd als het recht afhankelijk is van het leven van meerdere personen (art. 7 Uitv.besl. SW). Deze tabellen worden ook gehanteerd bij de waardering van periodieke uitkeringen (zie hierna).

Periodieke uitkeringen

Periodieke uitkeringen Periodieke uitkeringen (pensioen, lijfrenten en dergelijke) worden eveneens gewaardeerd volgens een forfaitaire methode (art. 21 lid 14 SW). Om de waarde van een periodieke uitkering te bepalen, moet de jaarlijkse uitkering worden vermenigvuldigd met de factor die hoort bij de leeftijd van de gerechtigde (zie tabel art. 5 Uitv.besl. SW). Eindigt de periodieke uitkering op een vast tijdstip, dan geldt een afwijkende tabel (art. 6 Uitv.besl. SW). Voor de waardering van een periodieke uitkering die afhankelijk is van het leven meerdere personen moet worden uitgegaan van een gecorrigeerde leeftijd (art. 7 Uitv.besl. SW).

Voorbeeld

Van één leven afhankelijk
Monique (64 jaar) krijgt tot haar overlijden een ouderdomspensioen van € 20.000 per jaar. Bij haar leeftijd hoort een vermenigvuldigingsfactor 10 (art. 5 Uitv.besl. SW). De gekapitaliseerde waarde van het ouderdomspensioen bedraagt dus 10 × € 20.000 = € 200.000.

Van twee levens afhankelijk
Aan Ben (48 jaar) en zijn echtgenote Esther (43 jaar) is een periodieke uitkering van € 5.000 per jaar gelegateerd. De uitkering zal eindigen bij het overlijden van de langstlevende van hen beiden. Voor de bepaling van de waarde moet worden uitgegaan van de leeftijd van een iemand die 5 jaar jonger is dan jongste van hen beiden (art. 7 Uitv.besl. SW). Met andere woorden: er moet worden uitgegaan van de leeftijdsfactor die hoort bij een leeftijd van 38 jaar. Bij die leeftijd behoort de factor 14 (art. 5 Uitv.besl. SW). De gekapitaliseerde waarde van de uitkering bedraagt dus 14 × € 5.000 = € 70.000.

> **Bepaalde tijd, niet van het leven afhankelijk**
>
> Bert (61 jaar) krijgt gedurende 15 jaar een periodieke uitkering van € 10.000 per jaar. Deze is niet afhankelijk van zijn leven (na zijn overlijden krijgen zijn erfgenamen recht op de uitkering). De uitkering moet op grond van art. 6 lid 1 (laatste kolom) Uitv.besl. SW als volgt worden gewaardeerd:
>
> | | |
> |---|---:|
> | 5 × 0,85 × € 10.000 = | € 42.500 |
> | 5 × 0,64 × € 10.000 = | € 32.000 |
> | 5 × 0,48 × € 10.000 = | € 24.000 |
> | Totaal | € 98.500 |

Schulden

Schulden   Schulden die op het moment van het overlijden in rechte vorderbaar zijn, mogen op de verkrijging in aftrek worden gebracht (art. 20 lid 3 SW). Daarnaast mogen de kosten van de lijkbezorging (uitvaart) in aftrek worden gebracht, voor zover deze niet bovenmatig zijn (art. 20 lid 1 SW).

Belastingschulden en -latenties

Belastinglatenties   Ook bepaalde latente – in de toekomst verschuldigde – inkomstenbelastingschulden mogen als nalatenschapsschulden in aftrek worden gebracht (art. 20 lid 5 e.v. SW).
De volgende 'latente' inkomstenbelastingschulden zijn aftrekbaar:
- 30% van het bedrag van de oudedagsreserve (FOR) en stamrechten (lijfrenten);
- 20% van de overige reserves (inclusief goodwill) in de onderneming;
- 6,25% van het verschil tussen de waarde in het economische verkeer en de verkrijgingsprijs van de aanmerkelijkbelangaandelen.

Directe belastingschulden   Aftrek van de latente belastingschulden komt alleen aan de orde als er in de toekomst (in principe) belasting verschuldigd zal zijn. Wordt bij het overlijden direct afgerekend met de Belastingdienst, dan mag de direct verschuldigde belasting in aftrek worden gebracht.

> **Voorbeeld**
>
> Bert heeft een IB-onderneming. Bij zijn overlijden wordt zijn onderneming gestaakt en moet voor de inkomstenbelasting worden afgerekend over de stille reserves (€ 200.000) en de FOR (€ 100.000). De IB-schuld (stel: 40,84% × € 300.000 = € 122.522) vormt een schuld in zijn nalatenschap.
> Als zijn zoon Ernie de onderneming voortzet, kan deze een verzoek doen tot geruisloze doorschuiving van de onderneming (zie hoofdstuk 4 en art. 3.62 Wet IB). In dat geval hoeft Ernie niet af te rekenen over de stille reserves. Voor de erfbelasting mag hij een latente IB-schuld over de stille reserves van € 40.000 (20% × € 200.000) in aftrek brengen. De FOR kan hij niet doorschuiven. De hierover verschuldigde belasting vormt een nalatenschapsschuld.
>
> *   In de praktijk mag bij winst uit onderneming ook rekening worden gehouden met de 14% MKB-winstvrijstelling (art. 3.79a Wet IB; zie tevens paragraaf 4.22). De MKB-winstvrijstelling is in 2021 in de hoogste schijf (vanaf € 68.508) slechts aftrekbaar tegen 43%. In de lagere schijf is de MKB-winstvrijstelling aftrekbaar tegen 37,10%. Het gemiddelde tarief bedraagt hierdoor 40,84%.

Belastinglatentie aanmerkelijkbelangaandelen

Als aanmerkelijkbelangaandelen in een bv vererven, moet voor de inkomstenbelasting ook een keuze worden gemaakt tussen geruisloos doorschuiven of afrekenen over de meerwaarde van de aandelen (art. 4.17a e.v. Wet IB). Wordt geruisloos doorgeschoven, dan mag voor de erfbelasting rekening worden gehouden met een latente IB-schuld van 6,25% over de meerwaarde van de aandelen. Als er wordt afgerekend voor de aanmerkelijkbelangregeling, mag de werkelijke IB-schuld (25% over het verschil tussen de waarde van de aandelen en de verkrijgingsprijs van de aandelen) in mindering worden gebracht op de nalatenschap. Bij vererving van de aandelen moet voor de inkomstenbelasting altijd worden afgerekend als in de bv geen materiële onderneming wordt gedreven (zie hoofdstuk 6).

Voorbeeld

Ernie bezit bij zijn overlijden alle aandelen in Basic bv, waarin een materiële onderneming wordt gedreven. De verkrijgingsprijs van de aandelen is € 100.000. De waarde in het economische verkeer van de aandelen is € 2.100.000. De aandelen vererven naar Bert. Als voor de aanmerkelijkbelangregeling wordt doorgeschoven, mag Bert bij de waardering van de aandelen rekening houden met een latente IB-schuld van 6,25% × (€ 2.100.000 –/– € 100.000) = € 125.000. Per saldo wordt dan erfbelasting geheven over € 1.975.000 (€ 2.100.000 –/– € 125.000)

Wordt er afgerekend voor de aanmerkelijkbelangregeling, dan vormt de verschuldigde IB van € 538.000 (26,90% over € 2.000.000) een nalatenschapsschuld. Ernie is dan erfbelasting verschuldigd over € 1.562.000 (€ 2.100.000 –/– € 538.000).

Als het vermogen van de bv niet volledig uit ondernemingsvermogen bestaat, kan de doorschuifregeling voor de inkomstenbelasting slechts gedeeltelijk worden toegepast (art. 4.17a Wet IB). De inkomstenbelasting over het gedeelte waarover (verplicht) moet worden afgerekend, vormt dan volledig een nalatenschapsschuld.

11.9 Verkrijgingen vrij van recht

Verkrijging vrij van recht

Degene die iets erft of een schenking krijgt, moet in principe zelf de verschuldigde belasting betalen. Bij de schenking of in het testament kan worden bepaald dat de verschuldigde belasting voor rekening van de erflater of schenker komt. Er is dan sprake van een verkrijging vrij van recht. De verkrijging van de erfgenaam of begiftigde is in dit geval hoger dan het nettobedrag van de schenking of erfenis. Het voordeel dat ontstaat doordat de verkrijger geen schenk- of erfbelasting hoeft te betalen, wordt namelijk ook tot de verkrijging gerekend. Het effect hiervan is dat het voor de hoogte van de verschuldigde schenk- of erfbelasting niet meer uitmaakt of al dan niet sprake is van een verkrijging vrij van recht.

> **Voorbeeld**
>
> Maaike schenkt haar favoriete neefje Sander € 150.000. Als bij de schenking geen vrij van recht-bepaling is afgesproken, is Sander hierover € 45.827 aan schenkbelasting verschuldigd (tariefgroep II). Netto krijgt Sander € 104.173 in handen.
> Zou tante Maaike dit bedrag van € 104.173 vrij van recht hebben geschonken aan Sander, dan krijgt hij eveneens netto € 104.173. Omdat tante de schenkbelasting voor haar rekening neemt, is zij € 45.827 aan schenkbelasting verschuldigd. Per saldo is zij dus bij een schenking vrij van recht evenveel kwijt als bij een normale schenking.

Legaat vrij van recht

In het voorbeeld is gekozen voor een schenking vrij van recht. Een soortgelijke regeling geldt als in het testament een legaat vrij van recht aan iemand wordt toegekend. De verschuldigde erfbelasting over de verkrijging vrij van recht komt in dat geval ten laste van de nalatenschap. De overige erfgenamen krijgen dus bij een legaat vrij van recht minder in handen.

11.10 Bedrijfsopvolgingsfaciliteit in de Successiewet

Vrijstelling bij vererven of schenken ondernemingsvermogen

Bij schenking of vererving van ondernemingsvermogen kunnen de bedrijfsopvolgers een gedeeltelijke vrijstelling claimen voor de verschuldigde schenk- of erfbelasting. Daarnaast geldt een betalingsregeling voor de verschuldigde belasting over het (resterende) ondernemingsvermogen. De vrijstelling is van toepassing bij vererving of schenking van het volgende ondernemingsvermogen:
– de onderneming van een IB-ondernemer of medegerechtigde (zoals een commanditaire vennoot);
– aandelen in een bv waarin een materiële onderneming wordt gedreven en waarin de erflater of schenker een aanmerkelijk belang (globaal: aandelenbezit van 5% of meer) heeft;
– onroerende zaken die bij de erflater of schenker onder de terbeschikkingstellingsregeling (art. 3.92 Wet IB) vallen, mits deze dienstbaar zijn aan de onderneming van de bv.

Gedeeltelijke vrijstelling

Bij voortzetting van de onderneming door de erfgenamen of begiftigden geldt op verzoek een vrijstelling voor de schenk- en erfbelasting. Deze vrijstelling bedraagt (zie art. 35b):
– 100% van de waarde van de onderneming tot € 1.119.845;
– 83% van de waarde van de onderneming boven € 1.119.845.

Een onderneming moet normaal gesproken worden gewaardeerd op de going-concernwaarde of op de liquidatiewaarde, als deze hoger is (art. 21 lid 13 SW; zie paragraaf 11.8). Is de liquidatiewaarde van de onderneming hoger dan de going-concernwaarde, dan is het surplus eveneens vrijgesteld.

HOOFDSTUK 11 | SCHENK- EN ERFBELASTING

Uitstel belasting resterend ondernemingsvermogen
De vrijstellingsfaciliteit houdt in dat bij voortzetting van de onderneming door de verkrijgers een gedeelte van het ondernemingsvermogen op verzoek niet wordt belast. Voor de schenk- of erfbelasting die de verkrijgers zijn verschuldigd over het resterende ondernemingsvermogen, kunnen ze gedurende 10 jaar rentedragend uitstel krijgen (art. 35b lid 2 SW en art. 25 lid 12 Inv.wet). De bedrijfsopvolgingsfaciliteit wordt uitsluitend toegepast als hiervoor bij de aangifte een schriftelijk verzoek is gedaan (art. 35b lid 7 SW).

Objectieve onderneming
De bedrijfsopvolgingsfaciliteit geldt per objectieve onderneming. Dit is een onderneming die zich hoofdzakelijk bezighoudt met ondernemingsactiviteiten. Een onderneming waarvan de activiteiten alleen bestaan uit beleggen, valt niet onder de bedrijfsopvolgingsregeling (art. 35c SW). Bij meerdere verkrijgers moet de vrijstelling naar evenredigheid worden toegepast.

Voorbeeld

Bob en Jacco erven van hun vader een IB-onderneming met een going-concernwaarde van € 1,4 miljoen en een liquidatiewaarde van € 1,6 miljoen). Hoe werkt de bedrijfsopvolgingsfaciliteit als zij de onderneming gezamenlijk voortzetten?
- Het verschil tussen de liquidatiewaarde en de going-concernwaarde (€ 1.600.000 –/– € 1.400.000 = € 200.000) is volledig vrijgesteld.
- Per broer geldt voor de going-concernwaarde een vrijstelling van € 555.923* + (83% × € 144.077) = € 675.507.
- Voor hun resterende belaste verkrijging van elk € 24.493 (17% × € 144.077) kunnen zij op verzoek (rentedragend) uitstel van betaling krijgen.

*) 50% × € 1.119.845 = € 555.923.

Beleggingsvermogen bij bv/nv
Als het vermogen van een bv voor een deel bestaat uit beleggingen die niet dienstbaar zijn aan de feitelijke bedrijfsuitoefening, moet een splitsing worden gemaakt. De bedrijfsopvolgingsfaciliteit geldt in dat geval uitsluitend voor het ondernemingsvermogen. Daarnaast mag de faciliteit tot maximaal 5% van het totale ondernemingsvermogen worden toegepast op de waarde van het beleggingsvermogen (art. 35c lid 1, 2e SW). Het resterende beleggingsvermogen is belast.

Vereisten bij overdrager
Bij schenking van ondernemingsvermogen is voor toepassing van de faciliteit vereist dat de schenker ten minste 5 jaren de onderneming heeft gedreven (of medegerechtigde was) of de aanmerkelijkbelangaandelen in zijn bezit heeft gehad. Een soortgelijke eis geldt met betrekking tot onroerende zaken die aan de bv/nv ter beschikking zijn gesteld (art. 35d SW).
Bij vererving moet de erflater gedurende minimaal 1 jaar tot aan het overlijden eigenaar zijn geweest van het kwalificerende ondernemingsvermogen.

5 jaar voortzetten
De vrijstelling wordt verleend onder de voorwaarde dat de onderneming ten minste 5 jaar wordt voortgezet. Als de onderneming voortijdig wordt gestaakt of

als de aandelen worden verkocht voordat deze termijn om is, wordt teruggekomen op de vrijstelling en moet de verkrijger alsnog schenk- of erfbelasting betalen (art. 35b lid 6 SW).

De faciliteit vervalt ook als de aandelen in een bv gedurende de voortzettingsperiode worden omgevormd naar andersoortige aandelen, met als gevolg dat de positie van de erflater/schenker feitelijk niet wordt voortgezet. Dit kan bijvoorbeeld het geval zijn als aandelen worden omgezet in preferente aandelen (art. 35e SW).

Voorzetting bij vof en cv — De bedrijfsopvolgingsfaciliteit kan ook worden toegepast als een aandeel in een vennootschap onder firma (vof) of maatschap wordt verkregen. Bij de verkrijging van een aandeel in een commanditaire vennootschap (cv) is de faciliteit slechts van toepassing als de verkregen medegerechtigdheid een rechtstreekse voortzetting vormt van een onderneming die eerder door de erflater of schenker is gedreven. Ook is vereist dat de medegerechtigdheid wordt verkregen door een persoon die al beherend vennoot was (art. 35c lid 2 SW). Op grond van deze beperking geldt de faciliteit dus slechts bij een gefaseerde bedrijfsoverdracht, bijvoorbeeld als eerst de vader commanditair vennoot wordt en zijn zoon/bedrijfsopvolger beherend vennoot, en vervolgens op een later moment het cv-aandeel vererft of wordt geschonken aan de zoon.

Voorbeeld

Alex heeft samen met zijn vader Gert een vof. In het kader van de beoogde bedrijfsopvolging wordt Gert eerst commanditair vennoot. Bij het overlijden van Gert is de bedrijfsopvolgingsfaciliteit van toepassing op zijn cv-aandeel als Alex dit verkrijgt. Zou het cv-aandeel vererven naar Els, de zus van Alex, dan geldt de faciliteit niet (zij is immers geen beherend vennoot).

Tbs-panden — De bedrijfsopvolgingsfaciliteit kan ook worden toegepast op een onroerende zaak die bij de erflater/schenker onder de terbeschikkingstellingsregeling (tbs-regeling) van art. 3.92 Wet IB valt. Vereist is wel dat de onroerende zaak dienstbaar is aan de materiële onderneming van de bv (art. 35c SW). Drijft de bv geen onderneming, dan geldt de faciliteit dus niet voor de verkregen onroerende zaak. Voor toepassing van de faciliteit is tevens vereist dat de verkrijger van het pand ook aandelen in de bv verkrijgt. De faciliteit wordt dus niet verleend als het kind/bedrijfsopvolger de aandelen in de bv verkrijgt terwijl een ander kind het bedrijfspand verkrijgt.

Voorbeeld

Vader verhuurt een bedrijfspand aan zijn werk-bv. Omdat hij hierin (indirect) een aanmerkelijk belang heeft, geldt de tbs-regeling (art. 3.92 Wet IB). Bij overlijden geldt de bedrijfsopvolgingsfaciliteit zowel voor de aandelen in de holding als voor het pand, mits de verkrijger van het pand ook aandelen in de holding verkrijgt.

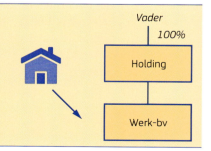

Holdingstructuren Als via een holding een indirect belang van 5% of meer in een werk-bv wordt gehouden, worden de bezittingen en schulden van deze bv toegerekend aan de holding (art. 35c lid 5 sub a SW). Door deze toerekening kan een holding die zelf geen onderneming drijft, toch in aanmerking komen voor de faciliteit als geconsolideerd bezien wél een onderneming wordt gedreven.

Voorbeeld

In beide gevallen worden de bezittingen en schulden van de werk-bv toegerekend aan de holdings. Het indirecte belang in de werk-bv is immers in beide gevallen 5%. Zou het indirecte belang minder dan 5% bedragen, dan mag deze consolidatie in beginsel niet plaatsvinden. Een uitzondering geldt echter als het belang door vererving en dergelijke is verwaterd en ten minste 0,5% bedraagt (zie art. 35c lid 5 sub b SW).

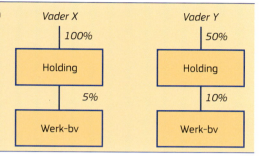

Preferente aandelen De verkrijging van preferente aandelen valt alleen onder de bedrijfsopvolgingsfaciliteit als sprake is van een gefaseerde bedrijfsopvolging. Hierbij gelden de volgende voorwaarden:
- De preferente aandelen vormen een omzetting van een eerder door de erflater of schenker gehouden aanmerkelijk belang van gewone aandelen in een bv waarin een onderneming werd gedreven.
- De omvorming van gewone aandelen tot preferente aandelen heeft plaatsgevonden onder gelijktijdige toekenning van gewone aandelen aan een ander (de beoogde bedrijfsopvolger).
- De verkrijger van de preferente aandelen is al in het bezit van gewone aandelen die een aanmerkelijk belang vormen.

Toepassing faciliteit na verdeling nalatenschap De bedrijfsopvolgingsfaciliteit kan ook worden toegepast als de voortzetter pas bij de verdeling van de nalatenschap het ondernemingsvermogen verkrijgt. Vereist is wel dat de verdeling van de boedel in dat geval binnen 2 jaar na het overlijden plaatsvindt (art. 35f SW).

Bij de nalatenschapsplanning kunnen alleen de erfgenamen die de onderneming voortzetten, de vrijstellingsfaciliteit claimen. De erfgenaam die bij de verdeling een onderbedelingsvordering heeft gekregen, kan alleen rentedragend uitstel van betaling krijgen voor de verschuldigde erfbelasting voor zover die (onderbedelings)vordering kan worden toegerekend aan het ondernemingsvermogen van een medeverkrijger (art. 25 lid 13 Inv.wet). De resterende verkrijging is belast.

> **Voorbeeld**
>
> Bas en Rob zijn de enige erfgenamen van hun vader. De nalatenschap bestaat uit een woning van € 600.000 en een onderneming met een going-concern- en liquidatiewaarde van € 1.800.000. Bas wil de onderneming graag voortzetten, Rob heeft geen interesse. Bij de verdeling van de nalatenschap (met een totale waarde van € 2.400.000) krijgt Bas de onderneming toegedeeld. Rob krijgt de woning van € 600.000 en een onderbedelingsvordering op Bas van € 600.000.
>
> Beide broers worden in beginsel belast voor € 1.200.000. Voor Bas geldt op grond van de bedrijfsopvolgingsfaciliteit een vrijstelling van € 1.684.374 (€ 1.119.845 + 83% × € 680.155). Bij de berekening hoeft hij geen rekening te houden met de schuld aan Rob (art. 35b lid 4 SW). Per saldo is Bas dus geen erfbelasting verschuldigd over zijn verkrijging.
>
> Rob moet over zijn verkrijging van € 1.200.000 gewoon erfbelasting betalen. Hij kan wel gedurende 10 jaar rentedragend uitstel van betaling krijgen voor de belasting over zijn onderbedelingsvordering van € 600.000 (deze vordering kan immers aan de onderneming worden toegerekend). Over zijn resterende verkrijging van eveneens € 600.000 is Rob direct erfbelasting verschuldigd.

11.11 Aangifte doen

De schenk- en erfbelasting worden geheven van de verkrijger (art. 36 SW). De inspecteur legt naar aanleiding van de ingediende aangifte een (voorlopige of definitieve) aanslag op (art. 37 SW).

De Belastingdienst reikt in principe binnen 4 maanden na iemands overlijden een aangiftebiljet uit aan de erfgenamen. Wordt binnen 8 maanden na het overlijden geen biljet uitgereikt, dan moeten de erfgenamen hier zelf om verzoeken, tenzij zij geen erfbelasting zijn verschuldigd (art. 2 lid 2 Uitv.reg. AWR). Als meerdere verkrijgers aangifte moeten doen met betrekking tot dezelfde nalatenschap, kan de inspecteur volstaan met de uitreiking van één aangiftebiljet (art. 39 SW). Op grond van art. 47 Inv. wet is een executeur die de aangifte erfbelasting indient, hoofdelijk aansprakelijk voor alle erfbelasting die ter zake van het overlijden is verschuldigd. De aansprakelijkheid geldt niet als de executeur aannemelijk maakt dat het niet zijn schuld is dat in eerste instantie te weinig erfbelasting is geheven.

Één aangiftebiljet

Bij een schenking moet de verkrijger zelf aangifte doen binnen 2 maanden na afloop van het kalenderjaar waarin de schenking heeft plaatsgevonden (art. 46 SW). Als de inspecteur een belastbare schenking vermoedt, kan hij op eigen initatief een aangiftebiljet uitreiken (art. 40 SW). Bij het uitreiken van het biljet zal hij een termijn stellen waarbinnen het aangiftebiljet moet worden ingediend.

HOOFDSTUK 12
Wet Belastingen van Rechtsverkeer

Op grond van de Wet op Belastingen van Rechtsverkeer (Wet BRV) worden twee belastingen geheven:
- de overdrachtsbelasting, een heffing bij de verkrijging van onroerende zaken;
- de assurantiebelasting, een heffing van 21%, die wordt geheven over de premies voor verzekeringen.

Hoe dat in zijn werk gaat, beschrijft dit hoofdstuk.

- belastbaar feit
- uitgezonderde verkrijging
- maatstaf van heffing
- beperkte rechten
- vrijstellingen
- samenloop
- teruggave
- assurantiebelasting

12.1 Inleiding

Een tweetal belastingen wordt geheven op grond van de Wet op Belastingen van Rechtsverkeer (Wet BRV):
- overdrachtsbelasting: een heffing van 2% bij de verkrijging van woningen die de verkrijger als hoofdverblijf gaat gebruiken, en een heffing van 8% bij de verkrijging van overige onroerende zaken;
- assurantiebelasting: een heffing van 21%, die wordt geheven over de premies voor verzekeringen.

Zowel voor de overdrachtsbelasting als voor de assurantiebelasting geldt een groot aantal vrijstellingen. Er geldt bijvoorbeeld een vrijstelling van overdrachtsbelasting voor jonge starters en doorstromers op de woningmarkt als aan bepaalde voorwaarden voldaan is.

De overdrachtsbelasting en de assurantiebelasting zijn aangiftebelastingen. De belasting moet op aangifte worden voldaan volgens de systematiek van art. 19 AWR (zie ook hoofdstuk 13).

In aanvulling op de wettelijke regels zijn in het Uitvoeringsbesluit belastingen van rechtsverkeer (Uitv.besl. BRV) nadere voorschriften opgenomen.

12.2 Overdrachtsbelasting

12.2.1 Het belastbare feit

Overdrachtsbelasting

Overdrachtsbelasting wordt geheven over de verkrijging van *in Nederland gelegen* onroerende zaken en van rechten waaraan onroerende zaken zijn onderworpen (art. 2 lid 1 Wet BRV).

Onroerende zaken
Rechten

Onroerende zaken zijn grond, inclusief aanwezige delfstoffen en beplantingen, en vaste gebouwen op die grond. Bij rechten waaraan onroerende zaken zijn onderworpen, gaat het om rechten van vruchtgebruik, erfpacht, opstal, erfdienstbaarheden en gebruik en bewoning. Niet alle rechten waaraan onroerende zaken onderworpen kunnen zijn, zijn belast met overdrachtsbelasting. De zekerheidsrechten hypotheekrecht en pandrecht worden niet aangemerkt als rechten waaraan zaken zijn onderworpen (art. 5 Wet BRV). Daarom wordt bij bijvoorbeeld de vestiging van een hypotheekrecht op een gebouw geen overdrachtsbelasting geheven.

Als in dit hoofdstuk over 'onroerende zaken' wordt gesproken, wordt hiermee ook gedoeld op de rechten waaraan onroerende zaken zijn onderworpen.

HOOFDSTUK 12 | WET BELASTINGEN VAN RECHTSVERKEER

Als in verband met de overdracht een notariële akte moet worden ingeschreven in de openbare registers (het kadaster), geldt het tijdstip van het opmaken van de notariële akte als het moment van verkrijging (art. 8 lid 1 Wet BRV). Is er sprake van een opschortende voorwaarde dan is de verkrijging pas een feit als de betreffende voorwaarde is vervuld (art. 8 lid 2 Wet BRV).

Economische eigendom

Economische eigendom

Ook de verkrijging van de *economische eigendom* van onroerende zaken of de rechten daarop, wordt belast met overdrachtsbelasting (art. 2 lid 2 Wet BRV). Bij de overdracht van de economische eigendom blijft de juridische levering (de overschrijving in de openbare registers) achterwege, maar loopt de economische eigenaar wel risico op waardeverandering. Van een overdracht van de economische eigendom is bijvoorbeeld sprake bij financial lease en huurkoop.

Verkrijging van belang in een fonds of lichaam zonder rechtspersoonlijkheid

Om te bereiken dat ook overdrachtsbelasting wordt geheven in bepaalde situaties waarin materieel gezien vastgoed wordt overgedragen, is ook een aantal andere situaties onder het begrip economisch eigendom gebracht. Van verkrijging van economische eigendom van een onroerende zaak kan daarom ook sprake zijn bij verkrijging van participaties in een beleggingsfonds zonder rechtspersoonlijkheid dat Nederlands vastgoed bezit. Hetzelfde kan van toepassing zijn bij overdracht van participaties in een personenvennootschap zoals een cv of maatschap.

De verkrijging van participaties in een beleggingsfonds zonder rechtspersoonlijkheid is echter onbelast als het gaat om een fonds in de zin van art. 1:1 Wet op het financieel toezicht (Wft) en het gaat om de verkrijging van een belang van minder dan een derde (art. 2, lid 3 en 4 Wet BRV). Een verkrijging van een belang in een onroerende zaak door middel van een personenvennootschap zoals een cv of een maatschap is in beginsel volledig belast met overdrachtsbelasting.

Voorbeeld

Peter koopt voor € 100.000 een 40%-belang in beleggingsfonds Xenia. De activa van dit beleggingsfonds, dat onderworpen is aan de Wft, bestaan voor 60% uit Nederlands vastgoed. Aangezien Peter een belang van meer dan een derde verwerft, is het een verkrijging die belast is met overdrachtsbelasting. Niet het volledige bedrag van € 100.000 is belast, maar alleen de waarde van het aandeel in het het onderliggende vastgoed dat verkregen wordt, dus € 60.000.

Voor de verkrijging van een belang in een lichaam dat wel rechtspersoonlijkheid bezit, geldt de regeling van art. 4 letter a Wet BRV, waarin de overdracht van aandelen als overdracht van een fictieve onroerende zaak kan worden aangemerkt.

12.2.2 Fictieve onroerende zaken

Fictieve onroerende zaken

In de Wet BRV worden twee fictieve onroerende zaken geïntroduceerd, namelijk:
a. aandelen in onroerendezaakrechtspersonen;
b. lidmaatschapsrechten die het gebruiksrecht geven van een (gedeelte van) een gebouw, denk aan het recht op gebruik van een een flatwoning.

In juridisch opzicht is in die twee situaties geen sprake van een onroerende zaak. Maar door deze voor de heffing van overdrachtsbelasting als onroerende zaak aan te merken, kan er bij de overdracht ervan toch overdrachtsbelasting worden geheven.

Ad a. Onroerendezaakrechtspersonen

Onroerendezaak-rechtspersonen

Als een bv of nv eigenaar is van een pand en de aandelen van deze bv of nv worden overgedragen, valt dit niet onder het in art. 2 Wet BRV beschreven belastbare feit. Een uitzondering geldt als de bv of nv als onroerendezaaklichaam wordt aangemerkt. Aandelen in een onroerendezaakrechtspersoon worden namelijk bij fictie gelijkgesteld met onroerende zaken. Of een koper van aandelen in een onroerendezaakrechtspersoon overdrachtsbelasting verschuldigd is, hangt af van de omvang van het te verkrijgen aandelenbelang.

Voorwaarden

Als aan de volgende voorwaarden is voldaan, is sprake van een onroerendezaakrechtspersoon (art. 4 lid 1 letter a Wet BRV).
– Het gaat om aandelen in een rechtspersoon (met name een bv of nv of een daarmee vergelijkbare buitenlandse rechtspersoon).
– Van deze rechtspersoon bestaan op het tijdstip van de verkrijging óf op een tijdstip in het daaraan voorafgaande jaar, de bezittingen grotendeels ($\geq 50\%$) uit onroerende zaken en voor tenminste 30% uit in Nederland gelegen onroerende zaken.
– Deze onroerende zaken zijn op dat tijdstip hoofdzakelijk ($\geq 70\%$) dienstbaar aan het verkrijgen, vervreemden of exploiteren van die onroerende zaken.

Belang in de bv of nv

De overdrachtsbelasting wordt alleen geheven als de verkrijger van de aandelen een belang van een bepaalde omvang in de bv of nv krijgt. Is de verkrijger een natuurlijk persoon, dan vindt uitsluitend belastingheffing plaats als hij na de overdracht:
– samen met zijn echtgenoot en naaste familie een belang in een lichaam heeft van ten minste een derde deel, en
– samen met zijn echtgenoot een belang heeft van meer dan 7%.

Als de verkrijger een rechtspersoon is, dan wordt alleen belasting geheven als deze na de verkrijging samen met eventuele gelieerde vennootschappen een belang in een lichaam heeft van ten minste een derde deel (art. 4 lid 3 Wet BRV).

Art. 4 Wet BRV bevat een aantal bepalingen om te waarborgen dat situaties die materieel gezien aan de voorwaarden voldoen, daadwerkelijk onder de regeling

HOOFDSTUK 12 | WET BELASTINGEN VAN RECHTSVERKEER

Economische eigendom

vallen. Een voorbeeld hiervan is de bepaling dat ook de economische eigendom van onroerende zaken en gebruiksrechten als onroerende zaak wordt aangemerkt. Een ander voorbeeld is dat ook aandelen in moeder-, dochter- en zustermaatschappijen in aanmerking worden genomen.

Bij het vaststellen van de verschuldigde belasting wordt niet uitgegaan van het bedrag waarvoor de aandelen worden verkocht, maar van de waarde van de onroerende zaken die in de betreffende vennootschap aanwezig zijn (art. 10 Wet BRV en paragraaf 12.2.4).

Voorbeeld

De heer Veer heeft alle aandelen van bv Drost. De bezittingen van bv Drost, die in totaal € 10.000.000 waard zijn, bestaan voor 80% uit in Nederland gelegen kantoorpanden en voor 20% uit vorderingen en liquide middelen. De kantoorpanden worden verhuurd aan diverse bedrijven en instellingen. De heer Pauw koopt van de heer Veer 50% van de aandelen bv Drost voor € 5.000.000 (de bv heeft geen schulden). Aan de bovenvermelde voorwaarden is hier voldaan. De belasting wordt dus berekend over 50% × 80% × € 10.000.000 = € 4.000.000.

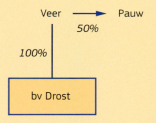
onroerendezaakrechtspersoon

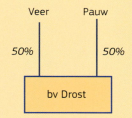
onroerendezaakrechtspersoon

Stel nu dat de bv schulden heeft ten bedrage van € 4.000.000. De koopsom van 50% van de aandelen is nu € 3.000.000 (50% × (€ 10.000.000 –/– € 4.000.000)). Ook nu is de heer Pauw overdrachtsbelasting verschuldigd over € 4.000.000. Want ook in deze situatie verwerft de heer Pauw door de aankoop van de helft van de aandelen een belang van 50% in de onroerende zaken van de bv. De waarde van de onroerende zaken die in de aankoopprijs is vertegenwoordigd, wordt niet beïnvloed door de schuldenlast van de bv.

De manier waarop de vennootschap haar onroerende zaken aanwendt, is van belang voor de vraag of voor de overdrachtsbelasting sprake is van een fictieve onroerende zaak. Zoals al aan de orde kwam bij de opsomming van de voorwaarden, gaat het erom of de onroerende zaken hoofdzakelijk dienstbaar zijn aan het verkrijgen, vervreemden of exploiteren van die onroerende zaken. Hiermee wordt met name bedoeld het verhuren van onroerend goed of het handelen erin. Een bv die bijvoorbeeld woningen verhuurt of handelt in bedrijfspanden valt onder art. 4. Wet BRV. Daarentegen valt de aandelenoverdracht van een bv die een hotel exploiteert, niet onder art. 4 Wet BRV (zij doet namelijk méér dan alleen het verhuren van kamers). Hetzelfde geldt voor een camping wat betreft de toeristische plaatsen, mits de plaatsen kort worden verhuurd en er ook bijkomende recreatieve voorzieningen aanwezig zijn.

> **Voorbeeld**
>
> Wouters bv exploiteert een restaurant te Utrecht. De activa van de bv bestaan uit het horecapand ter waarde van € 200.000, de inventaris ad € 10.000 en voorraden met een waarde van € 2.000. De heer Mensink koopt van de heer Kraan alle aandelen Wouters bv voor € 140.000.
> Wouters bv wordt niet als fictieve onroerende zaak aangemerkt. Weliswaar bestaan de bezittingen hoofdzakelijk uit een onroerende zaak, maar deze wordt gebruikt voor de exploitatie van een restaurant. Er is dan geen sprake van dat de onroerende zaak hoofdzakelijk dienstbaar is aan het verkrijgen, vervreemden of exploiteren van die onroerende zaak.
>
>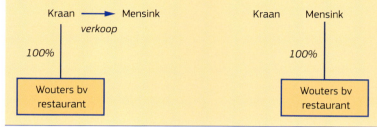

Ad b. Lidmaatschapsrechten in (coöperatieve) flatverenigingen

Het lidmaatschapsrecht in een flatvereniging of flatcoöperatie is eveneens als fictieve onroerende zaak aangewezen (art. 4 lid 1 letter b Wet BRV). De koop van een flatwoning (appartement) kan de vorm hebben van de koop van een appartementsrecht, maar ook van een lidmaatschapsrecht. Bij aankoop van een appartementsrecht wordt de koper eigenaar van het recht om zijn appartement als enige te gebruiken en wordt hij samen met alle overige eigenaren eigenaar van het gehele gebouw. Bij aankoop van een appartementsrecht gaat de juridische eigendom van een onroerende zaak over, zodat ingevolge de hoofdregel van art. 2 Wet BRV overdrachtsbelasting verschuldigd is. De koper van een lidmaatschapsrecht in een coöperatieve flatvereniging daarentegen wordt geen juridisch eigenaar, maar verkrijgt op grond van zijn lidmaatschapsrecht het recht op bewoning van een gedeelte van een gebouw. Dit lidmaatschapsrecht wordt als fictieve onroerende zaak aangemerkt, zodat de koper toch overdrachtsbelasting moet betalen.

Appartementsrecht

Lidmaatschapsrecht

12.2.3 Uitgezonderde verkrijgingen

Niet alle verkrijgingen van onroerende zaken zijn belast met overdrachtsbelasting. Zo wordt de (gedeeltelijke) verkrijging door het aangaan van een huwelijk in gemeenschap van goederen (boedelmenging) niet als verkrijging aangemerkt. Hetzelfde geldt voor een verkrijging door een erfenis of legaat (verkrijging krachtens erfrecht) (art. 3 lid 1 letter a Wet BRV).
Ook de verkrijging door verdeling van de huwelijksgemeenschap, bijvoorbeeld na een echtscheiding of bij de verdeling van een nalatenschap, wordt voor de overdrachtsbelasting niet als verkrijging aangemerkt (art. 3 lid 1 letter b Wet BRV).

Boedelmenging
Erfenis of legaat

Natrekking — De verkrijging door 'natrekking' wordt evenmin belast (art. 3 lid 1 letter c Wet BRV). Van natrekking is bijvoorbeeld sprake als een aannemer ingevolge een koop/aannemingsovereenkomst een huis bouwt op grond die eigendom is van de opdrachtgever. De eigenaar van de grond wordt door natrekking eigenaar van de woning.

In één uitzonderingsgeval dat samenhangt met de heffing van omzetbelasting, wordt de natrekking wél als verkrijging beschouwd (art. 3 lid 1 letter c Wet BRV). Hier wordt gezien het specifieke karakter van deze bepaling niet verder op ingegaan.

Naast de bovengenoemde uitgezonderde verkrijgingen, is er ook nog een aantal vrijgestelde verkrijgingen. Deze zijn opgenomen in art. 15 Wet BRV en worden behandeld in paragraaf 12.2.8.

12.2.4 Maatstaf van heffing

Waarde in het economische verkeer — De overdrachtsbelasting wordt berekend over de waarde in het economische verkeer (art. 9 lid 1 juncto 52 Wet BRV). Dat is de vermoedelijke prijs die bij verkoop door de meestbiedende koper zou worden betaald bij een verkoop onder normale omstandigheden. De waarde wordt gesteld op ten minste de waarde van de tegenprestatie.

Als de overdracht van de economische eigendom van een onroerende zaak op een later moment wordt gevolgd door de overdracht van de juridische eigendom (of andersom), is de verkrijger niet twee keer de volledige overdrachtsbelasting verschuldigd. Bij de tweede verkrijging wordt de waarde waarover de belasting wordt berekend, verminderd met het bedrag waarover bij de eerste verkrijging al overdrachtsbelasting is verschuldigd (art. 9 lid 4 Wet BRV).

Verkoop 'vrij op naam'

Verkoop 'vrij op naam' — Bij een verkoop 'vrij op naam' betaalt de verkoper in plaats van de koper de notariskosten en de overdrachtsbelasting. Voor de bepaling van de waarde in het economische verkeer moeten deze kosten in mindering worden gebracht op de overeengekomen koopprijs.

> **Voorbeeld**
>
> Jan koopt een 20 jaar oud winkelpand voor € 224.000 v.o.n. (vrij op naam). De notariële kosten bedragen € 8.000. Dat betekent dat de koopprijs van het pand inclusief overdrachtsbelasting € 224.000 −/− € 8.000 = € 216.000 bedraagt. Het tarief voor de overdrachtsbelasting is 8%, want het betreft geen woning maar een winkelpand. De overdrachtsbelasting bedraagt 8/108 × € 216.000 = € 16.000. De waarde van het pand in het economische verkeer kan worden herleid tot € 200.000 (€ 224.000 −/− € 8.000 −/− € 16.000).

Naast de afkorting v.o.n. komt in advertenties van bijvoorbeeld woningen geregeld de afkorting 'k.k.' voor. Dit betekent 'kosten (voor) koper'. Als iemand een woning voor € 200.000 k.k. koopt, zijn de overdrachtsbelasting, honorarium van de notaris en kosten van inschrijving in het Kadaster voor rekening van de koper.

Een bestaand gebouw wordt meestal 'kosten koper' aangeboden en nieuwbouw meestal 'vrij op naam', waarbij in dat laatste geval omzetbelasting in plaats van overdrachtsbelasting wordt geheven. Bij verkoop van nieuw onroerend goed is namelijk omzetbelasting verschuldigd en geldt onder voorwaarden een vrijstelling van overdrachtsbelasting (zie paragraaf 12.2.8).

12.2.5 Beperkte rechten

Erfpacht, opstal, beklemming of erfdienstbaarheid

Bij verkrijging van een recht van erfpacht, opstal of beklemming (dat laatste is ook een soort recht van erfpacht) of van een erfdienstbaarheid, wordt de overdrachtsbelasting niet alleen geheven over de koopsom, maar ook over de gekapitaliseerde periodieke vergoeding (art. 11 lid 1 Wet BRV). De regels voor het kapitaliseren van de periodieke vergoeding zijn opgenomen in de bijlage bij het Uitv. besl. BRV (art. 11 lid 3 Wet BRV en art. 2 Uitv.besl. BRV). In deze bijlage staan vermenigvuldigingsfactoren om de waarde van een canon, een retributie of een huur vast te stellen.

Voorbeeld

Een beleggingsmaatschappij verwerft een opstalrecht van een perceel bouwgrond voor een periode van 26 jaar. De maatschappij betaalt daarvoor eenmalig € 50.000 en een jaarlijkse canon (een periodieke vergoeding) van € 10.000. De waarde van de volle eigendom van de grond is € 300.000.
De 'schuldplichtigheid' is hier niet afhankelijk van het leven van een persoon. Daarom moet de vierde kolom van de tabel vermeld bij letter b van de bijlage bij het Uitvoeringsbesluit BRV worden toegepast.
De waarde van de canon is nu ((5 × 0,85) + (5 × 0,64) + (5 × 0,48) + (5 × 0,36) + (5 × 0,28) + (1 × 0,15)) × € 10.000 = 13,2 × € 10.000 = € 132.000. De verschuldigde overdrachtsbelasting bedraagt 8% × (€ 50.000 + € 132.000) = € 14.560.

Als de som van de eenmalige vergoeding en de gekapitaliseerde periodieke vergoeding hoger is dan de waarde van de onderliggende onroerende zaak (in volle eigendom), wordt de overdrachtsbelasting geheven over de waarde van de onderliggende onroerende zaak (art. 11 lid 1 laatste zinsnede Wet BRV).

Voorbeeld

Stel dat in het vorige voorbeeld de waarde van de betreffende grond € 170.000 bedraagt (in plaats van de eerdergenoemde € 300.000). In dat geval is overdrachtsbelasting verschuldigd over € 170.000 en niet over € 182.000. De waarde van de onderliggende onroerende zaak is dan immers lager dan de som van de eenmalige vergoeding en de gekapitaliseerde periodieke vergoeding.

Overdracht van onroerende zaak bezwaard met beperkt recht

Blote eigendom   Bij verkrijging van blote eigendom – dat is de eigendom die bezwaard is met een recht van erfpacht, opstal of beklemming of een erfdienstbaarheid – wordt de waarde verminderd met de contante waarde van de canon, retributie of huur (art. 11 lid 2 Wet BRV).

Voorbeeld

De heer Geel koopt voor € 100.000 een onroerende zaak die bezwaard is met een opstalrecht ten behoeve van mevrouw Groen. Dit opstalrecht eindigt bij haar overlijden. Mevrouw Groen is 68 jaar. De jaarlijkse vergoeding die zij voor het opstalrecht betaalt, bedraagt € 2.000.

Voor de overdrachtsbelasting is het belastbare bedrag € 100.000 –/– (8 × € 2.000) = € 84.000. De kapitalisatiefactor is te vinden in de bijlage bij het Uitv.besl. BRV, in de bij letter a opgenomen tabel.

Erfpachtlease   Bij de verkrijging van eigendom door een levering onder voorbehoud van een erfdienstbaarheid, een recht van erfpacht of een recht van opstal geldt een andere regeling. Dit wordt wel erfpachtlease genoemd. De koper wordt dan bloot eigenaar en tevens erfverpachter. Voor de heffing van overdrachtsbelasting wordt de maatstaf van heffing dan niet verminderd met de gekapitaliseerde waarde van de erfpachtcanon of -retributie (art. 11 lid 4 Wet BRV).

Vruchtgebruik   De hier behandelde waarderingsvoorschriften voor beperkte rechten gelden niet voor het recht van vruchtgebruik, of voor eigendom belast met een recht van vruchtgebruik. In principe is daarvoor de hoofdregel van art. 9 Wet BRV van toepassing: de maatstaf van heffing is de waarde in het economisch verkeer, deze is ten minste gelijk aan de tegenprestatie. Op grond van een besluit mag echter, in geval van vruchtgebruik van een woning, het woongenot worden gewaardeerd naar het percentage van art. 10 Uitv.besl. SW (6%). Met behulp van de tabellen in de bijlage bij het Uitv.besl. BRV kan vervolgens de waarde van het vruchtgebruik worden berekend. De waarde van de blote eigendom is de waarde van de woning verminderd met de waarde van het vruchtgebruik.

Voorbeeld

Juan (63 jaar) draagt zijn woning over aan zijn dochter Carmen onder voorbehoud van een recht van vruchtgebruik voor hemzelf. De waarde in het economisch verkeer van de woning in vrij opleverbare staat is € 250.000.
Het vruchtgebruik wordt gewaardeerd op 6% × 10 × € 250.000 = € 150.000. De waarde van de blote eigendom is dan € 250.000 –/– € 150.000 = € 100.000. Daarover is Carmen 8%, dus € 8.000 overdrachtbelasting verschuldigd. Ze gaat er niet zelf wonen dus het 2%-tarief of vrijstelling zijn niet van toepassing. Als er sprake is van een schenking onder voorbehoud van het vruchtgebruik, komt de overdrachtsbelasting in mindering op de verschuldigde schenkbelasting (art. 24, lid 2 SW, zie paragraaf 12.2.9).

Bij de overdracht van een woning onder gelijktijdige vestiging van een vruchtgebruik voor de verkoper/bewoner kan worden bedongen dat het vruchtgebruik tevens eindigt bij het metterwoon verlaten van de woning door de vruchtgebruiker. Deze metterwoonclausule vormt een waardedrukkende factor, waarmee bij de waardering van het vruchtgebruik rekening moet worden gehouden.

Metterwoonclausule

Volgens het hiervoor genoemde besluit kan de waardedrukkende factor forfaitair worden gesteld op 25% van de waarde die het vruchtgebruik zou hebben zonder de metterwoonclausule. De waarde van de blote eigendom komt hierdoor uit op een hoger bedrag. Op het moment dat de vruchtgebruiker de woning metterwoon verlaat, is dan geen overdrachtbelasting meer verschuldigd.

Afstand en wijziging van beperkte rechten

Afstand beperkt recht

Als iemand een beperkt recht opzegt, zoals in de situatie waarin een erfpachter voor het einde van de looptijd afstand doet van zijn erfpachtrecht, wordt dat beschouwd als verkrijging van dat recht door de blote eigenaar. Hij is dan overdrachtsbelasting verschuldigd over de contante waarde van de canon over de resterende looptijd (art. 6 lid 1 Wet BRV).

Wijziging beperkt recht

De wijziging van een beperkt recht wordt beschouwd als het afstand doen van dat recht, tegen verkrijging van een nieuw beperkt recht (art. 6 lid 2 Wet BRV). De belasting wordt dan berekend over het verschil in waarde tussen de beperkte rechten. Als uitsluitend de hoogte van de vergoeding verandert, wordt het verschil op nihil gesteld (art. 9 lid 2 Wet BRV).

Als bij het einde van een beperkt recht tot gebruik van een onroerende zaak de door de gebruiker daarop aangebrachte onroerende zaken ten goede komen aan de (voormalige) blote eigenaar, worden die zaken geacht te zijn verkregen door de blote eigenaar (art. 6 lid 3 Wet BRV). Dit is bijvoorbeeld het geval als een erfpachter een gebouw heeft gesticht op grond die hij in erfpacht heeft. Bij het einde van de erfpacht leidt dit voor de eigenaar van de grond tot een belaste verkrijging.

> **Voorbeeld**
>
> Joost heeft grond in erfpacht. 10 jaar vóór het aflopen van de erfpachtperiode bouwt hij een schuur op die grond. Op het moment dat de erfpacht eindigt, is de schuur € 20.000 waard. Voor de eigenaar van de grond vindt nu een belaste verkrijging plaats van € 20.000.

12.2.6 Verdeling van gezamenlijke eigendom of gezamenlijke rechten

Verdeling

Wat bij een verdeling wordt verkregen, wordt volgens art. 7 Wet BRV geacht *voor het geheel* te zijn verkregen. De waarde daarvan mag echter worden verminderd met de waarde van het aandeel dat de verkrijger al had (art. 12 Wet BRV).

Voorbeeld

Albert en Brit kochten 10 jaar geleden voor € 400.000 een beleggingspand, ieder voor de onverdeelde helft. Dit jaar neemt Albert het aandeel van Brit over voor € 300.000. Er wordt nu overdrachtsbelasting geheven over € 600.000 (de waarde van het gehele pand) minus € 300.000, omdat Albert al voor de helft eigenaar was van het pand.

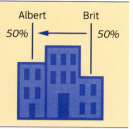

Vrijgestelde inbreng
Als de gezamenlijke eigendom is ontstaan door een inbreng die op grond van art. 15 lid 1 letter e Wet BRV vrijgesteld was (zie paragraaf 12.2.8), mag de waarde van het aandeel dat de verkrijger bij die inbreng had verkregen niet in mindering worden gebracht.

Voorbeeld

Cor heeft 10 jaar geleden zijn onderneming, waartoe een pand behoorde, ingebracht in een vennootschap onder firma met Dick. Cor en Dick werden daardoor ieder voor de helft gerechtigd tot het pand. Deze inbreng was op grond van art. 15 lid 1 letter e Wet BRV vrijgesteld van de heffing van overdrachtsbelasting. Cor treedt dit jaar uit de firma en draagt zijn firma-aandeel, inclusief zijn aandeel in het pand, over aan Dick. Dick is nu overdrachtsbelasting verschuldigd over de gehele waarde van het pand, omdat zijn gerechtigdheid tot het pand is ontstaan door de vrijgestelde inbreng in een vof (art. 12 lid 3 Wet BRV).

12.2.7 Verkrijgingen binnen 6 maanden na de vorige verkrijging

6 maanden
Bij de verkrijging van een zaak die minder dan 6 maanden daarvoor ook al is overgedragen, wordt – voor de berekening van de overdrachtsbelasting – de waarde van de verkrijging verminderd met het bedrag waarover bij de vorige verkrijging al overdrachtsbelasting was verschuldigd (door de vorige verkrijger) (art. 13 Wet BRV).

Voorbeeld

Ernest koopt een pand van Dolf voor € 100.000. Dolf heeft het pand 5 maanden daarvoor verkregen voor € 90.000 van Klaas. Ernest is nu slechts overdrachtsbelasting verschuldigd over € 10.000 (€ 100.000 –/– € 90.000), omdat 5 maanden eerder al overdrachtsbelasting is geheven over € 90.000.

Zou Ernest het pand voor € 80.000 hebben gekocht (in plaats van voor € 100.000), dan zou hij helemaal geen overdrachtsbelasting verschuldigd zijn geweest.

De regeling geldt ook als bij de vorige verkrijging geen overdrachtsbelasting maar omzetbelasting verschuldigd was, die de koper niet als voorbelasting in aftrek kon brengen.

In de praktijk zorgt degene die het pand doorverkoopt er vaak voor dat het belastingvoordeel aan hemzelf ten goede komt, en niet aan de uiteindelijke koper. Dit kan worden gerealiseerd door in de koopovereenkomst bepaalde voorwaarden op te nemen.

Als bij de eerdere verkrijging het 2%-tarief van toepassing was, geldt een andere regeling (art. 13 lid 4 Wet BRV). In dat geval wordt bij de tweede verkrijging het bedrag aan belasting verminderd met het bedrag aan belasting dat ter zake van de vorige verkrijging was verschuldigd. Het verminderde bedrag aan belasting is niet lager dan nihil. Deze regeling beoogt te voorkomen dat een belegger een woning koopt en via de faciliteit van art. 13 lid 1 Wet BRV toch kan profiteren van een bij een eerdere verkrijging toegepast verlaagd tarief van 2%.

12.2.8 Tarief en vrijstellingen

Tarief Het tarief van de overdrachtsbelasting bedraagt 8% (art. 14 lid 1 Wet BRV). Voor woningen echter geldt een tarief van 2% op voorwaarde dat de verkrijger de woning als hoofdverblijf gaat gebruiken (art. 14 lid 2 Wet BRV). Voor starters en doorstromers op de woningmarkt is de aankoop van een woning onder voorwaarden eenmalig vrijgesteld. Deze en andere vrijstellingen staan in art. 15 Wet BRV.

Voor toepassing van de startersvrijstelling of van het verlaagde tarief van 2% moet de woning anders dan tijdelijk als hoofdverblijf van de verkrijger dienen. Dit moet de verkrijger duidelijk, stellig en zonder voorbehoud verklaren. Deze schriftelijke verklaring moet de verkrijger bij de aangifte overdrachtsbelasting voegen (art. 15a Wet BRV).

Wooncoöperaties Het 2%-tarief geldt ook voor wooncoöperaties die woningen van woningcorporaties overkopen (art. 14 lid 3 Wet BRV). Een wooncöperatie is een vorm van collectief wonen waarbij de leden samen verantwoordelijk zijn voor ontwerp, bouw en beheer van het gebouw. De wooncoöperatie is eigenaar, en de leden huren van de wooncoöperatie.

Ook voor rechten waaraan woningen zijn onderworpen, bijvoorbeeld een vruchtgebruik, geldt het verlaagde tarief, maar niet voor de verkrijging van economische eigendom (art. 13, lid 4 Wet BRV).

Woningen Onder woningen worden verstaan onroerende zaken die naar hun aard bestemd zijn voor bewoning door particulieren. De ondergrond en de tuin behoren tot een *Aanhorigheden* woning, maar ook aanhorigheden zoals garages, schuren, tuinhekken en dergelijke indien ze gelijktijdig met de woning worden verkregen (art. 14 lid 5 Wet BRV). Een garage die tot hetzelfde gebouwencomplex als de woning behoort, bijvoorbeeld een parkeerplaats in een kelder onder een flatgebouw, wordt tot de woning gerekend.

Vrijstellingen In paragraaf 12.2.3 is een aantal uitgezonderde verkrijgingen behandeld. Er zijn echter ook nog (andere) vrijstellingen. Deze zijn opgenomen in art. 15 Wet BRV. belangrijkste komen hierna aan de orde. Hierbij wordt niet uitgebreid ingegaan op alle voorwaarden die daarbij worden gesteld.

1. anticumulatieregeling omzetbelasting en overdrachtsbelasting (15 lid 1 letter a Wet BRV);
2. bedrijfsoverdracht binnen de naaste familie (art. 15 lid 1 letter b Wet BRV);
3. verkrijgingen door de overheid (15 lid 1 letter c Wet BRV);
4. inbreng van een onderneming (15 lid 1 letter e Wet BRV);
5. verdeling en vereffening (15 lid 1 letter f Wet BRV);
6. verdeling van een gemeenschap tussen samenwoners (art. 15 lid 1 letter g Wet BRV);
7. fusie, splitsing en interne reorganisatie (art. 15 lid 1 letter h Wet BRV);
8. verkrijging van een woning die de jonge verkrijger als hoofdverblijf gaat gebruiken (art. 15 lid 1 letter p Wet BRV);
9. verkrijgingen van landbouwgrond (art. 15 lid 1 letter l en q Wet BRV);
10. verkrijgingen van natuurgrond (art. 15 lid 1 letter s Wet BRV);
11. verkrijging van kabel- en leidingnetten (art. 15 lid 1 letter y Wet BRV).

Ook als een vrijstelling van toepassing is, moeten de betrokkenen wel aangifte overdrachtsbelastingen doen (art. 15 lid 9 Wet BRV).

Ad 1. Anticumulatieregeling omzetbelasting en overdrachtsbelasting (art. 15 lid 1 letter a Wet BRV)

Deze vrijstelling houdt in dat de heffing van overdrachtsbelasting achterwege *Omzetbelasting* blijft als over de verkrijging omzetbelasting moet worden betaald die de verkrijger niet als voorbelasting kan aftrekken.

Leveringen van onroerende zaken zijn in principe vrijgesteld van omzetbelasting (art. 11 lid 1 letter a Wet OB). De samenloop met overdrachtsbelasting kan zich dus alleen voordoen in de twee uitzonderingssituaties waarbij wél omzetbelasting *Uitzonderings-* wordt geheven. Het kan hierbij in de eerste plaats gaan om de situatie waarin de *situatie* koper en de verkoper opteren voor een belaste levering voor de omzetbelasting (art. 11 lid 1 letter a onder 2 Wet OB). In deze situatie geldt geen vrijstelling van overdrachtsbelasting, aangezien de koper en de verkoper vrijwillig voor een belaste levering kiezen. Bovendien kan dat alleen als de koper (nagenoeg) volledig recht heeft op de aftrek van voorbelasting, zodat er dan geen dubbele heffing plaatsvindt.

Nieuwe De andere situatie waarin wel omzetbelasting wordt geheven, is bij de levering *onroerende zaak* van een nieuwe onroerende zaak (de levering van een gebouw, of een gedeelte daarvan, en het bijbehorende terrein vóór, op of uiterlijk 2 jaren ná het tijdstip van eerste ingebruikname) of de levering van een bouwterrein (art. 11 lid 1 letter a onder 1 Wet OB). Art. 15 lid 1 letter a Wet BRV stelt deze levering vrij van overdrachtsbelasting, tenzij het goed als bedrijfsmiddel is gebruikt én de verkrijger de omzetbelasting (gedeeltelijk) in aftrek kan brengen. Indien het goed wel als bedrijfsmiddel is gebruikt, is binnen een beperkte termijn toch een vrijstelling van overdrachtsbelasting mogelijk (art. 15 lid 6 Wet BRV). De termijn is in principe 6 maanden, maar kan worden gewijzigd als ontwikkelingen op de vastgoedmarkt daartoe aanleiding geven (art. 15 lid 7 Wet BRV).

> **Voorbeeld**
>
> 1. Groenteboer Pieters koopt een 15 jaar oud winkelpand voor € 200.000 van Gerritsen bv. Koper en verkoper opteren niet voor een belaste levering. Deze levering is vrijgesteld van omzetbelasting (art. 11 lid 1 letter a Wet OB). Pieters is overdrachtsbelasting verschuldigd.
>
> 2. Dezelfde situatie als bij 1, maar nu opteren Pieters en Gerritsen bv voor een belaste levering voor de omzetbelasting. Er is nu omzetbelasting verschuldigd (art. 11 lid 1 letter a onder 2 Wet OB). Pieters kan de betaalde omzetbelasting aftrekken als voorbelasting. Omdat Pieters en Gerritsen bv vrijwillig voor een belaste levering kiezen, is Pieters behalve omzetbelasting ook overdrachtsbelasting verschuldigd.
>
> 3. Dezelfde situatie als bij 1, maar nu betreft het een nieuw pand dat nog niet in gebruik is genomen. De levering is belast met omzetbelasting (art. 11 lid 1 letter a onder 1 Wet OB), want het betreft een nieuwe onroerende zaak die vóór de eerste ingebruikname wordt geleverd. De levering is vrijgesteld van overdrachtsbelasting, want het gaat om een levering als bedoeld in art. 11 lid 1 letter a onder 1 Wet OB. Het pand is niet als bedrijfsmiddel in gebruik geweest, zodat de uitzondering van de laatste zinsnede van art. 15 lid 1 letter a Wet BRV niet van toepassing is. Hoewel Pieters de betaalde omzetbelasting in vooraftrek mag brengen, geldt in deze situatie dus toch een vrijstelling voor de overdrachtsbelasting.
>
> 4. Dezelfde situatie als bij 1, maar nu betreft het een pand van 1 jaar oud, dat Gerritsen als winkelpand in gebruik heeft gehad. De levering is belast met omzetbelasting (art. 11 lid 1 letter a onder 1 Wet OB), want het betreft een nieuwe onroerende zaak die binnen 2 jaar na de eerste ingebruikname wordt geleverd. Er wordt ook overdrachtsbelasting geheven want de overdracht vindt plaats na meer dan 6 maanden na de eerste ingebruikname.

Ad 2. Bedrijfsoverdracht binnen de naaste familie (art. 15 lid 1 letter b Wet BRV)

Bedrijfsoverdracht aan naaste verwanten

Bij de verkrijging van onroerende zaken die behoren tot een bedrijf dat een (groot)ouder overdraagt aan één of meer (pleeg)kinderen, kleinkinderen of hun echtgenoten, geldt een vrijstelling van overdrachtsbelasting. De vrijstelling geldt ook bij bedrijfsopvolging door broers, zusters, halfbroers en -zusters, pleegbroers en -zusters en hun echtgenoten. Het kan bijvoorbeeld gaan om een fabriekspand of ander bedrijfsgebouw dat in het kader van een bedrijfsoverdracht binnen de familie overgaat. Voorwaarde is wel dat de verkrijger de onderneming voortzet. Als tot het bedrijfsvermogen een woning behoort, valt deze buiten deze vrijstelling. Hierbij kan bijvoorbeeld worden gedacht aan het woongedeelte van een boerderij of van een woon-winkelpand.

Ad 3. Verkrijgingen door de overheid (art. 15 lid 1 letter c Wet BRV)

Verkrijgingen door de overheid

Als een overheidslichaam, zoals een gemeente of het rijk, een onroerende zaak verkrijgt, is deze verkrijging vrijgesteld van overdrachtsbelasting. In het verlengde hiervan liggen de bepalingen van art. 15 lid 1 letter k, m, n, o, oa en u Wet BRV. Op grond van deze bepalingen geldt de vrijstelling ook voor:
– verkrijgingen door onderwijsinstellingen;
– verkrijgingen door het Bureau Beheer Landbouwgronden;
– verkrijgingen door woningcorporaties en andere lichamen die zich bezighouden met stedelijke herstructurering;
– bepaalde verkrijgingen door Staatsbosbeheer.

Ad 4. Inbreng van een onderneming (art. 15 lid 1 letter e Wet BRV)

Inbreng van een onderneming

De inbreng van een onderneming in een vennootschap is vrijgesteld van overdrachtsbelasting als aan bepaalde voorwaarden is voldaan. De vrijstelling van art. 15 lid 1 letter e Wet BRV geldt alleen bij de inbreng van een gehele onderneming. Als ook aan de andere voorwaarden is voldaan, is geen overdrachtsbelasting verschuldigd over de onroerende zaken die worden ingebracht.

Inbreng in vof of maatschap

De inbreng van een onderneming waartoe een onroerende zaak behoort in een vof of maatschap of een andere vennootschap die geen kapitaal heeft dat in aandelen is verdeeld, is vrijgesteld als de inbrenger op zijn kapitaalrekening wordt gecrediteerd voor de waarde van de onderneming. Hierbij geldt als voorwaarde dat het bedrag dat op de kapitaalrekening van de inbrenger wordt bijgeschreven, ten minste 90% van de waarde van de onderneming bedraagt. Bij inbreng onder voorbehoud van stille reserves, mag men volstaan met creditering voor de boekwaarde, in plaats van (90% van) de waarde in het economische verkeer (art. 15 lid 5 Wet BRV en art. 4 lid 1 Uitv.besl. BRV).

Voorbeeld

Ab brengt zijn onderneming, die hij tot dan toe voor eigen rekening heeft gedreven, in in een vennootschap onder firma met Ben. Ben brengt kennis, arbeid en vlijt in. De waarde van de onderneming, waartoe een winkelpand behoort, is € 100.000. De inbreng is vrijgesteld als Ab ten minste een bedrag van € 90.000 (90% van € 100.000) op zijn kapitaalrekening krijgt bijgeschreven.

Voorbeeld

Chris treedt toe tot de firma van Ab en Ben. Chris brengt een bedrijfspand ter waarde van € 150.000 in. Ditzelfde bedrag wordt bijgeschreven op zijn kapitaalrekening. Ab, Ben en Chris zijn ieder gerechtigd tot een derde deel van de winst en van de activa.

De vrijstelling van art. 15 lid 1 letter e onder 1 Wet BRV is in dit geval niet van toepassing, want er wordt geen onderneming ingebracht. Ab en Ben zijn daarom overdrachtsbelasting verschuldigd over twee derde van de waarde van het pand, dus 8% × € 100.000 (2/3 van € 150.000) = € 8.000 (weliswaar wordt Chris gecrediteerd voor zijn inbreng, maar Ab en Ben worden als gevolg van de inbreng wel mede-eigenaar).

Omzetting in nv of bv — De inbreng van een onderneming bij omzetting van die onderneming in een nv of bv, is vrijgesteld als de inbrenger in (vrijwel) dezelfde mate gerechtigd wordt tot het aandelenkapitaal van de nv of bv als hij in de ingebrachte onderneming gerechtigd was. De vrijstelling geldt alleen als de inbrenger zijn inbreng vergoed krijgt in de vorm van aandelen én de nv of bv de onderneming voortzet (art. 5 Uitv.besl. BRV). Er is volgens deze bepaling slechts een geringe uitbetaling in geld of een geringe creditering van de inbrenger toegestaan.

Voorbeeld

Cindy en Daphne zijn respectievelijk voor 40% en 60% gerechtigd in het vermogen van de vof Sportzaak CD. Tot de activa van de onderneming behoort een winkelpand. Cindy en Daphne zetten hun onderneming om in een bv. Van het geplaatste en volgestorte aandelenkapitaal van € 100.000 krijgt Cindy € 40.000 en Daphne € 60.000. Deze inbreng is vrijgesteld van overdrachtsbelasting (art. 15 lid 1 letter e onder 2 Wet BRV).

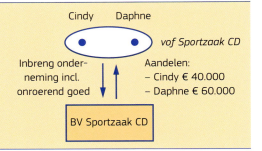

Ad 5. Verdeling en vereffening (art. 15 lid 1 letter f Wet BRV)

Verdeling — De verkrijging door de verdeling van goederen van een maatschap, vof of cv is vrijgesteld als de onroerende zaak wordt verkregen door de oorspronkelijke inbrenger.

Voorbeeld (vervolg van het eerste voorbeeld bij onderdeel 4 van deze paragraaf)

Stel dat de vof tussen Ab en Ben na 10 jaar wordt ontbonden. Als het winkelpand dan wordt toebedeeld aan Ab (de oorspronkelijke inbrenger van het pand), geldt de vrijstelling. Wordt het winkelpand aan Ben toebedeeld, dan is de verkrijging geheel belast (art. 7 en 12 lid 3 Wet BRV). Als Ab is overleden en het pand wordt toebedeeld aan zijn erfgenaam Casper, is de vrijstelling ook van toepassing, want Casper is verkrijger onder algemene titel van het vermogen van Ab.

Vereffening — De vrijstelling geldt ook bij de vereffening van het vermogen van een nv of bv in het kader van een *geruisloze terugkeer* uit de bv op grond van art. 14c Wet Vpb (art. 15 lid 1 letter f onder 2 Wet BRV en art. 4a Uitv.besl. BRV).

Ad 6. Verdeling van een gemeenschap tussen samenwoners (art. 15 lid 1 letter g Wet BRV)

Samenwoners — Als samenwoners gezamenlijk een woning of andere onroerende zaak hebben gekocht en zij die later aan één van hen willen toedelen, is deze verkrijging vrijgesteld (art. 15 lid 1 letter g Wet BRV). Voorwaarde is wel dat het gaat om een gemeenschap waarin beiden tussen de 40% en 60% gerechtigd waren. Deze regeling kan ook worden toegepast door mensen die op huwelijkse voorwaarden zijn gehuwd, maar waarbij bijvoorbeeld de woning wel gezamenlijk eigendom is. Voor mensen die in gemeenschap van goederen zijn gehuwd, geldt bij een verdeling van de huwelijksgemeenschap de bepaling van art. 3 letter b Wet BRV (uitgezonderde verkrijging, zie 12.2.3), zodat deze verdeling niet als verkrijging wordt aangemerkt.

Ad 7. Fusie, splitsing en interne reorganisatie (art. 15 lid 1 letter h Wet BRV)

Bij de vrijstelling in het kader van een fusie, splitsing of interne reorganisatie worden de nodige voorwaarden gesteld. Deze zijn opgenomen in art. 5bis, 5a, 5b en 5c Uitv.besl. BRV.

Juridische fusie — Er geldt een vrijstelling bij overgang van vermogen in het kader van een juridische fusie tussen rechtspersonen, mits die fusie hoofdzakelijk plaatsvindt op grond van zakelijke overwegingen (art. 5bis Uitv.besl. BRV).

Bedrijfsfusie — In geval van een *bedrijfsfusie* geldt, als een vennootschap een gehele onderneming of een zelfstandig onderdeel verkrijgt tegen toekenning van aandelen, onder voorwaarden eveneens een vrijstelling (art. 5a Uitv.besl. BRV).

Interne reorganisatie — De vrijstelling vanwege een *interne reorganisatie* is van toepassing als een tot het concern behorende vennootschap onroerende zaken overdraagt aan een andere vennootschap van dat concern (art. 5b Uitv.besl. BRV). De vrijstelling wordt ingetrokken als de vennootschap die de onroerende zaken heeft verkregen, binnen 3 jaar na de verkrijging niet meer tot het concern behoort. Er moet dan alsnog overdrachtsbelasting worden betaald.

Splitsing — De vrijstelling bij *splitsing* geldt bij een juridische splitsing volgens art. 2:334a BW als aan de splitsing van de vennootschap in overwegende mate zakelijke overwegingen ten grondslag liggen (art. 5c Uitv.besl. BRV).

Ad 8. Verkrijging van woning door jongere (art. 15 lid 1 letter p Wet BRV)

Jongeren — Woningkopers van 18 tot en met 34 jaar die een huis kopen en daar zelf in gaan wonen, betalen eenmalig geen overdrachtsbelasting. Dit geldt met ingang van 2021. Sinds 1 april 2021 geldt de aanvullende voorwaarde dat de woning niet duurder mag zijn dan € 400.000. De overheid wil met deze maatregelen starters en doorstromers meer kansen geven op de woningmarkt. In het onderstaande stroomschema staan de verschillende mogelijkheden bij de aankoop van een woning.

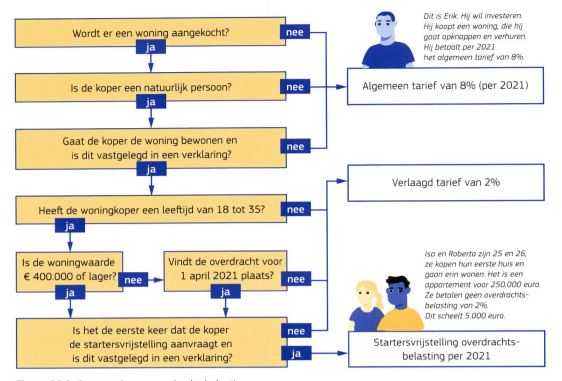

Figuur 11.1 Stroomschema overdrachtsbelasting

> **Voorbeeld**
>
> Joep (32 jaar) en Aïsha (35 jaar) kopen samen, ieder voor de onverdeelde helft, voor € 300.000 een woning om erin te gaan wonen. Joep heeft zijn oude woning verkocht. Voor de aankoop van deze woning gold destijds geen vrijstelling van overdrachtsbelasting. Aïsha had nog niet eerder een woning.
> Voor Joep is de vrijstelling van overdrachtsbelasting van toepassing, maar voor Aïsha niet, omdat zij niet aan de leeftijdseis voldoet. Aïsha is 2% × € 150.000 = € 3.000 overdrachtsbelasting verschuldigd. Joep moet wel een verklaring ondertekenen dat hij de vrijstelling niet eerder heeft gebruikt en dat hij de woning als hoofdverblijf gaat gebruiken. Die verklaring moet bij de aangifte worden gevoegd.

> **Voorbeeld**
>
> Joke (29 jaar) koopt voor € 200.000 een recreatiewoning om daar zelf weekenden en vakanties door te brengen. Ze is ook eigenaar van een flatwoning, waar ze woont. De verkrijging daarvan was niet vrijgesteld van overdrachtsbelasting.
> De aankoop van de recreatiewoning is niet vrijgesteld, want Joke zal deze woning niet als hoofdverblijf gaan gebruiken. Daarom geldt evenmin het 2%-tarief. Joke is 8% × € 200.000 = € 16.000 overdrachtsbelasting verschuldigd.

Ad 9. Verkrijging van landbouwgrond (art. 15 lid 1 letter l en q Wet BRV)

Landbouwgrond — De verkrijging van landbouwgrond is vrijgesteld als de grond bedrijfsmatig ten behoeve van de landbouw wordt gebruikt (art. 15 lid 1 letter q Wet BRV). Onder landbouw vallen veeteelt, akker-, tuin- en bosbouw en dergelijke. De vrijstelling is niet alleen van toepassing bij de verkrijging van landerijen, maar ook bij de verkrijging van ondergrond van glasopstanden (kassen).

Ander gebruik — Als de landbouwgrond binnen 10 jaar na de aankoop voor andere doeleinden wordt gebruikt, bijvoorbeeld voor een hobby (zoals een moestuin of het houden van een pony) of voor woningbouw, moet de verkrijger alsnog overdrachtsbelasting betalen.

Op grond van art. 15 lid 1 letter l Wet BRV geldt ook voor verkrijgingen als gevolg van een landinrichtingsproject en dergelijke (ruilverkaveling) een vrijstelling.

Ad 10. Verkrijgingen van natuurgrond (art. 15 lid 1 letter s Wet BRV)

Natuurgrond — Voor de verkrijging van natuurgrond geldt op grond van art. 15 lid 1 letter s Wet BRV een algemene vrijstelling. Onder natuurgrond verstaan we grond waarvan de inrichting en het beheer zijn afgestemd op het behoud en de ontwikkeling van natuur en landschap. Als binnen 10 jaar na de verkrijging geen sprake meer is van natuurgrond, komt de eerder verkregen vrijstelling te vervallen, behalve als de natuurgrond is omgezet in cultuurgrond.

Ook de Natuurschoonwet biedt nog een vrijstelling van overdrachtsbelasting, namelijk voor de verkrijging van landgoederen.

Ad 11. Verkrijging van kabel- en leidingnetten (art. 15 lid 1 letter y Wet BRV)

Er geldt een vrijstelling voor verkrijgingen van kabel- en leidingnetten die bestemd zijn voor het transport van vaste, vloeibare of gasvormige stoffen, van energie of van informatie. Deze netten kunnen boven, op of in de grond zijn gelegen (art. 15 lid 1 letter y Wet BRV).

12.2.9 Samenloop met erf- of schenkbelasting

Overdrachtsbelasting — Bij een schenking van een onroerende zaak wordt zowel schenkbelasting als overdrachtsbelasting geheven over de waarde van deze zaak. Maar omdat de Successiewet een anticumulatieregeling kent, komt de overdrachtsbelasting, betaald over het bedrag waarover ook schenkbelasting verschuldigd is, in mindering op de schenkbelasting (zie paragraaf 11.6 en art. 24 lid 2 SW).

Samenloop tussen overdrachtsbelasting en erfbelasting zal zich in principe niet voordoen, omdat een verkrijging van een onroerende zaak als gevolg van een erfenis niet belast is met overdrachtsbelasting (art. 3 lid 1 letter a Wet BRV, zie paragraaf 12.2.3).

12.2.10 Wijze van heffing van overdrachtsbelasting

Aangiftebelasting   De belasting wordt geheven van de verkrijger (art. 16 wet BRV). De overdrachtsbelasting is een aangiftebelasting, zodat deze conform art. 19 AWR binnen een maand moet worden betaald. In de praktijk zal meestal een notariële akte worden opgemaakt van de verkrijging. En in dat geval moet de overdrachtsbelasting worden voldaan bij de aanbieding van de akte ter (elektronische) registratie. Deze aanbieding moet binnen 10 dagen plaatsvinden. Dit is geregeld in de Registratiewet (zie ook art. 21a Uitv.reg. AWR). De notaris is hoofdelijk aansprakelijk voor het voldoen van de overdrachtsbelasting (art. 7 lid 3 Uitv.besl. BRV en art. 42 lid 1 Inv.wet). Als de overdrachtsbelasting ten onrechte niet is voldaan, kan de Belastingdienst dus zowel de verkrijger als de notaris daarvoor aanspreken.

12.2.11 Teruggaaf van overdrachtsbelasting

Teruggaaf   Als een verkrijging ongedaan wordt gemaakt, kan een teruggaaf van de geheven overdrachtsbelasting worden verleend (art. 19 Wet BRV). Hierbij geldt als voorwaarde dat de toestand van vóór de verkrijging zowel feitelijk als rechtens moet worden hersteld als gevolg van:
– de vervulling van een ontbindende voorwaarde, of
– nietigheid of vernietiging, of
– ontbinding wegens niet-nakoming van een verbintenis.

Een verzoek om teruggaaf kan worden ingediend door aangifte te doen. Dit moet gebeuren binnen 3 maanden na afloop van het kalenderjaar waarin het recht op teruggaaf is ontstaan.

12.3 Assurantiebelasting

Assurantiebelasting   Assurantiebelasting wordt geheven over de premies voor verzekeringen waarvan het risico in Nederland ligt (art. 20 Wet BRV). In art. 21 Wet BRV wordt nader gespecificeerd wanneer volgens de wet het risico in Nederland ligt.

De belasting wordt geheven over de premie, inclusief de bijkomende kosten en de provisie (art. 22 Wet BRV).

Tarief   Het tarief bedraagt 21% (art. 23 Wet BRV).

Als gevolg van de vrijstellingen van art. 24 Wet BRV zijn alleen bepaalde schadeverzekeringen belast. Er geldt bijvoorbeeld een vrijstelling voor levensverzekeringen, ongevallen-, invaliditeits- en arbeidsongeschiktheidsverzekeringen, werkloosheidsverzekeringen en transportverzekeringen.

De belasting wordt geheven van de tussenpersoon, een gevolmachtigd agent of de verzekeraar (art. 25 Wet BRV).

De belasting wordt geheven over de premie die in een kwartaal verschuldigd is geworden en moet op aangifte worden voldaan (art. 26 Wet BRV, art. 19 AWR en art. 25 Uitv.reg. AWR).

HOOFDSTUK 13
Formeel belastingrecht

Het formele belastingrecht gaat over de manier waarop belastingaanslagen worden opgelegd, en over de rechten en plichten van de belastingplichtige en de Belastingdienst. Ingegaan wordt op dwangmiddelen die de Belastingdienst heeft om mensen die de verschuldigde belasting niet afdragen, toch daartoe te dwingen. Belangrijke wetten daarbij zijn Algemene wet bestuursrecht en de Algemene wet inzake rijksbelastingen.

- heffingsgebied
- woon- of vestigingsplaats
- aanslagbelastingen
- aangiftebelastingen
- invorderingstermijn
- dwanginvordering
- verzet
- invorderingsrente

13.1 Inleiding

In de vorige hoofdstukken is steeds ingegaan op de vragen: wie is belasting verschuldigd, waarover moet belasting worden geheven en hoeveel belasting moet worden voldaan? Hierbij kwamen een groot aantal bepalingen aan de orde met betrekking tot het ontstaan, de grootte en het tenietgaan van de belastingschuld. Dit wordt ook wel aangeduid als het 'materiële belastingrecht'.

Formeel belastingrecht

In dit hoofdstuk komt het formele belastingrecht aan de orde. In dit kader wordt aandacht besteed aan de wijze waarop belastingaanslagen worden opgelegd. Ook wordt ingegaan op de rechten en plichten van de belastingplichtige en de Belastingdienst. Een en ander staat in de Algemene wet bestuursrecht en de Algemene wet inzake rijksbelastingen.

Als een belastingaanslag is vastgesteld, moet de belastingschuldige de verschuldigde belasting gaan betalen. In de meeste gevallen gaat dit zonder al te veel problemen, maar het kan gebeuren dat een belastingplichtige de verschuldigde belasting niet vrijwillig afdraagt. In dat geval beschikt de Belastingdienst over diverse (dwang)middelen om de verschuldigde belasting te innen. De wijze waarop de Belastingdienst dit kan doen, is geregeld in de Invorderingswet.

In dit hoofdstuk wordt in onderdeel A ingegaan op de Algemene wet inzake rijksbelastingen (paragraaf 13.2 tot en met 13.17) en in onderdeel B op de Invorderingswet (paragraaf 13.18 tot en met 13.28).

ONDERDEEL A Algemene wet inzake rijksbelastingen

13.2 Inleiding

Algemene wet inzake rijksbelastingen

De Algemene wet inzake rijksbelastingen (AWR) is een wet waarop alle heffingswetten kunnen terugvallen. Het is een algemene overkoepelende wet voor alle rijksbelastingen, zoals de inkomstenbelasting en de vennootschapsbelasting. Deze rijksbelastingen kunnen naar de AWR verwijzen, maar ze kunnen ook zonder verwijzing steunen op de AWR.
Naast de heffing van alle rijksbelastingen valt ook de heffing van de gemeentelijke belastingen (zoals de onroerendezaakbelasting) onder de reikwijdte van de AWR (art. 231 Gemeentewet).

HOOFDSTUK 13 | FORMEEL BELASTINGRECHT

Algemene wet bestuursrecht

Maar de AWR kan zelf ook steunen op een andere wet, namelijk de Algemene wet bestuursrecht (Awb). De Awb is een overkoepelende (bestuursrechtelijke) wet, die alle handelingen tussen de burger en de overheid regelt. Het belastingrecht is een onderdeel van het bestuursrecht. In het belastingrecht staat een burger of bedrijf (de belastingplichtige) immers tegenover een bestuursrechtelijke overheidsinstantie, namelijk de Belastingdienst.

De Awb bevat voorschriften die voor het gehele bestuursrecht gelden en ook van toepassing zijn op het belastingrecht, tenzij in de AWR een specifieke uitzondering staat.

Algemene beginselen van behoorlijk bestuur

Een aantal voorschriften in de Awb die ook van belang zijn voor het fiscale recht, zijn de algemene beginselen van behoorlijk bestuur. Een voorbeeld van een algemeen beginsel van behoorlijk bestuur is het motiveringsbeginsel. Op grond van dit beginsel is een belastinginspecteur bijvoorbeeld verplicht om in zijn uitspraak op een bezwaarschrift van een belastingplichtige de gronden voor zijn besluit te vermelden. Andere voorbeelden zijn het zorgvuldigheidsbeginsel en de belangenafweging. De belastinginspecteur moet zich zorgvuldig voorbereiden door zich op de hoogte te stellen van de relevante feiten en de af te wegen belangen van een zaak.

13.3 Begripsbepalingen

In art. 2 AWR heeft de wetgever een aantal begrippen uitgelegd. Hierna worden enkele begrippen besproken die voor het belastingrecht belangrijk zijn.

Heffingsgebied

Heffingsgebied

Art. 2 lid 3 letter d AWR bakent het heffingsgebied voor de Nederlandse Belastingdienst af. Dit heffingsgebied is als volgt bepaald:
– Nederland en BES-eilanden;
– de territoriale wateren;
– de economische zone.

De Nederlandse Belastingdienst kan heffen ten aanzien van alle economische activiteiten in de exclusieve economische zone. Deze 'zone' is het gebied buiten en grenzend aan de territoriale zee dat zich niet verder uitstrekt dan 200 zeemijlen vanaf de kust. Alle installaties en andere inrichtingen die op of boven dat gebied aanwezig zijn, zijn onderworpen aan de Nederlandse belastingheffing. Denk aan boorplatformen die zich in dit gebied bevinden.

Een dergelijke uitgebreide beschrijving van het heffingsgebied is van belang voor de Nederlandse belastingheffing.

Belastingaanslag

Belastingaanslag

In art. 2 lid 3 letter e AWR worden de belastingaanslagen vermeld. De term 'belastingaanslag' is de overkoepelende term. Een belastingaanslag kan de vorm aannemen van:
– een voorlopige aanslag;
– een (primitieve of definitieve) aanslag;
– een navorderingsaanslag;
– een naheffingsaanslag;
– een conserverende aanslag.

In paragraaf 13.6 wordt nader ingegaan op de bovengenoemde vormen van belastingaanslagen. Er bestaan geen andere belastingaanslagen dan die hiervoor zijn genoemd.

Burgerservicenummer

Burgerservicenummer

Het begrip burgerservicenummer wordt verklaard in art. 2 lid 3 letter j AWR. Het burgerservicenummer is waarschijnlijk bekender onder de afkorting BSN en dient voor een natuurlijk persoon als registratienummer bij diverse instanties, zoals de Belastingdienst. In Nederland krijgt iedereen een burgerservicenummer, zodat instellingen onderling gemakkelijk informatie kunnen uitwisselen.

Vaststelling aanslag

Vaststelling aanslag

Vaststelling van de aanslag gebeurt door het opmaken van het aanslagbiljet door de inspecteur (art. 5 AWR). De dagtekening van het aanslagbiljet geldt als dagtekening van de vaststelling van de belastingaanslag.

Die dagtekening is onder meer van belang voor het vaststellen van het begin en het einde van bepaalde termijnen, zoals de aanslagtermijn (art. 11 lid 3 AWR) en de bezwaartermijn (art. 6:7 Awb).

Elektronische verzending van berichtgeving

Elektronische verzending

Digitale ontwikkelingen hebben geleid tot de Wet elektronisch berichtenverkeer Belastingdienst. Zo is er inmiddels een berichteninbox. De berichtenuitwisseling tussen de Belastingdienst en de belastingplichtige gaat nu elektronisch. Er is wel een keuzeregeling ingevoerd op grond waarvan een burger kan kiezen of hij berichten van de Belastingdienst elektronisch of per post toegezonden wil krijgen.

Partners

Partners

In art. 5a AWR wordt het begrip partner omschreven. Partners zijn:
– gehuwden/geregistreerde partners, en
– meerderjarigen die op hetzelfde adres zijn ingeschreven in de gemeentelijke basisadministratie en een notarieel samenlevingscontract zijn aangegaan.

In art. 5a lid 4 AWR is geregeld wanneer het partnerschap eindigt. Het partnerschap eindigt als er een verzoek tot scheiding of scheiding van tafel en bed is ingediend overeenkomstig de bepalingen in het Burgerlijk Wetboek en de partners niet langer op hetzelfde adres staan ingeschreven. Op grond van art. 2 lid 6 AWR wordt het geregistreerde partnerschap (fiscaal) gelijkgesteld met het huwelijk (d.w.z. de rechtsgevolgen ervan). In de heffingswetten kan het begrip partner worden uitgebreid of ingeperkt. Dit is bijvoorbeeld gebeurd in art. 1.2 Wet IB en 1a SW. Een uitgebreide uitleg over het partnerbegrip staat in hoofdstuk 3 en hoofdstuk 11.

Instellingen
In de art. 5b en 5c AWR staat wat wordt verstaan onder een algemeen nut beogende instelling en een sociaal belang behartigende stichting. Een nadere uitleg over de fiscale gevolgen van de status van deze instellingen staat in hoofdstuk 8, 9 en 11.

13.4 Woonplaats of vestigingsplaats

Woonplaats en vestigingsplaats

De begrippen woonplaats en vestigingsplaats zijn respectievelijk van toepassing op natuurlijke personen en op lichamen, zoals de bv en de nv. De woonplaats of vestigingsplaats van de belastingplichtige is van belang voor de belastingheffing.

Feitelijke omstandigheden

Om de woonplaats van een natuurlijk persoon te bepalen, zijn de feitelijke omstandigheden van belang. Belangrijke vragen hierbij zijn:
- Waar is de persoon ingeschreven in het bevolkingsregister?
- Waar verblijft het gezin?
- Waar gaan de kinderen naar school?
- Waar is de persoon lid van (sport)verenigingen?

Op deze manier wordt voor de belastingplichtige het duurzame middelpunt van zijn persoonlijke levensbelangen bepaald.

Er gelden diverse uitzonderingen (ficties) op het algemene woon- en vestigingsplaatsartikel van de AWR. De uitzonderingen zijn te vinden in de individuele heffingswetten, zoals bijvoorbeeld in art. 2.2 Wet IB, art. 2 lid 4 Wet Vpb en art. 2 en 3 SW.

Dubbele woonplaats of vestigingsplaats

Als in een specifieke situatie op grond van art. 4 AWR moet worden geconcludeerd dat er sprake is van een Nederlandse woon- of vestigingsplaats, is het mogelijk dat buitenlandse wetgeving het tegengestelde constateert. Op grond van de buitenlandse wetgeving wordt dan een woon- of vestigingsplaats buiten Nederland geconstateerd. In zulke situaties is er sprake van een dubbele woon- of vestigingsplaats en zou er zowel in Nederland als in het buitenland belastingheffing kunnen plaatsvinden (dubbele belasting). Om het nadelige effect van dubbele belasting tegen te gaan, sluiten landen verdragen ter voorkoming van dubbele belasting. Nederland heeft veel van dit soort verdragen gesloten. Als geen verdrag is gesloten, kan in sommige gevallen het Besluit ter voorkoming van dubbele belasting nog uitkomst bieden. Zie voor meer informatie hoofdstuk 14.

> **Voorbeeld**
>
> Aart werkt 3 dagen per week in Duitsland. De overige 2 dagen werkt hij in Enschede. In Duitsland heeft hij een appartementje, waar hij 3 dagen per week woont. De rest van de week woont hij met zijn vrouw en drie kinderen in een villa in Enschede. Aart en zijn familie staan ingeschreven in het Nederlandse bevolkingsregister en hij is lid van een voetbalclub in Enschede. Het lijkt waarschijnlijk dat de Nederlandse Belastingdienst vindt dat het sociale middelpunt van zijn leven in Nederland is. Op grond van artikel 4 AWR moet de Belastingdienst dit beoordelen. Het is echter mogelijk dat de Duitse Belastingdienst tot een andere conclusie komt en ervan uitgaat dat Aart zijn woonplaats in Duitsland heeft. Het verdrag tussen Nederland en Duitsland zal dan uitsluitsel moeten geven.

13.5 De aangifte

13.5.1 Inleiding

Aangifte is gegevensbron

De door de belastingplichtige ingediende aangifte is voor de Belastingdienst de belangrijkste gegevensbron om een belastingschuld vast te stellen. De Belastingdienst maakt echter ook gebruik van informatie die afkomstig is van derden. Een voorbeeld hiervan zijn de gegevens (rente, saldi, uitkeringen van bepaalde verzekeringen, etc.) die financiële instellingen rechtstreeks moeten doorgeven aan de Belastingdienst.

13.5.2 Uitnodiging tot het doen van aangifte

Aangiftebiljet

De belastinginspecteur kan allereerst een 'uitnodiging tot het doen van aangifte' versturen. Bij lichamen heeft deze uitnodiging betrekking op de vennootschapsbelasting en bij natuurlijke personen op de inkomstenbelasting.

Iedereen die een uitnodiging tot het doen van aangifte ontvangt, is verplicht om deze aangifte (elektronisch) in te vullen en terug te sturen. Er is dus sprake van een aangifteplicht. Iedere belastingplichtige (degene van wie of het lichaam waarvan belasting wordt geheven) die ten onrechte geen uitnodiging heeft ontvangen, is op grond van art. 6 lid 2 AWR verplicht om deze zelf aan te vragen. De belastingplichtige is daarbij gebonden aan art. 6 lid 3 AWR en de termijnen die vermeld staan in art. 2 Uitv.reg. AWR. Als deze verplichting niet wordt nagekomen, kan dit worden bestraft met een verzuimboete van maximaal € 5.514 (art. 67ca AWR).

HOOFDSTUK 13 | FORMEEL BELASTINGRECHT

> **Voorbeeld**
>
> Piet Storms heeft in 2020 het hele jaar in loondienst gewerkt bij een groot levensmiddelenconcern. Daarnaast heeft hij voor de plaatselijke krant freelance de voetbalverslaggeving gedaan, waarvoor hij € 4.500 heeft ontvangen. Hierop is geen loonbelasting ingehouden.
> Piet heeft begin juli 2021 nog geen uitnodiging ontvangen voor het doen van aangifte over 2020. Hij zal nu zelf actie moeten ondernemen. Art. 6 lid 3 AWR verwijst naar de Uitv.reg. AWR. In art. 2 lid 1 Uitv.reg. AWR staat dat hij tot 6 maanden na het ontstaan van de inkomstenbelastingschuld kan wachten op de uitnodiging. In dit geval is dat tot 1 juli 2021. Verder staat in art. 2 lid 4 Uitv.reg. AWR dat Piet dan nog 2 weken de tijd heeft om een aangiftebiljet aan te vragen. Na 14 juli is hij te laat met het aanvragen.

13.5.3 Verplichtingen met betrekking tot de aangifte

Volgens art. 8 lid 1 AWR moet de aangifte 'duidelijk, stellig en zonder voorbehoud' worden ingevuld. Wat betekenen deze woorden? Wanneer heeft de belastingplichtige een goede aangifte gedaan?

Duidelijk — Met *duidelijk* wordt bijvoorbeeld bedoeld dat een aangifte leesbaar moet zijn. Als een belastingplichtige geen duidelijk handschrift heeft, zou hij de aangifte kunnen typen. Aangezien veel aangiften tegenwoordig elektronisch worden ingediend, zal het niet meer zo vaak gebeuren dat een aangifte onleesbaar is.

Stellig — *Stellig* houdt in dat de belastingplichtige de bedragen zonder twijfel invult. Hij moet dus zekerheid hebben over de juistheid van de bedragen en hij moet altijd van de werkelijke bedragen uitgaan.

Zonder voorbehoud — *Zonder voorbehoud* betekent dat de aangifte volledig en naar waarheid is ingevuld.

> **Voorbeeld**
>
> Bert Boon heeft een bakkerswinkel. De aangifte inkomstenbelasting 2020 van Bert is door hemzelf ingevuld en elektronisch opgestuurd. Bert heeft overal nihil ingevuld, omdat hij de fiscale winst op dat moment nog niet had berekend. Heeft Bert de vereiste aangifte gedaan? Nee, want Bert had duidelijk, stellig en zonder voorbehoud zijn aangifte moeten invullen (zie art. 8 AWR).
> Omdat Bert op het moment van aangifte doen nog niet over alle benodigde gegevens beschikte, had hij beter om uitstel voor het indienen van de aangifte kunnen verzoeken bij de inspecteur.

Handtekening — Voor het indienen van de vereiste aangifte is de (elektronische) handtekening van de belastingplichtige noodzakelijk. Hieruit blijkt dat de aangifte is gebaseerd op de wil van de belastingplichtige. Na de ondertekening kan de aangifte worden ingeleverd bij de Belastingdienst of (digitaal) worden teruggestuurd.

De aangifte kan direct via internet (www.belastingdienst.nl) worden ingevuld. Voor particulieren is het nog steeds mogelijk om op papier aangifte te doen.

Ondernemers zijn verplicht om elektronisch aangifte te doen. Deze verplichting geldt voor administratieplichtigen die in Nederland wonen of gevestigd zijn. Als de verplichting tot elektronische aangifte 'onredelijk bezwarend' is, kan een ondernemer een ontheffing krijgen voor het elektronisch aangifte doen.

13.5.4 Termijnen

Aangiftetermijn aanslagbelastingen

In art. 9 lid 1 AWR zijn de aangiftetermijnen opgenomen voor de aanslagbelastingen (denk aan de inkomstenbelasting en de vennootschapsbelasting). Dit zijn belastingen waarbij de belastingplichtige meestal eerst een aangifte invult en de inspecteur de aangifte vervolgens controleert en definitief vaststelt.

Bij aanslagbelastingen geldt dat tussen de ontvangst van het aangiftebiljet en de uiterste inleverdatum minstens een maand moet zitten. Deze termijn kan de inspecteur eventueel nog verlengen. Als de inspecteur het aangiftebiljet niet binnen deze termijn ontvangt, kan hij een aanmaning sturen (vaak wordt nog eerst nog een herinnering verzonden). Na het verstrijken van de termijn die in de aanmaning staat (10 werkdagen), kan een boete volgen. Zie in dit kader ook paragraaf 13.16.

Aangiftetermijn aangiftebelastingen

Art. 10 AWR regelt de termijn voor het doen van aangifte voor de aangiftebelastingen (denk aan de omzetbelasting of de loonbelasting). Dit zijn belastingen waarbij de belastingplichtige de aangifte invult en de verschuldigde belasting zonder tussenkomst van de inspecteur direct voldoet of afdraagt (dus zonder eerst een aanslag af te wachten). Vervolgens kan de Belastingdienst controleren of de aangifte correct is ingevuld en het juiste bedrag is betaald. De termijn waarbinnen de aangifte moet worden ingediend, bedraagt minimaal 1 maand na afloop van het tijdvak waarop de aangifte betrekking heeft.

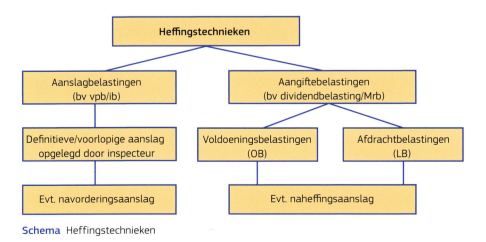

Schema Heffingstechnieken

Het onderscheid tussen aanslagbelastingen en aangiftebelastingen is afgebeeld in het schema op de vorige pagina. Op dit onderscheid wordt in paragraaf 13.6 en 13.7 nader ingegaan.

13.5.5 Actieve informatieverplichting

Actieve informatieverplichting — Naast de mogelijkheid van de inspecteur om informatie bij een belastingplichtige op te vragen op grond van art. 47 AWR e.v., acht de wetgever het noodzakelijk om belastingplichtigen uit eigen beweging (spontaan) informatie te laten verstrekken aan de Belastingdienst, de zogenoemde actieve informatieverplichting.

Art. 10a AWR bepaalt dat bij algemene maatregel van bestuur gevallen kunnen worden aangewezen waarin uit eigen beweging informatie moet worden verstrekt door een belastingplichtige. Doet deze dat niet, niet tijdig of niet op de voorgeschreven wijze, dan kan een boete worden opgelegd van maximaal 100% van de belasting die als gevolg van de niet nagekomen verplichting niet is of zou zijn geheven.

De actieve informatieverplichting geldt in vier gevallen:
1. het doen van suppletieaangifte omzetbelasting;
2. het melden van een dreigende overschrijding van de 500-kilometergrens in geval van een verklaring geen privégebruik auto;
3. bij de verklaring uitsluitend zakelijk gebruik van de bestelauto;
4. bij het doen van onjuiste aangifte erfbelasting over een buitenlands vermogensbestanddeel.

De wijze waarop en de termijn waarbinnen aan de spontane informatieverplichting moet worden voldaan, staat in de betreffende uitvoeringsbesluiten. Meestal moet de melding digitaal/elektronisch worden gedaan.

13.6 Aanslagbelastingen

13.6.1 Inleiding

Heffingstechnieken — Alle belastingen worden geheven 'bij wege van aanslag' of 'bij wege van aangifte'. Dit zijn de twee heffingstechnieken die de AWR apart behandelt. Hoofdstuk III AWR behandelt de aanslagbelastingen en hoofdstuk IV AWR de aangiftebelastingen. Dit onderscheid is onder andere belangrijk voor het opleggen van belastingaanslagen, de boetes en de betalingstermijnen. In deze paragraaf wordt nader ingegaan op de 'belastingheffing bij wege van aanslag' (aanslagbelastingen). In paragraaf 13.7 wordt ingegaan op de 'belastingheffing bij wege van voldoening of inhouding en afdracht op aangifte' (aangiftebelastingen).

13.6.2 Opleggen aanslag

De aanslagbelastingen worden geheven door middel van het vaststellen van een aanslag, die op grond van art. 11 AWR door de inspecteur wordt vastgesteld. Door middel van de aanslag stelt de inspecteur de belastingschuld vast (de zogenoemde 'formele belastingschuld'). Pas nadat de inspecteur de belastingschuld heeft vastgesteld, is de belastingplichtige deze verschuldigd en moet hij de schuld daadwerkelijk betalen. Voorbeelden van aanslagbelastingen zijn de inkomstenbelasting, de vennootschapsbelasting en de schenk- en erfbelasting.

Formele belastingschuld

Bij de aanslagbelasting moet de belastingplichtige in principe eerst de vereiste aangifte indienen bij de Belastingdienst. Het doen van aangifte is voor het systeem niet noodzakelijk, omdat de inspecteur de omvang van de belastingschuld zelfstandig vaststelt. De aangifte is voor de inspecteur echter wel een belangrijke bron van informatie. De belastinginspecteur behandelt en controleert deze aangifte en stelt vervolgens de voorlopige of de definitieve aanslag vast. Als de inspecteur van mening is dat de aangifte niet klopt, kan hij hiervan afwijken.

Definitieve aanslag

Als een belastingplichtige geen aangifte heeft gedaan, moet de belastinginspecteur hem aanmanen en hem in de gelegenheid stellen om de aangifte alsnog in te dienen. Als een reactie uitblijft, legt hij een ambtshalve aanslag op. Hij doet dat op basis van een geschat inkomen, waarbij hij niet naar willekeur mag handelen. Hij zal het inkomen en/of de winst naar redelijke maatstaven moeten schatten.

Ambtshalve aanslag

De belastinginspecteur moet de (primitieve of definitieve) aanslag binnen 3 jaar na het ontstaan van de (materiële) belastingschuld opleggen (art. 11 lid 3 AWR). Als een belastingschuld betrekking heeft op een tijdvak, ontstaat de belastingschuld aan het einde van het betreffende tijdvak.
De inspecteur kan uitstel verlenen voor het indienen van een aangifte. De genoemde 3-jaarstermijn wordt dan verlengd met de periode van het verleende uitstel.

(Primitieve of definitieve) aanslag

> **Voorbeeld**
>
> Jan Klein heeft zijn aangifte inkomstenbelasting over het jaar 2020 voor 1 mei 2021 ingediend. Tot wanneer kan de inspecteur de aanslag inkomstenbelasting 2020 opleggen?
> Op 31 december 2020 ontstaat de inkomstenbelastingschuld (materiële belastingschuld). Volgens art. 11 lid 3 AWR heeft de inspecteur na het ontstaan van de belastingschuld 3 jaar de tijd om de aanslag op te leggen. De aanslag moet dus uiterlijk op 31 december 2023 zijn opgelegd. Deze termijn wordt eventueel verlengd met de periode waarvoor uitstel is verleend voor het doen van aangifte. Maar omdat Jan zijn aangifte voor 1 mei heeft ingediend – en iedereen tot 1 mei de gelegenheid heeft om de aangifte inkomstenbelasting in te dienen – heeft Jan blijkbaar geen uitstel aangevraagd. De 3-jaarstermijn wordt in dit geval dus niet verlengd, zodat de inspecteur de aanslag uiterlijk op 31 december 2023 moet hebben opgelegd.
>
> Stel nu dat Jan 2 maanden uitstel heeft gevraagd voor het indienen van het aangiftebiljet en vervolgens al na 1 maand aangifte heeft gedaan. In dat geval is voor de verlenging van de 3-jaarstermijn uitsluitend van belang voor welke periode uitstel is verleend. Dit is in dit geval 2 maanden. Daarom heeft de inspecteur nu tot 28 februari 2024 de tijd om de aanslag definitief vast te stellen.

13.6.3 Voorlopige aanslag

Voorlopige aanslag

De inspecteur beschikt over een middel om al gedurende het kalenderjaar de belastinginkomsten over het betreffende jaar veilig te stellen. Hij doet dat door tijdens of na afloop van het jaar één of meer voorlopige aanslagen op te leggen (art. 13 en 14 AWR). Gedurende het jaar – of na afloop hiervan – zal de belastingplichtige zijn schuld dan al moeten betalen, voordat er een definitieve aanslag wordt opgelegd. De inspecteur zal de voorlopige aanslag vervolgens verrekenen met de definitieve aanslag.

Tijdens het tijdvak waarin de materiële belastingschuld ontstaat, krijgt de Belastingdienst de belastingen die de belastingplichtige is verschuldigd, door middel van de voorlopige aanslag al binnen. Voor de Belastingdienst is het voordeel hiervan dat hij al tijdens het tijdvak over de belastinggelden beschikt; de belastingplichtige loopt minder snel het risico dat hij al zijn geld uitgeeft en op een later moment zijn belastingschuld niet kan voldoen.

Het bedrag van de voorlopige aanslag wordt geschat op basis van voorgaande jaren en eventuele toekomstige prognoses (schattingen) en is 'ten hoogste het bedrag waarop de (definitieve) aanslag vermoedelijk zal worden vastgesteld'. Ook wordt er vaak een voorlopige aanslag opgelegd als de aangifte is ingediend. De regels voor de vaststelling van de voorlopige aanslag zijn te vinden in art. 23 Uitv. reg. AWR.

13.6.4 Te verrekenen bedragen

Voorlopige aanslag(en) en voorheffingen

De inspecteur moet bij de vaststelling van de aanslag rekening houden met de reeds betaalde voorlopige aanslag(en) en de reeds ingehouden voorheffingen, zoals de loonbelasting en de dividendbelasting (art. 15 AWR). Deze bedragen komen in mindering op het bedrag van de te betalen aanslag.

Is de definitieve aanslag te laat opgelegd (buiten de 3-jaarstermijn, eventueel verlengd met uitstel voor het doen van aangifte), dan vervallen eerder opgelegde voorlopige aanslagen. De ingehouden loonbelasting en/of dividendbelasting worden dan niet terugbetaald.

13.6.5 De navorderingsaanslag

Navorderingsaanslag

Zoals vermeld wordt de (definitieve) aanslag door de inspecteur opgelegd. Als nadien blijkt dat ten onrechte te weinig of geen belasting is geheven, kan de inspecteur niet een nieuwe definitieve aanslag opleggen. Op grond van art. 16 AWR kan hij echter wel een navorderingsaanslag opleggen. Navordering is mogelijk als aan bepaalde voorwaarden is voldaan.

Nieuw feit

Om een navorderingsaanslag te kunnen opleggen, moet de inspecteur doorgaans beschikken over 'een nieuw feit'. Hiermee wordt een feit bedoeld dat de inspecteur bij het opleggen van de definitieve aanslag niet bekend was en waar hij redelijkerwijze ook niet mee bekend had kunnen zijn. Dat een bepaald feit bij de inspecteur onbekend was, mag dus niet te wijten zijn aan een onzorgvuldig handelen van de inspecteur, het zogenoemde ambtelijk verzuim.

Ambtelijk verzuim

Uit de jurisprudentie blijkt dat de hoofdregel is dat de inspecteur mag afgaan op de inhoud van een goed verzorgde aangifte. Hij mag erop vertrouwen dat de aangifte juist is ingevuld. Blijkt op een later moment dat de aangifte niet juist is ingevuld, dan mag de inspecteur een navorderingsaanslag opleggen. Maar als er gerechtvaardigde twijfel bestaat over de inhoud van de aangifte en de inspecteur geen nader onderzoek verricht, is er geen sprake van een nieuw feit. De inspecteur kan dan vanwege ambtelijk verzuim geen navorderingsaanslag opleggen. De inspecteur kan echter wel een navorderingsaanslag opleggen als de belastingplichtige te kwader trouw was bij het doen van een onjuiste aangifte. Voor kwade trouw is vereist dat belanghebbende de inspecteur opzettelijk onjuiste informatie heeft verstrekt of hem opzettelijk de juiste informatie heeft onthouden.

Te kwader trouw

> **Voorbeeld**
>
> Beuken bv heeft tijdig aangifte gedaan voor de vennootschapsbelasting over 2019. Na ontvangst van de aangifte is de aanslag op 30 juni 2020 opgelegd. In december 2020 stuiten de controleurs bij een controle op een dubbele boekhouding. De juiste gegevens blijken in eerste instantie te zijn achtergehouden voor de Belastingdienst. Op grond hiervan én van de kwade trouw van belastingplichtige mag de inspecteur een navorderingsaanslag opleggen (met een boete).

Navorderen kan ook zonder nieuw feit als een verkeerde verrekening van bijvoorbeeld de voorheffing of een verkeerde verdeling bij fiscaal partnerschap heeft plaatsgevonden (art. 16 lid 2 AWR). Daarnaast is een navordering ook mogelijk als door een fout ten onrechte geen aanslag is opgelegd of als een belastingaanslag door een fout te laag is vastgesteld (art. 16 lid 2 letter c AWR). Wel moet deze fout de belastingplichtige redelijkerwijs kenbaar zijn. De kenbaarheid wordt aanwezig geacht (onweerlegbaar vermoeden) als de te weinig geheven belasting minimaal 30% bedraagt van de belasting die op grond van de belastingwet is verschuldigd.

Een navorderingsaanslag kan worden opgelegd tot 5 jaar na het ontstaan van de materiële belastingschuld. Op grond van art. 16 lid 3 AWR kan deze termijn worden verlengd. Want als uitstel is verleend voor het doen van aangifte, wordt de navorderingstermijn verlengd met de duur van het verleende uitstel.

Is de bevoegdheid tot navordering gebaseerd op art. 16 lid 2 letter c AWR, dan vervalt deze bevoegdheid 2 jaren na het tijdstip van het besluit om geen aanslag op te leggen of de belastingaanslag tot een te laag bedrag is vastgesteld (art.16 lid 3 AWR laatste volzin).

HOOFDSTUK 13 | FORMEEL BELASTINGRECHT

> **Voorbeeld**
>
> Jan Klein uit het voorbeeld in paragraaf 13.6.2 heeft bepaalde inkomsten verzwegen bij het invullen van zijn aangifte inkomstenbelasting 2020. De inspecteur ontdekt dit pas in oktober 2021. Hij mag dan navorderen op grond van een nieuw feit. Bovendien valt de navordering nog binnen de termijn van 5 jaren na het ontstaan van de belastingschuld. De uiterste datum om een navorderingsaanslag op te leggen, is 5 jaren na 31 december 2020, derhalve 31 december 2025 (of 28 februari 2026 als Jan 2 maanden uitstel heeft gekregen voor het indienen van zijn aangifte).

Buitenland   Voor belastingen met betrekking tot inkomsten uit het buitenland of vermogensbestanddelen die in het buitenland zijn gelegen, geldt een navorderingstermijn van 12 jaren (art. 16 lid 4 AWR).

Uitzondering op de in art. 16 AWR opgenomen termijnen is de navorderingstermijn van art. 66 lid 3 SW. Dit artikel vermeldt dat de bevoegdheid tot navordering van erfbelasting in geval van een erfenis niet (nooit) vervalt. Dit zogenoemde Edelweiss-artikel is er gekomen vanwege de 'fiscale vluchtroutes' via Alpenlanden. Met deze route zou gebruik worden gemaakt van het beroepsgeheim van notarissen om de erfenis van buitenlandse bezittingen buiten de heffing te houden.

> **Voorbeeld**
>
> Jan van Dam houdt sinds 2014 een banktegoed aan bij een Zwitserse bank. Jan vindt het niet nodig om deze tegoeden aan te geven. Zwitserland kende immers een bankgeheim. De informatie over zijn bankrekening wordt volgens Jan toch niet aan de Nederlandse Belastingdienst verstrekt.
>
> In januari 2018 raakt de Nederlandse Belastingdienst op de hoogte van de banktegoeden van Jan in Zwitserland. De Belastingdienst stelt Jan hierover in mei 2018 vragen. Jan beantwoordt de vragen keurig en verstrekt eind juni 2018 informatie over de banktegoeden. De inspecteur doet vervolgens een tijdlang niets en legt op 21 mei 2021 met toepassing van de verlengde navorderingstermijn een navorderingsaanslag inkomstenbelasting over het jaar 2014 op.
>
> Heeft de inspecteur terecht gebruikgemaakt van de verlengde navorderingstermijn? Nee, want de inspecteur beschikte ruimschoots binnen de reguliere termijn van 5 jaar over de benodigde informatie om een navorderingsaanslag over het jaar 2014 op te leggen. Hij heeft de navorderingsaanslag niet met redelijke voortvarendheid vastgesteld. Daarom moet de navorderingsaanslag worden vernietigd. Jan moet hier echter wel een beroep op doen door bezwaar aan te tekenen. Een opgelegde boete vervalt hierdoor ook.

Ambtshalve aanslag   Als een belastingplichtige geen aangifte heeft gedaan, maar de inspecteur vervolgens wel een ambtshalve aanslag heeft opgelegd, kan hij toch een navorderingsaanslag opleggen (binnen de termijn van 5 jaren). Ook kan de inspecteur navorderen als de belastingplichtige wel aangifte heeft gedaan, maar vervolgens geen aanslag is opgelegd. Wel moet dan worden voldaan aan de nadere eisen die aan het opleggen van een navordering worden gesteld (nieuw feit, kwade trouw of een situatie omschreven als in art. 16 lid 2 AWR).

13.6.6 Chronologisch overzicht

Gang van zaken — Met betrekking tot de aanslagbelastingen kan de chronologische gang van zaken als volgt in een schema worden voorgesteld:

13.7 Aangiftebelastingen

13.7.1 Inleiding

Aangiftebelastingen — Zoals in de vorige paragraaf is aangegeven, wordt het te betalen bedrag bij een aanslagbelasting vastgesteld door de Belastingdienst. Bij een aangiftebelasting ligt dat anders. Door middel van de aangifte moet de belasting- of inhoudingsplichtige zelf de belastingschuld uitrekenen en de verschuldigde belasting vervolgens direct betalen.

Art. 19 AWR verdeelt de aangiftebelastingen in:
a. voldoeningsbelastingen;
b. afdrachtsbelastingen.

Ad a. Voldoeningsbelastingen

Voldoeningsbelastingen — Bij de voldoeningsbelasting is de belastingplichtige zelf de belasting op aangifte verschuldigd. Het bekendste voorbeeld van een voldoeningsbelasting is de omzetbelasting. De ondernemer moet bij zijn aangifte omzetbelasting direct de verschuldigde omzetbelasting betalen aan de Belastingdienst. Andere voorbeelden van voldoeningsbelastingen zijn: belastingen van rechtsverkeer (hoofdstuk 12) en de motorrijtuigenbelasting.

Ad b. Afdrachtsbelastingen

Afdrachts-belasting — Een afdrachtsbelasting wordt door een inhoudingsplichtige voor een ander op aangifte betaald. De inhoudingsplichtige berekent de belastingschuld en moet deze inhouden en afdragen. Het bekendste voorbeeld van een afdrachtsbelasting is de loonbelasting (hoofdstuk 2). De inhoudingsplichtige moet periodiek een aangifte loonbelasting indienen, de verschuldigde loonbelasting inhouden op het loon van de werknemers én de ingehouden loonbelasting direct afdragen aan de Belastingdienst. Een ander voorbeeld van een afdrachtsbelasting is de dividendbelasting. Een bv en een nv moeten voor hun aandeelhouders dividendbelasting inhouden en afdragen aan de Belastingdienst.

Bij voldoenings- en afdrachtsbelastingen kan de inspecteur geen voorlopige aanslag opleggen, zoals dat bij aanslagbelastingen wel kan. Dit komt doordat de belastingplichtige of inhoudingsplichtige de belasting al gedurende het jaar verschuldigd is en hij de verschuldigde belasting ook meteen moet betalen. Bij voldoenings- en afdrachtsbelastingen moeten de aangifte en de betaling dus vrijwel simultaan plaatsvinden. Dit betekent dat de betaling in eerste instantie (op eigen initiatief) zonder de tussenkomst van de Belastingdienst moet worden gedaan (bij aanslagbelastingen vindt de betaling pas plaats nadat de Belastingdienst een aanslag heeft opgelegd). Wordt de verschuldigde belasting niet of niet tijdig betaald, dan kan de inspecteur de onbetaald gebleven belasting heffen door een naheffingsaanslag op te leggen.

13.7.2 Tijdvak- en tijdstipbelastingen

Tijdvakbelastingen — Naast het onderscheid tussen afdrachts- en voldoeningsbelastingen maakt art. 19 AWR ook onderscheid tussen tijdvak- en tijdstipbelastingen. Tijdvakbelastingen zijn bijvoorbeeld de omzetbelasting en de loonbelasting; deze moeten binnen 1 maand na het einde van het tijdvak zijn voldaan (of afgedragen).

Tijdstipbelastingen — Tijdstipbelastingen zijn bijvoorbeeld de dividendbelasting en de overdrachtsbelasting. Hierbij moeten de aangifte en de betaling plaatsvinden binnen 1 maand na het tijdstip waarop de belastingschuld is ontstaan, bijvoorbeeld bij een dividenduitkering (dividendbelasting) en bij de overdracht van een huis (overdrachtsbelasting).

13.7.3 Naheffingsaanslag

Naheffingsaanslag — De Belastingdienst heeft de mogelijkheid om verschuldigde belasting die niet of niet volledig is voldaan of afgedragen, alsnog te heffen. Bij een aanslagbelasting legt de inspecteur een navorderingsaanslag op (zie paragraaf 13.6.5); bij een aangiftebelasting wordt aan de belastingplichtige of inhoudingsplichtige een zogenoemde naheffingsaanslag opgelegd (art. 20 AWR).

Art. 20 lid 1 AWR noemt de vier gevallen waarbij de belastinginspecteur kan naheffen:
1. als belasting die behoort te worden voldaan of afgedragen, in het geheel niet is betaald;
2. als belasting die behoort te worden voldaan of afgedragen, gedeeltelijk niet is betaald;
3. gelijkstelling met de eerdergenoemde twee gevallen waarin naar aanleiding van een gedaan verzoek, ten onrechte of tot een te hoog bedrag vrijstelling of vermindering van inhouding van belasting is verleend;
4. gelijkstelling met de eerdergenoemde drie gevallen waarin naar aanleiding van een gedaan verzoek, ten onrechte of tot een te hoog bedrag teruggaaf van belasting is verleend.

Voorbeeld

Arco de Vries is belastingadviseur. In oktober 2021 heeft hij een cliënt geadviseerd over een aandelenfusie. Eind december 2021 verstuurt hij hiervoor een rekening, waarop hij € 1.000 aan omzetbelasting in rekening brengt.

Arco geeft de omzet en de in rekening gebrachte omzetbelasting aan in zijn aangifte omzetbelasting over het vierde kwartaal van 2021. Hij heeft verder geen kosten gemaakt, dus hij moet € 1.000 op aangifte voldoen. De cliënt van Arco heeft de rekening echter nog niet betaald en Arco beschikt verder niet over banktegoeden. Arco doet daarom alleen aangifte. Hij betaalt wel als de cliënt de rekening heeft betaald; de Belastingdienst moet maar even wachten.

De Belastingdienst kan de niet-betaalde omzetbelasting bij Arco naheffen door een naheffingsaanslag op te leggen. Hierbij kan een verzuimboete ex art. 67c AWR wegens niet betalen worden opgelegd van maximaal € 5.514 of een vergrijpboete van maximaal 100% van de niet-betaalde omzetbelasting (art. 67f AWR).

Geen nieuw feit — Om een naheffingsaanslag te kunnen opleggen, hoeft de inspecteur niet te beschikken over een nieuw feit (zie paragraaf 13.6.5), aangezien hij pas na een bepaalde tijd een controle verricht. In tegenstelling tot de aanslagbelastingen, waarbij vóór de vaststelling van de aanslag mogelijk enige vorm van controle zal plaatsvinden, gebeurt dit bij de aangiftebelastingen pas achteraf. De belasting- of inhoudingsplichtige doet immers zelf de aangifte en betaalt het bedrag dat hij zelf berekent.

Termijn — Evenals bij de navorderingsaanslag geldt voor het opleggen van een naheffingsaanslag een termijn van 5 jaren (art. 20 lid 3 AWR: einde kalenderjaar).

Boete — Net als bij de aanslagbelastingen kan de inspecteur ook bij aangiftebelastingen in bepaalde gevallen een boete opleggen. Hij doet dit als de inhoudings- of belastingplichtige niet of niet tijdig aangifte doet, of niet of niet tijdig betaalt (zie paragraaf 13.16). Een naheffingsaanslag kan gevolgd worden door meerdere naheffingsaanslagen over dezelfde periode.

13.7.4 Chronologisch overzicht

Gang van zaken — Met betrekking tot de aangiftebelastingen kan de chronologische gang van zaken als volgt in een schema worden voorgesteld:

13.8 Bezwaar en beroep

13.8.1 Inleiding

In de voorgaande paragrafen is uiteengezet hoe een belastingaanslag tot stand komt. Een belastingaanslag wordt opgelegd door de inspecteur. Als een belastingplichtige het niet eens is met de aanslag, heeft hij de mogelijkheid om tegen de opgelegde belastingaanslag in te gaan om zijn 'gelijk' te halen. Hij heeft hierbij
Rechtsmiddelen — een aantal rechtsmiddelen tot zijn beschikking:
– bezwaar;
– beroep;
– hoger beroep;
– verzet;
– beroep in cassatie.

Al deze rechtsmiddelen zorgen voor een heroverweging bij respectievelijk de inspecteur, de rechtbank, het gerechtshof en de Hoge Raad. Vijf rechtbanken (zie par. 13.8.3), het gerechtshof en de Hoge Raad hebben een aparte belastingkamer/afdeling voor rechtszaken met betrekking tot belastingzaken. Verzet kan worden ingesteld indien de rechter de zaak vereenvoudigd afdoet zonder zitting omdat de zaak overduidelijk (kennelijk) voor hem is. De rechter in de verzetprocedure zal dan die beslissing van zijn collega herbeoordelen. Verzet ligt buiten het bereik van dit boek en zal niet verder worden behandeld.

13.8.2 Bezwaarschrift

Bezwaarschrift Als een belastingplichtige het niet eens is met een ontvangen aanslag, kan hij hier tegenin gaan door het indienen van een bezwaarschrift. In eerste instantie kan de belastingplichtige zijn bezwaren indienen tegen:
- een belastingaanslag (er is geen bezwaar mogelijk tegen een voorlopige aanslag inkomstenbelasting en vennootschapsbelasting, art. 9.5 lid 3 Wet IB respectievelijk art. 27 lid 3 Wet Vpb, wel kan men om herziening van de voorlopige aanslag verzoeken);
- een verrekening die in art. 15 AWR is voorgeschreven;
- een voor bezwaar vatbare beschikking;
- een bedrag dat als belasting op aangifte is voldaan;
- een bedrag dat als belasting op aangifte is afgedragen;
- een bedrag dat door een inhoudingsplichtige als belasting is ingehouden en afgedragen;
- een (gedeeltelijke) afwijzing op het verzoek van een belastingplichtige om een (voorlopige) aanslag inkomstenbelasting ambtshalve te herzien (art. 9.6 lid 3 Wet IB).

Dezelfde inspecteur De belastingplichtige moet zijn bezwaar indienen bij de inspecteur die de aanslag heeft opgelegd, dan wel de beschikking heeft afgegeven. De aanslag of de voor bezwaar vatbare beschikking vermeldt de termijn waarbinnen het bezwaar bij de Belastingdienst binnen moet zijn (art. 3:45 Awb).

Vertegenwoordiging

Vertegenwoordigers Natuurlijke personen en lichamen kunnen zich laten vertegenwoordigen en de vertegenwoordigers kunnen vervolgens bij contacten met de Belastingdienst namens hen optreden in de bezwaarprocedure (art. 2:1 Awb). Vooral accountants- en belastingadvieskantoren treden vaak op als vertegenwoordiger (zie paragraaf 13.11).

Behandeling bezwaarschrift

Behandeling bezwaarschrift De bezwaarprocedure is een bestuurlijke heroverweging. De uitspraak op bezwaar wordt gedaan door een andere ambtenaar dan degene die de belastingaanslag heeft vastgesteld. Op deze wijze wordt de onafhankelijkheid van het orgaan dat op het bezwaar beslist, beter gewaarborgd. Als het bezwaarschrift niet aan het juiste bestuursorgaan is geadresseerd, is de onbevoegde instantie verplicht om het bezwaar door te zenden naar het bevoegde onderdeel van de Belastingdienst (art. 6:15 Awb). Dit moet bijvoorbeeld gebeuren als een bezwaarschrift tegen een belastingaanslag naar een ministerie of gemeente is gestuurd.

Termijn

Termijn De termijn voor het indienen van een bezwaarschrift is in principe 6 weken. Binnen deze termijn moet het bezwaarschrift dan ook ontvangen zijn door de inspecteur (art. 6:7 Awb). In de AWR staat geen termijn voor het indienen van een bezwaar- of beroepschrift, zodat de termijn geldt die in de Awb is vermeld. Art. 22j AWR bevat een afwijkende regeling voor de aanvang van de bezwaartermijn. Deze regeling treedt in de plaats van art. 6:8 Awb.

> **Voorbeeld**
>
> Varia bv heeft over het jaar 2016 een navorderingsaanslag vennootschapsbelasting opgelegd gekregen. De dagtekening van de navorderingsaanslag is 5 juni 2021. De belastingadviseur van het bedrijf is het niet eens met deze aanslag.
> De adviseur kan nu namens Varia bv (art. 2:1 Awb) een bezwaarschrift indienen bij de Belastingdienst op grond van art. 6:4 Awb. Hij moet dan binnen 6 weken na de dagtekening van de navorderingsaanslag een bezwaarschrift indienen (zie art. 6:7 Awb en art. 22j AWR).

Algemene termijnenwet — Als in de AWR of Awb een termijn wordt vermeld die op een zaterdag, zondag of algemeen erkende feestdag eindigt, wordt deze termijn volgens art. 1 lid 1 Algemene termijnenwet verlengd tot de eerstvolgende werkdag (tenzij er een uitzondering van toepassing is, zie bijvoorbeeld art. 19 lid 5 AWR).

> **Voorbeeld**
>
> Als de termijn voor het indienen van een bezwaarschrift eindigt op Tweede Paasdag (maandag), wordt deze termijn verlengd tot en met de eerstvolgende werkdag (dinsdag).

Verzendtheorie — Het bezwaarschrift is ook nog op tijd als het voor het einde van de termijn ter post is bezorgd (gedeponeerd in de brievenbus of aangeboden op het postkantoor) door verzending via PostNL én niet later dan een week na afloop van de termijn (dus uiterlijk 7 weken ná de dagtekening van de belastingaanslag/beschikking!) is ontvangen. Deze systematiek heet de verzendtheorie en is vermeld in art. 6:9 lid 2 Awb.

Niet-ontvankelijkheid

Verschoonbare termijnoverschrijding

Als de belastingplichtige de 6 weken om te reageren voorbij laat gaan en dus niet 'tijdig' is met zijn reactie, leidt dit tot 'niet-ontvankelijkheid'. Dit houdt in dat het bezwaar niet in behandeling wordt genomen. Een uitzondering hierop is opgenomen in art. 6:11 Awb. Dit artikel vermeldt dat de niet-ontvankelijkheid achterwege blijft als blijkt dat de belastingplichtige een goede reden had om niet op tijd te reageren, de zogenoemde verschoonbare termijnoverschrijding. Hierbij moet bijvoorbeeld worden gedacht aan de extreme situatie dat een belastingplichtige een zwaar ongeluk heeft gehad en in coma lag. De inspecteur zal het bezwaar dan wel ambtshalve beoordelen. Bestuursorganen zijn verplicht om navraag te doen naar een mogelijke verschoonbaarheid van de termijnoverschrijding voordat zij een bezwaar niet-ontvankelijk kunnen verklaren. Die verplichting geldt ook als het bezwaarschrift is ingediend door een gemachtigde. Voor de inkomstenbelasting geldt dat tegen een afwijzing bezwaar kan worden gemaakt en zo nodig beroep kan worden ingesteld bij de belastingrechter.

Vereisten

De minimale vereisten voor een correct bezwaar zijn (art. 6:5 Awb):
– ondertekening;
– vermelding van de naam en het adres van de indiener;
– dagtekening;
– omschrijving van het besluit waartegen bezwaar is aangetekend;
– vermelding van de gronden van het bezwaar.

Een bezwaarschrift kan gericht zijn tegen meerdere belastingaanslagen (art. 24a AWR). Indien er bijvoorbeeld bezwaren bestaan tegen aanslagen die betrekking hebben op verschillende jaren, kunnen deze bezwaren in één bezwaarschrift worden genoemd en hoeven niet aparte bezwaarschriften te worden ingediend. Hetzelfde geldt voor de boetebeschikking bij een belastingaanslag.

Als er te weinig tijd is om een motivering te formuleren (bijvoorbeeld omdat nog niet alle stukken beschikbaar zijn), kan de belastingplichtige of zijn vertegenwoordiger een zogenoemd 'pro forma bezwaarschrift' indienen. Dit is een bezwaar waarin de motivering ontbreekt, maar dat wel aan de vier andere genoemde eisen voldoet. Voor de motivering vraagt de indiener dan uitstel en volgens art. 6:6 Awb heeft hij daarna de gelegenheid om het verzuim (namelijk het ontbreken van de motivering) te herstellen binnen een hem daartoe gestelde termijn. Zo krijgt de indiener van het onvolledige bezwaarschrift meer tijd om de motivering rond te krijgen.

Afhandeling bezwaar

Een belastingplichtige wordt in afwijking van art. 7:2 Awb gehoord als hij hierom verzoekt (art. 25 lid 1 AWR). Hij heeft daarnaast recht op inzage in de stukken die betrekking hebben op zijn zaak (art. 7:4 Awb). De Hoge Raad heeft het recht van de belastingplichtige op inzage gekoppeld aan het hoorgesprek. Vraagt de belastingplichtige niet om een hoorgesprek, dan vervalt ook zijn recht op inzage.
De inspecteur moet na ontvangst van het bezwaarschrift binnen 6 weken uitspraak doen (na een schriftelijke mededeling kan de inspecteur 6 weken uitstel krijgen, zie art. 7:10 Awb). Met (wederzijdse) instemming kan de behandeling langer uitgesteld worden.

Dwangsom bij niet tijdig beslissen

De inspecteur moet binnen de beslistermijn van art. 7:10 Awb een beslissing op het bezwaar nemen. Doet hij dat niet, dan kan degene die bezwaar heeft gemaakt de inspecteur schriftelijk in gebreke stellen. Een formulier hiervoor is beschikbaar op de website van de Belastingdienst. Doet de inspecteur binnen 2 weken nadat hij een ingebrekestelling heeft ontvangen geen uitspraak op het bezwaar, dan moet hij een dwangsom betalen voor iedere dag dat hij in gebreke blijft. De dwangsom bedraagt € 23 per dag voor de eerste 14 dagen, € 35 per dag voor de volgende 14 dagen en € 45 per dag voor de daaropvolgende 14 dagen. De dwangsom wordt over maximaal 42 dagen berekend en bedraagt maximaal € 1.442 (art. 4:17 Awb).

HOOFDSTUK 13 | FORMEEL BELASTINGRECHT

> **Voorbeeld**
>
> De inspecteur verzoekt Koos in een brief om inlichtingen te verschaffen omtrent zijn neveninkomsten. Koos heeft zijn neveninkomsten niet allemaal opgegeven. Hij vindt het echter niet nodig om te reageren op het informatieverzoek omdat hij alle informatie daarover al heeft weggegooid. Als Koos vervolgens bezwaar maakt tegen de door de inspecteur opgelegde aanslag inkomstenbelasting 2019, kan de inspecteur zich beroepen op omkering van de bewijslast. Wat betekent dat?
>
> Omkering van de bewijslast houdt in dat Koos moet bewijzen dat de aanslag niet correct is, aangezien hij niet heeft voldaan aan zijn wettelijke informatieverplichting. Normaal gesproken moet de inspecteur bewijzen dat de aanslag wel juist is vastgesteld. Nu wordt er echter van uitgegaan dat de inspecteur gelijk heeft, tenzij Koos het tegendeel bewijst. Omkering van de bewijslast betekent ook een verzwaring van het te leveren bewijs. Koos kan niet volstaan met het (lichtere) aannemelijk maken, maar hij zal zijn gelijk moeten aantonen.

Uitspraak

In de uitspraak moet de inspecteur allereerst beslissen of het bezwaar ontvankelijk is. Als dit het geval is, betekent dit dat het bezwaar vatbaar is voor behandeling door de inspecteur. De inspecteur zal dan moeten beoordelen of het bezwaarschrift voldoet aan de eerdergenoemde eisen. Overigens moet de Belastingdienst bij niet-ontvankelijkheid wel het bezwaar ambtshalve beoordelen en erop beslissen. De indiener van het bezwaar heeft in dat geval echter minder rechten, hij heeft bijvoorbeeld geen recht op een hoorgesprek.

Inhoudelijk oordeel — Als het bezwaar ontvankelijk is, moet de inspecteur vervolgens een inhoudelijk oordeel geven over de gegrondheid van het bezwaar. Hij kan het bezwaarschrift uiteindelijk (gedeeltelijk) gegrond verklaren. Hij moet de aanslag, een voor bezwaar vatbare beschikking of aangiftebelasting dan (gedeeltelijk) aanpassen. De inspecteur kan het bezwaarschrift ook ongegrond verklaren. Hij moet zijn beslissing wel deugdelijk motiveren (art. 7:12 Awb).

Individueel afhandelen — In principe moet de inspecteur alle ontvangen bezwaarschriften individueel afhandelen. Hierop geldt een uitzondering als massaal bezwaar wordt gemaakt. Al die bezwaren moeten wel gericht zijn tegen een beslissing op eenzelfde rechtsvraag en zij moeten zich lenen voor niet-individuele afdoening, wil de inspecteur één uitspraak doen die voor alle ingediende bezwaarschriften geldt. De minister kan in dergelijke gevallen een inspecteur aanwijzen die een collectieve uitspraak doet (art. 25c AWR). De aanwijzing en de collectieve uitspraak op bezwaar worden gepubliceerd op de website van de Belastingdienst. De Belastingdienst heeft in 2019 nog een massaal bezwaar afgewezen met een collectieve uitspraak als gevolg van een arrest van de Hoge Raad over het rendement voor de vermogensrendementsheffing (in box 3).

Bewijsrechtelijke sanctie

Omkering bewijslast

De inspecteur beschikt over een middel van administratiefrechtelijke aard tot het bevorderen van juiste en volledige aangiften. De aangifte moet niet alleen tijdig worden ingediend, ook de inhoud moet juist zijn. Is een bedrag niet in de aangifte vermeld, dan heeft de belastingplichtige wellicht wel aangifte gedaan in formele zin, maar heeft hij niet de vereiste aangifte gedaan. Als de vereiste aangifte niet is gedaan, volgt omkering en verzwaring van de bewijslast (art. 25 lid 3 AWR voor de bezwaarfase en art. 27e AWR voor de beroepsfase, zie hierna). Omkering van de bewijslast betekent niet alleen de verschuiving van de bewijslast naar de belanghebbende, maar tevens de verzwaring van het te leveren bewijs. Met name de verzwaring brengt de belanghebbende in een lastige (bewijs)positie. De belastingplichtige kan dan namelijk niet volstaan met het aannemelijk maken dat een opgelegde belastingaanslag onjuist is. Hij zal deze onjuistheid op overtuigende wijze moeten aantonen; zijn gelijk zal onomstotelijk moeten blijken.

Ook bij het niet voldoen aan de verplichtingen van de art. 41 (desgevorderd vergezellen van vertegenwoordiger) 47, 47a, 49 (informatieverstrekking aan de Belastingdienst), 52 (administratieverplichting) en 53 (verplichtingen met betrekking tot inhouding van belastingen) AWR kan de inspecteur de sanctie van omkering en verzwaring inzetten, maar dan zal hij eerst een informatiebeschikking opleggen waartegen de belastingplichtige bezwaar of beroep kan instellen (zie verder paragraaf 13.12.8). Pas als de informatiebeschikking onherroepelijk is geworden, kan omkering en verzwaring van de bewijslast worden toegepast.

13.8.3 Beroep bij de rechtbank

Beroep

De indiener van een bezwaarschrift kan na afwijzing van zijn bezwaren protesteren tegen de uitspraak door beroep in te stellen. Het beroepschrift moet worden gestuurd naar de rechtbank die in de uitspraak op het bezwaarschrift is vermeld (de zogenoemde rechtsmiddelverwijzing). Tegenwoordig kan een beroep ook elektronisch worden ingesteld (zie art. 8:40a Awb). Net als bij het bezwaarschrift moet het beroepschrift binnen 6 weken zijn ontvangen door de rechtbank (art. 6:7 Awb). De aanvang van de beroepstermijn is geregeld in art. 26c AWR. Het beroepschrift is ook nog op tijd als het voor het einde van de termijn ter post is bezorgd en niet later dan een week na afloop van de termijn van 6 weken is ontvangen. De rechtbank bevestigt de ontvangst van het beroepschrift. Het beroep kan ook digitaal worden ingesteld via het digitaal loket.

Veel bepalingen die voor het bezwaarschrift gelden, zijn ook van toepassing op (of komen overeen met) het beroepschrift. Zie bijvoorbeeld art. 6:5 Awb, dat zowel voor het bezwaar als voor het beroep geldt.

Degene die bevoegd is om een bezwaarschrift in te dienen, kan ook beroep instellen (art. 26a AWR). Het beroep kan gericht zijn tegen meerdere uitspraken van de inspecteur (art. 26b AWR). Maar bijvoorbeeld ook de bestuurder van een niet langer bestaande rechtspersoon kan beroep instellen bij de rechtbank. De Belastingdienst kan zelf geen beroep instellen bij de rechtbank, want dat zou immers een beroep zijn tegen een beslissing van zijn eigen medewerkers.

Beroep tegen niet tijdig beslissen

Beroep bij de belastingrechter is ook mogelijk als de inspecteur de termijn voor het doen van uitspraak op bezwaar onbenut heeft laten verstrijken en hij ook nadat hij schriftelijk door de belastingplichtige in gebreke is gesteld, niet binnen 2 weken na ontvangst alsnog uitspraak heeft gedaan (art. 6:2 Awb). Dan is sprake van een fictieve weigering tot het doen van een uitspraak op bezwaar.

De rechter kan vervolgens bepalen hoe hij het beroep zal behandelen. Hij kan de zaak inhoudelijk behandelen, maar hij kan de inspecteur ook opdragen om binnen een door de rechter te bepalen termijn alsnog uitspraak op bezwaar te doen. De rechter legt de inspecteur dan een dwangsom op voor iedere dag dat hij in gebreke blijft met betrekking tot het naleven van de uitspraak van de rechter (art. 8:55b tot en met 8:55e Awb).

Rechtbanken

Nederland telt 11 rechtbanken (voorheen waren dat er 19). Rechtzaken over rijksbelastingen (zoals de vennootschapsbelasting en de inkomstenbelasting) worden in eerste instantie behandeld door de volgende rechtbanken: Gelderland (Arnhem), Noord-Nederland (Leeuwarden), Noord-Holland (Haarlem), Den Haag en Zeeland-West-Brabant (Breda) (art. 8:6 en 8:7 Awb jo art. 8 Bevoegdheidsregeling bestuursrechtspraak). Rechtzaken over belastingen van lokale overheden (bijvoorbeeld parkeerbelastingen) worden door alle 11 rechtbanken behandeld. Is het beroep gericht tegen de heffing door een lokale overheid, dan is de plaats waar het bestuursorgaan zetelt het uitgangspunt bij de beoordeling welke rechtbank bevoegd is. Bij een uitspraak van de Belastingdienst is de woon- of vestigingsplaats van de belastingplichtige het uitgangspunt.

Behandeling

Griffierecht

Als het beroepschrift tijdig is ontvangen door de rechtbank, zal de indiener griffierecht moeten betalen. Art. 8:41 Awb bepaalt de hoogte van het griffierecht (vanaf € 49).

Pro forma beroepschrift

In navolging van het 'pro forma bezwaarschrift' kan de belastingplichtige of zijn vertegenwoordiger een 'pro forma beroepschrift' indienen. Als er te weinig tijd is voor de motivering, wordt de indiener volgens art. 6:6 Awb in de gelegenheid gesteld om het verzuim te herstellen binnen een hem daartoe gestelde termijn. De indiener van het onvolledige beroepschrift heeft op deze wijze dus meer tijd om de motivering rond te krijgen. Gronden van het beroep die niet in het bezwaarschrift aan bod zijn gekomen, kunnen in de beroepsprocedure alsnog worden ingebracht.

Verweerschrift

Nadat het beroepschrift is gemotiveerd, dient de inspecteur een verweerschrift en de op de zaak betrekking hebbende stukken (zoals het aanslagbiljet, correspondentie, de uitspraak op bezwaar, etc.) in (art. 8:42 Awb). Een afschrift van de door de inspecteur ingediende stukken wordt verzonden naar de belanghebbende. De schriftelijke behandeling in het kader van het vooronderzoek kan nog worden voortgezet met het indienen van conclusies van repliek en dupliek.

Mondelinge behandeling

Na afronding van het vooronderzoek wordt een mondelinge behandeling gepland. De betrokken partijen worden uiterlijk 3 weken voor de zitting uitgenodigd om daarbij aanwezig te zijn. De belanghebbende is niet verplicht om daarbij aanwezig te zijn, tenzij hij wordt opgeroepen om in persoon te verschijnen (art. 8:59 Awb). De indiener van het beroepschrift en de inspecteur staan als gelijkwaardige partijen tegenover de rechter. Het onderzoek ter zitting kan worden geschorst, wat inhoudt dat de behandeling wordt aangehouden (art. 8:64 Awb). Na sluiting van het onderzoek deelt de rechter mee wanneer uitspraak zal worden gedaan (art. 8:65 Awb).

Uitspraak

Mondeling óf schriftelijk

De rechtbank doet óf een mondelinge óf een schriftelijke uitspraak (art. 8:66 Awb). Een mondelinge uitspraak kan met 2 weken worden verdaagd (art. 27d AWR).

Scorten uitspraken

De rechtbank doet gedurende de procesgang onderzoek en komt uiteindelijk in elk geval tot één van de volgende uitspraken (art. 8:70 Awb):
– De rechtbank is onbevoegd. Dit is het geval als de rechtbank niet competent is om over het geschil te oordelen.
– De indiener van het beroep is niet-ontvankelijk. Dit is bijvoorbeeld het geval als een verzuim niet wordt hersteld, bijvoorbeeld als het griffierecht te laat is betaald of als een pro forma beroepschrift is ingediend en de motivering vervolgens niet meer naar de rechtbank is gezonden.
– Het beroep is ongegrond. De rechtbank handhaaft dan de uitspraak op bezwaar.
– Het beroep is gegrond. De rechtbank zal de bestreden uitspraak op het bezwaar én de rechtsgevolgen dan geheel of gedeeltelijk vernietigen.

Daarnaast kan de rechtbank nog uitspraak doen over mogelijke griffierechtvergoedingen (art. 8:74 Awb) en een eventuele proceskostenveroordeling (art. 8:75 Awb).

Termijn

De rechtbank moet binnen een termijn van 6 weken een schriftelijke uitspraak doen (art. 8:66 Awb). Deze termijn kan met 6 weken worden verlengd. Op het niet naleven van de uitspraaktermijn staat geen sanctie.

Rechtstreeks beroep

Prorogatie

Het is mogelijk om met instemming van alle partijen (belanghebbende en inspecteur) de bezwaarschriftprocedure over te slaan. De belanghebbende kan uitsluitend in zijn bezwaarschrift een verzoek om rechtstreeks beroep (ook prorogatie genoemd) doen. Als dit verzoek door de inspecteur wordt toegewezen, wordt het bezwaarschrift meteen als beroepschrift beschouwd en moet de Belastingdienst het doorsturen naar de rechtbank. De rechter kan het verzoek echter alsnog afwijzen en dan moet de bezwaarfase alsnog worden doorlopen. Tegen deze beslissing van de rechtbank staat geen rechtsmiddel open (art. 8:54a Awb). Door het overslaan van bezwaar komt het recht op inzage in het dossier en het hoorgesprek te vervallen.

13.8.4 Het hoger beroep bij het gerechtshof

Hoger beroep

Degene die bevoegd was om beroep bij de rechtbank in te stellen, kan ook protesteren tegen de uitspraak van de rechtbank, door het instellen van hoger beroep bij het gerechtshof (art. 8:104 Awb jo. 27h AWR). Veel bepalingen die voor het beroepschrift bij de rechtbank gelden, zijn ook van toepassing op (of komen overeen met) het beroepschrift bij het gerechtshof. Zo geldt voor het indienen van het beroepschrift ook weer een termijn van 6 weken (na de uitspraak van rechtbank); binnen deze termijn moet het beroepschrift zijn ontvangen door het gerechtshof (art. 6:7 Awb). Het beroepschrift is ook nog op tijd als het voor het einde van de termijn ter post is bezorgd en niet later dan 1 week na afloop van de termijn van 6 weken is ontvangen (verzendtheorie).

Art. 6:5 Awb is net als bij het bezwaar en beroep bij de rechtbank, ook weer van toepassing op het beroep bij het gerechtshof.

In tegenstelling tot het beroep bij de rechtbank kan zowel de belanghebbende als de Belastingdienst hoger beroep instellen bij het gerechtshof. Het betreft nu immers een beroep tegen een beslissing van de rechtbank, en niet een beroep tegen een beslissing van één van zijn medewerkers.

Gerechtshoven

Hoger beroep moet worden ingesteld bij de belastingkamer bij een van de gerechtshoven (art. 8:105 Awb jo art. 12 Bevoegsheidsverdeling bestuursrechtspraak). In Nederland zijn er vier gerechtshoven: Amsterdam, Arnhem-Leeuwarden, Den Haag en 's-Hertogenbosch. Het instellen van hoger beroep heeft schorsende werking (art. 27h lid 3 AWR).

Behandeling

Griffierecht

Als het gerechtshof het beroepschrift op tijd heeft ontvangen, moet de indiener (wederom) griffierecht betalen. Art. 8:109 Awb bepaalt de hoogte van het griffierecht.

Pro forma beroepschrift

In navolging van het pro forma bezwaarschrift en het pro forma beroepschrift bij de rechtbank kan de belastingplichtige of zijn vertegenwoordiger ook een pro forma beroepschrift bij het gerechtshof indienen, om zodoende meer tijd te krijgen voor de motivering. De indiener heeft volgens art. 6:6 Awb ook nu de gelegenheid om het verzuim te herstellen binnen een hem daartoe gestelde termijn.

Nieuwe beroepsgronden, argumenten en bewijsmiddelen kunnen ook bij het hof worden aangevoerd, tenzij een goede procesorde zich hiertegen verzet.

Incidenteel hoger beroep

Art. 8:110 Awb biedt de mogelijkheid bij het verweerschrift incidenteel hoger beroep in te stellen. De partij die geen hoger beroep heeft ingesteld tegen de uitspraak, kan op deze manier alsnog zijn argumenten laten toetsen door de rechter. De wederpartij wordt in de gelegenheid gesteld om zich te verweren tegen het incidenteel hoger beroep. De indiener van het incidenteel hoger beroep hoeft geen griffierecht te betalen.

Uitspraak

Soorten uitspraken

Het gerechtshof kan tot de volgende uitspraken komen:
– Het gerechtshof is onbevoegd.
– De indiener van het beroep is niet-ontvankelijk.
– Het beroep is ongegrond.
– Het beroep is gegrond.

Voor een nadere uitleg van de mogelijke uitspraken wordt verwezen naar paragraaf 13.8.3.

Bij vernietiging van de uitspraak van de rechtbank kan het hof de zaak zelf afdoen zoals de rechtbank dit had moeten doen (art. 8:116 Awb). Maar het hof kan de zaak ook voor een hernieuwde behandeling terugwijzen naar de rechtbank of de zaak verwijzen naar een andere rechtbank dan de rechtbank die in eerste aanleg over de zaak heeft geoordeeld (art. 8:115 Awb).

13.8.5 Het beroep in cassatie bij de Hoge Raad

Cassatie

Het is mogelijk dat ook de uitspraak van het gerechtshof niet bevredigend is. Dan bestaat de mogelijkheid om beroep in cassatie in te dienen bij de Hoge Raad der Nederlanden in Den Haag.

Bevoegdheid

Ministerie van Financiën

Degene die bevoegd was om een beroepschrift bij het hof in te dienen, kan beroep in cassatie instellen. Ook het ministerie van Financiën, waar de Belastingdienst en de inspecteur onder vallen, heeft deze mogelijkheid (art. 28 AWR). Naast de belanghebbende is het instellen van een beroep in cassatie daarom beperkt tot (of namens) de minister van Financiën. Dit is gedaan om een hertoetsing/beoordeling door een andere instantie dan de Belastingdienst te laten plaatsvinden.

Sprongcassatie

Een bijzondere vorm van cassatie is de sprongcassatie. Deze maakt het mogelijk dat beide partijen (dus zowel de belanghebbende als de minister) in onderling overleg besluiten om de tweede feitelijke instantie (het gerechtshof) over te slaan.

HOOFDSTUK 13 | FORMEEL BELASTINGRECHT

Tegen de uitspraak van de rechtbank kan in zo'n geval rechtstreeks beroep in cassatie worden ingesteld (zonder een procedure bij het gerechtshof).

Cassatie in het belang der wet

Als laatste kan de procureur-generaal ook cassatie instellen *in het belang der wet*. Dit kan alleen als de eerdergenoemde partijen geen gewoon rechtsmiddel meer tot hun beschikking hebben om beroep in cassatie in te stellen en een uitspraak toch van algemeen belang wordt geacht.

Gronden om beroep in cassatie in te stellen

Gronden

De twee gronden om beroep in cassatie in te stellen zijn:
- vormverzuim;
- verkeerde toepassing of schending van het recht.

De Hoge Raad is geen feitenrechter. De Hoge Raad gaat uit van de feiten zoals deze door het gerechtshof (en/of de rechtbank) zijn vastgesteld. De Hoge Raad laat dan ook geen nieuw feitelijk onderzoek plaatsvinden.

Voorbeeld

De heer Besten bezit een pand dat hij verhuurt aan een gezin. Dit pand behoort tot het box 3-vermogen van de heer Besten. De inspecteur en hij verschillen van mening over de waarde van het pand. Besten schat zijn pand op een waarde van € 300.000 en de inspecteur stelt dat het pand € 600.000 waard is. Dit geschil betreft een waarderingskwestie, het gaat om de feitelijke vaststelling van de waarde van het pand. Het geschil gaat niet over de toepassing van de wet, want de heer Besten en de belastinginspecteur zijn het erover eens dat het pand tot het box 3-vermogen behoort. Het gaat ook niet om een vormverzuim, waarbij regels zouden zijn overtreden van bijvoorbeeld processuele handelingen, zoals met betrekking tot het onjuist of niet verzenden van een uitnodiging voor een zitting of het onjuist opmaken van een proces-verbaal van de zitting. Besten kan dus in bezwaar, in beroep bij de rechtbank en in hoger beroep bij het gerechtshof. Hij kan echter niet in cassatie bij de Hoge Raad, omdat er geen rechtsvraag of vormverzuim in geschil is.

Verschillende bepalingen voor het bezwaar- en het beroepschrift gelden ook voor het beroepschrift in cassatie. De eisen die op grond van art. 6:5 Awb worden gesteld aan het beroepschrift en de in art. 6:7 Awb genoemde termijn om beroep in te stellen, zijn ook van toepassing op de cassatieprocedure. Bovendien moet

Griffierecht het griffierecht van art. 29 AWR jo. art. 8:109 Awb worden betaald.

Prejudiciële vraag In fiscale procedures heeft de rechter de mogelijkheid om een prejudiciële vraag te stellen aan de Hoge Raad. De rechter kan hierdoor de mening van de Hoge Raad over een rechtsvraag al meenemen in zijn uitspraak. Deze mogelijkheid bestond al wel in civiele zaken.

Digitaal procederen

Digitaal procederen — Sinds 15 april 2020 is het mogelijk om digitaal te procederen bij de Hoge Raad. Voor beroepsmatige rechtsbijstandverleners, niet-natuurlijke personen en bestuursorganen is het zelfs verplicht om digitaal te procederen in cassatie in belastingzaken. Dit betekent dat een fiscale cassatieprocedure in deze gevallen niet meer schriftelijk afgehandeld wordt, maar dat de communicatie met de Hoge Raad digitaal verloopt, bijvoorbeeld per e-mail.

Invloed Europese Unie

Europees Hof van Justitie — Als 'hoogste' instantie kan het Hof van Justitie van de Europese Unie in Luxemburg worden genoemd (HvJ-EU). In fiscale procedures kunnen de Hoge Raad, het gerechtshof en de rechtbank zich met zogenoemde prejudiciële vragen tot het Hof wenden als mogelijk sprake is van schending van het Europese recht. Vaak wordt aan het HvJ-EU de vraag voorgelegd of er sprake is van een ongelijke behandeling/schending van de in het Europese recht gewaarborgde vrijheden (vrijheid van vestiging, kapitaalsverkeer, etc.). Hierbij gaat het met name om de ongelijke behandeling van een onderdaan van het ene EU-land door een ander EU-land.

Het HvJ-EU zal de vragen beantwoorden, waarna de Hoge Raad, het gerechtshof of de rechtbank een uitspraak zal doen, met inachtneming van de antwoorden. Het kan gebeuren dat de Nederlandse wetgeving naar aanleiding van de uitspraken van het HvJ-EU moet worden aangepast.

Europees Hof voor de Rechten van de Mens

Is er een boete in het spel, dan zijn de waarborgen van art. 6 van het Europees Verdrag voor de Rechten van de Mens (EVRM) eveneens van toepassing. Als de belastingplichtige het niet eens met het arrest van de Hoge Raad omdat volgens hem één of meerdere waarborgen zijn geschonden (bijvoorbeeld omdat de redelijke termijn van behandeling van de zaak is overschreden), dan kan hij zich wenden tot het Europese Hof voor de Rechten van de Mens (EHRM). Dit Hof is gevestigd in Straatsburg.

13.9 Belastingrente

Belastingrente — Bij het opleggen van een aanslag kan rente worden berekend (art. 30f e.v. AWR). De Belastingdienst brengt deze rente bij de belastingplichtige in rekening óf de belastingplichtige krijgt de rente vergoed. De rente wordt enkelvoudig berekend (art. 30f lid 2 AWR).

In beginsel berekent de Belastingdienst belastingrente over de volgende aanslagen:
– de voorlopige aanslag;
– de (definitieve) aanslag;
– de navorderingsaanslag;
– de naheffingsaanslag.

Termijn waarover rente wordt berekend

De belastingrente is bedoeld voor iedereen die een belastingaanslag moet betalen of die belasting terugkrijgt. De rente wordt afzonderlijk vermeld.

Heffingstermijn De termijn voor de inkomstenbelasting waarover belastingrente wordt geheven, vangt aan op 1 juli nadat het tijdvak is geëindigd. Dat houdt in dat voor de inkomstenbelasting de meeste belastingplichtigen niet meer met het in rekening brengen van rente te maken zullen krijgen, omdat zij veelal voor 1 juli een voorlopige aanslag hebben ontvangen.

Voorbeeld

Marie heeft over 2020 inkomsten genoten waarvan zij aangifte moet doen. Op 20 maart 2021 doet zij haar aangifte. Op 20 juni 2021 legt de inspecteur een voorlopige aanslag op. De voorlopige aanslag inkomstenbelasting 2020 is voor 1 juli 2021 vastgesteld. Er wordt geen belastingrente in rekening gebracht.

De art. 30f tot en met 30hb, 30j en 30k AWR bevatten regels met betrekking tot het vergoeden van rente door de Belastingdienst en het betalen van rente aan de Belastingdienst – belastingrente – bij het heffen van belastingen. Daarvan hebben de art. 30f t/m 30fe AWR betrekking op de inkomsten- en vennootschapsbelasting, art. 30g AWR op de erfbelasting en art. 30h en 30ha AWR op een aantal belastingen die worden geheven bij wege van voldoening of afdracht op aangifte waaronder de loon- en omzetbelasting.

Uitgangspunt van de regeling van de belastingrente is dat de inspecteur met betrekking tot de inkomsten- en vennootschapsbelasting alleen rente vergoedt als hij na indiening van een verzoek of aangifte te lang doet over het opleggen van een aanslag met een uit te betalen bedrag (vergelijk art. 30fa AWR).

Opvallend is dat vermindering of vernietiging van een aanslag of navorderingsaanslag na aanmelding van een bezwaarschrift of door de belastingrechter op zichzelf niet leidt tot vergoeding van belastingrente (art. 30fe lid 1 AWR).

Het percentage van de belastingrente (art. 30hb AWR) is gelijk aan de wettelijke rente die op grond van art. 6:119 en 6:120 BW bij AMvB wordt vastgesteld. Als de aanslag conform de (voorlopige) aangifte IB of Vpb is, is geen belastingrente verschuldigd als de aangifte is ontvangen vóór 1 mei na het belastingtijdvak.

Voor bepaalde (groepen van) gevallen kunnen afwijkingen worden toegestaan van wat is bepaald in art. 30f tot en met 30hb AWR, als dat nodig is voor het bereiken van overeenstemming bij overleg tussen belastingautoriteiten op grond van internationale belastingregelingen (art. 30k AWR).

13.10 Revisierente

Negatieve uitgaven voor inkomensvoorzieningen

De revisierente (art. 30i AWR) hoort onder andere bij de negatieve uitgaven voor inkomensvoorzieningen van box 1 (zie hoofdstuk 5). Als een belastingplichtige eerst uitgaven voor inkomensvoorzieningen heeft afgetrokken maar dit vervolgens ongedaan wordt gemaakt, ze worden gerestitueerd of er een verboden handeling wordt verricht, brengt de Belastingdienst revisierente in rekening. Het gevolg is dat deze uitgaven dan als negatieve uitgaven voor inkomensvoorzieningen meetellen bij het box 1-inkomen. De revisierente bedraagt 20% van de waarde van de desbetreffende aanspraak in het economische verkeer.

De revisierente kan bijvoorbeeld spelen bij de afkoop van pensioenen en uitkeringen van lijfrenten.

13.11 Vertegenwoordiging

Vertegenwoordiging

Vertegenwoordigen is het handelen voor en in naam van een ander. De juridische vertegenwoordiging bestaat uit het verrichten van rechtshandelingen in naam van iemand anders. Dit handelen bindt de vertegenwoordigde.

Vertegenwoordiging kan op verschillende manieren plaatsvinden, zoals onder andere de verplichte vertegenwoordiging van bijvoorbeeld iemand die onder curatele is gesteld en de vertegenwoordiging van een rechtspersoon door de bestuurder van een bv.

De Awb besteedt in diverse artikelen ook aandacht aan de fiscale vertegenwoordiging (art. 2:1 Awb en art. 8:21 tot en met 8:25 Awb). De AWR bevat ook bepalingen over vertegenwoordiging (art. 41 tot en met 46). Deze bepalingen gelden niet in beroep, hoger beroep en beroep in cassatie.

Volmacht

Volmacht

Rechtspersonen of natuurlijke personen die te maken krijgen met de Belastingdienst, laten zich vaak vertegenwoordigen door accountants- en belastingadvieskantoren. Bij contacten met de inspecteur vindt deze vertegenwoordiging plaats krachtens een volmacht. De belastingplichtige kan deze volmacht schriftelijk of mondeling verlenen aan de zogenoemde gevolmachtigde (vertegenwoordiger). De inhoud van de volmacht bepaalt de bevoegdheid van de vertegenwoordiger. Een volledige volmacht betekent dat de vertegenwoordiger alle fiscale handelingen voor zijn cliënt mag verrichten. Als de vertegenwoordiger bijvoorbeeld slechts de aangifte mag verzorgen, is sprake van een beperkte volmacht.

Weigeren

In principe kan iedereen worden aangesteld als vertegenwoordiger, dus ook personen zonder fiscaaljuridische kennis. Maar als de inspecteur ernstige bezwaren heeft tegen een vertegenwoordiger, kan hij deze weigeren (art. 2:1 Awb). In art. 2:2

lid 3 Awb staat echter dat de inspecteur een advocaat niet kan weigeren om iemand juridisch bij te staan.

De belastingplichtige is overigens verplicht om de vertegenwoordiger te vergezellen om mondeling gegevens of inlichtingen te verstrekken als de inspecteur dat vordert (art. 41 AWR).

Gevolgen vertegenwoordiging

Toerekenbaarheid Als de vertegenwoordiger fouten maakt, kunnen deze fouten worden toegerekend aan de belastingplichtige. Stel bijvoorbeeld dat een belastingadvieskantoor een volmacht heeft tot het controleren van belastingaanslagen en het maken van bezwaar tegen belastingaanslagen van de belastingplichtige die hij vertegenwoordigt. Als de inspecteur een belastingaanslag te hoog heeft vastgesteld en het belastingadvieskantoor de bezwaartermijn door onoplettendheid laat verstrijken, is de vertegenwoordigde belastingplichtige desondanks verplicht om de 'verkeerde' belastingaanslag te betalen.

Overlijden belastingplichtige

Overlijden Na het overlijden van een belastingplichtige gaan de bevoegdheden en verplichtingen over op de rechtverkrijgenden onder algemene titel. Vertegenwoordiging kan dan wettelijk (op grond van het Burgerlijk Wetboek) plaatsvinden door de erfgenaam, executeur, vereffenaar of bewindvoerder (art. 44 AWR).

13.12 Verplichtingen ten dienste van de belastingheffing

13.12.1 Inleiding

Het kan gebeuren dat de Belastingdienst aanvullende gegevens en inlichtingen nodig heeft voordat hij een belastingaanslag kan opleggen. Op grond van art. 47 tot en met 56 AWR hebben belastingplichtigen bepaalde verplichtingen ten opzichte van de Belastingdienst. Hierbij moet de Belastingdienst wel aan bepaalde voorwaarden voldoen. In deze paragraaf wordt hieraan aandacht besteed.

13.12.2 Informatieplicht met betrekking tot de eigen belastingheffing

Informatieplicht Een ieder is verplicht om na een verzoek daartoe, inlichtingen te verstrekken om zodoende een correcte belastingheffing te bewerkstelligen (art. 47 AWR). Het kan daarbij gaan om:
a. het verstrekken van gegevens en inlichtingen (een actieve plicht);
b. het ter beschikking stellen van boeken, bescheiden en andere gegevensdragers of de inhoud daarvan (een passieve plicht).

Andere gegevensdragers — Met de andere gegevensdragers worden bijvoorbeeld digitale gegevensdragers bedoeld, zoals computerbestanden en cd-roms. Van de ter beschikking gestelde gegevens mogen kopieën, leesbare afdrukken of uittreksels worden gemaakt (art. 49 lid 2 AWR). Als een belastingplichtige de Belastingdienst niet toestaat om bijvoorbeeld kopieën te maken, kan hij hiervoor worden beboet met een verzuimboete van maximaal € 5.514 (art. 67ca AWR). Het betreft in dit artikel een vordering om bepaalde informatie te verkrijgen. Een belastingplichtige is dus niet verplicht om spontaan informatie te verstrekken, tenzij de plicht voortkomt uit het hiervoor besproken art. 10a AWR.

Omvang verplichting

De omvang van deze informatieverplichting is niet onbeperkt. Ten eerste moet de informatie van belang kunnen zijn voor de eigen belastingheffing. Ten tweede is de inspecteur gehouden aan de algemene beginselen van behoorlijk bestuur. Hij mag zijn bevoegdheid tot het nemen van een besluit niet gebruiken voor een ander doel dan waarvoor deze bevoegdheid is bedoeld (art. 3:3 Awb). Zie paragraaf 13.2.

Algemene beginselen van behoorlijk bestuur

De gegevens en de inlichtingen moeten duidelijk, stellig en zonder voorbehouden worden verstrekt. Bovendien moeten ze volgens art. 49 lid 1 AWR binnen een door de inspecteur te stellen termijn worden overhandigd.

Voorbeeld

Bob Jansen doet op 10 maart 2021 aangifte inkomstenbelasting over het jaar 2020. Hij geeft geen box 3-inkomen aan. Weliswaar heeft hij € 30.000 spaargeld, maar hij heeft ook nog wat studieschulden en met het heffingvrije vermogen van zo'n € 20.000, denkt Bob dat hij geen box 3-inkomen hoeft aan te geven.

De inspecteur heeft echter van de bank informatie ontvangen over de banktegoeden van Bob en vindt het vreemd dat Bob geen box 3-inkomen heeft vermeld in zijn aangifte. De inspecteur verzoekt Bob daarom om binnen 3 weken na dagtekening van de brief een jaaroverzicht van zijn banktegoeden aan de Belastingdienst te sturen. De inspecteur mag dit vragen, omdat dit van belang kan zijn voor de belastingheffing. De termijn van 3 weken is in dit geval niet onredelijk, aangezien het slechts om één document gaat.

13.12.3 Informatieverplichtingen in internationale verhoudingen

Internationale verhoudingen — Art. 47a AWR is een uitbreiding van art. 47 AWR met internationaal verbonden lichamen en personen. Buitenlandse lichamen en personen vallen vaak niet onder de fiscale bevoegdheid van een Nederlandse belastinginspecteur. Hierdoor zijn bij internationale verbanden van lichamen en personen de mogelijkheden tot informatieverstrekking beperkt. Op grond van art. 47a AWR zijn buitenlandse moeder- en zusterondernemingen van een in Nederland gevestigd lichaam echter verplicht om informatie met betrekking tot het Nederlandse lichaam te verstrekken aan de inspecteur.

Informatie-uitwisseling — Met betrekking tot fiscale informatie-uitwisseling kan Nederland verdragen sluiten. Die verdragen staan boven de Nederlandse wetgeving. Als in een verdrag informatiebepalingen zijn opgenomen, gaan de verdragsbepalingen vóór art. 47 en 47a AWR.

13.12.4 Identificatieplicht

Iedere natuurlijke persoon is verplicht om zich te identificeren volgens de Wet op de identificatieplicht.

Identificatiebewijs — Om te controleren of bij een werkgever conform de regels loonbelasting wordt ingehouden, kan de inspecteur een identificatiebewijs verlangen van de werknemers (art. 47b AWR). Werkgevers zijn verplicht om kopieën van de identiteitsbewijzen van hun werknemers te administreren, zodat hun loonadministratie onder andere kan worden gecontroleerd op eventuele 'zwart'werkers of illegalen. Een paspoort of een gemeentelijke identiteitskaart, kan dienen als identificatiebewijs.

Burgerservicenummer — Ook bij het verzoek om een burgerservicenummer moet een persoon zich verplicht identificeren bij de inspecteur. De identificatieplicht geldt ook bij de bekendmaking van een burgerservicenummer.

13.12.5 Toegang tot gebouwen

Toegang tot gebouwen — Bij een belastingonderzoek is degene die een gebouw of grond in gebruik heeft, verplicht om de inspecteur toegang te verlenen tot alle gedeelten van dat gebouw en tot alle grond (art. 50 AWR). De gebruiker moet de inspecteur toegang verlenen tussen 8 uur 's ochtends en 6 uur 's avonds, met uitzondering van zaterdagen, zondagen en algemeen erkende feestdagen. Als de gebruiker weigert om de inspecteur toegang te verlenen, kan hij hiervoor een verzuimboete krijgen van maximaal € 5.514 (art. 67ca AWR).

'Normale' uitoefening — De inspecteur kan overigens wel buiten de genoemde uren en dagen wettelijk toegang krijgen als gedurende die uren en dagen de 'normale' uitoefening van een bedrijf, werkzaamheid of beroep plaatsvindt. Dit is bijvoorbeeld het geval bij horecagelegenheden, die ook 's avonds en in het weekend geopend zijn.

13.12.6 Geheimhouding

Geheimhouding — Zoals eerder is vermeld, is iedereen verplicht om ten aanzien van de eigen belastingheffing desgevraagd alle relevante informatie te verstrekken aan de inspecteur. Een inhoudingsplichtige is hiertoe ook verplicht. In art. 51 AWR staat dat ten aanzien van de eigen belastingheffing niemand zich kan beroepen op een geheimhoudingsplicht.

Verschoningsrecht Sommige personen hebben in het kader van de uitoefening van hun beroep een verschoningsrecht voor de belastingheffing van derden. Zo kunnen bekleders van een geestelijk ambt, notarissen, advocaten, artsen en apothekers weigeren om informatie over een derde aan de inspecteur te verstrekken. Zij kunnen met geldige redenen zich onttrekken in de rechtspleging aan het verstrekken van informatie, omdat zij uit hoofde van hun stand, beroep of ambt tot geheimhouding verplicht zijn (art. 53a AWR).

Een advocaat (of één van de andere bovengenoemde beroepsbeoefenaars) kan zich echter niet op zijn geheimhoudingsplicht beroepen als het om zijn eigen belastingheffing gaat.

13.12.7 Administratie

Administratieplichtig Voor de vaststelling van de belastingschuld is een administratie vaak essentieel. Daarom zijn bepaalde belastingplichtigen verplicht om een administratie bij te houden (art. 52 lid 2 AWR). De volgende personen en lichamen zijn administratieplichtig:
a. lichamen (zie art. 2 lid 1 letter b AWR);
b. natuurlijke personen die een bedrijf of zelfstandig een beroep uitoefenen (zie hoofdstuk 4);
c. natuurlijke personen die inhoudingsplichtig zijn (zie hoofdstuk 2);
d. natuurlijke personen die een belastbaar resultaat uit overige werkzaamheden genieten (zie hoofdstuk 5).

Administratie De administratie bestaat uit boeken, bescheiden, andere (elektronische) gegevensdragers en alles wat op grond van andere belastingwetten moet worden bijgehouden, aangetekend of opgemaakt. Een voorbeeld van dat laatste zijn de facturen die moeten worden bewaard op grond van de Wet op de omzetbelasting. De administratie moet in elk geval zodanig worden gevoerd dat de inspecteur deze binnen een redelijke termijn kan controleren (art. 52 lid 6 AWR). Alle administratieplichtigen moeten van hun vermogenstoestand en van alles betreffende hun bedrijf, zelfstandig beroep of werkzaamheid op zodanige wijze een administratie voeren, dat hun rechten en verplichtingen te allen tijde daaruit blijken.

Medewerking De administratie kan op veel verschillende manieren worden gevoerd. De administratieplichtigen moeten daarom de benodigde medewerking verlenen en inzicht geven in de opzet en werking van hun administratie.

Voorbeeld

Marcella is in dienst bij de stichting Behoud het Groen en doet daar de administratie. In de voorgaande jaren heeft zij veel overuren gemaakt, maar dit jaar was het aantal overuren veel lager dan gebruikelijk. Om dat te controleren, wil de Belastingdienst de gewerkte uren van Marcella controleren. De Belastingdienst kan de stichting verzoeken om hierover informatie te verstrekken. Dit omdat de stichting administratieplichtig is, en zij op grond van art. 52 lid 2 juncto art. 53 AWR verplicht is om de gevraagde informatie te verstrekken.

Bewaarplicht In verband met de belastingheffing zijn de administratieplichtigen verplicht om de administratie 7 jaar te bewaren (art. 52 lid 4 AWR). De administratie mag worden overgezet op andere gegevensdragers, mits alle informatie behouden blijft. Dit wordt ook wel conversie genoemd (art. 52 lid 5 AWR).

13.12.8 De informatiebeschikking

Als de Belastingdienst een informatiebeschikking heeft afgegeven, kan de betreffende persoon daar bezwaar tegen maken (art. 52a AWR).

Bezwaar tegen inlichtingenverzoek Als een belastingplichtige het inlichtingenverzoek onrechtmatig vindt, moet hij weigeren de gevraagde inlichtingen te verstrekken. Wil de inspecteur zich op omkering en dus verzwaring van de bewijslast kunnen beroepen, dan moet hij een informatiebeschikking nemen.

De bewijslast kan pas worden omgekeerd en worden verzwaard als de informatiebeschikking onherroepelijk is geworden (art. 25 lid 3 en 27e AWR).

Als de inspecteur een informatiebeschikking heeft genomen, kan de belastingplichtige daartegen binnen 6 weken bezwaar maken (zie paragraaf 13.8.2 voor de behandeling van het bezwaar).

Over de rechtmatigheid van het inlichtingenverzoek kan worden geprocedeerd tot aan de Hoge Raad (dat wil zeggen: bezwaar, beroep, hoger beroep en beroep in cassatie).

Verval informatiebeschikking

Verval informatiebeschikking Totdat de informatiebeschikking onherroepelijk is geworden, kan de inspecteur geen belastingaanslag opleggen. Doet hij dat wel dan vervalt de informatiebeschikking en kan hij zich niet meer op omkering en verzwaring van de bewijslast beroepen.

Verlenging aanslagtermijnen

Verlenging aanslagtermijnen Om te voorkomen dat de termijn waarbinnen de belastingaanslag moet worden opgelegd in de tussentijd verstrijkt, wordt de termijn voor vaststelling van de belastingaanslag verlengd totdat de informatiebeschikking onherroepelijk vast komt te staan of wordt vernietigd (art. 52a lid 2 AWR).

Hersteltermijn

Hersteltermijn Op het moment dat de rechter oordeelt dat het verzoek van de inspecteur rechtmatig is geweest, dan is de termijn waarbinnen aan het verzoek kon worden voldaan vaak al verstreken. Als de rechter vindt dat belastingplichtige geen misbruik heeft gemaakt van procesrecht, stelt hij in dat geval een nieuwe termijn vast waarbinnen de belastingplichtige alsnog aan het verzoek van de inspecteur kan voldoen.

Andere verzoeken

Andere verzoeken — Art. 52a AWR geldt niet alleen bij informatieverzoeken ex art. 47 AWR, maar ook bij andere verplichtingen zoals het niet voldoen aan de administratieverplichting van art. 52 AWR. Daarnaast opent de wettelijke regeling de mogelijkheid om de reikwijdte van art. 49 AWR door de rechter te laten toetsen. Dat kan van belang zijn als de inspecteur digitale bestanden opvraagt waarvan de belastingplichtige meent dat deze niet tot de administratie behoren.

13.12.9 Informatieplicht met betrekking tot belastingheffing bij derden

Derden — Administratieplichtigen moeten aan de Belastingdienst (na een verzoek daartoe) informatie verstrekken ten behoeve van de belastingheffing van derden en van werknemers (art. 53 AWR). Bovendien zijn zij ook verplicht om aan de inspecteur toegang te verlenen tot hun gebouw of grond (art. 47, 48 tot en met 50 AWR). Met andere woorden: een inhoudingsplichtige (zoals een werkgever) is verplicht om een administratie te voeren en dus ook om gegevens en inlichtingen over zijn werknemers te verstrekken aan de inspecteur.

Voorbeeld

De Belastingdienst stelt een boekenonderzoek in bij de heer Pickard, die diamantair van beroep is en zijn eigen eenmanszaak heeft. In het kasboek staat dat hij voor € 5.000 contant een ring verkocht heeft aan juwelierszaak Den Houting. De Belastingdienst kan nu een derdenonderzoek instellen bij juwelierszaak Den Houting om te controleren of Pickard het juiste bedrag in zijn kasboek heeft geboekt. Den Houting is administratieplichtig en om deze reden is hij op grond van art. 53 lid 1 letter a AWR verplicht om hieraan mee te werken.
Als de heer Pickard de ring verkocht heeft aan de *particulier* Den Houting, dan rust op deze particulier deze verplichting niet. Een particulier is namelijk niet administratieplichtig en op hem rust dan ook niet de verplichting om informatie ten behoeve van de belastingheffing bij derden te verstrekken.

13.13 Domicilie

Domicilie — Als iemand geen vaste woon- of vestigingsplaats heeft, kan de Belastingdienst eisen dat hij domicilie kiest in Nederland. Hij kan dan kiezen voor een willekeurig adres in Nederland (art. 57 en 58 AWR). Meestal is er sprake van een vertegenwoordiger in Nederland en wordt diens adres als domicilie gekozen. Het nalaten van een domiciliekeuze heeft geen gevolgen voor de ontvankelijkheid van een ingesteld rechtsmiddel. Wel komen eventuele gevolgen van vertragingen in de postbezorging voor rekening van de belastingplichtige.

13.14 Hardheidsclausule

Onbillijkheden van overwegende aard

Strikte naleving van de fiscale wetgeving kan soms leiden tot een 'onrechtvaardige' (onbillijke) heffing. Voor onbillijkheden van overwegende aard kan de minister van Financiën overgaan tot (gehele of gedeeltelijke) vermindering van de belastingheffing (art. 63 AWR). Hij kan dan besluiten dat een regeling in zo'n geval of voor een individuele belastingplichtige niet geldt. Dit artikel staat bekend onder de naam 'hardheidsclausule'.

13.15 Ambtshalve vermindering

Ambtshalve vermindering

Er kunnen zich situaties voordoen waarbij een belastingplichtige de fiscale rechtsgang bewust of onbewust aan zich voorbij laat gaan. Hierbij valt bijvoorbeeld te denken aan een belastingplichtige die uit vergeetachtigheid de bezwaartermijn laat verlopen of die er nog niet van op de hoogte is dat hij een fout heeft gemaakt in een door hem ingevulde belastingaangifte. In zulke situaties kan de belastingplichtige een beroep doen op art. 65 AWR. Eigenlijk wordt dan aan de inspecteur gevraagd om de aanslag van één of meer voorgaande jaren te herzien.

Herziening van de aanslag

De inspecteur zal dan bekijken of er voldoende reden is om een reeds opgelegde aanslag te herzien. Deze mogelijkheid is niet juridisch afdwingbaar bij de belastingrechter; de belastingplichtige kan slechts een verzoek indienen bij de inspecteur. Besluit de inspecteur om een opgelegde aanslag niet te herzien, dan heeft de belastingplichtige niet de mogelijkheid om alsnog zijn recht te halen bij de belastingrechter. De belastingplichtige is bij een dergelijk verzoek dus afhankelijk van de medewerking van de belastinginspecteur. Ook in het geval dat een belastingplichtige niet tijdig een bezwaarschrift indient, zal de inspecteur het bezwaar eerst niet-ontvankelijk verklaren en vervolgens het bezwaar behandelen als een verzoek om ambtshalve vermindering.

Voor de inkomstenbelasting is in art. 9.6 Wet IB een afwijkende regeling opgenomen. In de gevallen die worden genoemd in art. 45aa Uitv.reg. IB, wordt een onjuiste belastingaanslag door de inspecteur ambtshalve verminderd. Hiervoor geldt een termijn van 5 jaren. Wordt een verzoek om ambtshalve vermindering van een aanslag inkomstenbelasting geheel of gedeeltelijk afgewezen, dan gebeurt dit bij een voor bezwaar vatbare beschikking. De belastingplichtige kan dan dus wel bezwaar maken en desgewenst beroep, hoger beroep, etc. instellen bij de belastingrechter. Een en ander geldt ook voor de overige beschikkingen die op het aanslagbiljet zijn vermeld (art. 9.6 lid 4 Wet IB).

> **Voorbeeld**
>
> De belastingadviseur van Klomp bv heeft namens de vennootschap een bezwaarschrift ingediend tegen een te hoge aanslag vennootschapsbelasting. De voorlopige aanslag is namelijk niet verrekend met het bedrag van de aanslag. De adviseur heeft het bezwaar echter niet binnen de termijn van 6 weken ingediend, omdat hij het aanslagbiljet te laat heeft ontvangen van de bestuurder van de vennootschap.
> Als de belastingplichtige of een vertegenwoordiger te laat (dus na de 6-wekentermijn van art. 6:7 Awb) is met het indienen van een bezwaarschrift, kan de inspecteur een te laat ingediend bezwaar op grond van art. 65 AWR als een verzoekschrift behandelen. Als het verzoek gegrond is, zal de inspecteur de opgelegde aanslag ambtshalve verminderen en op die manier alsnog tegemoetkomen aan de bezwaren van de belastingadviseur van Klomp bv.

13.16 Bestuurlijke boeten

13.16.1 Inleiding

Bestuurlijke boeten

De bestuurlijke boeten bestaan uit verzuim- en vergrijpboeten, die behandeld worden in de art. 67a tot en met 67f AWR.

Bij een verzuimboete is de bestraffing lichter dan bij de vergrijpboete. Voor de meer 'ernstige' vergrijpboete moet sprake zijn van opzet dan wel grove schuld. Het bewijs van opzet of grove schuld moet door de inspecteur worden geleverd.

Besluit Bestuurlijke Boeten Belastingdienst

Het Besluit Bestuurlijke Boeten Belastingdienst (hierna: BBBB) geeft nadere uitleg en voorschriften bij het opleggen van zowel een verzuimboete als een vergrijpboete.

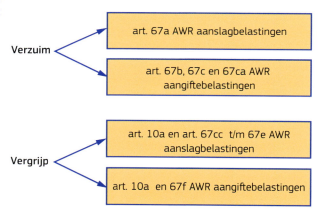

13.16.2 Verzuimboete

Verzuimboete   In de volgende vijf situaties heeft een inspecteur de mogelijkheid om een verzuimboete op te leggen:
- Een belastingplichtige doet geen aangifte voor een aanslagbelasting. Hierbij geldt dat de inspecteur na het overschrijden van de termijn voor het doen van aangifte (van een aanslagbelasting), eerst een aanmaning moet verzenden. Deze aanmaning stelt de belastingplichtige alsnog in staat om aangifte te doen. Maakt hij daarvan geen gebruik, dan heeft de inspecteur de bevoegdheid om uiterlijk bij het vaststellen van de aanslag een verzuimboete op te leggen van maximaal € 5.514 (art. 67a AWR).
- Als geen aangifte wordt ingediend voor een voldoenings- of afdrachtbelasting of als de aangifte te laat wordt ingediend, kan de inspecteur een verzuimboete opleggen van maximaal € 136 (art. 67b lid 1 AWR).
- Als een inhoudingsplichtige de aangifte niet indient binnen de termijn van art. 10 AWR of als hij een onjuiste of onvolledige aangifte indient, kan de inspecteur in afwijking van art. 67b lid 1 AWR een boete opleggen van maximaal € 1.377 (art. 67b lid 2 AWR).
- Als een aangiftebelasting (voldoenings- of afdrachtsbelasting) niet of gedeeltelijk niet wordt betaald, kan de inspecteur tegelijkertijd met de naheffingsaanslag een verzuimboete van maximaal € 5.514 opleggen (art. 67c lid 1 AWR). Dat kan tot 5 jaar na het einde van het kalenderjaar waarin de schuld is ontstaan (art. 67c lid 3 AWR).
- Het niet naleven van de verplichtingen die zijn vermeld in art. 67ca AWR, kan worden beboet met een verzuimboete van ten hoogste € 5.514.

In deze situaties is het niet van belang of er sprake is van opzet of grove schuld. Deze begrippen horen bij de vergrijpboete, zie de paragraaf hierna.

13.16.3 Vergrijpboete

Vergrijpboete   Met betrekking tot de vergrijpboete zijn er vier mogelijkheden om een boete op te leggen:
- Als het aan de opzet van de belastingplichtige is te wijten dat met betrekking tot een aanslagbelasting de aangifte niet, dan wel onjuist of onvolledig is gedaan (art. 67d AWR), wordt een boete opgelegd van maximaal 100%. De boete bedraagt maximaal 300% als de aanslag betrekking heeft op inkomsten uit sparen en beleggen (box 3-inkomen). De boete wordt opgelegd bij de definitieve aanslag.
- Als het aan de opzet of grove schuld van belastingplichtige is te wijten dat de aanslagbelasting tot een te laag bedrag is vastgesteld of dat anderszins te weinig belasting is geheven (art. 67e AWR), wordt een boete opgelegd van maximaal 100%. De boete bedraagt maximaal 300% als de navorderingsaanslag

betrekking heeft op inkomsten uit sparen en beleggen (box 3-inkomen). De boete wordt opgelegd bij de navorderingsaanslag.
- Als het aan de opzet of grove schuld van belastingplichtige of inhoudingsplichtige is te wijten dat een aangiftebelasting gedeeltelijk niet, dan wel niet tijdig is betaald (art. 67f AWR), wordt een boete opgelegd van maximaal 100%. Deze boete wordt opgelegd bij de naheffingsaanslag.
- Als de belastingplichtige of inhoudingsplichtige de informatieverplichting van art. 10a AWR niet naleeft en daarbij sprake is van opzet of grove schuld, kan een boete worden opgelegd van maximaal 100% indien het aan opzet van de belastingplichtige te wijten is dat in een verzoek om het vaststellen van een voorlopige aanslag of in een verzoek om herziening als bedoeld in art. 9.5 Wet IB en art. 27 Wet Vpb onjuiste of onvolledige gegevens of inlichtingen zijn verstrekt. In dat geval kan een boete van 100% worden opgelegd (art. 67cc AWR).

Vrijwillig verbeteren

Indien belastingplichtigen een gemaakte fout uiterlijk 2 jaar nadat de fout is begaan vrijwillig verbeteren, ontkomen zij aan het opleggen van een vergrijpboete (art. 67n lid 1 AWR). Zij doen dit op tijd als zij alsnog een juiste en volledige aangifte indienen, vóórdat zij weten of redelijkerwijs moeten vermoeden dat de inspecteur met de onjuistheid of onvolledigheid bekend is of bekend zal worden. Komt de belastingplichtige na de genoemde 2-jaarstermijn tot inkeer, dan wordt de boete gematigd. Indien verzwegen inkomen uit aanmerkelijkbelangaandelen (box 2) of uit sparen en beleggen (box 3) alsnog worden opgegeven, kan dat vanaf het jaar 2020 niet langer boetevrij gebeuren.
Ook maakt het vanaf dan niet meer uit of dit inkomen wel of niet uit het buitenland kwam.

Voorbeeld

Maggie heeft een druk jaar met vele familiebeslommeringen achter zich liggen. Zij is daardoor vergeten haar aangiftebiljet inkomstenbelasting over het jaar 2020 in te dienen bij de Belastingdienst. De Belastingdienst legt haar nu ambtshalve een aanslag over 2020 op met een te betalen bedrag van € 8.800.
De inspecteur kan een verzuimboete opleggen op grond van art. 67a AWR óf een vergrijpboete ex art. 67d AWR als hij aannemelijk kan maken dat Maggie opzettelijk geen aangifte heeft gedaan. De inspecteur moet vooraf een keuze maken. Als hij eenmaal een keuze heeft gemaakt, kan hij hierop niet meer terugkomen.

Uitbreiding daderschap

Naast de belastingplichtige kan ook de medepleger een verzuim- of vergrijpboete krijgen. Bij 'medeplegen' plegen twee of meerdere personen samen een delict. Hiervoor moet sprake zijn van een nauwe en bewuste samenwerking en een gezamenlijke uitvoering. Op grond hiervan kan ook een fiscaal adviseur een verzuim- of vergrijpboete krijgen. Verder kunnen boeten worden opgelegd aan personen die opdracht geven tot of feitelijk leiding geven aan een beboetbare gedraging. Naast medeplegen is ook medeplichtigheid beboetbaar. Alleen het medeplichtig zijn aan het begaan van een vergrijp kan worden beboet (art. 67o AWR). De boete bedraagt maximaal 2/3 van het wettelijk maximum.

13.16.4 Voorschriften inzake het opleggen van bestuurlijke boeten

Voor bezwaar vatbare beschikking

De verzuim- en vergrijpboeten vallen onder de bestuurlijke boeten en de inspecteur legt deze op door middel van een bij voor bezwaar vatbare beschikking. Betreft het een boete van meer dan € 340, dan moet de inspecteur voordat hij de boete oplegt een rapport of proces-verbaal van de overtreding opmaken (art. 5:48 Awb en art. 5:53 Awb). De belanghebbende wordt vervolgens in de gelegenheid gesteld om zijn zienswijze naar voren te brengen. Al deze bepalingen gelden niet voor de verzuimboeten (art. 67pa AWR).

Tegen een boetebeschikking kan bezwaar worden gemaakt. Ook kan een belasting- of inhoudingsplichtige beroep, hoger beroep en beroep in cassatie instellen. De inspecteur is te allen tijde verplicht om aan te geven op welke gronden de boete is opgelegd én om de boete apart te vermelden (art. 67g AWR). Wordt art. 67g lid 2 AWR niet in acht genomen, dan moet de boete komen te vervallen.
Na het overlijden van de belasting- of inhoudingsplichtige kan aan hem geen boete worden opgelegd (art. 5:42 Awb).

Zwijgrecht

Als iemand er redelijkerwijze van uit kan gaan dat hij een boete krijgt opgelegd, heeft hij de mogelijkheid om zich te beroepen op zijn zwijgrecht (art. 5:10a Awb). Niemand hoeft namelijk mee te werken aan zijn eigen veroordeling bij het opleggen van een boete (het zwijgrecht geldt niet met betrekking tot de belastingheffing). De inspecteur moet de belastingplichtige trouwens ook wijzen op het zwijgrecht.
In geval van nieuwe bezwaren is het in afwijking van art. 5:43 Awb voor de inspecteur mogelijk om een vergrijpboete op te leggen voor hetzelfde feit als waarvoor eerder een verzuimboete is opgelegd (art. 67q AWR). Van nieuwe bezwaren is bijvoorbeeld sprake als de feiten waarop de boete is gebaseerd, niet zijn onderzocht. Er wordt dan beoordeeld of sprake is van nieuwe bezwaren. De opgelegde verzuimboete wordt in dat geval wel verrekend met de vergrijpboete.

13.16.5 Besluit Bestuurlijke Boeten Belastingdienst

Besluit Bestuurlijke Boeten Belastingdienst

De minister van Financiën en zijn ambtenaren hebben de bevoegdheid om opgelegde boeten geheel of gedeeltelijk kwijt te schelden (art. 66 AWR). De regeling omtrent kwijtschelding is in het BBBB nader uitgelegd.

Bij het opleggen van de boete zal de inspecteur de boete gelijktijdig geheel of gedeeltelijk kwijtschelden. Hoeveel de kwijtschelding zal zijn, staat in het BBBB. Voor wat betreft de verzuimboeten is dit geregeld in de paragrafen 21 tot en met 24b BBBB. De boete kan nooit hoger zijn dan de in de wet vermelde maximale bedragen.

> **Voorbeeld**
>
> Robert heeft zijn aangifte inkomstenbelasting 2020 ondanks een aanmaning nog niet ingeleverd. Hij doet dit pas 5 maanden na ontvangst van de aanmaning, maar wel vóór de vaststelling van de aanslag inkomstenbelasting 2020 door de inspecteur.
> Op grond van art. 67a AWR kan de inspecteur een boete opleggen. Op grond van paragraaf 21 lid 2 BBBB bedraagt de boete die Robert kan krijgen 7% van het wettelijk maximum.

Vergrijpboete De hoogte van de vergrijpboeten is geregeld in de paragrafen 25 tot en met 28 BBBB. Bij grove schuld wordt in principe een boete van 25% opgelegd (75% als het om box 3-inkomen gaat). Bij opzet volgt in principe een boete van 50% (150% als het om box 3-inkomen gaat). Maar ook hier geldt dat de boete nooit hoger kan zijn dan de maximale bedragen genoemd in de art. 67d, 67e en 67f AWR.

13.17 Strafrechtelijke bepalingen

Fiscaal strafrechtelijke sanctie Naast de bestuurlijke boete is in de AWR ook de fiscaal strafrechtelijke sanctie opgenomen. Een verschil tussen beide is in eerste instantie dat de bestuurlijke boete door de belastinginspecteur wordt opgelegd en de fiscaal strafrechtelijke sanctie door de rechter. Voor een strafrechtelijke procedure geldt het 'gewone' strafrecht, zoals het Wetboek van Strafrecht en het Wetboek van Strafvordering. Ook bij het fiscale strafrecht is het strafrecht van toepassing, tenzij dit in de AWR is geregeld. De uitzonderingsbepalingen in de AWR gaan vóór het algemene strafrecht.

Strafvervolging Een bestuurlijke boete vervalt ter zake van hetzelfde feit als strafvervolging en het onderzoek ter terechtzitting is aangevangen (art. 5:44 Awb).

In het fiscale strafrecht wordt onderscheid gemaakt tussen een misdrijf en een overtreding. Strafbaar gestelde feiten waarbij de rechter een gevangenisstraf kan opleggen, zijn misdrijven. De overige strafbaar gestelde feiten zijn overtredingen (art. 72 AWR).

Overtredingen Onder andere de volgende overtredingen zijn strafbaar, omdat in deze gevallen niet is voldaan aan de wettelijke verplichting van art. 68 lid 1 en 2 AWR:
- het niet doen van aangifte;
- het niet verstrekken van informatie;
- het niet voeren van een administratie.

Misdrijven Specifieke fiscale misdrijven van art. 69 AWR zijn het opzettelijk verrichten van de handelingen als vermeld in art. 68 lid 1 letter a, b, d, e, f, of g AWR en het opzettelijk niet of niet binnen de gestelde termijn doen van aangifte. De handeling moet opzettelijk plaatsvinden én moet ertoe leiden dat te weinig belasting wordt geheven. De sanctie is een gevangenisstraf of een geldboete.

Bij een tijdige vrijwillige verbetering vervalt de strafvervolging (art. 69 lid 3 AWR). Ondanks vrijwillige verbetering vindt strafvervolging wel plaats als een belastingplichtige alsnog een juiste aangifte doet of informatie verstrekt die betrekking heeft op inkomen uit sparen en beleggen dat in het buitenland is opgekomen. Ook strafbaar is het opzettelijk (gedeeltelijk) niet of niet binnen de gestelde termijn betalen van een belasting die bij wege van heffing van inhouding en afdracht of voldoening van aangifte had moeten worden voldaan (art. 69a AWR). De sanctie is een gevangenisstraf of een geldboete.

ONDERDEEL B Invorderingswet

13.18 Inleiding

Invorderingswet

De AWR behandelt voornamelijk de totstandkoming van de belastingschuld. Vervolgens is het voor de Nederlandse staat van belang dat een belastingschuld ook daadwerkelijk wordt betaald. De Invorderingswet regelt de wijze waarop de ontvanger de schuld moet innen (het zogenoemde 'invorderen'). De fasen van vaststellen en ontvangen vinden elk plaats door een eigen bevoegde autoriteit. De belastinginspecteur stelt de belastingschuld vast en de ontvanger ontvangt de verschuldigde belasting of regelt de teruggave van de belasting.

Daarnaast kan hij ook belastingschulden kwijtschelden. Verder kan de ontvanger, net zoals de inspecteur dat kan, bij de uitvoering van zijn werkzaamheden in principe iedereen verplichten om informatie te verstrekken. Ook kan hij sancties (laten) opleggen. De bevoegdheden van de ontvanger zijn opgenomen in de Invorderingswet 1990.

Bij invorderingskwesties treedt de ontvanger formeel op als bestuursorgaan en is er geen directe rol weggelegd voor de inspecteur.

Teruggave van belasting

De Invorderingswet speelt zoals gezegd een rol bij de teruggaaf van belasting, maar ook als een betaling van de belastingschuld niet of niet volledig wordt ontvangen. Het gaat dan om belastingschulden die voortvloeien uit de heffing van rijksbelastingen, zoals de vennootschapsbelasting, inkomstenbelasting of loonbelasting.

Opcenten

De Invorderingswet geldt ook voor de belastingrente, de revisierente, de invorderingsrente, de bestuurlijke boeten, opcenten en kosten (art. 2 lid 2 en art. 6 Inv. wet). Opcenten is het procentuele bedrag waarmee de hoofdsom van een belasting wordt vermeerderd. Zo is de bezitter van een auto of motor verplicht tot het betalen van motorrijtuigenbelasting. Deze heffing wordt aan het Rijk betaald.

Daarnaast kunnen provincies afzonderlijk het bedrag aan belasting verhogen met een eigen heffing; de zogenoemde provinciale opcenten.
De overige termen worden behandeld in de paragrafen hierna.

Volgorde afboeken

Het bedrag dat de belastingschuldige betaalt aan de ontvanger, kan lager zijn dan zijn totale schuld. De volgorde waarin de ontvanger de ontvangsten afboekt is belangrijk, want daarmee wordt duidelijk welke schuldpost voor de belastingschuldige als eerste vervalt. Volgens art. 7 Inv.wet boekt de ontvanger de betalingen bij binnenkomst achtereenvolgens af op de openstaande:
– kosten;
– betalingskorting;
– rente;
– belastingaanslag.

Bij voldoende betaling zullen de kosten dus als eerste schuldpost verdwijnen, gevolgd door de betalingskorting en de rente. Als de betaling toereikend is, wordt als laatste de belastingaanslag afgelost.

Indien een belastingplichtige bezwaar maakt tegen de belastingaanslag, moet hij ook uitstel van betaling vragen. Betaalt hij de belasting en wordt hij achteraf door de rechter in het gelijk gesteld, dan ontvangt hij wel de betaalde belasting terug maar krijgt hij geen rentevergoeding.

13.19 Invorderingstermijn

Dagtekening

In art. 9 Inv.wet is geregeld wanneer de verschillende belastingaanslagen betaald moeten worden. De ontvanger neemt de dagtekening van het aanslagbiljet als uitgangspunt. Elke belastingaanslag moet immers een dagtekening hebben. Als de schuld na afloop van de betalingstermijn niet is voldaan, kan de ontvanger gaan invorderen.

Betalingstermijn

De hoofdregel voor betaling van belastingaanslagen staat in art. 9 lid 1 Inv.wet, alle andere leden van dat artikel zijn uitzonderingen op die hoofdregel.
Bij een definitieve aanslag bedraagt de betalingstermijn 6 weken. In art. 9 lid 2 Inv.wet wordt de termijn voor de betaling van een navorderingsaanslag op 1 maand gesteld. Voor de betaling van een naheffingsaanslag geldt een termijn van 14 dagen. Verder geeft art. 9 lid 5 Inv.wet ook uitzonderingen voor de voorlopige aanslagen.

Invorderingswet 1990 systematiek

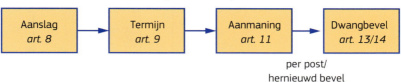

Voorbeeld

1 Els heeft een voorlopige aanslag inkomstenbelasting 2021 ontvangen met een bedrag van € 2.700. De dagtekening is 31 maart 2021. Op grond van art. 9 lid 5 Inv.wet moet zij haar aanslag in 9 gelijke termijnen betalen, te beginnen op 30 april. Vervolgens moet aan het eind van elke maand een bedrag van € 300 worden betaald. Op 31 december 2021 moet zij de laatste termijn hebben voldaan.

2 De Belastingdienst heeft aan De Zwarte Vis bv over het jaar 2020 een naheffingsaanslag omzetbelasting opgelegd. De dagtekening is 7 augustus 2021. Op grond van art. 9 lid 2 Inv.wet moet De Zwarte Vis bv de naheffingsaanslag binnen 2 weken betalen, dus vóór 22 augustus 2021.

13.20 Versneld invorderen

Eén van de speciale bevoegdheden van de ontvanger is het versneld invorderen. De ontvanger kan op deze wijze de schulden sneller innen (invorderen), voordat de belastingschuldige ze niet meer kan voldoen. In art. 10 Inv.wet staan diverse omstandigheden waarbij de ontvanger de versnelde procedure kan starten. Een versnelde procedure is onder andere mogelijk in de volgende gevallen:
- Er is een gegronde vrees voor verduistering van goederen.
- De belastingschuldige is failliet verklaard.
- De belastingschuldige gaat zich in het buitenland vestigen zonder een garantie achter te laten dat de belastingschuld betaald gaat worden.

Versnelde procedure

Voorbeeld

Hans Antoon wil graag een nieuw bestaan in Amerika opbouwen. Dat betekent dat hij (metterwoon) Nederland gaat verlaten. Hij heeft nog wel een aantal belastingaanslagen openstaan: een naheffingsaanslag omzetbelasting over het jaar 2020 ad € 58.000 en een definitieve aanslag inkomstenbelasting 2020 ad € 23.000. Beide belastingaanslagen hebben een dagtekening van 5 juni 2021. De naheffingsaanslag omzetbelasting moet binnen 2 weken betaald zijn, dus vóór 20 juni 2021. De definitieve aanslag inkomstenbelasting moet binnen 6 weken betaald zijn, namelijk vóór 18 juli 2021.

Omdat Hans Nederland wil verlaten, kan de ontvanger de belastingaanslagen versneld bij Hans invorderen (art. 10 lid 1 letter c Inv.wet). Hans kan dat vermijden door aannemelijk te maken dat de belastingschuld ook na het vertrek op hem kan worden verhaald, bijvoorbeeld door een bankgarantie te overleggen aan de ontvanger.

Versnelde invordering

| Aanslag | Termijn | Aanmaning | Dwangbevel |
| art. 8 | art. 9 | art. 11 | art. 13/14 |

- versnelde invordering bekort bovengenoemde termijnen i.g.v.
  - gegronde vrees voor verduistering;
  - faillissement of Wet Schuldsanering Natuurlijke Personen (WSNP)
  - metterwoon Nederland verlaten;
  - geen woonplaats en geen verhaal;
  - er ligt al fiscaal beslag.
  - verkoop dreigt door een gerechtsdeurwaarder;
  - al een vordering gedaan.

13.21 Dwanginvordering

Schriftelijke aanmaning

Het gevolg van het overschrijden van een betalingstermijn is dat de ontvanger bepaalde bevoegdheden krijgt. Eerst moet de ontvanger echter een schriftelijke aanmaning sturen naar de belastingschuldige. De aanmaning moet de belastingschuldige volgens art. 11 Inv.wet oproepen om de belastingschuld binnen 2 weken na dagtekening van de aanmaning alsnog te betalen. Blijft de betaling uit, dan heeft de ontvanger de volgende verdergaande bevoegdheden:
a. dwangbevel;
b. beslaglegging;
c. derdenbeslag;
d. lijfsdwang.

Art. 4:104 Awb bepaalt dat de verjaringstermijn voor (dwang)invordering 5 jaar is.

Ad a. Dwangbevel

Als de belastingschuldige niet op tijd betaalt, krijgt hij een aanmaning om binnen 2 weken na dagtekening van de aanmaning alsnog te betalen. Dit is de eerste fase van de dwanginvordering. Daarbij laat de ontvanger weten dat als de belastingschuldige niet op tijd gevolg geeft aan die aanmaning, er dwangmaatregelen zullen worden genomen. Nadat de termijn van 2 weken is verstreken, wordt overgegaan tot het nemen van de volgende stap in het proces, namelijk het uitvaardigen en betekenen van een dwangbevel.
Bij versnelde invordering wordt geen aanmaning verstuurd en wordt meteen overgegaan tot het uitvaardigen en betekenen van een dwangbevel.

Dwangbevel

Als de belastingschuldige na het versturen van de aanmaning nog niet heeft betaald, kan een dwangbevel worden uitgevaardigd. Dit is een bevel 'in naam des

Konings' om tot betaling van de belastingschuld over te gaan. De ontvanger vaardigt het dwangbevel uit en de belastingdeurwaarder betekent het (art. 12 Inv.wet). Dwangbevelen krijgen pas rechtsgevolg als ze niet alleen zijn uitgevaardigd, maar ook aan de belastingschuldige bekend zijn gemaakt. Deze bekendmaking gebeurt door het dwangbevel te betekenen. Art. 13 Inv.wet geeft nader aan hoe de betekening moet plaatsvinden. De betekening is de officiële bestelling van het dwangbevel, waarbij de deurwaarder een zogenoemde 'exploot' achterlaat bij de geadresseerde (de klassieke methode). Een exploot is een akte van een deurwaarder waaruit blijkt dat hij een bepaalde aanzegging of mededeling heeft gedaan. De ontvanger kan het dwangbevel ook per post versturen.

Het dwangbevel kan betrekking hebben op verschillende belastingaanslagen (art. 12 Inv.wet). De ontvanger heeft de leiding bij de invordering; de deurwaarder volgt zijn aanwijzingen op. De deurwaarder betekent niet alleen, maar assisteert de ontvanger ook bij het vinden van een betere wijze van invordering.

Ad b. Beslaglegging

Beslaglegging Het dwangbevel levert de ontvanger een executoriale titel op. Dit betekent dat hij goederen van de belastingplichtige zonder tussenkomst van de rechter kan verkopen (art. 4:116 Awb). Dit in tegenstelling tot normale schuldeisers, die pas na een rechterlijke interventie een executoriale titel kunnen krijgen.

Als de betaling ook uitblijft na het uitvaardigen van het dwangbevel – al dan niet gevolgd door een hernieuwd bevel tot betaling (art. 14 Inv.wet) – kan het dwangbevel ten uitvoer worden gelegd. Hierbij moet rekening worden gehouden met de voorschriften van het Wetboek van Burgerlijke Rechtsvordering (beslaglegging op onder meer roerende en onroerende zaken).

Bodemrecht Een bijzondere vorm van het innen van de openstaande belastingschuld is het zogenoemde bodembeslag. Dit is het recht van de ontvanger om bij voorrang alle roerende zaken die hij in de woon- of bedrijfsruimte van de schuldenaar aantreft, in beslag te nemen en vervolgens te verkopen. Hierbij kan zich echter een probleem voordoen. Er kunnen namelijk ook goederen in beslag worden genomen die zich weliswaar op de bodem van de belastingschuldige bevinden, maar waarvan een ander de eigenaar is. Op grond van art. 22 Inv.wet kan de rechtmatige eigenaar dan een beroepschrift indienen om zijn goederen terug te krijgen.

Voorbeeld

Op een dag valt de FIOD binnen bij een taxibedrijf. De FIOD doet een grootscheeps onderzoek, naar aanleiding hiervan krijgt taxichauffeur/ondernemer Piet een navorderingsaanslag inkomstenbelasting opgelegd over het jaar 2019. De dagtekening is 2 februari 2021.

De navorderingsaanslag is een maand na dagtekening invorderbaar, dus vanaf 3 maart 2021 (art. 9 lid 2 Inv.wet).

Als het taxibedrijf de aanslag ook na het opleggen van een dwangbevel niet betaalt, gaat de ontvanger over tot het executoriaal beslag leggen op alle spullen die zich op het bedrijfsterrein bevinden. Dat is een bodembeslag (art. 22 Inv.wet).

> **Voorbeeld**
>
> Bij garagebedrijf Kroon bv legt de ontvanger beslag op goederen die zich op het garageterrein bevinden. De ontvanger legt hierbij onder meer beslag op een auto die voor een onderhoudsbeurt bij de garage staat en eigendom is van Bert. Bert is hier natuurlijk niet blij mee. Volgens art. 22 lid 1 Inv.wet heeft Bert na de inbeslagname 7 dagen de tijd om een beroepschrift in te dienen, uiteraard voor zover verkoop nog niet heeft plaatsgevonden.

Ad c. Derdenbeslag

Derdenbeslag De ontvanger kan ook gebruikmaken van het zogenoemde derdenbeslag. Dit houdt bijvoorbeeld in dat hij beslag kan leggen op het salaris van de belastingschuldige (loonbeslag), zodat de werkgever een deel van het salaris van de belastingplichtige rechtstreeks aan de ontvanger betaalt (art. 19 Inv.wet). Zo kan de ontvanger ook betaaldienstverleners, zoals een bank, verzoeken het saldo op bank- en spaartegoeden over te maken naar de Belastingdienst.

Ad d. Lijfsdwang

Lijfsdwang Het laatste en meest vergaande dwangmiddel is de lijfsdwang (art. 20 Inv.wet). Dit middel wordt bijvoorbeeld toegepast als de belastingschuldige niet wil meewerken om zijn belastingschuld te voldoen, terwijl het vermoeden bestaat dat hij buiten Nederland genoeg middelen of zaken bezit om de belastingschuld te kunnen betalen. De belastingschuldige wordt dan in hechtenis genomen om hem te dwingen hierover informatie te geven.

Bestuurlijke boete

Naast de inspecteur kan de ontvanger ook een verzuimboete opleggen. Het gaat om een verzuimboete bij het niet of niet tijdig betalen van een aanslagbelasting. De boete bedraagt maximaal € 5.514 en wordt bij voor bezwaar vatbare beschikking vastgesteld (art. 63b Inv.wet). Op het bezwaar, beroep, hoger beroep en beroep in cassatie is hoofdstuk V van de AWR van toepassing, wat betekent dat een geschil over de boete door de belastingrechter zal worden beslecht.

13.22 Verzet

Verzet Als de ontvanger dwanginvordering inroept, heeft een belastingschuldige de mogelijkheid om daartegen in verzet te komen (art. 17 Inv.wet). Dit moet hij doen in een civiele procedure, en wel door de ontvanger te dagvaarden voor de rechtbank in het arrondissement waar hij zelf woont of is gevestigd. In die procedure heeft de belastingschuldige de bijstand van een advocaat nodig. De belastingschuldige kan tijdens deze procedure in principe niet klagen dat de onderliggende aanslag ten onrechte of tot een te hoog bedrag is vastgesteld; hiervoor staat de fiscale rechtsgang open.

13.23 Verrekening van bedragen

Verrekening van bedragen

De ontvanger kan de nog terug te geven bedragen verrekenen met de bedragen die de belastingschuldige nog moet betalen (art. 24 Inv.wet). Op grond van art. 24 lid 8 Inv.wet moet de ontvanger hiervan onmiddellijk een mededeling doen. De ontvanger is bevoegd tot verrekening, maar is daartoe niet verplicht, tenzij de belastingschuldige hierom verzoekt.

Termijn

Uit art. 4:104 Awb volgt dat de verjaringstermijn voor het recht tot verrekening 5 jaar bedraagt. De verjaringstermijn van 5 jaar bij de dwanginvordering en het recht op verrekening wordt onder meer opgeschort door het verlenen van uitstel van betaling.

13.24 Uitstel van betaling, kwijtschelding en verjaring

Uitstel van betaling

De ontvanger heeft de bevoegdheid om uitstel van betaling voor de belastingschuld te verlenen (art. 25 IW). Bij het indienen van een bezwaar- of verzoekschrift wordt dit document tevens opgevat als een verzoek om uitstel van betaling voor het bestreden bedrag, mits hieruit duidelijk wordt om welk bedrag het gaat. In andere gevallen moet specifiek om uitstel van betaling worden verzocht; ook moet expliciet het bedrag worden vermeld waarvoor uitstel van betaling wordt gevraagd. Als geen uitstel van betaling wordt verleend, of als de gestelde voorwaarden te strikt zijn, kan een belastingschuldige hiertegen in beroep gaan bij de directeur. Deze toetst vervolgens de beschikking van de ontvanger aan het beleid, waarbij hij zal bezien in hoeverre de ontvanger in de concrete situatie in redelijkheid tot zijn beslissing heeft kunnen komen (zie art. 25 Leidraad Invordering). Tegen de beslissing van de directeur staat geen rechtsgang open (anders dan bij de civiele rechter).
Tijdens de behandeling van het verzoek om uitstel van betaling worden geen invorderingsmaatregelen genomen, tenzij er aanwijzingen bestaan dat de belangen van de Staat door het achterwege laten van onherroepelijke invorderingsmaatregelen geschaad zouden worden.

Kwijtschelden

De ontvanger heeft ook de mogelijkheid om belastingschulden geheel of gedeeltelijk kwijt te schelden (art. 26 Inv.wet 1990). Dit kan alleen als de belastingschuldige niet in staat is, anders dan met buitengewoon bezwaar, om de verschuldigde belasting te betalen. Op grond van art. 24 Uitv.reg. Inv.wet kan de belastingschuldige in beroep gaan bij de directeur als de ontvanger een beschikking 'geen kwijtschelding' afgeeft. De ontvanger is overigens terughoudend met kwijtschelding.

13.25 Invorderingsrente

Onjuiste aanslag   Als de belastingplichtige de belastingschuld pas betaalt nadat de betalingstermijn is verstreken, moet hij bijna altijd invorderingsrente betalen (art. 28 Inv. wet). Geen invorderingsrente is hij bijvoorbeeld verschuldigd over de periode waarvoor uitstel van betaling is verleend.

Invorderingsrente wordt enkelvoudig berekend naar het percentage van de wettelijke rente (art. 29 Inv.wet).

De ontvanger moet invorderingsrente vergoeden als deze het uit te betalen bedrag niet binnen 6 weken na de dagtekening van de daartoe strekkende belastingaanslag uitbetaalt of berekent (art. 28a Inv.wet). Dat geldt echter niet als een al betaalde belastingaanslag (gedeeltelijk) wordt terugbetaald omdat de belastingaanslag wordt herzien of verminderd. Als de belastingschuldige het niet eens is met de hoogte van de vastgestelde belastingschuld en hij hiertegen bezwaar maakt, is het dus verstandig als hij om uitstel van betaling verzoekt. Dat kan anders zijn als de belastingschuldige de (later verminderde of herziene) belastingaanslag wel moest betalen omdat een verzoek tot uitstel van betaling is afgewezen (art. 28b lid 1 Inv.wet).

De ontvanger stelt de hoogte van de invorderingsrente vast bij een voor bezwaar vatbare beschikking (art. 30 Inv.wet).

13.26 Aansprakelijkheid

Aansprakelijkheid   Als de ontvanger geen verhaal kan halen bij de belastingschuldige, kan hij bepaalde derden bij de invordering betrekken. Hij doet dat door de betreffende derden aansprakelijk te stellen voor de belastingschuld van een ander, zodat zij de niet-betaalde belasting voor hun rekening moeten nemen. De ontvanger stelt de aansprakelijkstelling vast bij een voor bezwaar vatbare beschikking (art. 49 Inv.wet). De aansprakelijkstelling hoeft zich niet te beperken tot het belastingbedrag, maar kan zich ook uitstrekken tot de daarmee samenhangende boete, rente en kosten.

Degene die aansprakelijk is gesteld voor de belastingschuld en deze schuld heeft betaald, kan het betaalde bedrag vervolgens terugvorderen bij de belastingschuldige. Leidt deze terugvordering op de belastingschuldige niet tot voldoende resultaat en zijn er meer personen voor dezelfde belastingschuld hoofdelijk (dat wil zeggen: voor het geheel) aansprakelijk gesteld, dan kan degene die de schuld heeft betaald proberen om van iedere andere aansprakelijkgestelde een evenredig deel terug te krijgen. Heeft de belastingschuldige wel een deel terugbetaald, dan komt dat bedrag in mindering op het bedrag dat de betalende aansprakelijkgestelde kan vorderen van de andere derden die hoofdelijk aansprakelijk zijn gesteld.

Subrogatie   Na betaling van een deel van de belastingschuld nemen aansprakelijkgestelden het voorrecht van de Belastingdienst over (subrogatie).

Enkele belangrijke vormen van aansprakelijkheid zijn:
a. hoofdelijke aansprakelijkheid;
b inleners- en ketenaansprakelijkheid;
c. bestuurdersaansprakelijkheid;
d. groepsaansprakelijkheid;
e. aansprakelijkheid bij leeghalen vennootschap;
f. aansprakelijkheid bij verplaatsing werkzaamheden;
g. aansprakelijkheid notaris;
h. aansprakelijkheid voor omzetbelasting en loonbelasting;
i. aansprakelijkheid voor onverplichte handeling waardoor de Belastingdienst wordt benadeeld.

Ad a. Hoofdelijke aansprakelijkheid

Hoofdelijke aansprakelijkheid Hoofdelijke aansprakelijkheid houdt in dat de gehele schuld wordt ingevorderd bij één van de aansprakelijkgestelden. Bijvoorbeeld voor het ten onrechte niet inhouden van loonbelasting bij een betaling aan een professionele voetballer.

Ad b. Inleners- en ketenaansprakelijkheid

Ketenaansprakelijkheid Inlenersaansprakelijkheid houdt in dat men aansprakelijk is voor onbetaalde sociale premies, loonbelasting en omzetbelasting. Degene die arbeidskrachten heeft ingehuurd van een andere werkgever en toezicht en leiding uitoefent over deze arbeidskrachten, kan aansprakelijk worden gesteld als de werkgever (de uitlener) verzuimt om de sociale premies, loonbelasting en/of omzetbelasting af te dragen. Bij ketenaansprakelijkheid is de hoofdaannemer aansprakelijk voor de sociale premies en loonbelasting die zijn onderaannemer(s) onbetaald heeft/hebben gelaten (art. 35 Inv.wet). De art. 35a en 35b Inv. Wet regelen specifiek de hoofdelijke aansprakelijkheid van opdrachtgevers in de kledingindustrie en van hen die bedrijfsmatig kleding kopen.

Ad c. Bestuurdersaansprakelijkheid

Bestuurdersaansprakelijkheid Bestuurdersaansprakelijkheid is de aansprakelijkheid van bestuurders en andere feitelijk leidinggevenden van een bv of nv voor de belastingschulden van deze lichamen. Als een bestuurder bijvoorbeeld weet dat zijn bv de verschuldigde omzetbelasting niet kan voldoen, moet hij deze betalingsonmacht melden aan de ontvanger. Die melding moet plaatsvinden binnen 2 weken nadat de schuld betaald had moeten worden (art. 7 Uitv.besl. Inv.wet). Als de bestuurder de betalingsonmacht op tijd heeft gemeld, kan hij alleen aansprakelijk worden gesteld *Onbehoorlijk bestuur* als de ontvanger kan aantonen dat het aan onbehoorlijk bestuur in de afgelopen 3 jaren heeft gelegen dat de belasting niet kan worden betaald (art. 36 lid 3 Inv. wet).

Bewijslast bij bestuurder Heeft de bestuurder geen of niet op tijd melding gedaan van de betalingsonmacht, dan geldt art. 36 lid 4 Inv.wet. De ontvanger mag dan uitgaan van het vermoeden dat de niet-betaling te wijten is aan de bestuurder. Hij kan de bestuurder dan hoofdelijk aansprakelijk stellen.

> **Voorbeeld**
>
> Maartje heeft een nagelstudio opgericht. De zaken gaan goed en al snel werken er meer dan tien mensen in het bedrijf. Ze besluit het bedrijf onder te brengen in een bv en gaat als bestuurder optreden. Met ingang van 1 oktober 2017 trekt zij Ellie aan als medebestuurder.
> De vriend van Maartje heeft echter grote invloed op Maartje en de bedrijfsvoering van de bv. Door zijn toedoen gaat het in 2020 niet meer zo goed met de bv. De bv kan de salarissen van de werknemers nog betalen, maar is niet in staat om de ingehouden loonbelasting af te dragen aan de ontvanger. Over 2020 worden daarom naheffingsaanslagen loonbelasting opgelegd, maar die worden niet betaald. De bv meldt de betalingsonmacht niet bij de ontvanger. De ontvanger kan nu een aansprakelijkheidsprocedure starten (art. 36 Inv.wet). Maartje, Ellie en de vriend van Maartje kunnen nu alle drie aansprakelijk worden gesteld: Maartje en Ellie op grond van art. 36 lid 1 juncto art. 36 lid 4 Inv.wet en de vriend van Maartje op grond van art. 36 lid 5b Inv. wet.
>
> Als Maartje het niet eens is met de wijze waarop de Belastingdienst de in haar ogen te hoge belastingschuld van de naheffingsaanslag heeft vastgesteld, kan zij bij de inspecteur nog wel binnen de termijn van 6 weken een bezwaarschrift indienen tegen de hoogte van de naheffingsaanslag.

Ad d. Groepsaansprakelijkheid

Groepsaansprakelijkheid

Van groepsaansprakelijkheid is onder meer sprake bij een fiscale eenheid voor de vennootschapsbelasting. Elk van de dochtermaatschappijen is hoofdelijk aansprakelijk voor de vennootschapsbelastingschuld van de fiscale eenheid (art. 39 Inv.wet). Daarnaast zijn personen of lichamen die deel uitmaken van een fiscale eenheid voor de omzetbelasting, hoofdelijk aansprakelijk voor de door de fiscale eenheid verschuldigde omzetbelasting (art. 43 Inv.wet).

Ad e. Aansprakelijkheid bij leeghalen vennootschap

Leeghalen vennootschap

De vervreemder van aandelen die behoren tot een aanmerkelijk belang in de zin van de Wet IB, kan onder omstandigheden aansprakelijk worden gesteld voor de onbetaald gebleven vennootschapsbelasting die verband houdt met de vervreemding (art. 40 Inv.wet). Het gaat dan om:
1. de vennootschapsbelasting over het jaar van vervreemding;
2. de vennootschapsbelasting die in de 3 daaropvolgende jaren verschuldigd wordt wegens vrijval van de op het moment van vervreemding bestaande stille en fiscale reserves.

Ad f. Aansprakelijkheid bij verplaatsing werkzaamheden

Verplaatsing werkzaamheden

Als een lichaam wordt verplaatst naar een plaats van vestiging buiten Nederland, kan een persoon die met dit proces is belast op grond van art. 41 Inv.wet hoofdelijk aansprakelijk worden gesteld voor de dividend- en vennootschapsbelasting die op het moment van verplaatsing door het lichaam is verschuldigd. Verplaatsing van de statutaire zetel van het lichaam is niet vereist; verplaatsing van de werkelijke leiding is al voldoende. Ter disculpatie kan de aansprakelijkgestelde bewijzen dat het niet aan hem is te wijten dat de belasting niet is betaald.

Ad g. Aansprakelijkheid notaris

Aansprakelijkheid notaris — Als de (juridische) eigendom van een onroerende zaak wordt overgedragen, moet hiervoor een akte van levering worden opgesteld door een notaris. Zoals uit hoofdstuk 12 blijkt, moet bij de levering van de onroerende zaak in het algemeen overdrachtsbelasting worden voldaan. De notaris is op grond van art. 42 Inv.wet hoofdelijk aansprakelijk voor de verschuldigde overdrachtsbelasting.

Ad h. aansprakelijkheid voor omzetbelasting en loonbelasting

Ook kan de Belastingdienst een persoon (hoofdelijk) aansprakelijk stellen voor de omzetbelasting en loonheffing (van een ander). Hiervan kan bijvoorbeeld sprake zijn bij het inlenen van personeel van een uitlener die de loonheffing en omzetbelasting niet afdraagt aan de Belastingdienst. De Belastingdienst kan dan de inlener aansprakelijk stellen voor niet afgedragen omzetbelasting door de uitlener van het personeel (zie art. 42a Inv.wet e.v.). Een ander voorbeeld is de fiscale eenheid omzetbelasting, waarbij de Belastingdienst elke natuurlijke persoon en elk lichaam hoofdelijk aansprakelijk kan stellen voor de gehele omzetbelastingschuld (van elke persoon en/of elk lichaam), zie art. 43 Inv.wet.

Ad i. Aansprakelijkheid voor onverplichte handeling waardoor de Belastingdienst wordt benadeeld

Onverplichte handeling — Het nieuwe art. 33a Inv.wet richt zich met name op zogenoemde 'kerstboomconstructies'. Dit zijn ingewikkelde bedrijfsstructuren met allerlei (buitenlandse) rechtspersonen waarmee een belastingschuldige het zicht van de Belastingdienst op zijn werkelijke belastbare vermogen probeert te belemmeren. Om benadeling door een onverplichte handeling in het fiscale recht te kunnen bestrijden. is deze mogelijkheid tot fiscale aansprakelijkstelling van begunstigden ingevoerd. Een van de voorwaarden is dat sprake moet zijn van een verhaalsconstructie die opgezet wordt om belastingbetaling te ontlopen.

13.27 Formaliteiten bij de aansprakelijkstelling

Formaliteiten — Als de ontvanger iemand op grond van een bepaling uit de Inv.wet aansprakelijk wil stellen, moet hij bepaalde formaliteiten in acht nemen. De ontvanger geeft een voor bezwaar vatbare beschikking af, die door toezending als aangetekend stuk aan de aansprakelijkgestelde bekend wordt gemaakt (art. 49 lid 1 en 3 Inv. wet). In dit aangetekende stuk staat in elk geval vermeld voor welk bedrag de aansprakelijkheid geldt en binnen welke termijn het bedrag moet worden betaald. Aansprakelijkstelling is pas mogelijk zodra de belastingschuldige 'in gebreke' is, wat betekent dat duidelijk is dat hij niet zal betalen.

AWR — Tegen de beschikking staat bezwaar, beroep, hoger beroep en beroep in cassatie open. In principe zijn de bepalingen van de AWR van toepassing op de procedure tegen de aansprakelijkstelling (art. 49 lid 4 Inv.wet). Behalve de gronden ter bestrijding van de aansprakelijkstelling, kan de aansprakelijkgestelde ook gronden aanvoeren ter bestrijding van de onderliggende belastingaanslag. Dat laatste geldt echter niet voor zover het gaat om feiten of omstandigheden die van belang zijn geweest bij de vaststelling van de belastingaanslag en waarover de belastingrechter al onherroepelijk heeft beslist. De wetgever wilde namelijk voorkomen dat de aansprakelijkgestelde bepaalde punten aan de orde kon stellen waarover de rechter zich al onherroepelijk had uitgelaten.

De ontvanger is verplicht om desgevraagd informatie te verstrekken. Dit informatierecht is met name van belang als de aansprakelijkgestelde wil opkomen tegen de onderliggende belastingaanslag(en).

Als een persoon niet alleen aansprakelijk wordt gesteld voor een belastingaanslag, maar ook voor de op het biljet van die belastingaanslag vermelde fiscale boete, geldt een bijzondere regeling. De ontvanger moet dan de boetebepalingen uit de AWR toepassen. Dat houdt onder meer in dat een persoon alleen aansprakelijk kan worden gesteld voor een boete als ook hij ook voldoende verwijtbaar heeft gehandeld.

De aansprakelijkheidsschuld moet worden voldaan binnen 6 weken na de datum van dagtekening van de beschikking waarmee de belastingplichtige aansprakelijk is gesteld op grond van art. 52 lid 1 Inv.wet. Met betrekking tot de inning van de aansprakelijkheidsschuld heeft de ontvanger dezelfde bevoegdheden tot zijn beschikking als bij de invordering van de 'normale' belastingschuld (met uitzondering van de lijfsdwang).

13.28 Verplichtingen met betrekking tot de invordering

Invordering De ontvanger kan een belastingschuldige, de aansprakelijkgestelde en sommige derden verplichten om gegevens en inlichtingen te verstrekken (op grond van art. 58 Inv.wet). Door dit invorderingsonderzoek kan hij proberen om bezittingen van belastingschuldigen en aansprakelijkgestelden op te sporen en kan hij achterhalen of het mogelijk is om iemand aansprakelijk te stellen. De verplichting om gegevens en inlichtingen te verstrekken aan de ontvanger geldt ook voor derden bij wie zich gegevensdragers bevinden van degene die gehouden is om deze aan de ontvanger voor raadpleging beschikbaar te stellen (art. 59 Inv.wet) en voor administratieplichtigen (art. 62 Inv.wet). Degenen die een beroep kunnen doen op het verschoningsrecht, zijn vrijgesteld van het leveren van de informatie. De ontvanger bepaalt op welke wijze en binnen welke termijn aan de verplichting moet worden voldaan.

HOOFDSTUK 13 | FORMEEL BELASTINGRECHT

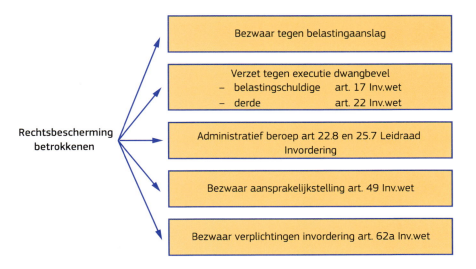

Verzuimboete

Art. 63b Inv.wet bepaalt dat de ontvanger betalingsverzuimen bij aanslagbelastingen kan beboeten. Betaalt een belastingschuldige een aanslagbelasting te laat, dan kan de ontvanger een verzuimboete opleggen van maximaal € 5.514. De hoogte van de boete kan iedere 5 jaren worden aangepast (art. 63c Inv.wet).

Strafrechtelijke bepalingen

Strafrechtelijke bepalingen

Net als in de AWR (zoals strafrechtelijke bepalingen met betrekking tot het niet/foutief doen van aangifte) is in de Inv.wet een aantal strafrechtelijke bepalingen opgenomen. In dit verband zijn voor het formele fiscale strafrecht de bepalingen uit de AWR van overeenkomstige toepassing.

Strafbaar is:
a. het niet, onjuist of onvolledig verstrekken van inlichtingen of gegevens;
b. het niet voor raadpleging beschikbaar stellen van boeken, bescheiden, andere gegevensdragers of de inhoud daarvan;
c. het in valse of vervalste vorm voor raadpleging beschikbaar stellen van boeken, bescheiden, andere gegevensdragers of de inhoud daarvan;
d. het niet terstond ter inzage verstrekken van een identiteitsbewijs;
e. het beletten dat de ontvanger kopieën, afdrukken of uittreksels maakt van (de inhoud van) voor raadpleging beschikbaar gestelde gegevensdragers.

Overtreding of misdrijf

Het gaat hierbij steeds om strafrechtelijke overtredingen. Als een onder a, b en c genoemd feit opzettelijk wordt gepleegd, en dat feit ertoe strekt dat te weinig belasting wordt ingevorderd, is niet langer sprake van overtreding, maar van een misdrijf. In dat geval kan een (veel) zwaardere straf worden opgelegd.

HOOFDSTUK 14
Internationaal belastingrecht

Door internationalisering neemt het internationale belastingrecht een steeds belangrijkere positie in. Immers, bij grensoverschrijdende activiteiten kan het gebeuren dat zowel Nederland als een ander land belasting wensen te heffen. In dit hoofdstuk worden de hoofdlijnen van het internationale belastingrecht beschreven door vanuit Nederlands perspectief toe te lichten hoe dubbele belastingheffing ontstaat, hoe dit voorkomen kan worden en hoe het EU-recht hier aanvullend op van toepassing is.

- EU-recht
- binnenlands belastingplichtig
- buitenlands belastingplichtig
- heffingsbeginselen
- dubbele heffing
- woon- of vestigingsplaats
- internationale verdragen
- Besluit voorkoming dubbele belasting
- deelnemingsvrijstelling

14.1 Inleiding

De activiteiten van particulieren en bedrijven gaan steeds verder over de landsgrenzen heen. Denk hierbij aan een particulier met een huis in het buitenland, Nederlandse beleggers met een aandelenportefeuille bestaande uit in het buitenland gevestigde ondernemingen of buitenlandse bedrijven die een winkel hebben in Nederland van waaruit zij hun producten verkopen. Door deze toenemende internationalisering neemt het internationale belastingrecht een steeds belangrijkere positie in. Immers, bij grensoverschrijdende activiteiten kan het gebeuren dat zowel Nederland als een ander land belasting wensen te heffen. Wanneer twee landen hetzelfde inkomen belasten, is sprake van dubbele heffing.

In dit hoofdstuk worden de hoofdlijnen van het internationale belastingrecht beschreven door vanuit Nederlands perspectief toe te lichten hoe dubbele belastingheffing ontstaat en hoe dit voorkomen kan worden.

In paragraaf 14.2 en 14.3 wordt ingegaan op het in Nederland te belasten inkomen van een buitenlands belastingplichtige. Vervolgens wordt in paragraaf 14.4 beschreven welke heffingsbeginselen er zijn en hoe deze leiden tot dubbele belastingheffing wanneer twee landen verschillende uitgangspunten hanteren voor de belastingheffing. Wat onder dubbele belasting verstaan wordt, komt aan bod in paragraaf 14.5.

De woon- en vestigingsplaats is een belangrijk begrip voor het Nederlands belastingrecht en haar belastingverdragen. Wanneer de belastingplichtige in Nederland woont of is gevestigd, wordt namelijk zijn wereldinkomen in Nederland belast. Paragraaf 14.6 beschrijft hoe vastgesteld wordt wanneer een belastingplichtige in Nederland woont of is gevestigd.
Ter voorkoming van dubbele belastingheffing kunnen landen onderling afspraken maken over de verdeling van heffingsrechten (verdragen) óf zelfstandig hiervoor maatregelen treffen (eenzijdige regelingen). In paragraaf 14.7 wordt hierop nader ingegaan.

Paragraaf 14.8 gaat dieper in op de dividenden, interest en royalty's in internationaal verband en de hiermee verband houdende Wet bronbelasting.
Winsttoedeling, beschreven in paragraaf 14.9, is van belang om te kunnen bepalen wat het resultaat van een onderneming is in een land en waarover belasting geheven mag worden.
In paragraaf 14.10 komen een aantal bijzondere internationale regelingen rond de werknemer aan de orde. Tot slot gaat paragraaf 14.11 kort in op de invloed van het EU-recht op het internationale belastingrecht.

14.2 Buitenlandse belastingplichtigen op basis van de Wet Inkomstenbelasting

Natuurlijke personen die niet in Nederland wonen maar wel inkomen in Nederland genieten, zijn op grond van de Wet IB belasting verschuldigd over hun Nederlandse inkomen (zie paragraaf 3.2 en art. 2.1 Wet IB). Deze natuurlijke personen worden ook wel buitenlandse belastingplichtigen genoemd. Zij kunnen in box 1, box 2 en box 3 inkomen genieten, maar niet in dezelfde omvang als binnenlandse belastingplichtigen. De specifieke regels voor deze belastingheffing zijn opgenomen in hoofdstuk 7 van de Wet IB. In deze paragraaf wordt een overzicht gegeven van het Nederlands inkomen van buitenlandse belastingplichtigen.

Daarnaast zal kort worden ingegaan op de kwalificerende buitenlandse belastingplichtige en de kwalificerende buitenlandse partner.

Buitenlands belastingplichtigen

Box 1-inkomen Het belastbare inkomen uit werk en woning (box 1) in Nederland van buitenlandse belastingplichtigen kan bestaan uit (art. 7.2 Wet IB):
a. belastbare winst uit een Nederlandse onderneming die wordt gedreven met behulp van een vaste inrichting of vaste vertegenwoordiger in Nederland;
b. belastbaar loon ter zake van het in Nederland verrichten of hebben verricht van arbeid;
c. het belastbaar resultaat uit overige werkzaamheden in Nederland;
d. belastbare periodieke uitkeringen en verstrekkingen en uitkeringen uit hoofde van een pensioenregeling, maar alleen als de premies als uitgaven voor inkomensvoorzieningen in aanmerking zijn genomen of in mindering zijn gekomen op de belastbare winst van een Nederlandse onderneming;
e. rechten op periodieke uitkeringen en verstrekkingen van publiekrechtelijke aard;
f. belastbaar inkomen uit een in Nederland gelegen woning;
g. negatieve uitgaven voor inkomensvoorzieningen;
h. de negatieve persoonsgebonden aftrek.

Leidt de optelsom tot een negatief bedrag, dan wordt dit aangemerkt als een verlies dat op dezelfde wijze wordt verrekend als het verlies van binnenlandse belastingplichtigen (art. 3.150 Wet IB).

Kenmerkend voor de buitenlandse belastingplicht in box 1 is dat er een zichtbare relatie moet zijn met Nederland. Dit is een beperking op de belastingplicht vergeleken met de binnenlands belastingplichtigen in de Wet IB. Daarentegen hebben buitenlands belastingplichtigen geen recht op de persoonsgebonden aftrek (zie hoofdstuk 8).

Box 2-inkomen Het belastbaar inkomen uit aanmerkelijk belang (box 2) betreft inkomen uit een niet tot het ondernemingsvermogen behorend aanmerkelijk belang in een in Nederland gevestigde vennootschap (art. 7.5 Wet IB). Is dit inkomen negatief, dan is dat een verlies uit aanmerkelijk belang. Ook dit wordt verrekend overeenkomstig de regels die voor binnenlandse belastingplichtigen gelden (art. 4.49 Wet IB). De persoonsgebonden aftrek wordt wederom uitgesloten.

Box 3-inkomen Bij het bepalen van het belastbaar inkomen uit sparen en beleggen (box 3), wordt uitgegaan van de rendementsgrondslag in Nederland. Dit is de som van de waarden van in Nederland gelegen onroerende zaken, rechten daarop en aandelen in de winst van een in Nederland gelegen onderneming (art. 7.7 Wet IB). Schulden die betrekking hebben op deze bezittingen, vallen ook in de heffingsgrondslag. Voordelen uit effectenbezit en dienstbetrekking vallen hier buiten. Er bestaat geen recht op het heffingvrije vermogen.
Ook in box 3 mag geen persoonsgebonden aftrek worden toegepast.

> **Voorbeeld**
>
> Heiko woont en werkt in München (Duitsland). Hij bezit een vakantiebungalow in Renesse (Nederland), waar hij jaarlijks zo'n 6 weken bivakkeert.
> Voor zijn vakantiebungalow wordt Heiko in Nederland aangemerkt als buitenlandse belastingplichtige (art. 7.1 en 7.2 Wet IB). In 2021 is Heiko over de waarde van zijn vakantiebungalow Nederlandse inkomstenbelasting verschuldigd (art. 7.7 Wet IB). Hij heeft geen recht op het heffingvrij vermogen in box 3.
>
>

Kwalificerende buitenlandse belastingplichtige

Kwalificerende buitenlandse belastingplichtige Er kan sprake zijn van een kwalificerende buitenlandse belastingplichtige als de belastingplichtige in een van de lidstaten van de EU woont en zijn inkomen voor 90% of meer in Nederland is onderworpen aan de inkomsten- of loonbelasting.
Deze regeling is ook van toepassing op inwoners van IJsland, Noorwegen, Liechtenstein, Zwitserland en de BES-eilanden (Bonaire, Sint Eustatius en Saba) die aan de hiervoor genoemde voorwaarden voldoen.
De kwalificerende buitenlandse belastingplichtige komt wel in aanmerking voor faciliteiten als de persoonsgebonden aftrek, heffingskortingen en het heffingsvrije vermogen in box 3 (art. 7.8 Wet IB). Jaarlijks wordt getoetst of een buitenlandse belastingplichtige als een kwalificerende buitenlandse belastingplichtige wordt aangemerkt.

Kwalificerende buitenlandse partner

Kwalificerende buitenlandse partner In aanvulling op de kwalificerende buitenlandse belastingplichtige kan ook zijn/haar fiscaal partner kwalificeren voor de voornoemde faciliteiten. Dit is het geval als beide partners individueel voldoen aan de 90%-grens of hieraan samen voldoen als hun inkomens bij elkaar worden opgeteld. De vrije toerekening van gemeenschappelijke inkomensbestanddelen werkt op dezelfde manier als bij binnenlandse belastingplichtigen die elkaars fiscale partner zijn.

Als slechts een van de partners individueel voldoet aan de 90%-grens, vervalt de mogelijkheid van vrije toerekening. Alleen het aandeel van de kwalificerende buitenlandse belastingplichtige in de faciliteiten kan dan worden benut.

Voorbeeld

1. Hans en Lieke wonen in België. Hans werkt fulltime bij een productiebedrijf in Eindhoven (Nederland) en verdient daarmee € 60.000 op jaarbasis. Lieke werkt als docente in Turnhout (België). Haar inkomen bedraagt € 25.000 op jaarbasis. Over 2021 heeft het stel € 4.800 aan rente betaald over de eigenwoningschuld, waarin ieders aandeel gelijk is.
Hans wordt voor het kalenderjaar 2021 aangemerkt als kwalificerende buitenlandse belastingplichtige, aangezien hij voldoet aan de 90%-grens. Voor Lieke geldt dit niet. Noch zelfstandig, noch samen met haar partner voldoet Lieke daardoor aan de 90%-grens. Hans kan zijn aandeel in de hypotheekrente (50% × € 4.800) in Nederland in mindering brengen op zijn belastbaar inkomen.

2. Patrick woont in Meppen (Duitsland), maar werkt fulltime in Emmen (Nederland) en bezit ook een vakantiewoning in Bruinisse (Nederland). In Duitsland bezit hij niets anders dan zijn woning en een klein banktegoed.
Het inkomen van Patrick over 2021 wordt voor meer dan 90% onderworpen aan de Nederlandse inkomsten- en loonbelasting. Patrick wordt voor het kalenderjaar 2021 aangemerkt als een kwalificerende buitenlandse belastingplichtige (art. 7.8 Wet IB). Op zijn belastbare inkomen in Nederland, bestaande uit zijn loon (box 1) en de vakantiewoning (box 3), komen het heffingvrij vermogen, de persoonsgebonden aftrek en de heffingskorting in mindering.

14.3 Buitenlandse belastingplichtigen op basis van de Wet op de vennootschapsbelasting

De Nederlandse vennootschapsbelasting beperkt zich niet enkel tot belastingplichtige lichamen die in Nederland zijn gevestigd (binnenlandse belastingplichtigen). Ook in het buitenland gevestigde lichamen kunnen in Nederland belastingplichtig zijn (art. 3 Wet Vpb). Een lichaam is buitenlands belastingplichtig als het:
a. in het buitenland is gevestigd;
b. Nederlands inkomen geniet; en
c. genoemd staat in art. 3 Wet Vpb.

Ad a. In het buitenland is gevestigd

Zoals in paragraaf 9.2.2 is aangegeven, is de vestigingsplaats meestal daar waar de feitelijke leiding wordt uitgeoefend. Een bv met een bestuur dat in België vergadert én daar alle beslissingen neemt, is dus in België gevestigd. Het maakt dan niet uit waar de onderneming zelf wordt gedreven.

Ad b. Nederlands inkomen geniet

Wat Nederlands inkomen precies is, staat vermeld in art. 17 lid 3 Wet Vpb. Het gaat hier om inkomen dat een zekere band heeft met Nederland.

Ad c. Genoemd staat in art. 3 Wet Vpb

In art. 3 Wet Vpb staan de volgende lichamen genoemd die Nederlands inkomen genieten:
1. verenigingen en andere rechtspersonen indien en voorzover zij een onderneming drijven;
2. open commanditaire vennootschappen en andere niet rechtspersoonlijkheid bezittende vennootschappen met een in aandelen verdeeld kapitaal (zie de toelichting in paragraaf 9.2.2);
3. doelvermogens; dit zijn lichamen – vaak een trust, een fonds of een stichting – waarin vermogen wordt beheerd met een vooraf vaststaande bestemming;
4. op Aruba, Curacao of Sint Maarten gevestigde lichamen die een onderneming drijven met behulp van een vaste inrichting op de BES-eilanden of een vaste vertegenwoordiger op de BES-eilanden.

Voorbeeld

De in Frankrijk gevestigde Pallieter S.A. drijft een onderneming die zich bezighoudt met de productie en verkoop van kampeertenten. In april 2021 opent zij een verkooppunt in Tilburg. Op grond van art. 3 Wet Vpb en art. 17 lid 3 letter a Wet Vpb is Pallieter S.A. in Nederland buitenlands belastingplichtig. De winst die Pallieter S.A. met dit verkooppunt behaalt, wordt in Nederland belast.

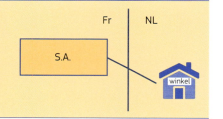

Zoals hiervoor al is opgemerkt, wordt alleen het inkomen belast dat een zekere band met Nederland heeft. Dit kan alleen als er in Nederland sprake is van een vaste inrichting of vaste vertegenwoordiger. In paragraaf 14.7.1 zal verder ingegaan worden op deze begrippen.

14.4 Heffingsbeginselen

Heffingsbeginselen

Ieder land heeft het recht om zelf zijn belastingwetgeving in te richten. Dit wordt ook wel fiscale soevereiniteit genoemd. De basis van belastingwetgeving wordt gevormd door heffingsbeginselen. Een land maakt gebruik van minimaal één heffingsbeginsel. Binnen het belastingrecht kennen we het bronstaat-, nationaliteits- en woonplaatsbeginsel. Eerst worden de heffingsbeginselen besproken, daarna hoe deze heffingsbeginselen tot een dubbele belastingheffing kunnen leiden.

HOOFDSTUK 14 | INTERNATIONAAL BELASTINGRECHT

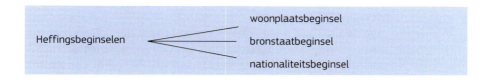

Woonplaatsbeginsel

Woonplaats-beginsel

Het woonplaatsbeginsel houdt in dat het land het (wereld)inkomen of de (wereld)-winst belast van (rechts)personen die in dat land wonen of er zijn gevestigd. Het wereldinkomen c.q. de wereldwinst is het totale inkomen van een (rechts)persoon, ongeacht waar dit genoten is.

Voorbeeld

Gerben woont in Utrecht. Hij heeft een tweede woning in Hongarije en zijn spaargeld staat op een rekening in Zweden. Nederland zal het wereldinkomen van Gerben belasten op grond van het woonplaatsbeginsel. De woning en het spaargeld worden in Nederland belast, in box 3 (art. 2.1 lid 1 letter a en 5.3 Wet IB).

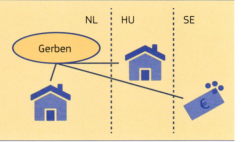

Bronstaatbeginsel

Bronstaatbeginsel

Het bronstaatbeginsel houdt in dat het land het inkomen (object) belast dat in dat land is ontstaan, oftewel waar het inkomen zijn bron heeft. Dit beginsel wordt ook wel situs- of oorsprongbeginsel genoemd.

Voorbeeld

1. Een Amerikaans gaswinningsbedrijf heeft een gasveld in Groningen. Het gas wordt verkocht in Amerika. De resultaten behaald met dit gas worden in Nederland belast (art. 3 en 17a letter a onderdeel 2 VPB). Immers, het gas komt van Nederlands grondgebied (de 'bron').

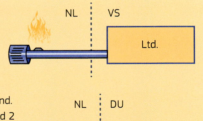

2. Traute woont in Duitsland en heeft een vakantiewoning in Zeeland. Nederland zal de woning belasten (art. 2.1 lid 1 letter b en 7.7 lid 2 letter a Wet IB). De vakantiewoning staat op Nederlands grondgebied (de 'bron').

697

Nationaliteitsbeginsel

Nationaliteits-beginsel Landen die het nationaliteitsbeginsel toepassen kijken niet naar woonplaats of bron, maar naar de nationaliteit van een persoon (subject). Nederland past het nationaliteitsbeginsel beperkt toe, landen als Amerika en Zwitserland passen het zeer uitgebreid toe.

> **Voorbeeld**
>
> Move Ltd. is opgericht naar het recht van de Verenigde Staten, maar sinds enkele jaren gevestigd in Nederland. Move Ltd. is zowel in Nederland (op grond van het woonstaatbeginsel) als de Verenigde Staten (op grond van het nationaliteitsbeginsel) belastingplichtig over haar winst.

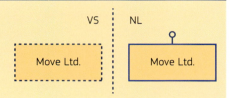

Dubbele heffing

Dubbele heffing ontstaat als de heffingsbeginselen van verschillende landen elkaar overlappen (ook wel het botsen van heffingsbeginselen genoemd). In de meeste gevallen gebeurt dit doordat:

- een verschillende uitleg wordt gegeven aan het begrip woonplaats (hier wordt in paragraaf 14.6 nader op ingegaan);

> **Voorbeeld**
>
> **Verschillende uitleg woonplaats**
> De Nederlandse consul in België woont in België. België zal het inkomen van de consul belasten omdat deze in België woont (woonplaatsbeginsel). Nederland belast het inkomen van de consul op basis van het (fictieve) woonplaatsbeginsel (art. 2.2 lid 2 Wet IB).

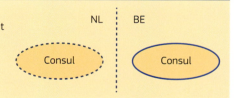

- het woonplaatsbeginsel overlapt met het bronstaatbeginsel;

> **Voorbeeld**
>
> **Woonplaats- en bronstaatbeginsel**
> Traute woont in Duitsland en heeft een vakantiewoning in Zeeland. Nederland zal de woning belasten op basis van het bronstaatbeginsel (art. 7.7 lid 2 letter a Wet IB). Duitsland zal het inkomen belasten op basis van het woonplaatsbeginsel.

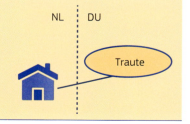

HOOFDSTUK 14 | INTERNATIONAAL BELASTINGRECHT

– het woonplaatsbeginsel overlapt met het nationaliteitsbeginsel.

Voorbeeld

Woonplaats- en nationaliteitsbeginsel
Brian heeft een Amerikaans paspoort. Hij woont en werkt in Nederland. Nederland zal Brians inkomen belasten op basis van het woonplaatsbeginsel (art. 2.1 Wet IB). Amerika zal Brian belasten op basis van het nationaliteitsbeginsel.

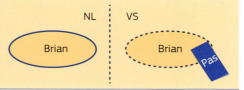

14.5 Economisch en juridisch dubbele heffing

Dubbele belasting ontstaat door de botsing van twee of meerdere heffingsbeginselen. Dubbele belasting bestaat in twee vormen: economisch dubbele belasting en juridisch dubbele belasting. Er is sprake van economisch dubbele belasting als bij twee personen over één object door twee of meer landen belasting wordt geheven. De personen kunnen zowel natuurlijke personen als rechtspersonen zijn. Het object is het inkomen dat belast wordt.

Economisch dubbele belasting

Voorbeeld

Het Franse Actions SARL is een 10%-deelneming van het in Nederland gevestigde Nu Actie bv. De winst na belasting wordt door Actions SARL uitgekeerd aan haar aandeelhouders. Zodoende ontvangt Nu Actie bv een dividend van haar deelneming, dat tevens het enige inkomen vormde.

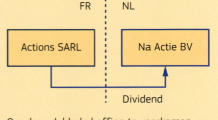

Er ontstaat nu economisch dubbele belasting omdat over hetzelfde object (de winst van Actions SARL) bij twee verschillende personen (Actions SARL en Nu Actie bv) belasting wordt geheven. Om deze dubbele heffing te voorkomen wordt in Nederland de deelnemingsvrijstelling ex art. 13 Wet Vpb toegepast.

Juridisch dubbele belasting

Wanneer hetzelfde inkomen van één persoon twee keer wordt belast in verschillende landen, wordt dit juridisch dubbele belasting genoemd.

Voorbeeld

Leontine woont in Nederland. Ze is werkzaam als verkoper bij de Belgische onderneming Stitch Bvba. De looninkomsten worden zowel door Nederland (woonplaatsbeginsel) als België (bronstaatbeginsel) in de heffing betrokken.

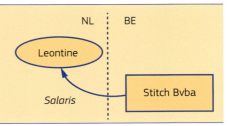

699

Dubbele belasting wordt als onwenselijk ervaren. Uitgangspunt is dan ook om iedere vorm van dubbele belasting te voorkomen. In paragraaf 14.7 wordt hier nader op ingegaan.

14.6 Woon- of vestigingsplaats

De woon-of vestigingsplaats is een belangrijk begrip voor het Nederlandse belastingrecht. Wanneer de belastingplichtige in Nederland woont of is gevestigd, wordt er belasting geheven over het hele wereldinkomen (het woonplaatsbeginsel; zie ook paragraaf 14.4). De belastingplichtige kan in dit geval gebruikmaken van het Besluit voorkoming dubbele belasting (Bvdb; zie ook paragraaf 14.7). Dit geldt zowel voor de binnenlandse belastingplicht in de inkomstenbelasting als in de vennootschapsbelasting. Wanneer de belastingplichtige niet in Nederland woont of is gevestigd, wordt alleen het inkomen belast dat zijn bron in Nederland heeft (het bronbeginsel; zie ook paragraaf 14.4). Dit is de buitenlandse belastingplicht uit de inkomstenbelasting en de vennootschapsbelasting. Daarnaast zien we het woonplaatsbegrip ook terug in de verdragen (zie ook paragraaf 14.7).

Bvdb

Het Nederlandse begrip woonplaats

Woonplaats

Waar iemand woont, is geregeld in art. 4 AWR. De woonplaats wordt bepaald aan de hand van de feitelijke omstandigheden. Voor een natuurlijk persoon is het sociale en economische middelpunt van zijn leven de woonplaats. Er wordt onder andere gekeken naar waar het gezin is gevestigd of waar de sportclubs / verenigingen waar ze lid van zijn, zijn gevestigd. Voor een lichaam is voor het bepalen van de vestigingsplaats de plaats van feitelijke leiding van belang. De feitelijke leiding is meestal gevestigd daar waar de bestuursleden leiding geven aan het lichaam. Denk hierbij aan het nemen van besluiten, het houden van vergaderingen en dergelijke activiteiten.

Vestigingsplaats

Voorbeeld

De Belgische bakker Fabrice heeft naar Belgisch recht Boulangerie bvba opgericht. De bakkerij staat in Breda. Fabrice houdt werk en privé graag gescheiden, dus alle zakelijke activiteiten regelt hij in Breda. Thuis in het Belgische Turnhout doet hij niets voor zijn zaak. De Boulangerie bvba is in Nederland belastingplichtig (art. 2 lid 1 a Wet Vpb en art. 4 AWR), aangezien Breda wordt aangemerkt als plaats van de feitelijke leiding.

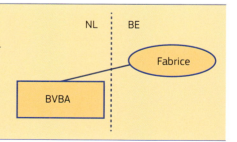

Als een belastingplichtige voor zijn werkgever naar het buitenland gaat, wordt voor het bepalen van de woonplaats een verschil gemaakt tussen een korte uitzending en een langdurige uitzending. Wanneer de belastingplichtige voor een tijdelijke opdracht naar het buitenland wordt uitgezonden, zal over het algemeen de woonplaats in Nederland blijven. De belastingplichtige blijft dan in Nederland belastingplichtig voor zijn wereldinkomen. Wanneer de belastingplichtige voor langere tijd wordt uitgezonden en de banden met Nederland worden verbroken, is Nederland niet langer de woonplaats (zie verder paragraaf 14.10).

Woonplaatsfictie

Woonplaatsfictie

Er wordt niet altijd naar feiten en omstandigheden gekeken. In sommige gevallen staat expliciet in de wet wanneer een persoon in Nederland is gevestigd. Dit wordt ook wel de woonplaatsfictie genoemd.

Zowel in de inkomstenbelasting als de vennootschapsbelasting is een woonplaatsfictie van toepassing. De woonplaatsfictie voor de inkomstenbelasting is van toepassing op natuurlijke personen die tijdelijk buiten Nederland gaan wonen en binnen een afzienbare periode terugkeren (art. 2.2 Wet IB).

In de vennootschapsbelasting is een ruime woonplaatsfictie opgenomen (art. 2 lid 4 Wet Vpb). Lichamen (rechtspersonen) die zijn opgericht naar Nederlands recht worden altijd als binnenlands belastingplichtig aangemerkt. Het maakt vervolgens niet uit waar ze daadwerkelijk zijn gevestigd.

> **Voorbeeld**
>
> Emma woont en werkt al enige jaren als vertaalster in Frankrijk. De zaken gaan erg goed, daarom heeft Emma een bv opgericht; La Traduction bv. Het bedrijf is feitelijk gevestigd in Frankrijk. La Traduction bv is naar Nederlands recht opgericht en zodoende in Nederland binnenlands belastingplichtig voor de vennootschapsbelasting (art. 2 lid 4 Wet Vpb).
>
>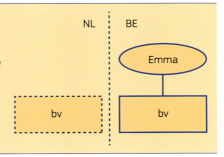

Verdragswoonplaats

De criteria die Nederland gebruikt voor het vaststellen van de woonplaats worden door de meeste landen gebruikt, maar niet door alle landen. De invulling van het begrip woonplaats kan per land verschillen. Dit kan leiden tot dubbele belasting. Wanneer twee landen een verdrag sluiten, zullen zij op basis van het verdrag

Heffingsrechten

bepalen welk land de heffingsrechten krijgt toegewezen. In het verdrag sluit men vaak aan bij het bron-, nationaliteits- of woonplaatsbeginsel. Dit betekent dat er voor het verdrag maar één woonplaats mogelijk is in één land. De woonplaats op basis van het verdrag kan dus afwijken van de nationale wetgeving.

De verdragswoonplaats is alleen bepalend voor de uitleg van het verdrag en hoe de heffingsrechten op basis van het verdrag worden verdeeld. De belastingplichtige blijft voor de nationale wetgeving gewoon inwoner.

In het verdrag wordt in de hoofdregel aangesloten bij de nationale wetgeving, als dat land het inwonerschap heeft bepaald op basis van woonplaats, verblijf, plaats van feitelijke leiding of op basis van gelijksoortige gronden. Wanneer beide landen op basis van deze gronden de belastingplichtige als inwoner aanmerken geeft het verdrag verdere criteria (tiebreakerrule, art. 4 OECD). Bij natuurlijke personen wordt op basis van vier punten beoordeeld waar de belastingplichtige woont. Leidt punt 1 niet tot de oplossing, dan wordt verder gekeken naar punt 2 et cetera:

Tiebreakerrule

1. duurzame woonruimte;
2. middelpunt van levensbelangen;
3. waar de persoon gewoonlijk verblijft;
4. nationaliteit.

Is er geen woonplaats aan te wijzen, dan gaan de landen met elkaar in overleg over de woonplaats van de belastingplichtige.

Voorbeeld

Sophie huurt een woning in Eindhoven en staat ook bij de gemeente Eindhoven ingeschreven op dat adres. Een paar maanden geleden is ze ingetrokken bij haar vriend in Brussel. Omdat ze elkaar nog niet zo heel lang kennen, houdt ze de woning in Eindhoven voorlopig nog aan. De woonplaats is Eindhoven, de verblijfplaats is Brussel. De duurzame woonruimte staat in Nederland. Voor toepassing van het verdrag is Nederland de woonplaats; de duurzame woonruimte staat immers in Eindhoven.

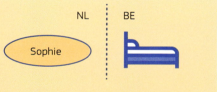

Voor lichamen wordt gekeken naar de plaats van waar de feitelijke leiding wordt uitgeoefend.

Voorbeeld

Fusion GmbH heeft kantoren in Nederland en Duitsland. De directie van Fusion GmbH bestaat uit 3 personen: de Nederlandse Eefje, de Duitse Hannah en de Zwitserse Lena. Voor de directievergaderingen komen Hannah en Lena naar Nederland. Fusion GmbH is op basis van vestigingsplaats in Nederland en in Duitsland belastingplichtig. Voor toepassing van het verdrag is Nederland de vestigingsplaats, hier wordt immers de feitelijke leiding uitgeoefend.

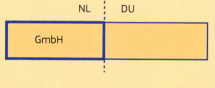

14.7 Voorkomen dubbele belasting

In de vorige paragrafen hebben we gezien hoe dubbele belasting ontstaat. In deze paragraaf komt aan de orde hoe landen dubbele belasting kunnen voorkomen door middel van verdragen en eenzijdige regelingen. De verdragen gaan we behandelen op basis van het OESO-modelverdrag.

14.7.1 Verdragen

Verdrag
Een verdrag is een overeenkomst tussen twee (of meer) landen waarin wordt bepaald welk land de heffingsrechten over inkomensbestanddelen van de belastingplichtige krijgt toegewezen. Een bilateraal verdrag wordt overeengekomen tussen twee landen. Een multilateraal verdrag wordt overeengekomen tussen meer dan twee landen. In het verdrag kan ook opgenomen zijn dat beide landen bevoegd zijn om over hetzelfde inkomensbestanddeel te heffen, maar dan wordt ook opgenomen dat één van beide landen terugtreedt of een korting geeft ten aanzien van de te betalen belasting. In de meeste verdragen staat dat het land waar de belastingplichtige woont terugtreedt. Het verdrag creëert geen belastingheffing. Dus als het heffingsrecht over een bepaald inkomen wordt toegewezen aan Nederland, maar er op basis van de Nederlandse wetgeving geen belasting wordt geheven over dat inkomen, wordt dat inkomen niet belast. Er zijn overigens landen die in hun nationale wetgeving hebben opgenomen dat toewijzing op basis van een verdrag leidt tot belastingheffing.

Nederland heeft meer dan 150 verdragen gesloten ter voorkoming van dubbele belasting, deze worden met grote regelmaat geactualiseerd. Deze verdragen zien met name op directe belastingen zoals inkomstenbelasting en dividendbelasting. Ook zijn er verdragen gesloten waarin uitwisseling van fiscale informatie wordt geregeld. De verdragen worden ieder kwartaal gepubliceerd op de website van de Rijksoverheid. De verdragen zijn ook te vinden in de verdragenbank op de website van het ministerie van Buitenlandse Zaken.

OESO-modelverdrag
Voordat een verdrag tot stand komt, zullen landen met elkaar in onderhandeling gaan. Als uitgangspunt voor die onderhandelingen geldt meestal de *OECD model convention*, oftewel het OESO-modelverdrag (OESO = Organisatie voor Economische Samenwerking en Ontwikkeling). Dit modelverdrag is opgesteld door lidstaten van de OESO, met als doel het bevorderen van economische groei en werkgelegenheid voor de lidstaten. Naast het modelverdrag zelf is er ook het OESO-commentaar, dat de verdragstekst verduidelijkt.

Opbouw verdragen	
Het OESO-modelverdrag is opgebouwd uit verschillende hoofdstukken:	
Hoofdstuk 1	Personen en belastingen waarop het verdrag van toepassing is
Hoofdstuk 2	Definities en termen
Hoofdstuk 3	Verdeling van de heffingsbevoegdheid over inkomen
Hoofdstuk 4	Verdeling van de heffingsbevoegdheid over vermogen
Hoofdstuk 5	Hoe dubbele belasting voorkomen
Hoofdstuk 6	Bijzondere bepalingen, bijvoorbeeld uitwisseling gegevens
Hoofdstuk 7	Slotbepalingen

De belangrijkste definities die in het OESO-modelverdrag zijn opgenomen zijn inwoner (*resident*, zie ook paragraaf 14.6) en vaste inrichting (*permanent establishment*).

Vaste inrichting, vaste vertegenwoordiger

Een rechtspersoon heeft verschillende mogelijkheden om zijn buitenlandse activiteiten te structureren. Dit kan bijvoorbeeld door een buitenlandse dochtermaatschappij op te richten, maar dit hoeft niet. Een Nederlandse bv kan in Roemenië een schoenenfabriek opzetten zonder daar een aparte rechtspersoon voor op te richten. Een buitenlandse verzekeringsmaatschappij kan een medewerker in dienst nemen die haar verzekeringen aanbiedt op de Nederlandse markt. De winsten en verliezen van deze activiteiten behoren tot het resultaat van de onderneming. Is sprake van een vaste inrichting of vaste vertegenwoordiger, dan zal het resultaat door toedoen van het woonplaatsbeginsel en het bronbeginsel in beide landen worden belast.

Vaste inrichting

Vaste inrichting   Een vaste inrichting heeft geen zelfstandige juridische status. De vaste inrichting is een onderdeel van de hoofdvestiging.

In de Wet Vpb en het Bvdb is een definitie van het begrip vaste inrichting opgenomen (artt. 15f Wet Vpb en 2 Bvdb). 'Een vaste inrichting is een vaste bedrijfsinrichting met behulp waarvan de werkzaamheden van een onderneming geheel of gedeeltelijk worden uitgeoefend.' Hieronder valt ook een bouwwerk waarvan de uitvoering langer dan twaalf maanden duurt.

In het OESO-modelverdrag (art. 5) staat ook een definitie van het begrip vaste inrichting. 'Een vaste inrichting is een bedrijfsinrichting waarin werkzaamheden van de onderneming geheel of gedeeltelijk worden uitgeoefend. Dit is onder andere plaats van leiding, een filiaal, kantoor, fabriek, werkplaats, mijn, olie- of gasbron, steengroeve of andere plaats waar natuurlijke rijkdommen worden gewonnen en de plaats van uitvoering van een bouwwerk of constructie- of montagewerkzaamheden, waarvan de uitvoering langer dan twaalf maanden duurt.'

Een vaste inrichting is bijvoorbeeld niet een magazijn of een onderdeel waar alleen voorbereidende of hulpwerkzaamheden worden uitgevoerd. Inhoudelijk

HOOFDSTUK 14 | INTERNATIONAAL BELASTINGRECHT

zijn de begrippen in de wet en OESO-modelverdrag niet anders. Wel staan in het OESO-modelverdrag meer voorbeelden genoemd, de genoemde voorbeelden zijn niet uitputtend.

Zelfstandige onderneming

Een vaste inrichting (zoals een bedrijfsruimte) moet wel geschikt zijn om als een zelfstandige onderneming te kunnen functioneren. Vanuit die inrichting worden leveringen en/of diensten aan derden verricht (art. 15f lid 1 Wet Vpb).

Voorbeelden van een vaste inrichting zijn:
- een winkel of een andere vaste verkoopgelegenheid;
- een werkplaats of een fabriek met kantoor.

Er is geen sprake van een vaste inrichting bij een opslagruimte, een goederendepot of een inrichting waar alleen maar ondersteunende activiteiten plaatsvinden, zoals onderzoek, reclame en het verstrekken van inlichtingen (art. 15f lid 2 Wet Vpb).

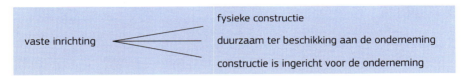

Voorbeeld

1 Fem ontwerpt en fabriceert schoenen via Heel bv. Heel bv is gevestigd in Nederland. De schoenen worden gemaakt in de Chinese fabriek van Heel bv. Om de levering aan schoenenwinkels in Azië mogelijk te maken worden de schoenen opgeslagen in een loods in New Delhi. De fabriek in China is een vaste inrichting. De opslag in India is geen vaste inrichting.

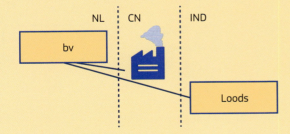

2 Een rondreizend circus dat zijn circustent iedere keer op een andere plaats opbouwt om daar de voorstelling in te geven, is ook een vaste inrichting. De Hoge Raad vindt van belang dat de tent duurzaam ter beschikking staat en is ingericht om de ondernemingsactiviteiten te verrichten. Daarnaast moeten de ondernemingsactiviteiten duurzaam zijn. Een vaste inrichting hoeft dus niet aard en nagelvast te zijn.

3 Een hotelkamer die een aantal keer wordt gehuurd door een leverancier van kunstogen, is geen vaste inrichting omdat deze niet duurzaam ter beschikking staat en niet is ingericht om de ondernemingsactiviteiten uit te voeren.

Vaste vertegenwoordiger

Naast de vaste inrichting is het voor een onderneming ook mogelijk om een overeenkomst te sluiten met een persoon die de onderneming vertegenwoordigt in het buitenland. Deze persoon kan een vaste vertegenwoordiger zijn.

Vaste vertegenwoordiger

Een vaste vertegenwoordiger is een persoon:
– die afhankelijk is van de onderneming;
– die gemachtigd is om namens die onderneming overeenkomsten te sluiten;
– die regelmatig van de machtiging gebruikmaakt, en
– waarvan de werkzaamheden overeenstemmen met de werkzaamheden van de onderneming.

De persoon hoeft niet in het land te wonen waar het werk wordt uitgevoerd. Oftewel, het moet een werknemer zijn die op basis van een rechtsgeldige volmacht bevoegd is om namens de achterliggende vennootschap juridisch bindende contracten af te sluiten en dat ook op regelmatige basis doet (art. 15f lid 3 Wet Vpb).

> **Voorbeeld**
>
> Een verzekeraar uit de Verenigde Staten, Insurance Ltd., verkoopt reisverzekeringen op Schiphol. Om de verkoop mogelijk te maken heeft Insurance Ltd. een overeenkomst gesloten met Hinke. Hinke is gemachtigd om de reisverzekeringen af te sluiten. Hinke verkoopt geen verzekeringen van andere bedrijven. Insurance Ltd. heeft een vaste vertegenwoordiger in Nederland.
>
>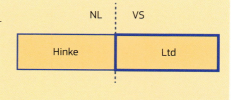

> **Voorbeeld**
>
> Een Duitse Bank, Bezahlen GmbH, verkoopt via Nout geldleningen met hypothecaire zekerheid op de Nederlandse markt. Nout is gemachtigd door Bezahlen GmbH. Nout kan zijn klanten een breed palet aan leningen aanbieden omdat hij gemachtigd is door diverse Nederlandse banken. Bezahlen GmbH heeft geen vaste inrichting in Nederland.
>
>

Methoden ter voorkoming van dubbele belastingheffing

Dubbele belastingheffing voorkomen

Er zijn verschillende methoden om dubbele belastingheffing te voorkomen. De twee belangrijkste methoden zijn de vrijstellingsmethode en de verrekeningsmethode. In het OESO-modelverdrag staan deze methodes in art. 23A en 23B, de mogelijke uitwerking van deze methodes staat in de toelichting op het OESO. Welke methode een land gebruikt, staat in het verdrag.

Het verdrag kan ook verwijzen naar de nationale wetgeving. Zo verwijst bijvoorbeeld het verdrag Nederland-België naar de Nederlandse wetgeving. In de Nederlandse wetgeving zijn de methoden opgenomen in het Besluit ter voorkoming van dubbele belasting (Bvdb). Per land kunnen de gebruikte methodes verschillen en het is ook mogelijk dat een land een andere variant van de methode toepast. In deze paragraaf zullen we de varianten behandelen die in Nederland gebruikt worden.

Vrijstellingsmethoden

Vrijstellings-methode — De vrijstellingsmethode houdt in dat het buitenlandse inkomen of de in Nederland te betalen belasting over het buitenlandse inkomen wordt vrijgesteld. Deze twee varianten worden ook wel de object- en belastingvrijstelling genoemd.

Volledige vrijstelling

Objectvrijstelling — Bij een objectvrijstelling wordt het buitenlandse inkomen volledig vrijgesteld van Nederlandse belastingheffing. In de Nederlandse wet zijn onder meer de deelnemingsvrijstelling (art. 13 Wet Vpb) en de objectvrijstelling voor buitenlandse ondernemingswinsten (art. 15e Wet Vpb) voorbeelden van een objectvrijstelling.

Voorbeeld

Fleurido bv is een sierteeltkwekerij gevestigd in Lisse (Nederland). Zij kweekt vooral snijbloemen en perkplanten. Naast de afzet van haar Nederlandse velden, is Fleurido vorig jaar actief aan de slag gegaan in Hoogstraten (België) met de teelt van potplanten. De winst die de onderneming hiermee behaalde, bedroeg € 15.000. Bij de bepaling van de belastbare winst in Nederland wordt de winst uit België vrijgesteld. Er is sprake van een objectvrijstelling ex art. 15e Wet Vpb.

Vrijstelling met progressievoorbehoud

De in Nederland betaalde belasting over het buitenlandse inkomen wordt vrijgesteld. De Nederlandse belasting wordt verminderd met een bedrag ter grootte van het Nederlandse tarief over het in het buitenland belaste inkomensbestanddeel. Ook hiervoor zijn weer verschillende methodes, Nederland gebruikt de methode van evenredige aftrek. Het buitenlandse inkomen wordt naar evenredigheid aan de tariefschijven toegerekend. Dit wordt ook wel progressievoorbehoud genoemd.

Progressievoorbehoud

De berekening van de vrijstelling is als volgt:

$$\text{Vrijstelling} = \frac{\text{buitenlands inkomen}}{\text{wereldinkomen}} \times \text{belasting over wereldinkomen}.$$

Door deze berekeningsmethode is de vrijstelling nooit meer dan de in Nederland verschuldigde belasting over het inkomen.

> **Voorbeeld**
>
> Joep runt een eenmanszaak met een winkel in Nederland en een winkel in België. Het totale inkomen van beide winkels samen is € 50.000. Het inkomen uit België is € 8.000.
>
> Stel de belastingtarieven zijn:
>
> | | | |
> |---|---|---|
> | schijf 1 inkomen tot 30.000 | 40% | € 12.000 (= € 30.000 × 40%) |
> | schijf 2 inkomen vanaf 30.000 | 50% | € 10.000 (= (€ 50.000 –/– € 30.000) × 50%) |
> | | | € 22.000 |
>
> De aftrek ter voorkoming van dubbele belasting is:
> Vrijstelling: € 8.000 / € 50.000 × € 22.000 = € 3.520
> In Nederland wordt betaald aan belasting € 22.000 –/– € 3.520 = € 18.480.
> Daarnaast zullen nog de premies volksverzekeringen betaald moeten worden.
>
> Per schijf is de voorkoming:
>
> | | | |
> |---|---|---|
> | Schijf 1 | € 30.000 / € 50.000 × € 8.000 × 40% = | € 1.920 |
> | Schijf 2 | € 20.000 / € 50.000 × € 8.000 × 50% = | € 1.600 + |
> | | | € 3.520 |

> **Voorbeeld**
>
> Vergelijking vrijstellingsmethodes:
> Eerst maken we een berekening zonder vrijstelling (A), dan met de objectvrijstelling (B) en tot slot met de vrijstelling met progressievoorbehoud (C).
>
> Paul woont in Nederland, zijn eenmanszaak heeft een vaste inrichting in het buitenland.
> – Winst buitenland: € 100
> – Winstbelasting buitenland: 30%
> – Winst Nederland: € 140
> – Tarieven Nederland:
>   - Schijf 1, € 0 – € 50 winst: 10%
>   - Schijf 2, € 50 – € 100 winst: 20%
>   - Schijf 3, € 100 – € 150 winst: 30%
>   - Schijf 4, vanaf € 150 winst: 40%
>
> Over de wereldwinst van € 240 is verschuldigd in Nederland:
>
> | | |
> |---|---|
> | 10% × € 50 = | € 5 |
> | 20% × € 50 = | € 10 |
> | 30% × € 50 = | € 15 |
> | 40% × € 90 = | € 36 + |
> | | € 66 |

A. Zonder vrijstelling:
1. Belasting buitenland: € 100 × 30% = € 30
   Belasting Nederland: € 66 +
   Totale winstbelasting: € 96
2. Totale nettowinst: € 240 –/– € 96 = **€ 144**

B. Objectvrijstelling (volledige vrijstelling):
De buitenlandse winst wordt vrijgesteld van belasting (€ 100). In Nederland wordt € 140 belast.
1. Belasting buitenland: € 100 × 30% = € 30
   Belasting Nederland:
   € 50 × 10% = € 5
   € 50 × 20% = € 10
   € 40 × 30% = € 12 +
   € 27 +
   Totale winstbelasting: € 57
2. Totale nettowinst: € 240 –/– € 57 = **€ 183**

C. Vrijstelling met progressievoorbehoud
De in Nederland betaalde belasting over het buitenlandse inkomen wordt vrijgesteld.
1. Belasting buitenland: € 100 × 30% = € 30,00
   Belasting Nederland: € 66,00
   Voorkoming Nederland: € 100 / € 240 × € 66 = € 27,50 –/–
   € 38,50 +
   Totale winstbelasting: € 68,50
2. Totale nettowinst: € 240 –/– € 68,50 = **€ 171,50**

Uit dit voorbeeld blijkt dat bij een winst de volledige vrijstelling (objectvrijstelling) de meest voordelige vrijstellingsmethode is. Dit komt doordat het buitenlandse inkomen van het toptarief afgehaald wordt en niet wordt verspreid over alle tariefschijven.

Verrekeningsmethode

Verrekeningsmethode

Verrekening

De verrekeningsmethode gaat uit van de in het buitenland betaalde belasting. Dit wordt ook wel creditmethode genoemd. Er zijn twee soorten verrekening:
1. Volledige verrekening
   De buitenlandse belasting wordt van de in Nederland betaalde belasting afgetrokken.
2. Beperkte verrekening
   De verrekening wordt beperkt. Er zijn verschillende limieten. De eerste is de in het buitenland betaalde belasting. De tweede is de in Nederland betaalde belasting over het buitenlandse inkomen. Soms is er ook nog een derde limiet. Er wordt dan bepaald dat de in het buitenland betaalde belasting niet meer dan een bepaald percentage mag zijn van het inkomen (bijvoorbeeld art. 10 OECD).

Voorbeeld

Mucho bv ontvangt rente van een Mexicaanse vennootschap. De Mexicaanse vennootschap betaalt € 20.000 rente. De ingehouden Mexicaanse bronbelasting is € 12.000. In Nederland wordt € 5.000 vennootschapsbelasting geheven over de rente-inkomsten. Stel: in het verdrag tussen Nederland en Mexico is opgenomen dat Mexico maximaal 10% mag heffen over de rentebetaling.

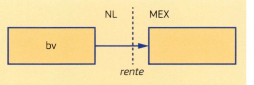

Limiet 1: betaalde belasting Mexico	€ 12.000
Limiet 2: in Nederland te betalen belasting over buitenlands inkomen	€ 5.000
Limiet 3: verdragsbepaling Mexico mag maximaal heffen 10% × € 20.000 =	€ 2.000

Te betalen in Nederland: € 5.000 –/– € 2.000 = € 3.000
Terugvragen in Mexico: € 12.000 –/– € 2.000 = € 10.000

Voorbeeld

Vergelijking verrekeningsmethodes:
Eerst maken we een berekening zonder voorkoming (A), dan met volledige verrekening (B) en tot slot met beperkte verrekening (C).

Viviënne is eigenaar van een eenmanszaak. Van een buitenlandse entiteit ontvangt zij rente-inkomsten:
- Rente-inkomsten buitenland: € 100
- Bronbelasting buitenland: 30%
- Winst Nederland: € 140
- Tarief Nederland: 25%

A. Zonder voorkoming:
1. Belasting buitenland: € 100 × 30% = € 30
   Belasting Nederland: € 240 × 25% = € 60 +
   Totale winstbelasting: € 90
2. Totale nettowinst: € 240 –/– € 90 = **€ 150**

B. Volledige verrekening:
De buitenlandse belasting wordt van de in Nederland betaalde belasting afgetrokken.
1. Belasting buitenland: € 100 × 30% = € 30
   Belasting Nederland: € 240 × 25% € 60 +
   € 90
   Voorkoming Nederland: € 30 –/–
   Totale winstbelasting: € 60
2. Totale nettowinst: € 240 –/– € 60 = **€ 180**

C. Beperkte verrekening:
De buitenlandse belasting wordt van de in Nederland betaalde belasting afgetrokken.

1. Belasting buitenland: € 100 × 30% =   € 30
   Belasting Nederland: € 240 × 25%   € 60 +
                                                                       € 90
   Voorkoming Nederland: € 25 −/−
   De laagste van twee limieten:
   − Limiet 1: geheven buitenlandse belasting € 30
   − Limiet 2: aan buitenlandse inkomsten toe te rekenen
   Nederlandse belasting € 100 : € 240 × € 60 = € 25
   Totale winstbelasting: € 65
2. Totale nettowinst: € 240 −/− € 65 = **€ 175**

Hieronder staat een overzicht van de verdeling van de heffingsrechten en de voorkomingsmethode, zoals deze in de meeste Nederlandse belastingverdragen zijn toegepast.

Inkomenscategorie	Bronstaat	Woonstaat
Onroerend goed art. 6 OESO	Volledig heffingsrecht	Vrijstelling met progressievoorbehoud
Winst uit onderneming art. 7 OESO	Als vaste inrichting volledig heffingsrecht	Vrijstelling met progressievoorbehoud
Dividend art. 10 OESO	Beperkt heffingsrecht	Beperkte verrekening
Interest art. 11 OESO	Beperkt heffingsrecht	Beperkte verrekening
Royalty's art. 12 OESO	Beperkt heffingsrecht	Beperkte verrekening
Vervreemdingswinsten art. 13 OESO	Geen heffingsrecht	Geen voorkoming
Dienstbetrekking art. 15 lid 1 OESO	Volledig heffingsrecht	Vrijstelling met progressievoorbehoud
Dienstbetrekking (183-dagenregeling) art. 15 lid 2 OESO	Geen heffingsrecht	Geen voorkoming
Artiesten en sporters art. 17 OESO	Volledig heffingsrecht	Beperkte verrekening
Pensioenen art. 18 OESO	Geen heffingsrecht	Volledige vrijstelling
Overheidsfuncties art. 19 OESO	Volledig heffingsrecht	Vrijstelling met progressievoorbehoud
Overig inkomen art. 21 OESO	Geen heffingsrecht	Geen vrijstelling

Tabel 14.1 Overzicht van de verdeling van de heffingsrechten zoals deze in de meeste Nederlandse belastingverdragen zijn opgenomen

14.7.2 Eenzijdige maatregelen

Wanneer er geen verdrag van toepassing is, heeft Nederland nog drie mogelijkheden om dubbele heffing te voorkomen:
- het Besluit ter voorkoming van dubbele belasting 2001 (Bvdb);
- vrijstellingen in de nationale wetgeving;
- kostenaftrek van buitenlandse belasting.

Besluit ter voorkoming van dubbele belasting

Bvdb Met het Bvdb kan dubbele heffing van belasting worden voorkomen. De tegemoetkoming wordt alleen gegeven 'voor zover niet op een andere wijze in het voorkomen van dubbele belasting is voorzien'. Het besluit is ook van toepassing als er een verdrag is maar voor de belastingplichtige of de betreffende belasting geen regeling is getroffen. Zo zijn er bijvoorbeeld maar acht verdragen voor de schenk- en erfbelasting. In alle andere gevallen kan gebruik worden gemaakt van het Bvdb.

Het Bvdb is alleen van toepassing op binnenlands belastingplichtigen en bevat bepalingen voor de volgende belastingen:
- inkomstenbelasting;
- vennootschapsbelasting;
- erfbelasting en schenkbelasting;
- kansspelbelasting.

Hiernaast staat het Bvdb ook toe dat aftrek plaatsvindt van belasting over dividenden, interest en royalty's uit bepaalde ontwikkelingslanden. Welke landen worden aangemerkt als een ontwikkelingsland, staat in de 'List of Recipients of Official Development Assistance' van de OESO, art. 6 Bvdb.

Het buitenlandse inkomen moet onderworpen zijn aan belasting in het land waar de inkomsten zijn verworven. Dit betekent niet dat er feitelijk belasting moet worden betaald.

Voorbeeld

Een werknemer van een Nederlands bedrijf wordt uitgezonden naar Cambodja. Het buitenlandse inkomen is € 5.000. Feitelijk wordt er geen belasting geheven, want het heffingsvrije inkomen in het buitenland is € 10.000. Er is geen verdrag met Cambodja en er wordt gebruikgemaakt van het Bvdb. Nederland geeft een vrijstelling ondanks dat er niets betaald is in het buitenland.

HOOFDSTUK 14 | INTERNATIONAAL BELASTINGRECHT

Hieronder staat een overzicht van de gebruikte voorkomingsmethoden, zoals deze in het Bvdb zijn toegepast.

Beperkte verrekening	IB, box 1 sporters en artiesten, bemanning zee- of luchtvaartuigen, dividend, interest en royalty's
	IB, box 2
	IB, box 3 dividend, interest en royalty's
	Vpb, dividend, interest en royalty's
	Erf- en schenkbelasting
Vrijstelling met progressievoorbehoud	IB, box 1
	IB, box 3
	Vpb
	Kansspelbelasting
Objectvrijstelling	Loonbelasting
Kostenaftrek op verzoek	IB, box 1 verrekening buitenlandse belasting op dividend, interest en royalty's
	IB, box 2 verrekening buitenlandse belasting op dividend
	Vpb verrekening buitenlandse belasting op dividend, interest en royalty's

Tabel 14.2 Methoden ter voorkoming van dubbele belasting die worden gebruikt in het Bvdb

Objectvrijstelling en kostenaftrek

Biedt het Bvdb geen uitkomst, dan zijn er ook nog in nationale wetten regelingen opgenomen om dubbele belasting te voorkomen, zoals de deelnemingsvrijstelling (art. 13 Wet Vpb) en de objectvrijstelling voor buitenlandse ondernemingswinsten (art. 15e Wet Vpb). Ook is er de mogelijkheid voor kostenaftrek in de inkomsten- en vennootschapsbelasting voor in het buitenland betaalde belasting.

De deelnemingsvrijstelling is een objectvrijstelling voor binnen- en buitenlandse deelnemingswinsten en deelnemingsverliezen. De deelnemingsvrijstelling is behandeld in paragraaf 9.6. De objectvrijstelling voor buitenlandse ondernemingswinsten komt hieronder kort aan de orde.

Objectvrijstelling — De objectvrijstelling voor buitenlandse ondernemingswinsten is opgenomen in art. 15e Wet Vpb de daarop volgende artikelen. De vrijstelling houdt in dat de winsten en verliezen uit een buitenlandse onderneming niet in Nederland belast worden. De resultaten uit de buitenlandse onderneming worden volledig geëlimineerd.

De objectvrijstelling bestaat uit drie elementen:
1. de objectvrijstelling voor winsten uit de buitenlandse onderneming;
2. de laagbelaste buitenlandse beleggingsonderneming;
3. de aftrek van stakingsverliezen.

Ad 1. Buitenlandse ondernemingswinsten

Ondernemingswinsten — De buitenlandse ondernemingswinsten bestaan uit winsten en verliezen uit een vaste inrichting in het buitenland, resultaten uit onroerende zaken gelegen in het buitenland en overige voordelen uit het buitenland. Is de onderneming in verschillende landen actief, dan geldt de objectvrijstelling per land. Er wordt verschil gemaakt tussen verdragslanden en overige landen. Als er een verdrag is, wordt op basis van dat verdrag bepaald aan welk land de winsten worden toegewezen. Als er geen verdrag is, wordt aangesloten bij de bepalingen in het OESO-modelverdrag.

Ad 2. Laagbelaste beleggingsonderneming

Om te voorkomen dat inkomsten uit kapitaal uit landen met een laag belastingtarief (minder dan 10%), via de objectvrijstelling niet in Nederland worden belast, is er een maatregel getroffen. De objectvrijstelling is niet van toepassing, tenzij op basis van het verdrag een vrijstelling moet worden gegeven. Is er geen verdrag, *Beperkte verrekening* dan geldt een beperkte verrekening (art. 23d Wet Vpb).

Ad 3. Stakingsverliezen

Stakingsverliezen — Stakingsverliezen van de buitenlandse onderneming vallen niet onder de objectvrijstelling. Dit betekent dat zij aftrekbaar zijn van de winst in Nederland.

Kostenaftrek — Tot slot kent onze wetgeving ook nog een kostenaftrek, dit houdt in dat de in het buitenland geheven belasting als kostenpost van de winst wordt afgetrokken, mits er geen regeling ter voorkoming van dubbele belasting op van toepassing is. Voor de inkomstenbelasting is dit opgenomen in art. 3.14 lid 6 letter b en art. 4.15 lid 4 letter b Wet IB. Voor de vennootschapsbelasting is de kostenaftrek te vinden in art. 10 lid 1 sub e VPB.

HOOFDSTUK 14 | INTERNATIONAAL BELASTINGRECHT

14.8 Dividend, interest en royalty's

Binnen het internationale belastingrecht komen dividend-, interest- en royaltystromen veelvuldig voor. In dit hoofdstuk worden deze vergoedingen nader toegelicht en worden de basisregels hiervoor uit de verdragen toegelicht.

14.8.1 Dividend

Dividendbelasting In paragraaf 9.11 is de dividendbelasting behandeld. Als een bv of nv een dividend uitkeert aan haar aandeelhouders, moet zij 15% dividendbelasting inhouden (art. 1 en 15 Wet Div.). De dividendbelasting wordt ook ingehouden op dividend dat aan buitenlandse aandeelhouders wordt uitgekeerd. Dit leidt tot dubbele belasting. Op basis van de Nederlandse verdragen kan de buitenlandse aandeelhouder een deel van de betaalde dividendbelasting in Nederland terugvragen. Het gedeelte dat niet wordt teruggegeven door Nederland wordt op basis van steeds meer verdragen verrekend met de buitenlandse belasting.

Deelnemingsdividend

Deelnemings- Wanneer dividend wordt uitgekeerd aan een aandeelhouder die 25% van de aandividend delen heeft, kan de bronbelasting op basis van het verdrag worden teruggebracht naar 10%, 5% of zelfs 0%. In deze situatie zie je vaak dat het land waar de dividenden ontvangen worden, deze heffing niet erkent als voorheffing. De heffing van 5% dividendbelasting is dan een zelfstandige bronheffing. Door de gunstige tarieven, de deelnemingsvrijstelling en het feit dat Nederland met veel landen een verdrag heeft gesloten, zijn er verschillende multinationals die de dividenden via
Tussenholding tussenholdings in Nederland laten lopen, zodat zij optimaal van de fiscale faciliteiten in Nederland gebruikmaken (zie daarvoor ook paragraaf 9.6).

Als de entiteit gevestigd in land A dividend uitkeert aan land B, wordt 15% dividendbelasting ingehouden. Als de entiteit via een tussenholding in Nederland dividend uitkeert, wordt het dividend met 10% belast.

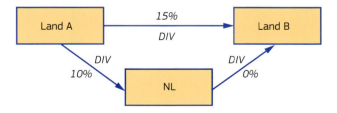

Moeder-dochter- Binnen de EU is er ook de moeder-dochterrichtlijn. De moeder-dochterrichtlijn
richtlijn voorkomt dubbele heffing op de winsten van een dochtermaatschappij. Het minimale aandelenbezit van de moedermaatschappij in de dochtermaatschappij moet 10% zijn. Het land waar het dividend wordt uitgekeerd, mag de dividend-

715

uitkering niet belasten. Het land waar de aandeelhouders wonen of gevestigd zijn mag het dividend wel belasten. Wanneer de aandelen korter dan 2 jaar in het bezit zijn van de moedermaatschappij, hoeft de lidstaat deze regeling niet toe te passen. Nederland heeft in de eigen wetgeving opgenomen dat een vrijstelling wordt verleend als de deelnemingsvrijstelling mogelijk zou zijn, in de hoofdregel vanaf 5% aandelenbezit (art. 4 Wet Div.).

> **Voorbeeld**
>
> Entertainment Ltd., 100%-aandeelhouder van Show bv, is gevestigd op Cyprus. Show bv keert € 100.000 dividend uit. Op het dividend wordt geen dividendbelasting ingehouden op basis van art. 4 Wet Div.

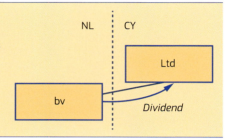

14.8.2 Interest

Interest De term interest wordt in het algemene spraakgebruik meestal vervangen door rente. Aan beide begrippen komt dan ook dezelfde betekenis toe. Interest is de vergoeding voor de productiefactor kapitaal. Een schuldeiser stelt financieel vermogen beschikbaar aan een schuldenaar. Ter vergoeding betaalt de schuldenaar interest aan de schuldeiser.

In art. 5 van het Bvdb wordt interest gedefinieerd als 'voordelen uit overheidsleningen, obligaties of schuldbewijzen en andere schuldvorderingen van welke aard ook, al dan niet aanspraak gevende op een aandeel in de winst.'

> **Voorbeeld**
>
> Lonneke is na haar opleiding een grafisch ontwerpbureau gestart. De omvang van de investeringen die zij moet plegen valt haar zwaar. Haar gefortuneerde oom Hendrik springt bij en leent aan Lonneke een bedrag van € 50.000. Ter vergoeding komen ze een rentepercentage van 5% overeen. Jaarlijks betaalt Lonneke € 2.500 aan Hendrik, wat ze als kostenpost boekt in haar financiële administratie.

Wet bronbelasting Nederland kent in de nationale wetgeving geen specifieke heffing op inkomende en betaalde rente. Hiervoor geldt een vrijstelling in de vennootschapsbelasting (art. 8c Wet Vpb). Rentelasten worden echter wel als een kostenpost aangemerkt. Met ingang van 1 januari 2021 is hierop een uitzondering gemaakt via de Wet bronbelasting indien er sprake is van rentestromen naar gelieerde entiteiten in een laagbelast land. In paragraaf 14.8.3 wordt hier nader op in gegaan.

Verdragen

Standaardverdrag In het standaardverdrag is bepaald dat de heffing over interest is toegewezen aan de woonstaat van de ontvanger. Als aanvulling op deze hoofdregel is er een beperkt heffingsrecht voor de bronstaat. Aan dit beperkte heffingsrecht is een heffingspercentage van 10% gekoppeld. Indien de woonstaat het onbeperkte heffingsrecht inroept en de bronstaat het beperkte heffingsrecht inroept, ontstaat alsnog dubbele belastingheffing. In die gevallen moet de woonstaat de geheven belasting in de bronstaat verrekenen.

Voorbeeld

Het in Nederland gevestigde Mellows bv leent € 200.000 van Vinico Bvba, gevestigd in België. Hiervoor betaalt zij een marktconforme rente van 6% op jaarbasis. Het heffingsrecht over de door Vinico Bvba ontvangen interest is conform het standaardverdrag toegewezen aan België. Nederland mag gebruikmaken van een aanvullend heffingsrecht tot maximaal 10%. Doordat Nederland geen nationale heffing over interest kent, wordt er in de bronstaat (Nederland) geen belasting geheven.

14.8.3 Royalty's

Royalty's Een laatste internationaal veel voorkomende vergoeding zijn royalty's. Kort gezegd zijn royalty's de vergoeding voor het gebruik van een intellectueel eigendom. Dit is de verzamelnaam voor diverse rechten op ontwikkelde creaties.

Hierbij valt onder andere te denken aan:
- auteursrecht;
- octrooirecht;
- merkenrecht;
- handelsnamenrecht;
- modellenrecht;
- tekeningenrecht;
- naburige rechten.

In navolging van interest kent de Nederlandse wetgeving geen heffing op inkomende en uitgaande royalty's, tenzij sprake is van toepassing van de Wet bronbelasting (zie paragraaf 14.8.4).

Voorbeeld

Het in Nederland gevestigde Sportfoto's bv beheert een grote collectie sportfoto's uit zowel het verleden als het heden. Het in Amerika gevestigde Illustrations Ltd gebruikt veelvuldig foto's van Sportfoto's bv. Hiervoor betaalt het Amerikaanse bedrijf een vaste vergoeding per gebruikte foto.

De door Illustrations Ltd betaalde vergoeding voor het gebruik van de foto's is een royalty. Nederland heeft als woonstaat van de ontvanger het heffingsrecht toegewezen gekregen. Nederland kent echter geen nationale heffing op royalty's waardoor er niets belast wordt.

Verdragen

In het standaardverdrag is werking van de heffing over royalty's exact gelijk aan de werking van interest. Als hoofdregel is het heffingsrecht over royalty's toegewezen aan de woonstaat van de ontvanger. De bronstaat heeft daarnaast een beperkt heffingsrecht van maximaal 10%. In de woonstaat moet verrekening van de in de bronstaat geheven belasting mogelijk zijn.

In paragraaf 14.8.1 is kort de Moeder-dochterrichtlijn toegelicht. Naast deze richtlijn is er binnen de EU ook nog de Richtlijn interest en royalty's. Dit is een gemeenschappelijke belastingregeling inzake uitkeringen van interest en royalty's tussen verbonden ondernemingen van verschillende lidstaten. De reikwijdte ervan is gelijk aan die van de Moeder-dochterrichtlijn.

14.8.4 Bronbelasting op interest en royalty's

Wet bronbelasting

Zoals eerder beschreven kent Nederland in de basis geen heffing over inkomende en uitgaande interest en royalty's op basis van art. 8C Wet Vpb. Met ingang van 1 januari 2021 is hier een uitzondering op gekomen door toepassing van de Wet bronbelasting. Deze uitzondering is in het leven geroepen om de rol van Nederland als 'doorstroomland' te beperken. Het was voorheen voor buitenlandse ondernemingen gunstig om rente- en royaltybetalingen via Nederland te laten lopen, doordat enige vorm van heffing ontbrak. De nieuwe wet verkleint de mogelijkheden tot misbruik en belastingontwijking.

Bronheffing

Indien een in Nederland gevestigd lichaam rente en/of royaltybetalingen verricht aan gelieerde entiteiten in laagbelaste landen, vindt er voortaan een bronheffing plaats. Laagbelaste landen zijn die landen waar een winstbelastingtarief geldt lager dan 9% en landen die genoemd zijn op de EU-lijst van 'non-coöperatieve jurisdicties'.

Het tarief is vastgesteld op het hoogst toepasbare tarief voor de vennootschapsbelasting in het betreffende kalenderjaar. Voor 2021 is dat 25% (art. 22 Wet Vpb).

Voorbeeld

Vennootschap 1 en vennootschap 2 zijn gelieerd aan elkaar. Vennootschap 2 wordt over haar winst belast met een maximaal tarief van 6%. Zij ontvangt van vennootschap 1 rente-inkomsten. Op basis van de Wet bronbelasting is vennootschap 1 in Nederland een bronbelasting verschuldigd van 25% over de rentestroom naar vennootschap 2.

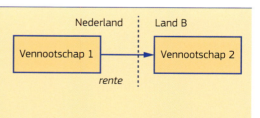

HOOFDSTUK 14 | INTERNATIONAAL BELASTINGRECHT

14.9 Winsttoedeling

Verrekenprijzen

Verrekenprijzen

De belastingdruk is niet in alle landen gelijk. Hierdoor kan het voor een concern interessant zijn om zo veel mogelijk winst in het land met de laagste belastingdruk te laten vallen. Een mogelijkheid om dit te doen is via de verrekenprijzen. Het vaststellen van de prijzen tussen vennootschappen binnen een concern wordt ook wel transferpricing of intercompany pricing genoemd.

Voorbeeld

De winstbelasting in land A is 30%, de winstbelasting in land B is 20%. Holding bv heeft twee 100%-dochtermaatschappijen. Fabriek A in land A levert aan Groothandel B in land B. Fabriek A verkoopt de producten onder de kostprijs zodat zijn winst lager uitvalt. Door de winsten in land B te laten vallen, kan Holding bv 10% besparen.

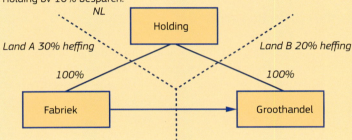

Wanneer binnen een concern niet zakelijk gehandeld wordt, zullen de meeste landen dit corrigeren. Nederland doet dit op basis van art. 8b Wet Vpb. Dit is niet altijd even makkelijk, want hoe bepaal je de waarde in het economisch verkeer van de onderlinge producten en diensten?

Bij het vaststellen van het bedrag dat in Nederland moet worden belast, moet het resultaat van de vaste inrichting/vertegenwoordiger op zakelijke wijze worden bepaald. Dit betekent dat wordt gedaan alsof het om een 'normale' vennootschap gaat en niet om een vaste inrichting/vertegenwoordiger. Zoals hiervoor al is aangegeven, leidt dit in de praktijk tot veel problemen, omdat belastingplichtigen door middel van *transfer pricing* proberen de winst te laten ontstaan in een land waar zij relatief weinig belasting hoeven te betalen.

Transfer pricing

Winstsplitsing

We hebben gezien dat een onderneming een vaste inrichting kan hebben in een ander land en dat de inkomsten hieruit dan belast kunnen worden door dat land. Maar hoe wordt nu bepaald wat er dan belast mag worden in dat land? De meest gebruikte methode is de directe methode. Bij de directe methode ga je de winst toedelen alsof de vaste inrichting en het hoofdkantoor twee aparte ondernemingen zijn. Voor de onderlinge leveringen wordt dan een zakelijke prijs (at arm's

Directe methode

719

Indirecte methode length) vastgesteld (zie art. 8b Wet Vpb). De bewijslast voor het voldoen aan een zakelijke prijs ligt bij de betrokken ondernemingen, wat leidt tot extra administratieve lasten (art. 29b t/m 29h Wet Vpb). Bij de indirecte methode wordt voor de toerekening van het resultaat uitgegaan van bijvoorbeeld de gewerkte uren of het aantal verkochte producten.

Valutaresultaten

Wisselkoersen Wanneer een onderneming handel drijft in verschillende landen, kan deze ook te maken hebben met verschillende valuta. Wisselkoersen kunnen wijzigen en hierdoor kan de berekening van de winst door de vaste inrichting hoger of lager uitvallen dan het hoofdkantoor heeft berekend.

14.10 Uitzending van werknemer

In paragraaf 14.6 is aangegeven hoe de woonplaats van een werknemer vastgesteld wordt. Wanneer een werknemer in het ene land woont en in het andere land werkt, kan het zijn dat de belastingplichtige in beide landen belasting moet betalen.

Verdrag

Op basis van de meeste verdragen mag het land heffen waar de werkzaamheden worden uitgeoefend (bronstaat). De uitzondering hierop is dat het woonland mag heffen als aan alle drie de onderstaande eisen is voldaan:
- over een aaneengesloten periode van 12 maanden is het verblijf in het werkland korter dan 183 dagen;
- de werknemer wordt betaald door of namens een werkgever die niet is gevestigd in het werkland; en
- het salaris komt niet ten laste van een vaste inrichting van de werkgever in het werkland (art. 15 OESO).

Voorbeeld

Bart, tandarts, gespecialiseerd in implantaten en in loondienst van een Nederlands onderzoekscentrum, wordt door zijn werkgever voor 4 maanden uitgezonden naar de vaste inrichting in Oostenrijk om daar de afdeling implantologie op te zetten. Het salaris wordt uitbetaald door het onderzoekscentrum in Nederland en intern doorbelast naar de vaste inrichting in Oostenrijk. Het salaris komt ten laste van de vaste inrichting. Oostenrijk mag dus het inkomen belasten. Nederland verleent een vrijstelling met progressievoorbehoud, zie ook paragraaf 14.7.1.

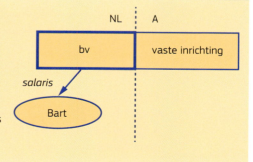

Besluit ter voorkoming van dubbele belasting

Bvdb

Is er met het land waarnaar de werknemer wordt uitgezonden geen verdrag gesloten, dan is het Bvdb van toepassing. In het Bvdb is opgenomen dat het inkomen aan belasting moet zijn onderworpen in het buitenland. Dit betekent niet dat er feitelijk belasting moet worden betaald. Er wordt geen minimale verblijfstermijn genoemd. Wel is opgenomen dat wanneer het verblijf korter is dan 30 dagen, door de belastingplichtige aangetoond moet worden dat er belasting is betaald in het buitenland (art. 9 lid 4 Bvdb). Is de belastingplichtige ten minste 3 aaneengesloten maanden in het buitenland, dan wordt het salaris geacht te zijn onderworpen aan belasting in het buitenland (art. 38 AWR).

Voorbeeld

Job en Marieke werken voor een internationaal accountantskantoor. Voor een drietal grote klanten moeten zij controles uitvoeren in het buitenland.

1. Zij gaan allebei naar Japan voor 25 dagen. Job verdient hiermee € 2.500 en Marieke € 2.501.
   Stel: Japan kent een inkomstenbelasting met een vrijstelling voor de eerste € 2.500 aan inkomen.
   Job krijgt geen belastingvrijstelling omdat hij geen belasting betaalt. Doordat Marieke boven de drempel zit, betaalt zij belasting in Japan. Zij krijgt een belastingvrijstelling met progressievoorbehoud (art. 9 en 10 Bvdb).
2. Een maand later gaan zij naar Peru voor 35 dagen. Job verdient hiermee € 3.500, Marieke € 4.000.
   Stel: Peru kent een inkomstenbelasting met een vrijstelling voor de eerste € 3.500 aan inkomen. Ook al betaalt Job feitelijk geen belasting, toch krijgt hij net als Marieke een belastingvrijstelling met progressievoorbehoud (art. 9 en 10 Bvdb).
3. Weer een maand later voeren zij een langdurige controle uit in Kenia voor 100 dagen. Job verdient nu net als Marieke € 11.000.
   Stel: Kenia kent geen inkomstenbelasting. Op basis van art. 38 AWR wordt Kenia geacht belasting te heffen. Dit betekent voor Job en Marieke dat het inkomen niet in Kenia belast wordt en er een belastingvrijstelling met progressievoorbehoud wordt toegepast in Nederland (art. 9 en 10 Bvdb).

Belasting van toeslagen op salaris

30%-regeling

Uitgezonden werknemers die tijdelijk naar het buitenland gaan of naar Nederland komen (ingekomen werknemers) krijgen vaak extra salaris van de werkgever, ter vergoeding van de verblijfskosten (extraterritoriale kosten).
Onder bepaalde voorwaarden kunnen de werkgevers een belastingvrije kostenvergoeding uitbetalen voor een periode van 8 jaar. De kostenvergoeding is 30% van het loon plus de schoolgelden (art. 31a lid 2 sub e Wet LB).

Voor uitgezonden werknemers geldt onder andere de voorwaarde dat ze in Nederland wonen en worden uitgezonden naar Azië, Afrika, Latijns-Amerika of bepaalde landen in Oost-Europa. Ook is er een voorwaarde gesteld aan de verblijfsduur. Zo moeten ze binnen een tijdvak van 12 maanden minimaal 45 dagen naar het land worden uitgezonden. De dagen voor de uitgezonden werknemer gaan pas tellen bij een uitzendduur van 15 dagen aaneengesloten. Is aan de 45 dagen voldaan, dan gaat ook het verblijf van 10 dagen meetellen (art. 10e Uitv. besl. Wet LB en art. 8.3 Uitv.reg. Wet LB).

Voor ingekomen werknemers geldt dat zij kwalificaties moeten hebben die niet of moeilijk in Nederland te vinden zijn. Een kwalificatie kan ook zijn werkervaring binnen het bedrijf. Bij de Belastingdienst gaat men ervan uit dat sprake is van werknemers met specifieke kwalificaties als zij voldoen aan een salarisnorm. Per 1 januari 2021 is de salarisnorm vastgesteld op € 38.961.

Voor werknemers jonger dan 30 jaar met een Nederlandse mastertitel of vergelijkbare buitenlandse graad geldt een salarisnorm van € 29.616. Een uitzondering hierop vormen artsen in opleiding en werknemers in het wetenschappelijk onderzoek. Voor hen geldt in het geheel geen salarisnorm.

Daarnaast moet er een beschikking zijn afgegeven daarin is onder andere opgenomen hoe lang er gebruik mag worden gemaakt van de 30%-regeling.

Ten slotte mag de werknemer in de 24 maanden voor de eerste werkdag niet in Nederland hebben gewoond of hemelsbreed minder dan 150 km van de Nederlandse grens hebben gewoond (art. 10e Uitv.besl. Wet LB).

Voorbeeld

Een eredivisievoetbalclub is op zoek naar een goede keeper. Na lang zoeken in de eigen jeugdopleiding en in de regio hebben ze verder moeten kijken. Ze hebben een ervaren Argentijns talent gescout. De Argentijn ontvangt jaarlijks € 130.000. Een basissalaris van € 100.000 en een kostenvergoeding van € 30.000. Over de kostenvergoeding hoeft de voetbalclub geen loonbelasting af te dragen en hoeft de Argentijn in Nederland geen inkomstenbelasting te betalen.

Overgangsrecht

Overgangsrecht Met ingang van 1 januari 2019 is de looptijd van deze beschikking vastgesteld op maximaal 5 jaar. In verband met deze wijziging van de looptijd is overgangsrecht ingesteld.

Als voor een ingekomen werknemer op 1 januari 2021 meer dan 5 jaar gebruikgemaakt is van de 30%-regeling, eindigt deze regeling op diezelfde datum. Als voor de werknemer op 1 januari 2021 nog geen 5 jaar gebruikgemaakt is van de regeling, loopt de regeling door totdat de maximale looptijd van 5 jaar is verstreken.

Voorbeeld

Kerstens bv heeft twee ingezonden werknemers. Voor de eerste werknemer maakt de onderneming sinds 1 januari 2015 gebruik van de 30%-regeling. Op 1 januari 2021 is meer dan 5 jaar gebruikgemaakt van de 30%-regeling, waardoor deze automatisch is gestopt per voornoemde datum.

Ten aanzien van de tweede werknemer maakt de onderneming sinds 1 januari 2018 gebruik van de 30%-regeling. Op grond van het overgangsrecht is op 1 januari 2021 3 jaar gebruikgemaakt van de regeling, waardoor de looptijd van 5 jaar volgemaakt mag worden. De 30%-regeling eindigt per 1 januari 2023. De looptijd van 5 jaar is dan volgemaakt.

14.11 EU-recht en het belastingrecht in het kort

Gemeenschappelijke interne markt

Nederland is lid van de Europese Unie (EU). Een van de doelstellingen van de EU is een gemeenschappelijke interne markt creëren. Om dit te kunnen realiseren zijn de binnengrenzen tussen EU-lidstaten opgeheven en zijn in het Verdrag betreffende de werking van de Europese Unie zes vrijheden opgenomen:
- het vrije verkeer van de burgers van de EU;
- het vrije verkeer van goederen;
- het vrije verkeer van personen en recht van vestiging;
- het vrije verkeer van diensten;
- het vrije verkeer van kapitaal;
- het vrije verkeer van betalingen.

Soevereiniteit

Het EU-recht dat gekoppeld is aan de bovengenoemde vrijheden begrenst de soevereiniteit van de lidstaten. Met andere woorden: om uitvoering aan de vrijheden te geven moeten alle lidstaten van de EU zich aan bepaalde gemeenschappelijke regels houden. Het EU-recht is sterker dan het nationale recht, wat ertoe kan leiden dat nationaal recht in bepaalde omstandigheden buiten toepassing blijft.

Op deze manier zijn de EU-vrijheden en het EU-recht ook van invloed op de belastingheffing van de lidstaten. De belastingheffing van de afzonderlijke lidstaten mag namelijk de EU-vrijheden niet beperken, tenzij hier zwaarwegende redenen voor zijn. De EU vaardigt richtlijnen uit om de belastingwetgeving van verschillende landen in overeenstemming te brengen met het EU-recht en verstoringen en/of belemmeringen hierop te voorkomen. Een kenmerkend voorbeeld hiervan is de omzetbelasting. Harmonisatie van de omzetbelasting had als doel belemmeringen te voorkomen bij grensoverschrijding (zie ook paragraaf 10.2.2).

Voorbeeld

Een belastingplichtige, inwoner van Frankrijk, emigreert naar Nederland. Op grond van een Franse wettelijke bepaling wordt een conserverende aanslag opgelegd voor een latente aanmerkelijkbelangwinst in een in Frankrijk gevestigde vennootschap. Dit houdt in dat Frankrijk over de winst op een later moment belasting mag heffen, ondanks het feit dat de belastingplichtige naar Nederland is geëmigreerd.
Op grond van het EU-recht is de conserverende aanslag een belemmering voor het vrije verkeer van personen en vestiging, waarvoor geen voldoende rechtvaardigingsgrond bestaat. Frankrijk moet zijn nationale wetgeving daarover dan ook in overeenstemming te brengen met het EU-recht.

De EU kan verordeningen, richtlijnen en beschikkingen uitvaardigen. Omdat op fiscaal gebied voornamelijk met richtlijnen wordt gewerkt, worden die in deze paragraaf behandeld.

Richtlijn

Een Europese richtlijn heeft in principe geen directe werking. Het is een opdracht aan de lidstaten om hun wetgeving aan te passen. Belastingplichtigen kunnen zich op de richtlijn beroepen, ook als deze nog niet in de wet is opgenomen. De Belastingdienst kan dit niet. Onder voorwaarden heeft een richtlijn wel directe werking. Dit is het geval als een richtlijn voldoende nauwkeurig is en zij een onvoorwaardelijk karakter draagt.

Wanneer een verordening of richtlijn voor de nationale rechter niet helemaal duidelijk is, kan deze bij het Hof van Justitie van de Europese Unie (HvJ EU) een prejudiciële uitspraak vragen. Met de uitleg van het HvJ EU kan de nationale rechter dan een uitspraak doen over de uitvoering van de richtlijn.

De meest in het oog springende EU-richtlijnen hebben betrekking op:
1. rente;
2. dividend;
3. fusies;
4. omzetbelasting.

Ad 1. Rente
Met betrekking tot rente zijn er twee richtlijnen.

Rente- en royaltyrichtlijn
– De rente- en royaltyrichtlijn is opgesteld om te voorkomen dat rente- en royaltybetalingen binnen een concern twee keer belast worden.

spaartegoedenrichtlijn
– De spaartegoedenrichtlijn beoogt dat de rente-inkomsten op spaartegoeden in het woonland worden belast. Op basis van deze richtlijn worden de gegevens van spaarders door het buitenland aan de Belastingdienst van het woonland doorgegeven.

Ad 2. Dividend
Moeder-dochterrichtlijn
Voor dividenden is de moeder-dochterrichtlijn opgesteld. Deze is behandeld in paragraaf 14.8.

Ad 3. Fusies
EU-fusierichtlijn
Op basis van de EU-fusierichtlijn heeft de belastingplichtige het recht om bij een grensoverschrijdende fusie, splitsing, inbreng van activa en/of aandelenruil de belastingheffing uit te stellen. In de Nederlandse wetgeving zijn de bepalingen overgenomen.

Ad 4. Omzetbelasting
Btw-richtlijn
Deze richtlijn wordt ook wel de btw-richtlijn genoemd. De harmonisatie van omzetbelasting in de Europese Unie heeft als doel te voorkomen dat er verstoringen optreden in het vrije verkeer van goederen en personen. De uitgangspunten van de btw-richtlijn zijn verwerkt in de Nederlandse Wet OB.

Index

Symbolen

1-jaarsfictie	567
10-jaarstermijn	566
30%-regeling	721
180-dagenregeling	580

A

Aanbrengen	461
Aandelenfusie	423
Aandelenkapitaal	413
Aangifte	640
uitnodiging tot het doen van -	640
Aangiftebelasting	642, 648, 651
Aangiftetijdvak	533
Aanhorigheden	624
Aanmerkelijk belang	232, 285
fictief -	292, 311
gewoon -	288
Aanmerkelijkbelangheffing	435
Aanmerkelijkbelanghouder	286, 287
Aanmerkelijkbelangpositie	232
Aannemer	258
Aanschafkosten	141
Aanschafprijs	502
Aanslag	
conserverende -	200
definitieve -	644
- vaststelling	638
Aanslagbelasting	103, 642, 643, 648
Aanslaggrens	105
Aansprakelijkheid	684
bestuurders-	685
groeps-	686
hoofdelijke -	685
keten-	685
- notaris	687
uitgesloten -	372
wettelijke -	372
Aanverwantschap	569

Actieve informatieverplichting	643
Administratieplicht	668
Afdrachtsbelasting	649
Afdrachtvermindering	182
Afgewaardeerde vordering	411, 419
Afgezonderd particulier vermogen	601
Afgifte	458
Afkoopsom	354
Aflossingsachterstand	259
Afschrijving	142, 520
willekeurige -	146, 164
Afschrijvingssystemen	
afschrijving naar rato van gebruik	143
degressieve methode	143
lineaire methode	143
Afstandsverkoop	467, 468, 479
drempelbedrag -	469
Aftrek	
negatieve persoonsgebonden -	281
persoonsgebonden -	351
- speur- en ontwikkelingswerk	182
Aftrekbare gift	365
drempel -	367
Aftrekbare kosten	224, 240
Aftrek beperkte kosten	159
Agio	385
Agioreserve	295
Akte	
notariële -	366
- van levering	687
Algehele gemeenschap van goederen	308
Algemene aftrekbeperking	157
Algemene beginselen van behoorlijk bestuur	11, 637, 666
Algemene heffingskorting	92
Algemene maatregel van bestuur	9
Algemene uitsluiting van aftrek	156
Alimentatie	238
Alimentatie-uitkering	354
Ambtelijk verzuim	646
Ambtshalve aanslag	644, 647
Ambtshalve vermindering	671

ANBI	365, 571
Andere verzoeken	670
Anoniementarief	63
Anti-misbruikwetgeving	411
Appartementsrechten	618
APV	601
Arbeid	448
Arbeidsbeloning	183
Arbeidskorting	92
Arbeidsongeschiktheid	270
Assurantiebelasting	632
tarief -	632
Assurantiekosten	500
At arm's length	720
Authenticiteit factuur	556
Auto van de zaak	
privégebruik	154

B

Balanscontinuïteit	132
Bank- en verzekeringsdienst	540
BBBB	672
Bedrijf	448
Bedrijfsfusie	424
Bedrijfsmiddel	141
Bedrijfsoverdracht	
- binnen de naaste familie	626
Bedrijfssluiting	198
Bedrijfswaarde	144
Beginsel van de bevoorrechte verkrijging	8
Beginsel van de minste pijn	8
Begrafenispolis	339
Beklemming	620
Belastbaar feit	442
Belastbaar inkomen uit aanmerkelijk belang	693
Belastbaar inkomen uit sparen en beleggen	327, 694
Belastbaar inkomen uit werk en woning	221, 693
Belastbare winst uit onderneming	126, 222
Belaste handelingen	508
Belaste levering	539
Belaste verhuur	535
optie -	536

Belasting	
aangifte-	6
aanslag-	6
Besluit ter voorkoming van dubbele -	567, 700, 721
directe -	5
economisch dubbele	699
indirecte -	5
juridisch dubbele	699
latent verschuldigde -	196
objectieve -	7
subjectieve -	7
tijdvak-	5
-verdragen	18
-wetgeving	9
Belastingaanslag	
ambtshalve -	644, 647
conserverende -	638
definitieve -	638, 644
naheffings-	638, 649
navorderings-	638, 645
primitieve -	638, 644
uitnodiging tot betaling	638
voorlopige -	638, 645
Belastingadviseur	16
Belastingdienst	14
Belastingheffing, dubbele -	84
Belastinglatenties, waarderingsregels -	606
Belastingplicht	84
binnenlandse -	371
subjectieve -	371
Belastingplichtige	16
binnenlandse -	84
buitenlandse -	84
Belastingrecht	4
formeel -	636
internationaal -	18, 84, 444, 445, 467-469, 471, 472, 474, 475, 478, 480, 481, 484-489, 493-495, 517, 522, 523, 528, 530, 566, 567, 691-724
Belastingrechter	17
Belastingrente	662, 677
Belastingschuld	334
Belastingtoeslag	721
Belastingverdrag	18, 84
Belastingverschuiving	165
Belegging	
groene -	340

Beloning		Boekwaarde	175
- commissaris	392	Boete	
- in natura	223	bestuurlijke -	672, 677
Beperkte gemeenschap	293	kwijtschelding -	675
Beperkte gemeenschap van goederen	584	vergrijp-	672, 673
		verzuim-	672, 673
Beperkte gemeenschap van goederen	308	Bonusaandeel	295
Beperkte verrekening	709, 714	verkrijgingsprijs -	301
Beperkt recht	620	Bosbouwvrijstelling	160
Beroep	448, 651	Bouwterrein	461, 538
- in cassatie	660	Boxenstelsel	86
zelfstandig uitgeoefend -	111	Boxhoppen	97
Beroep bij de rechtbank	656	Bronheffing	718
Beroepschrift	659	Bronstaatbeginsel	84, 697
pro forma -	657, 659	Bronvolgorde	121
Beschikking aflossingsstand	257	Btw-codenummer	517
Beschikking, voor bezwaar vatbare -	353, 454	Btw-identificatienummer	478, 558
		Btw-richtlijn	724
Beslaglegging	681	BUA	524
Besloten vennootschap	117	Buitenlandse belastingplichtige	
Besluit	11	kwalificerende	694
Besluit Bestuurlijke Boeten Belastingdienst	672	Buitenlandse omzetbelasting	522
		Buitenlandse ondernemer	446
Besluit ter voorkoming van dubbele belasting	567, 699, 700, 721	Buitenvennootschappelijk vermogen	214
		Burgerservicenummer	638
Besluit Uitsluiting Aftrek Omzetbelasting	524	Bv	372
Besparingswaarde	34		
Bestemmingsland	475	**C**	
Bestendige gedragslijn	132		
Bestuurdersaansprakelijkheid	685	Carry	
Bestuurlijke boete	672, 677	- back	393
Betaling		- forward	393
korting voor contante -	499	Carry forward	551
uitstel van -	683	Centrale overheid	5
Betalingscriterium	167	Certificaathouder	289
Betalingstermijn	678	Civielrechtelijke levering	457
Betekening	681	Collectieve belangenbehartiging	534
Bewijsrechtelijke sanctie	656	Commanditaire vennoot	116
Bezitting	330	Commanditaire vennootschap	116
Bezwaar	12, 651	open -	372
Bezwaarschrift	652	Commissarisbeloning	392
pro forma -	654	Commissionair	465
Bezwaar tegen inlichtingenverzoek	669	Committent	465
Bezwarende titel	455, 483	Compensabel verlies	432
Bijleenregeling	250	Componist	540
Binnenlandse belastingplicht	371	Concurrentievervalsing	444
Blote eigendom	289, 345	Conserverende aanslag	200, 638
waarderingsregels -	604	Contante betaling	499
Bodemrecht	681	Continentaal plat	637
Boekhoudverplichting	552	Coöperatie	372

Correctie in laatst openstaande jaar	133
Courante effecten	344
Creditmethode	709
Culturele ANBI	365
CV, open -	372

D

Deelnemerschapslening	387
Deelneming	404
binnenlandse -	404
Deelnemingskosten	409
Deelnemingsvrijstelling	403, 407
Definitieve aanslag	638, 644
Defiscalisatie	336
Derdenbeslag	682
Desinvesteringsbijtelling	166, 171
Dienst	482
doorlopende -	484
eenmalige -	484
plaats van de -	484
Dienstbetrekking	225, 448
Digitaal procederen	662
Dividend	294, 317
verkapt -	388
vermomd -	388
Dividendbelasting	715
Dividendstrippen	104
Doelmatigheidsdrempel	335
Doelmatigheidsmarge	45
Domicilie	670
Doorbetaaldloonregeling	46
Doorschuiffaciliteit	192, 199
Doorschuifregeling	308
Doorschuiven, verplicht -	200
Doorschuiving, geruisloze -	190, 196, 199
Douanewaarde	481, 504
Draagkrachtbeginsel	7
Drempelbedrag	335
Drie schijven	325
Dringende morele verplichting	356
Dubbele belasting, Besluit ter voorkoming van -	567, 700, 721
Dubbele belastingheffing	84
Duurzaamheid	112
Dwangbevel	680
Dwangvordering	680
beslaglegging	681
derdenbeslag	682
dwangbevel	680
lijfsdwang	682

E

Earningsstrippingsmaatregel	401
Echtscheiding	309
Economisch dubbele belasting	699
Economische eigendom	457, 615
Economische handelingen	508
Economische verwevenheid	453
Economisch verkeer	449
EEG	444
Eenvoudbeginsel	131
Eerbiedigende werking	266
Effecten	344
courante -	344
incourante -	344
waarderingsregels -	604
Egalisatiereserve	209
Eigendom	
blote -	289, 345
economische -	457, 615
Eigen woning	241
waarderingsregels -	602
Eigenwoningforfait	137, 243, 354
bij ondernemingswoning	154
Eigenwoningreserve	250, 266
Eigenwoningschuld	248, 265
Eindafrekeningswinst	201
Elektronische diensten	490
Elektronisch factureren	554
Emigratie	306
Energie-investeringsaftrek	169
Erfpacht	620
Erfpachtlease	621
Erfrecht	
rechten op roerende zaken	
krachtens -	338
verkrijging krachtens -	336
Erven bij plaatsvervulling	583
EU-fusierichtlijn	724
Europese Hof van Justitie	445
Europese richtlijnen	10
Evenementen	487
Executoriale titel	681
Exitheffingen	201

F

Factureren	
elektronisch -	554
periodiek -	554
Factuur	
authenticiteit -	556
elektronische -	554
integriteit -	556
-stelsel	531
-vereiste	554
-verplichting	552
Factuurvereisten	507
Familierecht	238, 354
Feitelijke vestigingsplaats	371
Fictie	461
Fictief legaat	594
Fictieve ICL	477
Fictieve levering	475
Fictieve overdracht	198
Fictieve vervreemding	303
Fictieve vestigingsplaats	372
Fiets van de zaak	156
Fiets van zaak	44
Fifo	149
Finaal verrekenbeding	593
Financial lease	459
Financiële verwevenheid	453
Financieringskosten	249
Fiscaal partnerschap	101
Fiscale beleggingsinstelling	397
Fiscale brutobedrijfsresultaat	402
Fiscale eenheid	415, 452
einde -	455
gevolgen -	454
- over de landsgrens	417
voorwaarden -	453
Fiscale reserves	128
Flits-VBI	318
Fonds voor gemene rekening	374
Fondswerving	375
Fooien	226
FOR	176
Forfaitair bedrag	68
Forfaitair bijtellingspercentage	520
Forfaitaire berekeningsmethode	559
voorwaarden -	561
Forfaitair rendement	324
Foutenleer	132
Fraude	530
Fusie	312, 423, 629
aandelen-	423
bedrijfs-	424
juridische -	427

G

Gebroken boekjaar	129
Gebruikelijkheidstoets	67
Gebruikelijkloonregeling	25
Gecombineerde heffingskorting	90
Gecombineerde inkomensheffing	90
Gecombineerd heffingspercentage	90
Gehandicapt	
weekenduitgaven voor -	362
Geheimhouding	667
Gehuwden	101
Gelijkheidsbeginsel	12
Gemeenschappelijke interne markt	723
Gemeenschappelijke markt	444
Gemengde prestatie	496
Genietingsmoment	320
Genotsrecht	345
Geregistreerde partners	101
Geruisloze doorschuiving	190
Geruisloze omzetting	206
Geruisloze overgang	300
Geruisloze terugkeer	312, 431
Gevolmachtigde	664
Gezagsverhouding	124
Gift	392
aftrekbare -	365
andere -	366
periodieke -	366
Globalisatie	550
Goederen	457
Goed koopmansgebruik	130
Griffierecht	657, 659, 661
Groene belegging	340
Groepsaansprakelijkheid	686
Grondrechten	
horizontale werking -	9
verticale werking -	9
Grondslag sparen en beleggen	326
Grove schuld	673

H

Handel, legale -	466
Handtekening	641
elektronische -	641
Hardheidsclausule	671
Harmonisatie	444
Heffing	
maatstaf van -	497
Heffingsgrondslag	
- uniforme	77
Heffingskorting	86
verhoogde -	105
Heffingvrij vermogen	326
Herinvesteringsreserve	173, 188, 209
Hersteltermijn	669
Herzieningsdrempel	546
Herzieningstermijn	514
Hof van Justitie van de Europese Unie	662
Holdingstructuur	210
Hoofdelijke aansprakelijkheid	685
Hoofdverblijf	242
Horeca	524
Huurkoop	458
Huwelijksgemeenschap, ontbinding -	199
Huwelijksgoederengemeenschap	192
Huwelijksgoederenregime	584
Huwelijksvermogensrecht, doorschuifregeling -	308
Hybride lening	399

I

ICT, uitgesloten -	479
ICV	472
Identificatieplicht	667
Identiteitsbewijs	62
Ieder	446
IJzerenvoorraadstelsel	149
Immigratie	301
Inbreng	627
tegen werkelijke waarde	216
Incidentele baten en lasten	126
Incidentele prestatie	449
Incourante effecten	344
Indirecte methode	720
Inflatiecorrectie	585
Informatieplicht	261, 558, 665
Informatie-uitwisseling	667
Informeel kapitaal	385
Ingroeiregeling	217
Inhaalruimte	278
Inhaaltoevoeging aan oudedagsreserve	178
Inkomen	
- uit aanmerkelijk belang	89
uit aanmerkelijk belang	693
- uit sparen en beleggen	89
uit sparen en beleggen	694
uit werk en woning	693
Inkomensvoorziening	270
uitgaven voor -	355
verrekening van andere -	355
Inkoopverklaring	549
Inkoopwaarde	501
Innovatieve start-ups	46
Inrichting, vaste -	485
Instelling	366
Integriteit	556
Intercompany pricing	719
Interest	716
Internationaal belastingrecht	18, 84, 85, 444, 445, 467-469, 471, 472, 474, 475, 479-481, 484-489, 493-495, 517, 522, 523, 528, 529, 566, 567, 691-724
Interne levering	501
Interne reorganisatie	629
Intracommunautaire verwerving	472
Intrinsieke waarde	345
Inverdienregeling	217
Investeren	166
Investeringsaftrek	165
Investeringsgoederen	514
Investering, uitgesloten -	166
Invoer	481
Invorderen	677
versneld -	679
Invorderingsrente	677, 684
Invorderingstermijn	678
Invorderingswet	677

J

Jaarruimte	277
Jeugdwerk	540
Jonggehandicaptenkorting	94
Journalist	540
Juridisch dubbele belasting	699
Juridische eigendomsoverdracht	457
Juridische fusie	427

Juridische splitsing	430	Kwijtscheldingswinst	161
Jurisprudentie	12	Kwijtscheldingswinstvrijstelling	161

K

L

Kamerverhuurvrijstelling	246	Lagere overheden	5
Kansspelen	540	Landbouwvrijstelling	160
Kapitaal	448	Latent verschuldigde belasting	196
aandelen-	413	Latere betaling	527
informeel -	385	Lease	
nominaal gestort -	385	financial -	459
Kapitaalverzekering	267	Legaat, fictief -	594
Kapitalisatiefactor	346	Legale handel	466
Kasrondje	400	Lening	
Kasstelsel	532	hybride -	399
Ketenaansprakelijkheid	685	Lessee	459
Wet -	530	Levensverzekering, verkrijging uit -	599
Keuzeherziening	139	Levering	
Keuzevermogen	135	akte van -	687
Kind		belaste -	531, 539
weekenduitgaven voor		civielrechtelijke -	457
gehandicapt -	362	fictieve -	475
Kinderopvang	540	interne -	501
Kleineondernemersregeling (KOR)	541	optie belaste -	539
aanmelden	546	plaats van de -	467
afmelden	545	- van goederen	455
herzieningsdrempel	546	verboden -	466
omzetdefinitie	544	Lichaam	639
optioneel systeem	543	Lidmaatschapsrecht	618
overschrijding omzetdrempel	545	Lifo	148
toepassingsbereik	542	Lijfrente	188
Kleinschaligheidsinvesteringsaftrek	167	nabestaanden-	272
Koninkrijk	572	oudedags-	272
Koopoptie	302, 307, 459	-polis	239
Koper	526	-premie	191
Koppelbaas	530	tijdelijke oudedags-	273
Korting		verrekening van -	355
- groene beleggingen	95	Lijfrenteverzekering	272
- voor contante betaling	499	Lijfsdwang	682
Kortlopende termijn	340	Lijkbezorging	540
Kort na elkaar overlijden	592	Liquidatie-uitkering	304
Kosten		Liquidatieverlies	409
aftrekbare -	224, 240	Liquidatiewaarde	345
Kostenegalisatiereserve	172, 188	Listing	557
Kredietbeperkingstoeslag	499	Loon	225
Kwalificerende buitenlandse			
belastingplichtige	694		
Kwalificerende buitenlandse partner	694		
Kwijtschelding	683		
- boete	675		

M

Maatschap	114, 115
Maatschappelijke organisatie	540
Maatschappelijk verkeer	449
Maatstaf van heffing	497
Man-vrouwfirma	115
Margeregeling	456, 479, 547
Medegerechtigde	120, 121
Medische prestatie	540
Meesleepregeling	290
Meetrekregeling	291
Meewerkaftrek	182
Methode van evenredige aftrek	707
Metterwoonclausule	622
Middeling	107
Milieu-investeringsaftrek	170
Mini One Stop Shop (MOSS)	492
Ministeriële regeling	10
Misbruik	98
Misdrijf	676
Mkb-winstvrijstelling	184
Modelovereenkomst	31
Modelovereenkomsten	123
Moeder-dochterrichtlijn	724,
Moeiende moeder	452

N

Naamloze vennootschap	117
Nabestaandenlijfrente	272
Nagekomen winst	189
Naheffingsaanslag	638, 649
Nationaliteitsbeginsel	698
Natrekking	460, 461, 467
Natuur	337
Natuurlijke persoon	639
Navorderingsaanslag	638, 645
Navorderingstermijn	646
Negatieve persoonsgebonden aftrek	281
Negatieve uitgave	279
Nettolijfrente	340
Nettopensioen	341
Nevenwerkzaamheid	451
Niet-economische handelingen	508
Niet-ontvankelijkheid	653
Nieuwbouw	538
Nominaal gestort kapitaal	385
Normaal vermogensbeheer	125
Notarieel samenlevingscontract	568, 569
Notariële akte	366
Notaris	687
Nultarief OB	505
Nv	372

O

Objectvrijstelling	707
Omzetbelasting	
anti-cumulatieregeling - en overdrachtsbelasting	625
buitenlandse -	522
nultarief -	505
Tabel I -	505
Tabel II -	506
tarief -	504
Omzetdefinitie	544
Omzetdrempel	545
Omzetting	
geruisloze -	206
- met terugwerkende kracht	210
Omzetverhouding	513
Onbehoorlijk bestuur	685
Onderaannemer	530
Onderbedelingsvordering	585
Ondergeschikt	448, 451
Ondergeschiktheid	22
Onderhanden werk	150
Onderhoudsverplichting	353
Onderlinge waarborgmaatschappij	373
Ondermaatschap	119
Ondernemer	113, 114, 446, 507
buitenlandse -	446
startende -	118
Ondernemersaftrek	180, 195
Ondernemersfaciliteit	117, 163
uitsluiting van -	121
Onderneming	111
belastbare winst uit -	126
verhuur van -	194
Ondernemingsfaciliteit	163
Ondernemingsvermogen	128, 135
waarderingsregels -	604
Onderwijs	540
Ongebruikelijke terbeschikkingstelling	231
Ongehuwd samenwonenden	102
Onrechtmatige daad	355
Onroerende zaak	514, 614
verhuur -	535

INDEX

Onroerendezaakrechtspersonen	616
Onteigening	175
Onttrekking	127, 153
Onverplichte handeling	687
Oorsprongbeginsel	697
Opcenten	677
Openbaarvervoerverklaring	226
Open commanditaire vennootschap	372
Operational lease	458
Oplevering door vervaardiger	460
Opstal	620
Optie belaste verhuur	536
Opzet	673
Organisatorische verwevenheid	453
Oudedagslijfrente	272
Oudedagsreserve	176, 177, 188
afbouwen van -	178
inhaaltoevoeging aan -	178
omzetten - in lijfrente	191
Oudedagsvoorziening	176
Ouderenkorting	94
alleenstaande-	94
Overbrenging eigen goederen	466, 475
Overdracht	457
fictieve -	198
- onderneming	552
- tegen een winstrecht	195
Overdrachtsbelasting	614
aansprakelijkheid notaris voor -	687
anti-cumulatieregeling - en omzetbelasting	625
tarief -	624
- teruggaaf	632
wijze van heffing -	632
Overdrachtsprijs	297
Overeenkomst	458
- op eigen naam	465
Overgang, geruisloze -	300
Overgangsrecht	255
Overgangsregeling	268
Overgangsstelsel	473
Overheid	452, 461
Overheidsingrijpen	175
Overheidsinkomsten	
belastingen	2
overige inkomsten	3
premie volksverzekeringen	3
premie werknemers verzekeringen	3
retributies	2
Overlijden	198, 366, 665
Overlijdenswinst	198
Overnemingsbeding	597
Overtreding	676
Overwaarde	250
Overwerkloon	60

P

Pand	
niet technisch splitsbaar -	137
technisch splitsbaar -	137
Pensioen	176
-imputatie	571
Pensioenrecht, verrekening van -	355
Pensioenverplichting, vrijval - in bv/nv	600
Periodieke uitkering	237, 354, 366
waarderingsregels -	605
Per saldo verschuldigde rente	402
Personenauto	518
Persoonlijk verrichten van arbeid	22
Persoonsgebonden aftrek	222, 351
negatieve -	281
Persoon, verbonden -	229, 230
Plaats van de levering	467
Plaatsvervulling, erven bij -	583
Postwet	540
Prejudiciële vraag	661
Prejudiciële vragen	662
Premiegrondslag	277
Premie volksverzekeringen	90
Prestatie	507
gemengde -	442, 496
incidentele -	449
medische -	540
- onder bezwarende titel	455, 483
vrijgestelde -	524
Primitieve aanslag	638, 644
Privaatrecht	3
Privé-element	156
Privégebruik auto	154
Privéverbruik, voordelen	126
Privévermogen	135
Profijtbeginsel	7
Pro forma beroepschrift	657, 659
Pro forma bezwaarschrift	654
Progressievoorbehoud	720
Projectontwikkelaar	258
Pseudo-wetgeving	11
Publiekrecht	3
Publiekrechtelijke regeling	237

733

Q

Quasi-doorlopende post	500
Quasi-ondernemerschap	449

R

Radio- en televisieomroepdiensten	490
Radio- en televisieorganisatie	540
Rangorderegeling	96
Realiteitsbeginsel	146
Realiteitszin	130
Recht	
beperkt -	620
bodem-	681
schending van het -	661
- van beklemming	620
- van erfpacht	620
- van gebruik	345
- van opstal	620
verkeerde toepassing van het -	661
zwijg-	675
Rechten op overlijdens- en invaliditeitsuitkeringen	339
Rechten op roerende zaken krachtens erfrecht	338
Rechtspraak	12
Rechtstreeks verbonden	199
Regeling, publiekrechtelijke -	237
Regulier voordeel	293, 320
kosten ter verwerving van -	296
Reisaftrek	226
Rendementsgrondslag	326
Rendementsklassen	324
Rendementswaarde	344
Rentabiliteitswaarde	345
Renteaftrekbeperking	398
Rente- en royaltyrichtlijn	724
Reserve	
fiscale -	128
stille -	187, 203
terugkeer-	436
Restschuld	264
Resultaat	233
- uit overige werkzaamheden	228
Revisierente	664, 677
Richtlijn	723
Richtlijn OB	444
Rittenadministratie	155
Royalty's	717

S

Samenhangende groep inhoudingsplichtigen	32
Samenlevingscontract, notarieel -	568, 569
Samentelling	579
Samenwerkingsverband	231
SBBI	366
Schadevergoeding	498
Schenkingsrecht	
tarief -	567
Scholingsuitgaven	362
drempel -	364
- omvang	363
Schriftelijke bescheiden	367
Schrijver	540
Schuld	151, 334
belasting-	334
waarderingsregels -	606
Sfeerovergang	305
Situsbeginsel	697
Soevereiniteit	723
Soortaandelen	290
Spaartegoedenrichtlijn	724
Splitsing	423, 629
juridische -	430
Splitsingsmethode	559
Sportvereniging	540
Staking	127, 185
Stakingsaftrek	189
Stakingsfaciliteit	195
Stakingswinst	186
nagekomen	187
Standaardheffingskorting	91
Standaardverdrag	717
Startende ondernemer	118
Startersaftrek	181
Step up	301
Steunstichting SBBI	366
Stichting	373
Stille reserve	203
voorbehoud -	213
Strafrecht	676
Strafrechter	676
Studie	238
Studiefinanciering	364
Subjectieve belastingplicht	371
Successierecht	566
tarief -	567

INDEX

Successierechtverdrag 567
Symbolische vergoeding 483

T

Tabel I 505
Tabel II 506
Tarief 87
    anoniemen- 63
Tegenbewijsregeling 210
Tegenprestatie, directe - 365
Telecommunicatiediensten 490
Terbeschikkingstelling 229
    ongebruikelijke - 231
Terbeschikkingstellingsregeling 121
Terugkeer
    geruisloze - 312, 431
    -reserve 436
Testament 584
Tiebreakerrule 702
Tijdelijke oudedagslijfrente 273
Tijdelijke verhuur 245
Tijdstip 223, 279
Tijdstipbelasting 649
Tijdvak 513
    aangifte- 533
    -belasting 649
Toedelingsbeding 597
Toegang tot gebouwen 667
Toerekening inkomen
    - aan boxen 96
    - fiscale partners 99
    - minderjarig kind 98
Toerekeningsregels 96
Toeslagen 108
Tonnageregeling 129
Totaalwinst 201
Transactie
    uitgesloten - 167
Transfer pricing 719
Transferpricing 719
Transitieperiode 31
Tussenhandelaar 471
Tussenholding 410
Tussenhoudsterbepaling 410
Tweede woning 342

U

Uitgave
    negatieve - 279
    - voor inkomensvoorzieningen 355
Uitgesloten aftrek van kosten 157
Uitgesloten ICT 479
Uitgesloten investering 166
Uitgesloten transactie 167
Uitgezonderde omzet 545
Uitkering
    alimentatie- 354
    periodieke - 237, 354, 366
    - tot vergoeding van schade 355
    waarderingsregels periodieke - 605
Uitnodiging tot het doen van aangifte 640
Uitsluiting van ondernemers-faciliteiten 121
Uitstel
    - van betaling 683
    - van winstneming 195
Uitstel van betaling 588
Uitvoer 481
Uitvoeringsbesluit 9
Uitvoeringsregeling 9
Unie 444
Urencriterium 114, 117, 180

V

Valutaresultaten 720
Vaste inrichting 485, 704
Vaste tarief van 15% 75
Vaste vertegenwoordiger 706
Veiling 464
Vennoot
    beherend - 116
    commanditaire - 116
Vennootschap
    besloten - 117
    commanditaire - 116
    naamloze - 117
    - onder firma 114
    verdwijnende - 427
    verkrijgende - 427
Vennootschapsbelasting 369
    tarief - 396
Verblijvingsbeding 593, 597
Verboden levering 466

Verbonden lichaam	400	Verplichting	
Verbonden persoon	229, 230	dringende morele -	356
Verbonden vennootschap	46	Verrekenbeding, finaal -	593
Verbruiksbelasting	443	Verrekening	683
Verdeling	622	- andere inkomensvoorzieningen	355
wettelijke - ongedaan maken	586	- lijfrenten	355
Verdragswoonplaats	701	- pensioenrechten	355
Vereffening	628	Verrekeningsmethoden	709
Vereniging	366, 373	beperkte verrekening	709
- op coöperatieve grondslag	372	volledige verrekening	709
Vergoeding	449	Verrekeningssysteem	473
- in natura	501	Verrekenprijzen	719
symbolische -	483	Verschoningsrecht	668
Vergrijpboete	672, 673	Verschoonbare termijnoverschrijding	653
Verhandelingsverbod	466	Vertegenwoordiger	664
Verhoogde heffingskorting	105	Vertegenwoordiging	652, 664
Verhuizing	260	gevolgen -	665
Verhuur		Vertoogschrift	657
belaste -	535	Vertrouwensbeginsel	11
- onroerende zaak	535	Vervaardigen	460
tijdelijke -	245	Verval informatiebeschikking	669
Verjaring	683	Vervoermiddel, nieuw -	480
Verkapt dividend	388	Vervreemding	
Verkeer		fictieve -	303
economisch -	449	Vervreemdingssaldo	250, 266
maatschappelijk -	449	Vervreemdingsverbod	210
Verkoper	526	Vervreemdingsvoordeel	296, 320
Verkrijging		Vervreemdingswinst	296
- door overheid	627	Verwerving, intracommunautaire -	472
- krachtens erfrecht	336	Verwervingskosten	249
- uit een levensverzekering	599	Verwevenheid	
Verkrijgingsprijs	209, 300, 319	economische -	453
bij aankoop via koopoptie	302	financiële -	453
bonusaandeel	301	organisatorische -	453
gemiddelde	300	Verzamelinkomen	90, 367
Verkrijging vrij van recht	607	Verzekeraar	276
Verleggingsregeling	481, 528	Verzendtheorie	653
Verlenging aanslagtermijnen	669	Verzet	682
Verlies		Verzuimboete	672, 673
compensabel -	432	Vestigingsplaats	639, 700
in aanloopfase	112	feitelijke -	371
Verliesverrekening	282, 321	Voldoeningsbelasting	648
Vermogen		Volksverzekeringen	3
buitenvennootschappelijk -	214	Volledige verrekening	709
Vermogensbeheer, normaal -	125	Volmacht	664
Vermogensbestanddeel, waarderingsmethode -	140	Vooraftrek	
		- bij invoer	517
Vermogensetikettering	134	Voorbehoud stille reserve	213
Vermogensvergelijking	127, 378, 380, 381		
Vermomd dividend	388		
Verordeningen	445		

INDEX

Voorbelasting
- aftrek - personenauto 518
- herrekening - 513
- herziening - 514
- uitsluiting aftrek - 524

Voor bezwaar vatbare beschikking 353, 454, 652
Voordeel, regulier - 293, 320
Voordeel uit sparen en beleggen 327
Voorheffing 104, 389, 396, 645
Voorlopige aanslag 104, 638, 645
Voorlopige teruggaaf 105, 106
Voorraad op afroep 476
Voortbrengingskosten 502
Voorvoegingsverlies 421
Voorzichtigheidsbeginsel 131, 146, 195
Voorziening 151
Vordering 461
- afgewaardeerde - 411, 419
- waardering - 146

Vormverzuim 661
Vrijgesteld van erfbelasting 573
Vrijgevigheid 365
Vrijstelling 160, 336
- deelnemings- 403

Vrijstellingsmethoden dubbele belastingheffing 707
- methode van evenredige aftrek 707

Vrijval pensioenverplichting in bv/nv 600
Vruchtgebruik 289, 345, 621
- waarderingsregels - 604

W

Waarde
- intrinsieke - 345
- liquidatie- 345
- rendements- 344
- rentabiliteits- 345

Waardering 223
Waarderingsmethode vermogensbestanddeel 140

Waarderingsregels
- belastinglatenties 606
- blote eigendom 604
- effecten 604
- ondernemingsvermogen 604
- periodieke uitkering 605
- schulden 606
- vruchtgebruik 604

Wederverkoper 548
Weekenduitgaven voor gehandicapte kinderen 362
Werkelijk gebruik 513
Werknemer 21
Werknemersverzekeringen 3
Werkruimte in de eigen woning 158
Werkzaamheden, resultaat uit overige - 228
Wet Belastingen van Rechtsverkeer 613
Wet bronbelasting 716, 718
Wet DBA 31, 123
Wetgever 13
Wetgeving 9
Wet Ketenaansprakelijkheid 530

Wetsuitleg
- anticiperende - 12
- grammaticale - 12
- historische - 12
- systematische - 12
- teleologische - 12

Wettelijke verdeling
- ongedaan maken - 586

Wet uniformering loonbegrip 79
Wijze van heffing 103
Wijziging koper 477
Willekeurige afschrijving 146, 164
Winstgenieter 121
Winst, nagekomen 189
Winstoogmerk 112
Winstrecht 195
Winstsplitsing 719
- at arm's length 720
- directe methode 719
- indirecte methode 720

Winststreven 448
Winsttoedeling 719
Winst uit onderneming 123
- belastbare - 126

Wisselkoersen 720
Wooncoöperaties 624

737

Woonplaats	85, 639, 700
-beginsel	84, 697
-fictie	85, 566, 701
Woonplaats afnemer	491
Woon-werkverkeer	44

Z

Zeeschepen	129
Zelfstandig	448, 451
Zelfstandige beroepsbeoefenaar	541
Zelfstandigenaftrek	181
Zelfstandige werkruimte	158
Zelfstandige woonruimte	158
Zelfstandig uitgeoefend beroep	111
Zorgkosten	360
Zwangerschapsverlof	118
Zwijgrecht	675